Jacqueline Authier-Revuz
La Représentation du Discours Autre

Études de linguistique française

Édité par Franck Neveu

Volume 5

Jacqueline Authier-Revuz

La Représentation du Discours Autre

Principes pour une description

DE GRUYTER

 An electronic version of this book is freely available, thanks to the support of libraries working with Knowledge Unlatched. KU is a collaborative initiative designed to make high quality books Open Access. More information about the initiative and links to the Open Access version can be found at www.knowledgeunlatched.org.

ISBN 978-3-11-077745-1
e-ISBN [PDF] 978-3-11-064122-6
e-ISBN [EPUB] 978-3-11-063738-0
ISSN 2365-2071

This work is licensed under a Creative Commons Attribution NonCommercial-NoDerivatives4.0 International license. For more information, see http://creativecommons.org/licenses/by-nc-nd/4.0/.

Library of Congress Control Number: 2019948500

Bibliographic information published by the Deutsche Nationalbibliothek
The Deutsche Nationalbibliothek lists this publication in the Deutsche Nationalbibliografie; detailed bibliographic data are available in the Internet at http://dnb.dnb.de

© 2021 Jacqueline Authier-Revuz, published by Walter de Gruyter GmbH, Berlin/Boston
This volume is text- and page-identical with the hardback published in 2020.
Typesetting: Dörlemann Satz, Lemförde
Printing and binding: CPI books GmbH, Leck

www.degruyter.com

À Lise, Jacques, Étienne, mes enfants

Sommaire

Abréviations et conventions —— XI

Avant-propos —— XI

Partie I   Du Dire *sur* un dire : une affaire métalangagière

Introduction —— 3

Chapitre 1. La représentation du discours autre : un secteur de l'activité métalangagière —— 4

Chapitre 2. Représenter un autre acte d'énonciation : caractérisation d'une pratique métadiscursive spécifique —— 35

Appendice à la partie 1 : « Discours Rapporté » et « Représentation de Discours Autre » - questions de dénomination —— 60

Partie II   Un dire *dans* le Dire : plans, enjeux, solutions pour une pluri-articulation

Introduction —— 69

Chapitre 3. Deux statuts pour le dire autre représenté : comme *objet* et comme *source* du Dire —— 70

Chapitre 4. Trois solutions pour l'articulation énonciative des deux actes A et *a* —— 102

Chapitre 5. La RDA comme double (re-)contextualisation : par représentation et par déplacement —— 147

Partie III Trois opérations métalangagières en jeu dans la RDA : catégorisation, paraphrase, autonymisation

Introduction —— 199

Chapitre 6. La catégorisation métalangagière en RDA —— 202

Chapitre 7. La (re)formulation paraphrastique en RDA —— 226

Chapitre 8. Le fait autonymique dans le champ de la RDA —— 246

Partie IV Bilan d'étape : Représenter le Discours Autre ? La réponse – en cinq modes – de la langue.

Introduction —— 327

Chapitre 9. Derrière le fonctionnement de la RDA en discours : la distinctivité de cinq modes en langue —— 328

Appendice au chapitre 9 : Citer/citation : l'éventail polysémique —— 360

Partie V La fonction configurative de la RDA

Introduction —— 375

Chapitre 10. En arrière plan de la RDA, le « discours autre » constitutif du dire : deux pensées de l'extériorité interne au dire —— 379

Chapitre 11. La RDA : prélèvement métadiscursif dans l'extériorité constitutive du dire —— 422

Chapitre 12. La caractérisation différentielle du Discours par ses autres : images et reflets configurants de la RDA —— 465

Chapitre 13. Le dehors du langage au dedans du dire : la « question » de la parole propre —— 492

Chapitre 14. La RDA : un travail de(s) bords —— 545

Chapitre 15. Variables en jeu dans le travail de bords —— 580

Bibliographie —— 633

Index des noms cités —— 662

Index des auteurs et des genres —— 667

Index des notions —— 669

Table des matières —— 671

Abréviations et conventions

RD   Représentation du Discours
DA   Discours Autre
RDA   Représentation du Discours Autre
ARD   Auto-Représentation du Dire

Les deux plans qu'articule tout fait de RDA sont distingués par l'opposition CAPITALE/ minuscule
Discours en train de se faire *vs discours* autre représenté
Leurs éléments : acte d'énonciation, énoncé, locuteur-énonciateur, récepteur, temps, lieu, contexte sont notés respectivement :
A (E, L, R, T, LOC, CONT)   et   *a (e, l, r, t, loc, cont)*
a^0 ($e^0, l^0, r^0, t^0, loc^0, cont^0$) est le référent dont *a (e, l, r, t, loc, cont)* est la représentation en **E**. Par défaut l'exposant n'est noté que si la distinction est indispensable et qu'il y a risque de confusion.
Modes de RDA :
MAS ; Modalisation en Assertion Seconde
(exemples : *D'après lui, il va faire beau* ; *Il paraît qu'il va faire beau*)
MAE : Modalisation Autonymique d'Emprunt
(exemples : *C'est « trop » comme elle dit* ; *C'est « trop » pour parler comme Marie*)
DI : Discours Indirect
(exemples : Il a dit qu'il venait ; Il a annoncé sa venue ; Il a encouragé Marie ; Ils ont parlé voitures…)
DD : Discours Direct
(exemples : Il a dit : « Ça y est » ; Il a passé la tête. Ça y est. Et il est reparti)
Biv-DIL: Bivocal (Discours Indirect Libre)
(exemples : Il se fâche : « Va-t-on enfin l'écouter ! » ; Il regarda le paysage. Que la vallée était belle.)
Dans les citations et les exemples les italiques ou gras sont de mon fait, sauf mention contraire (indiquée par *idt* ou **gdt**).
La transcription des énoncés oraux est minimale lorsqu'elle est de mon fait (pauses fortes, coups de glotte, accents d'intensité, si leur prise en compte apparaît spécifiquement pertinente pour la question traitée), et reproduit, dans le cas où ils sont cités d'après des travaux, les conventions adoptées par ceux-ci.

Avant-propos

> Nous ne sommes hommes, et ne nous tenons les uns aux autres que par la parole. [Montaigne, *Essais*, I, ix « Des menteurs »]
> Le discours rapporté c'est le discours dans le discours, l'énonciation dans l'énonciation, mais c'est en même temps un discours sur le discours, une énonciation sur l'énonciation. [Voloshinov (1929/2010)]

L'avant-propos est un genre de l'après-coup qui, en forme d'annonce au lecteur, tient du regard rétrospectif sur le parcours, parfois de longue haleine, qui a mené à l'ouvrage.

Pourquoi son titre plutôt que « Le Discours rapporté en français » ? C'est tout au long de l'ouvrage que – localement argumentée[1] – cette renomination du champ comme « Représentation du discours autre » prendra, on l'espère, son sens et sa justification. Quant au « Principes » du sous-titre, il dit, à la fois, du projet, l'ambition et les limites : saisir quelque chose des bases – langue, discours, sujet, langage –, des ressorts fonciers d'un secteur, déjà richement décrit, de production langagière.

De façon apparemment paradoxale c'est *parce que* le « discours rapporté » est tout sauf un domaine « à défricher », et aussi parce que c'est, personnellement, de longue date que je le parcours, que j'ai voulu tenter d'en interroger les fondements.

Un important acquis descriptif

Sur ce champ – un temps cantonné à la question du « discours dans le roman »[2] (ce dont des manuels scolaires portent encore la trace en ramenant la trilogie DD-DI-DIL à une variation offerte au narrateur pour inscrire la « parole des personnages ») –, on dispose aujourd'hui, en effet, d'une masse considérable d'observations, d'analyses. Si des études se focalisent sur la description d'une ressource de langue – incise, « selon », conditionnel dit « journalistique », classe des verbes de parole… –, c'est le plan du fonctionnement des discours qui, sans déserter la richesse inépuisable des textes littéraires, est privilégié dans les travaux en thèses, monographies, colloques, recueils collectifs… et même site

---

1 *Cf.* Appendice à la partie I.
2 L'« emprise » littéraire fondatrice étant toujours à même de « biaiser » des analyses comme celle, par exemple, du DIL traité comme « fait littéraire » et non comme forme susceptible, entre autres, de – passionnantes – mises en œuvre littéraires.

internet, tel l'actif « Ci-dit »³. Témoignant de sa vitalité, le domaine s'est élargi à une grande variété de régions du fonctionnement discursif : celui de la presse écrite et audio-visuelle qui s'est un temps taillé la part du lion, et au-delà de l'immense variété des pratiques professionnelles de communication écrite et orale et des « moules » génériques dans lesquelles elles se coulent – cours et manuels, tracts et débats politiques, écrits scientifiques, énoncés publicitaires, etc. – pour se confronter enfin aux échanges « ordinaires » écrits, oraux, par « internet »..., et s'ouvrir aussi aux problématiques d'extraction automatique de « citations ».

À la richesse, précieuse, des acquis descriptifs au plan des fonctionnements discursifs et textuels – créativité stylistique, effets de sens, régularités génériques, usages et fonctionnalités communicationnelles – ne répond pas (ou pas assez) le questionnement que peut susciter ce qui, au plan de la langue, de la discursivité, du langage, du sujet, structurellement, la « porte », la fonde, la « règle ». Symptôme sans doute de ce tendanciel déficit de « fondation » du domaine, l'étonnante persistance de la « vulgate » des trois patrons morphologiques DD-DI-DIL, respectivement assignés à la textualité, à la transposition/reformulation du premier, à la combinaison, littéraire, des deux premiers. Régulièrement reprise, fût-ce au prix, à l'épreuve d'observations qui la mettent en défaut, d'aménagements locaux, d'attendus – de contorsions, même, pourrait-on dire, lorsque c'est comme « prétendue, approximative », que la fidélité prêtée au DD en vient à être maintenue⁴ –, elle semble parfois fonctionner comme simple révérence à la tradition⁵.

De fait, ce « cadre », compatible avec l'investigation de la variété des fonctionnements discursifs observables, qui focalise l'intérêt majoritaire, ne fait pas, en effet, surgir la nécessité de l'examen des bases sur lesquelles il repose, que requerrait au contraire un questionnement d'ensemble⁶ sur ce que met en jeu l'expérience langagière constante du dire – énoncé ou reçu – parlant d'un autre dire⁷.

---

3 www.groupe-cidit.com.
4 Question que l'on retrouve (chap. **8**) à propos du fonctionnement propre à la RDA de l'autonymie.
5 On reviendra, chemin faisant, sur la spécificité de la démarche de Rosier (1999) qui, contestant globalement la pertinence différentielle de la trilogie classique au nom d'un « continuum », la prend cependant comme cadre où déployer celui-ci.
6 Tels ceux, notamment, de Compagnon (1979) ou de Quéré (1992).
7 Incluant (contrairement au « dire d'un autre » ou « dire d'autrui ») tous *mes* dires passés, futurs, imaginés... dès lors qu'ils ne se confondent pas avec le dire en train de se faire, *hic et nunc* (*cf.* ci-dessous chap. **322.3**. p. 16).

Un cheminement personnel

Le désir d'en questionner les bases est aussi le fruit d'une longue fréquentation personnelle du champ...

Abordé dans le bel élan des années 70 comme domaine d'initiation à la linguistique, pour répondre au désir de formation et de renouvellement manifesté par des enseignants du primaire et du secondaire qui y consacraient leurs après-midi de liberté, le discours rapporté – paroles parlant de paroles – s'est révélé, dans ce cadre, terrain privilégié de découvertes : l'énonciation et son « appareil formel », les descriptions définies, les variétés de langue, la problématique du sens en contexte, *etc.*, assortie d'expérimentations pédagogiques prometteuses, éloignées des rituels exercices scolaires de transposition mécanique DD<–>DI proposés par les manuels de grammaire... De cette rencontre, un article en 1977, écrit avec André Meunier, complice de l'aventure, se fait l'écho.

Mais, rencontré conjoncturellement, en marge d'un travail de recherche mené – avec intérêt – sur un champ tout autre[8], je n'ai plus quitté ce domaine, tant au plan de l'enseignement que de la recherche, retenue autant par l'inépuisable diversité des énoncés, textes, discours, que par l'ampleur des problématiques langagières qui le traversent.

Nourri dialogiquement, tant de la réception des travaux sur ce champ – réception toujours en défaut, tant celui-ci est fécond – et des rencontres essentielles dont elle est l'occasion, telles celles de l'étude, nullement « dépassée », du discours rapporté par laquelle Voloshinov achève son ouvrage de 1929, du travail fondateur de J. Rey-Debove (1978) sur le métalangage naturel, ses formes et son importance dans la pratique langagière « ordinaire », ou encore de la stimulante acuité du parcours de la « *parola d'altri* » de B. Mortara-Garavelli (1985)[9], que de l'apport inestimable de la multitude de dossiers d'étudiants de 2ᵉ année (moissonnant, par exemple, les « discours rapportés » du *Canard enchaîné*), de mémoires de maîtrise, DEA, doctorats touchant à la RDA en français ou dans d'autres langues, l'ensemble de mon parcours témoigne d'une constance si affirmée de son ancrage dans ce champ qu'elle en interroge rétrospectivement la source.

Passée une première traversée (Authier-Revuz, 1978) de travaux portant sur ce champ – où j'ai croisé, coup de foudre, sous les espèces de l'îlot textuel au discours indirect, le guillemet de modalisation autonymique (Authier-Revuz, 1981) qui m'a longuement entraînée (Authier-Revuz, 1992) à travers l'exploration des diverses hétérogénéités, ou non-coïncidences, qui traversent le dire, en dehors du

---

[8] *Cf.* notamment : « Étude sur les formes passives du français », *DRLAV* n°1, 1972, 145 p.
[9] *Cf.* compte-rendu *in* Authier-Revuz (1987c).

strict territoire de la RDA dont relève seulement la modalisation d'emprunt –, mon questionnement a emprunté, alternativement, deux voies différentes :
- celle de balisages schématiques de l'ensemble du champ (Authier-Revuz, 1992a, 1993a, 2001b, 2004a), à visée pédagogique, souvent explicite, voire militante[10], tentant d'y faire apparaître des plans de structuration ;
- et celle (Authier-Revuz, 1982a, 1989, 1992b, 1998, 2001) de la prise de conscience des arrière-plans que font, à la *représentation* du discours autre, les élaborations théoriques du fait de sa *présence* constitutive, proposées par le dialogisme bakhtinien et l'analyse de discours de, et autour de, Michel Pêcheux et, solidairement, du caractère inévitable – auquel je ne m'attendais pas – de choix théoriques, clivants, par conséquent à expliciter, touchant la conception du sujet parlant et de son rapport au langage, envisagé dès lors dans un cadre post-freudien, comme sujet « effet du langage », ou « de ce qu'il est parlant »...

Il me semble, après coup, que ce sont ces deux voies, empruntées séparément, que ce livre tente d'articuler dans une perspective d'ensemble du champ qui (loin de viser une description « complète » du « discours rapporté », rendant compte, sur la lancée du parcours des formes de la MAE (*cf*. 1992/2015) et sur un mode aussi exhaustif que possible, du fonctionnement de chacune des entités DD-DI-DIL... classiquement reconnues) permettrait d'y placer des repères structurants fondés sur – et découlant des – ressorts langagiers et subjectifs qui, en profondeur, y jouent.

La double visée de répondre, tant soit peu, aussi bien au « déficit » pointé ci-dessus qu'à l'énigme du pouvoir d'attraction que ce champ a exercé-exerce sur moi, passe par des interrogations ancrées *en deçà* de la séduisante profusion des énoncés observables.

---

10 Tel (Authier-Revuz, 1993a), cours rédigé, hors de toute visée de publication, à l'intention des « étudiants à distance » de 2ᵉ année de DEUG de Paris 3, et (1992a) texte écrit pour le grand public, en « soutien » (en tant que « consultant » – 1986-1992 – auprès du Ministère de l'Instruction Publique et des Cultes du canton de Vaud) à la passionante entreprise de rénovation pédagogique menée par le canton de Vaud (Suisse) – confection de manuels et formation permanente des enseignants de français – sur laquelle revient, écrit avec E. Genevay, Authier-Revuz *et al.* (1998).

En deçà des observables...

Le retour insistant, au fil de la rédaction de ce travail, de la locution « en deçà » m'a tout d'abord questionné – tic ? – avant que, à la réflexion, je ne rallie en profondeur le mouvement – fût-il répétitif – dont il témoigne : celui de ne pas demeurer au seul plan des phénomènes directement observables – ici les énoncés réalisés en discours, isolés ou « faisant texte », référant à un discours autre – pour interroger, « en deçà », ce qui, lois, ressorts, conditions..., jouant aux plans linguistique, discursif, subjectif, langagier[11], serait susceptible, dégagé de façon explicite et cohérente, de rendre compte des observables en se confrontant à eux.

Évoquant le phénomène de la « chute des corps » et les observations accumulées – bien avant les méditations du Garo de La Fontaine sur les destins gravitationnels respectifs du gland et de la citrouille[12] – par des générations de penseurs depuis l'Antiquité, E. Klein (2018) analyse en ces termes la démarche qui a permis à Newton, sur les pas de Galilée, d'*expliquer* les phénomènes observés et d'en prévoir d'autres : « tenir le monde empirique à distance », « se décoïncider » de l'observation directe, « faire un pas de côté » par rapport aux observables si l'on veut « comprendre les lois qui les gouvernent »[13]. Et d'évoquer la vérité de la « chute-des-corps » comme approchée par son anagramme (imparfait en vérité...) « hors du spectacle » !

Sans envisager les descriptions des faits de langage comme relevant des sciences exactes... il s'agit bien, en deçà de la variété des énoncés recueillis dans leur fonctionnement en discours, d'interroger des *réels* sous-jacents qui, non-observables directement, sont à « penser » comme ce qui structure, constitue, règle, de ces énoncés, la forme, la pratique, la fonction : réels abstraits
- de la *structure de la langue* pensée par Saussure,
- de *l'ordre du discours* posé par Foucault, Pêcheux articulant ses déterminations aux contraintes de la langue,
- du *langage* comme lieu, obligé et problématique, de l'émergence du sujet humain – loin de la fonctionnalité commode d'un « instrument de communication ».

---

[11] Je rappelle la distinction formulée par Culioli (1968 : 328) entre *linguistique*, réservé aux systèmes de relations existant dans une langue et *langagier*, renvoyant à « l'activité de langage de sujets dans des situations données ».
[12] La Fontaine, *Fables* Livre IX, fable 4.
[13] Présentation par l'auteur, physicien et philosophe des sciences, de son ouvrage, sur France Culture, 17–12–2018.

On tentera de saisir à ces trois plans le jeu de la RDA, appréhendée comme articulation métalangagière du dire à un autre dire – nouant réflexivité et altérité.

La RDA nouage de la réflexivité et de l'altérité

C'est bien ainsi que l'énoncé tant cité – et une fois de plus ici en exergue – par lequel s'ouvre l'étude novatrice de Voloshinov, saisit la RDA comme conjonction de discours *sur* et *dans* le discours, c'est-à-dire de la réflexivité métalangagière à même de représenter du discours, et de l'hétérogénéité (altérité) du discours traversé par « de l'autre ».

Il importe de souligner que, mise en avant par Voloshinov, cette *conjonction* du *sur* et du *dans* – qui est au cœur de la richesse énonciative du fait de la RDA – est, formulée autrement, tout à fait présente dans l'œuvre de Bakhtine : aisément méconnue, au profit de la dimension de l'altérité, dans les approches du « *dia*logisme », de la « *poly*phonie » (ou, au-delà, de l'*inter*discursivité/textualité...), la problématique – métalangagière – de la représentation est cruciale chez Bakhtine, comme en témoigne, entre mille, cette remarque :

> Le fait que la parole est l'un des *principaux objets du discours humain* n'a pas encore été pris suffisamment en considération ni apprécié dans *sa signification radicale* (Bakhtine, 1975/1978 : 172).

Le « sur » de l'étagement métalangagier et le « dans » de l'altérité ne sont pas nécessairement imbriqués, solidaires, dans le fil d'un énoncé : les manifestations de la fonction métalangagière peuvent ignorer la dimension de l'altérité lorsque c'est le langage, la langue ou le dire lui-même en train de se faire (*je te dis que...*) que celui-ci prend pour objet ; et les émergences d'altérité dans le dire – carambolages de langues, de variétés, surgissement de couches non-intentionnelles de doubles-sens, lapsus, *etc.* – ne sont pas nécessairement, même *a posteriori*, accompagnées, en surplomb, de leur représentation.

Le propre de la RDA, lieu d'extrême complexité énonciative, est de réaliser, dans des formes de langue – actualisées en discours – le nouage des deux modes que le langage a de n'être pas « un » : l'étagement interne que lui confère la dimension de sa réflexivité métalangagière, et l'hétérogénéité, l'altérité, dont il est – loin d'un système réglé et clos de transmission d'information – constitutivement affecté.

C'est à tous les plans évoqués comme « en deçà » des énoncés de RDA que seront interrogés les modalités et les effets de ce croisement dans le dire de l'altérité et de la représentation

- dans la circonscription du domaine de la RDA dans l'espace métalangagier (partie I) ;
- dans les « solutions » *proposées par la langue* permettant dans *un* énoncé de conjoindre aux plans syntaxique, énonciatif, sémantique, articulés dissymétriquement comme représentant/représenté, deux actes d'énonciation distincts (parties II, III, IV) ;
- dans les enjeux – « auto-configurants » au plan de la discursivité et de la subjectivité – du statut de « prélèvement » effectué dans l'irreprésentable extériorité langagière, qui est celui de cette part d'altérité qu'un discours reconnaît en lui par sa RDA (partie V).

Dans le sillage de Benveniste

C'est encore sur le mode de l'après-coup que je mesure la constance avec laquelle tout au long de ce parcours de RDA, et bien au-delà de ce qu'en marquent au fil du texte des références explicites, j'ai trouvé appui dans la façon aussi rigoureuse qu'« ouvrante » dont Benveniste a « continué Saussure en allant plus loin », en s'engageant à

> *Vivre le langage/* Tout est là : dans le langage assumé et vécu comme expérience humaine […] (*idt*)[14]

sans céder, en aucune façon, sur la négativité différentielle du système de la langue.

Les éléments cruciaux de « mon » Benveniste[15] dans l'approche de la RDA apparaissent aux divers plans de celle-ci :

(a) dans l'importance qu'il accorde au plan métalangagier (aux antipodes d'un « en dehors »du langage d'où envisager le langage) comme dimension du rapport humain au langage inhérente à, et manifeste dans, sa pratique ordinaire, et à ranger – dans ce langage qui « bien avant de servir à communiquer […] sert à *vivre*[16] – parmi « toutes les fonctions que [celui-ci] assure dans le milieu humain »[17].

---

[14] Note manuscrite de Benveniste conservée à la BNF (PAP.OR.30, enveloppe 2, f°241), citée *in* Laplantine (2012).
[15] Dans le Benveniste « pluriel » que déploie sa postérité multiforme et parfois contradictoire, comme le rappellent Brunet *et al.* (2011 : 17 *sq.*), en introduction au recueil *Relire Benveniste*.
[16] Benveniste (1974 : 214), *idt*.
[17] *Ibid.*

Je renvoie à l'éclairante réflexion de R. Mahrer[18] consacré à la langue benvénistienne comme « appareil de fonctions » répondant en chaque langue par des formules qui lui sont propres aux « divers problèmes à résoudre » qui se posent au langage comme « truchement »[19] entre l'homme et le monde. À la liste, qu'il amorce[20], des fonctions définies chacune « par la réponse qu'au sein du langage elle donne à un problème de l'humain » : « performativité, délocutivité, subjectivité, référence... », je pense qu'on peut ajouter le métalangage, reconnu comme essentiel par Benveniste et y spécifier, comme l'une de ses branches, la « représentation de discours autre ».

Benveniste nous le rappelle[21] : contrairement aux abeilles qui, inaptes à construire un « message à partir d'un autre message », ignorent autant le dialogue que le « discours rapporté »..., « nous parlons à d'autres qui parlent, telle est la réalité humaine », ce que je m'autorise à spécifier en : « nous parlons à d'autres qui parlent et, notamment, de *paroles autres* que celle qui est en train de se faire », et cela d'autant plus (cf. ci-dessous) que Benveniste invite lui-même à s'intéresser aux énonciations « rapportées » ;

(b) dans l'égale attention qu'il porte aux *signes* de la langue et au « *dire des signes* »[22], aux « deux manières d'être langue », comme « sémiotique » ou comme « sémantique » – lumineusement caractérisées dans *La forme et le sens dans le langage* (1967) et *Sémiologie de la langue* (1969)[23] comme relevant respectivement de ce que l'on *reconnaît* (le signe) et de ce que l'on *comprend* (le mot, en discours).

Sur la question – aussi cruciale que clivante aujourd'hui – de la place (déniée, concédée, réaffirmée...) de la structure de la langue dès lors que l'on s'ouvre à la concrétude des discours, on revient (outre ci-dessous), centralement dans le bilan que le chapitre **9** consacre à la RDA « en langue ».

Quant à la dualité des plans reconnus et articulés de la langue et du discours telle que la conceptualise Benveniste, elle constitue une base précieusement compatible avec les théorisations du discours – Bakhtine, Pêcheux – convoquées[24] dans la partie V de l'ouvrage ;

---

18 Mahrer (2011 : 210 *sq*.)
19 *Cf.* : « Le langage *re-produit* la réalité. Ceci est à entendre de la manière la plus littérale ; la réalité est *produite à nouveau par le truchement du langage* ». (Benveniste, 1966 : 25, *idt*)
20 Mahrer (2011 : 214)
21 Benveniste (1966 : 61).
22 *Cf.* Brunet *et al.* (2011 : 25).
23 Repris dans Benveniste (1974).
24 Présentées au chapitre **10**.

(c) dans le caractère central donné à l'*énonciation*, aux deux plans – intensément convoqués l'un et l'autre par l'hétérogénéité énonciative de la RDA – d'une part de son appareil formel, crucialement mis en jeu dans le clavier des solutions proposées par la langue à la question du deux (actes d'énonciation) en un (énoncé), et d'autre part de ce qu'il en est, pour un sujet parlant de « s'énoncer » en énonçant.

Sur ce dernier point, c'est de nouveau, mais au-delà de la seule compatibilité, une consonance qu'il m'a été précieux de noter entre ma référence appuyée à la conception post-freudienne d'un sujet clivé par l'inconscient[25], « effet » – parfois troublé – du langage (chap. **13–14**) et la position de Benveniste : résolument étrangère au rabattement du rapport sujet-langage sur celui de l'utilisation du second comme instrument pour le premier, elle n'est pas seulement clairement formulée dans les termes d'un langage qui « enseigne la définition même de l'homme, celui-ci « se constitu[ant] dans et par le langage »[26], mais s'ouvre explicitement à la prise en compte de la « découverte freudienne » dans l'appréhension du langage, saluant, par exemple, le « brillant mémoire de Lacan sur la fonction et le champ de la parole et du langage en psychanalyse »[27].

Ces remarques disent combien je mesure aujourd'hui à quel point les *Problèmes de linguistique générale* n'ont cessé d'être, pour mon travail, un « environnement » stimulant et sécurisant à la fois.

Je ne peux les clore, en avant-propos d'une étude sur le « discours rapporté, sans évoquer le fait, longtemps inaperçu pour moi, que c'est à deux reprises que Benveniste évoque, comme un rendez-vous à prendre pour des recherches futures, les « perspectives » qu'ouvre, à ses yeux – c'est-à-dire dans le cadre énonciatif qui est le sien – le domaine complexe de « l'énonciation énoncée »[28].

Une première fois, en 1959, c'est en établissant la distinction entre les deux « systèmes » d'énonciation du discours et de l'histoire[29], qu'il croise, sans s'y attarder, la question :

---

25 Elle est explicitée au chap. **10**.3, p. 405, par rapport à celles du sujet « conscient » et du « non-sujet », cette mise en rapport ayant secondairement pour fonction de rappeler que la référence à l'inconscient freudien, ou au sujet lacanien « effet du langage », n'est pas un « en plus » de théorisation, relativement à ce que serait l'approche – relevant tout autant d'un *choix* théorique, mais qui s'escamote comme « naturel », ou « neutre » – du sujet comme classiquement « conscient ». Sur ce choix, explicité de longue date, *cf.* (Authier-Revuz, 1982a, 1984, 1995/2012 : 77–105, 1998, 2001).
26 Benveniste (1966 : 259) : « De la subjectivité dans le langage », paru en 1958 dans le *Journal de psychologie*.
27 Benveniste (1966 : 75–87) : « Remarques sur la fonction du langage dans la découverte freudienne », paru dans *La Psychanalyse en 1956*, date de la publication des *Écrits* de Lacan
28 Pour reprendre la formulation de Greimas et Courtés (1979), *cf.* ci-dessous chap. **2**.2 p. 38.
29 Benveniste (1966 : 237–250) « Les relations de temps dans le verbe français »

> Indiquons par parenthèse que l'énonciation historique et celle du discours peuvent à l'occasion se conjoindre en *un troisième type d'énonciation*, où le discours est rapporté en termes d'événement et transposé sur le plan historique ; c'est ce qui est communément appelé « discours indirect ». Les règles de transposition impliquant des problèmes qui ne seront pas examinés ici. (Benveniste, 1966 : 242)

Une deuxième fois c'est, à la toute fin de son dernier article[30], consacré à « l'appareil formel de l'énonciation » que, parmi les « autres développements [qui] seraient à étudier dans le contexte de l'énonciation » ; il évoque[31] le fait que

> [...] l'écrivain s'énonce en écrivant et, à l'intérieur de son écriture, il *fait des individus s'énoncer*. De longues perspectives s'ouvrent à l'analyse des *formes complexes du discours*, à partir du *cadre formel* esquissé ici. (Benveniste, 1974 : 88)

Irène Fenoglio consacre trois pages[32] au dossier génétique (notes et brouillon) de ces dernières lignes, notant comme « remarquable » que pour un « propos qui n'est pas développé » elles soient « essayées, réfléchies *quatre fois* (*idt*) avant le texte final », comme la marque de l'insistance de cette « perspective »[33] dans les dernières années de création, brutalement interrompue, de Benveniste. Découvrir, tardivement, engagée depuis longtemps dans l'exploration de cette région de complexité énonciative, que celle-ci rencontrait un projet qui avait retenu Benveniste m'a été, avec émotion, aussi encourageant qu'intimidant...[34]

L'en deçà du réel de la langue

Des deux en deçà à explorer pour rendre compte du fait observable des énoncés de RDA – du côté du réel abstrait de la langue et du côté de la discursivité et du

---

30 Paru en 1970 dans *Langage* 7, repris *in* Benveniste (1974 : 79–88).
31 Dans la perspective de « l'énonciation écrite » et associé à la problématique de la « parole des personnages ».
32 Fenoglio (2011 : 294–296).
33 *Cf.* aussi la mention d'une « énonciation au deuxième degré » relevée par I. Fenoglio sur un feuillet contemporain (en rapport avec le monologue intérieur).
34 Sentiment complexe qui consonne, pour moi, avec la remarque – interrogative – de R. Mahrer (2011 : 203–4) relative au « troisième type d'énonciation » évoqué par Benveniste : « En tant que type énonciatif cette proposition est tombée dans l'oubli, à moins de considérer le travail de recatégorisation du discours rapporté en *représentation du discours autre* par Authier-Revuz [...] en soit la reprise... »

langage –c'est le premier dont la prise en compte est aujourd'hui la plus incertaine.

1. Dans l'oubli, ou le rejet explicite, d'un système différentiel de signes structurant le champ de la RDA, convergent deux ordres de phénomènes : a) un mouvement général affectant les « sciences du langage », et b) une spécificité de l'« objet » RDA propre à catalyser le premier.

a) Repéré – et dénoncé –, au tournant des années 1980 par Milner (1978) ou Pêcheux (1982) comme « antilinguistique », témoignant d'une « aversion » pour « le propre de la langue », dont le progrès, vingt ans plus tard, est enregistré, sans joie, par Milner (2002) comme « achevant » le « périple structural », le mouvement de congédiement de la langue saussurienne (ou du sémiotique de Benveniste) comme *artefact* venant malencontreusement interposer son « squelette désincarné », sa « rigidité normative »... dans la saisie directe de la vivante réalité des énoncés observables... va de pair avec la méconnaissance du réel abstrait jouant derrière la réalité sensible – ici, spécifiquement, celle de l'abstraction du réel différentiel de la langue, condition de notre parole, comme aussi de notre pensée.

On sait que la pensée saussurienne de la langue comme objet « *structuré et intrinsèquement parcouru de discernements* »[35] (*idt*) n'a jamais été reçue de façon consensuelle : elle a d'emblée suscité des oppositions au nom d'une « réalité qu'elle appauvrissait »...[36] et qu'elle n'a jamais cessé de devoir être réaffirmée contre ses recouvrements par la « norme » ou l'« usage »[37]. Et, si la primauté reconnue au symbolique dans ce qui touche à l'humain qui caractérisait le mouvement structuraliste a soutenu la réception de Saussure comme un ancrage, bien au-delà de la linguistique, c'est aujourd'hui un puissant mouvement contraire qui se manifeste, visant là aussi, bien au-delà de la langue à un effacement des frontières, limites... – en « floutage » des différences, hybridations, continuums –

---

[35] Milner (1983 : 39).
[36] *Cf.*, par exemple, le « grief » exprimé par Schuchard dans son compte rendu du CLG « contre les systèmes qui procèdent par division et font violence aux choses », que cite C. Normand (1995 : 229) comme traduisant la « révolte de l'empirisme malmené ».
[37] Comme en témoigne, par exemple, ce rappel de R.-L. Wagner en introduction à Wagner (1949) :
> À force d'aller répétant que le langage est un fait social, on perd un peu, peut-être [que] ce désordre est à chaque instant compensé, comme l'a bien vu M G. Guillaume, par un principe d'organisation interne auquel on peut donner le nom que l'on veut, mais dont la réalité me paraît évidente.'il ne fonctionnait pas *en deçà* du discours, les hommes penseraient encore sans doute, mais ce ne serait plus dans le langage ni par son moyen. (Wagner, 1949 : XXXV, *1*)

qui ne peut manquer de toucher à ce fondement de la distinctivité que celle-ci constitue.

b) Du côté de la RDA il est particulièrement aisé de céder aux sirènes de l'oubli de la langue, dans la mesure où cette fonction universelle du langage, permettant de parler du langage, et particulièrement d'une parole autre, ne s'incarne pas au plan de la langue dans un paradigme dédié de formes segmentales, tel celui des temps verbaux, par exemple, ou de la déclinaison. Il faut attentivement traverser le maquis disparate de formes syntaxiques, énonciatives, lexicales, typographiques, prosodiques, sémantiques, discursives composant les formes de RDA, pour identifier (« en deçà » !) les éléments, non directement observables, du système de distinctivité sur le réel duquel se règle le champ.

2. Ainsi les approches contemporaines du « discours rapporté » sont-elles traversées par un net clivage théorique (à fortes incidences descriptives) touchant à la question de la structure différentielle de la langue que Maingueneau résume par l'alternative : « Formes distinctes ou continuum ? »[38].

Il est essentiel de marquer qu'une telle opposition – théorique – ne se ramène pas au constat, qu'explicite le titre « Formes classiques et formes hybrides », que les trois « types » de phrase (ou d'énoncés), canoniquement retenus pour ordonner le champ du discours rapporté, sont multiplement « débordés », bousculés, dans leur « identité » de forme, par la variété des énoncés rencontrés. En aucune façon ce trio canonique – relevant plutôt du classement schématique d'un ensemble d'observables – ne peut être assimilé à une quelconque « « grammaire » du discours rapporté, explicitant un système d'éléments minimaux et de règles de combinaison, apte à rendre compte de la diversité des formes phrastiques relevant du champ. Et l'existence de formes analysées comme « mixtes » ou « hybrides » relativement aux types fixés qui, certes, interroge la pertinence de cette représentation du champ, n'implique en rien le choix théorique qui consiste à envisager ce champ comme « fonctionnant » au seul plan « sémantique » de la mouvance interprétative[39], dépourvu (délivré ?) de son ancrage dans la distinctivité, le « un », du plan « sémiotique ».

---

38 Maingueneau, *in* DAD (2002 : 193).
39 Maigueneau (*ibid*) note, modulant au conditionnel, pour l'approche en continuum, une pertinence « que confirmerait l'existence de formes hybrides », que le choix de « raisonner en terme de continuum » est le fait de linguistes « surtout sensibles à l'*interprétation* des citations *en contexte* ».

3. C'est bien en deçà des trois « patrons » du discours rapporté qu'il faut identifier les éléments différenciateurs minimaux, à partir desquels pourrait se dégager une « grammaire » de la RDA : c'est le chemin que, jusqu'au chapitre **9** qui en rassemble les résultats, on tente de parcourir, une fois assuré (partie I) le contour du champ dans l'espace métalangagier.

On peut penser cette « grammaire » comme l'ensemble des « solutions » apportées par la langue au problème – inhérent à la « fonction » RDA – que pose l'articulation métalangagière dans *un* énoncé de *deux* actes d'énonciation distincts, et envisager qu'elle repose sur un appareil formel métalangagier spécifiquement dévolu à l'intégration, dans un énoncé, d'un acte d'énonciation autre, par sa représentation.

Le ressort premier de cet appareil est l'*analyse* – au sens propre du mot – qu'il opère du « tout » d'un énoncé permettant à la représentation de sélectionner tel ou tel élément d'un énoncé, « spectrographiquement » dissocié en forme et sens, contenu prédicatif et valeur illocutoire, ancrages énonciatifs et manières de dire, et, plus avant encore, ancrages énonciatifs référentiels et modaux, eux-mêmes encore scindés en deux « couches », primaires et secondaires. Cette analyse sous-tend les deux grands mécanismes de l'intégration métalangagière de l'autre dans l'un, de la RDA :
– d'une part (partie II) les *modèles* (contraintes et espaces de variation) *d'articulation des deux actes*, aux plans sémantique (l'intégration de l'autre dans l'un, au titre de son « objet » ou de sa « source », chap. **3**), énonciatif (par unification, disjonction, division…, chap. **4**) et contextuel (dans la variété – ininventoriable contrairement aux plans précédents – des équilibres entre contexte représenté et contexte d'accueil, chap. **5**) ;
– d'autre part (partie III) les aspects spécifiques du fonctionnement des *opérations métalangagières* fondamentales : catégorisation (chap. **6**), paraphrase (chap. **7**) et autonymisation (chap. **8**) lorsque leur objet n'est pas celui « réglé » de la langue et de ses « *types* » mais, du côté de la concrétude des *tokens*, non pas celui du « même » que redouble l'auto-représentation du dire (ARD) mais celui d'un acte d'énonciation *autre*.

4. Ce parcours débouche (chap. **9**.2) dans l'esquisse d'un système d'éléments différentiels abstraits en nombre fini, hiérarchisés en plusieurs niveaux, sous-jacent à l'inépuisable réalité singulière des énoncés.

Un niveau de base (I), pré-linéaire, apparaît formé de *trois traits pertinents* (définis par une opposition binaire ou ternaire) qui se combinent en *cinq « Formules »* ; distinctes les unes des autres par au moins un trait, elles sont chacune la formule – comme on le dit pour un corps chimique – d'un des « Modes » de RDA que propose la langue : tels, par exemple, n'ayant aucun trait commun, le mode du DD (discours autre objet ; autonyme ; double ancrage énonciatif) ou celui de la MAS (discours autre source ; pas autonyme ; ancrage énonciatif unifié).

Avec le second niveau (II), on accède au plan de la linéarisation : à chacune de ces « Formules » correspond la *zone* des formes de langue sur lesquelles chaque formule est susceptible de se projeter sur une chaîne : c'est-à-dire l'ensemble[40] – divers, hétérogène, mais inventoriable – des types d'agencement linéaire correspondant à l'un des cinq modes (tel, pour le DD, par exemple, aussi bien la suite canonique du « P » introduit par un verbe de parole, que suivi ou interrompu par une incise, annoncé par un nom de parole, avec ou sans guillemets, sous la forme à marquage zéro dite « DD libre », *etc.*).

Le parcours de l'« en deçà » structural– avec la pauvreté rigide de ses types phrastiques linéarisant des Formules combinant des traits pertinents – s'achève avec l'actualisation de ses formes, déployant « à ciel ouvert » l'inépuisable singularité de leurs occurrences. Évidemment déceptif par rapport à l'exploration des ressources en effets de style, de sens, de chacun des modes qu'il ne fait qu'ouvrir, le système dégagé débouche cependant (chap. **9**.3), au plan du fonctionnement discursif, sur un ensemble de questions – neutralisation, ambiguïtés, cumul, enchaînements... des modes – que l'approche en termes de Formule-traits permet (intersection, disjonction, « familles » de modes...) de reformuler.

L'en deçà de l'extériorité discursive et langagière

À l'en deçà de l'énoncé observable, parcouru du côté du système de signes de la langue, répond l'autre versant d'un en deçà du *dire des signes*, non réductible à leur « simple » utilisation intentionnelle, en deçà dans lequel la fonction d'auto-configuration différentielle du discours « par ses autres » représentés opère à plusieurs niveaux du dire (partie V).

Chaque discours donne à voir en lui d'autres discours avec lesquels il entre en rapport : l'observation de la place qu'il leur fait, de leur identité, du type de rapports qu'il installe avec eux, etc. fournit sur chacun d'eux, comme tant de travaux en ont fait la démonstration, de précieux éléments de caractérisation. Les autres que, dans des visées diverses – narratives, argumentatives, ludiques... – un discours convoque, lui sont un moyen de se positionner parmi eux, de produire, par rapport à eux, une image de soi (chap. **12**).

---

[40] L'inscription de la variété dialectale et diachronique étant à penser dans le jeu entre stabilité de la Formule et mouvance relative dans la zone qu'elle définit.

Mais il importe de ne pas – à l'instar des énonciateurs eux-mêmes – oublier que la *représentation* qu'un discours offre de « ses autres » se fait, et ne peut se faire autrement, que *sur le fond* de la *présence* en lui de l'altérité discursive dont il est fait, conceptualisée notamment – et différemment – chez Bakhtine et Pêcheux (chap. **10**). À faire se profiler les autres représentés dans un discours sur le fond de son hétérogénéité constitutive, apparaît le caractère de *prélèvement* (inévitable) qu'opère, dans le *réel* de la mémoire interdiscursive qui le nourrit, l'*image* que la RDA dessine dans un discours de « ses » autres – c'est-à-dire de ceux qu'il reconnaît comme tels (chap. **11**). Dès lors la fonction d'auto-configuration du Discours par sa RDA ne se résume pas à la production – au jeu de miroirs de la « société » d'autres qu'il s'est choisis – d'une image de soi : se détachant comme en relief, sur le fond du Discours, l'image qu'il dessine de ses autres fait apparaître, par contraste, la « matière » de ce fond, c'est-à-dire – révélant *son ancrage propre dans l'interdiscours* – les ailleurs, déjà-dits dont il est tissé qui, « appropriés », assimilés (sur un mode parfois délibéré, foncièrement insu, éventuellement dénié) circulent, à bas bruit, en lui.

L'analyse du/des discours gagne à prendre en compte *les deux plans* des « ailleurs », aussi bien présents que représentés : à ne pas s'arrêter au jeu – certes significatif – du représenté dans un Discours, pour « plonger », selon les méthodes propres à l'AD[41], dans ce que celles-ci permettent de lui adjoindre comme « mémoire » ; ni à s'en tenir aux modalités de l'emprise secrète de l'interdiscours sur le discours, comme dégageant une « vérité » du discours qui pourrait se dispenser de prêter attention aux manifestations énonciatives superficielles des illusions du sujet (selon une tentation des premières époques de l'AD[42]). La mise en regard de ces deux couches d'altérité du discours peut révéler des rapports divers, éclairants qui méritent l'attention[43].

C'est aussi au plan des échanges ordinaires que cette approche de la RDA dans un Discours comme prélèvement effectué par l'énonciateur éclaire les flottements, conflits, surprises, dont le tracé de frontières est le lieu (chap. **11**. 2).

L'auto-configuration du discours par sa RDA opère encore à un plan plus profond (envisagé au chap. **13**) où se joue, pour l'énonciateur, hors de son intentionnalité, son mode d'être – parfois, tragiquement, de n'être pas – un sujet parlant. Il n'est plus question là d'image à dessiner dans des rapports de différence à *des semblables*, pas plus qu'il ne s'agit de tel ou tel ailleurs discursif spécifique assi-

---

[41] « AD » renvoie dans cet ouvrage à l'approche initiée par M. Pêcheux (*cf.* chap. **10**).
[42] Le chapitre **10** revient sur le congédiement des formes de l'énonciation, solidaire de celui de l'imaginaire, propre à la première AD.
[43] *Cf.* des exemples évoqués schématiquement au chapitre **11**.1 p. 422.

milé par le discours ou au contraire détaché comme autre : l'enjeu, vital, pour le sujet est de trouver un équilibre – *son* équilibre propre, toujours à réassurer – dans la contradiction, fondatrice, du rapport du sujet *au langage* (« antinomie » dit Benveniste, « hétéronomie » dit Lacan...) entre « l'inappartenance foncière du langage »[44], relevant d'un « dehors », et la nécessité pour le sujet d'éprouver cependant ce qu'il énonce comme le « dedans », sa parole « propre ». C'est en effet dès l'entrée dans un langage qui, extérieur, nous préexiste – ou faudrait-il dire de l'entrée du langage dans l'enfant, telle une greffe qui le « dénature » – que se pose la question du « Comment ? » ; comment faire avec des mots, communs, pas à soi, une parole « de soi » ? Dans la façon d'y répondre – aisée, heureuse ou difficile, douloureuse (comme elle apparaît au cœur de certaines écritures : Flaubert, Sartre, Barthes...), tragiquement impossible – c'est-à-dire dans la façon dont nous parvenons à concilier le réel de ce « dehors dans le dedans du dire » avec notre idée de nous-même passant par « un dehors *et* un dedans », se joue le sentiment de notre identité.

C'est aussi, à ce plan où s'articule la parole au langage, que l'on peut (chap. **14**) tenter d'esquisser le rôle de la RDA et de sa fonction auto-configurante. À côté des précieux dispositifs de protection « passive » si l'on veut, de notre parole, consistant à « ne pas » prêter attention à l'extériorité dont elle est faite, la RDA apparaît comme un outil actif de méconnaissance, instrument positif de réassurance pour le sujet de son sentiment – imaginaire – de tenir une parole propre. À représenter, localement, dans son Discours, des paroles « autres » – et peu importe lesquelles et de quels ailleurs elles proviennent –, on tient en respect la menace dépossédante de l'Autre du langage : la RDA opère une conversion métadiscursive, de la topologie, invivable, d'un extérieur « passé » dans l'intérieur, dans la géographie – salutairement imaginaire – de territoires délimités par des frontières.

La zone de RDA d'un Discours – où, selon la variété de ses formes, l'un s'articule à ses autres – apparaît alors comme la *bordure interface*, dont le Discours se cerne, lieu de contact, rencontre, échange avec l'extérieur, qui en même temps par rapport à celui-ci, lui assure la protection d'une frontière.

Par sa fonction complexe de limite et de lien – l'action séparatrice de l'une étant la condition de l'autre – la bordure interface de la RDA s'apparente, au plan du Discours qu'il énonce, à ce qu'est pour l'homme la vivante et vitale membrane « superficielle » de sa *peau*[45].

---

[44] Selon l'heureuse formule de M. Schneider (1985) que l'on retrouvera plus tard.
[45] Métaphore qui ne renie pas ce qu'elle doit à l'élaboration théorique (*cf.* chap. **13**.1.2 p. 492) du Moi-peau de D. Anzieu (1985), inspiré lui-même par la conception freudienne du Moi comme « barrière de contact ».

En deçà et au travers des diverses fonctions qui lui ont été reconnues – stratégies discursives, production d'une image de soi – la RDA accomplit un « *travail de bords* », modalité, en Discours, de la cruciale question humaine du « être avec ».

Appréhender un Discours « par ses bords », saisir la spécificité, éclairante pour le Discours tout entier, de son « style de bords », semble une entreprise pertinente – ce dont l'attention accordée au « discours rapporté » dans les études discursives et littéraires porte témoignage.

Faisant pendant au programme descriptif sur lequel s'achevait, au chapitre **9**, l'investigation des formes de langue de la RDA, c'est sur le survol d'un jeu de *variables*[46] à travers lequel se fait le travail de bords propre à un sujet, un texte, un genre... que se clôt (chap. **14.**2) le parcours – dans l'autre « en deçà » des énoncés – de l'étagement des plans discursifs et subjectifs, où s'exerce, secrètement pour une large part, la fonction auto-configurante de la RDA.

Caractérisée formellement comme articulation métalangagière de deux actes d'énonciation distincts, la RDA unit deux manières pour le dire de « n'être pas un » : celle de la foncière extériorité (hétérogénéité) qui le traverse et, lui répondant, l'« étagement » surplombant dont le dote sa faculté réflexive – comme si le langage offrait, de l'intérieur, les outils pour négocier, vaille que vaille, avec les menaces et les risques qu'il comporte.

À travers l'ensemble des plans – langue, discours, langage, sujet – où, simultanément, se joue, dans la RDA, la différence représentée à un autre comme mode pour l'énonciateur de se poser comme « un », s'amorce une réponse au pourquoi d'un intérêt personnel si entêté pour *ce* champ spécifique du « discours rapporté »-RDA : il apparaît comme un objet privilégié pour, en linguiste, « vivre le langage », comme y engageait Benveniste, « assumé et vécu comme expérience humaine ».

* * * * *

L'élaboration de cet ouvrage a été longue... Simone Delessalle et Michèle Noailly, lectrices attentives et encourageantes de ses débuts lui ont été de bénéfiques « marraines ».

Il doit beaucoup à l'environnement vivant et chaleureux du séminaire « Représentation du Dire et du Discours » (Université Paris 3) – son noyau stable et ses satellites – dont j'ai, tout au long, reçu soutien, confiance, échanges, discussions... impatience aussi, comme à tous ceux qui l'ont rejoint en apportant leur aide précieuse à diverses étapes de son achèvement ; que tous, Éric Beauma-

---

46 Chacune d'entre elles ouvrant sur un passionnant espace à explorer...

tin, Stéphane Bikialo, Yvonne Cazal, Claire Doquet, Frédéric Fau, Jean-Maxence Granier, Brigitte Lagadec, Julie Lefebvre, Rudolf Mahrer, Catherine Rannoux, Anne Régent, Jean Revuz, Frédérique Sitri, trouvent ici l'expression de ma reconnaissance.

Ce que je dois à Marc Authier va bien au-delà de ce qu'on peut évoquer comme « soutien », si constant soit-il : c'est d'une vraie participation – logistique, intellectuelle, morale... – qu'il s'agit, sans laquelle je n'aurais pas écrit ce livre.

Partie I **Du Dire *sur* un dire : une affaire métalangagière**

Introduction

Dans un dire de part en part traversé de déjà-dit, soumis à la loi – dialogique, interdiscursive – qui partout, intimement, impose la présence du discours autre *dans* le discours, c'est à sa couche métalangagière, apte à tenir un discours *sur* du discours, que revient de *faire place* en lui à des discours autres reconnus et accueillis comme tels. Ce qui, à un discours autre, confère son « droit de cité » dans un dire – le détachant par là de l'altérité discursive qui, y circulant secrètement, l'imprègne –, c'est le *passage obligé* par sa représentation métalangagière, ou, pour le dire tout simplement, que ce dire *parle de lui*.

On s'attachera (ch. **1**) à situer la Représentation de Discours Autre, désormais RDA, comme partie prenante de la pratique métalangagière et comme secteur spécifique du fonctionnement métadiscursif, avant (ch. **2**) de dégager quelques caractères de cette pratique métadiscursive de « dire (sur) un dire autre » qui, structurée par la dualité foncière des dires en jeu, s'accomplit *via* une analyse spontanée du fait de dire.

Chapitre 1 La représentation du discours autre : un secteur de l'activité métalangagière

> Monsieur Jourdain : Quoi, quand je dis « Nicole, *je t'ai dit* de m'apporter mes pantoufles », c'est du métalangage ? [d'après Molière, *Le Bourgeois Gentilhomme*, II, 1]

Oui, nous usons de métalangage aussi communément que nous « faisons de la prose », et le plus familier de nos dires sur un dire – articulant deux actes d'énonciation, dont l'un a le statut d'objet représenté par l'autre – relève, autant que la plus élaborée des productions en sciences du langage, de cet « étagement » intralangagier (du langage ayant pour objet du langage) qu'on appelle *métalangage*.

Il n'est évidemment pas question, ici, des constructions de langages artificiels que sont les métalangages « logiques », mais de la réflexivité propre au langage humain dit « naturel », c'est-à-dire d'une donnée observable aux plans linguistique, discursif et langagier, celle du sous-système, inclus dans la langue, de la métalangue et de la variété des fonctionnements métadiscursifs inhérents à la pratique langagière[1].

On soulignera d'abord (1) que, par son statut métalangagier, la RDA participe de cette propriété foncière du langage humain – au triple plan de la structure sémiotique, de la pratique discursive et de l'expérience subjective – qu'est la réflexivité ; avant, dans la géographie de l'espace métadiscursif, de faire apparaître la RDA comme l'une de ses régions (2.1), dont il s'agira, ensuite, de dessiner les frontières – discrètes ou incertaines – qui la séparent de ses voisines, ayant pour objet, non un discours autre, mais la langue (2.2) ou ce discours même en train de se faire (2.3, 2.4).

---

[1] Selon le jeu d'oppositions proposé par Arrivé (1986 : 152–159), ce métalangage « naturel » relève du métalangage *linguistique* (i.e. ayant comme objet le langage naturel et non un langage formel), *interne* (i.e. faisant partie intégrante du langage objet, naturel, et non construit extérieurement à celui-ci). C'est à sa description systématique – sémiotique, lexique, syntaxe, sémantique – qu'est consacré l'ouvrage fondateur de J. Rey-Debove : *Le Métalangage – Etude linguistique du discours sur le langage* (Rey-Debove, 1978). Au-delà du parcours qui suit, on trouvera des compléments, notamment bibliographiques, dans Authier-Revuz (1995/2012), ch. **1** « Balisages dans le champ du métalinguistique ».

1 Le métalangage au cœur de la pratique langagière

1.1 Le *métalangage* est dans le langage, la *métalangue* dans la langue

C'est tout au long de la réflexion de Benveniste sur la langue, le langage et l'énonciation que court le fil de la *réflexivité* structurelle, selon laquelle « la langue peut en principe tout catégoriser *y compris elle-même*.[2] ». Fortement thématisée comme « pouvoir majeur » de la langue :

> celui de créer un deuxième niveau d'énonciation, où il devient possible de tenir des propos signifiants sur la signifiance (Benveniste (1974 : 65).

cette propriété est reconnue comme « privilège » du langage humain parmi les autres systèmes de signes :

> Aucun autre système de signes ne dispose d'une « langue » dans laquelle il puisse se catégoriser et s'interpréter selon ses distinctions sémiotiques [...] (Benveniste,1974 : 61–62).

Cette aptitude à l'étagement interne du langage est notamment étrangère à la communication animale :

> [Chez les abeilles] la communication se réfère seulement à une certaine donnée objective. [...] L'abeille ne construit pas un message à partir d'un autre message (Benveniste (1966 : 60)[3].

Autrement dit, pas de RDA chez les abeilles ! La réémission d'un signal reçu (plante X, direction Y, distance Z), référant à une « donnée objective », ne prendra jamais la forme « La collègue-abeille vient de m'informer que P ; d'après elle, P » qui étagerait les deux plans de référence, au monde et au message sur le monde.

Observé par le linguiste, comme propriété du langage naturel, le caractère structurel de sa réflexivité est aussi un enjeu dans le débat philosophique touchant au rapport entre pensée et langage et à la conception du sens. Dans des

---

[2] Benveniste (1974 : 62) dans « Sémiologie de la langue », *cf.* aussi, par exemple, (1974 : 97) (on rappelle que dans tout ce livre, sauf indication contraire les *italiques* dans les citations sont de mon fait, alors que les *italiques* de l'auteur sont signalés *idt*).
[3] Dans « Communication animale et langage humain. » Même point de vue chez Culioli (1967 : 66, 70) soulignant que « le langage humain n'est pas un système de signes parmi d'autres », en ce que, notamment, il « permet des étagements compliqués, puisqu'on peut toujours l'utiliser pour parler sur le langage [...], trait qu'on ne trouve jamais dans la communication animale. » ; sur cette propriété « d'étagement du langage », *cf.* Culioli (1990 : 37) ou (2002 : 213 *sq.*).

cadres théoriques divers – le Wittgenstein des *Investigations Philosophiques*, Merleau-Ponty, Lacan[4],... – le constat : « le métalangage est dans le langage » s'assortit aussitôt d'un « et il n'est que là » : ce qui est récusé par là, c'est l'existence – hors du fantasme, normal et nécessaire au sujet, d'une maîtrise du sens par une pensée « pure » – d'un lieu d'extériorité au langage d'où il serait possible de le penser[5] ; et, par le même mouvement, ce qui est affirmé c'est que l'aventure du sens est toute entière enclose dans le jeu du langage et dans son « obstinée référence à lui-même ».

C'est ce double mouvement qui anime le beau texte de Merleau-Ponty sur le « langage indirect » dans *Signes* :

> On croit le sens transcendant par principe aux signes [...] [le] sens est tout engagé dans le langage, la parole joue toujours sur fond de parole, elle n'est jamais qu'un pli dans l'immense tissu du parler [...]. Nulle part [le langage] ne cesse pour laisser place à du sens pur, il n'est jamais limité que par du langage encore [...]. Le langage ne *présuppose* pas sa table de correspondance, il dévoile lui-même ses secrets [...] son obstinée référence à lui-même, ses retours et ses replis sur lui-même sont justement ce qui fait de lui un pouvoir spirituel [...] (Merleau-Ponty,1960 : 53-54, *idt*).

Ainsi, sur la parole « nous ne pouvons nous retourner [...] qu'en nous laissant pousser plus avant »[6], dans une autre parole, jamais ne cessant – en l'absence d'un point d'arrêt, d'où fixer le sens – la relance du langage par lui-même.

La RDA, parole sur de la parole nous apparaîtra – en dépit des sujets parlants attachés à l'illusion d'un sens arrêtable – comme l'un des lieux où se joue cette dynamique du sens, et ses divers modes (DD, DI...) comme autant de formes de la relance du sens – ou, si l'on veut, de types de « retours et replis dans l'immense tissu du parler ».

---

4 *Cf.* Arrivé (1987 : 146 *sq.*), Authier-Revuz (1995/2012 : 31 *sq.*)

5 C'est là le sens du « Il n'y a pas de métalangage » de Lacan, renvoyant aux métalangages logiques, qu'on ne doit pas disjoindre des propositions du type « tout langage implique un métalangage, il est déjà métalangage de son registre propre [...] langage parlant du langage » (Lacan, 1981 : 258), et que glose ainsi J.-A. Miller (1976 : 70, *idt*) :

> Si la langue U [= unique] peut être parlée c'est qu'elle peut parler d'elle-même. Elle est à elle-même métalangage et langage objet. C'est en quoi je redis maintenant : *il n'y a pas de métalangage*. [...] Personne qui parle ou écrit ne la transcende. La langue U n'a pas d'extérieur. [...] en elle s'enlacent et s'enchevêtrent langage-objet et méta-langage, usage et mention.

6 Lacan (1966 : 271)

1.2 Du *métadiscours* dans la discursivité à l'*étagement* interne de l'énonciation

Un métalangage à visage familier, « partie intégrante de nos activités usuelles », jouant « un rôle important dans le langage de tous les jours », et que « nous pratiquons sans nous en rendre compte », c'est celui auquel Jakobson nous a introduits[7], dégageant l'étage « méta » du langage de sa restriction à la pratique scientifique, contrôlée, de description linguistique[8]. Sa « fonction métalinguistique », assurant sa partie dans le concert des six fonctions conjointement impliquées, selon des pondérations diverses, dans les faits de discours, a attiré l'attention sur les genres discursifs, les pratiques, les opérations à dominante métalangagière, en même temps qu'elle invitait à envisager l'étagement interne du « méta » comme une composante inaliénable du fait énonciatif.

C'est un « continent métadiscursif » qui a pris corps – en prenant ici métadiscours au sens le plus extensif de mise en œuvre de la fonction métalinguistique[9], c'est-à-dire faits de discours ayant pour objet aussi bien langage, langues, que discours quelconque ou, de façon sui-référentielle, discours en train de se faire –, et qui est abordé sous des angles divers :
- *opérations* spécifiquement métalangagières telles que : définir le sens d'un mot, expliciter le sens d'un énoncé, traduire, reformuler, rectifier, paraphraser, catégoriser un élément de langue ou de discours (comme *adverbe, euphémisme, sermon*...), citer, mentionner ou autonymiser, baliser un déroulement textuel (*pour commencer, en conclusion, ci-dessus*...)... ; certaines de ces opérations – que l'on retrouvera plus loin[10] – jouant crucialement dans le champ de la RDA ;
- *pratiques et genres discursifs* pour lesquels la dimension métadiscursive est importante – des cancans (*il paraîtrait qu'il a dit*...) ou disputes (*pourquoi as-tu dit*...), aux articles de vulgarisation scientifique ou de faits divers (*les spécialistes affirment, d'après les témoins*...), par exemple – ou définitoire, tels les dictionnaire, grammaire, rubrique médiatique du type *dites/ne*

---

[7] Jakobson (1963 : 53, 217), par exemple.
[8] Le choix terminologique (et épistémologique) de Culioli, distinguant explicitement, à l'intérieur du rapport « méta » au langage, deux régimes de discursivité (d'un côté le scientifique « contrôlé », auquel il fait le choix – que je ne partage pas – de réserver le nom de *métalinguistique*, et de l'autre l'*épilinguistique*, caractérisable comme « activité métalinguistique spontanée et non maîtrisée des sujets » parlants (note de M. Viel, *in* Culioli (2002 : 27–28), auquel il reconnaît la plus grande importance) ne relève évidemment pas de la réduction que j'évoque ci-dessus.
[9] *Cf.* ci-dessous 2.1, Remarque 1 : Note terminologique, p. 10.
[10] *Cf.* ci-dessous partie III, les opérations essentielles de catégorisation, paraphrase, autonymisation ; et sur la « citation » partie IV, Appendice.

dites pas, classe de langue maternelle ou étrangère... ; et aussi mots croisés, scrabble, « explication de texte », résumé, procès-verbal, revue de presse, etc. – la dimension « méta » de ces derniers genres étant celle, spécifique, de la RDA ;
- *contextes situationnels* aptes à susciter l'émergence métadiscursive, tels que le procès d'acquisition du langage[11] ou l'immense diversité des situations de contact entre langues ou variétés, parcourue notamment par une sociolinguistique « conversationnelle »[12] – ces observations donnant corps au lien, explicitement formulé par Jakobson[13] et partout présent dans la réflexion bakhtinienne, entre distance réflexive et rencontre d'une altérité, de langues ou de « parlures » d'une langue.

Ce lien entre hétérogénéité et réflexivité va bien au-delà de situations particulières – de contact, d'apprentissage,... – et au-delà du seul jeu pluriel des langues et des parlures. C'est *en tout dire* que se manifeste l'accompagnement réflexif – recherche de mots, hésitation, retouche, auto-correction, rature, évaluation, spécification..., commentaires variés à l'infini – qui témoigne de la distance interne, méta-énonciative, qui traverse – et porte – l'avancée du dire. Chacune de ces « boucles »[14] – les *si vous voulez, c'est le cas de le dire, si tant est que le mot convienne, comme on dit*, etc. – marque la réponse que l'énonciateur apporte à la rencontre qu'il fait, en ce point, dans le mouvement de son énonciation avec les hétérogènes – ou les non-coïncidences – qui, constitutivement, l'affectent dans quatre dimensions du dire : les deux interlocuteurs, irréductiblement, ne font pas « un » ; le mot ne fait pas un avec la chose qu'il nomme ; nous ne faisons pas un avec « nos » mots, toujours d'emprunt ; et le mot – traversé par la polysémie et l'homonymie – ne fait pas un avec lui-même.

Ces « points sensibles » de dédoublement du dire ne sont pas à considérer comme des « ratés » dans le déroulement d'une communication transparente – encodage et décodage d'un contenu « transmis » entre deux pôles –, mais comme les émergences ponctuelles, les affleurements en surface du dire, des

---

[11] Évoqué par Jakobson (1963 : 54, 218) qui rappelle « quelle place considérable occupent les conversations sur le langage dans le comportement verbal des enfants d'âge préscolaire ».
[12] Par exemple, les « dialogues exolingues », étudiés par exemple dans Gülich (1986).
[13] C'est dans le constat de la disposition humaine la plus primitive à commenter – métalangagièrement – la rencontre d'une langue autre, que Jakobson (1963 : 68–69) ancre une réflexion sur la typologie des langues.
[14] Étudiées systématiquement dans Authier-Revuz (1995/2012) ; pour une présentation rapide voir Authier-Revuz (1993b) ou (2007) ; on les retrouvera, lorsqu'elles interfèrent avec le champ de la RDA, ci-dessous en 2.4, p. 32, aux chap. **3**.2, p. 95 et **8**.3, p. 286.

deux dimensions qui, solidairement, le travaillent : les non-coïncidences foncières et la distance réflexive dans lesquelles il se produit. C'est un point de vue concordant que manifeste, dans l'approche énonciative de Culioli, la place accordée à « l'épilinguistique » – qui inclurait les boucles méta-énonciatives évoquées – : non celle d'une marge, mais bien d'un « phénomène central », éclairant « le travail enfoui de l'activité énonciative »[15], impliquant conjointement les mécanismes « d'ajustement » entre sujets, inhérents au « jeu » du langage et ceux de la « réponse intériorisée » que comporte toute parole « pour autrui »[16].

Ainsi, en dépit du caractère circonscrit des manifestations de la réflexivité énonciative, il convient de reconnaître le dire comme incessamment traversé par le double clivage de ses hétérogénéités et de sa distanciation interne : c'est qu'*aucune parole* ne serait possible sans la « protection » qu'assure à l'énonciateur l'« oubli » salutaire de leur jeu incessant. Mais cette méconnaissance, nécessaire au sujet parlant, faute de laquelle la parole se verrait – pathologiquement – étouffée, recouverte par son auto-représentation, n'a pas à être partagée au plan théorique par le linguiste. Il peut, lui, – sans danger ! – reconnaître le fait métalangagier comme inhérent à la pratique langagière, non seulement au plan structurel, ou à celui des réalisations discursives, mais *au cœur de l'énonciation et du rapport humain au langage*, y inscrivant à la fois la distance d'une séparation – le langage n'est pas « un », ni le sujet qui l'habite, toujours à distance de son dire, et de lui-même[17] –, et la profondeur d'une perspective – le sens n'est pas le « un » du signal univoque, mais ouverture sur un jeu, une circulation, une relance.

---

15 Culioli (2002 : 28, 83).
16 Culioli (1971 : 72), ainsi que Culioli (1967) : « [...] au moment où il parle le locuteur est son propre auditeur ». On peut noter aussi que la conception bakhtinienne de l'élaboration dialogique du dire dans son rapport organique aux autres dires comporte la reconnaissance d'un *auto-dialogisme* – celui des « rapports dialogiques [...] du locuteur avec son propre mot » (Bakhtine (1929/1963 : 239), et remarquer que, dans la « bizarrerie lexicale » que note J. Rey-Debove (1982 : 112) – le fait qu'on dise « se *re*lire » pour ce que l'on vient d'écrire –, la langue semble porter la trace de cette conscience de l'auto-réception inhérente à la production (*cf.* Authier-Revuz 1995/2012 : 149 *sq.*).
17 Distance que F. Gantheret (1996 : 135, 136) identifie comme « une disposition logique essentielle au langage : le ferme maintien de la distance entre le parlant et son énoncé », posant que « parler implique qu'un sujet énonçant se tient « en arrière » de son énoncé et ne se confond pas avec lui (ceci s'abolissant dans le cri). »

Inscrire la RDA dans le champ métalangagier ne revient donc pas à déserter – pour quelque mirage logiciste[18] – l'espace de l'énonciation (et du sens, du discours) mais, bien au contraire, de s'y ancrer et d'éclairer par là ce qui se joue, à ces plans, dans la spécificité de cette pratique métadiscursive.

On notera que la conception de l'énonciation comme traversée, constitutivement, d'une distance interne, et de l'étagement métalangagier comme partie prenante de la pratique langagière, est sans rapport avec l'approche « métalinguistique » du *sens* de l'énoncé, conçu *comme* la « représentation qu'il apporte de son énonciation » (Ducrot, 1980 ou 1984)[19]. Elle est également étrangère à l'idée d'un sujet parlant contrôlant un sens qu'il serait à même de se représenter : la position énonciative de surplomb métalangagier relativement au sens (celui des autres dires ou du sien propre) évoquée ici, est celle – imaginaire autant qu'elle est indispensable au sujet parlant – d'une maîtrise sur les mots et les sens, d'une « prise » sur ce dans quoi nous « sommes pris » et qui, largement, nous échappe.

2 Délimitation de la RDA dans l'espace métadiscursif : tracé de frontières

2.1 Trois zones de référence pour le métadiscours

Remarque 1 : Note terminologique. La polysémie du terme *métadiscours* impose de préciser l'acception utilisée. On peut, en particulier, distinguer deux versants, selon la place où l'on inscrit le terme dans l'ensemble langue-métalangue-discours.

Dans l'un des emplois, *métadiscours* est à *métalangue* ce que *discours* est à *langue*. On peut, en suivant la formulation de Benveniste, gloser le rapport « proportionnel » discours/langue = métadiscours/métalangue par : le *métadiscours (1)*, c'est *la métalangue en emploi et en action*. C'est le sens utilisé ici, recouvrant les zones A, B, C du schéma (I) ci-dessous.

Dans l'autre acception, le *métadiscours* est au *discours* ce que la *métalangue* est à la *langue*, le rapport métalangue/langue = métadiscours/discours, s'exprimera cette fois comme : le *métadiscours (2)* est discours *sur du discours*, c'est-à-dire comme renvoyant aux zones B et C ; ou bien le *métadiscours (3)* est discours *revenant sur lui-même*, c'est-à-dire restreint, dans un rapport de représentation sui-référentiel, à la zone B (cette acception – fréquente – de métadiscours (3) (*cf.*,

---

18 *Cf.* l'assimilation, dans Rosier (1999 : 113–115) par exemple, entre ancrage méta-langagier du discours rapporté et « optique logiciste » oublieuse des enjeux discursifs et énonciatifs de la pratique de la RDA.

19 *Cf.* ci-dessous : Appendice à la partie I, 2.2, p. 63 et chap. **10**.3.4.2, Remarque 6, p. 417.

par exemple, DAD (2002 : 373) se trouve concurremment avec méta-énonciation et méta-communication).[20]

De son côté, le terme *méta-énonciation* (ou méta-énonciatif), moins fréquent, serait potentiellement apte à désigner aussi bien la représentation d'une énonciation quelconque (1) que l'auto-représentation d'une énonciation par elle-même (2), selon une polysémie parallèle à celle de métadiscours (2) *vs* (3). De façon arbitraire, c'est l'acception étroite (2) (privilégiée, *cf.* « modalité méta-énonciative », dans Authier-Revuz (2012)), qui sera retenue ici.

L'appellation même de « représentation de *discours autre* » nous invite à baliser l'espace métadiscursif en fonction de la nature des référents langagiers représentés. La RDA y trouvera une première spécification par différenciation, en même temps que le tracé frontalier précis fera surgir des jeux ou des questions, aux « bords » de la langue et du discours et, pour le discours, à l'articulation du même (*ipse*) et de l'autre.

Deux oppositions – hiérarchisées – peuvent structurer, en trois régions, l'ensemble des énoncés métadiscursifs, tels que, par exemple :

(1) « Il fait beau » est une phrase impersonnelle.
(2) « Vouloir » régit une subordonnée au subjonctif.
(3) Le français a perdu sa déclinaison au 14ᵉ siècle.
(4) Je te dis qu'il va être élu.
(5) Il a été, je dois le dire, d'une grande légèreté.
(6) Son cri « Il fait beau » a retenti joyeusement.
(7) Je lui ai écrit pour le féliciter, mais il ne m'a pas répondu.
(8) Les propos du maire signifient qu'il va démissionner.

Fondée sur la nature des objets langagiers des énoncés, la première opposition passe entre le langage, la langue et ses « *types* » d'un côté (ex. 1–3), et les discours et les « *tokens* » ou occurrences[21], de l'autre (ex. 4–8) ; la deuxième distingue le discours en train de se faire (ex. 4–5) des autres discours (ex. 6–8) – ce que résume le schéma suivant :

---

20 De même, *réflexivité* s'étend – selon le cadre dans lequel s'effectue le « retour sur soi » : langage, langue, discursivité, texte, acte d'énonciation – entre les deux pôles, (a), de la propriété structurelle du langage, à même de se prendre pour objet (*cf.*, ici même, 1.1.) et, (b), l'exercice de cette propriété dans l'espace restreint d'un acte d'énonciation, sui-référentiel (performatif ou modalité d'auto-représentation du dire), *cf.*, par exemple, Perrin et Vincent (1997 : 202), qui opposent « clauses réflexives » (à ce sens (b)) et « clauses métadiscursives (pris au sens (2) de métadiscours).

21 Opposition classique entre forme abstraite et réalisations particulières : entre phonème et allophones, entre signifié stable d'un lexème et acceptions en contexte, entre phrase et énoncés, etc. (*cf.*, par exemple, l'article « Occurrence » *in* Neveu (2004).

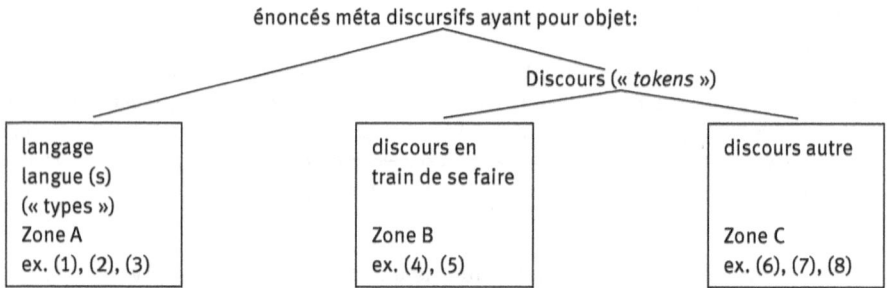

La RDA est évidemment en rapport privilégié avec la zone C ; mais elle ne coïncide pas avec elle. D'une part, certains énoncés de la zone C ne relèvent pas de la RDA parce qu'ils ne satisfont pas à la condition de « représentation d'un contenu » : « Il n'a pas cessé de parler pendant tout le voyage » est ainsi *a priori* exclu de la RDA[22] ». D'autre part, l'appartenance de la RDA à la zone C n'est pas exclusive : la zone B, de représentation du discours en train de se faire, comporte, on le verra (*cf.* 2.4, ci-dessous), un secteur où c'est *dans son rapport* avec du discours autre que le dire s'auto-représente.

2.2 Représenter la langue ou le discours ?

Une opposition cruciale – Des zones frontalières délicates
Pour ce qui concerne la première opposition, (A) *vs* (B+C)[23], l'appartenance des référents aux champs de la langue ou du discours détermine les conditions de leur « représentabilité » : on est, avec la langue, ses signes, catégories, règles, du côté d'éléments abstraits, fixes, appartenant à un système fini, reproductibles à l'identique (telle la phrase « Il fait beau » de (1)), là où avec le discours (la parole) ce sont des événements concrets, singuliers, impossibles à « reproduire » (telle la survenue du *cri* « Il fait beau », en (6), dans une certaine situation) qui s'offrent, inépuisables, à une représentation incomplète, aléatoire, aux prises avec la question du sens. C'est à chaque étape de notre parcours que – aisée à oublier – cette différenciation première, évidente mais cruciale, devra être « activée », notamment pour saisir le fonctionnement propre à la RDA des opérations méta-

---

[22] *Cf.* ci-dessous chap. **2.2.2** 1, p. 53 « Contraintes minimales de représentation pour la RDA ».
[23] Cette opposition concernant l'objet du métadiscours ne recoupe pas celle du spontané *vs* contrôlé, savant, scientifique, qui relève du *genre* du métadiscours – quel qu'en soit l'*objet*, langue ou discours.

langagières de catégorisation, paraphrase et autonymisation traversant les trois zones du métadiscours.

Certes, entre la langue représentée, de l'intérieur, comme un système d'unités et de règles, à travers des relations comme *se compose de, précède, s'oppose, entraîne, régit, s'accorde*, etc. (comme en (1), (2)), et un discours représenté comme acte unique, adressé par un énonciateur à un destinataire, comme *il t'a dit, je lui dirai, je te dis* (comme en (4) à (8)), la séparation est tranchée. Mais ce n'est pas une frontière discrète de part en part que trace le métadiscours – grammaires, dictionnaires, discours spontanés – entre représentation de langue et de discours.

La langue comme « ce qui se dit »
La langue se trouve aussi représentée à travers le dire de ses usagers comme ce qui *se dit*, ce que *l'on dit*. Cette représentation de la langue via les discours – dits et à dire – dont elle émerge et qu'elle modèle, passe par des formes semblables à celles de la RDA (DD principalement, mais aussi DI avec îlot textuel), telles, par exemple, relevées dans les dictionnaires du XVIIe siècle[24] :

(9)   On dit aussi fig. *Nager dans la joye* pour dire [...] [Académie, *idt*]
      On dit figurément que la terre *boit*, que le papier *boit* [...], quand [...] [Furetière, *idt*]

Entre (a) les descriptions intralinguistiques, coupées du dire, et (b) la référence à des faits singuliers de discours, comme par exemple, les « citations d'auteurs » des grammaires et dictionnaires, qui relèvent pleinement, au DD, de la RDA, apparaît l'espace (c) des formulations spontanées ou savantes, où discours et langue, poussés à leur limite, s'articulent l'un à l'autre. L'écriture des « Remarqueurs » circule aisément entre les trois types :

(10) *Approcher*. Ce verbe régit [a] élégamment l'accusatif pour les personnes mais non pas pour les choses. Exemple, M. de Malherbe [b], *Vous avez l'honneur d'approcher la Reyne de si près* [...]. Il faut dire [c] *s'approcher de la ville* [...]. Néanmoins on dit [c] *approchez-vous de moy*, [...] et ce serait fort mal dit [c] *approchez-moy*.[Vaugelas, *Remarques sur la langue française*, 1647, *idt*].[25]

---

24 *In* A. Lehmann (1998).
25 Cité *in* N. Fournier (1998 : 97) qui offre un choix passionnant d'extraits de grammairiens du grand siècle.

C'est cet espace (c) qui domine dans les échanges conversationnels sur la langue (*ça ne se dit pas, comment ça s'écrit ?, on dit plutôt*, etc.), dans les classiques *dites... ne dites pas*, et c'est de lui que relèvent les « Guides de conversation » destinés aux voyageurs à l'étranger, listant, en fonction des situations, ce qu'il est usuel d'y dire ou d'y entendre. C'est aussi dans cet espace (c) – où la forme *si je dis* condense langue et discours – que Raymond Devos, une fois posées (a) les données morphologiques de la question, inscrit ses fantaisistes « remarques » :

(11) Il y a des verbes qui se conjuguent [a] très irrégulièrement. Par exemple, le verbe OUÏR. Le verbe ouïr au présent, ça fait [a] : J'ois..., j'ois... /Si au lieu de « j'entends », je dis [c] « j'ois », les gens vont penser que ce que j'entends est joyeux, alors que ce que j'entends peut être particulièrement triste. /Il faudrait préciser : « Dieu, que ce que j'ois est triste ! » [Raymond Devos, *Ouï-dire*].

Dans les grammaires et dictionnaires, des pondérations (a, b, c) très diverses apparaissent, en rapport avec les époques, les théorisations, les auteurs, caractéristiques d'une écriture métadiscursive. Par exemple – et pour s'en tenir à des constats d'évidence – les *Remarqueurs* privilégient le type (c), là où *Le Bon Usage* de Grévisse repose sur le type (b) des citations d'auteurs, tandis que, de la *Grammaire du Français classique et moderne* (Wagner et Pinchon, 1ère édition 1962) à la *Grammaire méthodique du français* (Riegel *et al.*, 1994), c'est une diminution marquée du renvoi au dire (b) au profit de la structure (a) qui s'observe.

Langue ou discours : ambiguïté
La représentation du discours autre, de la zone C, ne se restreint pas à un acte de parole unique : les sources plurielles, collectives, indéfinies (*mes parents ont dit..., les voisins diront..., les gens disent...*) sont usuelles dans le cadre de la RDA, et, tout particulièrement, le *on* dont l'importance dans la représentation du caquetage des discours – et non de la langue – s'affiche, dans les nominalisations que sont le *qu'en dira-t-on* et les *on dit*.

Aussi n'est-ce qu'en contexte, qu'une suite comme (12) sera interprétée comme représentation de langue (13) ou fait de RDA (14)

(12) On dit : « Il va dans le mur ».
(13) On dit : « Il va dans le mur » pour quelqu'un qui paraît aller à la catastrophe.
(14) Même du côté de ses partisans, on dit : « Il va dans le mur ».

Il est possible de rendre compte de cette ambiguïté en termes d'une polysémie du verbe *dire*, renvoyant soit à une pure « formulation » (13), soit à un acte illocutoire adressé (14), et de la mettre en évidence *ici* par l'ajout d'un destinataire et le remplacement de *dire* par *répondre, affirmer*[26], possible pour le discours (14) et non pour la langue (13). On ne peut cependant en inférer que *toute* représentation de fait langagier comportant l'indication d'un acte illocutoire adressé serait nécessairement celle d'un fait de discours – au sens d'événement – : la description linguistique d'une séquence de langue peut passer par la spécification – en termes généraux – des conditions contextuelles dans lesquelles elle est, comme acte, énonçable, ainsi[27] :

(15) On répond (rétorque) « c'est toi qui le dis » à quelqu'un qui...
    En français, quand on répond (réplique, ...) « merci très peu ! », ce n'est pas du tout un remerciement.

Compte tenu de cette étroite articulation de la langue au discours – susceptible d'intégrer à la description de la langue les conditions de son effectuation[28] – c'est foncièrement la prise en compte d'éléments co-textuels touchant à la détermination, au temps, à l'aspect, ... qui permet d'interpréter, dans des énoncés comme (13) ou (14), l'objet langagier représenté comme relevant de la généralité abstraite de la langue ou de la concrétude événementielle du discours.

Variation dans la langue et rencontre d'altérité en discours
C'est aussi le fait de la *variété* – le « plurilinguisme » interne à la langue, de Bakhtine – qui questionne l'articulation langue/discours : les lexicographes le savent bien, qui multiplient dans leurs dictionnaires « de langue » les indications « discursives » – telles que « médical, ancien, méridional, etc. ». Son incidence n'est pas la même dans le métadiscours du dictionnaire, avec sa position (imaginairement) « a-topique » vis-à-vis d'une diversité qu'il surplombe, et dans la pratique métadiscursive spontanée, où, énoncée *depuis* le discours en train de se faire, la représentation d'un fait de variété apparaîtra comme celle d'un *autre de ce discours*, émergence, dialogique, sur le fil du dire, d'un discours autre. Que l'on compare, par exemple « sénescence, méd. » dans un dictionnaire, avec l'effet d'al-

---

26 Tests proposés (parmi d'autres) par Perrin (1994 : 226 *sq.*), pour distinguer « mention de mot/phrase » et de discours.
27 Pensons à la mise au jour, par Ducrot, de la différence sémantique – en langue – de *peu/un peu* par la description des « conditions d'emploi » de « Donne moi un peu (*vs* peu) d'eau », l'un étant « *utilisé* pour *demander* de l'eau *à une personne* qui n'en proposait pas », là où l'autre « ne *se dit* d'habitude qu'à *quelqu'un* qui s'apprête à vous servir ». (Ducrot (1972 : 206)
28 Théorisée, de façon différente, dans la « pragmatique intégrée » de Ducrot, ou dans l'approche « énonciative » de Culioli, interrogeant l'opposition langue/discours (parole).

térité en (16) du couplage réalisé entre le mot de soi, *gâtisme*, et *sénescence*, celui de l'autre :

(16) Le gâtisme – les médecins disent, eux, « troubles de la sénescence » – pose des problèmes difficiles à l'entourage.

Avec, notamment, le mode « Modalisation autonymique d'emprunt » (MAE) de la RDA (*comme dit...*) on passe, insensiblement, pour cette même place « d'autre » ou « d'extérieur » au discours en train de se faire, des actes singuliers de discours aux variétés de langue – via tous les élargissements en termes de pluralités des sources et/ou d'habitude – pour en arriver, au delà de l'extension indéfinie du « comme *on* dit », au paradoxal « comme dit la langue », qui, excédant la perspective de la variété « différente », si large soit-elle, situe dans la langue commune, le lieu de l'Autre traversant notre discours[29].

2.3 Ce discours que représente le Discours : un autre ou lui-même ?

Il s'agit, maintenant, sur la « branche de droite » du schéma **[I]**, celle de la représentation *de discours* (désormais RD), de donner corps aux deux espaces B et C dans lesquels elle se divise ; c'est-à-dire d'y préciser le contour de la représentation d'un discours autre (RDA), notre objet, par rapport à la zone voisine de l'auto-représentation du discours en train de se faire (ARD) :

[II]

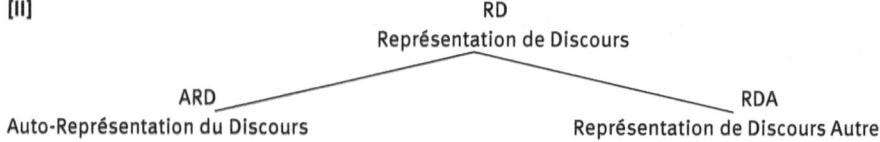

RD
Représentation de Discours

ARD
Auto-Représentation du Discours

RDA
Représentation de Discours Autre

Pour tout énoncé relevant de la représentation de discours, se pose crucialement la question du *rapport* entre les deux plans, de statut différent, de l'acte qui s'y accomplit, instance représentante, et de l'acte qui s'y trouve comme objet représenté : *référentiellement disjoints dans la RDA*, ces deux plans *se superposent dans*

---

29 *Cf.* Authier-Revuz (1995/2012 : 261–272) où figurent par exemple : « ils sont porte à porte, comme disait tout à l'heure Bernard Spindler » ; « un homme "des plus excellents" comme dirait son ami Montaigne » ; « mais peut-être est-ce pour de rire, comme disent les enfants? » ; « Une fille, une désespérée comme ils disent, avait plongé... » ; « je ne vous raconte pas (comme dit l'autre) ce qu'il a pu me faire rire... » ; « que se passe-t-il de si difficile quand *je reviens à moi*, comme le dit si bien la langue ? ».

l'ARD. On conviendra (voir **Abréviations et conventions**) de les noter, respectivement, par des capitales et par des minuscules : **A, L, R, T, Loc**.../*a, l, r, t, loc*..., renvoyant à l'acte d'énonciation, au locuteur-énonciateur, au récepteur-co-énonciateur, au temps, au lieu...

2.3.1 L'autre *vs* le même : tracé d'une frontière

(i) Ancrages personnels et temporels des actes représentant/représenté.
L'auto-représentation du discours (ARD) requiert, entre les deux actes **A** et *a*, la coïncidence référentielle de l'ensemble des paramètres de la co-énonciation (**L** = *l* = *je*, **R** = *r* = *tu*), de l'ancrage temporel et spatial (**T** = *t* = présent instantané, **Loc** = *loc* = ici même), telle qu'elle se manifeste dans des énoncés performatifs, au sens strict ou large[30], comme

(17) Je te félicite, conseille, remercie, etc.
Je te dis : « zut ! » ; Je te dis qu'il viendra ; Il viendra, je te dis.

Un seul élément différent suffit à inscrire l'altérité dans la relation **A**/*a* et, par là, l'énoncé dans la RDA. C'est là une condition nécessaire et suffisante pour reconnaître un fait de RDA (ce que formulait pertinemment B. Mortara-Garavelli (1985) en termes de « condition de non-performativité » du discours rapporté).

Aussi, les critères classiques de délimitation du performatif, opposant (17) à *Il te félicite* (**L** ≠ *l*), *Je le félicite* (**R** ≠ *r*), *Je t'ai félicité* (**T** ≠ *t*), dessinent-ils, complémentairement, l'espace de la RDA, espace où se déploie, dès lors que l'on fait varier l'ensemble des paramètres des co-énonciateurs et de l'ancrage temporel, un large éventail de combinaisons[31], face au cas très spécifique de la coïncidence **A**/*a* :

---

[30] En (17), dans le premier énoncé l'acte de parole *s'accomplit par* le moyen de sa représentation, dans le second il s'accomplit *accompagné de, doublé par* sa représentation.
[31] Le dédoublement du temps d'un dire oral enregistré techniquement et de sa diffusion postérieure autorise des énoncés, relevant paradoxalement de la RDA, avec **L** = *l* et **T** = *t*, et, si l'on veut, **Loc** ≠ *loc*, sans ubiquité pourtant, tels que : « Quand je pense que je suis en train de dire cette ânerie sans pouvoir rien faire » (locuteur qui s'aperçoit, après coup, d'une erreur dans une intervention à la radio).

[III]	Représentation de discours			
ARD A=a	**Variations personnelles**			**Variation temporelle schématique**
	l	r		t
Je te dis, félicite (l = L)	Je — me	(r=L)		féliciter, dire
l = L	— te	(r=R)		
r = R	— lui	($r \neq$ R, L)		présent (T =t)
t = T (strictement)				
	— me	(r = L)		
	(l = R) Tu — te	(r = R)		passé (T >t)
	— lui	($r \neq$ R, L)		
				futur (T < t)
	— me	(r = L)		
	($l \neq$ L,R) Il — te	(r = R)		
	— lui	($r \neq$ L,R, $\neq l$)		
	— se	($r \neq$ L,R, = l)		

Cet éventail de 30 cas[32] de **A** ≠ **a** doit être rappelé contre l'exemplification stéréotypique du discours rapporté par le cas *il (lui) a dit...*, de non-identité maximale (**L**≠**l**, **R**≠**r**, **T**≠**t**) qui va de pair avec les formulations courantes – plus élégantes que « discours autre », mais trompeuses – de « discours d'autrui » ou « d'un autre »[33].

Le cas où **L** = **l**, c'est-à-dire où nous nous référons à nos propos, mais dans un autre temps (*je t'ai dit, je te dirai...*)[34], adressés à un autre (*je lui dis souvent, il m'est arrivé de dire, que lui dire ?...*), relève pleinement de la RDA, comme l'une de ses facettes, intéressante au plan de l'inscription du sujet dans son discours[35]. Nous savons d'expérience combien ce que nous avons dit, ce que nous avons l'in-

---

32 10 possibilités de saturation personnelle des deux actants de *x dire à y* (en se limitant au singulier), multipliées par les trois rapports temporels possibles entre **T** et **t** (la contemporanéité **T** = **t** n'étant pas limitée à celle – stricte – du performatif, *cf.* ci-dessous les « aléas du présent »).
33 *Cf.*, par exemple : le « discours *d'autrui* » chez Voloshinov, « La parola *d'altri* » de Mortara-Garavelli (1985), « la parole *des autres* » de Herschberg-Pierrot (1993 : 111), « représentation du discours *d'autrui* » de Mochet (1994 : 247), De Mattia (2000 : 68 *sq.*), « énoncé *d'autrui* » chez Nølke *et al.* (2004 : 58-59)...
34 Les renvois intra-textuels, vers l'avant : *j'ai dit plus haut, ci-dessus, précédemment*, ou l'après : *je reviendrai plus bas, ci-dessous, ultérieurement*, sont un cas particulier de RDA de soi.
35 On pense, par exemple, à tous les longs récits « héroïsants », complaisants, apologétiques... de sa propre parole, qui avancent portés au rythme d'incessants *(alors) je lui ai dit (comme ça)* : *cf.* par exemple, Doury (2004 : 262-263) où en 12 lignes transcrites de ses propos, l'énonciateur en produit 11 occurrences... ou encore à l'importance dans le débat politique des discours rapportés « autophoniques » notée (sans toutefois y distinguer la RDA et l'ARD) par Vincent et Turbide (2006).

tention de dire, ce que nous ne cessons de dire et de redire, ce que nous regrettons de n'avoir pas dit, etc..., occupe une place privilégiée dans nos entretiens familiers[36] ; et les « Mémoires », les correspondances, les romans homo- (et *a fortiori* auto-) diégétiques[37] illustrent cette importance, parmi les discours *autres* convoqués, du discours *de soi*. Une rapide incursion dans les *Mémoires d'Outre-Tombe* (les récits de l'« aventure de la pie » ou de la « première communion », par exemple[38], mettant en scène, plaisamment, la parole exaltée du jeune vicomte), dans les lettres de Madame de Sévigné (évoquant sa vie mondaine, « j'allai à lui et lui dis :...» et son activité d'épistolière « Je mandais l'autre jour à Mme de Vins que ... », avec le rappel, si fréquent, à sa destinataire privilégiée, de ses « Je vous ai mandé, ma très chère, comme j'avais... »), suffit. Il en va de même, par exemple, pour Des Grieux faisant la part belle à la mise en scène de ses propres paroles dans le récit de son histoire avec Manon ; ou pour Bardamu dont, sitôt rompu le silence initial – avec l'incipit : « Ça a débuté comme ça. Moi, j'avais jamais rien dit. Rien. C'est Arthur Ganate qui m'a fait parler » – la parole va se déverser au gré des « *que je lui réponds, que j'ai convenu, que je me répétais...* », ou des « *poursuivis-je, lui assurais-je* », tout au long du récit de son *Voyage au bout de la nuit*.

Il importe donc de distinguer ce qui est *représentation d'un autre dire de soi* (RDA), de ce qui est *auto-représentation du dire en train de se faire*, par définition « de soi » (ARD), qui nous fait passer dans le champ, énonciativement autre, du dédoublement du dire accompli par le moyen – ou accompagné – de sa représentation.[39]

---

36 Ce que confirment, régulièrement, les études consacrées à l'oral : Vincent et Dubois (1997 : 120) qui, dans des échanges conversationnels relèvent 47% (*je+nous* et *on* incluant *je*) de discours de soi, avant, ailleurs..., dans l'ensemble des discours rapportés ; Mochet (1993), 42% par rapport aux DD de son corpus d'entretiens : Rendulic (2015 : chap. 8) à partir du traitement exhaustif des modules « Entretiens » et « Repas » du corpus ESLO, montrant le caractère quasi systématique de la présence d'un l=je (*je lui ai dit ; elle dit [...] alors moi je lui dis...*) dans la représentation des interactions autres (RIA).
37 Genette (1972 : 252-253).
38 Livre II ch. 4 et 6.
39 Aussi, en accord avec S. Marnette (2005) quand elle insiste sur l'inadéquation de la restriction du « reported discourse » au seul « discourse of the other(s) » (p. 64 *sq*.), ne puis-je souscrire à la position, formulée (2006) dans le titre : « Je vous dis que l'auto-citation c'est du discours rapporté » : s'il me semble important de souligner ce qui réunit le *je dis* (d'auto-représentation du dire en train de se faire) et les *j'ai dit, il dit* (de représentation de discours autre) – leur commune appartenance à l'ensemble des faits de représentation de discours, leur partage des mêmes opérations métalangagières fondamentales (*cf.* ci-dessous Partie III), – la différence m'apparaît cruciale, au plan de l'énonciation et du sens, entre représentation *du même*, impliquant une seule situation d'énonciation, et *de l'autre*, qui articule deux situations d'énonciation. On note

Remarque 2 : L'échange interlocutif. Si la représentation du dire du *je*, dès lors qu'il est situationnellement décoïncidé du dire *hic et nunc*, fait partie de la RDA, il en est *a fortiori* de même pour le dire du *tu*, avant ou après **T** – *tu lui/m'as dit, tu n'as qu'à lui dire...* Le méta-discours de *l'échange* interlocutif pris comme « l'unité » de discours – énonciativement hétérogène – du couple propos-réplique, peut en revanche interroger la bipartition du champ de la représentation de discours entre ARD et RDA.

La représentation de ce dire autre, élément de l'échange en train de se faire, partage en effet des formes avec l'ARD comme avec la RDA. Ainsi peut-on relever le parallélisme des retours immédiats[40] sur son propre dire (a) et sur le dire de l'autre-interlocuteur (b) :

(18)   a   X, je dis X, le mot est un peu fort ; X, enfin, si on peut dire ; X, c'est le cas de le dire.
        b   A — X.
           B — (Tu dis X,) le mot est un peu fort ; (X,) enfin, si on peut dire ; (X,) c'est le cas de le dire.

et, massivement, les enchaînements métadiscursifs immédiats sur le dire de l'autre, ne se distinguant pas, au plan de la forme, des représentations d'un dire autre quelconque :

(19)   Vous dites/Il dit « P », mais... ; vous dites/il dit que P, alors que... ; ce que vous dites/il dit là est surprenant ; je suis d'accord avec ce que vous dites/ce qu'il dit...

sont aptes à référer aussi bien à cet énoncé qui précède immédiatement qu'à tout autre.

Dans cet ouvrage, consacré à la RDA, on n'envisagera pas, pour elle-même, la dimension métadiscursive inhérente à l'échange interlocutif[41], en notant, plutôt, chemin faisant des points d'articulation (types de RDA privilégiés par le cadre de l'échange) ou des proximités entre formes considérées comme propres à l'échange, telles les reprises-écho, ou diaphoniques (20) – dont le théâtre de Marivaux propose un florilège de formes explicitement métadiscursives, étudiées par Granier (2003) – et des formes telles que (21) :

(20)   —Il mérite de la gratitude.
        —/de la gratitude... mais je rêve ! [conv. 06–06–2009]

---

que le même terme d' « auto-citation » renvoie pour Rabatel (2006 : 72) à ce qui relève de la RDA (référant à « un univers de discours autonome par rapport au *hic et nunc* de sa représentation ») à l'exclusion de l'ARD. L. Rosier (2008), évoquant usages et formes de « l'autocitation », les illustre de nombreux exemples (Rosier 2008 : 126 *sq.*) relevant tous de la RDA, mais sans en exclure, explicitement, ce qui relève de l'ARD, la « mise en scène de son propre discours » dans l'autocitation étant envisagée sur le mode du rappel (*je vous ai dit que*) ou sur le mode performatif (*je vous dis que*) (*ibid.* : 118).
40 *Cf.* Authier-Revuz (1995/2012, chap. **4** : « Formes de dialogue et dialogisme de l'auto-réception »).
41 Là où, abordé dans une perspective stylistique, un texte théâtral massivement métadiscursif (*Juste la fin du Monde*, de Lagarce) conduit à distinguer (Authier-Revuz et Doquet, 2012) – non sans incertitudes dans la délimitation – un métadiscours de l'unité interlocutive *de l'échange*, dans la prolifération métadiscursive qui marque le dialogue.

(21) Ils ont discuté savamment des mesures à prendre pour /tranquilliser les marchés ! ... on se demande si on rêve ! [conv., au sujet d'un débat radiophonique, 12–01–2012]

(ii) Réalité conférée à l'acte représenté
La non-coïncidence entre **A** et *a* assignant telle représentation de discours au champ de la RDA et non pas à celui de l'auto-représentation du dire en train de se faire, passe aussi par la question de la *réalité* conférée, dans la représentation, à l'acte représenté. Les énoncés représentant des dires virtuels, imaginés, hypothétiques, niés du type *je n'ai jamais dit...* ; *Ah s'il avait pu dire...* ; *est-ce que tu pourrais lui dire...* ?, dans lesquels la non réalité du *a* représenté s'ajoute à sa non-coïncidence référentielle pour distinguer les deux actes **A** et *a*, relèvent sans conteste de la RDA (*cf.* plus loin chap. 2.2.1 [2]) où ils occupent une place importante. Le statut des énoncés de type performatif (17) à coïncidence référentielle (personnelle, temporelle) entre **A** et *a* dès lors qu'y est mise en cause la réalité de l'acte *a* représenté est plus complexe. Ainsi, dans :

(22) Je te félicite.
     Je vous dis de voter X.

la représentation assertive, affirmative, à l'indicatif, de *a* (ARD) est partie prenante de l'effectuation performative de **A** ; dans les représentations de *a*, marquées par l'interrogation (a), la négation (b), l'hypothèse (c), **A** ne coïncide plus avec le *a*, questionné, écarté, imaginé, qu'il représente :

(22′) a Est-ce que je te félicite, ou au contraire est-ce que je te condamne ?
    b Je ne te félicite pas, je sais que ça t'agacerait.
       Je ne vous dis pas, moi, de voter X ou Y, je suis bien trop dans l'incertitude.
    c Je te remercierais, si tu l'avais fait exprès.
       Que je te félicite, et tu croiras que c'est arrivé !

Si le caractère non-performatif de ces représentations est assuré[42], leur situation relativement au partage ARD/RDA n'est pas tranchée : le discours *a* représenté comme « ne se faisant pas » est bien distinct du **A** en train de se faire (RDA), mais dans la coïncidence référentielle *a*/**A** (*je* et présent partagés), la représentation du

---

42 Ce qui n'exclut évidemment pas les chemins rhétoriques, interprétatifs, susceptibles de conférer à ces formes de RDA – explicitement non performatives – une fonction, apparemment déniée, de félicitations (22′b), ou de déclaration d'amour : « Plus j'ai les yeux sur vous, plus je m'en sens charmer : / Tout ce que j'ai senti n'agissait point de même, / Et je vous dirais que je vous aime, / Seigneur, si je savais ce que c'est que d'aimer. » [Molière/P. Corneille, *Psyché*, 1671, III. 3].

a « en train de ne pas se faire » peut participer, facette négative du dire en train de se faire, de son auto-représentation (ARD)[43].

(iii) Digression sur l'ARD : le miroir à facettes du je (te) dis[44]
Notons d'abord que la coïncidence référentielle posée ci-dessus au principe de l'auto-représentation du dire, n'implique pas qu'il y ait synonymie entre « zut » ou « il viendra » et les énoncés (17) en *je te dis (que)* correspondants[45]. L'accompagnement d'un énoncé par la représentation de son dire comporte une dimension d'emphase susceptible de se charger de valeurs très diverses (solennité, réaction à, doute,...).

Au-delà, les facettes sont nombreuses du miroir où le dire en train de se faire peut se trouver représenté, diversement, au plan d'une incidence à l'acte, au contenu ou aux mots du dire, au plan des nuances modales, des structures syntaxiques (proposition principale, phrase détachée ou incidente, incise[46], circonstant en place variable) et au degré de figement.

On n'entrera pas ici dans la description de ce riche ensemble[47] qui est extérieur à notre champ : les remarques qui suivent ne visent qu'à esquisser les contours de ce pan de méta-discursivité que nous rencontrerons à plusieurs reprises, lorsque nous voudrons cerner, différentiellement, le fonctionnement propre à la RDA. Parmi ces formes, extrêmement courantes, et cela dans tous les registres[48], on

---

43 On se contente ici, sans en approfondir les enjeux dans l'espace performatif ni en étudier les modalités de réalisation, de signaler cette rencontre RDA/ARD, dont on retrouve d'autres manifestations ci-dessous (2.3.2 *l'autre et le même* [...]).
44 De même que les verbes performatifs (j'affirme, je demande, ...) n'ignorent pas non plus la complexification modale ou les enchâssements des je peux vous affirmer, je me résous à vous demander de..., je me permets de vous adresser mes félicitations,... (voir Meunier 1978, Jaubert 1990).
45 Contrairement à ce que suppose « *l'hypothèse performative* » (voir présentation *in* Meunier 1978) dans laquelle une hyperphrase « Je te dis » figurant « en structure profonde » de toute phrase, les phrases observables en surface résultent, ou non, d'une transformation facultative d'effacement. Sur le lien avec la problématique de la RDA, voir Authier-Revuz 1978 et 1993b.
46 Soulignons que, contrairement au cliché induit par le *dit-il* du dialogue romanesque, l'*incise* n'est pas une forme propre au « discours rapporté », c'est-à-dire à la représentation d'un discours *autre*, mais à la *représentation de discours* (RD, *cf.* schéma (II) ci-dessus) : c'est le jeu de la personne et du temps qui l'inscrit dans le champ de la RDA *ou* de l'ARD comme pour *dis-je*.
47 Voir des éléments dans De Gaulmyn 1983 : 158–159, Authier-Revuz 1992b (partie II-3 : « Frontières dans l'auto-représentation du dire »), Perrin et Vincent 1997.
48 L'oral le plus familier, certes, est susceptible d'en présenter une grande densité (*cf.* Rey-Debove 1982 : 223, repris dans 1997 : 329 *sq.*, mais aussi bien les discours les plus tenus, écrits ou oraux – les débats et interventions d'acteurs de la vie politique, notamment.

relève des constructions phrastiques (avec ou sans reprise pronominale de la « base » représentée) :

(23) *je peux (bien) (le) dire ; je dois dire ; j'aime mieux vous dire ; je ne crains pas de (le) dire ; je crois de mon devoir de dire ; je me résous à dire ; je (le) dis comme je pense ; je ne vous dis que ça ; c'est moi qui vous le dit ; il faut dire ce qui est ; c'est rien de le dire ; c'est tout dire ; c'est dire ; c'est pas pour dire ; je (le) dis à regret, hautement, bien fort, en hésitant ; entre nous soit dit ; soit dit en passant...*

dont, dans leur tonalité opposée, la « parole d'évangile » et l'aparté déconfit de Ménélas nous offrent des exemples :

(24) Jésus leur répondit : « En vérité, en vérité, je vous le dis, celui qui commet le péché est esclave du péché ». (Jean, VIII, 53).
(25) Je suis le mari de la reine / Le roi Ménélas / Je crains bien qu'un jour Hélène / Je le dis tout bas / Ne me fasse de la peine... / N'anticipons pas !... (Meilhac et Halévy, Livret de *La Belle Hélène*, I 11, 1864).

On notera qu'à ce groupe (23), répond celui, tout aussi foisonnant, des formes revenant spécifiquement sur le dire *de mots* de l'énoncé[49] :

(26) *X, je dis (bien) X ; je le dis avec des guillemets ; je prends le mot au sens propre ; je dois dire X ; c'est le cas de le dire ; j'emploie X par commodité ; X, j'appelle ça X parce que c'est bien un X...*

comme dans :

(27) « La somnambule », c'est une histoire à dormir debout, c'est le cas de le dire [*Musiques au cœur*, A2, 26-3-1987]
(28) Ceux qui ont connu, admiré, estimé (je dis bien estimé) Martin Heidegger, ne peuvent [...] [P. Aubenque, *Le Monde*, 17-6-1988]

Et à ce double ensemble, (23) et (26), de formes explicitement méta-énonciatives, répond celui, également riche, des formes (29) et (30) qui, sans explicitation du type *je dis*, sont néanmoins, dans leur diversité, incidentes au dire[50] :

(29) *s'il faut tout dire ; puisque tu me le demandes ; bien qu'il me coûte de le dire ; pour ne rien te cacher ; pour conclure ; pour en venir au point qui nous oppose ; en mon âme et conscience ; en vérité, franchement, simplement...*

---

49 Formes de modalisation autonymique qui font l'objet de Authier-Revuz 1995/2012.
50 Ex : *Pour tout vous dire (vs Pour se sortir d'un mauvais pas*, circonstanciel de but de la principale, et non du dire) *il a puisé dans la caisse*. Sur cette question, qui a pu être traitée en termes de performatif sous-jacent, implicite, voir la présentation de Meunier (1978) et la discussion approfondie de Recanati (1981). *Cf. in* Authier-Revuz (1992b : 289–366), l'étude, dans le cas de la modalisation autonymique, des « formes méta-énonciatives » « impliquant un *je dis X* au plan syntactico-sémantique ».

(30) si l'on peut dire le mot ; bien que je n'aime pas le mot ; puisqu'il faut dire ainsi ; pour risquer une métaphore osée ; pour ainsi dire ; aux deux sens du mot ; littéralement...

(iv) ARD/RDA : effets de rencontre

L'opposition entre représentation d'un discours autre, d'autrui ou de soi, et auto-représentation du dire – outre sa pertinence pour caractériser les discours par la place qu'ils font à chacun des deux – se prête volontiers à des effets textuels, volontiers emphatiques, de mise en regard – et en valeur – articulant RDA et ARD. Tels,

- le *cumul* des deux dans les « je te répète, rappelle, redis », auto-représentation, *hic et nunc*, d'un dire qui, lexicalement, explicite sa dimension de déjà-dit (de soi ou d'un autre)[51] :

(31) Je te répète pour la n-ième fois qu'il a dit qu'il ne voulait pas être payé. [oral, mai 2008 – les occurrences précédentes datant de plusieurs jours]
(32) On dit, et sans horreur je ne puis le redire, / Qu'aujourd'hui par votre ordre Iphigénie expire, [...] [Racine, *Iphigénie*, IV, 6]

ou, auto-représentation d'un dire comme accomplissant une RDA d'un « je cite », que ce soit dans l'incise, commune, pour souligner le caractère textuel d'un DD ou d'une MAE (33), ou de façon plus emphatique en syntagme introducteur (34) :

(33) a. Il a dit, je cite, « Il n'y a rien à espérer de ces guignols ».
     b. Il a dit qu'il ne fallait pas compter sur ces, je cite, « guignols ».
(34) Dès lors, et je vous cite derechef : « Si les structures sont [...] » [Discours d'accueil de R. Caillois par R. Huygue à l'Académie Française, 1972, cité *in* Kollop (1997 : 93)].

- la *succession*, portant sur une seule assertion, d'une représentation en RDA de soi – *j'ai (déjà) dit* ou *je dirai* – et en ARD — *je dis (encore), je répète* – redoublement où, par exemple, en conclusion, insiste l'un des messages importants d'un « manifeste » :

(35) Disons et redisons pour conclure que la psychanalyse est une découverte jeune [S. Aouillé *et al.*, *Manifeste pour la psychanalyse*, 2010, p. 137].

ou dans lequel piétine la rage désespérée de Solal à l'encontre de la séduction que la « force » exerce sur les femmes :

---

51 *Cf.* aussi le « c'est en quoi je redis maintenant » cité ci-dessus, note 5, p. 6.

(36) Force, force, elles n'ont que ce mot à la bouche. Force, qu'est-ce donc [...] sinon le vieux pouvoir d'assommer le copain préhistorique au coin de la forêt vierge d'il y a cent mille ans ? Force, pouvoir de tuer. Oui, je sais, je l'ai déjà dit, je le répète et je le répèterai jusqu'à mon lit de mort ! [A. Cohen, *Belle du Seigneur*, ch. 35].

ou se relance, dans l'alternance de l'une et l'autre représentation, le discours dont l'Amour « enveloppe » Psyché :

(37) L'Amour   [...] / Cependant je ne puis que dire, je vous aime.
                [3 répliques échangées avec Psyché]
     L'Amour   Je vous l'ai dit, et vous le dis encore, / Je vous aime, et jamais ne veux aimer que vous. [Fontenelle, *Psyché*, Acte II, sc. 6, v. 377–392].

– la *juxtaposition* des représentations de deux discours différents, un dire autre et ce Dire même, avec les effets divers de leur mise en relief réciproque : ainsi, dans le « Sermon sur la montagne » (*Évangile de Mathieu*, V) cette opposition RDA/ARD – neuf fois réitérée – est-elle la forme même de l'annonce du « renouvellement de la loi » :

(38) Vous avez appris qu'il a été dit (aux anciens) : ... / Et moi, je vous dis : ...

ou, plus trivialement, en laissant le dernier mot à Madame Pernelle dont la prolixe autosatisfaction conjoint les deux formes de représentation de son propre dire en ARD, et en RDA :

(39) Vous êtes un sot en trois lettres, mon fils. / C'est moi qui vous le dis, qui suis votre grand'mère; / Et j'ai prédit cent fois à mon fils, votre père, / Que vous preniez tout l'air d'un méchant garnement, / Et ne lui donneriez jamais que du tourment [Molière, *Tartuffe* Acte I, scène 1].

2.3.2 L'autre et le même : ambiguïtés, cumuls et « semblants »

Dans le champ de la représentation de discours, la frontière entre celle, sui-référentielle, du discours en train de se faire et celle d'un discours autre, a été tracée en fonction de la (non)coïncidence des actes **A** et ***a***, aux plans personnel, temporel, modal, opposant le *je te dis* de la première à tous les autres cas, pour la seconde. Mais – comme précédemment pour la frontière langue/discours – c'est, ici encore, un tracé complexe qui apparaît, entre les deux versants de la représentation de discours : s'y font jour des cas d'ambiguïté, mais aussi, plus intéressants quant aux enjeux sémantico-énonciatifs des rapports, dans le dire, entre le même et l'autre, des cas d'indétermination et d'articulation, domaine passionnant et riche dont je ne fais ici qu'indiquer quelques éléments.

(i) Aléas du « présent » et incertitudes du je te dis *entre ARD et RDA*
Les valeurs classiquement décrites du « tiroir » présent, au-delà de celle de stricte contemporanéité avec le temps de l'énonciation (celle, précisément, de la performativité) – extensions jusqu'au présent dit de vérité générale, et décalages des valeurs dites de futur proche et de passé récent – sont évidemment source d'énoncés, en *je te dis*, relevant de la RDA :

(40) Je dis *toujours* qu'il faut prendre le temps de la réflexion, mais là, il y a urgence...
(41) Je te dis *demain* si je peux venir, il faut que je consulte mon agenda.
(42) Je te dis *à l'instant* que Marie vient dimanche, et tu as déjà oublié.

Aussi les cas d'ambiguïté au plan de la phrase, où seul l'environnement discursif permet d'assigner l'une ou l'autre des deux valeurs, sont-ils nombreux ; ainsi :

(43) j'me dis qu'il faut m'lever, mais j'y arrive pas [cité *in* (Rey-Debove 1983 : 223)].

Selon que le co-texte gauche sera « tous les jours c'est pareil » ou « Je sais, il est 7 heures », ces énoncés verseront en RDA *vs* ARD.

Fréquents aussi sont les cas de cumul des deux valeurs – dire habituel et dire *hic et nunc* –, l'une venant comme légitimer l'autre :

(44) Et quand je vois [...] les enfants de la manière que c'est élevé, je me dis : si c'est ça qu'ils appellent l'évolution bien c'est trop loin [oral cité *in* Perrin (2000 : 101)].

Le retour dans l'avancée du dire sur un propos proche peut se représenter au passé, en distinguant ainsi deux unités, deux événements de dire, **A** et ***a***, comme dans :

(45) A — (murmure) Il est tard, il faut y aller.
 B — Qu'est-ce que tu dis ?
 A — J'ai dit : Il est tard, il faut y aller.
(46) « [...] un jour arriva sur les côtes de l'Athos un prêtre de Paphos. » [...] « Le prêtre de Paphos s'installa dans notre monastère, poursuivit le clerc, [...] C'était au début du XVIème siècle, en 1506. Il venait de Paphos, vous ai-je dit [...]. » [J. Desautels, *Le quatrième mage*, p. 187].

Par opposition, le présent *je dis* autorise un cumul des valeurs de redoublement performatif (*je dis hic et nunc*) et de renvoi à un dire antérieur (*je dis=je viens de dire*, *cf.* le *j'ai dit* des énoncés ci-dessus), fondues dans une forme de « re-dite »[52]. Telle est, dans l'interrogatoire d'un incendiaire par un président en mal de mobile,

---

52 Proche du cumul ARD/RDA lexicalement marqué avec *répéter*, *redire*, ce cumul repose ici sur la mise en jeu interprétative, en contexte, sous le présent, à valeur ponctuelle du *je dis*, d'une valeur élargie – itérativement – vers le passé de *j'ai déjà dit*.

la valeur que prend le *je vous dis* par lequel à la fin de l'échange (b) l'inculpé rappelle qu'il ne fait que répéter ce qu'il a déjà dit au début (a) :

(47) (a) Le Président   — Pourquoi l'avez-vous mis ? [le feu]
     L'accusé   — J'avais pas de motifs.
     [...]
    (b) Le Président   — Alors vous ne voulez pas dire pourquoi vous les avez allumés.
     L'accusé   — Mon président, je vous dis que j'avais aucun motif [A. Gide, *Souvenirs de la Cour d'Assise*].

Et c'est de façon figée que l'expression « puisque je te/vous le dis (que) » fonctionne comme soulignement – volontiers polémique – par l'énonciateur du fait qu'il a *déjà* dit[53].

(48) A : Tout de même, il aurait pu me faire signe, un mot...
    B : Puisque je te dis qu'il était pas là, il ne savait rien... tu es fatigante ! Combien de fois il faudra que je le répète... [Conversation, 20–08–2010, A a eu un accident et se plaint répétitivement du manque d'attention d'un ami].

C'est dans cette élasticité du présent que la classique incise rhétorique, *dis-je*, inscrit son double mouvement de retour sur le déjà-dit *et* de relance du dire :

(49) Celui qui verrait chez eux les Vénitiens, poignée de gens qui vivent si librement [...] qui verrait, dis-je, ces hommes et s'en irait ensuite [...] [La Boétie, *Discours de la servitude volontaire*].

Cette indétermination, ou ce « battement » – entre le passé récent du dit et le maintenant du dire – peut porter de riches effets de sens : ainsi Pascal fait-il ressortir, par l'opposition entre le « vous ai-je dit » scandalisé du père jésuite et son « Je vous dis » qui, tout à la fois *rappelle* et *dit à nouveau* (RDA et ARD) ce qu'il a déjà dit, l'absurdité des *distinguo* jésuitiques :

(50) [le père jésuite vient d'expliquer au narrateur qu'« on peut tuer en cachette son ennemi »]
    — Voilà mon père, lui dis-je, un pieux guet-apens ; mais quoique pieux, il demeure toujours guet-apens, puisqu'il est permis de tuer son ennemi en trahison. Vous ai-je dit, répliqua le Père, qu'on peut tuer en trahison ? Dieu m'en garde ! Je vous dis qu'on peut tuer en cachette ; et de là vous concluez qu'on peut tuer en trahison, comme si c'était la même chose [Pascal, *Provinciales*, 8].

---

53 Agrémenté de « c'est un monde »... le « puisque je te dis que... » apparaît dans un roman (*Sous les vents de Neptune*, F. Vargas, 2004) comme pittoresque leitmotiv d'un personnage s'adressant à une amie (p. 308, 338...).

On peut aussi renvoyer à la délicieuse scène[54] des *Misérables*, où Madame Magloire, rentrant de courses, la tête bruissante des rumeurs de la ville au sujet d'un rôdeur, s'efforce en vain par ses récits, commentaires et conseils de prudence, de capter l'attention de Monseigneur Myriel qui « pense à autre chose » : secondée par la timide sœur de l'évêque (« Mon frère, entendez-vous ce que dit Madame Magloire ? »), la servante « recommence toute l'histoire » et – « triomphante » de croire qu'elle a réussi à alarmer l'évêque – achève son discours par une série de *je dis* :

(51) — Oui, monseigneur, c'est comme cela. Il y aura un malheur cette nuit dans la ville. Tout le monde le dit. [...] Et je dis, monseigneur, et mademoiselle que voilà dit comme moi...
— Moi, interrompit la sœur, je ne dis rien. Ce que mon frère fait est bien fait.
Madame Magloire continua comme s'il n'y avait pas eu de protestation :
— Nous disons que cette maison-ci n'est pas sûre du tout ; que [...] ; et je dis qu'il faut des verrous, monseigneur, ne serait-ce que pour cette nuit ; car je dis qu'une porte qui s'ouvre du dehors [...], rien n'est plus terrible [...] [*Les Misérables*, Partie I, livre II, ch. 2].

Le battement qui s'y entend entre l'emphase d'auto-représentation – *je vous dis ici et maintenant* – des remontrances et conseils donnés à l'évêque, et le retour sur les propos antérieurs (RDA) en simple réponse à la sollicitation de Monseigneur Myriel (« Voyons. Qu'y a-t-il ? »), apparaît comme l'expression, réussie et drôlatique, de la position tout à la fois respectueuse et résolue de Madame Magloire vis-à-vis de son maître.

(ii) Un reflet (ARD) troublant le « UN » du dire
Après le *je te dis*, forme type de la coïncidence **A**/*a*, susceptible pourtant de référer – ou d'inclure une référence – à un *a* distinct de **A**, voici, au contraire, des formes qui, marquant au plan temporel et/ou modal une non-coïncidence de *a* avec **A**, relèvent cependant de l'auto-représentation du dire. Paradoxe d'une auto-représentation qui passe par des formes qui sont celles de la RDA – d'un discours autre par le temps, le mode – : au miroir de son auto-représentation, le dire, dédoublé, plutôt que de s'y redoubler d'un *je dis*, s'y désunit, décomposé, dans la durée, en moments successifs *(a)*, ou creusé, dans son « épaisseur » énonciative, d'un étage de non-*dire (b)*[55].

---

54 Qu'il serait nécessaire de citer *in extenso*.
55 *Cf.* sur cette question Authier-Revuz (1992b : 266–288), (1993c) « Jeux méta-énonciatifs avec le temps », pour (i) et (2004b) pour les « modalités irréalisantes du dire » de (ii) ci-dessous.

(a) Le dire décomposé en étapes par son reflet : je vais dire, j'ai dit...
Par rapport à la frontière entre le *je te dis* de coïncidence **A/*a*** et tout ce qui – RDA – s'en écarte au plan temporel ou modal, c'est une enclave de représentation de discours autre en territoire d'auto-représentation du dire que constituent les formes du type *je vais dire/j'ai dit* qui mettent en scène, décomposé en ses divers moments, le procès du dire en train de se faire. Incidentes au contenu ou à la forme de l'énoncé (globalement ou en partie), ces formes déploient « le » temps du dire en images, fortement modalisantes, de mouvements prospectifs (a) – projet de *je vais dire, je dirai, disons*, question que le dire tranche de *dirai-je ?*, ou *comment dire/dirai-je ?* – ou rétroactifs (b) – *j'ai dit, je n'ai pas dit, j'ai failli dire* –

(a)
(52) Je vais vous dire une chose, quand on est revenu... [oral cité *in* Rey-Debove (1983)].
(53) Il y a tout un échange de remèdes, je vais dire de bonne femme, parce que je suis mauvaise langue [oral, 1985].
(54) Il a fallu, dirai(s)-je le mot, la /démission des autorités pour qu'un mouvement se dessine [oral, assoc. parents d'élèves, 1981].
(b)
(55) [...] dans cette horrible salle d'attente, j'ai dit salle d'attente, c'est peut-être autre chose [*Théâtre de Bouvard*, A2, 25-2-1985].
(56) [...] « MS », premier magazine féministe (je n'ai pas dit féminin) américain vient à son tour [*Elle*, 24–11–1988]
(57) La situation est changée, j'ai failli dire améliorée, par la mort de son mari [oral, 6-8-1983].

ou encore, le *j'ai dit* final qui, en « détachant » du dit le fait de son dire, représenté, constitue celui-ci en « événement »[56] – en auto-dérision de solennité dans son emploi familier :

(58) Ça peut bien être des supercracks, tout ce que tu veux, mais des gens qui sortent en mer avec un temps comme ça, c'est des cons ou des suicidaires, j'ai dit ! [oral, 1993].

Ainsi, annoncée par les *je vous dirai*[57] et assumée par *voilà ce que j'avais à vous dire*, est-ce doublement que la parole transgressive adressée au jeune roi Louis XIV par son capitaine de mousquetaires est mise en scène comme événement :

---

56 Processus qui s'achève avec le passage à la 3ᵉ personne, pour **L** = *l*, prêté aux chefs indiens de romans ou de bandes dessinées, en conclusion de leur dire, du type « Gros Bison a parlé. »...
57 Cette auto-représentation emphatique du dire succède immédiatement à une tirade – non moins emphatique – relevant, elle, de la RDA (en *je*) hypothétique : « C'est vous, Sire, malheureusement [qui êtes le roi]. [...] car *si c'était moi...* [...] *je dirais* à mon capitaine de mousquetaires, continua d'Artagnan, *je lui dirais* en le regardant avec des yeux humains et non avec des charbons enflammés, *je lui dirais* : "Monsieur d'Artagnan, j'ai oublié [...]" ».

(59) —Monsieur, s'écria le roi, croyez-vous que c'est excuser votre ami que de surpasser son insolence ?
—Oh ! Sire, j'irai bien plus loin que lui, dit d'Artagnan ; et ce sera votre faute. Je vous dirai, ce qu'il ne vous a pas dit, lui, l'homme de toutes les délicatesses ; je vous dirai : Sire, vous avez sacrifié son fils [...]. Moi je serai plus dur que lui, sire ; et je vous dirai : Sire, choisissez ! Voulez-vous des amis ou des valets ? des soldats ou des danseurs à révérences ? [... 10 lignes].
Voilà ce que j'avais à vous dire, sire ; vous avez eu tort de me pousser jusque-là [A. Dumas, *Le Vicomte de Bragelonne*, CCIII].

et c'est, encadrée de l'hésitation d'un « te dirai-je » et de la « honte » du « mot lâché » – c'est à dire *que j'ai dit* – que se dit, victoire du « sentiment de l'amour » sur celui de l'honneur, la parole de Chimène :

(60) Te dirai-je encor plus ? va, songe à ta défense, / Pour forcer mon devoir, pour m'imposer silence ; / Et si tu sens pour moi ton cœur encore épris, / Sors vainqueur d'un combat dont Chimène est le prix. / Adieu : ce mot lâché me fait rougir de honte [Corneille, *Le Cid*, V, 1].

(b) Le dire creusé de non-dire par son reflet : je n'ose dire
Le dire représenté comme hypothétique, questionné, nié, relève très normalement de l'*altérité* du dire *a* qui est requise par la RDA, comme dans

(61) Je dirais ce que je sais si on m'en donnait la possibilité ; J'ai failli dire ce que je sais, mais j'ai renoncé ; Est-ce que je vais dire qu'il a menti, je ne sais pas si c'est le moment ; Je n'ose pas dire ce qui s'est passé, ça ferait un scandale.

Cependant, ces mêmes formes, qui mettent en cause la réalité de l'effectuation du dire *a* représenté, viennent s'inscrire comme « altération » dans l'auto-représentation du dire. Exclues par la performativité, elles apparaissent, en ARD, comme « modalités irréalisantes » d'un dire qui va, paradoxalement, s'effectuer sur le mode – auto-représenté – de ne pas s'effectuer. Ainsi, à travers, notamment, les subordonnées méta-énonciatives (hypothétiques), le mode verbal (conditionnel), la modalité (interrogative), la polarité (négative), les temps/aspects (*j'ai failli dire, j'allais dire*), est-ce, à des degrés divers, quelque chose de l'ordre d'une « absence », que le dire trouve au reflet de son auto-représentation.

La réalité du dire – celle d'un *je dis* – se trouve
- *ramenée à la simple potentialité* du conditionnel (du très commun *je dirais*, à des cumuls plus sophistiqués comme en (62)),
- *suspendue*, à travers des subordonnées en *si*, à la réalisation de conditions variées, tenant au bon vouloir de l'interlocuteur (*si ce n'est pas indiscret, si vous voulez, si vous me passez l'expression, ...*), à la conformité à des normes (*si on peut dire, s'il faut tout dire,...*), à la décision de l'énonciateur (*si l'on ose écrire...*), etc.,

- *questionnée* dans des formes interrogatives équivalentes à *est-ce que je dis X ?*[58] (63),
- *niée*, ces modalités proprement annulatoires du dire passant par le renvoi – temporel-aspectuel – au passé d'une tentation de dire déjà écartée au moment présent (64), ou, radicalement, par un *je ne dis pas X*[59] (65) :

(62) [...] en ce qui me concerne, l'appel à la science de la littérature [...] a toujours été très ambigu, très retors, et j'oserais presque dire *truqué* souvent [R. Barthes, *Entretien* 1971, *idt*].
(63) C'est un couple où chacun a un rôle est-ce que je vais dire /de prothèse pour l'autre [oral, 1996].
(64) [...] le mieux est peut-être de renvoyer à [...] Peirce, lequel écrit, j'allais dire lumineusement : « [...] » [R. Eluerd, *La Pragmatique linguistique*, 1991].
(65) [...] le corps de Nietzsche finira de mourir à Weimar le 25 août 1900 à midi. On ne sait pas grand chose, en fait, de cette large décennie de ce qu'on n'ose appeler encore, sa vie [R.P. Droit, *in Le Monde*, 6-1-1989, p. 14].

En deçà des catégories de la réserve, de la réticence... et de tous les effets rhétoriques auxquels ces formes peuvent se prêter, ce qui se *dit*, littéralement, au miroir de l'auto-représentation, c'est la non-effectuation du dire[60], représenté comme dire qui pourrait se faire, qui se fait si..., dont on (se) demande s'il se fait ou va se faire, dont on dit qu'il ne se fait pas... : un mode de dire sur le mode de ne pas dire, où le dire – comme « absenté » – se fait défaut à lui-même[61].

---

58 À distinguer des formes (du type (54) ou (60)) où une question méta-énonciative reçoit la *réponse*, positive, de l'élément énoncé.
59 La négation observée dans, par exemple : « Elle avait un décolleté, je te dis pas... », n'est pas du même ordre : elle ne porte pas, en effet, sur l'élément dit, mais dessine, « en creux » – « performatif paradoxal » dit A. Jaubert (1990 : 131) – l'expansion requise (intonativement) *E* par le dit, en une « forme explicite de l'implicitation » du même ordre que celle que comporte « si vous voyez ce que je veux dire » (et que je ne dis pas).
60 La comparaison avec des formes où, dans une nomination complexe – « entre deux mots » – c'est un seul élément qui est représenté comme non dit (*X, je devrais dire Y* ; *X, j'allais dire Y* ; *X, dirai-je Y* ; *X, je ne dis pas Y* ;...) comme en (56), (57), permet de mesurer le caractère radical et paradoxal de ces nominations passant tout entières par le dire de leur non-réalisation (par renvoi à une potentialité, un questionnement, une annulation).
61 Discrètes, les plus communes de ces formes – *si vous voulez, je dirais,...* – peuvent former l'accompagnement insistant d'une parole, inscrite par là dans une tonalité de « retrait », d'absence qui, inaperçue de l'énonciateur même, *dit* quelque chose de sa façon d'habiter le langage.

2.4 L'autre dire, partie prenante de l'auto-représentation

Nous venons d'évoquer comment *un* dire unique peut, aux miroitements temporels et modaux « altérant » le reflet qu'il donne de lui-même (ARD), se « décoïncider » *sans* convoquer l'ailleurs (RDA) d'*un autre* discours : tout autre est le cas où la référence à un vrai discours autre (***a***, distinct de **A**) intervient comme paramètre essentiel de l'auto-représentation d'un dire. Dans des formes du type :

(66)   ..., je dis ça d'après ce qu'on m'a dit, ...
(67)   ..., j'emprunte ici le mot de l, ...

on voit que, dans le retour du dire sur lui-même (*je dis ça, j'emprunte ici*), se trouve effectivement convoqué *un autre dire* (*ce qu'on m'a dit, le mot de l*) au titre de *source du premier* (*d'après, j'emprunte*). L'opposition simple entre RDA (**A**≠***a***) et ARD (**A**=***a***) ne suffit plus pour rendre compte de cette configuration où le dire *s'auto-représente ou se modalise comme affecté par un autre dire*.

On a évoqué plus haut le « miroir à facettes » du *je (te) dis* et la variété de ses formes de modalisation méta-énonciative ; les formes que nous rencontrons maintenant en sont un sous-ensemble : parmi les angles, si divers, que peut adopter un énonciateur dans la représentation, auto-dialogique, dont il accompagne son dire, c'est celui d'une mise en rapport du dire avec un autre dire/discours qui le définit. Combinant, hiérarchisées, ARD et RDA, le mouvement méta-énonciatif de retour sur soi du dire y passe par – sa rencontre avec – un discours autre.

Ces formes explicites – via une principale du type *je dis* ou une subordonnée impliquant celle-ci – de retour méta-énonciatif sur le dire, caractérisent celui-ci, au plan de son contenu (68) ou de ses mots (69), comme reçu de « l'ailleurs-avant » d'un autre discours :

(68)   *Je dirai, en m'appuyant sur les travaux de... ; disons, pour être fidèle au point de vue de... ; je soutiens, en accord avec ce qui a été exprimé précédemment par... ; on peut poser à la suite de l... ; si j'en crois la rumeur... ; si on se fie à ce qu'il dit... ; pour m'en tenir à ses déclarations...*
(69)   *je dirai X, à la suite de l ; X, c'est l que je cite ; X, j'emprunte, je reprends l'expression de l ; j'emploie le mot au sens de ; pour reprendre, citer, emprunter, plagier... les mots de l ; pour parler comme l ; comme dit l ; s'il faut s'en tenir aux mots de l...*

Ainsi, par exemple :

(70)   Vous savez, je vous l'dis comme ça m'a été dit [oral, cité in Rey-Debove, 1983 : 223].
(71)   Moi, si je m'en tiens à ce qu'il dit, il réouvre au printemps, pas avant [oral, 05–09–2008].
(72)   [...] je posai la question à une pute. Je prends un terme courant que j'emprunte aux autres [...] mais je ne suis pas d'accord avec lui, car il est péjoratif [...] [E. Ajar (R. Gary), *Gros Câlin*, 1974, p. 60].

(73) Elle choisit la fougue, la colère, un style volontairement torturé, « speedé » pour citer un de ses termes favoris. [*Elle*, 26-9-1983, C.R. de livre]

Le schéma suivant résume ce statut de sous ensemble défini par le trait RDA, dans l'ensemble des formes d'auto-représentation explicite du dire (ou de modalisation méta-énonciative) :

(IV)

> **Auto-représentation du dire – Modalisation méta-énonciative**
> **ARD**
>
> *je dirai, en hésitant, que* (23)
> *s'il faut tout dire* (29)
> *j'emploie X par commodité* (26)
> *pour risquer une métaphore* (30)
> …
>
> > *avec* **RDA**
> >
> > *je dirai, à la suite de l, que* (68)
> > *si j'en crois la rumeur* (68)
> > *X, j'emprunte le mot de l* (69)
> > *pour citer l* (73)
> > …

L'ensemble suivant de modalisations de l'assertion « Le POS[62] sera bientôt modifié » fait apparaître différence et parenté :

(74) 1. *Je dirai, si je me fonde* sur ce qu'on dit, que le POS sera bientôt modifié.
    2. *Si je me fonde* sur ce qu'on dit, le POS sera bientôt modifié.
    3. *A ce qu'on dit*, le POS sera bientôt modifié.
    4. *D'après certains*, le POS sera bientôt modifié.
    5. *Il paraît que* le POS sera bientôt modifié.
    6. Le POS ser*ait* modifié bientôt.

Il est clair que le groupe (3, 4, 5, 6) ignore la dimension d'auto-représentation explicite du dire (de 1, 2) dégagée ci-dessus ; il est non moins clair que les deux ensembles sont étroitement apparentés par la fonction sémantico-énonciative de modalisation du dire par transfert de prise en charge sur une source autre, qu'ils partagent. Ces éléments « simplement » modaux – *i.e.* sans auto-représentation explicite – forment un ensemble formellement hétérogène (verbes modaux, mode verbal, syntagmes prépositionnels, adverbes, adjectifs …) :

(75) *Il paraît ; paraît-il ; conditionnel d'« ouï-dire » ; d'après/pour/selon l ; aux dires de ; de l'avis de ; officiellement ; prétendu ; soi-disant…*

Dans la diversité des types de modalisation d'un dire, le trait RDA découpe, comme il le fait dans la méta énonciation, un sous ensemble :

---

[62] POS : Plan d'Occupation des Sols.

(V)

Modalisation du dire	
il semble (que)	avec **RDA**
selon moi	*il paraît (que), paraît-il*
à y bien réfléchir	*selon lui*
il sera venu (conjecture)	*à l'entendre*
vraisemblablement	*il viendrait* (ouï-dire)
etc.	*prétendument*
	etc.

En ce qui concerne l'exploration de la RDA, qui constitue l'objet de ce livre, cette distinction n'apparaît pas essentielle, et les sous-ensembles « avec RDA » des tableaux **(IV)** et **(V)**, avec et sans auto-représentation explicite du dire, seront regroupés au sein de la RDA dans la « Modalisation par discours autre (MDA) » (*cf.* chap. **3**).

Remarque 3 : Métadiscours et modalisation. Ce rapprochement laisse ouverte la question du rapport à poser, au plan général, entre méta-énonciation et modalisation du dire. À mon sens, on l'a vu, la méta-énonciation (contrairement aux autres champs de la méta-discursivité) relève de la modalisation, induisant un « mode de dire » redoublé par son auto-représentation (*X vs je dis X*) ; au-delà, il est possible d'envisager (ou de s'interroger sur) la dimension « méta », ou réflexive, comme inhérente – qu'elle soit explicite ou non – à l'étagement ou au « surplomb » de la modalisation du dire.

Il n'est pas question ici d'entrer plus avant dans cette interrogation – contiguë au champ de la RDA, mais sans incidence cruciale quant à sa description – sur l'articulation entre ces deux catégories, relevant de la « prolifération du langage sur lui-même » selon l'expression de Culioli. Je renvoie seulement à l'approche suggestive proposée par A. Jaubert (1990, ch. **4**) de faits de modalisation et méta-discours (au sens 3, d'auto-représentation du dire, *cf.* 2.1 ci-dessus) saisis comme « paliers » successifs dans une dynamique d'actualisation de la « capacité réflexive » de l'énonciation : ce mouvement conduisant du degré minimal de la « réflexivité fondue dans la trame énoncive », à l'émergence des « points sensibles de la réflexivité » de la modalisation (par adverbes, auxiliaires,…) pour en arriver au « métadiscours » conçu comme degré ultime d'actualisation de la réflexivité, s'achevant dans la « réification » du dire.

Chapitre 2 Représenter un autre acte d'énonciation : caractérisation d'une pratique métadiscursive spécifique

Au-delà de la délimitation du secteur de la RDA vis-à-vis de ses « voisins en métadiscursivité », il convient de prendre la mesure de ce qu'implique, pour l'opération de RDA, la spécificité de son référent. De la définition de la RDA comme représentation d'un acte d'énonciation *distinct* de l'acte en train de se faire découlent deux caractéristiques : (1), une structure complexe d'articulation de deux actes de statut distinct, à préciser, et (2) une fonction de « (méta)discours ordinaire » sur l'énonciation, à explorer – (2.1), dans l'étendue de ce qu'elle institue en « dire autre » et, (2.2) dans la perspective « diffractrice », sur ce dire autre représenté, qu'ouvre l'éventail des modes par lesquels, différentiellement, elle se réalise.

1 Homomorphes et dissymétriques, le Dire en acte et son dire autre représenté : la dualité structurelle de la RDA

Comme l'auto-représentation, la RDA a pour référent un événement d'énonciation (*token*) dans sa radicale singularité, s'opposant par là, on y reviendra plus tard (partie III), à la répétabilité des unités fixes de la langue. Mais, au dédoublement d'*un* acte d'énonciation dans l'ARD, s'oppose l'articulation d'un acte d'énonciation à *un autre* acte d'énonciation : dans l'auto-représentation, l'image de l'acte représenté vient *ajouter* son reflet – et peu importe que celui-ci soit partiel, partial, tronqué... – à l'acte en train de s'accomplir, effectivement, sur le mode de l'expérience partagée, *hic et nunc*, par les interlocuteurs ; dans la RDA, au contraire, l'acte représenté (*a*) n'a d'autre existence, dans le cadre de l'énonciation en cours (**A**) que celle que lui confère son image dans l'énoncé **E** : il n'est doté de particularités situationnelles (qui parle, à qui, quand, où, dans quel contexte ?) qu'autant qu'elles ont été élues comme pertinentes par **L** pour sa représentation de *a*.

Certes, par rapport à un énoncé ordinaire, référant à un fait « mondain », (*Jean a marché très vite*), un énoncé de RDA (*Jean a dit qu'il viendrait*) se spécifie par un référent (le dire représenté) *homomorphe* au dire en cours (représentant), induisant la problématique, propre à la RDA, des modalités « d'articulation » **A**/*a* dans **E** ; et les rapports d'un discours à « ses autres » peuvent se penser en termes, « dialogiques », d'« interaction dynamique »[1]. Mais il importe, devant un énoncé

---
[1] Voloshinov (1929 : 166).

de RDA, de ne jamais perdre de vue la radicale différence de statut entre les deux plans : d'un côté **A**, *l'événement, unique*, de l'énonciation en cours, « de plein exercice »[2], dans lequel se produit l'énoncé **E**, et, de l'autre, *a* (ou a_1, a_2, a_3...), le (ou les) acte(s) d'énonciation, en nombre non limité, auquel cet énoncé *réfère* et qui figure(nt) en **E** au titre de la *représentation* qui en est proposée.

C'est le double versant, (1) de dissymétrie et (2) d'homomorphie, entre acte en cours et acte(s) représenté(s) que tente d'indiquer la notation choisie : (1) opposition capitales/minuscules, et (2) parallélisme des ensembles d'éléments caractérisant un fait de dire : un énoncé ; un cadre énonciatif, appelé « situation », comportant les coordonnées de repérage personnel – les interlocuteurs –, temporel et spatial ; un contexte renvoyant tant à l'environnement linéaire qu'à l'ensemble infini des « circonstances » de l'énonciation :

A : E ; SIT (L, R, T, Loc) ; CONTEXTE
a : e ; sit (l, r, t, loc) ; contexte.

On notera que ce que désigne *a* n'est pas le référent lui-même auquel, sauf exception, nous n'avons accès que par l'image qui en est donnée en **E**, mais précisément cette *image du référent*. Lorsque, ponctuellement, il sera nécessaire d'envisager le rapport entre l'image *a* et son référent, celui-ci sera noté avec l'exposant **0** (a^0, l^0, r^0, e^0...) : ainsi, par exemple, la problématique de la « textualité »[3] d'une représentation d'énoncé fait-elle intervenir le rapport entre l'image *e*, en **E**, et son référent e^0[4].

C'est tout particulièrement dans le cas du discours direct (DD) qu'il est nécessaire de rappeler l'écart entre (1) le référent a^0, et (2) la représentation *a* qui en est produite en **A**, dans la mesure où c'est fréquemment que, prises au piège des effets de « transparence » auxquels se prête ce mode de RDA, les descriptions du « discours rapporté » en reconduisent le leurre au lieu de l'analyser, confondant les plans (1) du discours événement et (2) de sa représentation « directe ». Cette annulation de la dimension de représentation inhérente au DD est dénoncée par

---

[2] Selon l'heureuse expression de Van Raemdonck (2002 : 173).
[3] « Textualité », ici et dans tout l'ouvrage, est – sans rapport avec le champ du texte — est pris ici comme dans « Il a dit textuellement », « C'est ce qu'il a dit, textuel ! » au sens de « fidélité littérale ».
[4] On trouve chez P. von Münchow (2001) ce souci, positif, d'éviter la confusion entre ces plans, par une notation systématique Ia (Il, Ir, It,...) rappelant la nature « d'image verbale » des observables en E, par opposition à *a(l, r, t,...)* renvoyant aux référents réels ou fictifs. Plus rigoureuse dans son principe que la solution adoptée ici (propice aux glissements et abus de langage, qui ne seront écartés que lorsque cela semblera indispensable), cette notation a un « coût » typographique qui a conduit P. von Münchow (2004) à y renoncer pour des raisons de lisibilité.

G. Strauch (1974 : 69) : « La confusion entre [le discours original] et sa reproduction directe est une des constantes de la "pensée" traditionnelle sur ce sujet ». Nombreux sont les exemples de l'écrasement du discours *médiat* sur le *non-médiat* (Strauch), du mode de RDA dit « direct » (DD) sur le Discours « en direct » (de Mattia 2000 : 350) : usages, notés par L. Rosier (1999 : 46), de *reported speech* ou, en allemand, de *berichte Rede*, renvoyant uniquement au discours indirect ; ou implication d'un titre tel que « Du discours direct au discours rapporté »[5] (Gauvenet *et al.* (1976)), par exemple.

Le recours, fréquent dans les présentations du « discours rapporté », pour différencier les deux plans **A** et **a**, à une *indexation numérique* – discours, énonciateur,... premier vs second – et aux notations correspondantes – E_1, E_2 ; L_1, L_2 ; etc. – présente plusieurs inconvénients.

D'une part, (a), le traitement « ordinal » – premier/second – de la relation entre les deux plans donne lieu à deux interprétations inverses, 1–2 correspondant, selon les auteurs, à ***a*-A** ou à **A-*a***, ce qui est source de confusion : la première, illustrée, par exemple, dans Maingueneau (1994 : 129)[6] :

> Le DCé [discours cité] suppose un énonciateur (E_1) et un allocutaire (E'_1) [...]. De son côté le DCt [discours citant] repose sur un énonciateur (E_2) et un allocutaire (E'_2).

risque d'activer (de la même façon que la formulation discours « rapporté ») le stéréotype restrictif d'un référent de ***a*** *précédant* chronologiquement dans les faits l'acte **A** qui le représente ; la deuxième correspond, elle, à une hiérarchie énonciative, posée entre le plan premier, primaire, « matriciel » de **A** et le plan second de ***a*** ; ainsi, par exemple dans (Perret 1994 : 97) :

> [le] locuteur primaire (symbolisé par L_1) produisant une **énonciation de premier niveau** [peut] rapporter les paroles (ou les pensées) d'autres locuteurs (L_2, L_3, etc.), produisant des **énonciations de second niveau, de troisième niveau**, etc. [...] [**gdt**]

ou Bordas (1998 : 189) évoquant le mode d'inscription des « phrases de discours second dans le discours premier, matriciel [...] ».

---

[5] Où « discours direct » renvoie de fait à la fois au discours « en direct » et à sa représentation au DD, et « discours rapporté » au discours indirect.
[6] Et évoquée – pour s'en démarquer – par Reichler-Béguelin (1997:32) recourant à la notation capitale/minuscule :
> E est mis pour « énonciation citante » et e pour « énonciation citée », E désigne donc *ce qu'on appelle parfois* le « discours second », alors que e [...] signale le discours premier.

D'autre part, (b), si cette deuxième interprétation « ordinale » apparaît moins malheureuse que la première, reste que la mise en « série numérique », adéquate lorsqu'elle indexe des éléments de même statut, tels les tours de parole d'un échange oral (L_1, L_2, L_3...) ou, dans le cadre de la RDA, les chaînes de discours représentés (a_1, a_2, a_3, ...)[7], n'est pas satisfaisante pour noter l'articulation de l'*acte* d'énonciation en cours **A**, et de *a* (a_1, a_2, a_3, ...), *image(s)* d'énonciation dont elle écrase la différence de statut.

2 La RDA, métadiscours ordinaire sur l'énonciation

L'ensemble des énoncés de RDA qui, on l'a dit, ne sont pas seulement des reflets et nuances ajoutés (ARD) à une énonciation en cours, mais qui font « advenir » dans le dire, *par* la représentation qu'ils en donnent, des événements d'énonciation extérieurs à celui-ci, se présente – en deçà des fonctions informatives, narratives, argumentatives... que ces énoncés peuvent remplir – comme un vaste métadiscours spontané sur le langage en exercice.

À l'article *Enonciation* de leur dictionnaire de *Sémiotique*, Greimas et Courtès (1979) font place, en regard de « l'énonciation proprement dite », à

> *l'énonciation énoncée* (ou rapportée) [...] à considérer comme constituant une sous-classe d'énoncés qui se donnent comme le métalangage descriptif (mais non scientifique) de l'énonciation.

Le référent d'une RDA n'est pas, en effet, une chaîne signifiante qui pourrait être reproduite, plus ou moins fidèlement, mais ce réel complexe du *fait de l'énonciation d'une chaîne signifiante dans un contexte où elle prend sens* qui ne saurait – car non fini – être « reproduit », mais seulement représenté, c'est-à-dire analysé, interprété, « construit », et articulé à l'énonciation en train de se faire, selon les filières proposées par la langue. Aussi, parallèles aux discours conceptuels, construits, cohérents, sur l'énonciation et le sens, les formes de la RDA produisent-elles un *discours spontané sur l'énonciation*, sans définition ni contrainte de cohérence, doublement contingent mais, en même temps, doublement aiguisé, attaché qu'il est, dans chacune de ces représentations, à *un* événement d'énonciation, dans sa radicale singularité, et depuis la perspective subjective, non moins singulière, qui est celle de l'énonciation en cours. Dans la diversité des représentations de

---

[7] Enchâssés : l_1 *raconte que* l_2 *a dit que* l_3 *soutient...* ; ou coordonnés/juxtaposés : l_1 *a dit... (mais)* l_2 *a répondu... (et)* l_3 *a conclu...*

l'autre discours, apparaît, à travers les distinctions proposées par la langue, un « savoir » des énonciateurs sur la complexité du fait énonciatif, partie prenante de leur compétence langagière.

2.1 Au-delà du « il a dit » : panorama de ce que la RDA reconnaît comme « dire »

La prégnance, dans le discours linguistique sur la RDA, du type *il a dit*..., référant à un acte singulier, antérieur (*t* précède **T**)[8], accompli par un tiers (*l* ≠ **L**, **R**) incite à un rapide parcours de la diversité des référents représentés comme discours autre par les formes de RDA, et qui déborde très largement, on le verra, non seulement ce modèle du « il a dit » mais, au-delà, ce que la réalité même donne à observer comme fait de dire :

[1] dires « de soi » :
a n'est pas un « discours d'autrui ». On l'a noté ci-dessus (chap. **1**.2.3.1 p. 17), le discours est « autre » dès lors qu'il n'y a pas identité, sui-référentielle, entre **A** et *a* : qu'ils ne sont pas tenus *hic et nunc*, « mes discours » passés, futurs, fictifs... y prennent une large part.

[2] dires virtuels :
a n'est pas un événement accompli, représenté par une forme assertive, affirmative, à l'indicatif et au passé[9] ; ce cas, certes fréquent, n'est qu'un cas de figure, l'implication subjective de **L** faisant volontiers appel à des actes *a* interrogés (a), niés (b), irréels (c), potentiels (d), futurs (e), objets d'injonction (f)[10] :

---

[8] Prégnance que conforte – et qui conforte en retour – la dénomination de « discours rapporté », *cf*. Apppendice partie I.
[9] Restriction suggérée par l'exemplification dominante dans les grammaires et parfois explicitée : *cf*., par exemple, « [le] discours rapporté, c'est-à-dire [le] cas où un énoncé é$_1$ qui *s'est déroulé* à l'intérieur d'un cadre énonciatif CE$_1$ se trouve enchâssé [...] » (Kerbrat-Orecchioni, 1980 : 57).
[10] L'appellation « discours rapporté » est évidemment inadéquate pour ces actes représentés comme non accomplis. M.-A. Mochet, qui s'est attachée à en décrire le fonctionnement, propose pour ces RDA le terme de « discours évoqué », opposé d'abord à « rapporté » (1996), puis à « relaté », emprunté à Peytard, dans le cadre englobant « du représenté » (2003 : 166), tout en notant l'importance des cas – 30% des DD de son corpus oral – échappant à cette bipartition (1996 : 67), *cf*. ci-dessous Appendice partie I.

(1) (a) Est-ce que, vraiment, tu lui as dit ça ?
   (b) Je n'ai pas osé lui dire qu'il se trompait.
   (c) Ah ! si quelqu'un avait pu, à l'époque, lui dire ce qu'il en était !
   (d) Il te dirait « D'accord ! », que tu serais le premier surpris.
   (e) Il dira qu'il a été surchargé de travail, c'est à prévoir.
   (f) Dis-lui que tu acceptes, cela le tranquillisera.
   Qu'il dise une bonne fois pour toutes qu'il renonce à ce projet, cela éclaircira l'atmosphère.

Les divers modes de RDA ne se prêtent pas également à la représentation des *a* virtuels : majoritairement représentés en DD ou DI, non rares en MAE (ainsi : *X, comme dirait l'autre ; comme ne dit/ne dirait/n'aurait pas dit l*), ils paraissent, dans les deux autres modes – MAS et Bivocal-DIL[11] –, très difficiles, sinon exclus : la MAS – *d'après ce qu'il dit, à ce que l'on dit* – qui modalise le dire de L comme appuyé à une assertion préalable, paraît réfractaire à la représentation d'un dire nié ou futur[12] :

(2)   D'après ce qu'il dit/à ce qu'on dit, les impôts vont augmenter.
   ? D'après ce qu'il dira/à ce qu'on ne dit pas, les impôts vont augmenter.

La structure spécifique d'énonciation divisée du mode Bivocal-DIL paraît difficilement compatible avec un *a* virtuel, *cf.* (3 a) *vs* (3b, c) :

(3) (a) Il se posait sans cesse la question : « Comment avait-il pu se tromper à ce point ? »
   (b) ? Il ne se posait pas la question : « Comment avait-il pu se tromper à ce point ? »
   (c) ? Se posait-il seulement la question : « Comment avait-il pu se tromper à ce point ? ».

L'importance quantitative de ces RDA à référents virtuels et la richesse des mouvements énonciatifs – affectifs, argumentatifs – auxquels elles se prêtent dans les échanges oraux a été bien mise en évidence[13]. Je noterai simplement ici le spectre

---

11 On revient chap. 4.3 sur les raisons de l'appellation « Bivocal » substituée ou associée à celle, canonique, de « Discours indirect libre ».
12 Les limites de cet ouvrage ne permettent pas d'envisager les cas limites, tels : *à ce qu'on ne dit pas, mais qu'il est aisé de comprendre, les impôts vont augmenter*, ou, en incidente : *ils vont – on ne l'a pas dit, mais c'est tout comme – augmenter les impôts*, ou encore *d'après ce qu'il dira tout à l'heure – je le sais – les impôts vont augmenter*. La compatibilité, difficile *vs* aisée, avec le futur, différencie la MAS, portant sur le Dire, du circonstant de manière, incident à l'énoncé (cf. : *selon/d'après/en fonction de ce qu'il dira, on décidera*).
13 Ce type de RDA à référent virtuel constitue « près de la moitié » des faits « d'hétérogénéité » relevés par M.A. Mochet (2003) dans son corpus d'entretiens, et « un échange sur quatre » dans les conversations décrites par Vincent et Dubois (1995), importance encore confirmée dans l'étude de Rendulic (2015).

d'emploi de l'injonction à dire tel qu'il est brillamment déployé, en morceau de bravoure de Balzac[14] et de son personnage, le journaliste Blondet, au fait des ficelles du métier, répondant, cynique et paternel (« Voici comment tu peux t'en tirer mon enfant »), à la question (« Mais que dire ? ») d'un Lucien de Rubempré, novice désemparé par la commande d'un article allant contre sa conviction, où elle passe par la succession serrée, sur deux pages, de ses variantes, associées tant au DD qu'au DI :

futurs :	diras-tu ; tu diras que ; tu diras... ; tu parleras de ; tu te plaindras ; tu loueras... ;
impératifs :	cite ; lâche Proh pudor !; moque-toi ; annonce... ;
modaux :	tu peux démancher sur ce thème ; tu peux t'écrier par un beau mouvement....

Mais elle apparaît surtout comme un trait de genre : constitutive, en DI, des consignes scolaires, du type : « Ecrivez une lettre à un ami, pour le remercier..., Racontez vos vacances... », elle abonde – en DD ou DI – dans le genre prolifique des « guides » en relations humaines, professionnelles, conjugales ou parentales[15], comme, par exemple :

(4)   D'abord lui parler. Expliquez lui que vous êtes fatigués, que [...].
      Ne dites pas : « Ce n'est pas vrai ». [...] Ne traitez pas ses fabulations de mensonges.

et, sur le modèle auto-suggestif, imposant le DD, des « Dites : "je vais bien", et vous irez bien », elle apparaît comme emblématique du discours de la « pensée positive » des ouvrages de « développement personnel »[16].

[3] dires répétés et/ou collectifs[17] :
a n'est pas, nécessairement, l'acte singulier d'*un l* défini, mais, au-delà du *l* individuel indéfini (*quelqu'un, une voix, ...*), s'étend à une *classe* de faits d'énonciation, selon les deux axes, cumulables, de l'itération-habitude pour un *l* singulier (a_1, a_2, a_3...) et de la réunion d'actes de l_1, l_2, l_3... dans une instance source collective : les élèves, les voisins, l'opposition, l'administration, la sagesse populaire, les gens, la rumeur et le *on* multiforme et omniprésent...

---

14 Balzac, *Les Illusions perdues*, 2e partie.
15 *Cf.* l'analyse de P. Von Münchow (2012) à qui j'emprunte ces exemples.
16 Ainsi le livre *Danser avec la vie. 101 jours pour retrouver la joie de vivre* (Ch. Davis Kasl, Ed. Dangles, 1999) progresse-t-il au fil d'énoncés, au DD, à proscrire (*ne dites plus, renoncez, abandonnez...*) ou à adopter (*dites, répétez tout simplement, répétez aussi souvent que..., chantez...*).
17 De ces types [2] et [3], C. Norén (2004) propose un choix de DD relevés chez Proust.

Itération et instance collective sont présentes, avec des pondérations diverses, dans tous les modes de RDA. Dans la MAE, cela correspond à des représentations de « l'usage », de l'idiolecte – *comme dit (usuellement) Jean* – mais aussi à la variété – *comme on dit par ici ...* – et au stéréotype du *comme on dit*. Les formes de la MAS (*de l'avis général, ...*) et du DI (*le bruit court que...*) dominent la représentation des contenus véhiculés par la voix anonyme de la collectivité[18] ; alors que le DD et le Bivocal-DIL présentent des affinités avec la théâtralisation, aisément polémique, des énoncés « prototypiques », notamment signalés par « *genre, style :* "..." », auxquels ont volontiers recours récits oraux et argumentations[19] :

(5) [DD] Les départs, avec elle$_i$, c'est un peu enrageant, style j$_i$'arrive, j$_i$'arrive, j$_i$'en ai pour une minute, et un quart d'heure après, elle$_i$ est toujours en train de ranger un truc ou je ne sais quoi... [oral, 2-7-2009]

(6) [Bivocal-DIL] Cri unanime des militants$_i$: qu'on leur$_i$ fasse confiance, qu'on ne les$_i$ cantonne pas à des tâches d'exécution.

[4] dires écrits :
« dire », dans sa polysémie, est apte, on le sait, à référer à la réalisation phonique aussi bien que graphique de l'énoncé :

(7) Dans sa lettre de l'autre jour, il me disait...
Dans son coup de fil de l'autre jour, il me disait...

mais on oublie souvent, sous le modèle neutre « il a dit », la réalisation graphique de *a*.

La proportion entre discours écrits ou oraux représentés est évidemment un élément de différenciation entre les genres de discours : minoritaire dans les conversations, faible dans les romans – romans épistolaires mis à part – la part des discours écrits croît avec le caractère savant, appuyé à des références et des sources, des discours, pour devenir (quasi-)exclusive dans la revue de presse, le commentaire de texte, le dictionnaire de citations.

La spécification du canal écrit/oral dans lequel se réalise le dire représenté passe par le lexique de la catégorisation métalangagière, (chap. **6)** – particulièrement riche pour les genres écrits, de l'écriteau à l'encyclopédie... – ; facultative, elle est un élément pertinent de la représentation, toujours sélective, du contexte des énoncés (chap. **5**).

---

[18] Cela apparaît nettement, par exemple, pour ce qui y relève de la RDA, dans le parcours que – dans le prolongement du ON-vérité de Berrendonner (1981) – Anscombre (2010) propose des manifestations linguistiques du « on-locuteur ».

[19] Dimension analysée et richement illustrée par M.-A. Mochet (1996, 2003).

On notera deux points liés à cette opposition : le premier est qu'elle inscrit au cœur de la RDA – notamment du DD – la problématique, lorsque **A** et ***a*** relèvent de deux canaux différents, du *transcodage* de l'oral vers l'écrit[20] – jouant dans le dialogue romanesque, ou dans le genre du « procès-verbal » – ou de l'écrit vers l'oral, avec les problèmes de « mise en voix » – intonative, notamment, c'est-à-dire irrémédiablement subjective – d'une chaîne écrite. Le second est que la permanence de l'énoncé écrit, détaché du moment et de la personne de son énonciateur, favorise, dans le cas des **a** écrits, la fréquence relative des RDA vues sous l'angle de la *réception*, c'est-à-dire la fréquence du *lire* par opposition à l'*écrire*. Que l'on songe, par exemple, aux écriteaux, pancartes, affiches, inscriptions, modes d'emploi... qu'il est rare de voir traités sous l'angle de leur production (un ***l*** qui *écrit, rédige, calligraphie...*)[21], et qui sont communément représentés sous celui de leur réception, avec des ***r*** qui *lisent, déchiffrent, parcourent...*

[5] dires intérieurs :
On quitte ici l'espace de la communication et du message – oral ou écrit – à autrui pour celui d'une « parole » silencieuse, enclose dans la sphère du sujet : réalité humaine foncière que cette « endophasie », dont I. de Loyola dénonçait, sous le nom de « loquèle », la tyrannie intime, celle d'un ressassement sans relâche, impossible à « faire taire », et qui s'impose comme nodale à travers la longue histoire des approches – philosophie, psychologie, neurologie, linguistique, ... – des rapports de la pensée et du langage[22]. Avant d'être un domaine, si passionnant soit-il, de l'écriture littéraire – sous la forme de la pondération, par un narrateur omniscient, des paroles et des pensées d'un personnage, ou encore, dans le genre limite du « monologue intérieur » inauguré par Dujardin[23] et illustré entre autres par Joyce – le discours « en soi » est ce dont nous avons, au quotidien, l'expérience intime : les *je me suis dit* ; *je me disais* ; *j'espère que tu ne t'es pas dit* ; *à mon avis il s'est dit* ; *il ne faut jamais se dire* ; etc., en sont les constants affleurements.

Ainsi, dans l'étude de la RDA dans sa pratique orale la plus quotidienne, N. Rendulic (2015 : 335–352) consacre-t-elle un chapitre au consistant ensemble

---

[20] Mouvement qu'éclaire en profondeur la réflexion de R. Mahrer (2014).
[21] Mais (*cf.* ci-dessous *[6]*) qui, pour la même raison de « permanence » se prêtent volontiers à occuper la place de SN sujet du verbe *dire*.
[22] Sur la problématique d'ensemble de l'endophasie, je renvoie, outre à la réflexion de Bergounioux (2004), au panorama qu'en dessine G. Philippe (1997) sous l'angle de sa représentation littéraire. *Cf.* aussi le parcours proposé par L. Rosier (1999 : 271–276), notamment les éléments diachroniques concernant l'expression du discours intérieur.
[23] En 1887 dans *Les Lauriers sont coupés*, et nommé et décrit dans *Le Monologue intérieur* (1931).

des formes de discours représenté comme auto-adressé relevé dans son corpus, décrit au plan des formes selon lesquelles il se réalise et de leur fréquence – en termes de personnes, temps et mode de RDA : *je me dis/ tu te dis/ il se dit...* ; *je me dis/ je me suis dit...* ; *je me dis : « e »* (DD très majoritaire)*/ je me dis que* – et au plan de leurs effets en contexte – surprise, théâtralisation, voix de la raison...

Et c'est majoritairement que les injonctions à dire, typiques des introductions au « pouvoir de la pensée positive » et à sa mise en pratique (*cf.* note 16) sont explicitement des injonctions à *se* dire soutenues par l'évocation de l'expérience personnelle de l'auteur :

> Lorsque je me suis mise à écrire mon premier livre, j'ai commencé à courir vingt-cinq minutes par jour en me répétant : « Je peux m'aimer en écrivant ce livre ». [...] Et un jour, j'eus l'impression de dire cette phrase pour la première fois. [...] La répétition des mots avait opéré une transformation de ma conscience (Ch. Davis Kasl *Danser avec la vie...*, p. 67).

le discours avance au fil d'incessants :

(8) se dire : « e » ; se dire que... ; dîtes-vous que... ; un puissant antidote est de vous dire : « e » ; etc.

Dire auto-adressé n'implique pas dire intérieur[24] : soit l'alternative d'un *se dire* muet ou extériorisé est tranchée explicitement

(9) (a) Il se disait en lui-même : « e ».
     (b) Il se répétait à haute voix pour se donner du courage.

soit c'est au contexte que, de façon dominante, il revient de faire pencher la balance du côté endophasique – le plus souvent – ou sonore : et cela, de façon tranchée, ou tendanciellement, comme dans l'ouvrage cité en (8), où la participation du corps articulant/« recevant » le dire (parfois mué en chanter) paraît adéquate au projet, ou bien du côté du jeu, incertain, d'une parole intime dont une « sonorité » semble affleurer dans la musicalité de son évocation dans cet exemple :

> Un jour / Un jour je m'attendais moi-même / Je me disais Guillaume il est temps que tu viennes / Pour que je sache enfin celui-là que je suis [Apollinaire, *Cortège, in Alcools*, 1913].

---

[24] Du côté de l'implication inverse—dire intérieur entraîne auto-adressé – il serait nécessaire, pour aller au-delà de sa vraisemblance, de prendre en compte (pour en fonder ou en affiner la vérité) divers faits, tels : « il *se* répétait, *en lui-même* : "tu vas me le payer mon garçon" » ; « la phrase se répétait *dans sa tête* : "tu vas me le payer mon garçon" ».

Passant par la construction réfléchie de verbes de dire (*se dire, se demander, se répéter*...) ou par des lexèmes de « pensée » (*penser, réfléchir, songer, rumination, idée*...), cette variété – intérieure – de discours autre apparaît communément représentée en DD (10a), DI (10b), Bivocal-DIL (10c), selon les mêmes fonctionnements de rection, anaphore, lien sémantique, que dans le cas des dires « adressés », « extériorisés »[25] :

(10)   (a) (DD)   Il$_i$ pensait, je$_i$ suis fatigué.
      (b) (DI)   Il s'est demandé qui avait pu téléphoner.
                           Il$_i$ se dit qu'il$_i$ doit cesser de fumer, mais en vain.
      (c) (Bivocal-DIL)   Il$_i$ réfléchissait. Que pouvait-il$_i$ espérer maintenant ?

Elle apparaît, en revanche, sinon exclue, du moins malaisée avec la structure de modalisation par discours autre, qui semble requérir – pour que le discours en train de se faire puisse s'y appuyer – un discours autre accomplissant la dimension communicative du dire (comme, on l'a vu plus haut, un discours effectivement réalisé) :

(11)   Bien que Jean ne dise mot, je suis sûre qu'à son avis, il faut vendre.
       ? D'après ce que Jean se dit, il faut vendre.
       * À ce que Jean pense, il faut vendre.

Remarque 1 : Discours intérieur. Le dire intérieur ne correspond, ni dans la RDA, ni vis-à-vis de son extérieur, à un ensemble discret : la reconnaissance de chacun de ses deux traits définitoires, (1) *intérieur* et (2) *langagier*, débouche sur des fonctionnements interprétatifs en discours, selon un continuum.
(i) En (10), le marquage du « dire intérieur » est assuré soit par des lexèmes porteurs de ce trait (*se dire, se demander*), soit par la combinaison d'un verbe de pensée (*penser, réfléchir*...) avec la représentation distincte d'un énoncé *e* (au DD ou Bivocal-DIL).
    En revanche, c'est contextuellement que les formes de DD (ou de Bivocal-DIL) réduites au *e* représenté, neutres par elles-mêmes (12), pourront être interprétées, par cohérence co-textuelle, comme parole intérieure ou adressée (a, b) :

---

[25] Le dire adressé est nécessairement extériorisé ; le dire « en soi », intérieur, est, par définition, muet : se dessine, entre les deux, une zone de dire *articulé*, sans quitter pour autant la *sphère du « soi »*, comme en témoignent (indépendamment des conventions théâtrales du monologue et de l'aparté) les formulations : *se dire tout bas, s'encourager bruyamment, penser à voix haute, parler tout seul*..., expressions susceptibles d'accompagner des *e* représentés. Et ce n'est pas toujours de façon binaire qu'est représentée l'opposition du parler à soi/à autrui, *cf.* par exemple : « "Où sommes-nous ?" demanda K, à voix basse, parlant *plutôt* à lui-même qu'à Barnabé. [F. Kafka, *Le Château*, La Pléiade, 1976, p. 522] ».

(12)   Jean s'assit. « Je suis fatigué. »
   (a) Mais ce n'était pas le moment de le laisser voir, il prit un air conquérant.
   (b) C'est bien normal après un tel effort, répondit Marie.

C'est aussi *en contexte* que des énoncés du type *il pense que...* peuvent recevoir, outre celle de « pensée formulée en silence » (a), l'interprétation – rejoignant *il dit que* – d'un dire extériorisant cette pensée[26] (b) par cohérence co-textuelle :

(13)   On a hésité sur le chemin à prendre. Jean pensait qu'il fallait prendre à droite.
   (a) Mais il n'a rien dit de peur de se tromper.
   (b) Marie lui a objecté que c'était trop raide pour les enfants.

ou aussi par réglage générique – celui du journal télévisé par exemple[27] – excluant ce qui échapperait, comme les « pensées non dites » de quelqu'un, au registre des faits attestés :

(14)   On a pu rencontrer, ce matin, le responsable de l'enquête. Il pense qu'elle est en bonne voie.

À l'absence de marquage systématique, en langue, de l'opposition, répond souvent une différenciation stylistiquement établie, dans le cadre d'un texte – romanesque notamment –, entre les formes (modes ou variantes de ces modes) affectées au dire adressé ou intérieur[28].

(ii) Le « discours intérieur » représenté est une catégorie *bifrons* : pensée « saisie comme discours », il touche d'un côté aux faits de discours, actes d'énonciation qui sont le référent propre de la RDA, et de l'autre, à la pensée saisie comme ce qu'on pourrait appeler « attitude psychologique », hors de l'événement ou du procès d'une « formulation » langagière, et qui ne relève pas de la RDA. Le discours intérieur (b) ainsi s'inscrit entre – et tient de – la parole adressée (a) et l'attitude psychologique (c) :

(a)   Discours :   Jean dit, déclare, soutient, prétend...
(b)   Discours intérieur :   Jean se dit, pense, trouve...
(c)   Attitude psychologique : Jean préfère, méprise, est sûr...

On ne prétend certes pas, ainsi, rendre compte de cette « géographie » aux frontières poreuses[29], mais seulement indiquer le caractère instable de la place qu'y occupe le discours intérieur, en dedans et en dehors de la RDA.

---

[26] *Cf.* l'analyse de Wunderlich (1969) du fonctionnement distributionnel commun, conduisant à « annexer » des *verba sentiendi* avec un « transfert de trait de dire », à l'ensemble des *verba dicendi*.
[27] Dans lequel P. Von Münchow (2001) fait apparaître ce fonctionnement de résolution générique d'ambiguïté.
[28] De ce travail stylistique, dans le détail duquel on ne peut entrer ici, citons l'exemple de Sartre dans *Les Chemins de la liberté*, étudié par G. Philippe (1996, 1997), ou celui de Colette, distinguant typographiquement en DD les *e* pensés des *e* dits, noté par S. Delesalle (2003).
[29] Je renvoie notamment à la réflexion stimulante que mène S. Marnette (2002, 2005 : 51–61) dans laquelle, en accord avec le titre de son ouvrage *Speech and Thought Presentation* [...], elle propose une répartition d'éléments lexicaux (verbes et circonstants) sur le continuum (1) paroles

[6] *énonciateurs « relayés » par des référents « supports » du dire* :
À la différence des énoncés sans source énonciative humaine explicite, *via* les structures grammaticales – voix passive, infinitif – permettant de ne pas remplir la place de sujet d'un verbe de dire, comme dans :

(15) Cela a été dit un peu à la légère.
On entendait crier « à l'aide » sous les décombres.

il s'agit ici de formes « saturées » – *i.e.* sans place vide – de représentation du discours autre, dans lesquelles le sujet énonciateur (humain) est « hors champ », remplacé, comme actant sujet d'un verbe de dire, par divers référents « relais », instruments, supports ou formes, par le moyen desquels le dire prend corps.

Ce mouvement, métonymique, de remplacement – qui va de pair avec des glissements du sens de « dire » – fait passer d'une RDA (16a) à sujet parlant, spécifiée par un circonstant X, indiquant la réalisation matérielle du dire, à (16b) :

(16) a Quelqu'un dit quelque chose (sur, à, dans, par, *via*... X)
b X dit quelque chose.

Ainsi :

(17) a Il hurle *dans le mégaphone* le slogan du jour. / b *Le mégaphone hurle* le slogan du jour.
(18) a Il dit *sur son répondeur* : « Je suis absent quelques jours ». / b *Son répondeur dit* : « Je suis absent quelques jours ».
(19) a On serine *à la télé* qu'immigration égale insécurité. / b *La télé serine* qu'immigration égale insécurité.
(20) a Ils préviennent *sur l'écriteau* : « Arbres fragilisés par la tempête ». / b *L'écriteau prévient* : « Arbres fragilisés par la tempête ».
(21) a Il explique, *via cette série d'articles*, les enjeux du réchauffement climatique. / b *Cette série d'articles explique* les enjeux du réchauffement climatique.
(22) a Freud exprime *par la métaphore* du « continent noir » combien la féminité demeure mystérieuse. / b *La métaphore* du « continent noir » *exprime* combien la féminité demeure mystérieuse.
(23) a Elle analyse, *à travers « Le Deuxième Sexe »*, comment un être est « produit » comme femme par la société. / b *« Le Deuxième Sexe » analyse* comment un être est « produit » comme femme par la société.

La variété des éléments susceptibles de quitter la place de circonstant pour occuper celle de sujet du verbe de dire, évacuant ainsi la source « énonçante », est

---

extérieures <–> (2) « Paroles intérieures : contenu mental » <–> (3) « Attitudes par rapport à un contenu mental ». *Cf.* aussi Rabatel (2001) et Mansour (2013).

immense et ce « transfert » constant[30] : outre la batterie des instruments d'amplification, transfert ou enregistrement de la parole (haut-parleur, magnétophone, radio, télé, ..., *cf.* (17), (18), (19)), les champs les plus productifs sont ceux des formes – types de support ou de genre discursif – de réalisation des discours :

> *imprimé, formulaire, brochure, programme, notice, étiquette, carton d'invitation, affiche, tract, dépêche, télégramme, lettre, règlement, manifeste, essai, roman, poème, discours de bienvenue, plaidoirie, sermon, reportage, jugement, message, texte, ouvrage,* etc. (*cf.* (20), (21))

des dénominations d'éléments de discours de niveaux divers :

> *conclusion, introduction, chapitre, note, partie,* etc. ; *mot, expression, formulation, formule, euphémisme, oxymore, lapsus, calembour..., vers..., aphorisme, syllogisme, périphrase...,* etc. (*cf.* (22))

des noms propres – titres – de discours, enfin :

> *la Bible, le Coran, la Marseillaise, les Fleurs du Mal,* etc. (*cf.* (23))

C'est très inégalement que ces éléments occupent la position de sujet du dire : commune avec les écrits « sans auteur » (*notice, règlement, pancarte*...), l'apparition de la structure (21b) (ex. : *ce poème dit* vs *l dit dans ce poème*) varie fortement selon le type de discours auquel appartient **A**. Et le degré de présence de la source humaine « derrière » une forme (b)[31] va de sa disponibilité contextuelle immédiate (*Le procureur a été féroce. Le réquisitoire a rappelé que...*) au régime de ce qui, comme la loi, « s'énonce » tout seul (*L'article 12 du Code pénal dit que...*).

[7] dires du corps sans paroles :
Deux cas se présentent dans les RDA : celui des messages gestuels, codés dans une sémiotique autre que verbale, du type

---

30 Le passage de (a) à (b) est soumis à des restrictions portant notamment sur le lexique des verbes de dire – parallèle au déplacement entre (a) et (b) dans la polysémie de *dire* – et sur les temps de ces verbes, compatibles avec les SN sujets, non pas énonciateurs-émetteurs de message, mais seulement « porteurs » de message ; ainsi, à l'acte, situé dans le temps, d'écrire dans *ils ont écrit sur la pancarte : « Attention,... »*, par exemple, répond la description « statique » du message « porté » par la pancarte sur laquelle *est écrit,* ou qui *dit : « Attention,... »*.
31 Hormis les constructions *le sermon du père X, l'éditorial de X,* ... qui ramènent au plan explicite la source humaine du dire.

(24) Il fait « non » de la main ; il fait « oui » de la tête
Il fait signe d'un hochement de tête qu'il est d'accord.

et – sans que la frontière codage/non codage soit discrète[32] – celui des visages, regards, yeux, expressions, attitudes, sourires, « air » qui (a) : *disent, supplient, crient, ordonnent...* (ou souvent *semblent dire*) quelque chose :

(25)a Son regard disait : « Je ne suis pas des vôtres ».

ou bien lorsque, (b), saisi du côté du récepteur, apparaît un corps « lu », « déchiffré » :

(25)b Il lut dans son regard, triste et hautain à la fois, un : « Je ne suis pas des vôtres ».

Comme dans le cas précédent [6], on peut mettre en parallèle les formes (a) *il dit par, à travers ses regards...*/(b) *ses regards disent...* ; le message corporel pouvant être représenté autant comme « traduction » d'un contenu adressé (qu'on pense aux « muets truchements » auxquels les précieuses entendaient cantonner leurs soupirants)[33], que d'une « expression » non contrôlée :

(26) délibérément, ostensiblement (*vs* à son insu, malgré lui), son attitude dit : « Je ne suis pas des vôtres ».

Mais, dans le cas précédent, les éléments porteurs du dire – de l'écriteau au roman – étaient intrinsèquement liés à la discursivité, là où le « dire » d'un référent corporel :

(27) Son attitude/sa tristesse dit qu'il n'est pas des nôtres.

n'implique pas une lecture-traduction en forme (RDA) de discours, mais peut demeurer au plan (hors RDA) du « être signe de », au sens – étranger à la signification verbalisée – de l'indice, d'un lien entre les choses (comme la fumée et le feu).

Sans exclure les autres modes de RDA, ces « paroles du corps », volontiers « entendues » chez Balzac ou Stendhal par exemple, sont en affinité marquée avec le DD qui trouve là, loin de la reproduction textuelle, une de ses fonctions :

---

32 Le haussement d'épaules, par exemple, est associé – conventionnellement – à une réaction critique, mais sans correspondance verbale stricte. Je n'envisage pas ici un système complet comme la langue des signes, ni les conventions gestuelles temporaires et locales établies pour communiquer à l'insu de l'environnement.
33 Dont A. Cohen déploie (*cf.* ci-dessous chap. **5.5.4.2** p. 193) la somptueuse version du « cantique du désir » que « tes yeux lui diront ».

(28) Avant de s'en aller, Victorine, les yeux en pleurs, jeta sur Eugène un regard qui lui disait : « Je ne croyais pas que notre bonheur dût me causer des larmes ! » (Balzac, *Le Père Goriot*).

On notera que le « corps parlant » n'est pas seulement celui de ceux qui parlent « par ailleurs » : c'est aussi le « silence des bêtes » et, très différente, l'avant-parole des enfants – lorsqu'ils sont, au sens étymologique, *in-fans*, « ne parlant pas » – dont la mise en mots, via la RDA, déploie une variété qui, porteuse du rapport humain de **L** à ces deux sortes de « non-parole –, mérite l'attention[34].

[8] un monde « parlant ».
Au-delà du corps expressif, c'est n'importe quel acte d'un sujet humain (vote, mariage, absence, retard, achat,...) qui peut être représenté comme « porteur » d'un discours (RDA) :

(29) a Vous direz par votre vote : « Sauver la planète est une urgence ».
b Votre vote dira : « Sauver la planète est une urgence ».

Et, au-delà encore, c'est le sens, la portée de tout événement quel qu'il soit qui peut être représenté comme discours (RDA) :

(30) La chute de ce bastion proclame : « C'en est fini de l'empire byzantin ».

ou bien – interprétativement – inscrit dans une chaîne dont les éléments « font sens » les uns par rapport aux autres, le « dire » se ramenant à « être signe de, marquer, indiquer,... » :

(31) La chute de ce bastion dit la fin de l'empire byzantin.

Enfin, si les jeux de personnification, qu'ils soient ceux de la fiction, faisant de la petite poule rousse et de ses compagnons ou du « le chêne [qui] un jour dit au roseau »... les personnages « humanisés » d'une histoire, ou ceux des diverses figures rhétoriques d'entités parlantes – nature, vérité, ... – telle :

---

34 À titre d'exemple, parmi les innombrables textes de Colette « donnant la parole » à des animaux (tels « Dialogues de bêtes »...), « La "Merveille" » (in *La Maison de Claudine*) fait alterner, au DD, transcription mimétique de « bruits » accompagnés de verbes de parole (dont (18), chap. **8**, p. 253, est un exemple) et mise en « mots » humains, dans les « répliques » parfois longues du chat. Là où ce que représente C. Eliacheff (1993), c'est – sans jamais « faire parler » (au DD, DI) les bébés – l'échange « interlocutif » intense entre elle-même et un bébé auquel, comme thérapeute, elle s'adresse, répondant par des mots à elle (DD) à ce que, sans mots, « crie » leur symptôme corporel. Notons la différence tendancielle que relève P. Von Münchow (2012) entre guides parentaux français et allemands, les premiers présentant plus volontiers des « traductions » du DD du type : « Le bébé tourne la tête comme pour dire : "..." ».

(32) Nature a fait le jour pour soy exercer [...], et pour ce plus aptement faire, elle nous fournit de la chandelle : c'est la claire et joyeuse lumière du soleil. Au soir, elle commence nous la tollir, *et nous dict tacitement* : « Enfants, vous estes gens de bien. C'est assez travaillé. La nuyct vient, il convient à cesser du labeur [...] » [Rabelais, *Le tiers livre*, chap. XV].

peuvent être ramenés au cas de l'humain, il serait réducteur, me semble-t-il, de ramener à de la personnification tout ce qui relève d'une représentation d'un « discours du monde » – prêtant voix à tout ce qui, dans le monde, nature, ville, objets, scènes de tous ordres... – « parle » à un sujet humain.

En passant de (33) à (34)

(33) C'est la première fois que je me sens chez moi à l'endroit où je vis.
(34) C'est la première fois que, à l'endroit où je vis, tout me dit : « Tu es chez toi ».

c'est un autre rapport au monde qui se dit, convertissant une expérience intérieure (33) – par là dédoublée, extériorisée – en une parole reçue du monde environnant (34)[35], représentée depuis la place distanciée d'un **L** (éventuellement cumulée avec celle d'un *r* recevant ces paroles). Et la présence de ce type de discours autre – présentant la même distribution relativement aux modes de RDA que le cas précédent du « corps parlant » : DD privilégié, Bivocal-DIL et DI possibles, MDA impossible ou très difficile – est très inégale dans les discours que, par là, elle caractérise.

Ainsi le poète « songeur » et « pensif », des *Contemplations*, est-il d'abord celui qui « écoute », et qui « lit » ce que (lui) disent les voix du monde :

(35) J'écoute, et je confronte en mon esprit pensif / Ce qui parle à ce qui murmure [« Paroles sur la dune », *Aujourd'hui*, V, 13].
J'épèle les buissons, les brins d'herbe, les sources; [...] / J'étais en train de lire un champ, page fleurie [*Autrefois*, III, 8].

et c'est sur le message au DD que lui adresse la « bouche d'ombre »

Tout parle [...], / tout est une voix [...]. / Tout dit dans l'infini quelque chose à quelqu'un.

que s'achève le voyage de Hugo, « d'Autrefois à Aujourd'hui », à travers, innombrable, la parole des ruisseaux, fleurs, arbres, ciels, étoiles, tombes, brins d'herbe, aube, etc., « recueillie » au discours direct.

* * * * *

---

35 Conversion à laquelle la langue semble avoir donné forme lexicale, avec les constructions comme *ça te dit ?; ce visage me dit quelque chose ; ce voyage ne me dit rien ; ça me dit rien !*

Du *l a dit* des propos factuellement prononcés par un *l*, à l'élargissements aux dires répétés ou collectifs, aux dires inaccomplis – questionnés, imaginés, anticipés, prescrits ou proscrits, ... –, aux dires intérieurs, aux dires portés mais non émis par leur support, aux dires transmis par les corps, aux dires prêtés aux événements et aux choses..., à un monde intégralement « sémiotisé », le métadiscours spontané tenu par la RDA reconnaît du dire « partout » : son extension, contrefactuelle, à (ce) qui ne parle pas apparaît comme une des façons de « donner du sens » au monde et l'image d'un dire multiforme, omniprésent, qui s'y déploie, rejoint « l'immense tissu du parler » de Merleau-Ponty, ou le sentiment bakhtinien de la discursivité comme « milieu » de l'humain.

On voit combien ce qui est représenté comme discours excède le domaine des discours que l'on peut « rapporter », et combien dès lors la dénomination classique de « discours rapporté » (liée au récit de paroles de « personnages ») est inadéquatement restrictive par rapport à la neutralité de l'opération métalangagière – discours parlant de discours – de « représentation »[36].

En même temps, on a vu, dans le parcours de cette diversité de dires, par rapport à laquelle les discours se différencient fortement, s'esquisser une différenciation entre les modes de RDA : ainsi le DD apparaît-t-il comme en affinité avec le « forçage » des dires prêtés à des sources non parlantes ; et la spécificité du rapport au dire autre qui est celui de la MDA – **L** donne son dire comme *provenant* d'un dire autre (*cf.* plus loin chap. 3) – semble mal s'accommoder des dires autres non observables (diversement inaccomplis, intérieurs, prêtés à (ce) qui ne parle pas).

2.2 L'énonciation « diffractée » au prisme de la RDA

Là où l'énonciation effective relève pour ses acteurs d'une expérience globale, la représentation de l'énonciation procède, elle, d'une analyse. Dans l'événement du dire, se nouent en un tout, vécu « en bloc », un ensemble d'éléments, de paramètres, où l'on peut schématiquement reconnaître :
- une *réalisation substantielle* : type oral ou écrit et particularités sonores ou visuelles,
- un *ancrage énonciatif* (co-énonciateurs, moment, lieu), assurant, d'une part, au plan référentiel, une origine pour le système des repérages personnels, temporels et spatiaux et, d'autre part, au plan subjectif, une source pour l'expression modale – modalité d'énonciation, éléments dits expressifs,

---

36 *Cf.* Appendice partie I « Questions de dénomination ».

– une *forme linguistique* (signifiant et signifié) présentant les « manières de dire » de l'énonciateur,
– un *contexte* formé de l'ensemble, non fini, des circonstances de la survenue de l'énoncé,
– un *sens*, enfin, de cet événement – ou de cet énoncé « en contexte » – parcourant tous les niveaux du dit et du non-dit : contenus propositionnels, actes de langage, inférences, sous-entendus, ... et « propagation » dans l'espace incontrôlable des associations.

Au-delà **(2.2.1)** du seuil minimal requis pour que le renvoi à un référent langagier relève de la RDA, c'est **(2.2.2)** une représentation « diffractrice », stratificatrice, qu'offre l'éventail des modes de RDA, par les sélections qu'ils opèrent dans l'acte, par là dé-composé.

2.2.1 Contraintes minimales de représentation pour une RDA

Si la représentation peut conjoindre tous ces éléments d'un *a* (36), les énoncés qui sélectionnent tel ou tel d'entre eux (37, 38) relèvent tout autant de la RDA :

(36) Marie, qui était très fatiguée, lui a demandé de l'aide, il lui a répondu, en bafouillant, « je, je suis vrai-vraiment très pris en ce moment », ce qui était une fin de non recevoir.
(37) Marie a essuyé un refus.
(38) Je l'ai entendu bafouiller « je, je suis vrai-vraiment très pris en ce moment », je ne sais pas de quoi ni à qui il parlait.

la plus grande indétermination – concernant *l*, *r*, le temps, le lieu, le contexte, la forme du dire, ... – aboutissant à un acte d'énonciation seulement impliqué – non pas prédiqué – en tant que source d'un contenu asserté par **L** avec (39) :

(39) Des requins auraient été aperçus près de la côte.

Ainsi la plus grande variation s'observe dans les énoncés de RDA quant à ce qu'ils représentent d'un *a* – un énoncé et le contexte événementiel de son énonciation – au-delà du *seuil* de ce qui est requis par une RDA.

Ce seuil en deçà duquel on sort du domaine de la RDA tient à une représentation minimale en **E** de chacun des deux « constituants » d'un acte d'énonciation a^0 : l'*événement* (1) de la survenue d'*un énoncé* (2).

Pour l'événement, la contrainte se borne à une référence, si mince soit-elle, explicite ou interprétative, *au fait d'un dire autre* : c'est notamment cette référence qui distingue – d'une façon non discrète, on l'a vu (chap. **1**.2) – la RDA de la représentation d'un fait de langue, comme de l'auto-référence (ARD) à *ce* fait du dire en train de se faire. Au-delà, le degré de précision et les modalités de la représentation en **E** des circonstances de cet événement – *i.e.* le « tout » du contexte, incluant les données situationnelles conditionnant l'ancrage énonciatif – présentent la plus grande latitude. On reviendra (chap. **5.**3) sur les enjeux, au plan du sens, de cette variation qui affecte l'ensemble de la RDA.

Quant à la contrainte minimale touchant l'énoncé représenté, elle tient à l'élément de représentation, si faible soit-il, d'un énoncé *spécifique*, que doit comporter une RDA : c'est un « dire quelque chose » à quoi réfère une RDA, non un simple « parler ». Formulée en termes de « *condition de représentativité* » par B. Mortara-Garavelli[37], cette contrainte qu'apparaisse « quelque chose » de la spécificité d'un énoncé vient s'ajouter aux délimitations de la RDA dans le champ du méta-discours opérées par les conditions de référence – rappelées ci-dessus – à un fait de dire, distinct du Dire en train de se faire : elle y trace sa propre frontière dans l'ensemble des références à des phénomènes « langagiers », excluant[38], notamment, le simple renvoi à des supports de discours,

(40) Il a acheté une quantité de *livres* pour l'été ; c'est quelqu'un qui reçoit beaucoup de *courrier* ; sur la table traînaient des *journaux* ; je me suis inscrite à la *bibliothèque*...

à des capacités ou des comportements langagiers non activés dans un acte particulier,

(41) Il a parlé à treize mois ; il parle russe couramment ; c'est quelqu'un qui parle en dormant ; il est bavard, vantard, dyslexique, bègue... ; c'est un orateur de talent, le porte-parole du gouvernement...

et même à des événements d'ordre langagier – communicationnels – dès lors que rien n'en spécifie le « message »,

(42) Il a écrit plusieurs lettres ce matin ; il y avait deux personnes sur le quai en train de parler, qui n'ont rien vu ; le brouhaha des voix dans le café l'étourdissait ; mes voisins de compartiment ont parlé de façon ininterrompue de Lyon à Paris ; si, il y a quelqu'un, j'ai entendu parler derrière la porte...

L'opposition est loin d'être discrète : des indications minimes sur le type d'échange, la nuance illocutoire d'un dire, comme :

---

[37] Mortara-Garavelli (1985 : 41–42), qui pose la nécessité que soit « représenté de quelque façon que ce soit » ce qui est dit, et pas seulement qu'il soit référé à un événement langagier.

[38] Par opposition aux spécifications minimales du dire réduites (*cf.* catégorisation, chap. **6**, et « thème » chap. **7.**3) à ce qu'il accomplit comme acte ou à ce dont il parle (*il a tergiversé* ; *ils ont parlé vacances*...) qui seront intégrés à l'ensemble des formes de réalisation du mode DI – élargi notamment au « discours narrativisé ».

(43) Il a ronchonné comme d'habitude ; elles ont bavardé ; le boniment de Jean n'a pas séduit Marie ; le prêche du père X était émouvant ; l'échange a été orageux...

constituant déjà une amorce de spécification de l'énoncé, par une catégorisation métalangagière (« ronchonnement, bavardage, boniment, prêche, échange ») de *a* qui, certes imprécise au regard d'un « il a dit que P », opère une restriction certaine sur la généralité de « il a parlé ».

Des données contextuelles peuvent doter, interprétativement, un énoncé référant explicitement au seul fait d'un dire, du type *il(s) a(ont) parlé*, d'un contenu (révélation d'une information retenue jusqu'alors, rencontre entre des interlocuteurs qu'un différent tenait éloignés l'un de l'autre...). Enfin, il est clair que des énoncés du type (40–42) qui, en eux-mêmes, ne relèvent pas de la RDA peuvent, en co-texte, « faire système » de RDA, interprétativement, avec les énoncés qui les suivent, chacun assurant l'autre dans son statut, respectivement, de cadre d'énonciation et d'énoncé, ainsi :

(44) Sur la table traînaient des journaux. Attentat meurtrier en Irak. Conférence sur le réchauffement climatique. Jean poussa un soupir.

Le « support écrit » (« des journaux » *vs* « des cendriers pleins », par exemple) devient source langagière des deux énoncés qui le suivent, interprétables comme DD non marqués.

Au-delà de cette contrainte minimale, pour une RDA, de la représentation de « quelque chose » de l'énoncé, la variation qui s'ouvre quant à ce qui est représenté relève, pour une part, de contraintes différenciant les modes de RDA, en termes de ce qu'ils doivent représenter.

2.2.2 Les modes de RDA comme représentation sélective de la globalité énonciative.

Chaque mode de RDA se caractérise (entre autres) par la (ou les) strate(s) dont il doit assurer la représentation et apparaît par là comme *une réponse spécifique, « décompactifiante », à la complexité du fait énonciatif* ; point de vue sélectif – analytique – sur le fait global du dire, il y détache des *composants* dissociables les uns des autres. A l'expérience globale de l'énonciation « en exercice », s'oppose son image diffractée au travers du prisme de la RDA. La « spectrographie de l'énonciation » – ou plus simplement son analyse –, inhérente à la pratique métadiscursive spontanée de la RDA, est intéressante à un double titre : d'une part, les couches et sous-couches qu'elle fait apparaître différentiellement offrent un éclairage sur la finesse de la compétence d'analyse métalangagière à l'œuvre dans le dire ; d'autre part, la réponse à la question : à quoi, à quelle(s) couche(s) du dire, l'image que donne un mode de RDA est-elle attachée ? – autrement dit le type de sélection qu'il opère dans la stratification déployée par l'ensemble de la RDA – est un élément important (non le seul) de la caractérisation différentielle des divers modes de RDA comme types de traitement de la complexité du fait énonciatif.

Il faut souligner que la différenciation posée entre les modes – premier élément de leur caractérisation – passe par les composants du dire dont ils *doivent* assurer une représentation et non par ce dont ils *peuvent* donner une image[39].

On peut ainsi faire apparaître plusieurs plans de clivage (hiérarchisés) pratiqués sur le fait du dire par la RDA. Cette structuration du champ de la RDA par les disjonctions qu'opèrent les divers modes sur le fait énonciatif global – résumée dans le tableau **(VI)** ci-dessous – se fait donc en termes de « cahier des charges » pour chaque mode, *i.e.* en termes de ce que l'image ***a*** qu'il propose de ***a*^{0}** *doit* comporter.

Visant seulement ici à faire apparaître la RDA comme opérant, dans la diversité de ses modes, une analyse « spectrographique » du fait de dire, les clivages sont posés ici schématiquement – c'est tout le parcours descriptif qui suit (chap. **3** à **9**) qui tentera de leur donner corps.

[1] Disjonction entre forme et sens : partition DD, Bivocal-DIL, MAE vs DI, MAS.
L'acte d'énonciation est représenté par des images qui séparent le plan du sens et celui de la forme linguistique de l'énoncé. Dans l'image qu'ils donnent de ***a*^{0}**, certains modes – DD, Bivocal-DIL, MAE – présentent nécessairement « quelque chose » de la forme linguistique de l'énoncé ***e*^{0}** (déictiques, modalités d'énonciation ou manières de dire)[40] :

(45) DD   Il m'a dit : « Qu'est-ce que tu attends pour t'y mettre ? »
(46) Biv-DIL Il m'a apostrophé. Qu'est-ce que j'attendais pour m'y mettre ?
(47) MAE   J'ai fini par « m'y mettre » comme il disait.

---

39 C'est à ce niveau, de ce que les formes doivent marquer, que l'on peut dégager ce qui les définit comme forme – différentielle – de langue, et non à celui – discursif et non bornable – de ce qu'elles peuvent porter. – Au plan, autre, de la caractérisation des langues les unes par rapport aux autres, c'est cette même articulation entre loi et différence spécificatrice que Jakobson – caractérisant « la grammaire [comme] un véritable *ars obligatoria* » –, soulignait comme pertinente chez Boas : « [...] la véritable différence entre les langues ne réside pas dans ce qu'elles peuvent ou ne peuvent pas exprimer, mais dans ce que les locuteurs doivent ou ne doivent pas transmettre » (Jakobson 1963, « La notion de signification grammaticale selon Boas » : 197–206).
40 Image maximalement « conforme », ici, dans les exemples proposés (45–47), par commodité, avant de préciser ci-dessous, en *[3]*, le « quelque chose » qui, différentiellement, est requis par chacun des trois modes.

là où ce dont les autres modes – DI, MAS – assurent, nécessairement, une représentation est « l'étage » du sens, isolé comme tel, sans obligation aucune quant à celui de la forme :

(48) DI   Il a critiqué mes atermoiements.
(49) DI   Il m'a demandé pourquoi je traînais les pieds comme ça.
(50) MAS   D'après lui, je suis atteint de procrastination.

Bien entendu, comme on l'a dit plus haut, des éléments comme les « manières de dire », relevant du plan de la forme, *peuvent* (par combinaison avec la MAE) être retenus dans des RDA de ce type, sans en constituer un élément obligé[41],

(51) Il m'a demandé « ce que j'attendais pour m'y mettre ».
(52) A l'entendre, je n'arriverai jamais à « m'y mettre » comme il dit.

et l'obligation, pour les premiers (DD, Bivocal-DIL, MAE), de représenter « quelque chose » de la forme n'exclut évidemment pas qu'ils ne véhiculent une image du sens[42].

[2] Disjonction entre contenu prédicatif et valeur illocutoire : partition MAS vs DI
Un deuxième « plan de coupe » apparaît dans la strate du sens, y disjoignant, dans l'acte de langage représenté, le contenu prédicatif et la valeur illocutoire : là où, dans sa représentation du sens de a^0, l'image donnée par la MAS (*cf.* chap. **3**) peut s'en tenir à la sous-strate du contenu prédicatif (a), le DI est, lui, astreint à la représentation de l'acte illocutoire (b)[43] à laquelle il peut d'ailleurs se limiter (b') :

(53) MAS   (a) D'après lui, il va faire beau.
     DI   (b) Il promet, prédit, annonce le beau temps.
           (b') Comme toujours, il proteste.

---

41 De même, bien entendu, que DI ou MAS peuvent, de fait, sans marquage de « reprise », user des mêmes manières de dire que le e^0 auquel ils renvoient.
42 On notera que le DD – et lui seul – permet des représentations « *e* » données par L comme des suites pour lui incompréhensibles ou « dépourvues » de tout sens.
43 On verra plus loin (chap. 6.4) que même *dire*, en DI, relève d'une représentation « catégorisante » de *a* comme assertion (*il a dit qu'il était content, il a dit son étonnement*), contrairement à *dire* au DD (*il a dit : je viens/vient-il ?/venez !*), neutre quant à la valeur illocutoire du *e* représenté.

[3] Disjonction, dans la forme de l'énoncé, entre marques de l'énonciation et manières de dire : partition DD, Bivocal-DIL vs MAE.

Pas plus que le sens, la forme linguistique de l'énoncé n'est traitée en bloc ; l'analyse à laquelle la soumettent les formes de RDA opère à plusieurs niveaux. Le plan de la forme de l'énoncé est d'abord divisé par les images qui y désolidarisent la strate énonciative – au sens benvenistien de l'appareil formel de l'énonciation : plan référentiel des repérages déictiques, plan subjectif des modalités énonciatives, ... – de celle des « manières de dire » : choix lexicaux, syntaxiques. Ainsi, parmi les modes attachés à une représentation de la forme de l'énoncé, la sélection obligée du DD est-elle inverse de celle de la MAE. Dans l'image qu'il donne de e^0, le mode du DD retient obligatoirement, comme on le voit dans l'énoncé (45), la strate de l'appareil formel de l'énonciation, présentant déictiques et modalités ancrées en *a* : ce trait spécifie le DD dans l'ensemble des modes de RDA. En revanche la prise en compte des manières de dire de e^0 n'y relève que de la possibilité, comme le montre :

(54) Il m'a dit en substance : « Arrête de traîner ! »

et elle n'en est pas définitoire – ce qui, comme on le verra plus loin au chapitre **8** (**8**.2.2.2 notamment), n'est nullement incompatible avec le statut autonyme de « *e* ».

Inversement, est définitoire pour le mode MAE de ne retenir *que* les manières de dire propres à *e*, à l'exclusion de ses marques énonciatives, « fondues » au creuset énonciatif de A comme on le voit en (47) – le *te* = *r*, ancré en *a*, ayant fait place au *je* = **L**, ancré en **A**, de *m'y mettre*.

Ainsi, pour le DD, peut-on opposer, au fil de ces « disjonctions », ce qui relève des *possibilités* – la catégorisation de l'acte de langage accompli (55), la présentation des manières de dire (56) – :

(55) Il a *protesté* : « Je ne veux pas de ça ! » (*vs* il a *dit* : ...)
(56) Il a dit, *je cite* : « Je ne veux pas de cette comédie ! » (*vs* il a dit, *en substance* :...)

à ce qui est une *contrainte*, à savoir la strate énonciative ancrée en *a*, faute de quoi, quelle que soit la forme de l'énoncé (reprenant par exemple les manières de dire de e^0), on quitte le champ du DD – ici, par exemple, pour un DI populaire courant :

(57) Il$_i$ dit il$_i$ veut pas de cette comédie.

[4] Disjonction de l'ancrage énonciatif entre plan référentiel et plan modal : partition DD vs Bivocal-DIL.
Plus avant, c'est la strate de l'ancrage énonciatif de l'énoncé *e* – opposant le traitement du DD et ceux des DI, MAS, MAE – qui cesse d'apparaître comme un tout insécable. Le mode Bivocal-DIL (*cf.* plus loin chap. **4**.3), en effet, en pratiquant un clivage supplémentaire à l'intérieur de la strate « énonciative », y désolidarise les deux versants, référentiel (déictique) et modal, sélectionnant le second, et non le premier, dans l'image *e* qu'il donne de la forme de l'énoncé : (46) présente ainsi, dans sa représentation de *a*⁰, la forme de la modalité énonciative de *e*⁰, l'interrogation, mais non pas celle de ses repérages déictiques, absorbés – paraphrastiquement – dans le cadre énonciatif de **A** (le *tu* et le temps présent comme forme propre de *e*⁰(*a*⁰) se « résorbant » dans le *je* et le passé, ancrés en **A**).

C'est ce *partage* en deux de l'ancrage énonciatif, que tous les autres modes traitent – diversement – comme une unité, qui fait la spécificité du Bivocal-DIL. Et c'est à cette division inscrite par la représentation au cœur de la dimension subjective – repérages d'un côté (**A**) et modalités de l'autre (*a*) – du dire que renvoie l'idée de « bivocalité ».

* * * * *

Les plans de clivage *[1]* à *[4]* par lesquels passe l'analyse du dire par la RDA structurent le clavier des « modes » par lesquelles elle se réalise. Les différenciations opérées entre modes, en termes de composants obligés, apparaissent, face à la question – qui est celle de la RDA – de la représentation métadiscursive, en soi inépuisable, d'un acte d'énonciation, comme autant de réponses ou solutions sélectives proposées par la langue.

Ces oppositions ne présentent pas le même degré de généralité : la disjonction *[1]* qu'on retrouvera formulée en termes de « avec/sans autonymisation » (chap. **8, 9**) partage l'ensemble du champ en deux « familles » de modes, là où les autres font apparaître la « spécificité sélective » d'un seul mode – telle *[3]* la « manière de dire pour la seule MAE, ou *[4]* la discordance modal/référentiel pour le seul Bivocal-DIL (*cf.* chap. **4**.3).

Ce qui est amorcé ici du point de vue de ce que la pratique de la RDA requiert comme compétence d'analyse du fait énonciatif, de la part du sujet parlant, prend forme à l'issue du premier parcours qui suit, en termes de système linguistique au chapitre **9** : « *Représenter le discours Autre ? La réponse – en cinq modes – de la langue* ».

Appendice à la partie 1 : « Discours Rapporté » et « Représentation de Discours Autre » - questions de dénomination[1]

L'abandon, ici, de la dénomination consacrée de « discours rapporté » – toujours dominante dans les travaux sur ce champ et exclusive dans les dictionnaires, manuels ou instructions pédagogiques officielles – pour celle de « représentation de discours autre » se joue à plusieurs niveaux.

1 Inadéquation de « discours rapporté » : réponses diverses.

Au premier niveau cet abandon participe de la longue suite de critiques formulées à l'encontre du terme « discours rapporté » relativement à ce qu'il désigne. Ces critiques se concentrent sur deux points :
(a) d'une part sur le caractère factuel et antérieur d'un événement langagier susceptible d'être « rapporté »[2] – auquel fait écho l'exemplification stéréotypique en « il a dit (que) » –, là où le champ visé inclut toute la diversité des dires non réalisés : projetés, niés, interrogés, imaginés[3]...
(b) d'autre part sur le caractère de reproduction transparente parfois associé au terme « discours rapporté » (ou de « reported speech ») méconnaissant la dimension interprétative de l'opération.

Au constat, largement partagé, du caractère malheureux de cette terminologie, répondent deux stratégies discursives : conserver la dénomination communément reçue comme étiquetage (« nom propre ») d'un champ, envisagé sans tenir compte des restrictions (a) et (b) attachées au sens du terme « rapporter » ; ou bien proposer, au risque de l'inflation, des innovations terminologiques[4]. Le choix entre les deux est évidemment corrélé au genre du discours où il s'effectue – les travaux de recherche manifestant, dans leur rapport aux dénominations établies, une plus grande liberté que les textes à visée pédagogique ou de vulgarisation

---

[1] *Cf.* ci-dessous (Appendice à la partie IV) la question du fonctionnement de *citer/citation*.
[2] *Cf.* l'emploi usuel de *rapport* : de stage, de mission, d'activité...
[3] *Cf.* ci-dessus chap. 2.2.1.
[4] Pour des éléments sur ces propositions de dénomination (chez Peytard, Genette, de Gaulmyn...) voir notamment Rosier (1999 : 44 *sq.*), Mochet (2003 : 166).

(cours, manuels, encyclopédies...), tenus discursivement, sinon institutionnellement, à les respecter.

À titre d'exemple – sans souci d'exhaustivité – des deux types de « réponses », on peut évoquer la démarche innovatrice de Peytard (1982) et celle, pédagogiquement contrainte, de Authier-Revuz (1993a).

C'est ainsi par les deux propositions de distinguer *discours relaté* vs *évoqué* (référent factuel *vs* non factuel) et de poser une tripartition *rapporté-transposé-narrativisé* que Peytard répond respectivement aux deux difficultés (a) et (b). En revanche, le second texte[5] – présenté sous la rubrique « Pour l'agrégation » par la revue *L'information grammaticale* – affiche dans le titre « Repères dans le champ du discours rapporté » la dénomination établie, pour, dès les premières lignes, l'expliciter sur le mode :

> [...] le champ du discours rapporté, *c'est-à-dire* des modes de représentation dans un discours d'un autre discours (1993a, I : 38).

Si présentes que soient ensuite, dans le cours du texte, les formulations en « représenter un autre discours », nettement dominantes par rapport à celles en « rapporter » ou DR, il n'y a pas de « destitution » d'une dénomination en faveur d'une autre : la différence est significative entre expliciter ce que recouvre une nomination reçue et nommer autrement[6].

C'est pour ma part, à partir de 2001, dans un cadre non pédagogique, celui du colloque « Le discours rapporté dans tous ses états »[7], que je renonce aux reformulations explicatives de « discours rapporté » pour une *re*-nomination en « représentation de discours autre » (RDA) affichée dans le titre et explicitée dans l'introduction[8].

---

5 Rédigé à l'intention des étudiants « à distance » de la licence de lettres modernes de l'université Paris 3.
6 C'est ce que manifeste nettement, dans le volume *Une langue : le français,* Tomassone (2001) (dir.), collection « Grands repères culturels » de Hachette Education, le compromis entre l'auteur (Authier-Revuz 2001b) des pages 192–201 consacrées à ce champ, ouvrant celles-ci par le titre « La représentation du discours autre », aussitôt explicité en introduction quant à son rapport avec « discours rapporté », et les responsables éditoriaux – renvoyant, dans la table des matières, par le titre « Le discours rapporté », à ce même groupe de pages.
7 Premier colloque du groupe *Ci-dit*, à Bruxelles, *cf.* López-Muñoz *et al.* (2004).
8 Authier-Revuz (2004a : 35).

2 De « rapporté » à « représenté »

Cette renomination en RDA du champ du « discours rapporté » n'est pas isolée : le paradigme de la « représentation » apparaît dans des travaux d'inspirations diverses et argumenté diversement depuis la fin des années1980[9]. Et ce mouvement est suffisamment marqué pour que, en 2002, le *Dictionnaire d'analyse du discours* (Charaudeau et Maingueneau) en fasse mention à l'article « Discours rapporté »[10]. Mais le recours au terme, plus général, de « représenter » correspond à deux démarches différentes : l'une (1) substitue « représenter » à « rapporter », l'autre (2) inclut « rapporter » dans « représenter ».

2.1 Remplacer « rapporter » par « représenter »

C'est à cette démarche de « remplacement » que fait référence l'article de dictionnaire évoqué ci-dessus :

> On notera qu'un certain nombre de linguistes préfèrent parler de « discours *représenté* » qu'utiliser l'appellation traditionnelle de « discours rapporté » (Fairclough 1988, Roulet 1999) qui reflète imparfaitement la diversité des phénomènes concernés.

Ainsi, pour Fairclough (1988), visant notamment l'incidence du contexte sur le sens des faits de RDA dans le discours médiatique, le rejet de « speech reporting » au profit de « discourse representation » se fonde-t-il[11] sur l'inaptitude de « report » à faire place à la dimension interprétative de la représentation[12] (*cf.* point (b) ci-dessus).

---

[9] Ce qui n'exclut pas, bien entendu, que cette dénomination ait été proposée bien antérieurement : Strauch (1974 : 41, 64) attribue à Jespersen (1924 : 299 *sq.*) la paternité de « represented speech » et signale sa reprise par exemple en 1953 dans une thèse intitulée : « Represented discourse in the novels of François Mauriac » (A.G. Landry, 1953, Washington).
[10] Notons aussi, chez Marnette (2005), le remplacement de « reported speech » par *presentation*, pour sa « neutrality » relativement à *representation* perçu comme porteur d'une idée de « reproduction ».
[11] Outre la lecture qu'il fait de **speech** *reporting* comme renvoyant exclusivement à l'oral.
[12] « I use "discourse representation" rather than the more familiar "speech reporting" because (a) writing as well as speech may be represented and (b) *rather than a transparent "report"* of what was said or writen, there is *always* a decision to *interpret* or *represent* in one way rather than another. » (1995a : 54)

Pour Roulet (1999)[13], dans un texte non focalisé sur le champ du discours représenté/rapporté, mais dans le cadre d'une approche globale du discours, le choix du terme est donné, dans une note, comme « suivant l'usage de Fairclough », mais la justification donnée à la renomination est tout autre : non pas du côté (b) de la prise en compte de l'interprétation mais entièrement de celui (a) de l'extension du champ aux discours que « rapporter » se prête mal à inclure – discours non « énoncés antérieurement » ou « non formulés mais seulement désignés »[14]. De même, L. Rosier (2002 : 28), notant que certaines études de presse insistent sur la dimension paradoxalement fictive des discours rapportés, signale-t-elle que Johansson (2000)

> préfère à l'étiquette *discours rapporté* celle de *discours représenté* car le discours rapporté peut aussi être inventé. (*idt*)

2.2 Inclure « rapporté » dans « représenté »

Chez Nølke *et al.* (2004), l'appellation « discours représenté », présente dès le titre du chapitre consacré au champ, est donnée comme « terme générique pour tous les types de discours rapporté » (p. 57). Ce choix terminologique ne correspond pas ici, comme dans les cas précédents, à une critique spécifique, de type (a) ou (b), du terme « rapporté » : celui-ci est d'ailleurs conservé pour dénommer les formes particulières comme « Discours Direct Rapporté » ou « Discours Indirect Rapporté »[15]. Il relève du cadre théorique d'ensemble de la *Scapoline*, héritière de la polyphonie linguistique de Ducrot : à la conception d'un statut réflexif de l'énonciation (*cf.* « dès qu'on parle on parle de sa parole ») répondent, dans ce cadre, l'appréhension du « dire comme une représentation théâtrale » où « la parole est donnée à différents personnages » par un locuteur « metteur en scène » et celle du sens comme « la représentation qu'il donne de son énonciation »[16].

Aussi l'appellation de « discours représenté » n'y a-t-elle pas valeur de remplacement critique du terme « rapporté » mais celle d'une inscription des formes de ce champ dans le large concert polyphonique de la « représentation énonciative »,

---

13 p. 228, note 69 (renvoie au même texte que la référence (citée ci-dessus) (1999) ; *cf.* aussi Roulet (1997).
14 *Cf.* par exemple : *Il raconte son enfance* : discours « désigné » sans « formulation » du message (comme le serait : *Il raconte qu'il est né à..., en..., qu'il a eu...*).
15 *Cf.* par exemple les deux tableaux synoptiques, p. 61, p. 67 et Glossaire p. 176.
16 *Cf.* notamment Ducrot (1980, 1984), l'article « Polyphonie » signé de H. Nølke *in* Charaudeau *et al.* (2002) et des éléments d'analyse critique in Authier-Revuz (1995/2012 : 55 *sq.*, 79 *sq.*).

aux côtés des formes de négation, présupposition, connecteurs, etc.[17]. La dimension de la « représentation », transverse à l'ensemble des fait de polyphonie – aux discours rapportés comme aux « points de vue » portés par les « êtres discursifs » mis en jeu dans la négation, etc. –, n'est pas spécifique au discours rapporté, qui apparaît comme un « type particulier » de polyphonie (et donc de représentation) en ce qu'il « représente » du discours plutôt qu'un « point de vue »[18]Notons qu'il y a incompatibilité entre cette notion « étendue » de la représentation (solidaire de la conception « représentative » du sens et de l'énonciation) et l'opposition hétérogénéité représentée *vs* constitutive (ou « présente ») (*cf.* Authier-Revuz 1980, 2012), sous-jacente à mon traitement de la RDA (voir plus loin partie V)..

Chez Rabatel[19] également, la dénomination de « discours représenté », plus qu'une critique du terme « rapporté », répond à un élargissement de la problématique : pour lui,

> l'articulation entre PDV et discours rapporté [entraîne] une redéfinition de la notion de discours rapporté comme discours représenté (Rabatel 2008b : 354).

Au cœur de cette démarche, un ancrage « perceptuel » de la notion de « point de vue » (PDV) comme « mixte de pensées, de perception et de paroles » et la conception d'un « axe pré-réflexivité/réflexivité » sur lequel se déploient, en continuum, les « comptes-rendus perceptuels de pensée et de parole » (*ibid.* : 353)[20]. Par rapport à l'acception classique du discours rapporté, il s'agit, « sous une optique moins strictement grammairienne [...] et davantage pragmatique et philosophique » (*ibid.* : 355), d'envisager, avec le « discours représenté »,

> un ensemble qui comprend d'une part les discours rapportés grammaticalisés, auxquels on associe des formes de rapport/représentation moins grammaticalisées (*cf.* les modalisations autonymiques d'Authier-Revuz, les formes mixtes de Rosier, d'autre part les différents

---

17 Ainsi, à la caractérisation de la négation comme « phénomène linguistique polyphonique par excellence » (Nølke *et al.*) fait écho, en introduction au chapitre « Discours représenté » : le « discours rapporté sera évidemment le phénomène textuel polyphonique par excellence » (p. 57).
18 « En termes polyphoniques, le Discours représenté est un type particulier de polyphonie externe [...] caractérisé par le fait de représenter le *discours* – ou plus précisément l'*énoncé* d'autrui et non seulement un PDV étranger. » (Nølke *et al.* 2004 : 58 *sq.*)
19 Dans la partie I du tome II de *Homo narrans* (2008b), intitulée « Points de vue, discours représentés, dialogisme et (pré)réflexivité », qui regroupe des articles parus sur ce thème entre 2001 et 2008, précédés d'une introduction (p. 345 *sq.*) d'où sont extraits, sauf indication contraire, les passages cités.
20 Le parcours de ce continuum donnant lieu à une riche exploration de frontières indécises entre DIL, DDL, monologue intérieur, PDV représentés, « infraverbalisés » ou « embryonnaires »...

PDV plus ou moins pré-réflexifs, cet ensemble s'inscrivant lui-même dans le vaste domaine du dialogisme). (*ibid.* : 355)[21]

3 Du « Discours Rapporté » à la « Représentation de Discours Autre » (RDA)

Le choix de l'appellation « Représentation de Discours Autre » participe des deux démarches évoquées ci-dessus (en 2).

Il repose en effet – on l'a vu dans le premier parcours du champ, en 1. ci-dessus – *négativement* (comme Fairclough ou Roulet) sur les raisons de *ne pas* conserver, en dépit de l'usage établi, le trop inadéquat « discours rapporté » ; et ces raisons relèvent des deux plans distingués (a) et (b) :
- celui, (b), où « représenter », en évitant les connotations d'objectivité transparente attachées au « rapport » fait place au caractère interprétatif de l'opération ;
- celui, (a), où « représenter », par son caractère général, évite des restrictions de l'extension du champ auxquelles se prête le sens de « rapporter ». Il s'agit, d'une part, au plan du référent représenté (l'acte a^0), d'inclure – au delà du modèle « *l* a dit... » tous les faits de discours futurs, niés, interrogés, imaginés..., n'ayant pas « eu lieu ». D'autre part, d'inclure, parmi les discours représentés, à côté de ceux que le Dire représente au titre de son objet (« ce dont il parle ») comme *il dit P, il dit « X »*..., ceux qu'il représente au titre de sa source (« ce d'après quoi il parle »), comme *d'après ce qu'il dit P, « X » comme il dit*, qui interviennent dans le champ de la RDA comme Modalisation du Dire par discours autre (MDA)[22]. L'extension de la RDA inclut donc celle, usuelle, du « discours rapporté ».

Le choix de « Représentation de Discours Autre » relève aussi du choix foncier, *positif*, de marquer l'appartenance du champ à l'espace, plus vaste, du métalangagier. Nous avons évoqué ci-dessus ce même mouvement d'inscription du champ dans une problématique élargie, mais dans des directions autres : celle de l'énonciation comme représentation dans la perspective polyphonique (Scapoline) et celle d'une réflexivité étendue aux points de vue et à la perception (Rabatel). La démarche suivie ici envisage le « discours rapporté », renommé – et redessiné –

---

[21] La structuration du champ de la RDA que je propose dans cet ouvrage (*cf.* notamment chap. 9) ne passe pas par cette distinction « grammaticalisé/moins grammaticalisé ».
[22] *Cf.* ci-dessus chap. 1.2.4, p. 32 et ci-dessous chap. 3.

en RDA, comme secteur de la pratique métalangagière, au sens où J. Rey-Debove (1978) la circonscrit et la balise. C'est comme partie prenante de cet étage du langage – langue et discours – permettant de revenir sur le langage – langue ou discours – que la RDA est envisagée.

Le secteur spécifique de la RDA sera ainsi appréhendé par rapport à ses « voisins en métalangage » (voir tableau I), ce qui, sur la base de ce qui les réunit – les opérations transverses à l'ensemble, de la catégorisation, de la paraphrase et de l'autonymie, envisagées partie III. – permet d'y dégager ce qui est le propre de la représentation du discours (et non de la langue, *cf.* chap. **1.2.2**), et du discours autre[23] (et non du « même » de l'ARD, *cf.* chap. **1.2.3**).

---

[23] « Discours autre » n'est pas, on le rappelle (*cf.* ci-dessus chap. **1.2.3**, p. 17 et chap. **2.2.1**, p. 53), synonyme de « discours d'autrui ». ; le « discours autre » inclut le « discours de soi » dès lors que celui-ci ne coïncide pas avec le « discours en train de se faire ».

Partie II **Un dire *dans* le Dire : plans, enjeux, solutions pour une pluri-articulation**

Introduction

La RDA se caractérise, on l'a vu, par rapport aux autres secteurs de métadiscours, qui n'engagent qu'un dire, qu'un acte d'énonciation – parlant de la langue ou de lui-même – par les deux dires distincts qu'elle met en jeu. Crucialement, la RDA pose la question de l'articulation de ces deux actes : des plans du dire où elle se réalise, des enjeux qu'elle induit, des solutions qu'elle trouve...

Ainsi, au plan *sémantique* (chap. 3) du rapport institué en **E** – bien en deçà des attitudes, jugements que **L** peut exprimer au sujet du dire qu'il représente – entre les deux dires, l'articulation se fait à travers deux statuts distincts conférés au dire représenté dans le Dire qui l'accueille : comme *source* ou comme *objet* de celui-ci.

Au plan *énonciatif* (chap. 4), ce sont trois « solutions » que la langue offre pour l'articulation des ancrages distincts – quant à l'origine de leurs repérages ou la source de leur expression subjective – des deux actes **A** et ***a*** :
- *l'unification en* **A**,
- *la succession hiérarchisée* **A-*a***,
- *la division* **A/*a***.

Au plan *contextuel* enfin (chap. 5), l'articulation des deux actes amène à envisager en toute RDA le jeu – très diversifié – de la *double (re)contextualisation* par contexte représenté et Contexte d'Accueil.

Situées au plan de la langue, les réponses alternatives apportées à la question des articulations sémantique d'une part (chap. 3) et énonciative d'autre part (chap. 4) sont un élément de structuration différentielle entre les modes dans le champ de la RDA : chacune de ces réponses constitue un *trait* définitoire de chacun des modes dont on retrouvera le « système » chapitre 9. En revanche les puissants effets de sens que déterminent les « équilibres » variés de la double (re)contextualisation (chap. 5) sont partagés, au plan discursif, par l'ensemble des modes de RDA.

Chapitre 3 Deux statuts pour le dire autre représenté : comme *objet* et comme *source* du Dire

Les deux actes d'énonciation, **A** et ***a***, que – définitoirement – met en jeu tout fait de RDA s'y articulent de deux façons différentes : relativement au Dire en cours, le discours autre auquel il réfère n'y est pas représenté avec le même statut.

Dans l'une, qui correspond à l'ensemble des modes traditionnellement répertoriés comme « discours rapporté », DD, DI, DIL, le discours autre est, précisément, cela même que « rapporte » l'énoncé **E**, y occupant la place, centrale, de l'*objet* du dire – de *ce dont* il parle :

(1)   Jean dit qu'il va bien. Jean a dit : « Je vais bien ». Jean les a rassurés : « il va bien ».

Dans l'autre, c'est « de biais » que le discours autre peut intervenir dans l'énoncé, convoqué au titre de *source* du dire – discours *à partir duquel* il se fait :

(2)   Jean va bien, d'après Paul. Jean va « pas mal du tout » pour reprendre les mots de Paul.

En circonscrivant, dans le champ du métadiscours, le champ de la RDA, on a déjà rencontré (chap. **1**), comme partie prenante de celui-ci, ce qui dans les mouvements de retour du dire sur lui-même – méta-énonciation explicite ou modalisation – « passait par » la représentation d'un discours autre.

Au-delà de ce constat, il importe de revenir sur ce deuxième type de mise en jeu du discours autre comme modalisation du Dire, d'y reconnaître cette « Modalisation par Discours Autre » (MDA) pour l'un des deux versants sur lesquels se réalise la RDA[1]. De ce champ, très vaste, dont certains secteurs – ceux, notamment, où le discours autre est représenté comme la source d'un élément du Dire – ont été l'objet d'études approfondies, il ne s'agit pas ici de viser une description détaillée de ses multiples formes et de leur fonctionnement, mais d'en proposer, schématiquement, une « cartographie » assurant la place, au sein de la RDA, de son versant modalisant, à côté, différentiellement, de la trilogie DD, DI, DIL affectée à la prédication d'un fait de discours autre.

On envisagera le champ de la MDA à travers deux oppositions. L'une qui, interne, le divise en fonction du plan du Dire auquel est incident le discours autre convoqué : celui du contenu (1) ou celui de la forme (2). L'autre qui, par rapport à son extérieur, le délimite en fonction du mode sur lequel le discours

---

[1] Je reprends ici l'une des oppositions proposées comme structurant le champ de la RDA dans Authier-Revuz (1993a : 39), (1997), (2004a).

autre « affecte » l'énoncé : celui, illustré dans l'exemple (2) modalisant au sens strict, d'un renvoi à une source distincte de l'énonciateur **L** du Dire, de sa prise en charge d'un élément de ce dire – assertion, modalisée comme seconde (MAS, 1.1), ou manière de dire, modalisée, autonymiquement, comme empruntée (MAE, 2.1) – ; ou celui, plus « lâche » du Dire énoncé explicitement – contenu (1.2) ou matérialité des mots (2.2) – comme « en rapport » avec, accompagné par un discours autre « conjoint », comme en :

(3)   Contrairement à ce qui se dit, Jean va bien. Jean va bien (il dit même « super bien »).

1 Discours autre incident au plan du contenu du Dire

1.1 La modalisation de l'assertion comme seconde (MAS)

1.1.1 Une opposition sémantique, énonciative, syntaxique entre DA objet ou source

Si on compare l'énoncé (4), « mondain » aux énoncés (5a et 5b) relevant de la RDA

(4)   Marie a fait une longue promenade.
(5)   (a) *Jean dit que* Marie a fait une longue promenade.
      (b) Marie a, *d'après Jean*, fait une longue promenade.

on voit que, par rapport à (4) qui est une assertion portant sur un événement quelconque – non langagier – du monde, la promenade de Marie, les énoncés (5) diffèrent :
– (a) est une assertion (de **L**) portant sur un autre événement : celui, de type langagier, que constitue le dire de Jean (au sujet de la promenade de Marie)
– (b) est une assertion de **L** portant sur le même événement que (4) – la promenade de Marie – commentée, modalisée comme provenant d'un ailleurs langagier – le dire de Jean.

(a et b) ont certes la même valeur de vérité, mais ils s'opposent par une répartition-hiérarchisation différente des contenus au *plan sémantico-énonciatif* :
– (a) parle d'un dire (qui parle du monde)
– (b) parle du monde (d'après un dire).

Dans la structuration (a), le dire autre apparaît comme l'objet de la prédication de **L**, ce sur quoi elle porte et sur quoi il s'engage ; mais assertant que *l dit que P*, le fait du dire autre, il n'asserte pas P (le fait que Marie ait fait une longue promenade), le contenu de ce dire autre[2].

Dans la structuration (b), en revanche, *P, d'après le dire de l*, le contenu P (la promenade de Marie) est bien asserté par **L**, cette assertion étant secondairement, additionnellement, caractérisée comme issue – reçue, empruntée, extraite... – d'un dire autre, premier ; et celui-ci reçoit, dans le dire, le statut d'élément participant, au titre de source, à la modalisation de l'assertion.

Dans un récit comme :

(6)   Jean est arrivé en retard, il a dit qu'il était pressé et il est reparti aussitôt.

trois événements, l'arrivée de Jean, son acte de parole, son départ, constituent respectivement les référents de trois propositions. Si l'on ajoute, en tel ou tel point de la phrase, l'élément modalisateur *d'après l* :

(7)   (D'après Marie) Jean est arrivé en retard, (d'après Marie) il a dit qu'il était pressé et (d'après Marie) il est reparti aussitôt.

on voit que « ce dont parle » l'énonciateur, ce qui est l'objet de son dire, ne change pas, mais que telle de ses assertions au sujet du même référent est donnée comme provenant et dépendant[3] d'un autre discours (celui de Marie).

On distinguera les deux statuts conférés en RDA au discours autre représenté : (a) *objet du Dire*, par les formes (DD, DI, Bivocal-DIL) de « prédication d'un discours autre » (PDA), *vs* (b) *source du Dire* par les formes relevant de la « modalisation par discours autre » (MDA). La RDA est, pour le premier, constitutive du dire « *l* dit P », là où, pour le second, elle *intervient* dans le dire de P au titre d'une modalisation passant par une RDA (*cf.* ci-dessus chap. **1.2.4**).

La différence d'angle sous lequel un même fait de discours *a* est représenté dans un énoncé **A** selon qu'il y est parlé *de* ou *d'après* lui, apparaît dans le caractère inégalement naturel selon lequel les énoncés (a) ou (b) peuvent se combiner

---

2 *Cf.*, par exemple, Martin (1983/1992 : 107), posant que, dans le DI, *l dit que P*, « la valeur de vérité de "P" n'est pas prise en charge par L (la responsabilité est laissée à l) »,
ou Recanati (1981 : 219) : « Dans un exemple de discours rapporté comme « Pierre dit : "Henry est généreux" » ou "Pierre dit que Henry est généreux", ce que dit le locuteur ne se confond pas avec ce que dit celui dont il rapporte les propos. *La parole du locuteur a pour objet la parole d'un autre et s'en distingue* : le locuteur ne dit pas que Henry est généreux, il dit que Pierre le dit [...] ».
3 Cette « dépendance » à un autre dire dans laquelle un Dire inscrit une assertion est formulée ainsi par Van Raemdonck (2002 : 173) : « Dans cette tournure [*à ce qu'elle me dit/selon elle*], l'énonciateur assume son énoncé *dans le cadre* défini par les compléments adverbiaux. Il prend donc en charge l'élément [... Pierre arrivera ...] *pour autant* qu'il soit ramené à la personne que l'on « cite » [...] ».

– en réponse ou en enchaînement par coordination – à des énoncés référant à des événements[4] :

(8)   Qu'est-ce qu'il fait, Jean ?
      (a) Il dit que la subvention est annulée.
      (b) ? D'après lui, la subvention est annulée.
(9)   (a) Jean a dit que Sarah reprenait le rôle, et il est parti.
      (b) ? D'après Jean, Sarah reprend le rôle, et il est parti.

À la différence de statut entre (a) et (b) répond la différence de contraintes spécifiques sur les formules de la représentation d'un DA objet ou source du dire.

Schématiquement, on peut opposer, au caractère libre de la modalité d'énonciation du DA représenté comme objet,

(10) l a dit que P ; demandé si P ; ordonné que P
      l a dit « Il vient » ; « Vient-il ? » ; « Viens ! »

sa *restriction à un contenu assertif* dans le cas du DA représenté comme source via les *selon l, à entendre l, d'après ce qu'il dit, il paraît etc.* ; ainsi, l'injonction est-elle exclue (11), et si l'interrogation est possible (12), ce n'est pas le questionnement qui est donné comme modalisé par un emprunt (à Jean), mais les assertions alternatives ouvertes par celui-ci (il va/ne va pas faire beau) :

(11) *Viens ! selon Jean.
(12) Va-t-il faire beau, selon Jean ?

Remarque 1 : Sur la restriction à l'assertion de la MAS. Cela, bien entendu, ne signifie pas que l'énoncé auquel réfère la MDA comme sa source ait été assertif, mais que l'assertion qu'il formule puisse en être extraite : ainsi, « Selon Jean, l'air est de mauvaise qualité » peut-elle provenir (entre autres...) de « Quittez au plus vite cette banlieue polluée ! ». Par ailleurs, il ne faut pas confondre cette assertion prélevée comme contenue dans l'énoncé non nécessairement assertif, avec la possibilité d'énoncés tels que : « D'après les questions/les ordres de Jean, P » où P n'est pas une assertion empruntée (MDA) au dire de Jean, mais inférée à partir de celui-ci, *cf.* par exemple : « D'après ses$_i$ questions, Jean$_i$ n'a rien compris à la situation. ».

On notera que le caractère exclusivement assertif de ce qui est considéré comme second interdit les assimilations parfois envisagées (*cf.* chap. 4 note 68) de *selon l, P*, ou plus généralement, de la MAS, avec le DIL qui, lui, se déploie sans restriction sur tout le clavier illocutoire :

(13) Jean peste : on ne l'a pas attendu. / Se moque-t-on de lui ? / Qu'on vienne le chercher, parce que lui, il ne fera pas un pas de plus !

---

[4] *Cf.* les observations de D. Coltier (2002) sur les différences de fonctionnement entre *selon A* et *A V dire.*

On peut de même opposer à l'indifférence de la configuration (a) de PDA (prédication d'un discours autre) quant au caractère effectif du DA représenté :

(14) il a dit, il n'a pas dit, il dira, il dirait, a-t-il dit...

la contrainte pour la MDA (b) que l'assertion « source » dont le dire se représente comme issu, soit *réalisée, antérieurement* à celui-ci[5] :

(15) Selon ce que *l* a dit *vs* *selon ce que *l* n'a pas dit, dira peut-être, aurait pu dire, dirait si,...[6]

Enfin à l'opposition entre les statuts des discours autres objet *vs* source du dire, répond, au plan du *fonctionnement syntaxique*, l'opposition entre les contraintes de la syntaxe « centrale », phrastique, des premiers (*l dit P, l dit que P, ...*), et la liberté propre à la « périphérie » des circonstants extra-phrastiques des seconds (*P, selon l,...*) qui, différentiellement, apparaissent, en effet, comme :

– *facultatifs* (suppressibles) et, de ce fait, *détachables*, intonativement ou typographiquement (par parenthèses, doubles tirets, placement en note, ...) :

(16) a La victime est (selon le témoin principal) rentrée à l'heure usuelle.
      b La victime est rentrée à l'heure usuelle[1].
         1. selon le témoin principal.

– *mobiles*, en cas d'incidence globale :

(17) [@ = selon le témoin principal]   @ La victime @ est @ rentrée @ à l'heure usuelle @.

– aptes à des *incidences partielles* et *multipliables* au sein d'une même phrase :

(18)[7] Il a discuté, âprement selon Jean, le contrat, jusque, d'après Marie, dans les moindres détails.

---

5 *Cf.* Charolles (1987 : 254) : « *dans "selon A, p", p doit avoir fait l'objet d'une énonciation quelconque de la part de A* » (*idt*). Ce renvoi obligatoire à un a⁰ antérieur d'où est « extraite » l'assertion modalisée n'implique ni l'identité, ni même une synonymie de type linguistique, entre formulation « origine » et assertion seconde (le rapport paraphrastique « en substance » y est possible, *cf.* chap. 7.2.1.2), ni que le discours antérieur ait été « extériorisé » : certaines formes de MAS – *selon l, pour l, ...* mais pas, bien sûr, *à l'entendre, à l'en croire, ...* – sont susceptibles de renvoyer à un discours intérieur prêté par **L** à **l** sur une base non-exclusivement discursive mais faite aussi d'attitudes, de comportements ... (voir les remarques de D. Coltier (2002), concernant *selon l*).
6 Bien entendu, de tels syntagmes sont possibles, mais avec des valeurs autres que celles de la MDA : par exemple dans « *selon ce qu'il dira, on ira ou non* », *selon* introduit un circonstant intra-phrastique à valeur de « en fonction, conformément ». *Cf.* notamment Coltier (2000, 2002).
7 Comparer à l'extraction *d'un* constituant par *l dit que c'est... que* : « *Jean dit que c'est âprement qu'il... / Marie dit que c'est dans les moindres détails que...* » qui n'est pas réitérable.

Apparaît donc, ici, distincte des formes du DA-objet du dire, au plan sémantique, énonciatif, syntaxique, une configuration de MDA opérant au plan de *l'assertion du Dire*, donnée comme *seconde* par rapport au DA-source dont elle est issue, et qui sera désignée comme « *modalisation (du dire) en/comme assertion seconde* » (MAS)[8].

La question de la référence *explicite* à l'*acte* d'énonciation autre **a** partage aussi les deux versants – discours autre objet *vs* source – de la RDA : élément clairement nécessaire du premier, qui « parle *d'un dire* », il n'en va pas de même sur le second versant où l'on « parle... *d'après un dire* » et où, selon les formes de MAS, la question du renvoi à l'acte d'énonciation autre reçoit des réponses diverses, comme le montrent, par exemple, l'opposition, sur ce plan, entre :

(19) a) Il paraît que P.
b) À ce qu'on dit depuis quelques jours, P[9].

On note en revanche que, si *une partie* des formes modalisantes implique un acte d'énonciation sans y référer explicitement, que ce soit avec désignation d'un *l* (*selon, d'après, pour, suivant l*) ou sans (conditionnel d'ouï-dire, *il paraît, censément*...), ce n'est pas là une propriété nécessaire de la MAS, qui est apte à référer – avec un autre statut que celui d'objet du Dire – à l'acte d'énonciation source, et avec la plus grande précision :

(20) *D'après ce qu'a dit X, l'autre jour, quand Y l'a interviewé au 20 heures sur TF1*, la centrale n'est pas dangereuse.
Selon la déclaration faite par X à l'issue de la rencontre avec les représentants du personnel, aucun accord n'a été trouvé.

Remarque 2 : MAS et Référence à l'acte d'énonciation source. C'est la question à laquelle, à propos du « conditionnel "journalistique" d'information empruntée », s'attache Kronning (2002), soucieux – pertinemment – de le distinguer du « discours rapporté » (DD, DI). On peut noter que les deux observations qu'il formule, valides toutes deux pour le conditionnel, ne peuvent pas être étendues à l'ensemble de la MAS : si pour la MAS, comme pour le conditionnel,

« l'entité empruntée [...] n'est pas un acte d'énonciation (avec son contenu épistémique) mais une proposition assertée attribuée à autrui » (Kronning 2002 : 572),

il n'en va pas de même de l'observation selon laquelle

---

[8] Présent, en français, dans *d'après*, ou *suivant*, le caractère « second » de l'assertion par rapport à sa source, s'affiche dans le *secondo* italien ou le *segundo* espagnol (et portugais).
[9] Forme chère à La Fontaine : « Tous les gens querelleurs, Jusqu'aux simples mâtins / Au dire de chacun, étaient de petits saints. » (*Fables* VII-1) ; « Elles avaient la gloire/ de compter dans leur race (à ce que dit l'Histoire) / L'une certaine chèvre au mérite sans pair [...] » (*Fables* XII-4).

[le contenu que] « l'instance médiatisante a extrait d'un acte d'énonciation préalable [est transmis] sans faire référence à cet acte (ces actes) et sa (leurs) localisation(s) temporelle(s) (*ibid.* : 570).

Si, en effet, dans l'ensemble des formes de MAS, qui toutes impliquent un acte d'énonciation autre, certaines – comme le conditionnel d'ouï-dire – le font sans-référer explicitement à celui-ci, ce n'est pas là une propriété caractéristique de la MAS qui – avec un autre statut que celui d'objet du Dire – *peut* référer explicitement à l'acte *d'énonciation* source. La possibilité en MAS, de faire ou non explicitement référence à l'acte d'énonciation placé en position de source, opère une différenciation à l'intérieur du mode entre les formes : en rendre compte supposerait une description distributionnelle fine de l'ensemble – vaste – des formes de MAS.

De façon schématique[10] on peut évoquer plusieurs sous-ensembles :
- celui des formes *excluant* l'explicitation (en « dire ») de l'acte d'énonciation source, soit strictement :
il paraît ; *à ce qu'il paraît* ; conditionnel ; *officiellement* ; *de notoriété publique* ; *censément* ; *prétendument*...
soit admettant la référence à l'énonciateur *l* :
pour l (vs *pour ce que dit l*) ;
- celui des formes *requérant* cette référence explicite :
à ce que dit l, P (vs *à l*), *aux dires de l*, P (vs *aux l*) ; *de l'aveu même de l*, P (vs *de l*)... ;
- celui des formes *permettant*, de façon variée, d'expliciter l'acte source, le discours ou le *l* :
selon l..., *selon ses dires*, *selon la déclaration de l à l'issue de la rencontre...*, *selon des sources concordantes...* ;
d'après l, *d'après le bulletin météo*, *le témoignage de l*, *d'après une source officieuse*, *d'après les manuels qui font référence*, *d'après la rumeur*, *d'après ce qu'il a déclaré publiquement...*
- celui des formes passant par l'explicitation de la *réception*, par L, de l'acte de dire d'un *l* (explicite ou non) :
à en croire l, la rumeur, les experts ; *à suivre l* ; *si l'on en croit, si on se fie à ce que dit l* ; *si l'on s'en tient à ce qu'en dit l* ; *à vous entendre, tout était normal* ; *à lire sa déclaration, il n'était au courant de rien*...

1.1.2 Approches diverses de la MAS

(i) La MAS sous l'angle évidentiel/médiatif

Relevant pleinement de la RDA, c'est cependant dans d'autres cadres que cette configuration a été le plus étudiée[11] –, comme partie prenante du fonctionnement

---

10 C'est-à-dire, notamment, sans distinguer formes univoques de MAS et formes ambiguës (ex. : *d'après l*, P vs *d'après ce que l a dit*, P, qui peut aussi signifier *d'après ce qu'il a dit, je peux conclure P*) ; ni sans préciser la différence d'explicitation de la source, entre nom de parole ou verbe de dire (ex. : *d'après son témoignage, d'après ce qu'il a dit*).

11 Notamment, le conditionnel de MAS – « d'altérité énonciative », « d'allusion au discours de l'autre » (Haillet 1995, 2002), « d'information incertaine » (Dendale 1993), « conditionnel média-

de « l'évidentiel »/« médiatif », ou de la problématique de la « prise en charge », et en rapport avec le champ de la modalité épistémique.

Ainsi, dans le cadre « évidentiel/médiatif » du marquage des « sources du savoir », c'est-à-dire de *la façon dont l'information a été obtenue par l'énonciateur*, les présentations et mises au point de P. Dendale et L. Tasmowski (1994 et 2001) ou de Z. Guentcheva (1996, 2004, par exemple) fournissent un balisage de ce champ, dont on retiendra :
- au plan *historico-bibliographique*, que, au-delà des jalons que constituent l'apparition (chez Boas en 1911, chez Sapir en 1921) de la problématique distinguant les « savoirs » obtenus par expérience directe (perception), ouï-dire ou inférence, et celle des termes d'*évidentialité* (chez Boas en 1947[12], chez Jakobson en 1957 dans le célèbre article sur les « shifters »[13]), et de *médiatif* (G. Lazard 1956), c'est à partir des années 80 que se développe l'exploration systématique du champ, avec une abondante bibliographie dans laquelle, outre les références déjà citées, on notera le travail « repère » de Chafe et Nichols (1986) ;
- *au plan terminologique*, que l'alternative « évidentialité/médiatif » correspond, d'une part, au refus, notamment chez Guentcheva[14], de l'importation en français du faux-ami « evidence », qui, en anglais, renvoie aux moyens de justification, de preuve... pour ce qui précisément, n'est pas « évident »[15], et, d'autre part, à un strict ancrage du « médiatif » dans les formes de langue, là où l'« évidentialité » relève d'une catégorie « cognitive » ;
- *au plan conceptuel*, enfin, que l'une des questions récurrentes est celle – complexe, et tranchée selon des modes divers suivant les auteurs – du rapport à poser entre évidentialité, modalisation, et modalité épistémique.

---

tif » (Kronning 2002), par exemple – ou certains adverbiaux « énonciatifs », *selon, d'après, pour l* (Charolles 1987, Coltier 2000, Borillo 2005, Schrepfer-André 2004...).
12 Dans une grammaire parue de façon posthume, *cf.* Jacobsen (*in* Chafe et Nichols 1986 : 3–28).
13 *Cf.* dans la traduction française (Jakobson 1963 : 183) : « Nous proposons d'appeler testimonial (anglais *evidential*) la catégorie verbale qui fait entrer en ligne de compte [...] la source d'information alléguée relativement au procès de l'énoncé ».
14 « Le terme de "médiatif" n'est pas encore répertorié dans le corps commun des concepts linguistiques. Il a été retenu ici pour désigner une catégorie grammaticale qui au moyen de procédés grammaticaux [...] permet à l'énonciateur de signifier que l'information fournie à propos des faits énoncés n'est pas issue d'une *connaissance directe* des faits, mais d'une connaissance perçue *de façon médiate.* » (Guentcheva 1996).
15 *Cf.* aussi le vif rejet par J. Rey-Debove (2003 : 339) de cet emprunt à l'anglais « qui ne veut rien dire en français ».

De façon schématique, on opposera à l'énoncé non marqué

(21) il est là.

dont « le locuteur asserte [le] contenu sans préciser comment il a eu l'information », l'ensemble des indications concernant ce « comment » ; et c'est à l'intérieur d'une opposition tripartite entre

(22) (a) perception -   il est là, je l'ai vu.
     (b) inférence –   il doit être là, les volets sont ouverts.
     (c) emprunt –   il paraît qu'il est là.

que sera posé, différentiellement, ce qui, (c), correspond à notre MAS, c'est-à-dire, pour une information, sa caractérisation comme : médiate, par recours à un discours autre source.

Née de l'étude de langues dans lesquelles cette dimension de marquage différentiel des types d'obtention d'une information est grammaticalisée[16] dans un système d'oppositions morphologiques obligatoires, souvent attachées au verbe, cette problématique s'est étendue, comme catégorie sémantico-énonciative, fortement liée à la question de la modalité et de la prise en charge, aux langues qui, comme le français, ne présentent pas de « système », mais un ensemble de moyens disparates – adverbes, auxiliaires modaux, valeurs temporelles dites modales, parenthétiques, syntagmes circonstanciels... – susceptibles d'être décrits comme correspondant aux divers « types » d'obtention de savoir. Dans cette perspective, c'est dans son opposition (par exemple) au type « par inférence/supposition » (*il doit/peut/paraît/semble être là* ; *sûrement, selon toute vraisemblance il est là*) qu'est dégagé le type « par emprunt » appréhendant – depuis une autre perspective que celle de la « représentation du discours autre » – le même domaine de faits que la MAS (*selon, d'après, pour l, il est là* ; *il est, paraît-il, là* ; *il serait là, à ce qu'on dit...*).

L'intérêt, pour le champ de la RDA, des travaux relevant de la perspective évidentielle/médiative est double.

D'une part, c'est le même ensemble de phénomènes qui se trouve – à l'intersection des deux champs de la RDA et de l'évidentialité/médiatif – appréhendé à travers ces deux perspectives ; aussi les nombreux travaux portant sur les formes

---

16 À des degrés de complexité divers, depuis les oppositions classiquement relevées en turc, bulgare, arménien, géorgien, albanais.... jusqu'au fameux *tuyuka* (*cf.* par exemple Dendale-Tasmowski 1994 : 4) – avec son paradigme de cinq morphèmes affectant un même contenu informatif, de l'indication qu'il a été obtenu par 1) la vue, 2) l'ouïe, 3) des indices matériels, 4) le dire d'un autre, 5) une supposition.

et le fonctionnement de la valeur spécifique d'emprunt (ouï-dire, « hearsay », rapporté, de « seconde main »,...) de la catégorisation évidentielle/médiative de l'information apportent-ils une contribution d'autant plus précieuse à la description de ce secteur de la RDA qu'est la MAS que la tradition des études consacrées au « discours rapporté » l'a sensiblement négligé au profit des formes (DD, DI, DIL) à DA objet.

D'autre part, c'est souvent dans le cadre des études inscrites dans le champ évidentiel/médiatif que le souci de définir nettement cette catégorie a conduit à dégager ce qui oppose, dans les faits relatifs au « discours autre », ceux qui relèvent du médiatif/évidentiel (notre MAS) et ceux qui lui sont étrangers (classiques « discours rapportés » à DA-objet)[17], contrairement au mode peu différenciateur sur lequel les formes de MAS se trouvent aisément « annexées » comme une marge à un « cœur » DD-DI-DIL, dans des études consacrées au « discours rapporté » ou des analyses de discours faisant intervenir ce champ. On revient sur ces points ci-dessous.

(ii) La MAS – à reconnaître comme mode propre, à part entière, de la RDA.
Contrairement à ce qu'il en est dans le champ évidentiel/médiatif qui fait largement place dans ses investigations à ce qui y relève de l'axe de « l'ouï-dire », la reconnaissance de la modalisation du dire en assertion seconde (MAS) comme relevant pleinement de la RDA, sur le mode différencié du DA représenté à titre de source (et non d'objet) du dire, est loin d'être aboutie dans le champ de ce qui relève de la « représentation d'un discours autre ».

---

17 *Cf.* par exemple Kronning (2002 ; 570) dans une étude consacrée au « conditionnel médiatif » : notant que celui-ci « est de temps à autre censé relever du "discours rapporté" (Rosier 1999) », et que des linguistes « assimilent le discours rapporté à la catégorie médiative ("évidentielle") de l'"emprunt" ou de la "citation" », il oppose son point de vue, selon lequel « il est important de distinguer, pour des raisons tant linguistiques que conceptuelles », le discours rapporté « qui rend un acte d'énonciation, un dire, *en le présentant comme tel* – [DD ou DI] – de la médiation épistémique qui dans le cas de "l'information empruntée" transmet un contenu épistémique que l'instance médiatisante a extrait d'un acte d'énonciation préalable [...]. » *Cf.* également Z. Guentcheva (1994 : 12), (2004 : 27) qui, à propos des langues à « marqueurs médiatifs » morphologiques, fait nettement apparaître qu'il est nécessaire de « soigneusement distinguer » ce qu'elle appelle « l'énonciation médiatisée », d'avec le fait, autre, du discours rapporté, et combien « l'étiquette "faits rapportés" peut induire en erreur et conduire à penser que cette valeur [d'ouï-dire] du MED [= médiatif] [...] est de même nature que le discours indirect (DI) », là où, au contraire – derrière leur commune indication de source énonciative autre pour un contenu – ce sont « deux statuts différents » qui apparaissent, dont l'assimilation relèverait d'« d'un rapprochement hâtif et approximatif ».

Alors que ses formes – d'une grande variété – sont d'un emploi constant dans les genres les plus divers (à l'oral comme à l'écrit ; dans les conversations familières, la presse, les écrits relevant de la « didacticité », de la critique, du débat d'idées, de la recherche, les récits historiques, mémoires, etc.) la MAS est très majoritairement *absente* des présentations contemporaines de la RDA dans :
- les manuels scolaires[18], en dépit de l'évidente nécessité pédagogique de faire accéder les « apprenants » à la maîtrise d'une alternance, si souvent pratiquée dans les discours, entre ces deux « abords » du discours autre– comme objet ou comme source –[19];
- les ouvrages généraux – grammaires, dictionnaires – spécialisés, reconduisant[20], aux chapitres ou articles « discours rapporté », l'inventaire traditionnellement restreint aux trois formes du premier type ; ainsi, par exemple, dans cette formulation[21] :

> Le terme de *discours rapporté* désigne les différentes modalités d'intégration d'un discours extérieur dans un premier discours. Les différentes formes en sont le discours direct, le discours indirect et le discours indirect libre (Arrivé *et al.* (1986 : 236))

où l'on peut noter que la généralité de la définition du « discours rapporté » – en termes « d'intégration » d'un discours dans un autre – répondrait pourtant, de

---

18 Par exemple, dans cet échantillon (que je dois à Catherine Boré) de manuels en usage : Grammaire 5ᵉ, Hatier, 2001, chap. 16 ; 4ᵉ, Magnard, 1998, chap. 14 ; 3ᵉ, Texto, 2003, leçon 24 ; 3ᵉ, Belin, 2003, chap. 8, bornant le parcours des « moyens de rapporter des paroles » à la trilogie DD, DI, DIL (parfois associée au « narrativisé »).
19 Ce que souligne, précisément, M.-J. Reichler-Béguelin (1992 : 205) – dans une perspective pédagogique en français langue seconde – parmi les points à ne pas manquer parmi les ressources ou difficultés pour « exercer » les apprenants à la production, dans le champ de la restitution de discours autres : « Le DR entre d'autre part *en concurrence avec des formulations modalisées* : assumées par le locuteur de l'énoncé en cours (donc non rapportées), elles sont cependant accompagnéees d'une modalisation renvoyant au dire d'autrui (« modalisation en discours second » : *selon – d'après, aux dires de – Paul, Marie passera ses vacances en Italie*) ».
20 L'article « Discours rapporté », signé de D. Maingueneau, *in* Charaudeau et Maingueneau (dir.) (2002) – renvoyant aux oppositions proposées *in* Authier-Revuz (1993a) – constitue une exception.
21 *Cf.* aussi Wagner et Pinchon (1991 : 308 *sq*.). ; Riegel *et al.* (1994 : 597 *sq*.) ; dans Détrie *et al.* (2001), l'article « Discours rapporté », ouvert par la définition très générale « Référence qu'un discours fait à un autre discours », se limite aux formes classiques du DA-objet, en mentionnant cependant (p. 94), de façon elliptique, les combinaisons de modes « grâce aux nombreuses formes de modalisation en discours second sur le contenu ou sur l'expression », le circuit des renvois amenant à « croiser » à nouveau, à l'article « Modalisateur » « ceux signalant l'utilisation d'un point de vue autre (*pour/selon/d'après untel/ censément/soit-disant* ; ...) » (p. 188).

façon adéquate, à *l'ensemble* des « modalités » de cette intégration, comme objet ou comme source du discours « premier » ;
– les présentations universitaires centrées sur l'énonciation – textualité, narration – enfin, qui, si elles mentionnent, à côté des formes « classiques » de DR – diversement articulées à celles-ci et sous des appellations variées : connotation autonymique, mise entre guillemets, îlots textuels, ... – des formes relevant bien, au plan des manières de dire, comme modalisation autonymique d'emprunt (MAE), de la modalisation par discours autre (MDA), font l'impasse sur le secteur, si riche et si présent dans les discours, de la MAS[22] ;

La reconnaissance « aux côtés » du DR classique de formes relevant de la MAS est certes présente – depuis Bally (1914) – à travers de multiples occurrences, mais il apparaît que c'est – hors de toute visée d'inventaire historique exhaustif – de façon dominante, sur un mode *intégrateur* que se trouve pratiqué le rapprochement des formes de MAS au « discours rapporté », comme celui d'une « marge » à annexer au corps central de celui-ci ; telle l'assimilation, pratiquée de fait, par Kerbrat-Orecchioni (1980 : 162), par exemple, de *X déclare, X estime que, selon X*, etc. sous le nom, non-différenciant, d'« opérateur de discours rapporté », ou l'élargissement explicite du discours rapporté au-delà des frontières usuellement reconnues :

[...] les phénomènes de discours rapporté ne se limitent pas à ces trois stratégies [DD, DI, DIL]. [...] certains emplois du conditionnel [...] relèvent, indéniablement, du *discours rapporté* (Maingueneau 1981 : 98)

L. Rosier (1999 : 131)) enregistre ce mouvement, en évoquant « l'annexion des formes en *selon A* et alii » et le fait que « le terme DR va progressivement englober une série de formes qui obligeront à le redéfinir *lato sensu.* »[23]

---

22 Voir Herschberg-Pierrot (1993 : chap. 6-7), Perret (1994 : 97 *sq.*), Sarfati (1997 : 69), Jeandillou (1997 : 78), Stolz (1999 : 76 *sq.*), Tisset (2000 : 87-97), qui présentent, incidemment, une allusion à des formes de MDA, ne débouchant pas sur l'identification d'un *type* de RDA.
23 Ce que souligne G. Schrepfer-André (2004 : 576) depuis la perspective opposée, différenciatrice, qui est la sienne (« Information référencée [par selon] *versus* discours rapporté ») : « Les *selon X, d'après X* et *pour X* de ce type sont le plus souvent considérés, aux côtés d'autres formes apparentées (*suivant X, aux dires de X, si l'on en croit X, aux yeux de X*, etc.) comme des introducteurs de discours rapporté », en étayant son constat d'une série de références allant de Bally (1914) à Rosier (1999). Notons qu'il serait utile, dans cet ensemble de références, de démêler, dans les rapprochements effectués des deux versants de la RDA, ce qui relève de l'amalgame « indifférenciant », ou bien (ce qui n'est pas du même ordre, même si la différence entre les deux types de formes n'y est pas explicitée) d'un regroupement, fait explicitement, sous un angle spécifique, au

La prise en compte adéquate de ces formes de MAS, dans leur rapport avec le « DR » au sens classique du terme, relève de leur *rapprochement différenciateur*. Ce double mouvement – marquer qu'elles appartiennent à un même champ, celui des formes renvoyant, dans le dire, à un discours autre et qu'elles s'opposent, par le statut qu'elles donnent à ce discours autre dans le dire, celle de l'objet dont il parle ou de la source d'après laquelle il parle – s'accommode très mal du poids terminologique de l'appellation « discours rapporté »[24]. À partir du moment où les descriptions de ce champ reconnaissent pleinement[25] – et non plus marginalement – l'ensemble des formes de la MAS[26] comme partie prenante, il paraît préférable de renoncer au terme unique « discours rapporté », condamné à osciller entre son sens classique, restreint au discours autre pris comme objet (DD, DI, DIL) et un sens qui n'est pas seulement « élargi » par rapport au premier, mais en rapport d'*hyperonymie* avec celui-ci : incluant, au plan de son extension, les faits de renvoi à un discours autre source et se réduisant, au plan de sa compréhension, à la représentation d'un discours autre.

Aux incertitudes – ou acrobaties – terminologiques liées à un terme unique renvoyant à des phénomènes de niveau différent[27], la spécification systématique « DR au sens strict/au sens large ») apporte, certes, une désambiguïsation, mais, outre son incommode lourdeur, présente l'inconvénient d'affecter le versant « modalisant » de la RDA d'une sorte de caractère secondaire ou marginal, reflétant le caractère récent et encore partiel de sa prise en compte plutôt qu'une propriété linguistique.

Dans la mesure où ce qui reçoit un nom se trouve par là même doté d'une réalité plus « consistante », le souci terminologique ne peut être mineur... : c'est à faire apparaître, dans les appellations elles-mêmes, la partition d'un champ

---

nom d'une propriété commune, comme, par exemple, celui, proposé par J.-M. Adam (1990) des « marques d'attribution de proposition » dans lesquelles figurent « formes du discours relaté » [DD, DI, DIL] et formes *selon l, pour l, à son avis*.

24 Indépendamment des critiques déjà formulées sur le « rapport » consistant à imaginer, prévoir, etc. des propos jamais formulés.

25 Comme c'est, par exemple, le cas dans les parcours d'ensemble de Authier-Revuz (1992a, 2004a), Rosier (1999), Van Raemdonck (2002), Marnette (2005).

26 Et, au-delà, de la MDA, incluant, à côté des assertions (MAS), les manières de dire (MAE) empruntées – *cf.* ci-dessous.

27 Dans Haillet (1998), par exemple, on passe d'un sens à l'autre de « discours rapporté » : la mise en regard du « conditionnel d'altérité énonciative [avec] les formes du discours rapporté » entendu au sens (restreint) de « ce qu'il est convenu d'appeler le discours rapporté (et notamment avec ses trois sous-catégories [DD, DI, DIL]) » (p. 63, 72) débouchant sur la conclusion que ce conditionnel est « par conséquent **une forme de discours rapporté** », au sens large. (p. 78, **gdt**)

global de RDA selon une opposition entre DA-objet (le DR au sens « classique ») et DA-source (modalisant) que répond la terminologie proposée ici.

(iii) Autres approches de la partition DA-objet/source du dire.
Appréhendable aux plans syntaxique, énonciatif, sémantique, la partition ainsi tracée dans le champ de la RDA relève d'une différence structurelle, en langue, dont il importe à mon sens de ne pas perdre le caractère général et le « tranchant », dans des généralisations – arbitraires – de valeurs particulières (Bally), ou dans des approches décalées vers un plan qui n'est plus celui de la langue en tant que système de formes (Ducrot, Perrin).
– **Bally (1914)** C'est dans une perspective explicitement différentielle que se place Bally (1914) : « pour comprendre mieux » ce qui caractérise les « trois types grammaticaux », « servant à reproduire les paroles ou les pensées d'un tiers » (« styles » direct, indirect et indirect libre), il convoque, au titre de « type grammatical » *autre*, « où il y a également reproduction d'un énoncé par [L] », des formes de MAS (*D'après les dépêches du soir... ; À l'entendre... ; On aurait retrouvé les traces...*). À cette différence, posée d'abord au plan grammatical, il fait correspondre, au plan sémantique, une opposition entre la « reproduction *objective* de E », qui caractérise le premier groupe, et une dimension « subjective » inhérente au second.

Peut-être n'est-il pas aberrant de rapprocher de cette formulation l'opposition – telle qu'elle a été envisagée ci-dessus – entre les deux positions qu'occupe, dans un Dire, le discours autre qui y est représenté : objet de la parole, dont elle parle, d'une part, et source de celle-ci, d'après/avec laquelle elle parle, d'autre part, « altérant » le mode subjectif « simple » de la prise en charge « ordinaire » (sans MAS) de ses assertions ?

Mais il est clair que cette opposition structurelle entre reproduction objective (DA comme objet) et subjective (DA comme source modalisatrice) – si tant est qu'on admette, comme je l'envisage hypothétiquement ci-dessus, d'en déceler la présence dans l'analyse de Bally – est recouverte par une succession – glissade ? – de formulations stylistico-psychologisantes, aboutissant, pour la MAS, à privilégier – indûment – « une attitude personnelle [subjective] critique, sceptique même » de la part de L[28], et, plus encore, de passer pour les DD-DI-DIL d'une caractérisation posée, par contraste, comme « reproduction objective de

---

28 Là où, hors de contextes spécificateurs (*D'après X, toujours aussi mythomane, P vs Selon des sources fiables, P*), la suspension de prise en charge, de la part de L, par la MAS – neutre par elle-

E » (Bally 1914 : 410) à son inacceptable transformation en une sorte d'objectivité psychologique d'un énonciateur **L** « neutre », aussi dénué d'appréciation sur ce qu'il rapporte qu'un « phonographe » (*ibid.* : 422) :

> pas moyen de croire que R [= **L**] mêle quelque chose de ses pensées à celles de S [= *l*] ; surtout pas trace d'une appréciation personnelle de ces paroles, de ces pensées (*ibid.* : 421).

- **Ducrot (1980)** L'analyse sémantique proposée ci-dessus (1.1.1), opposant les énoncés *l dit que P* et *selon l, P*, comme, respectivement, « parlant d'un dire (qui parle du monde » et « parlant du monde (d'après un dire) », se situe à un plan formel, en deçà des visées argumentatives, rhétoriques... dont, en discours, elles peuvent être le vecteur, comme des interprétations qu'elles peuvent recevoir.

Aussi, lorsque Ducrot (1980 : 44–46) pose, pour un énoncé de la forme *l dit que P*, l'alternative d'un fonctionnement relevant « du discours rapporté » *ou* de la polyphonie « selon le but attribué à **L** quand on interprète son énoncé », se situe-t-il à un tout autre plan : selon, en (23), que l'énoncé (a) « est dit pour favoriser une conclusion », ou « un enchaînement » de type b1 ou b2 :

(23) a Pierre m'a annoncé que le temps s'améliorerait.
      b1 Pierre est un optimiste invétéré.
      b2 J'irai à la campagne demain.

il sera analysé (a-b1) comme un « discours rapporté » dont « le propos » est les paroles de Pierre (selon une analyse proche de celle proposée pour *l dit que P* ci-dessus), contrairement à (a-b2), « polyphonique, dont le propos est l'amélioration [du] temps et non pas les paroles de Pierre » (ce qui rapproche ce cas de l'analyse proposée pour *selon l, P*)[29].

Relativement à une forme de la structure *l dit (que) P*, l'analyse formulée par Ducrot :

---

même –, ouvre interprétativement sur tout l'éventail des valeurs épistémiques, en fonction des contextes et des co-énonciateurs.

29 Évoqué à l'orée d'une discussion critique par De Mattia (2000 : 107 *sq.*), le point de vue *logique* de Port-Royal sur « l'ambiguïté » de structures *l dit que P* « qui peuvent être prises différemment *selon le dessein* de celui qui les prononce » est très voisin de l'approche par Ducrot du « but » attribué à l'énonciateur. Ainsi, pour l'énoncé *Tous les philosophes nous assurent que les choses pesantes tombent d'elles-mêmes vers le bas*, la proposition principale – au sens grammatical du terme, *l dit que* – ne sera analysée comme « principale » que si le « dessein » est de rapporter l'opinion des philosophes ; sinon, elle « ne sera qu'incidente » à l'affirmation touchant aux choses pesantes. (Arnaud, Nicole (1660 : 129))

> On a discours rapporté *si le but attribué à L*, quand on interprète son énoncé, est de faire savoir ce qu'a dit L' [notre *l*] (p. 44)

est radicalement étrangère au plan où se situe l'opposition formelle entre nos deux versants de RDA[30] : quels que soient les avatars interprétatifs d'un DI ayant *pour objet* un *dire autre*, et quel que soit l'intérêt – certain – de faire apparaître les « chemins interprétatifs » permettant à **L** d'avancer « P » sous couvert de parler du dire de *l*, notamment dans le registre de « l'argument d'autorité » « on ne quitte pas le champ du DI pour autant »[31].

Notons d'ailleurs qu'il en irait de même, à mes yeux, pour la structure *P, selon l* :

(24) D'après Pierre, le temps va s'améliorer.

qui, autant que (23), est propre à recevoir, en discours, les enchaînements (b1) et (b2), celui-ci centré sur l'assertion P (l'amélioration du temps), celui-là se focalisant sur le dire de *l* convoqué en (24) à titre de source de l'assertion. Face à l'interprétation (24-b1) – mettant au premier plan ce qui, formellement, en (24) a le statut d'élément – second – modalisateur de l'assertion, « on ne quitterait pas » non plus, selon moi, le champ de la MAS.

– **Perrin (2000, 2004)** Situées explicitement dans le sillage des analyses de Ducrot, les propositions de Perrin relèvent radicalement du niveau d'une réalité interprétative – le sens attribuable à un énoncé en contexte – appréhendée au-delà de ce qui, de façon insistante, est caractérisé comme « l'apparence » des formes. Ainsi, au nom du fonctionnement à titre « d'argument d'autorité » (*l dit que P* comme façon – autorisée – de dire P), les formes relevant du « discours rapporté » se trouvent-elles scindées en « discours rapporté référentiel » (ou « simple discours rapporté ») et « discours rapporté modal » (appelé aussi « pseudo-discours rapporté » 2000 : 90)[32] ; cependant que, dans la même logique, se trouve posée une « *forme de modalité* » dite « allusive », sous laquelle se trouvent regroupées des formes comme *il paraît*

---

[30] *Cf.* cette remarque de Recanati (1981 : 220) : « [...] pour Ducrot, la notion de discours rapporté n'est pas comme pour nous *une notion formelle* : le même énoncé "Pierre dit que Henry est généreux" peut être interprété, selon lui, en termes de "polyphonie" *ou* en termes de "discours rapporté" suivant la façon dont le locuteur poursuit son discours (*in* Ducrot *et al.*, 1980 : 44–46) ».
[31] Comme conclut pertinemment De Mattia (2000 : 138) sur cette question.
[32] *Cf.* « Quelle que soit la *forme apparente* de la phrase en surface, même lorsqu'un verbe de parole introduit une phrase complétive à valeur de séquence rapportée, ce verbe peut avoir une valeur parenthétique à mon sens et la séquence rapportée se voir attribuer une portée modale. » (2004 : 70)

que, comme ma fille dit, le conditionnel... (relevant pour nous, formellement, de la MDA) et des formes qui, par delà leur « apparence » de DD, DI, sont assimilées aux premières[33].

Parcourant les mêmes champs de données, les oppositions et catégories que nous venons d'évoquer (Ducrot-Perrin) et celles qui ont été proposées ci-dessus ne relèvent pas du même plan d'analyse du langage : l'opposition entre discours autre objet *vs* source posée ci-dessus comme structurant le champ de la RDA – opposition discrète entre deux structures formelles définies différentiellement – relève du plan de la langue comme système fini de différences ; les différenciations entre « DR référentiel et modal » ou la mise au jour d'une « modalité allusive », qui se situent au plan du sens des occurrences concrètes en discours – sens singulier, inépuisable... – relèvent de balisages posés sur le continuum des interprétations en discours[34].

La légitimité des deux plans d'analyse est évidente, chacun correspondant à un niveau du « réel » langagier ; mais il importe de ne pas les confondre, et cela d'autant plus que la question langagière « cruciale » est bien celle des « chemins » selon lesquels ces deux plans se « nouent », c'est-à-dire selon lesquels la langue – en discours – signifie.

De ce point de vue, je n'adhère pas aux formules qui, conférant au *réel* de catégories de langue un statut d'« apparence » (apparence de DR, apparence de « rection » derrière laquelle joue, en fait, un « parenthétique »), tendent à « fantômiser » le fait de la langue et de ses différences.

---

33 Ainsi dans cet exemple attesté des propos d'une mère de famille (2000 : 90) : « Les enfants riaient bien je voulais prendre ma liberté. [...] C'est pas que je les aime pas mes enfants mais tu sais tu aimes à vivre toute seule. Fait-que [alors] là les enfants riaient. Ils ont dit : "*Maman veut prendre sa liberté*" [...] » (soulignements et italiques dans le texte), le dernier énoncé est analysé comme « une séquence explicitement rapportée, "Ils ont dit : '*Maman veut* [...]'", mais où la mère ne fait allusion à ce qu'on dit ses enfants que pour qualifier implicitement son propre discours. Formellement cet énoncé a *toutes les apparences d'un simple discours rapporté au style direct. Mais il ne faut pas s'y tromper*. Loin de se contenter de rapporter ce qu'ils ont dit à son sujet, la mère s'exprime ici par la voix de ses enfants, sous leur autorité polyphonique. Une telle interprétation pourrait être explicitée par une incise du type "comme disent les enfants" [...] ».

34 On relira les précieuses pages de *L'Amour de la langue* (Milner (1978 : 64–65)) distinguant la linguistique par son objet, la langue, « *réel* » « marqué du discernable », des « diverses disciplines herméneutiques » introduisant « des coupures », des « réseaux de discernement » « sur un objet qui les ignore », un « flux » [...].

1.2 Mise en rapport du Dire avec un discours autre « conjoint » au Dire

Au-delà de l'ensemble des formes de MAS – suspendant la prise en charge d'une assertion par son renvoi à un discours autre « source » – s'ouvre un vaste espace de formes énonçant le Dire *en rapport* avec un discours autre : champs voisins qu'il importe de ne pas confondre. On comparera d'abord (1.2.1) le fonctionnement des deux formes *selon l, P* et *comme le dit l, P*[35], pour, derrière leur apparente proximité sémantique, faire apparaître la différence du mode sur lequel le discours autre intervient dans le Dire : mise en jeu, modalisante au sens strict d'un discours autre comme source de l'assertion (MAS) pour l'un, là où, pour le second, cela relève d'un accompagnement « circonstanciel » du Dire par un discours autre « conjoint », avant d'évoquer et d'interroger sommairement (1.2.2) la variété des formes par lesquelles le Dire se met « en rapport » avec un autre discours.

1.2.1 *Selon l, P* vs *comme le dit l, P*

Si, dans certains contextes de révérence incontestée à un certain *l* – le président Mao, les Saintes Écritures, Lacan,... les deux constructions :

(25) a) Selon *l*, P
b) Comme le dit *l*, P

peuvent, interprétativement, au titre de l'argumentation par autorité, être reçues comme deux variantes du dire « garanti » par *l*, de P[36], la comparaison de leur fonctionnement interdit l'assimilation de cette subordonnée méta-énonciative[37] de comparaison *comme le dit l, P* à la modalisation en assertion seconde.

On note, tout d'abord, par opposition aux faits de figement[38] en *dire*, observables dans certaines formes de MAS, telles

---

35 C'est seulement en rapport avec *selon l, P* que *comme le dit l* est envisagé ici : la description, tant linguistique que discursive qu'appellent les divers emplois de cette circonstancielle comparative de RDA ne relève pas du projet de cet ouvrage – notamment la complexité de son fonctionnement « biface » vers l'amont et vers l'aval du dire, du type : *P, comme le souligne l : « Q »* : Cette décision a été une erreur, comme l'explique *l* : « Il ne fallait pas [...] ».
36 On a vu ci-dessus (1.1.2 p. 84) comment, en se situant au plan de l'interprétation en discours, c'est déjà la différence structurelle entre *l dit que P* et *selon l, P*, qui pouvait être escamotée.
37 Comme pour *selon* (*cf.* note 6 ci-dessus) la subordonnée *comme le dit l* ne relève pas univoquement du plan méta-énonciatif de l'incidence au dire de P (à un *je dis* implicite, si l'on veut) mais peut – générant des cas d'ambiguïté – s'articuler en circonstancielle, notamment de manière, au contenu de P : « Il repeint tout, comme le dit Jean. [(a) à la façon dont le dit Jean / b) Jean le dit aussi].
38 Dont le caractère inégal (*cf.* ci-dessus, Remarque 2) serait à préciser.

> à ce que dit *l* P vs * à ce que répète *l*, P
> aux dires de *l*, P vs *? aux confidences de *l*, P

que la catégorisation du dire autre convoqué au titre de comparant du Dire, déploie la plus grande richesse lexicale pour le verbe de parole

> *comme le dit, l'écrit, l'affirme, le démontre, le note, le signale, le souligne, le rappelle,... le concède,... le hurle, le murmure...*

ou (avec des P niés, questionnés...)

> *comme le prétend, le soutient, l'imagine, l'assène, le radote...*

Au-delà les deux types s'opposent, tant au plan de la nature du P « affecté » par un autre discours (i) qu'à celui de la prise en charge de P par **L** (ii).

(i) Nature du P affecté par le discours autre : contrainte vs libre

L'élément P mis en rapport avec un discours autre n'est soumis à aucune des contraintes évoquées ci-dessus quant au P modalisé en MAS :

– au plan temporel, modal, de la polarité, le dire qui « accompagne » le Dire peut – contrairement au DA source qui doit être réalisé (*cf.* (14), (15)) – être représenté comme futur, hypothétique, nié :

(26) Ça a été un progrès décisif, comme on le dira sûrement plus tard, comme il pourrait peut-être le dire, comme j'aurais déjà dû le dire, comme il ne l'a jamais dit,...

vs   * selon ce qu'il n'a pas dit.

– au plan illocutoire, le Dire accompagné d'un autre dire peut – contrairement à la restriction assertive du *selon l, P* (*cf.* 11, 12) – être librement injonctif (27), interrogatif[39] (28), exclamatif (29) :

(27) Viens donc avec nous comme te le dit/conseille Jean *vs* *Selon Jean, viens donc avec nous.
(28) Comme le dit/demande Jean, qui croire dans cette affaire ? *vs* *Selon Jean, qui croire dans cette affaire ?
(29) Comme le dit Jean, bravo, quel triomphe ! *vs* *Selon Jean, bravo, quel triomphe !

(ii) Prise en charge de P par L : altérée vs stable

Au plan de la prise en charge de P par l'énonciateur **L**, dans les environnements respectifs de MAS (*selon l,...*) et de mise en rapport avec un autre dire (*comme le dit l,...*), l'opposition est radicale.

---

39 *Cf.* (12) sur la valeur de *selon* + interrogation.

En P, *selon l* et, de façon générale dans l'ensemble des formes qui relèvent de la stricte modalisation de l'assertion comme seconde (MAS), **L** se démet de la prise en charge de l'assertion de P, remise à la responsabilité de sa source *l*. Ce que **L** prend en charge c'est cette attribution de P à *l*, et non l'assertion P elle-même, qu'il peut, librement, partager, mettre en doute, contredire :

(30)   Marie a été imprudente, selon Jean ;
       a) je trouve qu'il a raison.
       b) personnellement, je n'ai pas d'avis.
       c) ce n'est pas juste, elle a joué de malchance.

En P, *comme le dit l*, en revanche, **L**, qui ne se démet pas de la prise en charge de P, l'assume pleinement comme *son* dire et, d'autre part, le met en rapport (ici de comparaison...) avec un autre dire ; aussi les enchaînements a), b), c), naturels en (30), relèvent-ils, en (31), de l'étrangeté tautologique ou du renforcement emphatique pour a), de l'incohérence pour b) et de la contradiction du type *P et non P* pour c) :

(31)   Marie a été imprudente, comme l'a dit Jean ;
       a) ? et il a raison.
       b) * personnellement, je n'ai pas d'avis.
       c) * ce n'est pas juste, elle a joué de malchance.

L'opposition quant à la prise en charge, ou non, de l'élément P, par **L**, dans ces deux constructions se manifeste dans le statut que des *je dis P* y reçoivent. Dans *P, comme le dit l*, P étant normalement pris en charge par **L**, il est possible de le « préfixer » d'un *je dis* de redoublement méta-énonciatif (ARD) :

(32)   Je dis P, comme le dit *l*.
       Écoute, moi je te dis, comme il te l'a dit plusieurs fois : ra-len-tis un peu tes activités. (Conv. 17–02–2015)

L'énoncé présente alors la succession ARD-RDA d'un Dire d'abord emphatisé par son auto-représentation, puis mis en rapport par *comme* avec une RDA *partageant* le même P[40].
    Rien de tel avec

---

[40] Succession à comparer avec celle de deux prédications de discours autre, reliées par la modalisation (en comme) de la première (principale) par la seconde (subordonnée) partageant le même P : ₁[Il a dit que ₚ(c'était beau)] comme ₂[tout le monde (le) disait], comme en : "J'aurai à mes gages toute la troupe villemorienne et je leur dirai, comme on me l'a dit, « Allons faquins, que l'on m'amuse » [...]" [Diderot, *Le Neveu de Rameau*].

(33) Selon *l*, je dis P.
   Selon lui, je dis qu'il faut renoncer.

où le *je dis*, dépourvu de toute dimension méta-énonciative par rapport au Dire en train de se faire énoncé par L_1, relève de la reformulation par L_1 d'un énoncé antérieur (source) de l_j, consistant en une forme de RDA du type :

(34) l_i dit qu'il faut renoncer.

à l'origine du « je dis » relevant aussi de la RDA, et non de l'ARD de (33).

La différence au plan de la prise en charge de P par *l* entre ces deux formes se manifeste aussi lorsque, via les pauses et décrochements, intonatifs ou typographiques — entre parenthèses ou double tirets, après le point final – ils apparaissent, dans le cours du dire comme mouvement second : là où celui-ci revêt pour le premier (MAS) une valeur, volontiers ostentatoire, de rectification touchant la valeur de vérité de l'assertion P pour L, il relève (mise en rapport avec un autre discours) de l'ajout d'une information par rapport à celle – non mise en cause – apportée par P.

(35) a) L'usine va s'installer par ici, selon Jean.
   b) L'usine va s'installer par ici, comme Jean le dit.

Ainsi détaché, le mouvement second de prise de distance d'avec l'assertion P de la MAS peut-il être souligné, par *enfin*, *du moins*... contrairement à ce qu'il en est avec l'accompagnement par la représentation d'un autre dire :

(36) a) L'usine va s'installer par ici, enfin selon Jean, du moins selon Jean.
   * L'usine va s'installer par ici, enfin comme Jean le dit, du moins comme Jean le dit.
   b)

le caractère d'après-coup correctif de la MAS pouvant se trouver explicité, comme en :

(37) — Ces peines-là ne guérissent pas si vite, répondit la petite Fadette ; et puis, *se ravisant* : — Du moins à ce qu'on dit, fit-elle [G. Sand, *La petite Fadette*, chap. XX].

(38) — La signora Goosens avait une sœur qui a vécu un certain temps ici et qui, au dire de tout le monde, était un personnage désagréable, jaloux et malveillant. Du moins, *se corrigea-t-il*, selon la Signora Giusti [M. Nabb, *Mort d'un orfèvre*, traduit de l'anglais, 10/18, 2001] (ici, avec une récursivité de la MAS).

Remarque 3 : MAS *vs* mise en rapport avec un autre dire dans l'espace détaché de la note. L'opposition entre *P, selon l* et *P, comme le dit l* au plan de la prise en charge de P par L, altérée pour le premier et non pour le second, se traduit au plan de leur distribution : si l'une comme l'autre figurent également dans les formes de « décrochement » typographique sur la ligne (parenthèses, double tiret) (*cf.* le *à ce que dit l'histoire* de La Fontaine, note 9, par exemple), il n'en va pas de même pour leur apparition « en greffe » de la ligne du dire, dans cet autre espace paginal qu'est la note[41] ; là où l'ajout d'un autre dire en rapport avec le dire de P y figure sans restriction (*cf.* par exemple dans ce texte même, les notes 94–95 du chap. **8** : *comme le souligne* X, *comme le note* X), la modalisation en *selon*, *d'après*, y est *restreinte* aux cas où la note va dans le même sens que P, notamment dans l'indication en note de la référence précise au discours sur lequel s'appuie le dire de P, comme dans cet exemple emprunté à l'étude de J. Lefèbvre (2007 : 119) :

> Un enfant de six ans sur cinq souffre d'un trouble de la vision, à son entrée à l'école primaire[(1)].
> - - - -
> (1) Selon une enquête réalisée en 1999–2000 sur plus de 30 000 élèves à partir des examens de santé à l'entrée en primaire, par la Caisse primaire d'assurance maladie de Paris [*Valeurs mutualistes* 221, p. 26/27].

1.2.2 Diversité des mises en rapport Dire/discours autre conjoint

La comparaison, ci-dessus, des fonctionnements de *selon l* et *comme le dit l*, pris comme représentants respectifs de chacun des deux types de construction – MAS et mise en rapport Dire/discours autre conjoint – par lesquels le Dire est affecté, au plan du contenu, par un discours autre a permis[42] de dégager les points essentiels sur lesquels s'opposent ces deux ensembles : la nature du P auquel la modalisation est incidente et l'impact de cette modalisation sur la prise en charge de P par **L**.

Ainsi la liberté – temporelle, modale, illocutoire... – de P, comme la stabilité de sa prise en charge par L, dans le cadre de sa modalisation par mise en rapport avec un autre discours, sont-elles partagées par toutes les formes de cet ensemble.

En revanche, si cette forme *comme le dit l* – avec le verbe dire ou tout autre verbe de parole – est, de très loin la plus fréquente, en discours, elle n'est représentative de l'ensemble hétérogène des formes de mise en rapport du Dire avec un discours autre[43], ni au plan de la diversité formelle à travers laquelle se réalise cette mise en rapport, ni à celui de la variété des rapports représentés entre les deux discours « conjoints ».

---

41 Sur ces deux dispositions typographiques de la parenthèse-double tiret et de la note infrapaginale, je renvoie aux corpus et analyses respectivement de S. Pétillon-Boucheron (2002) et de J. Lefèbvre (2007).
42 Facilitée, on l'a dit, par l'apparente proximité sémantique entre le Dire *selon* et le Dire *comme*, que ne présente pas, par exemple, *pour aller contre ce que l vient de dire...*
43 Identifiable, dans le champ immense des éléments circonstanciels méta-énonciatifs, incidents non au *dit* P mais au *fait de dire* P – *pour ne rien te cacher, soit dit en passant...* etc., jusqu'au *si tu as soif, il y a de la bière au frigidaire*, analysé par Ducrot (1972 : 176), comme sous-ensemble référant à un discours autre.

Se distinguent ainsi en terme d'information donnée sur le discours autre, les trois types :
(a) *P, comme le dit l* où l'anaphorisation de P par *le*, interne à la phrase, spécifie maximalement le discours autre, comme de contenu semblable à P.
(b) *P relateur ce que dit l*, où le *ce que* (contrairement à *le*) ne dit rien du contenu du dire autre, renvoyé, à l'extérieur de la phrase, à une interprétation plus ou moins aisée (*cf. ce que vient de dire* vs *ce qu'on a pu dire*), l'information sur le dire autre se réduisant à l'indication de sa relation avec P[44] comme
- contraire au contenu de P :
contrairement à, en désaccord avec, pour aller contre, à rebours de... ce que dit l ;
- conforme ou compatible, souvent inscrit dans un enchaînement avec P :
conformément à, d'accord avec, à la suite de, dans le sillage de, en écho à, pour suivre, pour rebondir, renchérir sur... ce que dit l :
- ou, sans indication de contenu, par sa seule position dans une interaction :
en réponse, pour répondre... à ce que dit l
(c) *P relateur l*, où c'est le fait même d'un discours autre qui n'est pas explicité : l'interprétation méta-énonciative modalisante de la construction demandant alors (majoritairement[45]) que l'énoncé soit explicitement situé au plan du Dire : soit par la préfixation de P par *je dis* (ou autre verbe de parole) :

(39) Je dis donc   à la suite de   *l*, P
      On dira   dans le sillage de
      Je dirai   en accord avec
      Observons pour conclure   avec

soit par le caractère explicitement métalangagier de la mise en relation :

(40) En réponse à   *l*, P
      Pour répondre à

Aussi, beaucoup moins spécifiant que celui, dans *comme le dit l*, de comparant (d'identité) pour le Dire de P, le statut sémantique du discours autre « lié », « conjoint » au Dire dans l'ensemble du champ de ces mises en rapport du Dire avec un discours autre, apparaît-il seulement, comme celui d'un *point de repère* à partir duquel, en référence auquel, le Dire peut se situer, se positionner.

---

44 Préférentiellement précédé d'un *je dis* pour certains comme *en désaccord avec, d'accord avec...*
45 Hors de mon propos ici, l'étude distributionnelle fine d'un corpus plus large serait nécessaire pour préciser – et peut-être limiter – cette contrainte.

1.2.3 Discours autre source (MAS) *vs* discours autre conjoint

Ainsi les deux ensembles de formes convoquant un discours autre dans le Dire, du type :
- *selon, pour l, P*

et
- *comme le dit l/à rebours de ce que dit l, P*

évoqués respectivement en 1.1 et 1.2.2 (a, b, c), s'ils « affectent » l'un et l'autre le Dire du contenu de P, se distinguent, on l'a vu, aux divers plans
- de l'inventaire de leurs formes : clos *vs* ouvert,
- de leur fonctionnement : restreint *vs* libre, quant à la nature du P « affecté » par du discours autre,
- de leur incidence sur le Dire de P : modalisation par laquelle l'énonciateur se démet de sa prise en charge *vs* mise en rapport, de nature variée, du Dire de P avec un autre discours,
- du statut sémantique conféré à l'autre discours : source, modale, de l'assertion P *vs* repère, second terme d'une relation entre P et un autre discours.

On peut reconnaître dans le premier un des cinq modes (*cf*. chap. 9) par lequel la langue répond à la question de la « représentation du discours autre » : celui, sur le versant de la modalisation du Dire par du discours autre, de la MAS, « altérant » la prise en charge de l'assertion. Le second, en revanche, enrichit, étoffe le Dire de P de la prise en compte de l'environnement discursif d'autres discours par rapport auxquels le Dire de P – non « altéré » si l'on veut, par cet accompagnement – se positionne.

Remarque 4 : Inscription phrastique de la MAS et du DA conjoint. L'articulation Dire/discours autre source de la MAS, peut certes, au-delà de sa réalisation de base, *selon l, P*, se « distendre », mais dans des bornes fixées par un lien anaphorique entre phrases adjacentes ; la connexion Dire/discours autre conjoint semble, en revanche, pouvoir se déployer depuis les formes phrastiques de la subordonnée circonstancielle méta-énonciative du *comme le dit l, P* jusqu'à des mises en rapport interphrastiques situées à un plan sémantico-discursif (étranger à la MAS).

Ainsi au fonctionnement circonstanciel régulier (complément ou subordonnée) du discours autre source de la MAS (a), comme à celui du discours autre conjoint (b), peut-on adjoindre, comme partie prenante de la construction phrastique :
- leurs occurrences détachées en après-coup par une pause intonative ou un point (avec ou non l'introduction d'un *enfin, du moins*... (*cf*. (35–38)),
- les phrases incidentes, notamment avec anaphore[46], telles, s'apparentant respectivement (a) à *d'après l* :

---

46 *Cf*. sans anaphore, la forme ... – *l dixit* – ...

(41) La mairie va, je dis ça d'après ce qu'on m'a dit, remettre à plat le plan de circulation [oral, 15-05-2014].
(42) Le camping (je le tiens du gardien) va fermer l'an prochain [Corresp. 10-09-2000].

et (b) à *comme le dit l* :

(43) Rastignac, on l'a dit souvent, emprunte quelques uns de ses traits à M. Thiers [F. Marceau, Balzac, p. 47].
(44) Il vaut mieux, même si on dit le contraire, arroser au soleil que pas du tout [Conv., 14-08-2016)].

Par extension, il paraît raisonnable d'intégrer les phrases adjacentes reliées par une anaphore du P modalisé comme (a) MAS en mouvement second de rectification :

(45) Ce n'est même pas lui qui a choisi sa femme, alors rendez-vous compte. Enfin, c'est ce qu'on dit [F. Vargas, *L'armée furieuse*, 2011, p. 358].
(46) De loin, à voir ma dégaine svelte, on ne me donne pas mon âge. Du moins est-ce là ce qu'a affirmé Dido [H. Troyat, *La Dérision*, p. 30].

– aussi bien que comme (b) mise en rapport avec un DA :

(47) Formes diverses de la vie, toutes vous me parûtes belles. Ce que je te dis là, c'est ce que me disait Ménalque [Gide, *Les Nourritures terrestres*, éd. Pléiade, p. 158].
(48) L'immigration est une chance pour un pays, s'il sait l'accueillir. Évidemment, ce n'est pas ce que... disent majoritairement les médias [Oral, 01-05-2017].

En revanche, seules les mises en rapport (b) du Dire avec un discours autre conjoint peuvent se réaliser – explicitées par des connecteurs comme *en revanche, au contraire, de même, de la même façon ; pareil...* – dans des suites phrastiques, sans anaphore :

(49) Il faut renoncer. (D'ailleurs) *l* dit de même, qu'il ne faut pas s'entêter..
(50) Il faut renoncer. (Mais) *l* prône, en revanche, la persévérance.

et non nécessairement adjacentes :

(51) Il faut renoncer. C'est une question de bon sens. *l* dit de même/au contraire que...

Relativement aux énoncés (a)-(b)-(c) (cités en 1.1.1, exemples (4) et (5)) et caractérisés respectivement comme :
– parlant du monde :

Marie a fait une longue promenade.

– parlant d'un discours autre (DA objet-DI) :

Jean dit que Marie a fait une longue promenade.

– parlant du monde d'après un discours autre (DA source-MAS),

(c)   D'après Jean, Marie a fait une longue promenade.

le type (d) :

(d)   Marie a fait une longue promenade, comme le dit Jean
                                          contrairement à ce que dit Jean
                                          pour renchérir sur ce que dit Jean
                                          etc.

est constitué d'un élément (a) parlant du monde et d'un élément de type (b) parlant d'un discours autre, subordonné au premier.

Par rapport aux deux modes de RDA, distincts, du DI et de la MAS – figurant respectivement en (b) et (c), un énoncé du type (d) ne présente *pas un autre mode de RDA*[47] mais l'intégration d'une RDA de type (b) dans une construction comme élément subordonné à valeur méta-énonciative, c'est-à-dire incident au *Dire* de la principale.

À ce titre, c'est dans l'étude du DI, comme faisant partie de ses variétés de réalisation et d'emploi, que ce fonctionnement – ce qu'on a appelé discours autre « conjoint » ou « mis en rapport » avec le Dire – mérite d'être décrit précisément.

2 La modalisation d'une manière de dire par discours autre

La configuration de la MDA n'est pas, on l'a vu au chapitre **1**, cantonnée, au plan du contenu du dire ; elle concerne tout autant celui des formulations, des formes signifiantes, des « manières de dire » que **L** énonce en convoquant explicitement un discours autre : c'est ce qu'illustrent les couple de formes – (66) *vs* (67) ; (68) *vs* (69), (70–71) *vs* (72–73) du chap. **1** – renvoyant respectivement au contenu *vs* à la forme du Dire.

Comme à celui du contenu, on peut distinguer deux types d'incidence du discours autre au plan des manières de dire.

---

[47] *Cf.* chap. **9**.2, p. 338, la notion de mode de RDA, définie par une formule, abstraite, de traits distinctifs.

2.1 La modalisation autonymique d'emprunt : *X, comme dit l*

De la même façon que, avec la MAS, le Dire, « passe » par l'assertion d'un discours autre, le Dire peut, en un point de son avancée, passer, pour nommer, par la manière de dire d'un discours autre, se démettant, par cet « emprunt » de sa propre manière de dire et, comme pour l'assertion en MAS, de la prise en charge qui s'y attache.

Ainsi, faut-il distinguer :

(52) Je voudrais bien lui /conter fleurette, comme disait grand-mère, et d'un peu près, à cette gonzesse. [conv., mai 1992]

où c'est la manière de dire désuète « conter fleurette » qui est énoncée par **L** comme *empruntée* à un *l* « source » (sa grand-mère) étranger à la situation, là où en :

(53) D'après ses copains, il aimerait la draguer.

c'est (MAS) l'assertion énoncée par **L**, et non la manière de dire, qui est donnée comme reçue d'ailleurs.

De même que (53) doit être distingué de

(54) J'aimais bien quand grand-mère disait d'un air réjoui : Je crois qu'il lui conte fleurette !

où les mots de *l* (la grand-mère) sont, au DD, l'objet (et non la source) du dire de **L** (qui ne les « emprunte » pas pour en faire usage comme en (52)). Le fait que la grand-mère dise « conter fleurette » est, en (54), partie intégrante de l'objet du dire de **L**[48], là où, en (52), il est convoqué au titre de source des mots – d'emprunt – qu'il énonce.

On revient au chapitre **8** sur la très grande variété des formes par lesquelles se réalise la modalisation autonymique d'emprunt[49], en notant seulement ici des éléments de comparaison avec le fonctionnement de la MAS.

Comme dans le cas de la MAS, cet élément apparaît – dans la mise en regard des énoncés (55) avec (52) – facultatif (a), mobile (b), multipliable (c) :

(55) a. Je voudrais bien lui conter fleurette, et d'un peu près [...].
      b. Je voudrais bien, comme disait grand-mère lui /conter fleurette [...].

---

48 Dans le cadre de l'interprétation du « e » autonyme comme reproduction fidèle des mots de *l*, *cf*. chap. **8.2.2.2** p. 263.
49 Décrite systématiquement dans Authier-Revuz, (1995/2012 : 258–464, et Rappel-inventaire des formes : 259–260) ; notamment, outre *X, comme dit l* : *X, j'emprunte ce terme à l, pour reprendre le mot de l, selon les mots de l, comme l'appelle l, pour parler de manière vulgaire, pédante...* ; *ce que l appelle, baptise X...* ; *un l dit X...*

Je voudrais bien lui, grand-mère disait /conter fleurette [...]
c. Je voudrais bien lui /conter fleurette, comme disait grand-mère, et d'un peu près, /à cette gonzesse, pour parler comme toi.

En revanche, la MAE ne connaît pas les restrictions observées pour la MAS, quant à l'élément modalisé : *comme dit l*, par exemple, peut modaliser, comme emprunté à un discours autre, n'importe quel type de « fragment de chaîne » – quelle que soit son statut grammatical et sémantique : du déterminant (56), par exemple, à la phrase entière, et sans restriction à un contenu assertif, (57) :

(56) « La » (comme on dit souvent) science n'existe pas, seules *des* sciences existent[50].
(57) Qui m'aime me suive, comme a dit je ne sais plus qui !
Je m'ennuie... Qu'est-ce que je peux faire ? ... comme disait Anna Karina dans « Pierrot le fou ».

On verra (chap. **8.3.3.2**, p. 299) que la MAE se combine avec toutes les autres formes de RDA. Notons seulement ici le caractère très commun, du cumul d'une MAS et d'une MAE partielle (a) ou globale (b) portant sur la formulation de la première :

(58) a. D'après le maire, c'est le tout qu'il faut « détruire »[51]
b. D'après le maire, « l'ensemble de la construction est à détruire ».

Notons que de la même façon que si la MAS nous est apparue comme relevant de l'intersection de la catégorie *médiative/évidentielle* (voire de la modalisation épistémique ou de la *prise en charge*) avec le champ de la RDA, la MAE apparaît comme la zone où la configuration méta-énonciative de la modalisation autonymique – celle d'un dire revenant réflexivement sur les mots mêmes dont il fait usage, dans leur singularité signifiante – rencontre la RDA : le discours autre y apparaît comme l'*une* des dimensions du fait langagier – à côté de l'équivoque, de l'écart entre les mots et les choses ou entre les interlocuteurs... – venant s'imposer en « modalité opacifiante » du dire, dans l'usage – ordinairement transparent – de mots énoncés comme « allant de soi »[52].

---

50 Sur la liberté « a-syntaxique » d'insertion de la modalité autonymique, *cf.* Authier-Revuz (1995/2012 : 145 *sq*).
51 Le cas le plus courant de la coréférence de la source de la MAS (le maire) et de la MAE (portant sur « détruire »), qui pourrait être marquée par *sic* n'est pas une contrainte ; comparer :
(58) c. D'après le maire, il faut « tout foutre en l'air » comme tu dirais.
52 *Cf.* ci-dessous, chap. **8.3.2**, p. 291.

2.2 Modalisation par couplage avec la manière de dire d'un discours autre

Dans ce cas, il n'y a pas remplacement d'un élément du Dire par du discours autre, mais (comme précédemment au plan du contenu) mise en rapport, « couplage », ici, de deux manières de dire, celle du Dire et, la modalisant par leur mise en regard, celle d'un discours autre. Comparons les énoncés suivants : a) sans modalisation, b) avec MAE[53] simple et c) avec modalisation par couplage :

(59) a) C'était vers la fin de la guerre. Un groupe de résistants était descendu au village.
    b) C'était vers la fin de la guerre. Un groupe de « terroristes » comme il disait était descendu au village.

                      il disait « terroristes »
                      ce qu'il appelait « terroristes »

    c) C'était vers la fin de la guerre. Un groupe de résistants – il disait terroristes – était descendu au village.
       C'était vers la fin de la guerre. Un groupe de « terroristes » – c'est-à-dire de résistants – était descendu au village.

Là où, en b) la MAE se substitue à une manière de dire de L, en c) la modalisation autonymique par couplage avec un autre dire consiste en une mise en résonance du Dire avec un autre discours se prêtant, à travers des formes diverses, à des rencontres aussi dissonantes qu'harmonieuses, à des effets de sens[54] multiples, notamment selon que la mise en rapport du Dire et du discours autre se fait par un mouvement *centripète*, de l'autre vers soi, comme par exemple en (60), en effet « glossaire » (a) ou « parler vrai » (b) :

(60) (a) ... l'heure du souper arrive après none (après trois heures)... [ouvrage sur le Moyen-Âge]
      Il y aura un lien fixe (traduisez un tunnel) entre la France et l'Angleterre. [Infos télé., 1986]
    (b) ... un poste libéré (licenciement). [texte préparatoire aux Assises de la linguistique, 1982]
      ... une « explication franche » comme on dit en langage diplomatique pour qualifier une forte engueulade.

ou par un mouvement *centrifuge* d'ajout – informatif, pittoresque, polémique, de fausse auto-correction... – de la manière de dire de l'autre à ce qui se trouve déjà nommé, comme en (61) :

---

[53] Dans les trois constructions selon lesquelles elle peut se réaliser, *cf.* ci-dessous chap. **8**, ex. (78) à (82), p. 290 et Authier-Revuz (1995/2012 : 52–55).
[54] Sur la diversité des formes et des mouvements – centripètes/centrifuges – des couplages de modalisation autonymique par discours autre, *cf.* Authier-Revuz (1995/2012 : 352–359) d'où proviennent les exemples ci-après, ou Authier-Revuz (2000b : 45–52).

(61) a   Au treizième siècle, les banquiers - on les appelait *changeurs* - étaient surtout des Italiens [...] [ouvrage sur le Moyen-Âge].
   b   Au pessimisme de M. Jospin - on préfère parler de « réalisme » au parti socialiste - répond naturellement l'optimisme de l'opposition [...] [*Le Monde*, 15.1.83].
   c   Les grandes idées patriotiques du ministre (eux disent « cocardières ») avaient beau être connues, le choc a été rude [*La rentrée Chevènement* (chez les instituteurs), *Libération*, 9-9-1985, p. 4].
   d   [un régime] où la torture des opposants politiques (pardon, des « *traîtres* ») et le châtiment collectif de leur famille ont force de loi [M. Kravetz, *Libération*, 10.9.90, p. 46].

Sans entrer dans le détail du fonctionnement de ces couplages de manières de dire de l'un et de l'autre – qui ne relève pas du propos de cet ouvrage – on peut noter que, relativement à la distinction opérée ci-dessus (1.2) entre stricte modalisation par un discours autre (MAS) et mise en rapport du Dire avec un discours autre, les deux trajets, centrifuge et centripète, ne sont pas équivalents : dans le premier, il y a bien une MAE, au sens strict, au même titre que dans les formes à nomination unique (*cf.* 2.1) puisque le Dire de L, dans un premier temps, « passe » bien, en (60), par l'emprunt au discours autre de « libéré, none, lien fixe... », là où, dans le second, c'est seulement à titre d'ajout, on l'a dit, qu'une nomination, énoncée et prise en charge « normalement » – sans réflexivité opacifiante, comme « allant de soi » – se voit, secondairement, par sa mise en rapport « couplée », en (61), avec une manière de dire autre autonymisée (« changeurs, cocardière, traîtres »), affirmée dans sa spécificité signifiante de « manière de dire » propre.

En toute rigueur, le terme de modalisation autonymique d'*emprunt*, qui sera conservé pour l'ensemble des formes, n'est donc adéquat que pour deux des trois configurations évoquées :
1. la modalisation – de base – simple :

   Voici un « X » comme il dit.

2. la modalisation couplée centripète :

   Voici un « X » comme dit *l* (c'est-à-dire un Y)

mais pas pour la dernière :
3. la modalisation couplée centrifuge :

   Voici un Y (lui appelle ça « X »).

Remarque 5 : Sur l'extension abusive faite ici de MAE (d'emprunt) à toute MA avec DA.
L'opposition entre :
A - modalisation stricte par discours autre source (MDA) affectant la prise en charge par L d'un élément de son Dire,
et

B - mise en rapport (susceptible « d'effets modalisants ») du Dire avec un discours autre, a été posée comme jouant également au plan (1) du contenu et (2) de la forme du Dire. La distinction A/B n'est cependant pas, dans ce qui suit, prise en compte et marquée dans la terminologie au plan (2) de la forme comme elle l'est au plan (1) du contenu. Là où la MAS – modalisation en assertion seconde – a été nettement opposée à ce qui relève des « mises en rapport » avec un autre discours, renvoyées en dehors du versant MDA, la catégorie de la MAE, telle qu'elle est utilisée ici, renvoie ici, dans le cadre de la MDA, à tous les cas de modalisation autonymique impliquant du discours autre, y compris ceux qui, en couplage, ne passent pas directement par un emprunt : d'une part, l'abus de langage que cela constitue, répond à une certaine diffusion du terme MAE, et au caractère relativement marginal (par rapport à l'étendue des mises en rapport au plan du contenu) des couplages centrifuges ainsi « annexés » ; d'autre part, inscrite dans le cadre étroit – « cellule » ou « bloc syntactico-référentiel » – d'une nomination dédoublée (... X, *l* dit Y...), la « mise en rapport » Dire/discours autre semble impliquer une modalisation de la manière de dire propre au Dire, « altérée » par son couplage avec celle du discours autre, qui n'est pas le fait de l'ensemble des divers effets de rencontre, au plan du contenu, du Dire et de ses autres conjoints.

3 Deux versants pour la RDA

Le schéma suivant résume le partage opéré dans le champ de la RDA par le statut distinct conféré au discours autre représenté dans le dire, celui de DA-objet (prédication de discours autre) et celui de DA-source (modalisation par discours autre) :

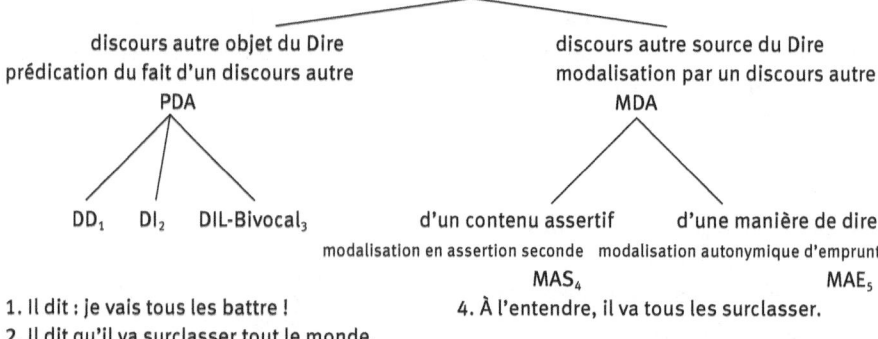

[VII]

1. Il dit : je vais tous les battre !
2. Il dit qu'il va surclasser tout le monde.
3. Il ne doute de rien : Il va tous les battre !
4. À l'entendre, il va tous les surclasser.
5. J'espère qu'il va les « pulvériser » comme il aime à dire.

Au-delà des différences observables dont cette opposition formelle entre DA-objet *vs* source du dire permet, directement, de rendre compte, c'est relativement à elle que l'on peut appréhender – et éclairer – des cas délicats que je ne fais ici que mentionner :

- *indétermination ou indécidabilité*, comme, par exemple, pour une séquence « *e* » syntaxiquement autonome et sans marquage explicite, entre lecture en DD ou MAE, du type *Le proverbe dit bien...* ou *Comme dit le proverbe...*

(62) J'ai été trop gentille avec elle, c'est une punaise... [ton emphatique] Oignez vilain, il vous poindra... [conv., 5-5-2006]

- forme régulière de *neutralisation,* que réalise l'incise en *dit-il,* de l'opposition entre DD et MAE (*cf.* (62)) dans :

(63) J'ai été trop gentille avec elle, c'est une punaise... Oignez vilain, dit le proverbe, il vous poindra.

aussi bien que celle entre DI et MAS de (64), en (65) :

(64) DI : *On dit qu*'il va se présenter *vs* MAS : *A ce qu'on dit*, il va se présenter.
(65) Il va, dit-on, se présenter.

On a indiqué comment ces deux versants de la RDA s'opposent aux plans sémantiques, énonciatifs, syntaxiques ; c'est aussi par rapport au fait langagier fondamental de l'hétérogénéité constitutive du dire[55] (*cf.* ci-dessous chap. **10**) que prend sens l'opposition entre les RDA en *parler de* vs *parler d'après* un discours autre. Au regard du fait que, le dire se produisant dans le milieu du « déjà-dit » des autres discours, en est inévitablement traversé et issu, c'est, en effet, tout mot, tout énoncé – manière de dire, assertion – qui peut être « lesté » d'une origine discursive. Ainsi, si *certains* énoncés *parlent d'un* discours autre plutôt que de tout autre chose, c'est *tout* énoncé qui, foncièrement, *parle d'après* du discours autre : relativement à ce réel d'un dire décoïncidé de lui-même par l'extériorité discursive qui, de façon permanente, le traverse, le rapport à l'altérité discursive que marque la MDA – bémol « altérant », sur la portée du dire, telle assertion, telle manière de dire comme venue d'un ailleurs discursif – apparaît comme celui d'une émergence, d'une émanation de ce « terreau » du déjà-dit, plus proche que ne l'est l'opération constituant le discours autre en objet, distinct de son propre discours.

---

[55] Dont *l'un* des axes – celui qui nous occupe ici avec la RDA – tient à cette *extériorité interne* que, différemment, le dialogisme bakhtinien et l'interdiscours de Pêcheux reconnaissent comme au principe même du dire (*cf.* Authier-Revuz 1982a, 1984, ou 1995/2012 et, ci-dessous, chap. **10**).

Chapitre 4 Trois solutions pour l'articulation énonciative des deux actes A et *a*

Une question cruciale pour la RDA est celle du traitement au sein de l'énoncé **E**, énonciativement ancré en **A** quant à l'origine de ses repérages et à la source de son expression subjective, de l'autre ancrage énonciatif, celui de l'énoncé *e* de *a*, homomorphe et distinct[1]. Contrairement à la représentation de faits de langue, énonciativement « désancrés », et à l'auto-représentation du dire relevant d'un seul ancrage, la représentation d'un « token » autre requiert, en effet, l'articulation de deux ancrages énonciatifs – l'un en exercice, l'autre représenté – et donc de deux *moi-ici-maintenant*, de deux attitudes modales.

Trois solutions – rendues possibles par le jeu des opérations métalangagières de catégorisation, paraphrase, autonymisation, que nous envisagerons en partie III – apparaissent, en rapport direct avec les contraintes observées ci-dessus (chap. **2**) sur la spécificité des composants de *a* requis par les divers modes de RDA : *par intégration unificatrice* en **A** (1), *par dissociation* sur la chaîne des ancrages en **A** et en *a* (2), *par division* **A**/*a* de l'unité énonciative (3). Et l'analyse de ces types d'articulation conduit à opérer, sur chacun des *deux versants* – référentiel et modal – de l'ancrage énonciatif, une différenciation plus fine, entre *deux couches* – primaire/secondaire – d'éléments énonciatifs.

1 Modes de RDA intégrés, à ancrage énonciatif unique : DI, MAS, MAE

Non soumis à la contrainte de présentation des formes de l'ancrage énonciatif de *e*, trois modes, ceux du DI, de la MAS, de la MAE correspondent à des énoncés énonciativement « ordinaires », en ce que ne s'y manifeste qu'un seul ancrage énonciatif, celui de l'acte en cours **A**. Dans ces modes, énonciativement unificateurs, l'ensemble des mécanismes – repérages et modalisation – ancrés en *a* reçoivent, en **E**, une représentation intégratrice, homogènement ancrée en **A**[2].

---

[1] *Cf.* Maingueneau (1986 : 85) qui place cette question du « Comment intégrer une énonciation [...] qui dispose de ses propres marques de subjectivité, de ses embrayeurs, dans une seconde, le discours citant, attaché à une autre instance énonciative ? » au cœur de la problématique du « discours rapporté ».

[2] Nølke *et al.* (2004 : 62 *sq.*) caractérisent le DI (*vs* DD) par la formulation voisine d'« incorporation énonciative ».

1.1 Sur le versant référentiel

Les *je*, *tu*, *il* figurant dans un énoncé **E** de ces modes y renvoient respectivement à **L**, **R** ou à un tiers de la relation interlocutive, comme dans n'importe quel énoncé usuel ; de ce point de vue, ne sont pas différents les énoncés relevant (1)/ne relevant pas (2) de la RDA :

(1) Georges *m'*a conseillé d'arranger *mon* allure avant de voir *tes* parents.
(2) Georges a rectifié *ma* coiffure avant que *je* rencontre *tes* parents.

Un acte ***a*** donné, caractérisé notamment par son ancrage énonciatif *l*, *r*, [l_i=- Georges, r_j= Paul], et son énoncé :

(3) Arrange ta_j dégaine avant de voir ses parents. [ses = de Marie]

sera représenté, pour ce qui touche à la deixis personnelle, en fonction des rapports référentiels reconnus par **L** entre l'ensemble des protagonistes impliqués dans ***a*** (protagonistes de l'énonciation et de l'énoncé ***e***) et l'ancrage énonciatif **L**, **R** de **A**. L'identification référentielle des protagonistes d'un énoncé est un mécanisme général, indépendant de la RDA, inhérent au fait de la compréhension de tout énoncé[3], comme l'est aussi, au plan de la production, la désignation par l'énonciateur des référents personnels en fonction de son ancrage énonciatif : l'échange conversationnel le plus simple – sans RDA – comme celui-ci, entre deux enfants et leur mère, en témoigne :

(4) A — Maman, $Bruno_j$, il_j veut pas que je_i prenne {son_j vélo}$_k$... !.
B — Tu_i n'es pas gentil avec {ta_i sœur}$_j$, $Bruno_i$, tu_i n'as pas besoin de {ton_i vélo}$_k$ ce matin, prête le_k lui_j ! [oral, 18-05-2006]

Ainsi, nulle autre règle que celles de l'identification des référents de ***e*** et de leur désignation relativement à **A** n'est nécessaire pour rendre compte des rapports qui unissent (3) avec, par exemple, les RDA (en DI) suivantes :

(1) Georges m_i'a conseillé d'arranger mon_i allure avant de voir tes_k parents. [si **L** = $Paul_i$ et **R** = $Marie_k$]
(5) Tu_i as bien fait de lui_j suggérer d'améliorer son_j look. [si **L** = $Marie_k$ et **R** = $Georges_i$]
(6) $Nous_i$ sommes désolés qu'on $vous_j$ ait incité à modifier $votre_j$ apparence pour $nous_i$ voir. [si **L** = (les parents de $Marie_k$)$_i$ et **R** = $Paul_j$]

---

3 Le processus de compréhension par **L** du ***a*** représenté est nécessairement à l'œuvre dans les modes à ancrage unique, faisant jouer paraphrase, catégorisation et/ou réemploi (emprunt), contrairement au DD qui *peut* être réalisé en l'absence de toute compréhension de ***e*** par **L**.

Il en va de même dans le cadre de la MAS, avec, par exemple :

(7) D'après Georges$_i$, il faut que je$_i$ me$_i$ relooke un peu avant d'aller voir tes$_k$ parents. [si **L** = Paul$_j$ et **R** = Marie$_k$]

et de la MAE avec, par exemple :

(8) Ma$_j$ dégaine, comme tu$_i$ dis, je$_j$ n'ai pas envie d'en changer. [si **L** = Paul$_j$ et **R** = Georges$_i$]
(9) Mais je$_k$ l'aime bien, moi$_j$ ta$_j$ dégaine, pour parler comme Georges$_i$. [si **L** = Marie$_k$ et **R** = Paul$_j$]
(10) C'est vrai que ce que j$_i$'ai appelé sa$_j$ dégaine risquait de choquer. [si **L** = Georges$_i$ et **R** ≠ Paul$_j$]

Les repérages temporels exprimés en **E** relèvent de l'ancrage déictique de **A**, c'est-à-dire de **T** ; ce repérage se fait de façon directe en ce qui concerne le temps verbal du verbe de dire, qui traduit (t_1) le rapport entre t et **T** – *tu dis, disais, diras...* –, et, pour les temps des verbes régis par le verbe de dire :

— soit de façon indirecte, relativement à ce temps t_1, calculé par rapport à **T** :

(11) Il a dit$_{t1}$ qu'il se sentait$_{t2}$ las. [($t_1 = t_2$) antérieur à **T**]
(12) Il a dit$_{t1}$ qu'il viendrait$_{t2}$. [(t_2 postérieur à t_1) et (t_1 antérieur à **T**)][4]

— soit directement par rapport à **T**, comme le montre par exemple (13) qui, par opposition à (12) marque que t_2 est postérieur à **T** :

(13) Il a dit qu'il viendra.

ou (14), dans lequel le présent – de vérité générale – est directement ancré en **T** :

(14) Je leur ai rappelé que le réchauffement climatique est (*vs* était) lourd de menaces.

Les « règles » de transposition : des « postiches » grammaticaux
Ainsi les règles de « transposition » ou « d'accommodation » des personnes et des temps, formulées en parcourant les divers cas de figure des rapports référentiels mis en jeu dans les énoncés au DI, souvent considérées – et à juste titre ! – comme « complexes », apparaissent-elles, en fait, comme inutiles, relativement à LA règle, simple et unique, d'ordre général, qui est celle du « fonctionnement habituel de la langue » – comme le dit, justement, J. Gardes-Tamine (1988 : 54) – en ce qui concerne l'appareil formel de l'énonciation, à savoir qu'il fonctionne « embrayé » ou « embrayant » sur la situation d'énonciation en exercice.

---

[4] Le rapport, indirect, de t_2 à **T** pouvant relever de l'antériorité (« et il n'est pas venu ») comme de la postériorité (« je l'attends donc »).

Ces « règles » présentent à la fois une grande complexité par la multiplicité des cas énumérés et, en même temps un caractère non opératoire du fait de leur formulation au cas par cas et de façon incomplète relativement à la combinatoire **A/*a*** – c'est-à-dire les 30 possibilités évoquées ci-dessus (chapitre **1**, tableau **[III]**) pour la saturation de la formule *x dire à y*, représentant les protagonistes de l'énonciation de ***a***, multipliées par les 3 possibilités d'identité/non identité à **L** et **R**, pour tout protagoniste de l'énoncé ***e*** : ... *dire que je/tu/il*.

Ces deux traits – « complexité » reconnue des règles de transposition et caractère non opératoire du recensement, incomplet, de cas (absence notamment des formes du type *il dit que je*) – se retrouvent, par exemple, dans la présentation du DI dans Riegel *et al.* (1994 : 599 et 2016) :

> La transposition des personnes suit des *règles complexes*, selon les rapports entre le locuteur de base, son allocutaire et le locuteur dont il rapporte le discours. Il *peut* n'y avoir aucune transposition de personne [...]. *Quand* le locuteur rapporte à son allocutaire le discours d'une tierce personne, il emploie la troisième personne : ***Il a dit qu'il viendrait***. *Mais si* l'allocutaire est concerné par le discours rapporté, l'emploi des personnes est *plus complexe* ; ainsi, ***tu*** *peut* désigner l'allocutaire à l'intérieur du discours rapporté : ***Elle a dit qu'elle te remerciait pour ton cadeau***. (les ***italiques gras*** correspondent aux italiques du texte)

Héritière d'une tradition scolaire, envisageant le DI comme dérivé grammaticalement, par subordination, d'une autre forme de RDA, le DD, et, cohérente avec cette conception, la formulation de règles spécifiques de transposition au DI des personnes et des temps verbaux se maintient souvent, y compris dans des descriptions ayant explicitement renoncé à l'approche du DI comme variante grammaticale du DD[5].

C'est à de multiples plans que cette conception du « passage » du DD vers le DI apparaît comme critiquable[6] et on reviendra ultérieurement sur les gauchissements qu'elle entraîne dans la caractérisation des modes ; au plan de la deixis, le « détour » par le DD occulte la simplicité de son fonctionnement en DI. Ce détour est favorisé par la confusion terminologique (à incidence concep-

---

[5] De Mattia (2000 : chap. 1) dégage avec précision la « contradiction » qui « traverse constamment » les grammaires entre reconnaissance de la dimension paraphrastique du mode DI et rémanence des « transpositions », « translations » et « passages » qui relèvent de l'approche d'un DI dérivé morphosyntaxique du DD.

[6] Voir notamment Banfield (1973) et (1982 : 3–37), Authier (1978 : 30–40), et cette condamnation sans appel de Voloshinov (1929 :176) : « la transposition mot pour mot, par des procédés purement grammaticaux, d'un schéma à un autre [du DD vers le DI] n'est rien de plus qu'une méthode scolaire d'exercices grammaticaux, pédagogiquement mauvaise et inadmissible ».

tuelle) fréquente, sous le terme « discours direct », entre l'*événement* que constitue un fait de dire et la *représentation* d'un fait de dire selon un mode spécifique de RDA : « discours direct » signifiant alors « discours représenté sur le mode dit 'direct' »[7]. En ce qui concerne le DI, si on le considère comme un énoncé dont le *référent*, de nature langagière, est bien un « discours *en direct* », son fonctionnement déictique, alors qu'il *parle de ce discours*, ne requiert pas plus de règles de « transposition » ou « d'accommodation » que celui de tout énoncé qui, sans RDA, s'enchaîne, s'articule à un autre énoncé « en direct » ; c'est ce que montre la comparaison entre l'enchaînement de A-B de (4), et celui que forme en (15), avec le même A, un énoncé C (DI ou MAS) :

(15)   C — Bruno, ta sœur *me dit que* tu refuses de lui prêter ton vélo, tu n'en as pas besoin ce matin, ...
        (ou, en MAS : Bruno *il paraît que* tu refuses de prêter ton vélo à ta sœur...).

le mécanisme d'ancrage déictique de son énoncé par l'énonciateur de C y est semblable, qu'il intervienne dans le cadre d'un échange interlocutif immédiat (4) ou que, en différé, il soit partie prenante de l'opération de représentation paraphrastique d'une RDA (15) à ancrage énonciatif unique (« normal », celui de **L-R**).

En méconnaissant le statut du DI comme mode métalangagier à part entière, référant à du dire « en direct », pour en faire une variante grammaticale du mode DD, on passe à côté de la simplicité, tout à fait générale, du fonctionnement de sa deixis, pour produire l'artefact des transpositions complexes qu'il supposerait.

Au delà de leur inutilité, ces règles de transposition sont, on l'a dit, très généralement *en défaut* par rapport à l'intégralité de la combinatoire **A/a** : les types *il lui dit que je/tu*, pourtant très ordinaires, dans lesquels **L** se reconnaît lui, ou son interlocuteur **R**, comme objet du dire d'un tiers, dans un *il* de **e**, sont le plus souvent oubliés ; et cet oubli est – lorsqu'il n'est pas théorisé en règle fausse, comme dans les grammaires posant explicitement que « les pronoms [...] de la troisième personne restent dans le discours indirect à la troisième personne »[8] – comme « programmé » dans les exemples et exercices scolaires de « passage » au DI à partir du DD empruntés à des textes littéraires de fiction ; il est en effet exclu que le grammairien producteur de la forme DI, ou l'élève sollicité en ce sens, puisse *se* reconnaître comme désigné dans les propos d'Emma Bovary ou du

---

[7] *Cf.* ci-dessus, chap. **2**.1, p. 36.
[8] *In* Cayrou *et al.*, *Grammaire française*, A. Colin, 1969, p. 358, analysé, avec d'autres grammaires *in* Authier et Meunier (1977) ; *cf.* aussi Grévisse (1975), par exemple, au chapitre « Le discours indirect », (§ 1057) : « Quand le narrateur rapporte les paroles adressées à autrui par un tiers, tous les pronoms sont de la troisième personne. »

« chêne parlant au roseau », pour prendre des textes souvent mis à contribution comme « base de conversion »[9].

Dégageant les phases d'acquisition (vers 3½- 4 ans) du DI, C. Bonnet et J. Tamine (1984 : chapitre 1) notent « la facilité avec laquelle l'enfant [...] maîtrise » dès les « débuts » du DI les « transpositions de pronoms », et mettent en doute le fonctionnement de cette « relation de transposition » du DD, aux règles complexes, les observations amenant à poser que « le jeu des pronoms est suffisamment clair par rapport à l'énonciateur » (**L**) sans que l'on ait besoin de faire intervenir un mécanisme de « transposition » d'un énoncé vers un autre.

Par rapport au mécanisme, essentiel à la subjectivité, de l'ancrage référentiel – « est *je* qui dit *je*... »[10] – ces « règles » et exercices qui prétendent à le décrire et à en faciliter la pratique ne sont pas sans évoquer quelque « prothèse » – ici grammaticale – inutile ou nocive.

1.2 Sur le versant modal

Sur ce versant de l'ancrage énonciatif – modalités d'énonciation et éléments expressifs divers – le mécanisme d'unification énonciative qui ramène les manifestations d'ancrage en **a** à l'unique source modale des co-énonciateurs **L-R** prend plusieurs formes.

Au DI l'opération à l'œuvre est celle de la description – métalangagière – catégorisante[11], en **E**, de la modalité (et de son interprétation en valeur illocutoire) du référent **e⁰** ; ainsi, de l'événement de dire dans lequel l'impératif, « Arrange ta dégaine » (3), ancré en **a⁰**, accomplit un acte jussif entre *l* et *r*, on passe, au DI, dans (1), (5), (6) à la description, ancrée en **A**, de ce référent, catégorisé, interprétativement, en *conseiller, suggérer, inciter*...

Pour les modes de la MDA – dont le fonctionnement en ce qui touche aux repérages déictiques est identique à celui du DI – la question de la modalité d'énonciation ne se pose pas de la même façon. On a vu, ci-dessus (chap. **2** et **3**), que, dans la spectrographie de l'énonciation pratiquée par la RDA, la représentation spécifique de la valeur illocutoire de l'énoncé *e* ne faisait pas partie, à l'inverse du DI, du « cahier des charges » de la MAS : l'acte *a*, qui n'est pas, comme

---

[9] *Cf.* Authier et Meunier (1977).
[10] Je n'envisage pas ici la question de l'apprentissage – sophistiqué – des formes de narration données comme émanant d'un *je*-narrateur différent de l'élève.
[11] Étudiée au chapitre **6**.

en DI, l'objet de **E**, n'y est convoqué qu'en tant que source de l'assertion formulée par **L**. Ainsi, par exemple, pour un référent e^0 énoncé par Jean :

(16) Vendez !

DI (17) et MAS (18 a, b)) s'opposent quant à la catégorisation de la modalité jussive :

(17) Jean conseille de vendre.
(18) a * D'après Jean$_i$, il$_i$ conseille de vendre
      b D'après Jean, c'est bien de vendre.

En (18b), la valeur illocutoire de (16) n'est pas représentée comme telle, comme en (17) : elle n'apparaît – en écho paraphrastique – qu'au travers de l'élément sémantique du *bien* à valeur déontique de l'assertion de **L**, donnée comme fondée sur un énoncé antérieur. Sur un autre mode que le DI (par catégorisation métalangagière : *il dit, ordonne, demande*...), la MAS (par incorporation paraphrastique à l'assertion de **L**) ramène, comme le DI, la dualité modale de **A** et de **a** au seul ancrage en **A**.

Pour la MAE, emprunt d'une manière de dire – extraite du ou des énoncés où elle figurait pour être ré-énoncée comme élément de **E** affecté normalement par la modalité énonciative de celui-ci –, elle ignore la dimension de la modalité d'énonciation de son co-texte phrastique d'origine : ainsi, de la modalité jussive de (3), n'y a-t-il aucune trace dans les reprises de la manière de dire « dégaine » (en (8), (9), (10))[12].

Au-delà de la modalité énonciative incidente à tout l'énoncé, c'est encore la catégorisation métalangagière – relevant de ce que Voloshinov caractérisait comme « transmission analytique du discours d'autrui », propre au DI – qui assure l'intégration énonciative au DI des divers éléments expressifs, relevant de l'inscription modale locale : vocatif, insultes, jurons, exclamations, interjections, onomatopées... Les catégories d'analyse du métadiscours spontané, qui laissent la matérialité formelle de ces manifestations subjectives à l'imagination du récepteur R, sont apparentées ou non au discours grammatical[13] (*apostrophe, exclamation, jurons* vs *injures, jérémiades*, par exemple) comme on le voit dans les énoncés qui suivent :

---

12 Lorsque c'est tout un énoncé qui est emprunté comme manière de dire, il est ré-énoncé par **L**, y compris au plan de sa modalité d'énonciation, reprise par **L**, *cf.* (d'après l'énoncé attesté chap. **8** (135), p. 314, l'exclamation simple (a) et avec MAE (b) : (a) C'est très bien, mais pourvu que ça dure ! / (b) C'est très bien, mais, comme disait l'autre, « Pourvu que ça dure ! ».
13 Et susceptibles de faire intervenir des normes définies discursivement : telles celles qui interviennent dans la « qualification » juridique des délits (*vol qualifié*...) lorsque ceux-ci sont langagiers : *insultes* à agent, *diffamation*, publicité *mensongère*...

(19) Plusieurs voyageurs ont *apostrophé* le contrôleur au sujet des retards des jours derniers et refusé de présenter leur titre de transport [Témoignage écrit à la suite d'un incident dans un train, mars 2006].
(20) [...] elle eut le coup de foudre pour la villa [...]. Oh, ces quatre cyprès ! Après avoir fait avec maintes *exclamations*, le tour de cette merveille, elle [...] se plaignit de ce qu'il n'admirait pas assez [...] [A. Cohen, *Belle du Seigneur*, chap. 89][14].
(21) [...] il recommença à l'accabler *d'injures* atroces et dignes d'un cocher de fiacre. La nouveauté de ces *jurons* était peut-être une distraction [Stendhal, *Le Rouge et le Noir*, II-33][15].
(22) À ma question, c'est la mère encore qui a répondu par un flot de *jérémiades* dégoûtantes [Céline, *Voyage au bout de la nuit*, Folio, Gallimard, p. 332].

1.3 Ancrages énonciatifs primaire et secondaire

L'observation plus fine des modes énonciativement intégrés amène à introduire une différenciation supplémentaire dans l'analyse stratificatrice que la RDA pratique de l'acte d'énonciation : un clivage apparaît en effet dans la strate de l'ancrage énonciatif, sur le versant référentiel comme sur le versant modal, entre une couche primaire, strictement assujettie à l'intégration énonciative, avec ancrage unique en **A**, et une couche secondaire[16], caractérisée par un comportement énon-

---

14 La représentation intégrée « maintes exclamations » étant, ici, précédée de « Oh, ces quatre cyprès ! » qui, forme non marquée du DD ou du Bivocal, présente l'amorce des exclamations à venir.
15 L'évitement, par le recours au DI, de la présentation matérielle (qu'opèreraient le DD ou le Bivocal) des injures et jurons dont, dans sa colère, le Marquis de la Mole accable le roturier séducteur de sa fille, est joliment souligné par P. Dufour (2004 : 117) : « Le courroux de ce grand seigneur est [...] contenu dans les bornes de l'indirect, précieux biais pour *jarnicotonner* la parole ». « Jarnicoton » provenant de je-renie-coton, juron euphémisant recommandé au roi Henri IV (en place de *jarnidieu*) par son confesseur le père Coton, on peut comprendre la fonction « jarnicotonnante » du DI comme sa capacité à contourner, par la distanciation catégorisante, la présentation « brute » des paroles, à « dire sans dire », c'est-à-dire sans *prononcer* les paroles malséantes, telles celles, pas jarnicotonnées du tout, qui ouvrent au DD *La Bête humaine* de Zola : « "Nom de Dieu de garce ! tu as couché avec !... couché avec !... couché avec!" Il s'enrageait à ces mots répétés, il abattait les poings, chaque fois qu'il les prononçait, comme pour les lui faire entrer dans la chair. »
16 La nécessité d'opérer une différenciation dans le champ de l'ancrage énonciatif, à partir de l'observation de la RDA, apparaît, par exemple chez Mortara-Garavelli (1985 : 105 *sq.*), et prend chez Nølke *et al.* (2004 : 73 *sq.*) la forme explicite d'une opposition entre déictiques « centraux » *vs* « périphériques », voisine de celle qui est proposée ici. Mais dans ces deux études, l'opposition est limitée (1) au versant – référentiel – de la deixis, et (2) à la description du DIL (Bivocal), là où il me semble pertinent de reconnaître une différenciation primaire/secondaire, (1) également au plan modal et (2) dès le fonctionnement des modes de l'intégration énonciative, DI et MDA.

ciatif plus « labile », susceptible, et diversement suivant ses éléments, d'inscrire en **E**, sur fond de son ancrage énonciatif de base unique en **A**, des émergences ponctuelles d'ancrage en ***a***.

1.3.1 Versant référentiel

Sur le versant référentiel de la deixis, le clivage passe entre la couche (I), primaire, des éléments personnels (pronoms, déterminants possessifs) et des temps verbaux évoqués ci-dessus (1.1) et une couche (II), secondaire, concernant la référence spatiale et la référence temporelle par circonstants. Là où, pour la couche (I), l'ancrage exclusif en **A**, décrit ci-dessus a valeur de règle[17], cet ancrage est, pour la couche (II), seulement largement dominant, ses éléments manifestant – à des degrés divers – une latitude d'ancrage local en ***a*** dans des énoncés globalement ancrés en **A** aux plans référentiel et modal.

Les ancrages en ***a*** les plus fréquemment observables touchent notamment, outre le verbe *venir*, marquant alors un déplacement vers ***l*** (et non pas vers **L**) :

(23) Jean$_i$ a dit à Marie de venir (chez lui$_i$, là où il$_i$ serait, lieu étranger à **L**)

les démonstratifs d'ostension :

(24) [...] l'Aztec, sans réitérer son invitation discourtoise, ordonna à ses hommes de lui « descendre *cet oiseau-là* » à coup de cailloux [L. Pergaud, *La Guerre des boutons,* chap. 4].
(25) J'ai fait avec elle le tour du jardin, sommée de m'arrêter admirativement sur *cet iris-ci, cette rose-là,* et bien d'autres plantules dont je n'ai pas retenu les noms ! [lettre familiale, 12-05-1999].

et l'ensemble des circonstants temporels *maintenant, aujourd'hui, ce matin, ce soir, demain, hier, dans deux jours, dans un mois...* :

(26) Et Frédéric ayant répondu qu'il se trouvait « un peu gêné *maintenant* », l'autre eut un mauvais sourire [Flaubert, *L' Éducation sentimentale*, II, 2].
(27) Derrière la porte Kabrowinski dit d'une voix grave qu'il attendait la peinture depuis *ce matin*. [...] Elle avoua que de toute manière elle n'aurait pas acheté la peinture *aujourd'hui* car elle n'avait pas encore arrêté le choix de la couleur [...] [J.-P. Toussaint, *La Salle de bains*, p. 17–18].

---

17 Susceptible, comme toutes les règles, d'être subvertie, l'effet de la subversion supposant la règle..., comme, par exemple, dans : « Il dit qu'il revient, et je t'aime, et que c'était un malentendu [oral, octobre 2001] » qui présente l'irrégularité de la succession, dans un même cadre phrastique, de deux modes de RDA (DI-DD-DI) aux ancrages énonciatifs primaires opposés. C'est une « bascule » analogue d'un mode à un autre que C. Kerbrat-Orecchioni (1980 : 235) analyse à partir d'un énoncé ramenable à « Un ami$_i$ [...] demandait à Gerfaut$_j$ s'il fallait qu'il$_i$ divorce *à ton$_j$ avis* [J.-P. Manchette, *Le Petit bleu de la côte ouest*, Gallimard, 1976, p. 32] ».

(28) D'après lui, le déménagement qui devait avoir lieu /*d'ici la fin de l'année*, n'est même pas entamé [oral, mars 2007, « l'année » est celle, 2006, de **a**⁰].

La labilité de ces déictiques (II) – le fait que leur repérage puisse se faire non seulement par rapport à **T**, normalement, mais aussi par rapport à t^{18} – est source d'ambiguïtés comme celle qu'un énoncé comme (29) explicite[19] par la reformulation désambiguïsante qui ramène la référenciation empruntée à *l* à celle, homogène à l'ancrage énonciatif de base, de **L** :

(29) Hier soir, quand je rentre, M. me dit qu'il y a eu un certain nombre de coups de fil, dont celui de A. qui ne lui a rien dit sinon qu'il rappellerait « demain », c'est-à-dire aujourd'hui [journal privé, mars 1999].

Ainsi, l'assertion classique[20], telle que la formule, par exemple, C. Kerbrat-Orecchioni (1980 : 58), selon laquelle « *dans le discours indirect, les déictiques*, il importe d'y insister, *ne fonctionnent que par rapport à* CE_0 [notre **A**] » (*idt*), doit-elle être restreinte, en toute rigueur, à la couche déictique primaire.

Deux remarques :

(a) La faculté que présentent ces éléments de deixis II de s'ancrer en **a** dans les modes de RDA énonciativement intégrés (en **A**), y faisant émerger une dimension subjective différente de celle de l'énonciateur en exercice, est à rapprocher de leur capacité – souvent notée, notamment pour *maintenant, bientôt, déjà*, ou pour les démonstratifs,... – à faire émerger, en dehors des formes de RDA, un point de vue, subjectif, autre (celui d'un personnage) dans le récit[21]. Ainsi, par exemple :

---

18 Ce qui est tout autre chose que – dans l'optique critiquée ci-dessus, de la « transposition » en DI – d'observer qu'un *demain* dans un DI (énoncé par **L** en **T**) puisse ou non correspondre à un *demain* énoncé par *l* en *t*, selon les rapports entre **T** et *t*, *cf.*, par exemple, Wagner et Pinchon (1991 : 36) : « Les adverbes *aujourd'hui, demain, hier*, peuvent ou non se transposer *en ce jour là, le lendemain, la veille.* »
19 Et avec laquelle joue, sur le mode du paradoxe, cet énoncé, inscrit en exergue d'un colloque sur la deixis (Nancy, mars 1996) : « Aujourd'hui je suis ici. Où serai-je demain pour dire que c'était hier ? » (F. Weyergans), dans lequel *hier* calculé par rapport au *t* de *a* [*dire demain*] se confond référentiellement avec *aujourd'hui* calculé par rapport à **T**.
20 *Cf.* aussi, par exemple, à propos du DI, Wagner et Pinchon (1991 : 35) posant que « les démonstratifs, les adverbes de lieu et de temps sont *toujours* employés en fonction de la situation présente du rapporteur-locuteur », ou moi-même, Authier-Revuz (1993a : II-14) : « *l'ensemble* des désignations déictiques est homogènement effectué par rapport à **L, R, Sit.** », ou encore Nølke *et al.* (2004 : 74) : « Le centre déictique de LR [= *l*] est *complètement* subordonné à celui de LOC [= **L**] qui n'a ainsi *aucune* influence sur le choix des expressions déictiques ».
21 En ce qui concerne cette deixis II, la comparaison précise de ses émergences hors RDA *vs* en contexte RDA des modes intégrés, et, on le verra, du mode Bivocal-DIL, serait utile.

(30) Maheu coupa la parole au directeur. Maintenant, il était lancé, les mots venaient tout seuls [Zola, *Germinal*, IV, 2].

(b) Si la *structuration* en deux « couches » des éléments énonciatifs de type déictique en fonction de leur fonctionnement différencié, contraint/non contraint, dans le cadre des transferts de cadre énonciatif propres aux formes apparentables au DI, semble se manifester de façon répandue à travers les langues, la *répartition entre ces deux couches* respectivement contraintes (I) ou non (II) à l'intégration en **A**, varie, elle, sensiblement : ainsi, par exemple, Chang (2002 : 100, 118–120) note-t-elle qu'en coréen – contrairement aux démonstratifs et aux suffixes « honorifiques » – les suffixes verbaux aspecto-temporels ne sont pas soumis à l'intégration en **A** des éléments de couche I.

1.3.2 Versant modal

Sur ce versant, le clivage passe entre la couche primaire (I) de la modalité d'énonciation, constituant obligatoire de toute phrase complète, et incidente à la totalité de celle-ci, et la couche secondaire (II) des éléments expressifs, constituants facultatifs dans une phrase, d'une inscription modale locale. On a vu (en 1.2) comment la catégorisation ramenait à la seule source énonciative **L-R** diverses manifestations énonciatives de la source *l-r* dont la modalité illocutoire de *e*. Mais cette intégration énonciative en DI ne présente pas pour les éléments de la couche secondaire – même si c'est le cas dominant – le même caractère de contrainte stricte que pour la couche primaire de la modalité d'énonciation. On retrouve, pour les éléments expressifs, dans un énoncé relevant globalement de l'ancrage en **A**, une latitude d'ancrage énonciatif local en *a*, semblable à celle des déictiques de couche secondaire.

Toute la collection des interjections et onomatopées – *ah !, pouah !, crac, pfuit !... –,* adverbes – *bon, chic, zut, flûte, oui, non, hélas...–,* des exclamations et jurons – *peuchère, sapristi, ciel, Nom de Dieu, diable, bon sang... –,* manifestations subjectives directes d'un énonciateur, sont susceptibles (très inégalement, bien entendu, selon les types de discours) d'être accueillies, avec leur ancrage en *a*, dans un énoncé au DI :

(31) Tu sais, en fait, il a fini par dire que, *bof* !, il y tenait pas tant que ça, à ce concert [oral, 14-05-2007].
(32) [...] Mme Dutour qui voulait courir après lui, que j'en empêchai, et qui me disait que, *jour de Dieu*, j'étais une petite sotte [Marivaux, *La Vie de Marianne*, cité *in* Lips (1926), p. 33].
(33) [...] je lui ai fait comprendre que *oui bien sûr* elle pourrait le lire, qu'elle le comprendrait et l'aimerait parce qu'elle était douée pour la vie [F. Bégaudeau, 2006, *Entre les murs*, Ed. Verticales, p. 215].

Ici encore, comme avec la deixis secondaire, une ambiguïté est susceptible de se produire en DI quant à la source subjective, **L** ou *l*, d'un élément comme le *hélas* de (34), contrairement à (35) et (36) où cette ambiguïté est, contextuellement, levée :

(34) Il a annoncé que Jean, hélas, venait pour une semaine.
(35) Il a annoncé, ravi, que Jean, hélas, venait pour une semaine.
(36) Il a, j'en suis pour moi ravi, annoncé que Jean, hélas, venait pour une semaine.

ou une indécision (ici favorisée par le fait que **L**, dont on voudra bien excuser la grossièreté, s'implique dans le *e* qu'il conseille à *l* d'énoncer) :

(37) Tu devrais leur demander, une bonne fois pour toutes, si, *nom d'un chien*, ils vont, *oui ou merde*, travailler leurs partitions à l'avance [oral, 14-05-2007].

Comme sur le versant référentiel, il convient, sur le versant modal, de limiter le caractère catégorique de la règle excluant du DI les éléments ancrés en ***a***, à la couche des ancrages primaires.

Remarque 1 : Du rejet des éléments expressifs hors du DI. Plutôt qu'explicitement affirmée, l'exclusion hors du DI des éléments modaux de couche secondaire apparaît le plus souvent comme simple corollaire négatif de leur présence soulignée en DD et DIL : ainsi, par exemple, est-ce comme éléments d'identification d'un DIL que sont notés dans un énoncé de RDA la présence de « *justement* et *à cette heure* qui sont incompatibles avec le DI » (Maingueneau, 1994 : 137), ou « celle d'un "il" à la place du "je" associée à la modalité appréciative "par chance" [qui] *imposent* une telle interprétation [en DIL] » (Dardy *et al.*, 2002 : 74). Strauch (1974 : 63 *sq.*) critiquant chez Verschoor (1959) la conception « traditionnelle » selon laquelle le DI

> ne saurait en particulier reproduire ces éléments dits affectifs dont beaucoup font, à tort, l'apanage des seuls discours direct et style indirect libre,

note, appuyé à quelques exemples de Fielding et Richardson, que

> Le discours indirect tel qu'il se pratique notamment dans le roman anglais du XVIIIe siècle offre un démenti flagrant à de telles allégations.

Chez Banfield (1973) – objet d'une analyse critique dans Strauch (1974 : 67-70) ; *cf.* aussi Rosier (1999 : 224) – cette exclusion prend, dans une formulation catégorique, un statut de règle de grammaire, relevant d'une loi de langage : l'assertion selon laquelle (à l'encontre de l'observation, *cf.* ex. (31) à (33) par exemple)

> *Tous les mots expressifs* [sont en DI] interprétés comme exprimant l'état d'esprit du locuteur qui cite et *non celui du locuteur cité* (1973 : 206),

relève d'un *forçage interprétatif*, dont la fonction me semble être de préserver coûte que coûte « La » loi du « 1 E/1 je » (« la grammaire ne peut permettre à aucun locuteur d'exprimer l'état d'esprit d'un autre, sauf dans une citation directe » (*ibid.* p. 207)), pierre angulaire de son traitement – à mes yeux discutable (*cf.* ci-dessous 3.1 note 45) – du SIL comme style narratif d'« expression d'un sujet de conscience à la troisième personne ».

Chez Nølke *et al.* (2004 : 70–73), la reconnaissance d'une classe d'expressions (E.M.) « reliées directement à l'acte d'énonciation », tels notamment : *peut-être, franchement, pourtant*..., dont le comportement est pris en compte en DIL, conduit à une modulation légère de la contrainte de conversion au DI de tous ces éléments modaux : « LOC [une face de notre **L**] est *quasiment* obligé d'avoir recours à une "propositionalisation" des EM contenues à l'origine », « les EM *semblent* totalement exclues du DIR ») ; et, renvoyant à des travaux sur d'autres langues que français et anglais, les auteurs mettent en doute le caractère universel que Banfield prête à cette contrainte.

1.3.3 Bilan : deux couches sur chacun des deux versants énonciatifs

Le tableau suivant résume cette distinction entre couches primaire et secondaire de l'ancrage énonciatif :

couche \ versant	référentiel (deixis)	modal
I **primaire**	*personnelle* je/tu/il *temporelle : verbale* présent/passé/futur	*modalité d'énonciation* *(globale)* assertion/interrogation/ injonction/exclamation
II **secondaire**	*temporelle : circonstants* demain/hier/maintenant *spatiale* ici, ...	*marquage de subjectivité* *(local)* interjections, jurons, onomatopées, ...

On notera que, à la disjonction entre couche I (dont l'ancrage unifié en **A** relève de la contrainte pour les modes intégrés) et couche II, autorisant un certain jeu entre les ancrages **A** – dominants – et *a*, susceptibles d'affleurer, correspond une différence de statut des unités concernées : grammaticales (*i.e.* inscrites dans des paradigmes fermés : système de la personne, des temps, des modalités) et constituants obligatoires, pour la couche I, *vs* lexicales (relevant de paradigmes ouverts) et expansions, pour la couche II.

Le caractère contraint/non contraint du traitement de ces deux couches I/II ouvre les modes intégrés (définis par leur ancrage I en **A**) sur une variation énonciative interne, tenant à la plus ou moins grande « perméabilité » de la couche secondaire II à l'ancrage en *a*. Ainsi, les énoncés ci-dessus (24–29, 31–33, 36), où affleure ponctuellement – *via* leur ancrage en *a* – la « voix » de *l*, s'inscrivent-ils, comme les énoncés intégralement ancrés en **A** du type (1), *dans* l'espace qu'ouvre au DI le caractère non-contraint de l'ancrage des éléments de la couche secondaire.

C'est pour chacun des modes intégrés qu'il conviendra de rendre compte de la façon dont s'y inscrit cette variation, en tant que, associée à la variation sur les « manières de dire », elle intervient, corrélée aux genres de discours, dans la pondération « entre l'un et l'autre » où se joue la « couleur » énonciative de l'énoncé de RDA.

Remarque 2 : Couche modale secondaire en DI et « effet de DIL ». On peut être tenté, pour ces affleurements énonciatifs en **a** dans un énoncé caractérisé par son ancrage basique en **A**, de parler de « pointes de bivocalité » : il importe cependant de marquer que, ponctuelles et limitées à la couche secondaire des ancrages énonciatifs, ces émergences de la voix de *l* ne franchissent pas le seuil du *mode* Bivocal-DIL, *cf.* ci-dessous, dont la bivocalité, globale et radicale, tient au partage entre **A** et ***a*** des ancrages énonciatifs *primaires*.
Aussi, mieux vaut sans doute éviter le risque inhérent à l'imprécision de cette formule – propre à confondre latitude offerte, de façon régulière, par le DI et irruption d'un autre mode – de la même façon que, par exemple :
- celle d'un « effet de style indirect libre à l'intérieur du discours indirect » (de Saussure 2010 : 112) à propos d'un énoncé du type *l dit que ce connard de untel...*, quand *ce connard* est attribué à *l* ;
- ou celle d'un DIL qui « naît parfois dans le discours indirect, intégrant certaines marques illocutoires du discours direct » (Paillet-Guth 1998 : 206) à propos de l'énoncé « je convins, avec ardeur, que j'avais bien un escalier dérobé », l'adverbe *bien* étant perçu comme « marqu[ant] l'écho du discours faussement spontané de la marquise » dans *Les Liaisons dangereuses*.

1.3.4 Non homogénéité et statut des éléments de la « couche » secondaire des ancrages énonciatifs

Une échelle de degrés
Le clivage tracé ici entre couches I et II, sur la base de cas, ordinaires, de présence d'éléments de couche II ancrées en *a* dans le cadre des modes intégrés – clivage I/II dont on retrouvera la nécessité à propos du mode bivocal – demande à être précisé. Il conviendrait, notamment, de s'interroger sur une structuration possible du disparate des éléments référentiels et modaux de la couche II, en termes de leur degré de facilité à figurer ancrés en *a* dans un énoncé relevant basiquement – couche primaire – de **A**.

Sur le versant modal, par exemple, il est clair que, relativement aux éléments (peut-être inégalement) « complaisants » à ce fonctionnement d'affleurement énonciatif de ***a*** que sont les interjections, onomatopées, jurons..., les formes énonciatives impliquant la co-présence des interlocuteurs, comme les termes d'adresse, les insultes (*Colonel, Monsieur le président, Voyou !, Idiot !*) apparaissent nettement plus réfractaires à ce type d'émergence, et qu'on peut faire l'hypothèse qu'elles se situent, dans le dégradé de la couche II, « tout près » de la couche primaire.

Ainsi, par rapport aux *affleurements expressifs* inscrivant une « altération » énonciative ponctuelle en **a** dans le cours d'énoncés ancrés en **A** rencontrés ci-dessus ((24) *sq.*), les apostrophes comme« messieurs les jurés » ou « chéri » en :

(38)   J'ai essayé d'écouter encore parce que le procureur s'est mis à parler de mon âme.
       Il disait qu'il s'était penché sur elle et qu'il n'avait rien trouvé, messieurs les Jurés [A. Camus, *L'Étranger*].
(39)   En attendant, marche à pied [...] Une fille, ni jeune ni vieille, postée à un coin de rue me demande si je viens chéri. [Ph. Carrese, *Trois jours d'engatse*, 2014, p. 128].

présentent un caractère d'*émergence transgressive*, par le mouvement énonciatif ancré en ***a*** ; mais sans relever pour autant de la *rupture* d'unité phrastique, avec « bascule » d'un mode (DI) dans un autre (DD), comme les énoncés cités note 17, ou :

(40)   Il$_i$ demande qu'on lui$_i$ dise vite si /pour la sortie, est-ce que je$_i$ peux venir avec les enfants ? [oral, membre d'une association, 20–05–2002, avec intonation imitée « pleurarde »].

La discordance énonciative apportée par un terme d'adresse ancré en ***a*** dans un énoncé ancré en **A** apparaît ainsi d'un niveau intermédiaire entre ces deux pôles de grammaticalité/agrammaticalité.

Évoquant « l'*emploi très fréquent* quoique réprouvé par la norme » de ces déictiques de couche II ancrés en ***a*** dans le DI, comme en

(41)   Elle lui répondit qu'elle était d'accord et qu'elle s'excusait pour hier [copie d'élève].

M.-J. Reichler-Béguelin (1997 : 49) en rapproche l'énoncé de Camus (38), tout en soulignant le caractère « *en principe pas attendu* dans un DI » de l'apostrophe : dans la perspective hiérarchisante esquissée ici, on dira que les deux cas, (38) et (41), manifestent, en effet, le même phénomène d'émergence d'une forme hétérogène d'ancrage énonciatif (en ***a***) de couche II, et que la nuance perceptible dans le commentaire qui est fait de chacun d'eux – caractère usuel de l'un vs surprise associée à l'autre – est la trace du degré d'inégale « proximité » des deux éléments (déictique temporel *vs* apostrophe) par rapport à la couche I.

Ces observations sont à rapprocher – sans que cela prétende donner un traitement satisfaisant du fonctionnement des termes d'adresse en « contexte énoncia-

tifs discordant » – des éléments qui, relativement à leur classement en couche primaire ou secondaire vont dans deux sens opposés – les rattachant (a) à la couche primaire du versant modal, et même du versant référentiel, et, en même temps (b) à la couche secondaire ; ainsi :
(a) on sait que Benveniste (1974 : 84) réunit sous le chef de « l'intimation », « impliquant un rapport vivant et immédiat de l'énonciateur à l'autre », les « appels » (vocatifs) avec la modalité d'énonciation de l'ordre (impératif) ». Et il faut noter également le composant déictique de nombre de formes d'adresse : *Ma*dame, *mon* adjudant, *Notre* Père, *ma* fille, *mon* pote...
(b) Fonctionnant comme expansion, présentant des paradigmes lexicaux ouverts, les termes d'adresse (cf. ci-dessus 1.3.3) relèvent du statut des unités de couche II.

Rapport à la modalité autonymique d'emprunt (MAE)
Une interrogation d'ensemble sur le statut de ces émergences énonciatives à support lexical (couche II) touche au rapport qu'elles pourraient – peut-être – entretenir avec le mode de la « modalisation autonymique d'emprunt » (MAE).

On verra que ce mode de RDA, dont la représentation se situe au plan des « manières de dire », c'est-à-dire de la matérialité des mots du *e*⁰ représenté, est susceptible (au-delà de son fonctionnement autonome) de se combiner, localement, à *tous* les autres modes[22].

On a pu noter, dans les exemples cités ci-dessus, les cas où les éléments ancrés en *a*, de couche II, figurent dans (ou constituent) un fragment marqué, typographiquement ou intonativement, comme MAE[23]

(24) « descendre cet oiseau-là » ; (26) « un peu gêné maintenant » ; (28) /d'ici la fin de l'année ; (29) « demain ».

On peut faire l'hypothèse que, marqués (typographie, intonation) comme dans les énoncés ci-dessus, ou non (*cet iris-ci* (25) ; *depuis ce matin, aujourd'hui* (27)), ou de façon incertaine (*bof* (31) ; *hélas* (36)), tous ces éléments ont le statut de « manières de dire empruntées » : intégrés au cours syntaxique de l'énoncé, ils

---
22 *Cf.* chap. **8.**3.3.2, p. 299.
23 On reviendra plus loin (chap. **8.**3.3.1, p. 297) sur le caractère inadéquat du traitement de ces séquences « empruntées » comme « fragments de DD », en raison de la triple rupture sémiotique, syntaxique et énonciative (couches I et II) propre au DD ; et il n'apparaît pas pertinent non plus de faire de ces séquences des émergences de Bivocal-DIL, ces séquences n'impliquant pas ce qui, crucialement (*cf.* 3, ci-dessous), définit le mode Bivocal, la désolidarisation des couches I, référentielle et modale, de l'ancrage énonciatif.

sont énoncés par **L** sur le mode distancié de l'emprunt, qu'un « pour reprendre le(s) mot(s) de *l* » ou un « comme dit *l* » pourrait expliciter.

Ainsi, les formes d'ancrage énonciatif de la couche secondaire (de forme lexicale) en ***a*** seraient – inégalement – aptes à apparaître dans des énoncés basiquement ancrés en **A**, avec le statut de « manières de dire », ces affleurements hétérogènes au plan des ancrages énonciatifs pouvant, peut-être, être rattachés au mécanisme général de l'emprunt de mots et à la configuration énonciative de la modalisation autonymique par laquelle il passe.

2 Mode de RDA à deux ancrages énonciatifs, hiérarchisés : DD

À l'opposé de la solution intégrative, en **A**, apportée par les modes DI et MDA, le DD, lui, joue la carte du *deux* : **A** *et **a***. Sa représentation de ***a*** passe par la présentation d'un énoncé ***e*** totalement ancré en ***a*** – autant sur le versant référentiel que modal, aux plans des couches secondaires aussi bien que primaires – c'est-à-dire par la présence, sur la chaîne du dire d'une séquence énonciativement hétérogène au dire en cours ancré en **A**. Que ce soit dans le cadre intraphrastique :

(42) Jean m'avait dit : « Quel bonheur ! J'ai eu le poste ! » et j'avais été très heureuse pour lui.

où ***e*** s'inscrit comme un constituant (ici, complément d'objet direct), ou interphrastique :

(43) Jean avait débarqué à l'improviste. Quel bonheur ! J'ai eu le poste ! J'avais été très heureuse pour lui.

la séquence – marquée (42) ou identifiée interprétativement (43) comme – ***e*** est un « corps étranger », soustrait à l'ancrage énonciatif de **A** : en contradiction avec ce qui constitue les fondements de l'énonciation, le *je* de cette séquence ne désigne pas celui qui l'énonce, *hic et nunc*, ni le présent le « *nunc* » de ce dire, et l'acte illocutoire qui s'y manifeste ne lui est pas imputable... ; et lorsque, comme en (42), ce corps énonciativement étranger s'inscrit, selon le modèle le plus classique du DD, dans le cadre d'*une* phrase, celle-ci présente donc la succession de deux *je*, deux *tu*, deux présents, à référence distincte, deux modalités d'énonciation émanant de deux sources modales, etc.

Il convient de dépasser le constat, superficiel, de cette « succession ». La possibilité de cette dualité énonciative – impossible cacophonie si les deux ancrages avaient le même statut – tient à la *hiérarchisation* des deux ancrages et à leur radicale différence de statut : la séquence ***e*** est strictement dépendante du co-texte dans lequel elle apparaît. Si le propre des ancrages énonciatifs est

« d'embrayer » le dire directement sur la situation d'énonciation, seuls les segments ancrés en **A** de (42) et (43)

(42') Jean m'avait dit [...] et j'avais été heureuse pour lui.
(43') Jean avait débarqué à l'improviste. [...] J'avais été très heureuse pour lui.

effectuent cet embrayage.

2.1 « Désembrayage » et hiérarchisation

2.1.1 Un « *e* » désembrayé

Sur le versant référentiel, les formes d'ancrage énonciatif (en ***a***) que présente la séquence ***e*** ne fonctionnent pas, elles, selon le mécanisme de référence directe propre à la deixis, mais *via* un mécanisme de type co-référentiel, associant deux segments sur la chaîne : par exemple, en (43), le *je* figurant dans une séquence ***e***, complément d'objet d'un verbe de dire, avec le SN sujet de ce verbe (X_i *dire* : « ... *je*$_i$... »). Le caractère particulier de cette co-référence, que l'on pourrait caractériser comme « co-référence métalangagière » – en ce qu'elle met en œuvre la compétence métalinguistique consistant dans le savoir que « celui qui parle » se désigne par « je » – ne doit pas occulter la nature foncièrement co-textuelle de ce fonctionnement des formes de l'énonciation de ***e***.

Les formes d'ancrage énonciatif en ***a***, que présente le DD dans la séquence hétérogène ***e***, apparaissent[24] sans « prise directe » sur la situation d'énonciation réelle, comme désactivées, « *désembrayées* »[25], et ne se chargent de sens et de référence qu'autant qu'elles sont mises en relation co-textuelle avec une situation d'énonciation *représentée*.

Dans les deux énoncés :

(44) La phrase « Comment pourrais-je vous croire ? », que X a lancée à Y, a beaucoup choqué.
(45) La phrase « Comment pourrais-je vous croire ? » est de modalité interrogative.

---

24 *Via* – centralement – l'opération d'autonymisation (*cf.* ci-dessous chap. **8**) de la séquence ***e***, qui rend compte de son statut sémiotique particulier de séquence énoncée sur le mode de sa présentation, ou de sa « mention ».
25 Un peu, par une toute autre voie, comme celles des énoncés « déplacés », sans RDA, hors de leur situation d'énonciation, tels un « Venez me chercher » dans une bouteille à la mer, une inscription demeurée des années sur le mur d'une université « Tous à Jussieu demain à 18 heures », ou les messages enregistrés par erreur sur le téléphone portable d'un inconnu « OK je te retrouve au petit bistrot ».

les éléments – référentiels et modaux – de l'appareil formel de l'énonciation figurant dans les deux séquences phrastiques, pareillement apposées au SN *la phrase*, sont pareillement « désembrayés » de la situation d'énonciation en cours ; mais, là où, en (45) ils demeurent dans les limbes d'une virtualité de sens et de référence qui est celle des « types » de la langue, en (44), la représentation d'une situation d'énonciation – *X a lancé à Y* – leur fournit un lieu, textuel, de prise de sens et de référence[26].

La « citation » (autonyme) de ces éléments énonciatifs les déplace hors de leur situation d'énonciation : ainsi désancrés, ils ne retrouvent, donc, sens et référence qu'au prix d'une conversion de leur mode de référence directe en référence *médiatisée par le co-texte* : explicite et dans le cadre phrastique, sur le mode de (44), ou implicite et dans un rapport interphrastique[27] (43), la représentation d'une situation d'énonciation à laquelle ré-articuler des embrayeurs en déshérence, est donc un élément indispensable du DD, que l'on ne saurait réduire à la seule séquence *e*. C'est déjà à ce niveau, basique – celui d'une condition de prise de sens pour les éléments relevant de l'ancrage énonciatif – qu'il faut critiquer l'emploi, assez courant, du terme « discours direct » (ou DD, ou DRD,...) pour désigner, dans un énoncé comme (42), la seule séquence *e* : il n'y a représentation d'un *a que* si le *e* présenté – constituant obligatoire d'un DD – trouve l'accès au sens et à la référence de ses formes énonciatives dans une représentation, fût-elle allusive, de sa situation d'énonciation.

---

26 On revient plus loin (au chap. 5.4.2 et au chap. 8.2.2.3, Remarque 6, p. 283) sur le mécanisme interprétatif, en discours, par lequel un « *e* » de DD, aux ancrages référentiels et modaux structurellement « désactivés », peut, secondairement, en fonction du Contexte, en **A**, du dire de **E** par **L** à **R**, se « réactiver » comme un *e* que, *hic et nunc*, **L** adresse à **R** « en direct » – sous couvert de représentation d'un dire autre. Ce phénomène est envisagé par Constantin de Chanay (2011), dans l'option différente d'une « volatilité de la désactivation illocutoire » du DD, susceptible d'être « contrecarrée » et de « s'abolir » (p. 33), permettant à « l'impact illocutoire des propos rapportés » de « se déverser » dans ce qui est pris en charge par **L**. À m'en tenir à cette présentation schématique (d'une réflexion qu'accompagnent finement commentaires, réserves et questions), le point de divergence avec le point de vue adopté ici réside dans le fait d'envisager un fait de langue – le statut autonyme, désembrayé, désactivé du « *e* » de DD – comme « volatile » et susceptible d'être « aboli » : de même que, pour être interprétée comme une injonction en discours, « peux-tu me passer le sel ? » n'en conserve pas moins son statut de forme interrogative et que la dérivation *interprétative* n'en devient pas pour autant le strict synonyme d'un « Passe-moi le sel », formellement injonctif, de même l'énonciation par **L** d'un *e* « dérivable » comme tel, à partir d'un « *e* » de DD, n'annule pas, quant au sens, la forme de RDA par laquelle elle se réalise. La divergence notée ici rejoint celle qui est exprimée chap. 3.1.1.2, p. 85, à propos d'analyses de Perrin).
27 Par opposition à (45) où avec l'autonyme de *type*, la référence demeure virtuelle.

2.1.2 Dépendance de « e » par rapport à E

Aussi, pour n'être pas intégrés au régime d'ancrage unique en **A**, propre au DI, les éléments énonciatifs de *e*, tant référentiels que modaux, radicalement distincts, dans leur ancrage propre en *a*, de ceux du co-texte ancrés en **A**, ne sont-ils pas pour autant « indépendants », mais dans la plus stricte *dépendance* relativement au discours représentant[28]. En fait, en ce qui concerne la référence des éléments déictiques en *e*, on a vu qu'elle opérait par rapport au co-texte de *e*, c'est-à-dire, en dernière instance, par rapport à l'unique ancrage énonciatif en exercice, celui du **A** en cours : ainsi, en (42), le *je* de **e** prend-il sa valeur par rapport au sujet du verbe *dire*, *il*, lui-même énoncé (comme différent de **L**, **R**) dans le cadre énonciatif de **A**[29].

Le statut d'autonomie/dépendance du **e** dans son co-texte ancré en **A** articule étroitement le plan modal, et notamment la modalité d'énonciation, attribut de la phrase, à celui de la syntaxe : il est certes tentant de s'en tenir à l'observation, incontestable, de l'opposition entre la phrase unique au DI et la présence en DD d'une deuxième phrase, pourvue de sa modalité d'énonciation propre ; mais, ici encore, il convient de reconnaître, sous la succession des deux phrases, la réalité syntaxique d'une hiérarchie, ou, si l'on préfère, d'une *construction* qui, pour ne pas passer par les formes usuelles de la subordination, n'en relève pas moins de l'enchâssement d'une phrase *e* dans une phrase matrice **E**, où elle peut occuper les diverses fonctions d'un constituant nominal – obligatoire ou facultatif – comme en :

(46) a Il a proclamé : « Je ne suis pas à vendre ! ».   (COD)
     b « Je ne suis pas à vendre ! » a été dit par X et non par Y. (sujet)
     c La déclaration de X « Je ne suis pas à vendre ! » a frappé. (apposition)

---

28 Le caractère distinct, hétérogène énonciativement, de la séquence **e** apparaît plutôt comme un des supports de la *fiction* d'indépendance, d'autonomie – et, partant, d'objectivité – dont peut jouer le fonctionnement discursif du DD.
29 La caractérisation du DD comme à « repérage interne » – par opposition au « repérage externe » du DI – m'apparaît malheureuse en ce qu'elle assimile, quant au fonctionnement déictique du « **e** » du DD dans son contexte, *hétérogénéité* et *indépendance* : *cf.* « [...] le repérage est **externe** dans le discours indirect, puisque les repères sont à chercher dans le texte précédent ; au contraire, il est **interne** (autonome) dans le discours direct. » (**gdt**) (Bonnard, 1971, article Discours : 1348) ; *cf.* aussi Herschberg Pierrot (1993 : 113). On peut, au contraire, considérer que l'intégration énonciative propre au DI livre des énoncés où les déictiques embrayent normalement et « directement » sur la **Sit** d'énonciation du dire en cours (**A**), là où les déictiques « désembrayés » du « **e** » de DD requièrent l'appui du co-texte pour atteindre la référence.

En (a-b), ce qui serait la « première phrase » – *il a proclamé*, et *a été dit par X et non par Y* – est agrammatical, privé du constituant obligatoire qu'est la « deuxième phrase ». Les deux phrases du DD constituent une phrase complexe, reposant sur un mécanisme d'enchâssement particulier, sans subordination, propre à la couche métalinguistique de la langue : c'est l'opération sémiotique de l'autonymisation, non circonscrite au DD mais traversant le champ du métadiscours, évoqué plus haut, qui est à même de grammaticaliser cette « irrégularité » d'enchâssement par la « nominalisation » qu'elle opère, au plan syntaxique[30] ; en même temps qu'elle rend compte de la « désactivation » de la modalité d'énonciation propre à la phrase enchâssée *e* qui – comme les déictiques « désembrayés » – ne retrouve l'ancrage d'une source que co-textuellement, la phrase E de DD – les énoncés (46) – n'étant affectée, comme il est de règle, que d'une seule modalité d'énonciation « en exercice ».

Au total, une contrainte – définitoire – du mode DD est que sa représentation de *a* présente une séquence *e* dont *tous* les ancrages énonciatifs – référentiels et modaux ; primaires et secondaires – relèvent de *a*.

Le DD se différencie de l'ensemble des autres modes à ce niveau : c'est à ce niveau qu'opère la rupture – énonciativo-syntaxique – dont il est porteur dans la continuité du dire et qui fait de la séquence *e* du DD un « *corps étranger* » ; à ce niveau que se situe la rupture constitutive du DD, non à celui des « manières de dire » de « *e* » par rapport au reste de l'énoncé E qui, si ostensible que soit souvent leur différence, relève d'une autre « couche » de l'analyse du dire, et dont la présentation en *e* n'est qu'une possibilité et non une contrainte.

---

30 Et qui « régularise » *Il a dit : « ça suffit ! »* de la même façon que : *La phrase « ça suffit ! » est exclamative*, *cf.* plus loin (chap. 8.2.1, p. 256). Cette analyse syntaxique – appuyée au fait de l'autonymie – de la structure de la phrase de DD s'inscrit dans la suite des critiques que j'adressais (Authier 1979), aux plans syntaxique et énonciatif, au traitement proposé par A. Banfield (1973 : 205, 206, version française) selon lequel « la phrase [du DD] citée [notre *e*] [est] une expression E *indépendante syntaxiquement* de la proposition introductrice qui est également une expression E ». Elle entre largement en résonance avec la perspective de « l'intégration syntaxique », développée dans le cadre guillaumien par Van Raemdonck (2002, 2004) qui pose (sans associer, pour sa part, ce fonctionnement à l'autonymie) une « nouvelle structure » intégrative pour le *e* du DD, crucialement reliée à la « fonction de syntagme nominal » que la phrase *e* occupe dans la phrase insérante ; *cf.* aussi, dans sa *Grammaire de la Phrase française*, Le Goffic (1993 : §190) : « Les verbes déclaratifs, introducteurs de complétives [...] peuvent naturellement introduire une sous-phrase enchâssée sans connecteur (discours rapporté au "style direct") ».

2.1.3 Le « *e* » (image de la parole de *l*) est *énoncé* par L

Il faut rappeler – avant de préciser, chap. **8**, le mécanisme de l'autonymie et de l'énonciation d'autonyme sur lequel repose le double niveau syntaxique et énonciatif propre au DD – que l'élément « *e* » d'un DD, « corps étranger » dans le cours de E, avec son propre ancrage énonciatif en *a* et son propre déroulement syntaxique, est partie intégrante de cet énoncé E : de même qu'il est, comme élément nominal, intégré dans la syntaxe de celui-ci, « *e* » est, *comme image* d'une chaîne énoncée ailleurs, *énoncé par L*. Ainsi un DD ne fait pas « se succéder » deux énonciateurs **L** et *l* : il n'y a qu'un énonciateur – **L** – à l'œuvre dans le dire en train de se faire de E, énonçant la représentation qu'il donne de l'acte d'énonciation autre de *l* ; on verra plus loin (chap. **5**) divers aspects du contrôle que **L** exerce sur le « *e* » qu'il représente : « découpe », contextualisation, intonation à l'oral, reformulation ou invention…

Notons ici, témoignant du surplomb énonciatif de **L** sur le « *e* » qu'il énonce comme image d'un dire autre, que c'est en tout point de cette image « *e* » que **L** peut intervenir, localement, en son nom propre, doublant la monstration d'un message autre de son commentaire :
– les *etc.*, les *patati patata*, voire les *gnagnagna*, qui coupent court à une parole trop prévisible :

(47) […] l'avant-veille, avait paru dans *Le journal de Rouen*, un article sur « Les jurés et la loi du sursis » [qui] s'élevait contre l'indulgence. On y lisait:
« *Jamais les jurés parisiens n'avaient donné une telle preuve de faiblesse que* […10 lignes]
Cet étrange verdict, que la presse a condamné de façon unanime, etc.
En ce temps ou les crimes se multiplient, où l'audace et la férocité des malfaiteurs dépassent toutes les bornes connues (ô Flaubert!), *où les jeunes gens même entrent si hardiment dans la mauvaise voie*, etc. »
Qui dira la puissance […] ? (*idt*) [Gide, *Souvenirs de la Cour d'Assises*, Pléiade p. 655].

(48)   Le discours ronfle : « On a cherché à museler le libéralisme à travers un de ses gnagnagna, la Justice ne saurait rester gnagnagna, et je peux-z-affirmer aujourd'hui que nous déclarons la guerre aux terroristes. » Padam, padam [C. Baroche, *Et il ventait devant ma porte*…, 1989, p. 201].

Notons que les *etc.*, comme aussi, plus rares, les simples points de suspension sont – contrairement aux *patati*… qui relèvent toujours de la RDA – à interpréter, en DD, comme représentés par **L** en tant qu'énoncés par *l*, *ou* énoncés par **L** au cours de la représentation qu'il donne de *e*.

Tel est, riche dans sa discrétion typographique, l'exemple du point de suspension, évidemment à mettre au compte du narrateur d'*Eugénie Grandet*, qui, ayant déjà reproduit, au DD, deux pages de la missive par laquelle Charles « met à mort » sa cousine, s'épargne et son lecteur avec lui – contrairement à Eugénie qui lit toute la lettre… jusqu'à la lie pourrait-on dire – de prolonger le dégoût qu'inspire cette conjugaison perverse de brutalité et d'hypocrisie : avec cette ponctuation, le narrateur, jusque là pur agent de reproduction littérale du texte que le lecteur découvre « avec » Eugénie, intervient – lassé, écœuré... – sans mots, avant, plus loin, de s'exprimer sur « cette horrible lettre ». C'est ce que note Ph. Berthier (1992 : 137 *sq.*) dans l'analyse aiguë qu'il propose de cette lettre, tournant du roman :

> la fin de cette lettre effare : plus il « largue » Eugénie, plus il proclame qu'il n'a rien oublié, qu'il n'oubliera rien et s'offre même le luxe de paraître trop scrupuleux [...]... Les points de suspension montrent assez que le discours se perd à un tel degré dans l'inauthentique qu'il ne vaut même pas la peine de le rapporter.

– les points de suspension (*triple c..., M...*) ou les périphrases qui censurent un mot grossier :

(49) — Est-ce que vous iriez jusqu'à me laisser consulter ce qu'il y a dans cette boîte à malices : [...] — Gros malin ! grommela M. Dubois. Vous connaissez la réponse, donc... — C'est non ? — C'est (ici mot grossier) [P. Nord, *L'espion de la première paix mondiale*, Fayard 1971, ch. 4].

– les italiques ou guillemets affectant, localement des fragments de la parole représentée de *l* d'une marque de distance (signalant en même temps leur stricte conformité[31] au *e⁰* représenté), et, bien sûr, entre parenthèses, les *(!)*, *(?)*, combinés et multipliés *(!?)*, *(!!)*, *(??)*, les *(sic)*, *(sic !)* :

(50) — Dans ma jeunesse, on en voyait beaucoup *eud'loutes*, le pays leur est si favorable, reprit le bonhomme ; mais on les a tant chassées, que c'est tout au plus si nous en apercevons la queue d'*eune* par sept ans... Aussi *el'Souparfait* de La-Ville-aux-Fayes [...] sachant mon talent pour prendre les *loutes* [...] [Balzac, *Les Paysans*, chap. II, *idt*].
(51) Dans un ouvrage de référence sur Saint-Augustin [...] Henri Marrou abat tout son jeu : Saint-Augustin comme chacun le sait, est né [...] dans l'actuelle Souk Ahras en Algérie : « le calcul des probabilités (?!) permet d'inférer qu'il était sans doute de pure race berbère... », [...] [*Demain l'Afrique*, oct. 1978, p. 114].

– entre parenthèses encore[32], ou figurant aussi en note (55), les commentaires et jugements les plus divers (tel le *ô Flaubert* de (47)) :

---

[31] On revient sur la question de la (non)« textualité » du *e* autonyme de DD (*cf.* Remarque 3 ci-dessous) au chapitre **8.2.2.2**, p. 263 *sq.*
[32] De ces fonctionnements à l'écrit, l'étude de S. Pétillon (2002 : 258 *sq.*), consacrée à la parenthèse, propose de nombreux exemples. L'oral présente évidemment – s'ajoutant à la « mise en voix » par **L** de l'ensemble du « *e* » de *l* – ces interruptions ponctuelles de **L** passant, outre variations intonatives et signaux mimo-gestuels, par des commentaires en incidente.

(52) [Balladur] s'est hautement félicité, sur TF1, de la diminution du chômage : « *C'est la consécration de l'action que nous* (de majesté ?) *avons menée.* » [*Le Canard enchaîné*, 23-08-1995, cité *in* Pétillon (2002 : 261), (*idt*)]
(53) Il me montre son pantalon, qui avait des pièces au fond, et il me dit : « Si vous étiez moins élégant » (parce que moi, j'usais mes affaires de jeune quoi), « eh bien vous arriveriez à la fin du mois. » [oral, ponctuation émanant du transcripteur, cité *in* Blanche-Benveniste (1997 : 82)].

– les traductions, explicitations, constantes chez Balzac, par exemple, pour les argots de la pègre (54), ou accompagnant volontiers, chez Proust, les réjouissantes impropriétés du directeur du Grand Hôtel de Balbec (56) :

(54) *— Ne fais pas de ragoût sur ton dab !* (n'éveille pas les soupçons sur ton maître) dit tout bas Jacques Collin d'une voix creuse et menaçante qui ressemblait assez au grognement sourd d'un lion. *La raille* (la police) est là, laisse-la *couper dans le pont* (donner dans le panneau) [Balzac, *Splendeur et misère...* 4ᵉ partie, *idt*].
(55) [...] faut absolument trouver quéque chose. J'veux plus me faire taugner¹ à la cambuse, « passe que » d'abord on ne me laisserait plus sortir [...]. /1 Taugner : rosser [Louis Pergaud *La Guerre des boutons* chap. 6].
(56) Ce qui me valut [...] cette recommandation : « Faites attention de ne pas vous salir à la porte, car, rapport aux serrures, je l'ai faite « induire » d'huile ; si un employé se permettait de frapper à votre chambre il serait « roulé » de coups. Et qu'on se le tienne pour dit car je n'aime pas les « répétitions » (évidemment cela signifiait : je n'aime pas répéter deux fois les choses). [...] » [Proust, *Sodome et Gomorrhe*, Gallimard, Pléïade, tome II, édition 1954].

Discrètes ou intrusives, toutes ces interventions de **L** qui accompagnent le cours du « *e* » image de la parole de *l* sont autant de rappels du fait que si **L** « fait parler » *l*, c'est lui et lui seul qui *hic et nunc* parle. Lapalissade, certes, mais qu'il peut être utile de « rafraîchir » pour tenir en respect – en bornant leur pertinence au plan fictionnel de l'« effet » produit – les classiques formulations selon lesquelles **L** « cède la parole » à *l*[33]. Dans tous les énoncés ci-dessus, le journaliste, le chroniqueur, le narrateur rappellent par leur intervention « *qui* parle », *hic et nunc*, et, partant « qui est le maître » au moment même où il « s'efface » derrière le *l* dont il montre les mots.

---

33 *Cf.* ce commentaire de Strauch (1974 : 92) : « 'ce n'est pas l'auteur qui parle, ce sont ses personnages qui parlent' : cliché aussi rebattu qu'inacceptable, puisque le rapporteur ne saurait de toute évidence 'faire parler' un personnage qu'en prenant lui-même la parole ». *Cf.* aussi Vion (2006:106 *sq.*) réaffirmant le « non-effacement du locuteur rapporteur vis-à-vis des propos rapportés en style direct », face au cliché du DD « caractérisé par l'effacement du narrateur derrière celui dont il rapporte [« textuellement »] l'énoncé » de la *Nouvelle Grammaire du français*, Larousse, (1993 : 211).

Remarque 3 : Déixis et « fidélité » dans les traitements du DD. Parmi les présentations actuelles du DD dans des ouvrages généraux – manuels, grammaires, dictionnaires –, on trouve des caractérisations de ce mode passant prioritairement par la question de l'ancrage énonciatif (Arrivé *et al.* (1986 : 236) ; Perret (1994 : 99) ; Stolz (1999 : 76), par exemple) ; mais, de façon dominante, c'est toujours la « fidélité de la reproduction des propos » – que celle-ci soit posée comme effective ou apparente – qui est mise en avant, les ancrages énonciatifs en *a* n'apparaissant que comme une des facettes de cette textualité. À l'inverse, la disjonction opérée ci-dessus (chap. 2.2.2 p. 58) entre les deux plans non solidaires, des ancrages énonciatifs et des « manières de dire » (les « mots mêmes » de l'énoncé **e** représenté) permet de reconnaître une *conformité nécessaire*, entre la séquence **e** du DD et son référent **e⁰**, *au seul plan des ancrages énonciatifs*, comme caractéristique du DD, en même temps que la variabilité intégrale du degré de conformité entre les manières de dire présentées (« en mention ») de la séquence **e** du DD et le référent **e⁰** dont elle est l'image (*cf.* chap. **8**.2.2.2, p. 266).

En revanche, explicitement opposées à la caractérisation du DD par sa littéralité, plusieurs approches mettent en avant, de façon pertinente – en termes des « appareils référentiels » jouant au DD (Faucher, 1978), d'« espace énonciatif », unique en DI là où le DD « comporte deux espaces distincts » (Martin, 1983 : 106), de « double énonciation » pour le DD chez Ducrot (1984 : 196 *sq.*) – ce caractère essentiel du double ancrage énonciatif du DD, au point d'en faire (discutablement à mon sens, *cf.* chap. **8**.2.2.2, p. 271), l'*unique* critère de définition de ce mode.

2.2 Le DD : une simplicité *apparente*

Sans goût du paradoxe, il convient de prendre le contre-pied du stéréotype de la « simplicité » du DD opposée à la complexité du DI. Dès lors qu'on s'est dégagé de la complication artificielle qu'apporte la perspective de la transposition au DI à partir du DD, le DI apparaît comme relevant du mode de fonctionnement énonciatif commun, normal, celui de l'ancrage direct de toutes les formes énonciatives (référentielle et modale de couche primaire) dans la **SIT** en cours ; au contraire, c'est le DD qui requiert pour son intelligibilité de base[34], des calculs de référence indirecte pour les déictiques « déplacés » hors de leur contexte (et d'identification co-textuelle de la source des éléments modaux)[35] : ce que tra-

---

[34] Hormis les cas – reproduction « brute » autorisée par l'autonymie du DD et que ne permet pas le DI – de **e** représenté, en langue inconnue ou non-langue (comme dans : *il a dit quelque chose comme « yasak », je ne sais pas ce que ça veut dire* ; *elle répète « aloulou aloulou » de façon lancinante*) ce qui, très intéressant quant au statut sémiotique du **e**, ne saurait être considéré comme fonctionnement communicationnel courant.

[35] Dans le cadre des grammaires génératives, soumises à l'exigence d'engendrer par un ensemble fini de règles explicites l'ensemble des phrases grammaticales d'une langue, il est patent que c'est le traitement des phrases *de DD* qui – contrairement aux phrases de DI, relevant des règles communes – pose des problèmes et requiert des « solutions » *spécifiques* – telles l'enchâssement de deux hyperphrases chez Sadock (1969) ou la juxtaposition de deux symboles « E »

duisent les deux schémas suivants[36], [IX] et [X], du fonctionnement de l'ancrage énonciatif :

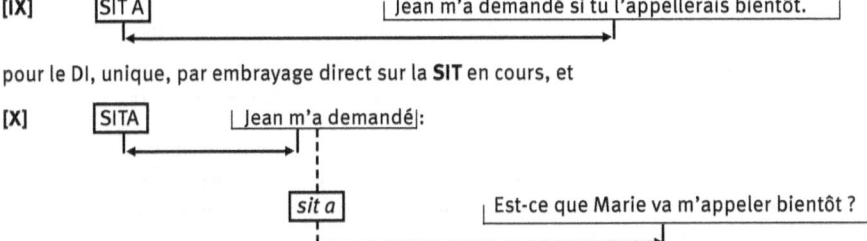

pour le DI, unique, par embrayage direct sur la **SIT** en cours, et

pour le DD, double, un autre mécanisme, co-textuel, d'ancrage venant se greffer sur le premier.

Cette succession hiérarchisée de deux ancrages énonciatifs distincts – non ramenable à la succession des ancrages énonciatifs, « en direct » l'un et l'autre, dans un dialogue – a un coût syntactico-énonciatif qui, peu apparent dans le cas d'une RDA à un niveau – un seul couple **A/*a*** –, explique la frappante différence d'acceptabilité de la récursivité de l'opération de RDA[37], qu'entraîne la représentation d'*un dire parlant d'un dire qui parle d'un dire qui*..., selon qu'elle est homogènement réalisée, dans le cadre d'une phrase[38], par le mode DD ou par le mode DI. Que l'on compare l'énoncé attesté et « accepté » sans difficulté aucune pour ses destinataires lors d'une réunion de bureau d'association locale de parents d'élèves[39] :

(= Expression) chez Banfield (1973, repris *in* 1982) ; *cf.* pour la présentation et la discussion de ces traitements Authier (1978) et (1979).
36 La double flèche marque la relation entre les formes énonciatives et leur « lieu » d'ancrage, le gras indiquant qu'elle relève de l'embrayage, là où le pointillé renvoie à un mécanisme co-référentiel.
37 Il s'agit bien de la réitération (au DD *vs* au DI) du *mécanisme* de la RDA et non pas du plan tout autre de la récursivité syntaxique « ordinaire » de phrase complexe que peuvent également présenter les *e* de DD et de DI.
38 Cette homogénéité, révélatrice de la différence d'acceptabilité récursive des deux modes DD/DI, n'est assurément pas le cas dominant : ce sont au contraire les associations hétérogènes des deux modes enchâssés qui sont les plus fréquentes, comme le fait apparaître M.A. Mochet (1993), par exemple, sur un corpus d'entretiens.
39 Cité *in* Authier-Meunier (1977 : 61). Il ne faut pas oublier qu'en citant ces énoncés comme exemples, c'est un niveau de RDA de plus, qu'implicitement nous faisons jouer, du type « il s'est trouvé des énonciateurs pour dire/écrire... », nous plaçant dans une situation, par rapport à ces énoncés « déplacés », qui n'est pas celle des interlocuteurs inscrits dans la situation où ils surviennent.

(57) Comme il n'était pas satisfait du résultat de l'enquête, il a osé dire que j'avais demandé aux parents d'élèves de dire à leurs enfants de répondre au questionnaire qu'ils préféraient le mercredi au samedi comme jour de congé [oral, 1976].

à l'inacceptabilité, en regard, du même enchâssement de RDA, mais en DD, soumettant les interlocuteurs à la cascade de quatre changements de lieu d'ancrages énonciatifs et d'autant de ruptures syntaxiques par l'émergence des modalités d'énonciation, de

(58) ?? Comme il n'était pas satisfait du résultat de l'enquête, il a osé dire : $_1$[« C'est vous qui avez demandé aux parents d'élèves : $_2$["Dites à vos enfants : $_3$['Réponds au questionnaire : $_4$["Je préfère le mercredi au samedi comme jour de congé."]$_4$.']$_3$."]$_2$. »]$_1$

De fait, deux niveaux de récursivité de DD se rencontrent aisément :

(59) Lui$_1$: [...] J'aurai à mes gages toute la troupe villemorienne, et je leur dirai$_2$, comme on me l'a dit, « Allons, faquins, qu'on m'amuse », et l'on m'amusera ; « qu'on me déchire les honnêtes gens », et on les déchirera, si l'on en trouve encore [...] [Diderot, *Le Neveu de Rameau*].
(60) Le Cerf reprit$_1$ alors: Sire, le temps de pleurs / Est passé ; [...]./ Votre digne moitié couchée entre des fleurs, / Tout près d'ici m'est apparue [...] ; / Ami, m'a-t-elle dit$_2$, garde que ce convoi, / Quand je vais chez les Dieux, ne t'oblige à des larmes. / [...] Laisse agir quelque temps le désespoir du Roi. / J'y prends plaisir [La Fontaine, *Les obsèques de la Lionne*].
(61) « Le président Poher m'a dit$_2$: "Vous ne bougez pas, c'est une mauvaise manière que l'on me fait" », explique M. Bayrou$_1$ [*Le Monde*, 04-04-2007].
(62) Il [Gambetta] m'a dit$_1$: Vous avez arrêté net le gouvernement réactionnaire belge, et vous avez eu raison de dire$_2$: Ils m'ont expulsé mais ils m'ont obéi [Hugo, *Choses vues*, 19-12-1871].

Le lien référentiel, fréquemment observable, entre les protagonistes des dires enchâssés – l_1 (Neveu) = l_2 en (59) ; l_1 (Cerf, Bayrou) = r_2 en (60, 61) ; L (Hugo) = r_1 = l_2 en (62) – apparaît comme un facteur facilitant la succession des ancrages distincts : cette configuration se prêtant volontiers aux effets de théâtralisation complaisante de soi sur la scène du dire – dans une position de jaculateur tout puissant pour le Neveu, de témoin élu d'une apothéose pour le cerf fabulateur, ou dans celle de grande figure publique, pour Hugo, campé en récepteur (r_1) de l'hommage qui lui est rendu, notamment comme énonciateur (l_2). Il est en revanche rare – même avec cette continuité référentielle – de rencontrer des énoncés réalisant un degré d'enchâssement supérieur, tels :

(63) [...] Comme je doute beaucoup, je suis avare de compliments. [...]. Au moment [du tournage du film] *Comédie*, Jane m'a dit$_2$ « Deux mois de travail pour entendre$_3$ trois fois : "Pas mal", c'est dur ! [...] » [propos de J. Doillon$_1$ rapportés en DD, *Télérama*, n°2122, p. 36, cité *in* Charlent (1996 : 76)].

À l'inverse, les enchâssements multiples de DI – à trois niveaux notamment –, qu'il serait malaisé de convertir en DD, se rencontrent, couramment, dans tous les types de discours :

(64) Je ne crois pas qu'elle ait voulu délibérément la blesser en lui rapportant$_1$ que G. avait dit$_2$ de ne pas la prévenir$_3$; c'est plutôt de l'étourderie [...] [lettre privée, déc. 2003].

(65) Trevor répond$_1$ à une lettre de l'ambassadeur de France Gérard Araud qui l'avait critiqué$_2$ d'avoir félicité$_3$ l'Afrique pour la victoire de la France à la coupe du Monde [titre de vidéo sur *Facebook*, 19–07–2018].

C'est cette forme qu'emprunte, très naturellement, la marquise de Sévigné pour ironiser sur les cancans de la cour :

(66) On assure$_1$ que Mlle d'Elbœuf a dit$_2$ à Monsieur, que Mme de Richelieu a fait un compliment$_3$ à M. le duc sur ce que Madame n'est accouchée que d'une fille ; cela fait une fourmilière de dits et redits, d'allées, de venues, justifications, et tout cela ne pèse pas un grain. [lettre à sa fille, 16–10–1676]

et on ne s'étonnera pas que cet autre expert en « dits et redits », qu'est Saint-Simon, soit grand pourvoyeur de tels enchâssements dans ses *Mémoires* :

(67) Le cordelier dit$_1$ hier à la personne dont j'ai parlé$_2$ à monseigneur que la reine mère lui avait conté$_3$ un mécontentement qu'elle avait eu du roi, sur ce que l'autre jour, entrant fort brusquement dans sa chambre, il lui fit reproche$_4$ de ce qu'elle avait prié$_5$ M. de Brienne de quelque affaire, et qu'il lui dit$_4$ en propres termes et fort en colère: *Madame, ne faites plus de pareilles choses sans m'en parler$_5$*; [...]⁴⁰ [tome XIV, Causes de la disgrâce de Fouquet, idt].

3 Mode de RDA à ancrage énonciatif partagé : Bivocal-DIL

Avec le DIL apparaît une autre forme, originale, d'articulation énonciative des deux dires, irréductible aux deux précédentes – que la dénomination en « Bivocal » veut souligner[41] –, celle d'un ancrage partagé entre **A** et ***a***. Les modes intégrés (DI, MAS, MAE) imposent l'unicité – stricte au plan des couches primaires – de l'ancrage énonciatif, référentiel et modal, en **A** ; le DD, lui, présente la succession hiérarchisée des deux ancrages distincts, en **A** et en ***a***, sur les deux versants réfé-

---

40 Le DD unique sur lequel j'arrête cette citation est suivi immédiatement de « Il a encore dit », réamorçant une nouvelle série de six DI en deux phrases...
41 La « bivocalité » envisagée ici est celle, linguistiquement descriptible, d'une forme de langue dont la division énonciative est précisée ci-dessous. Elle ne se confond évidemment pas avec la bivocalité organique qui, chez Bakhtine, aux côtés du « plurilinguisme » et de la « plurivocalité » renvoie à la dialogisation interne *à tout discours*, sur laquelle revient le chapitre **10**.

rentiel et modal, au plan des couches primaires et secondaires. Dans les deux cas, que ce soit par la réduction des ancrages de l'autre aux siens propres, ou par la présentation disjointe des ancrages de l'autre, à côté et dans la dépendance des siens, *l'unité énonciative* des ancrages référentiels et modaux fondamentaux – le « cœur » que constitue la couche primaire – n'est pas altérée.

3.1 Ancrages primaires divisés : une forme langagière spécifique

Le mode Bivocal-DIL, au contraire, *partage* cette unité énonciative, instaurant une source énonciative hétérogène, divisée, *dès la couche primaire*, entre ses ancrages, en **A** pour le versant référentiel et en ***a*** pour le versant modal, comme dans :

(68) Jean$_i$ s'est interrogé. Est-ce que Marie allait l$_i$'appeler ?

par opposition à :

> Est-ce que Marie va m'appeler ? (au DD)
> Jean$_i$ s'est demandé si Marie allait l$_i$'appeler (au DI)

Le partage que le mode Bivocal imprime à la séquence est celui d'un clivage **A/*a*** qui le traverse dans son épaisseur énonciative – tout autre que le partage, propre au DD, qui découpe la chaîne entre ce qui revient à **A** et à ***a*** : le mode bivocal, qui conjoint des ancrages hétérogènes ignore le « chacun chez soi énonciatif » affiché par le DD[42]. Les énoncés suivants illustrent ce clivage traversant l'ancrage énonciatif primaire de la séquence ***e*** divisée entre ses repérages référentiels (personnels et temporels verbaux), effectués par rapport à **A**, et ses modalités énonciatives (assertion, interrogation, injonction) relevant de ***a*** :

(69) [...] aux questions les plus ingénieuses des plus clairvoyants, Véronique faisait la même réponse : « Elle se portait à merveille » [Balzac, *Le Curé de village*].
(70) Sermon paternaliste de [X] : Est-ce que je ne comprends pas que « les temps ont changé ? » Que je regarde un peu les choses en face ! Que je me décide à voter « dans le réel » et non « en rêve » et blablabla et blablabla... [correspondance privée, 2002, où **L** = *r*].
(71) Rappelle-toi... tu n'étais pas au niveau ! Tu avais des lacunes /fatales, c'était ton mot, les autres étaient bien mieux préparés... Tu avais presque réussi à nous faire douter... [oral, 06–02-2011, après le succès à un concours de **R** = *l*].

---

[42] « Intrusions » de **L** (*cf.* ci-dessus 2.1.3) mises à part.

On note que l'ancrage personnel[43] n'est nullement déficitaire en Bivocal-DIL : *je*, *tu* y apparaissent très normalement, dès lors que **L**, **R** sont impliqués dans l'acte *a* représenté (70, 71) – cas favorisé par la dimension volontiers affective, polémique, des emplois oraux du mode. La restriction du DIL à la non-personne n'est qu'une facette, au plan de la deixis personnelle, de la conception, persistante, d'un « DIL littéraire » enfermant une *forme* abstraite, de langue[44], disponible tant à l'oral que dans les écrits les plus divers, dans ce qui n'en est – si passionnant soit-il – que *l'un des usages* en récit littéraire[45].

Le déphasage énonciatif des ancrages primaires – repérage et modalité – apparaît comme une propriété définitoire de cette troisième « solution » offerte par la langue à la question de l'articulation des deux actes **A** et *a*, qu'est un mode de *bivocalité radicale* – j'entends par là : par différence avec les émergences locales de « bivocalité », dans les modes à ancrage primaire unique, d'éléments expressifs de couche II ancrés en *a* rencontrés ci-dessus.

Apparaît comme propriété associée à cette bivocalité radicale, au plan de l'énoncé, l'autonomie syntaxique de la séquence bivocale (« Est-ce que Marie allait l'appeler bientôt ? », par exemple, en (68), autonomie qui va de pair avec l'absence – obligatoire – de verbe de dire régissant tels qu'on peut les observer[46] en DI et DD.

---

43 Comme aussi l'ancrage temporel, admettant l'actualisation au présent, passé composé, futur (*cf.* Stolz (1999 :77)) et le présent gnomique (*cf.* Herschberg-Pierrot 1993 :128).
44 *Cf.* ci-dessous et chap. **9**.
45 Ainsi, le traitement du DIL comme « style narratif », coupé de « la langue parlée » et de la communication, qui est au cœur de la démarche de Banfield (1973,1982), comporte-t-il, pour ce « style objectif à la 3ᵉ personne » la « suppression des pronoms de première et deuxième personne ». Et c'est largement (sans que cela implique une adhésion à l'ensemble des thèses de Banfield) sur le mode d'une vérité établie que le DIL se trouve communément assigné à la littérarité ou, à tout le moins, à l'écrit : « caractère essentiellement littéraire » du DIL, relevant de « formes à peu près inconnues de la langue parlée » de Genette (1983 : 36, 67), formulation semblable chez Riegel *et al.* (1994 : 600, conservée dans l'édition 2016), « propre à l'écrit » chez Arrivé *et al.* (1986 : 236), « présence dans le seul domaine de l'écrit » pour Jeandillou (1997 : 74), etc. Communément observables dans les oraux les plus ordinaires, les faits contraires, relevés par exemple dans Authier (1978 : 82 *sq.*) ou dans le corpus d'entretiens de Mochet (1993), peinent à troubler ce consensus...
46 Sur cette opposition entre la non-rection du DIL et la rection du DD, l'éventail des formes sous lesquelles se réalisent ces deux modes fait apparaître : (1) que la non-rection pour le DIL n'est pas synonyme de non-marquage de la séquence bivocale comme RDA, celle-ci étant apte à porter les mêmes marqueurs de RDA que la séquence e de DD, dès lors qu'ils ne sont pas « régissants » : syntagme « annonceur » du type *il s'étonne, il proteste*, incise d'attribution du dire, apposition et anaphore métalangagière (*cf.* chap. **6.2**, p. 207), guillemet, ... ; (2) que si la non-rection est bien une contrainte du Bivocal-DIL, la rection n'est pas une contrainte du mode DD mais *une* de ses

La caractérisation du mode bivocal de RDA par le divorce énonciatif des ancrages primaires, corrélé à l'autonomie syntaxique de l'énoncé, s'inscrit dans la perspective tracée par Voloshinov (1929)[47] où s'imposent deux lignes de forces.

Il s'agit, d'une part, du statut de « forme linguistique » qu'il reconnaît au DIL comme « construction bivocale », spécifiée dans l'ensemble immense – et non délimitable – des faits de bivocalité, interférences ou dialogisme, comme « le cas le plus important et *le mieux fixé syntaxiquement* (en tout cas en français) de convergence interférentielle de deux discours [...] ». On notera que affirmer le caractère de « forme de langue » du mode bivocal n'est nullement en contradiction avec le fait qu'il n'existe pas de « phrase au mode bivocal » au plan de la langue – au même titre qu'une « phrase passive », par exemple – : on ne peut pas identifier, hors contexte, une « phrase au bivocal » (au DIL), mais, si on interprète, en contexte, un énoncé comme « bivocal », c'est que cette – très particulière[48] – structure énonciative est inscrite dans les possibilité offertes par la langue (on revient sur cette question en **9.2** où on distinguera, pour chaque mode de RDA, les deux plans – de langue – de sa « Formule » et de ses formes de linéarisation).

Un second point de l'approche de Voloshinov mérite d'être retenu : la vigueur avec laquelle il récuse l'appréhension du DIL *à partir* des deux modes « premiers », du DD et du DI, comme « variante » de l'un ou de l'autre, ou comme « mélange des deux »[49] ; s'il concède à cette démarche – en quoi le DIL « ressemble » au DI, en quoi il « ressemble » au DD – un caractère « acceptable [...] du point de vue de la description comparative superficielle des indices », c'est pour souligner qu'elle manque à saisir le caractère propre du DIL, celui « d'une tendance complè-

---

formes (sur l'opposition entre « *e* » construit syntaxiquement *vs* annoncé sémantiquement, *cf.* chap. **8.2.1.3**, p. 256).

47 Respectivement p. 189 *sq.* (et p. 413 *sq.*), dans les traductions de 1977 – d'où sont tirées, ici, les citations – et de 2010.

48 Un autre cas – d'extension limitée et de statut rhétorique – d'énonciation à ancrages primaires divisés, peut être observé, hors du champ de la RDA : celui, trope interlocutif – évoqué comme « emploi décalé relevant d'un « enallage de personne » *in* Kerbrat-Orecchioni (1980 : 162) –, des *De quoi je me mêle ?*, ou *Alors, j'ai un gros chagrin ?*, présentant, avec des effets polémiques ou fusionnels, le partage « inverse » de celui du mode bivocal de RDA : le versant déictique « de l'autre » et la modalité d'énonciation « de soi ».

49 Da Cunha (1992 : 37) souligne la « nouveauté » chez Voloshinov de ce « [refus] de considérer le DIL comme un mélange de DD et de DI », et on peut noter que cette position – présente, dans le cadre de traitements différents, par exemple chez Banfield (1973), Mortara-Garavelli (1985), Philippe (1996 : 150–151), Jaubert (2000), Maingueneau (Chareaudeau *et al.*, 2002 : 192), et qui a toujours été, dans le sillage de Voloshinov, la mienne, de Authier (1978 : 82) à (2004a : 44) – demeure minoritaire au regard de la persistance, *cf.* ci-dessous (3.3) des approches du DIL *à partir* des DD-DI.

tement nouvelle, positive, dans l'appréhension active de l'énonciation d'autrui, d'une orientation *particulière* de l'interaction du discours narratif et du discours rapporté »[50].

C'est dans cet esprit que se situe ici la caractérisation *positive* de la spécificité du mode bivocal par le divorce des ancrages énonciatifs primaires qui affecte l'énoncé : de nature, certes, différentielle *par rapport*[51] aux types d'ancrages du DI et du DD, c'est dans son principe que cette caractérisation s'écarte – quelle que soit le degré de pertinence des observations qu'elles peuvent comporter – des descriptions d'un DIL « tenant à la fois du DI et du DD ». À décrire le mode bivocal comme « partagé » *entre DD et DI* (*cf.* 3.3 ci-dessous), on manque, en effet, le plan, autre, où se situe ce partage – celui d'un mode de dire divisé dans ses ancrages fondamentaux, *entre soi et l'autre*, selon une « altération » énonciative étrangère au DD comme au DI, et dont les éléments de fonctionnement apparentables à ceux du DD et du DI ne sont que des conséquences.

Fusion, confusion, chevauchement, imbrication, convergence, superposition, surimpression, collision, discordance... des « voix », ou des instances d'énonciation, on peut noter la prolifération des métaphores devant le « paradoxe énonciatif »[52] d'un dire privé de « l'assiette » énonciative que donne au dire la cohésion, ordinairement intangible, de ses ancrages primaires – repérage et modalité –, par le partage, la division qui les affecte. En deçà des nuances et des accents que portent ces métaphores, comme des inflexions dans les descriptions de ce qui se joue dans ce mode de dire – accueillir la parole de l'autre dans la sienne, « prêter » sa voix à l'autre, etc. – c'est comme mode bivocal, d'un « *parler avec* »[53] que je caractériserai ce troisième type d'articulation énonciative[54].

---

50 C'est l'insistance sur le caractère « propre », « positif », « particulier » du DIL, parmi les autres modes de RDA, que je retiens chez Voloshinov ; mais non sa caractérisation comme forme « complètement nouvelle », liée au moment historique de la fin XIXe, cette « nouveauté » – intéressante au demeurant... – devant, en regard, ne serait-ce que des *Fables* de La Fontaine, être restreinte à l'explosion de son usage dans la prose romanesque (*cf.* plus loin **9.2.2.2**, p. 312).
51 La différence *par rapport*, s'opposant à la description *à partir*.
52 Mortara-Garavelli (1985 : 113), ou « le dire contre-nature » de A. Jaubert (2000 : 53).
53 Qui n'est pas à confondre avec le « parler avec *les mots* d'ailleurs » de la MAE, qui ne met pas en cause la stabilité de « l'assiette énonciative » du dire.
54 Analysant les possibilités de « l'image-perception cinématographique », G. Deleuze (1983 : chap. 5) emprunte à Pasolini une analogie image/langage passant par le DIL – l'image « subjective indirecte libre » –, qu'il commente en se référant à Bakhtine (*i.e.* Voloshinov) comme « agencement d'énonciation opérant à la fois deux actes de subjectivation inséparables », et qui n'est « pas mélange ou moyenne entre deux sujets dont chacun appartiendrait à un système, mais différenciation de deux sujets corrélatifs dans un système lui-même hétérogène », « loin de l'équilibre », pour en arriver à la notion d'une image, ni subjective, ni objective, mais « *mi-subjective* »,

3.2 Pondérations variables de A et *a* dans la bivocalité structurelle

Sur la base de cette bivocalité structurelle, foncière, au plan de la couche (I) des ancrages énonciatifs primaires, la couche (II) des ancrages secondaires fait apparaître deux modes de fonctionnement distincts sur le versant modal et le versant référentiel.

Le *versant modal* fait pencher la balance de la bivocalité posée au plan (I) du côté de *a* : au-delà de la modalité d'énonciation qui ancre l'énoncé bivocal en *a*, les formes « expressives » de la couche (II)[55] (contrairement à leur fonctionnement dominant dans les modes intégrés (DI, MDA)) sont en effet, de façon obligatoire (comme au DD) ancrées en *a*.

Ainsi, est-ce un trait bien connu de l'écriture du Bivocal chez Zola que la densité avec laquelle les éléments « expressifs » – interjections, jurons, adverbes modalisateurs... – viennent renforcer, au plan (II), l'ancrage (I) en *a* des modalités d'énonciation (souvent exclamatives ou interrogatives), l'apparition, presque mécanique, de ces éléments expressifs en « ouverture » prenant d'ailleurs fonction d'indicateur de passage au mode bivocal :

(72) Et quand il [le curé] apprit que c'était pour un convoi, il en bégaya de fureur. Ah ! ces païens faisaient exprès de mourir, ah ! il croyaient de la sorte l'obliger à céder : eh bien ! ils s'enfouiraient tout seuls, ce ne serait fichtre pas lui qui les aiderait à monter au ciel ! Paisiblement Delhomme attendait que ce premier flot fût passé [Zola, *La Terre*, V, 6].

(73) Mais impossible de fermer l'œil [...] ils finirent par causer à mi-voix. Ah ! ce père, qu'il pesait donc lourd, depuis qu'il tombait en enfance ! Une vraie charge, à leur casser les reins tant il coûtait ! [...] Vrai ! c'était à l'achever d'un coup de pioche puisqu'il ne se décidait pas à partir lui-même [Zola, *La Terre*, V, 5].

Si le versant modal est, homogènement, couches (I) et (II), ancré en *a*, il n'en va pas de même pour le *versant référentiel* : à l'ancrage, en **A**, pour la couche (I) – celle des repérages personnels et temporels (verbaux) – répond, pour la couche

---

qui est le propre d'« *un être-avec* » de la caméra ; celle-ci « ne se confond pas avec le personnage, elle n'est pas non plus en dehors, elle est avec lui. »

55 On retrouve ici la spécificité, notée plus haut (1.3.4), liée à la dimension interlocutive (déictico-modale) des termes d'adresse et d'insulte, dont la possibilité – et les modalités – d'apparition en énoncé bivocal méritent une étude détaillée ; à titre d'échantillon :

    Elle s'agenouilla devant la statue : « Je promets, Sainte Vierge, de me consacrer... ».
?   Elle s'agenouilla devant la statue : « Elle promettait, Sainte Vierge, de se consacrer... ».

    Il le$_i$ regarda : « Il va falloir, mon pote$_i$, que tu$_i$ te$_i$ remues un peu ! ».
??   Il le$_i$ regarda : « Il allait falloir, mon pote$_i$, qu'il$_i$ se$_i$ remues un peu ! ».
*   Il le$_i$ regarda : « Il allait falloir, son pote$_i$, qu'il$_i$ se$_i$ remues un peu ! ».

(II) – celle des repérages spatiaux et des circonstants temporels – un ancrage *non contraint*. Ainsi, les énoncés bivocaux (74a et b), à ancrage référentiel primaire en **A** (*elle*, *partirait*), s'opposent-ils par leur ancrage référentiel secondaire, respectivement en **A** (*le lendemain, là*) et en ***a*** (*demain, ici*) :

(74) a Marie₁ était décidée : le lendemain, elle₁ partirait de là.
b Marie₁ était décidée : demain, elle₁ partirait d'ici.

Si les ancrages en ***a*** des déictiques d'ostension, des circonstants temporels (*demain, aujourd'hui, hier*...) illustrés ci-dessous semblent majoritaires en Bivocal-DIL :

(75) Il envisagea avec un immense désespoir tout ce qu'il faudrait quitter [...]. Il quitterait *cette* maison qu'il avait bâtie, *cette* chambre, *cette* petite chambre ! [...]. Il ne lirait plus dans *ces* livres, il n'écrirait plus sur *cette* petite table de bois blanc ! [...] [V. Hugo, *Les Misérables*, I, 7, 3 « Une tempête sous un crâne »].
(76) Descendu de cheval, il allait [...] et souriait, étrange et princier, sûr d'une victoire. A deux reprises, *hier et avant-hier*, il avait été lâche, il n'avait pas osé. *Aujourd'hui*, en *ce premier jour* de mai, il oserait et elle l'aimerait ? [A. Cohen, *Belle du Seigneur*, p. 4].
(77) Elle s'étonnait, à présent, de n'avoir pas songé à lui tout d'abord ; *hier*, il avait donné sa parole, il n'y manquerait pas ; [...] [G. Flaubert, *Madame Bovary*, III,7].

les occurrences d'ancrage en **A** de déictiques de couche (II) en mode Bivocal-DIL, du type de (78), (79) ne sont pas exceptionnelles :

(78) [...] enfin il fit valoir des raisons personnelles, le mort était son beau-père, le beau-père du maire de Rognes. Voyons, ce serait pour *le lendemain* dix heures [Zola, *La Terre*, V, 6, le personnage essaie de fléchir le curé qui refuse un service religieux].
(79) — J'en ai même oublié le spectacle ! Ce pauvre Bovary qui m'avait laissée tout exprès ! M. Lormeaux, de la rue Grand-Pont, devait m'y conduire avec sa femme.
Et l'occasion était perdue, car elle partait dès *le lendemain*.
— Vrai ? fit Léon.
— Oui [G. Flaubert, *Madame Bovary*, III, 1, dialogue d'Emma et de Léon][56].

Ici encore, comme déjà dans le cas des modes intégrés de RDA – mais, pour le Bivocal-DIL, restreinte au côté référentiel – il faut reconnaître la « labilité » ou la souplesse de fonctionnement des ancrages énonciatifs secondaires en ***a*** ou en **A**. Aussi la réalité observable des énoncés bivocaux – du récit littéraire à l'oral quotidien – s'oppose-t-elle à toutes les descriptions du fonctionnement de ces éléments en termes de contrainte : non seulement celles – les plus nom-

---

56 Exemple emprunté à D. Kullmann (1992 : 116) qui relève aussi dans *Madame Bovary* (I, 2) « Trois heures plus tard » et « la veille », ancrés en **A**.

breuses – qui, ne faisant pas la distinction entre couches (I) et (II), posent une deixis globalement ancrée en **A**[57], mais aussi celles qui, opérant cette nécessaire distinction, assignent catégoriquement à ***a***[58] les déictiques secondaires. Dans tous les cas (circonstants spatio-temporels impérativement intégrés à **A** ou attribués à ***a***), se trouve manqué ce que le caractère *non contraint*[59] des ancrages référentiels de couche (II) ouvre comme espace de jeu, de modulation, dans le partage entre soi (**A**) et l'autre (***a***), dans le cadre du mode Bivocal, aux ancrages énonciatifs par ailleurs contraints (modal (I) et (II) en ***a*** ; référentiel (I) en **A**).

Ainsi, au Bivocal-DIL – ce « composé instable », selon la formulation heureuse d'A. Jaubert (2000 : 63) – la division énonciative de base se double-t-elle d'une instabilité des partages aux autres « étages » du dire. S'inscrivant dans le partage énonciatif **A**/***a***, définitoire du mode bivocal, ce jeu énonciatif – à composante subjective, stylistique, générique,... – sur le rattachement à **A** ou à ***a*** des éléments de deixis (II) intervient, combiné – en concordance ou discordance – avec la pondération variable entre manières de dire de **L** et de *l*, dans l'oscillation structurelle **A**/***a*** de ce système « loin de l'équilibre » qu'est le Bivocal-DIL, y déplaçant le point d'équilibre de la bivocalité vers **A** ou vers ***a***.

Remarque 4 : La désignation de *l* comme lieu d'« oscillation bivocale ».
1. Parmi les éléments de la pondération variable entre les cadres **A** et ***a***, notons, en lieu et place du « normal » pronom de la troisième personne référant au *l*, sur le mode classique du :

(80)   Pierre$_i$ rêvait : pourrait-il$_i$ retourner là-bas ?

l'usage, possible et même non-exceptionnel, de descriptions définies (*N propre, Det N commun*) qui font « pencher » la balance de la bivocalité du côté de **L**(**A**), comme dans :

---

57 *Cf.*, par exemple : « Par rapport au discours indirect, il n'y a pas de subordination, mais *les déictiques sont adaptés à l'énonciation du rapporteur* » (Morel *et al*. 1992 : 35), ou les présentations du DIL évoquées dans 3.3 ci-dessous.
58 C'est, par exemple, A. Banfield (1973 : 214–215) qui, notant que « les temps ne se comportent pas ici au SIL comme les adverbes », oppose « les verbes du SIL [qui] portent les temps passés du DI » à la « [conservation des] versions immédiates et présentes des adverbes de temps et de lieu : *maintenant, ici, aujourd'hui, hier*, etc. comme dans le DD », ajoutant « On ne trouve pas là les formes « distanciées » du DI (par exemple, *alors* et *là*) ».
59 Ce caractère est reconnu par B. Mortara-Garavelli (1985 : 114) ou G. Philippe (1996, p. 150) qui note que « les déictiques – autres que temps verbal et personne – [relèvent] *souvent* du personnage » (c'est-à-dire de ***a***). Il est l'objet de l'attention de Nølke *et al*. (2004 : 75–76), qui fondent sur le fonctionnement des déictiques en DIL – tel qu'il a été mis au jour dans les approches du récit de fiction (Vuillaume (1990), notamment) – l'opposition pertinente entre « expressions déictiques centrales », « toujours transposées » (c'est-à-dire ancrées en **A**) et « périphériques » « qui peuvent se repérer aussi bien au centre de LOC qu'à celui de LR » (nos **L** et *l*).

(81) Honorine la confia à un groupe [...] Raide et empruntée, Monette$_i$ se cherchait une contenance. {Comment, Mère Marie ! Honorine pouvait-elle s'adresser sans bafouiller à une telle autorité ? [...] Qui donc lui avait enseigné à formuler des phrases aussi bien construites ? Jamais *Monette$_i$* n'y parviendrait. [...] Non, *elle$_i$* n'aurait jamais dû accepter cette invitation} [H. Lopes, *Le Lys et le flamboyant*, Seuil 1997, p. 121].

(82) G$_i$ m'a appelé tout à l'heure. *La pauvre chérie$_i$* est /bousculée, elle$_i$ a de la famille chez elle$_i$ jusqu'à dimanche, est-ce qu'on pourrait la$_i$ remplacer pour la surveillance de samedi... Je n'ai pas su lui$_i$ répondre... [oral, 3-5-1995, intonation ironique marquée].

(83) Il appelait de Saint Tropez. [...] Savions-nous où se trouvaient sa femme et son fils ? Maman$_i$ a été parfaite, le calme en personne, la voix inexpressive : « Pauline [...] nous avait confié Benjamin. Mère et enfant se portaient bien ». J'ai voulu prendre l'écouteur [...] mais *elle$_i$* me l'a arraché avec un regard meurtrier. « Non, *ma mère$_i$* ne savait où Pauline était partie [...] Elle$_i$ ne pouvait rien dire de plus » [J. Boissard, *Cécile, la poison*, 1985, Livre de poche, p. 104].

2. Partagé et illustré d'exemples par Vuillaume (2000 : 120 *sq*.) et Gollut et Zufferey (2016) dans l'étude qu'ils consacrent spécifiquement à cette question de « la désignation du sujet-énonciateur [*l*] au DIL », ce constat s'oppose à une série d'affirmations catégoriques, telles, notamment, celle de Bally (1917 : 408, 419*sq*.) défendant avec vivacité la position selon laquelle

> [si] le nom de la personne dont on reproduit les paroles ou les pensées [notre *l*] figure en toutes lettres dans l'énoncé [comme aussi bien s'il est] désigné par des expressions anaphoriques pleines telles que *celui-ci, ce dernier* etc. [...] toute trace de style indirect disparaît, [...] il s'évanouit.

ou celle de Banfield (1982/95 : 307) posant qu'au DIL

> dans les paroles et les pensées représentées, seul un pronom peut occuper la position d'un groupe nominal renvoyant au soi,

que l'on retrouve chez Moeschler et Reboul (1994 : 345)

> [...] il n'est pas question d'utiliser un nom propre ou une description définie dans l'énoncé au style indirect libre lui-même pour désigner le locuteur originel ou le sujet de la pensée originelle.

Si on ne peut suivre ces assertions, il n'en reste pas moins que, comme le note Vuillaume (2000 :123) :

> le recours à *il/elle* s'impose [...] en règle générale comme le moyen le plus simple d'attester la solidarité entre les énoncés au SIL et l'événement qui les a engendrés [et que] conforme à la dimension implicite qui caractérise le SIL [...] l'emploi de pronoms anaphoriques sans antécédent textuel apparaît comme une forme privilégiée de signalisation du SIL.

3. Le désaccord sur la présence ou non de désignations référentielles pleines de *l* dans un **e** de Bivocal/DIL ne relève pas d'une divergence sur « un point de grammaire » : donner droit de cité au *Npropre, Det N*... comme désignation de *l* au Bivocal/DIL, c'est reconnaître que la bivocalité

inscrite dans la contrainte des ancrages énonciatifs primaires divisés entre A et *a*, s'ouvre au-delà du jeu, noté ci-dessus, pour les ancrages secondaires, sur d'autres espaces d'« oscillation énonciative » entre L et *l*.

Sans entrer dans le détail des conceptions dans lesquelles s'ancre l'exclusion des SN pleins référant au *l*, on peut noter que l'approche d'une bivocalité énonciative « profonde » est, de fait, incompatible avec la position de Bally posant comme « condition *sine qua non* » du SIL le fait que L

> rapporte les paroles ou les pensées d'un personnage *sans y rien mêler de lui-même* [et] sans trace d'une appréciation personnelle de ces paroles ou de ces pensées. (1914 : 409, 421)

Et c'est bien à ce plan – celui de l'« expression de la subjectivité » – que Moeschler *et al.* situent, en conclusion du passage cité ci-dessus, la base de ce qui, quant aux « changements référentiels » lors du « passage » du direct à l'indirect, induit la spécificité restrictive prêtée au DIL :

> Il y a donc plus au style indirect libre que la simple préservation de la référence, et ce plus est lié à l'expression de la subjectivité. [subjectivité entendue comme devant relever du seul *l*].

4. Le parcours de Gollut et Zufferey (2016), précieux par la mise au jour de la riche variété des formes de désignations non-pronominales sous lesquelles apparaissent les *l* au DIL, donne corps à l'« oscillation énonciative » de ce mode, entre le versant de celles – bien présentes ! – faisant pencher le *e* du côté de L et de ses façons de se représenter *l* (au-delà de seulement le repérer), et les occurrences, sur l'autre versant, de SN d'auto-désignation de *l* relevant, au contraire, de la tonalité propre à la voix de *l*[60].

À identifier la désignation nominale de *l* au Bivocal-DIL comme lieu « d'instabilité » énonciative, on rejoint ainsi le jeu observé des ancrages référentiels de couche II (spatiaux et temporels), dans la reconnaissance d'une pondération variable de la bivocalité entre **A** et ***a***, dont on retrouve le jeu (*cf.* chap. **8**.5.3.1) au plan général des manières de dire.

---

60 Comme, pour m'en tenir au plus simple (parmi des effets plus subtils), dans le cas de l'emphase d'un « lui, Napoléon, ne cèderait pas ! », image d'un « moi, Napoléon… » *cf.* chap. **8** (146) et (148), p. (317).

3.3 Traitements du DIL « à partir » des DD et DI.

Cette démarche, massivement représentée, emprunte trois chemins[61] :

1. DIL à mi-chemin entre DD et DI.
M. Reichler (1992) note que le DIL « est habituellement présenté comme une forme hybride », et c'est, en effet, la conception qui sous-tend les descriptions telles que : le DIL « forme intermédiaire rappelant à la fois les deux autres types de reproduction » (Lips, 1926 : 51), « télescopage des deux premiers » (Rey-Debove, 1997 : 323), « participant à la fois du style direct et du style indirect » (Wagner *et al.*, 1991 : 37), « combinant les particularités du DD et du DI » (Riegel *et al.*, 1994 : 600), et aussi comme forme « mixte », « empruntant » ou « prenant » à chacun des deux autres, « cumulant » ou « joignant » leurs « avantages » stylistiques respectifs, etc... Les descriptions qui suivent ces formulations relèvent, à des degrés de précision divers, de cette « comparaison superficielle des indices » qu'évoquait déjà Voloshinov, pour souligner que, utile, elle passait à côté de la *spécificité* énonciative de ce mode : même s'il y a, on l'a dit, un lien évident de l'un à l'autre plan, il n'est pas équivalent de dire que le DIL se situe « à mi-chemin » du DD et du DI, ou de dire que ce mode se caractérise – différentiellement par rapport aux autres modes – par une *bivocalité divisée entre* **A** *et* ***a***[62].

Un point mérite d'être noté dans ces descriptions : l'ancrage en ***a*** de la couche modale primaire (I), celle de la modalité d'énonciation d'un ***e*** bivocal qui, constituant obligatoire de phrase et « pilier » de l'acte d'énonciation, est à mes yeux un élément crucial de la bivocalité structurelle du DIL, n'y figure pas explicitement. À la « transposition des déictiques » régulièrement inscrite sur le volet DI

---

61 Le parcours qui suit s'en tient au paysage contemporain – approximativement celui des cinquante dernières années – sans faire référence, à quelques renvois ponctuels près, à l'histoire, tourmentée et passionnelle, du traitement du DIL ou SIL depuis la première grande controverse – 1894-1914 – qui, impliquant romanistes allemands et Bally, a marqué la « naissance » de la catégorie, et dont Philippe et Zufferey (2018) présentent une précieuse anthologie.
62 Notons parfois, la combinaison des deux perspectives : celle qui décrit le DIL, formellement, en termes de ce qu'il « garde » ou « emprunte » (ou pas) au DD/DI, et celle qui l'appréhende dans sa spécificité énonciative de bivocal ; c'est le cas, par exemple, pour A. Herschberg-Pierrot (1993 : 115 sq.) qui, ayant abordé les « marques formelles » du DIL, en rapport avec les DD/DI – les « intonations » du DD / les « transpositions » du DI – signale que, bien souvent, ces marques sont inexistantes et que : « En revanche, la *spécificité* de l'indirect libre tient à ce qu'il *superpose au moins deux instances d'énonciation* », cette caractéristique d'« énonciation double », ou hybride, étant posée comme « le seul critère » de reconnaissance d'un DIL.

du « diptyque » du DIL, ne répond pas, sur le volet DD, la modalité d'énonciation « conservée »... Curieusement, la modalité d'énonciation ne paraît convoquée qu'« en creux » : on peut seulement la « déduire » de l'absence de subordination, toujours indiquée, d'une part ; et la « rencontrer », d'autre part, à la place, incertaine (incluse ?, adjacente ?), qu'elle semble occuper relativement à la catégorie du « ton » ou de « l'intonation » – du DD – souvent évoquée, ou à celle des faits « d'expressivité ». Ainsi, par exemple, dans Wagner *et al.* (1991 : 37), est mis en avant, sur le volet DD, le fait pour la phrase de DIL de « pouvoir être prononcée avec le ton que l'on donnerait au même énoncé fait au style direct » ; et c'est marginalement, à la rubrique des « Remarques », qu'apparaît l'indication : « Dans le style indirect libre, les phrases interrogatives conservent toutes les marques du style direct ». De la même façon, chez Riegel *et al.* (1994 : 600), est énoncé comme trait caractéristique du DIL, le fait qu'« il conserve les exclamations et les procédés expressifs du discours direct » (notre couche modale (II), et c'est seulement en commentaire d'exemple que surgit, comme de façon contingente, la mention de la modalité d'énonciation : « Dans ce passage de *Germinal*, on retrouve les phrases interrogatives et exclamatives directes ».

Ainsi, la couche modale (II) – des éléments « expressifs » ancrés en *a* – se trouve-t-elle largement mise en avant, comme trait (« pris » au DD) du DIL, alors que nous avons observé au DI la compatibilité de ses manifestations locales avec les ancrages primaires en **A** de ce mode ; tandis que la couche modale (I) – de la modalité d'énonciation – qui, par son ancrage en **a**, *discordant* de l'ancrage référentiel en **A**, s'oppose radicalement aux autres modes (qui, eux, conjoignent les ancrages référentiels et modaux primaires), et se trouve au principe même du mode Bivocal, apparaît comme tendanciellement « négligée ».

2. Le DIL à partir du DD
Le DIL est alors traité comme variante – transposée – du DD. Bien représentée dans la riche histoire du DIL (« *uneigentliche direkte Rede* » : discours direct impropre, ou pseudo-direct, de G. Lerch en 1922, par exemple), cette approche, plus rare aujourd'hui, est celle de H. Bonnard (1971 : 1348 *sq.*), posant que :

> Le « style indirect libre » n'est *en fait qu'un style direct* différant du type normal par la seule conservation des repérages contextuels [...] il conserve toute la fraîcheur et la force du discours direct dont il n'est qu'une *variante à peine altérée*. On userait d'une dénomination plus adéquate si l'on remplaçait « style indirect libre » par « style direct à repérage externe » [c'est-à-dire à repérage contextuel en **A**].

On notera que si cette approche « par le DD » a le mérite d'impliquer clairement l'ancrage en *a* des deux couches modales (I) et (II), la formulation « style direct à repérage externe » présente en revanche – comme la trace inévitable du « paradoxe énonciatif » du bivocal – l'étrangeté[63] d'un DD privé de l'attribut définitoire de son ancrage référentiel en *a*.

3. Le DIL à partir du DI
Le DIL est alors traité comme variante non subordonnée du DI, « libre » de sa rection. C'est clairement dans son « tantôt/tantôt » la conception formulée par Grévisse (1959/1975 : 1067) :

> Tantôt les propositions du discours indirect sont subordonnées par le moyen de la conjonction *que* à un verbe déclaratif : [...] ; – tantôt, pour plus de rapidité de légèreté, les propositions du discours indirect se présentent comme indépendantes, sans *que* de subordination, le verbe *dire* étant implicitement contenu dans ce qui précède : c'est le **style indirect libre**, qui présente les formes du style indirect, mais garde le ton du style direct. (*idt* et **gdt**)

Cette approche grammaticalo-stylistique présente un double défaut : d'une part, elle passe, comme celle du DIL mixte de DD et DI, à côté de la division énonciative propre à ce mode bivocal ; d'autre part, elle fait obstacle à la prise en compte des vraies variantes non-régies du DI, dans lesquelles l'absence de subordination à un verbe de dire n'altère pas l'ancrage énonciatif primaire en **A** spécifique du DI[64].

Rarement formulée explicitement aujourd'hui sur le mode ci-dessus, c'est cependant cette conception du DIL comme DI non-régi – ou non « introduit » – qui sous-tend la fréquente mise en parallèle des couples DD/DDL et DI/DIL.

---

63 Un DD à repérages énonciatifs en **A** n'aurait-il pas quelque chose d'un cercle de rayon variable, ou d'un rectangle à angles non-droits...

64 Notamment : (a) DI avec incise d'attribution du dire, non rectrice (*il$_i$ a, concède-t-il$_i$, fait des placements hasardeux*), *cf.* chap. **9**.3.3.2, p. 352 et, dans Rosier (1999), une série d'occurrences (ex. (1)-(7), notamment, p. 258–259) ; (b) DI « étendu » (sans reprise de *que*) au-delà des frontières de la phrase régie par un verbe de dire (M. *X dit que cette étude est précieuse. Elle traite notamment de [...] et de [...]. Elle envisage également [...].*), configuration (*cf.* chap. **6**.4 ex. (39), p. 219, chap. **9** ex. (22) à (26), p. 350) qui correspond à ce qu'on a appelé « style indirect *libéré* » – par opposition à *libre*. Cette construction, signalée par plusieurs auteurs – Meiller (1966 : 363) dans des textes des 13e et 14e siècles, Mortara-Garavelli (1985 :133), Buridant (2000 : 676) notamment – est décrite comme « relâchement de la *subordination* », la conjonction *que* suivant un verbe de parole étant « exprimée une première fois (style indirect) puis omise [...] » (Buridant) ; elle est alors clairement envisagée comme une forme *du mode DI*, énonciativement unifié, variante formellement « allégée », économique, qui *s'oppose*, comme le fait la variante standard, à cet *autre mode* qu'est le DIL-Bivocal, énonciativement divisé.

Ainsi, G. Strauch (1974 : 63 *sq.*) propose-t-il, sur la base d'une double opposition ±oblique/ ±régi[65] :

> un schéma de la reproduction du discours à quatre cases où le style direct libre fait pendant au style indirect libre comme le discours direct fait pendant au discours indirect.

On retrouve une structuration apparentée[66] chez Nølke *et al.* (2004 : 61, 67), résumée en :

	direct	indirect
inquit	Discours Direct Rapporté	Discours Indirect Rapporté
Sans *inquit*	Discours Direct Libre	Discours Indirect Libre

Séduisante par son effet de symétrie, confortée par le double emploi de l'adjectif « libre » dans la terminologie reçue, cette structuration fait jouer – sur le mode de la « quatrième proportionnelle – l'idée, non recevable à mes yeux, que le DIL est au DI ce que le DDL est au DD.

Le DDL est bien, en tant que variante[67] interprétative par non-marquage, à associer au DD dont il partage les caractéristiques d'ancrage en *a* de la séquence *e* : ainsi, (84) et (85) présentent-ils, avec un degré de marquage différent, le même ancrage énonciatif complet en *a* de la séquence *e* dans un co-texte ancré en **A**, qui est le propre du DD :

(84) Jean a passé la tête et il a dit : « Est-ce que je suis en   [DD marqué]
    retard ? »
(85) Jean a passé la tête. Est-ce que je suis en retard ?   [DD non-marqué, appelé DDL]

Le DIL, au contraire, s'écarte, par son ancrage bivocal **A/*a***, de l'ancrage énonciatif primaire en **A** du DI, et ne saurait être considéré comme une variante non-régie de celui-ci : la division énonciative qui apparaît en (87) dans la séquence *e*, entre les ancrages référentiels en **A** (*étais, je*) et modaux en *a* (interrogation), ne saurait être ramenée au simple fait d'un non-marquage opérant dans le cadre du DI[68] :

---

65 « Oblique/non-oblique » étant équivalent (transposé/non transposé) dans notre terminologie à ancré en **A** /ancré en ***a***. La combinatoire des deux oppositions produit quatre discours : non-oblique, régi (DD) ; non-oblique, non-régi (DDL) ; oblique, régi (DI) ; oblique, non-régi (DIL).
66 L'opposition grammaticale régi/non-régi faisant place ici, dans une optique plus pragmatique, à « avec/sans *inquit* » (= expression introductrice) ; *cf.* encore Mochet (1993 : 30, 109) qui fait des deux formes « libres » des sous-espèces respectivement du DD et du DI.
67 Au sens d'*une* des formes sous lesquelles se réalise le mode DD.
68 La variante proposée dans (Détrie *et al.*, 2001 : 94) : « Le DIL peut être analysé comme un DI sans verbe recteur ou, plus sûrement, comme une modalisation en discours second sans introducteur du type *selon x* », présente la même difficulté : comment cette structure de MAS,

(86) Jean a passé la tête et il a demandé s'il était en retard.   [DI]
(87) Jean a passé la tête. Est-ce qu'il était en retard ?   [DIL-bivocal]

* * * * *

Autrement dit, ce n'est qu'en trompe l'œil que le DDL peut se voir assigner le rôle de « quatrième » dans le jeu, par là « régularisé », des « discours rapportés », pièce manquante qui permettrait de réintégrer le DIL dans une « symétrie » à base de DD et de DI[69]. En ce qui concerne le DDL, il n'est qu'une variante – fort intéressante, au demeurant, par le fonctionnement discursif et les effets stylistiques liés à son caractère non-marqué – à l'intérieur de l'échelle, serrée, des degrés de marquage que connaît le DD ; et ce sont tous les modes de RDA qui présentent, on le verra (chap. 9.3.2.1, p. 347), dans les formes qui leur sont propres, une échelle de marquage avec un point zéro – tous, y compris le DI et le Bivocal-DIL et cela que ce point extrême ait reçu un nom, comme le DDL pour le DD (ou l'allusion pour la MAE), ou pas[70]... Quant au DIL, il résiste, de toute l'altérité de sa bivocalité fon-

---

d'ancrage énonciatif unique en **A**, et restreinte de surcroît à la représentation d'une assertion, pourrait-elle rendre compte *d'énoncés bivocaux* présentant une modalité interrogative, injonctive, attribuée (en *a*) à *l*, comme en (87) par exemple ? La même objection s'oppose, à mon sens, au commentaire de J. Simonin (1984b : 178) de cet extrait de presse (*Libération*, 27-3-1979) : [...] L'avocat général *commence* son réquisitoire par... La Cour, *rappelle-t-il*, n'a pas à juger sur le fond ... [...]. *Pour M. l'avocat général*, 23 des 46 accusations ... entrent dans le cadre des délits qui ... *permettent* l'extradition [...] *Selon lui* « la gravité et le caractère odieux » de ces actes, les *disqualifient* ... [...] (*idt*, les coupures autres que celles notées [...] sont dans le texte) ». S'intéressant au fonctionnement des temps verbaux, l'auteur note les occurrences de présent figurant « dans des énoncés qui peuvent être considérés comme style indirect libre (SIL), marqué par " rappelle-t-il ", " pour M. l'avocat général " et " selon lui " [...]. ».
69 Comme cela apparaît, par exemple, chez G. Strauch (1974 : 64) considérant que la mise en lumière de « l'existence d'un style direct libre qui lui est parallèle, [...] *désenclave* pour ainsi dire le style indirect libre, [...] l'extrait de cette position à la fois indéterminée et isolée de *tertium quid* « entre » style direct et indirect où l'a reléguée l'embarras des grammairiens [...] » ; ou chez L. Rosier (1999, couverture) : « le fameux **discours indirect libre** auquel nous ajoutons un nouveau comparse, le **discours direct libre** afin de *rééquilibrer un système de citation*.» (**gdt**)
70 On notera que le partage de l'adjectif *libre* par les deux dénominations de DD*L* et de DI*L* favorise un flottement concernant le marquage/non-marquage du mode Bivocal-DIL : là où le non-marquage est une propriété de la variante dite « libre » du DD, l'absence structurelle, pour le mode bivocal, d'un verbe régissant n'équivaut nullement à un non-marquage comme forme *de RDA* ; compatible avec guillemets et même tiret, incise d'attribution de parole, verbe de dire « annonceur » (non recteur), le mode Bivocal-DIL apparaît dans des énoncés comme : « Jean$_i$ a questionné les présents : "Est-ce que je$_i$ suis venue ? Qu'est-ce que j$_i$'ai dit ?" etc ». [i =**L**], dont le correspondant, au DD : « Jean$_i$ a questionné les présents : « Est-ce que Marie$_i$ est venue ? Qu'est-ce

cière, à ce rapatriement dans un système commandé par le couple DD-DI, comme un mode autonome, à la structure énonciative spécifique, irréductiblement *autre* par rapport aux deux autres.

À défaut d'aller résolument contre la tradition en abandonnant complètement l'appellation « DIL », avec les fâcheuses attaches dont elle est porteuse, au D*I* d'une part, au DD*L* d'autre part, c'est seulement un « pas de côté » que je m'autorise, ou une solution bâtarde, en usant, selon les contextes, de « mode bivocal » (comme je voudrais pouvoir dire), de « DIL » (selon la terminologie établie), ou de « Bivocal-DIL » (dans une formulation de compromis).

4 Bilan sur les articulations énonciatives : contraintes *vs* modulations.

Question propre à la RDA, le type d'articulation énonciative, dans un énoncé, des deux actes **A** et ***a***, se joue donc de façon différenciée sur les deux versants référentiel et modal – du repérage « par rapport aux coordonnées origine » et de la prise en charge par une « source » subjective – et selon deux « couches » d'éléments énonciatifs, primaire et secondaire.

Ancrages énonciatifs primaires
Du fonctionnement contraint de la *couche primaire* – celle que forment les désignations personnelles, temps verbaux et modalités d'énonciation – se dégagent, différentiellement, trois « solutions » d'articulation :
- ancrage *unique* en **A** des *modes énonciativement intégrés*, DI et MDA ;
- deux ancrages *disjoints*, en ***a*** et en **A** respectivement, pour la séquence ***e*** et son environnement phrastique[71] ;
- ancrage *partagé* entre **A** et **a** pour le mode Bivocal-DIL :

---

qu'elle$_i$ a dit ?" etc. » [i =**L**], ne serait certes pas considéré comme du DDL... De ce point de vue, je considère comme une erreur – « sous influence terminologique » – le regroupement que, dans un texte à visée pédagogique (Authier-Revuz 1993a : I-41, II-14), j'opère du DDL et du DIL sous une rubrique de formes « purement interprétatives ».

71 Ceci pour une séquence ***e*** inscrite comme constituant d'une phrase ; dans les autres cas, la succession des ancrages **A**-***a*** est de nature interphrastique.

[XI]

Mode	Ancrage (I) primaire	Référentiel	Modal	Type d'articulation énonciative
DI, MAS, MAE		A	A	A
DD		A - *a*	A - *a*	A - *a*
Bivocal		A	*a*	A/*a*

Ancrages énonciatifs secondaires

Le fonctionnement des *ancrages secondaires* – références spatiales et temporelles (circonstants) et expressivité modale – peut, lui-même, être contraint et, dans ce cas, redoubler celui des ancrages primaires : c'est le cas *pour le mode DD* qui se présente – sans variation interne – comme énonciativement stable :

[XII]   DD :

couche	versant	référentiel	modal
I		A - *a*	A - *a*
II		A - *a*	A - *a*

– Cette couche secondaire peut aussi, par un fonctionnement non contraint, introduire une variation interne au mode défini au plan (I) : c'est le cas *pour le mode DI*, dans lequel la variabilité d'ancrage en **A** ou *a* des éléments de couche (II) ouvre un espace de modulation entre les DI intégralement ancrés en **A**, où la couche (II) vient redoubler la couche (I), et ceux qui, sur la « portée » du dire – inscrite en **A** – multiplient maximalement les « altérations »[72] d'ancrages ponctuels en ***a*** :

[XIII]   DI :

couche	versant	référentiel	modal
I		A	A
II		A *ou a*	A *ou a*

---

[72] Que l'on peut (*cf.* ci-dessus 1.3.3, Remarque 2, p. 115) être tenté de – et hésiter à – caractériser comme « bivocalisantes ».

Pour le mode Bivocal, il participe des deux fonctionnements, contraint et non contraint : le versant modal de la couche (II) vient, de façon contrainte, renforcer l'ancrage en *a* présent en couche (I), tandis que le versant référentiel offre une latitude de « déplacement » de l'équilibre global de l'énoncé vers le **A** de sa couche (I) ou vers le *a* réglant le versant modal :

[XIV]   Bivocal-DIL :

couche	versant	référentiel	modal
I		A	*a*
II		A *ou a*	*a*

* * * * *

La pertinence de ces divers aspects du fonctionnement de l'articulation énonciative qu'implique la RDA se situe à deux niveaux : celui, pour les ancrages contraints, de la *définition* différentielle des modes dont ils apparaissent comme un *élément* ; celui, pour les ancrages variables, d'un *paramètre* – combiné à ceux des degrés de marquage, et des types de pondération des manières de dire de l'un ou de l'autre – dans la *description* de chaque mode comme espace de variation interne (*cf.* chap. **9**).

Chapitre 5 La RDA comme double (re-)contextualisation : par représentation et par déplacement

Les paroles redictes ont, comme autre son, autre sens. (Montaigne *Essais* III-12)

Troisième plan sur lequel s'inscrit cette donnée essentielle à la RDA – le fait que s'y articulent nécessairement deux faits de dire distincts : celui des contextes qu'elle met en jeu. Contrairement aux plans précédents, où les diverses formes selon lesquelles se réalise cette articulation – ce que j'ai appelé les « solutions » au problème qu'elle pose – jouent un rôle différenciateur, entre les divers modes de RDA, la « question contextuelle » traverse, elle, de manière homogène l'ensemble du champ de la RDA, sans y recevoir de réponses spécifiques suivant les modes.

Le référent d'une forme de RDA, c'est une chaîne signifiante dans le contexte de son énonciation : il devrait suffire de dire « un énoncé » dès lors qu'on ne laisse pas le sens propre attaché au verbe « *énoncer* » au passif, avec sa dimension d'acte, d'*événement*, s'effacer au profit du seul *produit* de celui-ci. C'est à ce réel qu'a affaire la RDA, non celui, intralinguistique, des signes, des phrases, des *types*... mais celui où « la langue en emploi et en action », c'est-à-dire articulée au monde, s'incarne, comme discours, contextualisée, en mots, énoncés, *tokens*...[1]

Un *énoncé* de RDA (**E**), qui parle d'un autre *énoncé* (**e⁰**), implique la mise en jeu des *deux* contextes, de l'un et de l'autre. Là où un énoncé ordinaire accède à du sens « en contexte » – donnée de base qu'on rappelle en (**1**) – l'énoncé *e*, élément d'une RDA, passe, lui, par une double re-contextualisation (**2**), dont on envisagera les modalités, dissymétriques, *par représentation* du contexte de *e⁰* (**3**) et *par déplacement* dans le Contexte de **E** (**4**), ainsi que par les jeux de sens auxquels se prête la combinaison en toute RDA du contexte représenté et du Contexte d'accueil[2] (**5**).

---

[1] On le redit, face à la résistance des exercices scolaires de discours rapporté qui, en dépit de ce terme de *discours*, en enferment la pratique dans des mécanismes grammaticaux – de subordination et concordance – réglant des rapports « *décontextualisés* » entre phrases d'où, avec la question du contexte, est évacuée celle du sens.

[2] Lorsque cela paraîtra utile on distinguera les deux contextes par l'opposition minuscule/majuscule à l'initiale : contextualisation (1) par le contexte représenté de *e* (*a*)/Contextualisation (2) par le Contexte de fait ou d'accueil de **E** (**A**).

1 Les énoncés et leur contexte

1.1 Le sens « en contexte »

En passant de l'un à l'autre plan – de ce que Benveniste distinguait comme « deux modes de signifiance », le mode sémiotique et le mode sémantique[3] – on sort de ce qui relève d'un système différentiel fini d'unités discrètes, abstraites qu'il s'agit de *reconnaître*, pour accéder, dans la concrétude singulière des infinies « circonstances » de l'événement de leur énonciation, à ce qu'il s'agit – dans une radicale non-fixité – de *comprendre* c'est-à-dire d'interpréter : le sens des mots en contexte.

Pour illustrer cette opposition par un exemple simple, la phrase « Sortez. » est un objet – linguistique – identifiable, de façon stable, dans le cadre d'un système fini d'oppositions grammaticales et lexicales, comme combinaison des unités suivantes : impératif (*sortez vs vous sortez ?*), affirmatif (*sortez vs ne sortez pas*), 2ᵉ personne du pluriel (*sortez vs sortons*), verbe sortir (*sortez vs entrez*). À seulement esquisser quelques données contextuelles d'occurrences imaginables de « Sortez », on voit s'ouvrir l'éventail des sens qui, interprétativement, peuvent lui être attribués : c'est le « Je n'ai rien de plus à vous dire » d'un congédiement ; le « Vous n'avez rien à faire ici » d'expulsion d'un intrus ; le « Aérez-vous, voyez du monde » du conseil amical à quelqu'un qui se cloître ; le « Pouce ! on arrête » adressé à ses compagnons de cache-cache par un joueur lassé ; le « Mourez donc, puisque vous ne voulez pas céder à mes avances » de Roxane, la redoutable sultane, au malheureux Bajazet – dans la tragédie de Racine qui porte son nom – qu'attendent des muets « étrangleurs » derrière la porte, etc., etc. On peut, si on aime « les histoires », multiplier les cas, et surtout raffiner, étoffer, spécifier les contextes – ou classes de contextes – sommairement évoqués ci-dessus, entreprendre d'ajouter, encore et encore, des spécifications contextuelles en direction de l'absolue singularité événementielle dans laquelle se produit, de fait, le sens d'un énoncé : on y éprouve, contre les illusions d'un sens « fixé en langue »[4],

---

[3] *in* Benveniste (1974) : « La forme et le sens dans le langage » de 1967, et « Sémiologie de la langue » de 1969.

[4] Que ces illusions soient spontanées ou reconduites théoriquement dans des conceptions « fixistes » du sens. On notera que, volontiers imputée au Saussure du *Cours de Linguistique Générale* dans le cadre de certaines approches pragmatiques ou discursives, cette conception d'un « sens » fixé en langue lui est *étrangère* : ce qu'il vise, c'est à dégager, *en deçà* du fait du sens, le réel, abstrait, différentiel d'un ordre de la langue. Et la théorisation de la double signifiance que pose Benveniste est au cœur de son entreprise de « continuer Saussure en allant plus loin », en ce qu'elle suppose et explicite cette distinction des deux plans à articuler : celui de la valeur, établie différentiellement en langue au sens saussurien du mot (niveau « sémiotique »), et celui, qui

hors contexte, non seulement la foncière interdépendance du sens et du contexte, mais, au-delà, le caractère illimité, in-inventoriable de ce qui, relativement à un énoncé, peut « faire sens ».

On ne tentera pas d'esquisser, même schématiquement, l'immense champ des réflexions sur « sens et contexte » ; je me contenterai d'évoquer, situées aux deux pôles de la critique littéraire et de la linguistique formalisante, deux réponses à cette rencontre – vertigineuse – du « tout » contextuel de chaque énoncé singulier, telles la réflexion d'un George Steiner (1998 : 34) mesurant à l'aune du contexte-« monde » la relativité d'une lecture critique :

> Le contexte informatif de n'importe quelle phrase du *Madame Bovary* de Flaubert, par exemple, est celui du paragraphe immédiat, du chapitre qui l'entoure, du roman tout entier. C'est aussi celui de l'état de la langue française à l'époque et dans le pays de Flaubert, de l'histoire de la société française, et des idéologies, de la vie politique, des résonances du quotidien et du terrain de référence implicite et explicite, qui impriment leur marque sur les mots, les tournures de cette phrase en particulier, qui peut-être les subvertissent ou les ironisent. La pierre frappe l'eau et les cercles concentriques ondoient vers des horizons infinis. Le contexte sans lequel il ne saurait y avoir ni sens ni compréhension, c'est le monde.

et, assortissant l'esquisse programmatique – marquée de fantasme totalisateur – de G. Lakoff[5] d'une « grammaire » à même de calculer comment une phrase « a un sens donné dans un contexte donné », son constat selon lequel c'est « tout » qui doit être inclus dans les « contextes » et que « *One thing that one might ask is wether there is* anything *that does not enter into rules of grammar* ».

1.2 Saisir « quelque chose » du contexte et du sens

Ainsi, si une séquence de langue peut être *répétée*, identique à elle-même, l'événement – où se produit le sens – de son énonciation échappe, lui, radicalement, dans la singularité de sa concrétude, à la reproduction à l'identique ; dès que le *dire* est en jeu, le même du « re » se déplace vers de l'autre....

L'écart entre une phrase – forme qui est indéfiniment répétable – et son énonciation – « événement qui ne se répète pas, car relevant d'une singularité située

---

s'ouvre au niveau, « sémantique », du sens et de son interprétation contextuelle. Les manuscrits de Saussure, découverts en 1996 et édités en 2002 et 2011, notamment le texte posant la « double essence du langage » apportent le plus clair démenti (*cf.* par exemple Depecker 2012) aux lectures réductrices d'un Saussure sourd à la dimension du sens en discours.
5 Dans un entretien avec H. Parret sur les développements de la sémantique générative, Parret (1974).

et datée qu'on ne peut pas réduire » – est celui qu'explore, par exemple[6], la réflexion de Foucault (1969 : 132*sq*.), au fil d'exemples de la matérialisation en énoncés distincts – énonciateurs, moment, canal oral ou écrit, genre discursif etc. – d'un « même » de langue :

> Composée des mêmes mots, [...] maintenue dans son identité syntaxique et sémantique, une phrase ne constitue pas le même énoncé si elle est articulée par quelqu'un au cours d'une conversation, ou imprimée dans un roman, si elle a été écrite un jour il y a des siècles, si elle réapparaît maintenant dans une formulation orale. (Foucault 1969 : 132)
> Deux personnes peuvent bien dire en même temps la même chose ; puisqu'elles sont deux il y aura deux énonciations distinctes. Un seul et même sujet peut bien répéter plusieurs fois la même phrase ; il y aura autant d'énonciations distinctes dans le temps. (*ibid.* : 133)

et que Benveniste (1974 : 19) ancre dans l'expérience quotidienne du dire : « Dire bonjour tous les jours de sa vie à quelqu'un, c'est chaque fois une réinvention ».

Ce jeu de l'autre au cœur du strict même littéral est le ressort, tendu par Borges à l'extrême du paradoxe, par la brillante « fiction » théorique du « Pierre Ménard auteur du Quichotte », mettant en regard « deux textes rigoureusement identiques (même si, par le contexte, leur interprétation est rigoureusement différente) »[7]. C'est le même ressort que, explicitement dans le sillage de Borges, le « Et si les œuvres changeaient d'auteur ? » de Pierre Bayard (2010) fait jouer, dans la pratique – ludique et aigüe – de « l'attribution erronée » par laquelle les textes bien connus de « L'Étranger-de-Camus » ou « L'Éthique-de-Spinoza », par exemple, apparaissent « renouvelés » d'être prêtés respectivement... à Kafka ou à Freud !

Et de la même façon que l'événement d'énonciation échappe à sa répétition, il se soustrait, de tout son ancrage dans le réel du « monde » – hétérogène, continu, informe, illimité... –, à sa *représentation* « complète », comme n'importe quel objet-événement singulier du monde : l'impossibilité « d'épuiser » un fragment quelconque du réel par le langage[8] – défi et blessure animant tant d'écritures

---

[6] Ce fait crucial, dont il n'est pas question d'évoquer les facettes – philosophiques, psychanalytiques, historiques, littéraires... –, l'impossible répétition à l'identique de l'événement langagier, travaillée philosophiquement par Deleuze dès *Différence et répétition* (1969) ou par Derrida (notamment 1990) est évidemment « basique », en linguistique, dans les approches énonciatives ou pragmatiques ; *cf.*, par exemple, Anscombre-Ducrot (1976 : 18) : « [L'activité langagière] est donc par essence historique, événementielle, et, comme telle, ne se reproduit jamais deux fois identique à elle-même ».

[7] F. Delay (1997 : 221) ; ou selon les mots de Milner (2002 : 108) : « fai[san]t récit de l'absolue non-identité des semblables ».

[8] Pour reprendre le titre de Perec : « Tentative d'épuisement d'un lieu parisien » (Christian Bourgeois, Paris, 1982).

littéraires[9] – rejoint, dans le cas particulier de l'événement d'énonciation, et donc de la RDA, l'impossibilité – métalangagière – d'en épuiser le sens.

Et si la reconnaissance de l'articulation sens-contexte rejette la conception du sens « fixé » en langue, ce n'est pas pour lui substituer celle d'un sens *fixé* en contexte : illimité, ce contexte est, foncièrement, hors d'atteinte, et quelle que soit l'opération qui le fait intervenir, elle relèvera nécessairement d'une *sélection* qui, opérée depuis un point de vue particulier, produira « *du* » sens.

Pour le participant à un échange, partie prenante du contexte dans lequel, directement, sur le mode d'une expérience globale du sens-en-contexte, il « comprend », c'est sur une sélection subjective, spontanée, incertaine, largement non consciente, de certains traits contextuels que repose son interprétation. Relativement au « tout » du contexte, les approches diverses du fonctionnement discursif sont autant de points de vue spécifiques qui en présentent des modélisations partielles selon des axes particuliers de pertinence[10] : modes matériels – écrit/oral, en contact/différé – de l'échange verbal ; rapports co-textuels d'une séquence avec son environnement sur le fil du discours ; rapports de « place », de « rôle », de « face », de « statut »... psychologiques, sociaux, institutionnels entre les participants ; « types d'interaction », « contrats de communication », genres de discours, « formations » et « mémoires » discursives, etc.[11]

Et il faut souligner que pour des approches contemporaines du sens en contexte, qui se caractérisent par la visée d'appréhender, non pas « le » sens (qui, nulle part, n'existe) mais *quelque chose du sens*, l'enjeu central est, à nouveau, celui d'une *sélection de contexte* ; c'est ce dont relèvent les constructions de

---

9 Et se trouvant même, selon Abastado (1977 : 55), au principe même de l'écriture : « [...] le réel n'est pas représentable, et l'écart [...] jamais franchi. L'histoire des "Poétiques" est celle des "expédients verbaux" imaginés dans cette entreprise impossible ». *Cf.* « La littérature comme pratique de l'écart » in Authier-Revuz (1995/2012 : 490 *sq.*).

10 On a isolé, précédemment (chap. 4), la couche contextuelle que constituent les *coordonnées* (personnelles, temporelles, spatiales) de l'acte d'énonciation qui permettent son ancrage référentiel : ces données situationnelles auxquelles on réfère comme constituant le (ou faisant partie du) « contexte d'énonciation » ou « contexte situationnel », qui font assurément partie du « contexte » qu'est, pour une chaîne, l'événement de son énonciation, n'ont pas alors été envisagées dans leur concrétude référentielle, mais au plan abstrait de rouage de l'appareil formel de l'énonciation, en tant que le problème formel posé par la RDA – articuler deux actes **A** et *a* dans un énoncé – y reçoit, selon les modes, des solutions différenciées, formellement définitoires (ancrage unique, double, divisé).

11 Sur ces divers points de vue, retenant tel ou tel aspect du contexte – énumérés ici de façon délibérément hétéroclite – on trouvera des éclaircissements aux articles correspondants dans D.A.D 2002, par exemple ; et une réflexion structurante, depuis la perspective de la sémantique interprétative, dans Rastier (1998).

« corpus », opérées sélectivement à partir de l'illimité de l'interdiscours ou de l'intertextualité en fonction de problématiques spécifiques et différentes[12] : tels les corpus discursifs adjoints à un discours donné comme appartenant à son « domaine de mémoire » pour accéder à quelque chose du sens, nourri de « déjà-dit », de ce discours – dans la démarche de l'analyse de discours dite française, menée dans le sillage de M. Pêcheux[13] – ; ou les corpus « génériques », ancrant l'interprétation d'un texte dans un contexte constitué par des textes du même genre, selon un principe de pertinence de constitution de contexte qui est, notamment, celui de la sémantique interprétative de F. Rastier[14].

Dans un texte synthétique de F. Rastier (1998), consacré au rapport contexte/interprétation, la dimension de « choix du contexte » se trouve, ainsi, mise en exergue comme « acte herméneutique majeur dans la mesure où il détermine la construction du sens » (p. 109).

1.3 Un élément du contexte : le « co-texte »

Parmi les axes de pertinence contextuelle évoqués ci-dessus figure celui du *co-texte*, renvoyant à cet élément spécifique du contexte d'une chaîne qu'est son voisinage verbal sur le fil du discours, et que l'on trouve également désigné par « contexte linguistique » – opposé au « contexte extra-linguistique » – ou simplement « contexte ».

Qu'elle soit de contiguïté stricte (le mot qui précède, la phrase qui suit la chaîne concernée) ou non (ce qui figure loin en amont ou en aval dans le texte), quelle que soit l'étendue des unités mises en rapport de voisinage (mot, phrase, paragraphe, chapitre,...) il convient de souligner que cette relation est définie *sur la linéarité*, c'est-à-dire en termes de succession sur un fil (avant/après, co(n)-texte gauche/droit) ; en cela la caractérisation usuelle du « co-texte » comme envi-

---

12 *Cf.* S. Branca, article « Corpus » *in* D.A.D 2002 : 151 *sq.*)
13 Dès lors – à partir de 1975 – que s'y trouve posé le « primat de l'interdiscours » qui fonde, par exemple, chez Courtine (1981a), l'articulation d'un discours (communiste) à un contexte prélevé comme pertinent dans l'interdiscours (le discours chrétien) dont la mémoire joue en filigrane dans le premier et le détermine ; sur ce type de démarche, *cf.* Maingueneau (1987 : 81–83), Authier-Revuz (1995/2012 : 245–255) et, pour une présentation approfondie, les textes de M. Pêcheux (1990) rassemblés et présentés par D. Maldidier
14 *Cf.* « l'ensemble des textes relevant d'un même genre (et d'une même langue) constitue un "bon" corpus, au sein duquel il est possible de caractériser et d'analyser un texte. [...] [...] la contextualisation opérée par la sélection du corpus permet l'interprétation caractérisante, impossible sur le texte isolé. » (Rastier 1998 : 107).

ronnement ou contexte « linguistique », « discursif » ou « textuel » ne permet pas de le distinguer de cet autre contexte verbal – lui aussi linguistique, discursif,... – qu'est la discursivité environnante dans le « milieu » duquel l'énoncé singulier prend corps.

Les deux relations d'une séquence donnée avec de l'« énoncé ailleurs », c'est-à-dire avec du contexte verbal, étant toutes les deux pertinentes, et souvent conjointement, il importe de distinguer le rapport (*in præsentia*) à un ailleurs du *fil du discours* en train de se faire – auquel on réservera ici le terme de « co-texte » – du rapport (*in absentia*) à un ailleurs *en dehors* de cette continuité linéaire, appartenant à l'extériorité discursive du discours en train de se faire[15].

À titre d'exemple de la pertinence conjuguée de ces deux relations différentes à du contexte verbal, très souvent à l'œuvre dans l'identification des formes non-marquées de RDA, cet énoncé :

(1) [...] le nombre de crimes et de suicides dégringole sous les bombes. La haine sort de nous, traverse la frontière et s'abat sur l'ennemi dont le sang impur va abreuver nos sillons une fois de plus [*Cosmopolitan*, octobre 1985].

où le double jeu de la discordance co-textuelle en **E** (au plan du registre de langue) – *sur le fil* du discours – et de la concordance contextuelle – *en dehors de ce fil* – avec l'extérieur discursif partagé de *La Marseillaise* assure la reconnaissance de l'allusion (MAE non-marquée).

---

15 Cette distinction n'est pas prise en compte, sur ce mode, dans la structuration proposée par C. Kerbrat-Orecchioni dans D.A.D 2002, article « Contexte ». Est mise en place une double opposition : d'une part, entre (A) « environnement verbal de l'unité », « co-texte » ou « contexte linguistique » *vs* (B) « situation de communication » ou « contexte non-linguistique » ; d'autre part, entre *contexte étroit vs large*. L'observation de l'élargissement indéfini qui en (B) fait passer du « cadre spatio-temporel » à « l'ensemble du monde social », amène la remarque suivante : « (Et l'on pourrait en dire autant du *cotexte* qui, par le biais de l'*intertexte*, recouvre une étendue discursive théoriquement illimitée.) ». Entre la relation (co-textuelle au sens que je lui ai donné ci-dessus) à un élément – proche ou lointain – d'*une* linéarité discursive donnée et la relation à un élément situé ailleurs dans l'espace extérieur de l'interdiscours, la différence – particulièrement sensible dans le cas de la problématique intérieur/extérieur inhérente à la RDA – ne saurait être ramenée à une question « d'étendue ». Une distinction sera faite plus loin, pour l'énoncé représenté, entre co-texte d'origine et Co-texte d'accueil.

2 RDA et (re-)contextualisation

Dans le champ métadiscursif, la RDA met en jeu, sur un mode spécifique, l'incidence, sur un énoncé – sur sa forme, sur son sens – du contexte de son énonciation.

Une des constantes – depuis le Voloshinov de 1929 jusqu'aux derniers écrits de Bakhtine – de l'approche dialogique de la question de la transmission du discours d'autrui est le rôle central reconnu au contexte comme « élément de l'appréhension active » de celui-ci. À partir du constat selon lequel :

> Le contexte qui englobe la parole d'autrui crée un fond dialogique dont l'influence peut être fort importante. En recourant à des procédés d'enchâssement appropriés, on peut parvenir à des transformations notables d'un énoncé étranger, pourtant rendu de façon exacte. [Bakhtine (1975 : 159)]

Bakhtine énonce ce principe que l'on peut retenir :

> [...] lorsqu'on étudie les différentes formes de transmission du discours d'autrui, on ne peut séparer le procédé d'élaboration de ce discours du procédé de son encadrement contextuel (dialogique) ; les deux procédés sont indissolublement liés. [*ibid.*]

C'est à dégager quelques aspects intervenant dans le procédé – global – de « l'encadrement contextuel » d'un énoncé représenté que sont consacrées les remarques qui suivent.

La question du contexte de l'élément représenté se pose différemment pour chacun des secteurs du métadiscours (*cf.* chap. **1**, schéma **(I)** p. 12) :
– un énoncé (métalinguistique) qui représente une *séquence de langue* – dépourvue de contexte singulier d'énonciation – tel :

(2)   La phrase « Sortez ! » est au mode impératif.

n'active qu'un seul contexte, celui, factuel, de sa propre énonciation ;
– un énoncé d'*auto-représentation* comporte bien une représentation contextuelle d'acte d'énonciation qui, minimale ou étoffée (3 a,b), est nécessairement sélective, interprétative :

(3)   (a) – Je dis : sortez.
       (b) – Étant donné ce qui s'est passé, la façon dont vous vous êtes conduit, et ce que vous venez à l'instant de dire, je ne peux que vous dire : »Sortez ! ».

mais elle apparaît, dans l'énoncé, comme un redoublement en miroir de l'acte même, unique, de l'énonciation en train de se faire, et participant à celle-ci dans le contexte – illimité – duquel l'énoncé, énonciativement dédoublé, prend sens ;

- l'énoncé de RDA articule, lui, *deux actes d'énonciation* – et donc deux contextes– distincts et de statuts différents : celui (***a***) auquel réfère l'énoncé **E**, et qui y intervient seulement au titre de la représentation que celui-ci en produit ; et celui (**A**) dans le Contexte duquel l'énoncé, de fait, se produit et trouve son sens. « Prélèvement », dans le milieu du dit – découpe d'un empan d'énoncé dans son co-texte, détachement d'un fait de dire d'avec l'infinité des « fils » qui « tissés avec » lui[16] le contextualisent en ***a*⁰** – tout énoncé de RDA met en jeu deux opérations de contextualisation : celle *incluse* dans l'énoncé **E** de RDA, qui représente un énoncé ***e*⁰** « en contexte », et celle de l'énoncé **E** lui-même, accédant à du sens, dans le Contexte de son énonciation. Ou, si l'on préfère – pour marquer combien on est loin de l'illusion du « Il a dit : je viens » comme « copie » du réel –, une chaîne ***e*⁰**, énoncée dans un contexte donné, fût-elle reproduite techniquement à l'identique dans une RDA « fidèle », est soumise, en **E**, à une *double re-contextualisation* : (1) *par représentation* verbale du contexte de son énonciation – représentation, on l'a vu, qui ne peut pas ne pas relever de la *sélection* interprétative –, (2) *par déplacement*, de fait, dans le Contexte autre – verbal et non-verbal – de **E** qui en conditionne le sens[17].

3 Le contexte, représenté, de *e* : espace de variation

La variation – grande – que présente la représentation du contexte de ***e*** ne constitue pas, on le rappelle, un élément différenciateur entre les modes de RDA : affectant tous les modes, cette variabilité constitue un élément de variation interne à chaque mode, au plan des formes par lesquels il se réalise – avec ou sans ***l*** explicite, par exemple ; et, capitale quant au sens conféré à l'énoncé représenté, elle est un paramètre important du fonctionnement discursif – tant comme norme générale de contextualisation nulle, faible, forte, d'un type particulier,... propre à un (type de) discours, que, à l'intérieur d'un (type de) discours, comme facteur de différenciation entre les extérieurs discursifs représentés.

---

[16] Selon l'étymologie *cum(avec)–texere(tisser)* de contexte, rappelée in Détrie *et al.* (2001), article « Contexte ».
[17] On caractérise, à juste titre, la RDA comme opération de découpe, détachement, extraction... (*cf.* par exemple : « De façon générale le discours rapporté est un acte d'extraction et de décontextualisation » (Vincent et Dubois 1997 : 18) ; il convient d'ajouter que ce mouvement est obligatoirement suivi de *déplacement* et par conséquent de *re-contextualisation*.

3.1 Latitude quant aux éléments représentés

Une complète liberté caractérise la représentation du contexte de l'énoncé – inaccessible dans sa « totalité » – passant par le choix de ceux des éléments qui seront représentés – qui dit, à qui, quand, où, comment, etc. ? – et le choix – dans l'infinité des descriptions définies possibles pour un référent donné – d'une manière de les nommer.

Cette liberté qui concerne, à travers leur forme propre, *tous* les modes de RDA, concerne *tous* les éléments du contexte qui, sans exclusive, peuvent être explicitement spécifiés ou non.

3.1.1 Les protagonistes de l'acte d'énonciation *a*

Le jeu est ouvert, notamment, quant à la spécification des protagonistes de l'énonciation – *l* et *r*, *l* ou *r*, aucun des deux –, et on note que la source de l'énoncé – *i.e.* l'attribution du dire – notamment, est soit *absente* des cadrages contextuels immédiats, laissée à l'interprétation, éventuellement indéterminée, *via* le contexte étendu, soit délibérément *imprécise*.

L'omission emprunte[18] les voies suivantes :
– certaines formes de modalisation du dire (MAS ou MAE)

(4) – il *paraît* que la réunion est reportée ; la réunion est, *paraît-il*, reportée ; la réunion *serait* reportée.
– une *prétendue* « négociation », le *soit-disant* succès.

– choix syntaxique de la *diathèse*[19] passive – passif, pronominal, impersonnel – permettant, pour les structures trivalentes du type *x dire y à z*, l'effacement du prime-actant, dans les deux constructions : *y être dit (à z) (par x)* et *z se faire/se laisser/se voir dire y (par x)*

(5) Il a été complimenté ; Il fut prié de se joindre à la promenade ; Il s'est fait dire qu'il était incompétent ; Il s'est vu conseiller de changer d'orientation ; Ça s'est dit et ça a eu un fâcheux effet ; Il lui a été signifié son renvoi ; Il me fut répondu ; Il a été rappelé plusieurs fois que... ; Il se murmure qu'il ne viendra pas.

---

18 Outre tous les cas de formes non-marquées de RDA, requérant déjà l'identification interprétative pour **e** de son caractère représenté lui-même et donc de sa source.
19 Objet de l'étude de Evrard (2002).

– choix, lexical, du pôle de la *réception* du dire[20], avec *z entendre, écouter, capter, percevoir, lire, déchiffrer, apprendre... y*[21], *tenir y de x...* (*cf. tenir de source sûre...*) :

(6) J'en ai marre d'entendre que c'est moins grave qu'avant. [*La Rue*, nov. 1997, p. 10, à propos du sida]
(7) Il y a comme cela des mots nouveaux qu'on lance, mais ils ne durent pas. Dernièrement, j'ai lu comme cela qu'un écrivain était « talentueux ». Comprenne qui pourra. Puis je ne l'ai plus jamais revu [remarque du duc de Guermantes, M. Proust, *Du Côté de Guermantes* I].
(8) Quand il apprit que son ami était tombé malade, ça l'impressionna. [...] Quand il apprit que son ami venait de défuncter, le tremblement le prit. Quand il apprit que son ami était un escroc, il entra en agonie. Quand il apprit que son argent n'était pas tout à fait perdu, de joie, il en mourut [R. Queneau, *Les Derniers Jours*, p. 232].

ou dans les formules stéréotypées *Entendu sur les ondes/sur TF1.../Lu dans la presse/ Relevé sur internet...* renvoyant à un support, un canal, mais non à une source définie, qui, dans l'espace médiatique, correspondent parfois, sous ce titre, à des rubriques régulières.

La référenciation imprécise à la source du dire passe évidemment d'abord par la voix anonyme du « on »[22] :

a) *On dit que ; on dit dans les milieux informés ; dans l'entourage de... ; à ce qu'on dit ; dit-on ; comme on dit...*

par les références indéfinies[23] du type :

b) *Quelqu'un ; certains ; des gens ; des témoins ; des membres de... ; un représentant de... ; selon des sources bien informées ;*

ou, avec renforcement de la non-identification :

c) *un responsable non identifié du ministère ; selon une source anonyme ;*

---

20 B. Moricheau-Airaud (2008a) propose un séduisant parcours de la variété des RDA envisagées à partir du pôle de la réception, telle qu'elle est déployée chez Proust – par un narrateur souvent placé en « position de témoin ».
21 Notons que le choix lexical du pôle de la réception, non seulement n'exclut pas la référence à une source *x* – comme apprendre de x – mais peut l'imposer comme en (9). *Dire, parler, raconter, réciter*, se combinent aisément, sans mention de x, à *entendre* : *j'ai entendu dire que..., j'entendis parler de cette affaire...*
22 Densément étudié, notamment *in* Berrendoner (1981), Atlani (1984), Anscombre (2010)
23 Dont Ganea (2017) propose un riche parcours auquel j'emprunte.

et enfin par le lexique de la voix collective anonyme[24] :

d)   *la rumeur* ; *le bruit* ; *la vox populi* ; *l'opinion* ;

qui – plus souvent qu'elle ne dit – :

court ; *circule* ; *s'étend* ; *se répand* ; *se propage*...

3.1.2 Les circonstances de l'acte d'énonciation *a*

Au-delà du *qui ?, à qui ?* des interlocuteurs, *le travail du sens par la contextualisation* de l'énoncé *e*, inhérent à toute RDA, s'étend – dans tous les types de discours – au *où ?* (lieu, cadre...), *quand ?* (date, suite d'événements...), *comment ?* (type de réalisation, à l'oral/à l'écrit...), etc., c'est-à-dire aux circonstances – infinies – de l'énonciation. Il suffit de comparer, par exemple, les MAS suivantes, pour mesurer combien, par rapport à (10), l'énoncé *e* se charge, en (11), par les précisions données sur le cadre – institutionnel – de l'interlocution (*qui, à qui, où ?*), d'enjeux politiques, officiels :

(10)   Il paraît que les organisations criminelles russes coopèrent avec les autres mafias.
(11)   Selon le témoignage, cité par l'agence Reuter, du directeur du Federal Bureau of Investigations (FBI), M. Jim Moody, devant une commission du Congrès des États-Unis, les organisations criminelles russes « coopèrent avec les autres mafias [...] » [*Le Monde*].

ou ces deux DD (12) et (13) au sujet des « armes de destruction massive » invoquées pour attaquer l'Irak :

(12)   Il y a des gens qui disent : « Elles n'ont jamais existé ! »
(13)   Contredisant ouvertement le président George W. Bush et le premier ministre britannique Tony Blair, M. Kay, un homme de la CIA qui pendant dix mois a disposé de centaines d'agents pour sillonner l'Irak, a dit vendredi : « *Je ne pense pas qu'elles aient existé.* » [*Le Monde*, 26-1-2004, cité *in* Jackiewicz (2011 : 107), idt].

Lorsque le vidame de Chartres s'efforce de démêler, pour Nemours, les complexités d'une vie amoureuse à risque, menée sur le « fond » de sa liaison d'ambitieux avec la reine, c'est par les détails – qui, quand, où, sur quel ton... – dont il entoure un propos de la reine d'apparence anodine qu'il le leste du « poids »

---

[24] Ce qui ne se confond pas avec la « circulation de discours » à travers des relais identifiés du type *x a dit à y qui a dit à z*... ou orienté dans le sens de la réception comme :

(9)   Et ça n'est pas une blague... un potin... une parole en l'air : non, Joseph en est sûr... Joseph le tient du sacristain, qui le tient du curé, qui le tient de l'évêque, qui le tient du pape... qui le tient de Drumont... Ah ! [...]. [O. Mirbeau, *Journal d'une femme de chambre* (1900 : 120), cité *in* Rosier (2006]

– celui d'une menaçante mise en demeure de s'engager – que celui-ci a eu sur son destin :

(14) Au bout des deux jours que la reine m'avait donnés, comme j'étais dans la chambre où toutes les dames étaient en cercle, elle me dit tout haut, avec un air grave qui me surprit : « Avez-vous pensé à cette affaire dont je vous ai chargé et en savez-vous la vérité ? » [Mme de La Fayette, *La Princesse de Clèves*, partie II].

Souvent, c'est une contextualisation « objective » qui est chargée de peser de façon critique sur le *e* représenté, de préférence à un jugement négatif explicite : ainsi peut-on comparer la prise de parti du « sans rire » de (15) :

(15) Alors que la discussion est toujours pendante dans l'Union européenne sur la refonte de la directive temps de travail, Jack Straw a indiqué devant le Parlement européen, sans rire, que « *des limites rigides sur le nombre total d'heures travaillées ne sont pas une réponse* » pour améliorer la santé et la sécurité des salariés. [*Libération*, 17–11–2005, *idt*].

avec l'apparente neutralité informative, inscrivant l'énonciation de *e* dans une simple chronologie d'événements, comme, par exemple, en (16) : dans cet article consacré à la mort dans une avalanche de onze adolescents emmenés en montagne dans un cadre associatif, le récit de l'accident, des recherches... du déplacement de membres du gouvernement parmi lesquels « Ségolène Royal ministre de l'Enseignement scolaire » est suivi – l'élément de succession temporelle dispensant de toute marque explicite d'ironie – de ce DI « purement informatif » :

(16) Le matin, celle-ci « *avait décidé d'assouplir les conditions d'encadrement des activités scolaires à ski* », indiquant que « *des parents expérimentés peuvent tout à fait assurer la sécurité des élèves dans les régions où le ski fait partie d'une identité culturelle des montagnards* ». [*Libération*, 21–01–1998, *idt*].

Le savoir spontané des énonciateurs de RDA, quant à l'incidence du contexte représenté sur le sens de l'énoncé dont ils parlent, peut se manifester dans des « mises en contexte » – comme on dit « mise en scène » – disjoignant emphatiquement les propos (au DD, dans ce cas, le plus souvent) et le contexte où ils prennent tout leur sens, qui apparaissent autant dans la parole familière que dans la presse : ainsi, en (17), où **L**, par additions successives (soulignées par le rythme, la parataxe, les *et*) met en place le contexte où le « *e* » viendra à la fin prendre « tout son sens » :

(17) Non, mais tu te rends compte, c'est à sa fille, de 18 ans, et elle lui confie le magasin, en toute responsabilité, et plutôt deux fois qu'une, je peux te dire, qu'elle dit, et devant ses copains, ils en revenaient pas, qui venaient la chercher pour un ciné, /Non, mais, je ne t'ai pas donné l'autorisation, je crois ! [échange entre deux femmes, train de banlieue, noté au vol, mai 2010].

ou, selon un mouvement inverse, dans la théâtralisation rhétorico-typographique très concertée, de cet écho – détaché en bordure de page de journal (*Libération*), en marge d'articles consacrés à la vie politique – :

(18) LE DIALOGUE
— Vous n'avez pas été invité ?
— Ce n'est pas grave, on s'en remettra !
Xavier Darcos à Michel Boutant
L'échange a eu lieu la semaine dernière entre le ministre de l'Éducation nationale, venu participer aux assises académiques du développement durable, et Michel Boutant, le président (PS) du conseil général de Charente. La visite avait fait polémique, car, hormis Philippe Mottet, maire (UMP) d'Angoulême, aucun élu des collectivités territoriales – et donc de l'opposition – n'avait été convié à s'exprimer, provoquant la colère de Ségolène Royal.

qui met en scène (et en page !), à travers le jeu simultané de la syntaxe, des corps de caractères, des polices, de la couleur, du gras, la progressive « découverte » par le lecteur des informations qui, délivrées par paliers successifs (les noms des interlocuteurs ; puis leur identité sociale, la date, le lieu et les circonstances de leur échange ; puis des éléments sur l'avant de cette rencontre) chargent de sens, au fur et à mesure que la contextualisation, concentriquement, s'enrichit, le dialogue donné au départ sur un mode d'énigme « accrocheuse », vierge de tout contexte... Citons encore, bel exemple de la contextualisation en RDA, cette déclaration :

(19) J'ai proclamé le droit des palestiniens à une patrie mais je l'ai dit à Jérusalem ; j'ai proclamé les droits d'Israël mais je l'ai dit au Caire et à Alger [*Le Monde*, 15-04-1980].

De la mise en résonance d'un même message dans des contextes différents qui en renouvellent le sens, Balzac fait un élément de progression du récit lorsque, dans *Splendeurs et misères des courtisanes*, à vingt-cinq pages de distance – de part et d'autre du suicide de Lucien dans sa cellule – il reproduit hardiment, *in extenso* (au DD), la *même* lettre de deux pages adressée par Lucien à l'Abbé Carlos Herrera[25] : une première fois, dans le mouvement de son écriture, portée par la fiévreuse lucidité libératoire d'avant-suicide de Lucien ; une seconde, dans celui,

---

[25] Respectivement dans les dernières pages de la 3e partie (« Où mènent les mauvais chemins ») et la 4e partie (« La dernière incarnation de Vautrin »). Si cette reprise a pu être favorisée par le mode de parution en feuilleton (1846-1847), elle s'est maintenue à travers toutes les réécritures accompagnant les publications « en continu » (volume, œuvres complètes).

cette fois, de sa réception, comme d'un coup mortel, par Vautrin, le narrateur conviant explicitement le lecteur à cette relecture, pour le sens autre qui y apparaîtra :

(20) Jacques Collin épela donc cette terrible lettre en tenant la main de Lucien. [...] En relisant avec Jacques Collin la lettre de Lucien, cet écrit suprême paraîtra ce qu'il fut pour cet homme, une coupe de poison.
[reproduction de la lettre]
Avant une heure du matin, lorsqu'on vint enlever le corps, on trouva Jacques Collin agenouillé devant le lit, cette lettre à terre, lâchée sans doute comme le suicidé lâche le pistolet qui l'a tué [...].

3.2 Le degré de spécification du contexte, élément discursif différenciateur

Dans un texte, le degré de spécification du contexte de l'énoncé représenté peut structurer, différentiellement, l'extériorité discursive qui y est représentée : ainsi, les innombrables RDA qui, incessamment, accompagnant la progression d'un discours de « psychologie » appliquée à la conquête pratique du bonheur, adressée au grand public[26], se répartissent-elles, de façon tranchée, en trois groupes selon les degrés de spécification du contexte d'énonciation qui correspondent à des statuts différents donnés aux extérieurs convoqués :
- (a) *e*, au DD, accompagné de l'unique indication d'un prénom (le tout détaché typographiquement du corps du texte) des témoignages de patients

(21) **Charlotte**
« J'ai des problèmes avec le bonheur au-delà d'un certain seuil, c'est comme s'il me paraissait insupportable [...] »
Chez certaines personnes maladivement inquiètes comme Charlotte, le sentiment du bonheur ne suffit plus [...] [p. 54, **gdt**].

À cette quasi anonymisation de paroles référées à la « classe » des patients, s'oppose la pleine individualisation, par un nom propre, des auteurs dans lesquels – avec une densité psittaciste et sur le mode exclusif de l'accord – le dire trouve appui. Mais deux groupes s'y dessinent (à travers des formes diverses : DD, MAE autonomes ou en DI, MAS...) par leur type de contextualisation :

---

26 À titre d'exemple : C. André, *Vivre heureux – Psychologie du bonheur*, Odile Jacob, coll. Poches, Paris, 2004.

- (b) celui qui, *via* la seule indication de ce nom propre – parfois assorti de *le philosophe*, *le poète*... – entoure le dire de l'« atmosphère » culturelle[27] d'énoncés décontextualisés en vérités, pensées, à valeur universelle, émanant de la « région » discursive des « grands auteurs » :

(22) Saint Augustin définissait la béatitude comme « la joie dans la vérité » [p. 22]
[...] pour le philosophe Alain, « le bonheur est une récompense qui vient à ceux qui ne l'ont pas cherché » [p. 42]
« Les enfants n'ont ni passé ni avenir, [...] ils jouissent du présent » remarquait La Bruyère. [p. 78]

- (c) celui qui, localisant précisément le *e* dans l'extérieur interdiscursif, instaure avec l'auteur du livre un dialogue entre pairs (collègues « psy », penseurs, essayistes, témoins-journalistes) :

(23) Dans son livre *Vivre content*[8], Jean-Louis Servan-Schreiber propose malicieusement de renoncer au bonheur [...] et suggère de rechercher le contentement comme « petite monnaie du bonheur ».
/8. J.L. Servan-Schreiber, *Vivre content*, Albin Michel, Paris, 2002. [p. 32/313]
Il faut alors « rompre la chaîne » selon la formule du psychanalyste Alain Braconnier[6], mais aussi reconstruire.
/6. A. Braconnier, *Petit ou grand anxieux*, Odile Jacob, Paris, 2002. [p. 43/314]

Dans l'espace générique, le degré de spécification du contexte de *e* est un élément bien connu de différenciation. Dans les genres « multiréférencés » des écrits scientifiques[28] et académiques, la précision des « références » normativement requise, dont – outre la réjouissante illustration parodique qu'en donne G. Perec dans sa *Cantatrix Sopranica*[29] – de nombreux travaux récents[30] se sont attachés à décrire le fonctionnement et l'apprentissage, s'oppose (de façon non binaire)

---

[27] Ou – pour recourir à des métaphores moins « aériennes » – donne au dire l'assise, le socle, le fond, le terreau... sur lequel il s'élève, selon un fonctionnement où se superposent les fonctions de « citation-culture » et « citation d'autorité » évoquées par D. Maingueneau (1991 : 137-138).
[28] Grossmann (2011 : 208).
[29] G. Perec, *Cantatrix Sopranica L. et autres écrits scientifiques*, La librairie du XXe siècle, Seuil, Paris,1991. Le petit article de 12 pages « Experimental demonstration of the tomatotopic organization in the Soprano (*Cantatrix Sopranica L*) », consacré à la « yelling reaction (YR) » c'est à dire à un « striking effect of tomato throwing on Sopranos » manifeste ainsi une « référencite » aigüe – « Although numerous behavioral (Zeeg & Puss, 1931 ; Roux & Combalusier, 1932 ; Sinon *et al.*, 1948) pathological (Hun & Deu, 1960), comparative (Karybb & Szÿlâ, 1973) and follow-up (Else & Vire, 1974) studies have permitted [...] » –, appuyée à une bibliographie de 8 pages alignant 70 titres de Alka-Seltzer à un improbable patronyme en Z où se pressent les z, s, y, w...
[30] Notamment Boch et Grossmann (2001), Grossmann (2002), Lucas (2004), Rinck (2006).

aux renvois en usage dans la vulgarisation pour grand public à des sources le plus souvent peu ou pas spécifiées, telles que « les spécialistes, les savants ; un phénomène appelé, baptisé "X" », et en tout cas sans l'« adresse » interdiscursive d'une référenciation complète[31].

Et là où la visée polémique passe volontiers dans les médias par l'indéfinition de la référence (*certains, on,...*) :

(24) Et ici les lanternes terrifiantes de ce que d'aucuns appellent sans rire « l'effrayante érudition » des nouveaux philosophes se révèlent à un œil accoutumé de consternantes vessies [cité *in* Quadruppani, *Catalogue du prêt à penser* [...], 1983, p. 75].

une contextualisation maximale des faits de parole évoqués, assurant leur « traçabilité » est la quasi-règle, dans le genre très spécifique des « questions au gouvernement »[32] :

(25) Monsieur le Ministre, répondant ici même à une question d'actualité sur les lycées le 20 octobre dernier, vous affirmiez : « [...] » [M.-J. Zimmermann, séance de l'Assemblée du 10–02–1999].

3.3 Représentation du co-texte d'un *e*

Dans la problématique de la (dé/re-)contextualisation de *e*⁰, ce qui touche à la chronologie verbale dans laquelle s'inscrit son énonciation, celle du déroulement de son *co-texte* présente des aspects propres. Une opération de « prélèvement » dans cette linéarité verbale est à l'œuvre dans toute RDA, quel qu'en soit le mode[33] :

(26) Jean a dit : « Je ne viendrai pas à la réunion»/Jean a annoncé son absence à la réunion.

opérant par une partition sur le fil entre une séquence, constituée comme son objet *e*⁰ et le co-texte de celle-ci.

De ce complémentaire de *e*⁰ dans la linéarité, la représentation – très variable – vient jouer son rôle dans l'ensemble des éléments de re-contextualisation de l'énoncé représenté. On voit l'influence de la représentation recotextualisante sur l'interprétation en RDA de la même séquence « *e* », selon

---

31 *Cf.* Authier (1982b), par exemple.
32 Étudié par C. Mellet (2005), à qui j'emprunte l'exemple (25).
33 Le mode du DD n'en a pas l'exclusivité : c'est le caractère ostensiblement « découpé » donné à l'image de « *e* » – avec la problématique des « citations tronquées » qu'elle induit – qui met en évidence le prélèvement opéré sur le fil par toute RDA.

qu'elle est pourvue – différemment – en (27)-(28), ou non (26), d'éléments co-textuels :

(27) J'ai eu droit à la longue liste de ses obligations avec, *en conclusion* : « Je ne viendrai pas à la réunion ».
(28) Jean m'a dit : « Je ne viendrai pas à la réunion » *avant d'ajouter* « Ils m'ennuient trop ».

La représentation, associée à un *e,* de son co-texte emprunte deux voies principales.

3.3.1 Inscription de *a* dans une chronologie

La première consiste à inscrire des *e* dans une *chronologie verbale* représentée. Elle se réalise de deux façons :
– par la *succession des e représentés* sur le fil du Discours valant image de la chronologie factuelle des *a*⁰ (et de leurs *e*⁰), les *e* successifs étant dans un rapport de co-textualisation mutuelle. C'est évidemment le cas dans des représentations, orales ou écrites, de dialogue au DD, à dimension « théâtrale », comme :

(29) [...] quand on est rentrés là/ [...] y porter des petits sachets de charbon /en plastique /pour dire si c'était des cailloux /ou du charbon / [...] alors je vois De la Martinière /et je m'avance *je dis* / « C'est çui là le grand/ c'est çui là qui veut fermer Ladrecht »/ *j'ai dit* « C'est des cailloux ça ?/ « Mais mon petit » *j'y dis* « J'suis pas ton petit moi » *j'y dis* eh/ « C'est du charbon/ c'est des cailloux ? »// « Mais je sais bien »/ « Alors pourquoi/ vous voulez la fermer si si si vous le savez bien » ?/ « Mais ça vient pas de moi de » gnan-gnan-fin/ y avait sa femme à côté/ [...] [Récit, par l'un d'eux, de l'irruption des mineurs de Ladrecht, site menacé de fermeture, dans un banquet de dirigeants, *in* J. Bres (1994 : 22)].
(30) Un appareil appelait :
— Allô Madrid ? qui êtes-vous ?
— Le Syndicat des transports ferroviaires.
— Ici Miranda. La gare et la ville sont à nous. Arriba España !
— Mais Madrid est à nous. *Salud* ! [A. Malraux, *L'Espoir,* Première partie, chapitre 1].

mais aussi – le reflet du déroulement chronologique des faits de dire par le déroulement linéaire de leur représentation n'étant pas subordonné au mode DD – avec des DI, DIL, MAS, comme, par exemple dans des procès-verbaux de réunions où l'importance de la succession – co-textualisante – des dires représentés et du mouvement qui s'y inscrit s'impose, à travers des RDA, aussi peu « théâtrales » que possible, au DI :

(31) Examen du budget prévisionnel de la recherche (2005)
M. A. *souligne* la difficulté [...]. Il *rappelle* que [...]. Il *indique* que de ce fait, le budget [...]. [...] M. A. *expose* les principaux postes de dépenses [...]. M. B. *juge* ces propositions cohérentes et de bon aloi. [...] Mme C. *signale* l'absence du département maintenance [...] dans

la présentation du budget. Le Vice-Président *constate* que ces crédits ne figurent plus sur cette nouvelle version du budget, différente de celle [...]. Mme D. *se sent gênée* à se prononcer sur ce budget. M. E. *estime* que les documents présentés sont à la limite du respect des conseillers.
M. A. *propose* une suspension de séance [Procès-verbal de séance d'un Conseil universitaire, 01–2005].

– par la *caractérisation lexicale* de la position sur le fil du discours d'un acte a_i relativement à un autre a_j – que ce fil soit oral ou écrit, tenu par un seul énonciateur ou partagé en co-énonciation interactive avec un autre – *enchaîner, ajouter, poursuivre...* ; *répondre, répliquer, interrompre...* ; *après avoir dit... il a dit* ; *il a dit... puis, ensuite, il a dit...*, comme ci-dessus, en (27), (28), ou :

(32) — Encore une robe neuve ? s'étonnait-il. Peste, Madame !
Interloquée « Sido » le *reprenait* sans gaîté :
— Neuve ? Colette, voyons !... où as-tu les yeux ? [...]
— [...] Elle a trois ans !... Et ce n'est pas fini ! *ajoutait*-elle avec une hâte fière. Teinte en bleu marine... [Colette, *Sido*, Livre de Poche, Paris, p. 48].

(33) Plusieurs définitions de l'inconscient émaillent ce texte. On pourra en particulier retenir : « *L'inconscient est une partie du discours [...] qui fait défaut à la disposition du sujet pour rétablir la continuité de son discours conscient* ».
C'est, ajoute Lacan, « *le chapitre censuré* » dont la place est « *marqué(e) par un blanc ou occupé(e) par un mensonge* » [A. Vanier (1998) *Lacan* : 24, *idt*].

Ces énoncés (32–33) où la caractérisation lexicale redouble, en la spécifiant (*ajouter, reprendre...*) la succession matérielle des « *e* » sur le fil du discours, illustrent le cas dominant. La configuration de RDA se succédant sur la chaîne *à rebours* de la chronologie explicitée lexicalement des actes de paroles est cependant possible : *il a dit P après avoir dit Q* ; *il a dit P, oui, mais il venait de dire Q...* ; mais, plus marquée, cette dernière configuration s'accompagne souvent d'un accent d'insistance sur le deuxième terme, contextualisant le dire de P, et sur un mode rectificateur par rapport au dire d'un autre ayant omis cette co-textualisation.

3.3.2 Représentation du co-texte de e^0 en a^0

La deuxième passe par une *information sur le co-texte d'origine* dans lequel a été prélevé le *e* représenté, réalisée de deux façons :
– par une autre forme de RDA *incluant* le *e* prélevé allusivement, replacé, par là, dans son co-texte, comme en :

(34) Madame Amiel, journaliste en apparence mais folliculaire en réalité (1), officie régulièrement [...] dans « Cinéma 71 ».

> (1) « *On appelle journaliste un homme instruit, un homme en état de raisonner sur un ouvrage, de l'analyser, et d'en rendre au public un compte éclairé, qui le fasse connaître ; mais celui qui n'a ni l'esprit, ni le jugement nécessaire à cette honorable fonction, celui qui compile, imprime, diffame, ment, calomnie, déraisonne, et tout cela pour vivre, celui-là, dis-je, n'est qu'un folliculaire.* » (Sade) [*C. du Cinéma*, n°233, *idt*, cité in Lefebvre (2004)]

Le couple formé par un *e*, de forme MAE allusive, dans le texte (ici *journaliste vs folliculaire*) et un DD incluant *e*, en note (ici, la citation de Sade) est une forme type de représentation du co-texte, répondant, sur la portée seconde de la note, au risque que l'ailleurs discursif dans lequel a été prélevé le *e* ne reste – avec tout le sens dont il est chargé – lettre morte pour le lecteur.

- par une *référence au co-texte*, qui n'est plus de l'ordre de sa représentation via une RDA, comme dans le cas précédent, mais de la simple désignation d'un lieu textuel dans le déroulement duquel figure *e* : la localisation de *e* dans un déroulement co-textuel pouvant en rester aux dimensions du texte :

> (35) Le « À nous deux » de Rastignac dans *Le Père Goriot*, c'est [...].

ou parcourir, à travers tous les types de « division du texte » – volume, partie, chapitre, page, paragraphe, ligne, etc. –, et, selon le genre pratiqué, toute une échelle de degrés jusqu'à l'« adresse[34] interdiscursive » de la référence « académique » normée :

> (36) Trois genres se trouvent ici mélangés : la biographie (à narration « hétérodiégétique »), [...] et l'autobiographie (à narration « autodiégétique[1] ») [...].
> /1. J'emprunte ces termes à G. Genette, *Figures III*, Seuil, Paris, 1972, p. 251, 253 [...] [P. Lejeune, *Je est un autre*, 1980].

3.4 Énoncé et contexte représentés : aspects de leur mise en rapport au fil du discours

3.4.1 Variété des organisations séquentielles

Si le « modèle » du *il a dit...* est débordé par la latitude touchant à la représentation du contexte de *e*⁰ qui peut ignorer *l*, spécifier le *r*, etc. on ne doit pas non plus enfermer dans son « patron » syntaxique la variété des organisations séquentielles du *e* et du contexte représenté de son énonciation.

La formulation de « syntagme introducteur du discours rapporté » par laquelle on le décrit classiquement ne saurait être étendue, si « syntagme » et

---

34 Le terme d'adresse étant bien sûr pris ici au sens de « localisation ».

« introducteur » ne sont pas vides de sens, ni aux phrases complètes (placées avant ou après **e**) assurant sémantiquement la contextualisation de **e**, du type :

(37) « Il faut repenser cette question. » La formulation du ministre a surpris.
(38) Ahmed sourit de ma question. « Il n'y a pas de risque. [...] » [*Paris-Match*, 10-12-1992, p. 110].

ni aux syntagmes placés dans ou après **e**, notamment l'incise à laquelle la position frontale (« introductrice ») est interdite.

Et si la conception d'un « support » des « propos »[35] neutralise ce trait de « l'introduction », il reste que le « système » support/propos, inscrit dans le cadre phrastique, ne peut pas rendre compte de la variété des configurations séquentielles par lesquelles se réalise l'articulation, inhérente à la RDA, d'un **e** et de la représentation du contexte de son énonciation.

C'est dans le cadre de l'étude de chaque mode que peuvent être envisagées précisément les diverses formes de cette articulation. On notera ici, très schématiquement, touchant la façon dont se réalise ce *lien* de **e** au contexte représenté de son énonciation, trois oppositions qui, combinées, en structurent la variété :
- (1) par *marquage*, univoque, au plan syntactico-sémantique de rapports de dépendance variés (rection, circonstant, incise, anaphore) *vs* par *interprétation* d'indices, au plan sémantico-discursif ;
- (2) dans un cadre *intra-* vs *inter*phrastique ;
- (3) selon que la place respective des deux éléments dans le mouvement du dire : contexte d'énonciation *antéposé* en ouverture de RDA (« introduction » syntaxique, « annonce » sémantique, « frayage » par indices) *vs postposé* en clôture de RDA (avec des effets de rétro-action, de ré-interprétation de **e**) *vs interposé* en accompagnement (avec des effets de commentaire incident) – ces places n'étant pas exclusives l'une de l'autre, pas plus que ne le sont les traits (1) et (2), susceptibles de se combiner dans la représentation d'un ***a*** donné.

---

[35] Selon la formulation de Molinié (1991 : 121) : ajoutant, aux deux formes évoquées ci-dessus, *J'arrive qu'il m'a dit* et *J'arrive m'a-t-il dit*, il propose de dégager à partir de l'ensemble de ces énoncés un « système » qui serait propre au discours rapporté, au sens d'une « organisation » des deux éléments, support et propos, ne relevant ni de la coordination ni de la dépendance, et que l'on pourrait rapprocher de *avoir beau P, Q* ou *même si P, Q*. Cette « structure systématique » qui caractériserait, syntaxiquement, le discours rapporté ne me paraît rendre compte ni de l'ensemble des formes de RDA (même sans prendre en compte la MDA), non réductible à ce modèle phrastique, ni des spécificités syntaxiques (de l'ordre de la « dépendance » à mes yeux) des quatre formes envisagées.

3.4.2 Représentations interpénétrées de l'énoncé et de son contexte

En dépit de la bipartition que suggèrent les descriptions des formes de RDA en termes de « propos rapportés » couplés sur la chaîne à un élément – « segment support », syntagme introducteur du dire, *inquit*... – assurant le cadrage énonciatif des premiers, l'articulation par la RDA d'un *e* à son contexte ne se ramène pas – tant s'en faut – à cette représentation *par la succession*, sur la chaîne, de ces deux éléments constitutifs d'un a^0 : l'énoncé d'une part et le contexte du fait de son énonciation d'autre part.

La représentation de a^0 peut, au lieu de distinguer les éléments intervenant dans « l'alchimie du sens » – ses « ingrédients » : e^0 d'une part et son contexte d'autre part – viser directement le produit de cette alchimie, le *sens* de a^0 tel que L l'interprète. Bousculant la répartition linéaire contexte-énoncé des *il dit : je viens* ; *je viens, dit-il*, une représentation directe du sens de e^0-dans-a^0 incorpore, fusionne, interpénètre des éléments tenant à e^0 *et* à son contexte d'énonciation[36].

Deux opérations – métalangagières sur lesquelles on revient de façon détaillée ci-dessous (chap. **6** et **7**) – réalisent, dans la RDA, cette interpénétration de l'énoncé e^0 et du contexte de son énonciation : la *catégorisation* et la *paraphrase*.

La première intègre une prise en compte du sens de l'énoncé e^0 dans la représentation de l'événement de son énonciation : d'une RDA aux images strictement disjointes de e^0 et du fait de son énonciation :

(39) Il a dit : « Je serai présent ».

on passe, avec :

(40) Il a menacé, objecté, promis, proclamé, prévenu, confirmé, concédé, fanfaronné, défié,... : « Je serai présent ».

à une représentation conjoignant interprétativement événement et énoncé dans la catégorisation sémantique de « cet *e* dans ce contexte » comme menace, objection...

Là où, en (39), e^0 n'apparaît représenté que sous la forme d'une séquence « *e* » qui en présente la/une formulation, e^0 apparaît en (40) doublement représenté : par une formulation « *e* » *et* la catégorisation sémantique de l'acte accompli. Cette dimension de catégorisation sémantique passant par les ressources lexicales que la métalangue offre au discours est, on le verra, transverse à l'ensemble du champ

---

36 Interpénétration qui ne se situe pas au même plan que la question (qu'elle rencontre) de « l'intégration énonciative » de la représentation de e^0 à son co-texte en E selon laquelle ont été opposés DI, MAS, MAE au DD et au Bivocal (chap. **4**).

de la RDA : elle peut, en tous les modes, aller contre la simple bipartition de la chaîne entre image de l'énoncé/image de son énonciation, ainsi :

(41) Avait-on déjà oublié ? *protesta*-t-il. (*vs* dit-il) [Bivocal]
(42) Il y a bien eu transaction d'après les *confidences*, les *aveux* de *l* (*vs* d'après *l*) [MAS]
(43) ..., pour reprendre l'*euphémisme*, la *formule provocatrice* de *l* (*vs* pour parler comme *l*) [MAE]
(44) a Il a *promis* qu'il serait là (*vs* il a *dit*) [DI]
b Ils ont fait une *proposition, remarque, concession* intéressante.

La seconde intègre une prise en compte du contexte événementiel *a* dans la *représentation paraphrastique* de l'énoncé *e⁰* : de

(45) Il a dit textuellement : « Je serai présent ».

on passe avec :

(46) Il a dit en substance : « Attention, je peux encore mordre ! ».

à une représentation conjoignant interprétativement énoncé et contexte dans une reformulation paraphrastique posant l'équivalence, au plan du sens, entre l'image « *e* » et le référent *e⁰*-dans-son-contexte (*a⁰*).

Ce second chemin de la représentation directe du *sens* de « l'énoncé-en-contexte » (et non pas des deux éléments distincts de l'énoncé et de son contexte permettant par leur association de produire du sens), la représentation paraphrastique, est – comme la catégorisation sémantique – largement à l'œuvre dans le champ de la RDA : caractéristique du fonctionnement de la MAS et du DI, elle est aussi largement présente en DD et en Bivocal ; seule la MAE, définitoirement associée à une représentation « textuelle » du référent *e⁰*, y est réfractaire[37].

Ainsi la représentation d'un *a⁰* – un énoncé dans le contexte de son énonciation – s'effectue-t-elle :
- soit (1) par le *couplage*, sur la chaîne, des deux éléments, identifiables comme tels, de la représentation de l'énoncé *e⁰* (quelle qu'en soit la forme *e*) et de la représentation du contexte de son énonciation (marquée par la plus grande latitude) : la RDA *fournit les données* qui permettent – et conditionnent – *l'attribution par* **R** *d'un sens* à l'acte représenté ;
- soit (2) par *l'intégration* de l'énoncé et de son contexte, par (a) la catégorisation sémantique ou (b) la reformulation paraphrastique : la RDA *présente, directement*, une *représentation, par* **L***, du sens* de l'acte représenté.

---

37 *Cf.* chap. 7.2.1.2, note 12, p. 231 et chap. 8.3.3.1, p. 297.

On peut, pour un même référent e^0, proposer les représentations suivantes relevant respectivement
- du couplage (avec des contextualisations inégalement spécifiées) :

(47) Je crois que pour la prochaine réunion il a dit : « je serai présent ».
(48) Comme il avait compris la manœuvre qui visait à neutraliser son opposition en repoussant toujours les décisions et en escomptant que, fatigué, il abandonnerait, le vieux lion a dit : « je serai présent ».

- et de l'intégration (par catégorisation (49), et par paraphrase (50)) :

(49) Il a menacé : « je serai présent ».
(50) Il a dit en substance : « Attention ! je peux encore mordre ».

Artificiellement séparés ici, ces modes différents de représentation d'un e^0 contextualisé sont évidemment combinables : on peut, par exemple, faire précéder (49) ou (50) de la représentation du contexte de (48)

Comme il avait [...] abandonnerait, il a menacé/dit en substance...

3.4.3 Quelle extension pour le contexte représenté d'un *e* ?

La représentation du contexte, y compris pour assurer l'identification de la séquence comme un *e* et lui reconnaître une source, n'est *pas circonscrite à la phrase* contenant l'énoncé *e* mais passe, interprétativement, par les phrases voisines, comme, par exemple, dans les DD suivants :

(51) Pourtant voisin ne rime pas avec chagrin ou pépin. Anne vit dans un ensemble de dix petites maisons (90 m²), avec [...] un grand jardin collectif (800 m²). « Cela avait été conçu par un architecte qui voulait s'y installer avec des amis. [...] » [*Cosmopolitan*, nov. 1997, p. 169].
(52) « Le Président ne pourra pas faire son interview du 14 juillet avec le même gouvernement. » Michèle Alliot-Marie est catégorique : l'idée d'un changement de premier ministre fait son chemin chez Chirac [...] [*Le Canard enchaîné*, 24-05-2006, p. 2].
(53) Lol sourit dans ma direction. Viens. Elle me laisse le temps d'approcher encore [M. Duras, *Le Ravissement de Lol V. Stein*, Gallimard, Paris, 1964, p. 148].

Nulle dans le cas d'emprunts (MAE) non explicites, comme dans l'énoncé suivant, la reconnaissance aléatoire d'une allusion – à La Fontaine – sans « raison » autre que celle du bon plaisir de Gide, dépend de la seule connivence des mémoires (inter)discursives :

(54) Et pourtant, comme afin de me retenir, la campagne, hier, se paraît de mille grâces « ainsi qu'aux plus beaux jours ». L'air était léger ; le ciel, ineffablement pur [...] [Gide, *Journal*, 6 mai 1940].

C'est, en revanche, de l'ensemble d'une présentation de plusieurs pages consacrée au « Discours de Rome » de Lacan que la séquence *e* « fonction paternelle » reçoit les informations contextuelles – historiques, interdiscursives, co-textuelles – qui lui confèrent interprétativement à la fois statut (MAE) d'emprunt au texte dont il est question, et sens[38] :

(55) Cette dimension symbolique de la « fonction paternelle » est toujours présente au-delà des relations réelles et imaginaires que le sujet peut avoir avec son père [A. Vanier (1998), *Lacan*, section « Le discours de Rome », p. 22].

Point extrême de cette extension : les nombreuses RDA de fin de textes narratifs qui illustrent comment les paroles, « ordinaires » dans leur littéralité, d'un personnage, entrent dans une résonance indéfinie avec la « contextualisation » que leur assure le roman tout entier.

Pour m'en tenir à des textes bien connus, c'est, au-delà de leur contexte immédiat, dans un contexte « étendu » aux dimensions de l'œuvre que résonnent (dans leurs tonalités diverses) ces « DD de clôture » :
– point d'orgue que met au récit *d'Un Amour de Swann* la réflexion par laquelle celui-ci « tourne la page » de cet amour :

(56) Dire que j'ai gâché des années de ma vie, [...], pour une femme qui ne me plaisait pas, qui n'était pas mon genre !

– célèbre défi à la société de Rastignac sur lequel s'achève *Le Père Goriot* :

(57) Il lança sur cette ruche bourdonnante un regard qui semblait par avance en pomper le miel, et dit ces mots grandioses : « À nous deux maintenant ! »

– ou « fin en queue de rat » que Flaubert donne à son *Éducation sentimentale*, avec son bilan mélancolique, tout à la fois amusé et désabusé, dans lequel se retrouvent les deux vieux amis :

(58) Ils se la [leur aventure adolescente chez « la Turque »] contèrent prolixement, chacun complétant les souvenirs de l'autre ; et quand ils eurent fini :

---

[38] Les emprunts en (54) et (55) relèvent de deux logiques d'émergence dans le Discours d'un discours autre – comme « associé » au Discours, surgi du milieu de l'interdiscours, ou comme « attaché » (ou « approprié ») à l'objet du Discours – distinction proposée dans Authier-Revuz (1995/2012 : 300–326). On aperçoit ici le lien de cette distinction à la question du degré de (re)contextualisation (représentée) du *e*, l'émergence par association étant susceptible de (re)contextualisation zéro, comme en (54), là où (comme en (55)) dans le type « attaché » à l'objet *dont on parle*, le discours autre représenté est, *par là même*, contextualisé. On revient sur cette opposition au chap. 15, p. 623.

—« C'est là ce que nous avons eu de meilleur ! » dit Frédéric.
— « Oui, peut être bien ! C'est là ce que nous avons eu de meilleur », dit Deslauriers.

* * * * *

Quel que soit le mode sur lequel elle est mise en œuvre ou vécue – comme instrument de manipulation, obstacle à l'objectivité, ressource de la création romanesque – la liberté de représentation du contexte conditionne l'interprétation de l'énoncé représenté.

Au-delà de ces observations sur le jeu ouvert au cœur de la RDA par cette latitude dans la représentation du contexte, la fréquence avec laquelle on enregistre – dans les relations personnelles, notamment agonales, l'espace politico-médiatique, les analyses de textes... – des évaluations, rectifications, protestations... portant sur la contextualisation d'un e effectuée par autrui dans une RDA, témoigne de l'importance de cette opération – non seulement pratiquée et subie « sans y penser », mais consciemment prise en compte par les sujets parlants, comme condition du sens. On en envisage quelques réalisations en **5**, ci-dessous.

4 Le Contexte d'accueil – celui où s'énonce la RDA

La RDA est elle-même un énoncé : et, par là, comme tout énoncé, déterminée par et prenant sens dans le contexte de son énonciation. Aussi toute RDA est-elle le lieu d'une double contextualisation, hiérarchisée : l'articulation de e^0 à un contexte, représentée par la RDA, est articulée au Contexte dans lequel s'énonce la RDA. Via la RDA, l'image de e^0 est ainsi doublement soumise au Contexte d'énonciation de E : c'est d'abord, *depuis ce Contexte* – c'est-à-dire depuis le point de vue, et dans les termes des repérages énonciatifs, manières de dire, genre de discours, « opinions » discursives sur le monde... qui sont les siens – qu'est énoncée, et formulée, la représentation sélective du contexte de e^0, dont est pourvue, « encadrant » son sens, l'image e de celui-ci. C'est ensuite, *dans ce Contexte* que, sous la forme de cette image, e^0 se trouve *déplacé*. À partir du contexte de sa survenue d'où la RDA « l'extrait » pour n'en retenir que les éléments de l'image qu'elle produit, l'énoncé subit une « transplantation » dans le Contexte « d'accueil » du dire en train de se faire. Au « travail du sens » qu'opère la forme de la RDA sur le e^0 représenté, via la représentation – évoquée ci-dessus – qu'elle comporte de son contexte, s'ajoute, non moins essentiel, celui qui résulte de son « importation » par la RDA dans son Contexte propre.

Simpliste au regard de la complexité des « vrais contextes » de « vrais discours », l'exemple suivant illustre, en les séparant artificiellement là où un énoncé de RDA les associe, les trois étages :
– (I) de la représentation *e* d'un *e*⁰ prélevé dans le tissu de la discursivité,

(59) « *e* » = « Il fera mauvais ».

– (II) de sa (re)contextualisation par la représentation, verbale, en RDA, du contexte de son énonciation (*a*⁰),

(60) (1) Jean, après avoir consulté la météo, avait soupiré : « *e* ».
     (2) Pour taquiner Marie, Jean avait plaisanté : « *e* ».
     (3) Comme le chat avait passé sa patte derrière l'oreille, Jean avait dit en riant : « *e* ».
     (4) Jean avait affirmé : « *e* ».

– (III) de sa (re)contextualisation dans le Contexte, verbal et non verbal, de l'énonciation (**A**) de la RDA :

(61) (a) {L ouvre les volets sur un ciel tout gris et énonce :} Jean avait affirmé : « *e* ».
     (b) {L ouvre les volets sur un ciel tout bleu et énonce :} Jean avait affirmé : « *e* ».

Si ces trois opérations interviennent solidairement dans le mécanisme de « conversion d'un discours en énoncé rapporté »[39] et se conjuguent dans l'effet de sens d'une RDA donnée, il n'est pas inutile de les distinguer : travail de la « découpe », représentation de contexte, Contextualisation d'accueil (factuelle et Co-textuelle) – relevant de plans différents, passant par des modalités différentes – se prêtent chacun à leurs effets propres. Ainsi, n'est-il pas équivalent que, par exemple, l'approbation ou l'ironie de la RDA soit confiée au seul effet de « rencontre », à interpréter, au plan (III) entre une formulation neutre et, respectivement, les Contextes (a) ou (b), comme en (60) ou qu'elle apparaisse explicitement, dès le plan (II), dans des formes du type :

(62) a Jean avait bien *prévenu* : « Il fera mauvais ».
     b Jean avait *prétendu* : « Il fera mauvais ».

---

[39] Selon l'heureuse expression de D. Maingueneau (1991 : 135 *sq.*) dans un passage évoquant, de façon suggestive, prélèvement (« prélever un matériau déjà signifiant dans un discours ») et déplacement (« pour le faire fonctionner dans un nouveau système signifiant »), et concluant : « Il ne suffit donc pas d'identifier le discours dans lequel a été prélevé la citation ou d'étudier la transformation qu'il a subie, il faut en outre rendre compte de son statut dans la nouvelle structure à laquelle il est intégré ».

On peut comparer la contestation par **L** de la validité des deux termes empruntés (MAE) dans les énoncés suivants : là où, en (63), c'est un commentaire explicite – *comme il l'appelle sans rire* –, situé au plan de la représentation du contexte du *e,* qui invalide la nomination « destin », en (64), c'est le simple transfert en Co-texte contradictoire (*accouché d'un enfant mort-né*) qui ruine l'appellation d' « infanticide »,

(63) [...] le petit juge d'Épinal [...]. Son « destin », comme il l'appelle sans rire, est venu bouleverser son avancement pépère [*Le Canard enchaîné*, 08-04-1987, p. 6].
(64) « L'infanticide » avoue qu'elle a accouché d'un enfant mort-né [*Libération*, 20-12-1985, p. 22].

La part dévolue en RDA à l'une ou l'autre de ces modalités critiques – par représentation de contexte à désaveu explicite ou par simple placement en Co-texte hostile – est un élément différenciateur dans le champ des discours polémiques. Avec l'efficacité rhétorique de ce qui est à même de se dispenser de l'explicitation – jouant la rapidité elliptique contre le caractère possiblement « besogneux » de ce qui doit s'expliciter... –, la recontextualisation minimale de *e* peut ainsi correspondre à une stratégie discursive d'ensemble. Telle est, par exemple, on l'a souvent noté[40], la forme – convenant à une esthétique libertine ennemie de toute lourdeur explicative – que privilégie la guerre épistolaire des deux héros des *Liaisons Dangereuses* dans leurs représentations élégamment assassines des propos du destinataire.

L'opération de déplacement[41], inhérente à la RDA, présente, en effet, la force spécifique de ce qui – à la différence de la recontextualisation par représentation par laquelle **L** *dit* quelque chose au sujet de l'énoncé qu'il représente – *se fait*, s'accomplit dans le dire, et dont le récepteur, sans le truchement d'une explicitation, reçoit directement l'effet : celui de la *rencontre* dans le dire entre un *e* et le Contexte (et Co-texte) de **A**, avec toute la gamme de relations – conflit, accord, consonance, dissonance... – de mise en résonance de l'un dans et par l'autre. Pas de formes linguistiques, donc, à inventorier ici, qui diraient le Contexte d'accueil (comme dans le cas du contexte représenté) : c'est dans son articulation, en dis-

---

[40] Jaubert (1990 : 159) ; Bordas (1998) ; Paillet-Guth (1998).
[41] Perçue comme suffisamment essentielle par Jakobson (1963 :177) pour retenir, à la suite de Bloomfield, l'appellation de paroles « déplacées », pour la « structure double » M/M, du message renvoyant à un message. Métaphore également pertinente, la « transplantation » : « L'énoncé rapporté, coupé de sa source, [...arraché] à une situation vivante pour le *transplanter* dans une autre situation [...] ne sera plus lui-même, mais *un autre*. » (Gauvenet *et al.* (1976 : 20). Et c'est « pour les *transporter* en cettuy-cy » que Montaigne s'en va « escornifflant par cy par là » des livres, les sentences qui [lui] plaisent [...] (*Essais* I-25).

cours, au *e* et à son contexte représenté, qu'on peut tenter de dégager (**5** ci-dessous) quelques effets du « déplacement ».

J'évoquerai deux réflexions suscitées par le déplacement de paroles : formulées dans des cadres aussi éloignés qu'il est possible – l'une dénonçant la violence qu'il inflige, l'autre exaltant la créativité qu'il libère – elles se rejoignent dans l'expression de la force dynamique de l'opération.

Une violence « qui l'a rendu fou », c'est ce que Matt Groening, croquant à travers sa BD à succès des *Simpsons* « la stupidité ordinaire de la vie américaine », a éprouvé à retrouver ses fantaisies réquisitionnées au service d'un discours politique honni :

(65)   Comment avez-vous réagi lorsque des républicains, au moment de la guerre en Irak, ont repris votre expression pour qualifier les Français : « *Cheese eating surrender monkeys* » (« singes défaitistes mangeurs de fromage ») ?
M. G. : Ce n'était pas du tout le contexte original. C'était le jardinier Willie qui hurlait contre une classe d'étudiants en français. Et des gens ont décidé de la *sortir de son contexte* tout en rappelant la parenté avec les Simpson [...] *ça m'a rendu fou*. En plus j'adore la France. *Être associé à ça*, c'était insultant [Entretien dans *Libération*, 25-07-2007].

Tandis que France Vernier[42], dans une réflexion aiguë sur la « spécificité du littéraire », conçu notamment comme une « intervention sur le langage », et sur « ce qui fait l'énergie active et féconde particulière à la littérarité des œuvres », situe dans « l'étonnante puissance du déplacement » un des ressorts essentiels de la création : inscrit dans « des combinaisons et agencements nouveaux », le bien connu, recontextualisé, ouvre sur du nouveau. Rien d'étonnant à ce que, parmi les exemples proposés de ces « déplacements » créateurs de « liaisons inédites » figurent plusieurs cas de RDA – comme forme appropriée de « l'importation », dans le Contexte normé d'un genre littéraire, de pratiques discursives qui jusqu'alors lui étaient étrangères[43].

La capacité de la RDA à opérer des connexions neuves, littérairement inédites, et, de façon plus générale à organiser dans un texte la mise en résonance du « plurilinguisme » bakhtinien, relève, transportée dans une pratique et un projet

---

42 Vernier (2004, chap. III B, « Le déplacement » : 153–161).
43 Telle (*cf. ibid.* : 155), perçue comme « audace formelle » à l'époque, l'importation, dans ce poème d'*Alcools* d'Apollinaire « versifié, en alexandrins, et rimé », aux références classiques (le rossignol aveugle et Homère, chanter comme l'oiseau et le poète, etc.), de « bribes de dialogue outrageusement quotidien » au DDL :
LES FEMMES
Dans la maison du vigneron les femmes cousent / *Lenchen remplis le poêle et mets l'eau du café* / Dessus – Le chat s'étire après s'être chauffé / – Gertrude et son voisin Martin enfin *s'épousent* / Le rossignol aveugle essaya de chanter [...].

d'écriture, de ce qui joue au principe de la plus ordinaire des RDA de la pratique quotidienne : le déplacement re-Contextualisant d'un énoncé représenté, avec la transgression *et* la relance de sens qu'il entraîne.

5 Jeux de la RDA entre ses deux re-contextualisations

Les deux opérations « contextualisantes » – par *représentation* et par *déplacement* – peuvent être à l'œuvre séparément, hors du champ de la RDA :
- l'*auto-représentation* du dire, *cf.* ex. (3), offre toute la palette des représentations contextuelles rencontrées dans la RDA[44], mais elle opère « à contexte unique » (contexte représenté et Contexte d'accueil sont confondus), sans déplacement ;
- à l'inverse, la réception de *messages ayant rompu les amarres* avec leur contexte d'origine (feuillet écrit égaré, message resté sur bande, inscription sur un mur, …) relève, elle, avec toutes les « aventures de sens » qui peuvent y survenir, du déplacement sans représentation : de ces transferts hasardeux les fictions exploitent volontiers les ressources romanesques – telle, par exemple, la note de blanchisserie trouvée au fond d'une malle par la jeune héroïne de « Northanger Abbey » de J. Austen, et reçue par elle comme inquiétante énigme dans le Contexte d'accueil de l'univers des « romans gothiques » dont elle est nourrie. C'est à prévenir ces « transferts dangereux » que sont affectées les contextualisations normativement associées – locuteur, date, destinataire – des en-têtes de lettres ou présentations de messages enregistrés ; et l'histoire de la réception des textes au fil du temps est celle de leur voyage à travers des contextes d'accueil toujours renouvelés.

Chaque RDA, au contraire, articulant nécessairement représentation et déplacement, est le lieu d'une dynamique propre entre ces deux plans de re-contextualisation : des effets ponctuels (d'une occurrence de RDA), ou propres à un discours, à un genre, peuvent être caractérisés par le type de « répartition » qu'ils présentent – dans l'opération de (re)contextualisation des énoncés représentés – entre contexte représenté et Contexte d'accueil. Sans visée systématique, les

---

44 Aspects co-textuels (*à ce que je viens de dire, j'ajoute… ; je te répondrai… ; …*), catégorisations – dans ce cas souvent performatives – (*P, et c'est une promesse ; je te concède que…*) et paraphrases (*je dirai en résumé, pour être poli…*).

exemples ci-dessous ne sont qu'un aperçu de la variété des jeux entre les deux plans[45].

5.1 Défaut de contexte représenté pour les propos déplacés

Concerté ou involontaire, un effet discursif majeur repose sur une pondération très inégale entre la Contextualisation de fait – toujours présente – et une *contextualisation représentée faible* ou tendant vers zéro : dans cette configuration de « double contextualisation », le *e*, faute d'un accompagnement « convenable » est « livré » à l'emprise du Contexte d'accueil.

Avant d'envisager quelques exemples de ces déplacements malheureux, deux points sont à rappeler devant la foule qui, incessamment – dans la vie quotidienne, la presse, les débats politiques, les écrits théoriques... – se presse au bureau des plaintes pour propos malmenés : tout d'abord que toute représentation de contexte est, essentiellement, défaillante, et que c'est donc un horizon éthique et déontologique que dessinent les règles d'un « citer un propos dans son entièreté » et le « situer dans son contexte »[46], entre cet horizon et la réalité d'une pratique de la RDA, si attentive soit-elle, s'ouvrira toujours – qu'est-ce que « l'entièreté d'un propos », non assimilable à l'unité phrastique ? à partir de quel degré de précision a-t-on restitué « son contexte » ? – un espace d'incertitude et de récriminations[47]... Ensuite que, dans l'aventure du sens qu'est pour un énoncé

---

45 *Cf.* Remarque 1 ci-dessous, p. 181.
46 Rappelées, polémiquement, en ces termes par C. Ockrent en réponse au traitement médiatique d'une déclaration de son conjoint, B. Kouchner. *France Inter*, 20–09–2007.
47 Le caractère inaccessible de « l'entièreté » d'un propos n'empêche nullement d'observer, dans le fonctionnement médiatique notamment, un degré zéro de l'éthique de restitution, à l'œuvre lorsque des énoncés d'un *l* du type : « il est faux que P ; certains, à tort, disent P » sont représentés par des « *l* dit P ». Tels, ce titre « choc » (relevé sur *You Tube* le 26–11–2015) : « Finkielkraut sur France Inter : "Seul le FN a les yeux ouverts en France" », correspondant aux propos suivants enregistrés dans une vidéo : « [...] *pour beaucoup de français désorientés*, ce parti *apparaît* comme le seul à avoir les yeux ouverts, *c'est désolant, c'est même catastrophique !* » [*France Inter Matinale*, 02–10–2015]. Ou encore, dénoncés dans *Le Monde Diplomatique* (avril 2013) cette citation de propos d'Hugo Chavez, relayée par l'Agence France-Presse (09. 07. 2012) « Ahmadinejad et moi, depuis le perron du palais présidentiel, viserons Washington avec des canons et des missiles. Parce que nous allons attaquer Washington », représentant : « *Les portes paroles de l'impérialisme disent [...] qu'*Ahmadinejad est à Caracas, car [...] nous allons Ahmadinejad et moi, pratiquement depuis les sous-sols du palais présidentiel, ajuster notre tir en direction de Washington *et que* vont sortir de là de grands canons et des missiles car nous allons attaquer Washington ».

sa double re-contextualisation, c'est sur le versant représenté, perçu comme lieu de l'intervention d'un **L** – responsable du « prélèvement » dans une linéarité et un environnement –– que se situeront les évaluations spontanées de la RDA, bien plus que sur celui du Contexte d'accueil : l'emprise de celui-ci, radicale pourtant, sur le sens de *e* est plus aisément inaperçue des sujets parlants, dissimulée dans l'évidence du mode sur lequel le sens de **E** – qui contient *e* – se produit – naturellement – dans l'énonciation **A** en train de se faire.

5.1.1 Altérations du sens de *e*

Analystes sensibles s'il en est aux contextualisations déficientes d'un propos, les auteurs eux-mêmes de ce propos, soucieux de le rétablir dans sa « vérité contextuelle »... C'est le cas, par exemple, pour l'énoncé de Michel Rocard :

(66) La France ne peut accueillir toute la misère du monde, mais elle doit savoir en prendre fidèlement sa part [Discours prononcé au cinquantenaire de *La Cimade*, « association de solidarité active avec les migrants, les réfugiés et les demandeurs d'asile », 1989].

répétitivement invoqué, amputé de sa deuxième partie et sans référence au contexte de son énonciation, dans les Contextes d'accueil de discours opposés à toute immigration, « captation » dont la victime, vingt ans plus tard[48], analyse le mécanisme – celui d'un défaut de co-textualisation (phrase tronquée) au service d'une Contextualisation hostile :

(67) Chers amis, permettez-moi, dans l'espoir, cette fois-ci, d'être bien entendu, de le répéter : la France et l'Europe peuvent et doivent accueillir toute la part qui leur revient de la misère du monde. [...]. Il y a vingt ans, venu participer en tant que Premier ministre au cinquantenaire de la Cimade, j'ai déjà voulu exprimer la même conviction. Mais *une malheureuse inversion*, qui m'a fait évoquer en tête de phrase les limites inévitables que les contraintes économiques et sociales imposent à toute politique d'immigration, *m'a joué le pire des tours : séparée de son contexte, tronquée, mutilée*, ma pensée a été sans cesse invoquée pour soutenir des conceptions les plus éloignées de la mienne. Et, malgré mes démentis publics répétés, j'ai dû *entendre à satiété* le début négatif de ma phrase, privé de sa contrepartie positive, *cité perversement* au service d'idéologies xénophobes et de pratiques répressives et parfois cruellement inhumaines que je n'ai pas cessé de réprouver et de combattre [...].

---

48 Dans les mêmes circonstances, aux « 70 ans » de la création de *La Cimade*. Discours cité dans un article de *Libération* (29–09–2009) sous le titre « "La misère du monde" ni tronquée ni mutilée », et accompagné d'une RDA « à co-texte représenté » : « "La France ne peut accueillir toute la misère du monde" disait Michel Rocard en 1989, *ajoutant* qu' "elle doit savoir en prendre fidèlement sa part.". »

C'est aussi le cas, pour l'ancienne première ministre qui, quinze ans après le tintamarre médiatique des RDA, en gros titres, « Edith Cresson : "La bourse, j'en ai rien à cirer !" », s'enflamme encore contre le jeu, articulé – autour d'un énoncé restitué dans une littéralité qu'elle ne conteste pas – des deux re-contextualisations dans lequel il est pris : absence de son contexte situationnel – dont les éléments effacés sont polémiquement rappelés par elle : un e^0 dit à qui, dans quel cadre, en réponse à quoi... – et Contexte d'accueil de titre de presse, conférant à une boutade privée le statut d'une déclaration de premier ministre :

(68) Peut-être que c'est intéressant, comme anecdote, de savoir comment ça s'est passé ; j'étais **dans mon bureau** [...] un de mes **collaborateurs** me téléphone par le téléphone **interne** et me dit : "On aurait pu penser que votre nomination aurait peut-être fait fléchir la bourse [...], il n'en est rien." et j'ai répondu **à mon collaborateur**, dans une conversation purement **interne** et **pas du tout en public**, je lui ai dit effectivement "la bourse j'en ai rien à cirer" [...] cette journaliste a **pris** ce mot, qui n'était **pas destiné** du tout **à elle**, ni à l'extérieur, [...] et ils en ont fait un **titre**, dans *Le Journal du Dimanche*, comme si ç'avait été une **déclaration** [...]. [E. Cresson, *France Culture*, 08–10–2005, Emission « Le premier pouvoir », le caractère gras correspond au très fort marquage intonatif (intensité, détachement) par lequel la locutrice souligne les éléments contextuels pertinents à ses yeux]

Quittant le domaine des « petites phrases », apanage du champ politico-médiatique[49], ce peut être, sur une tout autre tonalité, que l'attention – non plus d'une victime indignée, mais d'un lecteur perplexe – se porte sur le jeu articulé des deux re-contextualisations, les manques de la première (par représentation : combinant ici – comme pour (67) – co-texte et milieu environnant) facilitant le travail d'assimilation de la seconde (par déplacement en Contexte d'accueil) : ainsi, au principe du destin de cliché anti-religieux – ou anti-marxiste, c'est selon – de la « religion opium du peuple », M. Balmary s'étonne de découvrir les effets d'une

---

49 Je renvoie au riche dossier réuni sur ce thème par A. Krieg *et al.* (2011), démontant les procédés de fabrication (découpage et extraction décontextualisante de fragments aptes à la reprise), l'incidence sur le sens et le statut énonciatif (*cf.* l'analyse de Maingueneau (2011) poursuivant la réflexion entamée précédemment (2006) avec la notion d'« aphorisation »), les effets de rétroaction sur la parole politique, amenée à « intégrer » par anticipation le souci des possibles reprises – perspective qui transparaît dans le commentaire rétroactif de Rocard sur l' « inversion malheureuse [qui lui] a joué le pire des tours. » Les techniques d'enregistrement/montage vidéo permettent de franchir un pas de plus dans la dé/recontextualisation peu scrupuleuse des énoncés représentés : avec le « zap politique » de C. Barbier sur *i-Télé* (8h50), montage serré de brèves interventions de personnalités politiques, produites ailleurs, comme autant de « réponses », en *live*, aux questions que formule le journaliste, c'est, dans ce simulacre d'échange *en direct* qui n'a jamais eu lieu, non pas seulement le contexte initial qui est malmené mais le *fait* même qu'il y ait de la représentation – c'est-à-dire une découpe/transplantation opérée depuis un surplomb métadiscursif – qui est occulté.

recontextualisation « zéro » – découpe « brute » dans un co-texte auquel rien ne fait écho au plan de la représentation et absence de référence au contexte de l'époque et au sens « sans doute » différent que les mots pouvaient y prendre :

(69) Dans le même dictionnaire de citations, au mot « religion », j'ai la surprise de lire ce paragraphe de Marx : « La religion est le soupir de la créature opprimée, l'âme d'un monde sans cœur, comme elle est l'esprit de conditions sociales dont l'esprit est exclu. Elle est l'opium du peuple », *Critique de la philosophie du droit de Hegel* (Henri Heine l'aurait dit avant lui). Expliquez-moi comment on n'a gardé généralement de ces deux phrases que la seconde pour l'invoquer contre la religion ; pourquoi on a oublié les expressions très fortes de « soupir de la créature opprimée », « âme d'un monde sans cœur » et « esprit de conditions sociales dont l'esprit est exclu » – et qu'on n'a retenu que « opium du peuple ». Il est vrai qu'à première lecture, ce quatrième terme ne fait pas série avec le soupir, l'âme et l'esprit. L'opium avait sans doute une image plus consolatrice à cette époque. Drôle tout de même [M. Balmary, *Le Moine et la psychanalyste*, Albin Michel, Paris, 2005, p. 101].

5.1.2 Contre-sens

Au-delà de ces « altérations » du sens de e^0, ce sont de vrais contresens qui se produisent par le jeu, poussé à l'extrême, de l'emprise du Contexte d'accueil sur le e^0 déplacé – « voyageur sans bagages » – sans rien (ou quasi) comme contexte représenté.

Ainsi, dans cet énoncé :

(70) Les pays islamiques c'est vraiment le /continent noir de la féminité, comme on a dit ! [conversation entendue dans le train entre deux voyageurs (cadres ?), 17-07-2007].

malgré qu'en ait le récepteur « adventice », témoin non destinataire, de cet emploi à total contresens de l'expression de Freud – qui disait l'impuissance de la théorie psychanalytique en gestation à éclairer ce « continent » encore mal exploré –, le Cotexte d'accueil de *e* impose pour que « du sens se produise »[50] que cet *e* se change en localisation géographique de la condition malheureuse des femmes...

La faible re-contextualisation représentée des *e* apparaît comme une propriété de certains genres : les petits florilèges de citations regroupées autour d'un thème – la musique, l'amour, la mer, une ville... – qui relèvent intégralement de la RDA (DD), fonctionnent suivant une règle contraire au principe herméneutique de « replacer un énoncé dans son contexte » : les *e*, complètement (*l* excepté)

---

50 À qui dispose de la mémoire discursive du contexte freudien de l'expression empruntée, le travail de réception – sauf à refuser (70) comme sémantiquement inacceptable – est du même ordre que celui que requièrent chez le récepteur les faits de confusion lexicale, agrammaticalité, langue qui « fourche »... produits par son interlocuteur : il s'agit ici de passer outre un « faux-pas » interdiscursif et non plus linguistique.

détachés des contextes maximalement hétérogènes (pays, époques, genres...) de leur énonciation, s'y succèdent, « reprenant pied » – et sens – dans leur Contextualisation mutuelle organisée par ce genre. Les plus curieux « accidents de sens » peuvent ainsi survenir : ainsi, tombé d'une tirade de Figaro dénonçant le train du monde et ses absurdités, où la danse figure, par dérision, en opposition au sérieux et à la compétence requise, le *e* :

(71)   Il fallait un calculateur, ce fut un danseur qui l'obtint.
       BEAUMARCHAIS (1732-1799)

se met-il, dans un concert de voix connues – Balanchine, Isadora Duncan, Platon, Nietzsche... – ou inconnues, réunies à la gloire de la danse, par le petit livre *Passion de la Danse-Citations*, à faire entendre, lui aussi, la suprématie de la danse sur toute autre activité réputée, à tort, plus sérieuse...[51]

Remarque 1 : La recontextualisation à l'œuvre dans tout fait de RDA. Le privilège accordé, dans les exemples qui précèdent, à des *e* du type DD littéral ou MAE ne signifie nullement que les effets de la double recontextualisation ne concernent que ces modes de RDA ; l'efficacité propre de la double contextualisation sur le sens des *e* y est seulement plus facilement « isolable » que lorsque l'interprétation contextualisée du *e* se manifeste déjà dans la paraphrase des DI, DD en substance...).

De même, la limitation, ici, à des faits de RDA revoyant à des *actes* d'énonciation particuliers, ne signifie évidemment pas que les effets de « déplacement » d'un contexte dans un autre ne concerne pas des « emprunts » par un Discours d'éléments de discours (mots, syntagmes) relevant de sphères discursives – idéologiques, professionnelles, régionales... – autres.

De cette « circulation » qui joue, consciemment ou non, dans tout dire, les discours ironiques, polémiques s'emparent dans les « transplantations » violentes – en Contexte d'accueil hostile et sans l'accompagnement d'un contexte représenté – dont ils font le plus large usage. Ainsi, par exemple, au cœur de l'écriture de Céline et de son « plurivocalisme virtuose », H. Godard (1985, chap. II) reconnaît « l'usage corrosif de la citation » (p. 136), tenant à une « subversion du contexte » (p. 148) : celle d'une incessante « convocation » (marquée ou donnée à reconnaître) de vocables appartenant à – c'est-à-dire, pour parler comme Bakhtine, « ayant vécu leur vie de mots » dans – ces discours honnis du sérieux, de la distinction, d'une certaine morale, du patriotisme, de la « littérature »..., de manière telle que le contexte et souvent le syntagme même dans lequel ils figurent font entendre à travers eux une voix qui les « récuse », les « conteste », fait qu'ils « ne sont plus que comiques » (p. 140).

---

51 (Éditions Excley, 1993). Les mots de Figaro rejoignant ainsi les *e* qui, en Co-texte immédiat gauche et droit, exaltent la place éminente de la danse dans la vie des sociétés : « La danse jouissait de tant d'estime que c'était pratique courante pour les hommes d'état, [...] à l'époque de Périclès, d'exécuter, [...] des danses en solo, devant [... des] milliers de personnes. RICHARD KRAUS » et « La danse africaine fait partie intégrale de tout ce qui se passe entre la naissance et la mort [...]. PAUL PRIMUS, né en 1919 ». Le phénomène observé en (70) dans le cadre phrastique est à l'œuvre ici (71) dans le cadre d'un texte.

5.2 Énoncés libérés de leurs « attaches » contextuelles : une décontextualisation créative

Le même mécanisme – une faible contextualisation plaçant l'énoncé déplacé sous l'emprise du Contexte d'accueil – peut s'inscrire sur un autre versant que celui de « l'amputation » de contexte qui, infligé par un **L** maladroit ou malintentionné, livre l'énoncé aux déformations et accidents de sens « malheureux » : celui de la créativité, revendiquée et travaillée comme telle, du déplacement en Contexte d'accueil d'énoncés qui s'y prêteront d'autant plus aisément à des rencontres et aventures de sens « bienvenues » qu'ils auront été détachés – libérés – des amarres de leur contexte d'origine.

Vaste et diversifié est le champ des fonctionnements discursifs où s'exerce ce ressort créatif du déplacement d'un énoncé tendanciellement délesté de son bagage contextuel – ce qui suit n'en offre pas un balisage mais seulement des exemples.

5.2.1 Découpes et montages imprévus

En relève tout ce qui ressortit aux effets de *collage*, combinant « découpe » et « montage » d'éléments *e* dépourvus d'une représentation associée du contexte de leur énonciation : la nouvelle « continuité verbale » instaurée est le lieu « des ruptures et des jointures imprévues »[52] entre un *e* et les autres *e* de son Contexte d'accueil. Le célèbre contrepoint selon lequel Flaubert, dans *Madame Bovary*, déroule la double scène – officielle et intime – des « Comices agricoles », fait figure, en la matière, de référence obligée avec le collage dans lequel culmine l'accélération du rythme d'alternance des deux voix : sans l'accompagnement du moindre élément contextuel – une incise par exemple – la « jointure imprévue » de fragments découpés sur les deux fils de la proclamation des récompenses agricoles et de la succession des stéréotypes sirupeux de Rodolphe, chacun faisant Co-texte d'accueil pour l'autre, opère la plus sarcastique des collisions :

(72) – Tantôt, par exemple, quand je suis venu chez vous...
  « À M. Bizet, de Quincampoix. »
  Savais-je que je vous accompagnerais ?
  « Soixante et dix francs ! »
  – Cent fois même j'ai voulu partir, et je vous ai suivie, je suis resté.

---

[52] Selon la formulation de M. Vinaver (1982 : 313) dont l'écriture théâtrale privilégie ce mécanisme (cité par Eigenmann (1996 : 164) dans l'analyse qu'il propose – *cf.* notamment p. 155–175 – du type de « dialogisme » propre à cet auteur.

« Fumiers. »
– Comme je resterais ce soir, demain, les autres jours, toute ma vie !
« À M. Caron, d'Argueil, une médaille d'or ! »
[...]
– Oh ! non, n'est-ce pas, je serai quelque chose dans votre pensée, dans votre vie ?
« Race porcine, prix ex aequo : à MM. Lehérissé et Cullembourg ; soixante francs ! » [G. Flaubert, *Madame Bovary*, II 8].

La parole des « tricoteuses » de *Belle du Seigneur*[53] – les « dix larges dames de la bourgeoisie » conversant dans le hall où se trouve, réprouvé, le couple d'Ariane et de Solal – offre un autre et frappant exemple de ce travail d'écriture: amplifié en une seule coulée de sept pages ; « monté » cette fois depuis la perception qu'en ont les deux amants qui, à l'écart, feignant de lire, sont soumis au bruitage des « duos emmêlés, brouillés par la musique proche et qui leur parvenaient par bouffées et fragments disparates, puissantes litanies » ; radicalisé, enfin, par la désindividualisation de propos enchaînés en continu, au DD, sans le moindre « interstice », non seulement comme chez Flaubert ci-dessus celui d'une incise ou d'un commentaire, mais même d'un alinéa, d'un tiret et d'un point. Echappé de ces bouches anonymes, le flux ininterrompu qui envahit l'espace – du hall et de la page –, fait entendre, sous les incohérences comiques et subversives des rencontres « accidentelles » que ménage l'écriture[54], la tranquille homogénéité d'une doxa pétainiste de nantis, détestée par Solal, tissant aux petits soucis intimes – constipation, maille à l'envers, temps qu'il fait –, aphorismes de la bienpensance, obsession de l'argent et des positions sociales, élans de haine sociale et de vénération du Maréchal, et litanies antisémites :

(73) Les pauvres ne se rendent pas compte de leur chance de ne pas avoir à payer ces affreux impôts Et pendant le grand deuil elle a porté du gris Quelle horreur Il n'y a rien de plus reposant que le sommeil d'avant minuit Avec l'héritage qu'elle a fait du père Moi j'exige en plus un certificat de bonne vie et mœurs [etc.]

Les scènes de foule, de lieux publics où bruissent les voix anonymes des « gens » sont, naturellement, propices aux effets de collage, comme dans ce texte où Michel Butor, en ouverture de chapitre, fait se heurter contre la façade de la basi-

---

[53] Deuxième moitié du chapitre 87 du roman d'A. Cohen ; je renvoie à l'analyse détaillée qu'en propose C. Stolz (1994 ; 278–303).
[54] Comme autant de « coups de force », note C. Stolz (1994 : 289), tels : « Nous plaçons tout en francs suisses ou en dollars Nous plaçons notre confiance en Dieu » ; « Moi je suis pour la guillotine Oui mais ça ne rapporte rien » ; « Dans la vie il faut de l'idéal C'est radical contre la constipation ».

lique Saint Marc à Venise le ressac de « toutes ces phrases, ces mots [...] roulant les uns contre les autres » :

(74) *Ah ! La gondola, gondola ! – Oh ! – Grazie ! – Il faut absolument que je lui rapporte un très joli cadeau de Venise ; pensez-vous qu'un collier comme celui-ci lui ferait plaisir ? – Mais oui, c'est lui ! C'est bien lui ! Décidément, on rencontre tout le monde ici ! – Garçon ! Garçon ! Cameriere ! Un peu de glace s'il vous plaît ! – Oh ! - Et vous, où êtes-vous logés ? Vous n'avez pas eu trop de difficultés ?* [M. Butor, Description de San Marco, chap. 2, Gallimard, Paris, 1963, idt].

ou dans la déambulation urbaine de *Berlin Alexanderplatz*, où les « écrits de la rue » – publicités, titre de journaux, règlement du tramway... – viennent encore s'ajouter au patchwork des propos des personnages et des passants.[55]

En marge de ces classiques effets de collage de voix diverses – et souvent anonymes – croisées dans un même lieu, c'est sur un singulier « exercice de décontextualisation » que repose l'écriture de *Portrait d'une Dame*[56], montage de propos prélevés sur ce qu'une voix, celle de la compagne de l'auteur, profère en accompagnement parlé de leur vie quotidienne, notés au DD, sans référence aucune au contexte de leur énonciation – co-texte de propos autres, lieux, circonstances... –, sinon au moment minuté où ils surviennent :

(75) Jeudi 7 avril 1983
   16 h 17 Tout se confond.
   16 h 21 Si je riais comme ça, peut-être que ça se décoincerait.
   16 h 26 Ça ne l'a pas empêché d'être un grand savant, une fois qu'il a eu le pylore décoincé.
   16 h 42 Ce que je dis c'est bien pire.
   17 h 27 Ce qui me laisse rêveuse, c'est que j'ai mal partout.
   17 h 31 Savoir si les arbres vont avoir des feuilles cette année.
   20 h La colle sur leur enveloppe a une odeur infecte.
   21 h 22 J'ai l'impression qu'ils les montent à l'envers, maintenant.
   21 h 33 Il y a un mystère encore, tiens. [...] [p. 201–202]

Ni sarcasme, ni brouillage cacophonique, la soustraction de contexte qu'expérimente cette écriture est une pratique douce de « dépaysement » de la parole extraite de la routine du quotidien, ouvrant celle-ci, humour et poésie mêlés, aux surprises des enchaînements et aux flottements de la référence et du sens.

---

[55] Analysant le type de « polyphonie textuelle » mis en œuvre dans ce texte de Döblin, J. Simonin (1984a) y dégage le fonctionnement « en collage » du DD, caractérisé notamment par « l'absence de relation de coréférentialité entre le DD et son contexte » (p. 38).
[56] Alain Frontier, *Portrait d'une Dame. Fiction d'après les paroles de Marie-Hélène Dhénin*, Al Dante, Marseille, 2005.

5.2.2 Décontextualisations « sacralisantes »

Le déplacement en Contexte d'accueil d'éléments de discours minimalement contextualisés n'est pas nécessairement envisagé comme « périlleux » pour le sens de l'élément déplacé : la décontextualisation d'un texte peut – aussi loin qu'il est possible d'une visée de subversion – témoigner au contraire de sa sacralité.

D. Maingueneau (2010) analyse ainsi comment la prédication religieuse s'appuie, en ouverture de sermon, sur la lecture d'un fragment décontextualisé des *Écritures*, source du commentaire adressé aux fidèles. Là où une approche historique, philologique, de tels fragments détachés du Thésaurus chrétien s'attacherait à l'identité du scripteur présumé, à l'époque, au lieu de sa production, au genre dont relève le texte, l'annulation des spécificités contextuelles posées comme contingentes au regard de la transcendance de la parole divine fait partie intégrante de l'herméneutique religieuse développée par le Sermon, et de la Foi. La perspective de la (dé-re)contextualisation, plus que non pertinente, est quasi sacrilège, pour une parole qui *est* la Vérité – à charge pour les commentateurs habilités d'en « traduire » le sens en fonction des circonstances du Contexte d'accueil. La dimension religieuse est inhérente à la consécration d'un texte comme « réservoir de citations », détachables, commentables et reformulables à volonté sans qu'en soit altéré « LE » sens : à l'œuvre dans les églises respectives, de la Bible ou du Coran, par exemple, elle s'étend, comme le note D. Maingueneau, aux épopées d'Homère dans l'Antiquité, et le statut, un temps donné, dans certains lieux du maoïsme, au « Petit Livre Rouge » montre que la religiosité est toujours susceptible d'en élargir l'inventaire...

C'est enfin avec *l'exergue*[57] forme normée d'intertextualité, comme un trait *générique* qu'apparaît la contextualisation, minimale (réduite le plus souvent à l'indication du *I*) de l'élément déplacé. Combiné à ses autres traits, linguistique (DD) et spatial, la faible recontextualisation concourt à créer l'image d'une *rencontre* entre le texte et un ailleurs dont la mise en résonance peut s'ouvrir, libre du « cadrage » d'une contextualisation insistante – cette articulation se prêtant à des effets de rupture-jointure de collages, aussi bien qu'à l'allégeance à des énoncés consacrés placés en ouverture. Ainsi, au fil des 26 chapitres de *La Guerre des boutons*, est-ce une réjouissante guirlande d'exergues dont la succession joyeusement hétéroclite et imprévisible – Ronsard, Bismarck, Rabelais, *Britanni-*

---

[57] Relevant exemplairement, par rapport au texte qu'elle ouvre, de la dynamique intertextuelle du « discours autre associé » (*cf.* note 38 ci-dessus, p. 171).

cus, Rimbaud, Madame de Sévigné, *etc.* – accompagne, en contrepoint héroï-comique[58] les victoires et les « déculottées » des héros…

Au-delà des formes de RDA marquées, à faible recontextualisation, s'ouvre l'immense territoire des formes non-marquées – *a fortiori* non recontextualisées – de l'interdiscursivité/intertextualité, s'étendant de l'allusion délibérée (MAE non marquée) à la réminiscence insue par laquelle on quitte le champ de la « représentation » (RDA) pour celui de la « présence » – constitutive – du déjà-dit[59]. Non marqués comme tels, sans contexte représenté, ces éléments venus d'ailleurs dépendent intégralement, avant même leur mise en résonance, pour leur identification même, du Contexte d'accueil : sous les espèces de la mémoire discursive que leur reconnaissance suppose et de l'affleurement « d'étrangeté » qu'ils peuvent produire dans le Co-texte (la « trace de l'intertexte » de Riffaterre (1980)), comme dans l'énoncé (1) ci-dessus[60].

5.3 « Violences génériques » de Contextes d'accueil

La dynamique de la double re-contextualisation est aussi – associée ou non à une faible représentation contextuelle – celle de la « violence » qu'impose à *e* son accueil, par déplacement dans un Contexte radicalement hétérogène au plan du genre, ou de la visée discursive, qui en altère, foncièrement, *le statut*. Il ne s'agit donc plus ici d'un Contexte altérant le sens d'un *e*, d'autant plus aisément que sa re-contextualisation est faible, mais du déplacement de *e* dans un Contexte « génériquement » annihilateur qui, même en présence d'informations consistantes sur le contexte de *e⁰*, aura raison de son statut propre d'acte de parole.

Contrairement au cas des RDA représentant des conversations dans une Conversation, des déclarations politiques dans une Déclaration politique, des extraits de jugement dans les attendus d'un Jugement, etc. – c'est-à-dire articulant des discours (d/D) à statut homogène[61] – certaines RDA sont, pour l'énoncé re-contextualisé dans une perspective radicalement étrangère à celle de son énonciation, le lieu d'une transmutation foncière.

---

[58] M. Hanoosh (1994 : 61), citée in Samoyault (2010 : 47), souligne les capacités parodiques de l'exergue, dues à la transplantation d'un énoncé faiblement recontextualisé.
[59] Partie V chap. 10 et 11.
[60] Sur le fonctionnement allusif dépendant à la fois de l'inscription en Co-texte et de la Mémoire d'accueil, *cf.* ci-dessous 11.2.2 et Authier-Revuz (2000a). Pour des mises au jour éclairantes de strates d'intertextualité jouant dans un texte, voir, par exemple, Riffaterre (1981) ou Adam (1999 : 128–131), (2006 : 16–24).
[61] Comme, ci-dessus, par exemple (17), (25).

Je renvoie à l'analyse précise de S. Branca (2005) des effets sur une lettre de Madame de Maintenon adressée en 1699, à titre de guide spirituelle, à l'une de ses « chères filles », éducatrice à Saint-Cyr, de sa citation (partielle et « dessertie » de son contexte) par Condillac dans *L'Art d'écrire* (1775) : dans cette re-contextualisation s'opère le « forçage » d'un fragment de statut épistolaire, à fort ancrage intersubjectif, en celui, à visée pédagogique, d'un modèle de bonne écriture :

(76) *Suite de phrases bien liées.*
Que ne puis-je vous donner toute mon expérience ; que ne puis-je vous faire voir l'ennui qui dévore les grands, [...] ! Ne voyez-vous pas que je meurs de tristesse [...], et qu'il n'y a que le secours de Dieu qui m'empêche d'y succomber ? J'ai été jeune et jolie ; j'ai goûté des plaisirs [...] je suis venue à la faveur ; et je vous proteste que tous les états laissent un vide affreux, une inquiétude, une lassitude, une envie de connaître autre chose, parce qu'en tout cela rien ne satisfait entièrement.
Ce dernier exemple est un modèle [Livre premier, « Des constructions », chap. IX, p. 100, *idt*].

À ce processus d'acte de parole – subjectif et singulier – « désaffecté » par sa « manuelisation », s'apparente le cas extrême du statut d'exemples illustrant l'emploi d'un lexème ou d'une construction que reçoivent, dans les dictionnaires de langue ou les grammaires, les « énoncés d'auteur », ainsi :

(77) **ENCASTRER** v. tr. [...] Insérer, loger dans un objet ou une surface exactement taillés ou creusés à cet effet. [...] *Encastrer des éléments de cuisine.* [...] *Encastrer des fils électriques.* « *Encastrée dans le mur, une grande glace.* » PROUST. *Baignoire encastrée* [*Le Nouveau Petit Robert de la Langue Française*, 2007, *idt*].

Passé par le déplacement de cette re-contextualisation, ne demeure de l'acte d'énonciation, comme une trace, que le caractère de « séquence attestée » que l'indication d'un *l* et le guillemet confèrent à l'énoncé.

La problématique du déplacement de statut, induit pour une parole par sa re-Contextualisation, est – ou parfois devrait être – un enjeu théorique explicite dans les disciplines dont l'*objet*, humain – ethnologie, sociologie, psychologie... –, supposant un rapport à la parole de *sujets*, passe par une écriture qui « déplace » celle-ci dans le Contexte d'un discours scientifique surplombant. On ne tentera pas d'évoquer ici les formes que peut prendre – selon les disciplines et les clivages théoriques qui les traversent – cette « inquiétude de la re-Contextualisation » et les réponses qui y ont été apportées : elles disent que, par le fait de la re-Contextualisation, la RDA présente aussi une dimension épistémologique[62].

---

62 *Cf.* à titre introductif à ce très large champ de réflexion : Perrot *et al.* (1988, 1994) et Amorim (1996) ; et des remarques sur des points particuliers (le couplage DI-DD dans un discours de

Plus est prise en compte la dimension de la singularité subjective d'une énonciation, plus est pressant le risque inhérent à la re-Contextualisation dans un discours qui de cette parole fait un objet ; aussi, dans le champ de la psychanalyse – toute entière pratique de parole adressée *hic et nunc*, dans un rapport de transfert, par un sujet à un autre sujet – la difficulté d'échapper au risque de transmuer le vif d'une parole-en-acte singulière en exemple représentatif d'un « type » de structure psychique ou d'une classe de comportements, peut être ressentie comme suffisamment insurmontable pour amener la « réponse » extrême de *ne pas* représenter la pratique de parole ; c'est ainsi le choix de Lacan qui, évitant de représenter des paroles d'analysant dans des « récits de cure », produit un discours théorique dans lequel c'est lui qui, *hic et nunc*, « parle comme un analysant ».

Du risque inhérent à la recontextualisation propre au « récit de cure », visant à représenter une pratique, le chapitre introductif du livre de Fédida *Des bienfaits de la dépression*[63], par exemple, donne une illustration saisissante : les formes (DD, DI, Bivocal, MAS, MAE) représentant les propos singuliers d'un analysant déprimé, Bernard, adressés à l'analyste-Fédida, sont systématiquement couplées (sur 4 pages, p. 19 *sq*.) à des propositions générales (concernant « Les patients déprimés », « l'homme qui perd... », « le déprimé ») à visée informative, didactique, formulées par l'auteur-théoricien-Fédida à l'adresse du lecteur :

(78) « [...] *j'ai* l'air d'un homme normal alors que *je* me sens malade, épuisé ». *Les patients déprimés* expriment [...]. Le huis-clos de *l'état déprimé* n'est pas seulement [...] (p. 20).
Bernard dit qu'il a perdu toute aptitude au plaisir : « *Je* vais même certainement devenir sexuellement impuissant ». *L'homme qui perd* sa puissance sexuelle [...]. On connaît chez *le déprimé* [...]. *L'état déprimé* est souvent [...]. (p. 21).

Prise dans ce dispositif textuel, la parole vive, adressée et reçue, y reçoit un statut d'*objet*, offert au regard surplombant et catégorisant d'un savoir constitué, tendant à « psychiatriser » dans l'écriture la relation parole/écoute, proprement psychanalytique, dont l'ouvrage se veut pourtant une défense et illustration.

---

sociologie, chap. **9** note 65 ; les réflexions de F. Héritier (1996- préface), D. Sperber (1982 : 32), analysant comme inhérente à l'écriture de l'anthropologie, la *question* des formes de « discours rapporté » mises en œuvre.
63 Odile Jacob, Paris, 2001, chap. 1 « Une maladie de l'humain ».

5.4 Effets conjugués des deux re-contextualisations

Contrairement aux configurations précédentes, où la représentation du contexte – faible ou reléguée dans une sorte de non-pertinence – s'efface, dans la dynamique de la double contextualisation, au profit du Contexte d'accueil, certaines RDA présentent une forme d'équilibre dans l'importance des deux plans de re-contextualisation.

5.4.1 Re-contextualisations convergentes

Le redoublement d'un même « travail du sens » peut être opéré sur chacun des plans de la double re-contextualisation.

C'est le cas lorsque N. Sarkozy, dans le Contexte – fortement marqué – de sa « première commémoration en tant que Président de la République »[64], fait appel à la « lettre de Guy Moquet » (lue solennellement). Et il est frappant de voir comment les réactions nombreuses suscitées par cet événement, réactions qui sont autant d'analyses spontanées d'un fait de RDA, situent conjointement aux deux plans du Contexte d'accueil *et* de la représentation du contexte de e^0, la source de leur adhésion ou de leur protestation. Ainsi, les critiques[65], stigmatisant le détournement et la « récupération » opérés par l'usage de cette lettre au fort pouvoir d'émotion[66] et faisant partie du patrimoine symbolique de la gauche (communiste notamment), en dénoncent-elles les rouages :
– au plan de la re-contextualisation historique, *par représentation* :

> représentation sélective effaçant l'appartenance de Guy Moquet au parti communiste, déterminante dans la « sélection », opérée par les autorités françaises, des otages fusillés, et la division politique, en 1941, d'une France gouvernée par l'État Français (avec le soutien, notamment, de ceux qui, avant la guerre, disaient « plutôt Hitler que le Front Populaire », etc…), au profit du cadrage englobant de « jeunes Français » ou de « jeunes résistants » dressés contre « la barbarie » et assassinés par « la Gestapo »[67]

---

64 16 mai 2007, cérémonie d'hommage aux « martyrs du Bois de Boulogne » – 35 jeunes résistants y furent fusillés le 16 août 1944.
65 Dont le dossier – fourni et passionné – touchant à cette RDA si interpellatrice, mériterait une analyse (ressorts discursifs précis mis en œuvre dans l'allocution de N.S., échos successifs des comptes rendus de la cérémonie dans les médias, réactions politiques diverses, discussions sur le Web…).
66 « […] si j'ai voulu que fût lue la lettre si émouvante que Guy Moquet écrivit à ses parents à la veille d'être fusillé […] » dit N. Sarkozy dans son allocution.
67 Passant par le flou instauré quant au rapport entre Guy Moquet (martyr de la première heure, fusillé en octobre 1941) et le groupe des résistants du Bois de Boulogne – objet de la cérémonie –

et, au plan de la re-Contextualisation *par déplacement* :

> Contexte situationnel du premier discours présidentiel d'un candidat ayant affiché « sans complexe » une appartenance résolue à la droite ; Co-texte consacré à dénoncer « l'horreur de la guerre » et à exhorter la jeunesse à « aimer la France » à l'image de ces aînés qui se sont sacrifiés pour elle, dans une Europe aujourd'hui réconciliée.

Cet exemple illustre combien, si emphatiquement « fidèle » qu'elle soit, une « citation » (DD) est, foncièrement et inévitablement, par sa double re-contextualisation, une interprétation, relevant, hors « objectivité », du choix, de la prise de position, avec la responsabilité qui s'y attache...

5.4.2 Recontextualisations homomorphes

La double-contextualisation peut aussi correspondre à un *dédoublement, comme en miroir, des deux contextes*, donnés explicitement ou interprétativement comme *homomorphes* : s'ouvre alors pour l'énoncé représenté la possibilité de « passer » d'un contexte d'énonciation à l'autre, reprenant vie, dans le Contexte d'accueil, comme s'il était adressé *hic et nunc* à **R** par **L**. L'emploi, si commun – au point pour certains locuteurs de constituer une sorte de préfixation automatique, par RDA, des admonestations à leur entourage auxquelles ils sont enclins – de « *je t'ai dit que/de P* », pour signifier « *hic et nunc, je te (re)dis P* » repose sur cette similitude des deux contextes, comme en (79) *vs* (80) :

(79) Je t'ai dit d'accrocher ton blouson en arrivant, le canapé n'est pas un dépotoir.
(80) Je t'ai dit de l'arroser souvent, eh bien c'est une erreur...

Dans le cas d'un DD, la séquence « *e* » formellement « montrée » franchit interprétativement, au plan **A** de l'acte en train de se faire, l'enclos de son statut autonyme, pour être, interprétativement, entendue « en usage », ce passage – interprétatif – du « discours direct », représenté, au discours énoncé « en direct » se faisant volontiers théâtral. De façon privilégiée, ce sont des paroles « à risque » – critique[68], remontrance, déclaration d'amour... – qui empruntent, spontanément ou sur un mode calculé, ce chemin rhétorique du dire que **L** adresse *hic et nunc* à **R** en passant par – « sous couvert de » – la représentation d'un dire autre adressé par *l* à *r*.

---

fusillés en août 1944, au point que certains journalistes ont daté d'août 1944 l'exécution de Guy Moquet.
68 Pensons aux efforts d'Alceste pour dire à Oronte ce qu'il pense de ses vers, sous le masque de conseils adressés « un jour, à quelqu'un » : « Mais enfin, lui disais-je,/ Quel besoin [...] [Molière, *Le Misanthrope*, I, 2].

Il en est ainsi, par exemple, pour l'énoncé suivant : un vendeur de grande surface s'adressant à une cliente désirant qu'on lui rembourse un petit appareil électro-ménager défectueux, met en place, sur un mode naïvement explicite, ce mécanisme :

(81) Il y a une dame, l'autre jour, comme vous, elle voulait qu'on la rembourse, elle voulait pas l'échange, je lui ai dit /vous avez tort, Madame, vous avez tort de vous entêter, je lui ai dit, vous avez tort, je lui ai dit comme ça [21–01–2000].

La séquence *e* « vous avez tort », recontextualisée par représentation (une représentation qui de l'événement référent a^0 sélectionne les éléments de contexte jugés pertinents, *hic et nunc*, par **L**) est recontextualisée par déplacement dans le Contexte d'énonciation de **E**, autre, mais dont **L**, le vendeur, souligne à l'usage de sa cliente la parenté avec le contexte représenté (« comme vous ») afin de la conduire – à bon entendeur... – à l'interprétation souhaitée. Ou bien, en post-scriptum d'une lettre, se protégeant de ce que Nathalie Sarraute appelle « les paroles du sacré »[69] d'un « je t'aime », cette déclaration d'amour, formulée à l'abri du double paravent d'une citation, de surcroît en langue étrangère[70] :

(82) « P.S. I love you » (Les Beatles) [Corr. privée 1981].

De même, l'insistance sur la similitude des deux contextes – représenté/d'accueil – qu'articule un fait de RDA est un des éléments que dégage le bel article de R. Micheli (2006)[71] comme trait de la rhétorique abolitionniste dans les débats parlementaires de 1981 sur la peine de mort : les orateurs ne se contentent pas d'en appeler aux paroles d'hommes illustres – Hugo, Jaurès... – dénonçant la peine de mort, si Hugo est cité c'est, de façon répétée, comme « notre ancien collègue » qui « siégeait ici »[72] et s'exprimait « à cette tribune » au sujet de la même question. Cette recontextualisation des « *e* », qui rapproche emphatiquement les deux situations d'énonciation, se prête au même mouvement interprétatif qu'en (79), venant doubler le « *e* » représenté comme dit ailleurs, d'un dire « *e* » de **L** à **R**, *hic et nunc*[73].

---

69 *L'Usage de la parole*, Gallimard, Paris, 1980, p. 78.
70 Titre et refrain d'une chanson, de forme épistolaire, des Beatles.
71 À partir des C.R. du *Journal Officiel* des séances de septembre 1981 à l'Assemblée Nationale et au Sénat. On reviendra sur ces énoncés ci-dessous au chap. **11**.3, p. 462.
72 V. Hugo a, de fait, occupé les fonctions de député puis de sénateur.
73 Mouvement qui peut s'achever dans des formulations du type « celui qui [Hugo] [...] le 15 septembre 1848, prononçait devant l'Assemblée Nationale cette phrase *que je fais mienne* : « Je vote pour l'abolition [...] », conjuguant, pour un même « *e* » les deux statuts.

Les *Sermons* de Bossuet, en 1662, lors du *Carême du Louvre* offrent un exemple éclatant de cette même configuration[74], requérant cette fois pour fonctionner les conditions génériques et idéologiques du statut théologiquement institué de la parole du prêtre comme « relais » de la parole de Dieu à laquelle, dans un sermon, il prête sa voix[75]. Le rappel solennel – « Sire, c'est Dieu qui doit parler dans cette chaire » – que ce n'est qu'en tant que porte-voix de la parole divine que le prédicateur s'adresse au jeune roi de vingt-trois ans et à sa cour – brillante, légère, où monte l'étoile de La Vallière – autorise la mise en place de la plus transparente des doubles contextualisations homomorphes, d'une parole représentée destinée à franchir la distance, temporelle et sémiotique, qui sépare les deux plans, pour y signifier semblablement dans l'un et l'autre. L'épisode de l'adultère du roi David et de la remontrance en forme de parabole que lui adresse Nathan le prophète était suffisamment connu d'une assistance chrétienne du Grand Siècle pour que, même sur le mode allusif où il est évoqué, les diverses paroles qui y sont représentées soient entendues comme énoncées *hic et nunc* à l'adresse de l'assistance et singulièrement du roi qui, dit-on, à leur écoute, plongea la tête dans ses mains :

(83) En quels antres profonds s'étaient retirées les lois de l'humanité et de la justice, que David savait si parfaitement, lorsqu'il fallut lui envoyer Nathan le prophète pour les rappeler en sa mémoire ? Nathan lui parle, Nathan l'entretient, et il entend si peu ce qu'il faut entendre, qu'on est enfin contraint de lui dire : O prince ! c'est à vous qu'on parle : parce qu'enchanté par sa passion et détourné par les affaires, il laissait la vérité dans l'oubli. Alors savait-il ce qu'il savait ? entendait-il ce qu'il entendait ? Chrétiens, ne m'en croyez pas ; mais croyez sa déposition et son témoignage. C'est lui-même qui s'étonne que ses propres lumières l'avaient quitté dans cet état malheureux : *Lumen oculorum meorum et ipsum non est mecum*. Ce n'est pas une lumière étrangère, c'est la lumière de mes yeux, de mes propres yeux, c'est celle-là que je n'avais plus. [*idt, Sermon sur la prédication évangélique*]

Dernier exemple de dire par RDA interposée[76], somptueusement orchestré et poussé à l'extrême par les privilèges de la fiction romanesque : celui de l'entre-

---

74 Je dois l'analyse de cet exemple à la présentation d'Yvonne Cazal au séminaire « Énonciation et représentation du langage » de Paris 3 (23-01-2002).
75 « [...] apprenez de votre Dieu même les secrets par lesquels il vous gouverne : car c'est lui qui vous enseignera dans cette chaire, et je n'entreprends aujourd'hui d'expliquer ses conseils profonds qu'autant que je serai éclairé par ses oracles infaillibles. » (*Sermon sur la Providence*).
76 De tels changements de plan – un « *e* » de *l-r*, représenté par **L** au Discours direct, accédant au statut interprétatif d'un *e* adressé par **L** à **R**, comme évoqué chap. **3**, note 26 – peuvent aussi se produire, sous couvert d'une forme autonyme, (1) hors ou contre l'intention de **L**, et (2) sans ressemblances factuelles entre les deux situations A et a (*cf.* ci-dessous chap. **8.2.2.3**, Remarque 6).

prise de séduction d'Ariane par Solal[77] ; ostensiblement affichée au départ sur le mode du défi :

> [...] je vais vous séduire. [...] dans trois heures les yeux frits.

elle va passer par le répertoire des dix « manèges » de la séduction, détaillés en expert par Solal ; au-delà de la place centrale qu'y occupe d'emblée la RDA (ce qu'il faut dire à une femme pour la séduire, ce qu'elles disent...[78]) c'est tout entière que, à mi-chemin du parcours, la parole de Solal passe du côté de la représentation d'un dire autre – dans un « montage » énonciatif virtuose qui culmine avec les deux derniers manèges : toute manifestation directe du rapport interlocutif en cours (Solal-Ariane) suspendue, c'est à Nathan, jeune cousin imaginaire venu lui demander « comment tournebouler son idiote » que, sur le mode explicite d'un « comme si », Solal – à grand renfort de RDA injonctives[79] – (Dire autre 1) prescrit à celui-ci ce qu'il doit dire (Dire autre 2) à celle qu'il aime.

Ainsi, sous le couvert redoublé d'une RDA qui en enchâsse une autre, Solal peut-il, au titre du neuvième manège, dit de « la sexualité indirecte », faire entendre, au DD, solennel et poétique, le plus brûlant des « cantiques de désir » :

> « Encore ceci Nathan. Ne crains pas de considérer avec attention ses seins. Si rien n'est dit, cela va. [...] Seuls les mots offensent. En toi-même donc tandis que de quelque convenable sujet vous causerez, muettement tu lui diras le cantique de ton désir.
> « Oui, un cantique en tes yeux, cantique des seins. Ô seins de terrible présence, féminines deux gloires, hautes abondances, [...] ô les fruits tendus de complaisante sœur, ô les deux lourds de ta main si proche.
> Ainsi lui diront tes yeux, Nathan. [...] Oui bien aimée, tes yeux lui diront, oui, je te veux et ne suis que ce vouloir [...]. »

tandis que c'est au DI, dans la succession pressée d'ultimes injonctions à dire..., qu'est détaillé – en même temps qu'accompli – « le dernier manège, la déclaration » :

> « [...] Tous les clichés que tu voudras, mais veille à ta voix et à sa chaleur. Un timbre grave est utile. Naturellement lui faire sentir qu'elle gâche sa vie avec son araignon officiel [...]. Tu lui diras naturellement qu'elle est la seule et l'unique [...]. Pour faire bon poids, dis-lui aussi qu'elle est odeur de lilas et douceur de la nuit et [...]. Et n'oublie pas de parler de départ ivre vers la mer, elles adorent ça.

---

[77] Qui occupe les 50 pages, presque intégralement au DD, du chap. 35 de *Belle du Seigneur*.
[78] « Premier manège, avertir la bonne femme qu'on va la séduire. Déjà fait [...] Deuxième manège, démolir le mari. [...] elles avouent [...] Elles protestent et s'écrient [...]. »
[79] « Interroge la... ; Complimente... ; Tu lui diras... ; dis-lui aussi... »

Sous les espèces du DD puis du DI – *je te veux* et *elle est la seule et l'unique* –, le message doublement distancié que Solal (**L**) représente pour Ariane (**R**) comme celui qu'il (l_1) recommande à son jeune cousin (r_1) d'adresser (l_2) à sa belle (r_2), résonne, à travers la similitude des rapports L-R et l_2-r_2, comme celui que Solal adresse, ici et maintenant, à « son idiote » à lui, avant que, masques une fois tombés, ne s'élève, solennel, « en direct », entre les deux héros, le chant amoureux du « toi et moi » :

> [...] nous sourirons de tant nous aimer, toi et moi, et gloire à Dieu.
> – Gloire à Dieu, dit-elle.
> [...]
> Alors il la prit par la main et ils sortirent, lentement descendirent. Ô grave marche [Fin du chapitre].

* * * * *

La RDA comme mouvement du sens
Les jeux de la re-contextualisation de l'énoncé et leurs enjeux au plan du sens sont inséparables du caractère *métalangagier* de l'opération de RDA, c'est-à-dire du caractère homomorphe de l'acte d'énonciation **A** et de son référent a^0.

La propriété, métalangagière, de présenter des chaînes semblables (les mêmes mots) ou équivalentes (des mots pour des mots) aux énoncés représentés se prête à l'illusion – dont jouent maximalement certains effets discursifs de « reproduction objective » de la RDA – selon laquelle cette opération pourrait échapper à la perte inhérente à la représentation du réel ordinaire (des mots pour des choses). Le rappel du caractère contextuel du sens et de sa mise en jeu au double plan où s'opère la re-contextualisation équivaut à inscrire la *perte* au cœur de la RDA : dès lors que le référent d'une RDA n'est pas réduit à « une chaîne signifiante » mais envisagé comme l'*énonciation* d'une chaîne, aucune RDA, si « scrupuleuse » soit-elle, ne pourra jamais épuiser le contexte de l'énoncé représenté, ni échapper à la subjectivité – partant à la responsabilité – qui en affecte la représentation.

Nulle déploration cependant dans ce constat de l'irreprésentabilité d'une énonciation et de son sens : celle-ci n'est que la forme particulière prise dans la RDA par l'incertitude, la non-fixabilité, qui est la loi commune du sens et de sa circulation. Solidaire de cette « perte » – qui ne peut se donner telle que relativement à ce que serait l'impossible saisie « intégrale » d'un fait d'énonciation et de « son sens » – apparaît la *relance du sens* dont est porteuse la dynamique de la

RDA[80]. Énonçant, métalangagièrement, des mots en référence à des mots énoncés ailleurs, la RDA participe au processus permanent d'engendrement des mots les uns par les autres où se fait, « dans l'immense tissu du parler », le *mouvement indéfini du sens*.

Mettant doublement en jeu du « langage en contexte », la RDA « catalyse » *la question du sens* : évoquée ici sous l'angle de l'incidence des deux contextes – contexte représenté et Contexte d'accueil – qui y sont à l'œuvre, nous allons la retrouver, centrale, dans les opérations métalangagières de représentation d'énoncé auxquelles est consacrée la partie III.

---

[80] C'est cette dynamique de la RDA que met en avant D. Da Cunha (1992) dès le titre qu'elle donne à son étude : « Discours rapporté et *circulation de la parole* ».

Partie III Trois opérations métalangagières en jeu dans la RDA : catégorisation, paraphrase, autonymisation

Introduction

Quelqu'un, dans une conversation, dit :

(1)   C'est peut-être vrai...

et trois répliques fusent :

(2)   (a) Voilà une *affirmation prudente* !
      (b) Je suis d'accord avec toi, *c'est possible*.
      (c) « *C'est peut-être vrai* »... : tu ne pourrais pas te compromettre un peu ?

En réaction à l'énoncé (1) l'allocutaire le catégorise comme « affirmation prudente » (a), le reformule en « c'est possible » (b), le reproduit littéralement (c). Saisies ici dans le vif – et l'ordinaire – de l'échange interlocutif, ces trois réactions correspondent à trois opérations métalangagières essentielles au champ métadiscursif en général, et à la RDA en particulier : la catégorisation, le paraphrasage et l'autonymisation.

Relevant de la représentation d'un événement d'énonciation a^0 de e^0, chacun des échanges suivants – une RDA énoncée par L_1 et la réaction rectificatrice qu'elle entraîne chez L_2 – se situe dans le cadre d'une de ces opérations, mise en évidence par le choix polémique de L_2 de porter le débat « sur le terrain » langagier choisi par l'autre dans sa représentation :

(**a**) représentation par **catégorisation métalangagière**

(3) L_1 : —X a *insulté* Y
      L_2 : — Mais non, il l'a seulement *critiqué* / il a *indiqué* des points à revoir.

(**b**) représentation par **(re)formulation paraphrastique**[1]

(4) L_1 : — Selon X, *Y a fait des malversations*.
      L_2 : — Mais non, il a seulement dit qu'*il avait mal tenu les comptes / il y avait des imprécisions dans les registres*.

(**c**) représentation par **(re)formulation autonymique**

(5) L_1 : — Est-ce que X n'a pas évoqué des « *comptes en désordre* » ?
      L_2 : — Mais non, il a dit exactement : « *quelques zones un peu en désordre* ».

---

[1] Le caractère instable conféré au *(re)* accolé à *formulation* correspond à la difficulté d'associer ce préfixe qui situe un événement par rapport à un « avant », là où les RDA proposent aussi bien des formulations comme images prospectives de référents à venir.

Là où la catégorisation « *nomme* » ***e*⁰**, la paraphrase et l'autonymisation *remplacent **e*⁰** par une formulation ***e*** : en (3) la discussion porte sur l'assignation, catégorisante, de ***e*** à une classe par une dénomination métalangagière (*insulter/ critiquer*) ; en (4) et (5) elle porte sur la formulation ***e*** proposée comme image-substitut de ***e*⁰**, en tant que ***e*** serait sémantiquement équivalente à ***e*⁰** ((re)formulation paraphrastique), ou en tant que la séquence de mots présentée comme telle en ***e*** ((re)formulation autonymisante) serait une image adéquate de ***e*⁰**.

Les deux récits de parole suivants jouent sur les trois claviers métalangagiers : le commentaire des lettres que Ferdinand reçoit de son père, lors de son séjour en Angleterre, dans *Mort à Crédit*, passe ainsi d'une série de pures catégorisations (**a**) – *menaces, jurons, insultes, mises en demeures* – à la sélection par autonymie (**c**) de deux mots – *infernale, apocalyptique* –, pour en arriver dans la dernière phrase au résumé paraphrastique (**b**)² :

> (6) [...] trois lettres bien compactes, que je peux qualifier d'ignobles ₐ{blindées, gavées, débordantes de mille menaces, jurons horribles, insultes grecques et puis latines, mises en demeures comminatoires... [...]} c{Il qualifiait ma conduite d'infernale ! Apocalyptique !...} Me revoilà découragé !... ᵦ{Il m'envoie un ultimatum, de me plonger séance tenante dans l'étude de la langue anglaise au nom des terribles principes, de tous les sacrifices extrêmes... des deux cent mille privations, des souffrances infectes endurées, entièrement pour mon salut !} [Céline, *Mort à Crédit*, Folio, p. 244].

et l'évocation par « San Antonio » de la réaction furieuse d'une foule frustrée de son arbitre tombé mort sur le terrain en plein match : le déferlement langagier y est représenté par les deux cascades successives de pures catégorisations (**a**) – *conspuent, huant, sarcasmes, épithètes, injures, quolibets, ironie, insultes...* –, puis d'autonymes (**c**) – *vendu, chiqueur, truqueur...* – encadré par deux brèves reformulations paraphrastiques (**b**) – *ils pensent que, nouvelle de sa mort* :

> (7) Les spectateurs ne savent pas ce qui se passe. ᵦ{Ils pensent que l'homme au sifflet entre les dents est tombé en digue-digue} et ₐ{ils conspuent sa faiblesse.} ₐ{Cette foule énorme huant un cadavre vous a quelque chose de dantesque ! [...] La foule mugit [...] Elle abreuve cette carcasse de sarcasmes. Pluie d'épithètes ! Torrents d'injures ! Ouragan de quolibets [...] ! Tornade d'ironie ! Cyclone de vacheries ! Mousson de rage !}
> c{On le traite de vendu, de chiqueur ! De truqueur ! De gonzesse ! De mauviette !}
> Et pendant ce temps, il est mort, Otto.
> Il ne vit plus que par ₐ{les insultes de ces trente-deux mille tordus}... ᵦ{Lorsque la nouvelle de sa mort leur sera parvenue}, ils se tairont [*San Antonio renvoie la balle*, 1960, chap. 3].

Si les exemples ci-dessus relèvent du champ de la RDA, c'est l'espace métadiscursif dans toute son étendue qui est parcouru par ces trois « manœuvres du langage

---

2 Autonymes (c) et paraphrase (b) étant précédés des catégorisants « qualifier » et « ultimatum ».

par le langage »³, chacun des secteurs du méta-discours (*cf.* chap. **1**) offrant à ces opérations générales des conditions spécifiques déterminées par leur objet propre : langue, Discours en train de se faire, discours autre.

À propos de chacune de ces opérations – catégorisation (chap. **6**), paraphrase (chap. **7**), autonymisation (chap. **8**) –, la démarche suivie sera la même, visant deux objectifs. On tentera d'abord de faire apparaître le *caractère général*, transverse au champ métadiscursif, de ces opérations concernant aussi bien la langue et ses « types » que les discours et leurs « tokens », et parmi ceux-ci, aussi bien ceux qui relèvent – co-présents dans le dire à leur représentation – du Dire en train de se faire (ARD), que ceux qui, énoncés « ailleurs », n'apparaissent dans le Dire que sous l'espèce de leur représentation (RDA) ; avant de dégager, différentiellement, par rapport à cette base commune, ce qui fait la *spécificité* de ces opérations *en RDA*, c'est-à-dire ce qu'implique, pour leur fonctionnement, la nature de l'objet « discours autre » sur lesquels elles portent.

De même que du parcours des types d'articulation entre les deux actes (partie II) se dégagent des traits qui différencient les modes entre eux et une problématique qui leur est commune ; de même du jeu des trois opérations émergent, d'un côté le trait distinctif de l'autonymisation (pour DD et MAE), et de l'autre les différenciations qu'inscrit, entre les modes et en chacun d'eux, la pondération variable dans l'ensemble du champ des opérations – partagées – de catégorisation et de paraphrase⁴.

---

3 Pour reprendre l'heureuse formulation de A. Compagnon (1979 : 44) à propos de la citation.
4 L'intervention en RDA d'une opération autre, celle de la spécification du thème de l'énoncé *e* (*il a été question de comptabilité*), relevant de l'analyse du sens comme la catégorisation et le paraphrasage, sans leur être assimilable, est signalée après l'étude de ces deux opérations majeures, chap. 7.3.

Chapitre 6 La catégorisation métalangagière en RDA

(1) Il₁ *éructe* : « Sans moi₁, en tout cas ! ».
(2) Après moult *salutations* et *protestations d'amitié*, ils ont *échangé des banalités* sur le train du monde.
(3) Comment a-t-il₁ pu s'aveugler ainsi, *se lamente*-t-il₁.
(4) Si l'on en croit ses *péremptoires affirmations*, tout est réglé.
(5) Il est « retenu contre sa volonté » selon *le délicieux euphémisme* de nos amis anglais.

Dans ces énoncés de RDA les segments soulignés relèvent, dans leur variété morphologique et syntaxique, d'une même opération métalangagière – celle de la catégorisation qui, on le voit, ne se ramène pas, tant s'en faut, à la question des « verbes introducteurs ».

Régulièrement évoquée comme dimension pertinente dans les présentations du « discours rapporté », objet, à juste titre, d'exercices pédagogiques, celle-ci relève de la catégorisation métalangagière, et les nombreuses études[1] qui lui ont été consacrées présentent un ensemble consistant d'analyses et d'observations – tant au plan lexico-syntaxique (distribution dans les constructions *V parole* : « ... »/*V parole que*...) que lexico-sémantique (structuration en termes de traits sémantiques du champ lexical constitué) – sur ce type de catégorisation en RDA.

Mais il convient au-delà d'une focalisation sur les « verbes introducteurs » – qui n'apparaît pas sans rapport avec l'insistante tradition de la conception dérivationnelle DD→DI et des exercices de transposition qui l'accompagnent – d'envisager la question de la catégorisation métalangagière en RDA dans toute son ampleur : on tentera de l'appréhender
- comme partie prenante du fait langagier général de la catégorisation métalangagière avec ce qu'elle tient de cette appartenance et ce qui l'y spécifie (1) ;
- puis, au-delà de ses formes par rection verbale en DD et DI, dans la diversité des configurations formelles (2) et la finesse du maillage lexical (3) à travers

---

[1] Notamment, les structurations en termes de traits pertinents proposées par Wunderlich (1969), Strauch (1972), Charolles (1976), Kerbrat-Orecchioni (1980 : 100 *sq*.), le recensement d'un millier de verbes et locutions verbales proposé par Z. Nikodinovski (1986) – parfois peu usités – et, récemment, la constitution d'une base de données d'environ 700 verbes « introducteurs de citation », organisée selon des critères sémantiques à partir de la base *Frantext* et du journal *Le Monde*, *cf.* Mourad (2001), Mourad & Desclés (2004).

lesquels elle se réalise, comme dans son extension à tous les modes de la RDA, selon des pondérations inégales (4) ;
– et enfin comme variable pertinente au plan des discours, selon le mode sur lequel elle y est mise en œuvre (5).

1 La RDA : secteur particulier de la catégorisation métalangagière

« La langue peut, en principe, tout catégoriser et interpréter, y compris elle-même » : l'exercice de ce pouvoir de catégorisation réflexive, souligné par Benveniste (*cf.* chap. **1**.1), passe par l'existence d'un lexique métalinguistique permettant de *nommer* les faits de langage : sa richesse – balisée par J. Rey-Debove[2] – dit combien nous importe l'univers de langage dans lequel nous vivons.

Remarque 1 : Métalexique et lexique « mondain ». Le lexique est réparti par cet auteur en trois ensembles : (I) mots **mondains** « destinés à parler de ce qui n'est pas le langage » (*maison, chaud, respirer, mortellement...*) ; (II) mots **métalinguistiques** « destinés à parler du langage » (*adjectif, déclinaison, illisible, dire...*), parmi lesquels des mots « à haute fréquence » (*mot, dire, parler, écrire...*) ; (III) mots **neutres** qui s'intègrent indifféremment aux deux ensembles précédents (*il, que, forme, quand...*). Sont signalés :
– les cas de double appartenance I/II par polysémie (*conjuguer ses efforts/un verbe*),
– le caractère non discret de l'opposition (± trait langage), base de la répartition I/II, la notion de « densité métalinguistique » étant proposée pour rendre compte d'un continuum sur lequel se situeraient par exemple, dans un ordre de densité décroissante, les éléments : *parole – parler – parleur – parolier – parloir,*
– la question de l'inclusion (ou non) des mots renvoyant à une « opération de pensée » (*idée, opinion, jugement*) – évoquée ci-dessus chap. **2**.

La catégorisation métalangagière – comme toute catégorisation – repose sur une prédication sous-jacente de l'ordre de : *ce fait* (langagier) *est un / constitue un / relève de la classe des...* Cette opération est à l'œuvre dans les énoncés suivants :

(6) « Acheter » et « vendre » sont des *verbes converses* ; « Vient-il ? » relève de l'*interrogation totale* ; La classe des *adverbes* (« bien, très, soudain,... ») est invariable.
(7) Ma *réponse* est « oui » ; Je viendrai, ce n'est pas une *promesse* en l'air ; Je te *conseille* de ne pas y aller ; Pour *conclure* sur ce chapitre... ; ... si je puis risquer cette *formulation métaphorique.*
(8) Ce ne sont de sa part que *reproches* incessants, *récriminations* et *jérémiades* ; Le maire a *confirmé* que le projet était maintenu.

---

2 Rey-Debove (1978) chap. 3 *Le Métalexique.*

mais le mode sur lequel elle s'effectue varie avec la nature du référent et le rapport de l'instance énonciatrice, « catégorisante », à ce référent.

Là où, en (6), le principe de la catégorisation du référent que sont les faits de langue (« types », étrangers à l'univers des événements d'énonciation et du sens), stables, inventoriables, est celui de leur assignation univoque à des classes définies par un discours métalinguistique – quel que soit le degré de précision et d'explicitation de ces définitions, du discours spontané aux élaborations les plus contrôlées –, les référents de (7) et (8), « tokens », événements singuliers porteurs de sens, ininventoriables, font, eux, entrer dans un régime de catégorisation *interprétative*. Mais sur cette base, commune, ARD (auto-représentation du dire) et RDA se distinguent foncièrement : en (7) la catégorisation s'articule à son référent dans le cadre d'un acte d'énonciation unique, « accompagnant » l'énoncé dans le moment de son énonciation ; elle en fait partie, elle participe à la production du sens de l'énoncé qui, en s'auto-catégorisant comme « réponse », « conseil », « conclusion » ou « formulation métaphorique »... s'institue comme tel[3] ; c'est, au contraire, le *décalage* entre l'instance catégorisante et son référent – discours autre – qui caractérise, en (8), la RDA avec une double conséquence : d'une part l'interprétation inhérente à la catégorisation des « tokens » s'ouvre, sans limite, à tous les effets de l'*altérité*, autorisant, pour un e^0, des catégorisations variées en E (voire divergentes telles, ci-dessus, *insulter vs critiquer* dans l'échange de l'exemple (3) de l'introduction de cette partie III) ; d'autre part il faut, même si c'est une lapalissade, rappeler que là où la catégorisation (et plus généralement la représentation), c'est-à-dire l'image donnée d'un référent *token* est, dans l'auto-représentation, articulée au réel de ce *token*, par stricte co-présence[4], le référent e^0 de la RDA n'y est présent, sans contrepoids aucun du côté du réel, que par l'*image* qui en est donnée. On peut par ailleurs observer que celle-ci met à contribution un lexique de catégorisation métalangagière plus riche que celui qui figure

---

3 Les verbes performatifs sont évidemment au cœur de cette configuration de catégorisation sui-référentielle, mais on voit qu'elle s'étend largement au-delà : du performatif canonique *je te conseille de venir*, à ses versions « dégradées » par détachement – *Viens, c'est un conseil que je te donne* ; *Viens ! Ecoute mon conseil* ; *je vais te donner un conseil : viens...* – ou encore *je vous adresse une lettre de protestation/de recommandation*, pour atteindre à des auto-catégorisations comme *formulation métaphorique* (?) ou ... *et c'est un euphémisme* ; *pour poursuivre mon argumentation/ma démonstration...* qui ne présentent pas de « performativité ». (*Cf.* pour une réflexion sur le rapport entre performatif et quasi-commentaires – du type *Viens, c'est un ordre* – (Recanati 1981 : 48 *sq.*).
4 L'interlocution occupe une position d'entre-deux entre « le même » de l'ARD et l'autre de la RDA dans laquelle peut s'inscrire une successivité immédiate du référent et de sa catégorisation *par un autre*, comme dans le couple (1- 2a, introduction partie III) ou l'échange : « L_1 : — Faites attention !. /L_2 : — Vos *menaces* m'indiffèrent / Vos *conseils* me touchent ».

dans les auto-catégorisations, s'étendant à des catégorisations que ces dernières ignorent : notons, par exemple – sans entrer dans l'étude comparative, qui serait utile – que les catégorisations plutôt dépréciatives, qu'elles portent sur la réalisation matérielle du dire – *claironner, hurler, bafouiller, bégayer, etc.* – ou sur son contenu – *insinuer, colporter, raisonnement oiseux, avis mal intentionné, etc.* – sont aussi usuelles en RDA qu'elles le sont peu pour le Discours en train de se faire.

2 Configurations formelles de la catégorisation

La catégorisation métalangagière concerne *tous les modes de la RDA* : il convient de le souligner – en deçà des différences observables entre les modes, et entre les formes d'un même mode quant à la pondération par rapport aux autres opérations métalangagières, de reformulation. C'est ce que montrent, *cf.* aussi (1) à (5), les exemples suivants (construits exclusivement avec des verbes de parole) :

(9) DD		Il a *supplié / ordonné* : « Venez avec moi ».
(10) DI	a	Il a *refusé / conseillé* que Jean parte.
	b	Il a *encensé / démoli* le film de X.
(11) Bivocal		Il$_i$ était prostré. « Comment avait-il$_i$ pu être aussi naïf ? » *se lamentait-il$_i$ / rageait-il$_i$*.
(12) MAS		Le réchauffement climatique est, d'après ce que *prophétisent* les écologistes / *démontrent* les études récentes, à prendre au sérieux.
(13) MAE		Il fait partie de ce que l'on a *baptisé / nommé ironiquement* la « gauche caviar ».

Elle ne se cantonne pas à la forme du *verbe de parole recteur*, selon le schéma canonique : *il a dit : « Il fait beau »/qu'il faisait beau*. Elle puise largement au lexique métalinguistique des noms, et passe par toutes les configurations du « cadrage » énonciatif de *e* : incises, appositions, anaphores, cataphores, lien sémantique.

Verbes de parole
En ce qui concerne les verbes de parole, ils entrent, outre la construction en verbe transitif recteur, dans deux autres configurations majeures : l'une (a), syntaxique, de construction d'un *e* avec une *incise*, l'autre (b), sémantique, d'articulation interprétative d'un *e* avec un verbe n'ayant pas le statut syntaxique d'un introducteur, recteur d'un « *e* » complément d'objet, mais le rôle « d'*annonceur* » d'un « *e* »[5]. La construction avec introducteur :

---

[5] On retrouve ci-dessous chap. **8.2.1.3**, p. 256 *sq.* la distinction – sans aucun doute à affiner – entre *introduit* et *annoncé* dont l'incidence ne se limite pas à l'étendue lexicale de la catégorisation.

(a) Jean a promis « e »

et la configuration avec annonceur :

(b) Jean a tempêté ; « e »,

s'opposent quant à la possibilité pour le *e* d'être pronominalisé en *le*, ou d'occuper la place de sujet au passif :

(a') « *e* », Jean l'a promis,   « *e* » a été promis par Jean
(b') * « *e* », Jean l'a menacé,   * « *e* » a été menacé par Jean

Dans les exemples (29, 31, 37) chap. **5**, par exemple, les verbes *appelait, reprenait, sourit,* fonctionnent comme « annonceurs » du « *e* » qu'ils précèdent

Si on les évoque ici – sans entrer dans l'analyse de leur fonctionnement – c'est en tant que les ressources lexicales offertes à la catégorisation y sont largement étendues (15), les verbes (incluant les verbes de pensée) n'y étant pas soumis aux restrictions propres à la rection (14) :

(14) * Il *sermonne* qu'on n'a pas fait comme il avait dit ; *Il *s'effarouche* qu'il n'osera jamais le faire.

vs

(15) a   Il *sermonne* : Vous n'avez pas fait comme j'avais dit ; Il *s'effarouche* : Je n'oserai jamais le faire !
     b   Vous n'avez pas fait comme j'avais dit, *sermonne*-t-il ; Je n'oserai jamais le faire ! *s'effarouche*-t-il.

Et ces configurations se réalisent en dehors du DD, notamment au mode bivocal :

(16) « On n'a pas fait comme il$_i$ avait dit », *sermonne-t-il*$_i$. / Il$_i$ s'*effarouche* : « Jamais il$_i$ n'osera le faire ! ».

Au-delà des verbes de parole[6] ou de sentiment, l'élargissement de la catégorisation dans l'incise à des Verbes exclus comme verbes recteurs touche à ce qui

---

[6] Sans entendre par là que cet ensemble soit univoquement déterminable ; ainsi Fiala (1992) relève-t-il pour *aborder* des emplois comme « verbe de parole » dans *Le Neveu de Rameau* : « Un après dîner, j'étais là, [...] lorsque je fus *abordé* par un des plus bizarres personnages de ce pays [...]. [...] Il *m'aborde...* Ah ! ah ! vous voilà Monsieur le philosophe [...]. » ; rappelant la définition de l'*Encyclopédie* : « On *aborde* les personnes à qui l'on veut parler » (*idt*), il le traite, dans ce cas, comme un verbe de mouvement *porteur* d'un trait de dire.

relève (gestes « parlants ») du mimo-gestuel tendanciellement codifié accompagnant le dire[7] :

(17)   ... hausse-t-il les épaules ; hoche-t-il la tête ; sourit-il ; lève-t-il les sourcils d'un air interrogatif ; fait-il la moue ; ...

Noms de parole
Le lexique métalinguistique où puise la catégorisation métalangagière en RDA ne se restreint pas au verbe, on l'a dit, mais relève régulièrement du **nom** (morphologiquement couplé à un verbe de parole : *répondre/réponse ; blâmer/blâme...* ou non : *hymne, lapsus, proverbe, topo, tirade, etc.*). Comme pour le verbe, l'articulation d'un nom au *e* dont il assure la catégorisation peut relever d'un rapport syntaxique ou d'un lien sémantique.
Relèvent du *rapport syntaxique* :
– la relation attributive du type *Nméta est e* ou *e est Nméta*, couramment observable en DD, DI et sans exclusion du Bivocal

(18)   a   *Sa réponse a été* : « Je ne viens pas » / qu'il ne venait pas.
       b   « Je ne viens pas » / Qu'il ne venait pas *a été sa seule réponse*.
       c   Allait-il$_i$ arriver à temps ? était la *question* qui le$_i$ taraudait.

– la relation appositive entre un *e* et un Nméta :

(19)   L'*annonce* du ministre, « le projet est maintenu », a rassuré.
(20)   La cuisine des femmes [...] rien n'y est « masqué » (*expression* de la cuisine des chefs). [La Reynière, *Le Monde des loisirs*, 04–05–1985]

– la rection nominale d'une complétive (DI) ou d'une relative en *selon* par un Nméta :

(21)   La promesse que / selon laquelle le projet est maintenu, a rassuré.

---

7 Lorsque les incises s'étendent à tout geste, attitude, voire activité de *l* en rapport ou simultané à son dire, comme : « se leva-t-il brusquement ; s'assit-il lourdement ; pianote-t-il sur la table ; range-t-il son portefeuille... », il n'est plus question de les assimiler à des verbes de parole : on quitte les rives de la catégorisation métalangagière. C'est ce dont, à sa manière, rend compte D. Wunderlich (1969) dans son analyse, dans un cadre de grammaire générative, du champ lexical des *Verba Dicendi*, en proposant de décrire les énoncés de DD avec incise ou « annonceur » comme résultant d'une transformation d'effacement (ou d'ellipse) à partir d'une « structure profonde » coordonnant un *verbum agendi* à un *verbum dicendi* ayant le même sujet personnel et le même temps : « il$_i$ lève le poing et il$_i$ dit : « ... » => il lève le poing : « ... », ou « ... », lève-t-il le poing ».

relève d'un *lien sémantique co-référentiel* :
- la cataphore (associée (a) ou non (b) à un verbe de dire « neutre »), en DD et bivocal :

(22) a   Le président a fait une / cette *promesse* : « Les impôts vont baisser ».
      b   *Promesse* du président : « Les impôts vont baisser ».
      c   Réponse de Marie$_i$: « Elle$_i$ n'y a pas pensé ! »

- et, massivement, l'anaphore, qui entre dans deux configurations. Dans la première (23), observable avec tous les modes de RDA, elle apporte une spécification, un enrichissement à la catégorisation déjà présente dans la phrase (de RDA) qui précède :

(23) a DD   Jean a *dit* : « Bien sûr que j'y arriverai. ». Cette *rodomontade* a fait rire.
      b DI   Le président a *dit* qu'il allait baisser les impôts. Cette *promesse* sera-t-elle tenue ?
      c Bivocal « Ce n'était pas sa faute, *disait*-il, il n'avait pas été prévenu ». Cette *pitoyable défense* ne convainquit personne.
      d MAS D'après ce qu'a *dit* Jean, les impôts vont baisser. C'est une *information* à prendre avec circonspection.
      e MAE Là se met en place ce que les nazis *appellent* la « solution finale ». Cette *ignoble périphrase euphémisante* a été inventée en [...].

Dans la seconde (24) dont seul le DI semble exclu (*cf.* ci-dessous 4.), l'anaphore apporte une catégorisation rétro-active à la séquence *e*, vierge de catégorisation, à laquelle elle succède :

(24) a DD   « Venez avec moi ». Cet /l'*ordre* de X a paru menaçant / Cette / la *supplication* de X a ému. (comparer (9))
      b Bivocal « Comment avait-il pu être aussi naïf ? etc. ». Ces / Ses$_i$ *lamentations* agaçaient son associé. (comparer (11))
      c MAS   Le réchauffement climatique serait à prendre au sérieux. Les *prophéties* des écologistes semblent se vérifier. (comparer (12))
      d MAE Mr X est « retenu contre sa volonté ». Cet *euphémisme* tout britannique ne doit pas masquer le fait de la prise d'otage. (comparer (5))

Mécanisme de progression discursive – qui mérite l'attention pédagogique au même titre que l'entraînement aux verbes introducteurs[8] – cette anaphorisation métalangagière apparaît aussi présente dans le fonctionnement de la presse écrite (Moirand 1975) que dans le déroulement narratif, celui des *Fables* de La

---

8 *Cf.* dans (Jespersen *et al.* 1997) la place que réserve la « séquence didactique » visant l'argumentation *via* le discours rapporté aux exercices « d'introduction de nominalisation » – *cette déclaration, ce souhait, ses affirmations...* –, et l'enrichissement de ces « anaphores résomptives » par des adjectifs évaluatifs.

Fontaine, par exemple, dont M.-J. Béguelin (1998) tire un séduisant florilège de « SN démonstratifs métalinguistiques » renvoyant à des RDA antécédentes (principalement au DD, avec un DI, un Bivocal) :

> cette harangue, cette oraison funèbre, cet avis-là, ce conseil, cette offre, cette adroite répartie, ce serment, cette pensée...

À côté de ces formes – syntactico-sémantiques, intra et interphrastiques – par lesquelles un élément catégorisant entre en relation avec une séquence *e*, verbes et noms métalangagiers constituent aussi le noyau sémantique de *RDA purement catégorisantes*, sans élément *e* isolable. Ainsi de ces trois types de RDA, susceptibles d'apparaître en X dans un contexte comme :

(25) On a demandé au maire quand les travaux seraient finis. ...X... On est passé à la suite.
avec X= (a) Il a *répondu évasivement.*
(b) *Réponse évasive* ; Sa *réponse évasive* n'a pas surpris.
(c) Il a fait une *réponse évasive.*

On peut souligner, ici encore, l'importance du lexique nominal susceptible d'entrer dans les combinaisons, très usuelles, verbe d'action neutres + N de catégorisation métalangagière[9], telles

> *faire des plaisanteries, promesses, aveux, commentaires...* ; *donner des ordres, prodiguer des conseils...* ; *lancer des piques* ; *multiplier, accumuler les bons mots, paradoxes, prétextes, sous-entendus* ; *échanger des mono-syllabes, injures, politesses...*

3 Le maillage lexical de la catégorisation spontanée des dires

La catégorisation métalangagière en RDA dispose d'une grille lexicale serrée : par rapport à la neutralité du verbe *dire*, et au *il dit*, remplissant, au degré minimal de la catégorisation métalangagière, la fonction purement « indicatrice » du fait d'un dire[10], la spécification du dire représenté dispose d'un ensemble considérable de lexèmes – verbes et noms, principalement, mais aussi adjectifs et adverbes – por-

---

9 « neutres » est pris ici au sens de Rey-Debove, *cf.* ci-dessus, Remarque 1. La construction *V+Nom méta* est couplée à un V (ce qui ne veut pas d'ailleurs dire synonymes, *cf. plaisanter / faire des plaisanteries*) ou non : *V+bons mots, monosyllabes, paradoxes...*
10 « verbe introducteur fournissant l'information minimale, autrement dit [...] signal de reproduction à l'état pur » selon (Strauch, 1972 : 227), qui propose de l'appeler « verbe introducteur *simple* » ; notons cependant (*cf.* 4. ci-dessous) que le DI constitue pour *dire* un contexte spécificateur excluant de renvoyer à une interrogation.

teurs du trait sémantique « dire/discours », de façon essentielle (a) ou dans une acception régulière de leur polysémie (b), tels[11] :

a) *concis, péremptoire, verbeux, prolixe, injurieux, pédant, docte, pontifiant, captieux, diffamatoire, compendieusement, textuellement, texto, sic...*
b) *fallacieux, paradoxale (formulation), provocateur (discours), confus, fumeux, obscur, limpide, clair succinct (discours, propos)...*

Loin de l'exhaustivité d'un inventaire, autant que de la systématicité d'une structuration du champ en termes de traits pertinents, le balisage qui suit, dégageant *quelques uns* des plans selon lesquels et à l'intérieur desquels s'opère la catégorisation lexicale des faits de dire, voudrait avant tout faire apercevoir la finesse du « maillage » à travers lequel passent les représentations spontanées du dire en RDA.

Proposés comme *exemple* de catégorisation située à l'un ou l'autre des plans distingués par la représentation spontanée du dire, les lexèmes V, N relèvent souvent de plusieurs de ces plans : *rétorquer*, par exemple, relève à la fois (dans le classement ci-dessous) de la réaction au dire de l'allocutaire [3] et d'un mouvement argumentatif [7] ; *calomnier* de dire du mal [6] et du dire jugé faux par L [7] ; etc.

Ce sont les verbes – plutôt que les noms correspondants – qui, pour suivre l'usage, sont mentionnés ci-dessous ; mais faisant appel à la compétence lexicale du lecteur, ils sont à entendre – hormis les rares cas où le verbe de dire ne connaît pas de dérivation nominale, par suffixe ou déverbal : *morigéner, exciper...*, par exemple – comme renvoyant au **couple** verbe *et* nom, les noms désignant l'action (de dire) et/ou son produit (le « dit » réalisé). Les verbes cités en [1] ci-dessous, par exemple, valent aussi pour *écriture, écrit, fax, griffonnage, calligraphie, tag...* Des N sont cependant aussi mentionnés : lorsqu'il n'existe pas de verbe correspondant (*refrain, serment, poème...*), lorsque leur sens s'est sensiblement autonomisé par rapport au verbe, notamment comme dénomination d'un genre de discours institué (*ordonnance*, par rapport à *ordonner, supplique* par rapport à *supplier...*), ou simplement lorsqu'ils m'ont paru d'un emploi plus usuel que le verbe (*testament* par rapport à *tester...*).

---

11 Par opposition, sans que le partage soit discret, des lexèmes tels que : *long, bref, désagréable, beau, surprenant...* qui, pour être évidemment à même de modifier des N (ou V) métadiscursifs, ne seront pas considérés pour autant comme présentant une acception métadiscursive.

[1] En deçà de la représentation de « ce que » dit l'énoncé, un premier plan où se situe la catégorisation est celui de la *réalisation matérielle*, scripturale *vs* vocale du dire produit ou reçu :

> *crier, vociférer, claironner, articuler, grommeler, chuchoter, chantonner, ânonner, bégayer, bredouiller, babiller...* ; *écouter, entendre...* ; *avec (sur, d')un(e) ton, accent, intonation, voix, inflexion*[12] *...* ; indiquant pour l'oral un rapport à l'écrit (visée/source) *dicter, épeler, réciter ; écrire, faxer, twitter, griffonner, calligraphier, taguer...* ; *lire, déchiffrer, parcourir...* ; *en capitales, italique, caractères énormes, à l'encre...* ; *affiche, écriteau, étiquette, inscription, sms...*

La fréquence avec laquelle les noms de genre de discours comportent l'indication du canal par lequel ils se réalisent, atteste de la place faite dans le lexique à cet élément : *tract, préface, faire-part, missive...* vs *conversation, prêche, allocution...*

La représentation en RDA de ce plan de la réalisation physique du dire – scripto / phono-gestuel – relève, de façon tout à fait privilégiée, parmi les autres aspects du dire, de cette opération de catégorisation. Ainsi :

(26) a   L'adjudant, sa liste à la main, *aboyait* les noms.
      b   Dans un *murmure* presque inaudible, il admet connaître l'accusé.
(27)   Il tressaillit quand *une voix douce lui dit* tout près de l'oreille
           — Que voulez-vous ici mon enfant ? [Stendhal, *Le Rouge et le Noir*].
(28)   « Ne touchez pas les petits, *bégaya-t-elle*, vous êtes si laid ! »
           Elle accentua ce mot avec un si étrange mépris que [...] [Zola, *La Faute de l'Abbé Mouret*][13].

L'autre possibilité, celle d'une représentation mimétique de l'énoncé, permise par l'opération d'autonymisation, apparaît dans le fonctionnement usuel des modes autonymisant de RDA comme un cas marqué – chargée de dérision, agressive ou complice – dans des imitations à l'oral, d'une voix, d'un accent ou d'un défaut de prononciation, et d'une ostentation de fidélité dans les *fac-simile* qui, dans la presse (*Le Canard enchaîné*, par exemple) font « preuve à l'appui » pour des révélations.

---

12 Ces éléments, qui ont le plus souvent le statut d'expansion de V ou N de dire, peuvent aussi constituer, seuls, des « introducteurs » de **e**, au DD notamment : comparer à quelques lignes d'intervalle « [...] et *il affirma d'un ton de libéral* que [...] » et « M. Dambreuse aperçut Martinon et, s'approchant de sa femme, *d'une voix basse* :/— C'est vous qui l'avez invité ? » [Flaubert, *L'Éducation sentimentale*, II, 2]. On notera par ailleurs que *parler* ne présente pas le trait « vocal » dans tous ses emplois, *cf.* : *Dans ce traité, X parle de...*
13 Exemples empruntés à P. Dufour (2004 : 46–70), dans le riche chapitre qu'il consacre à la représentation romanesque du « Dialecte Corporel ». Pour un traitement approfondi et aigu de la question des « représentations écrites de l'oralité » voir Mahrer (2014), (2017) et, spécifiquement sur la catégorisation de l'oral, Mahrer (2017 : 222–245).

Les discours se différencient fortement par la place qu'ils font, en RDA, à cette couche matérielle du dire – ignorée des genres pour lesquels les dires sont envisagés comme véhicules de *savoir*, elle apparaît notamment avec ceux qui font place à la narrativité : ainsi peut-on mettre en regard les *Souvenirs de la Cour d'Assises* d'André Gide qui parcourent toute la gamme des voix :

> *trébuchante, déplaisante, si faible que, pathétique, douce, nette et sèche, sourde, ton de réprimande presque douce*, etc. [p. 623 sq. éd. de La Pléiade]

avec les comptes rendus de décisions de justice figurant dans les répertoires de jurisprudence et qui – notamment ceux des arrêts de la cour de cassation statuant sur ce qu'a *déclaré, condamné, rejeté, etc.* un tribunal – qui, saturés de RDA, en ignorent évidemment la dimension corporelle.

C'est aussi, pour des textes attentifs à la dimension matérielle du dire, par la pondération entre les deux voies de la catégorisation (normalement dominante) et de l'imitation phonique ou graphique (*via* l'autonymisation) que se spécifient des styles singuliers de parole ou d'écriture, notamment romanesques[14] : pensons à la collection hétéroclite de documents, reproduits matériellement, dont Perec accompagne le déroulement de sa « *Vie Mode d'emploi* », ou, posant la question du transcodage, le bredouillement sélectif délibéré du père Grandet, ou les accents germaniques de Nucingen et de Schmucke[15], mis en scène par Balzac (en DD, MAE) jusqu'à la fatigue du lecteur.

[2]   Un second élément de catégorisation est celui du *pôle l ou r de la co-énonciation* à partir duquel est représenté l'acte *a* : si, conformément au canonique « il a dit », c'est la production d'énoncé qui est privilégiée, les *a* saisis sous l'angle de la réception relèvent pleinement de la RDA. Ainsi *lire, entendre*, par exemple, fonctionnent-ils comme « verbes introducteurs » de DI ou DD :

> J'ai lu en quelque endroit que... (forme chère à La Fontaine)
> Entendu sur TF1 : « ... ».

et peuvent-ils intégrer l'ensemble dit des « verbes de parole », si l'on prend le terme parole dans l'extension maximale (indifférente tant à l'opposition émis-

---

14 Voir, par exemple, Dufour (2004 : 63) notant l'incidence, dans les écritures romanesques, des places respectives accordées à la « phrase sinueuse qui cerne la complexité des signes non-verbaux [entendre non morphématiques] » (catégorisation) et à la « reconstitution d'un équivalent verbal au style direct » (autonymie à dimension imitative).
15 Dans *Splendeurs et misères des courtisanes*, par exemple, et dans *Le Cousin Pons*.

sion / réception qu'à celle de oral / écrit) qui est celle du « fait de parole », ou du couple langue / parole. Dans cet ensemble, si *lire, déchiffrer*, par exemple, renvoient univoquement à un message, il n'en va pas de même pour :

> *entendre, écouter, capter, prêter l'oreille, saisir* (au vol), *voir, parcourir* (des yeux)...

et autres verbes de perception auditive ou visuelle dont le fonctionnement métalangagier dépend de la mise en jeu, interprétative ou explicite, dans le contexte d'un élément de parole :

> J'ai écouté le président ; j'ai écouté le discours ; c'est agaçant d'entendre dire que... ; c'est une expression qu'on entend souvent ; j'aime entendre parler de...

[3]   Encore extérieur au contenu même du dire (mais susceptible de se combiner à la représentation de ce dernier), un second plan spécifie la *place* de l'acte a représenté *par rapport à un autre dire*. S'y distinguent, lexicalisés en couples V/N ou en N autonome, les facettes :
- du dire élément d'un dire :
  > *introduire, ajouter, poursuivre, reprendre, conclure* ; *exorde, avant-propos, prologue, incipit, post-scriptum, envoi, codicille...* ;
- du redire :
  > *répéter, réaffirmer, citer, recopier, radoter, seriner, ressasser...* ; *refrain, proverbe, slogan, cliché, stéréotype, rengaine, potin, ragot...* ;
- du dire-réaction :
  > *couper, interrompre, répondre, répartir, acquiescer, répliquer, rétorquer...* ;
- du dire portant sur un dire :
  > *commenter, résumer, interpréter, analyser, paraphraser, traduire...* ;
- du dire-échange :
  > *dialoguer, bavarder, négocier, débattre, discuter, se disputer, s'entretenir...* ; *algarade, clash...*

Au-delà de ces trois plans, la majeure partie du lexique métadiscursif de la RDA s'attache à *ce qui s'y dit*, faisant apparaître, à travers actes illocutoires, mouvements argumentatifs, opérations rhétoriques ou discursives, des traits divers :

[4] la *saillance du destinataire* dans les actes – et les genres – de l'interrogation, l'injonction, l'apostrophe, *etc*...

> *interroger, questionner, demander si, s'enquérir...* ; *ordonner, enjoindre, proscrire, interdire, permettre, (dé)conseiller, exhorter, implorer, prier, exiger, demander de...* ; *apostropher, invoquer, invectiver, insulter...* ; *menacer, défier, persifler, flatter, admonester, réprimander, morigéner, sermonner, féliciter, pardonner, encourager, dissuader, convaincre, avertir, prévenir...* ;

interrogatoire, questionnaire, interview, devinette... ; sermon, remontrance, harangue, ordonnance, prière, compliment, boniment, supplique, recette, homélie, bulle, requête...

[5] l'*engagement* au sens juridico-moral de *l* dans son dire :
jurer, promettre, engager, attester, témoigner, certifier... ; serment, certificat, testament, déposition ...

[6] *l'appréciation (en bien/mal)* portée par *l* sur ce dont il parle:
blâmer, reprocher, dénigrer, dénoncer, accuser, médire, condamner, fustiger, maudire, vitupérer, incriminer, (se) moquer (de), railler, louer, célébrer, encenser, prôner, justifier, excuser, plaider pour... ; diatribe, critique, sarcasme, réquisitoire, éloge, panégyrique, dithyrambe, plaidoirie...

et, relevant du lexique des sentiments susceptible d'être annexé interprétativement au champ du dire :
souhaiter, se réjouir, s'enthousiasmer, regretter, déplorer, s'indigner, redouter, craindre...

[7] la *spécification de l'assertion de l*
- en :
remarquer, noter, indiquer, signaler, observer, constater, souligner, annoncer, informer ; opinion, avis...
- en fonction du mouvement argumentatif effectué :
affirmer, confirmer, soutenir, alléguer, admettre, convenir, concéder, reconnaître, nier, contester, objecter, récuser, refuser, s'opposer, contredire... ; argutie, argument...
- en fonction du jugement de vérité porté sur elle par **L** :

Vrai
révéler, confesser, avouer, prouver, montrer... ;

Faux
mentir, prétendre, diffamer, calomnier, dérailler, divaguer, délirer, vaticiner... ; prétexte, contrevérité, sophisme, balivernes, galéjade, rodomontades, foutaises, bobards, racontars... ;

Incertain
supputer, postuler, hasarder, prédire... ; hypothèse, conjecture ...
- par l'implicitation, mise au jour par **L** :
insinuer, sous-entendre, laisser entendre, faire comprendre, faire allusion...

et relevant du lexique des « pensées » susceptible d'être annexé au champ du dire :
juger, croire, estimer penser, trouver, point de vue, opinion, avis...

[8] le *type rhétorico-discursif* dont relève le dire autre :
> *expliquer, exposer, analyser, résumer, développer, exemplifier, illustrer, détailler démontrer, argumenter, disserter, énumérer, comparer, commenter, raconter, narrer, décrire ...* ;

et tous les noms de genres de discours correspondant à un ou plusieurs de ces types :
> *récit, anecdote, roman, manuel, recette, notice, mode d'emploi, dictionnaire, argumentaire, traité, conférence, article, éditorial, titre, poème, sonnet...*

[9] Enfin, en deçà de ces dimensions illocutoires, argumentatives, rhétoriques, ... un ensemble de catégorisations se situe (notamment dans les modes autonymisants de la RDA dont la représentation met en jeu les « manières de dire ») au plan des opérations de *nomination ou de formulation accomplies par l* :
> *ce que l /comme l le nomme, appelle, baptise, désigne, qualifie, formule* (avec des expansions spécifiquement métadiscursives ou non comme *joliment, improprement, par euphémisme...*) ; *paradoxe, périphrase, circonlocutions, galimatias, antiphrase, litote, métaphore, lapsus...* (assortis d'expansions telles que : *ampoulé, choisi, vulgaire, archaïque...*)

– en annexant à la catégorisation des dires des éléments relevant du métalexique de la langue, dès lors que le contexte les associe à une énonciation :
> *phrase, mot, terme, expression, locution, verbe, nom, monosyllabe...*, dans des constructions du type *selon/ pour reprendre le ... de l*[16].

On voit, à travers ce survol, l'étendue des claviers sur lesquels joue l'opération de catégorisation métalangagière, composante à part entière de la représentation interprétative, par **L**, du sens des énoncés qu'il représente. Au déploiement usuellement invoqué des représentations jouant des ressources de la reformulation – paraphrastiques et/ou autonymisantes – :

(29) Le pape a dit : « vive l'abstinence » / « l'abstinence élève l'âme » / que l'abstinence était l'idéal / qu'il fallait préférer l'abstinence / *etc.*

répond, opérant sur un autre mode, l'éventail, d'un autre type mais aussi large, de la catégorisation :

(30) Le pape a loué/ fait l'éloge de / célébré / chanté les mérites de / rendu hommage à / recommandé / prôné / plaidé pour... l'abstinence.

Et cet éventail est d'autant plus large que, certes dépendantes des ressources lexicales métalangagières, les possibilités de la catégorisation sont, par le jeu des

---

16 Les lexèmes cités ici sont les plus fréquemment rencontrés, mais si l'on a peu de chances de voir dans les catégorisations de la RDA des termes comme *déclinaison, conjugaison, subordonnée...*, on ne peut rien exclure *a priori* et on rencontre facilement *préfixe, suffixe, conditionnel, diminutif, pluriel...*

constructions associant plusieurs lexèmes métalangagiers et leurs expansions, illimitées. Le cumul d'éléments catégorisants, notamment, au principe de stéréotypes de RDA tels que :

(31) proférer des contrevérités / insinuations diffamatoires / allégations mensongères / preuves irréfutables etc.

est à l'œuvre dans tous les types de discours, à travers des formes diverses de catégorisation complexe :

(32) M. Marion *fustige* – le mot est faible – en *termes sévères* l'absence de consigne à la DGSE [...] [*Le Monde*, 26–03–1991].
(33) Un loup quelque peu clerc *prouva* par sa *harangue* / Qu'il fallait [...] [La Fontaine, *Fables*, VII–1].
(34) Je *hasardai* un *conseil* de transport immédiat dans un hôpital [...] [Céline, *Voyage [...]*, p. 260].
(35) — Bonjour, docteur, lui dit Rodolphe.
Le Médecin, flatté de ce *titre* inattendu, se *répandit* en *obséquiosités*, et l'autre en profita pour se remettre un peu [Flaubert, *Madame Bovary*, partie II, chap. IX].

À travers le classement ébauché ci-dessus, à fondement sémantique, apparaît la richesse extrême du champ lexical de la catégorisation des dires ; au delà est à dessiner le réseau, relevant centralement de la « variété », de différenciations portant la finesse de son maillage lexical : par exemple vocabulaire général *vs* lié à une technique : *courrier vs tweet, sms* ; attaché à une sphère d'activité : *bulle* (papale), *main courante* (policière), *éditorial*... ; relevant d'un état de langue ancien : *édit, placet* ; d'émergence récente : *éléments de langage, petites phrases*, etc.

Parmi les foisonnantes problématiques discursives qu'ouvre ce territoire de la catégorisation des dires, on notera la question des modalités selon lesquelles, dans un domaine discursif particulier, s'opère, à lexème constant, le passage, l'accès, la « promotion » d'un nom métalinguistique « ordinaire » à un autre statut, plus étroitement normé. Il en va ainsi des *noms de genres de discours*[17] émergeant de l'ensemble plus vaste des « noms de discours » : sans envisager la complexité des enjeux de nomination des genres littéraires, pensons à ces « sur-catégorisations » normatives propres aux espaces institutionnels, instituant, dans la catégorisation métalangagière commune d'un dire comme résumé, commentaire ou question,

---

17 Problématique éclairée notamment dans Branca-Rosoff (dir., 1999), Petit et Beacco (2004) ou Mellet et Sitri (2010). Notons aussi l'intéressant dossier (Krieg-Planque *et al.*, 2011) analysant le fonctionnement dans la sphère médiatico-politique du « travail de catégorisation » *constituant* tel propos d'un homme politique en « petite phrase », livrée comme telle – décontextualisée – à son ressassement médiatique.

un nom de genre (scolaire) du « Résumé » ou du « Commentaire », ou (parlementaire) de « Question au gouvernement ». Il en va de même dans le fonctionnement judiciaire, où débats et sanctions peuvent avoir pour enjeu certaines de ces catégorisations métalangagières, promues – *via* définition et jurisprudence – au statut de catégorie juridique permettant la « qualification » d'un acte langagier comme « diffamation, insulte à agent dans l'exercice de ses fonctions, menace de mort, *etc.* », par exemple.

4 La catégorisation dans les divers modes de RDA – son affinité avec le DI

Tous les modes, on l'a dit, sont concernés par l'opération de catégorisation, mais ils ne le sont pas également : le DI, tel qu'il a été défini[18], présente, vis à vis des quatre autres modes, un rapport différent à l'opération de catégorisation, à laquelle il apparaît « lié ».

Trois points sont, de ce point de vue, à signaler.

Le DI requiert la catégorisation
là où les autres modes présentent une panoplie de formes sans aucun élément catégorisant. Outre l'ensemble des variantes strictement non marquées de ces modes (l'allusion pour la MAE, le DDL pour le DD...), citons, par exemple, ces formes marquées – guillemets, mention d'une source – mais non-catégorisées :

(36) DD   Jean : « Je ne viens pas » ; Il arrive. « Vous allez bien ? » et il repart.
       Bivocal Il$_i$ s'assied. « Qu'on vienne le$_i$ chercher, il$_i$ n'ira pas plus loin ! »
       MAS   Il a, selon Marie, abandonné son projet.
       MAE   Les « mots de la tribu » (Mallarmé) sont à rude épreuve dans les médias.

La représentation du dire autre ne repose alors – hormis son attribution éventuelle – que sur les opérations de reformulation (paraphrastique et/ou autonymysante). La position d'un **L** choisissant, ainsi, comme « en retrait » de catégorisation, d'ignorer les ressources lexicales offertes par cette opération, pour s'en tenir (« je ne commente pas, je ne caractérise pas les dires que je représente... ») à des

---

[18] Comme mode de RDA à ancrage énonciatif unique (contrairement aux DD et Bivocal) et où le a^0 est l'objet dont **A** parle et non sa source (contrairement aux MAS, MAE), c'est-à-dire se déployant des formes en *que* aux formes les plus synthétiques du discours dit « narrativisé ».

reformulations de e^0, se prête à des effets variés : neutralité, objectivité, demi-mot faisant appel à la connivence de **R**...

À titre d'exemple, cette scène de préparation culinaire entre une adolescente, narratrice, et une vieille cuisinière, à la demande de qui elle vient de laborieusement découper une truffe en fines lamelles :

> (37) Quand j'ai eu fini, elle a mélangé les lamelles au reste et elle a tout haché ensemble : ma truffe, le lard, le porc, le foie, le veau. Alors, ça servait à quoi toutes ces cérémonies ?
> « Des cérémonies ? Si tu me la haches entière, la truffe, tu me l'écrabouilles, tu me lui presse le jus, tu me la traites comme n'importe quoi et ton plat, il n'a plus d'âme ni rien du tout. »
> [J. Boissard, *Claire et le bonheur*, Livre de Poche, 1979, p. 253].

On voit que, non catégorisée, la question, au DIL-Bivocal, de la narratrice, n'est quant à son statut de pensée ou de parole, spécifiée que par le co-texte, et quant à sa tonalité – *j'ironisai / je protestai / je m'agaçai / je m'amusai /je m'étonnai*, etc. – « confiée » au lecteur, familier des personnages.

Le procès de Julien Sorel offre une belle mise en œuvre de l'opposition entre dire catégorisé ou non : c'est sur le fond de propos (majoritairement au DI) souvent richement voire exclusivement catégorisés émanant de l'ensemble des acteurs de la « cérémonie judiciaire » – président, avocat général, avocat de Julien, témoins –, tels :

> (38a) L'avocat général faisait du pathos en mauvais français sur la barbarie du crime commis [...]
> L'avocat encouragé adressa aux jurés des choses extrêmement fortes. [...]
> Comme le président faisait son résumé [...]

que s'élève, détachée typographiquement du reste du texte, vierge de toute « préparation catégorisante » – par annonceur ou introducteur – qui pourrait en atténuer la force de rupture avec les discours qui précèdent des représentants de la société, et avec la société elle-même, la parole, formulée au DD, de Julien :

> (38b) « Messieurs les jurés
> L'horreur du mépris, que je croyais pouvoir braver au moment de la mort, me fait prendre la parole. Messieurs, je n'ai point l'honneur d'appartenir à votre classe [...]. » [Stendhal, *Le Rouge et le noir*, chap. XLI *Le jugement*].

Il n'en va pas de même avec le DI. Certes, le DI présente des formes non marquées, interprétatives, dépourvues, dans le cadre phrastique, de catégorisation : c'est notamment ce qu'autorise le phénomène de l'*extension* interprétative d'un DI marqué au-delà des bornes phrastiques[19]

---

[19] Phénomène (*cf.* chap. **9**, exemples (22) à (26)) qu'il importe de distinguer des enchaînements DI-Bivocal bien connus comme : « Il dit qu'il est ravi. Quel bonheur qu'on ait pensé à lui ! ».

(39) J'ai interviewé mon gourou pour ton problème d'arbre. Il s'est souvent occupé de petits jardins. *Il dit que* l'olivier de Bohème serait un bon choix$_{(1)}$. Son feuillage (gris et léger) est en général heureux et contrasterait avec ta haie sombre$_{(2)}$. Il a un petit développement$_{(3)}$. Il n'est pas fragile (en tout cas pas de problème de froid dans la région)$_{(4)}$. Par contre *il déconseille* le cytise, qui n'est intéressant qu'au moment de la floraison et « ingrat » le reste du temps. Voilà pour le compte rendu de mission ! À part ça ici, tout va bien [...] [coresp. privée, 05-10-2008].

Mais ces occurrences de DI interprétatif, sans catégorisation (phrases 2, 3, 4) sont, on le voit, sous *la dépendance* d'une catégorisation explicitée en amont (phase 1), et, de surcroît, restreinte au cas de l'assertion[20], les conditions restrictives propres à ce mécanisme d'extension extra-phrastique de la catégorisation en DI étant étrangères à la liberté d'occurrence de formes sans catégorisation dans les autre modes (*cf.* (36)).

*En DI, le verbe **dire** est déjà catégorisant*

Contrairement aux autres modes, c'est, en DI, par l'opération de catégorisation que passe la représentation de cet élément énonciatif essentiel qu'est la *modalité d'énonciation*. Cette « lexicalisation » obligatoire de la modalité d'énonciation en DI a pour corollaire que le DI ne connaît pas – comme le DD et le Bivocal – de « catégorisation zéro » par le verbe « neutre » *dire* : là où, en DD, *il dit*, compatible avec des séquences « **e** » de toutes modalités

(40) *Il dit* : « Je viens. / Est-ce que Paul est là ? / Taisez-vous ! »

en reste à ce degré zéro de la catégorisation d'un événement *comme dire*, il est, en DI, *déjà* porteur d'une catégorisation sémantique *du dire* comme assertion (avec *que*) ou injonction (avec *de*) – l'interrogation exigeant d'être catégorisée en « demander » :

(41) *Il dit qu*'il vient. ; *Il dit de* se taire. ; *Il demande si* Paul est là.

Le *il dit* du DD indique un fait de parole, sans analyse sémantique aucune d'un e^0 (que **L** peut d'ailleurs ne pas comprendre) ; le *il dit que/de* du DI présente, lui, obligatoirement une catégorisation sémantique du fait de parole analysé comme assertion ou injonction.

---

20 *l demande si/ordonne de* peuvent, comme *l dit que* être suivis de subordonnées détachées, avec reprise de l'élément subordonnant – *l demande si P. Si Q. Si R.* –, en revanche, les suites *l demande si P. Q. R.* ne peuvent pas donner lieu au rattachement interprétatif de *Q. R.* à la catégorisation initiale par extension, comme avec *l dit que P. Q. R.*

Le DI peut reposer sur la seule catégorisation
Là où tous les autres modes comportent, nécessairement, une image distincte de e^0, par reformulation, le DI présente des représentations de e^0 absorbées tout entières dans la catégorisation : on l'a vu en (10b), ou (25a, b, c)[21], et les textes cités ci-dessous en 5 en offrent de nombreux exemples. Dans un DI conçu comme espace de pondération variable entre les deux opérations de catégorisation et reformulation paraphrastique, apparaît un pôle de la catégorisation, correspondant à ce que l'on appelle – avec des extensions diverses – « discours narrativisé ». On notera seulement ici que sa caractérisation, comme traitant le discours « comme un événement parmi d'autres », « un procès quelconque » (Genette, 1972 :192), passe à côté du caractère spécifiquement métalangagier de la catégorisation : l'analyse du sens d'un acte de parole a^0 que comporte un élément catégorisant n'est pas moins métalangagière – c'est-à-dire propre à un objet non pas « quelconque » mais langagier – que ne le sont les traitements par paraphrase ou autonymie... Et la RDA de pure catégorisation n'est pas synonyme non plus de cette moindre précision de la représentation que l'on prête volontiers au « discours narrativisé », comme le montrent le couple (42 a-b), l'énoncé (43) ou, ci-dessus, (30, 31) :

(42) a   Il a dit que le film de X était très mauvais.
       b   Il a signé une critique assassine du film de X.
(43) Paul a longuement évoqué de façon pittoresque les péripéties de son expédition malheureuse au Népal.

5 Discours, textes et types de catégorisation

La place faite au sein d'un discours à l'opération de catégorisation, envisagée notamment sous l'angle de la mise en œuvre des ressources lexicales disponibles – entre minimalisme répétitif et déploiement de variété – est une variable pertinente dans la caractérisation différentielle des discours, genres et choix singuliers d'écriture. Des stéréotypes de catégorisation du dire apparaissent comme « faisant partie » de genres fortement normés, tels que procès verbaux de conseils et assemblées divers, rapports de soutenance de thèse, contes pour enfants.

---

21 Comme, au chap. 4, les exemples (21, 22).

Dans le français oral « ordinaire » – corpus d'entretiens non directifs[22] ou parler « spontané »[23] – l'écrasante domination du verbe *dire* a été régulièrement mesurée ; on a, de même, dégagé la répétitivité lexicale – très haute fréquence d'un petit nombre de lexèmes : *dire, déclarer, affirmer, estimer, annoncer, expliquer, ajouter, souligner, préciser, indiquer*, par ordre décroissant – comme une caractéristique de la presse d'information[24].

Et, par comparaison, la dispersion lexicale dans la catégorisation des dires qu'affiche le *Verbatim* des années Mitterrand de J. Attali[25], peut apparaître comme une « manifestation d'auteur » :

(44) **Mercredi 31 août 1983** / [... immigration] Georgina Dufoix et Gaston Deferre *s'opposent*. Deferre *met l'accent* sur l'expulsion des clandestins ; le Président lui *donne raison*./ On *discute* d'un programme concernant la famille, [...] Bérégovoy et Dufoix *proposent* la création [...]./ [...] Tragédie : cette nuit, un Boeing 747 sud-coréen de la KAL est abattu au-dessus de la Sibérie [...]. Reagan *réagit* vite et très violemment. [...] Nos militaires *se perdent en conjectures* [*Verbatim I*, Livre de poche, p. 748].

Du côté des mémorialistes comme Retz ou Saint-Simon, c'est une forte densité de catégorisations variées, pittoresques, subjectives, des dires qui anime la représentation de la parole telle que les lieux de pouvoir en offrent la comédie – tel ce compte-rendu d'un conseil chez la reine en 1648, en pleine « émotion populaire », d'une « journée des barricades », réponse des Parisiens à l'arrestation par la reine du conseiller Broussel :

(45) Le maréchal de La Meilleraye, qui vit que La Rivière, Bautru et Nogent *traitaient* l'émotion de bagatelle, et qu'ils la *tournaient* même en ridicule, *s'emporta* : il *parla* avec force, il s'en *rapporta* à mon *témoignage*. Je le *rendis* avec liberté, et je *confirmai* ce qu'il avait *dit* et *prédit* du mouvement. [...] la Reine se mit en colère, en *proférant*, de son *fausset* aigri et élevé, ces *propres mots* : « Il y a de la révolte à s'imaginer que l'on se puisse révolter ; voilà les contes ridicules de ceux qui la veulent. [...]. » Le Cardinal, qui s'aperçut à mon visage que j'étais un peu ému de ce discours, *prit la parole*, et, avec un *ton doux*, il *répondit* à la Reine : « Plût

---

22 Mochet (1994 : 258 *sq.*), dans 1156 formes de RDA, relève l'emploi de *dire* dans 97% des DD (majoritaires dans le corpus) et plus de 60% des DI conjonctionnels (recourant à *demander* dans 23% des cas). Seuls les 34% de RDA classées comme « narrativisées » présentent une réelle variété lexicale.
23 Vincent *et al.* (1997 : 82) notent que « 70% des discours rapportés [près de 5000 occurrences de DD et DI] débutent par ce verbe [*dire*] ».
24 Monville-Burston (1993).
25 Dans une dizaine de pages – du 1.08.1983 au 5.09.1983 – les 82 occurrences de catégorisation passent par 54 lexèmes différents ; *dire* n'apparaît que deux fois ; 7 lexèmes seulement (*écrire, lettre, demander, réponse, refuser, proposer, accord*) figurent plus de deux fois ; 37 lexèmes ont une occurrence unique.

à Dieu, Madame, que tout le monde *parlât* avec la même sincérité que *parle* Monsieur le Coadjuteur ! [...]. » La Reine, qui *entendait le jargon* du Cardinal, se remit tout d'un coup : elle me *fit des honnêtetés*, et j'y *répondis* par un profond respect, et par une mine si niaise, que La Rivière *dit à l'oreille* à Bautru, de qui je le *sus* quatre jours après : « Voyez ce que c'est que de n'être pas jour et nuit en ce pays-ci. Le coadjuteur [...] a de l'esprit : il prend pour bon ce que la Reine lui vient de *dire*. » [Retz, *Mémoires*, 2ᵉ partie].

Apparaît aussi, comme un « type » de RDA, régulièrement associé (notamment dans le roman) à une profusion de paroles – collective, débordante, répétitive, vide, ordurière – une catégorisation riche, à dominante nominale et tendanciellement exclusive des autres opérations métalangagières, fonctionnant, résumante et lissante, comme « sauvegarde » du rythme et de l'intérêt du récit, et éventuellement de sa bienséance, comme dans[26] :

(46) Toutes sortes de propos s'ensuivirent : calembours, anecdotes, vantardises, gageures, mensonges tenus pour vrais, assertions improbables, un tumulte de paroles qui bientôt s'éparpilla en conversations particulières [Flaubert, *L'Éducation sentimentale*, II 1].

(47) Tout ce que sa mémoire enflammée par l'alcool contenait de grossièretés, d'obscénités, d'insultes il le vomissait sur les deux bossus. Ce débordement d'outrages immondes, d'affronts sanglants, de railleries parfois cocasses déferlait contre la boutique [...] [Henri Bosco, *Antonin*].

(48) [...] la marquise [...] lança sur Camille un regard plein de haine [...] et trouva, sans les chercher, les flèches les plus acérées de son carquois. Camille écouta froidement et en fumant des cigarettes cette tirade furieuse qui pétilla d'injures si mordantes qu'il est impossible de les rapporter. Béatrix, irritée par le calme de son adversaire, chercha d'horribles personnalités dans l'âge auquel atteignait Mlle des Touches [Balzac, *Béatrix*, Folio, p. 260].

À l'inverse, le choix narratif peut être celui de la catégorisation minimale : c'est celui, affirmé, du récit auto-diégétique de *L'Étranger*, dans lequel l'enregistrement « déshabité », neutre, de la succession des événements – ceux « de parole », comme les autres – passe, très majoritairement, aussi loin que possible de tout mouvement interprétatif ou affectif, par des suites (DD ou DI, à source *je/il* alternés) de *dire, demander, répondre, parler*... :

(49) L'employé des pompes funèbres m'a *dit* alors quelque chose que je n'ai pas entendu. En même temps, il s'essuyait le crâne avec un mouchoir qu'il tenait dans sa main gauche, la main droite soulevant le bord de sa casquette. Je lui ai *dit* : « Comment ? » Il a *répété* en montrant le ciel : « Ça tape. » J'ai *dit* : « Oui. » Un peu après il m'a *demandé* : « C'est votre mère qui est là ? » J'ai encore *dit* : « Oui. » « Elle était vieille ? » J'ai *répondu* « Comme ça » parce que je ne savais pas le chiffre exact. Ensuite, il s'est tu. [p 26]

---

[26] *Cf.* ci-dessus chap. 4 note 15, p. 109 sur le « jarnicotonnage » ; voir aussi les analyses de Hamon (2000) sur le jeu du « métalangage allusif » chez Zola, entre retranscription de « paroles crues » et catégorisations « pudiques » (p. 191-192, notamment).

> Sur le quai, pendant que nous nous séchions, elle m'a *dit* : « Je suis plus brune que vous. » Je lui ai *demandé* si elle voulait venir au cinéma, le soir. Elle a encore ri et m'a *dit* qu'elle avait envie de voir un film avec Fernandel. Quand nous nous sommes rhabillés, elle a eu l'air très surprise de me voir avec une cravate noire et elle m'a *demandé* si j'étais en deuil. Je lui ai *dit* que maman était morte. Comme elle voulait savoir depuis quand, j'ai *répondu* : « Depuis hier. » Elle a eu un petit recul, mais n'a fait aucune remarque. J'ai eu envie de lui *dire* que ce n'était pas ma faute, mais je me suis arrêté parce que j'ai pensé que je l'avais déjà *dit* à mon patron [A. Camus, *L'Étranger*, Livre de poche, p. 32].

Relevant d'une autre tonalité, le minimalisme de la catégorisation est plus radical encore dans *Yann Andréa Steiner* de Marguerite Duras (1992). Ce texte fait alterner, en contrepoint, les dialogues (autobiographiques) (a) de la narratrice avec Yann, son compagnon, au sujet du livre « arrêté » qui devait raconter l'histoire de Théodora Katz, déportée, revenue... et ceux qui adviennent (b), sur la plage où s'ébat une colonie de vacances, entre « l'enfant qui se tait », dans l'épouvante de dire le massacre des siens par les Allemands et une jeune monitrice, juive comme lui : dialogues douloureux et salvateurs, où le dire est « de vie et de mort », et dont la vérité, nue, est quasi exclusivement portée par la litanie (en DD comme en DI) des *j'ai dit/vous avez dit, elle/il dit*, accompagnée seulement de *écrire, demander, répondre, ajouter, parler, répéter* :

(50) (a) [...] vous avez *dit*: /—Vous n'*écrirez* jamais l'histoire de Théodora ? / J'ai *dit* que je n'étais jamais sûre de rien quant à ce que j'allais ou non *écrire*. / Vous n'avez pas *répondu*. / J'ai *dit* : / — Vous aimez Théodora. / Vous n'avez pas souri, vous avez *dit* dans un souffle : / — Théodora c'est ce que j'ignore de vous, j'étais très jeune. Tout le reste je le sais. J'attends depuis trois ans que vous *écriviez* son histoire. / J'ai *dit* : / — Je sais mal pourquoi je ne peux pas *écrire* l'histoire de Théodora. / J'ai *ajouté* : / — C'est trop difficile peut-être, c'est impossible de savoir. [p. 25]
(b) [...] et elle lui *dit* de bien écouter tous les bruits de la nuit. Que c'est l'été de ses six ans. Que jamais plus dans sa vie ce chiffre ne reviendra. [...]. Elle lui *dit* que lorsqu'il aura seize ans, à cette date d'aujourd'hui il pourra venir, qu'elle sera là à cet endroit ici de la plage mais à une heure plus tardive, vers minuit. Il *dit* qu'il ne comprend pas très bien ce qu'elle *dit* mais qu'il viendra. / Elle *dit* qu'elle, elle le reconnaîtra, qu'il devra l'attendre face à la rue de Londres. Qu'il ne peut pas se tromper. / Elle *dit* : On fera l'amour ensemble toi et moi. / Il *dit* oui. Il *dit* pas qu'il comprend pas. [p. 75] [M. Duras, *Yann Andréa Steiner*, Folio, le / correspond aux alinéas].

Trois occurrences – dans tout le texte – de lexèmes plus fortement catégorisants, font « accident » sur le fil continu de ces *dire*. L'une marque le moment où le dire de la jeune fille au jeune garçon se fait serment :

(51) « C'est à ce moment là que la jeune fille avait *promis* de l'emmener avec elle, de toute façon, qu'elle le *jurait* à lui, que jamais jamais elle le laisserait, que jamais jamais elle ne l'oublierait. » [p. 108].

Pour les deux autres, il est frappant de noter que ce sont des propos rejetés contextuellement du côté du faux, de l'artifice, du mensonge, qui dérogent – catégorisés en *conseils* (a) ou *refus* (b) – au dépouillement du *dire* :

(52) a Je vous ai *dit* aussi que je n'arrivais pas du tout à le lire, que Roland Barthes pour moi c'était le faux de l'écrit et que c'était de cette fausseté qu'il était mort. Je vous ai *dit* plus tard que Roland Barthes, un jour, chez moi, m'avait gentiment *conseillé* de « revenir » au genre de mes premiers romans « si simples et si charmants » comme *Un Barrage contre le Pacifique, Les Petits Chevaux de Tarquinia, Le Marin de Gibralta*r. J'ai ri. Vous avez *dit* qu'on n'en parlerait plus jamais. Et j'ai deviné que vous étiez rassasié de ce brillant auteur [p. 19].
   b [les jours de pluie] Les cafés fonctionnent portes fermées. Ils *refusent* de servir des cafés aux familles entières. C'est trop bon marché. Ils *disent* que leur percolateur est en panne [...] [p. 60].

Enfin, un bel exemple de travail de la différence des types de catégorisation dans un texte est fourni par le récit du procès Champmathieu dans *Les Misérables*, mettant en scène la violence qui s'exerce, par le langage, dans ce lieu de « justice » : ainsi, aux catégorisations sémantico-rhétoriques dont la richesse ostentatoire est assortie à l'éloquence du barreau :

(53) L'avocat général *répliqua* au défenseur. Il fut violent et *fleuri* [...]. Il *félicita* [...]. [...] Ici, par une *habile antonomase*, remontant aux sources et aux causes de la criminalité, l'avocat général *tonna* contre l'immoralité de l'école romantique [...]. Ces *considérations* épuisées, il passa à Jean Valjean lui-même. [...]. *Description* de Jean Valjean. Un monstre vomi, etc. Le modèle de ces sortes de *descriptions* est dans le *récit* de Théramène [...]. La *description* achevée, l'avocat général *reprit*, dans un *mouvement oratoire* fait pour exciter [...] [Victor Hugo, *Les Misérables*, I.VII.9].

répond, représenté par les catégorisations minimales *parler, paroles, dire*[27], le dénuement langagier d'un accusé, qui a écouté la plaidoirie « bouche ouverte, avec une sorte d'étonnement [...] qu'un homme pût parler comme cela », et dont la parole est, de part et d'autre d'une longue tirade au DD, saisie comme en deçà des catégories sémantiques (*espèces d'affirmation*), au plan de sa réalisation physique (rythme, timbre...) et « emportée », par un jeu serré de métaphores et comparaisons, vers le corporel non langagier (*hoquets, gestes d'un bûcheron*) et le phénomène naturel (*éruption, s'échapper*...) :

---

[27] Cette opposition entre les deux types de catégorisation, par le **L** narrateur, du dire des deux *l* est redoublée par les catégorisations métalangagières internes à leurs propos (RDA ou ARD) : pour l'un *accorder, prendre acte, contester, décerner, nier, opposer* ; pour l'autre *j'ai à dire ça ; je dis vrai, vous n'avez qu'à demander ; je vous dis monsieur Baloup ; les maîtres [...], ils disent que cela perd du temps.*

(54) [...] il se mit à *parler*. Ce fut comme une éruption. Il sembla, à la façon dont *les paroles* s'échappaient de sa bouche, incohérentes, impétueuses, heurtées, pêle-mêle, qu'elles s'y pressaient toutes à la fois pour sortir en même temps. *Il dit* : / J'ai à dire ça. Que j'ai été charron, même que c'était chez monsieur Baloup. [... 45 lignes].
L'homme se tut, et resta debout. *Il avait dit* ces choses d'une voix haute, rapide, rauque, dure et enrouée [...]. Les *espèces d'affirmation* qu'il semblait jeter au hasard devant lui, lui venaient comme des hoquets et il ajoutait à chacune d'elles le geste d'un bûcheron qui fend du bois [Victor Hugo, *Les Misérables*, I.VII.10].

Chapitre 7 La (re)formulation paraphrastique en RDA

Là où, dans la catégorisation, la dimension métalangagière de la RDA passe par le métalexique, permettant de nommer un fait de dire, dans la reformulation paraphrastique elle tient à la *relation* de substituabilité par équivalence de sens qu'elle pose entre deux séquences de langage ordinaire, Ainsi (*cf.* ci-dessus, Introduction partie III), représentant un même a^0,

(1)   a Il a protesté
      b Il a dit qu'il n'était pas du tout d'accord.

1 La RDA : secteur spécifique de l'opération de reformulation paraphrastique

L'exercice d'une « faculté paraphrastique » est au cœur de l'activité métalangagière spontanée sous-jacente tant à la compréhension – *ce qu'on me dit (A) signifie-t-il B ou C ?* – qu'à la production et au « choix » qu'elle suppose parmi les possibles qui se présentent pour dire « ce qu'on veut dire ». Qu'il soit sous-jacent ou explicite, qu'il soit positif ou négatif (*A et B sont / ne sont pas équivalents sémantiquement*), poser (ou non) un rapport de paraphrase consiste, face à des expressions différentes à les tenir (ou non) pour équivalentes, c'est-à-dire à poser (ou non) *du même* là où se manifeste *de l'autre*.

La relation paraphrastique n'est pas à envisager[1] comme « propriété intrinsèque des expressions », mais comme relevant de l'établissement, par un sujet parlant, d'un « jugement métalinguistique d'identification », dont le ressort, « l'effacement des différences au profit des seules ressemblances », s'exerce selon un certain point de vue :

---

[1] Il n'est pas question, ici, de rendre compte, même sommairement, des problématiques du fait paraphrastique. Je renvoie, centralement, au parcours qui en est présenté dans les travaux de C. Fuchs, et aux étapes de sa réflexion, depuis l'apport essentiel de (1982) sur la paraphrase abordée comme « jugement métalinguistique d'identification » jusqu'à la réflexion novatrice (1994) articulant les deux perspectives, traditionnellement disjointes, de la pratique langagière de la « reformulation en discours », d'une part, et des « construits théoriques » de l'« équivalence en langue » d'autre part, pour interroger, dans une perspective énonciative au sens de Culioli, les conditions linguistiques – pensées notamment en termes de « déformabilité » inhérente au système de la langue – de l'identification par des sujets d'une « parenté sémantique » entre énoncés.

1 La RDA : secteur spécifique de l'opération de reformulation paraphrastique — 227

> Les paraphrases ne sont jamais que des équivalences *modulo quelque chose* c'est-à-dire reviennent au même *d'un certain point de vue*, mais à condition de gommer les différences [...] quant à un aspect ou à un autre[2].

Cette prédication d'équivalence traverse explicitement l'ensemble de l'espace métadiscursif, mais – comme on l'a vu pour l'opération de catégorisation – elle trouve dans les trois zones qui, en fonction de « l'objet » du métadiscours, découpent cet espace, des conditions de réalisation différentes. Ainsi, dans les énoncés métadiscursifs suivants, l'opération de reformulation paraphrastique est-elle explicitée comme portant respectivement (A) sur la langue, en (2), (B) sur le discours en train de se faire (ARD), en (3), (C) sur un discours autre (RDA), en (4)[3].

(A) :
(2) a- On a toujours du mal à admettre que « compendieusement » soit *synonyme* de « en peu de mots ». [conversation, 03-03-2001]
b- La phrase « la critique de Voltaire est faible » *signifie* que Voltaire fait une critique faible ou qu'il a été critiqué de façon faible [oral, cours de linguistique, février 1992].
c- « Les carottes sont cuites », *ça veut dire* qu'il n'y a plus rien à espérer [oral, réponse à une demande d'un locuteur étranger ayant entendu l'expression, juin 1996].

La prédication d'équivalence s'effectue ici sur des unités de langue (des *types*) *autour du « pivot » du signifié* : quel que soit le garant de l'appréhension du signifié – théorie linguistique ou sentiment du locuteur – ou le type de discours où se formule cette relation paraphrastique – paraphrase définitionnelle des dictionnaires, relations transformationnelles entre phrases posées par des grammaires, reformulation en situation de compétence inégale (2c)... – la relation paraphrastique est posée sur le mode de l'expression, par l'énonciateur, d'une donnée de fait, stable, objective, relevant d'un savoir général, partagé...

(B) :
(3) a- Autre caractéristique de cette manière générale de poser le problème, c'est d'envisager l'intelligence, ou la pensée, ou l'esprit, ou la cognition (*ces mots ne sont pas interchangeables, mais* dans une discussion générale *nous pouvons les considérer comme tels*), non pas comme des effets d'une substance, mais comme effet d'une structure [D. Andler, Entretien, *in Libération*, 9-11-87, p. 39].

---

2 Fuchs (1983 : 26).
3 Contrairement au choix terminologique fait par De Mattia (2000 : 67 *sq*.), proposant « traduction » pour renvoyer à l'opération effectuée en DI, par opposition à « paraphrase » comprise comme impliquant « une classe fermée d'équivalents sémantiques pour un même énoncé », je préfère souligner qu'une *opération unique* de prédication d'équivalence s'exerce différemment selon les objets (phrase de langue ; énoncé de soi *hic et nunc* ; énoncé autre) auxquels elle s'applique.

b- [...] il faut pour en parler bien tenir compte de la dimension politique, *c'est-à-dire, pour être très clair*, du contexte des luttes qui structurent la société considérée [M. Plon, *Connexions*, n° 42, 1983].
c- Il n'y a plus qu'à aller le chercher, *autrement dit*, faire un détour de 30 kilomètres ! [oral, 07-1996].

Ici, la prédication d'équivalence s'établit entre des fragments de discours (*tokens*), *autour du pivot du sens* : elle fait intervenir crucialement la dimension contextuelle en fonction de laquelle, subjectivement, l'énonciateur propose le remplacement dans le mouvement de son dire d'une formulation par une autre ; aussi est-ce relativement à un espace indéfini de paraphrases potentielles, non prédictibles à partir de la seule forme linguistique des formulations apparentées, espace aussi ininventoriable que le sont les situations particulières d'énonciation où se produit le sens, que vient s'inscrire chaque acte particulier de reformulation.

C) :
(4) a- Comme Debray-Ritzen qui dit (*je paraphrase*) : « le gars qui a 80, c'est pas la peine de lui faire faire des études, il va encombrer les lycées ». [A. Jacquard, Interview, *Le nouveau F*, mars 1983, p. 83]
b- Dans une veine qui tend à devenir un cliché, Algalarrondo explique, *en substance*, que les soixante-huitards ont un ressentiment inextinguible contre la classe ouvrière qui ne les a pas suivis pendant le mois fatal et que depuis ils se sont rabattus sur les « immigrés » [...] [D. Lindenberg, *Le rappel à l'ordre*, Seuil, 2002, p. 32].
c- L'image de l'échec, en l'occurrence, est une brunette qui a eu le mauvais esprit d'opposer Chevènement le vieillot à Savary le progressiste, *en termes plus modérés*, il est vrai [« La leçon de Chevènement aux potaches inciviques », *Libération*, 21-05-1985, p. 22].

La reformulation paraphrastique effectuée par des formes de RDA opère ici, comme dans le cas (B) précédent, non sur des phrases de langue, mais sur des énoncés en discours, au niveau *du sens* qui leur est attribué, ouvrant par là également sur un espace paraphrastique non clôturable. Mais les conditions de reformulation au plan de l'énonciation et du sens ne sont pas les mêmes. À une reformulation paraphrastique inscrite dans le mouvement *d'un dire* en train de se faire (3), revenant sur lui-même répond, avec la RDA, une reformulation paraphrastique qui propose, *hic et nunc*, en **A**, un équivalent pour un énoncé relevant *d'un autre acte* d'énonciation a^0 : contrairement aux structures de reformulation de (3), au fil d'*un dire*, qui reposent sur la mise en présence, *hic et nunc*, sur la chaîne des *deux* formulations qui y sont énoncées comme apparentées, la reformulation effectuée par une RDA – (4) – propose, elle, *une* formulation qu'elle donne pour équivalente d'une formulation *hic et nunc absente*, relevant – passée, à venir, fictive – d'un *ailleurs*. Et, contrairement à (3) où le paraphrasage établit une relation de substituabilité entre deux segments de la chaîne, la reformulation en RDA (4) s'articule, elle, à la représentation explicite (ou la reconstruction interprétative) de l'autre acte d'énonciation a^0 (a. *Debray-Ritzen dit*, b. *Algalarrondo explique*, c. *une brunette oppose*).

Aussi, là où la reformulation « *in præsentia* » si l'on peut dire, *présente le déplacement* opéré d'une formulation à l'autre – en soulignant les différences par leur rapprochement même –, la reformulation « *in absentia* » de la RDA propose un « tenant lieu » interprétatif, le rapport de différence/ressemblance de ce tenant-lieu (le paraphrasant) à ce qu'il représente (le paraphrasé absent) relevant lui-même, pour le récepteur, de l'interprétation (*cf.* ci-dessous 2.2.2, p. 238).

Une reformulation paraphrastique du type *l dit que e*, ou *selon l, e*, par exemple, présente le *produit e* de cette opération – donné comme équivalent, au plan du sens, en **A**, d'une autre formulation e^0 en *a* –, mais *rien* quant au « trajet » parcouru par la reformulation, ni quant à l'amplitude de la variation, ni quant aux axes sur lesquels elle s'est exercée.

2 Le paraphrasage en RDA

2.1 Champ d'action de l'opération

2.1.1 Le DI : de la « transposition » à la paraphrase

Le jeu de l'opération paraphrastique en RDA est tout bonnement ignoré lorsque l'on s'en tient au modèle « DD textuel/DI transposé »[4]. On a dit plus haut (chap. 4.1.1) combien ce traitement « dérivationniste » – de couplage de phrases – était inadéquat dès le plan du fonctionnement déictique, qui, déjà, relève de l'opération de paraphrase au plan du sens des énoncés – un DI reformulant dans son propre cadre **A** les indications référentielles relevant d'une autre situation *a*. Au-delà, ce qui se trouve évidemment ignoré dans ces approches du DI (et du DIL), c'est, globalement, tout ce qui, relevant de la mise en équivalence au plan du sens, en situation d'énonciation, ouvrirait sur l'espace paraphrastique associable à un énoncé.

---

4 Encore prégnant dans des manuels récents associant « paroles telles qu'elles ont été prononcées » du DD et DI qui les « transpose [...] en les intégrant au récit » (*Grammaire et communication*, 4ᵉ, Magnard Collèges, 1998, chap. 14, p. 163), ou qui « subissent quelques modifications qui portent sur les pronoms, les verbes et l'emploi d'une conjonction de subordination (*que*) » (*Grammaire 5ᵉ*, Hatier, 2001, chap. 16 : 196) ; ou encore Riegel *et al.* (1994 : 598 sq.) enfermant la problématique du DI dans les mécanismes de subordination/ transposition.

Remarque 1 Paraphrase et « transposition DD/DI ». La dimension de la paraphrase peut parfois se faire jour dans des approches du DI, mais sur un mode qu'on pourrait dire « tronqué » : chez Wagner et Pinchon (1991 : 32), la remarque liminaire, « Dans le DI l'énoncé n'est pas rapporté sous sa forme exacte », « desserre » la relation binaire DD→DI (dans les bornes d'une synonymie syntactico-lexicale reconnaissable en langue : *Je me suis trompé*→*Il reconnut qu'il s'était trompé/s'être trompé/son erreur*), mais cette remarque est juxtaposée à la reprise classique des listes de « modifications » à effectuer sur « certains éléments » (personnes, temps) du DD – sans que soit dégagée, assurant la cohérence des deux observations, l'opération de paraphrase qui les sous-tend. Une même contradiction[5] s'observe dans des grammaires scolaires récentes[6], qui assortissent une ouverture explicite au plan du sens (« Ce procédé (le DI) permet de résumer, simplifier les paroles, de ne *garder que leur sens* ») d'une description refermée sur le couple syntaxique DD→DI, illustré d'exemples et d'exercices relevant de la variation minimale – à lexique constant – à laquelle ne saurait s'articuler cette prise en compte du sens.

La désolidarisation du couple DD→DI opérée, de façon déterminante, par Banfield (1973), est une condition nécessaire pour accéder à l'approche paraphrastique, mais elle n'est pas suffisante : la véritable reconnaissance de la dimension paraphrastique commence avec son traitement comme propriété essentielle et positive du DI, dès lors que, explicitée aussi en « reformulation » ou « traduction » d'un énoncé, en contexte, par un autre, elle inscrit au cœur de ce mode la foncière instabilité du sens et de l'interprétation « à travers laquelle » se forme l'image du dire autre.

Cette approche[7] est aujourd'hui assez largement présente dans les ouvrages – manuels, dictionnaires – universitaires[8] ; elle peine en revanche à se frayer un chemin dans les grammaires scolaires : si la variation de niveaux de langue y est parfois évoquée, rares sont celles qui[9], d'emblée – sans connotation de « défaut de fidélité » –, situent *positivement* le fonctionnement du DI au plan d'une équivalence au plan du contenu, comme si, conforté par la pratique des exercices

---

5 Signalée ci-dessus (chap. **4.1.1**, note 5).
6 *Français 3ᵉ*, Collège – Texto, 2003, p. 371, par exemple.
7 Clairement formulée chez Voloshinov (1929 : 177–178) pour qui « l'analyse » située au plan du contenu – « âme du discours indirect » – s'oppose à la « transposition telle quelle mot pour mot ».
8 Par exemple : « Le discours indirect [...] relève de la traduction et de la paraphrase. [...] Il ne se contente pas de paraphraser le signifié du discours rapporté, mais suppose une interprétation de son contenu et de son énonciation [...]. » (Herschberg-Pierrot, 1993 : 112–114) ; *cf.* aussi (Jeandillou, 1997 : 72), (Sarfati, 1997 : 61), (Détrie *et al.*, 2001 : 93).
9 Par exemple : « Au style **indirect**, le locuteur ne prétend pas rapporter les paroles mêmes mais leur contenu. / *Julie m'a dit que les femmes étaient moins payées que les hommes* [...] restitue le contenu de ce qu'a dit Julie, **mais on ne sait pas quels mots elle a réellement employés** » [*Grammaire 3ᵉ Discours, Textes, Phrases*, Pellet *et al.*, Belin 2003, p. 102, italique et gras dans le texte].

« à réponse unique », le discours pédagogique répugnait à intégrer le caractère ouvert, non prédictible, des reformulations du sens en contexte qui sont pourtant évidemment partie intégrante de la compétence la plus fruste des élèves-locuteurs[10].

2.1.2 La reformulation paraphrastique en RDA au-delà du DI

S'il est important de libérer le DI de sa réduction à du « DD textuel transposé », pour le reconnaître comme mode autonome de RDA mettant en œuvre la reformulation paraphrastique, il ne convient pas pour autant de pratiquer une assimilation paraphrase/DI au sein de la RDA.

L'étendue de cette opération ne se cantonne pas, en effet, au seul champ du DI. Le DD est le seul mode pour lequel l'opération paraphrastique est strictement optionnelle du fait de l'autonymie (*cf.* chap. **8**) : cette possible « dispense » de paraphrasage – c'est-à-dire de représentation de contenu – le rend apte, et lui seul, à la représentation de ce que L « ne comprend pas » ; les autres modes MAE, MAS, DI, Bivocal sont astreints à reformulation au plan de la déixis[11]. Au-delà, le paraphrasage, dans toute son ampleur, peut s'exercer dans l'ensemble des modes de RDA (MAS, DI, DD, Bivocal), à l'exception du seul mode imposant (déixis exceptée) une reproduction textuelle, la MAE[12]. C'est ce que fait apparaître leur compatibilité avec la marque, neutre, de paraphrasage que constitue *en substance* :

---

10 Sur la discordance entre la pratique spontanée de la paraphrase par les élèves et la réduction de celle-ci à un mécanisme de transposition dans les exercices de passage en DI, voir Authier et Meunier (1977).
11 Au plan de sa couche primaire, personnes et temps verbaux, *cf.* chap. 4.1.3.1, p. 110.
12 Il existe un fonctionnement de l'emprunt, de l'ordre de la MAE, qui, relevant non de la « reproduction » mais d'une mise en résonance allusive de la littéralité de l'original, passe par la reprise, selon des combinaisons variées, d'éléments lexicaux et/ou du « patron formel », syntactico-sémantique et rythmique : en dépit de l'emploi dans ces cas de *pour paraphraser, reformuler...* qui fonctionnent dans cet emploi en parallèle avec *parodier, faire écho* –, il est clair que l'invariant mis en jeu dans ce cas n'est pas celui, paraphrastique, du « sens » global de *e*, mais celui d'une stabilité formelle, celle d'un « schéma syntactico-sémantico-rythmique » abstrait, ainsi, par exemple (*cf.* aussi chap. **11**. (2), p. 424) :
(a) Il en est qui sont obligés de reconnaître la force [...] de la pensée de Badiou tout en restant sceptiques à l'égard de sa position politique « radicale » [...]. Le problème est que les deux positions sont indissociables. Pour paraphraser Robespierre, ces faux admirateurs voudraient « une philosophie de Badiou sans philosophie » [S. Zizek, *Libération*, 22-03-2007, Pages « Livres »].
(b) Pour faire écho à la phrase de Simone de Beauvoir, je pense qu'on ne naît pas citoyen, on le devient. L'éducation populaire est [...] [Entretien responsable Ligue de l'Enseignement, *MAIF info*, déc. 2004].

(5) MAS   D'après lui, en substance, ce n'était pas prévisible.
    DI   Il a dit, en substance, que c'était imprévisible.
    DD   Il a dit, en substance : « Ce n'était pas prévisible ! ».
    Bivocal J'ai essuyé ses lamentations : en substance, c'était imprévisible !

mais

(6) MAE   * Ce qui lui est arrivé « défie les statistiques » pour reprendre ses mots, en substance.

Diversement articulé, dans chaque mode, aux autres opérations métalangagières qui y jouent (catégorisation, autonymisation) et aux configurations énonciatives qui leur sont propres, le fonctionnement – formes et effets de sens – de l'opération paraphrastique ne peut être envisagé ici, hors de la description de chacun de ces modes ; il est possible – et il importe – en deçà, de reconnaître, avec l'étendue de son fonctionnement en RDA, quelques traits qui font l'unité de celui-ci.

2.2 Fonctionnement de la variation paraphrastique

Aux antipodes du DI de pure « transposition » – qui, on le verra ci-dessous (2.2.3), doit être considéré comme un cas particulier de la reformulation paraphrastique – la variation paraphrastique observable en RDA, fonction de l'infini des éléments qui font la singularité des deux actes *a* et **A** dans lesquels sont énoncés, respectivement, le *e⁰* paraphrasé et son image paraphrasante *e*, ne peut être limitée *a priori*.

2.2.1 Axes et amplitude de la variation

La variation doit être envisagée – au-delà des équivalences lexicales et/ou syntaxiques[13] assignables au système de la langue qui, même dans la perspective d'un DI transposé, sont parfois « concédées » – dans toute son étendue : celle de la *variété des plans du dire* où elle se déploie et de l'amplitude des transformations qu'elle peut opérer au nom d'un jugement d'équivalence porté au plan du *sens en contexte*. Déixis, descriptions définies, « manières de dire » relevant de registres

---

(c) Pour reformuler la belle sentence de Victor Hugo : une école qui ouvre, c'est demain une agence pour l'emploi qui ferme ! [G. Gorce, « RTT : se former pour gagner plus » *Libération*, 24-12-2007].
13 *Cf.*, par exemple, Remarque 1 ci-dessus : Wagner *et al.* (1991 : 32) « *Il reconnut qu'il s'était trompé / s'être trompé / son erreur* ».

de langue et porteuses de points de vue sur le monde, couche des non-dits du dire, étendue matérielle du dire... apparaissent ainsi, notamment, parmi les plans où se joue l'énonciation en RDA, d'un équivalent de $e^0(a^0)$.

Référenciation déictique et descriptions définies
Il faut y inclure la variation de la référenciation déictique relevant de l'ancrage normal des déictiques dans la situation de leur énonciation et qui s'applique à tous les modes de RDA, hormis le seul DD dont la spécificité est, avec son double ancrage énonciatif, de soustraire les déictiques à leur reformulation normale[14]. Au-delà la variation opère dans l'ensemble illimité des *descriptions définies* susceptibles de désigner un même référent, en fonction des situations, des points de vue des co-énonciateurs, l'appropriation de la désignation au cadre **A** relevant du fonctionnement discursif normal.

Ainsi, un élève ayant été prévenir l'administration que le professeur d'anglais, du nom de Gérard Morier, surnommé « Tutuc » par ses élèves, avait eu un malaise en classe, on peut imaginer une variation des désignations assumées par **L** en fonction des **SIT** de **A** du type de :

(7) L'élève à ses camarades : Ça y est, je leur ai dit que *Tutuc* s'était trouvé mal.
L'élève, le soir, à ses parents : J'ai été prévenir que *le prof d'anglais* se trouvait mal.
Le principal à un professeur : Un élève nous a averti que *votre collègue Morier* a eu un malaise.
Entre deux collègues amis : Il paraît que *Gérard* a eu un malaise.

dont le jeu – fondé sur l'équivalence référentielle – ne donne pas accès à la désignation initiale en a^0 (*Monsieur Morier, notre professeur, le professeur d'anglais...* ?).

Le fait que la description définie figurant en **E** soit assumée par **L**[15] se manifeste dans des énoncés qui, autrement, seraient contradictoires :

---

14 Qui, au contraire, est « normalement » à l'œuvre dans le cadre de la MAE, bloquant les autres plans de la reformulation, comme, isolée ou combinée à un DI, dans :
[L'élu de Villeurbanne] en sort broyé d'avoir « *trahi (ses) convictions* », perdu sa crédibilité, déçu ses amis. [*Libération*, 01–02–2000, *idt*]
Slutskaïa a [...] expliqué avoir réussi « *le programme de [sa] vie* ». [Patinage, *Libération*, 01–02–2007, *idt*].
15 Avec, toujours, la possibilité que la désignation soit porteuse – marquée ou interprétée – d'une MAE à valeur de « pour reprendre ses mots », comme serait « Il dit que « sa jeune sœur » l'accompagne et ça marche ».

(8) Il dit que sa copine est sa jeune sœur qui l'accompagne pour se former, et qu'on le croie ou non, ça marche. [oral, 04–12–2006]

La reformulation d'un contexte situationnel à l'autre touche de la même façon les désignations spatio-temporelles

(9) e^0 :   Je$_i$ viendrai le 10 octobre.
      DI :   Il$_i$ s'est annoncé pour dans trois jours/Dimanche/le jour de ton anniversaire/la veille du tournoi...
(10) e^0 :   Je$_i$ te$_j$ retrouve au café Maure.
      DI :   Elle$_i$ m$_j$'a donné rendez-vous à l'endroit habituel/sur le vieux port/tout près de chez toi...

Manières de dire

Au-delà de ces variations sur le mode de repérage d'un référent, c'est l'ensemble de tout ce qui, dans les « manières de dire », relève d'un point de vue, un jugement, une appréciation, un mode d'appréhension du réel, un registre de langue qui est sujet à reformulation, la RDA paraphrastique étant un lieu privilégié du déploiement dialogique de cette « opinion multilingue sur le monde » que Bakhtine (1975 : 114) voyait dans la langue, ou des déplacements, retournements, qui affectent un sens – conçu comme déterminé par le discours où il se produit – dans sa traversée interdiscursive d'un discours à un autre.

Ainsi dans les reformulations prises en charge par **L**, dont la variation par rapport au e^0 paraphrasé, le plus souvent indéterminée, est livrée à l'interprétation en contexte de **R**, peut-on dégager quelques uns des plans où opère cette variation. L'interprétation par **R** met en jeu tous les éléments de la situation énonciative dont il est partie prenante et ceux dont il dispose sur la situation représentée. La spécification explicite de la variation tout à la fois restreint l'espace des e^0 envisageables et peut rendre plus aisément acceptable une variation d'amplitude « extrême ».

Le *registre de langue* de la reformulation paraphrastique peut être interprété discursivement comme en fort décalage par rapport au e^0 paraphrasé, comme en (4a), (11), (12), ou spécifié comme tel par l'écart entre la reformulation en DD « me démange » et la catégorisation comme « mot de la haute » du e^0 paraphrasé (13) :

(11) Le correspondant local [...] s'est déplacé et tout ce qu'il a trouvé à écrire c'est que le vieux Job devait être chichté comme une vache [P. Raynal, *Arrêtez le carrelage*, Le Poulpe, p. 32, *chichté* = ivre].
(12) Je lui ai dit que ma grosse allait pisser sa côtelette et qu'il me faudrait une perme [soldat rapportant à ses camarades sa demande de permission en raison du proche accouchement de sa femme, adressée à son officier, énoncé attesté, 1976, cité in Authier (1978)].

(13) [...] le télégramme donc c'était du bon ami disant qu'il sera de retour le vingt-cinq, avec des mots d'amour, l'impatience me démange, et dis moi si ça te démange aussi, voilà testuel, enfin non, pas testuel si vous voulez, disant pas que ça le démange, disant ça en poésie forcément, avec des mots de la haute, mais l'idée y était, [...] [A. Cohen, *Belle du Seigneur*, chap. 56].

Les *points de vue sur le réel* que constituent les nominations, avec les appréciations dont ils sont porteurs, peuvent être interprétés comme relevant, dans la reformulation paraphrastique, d'une inversion axiologique, comme *accoutrement* ou *lâcher leurs chien*s en (14), (15), ou spécifiés comme tels par le rapprochement avec la nomination donnée comme celle de e^0 (16), (17) :

(14) Marie a promis de renoncer, le temps de la visite à sa grand-mère, à son accoutrement habituel.
(15) S'ils menacent, comme la dernière fois, de lâcher leurs chiens sur les premiers piquets qui se mettent en place, ça va chauffer [syndicaliste, contexte de grève, 1995, *leurs chiens* : agents de sécurité patronaux].
(16) D'après Jean, ils vont passer l'été à faire des travaux dans leur villa, snob comme il est, il parle de leur /bicoque.
(17) Quand les Allemands ont dit que la résistance (enfin, eux disaient les terroristes !) avait fait sauter le pont de chemin de fer, ça a changé l'atmosphère.

Au-delà de « manières de dire » locales, ce peut être la *tonalité générale* d'un propos qui peut être l'enjeu de la reformulation paraphrastique :

(18) [une jeune femme écrit à une amie intime pour lui annoncer la rupture de ses fiançailles après laquelle elle se sent « magnifiquement libre »] Ne montre pas cette lettre à Jervis, mais dis-lui seulement ce qu'elle contient d'une façon décemment atténuée et attristée [J. Webster, *Mon ennemi chéri*, 1927, Lettre du 22 janvier].

Non-dits du dire autre

La variation paraphrastique peut passer par les explicitations dans les reformulations de toute la gamme des « non-dits » que L est susceptible d'y déceler : non seulement, bien entendu, ce qui relève des présupposés (ou des préconstruits) formellement identifiables, comme dans des DI ou MDS, (21), (22), parfaitement recevables comme reformulation de (par exemple) (19), (20)[16] :

---

[16] Cette observation va contre la conception de Zwicky (1971) d'un « satisfactory report », restreint au rapport des seuls contenus explicites : ainsi (21) ou (22) supposent, selon lui, qu'aient été dit par *l* « J'ai fait de l'alpinisme » ou « J'ai une sœur » ; dans le cas contraire, le verbe *say* devrait obligatoirement être remplacé par un verbe du type « faire comprendre » (*let someone know*). Contraire aux fonctionnements observables, cette restriction normative sur les reformulations « satisfaisantes » va de pair avec une croyance en l'univocité du sens, et la tendance, assortie, à

(19) J'ai cessé de faire de l'alpinisme à cette époque là.
(20) Ma sœur a eu des ennuis avec un contrat de ce genre.
(21) D'après lui$_i$, il$_i$ a fait de l'alpinisme, et il$_i$ ne sait pas ce que c'est qu'un mousqueton... ?
(22) Il n'est pas sans famille, je l'ai entendu dire qu'il avait une sœur.

mais aussi ce qui relève d'inférences interprétatives, faisant appel à la connaissance d'une situation, comme dans (23), échange à trois voix – au petit jour, dans un refuge de haute montagne – où B extrait pour C ce qu'il est en mesure d'inférer de la parole du guide, A, au sujet du temps :

(23) A — C'est le vrai mauvais.
      B — Qu'est-ce qu'il dit ? [il = A]
      C — Il dit : On se recouche ! [conv. 11-08-2000]

La reformulation peut être enfin pratiquée comme « dévoilement », mise au jour d'un sens caché de e^0 – dissimulé par l ou ignoré de lui – dont la « subversion » interprétative[17], manifestée sur la chaîne par le seul reformulant (24), ou associé au reformulé (25), peut aller jusqu'à apparenter comme équivalents des énoncés linguistiquement contradictoires (26) :

(24) Voilà trois mois que le gouvernement répète que son objectif est de faire sauter tout ce qui limite l'arbitraire patronal, il s'agit de lui offrir sur un plateau la main d'œuvre taillable et corvéable à merci dont il rêve. [discussion entre amis, 02-09-2007]
(25) A — Je suis toujours le shérif et si vous sortez ainsi en public je vous fais arrêter.
      B — Oh !... J'ai attendu si longtemps pour que vous me disiez ça ! [...] vous avez une façon si inattendue de vous exprimer [...] J'ai cru que vous ne me le diriez jamais !
      A — Dire quoi ?
      B — Que vous m'aimiez !
      A — J'ai dit que je vous ferai arrêter.
      B — C'est exactement la même chose et vous le savez bien, il n'y a que les mots qui changent [dialogue du film *Rio Bravo*, A : le shérif, B : la belle héroïne s'apprêtant, peu vêtue, à chanter au saloon].
(26) Pour moi, un des plus beaux « je vous aime » du cinéma, c'est dans *Madame de...*, Danielle Darrieux répétant « je ne vous aime pas, je ne vous aime pas, je ne vous aime pas » à Vittorio de Sica [oral, mai 2000].

---

envisager, de façon réductrice, l'équivalence posée par l'opération *discursive* de reformulation, comme définissable *en langue*, hors contexte (*cf.* l'analyse de De Mattia 2000 : 39-42).
17 A.M. Paillet-Guth (1998 : 202) parle joliment des « paraphrases démystifiantes » par lesquelles l'esprit libertin des *Liaisons dangereuses* excelle à mettre en œuvre la capacité de « reformulation maîtrisée » offerte par le DI.

Étendue des dires en rapport de paraphrase
Il convient enfin de reconnaître, ouvrant encore « l'espace paraphrastique » dans lequel s'inscrivent les (re)formulations paraphrastiques en RDA, le paramètre de la *dimension inégale* des séquences apparentées.

Contre les remplacements « à dimension constante » que constituent les DI de « transposition » ou les DD de « reproduction », la (re)formulation paraphrastique en RDA met en œuvre les deux mouvements reposant sur le « principe d'équivalence d'unités inégales »[18] que Greimas dégage, corollairement, dans le « fonctionnement métalinguistique du discours » : la *condensation* et l'*expansion*. Au-delà des pratiques définitionnelles diverses par lesquelles Greimas illustre ces deux mouvements[19], les échanges qu'il évoque, du type « si je vous ai bien compris, vous vouliez dire... » par lequel « l'interlocuteur condensera souvent un exposé un peu long » (p. 74), nous rapprochent de la mise en rapport de deux énoncés telle qu'elle est – *in absentia*, normalement – observable en RDA, par des $e^0(a^0)$ représentés sous forme résumée (27 à 29), ou développée (30) :

(27) Une heure de rhétorique poudre aux yeux pour dire : tout le mal vient des syndicats [oral, 10–11–2007].

(28) Il faut que tu écrives à ta tante : dis lui que son cadeau t'a plu et que tu la remercies d'avoir pensé à ton anniversaire : une petite page suffira. [cité *in* Authier-Meunier (1977 : 61)]

(29) [...] le 15 novembre, à l'Élysée, au cours de la réunion de l'équipe dirigeante de l'UMP. Le portable de Nicolas Sarkozy sonne. À l'autre bout du fil, le ministre du travail, Xavier Bertrand, qui cherche, apparemment, à savoir ce qu'il doit dire le soir même sur France 3. « *Tu dis qu'il ne peut pas y avoir de négociations si la grève continue,* lui explique Sarko. *Il faut d'abord que les syndicats appellent à la reprise du travail. Après, il pourra y avoir des négociations.* » Et Sarko d'ajouter : « *Tu y vas décontracté, en souriant, avec le bonjour d'Alfred.* »
Dommage : Bertrand n'a développé à la télé que la première partie du propos... [*idt*, *Le Canard enchaîné*, 21 novembre 2007].

(30) Comment veux-tu que j'arrive à pondre un télégramme de vingt-cinq mots à tout casser pour lui dire pourquoi la promesse de vente ne tient pas, qu'il n'y a pas de recours possible, qu'il ne paraît pas y avoir eu de mauvaise foi, ni des acheteurs, ni de l'agence, que je ne me suis pas laissé rouler dans la farine, qu'il ne faut pas désespérer, qu'il semble y avoir plutôt une reprise de la demande, *etc.*, *etc.*, et qu'il ne doit pas péter les plombs [oral, approximativement relevé, juin 1984].

---

18 Greimas (1966 : 72 *sq.*) : « le fait que des unités de communication de dimensions différentes peuvent en même temps être reconnues comme équivalentes ».
19 (a) du mot à la définition dans le dictionnaire ; (b) de la définition joueuse de mots croisés au mot découvert, ou de la périphrase embarrassée, en dialogue, « une espèce de truc qui... » au mot éventuellement adéquat, proposé par l'interlocuteur.

L'amplitude du mouvement de condensation ou d'expansion, opéré par la RDA paraphrastique, est explicitée par une spécification quantitative concernant le référent $e^0(a^0)$ – *une heure, une petite page, vingt-cinq mots...* – ou, plus souvent, inférée de la connaissance de la situation, du genre... où elle s'inscrit, tel celui d'une intervention ministérielle au journal télévisé (29), tenue, en termes de « savoir faire communicationnel » de « développer » les trois phrases « cadres ». Il faut souligner que l'opération de représentation paraphrastique peut porter sur un référent non seulement passé (27), mais aussi, de façon prospective, à venir (28 à (30), et indiquant alors, pour sa réalisation, un mouvement inverse de développement (28), (29) *vs* condensation (30).[20]

2.2.2 Le « jeu » paraphrastique discuté, assumé, spécifié.

Aussi étrangère, donc, qu'il est possible au rapport biunivoque qui associerait *un* « paraphrasant » à *un* « paraphrasé », la (re)formulation paraphrastique en RDA ouvre sur un jeu interprétatif où, on l'a vu, « je vous aime » peut être donné comme paraphrase de « je vous fais arrêter » ou de « je ne vous aime pas »... L'absence de l'élément « paraphrasé » $e^0(a^0)$ est, on l'a dit, caractéristique des RDA paraphrastiques : leur réception ne consiste pas à « retrouver » ce référent insaisissable mais comporte, comme un élément du sens en contexte, une dimension d'évaluation du type de variation – selon quels axes, avec quelle amplitude... – effectuée. À cette foncière incertitude interprétative à travers laquelle se forme *l'image* du dire autre, répond la fréquence des commentaires des interlocuteurs accompagnant les RDA paraphrastiques.

Du côté du récepteur, dans les contextes discursifs les plus divers – débat politique, discussion familiale, contestation de prétoire, exégèse de texte... –, surgissent interrogations ou discussions sur la variation opérée et son caractère recevable en termes d'équivalence de sens :

> il a vraiment dit... ?; il n'a jamais dit... ; c'est un contresens de lui faire dire... ; vous me faites dire le contraire de ce que j'ai dit... ; je n'ai pas dit..., j'ai dit...

---

20 La tendance rétrospective, marquée dans le *re* de la reformulation paraphrastique, ne doit pas conduire à exclure du champ de la paraphrase en RDA cette formulation paraphrastique anticipatrice, observable notamment dans ce qui ressortit à la « consigne » de dire (ou d'écrire), occasionnelle ou générique (que ce soit dans le sens de la réduction ou de l'amplification, comme, dans le cadre scolaire, les exercices de résumé, contraction de texte, ou « rédaction »). La proposition d'une notation (re)formulation répond à ce souci ; sa lourdeur incommode peut cependant faire préférer un usage « neutralisant » de « reformulation » quant à l'antériorité/postériorité du référent visé par la paraphrase, ou bien le recours au terme non orienté chronologiquement de « paraphrasage ».

comme, outre (25), en :

(31) [...] la gracieuse dit que dès qu'elle pourrait échapper à la surveillance de son calamiteux de poix et de goudron, elle communiquerait demain avec son précieux par le moyen du conduit de paroles afin qu'ils puissent jouir ensemble de leur corps sur une couche de soie (Salomon reboucha ses oreilles)
— Ainsi s'est exprimée la démone ? demanda Mangeclous
— Non, elle utilisa des mots de grande décence et poésie, mais moi je vous dis ce qu'elle avait en sa profondeur de cervelle [A. Cohen, *Belle du Seigneur*, chap. 74].

(32) [Le cardinal Bertrand] dit qu'il fallait rappeler [...] la déclaration de Sachsen-Hausen [...] prenant des positions antagoniques contre messer le pape, [...] le disant tout occupé à susciter scandales et discordes, le traitant pour finir d'hérétique, et même d'hérésiarque.
— « Pas exactement, fit Abbon en médiateur,
— En substance, si » dit Bertrand d'un ton sec [U. Ecco, *Le Nom de la Rose*, p. 347].

Du côté du **L**, c'est tout un ensemble de formes qui vient expliciter, souligner, spécifier l'opération de paraphrase : ce sont, d'une part, de simples explicitations de l'opération de reformulation – *je paraphrase, je traduis, je dis à ma façon* –, ou du rapport d'équivalence/non-identité qui est celui de reformulant à reformulé – *en substance, en gros, à peu près, approximativement, quelque chose comme, un truc comme ça...* – qui, sans spécifier le type de variation effectué, c'est-à-dire sans restreindre l'espace paraphrastique « ouvert » par le reformulant, en confirme le jeu[21], sur des modes combinant revendication (assumer le « droit » à la paraphrase la plus lointaine) et précaution (prévenir les questions et contestations sur l'équivalence postulée).

Et, d'autre part, restreignant le jeu paraphrastique ouvert à l'interprétation, des spécifications de l'axe sur lequel s'est opérée la variation, notamment :
– celui de la dimension (par condensation, majoritairement) :

je résume, en résumé, pour faire court, vite, je simplifie, succinctement... ;

– celui du registre de langue :

en termes moins/plus civils, vifs, courtois, rudes, châtiés, modérés ; j'adoucis... ;

---

21 Sur le mode éventuellement d'une précaution corrective comme dans cette MAS : « *D'après ce qu'il a dit, disons plutôt, d'après ce que j'ai compris*, la théorie de la grande faille avec les hommes d'un côté et les grands singes de l'autre a un coup dans l'aile... » [conversation, 22-08-06 (après une émission radiophonique sur une découverte en paléontologie)].

– celui de la mise au jour d'un non-dit :

laisser entendre, faire comprendre, sous-entendre, insinuer, à mots couverts, sans le dire ; dire quasiment, pratiquement,

et, de façon paradoxale :

d'une façon limpide, transparente, (on ne peut plus) clairement, dire en fait, en réalité...

Au-delà, la restriction de l'espace interprétatif ouvert par le reformulant trouve son terme dans le couplage de la RDA paraphrastique avec une autre RDA de reproduction (quasi-)littérale du même e^0, retrouvant le rapport d'équivalence *in præsentia* de la reformulation au fil du discours, ainsi, dans les combinaisons suivantes :
– DD non paraphrastique, suivi de reformulation :

(34) Maman a dit on verra, c'est-à-dire qu'on n'ira pas (oral, mars 1993)

– DD non paraphrastique, suivi de DD paraphrastique :

(35) Sartre fait ici une crise de vertiges [...]
« Venise est toujours en train de se disloquer » (Autrement dit : Venise me disloque) [Ph. Sollers, *Dictionnaire amoureux de Venise*, p. 409].

où Sollers « traduit » au DD (sans guillemets) les mots (guillemetés) de Sartre.
– DI avec emprunt (MAE) des manières de dire, suivi de DD paraphrastique :

(36) Il a dit qu'il /passerait de temps en temps, en clair, ça veut dire je lâche l'affaire ! [oral, mai 2007].

En dehors de cette stricte articulation par un connecteur de reformulation, entre RDA de reproduction et RDA paraphrastique – cet ordre étant dominant – la mise en résonance de ces deux types d'images d'un même dire autre, est au principe de nombreux enchaînements usuels de modes distincts de RDA.

2.2.3 Deux cas de paraphrase à variation minimale : reformulation « à l'identique » *vs* reformulation bloquée par MAE

Relativement aux variations de formulation entraînées par la production pour un $e^0(a^0)$ d'un équivalent aux yeux de **L** dans le cadre de **E(A)**, deux cas se présentent de reformulation dans lesquelles les variations paraphrastiques n'affectent – à l'instar du « modèle » du DI comme transposition – que l'appareil de référenciation déictique.

(i) Le premier ne correspond pas à une forme de langue spécifique : il n'est *qu'un cas particulier* de la production d'un équivalent ; envisageable théoriquement et susceptible d'être observé dans le fonctionnement discursif lorsqu'on se trouve disposer du e^0 et de sa reformulation paraphrastique en RDA, c'est celui où, notamment dans le cas d'une proximité des contextes des deux formulations (proximité situationnelle, interpersonnelle, générique...), il *peut* se faire que, pour **L**, l'équivalence des sens prenne la forme de l'identité des signifiants (déixis exclue). Ainsi, lorsque l'énoncé :

(37) Jean dit que /Selon Jean, cette exposition est superbe.

propose cette formulation comme un équivalent de $e^0(a^0)$, le fait qu'il puisse être constaté que celle-ci est, factuellement, identique à e^0, n'est pas un élément de son sens mais une caractéristique contingente : *il se trouve* que **L** a choisi pour dire, lui, le sens de $e^0(a^0)$, les mêmes mots que ceux de *l*. De la même façon dans le cadre d'une injonction :

(38) Tu lui diras que cette exposition est superbe.

celle-ci ne prescrit pas, ni n'exclut, une reprise de la formulation proposée, requérant seulement de la formulation à venir qu'elle puisse être considérée comme équivalente.

Il est utile de rappeler, contre le primat que la tradition donne au DI « transposé », que la conservation à l'identique des manières de dire de l'énoncé représenté lors du transfert contextuel opéré par la RDA, peut fort bien être, au contraire, perçue comme irrecevable[22] et que, loin de représenter une base dont les autres réalisations paraphrastiques s'écarteraient, en termes de « fidélité », le cas de la reformulation paraphrastique à variation minimale correspond au cas particulier où une certaine séquence (*modulo* la variation déictique) est reçue comme équivalente dans *deux contextes **a**/**A** différents.*

(ii) Tout autre est la *forme* résultant du *cumul* de deux modes de RDA, indépendants l'un de l'autre : celui, d'une part, du DI ou de la MAS, mettant en œuvre la reformulation paraphrastique, dans laquelle **L** use, comme adéquats à la **Sit** dans laquelle il se trouve, de « ses mots à lui » (même si, *cf.* (i), ceux-ci peuvent se trouver être « les mêmes » que ceux de l'autre, *l*) ;

---

[22] Qu'on imagine, par exemple, l'hilarité voire l'incompréhension de la chambrée à laquelle, à la place du DI de (12), serait adressé : « je lui ai dit que je sollicitais une permission, en raison de la proximité de la date prévue pour le terme de la grossesse de mon épouse », simple transposition temporelle d'un message adéquat à une demande officielle, formulé d'après des « modèles ».

et d'autre part, celui, autonome, de la modalisation autonymique d'emprunt (MAE), par lequel un énonciateur marque qu'il emprunte, pour parler, des mots d'ailleurs, sur le mode d'un *comme dit l, pour reprendre les mots de l*. Le fonctionnement autonome de la MAE, comme en (39), se combine en une forme complexe de RDA avec une opération de reformulation paraphrastique, « bloquant » celle-ci, localement (40) ou globalement (41)[23] :

(39) L'expo du Grand Palais est « super », *pour parler comme Marie.*
(40) *Jean dit que/Selon Jean*, l'expo est « superbe » (*pour reprendre son qualificatif*).
(41) *Jean dit que/Selon Jean*, « cette exposition est superbe » (*pour reprendre ses propres mots*).

Ainsi, derrière la proximité de (37) et (41) importe-t-il de distinguer le cas, factuellement particulier, de la *reformulation à l'identique* – reconnaissable éventuellement comme telle par comparaison avec son référent – et la configuration linguistique de la *reformulation bloquée par un emprunt* : là où, dans le premier cas, L *fait usage de ses mots* (dont il *peut* s'avérer qu'ils soient les mêmes que ceux de *l*) ; dans le second, L indique qu'il *fait usage des mots de l* (et non des siens) en les mentionnant comme tels.

3 Ni catégorisation, ni reformulation paraphrastique : la représentation du thème du dire

Dans des énoncés de RDA comme

(42) Ils ont parlé (d')investissements, (d')immobilier.
      On parlait : il était question du dernier Goncourt.
      Les propos du ministre au sujet des récentes « affaires » n'ont pas surpris.

la représentation proposée de l'énoncé $e^0(a^0)$ se borne à en spécifier, associé au fait du dire, le thème. Si l'on compare entre eux les énoncés (43) :

(43) a Il a dit que la réforme fiscale était scandaleuse, judicieuse...
      b Il a dénoncé, approuvé la réforme fiscale.
      c Il a parlé de la réforme fiscale.

on voit que, relevant de l'analyse de contenu, l'opération métalangagière d'« extraction » du thème d'un dire (c), qui répondrait à la question « *de quoi* parle

---

[23] On peut caractériser comme « quasi-textuels » les DI ou MAS à MAE globale comme (41), très fréquents dans la presse écrite. *Cf.* ci-dessous, chap. **8**.3.3 ex. (92)-(94), p. 300.

l ? », se situe *en deçà* de la reformulation paraphrastique (a) répondant à « *que dit l* ? », comme des spécifications catégorisantes du type de dire accompli (b).

L'intégration à la RDA des énoncés du type (42) ou (43c) repose sur cette spécification du thème du dire : c'est elle, en effet, qui remplit la condition (*cf.* chap. **2.2.1**, p. 54) requise pour constituer une RDA, que, au-delà du simple renvoi à un événement langagier – *il a parlé* – soit représenté « quelque chose » de la spécificité de l'énoncé lui-même. Ainsi, une description de l'espace de variation des réalisations du mode DI[24] – dont elle relève – doit-elle reconnaître la place de cette opération distincte d'« extraction de thème » dans la pondération entre catégorisation et reformulation paraphrastique.

Par son caractère synthétique, cette forme de représentation se prête à des fonctionnements spécifiques. En quelques lignes, ce texte de Victor Hugo en illustre deux : le thème [1] fonctionne comme « annonce » pour d'autres formes de RDA qui le développent [2] ; dans un récit de conversation il permet de varier le tempo entre propos individualisés (au DI, ou ici au DD) [2] et plages entièrement ramenées à leur thème [3] :

(44) Gambetta a dîné avec nous chez Lecanu. [...] ₁{Il m'a chaudement parlé de ce que j'ai fait à Bruxelles.} ₂{Il m'a dit : Vous avez arrêté net le gouvernement réactionnaire belge, et vous avez eu raison de dire : *Ils m'ont expulsé, mais ils m'ont obéi.*} ₃{Nous avons causé de la gauche qu'il croit impossible à rallier, de Louise Michel qui, à part quelques mots de trop, a été admirable, de l'amnistie, de l'Institut.} Nous sommes rentrés à onze heures [Victor Hugo, 19-12-1871, « Carnets 1870–1871 », *Œuvres complètes*, éd. J. Massin, Club Français du Livre, p. 1207, *idt*].

Au-delà, on peut noter que le recours à la spécification du thème du dire (de préférence à une reformulation de son contenu) est, associé à une catégorisation minimale ou non, la forme privilégiée des représentations ironiques, polémiques de propos qui – stéréotypés, répétitifs, logorrhéiques... – ne « méritent pas » qu'on aille au-delà de leur thème, tant ce qui est en dit est dépourvu d'intérêt ; ainsi, dans leur cinglante concision ironique, le résumé par la Marquise de Merteuil de son laborieux sacrifice sur l'autel de l'hypocrisie, celui, par le narrateur de *Madame Bovary*, d'une nouvelle « coulée de poncifs » sentimentaux, après tous ceux qui ont été développés, au DD, en contrepoint de ceux de l'éloquence officielle, ou le boniment touristique intéressé de la vorace grenouille escomptant la noyade d'un rat qui ne nage que « quelque peu » :

---

[24] Tel qu'il est envisagé dans cet ouvrage, non restreint aux formes en *dire que/si* voire *dire de*, mais comme l'ensemble des énoncés de RDA qui – MAS exclue, où le discours autre est représenté comme la source du dire – présente un ancrage énonciatif *unique*, en **A**, c'est-à-dire l'ensemble de ce que, avec des contours divers, on trouve regroupé sous l'étiquette de « narrativisé ».

(45) J'ai été obligé de me désoler avec elle, pendant une heure, sur la corruption du siècle [Laclos, *Les Liaisons dangereuses*, lettre LXXXV].
(46) Rodolphe, avec Mme Bovary, causait rêves, pressentiments, magnétisme. [...] Du magnétisme, peu à peu, Rodolphe en était venu aux affinités [...] [Flaubert, *Madame Bovary*, II chap. 8].
(47) Elle allégua pourtant les délices du bain, /La curiosité, le plaisir du voyage, /Cent raretés à voir le long du marécage : /[...] [La Fontaine, *Fables*, IV 11].

ou ces récits, explicitant le vide de propos, déjà suggéré par l'accumulation des thèmes, interrompue, en (48), par le *etc.*, précieux outil du tempo stendhalien, renforcée en (49) par leur caractère hétéroclite, ou en (50) par le contraste entre le soin à évoquer dans toute sa concrétude l'irrésistible moustache de Georges Duroy et la désinvolture à évoquer le cours d'une conversation sans relief :

(48) Lucien dut subir de la part du bon Gauthier ce que les jeunes gens de Paris appellent une *tartine* sur l'Amérique, la démocratie, les préfets choisis forcément par le pouvoir central parmi les membres des conseils généraux, etc. [Stendhal, *Lucien Leuwen*, chap. 8].
(49) [...] le bourdonnement léger des voix suspendu sous les lourds feuillages des marronniers, les voix (féminines ou d'hommes) capables de rester bienséantes, égales et parfaitement futiles tout en articulant les propos les plus raides ou même de corps de garde, discutant de saillies (bêtes et hommes), d'argent ou de premières communions avec la même inconséquente, aimable et cavalière aisance [...] [C. Simon, *La Route des Flandres*, p. 19].
(50) Et ils se mirent à causer. Il avait la parole facile et banale, du charme dans la voix, beaucoup de grâce dans le regard et une séduction irrésistible dans la moustache. Elle s'ébouriffait sur sa lèvre, crépue, frisée, jolie, d'un blond teinté de roux avec une nuance plus pâle dans les poils hérissés des bouts.
Ils parlèrent de Paris, des environs, des bords de la Seine, des villes d'eaux, des plaisirs de l'été, de toutes les choses courantes sur lesquelles on peut discourir indéfiniment sans se fatiguer l'esprit [Maupassant, *Bel Ami*, 1ère partie, chap. 2, relevé *in* Dufour (2004 : 68)].

On notera encore deux points sur ces formes de RDA faisant l'économie du *ce qui est dit*, en se limitant à *ce sur quoi* il est dit quelque chose.

D'une part cette restriction sur le thème du dire, si elle se prête aux résumés les plus elliptiques, comme en (46), autorise des représentations étoffées des thèmes de e^0 par leurs expansions nominales (relatives, syntagmes adjectivaux, prépositionnels...) véhiculant des prédications contenues – explicitement ou implicitement – dans e^0 :

(44') ... *causé de* Louise Michel qui a été admirable / (*dit que*) Louise Michel a été admirable.
(45') ... *désoler sur* la corruption du siècle / (*dit que*) le siècle est corrompu.
(48') ... *tartine sur* les préfets choisis... / (*dit que*) les préfets sont choisis...

Susceptibles de recevoir des MAE, interprétables en îlots textuels[25] (« pour reprendre les mots de l'énoncé dont je représente seulement ici le thème ») la représentation de thème permet aussi d'accéder (sans atteindre à la représentation « quasi-textuelle » que permet le DI paraphrastique *il dit que* « ... ») à *des éléments* de la littéralité de e^0, comme ce serait le cas en :

(44") ... causé de Louise Michel qui, « à part quelques mots de trop, a été admirable ».
(45") ... désoler sur la « corruption du siècle ».

D'autre part, l'information sur le thème du dire peut apparaître en complément circonstanciel – *(en) parlant de, à propos de, au sujet de...* – d'un verbe (ou N) de dire, dans les divers modes de RDA, où elle participe de la contextualisation du *e* représenté :

(51) DD, DI   Il a dit, *en parlant de* sa ville natale, « je n'y retournerai jamais » / qu'il n'y retournerait jamais.
     Biv.   « Il n'y remettrait pas les pieds », répétait-il *en parlant (à propos) de* sa ville natale.
     MAS   À ce qu'il dit, *en parlant des* rapports entre ministres, ça sent la fin de règne.
     MAE   Liquider Saddam comme ça, c'est pire qu'un crime, comme disait Talleyrand *à propos de* l'exécution de je ne sais plus qui, sans doute que c'est une faute [oral, janvier 2007].

---

25 *Cf.* ci-dessous chap. **8**.3.3.3, p. 303.

Chapitre 8 Le fait autonymique dans le champ de la RDA

« Prenez un signe, parlez-en, et vous aurez un autonyme » : la « recette » proposée par J. Rey-Debove est bien à l'œuvre dans

(1) Je pensais en vous écoutant à la formule de Nietzsche : « Ce n'est pas le doute qui rend fou c'est la certitude » [R.P. Droit, *Des idées qui viennent*].
(2) Il est vrai qu'à l'heure actuelle, pour reprendre une expression de la jeune génération, certains patrons « s'éclatent » en faisant de la politique [...] [J. Delors, R.T.L., 29–11–1981, cité in *Le Monde*, 1–12–81].

L'accompagnement métalinguistique (*la formule de Nietzsche, une expression de la jeune génération*), marque explicitement que, en effet, dans cette représentation d'un discours autre au DD, (1), comme dans cette boucle d'auto-représentation du dire en MAE, (2), il est *question de mots*[1] – ce qui est ici présenté entre guillemets. À travers le statut sémiotique de l'autonyme du premier ou la configuration sémiotico-énonciative de la modalisation autonymique du second, le signe au lieu de s'effacer – comme transparent – dans sa fonction médiatrice de renvoi au monde, s'impose dans sa matérialité signifiante (signifiant et signifié) comme un objet du dire.

Pour ces deux modes de RDA, le DD et la MAE, l'autonymisation apparaît comme une propriété définitoire : le DD, en effet, se caractérise, différentiellement, dans l'ensemble des modes de RDA, par le strict statut autonyme du *e* donné comme image de $e^0(a^0)$; la MAE s'oppose, comme un cas particulier de la modalisation autonymique[2], à l'autre mode de modalisation du dire par RDA, la MAS (*selon l, pour l...*). Mais, si essentielle soit-elle dans le champ de la RDA, l'autonymisation – pas plus que la paraphrase ou la catégorisation – n'est une opération métalangagière propre au champ de la RDA : on tentera, ici encore, de faire apparaître, à partir du fonctionnement général de l'autonymisation, comment s'y inscrit la spécificité de la dimension de la RDA.

Pour autant, le jeu de l'autonymie n'est pas circonscrit, dans la RDA, à ces deux modes : il convient de leur adjoindre le Biv-DIL, à même, lui aussi, à côté de (1), (2), d'expliciter sa dimension autonymique :

---

[1] C'est à cette caractérisation « basique » que renvoie le titre d'un recueil parcourant « le fait autonymique en discours » (Authier-Revuz et al. (dir.) 2003) : « Parler des mots ».
[2] *Cf.* chap. 1.2.4, p. 32 et chap. 3.2, p. 95.

(3) Dénégation totale de [X]. Il$_i$ a eu ces mots étonnants : « Il$_i$-n'a-jamais-eu-connaissance-de-ce-projet. A fortiori, il$_i$ n'a pas signé un document-dont-il$_i$-ignorait-tout. » (!!!) [courrier électronique, après une réunion municipale, 30–11–2011].

Mais le fonctionnement autonymique du *e* de Biv-DIL qui présente une spécificité, induite par la bivocalité de ce mode de RDA, non ramenable aux structures de l'autonymie stricte et de la modalisation autonymique dont relèvent le DD et la MAE, incite à l'envisager séparément, après ceux-ci (*cf.* 5 ci-dessous).

Après (1) une présentation – succincte – de la conception sémiotique du fait autonymique dont relève ce qui suit, c'est à la question – fort débattue – du statut autonyme du *e* de DD qu'est consacré le point (2).

– Le signe autonyme, qu'il soit de *type* ou de *token*, est d'abord envisagé au triple plan du mécanisme, illimité, de sa production (2.1.1), de sa spécificité – sémiotique – de signe non arbitraire et hors synonymie (2.1.2) et de ses modalités d'insertion – grammaticales et discursives – dans la linéarité (2.1.3) ; la spécificité de l'autonyme de DD est alors abordée (2.2) comme celle – articulée à ce mécanisme général – de son référent, un *token* autre, qui joue de façon cruciale dans le fonctionnement du DD, notamment dans les « problèmes » – souvent soulevés en manière d'objections au traitement autonyme du DD[3] – de la (non)textualité du *e* (2.2.2), comme de son sens et de sa référence (2.2.3).
– Le point (3) précise, une fois rappelées quelques propriétés de la modalité autonymique (MA) en général (3.1), la place – celle d'une intersection de cette forme avec le champ de la RDA – qu'occupe la MAE, modalité autonymique d'emprunt (3.2) ; avant d'évoquer sa distinction d'avec le DD, et sa compatibilité avec tous les modes de RDA (3.3).
– Une brève note (4) récapitule des propriétés de ce signe, spécifiquement attaché à l'autonymisation, qu'est le guillemet.
– En (5), enfin, on tente de cerner la spécificité du fonctionnement de l'« autonymie bivocalisée » du Biv-DIL.

---

[3] La place faite à ce qui m'a paru constituer les principales objections à ce traitement autonyme explique la longueur des développements du 2.2.2 et du 2.2.3, que le caractère facultatif, au regard de la cohérence de l'argumentation, de nombreuses « remarques » vise – un tant soit peu – à « alléger »...

1 Autonymie et Modalisation Autonymique : les deux faces de l'autonymisation

De la propriété fondamentale du langage humain qu'est sa réflexivité – à savoir sa capacité à se prendre pour objet – l'autonymisation, assurant, en tout système de signes de langue naturelle, la possibilité de référer à ces signes mêmes, apparaît comme la pierre angulaire et un « universel » des langues.

Schématiquement, l'autonymisation, conduit à distinguer trois statuts pour le signe : (a) ordinaire, (b) autonyme, (c) avec modalisation autonymique. Si l'on s'attache, dans les énoncés qui suivent, aux occurrences – homonymes – de *chaussures* ou *surnage*, on opposera :
- le cas (a) du **signe ordinaire S** (ou, selon une autre approche, « en usage »[4]), dans

(4)   Mes chaussures sont sales.
(5)   C'est quelqu'un qui surnage en toute circonstance.

analysable comme alliance, sémiotiquement simple, d'un signifiant et d'un signifié (sa/sé), ou d'une expression et d'un contenu (E/C) selon la notation, dans la lignée de Hjelmslev, de J. Rey-Debove :

(6)   S = (sa/sé)   ou   E/C

et renvoyant « normalement » à un référent mondain : la « chose » chaussures, le fait de surnager.
- le cas (b) du **signe autonyme S'** (ou « en mention ») dans :

(7)   « Chaussures » vient de « chausses ».
(8)   *Surnage* fait une rime à *rivage*.

analysable comme présentant une structure sémiotique complexe[5], « double », dans laquelle au plan du signifiant – homonyme du signifiant de S – répond un signifié constitué par le signe S tout entier :

(9)   S' = (sa/(sa/sé))   ou   E/(E/C)

et renvoyant ici au référent langagier qu'est le mot « chaussures », ou le mot « surnage », pris comme « objet ». Ainsi : en (a) l'énonciateur vise-t-il le monde « à travers » la médiation du signe « transparent » S ; en (b) c'est le signe S lui-

---

[4] Sur le rapprochement de ces deux traitements : (1) deux signes, ordinaire/autonyme, et (2) deux emplois pour un signe, en usage/en mention, *cf.* Remarque 1 ci-dessous.
[5] Notion élaborée par Hjelmslev (1943/1968), *cf.* Remarque 1 ci-dessous.

même qui, dans sa réalité de signifiant et de signifié, est signifié par S', et objet du dire.
- le cas (c) du ***signe avec modalisation autonymique S(+S')***, (« cumul d'usage et de mention »), dans

(10) À chaque pas, le clown perdait ses « chaussures », si tant est que le mot convienne pour les bérets qu'il avait enfilé à ses pieds.
(11) Une seule scène surnage, si l'on ose écrire, celle de la piscine [critique de film].

où l'on voit que les signes *chaussures* et *surnage* ont le même statut morpho-syntaxique, la même référence mondaine que dans le cas (a) du signe ordinaire S, mais que, à cette référence mondaine, s'ajoute une référence au signe par le moyen duquel s'effectue la première. L'énonciateur, ici, parle à la fois de la chose et du signe par lequel, *hic et nunc*, il parle de la chose. Dans le cas (c) l'énonciateur, comme en (a), vise le monde à travers le signe, mais le signe « résiste », si l'on veut, à l'effacement de la transparence, s'interposant comme objet sur le trajet de l'énonciation.

Un clivage est à souligner, au plan de l'énonciation, entre ce que j'appellerai le « mode de dire », impliqué dans les cas (a), (b), (c).

Entre les cas (a) et (b), il y a opposition sémiotique entre un signe simple et un signe à sémiotique complexe, mais, dans les deux cas, l'énonciation se donne comme simple. On peut, schématiquement, dire que avec *surnage*, par exemple, en (5) et en (8), on ne parle pas de la même chose, mais que de ces deux « choses » que sont d'une part le fait de surnager (5), d'autre part le mot *surnager* (8), on parle « de la même façon ». C'est-à-dire que (b) se distinguera de (a) comme présentant un signe (homonyme) de statut sémiotique autre, complexe, et non une modalité énonciative différente : c'est le signe qui, en (b), est « à deux étages », pas le mode du dire.

Au contraire, en (c), il y a, au niveau de l'énonciation, dédoublement – celui d'un dire qui, parlant du fait de surnager, se double d'une représentation de ce dire dans laquelle il est parlé du mot. (c) constitue donc une configuration énonciative de dédoublement incluant l'autonymie, ou, si l'on veut, relève d'un fonctionnement méta-énonciatif de l'autonymie. Ainsi, quels que soient les « effets de sens » en discours, implicites, seconds, que permet l'autonymie (on y revient en 2 ci-dessous), il importe de ne pas confondre l'autonymie (b) forme de réflexivité sémiotique, permettant de signifier des signes, et – distincte d'elle aux plans sémiotique, syntaxique et énonciatif – la modalisation autonymique (c) dont la première n'est qu'un élément constitutif, nécessaire mais non suffisant, puisque ce que requiert (c), c'est la mise en œuvre du statut autonyme dans la configuration énonciative particulière de l'auto-représentation du dire en train de se faire.

Remarque 1 : Repères dans la diversité des conceptions de l'autonymie. C'est dans la filiation Hjelmslev-J. Rey-Debove que se situe le traitement linguistique de l'autonymie proposé ici ; il trouve sa base dans la notion, proposée par Hjelmslev dans les *Prolégomènes à une théorie du langage* (1943), de « sémiotiques complexes » où l'un des plans du signe (expression ou contenu) est constitué par un langage, notion par laquelle il rend compte parallèlement
– de la *connotation* : un langage dont le plan de l'expression est un langage, EC/C
– et du *métalangage* : un langage dont le plan du contenu est un langage, E/EC.

De cette analyse qu'il reprend et fait travailler dans ses *Éléments de sémiologie* (1964, repris *in* 1965), R. Barthes propose pour le métalangage (et l'autonymie), en termes de signifiant/signifié, le schéma suivant :

sa	sé
sa	sé

Et c'est dans le cadre hjelmslévien que s'inscrit la description linguistique systématique de J. Rey-Debove (1978).

Il n'est pas question ici, même de la façon la plus schématique, de rendre compte du champ – immense et hétérogène – des réflexions suscitées par le fait de l'autonymie (voir, par exemple, dans Rey (1973–1976), tant dans l'histoire (notamment la distinction entre « signes de choses » et « signes de signes » de Saint Augustin et les discussions médiévales sur les *suppositio materialis* – « quand le mot suppose [...] pour le mot », comme dans *Homo est disyllabum*, *homme* est un dissyllabe – et *formalis* – quand le mot « suppose » pour son signifié, comme dans *Homo currit*, l'/un homme court – (*cf.* Rosier-Catach (2003)), que dans le champ contemporain. Je me bornerai à marquer que le traitement proposé ici, relevant de la linguistique structurale, en termes de signe saussurien bi-face, constitue une approche de l'autonymie qui se différencie de deux courants importants.

a) D'une part le courant logico-philosophique (Carnap, Quine, Tarski...), envisageant la question en termes de rapport mot/chose, de référence, de calcul de vérité et de traitement des ambiguïtés produites par l'autonymie. Proviennent de ce courant – via des transferts plus ou moins explicites (redéfinitions ou « glissements ») – les éléments, largement diffusés hors de la perspective proprement logique, que sont : le terme même d'*autonyme*, proposé par Carnap (1934/1937), avec la valeur, initiale, de « nom (*name*) de soi-même » (qui n'est pas celle de la structure sémiotique double évoquée ci-dessus), et l'opposition *mot en usage/en mention* de Quine (1951). Cette opposition, qui pose « deux emplois pour un seul mot », n'est pas équivalente à celle (suivie ici) de deux signes homonymes à signifiés différents – ce que souligne J. Rey-Debove (2003 : 338) dénonçant comme « à éviter » le recours à la terminologie *usage/mention*[6] relevant du « point de vue de philosophes qui ne disposent pas de la définition du signe ».

Cependant, l'utilisation, très commune aujourd'hui – dans les travaux de linguistique, analyse de discours, stylistique, amenés à « rencontrer » la problématique du « mot chien » qui « ne mord pas », sans en faire leur objet central – de l'opposition *usage/mention*, me paraît relever, plus que d'une véritable prise de position théorique, de la commodité – en deçà des alter-

---

6 Tout en notant qu'elle l'a elle-même « emprunté[e] au début de [ses] travaux faute de meilleurs outils » et qu'elle « est restée vivante parce que facile à aborder ».

natives théoriques –, d'une formulation « parlante » : telle est l'image que donne un parcours des articles « autonymie » des dictionnaires, avec le recours régulier qui y est fait au terme de *mention* hors, me semble-t-il, d'une stricte obédience quinienne.

C'est de cet « état des lieux » que je tiens compte quand je rapproche (en 1) les deux formulations et lorsque, occasionnellement, j'ai recours à cette formulation *usage/mention* largement partagée, sur un mode qui est, en toute rigueur, critiquable dans le cadre du signe autonyme où je me situe, dans lequel, comme le rappelle pertinemment J. Rey-Debove, « l'autonyme est en usage comme les autres signes ».

b) D'autre part un courant, plus récent, de philosophie pragmatique du langage (dans la suite de Searle, notamment, Clark H.H. et Gerrig R.J. (1990), Recanati F. (2001)), traitant de l'autonymie dans le cadre général – non du signe saussurien et de sa « complexification » hjelmslevienne – mais d'une opposition entre *saying* et *showing* (« dire, énoncer » *vs* « montrer ») ; chez Clark et Gerrig, notamment, l'autonymie, dont le caractère langagier apparaît alors comme « contingent », ressortit au phénomène général de la « démonstration » (*cf.* « *Quotations as demonstration* »), inclus dans l'ensemble des « gestes qui imitent » – la façon de servir au tennis de J. Mac Enroe, une manière de tenir sa tasse de thé, un bruit quelconque... (*cf.* ci-dessous 2.1.3, Remarque 2, p. 261)

2 L'autonymie stricte dans la RDA : le DD

Comme la catégorisation ou la paraphrase, l'autonymie apparaît dans les trois régions de métadiscours[7] :

– A : *du discours sur la langue* où l'élément autonyme renvoie à un élément du système, un *type*

(12) « Sortez » est une phrase à l'impératif.

– B : *de l'auto-représentation du dire* (ARD) où l'autonymie renvoie à *ce token* en train de se produire, qu'il redouble

(13) Je n'ai qu'un mot à vous dire : « Sortez ! ».

– C : *de la RDA* enfin, où l'autonyme renvoie *à un token autre*, produit dans un acte d'énonciation distinct

---

[7] Et non pas seulement dans la référence aux *types* de la langue – entrées de dictionnaire, phrases illustrant des règles dans les grammaires – où l'enferment volontiers les dictionnaires de linguistique. Jakobson (comme l'a noté J. Rey-Debove [1978 : 106]) participe de ce mouvement lorsque, dans son parcours des « structures doubles » (1963 : 177 *sq.*), c'est à la seule structure (M/C) du « message renvoyant au code » qu'il fait « correspondre » « le mode autonyme du discours », tout en signalant cependant, après Bloomfield, que celui-ci est « étroitement lié à la citation, à la répétition du discours »... relevant, elle, de la structure (M/M) du « message à propos d'un message » envisagée précédemment.

(14) Roxane dit à Bajazet : « Sortez ! »

C'est d'abord (2.1) comme mécanisme unique, transverse à tout le métadiscours, et présentant quelques propriétés fondamentales, que le DD – mode de la RDA à *e* autonyme – partage avec les autres régions extérieures au champ de la RDA, qu'on évoquera le fait sémiotico-grammatical de l'autonymie. Puis on envisagera (2.2) les implications, dans la mise en œuvre de l'opération d'autonymisation, de la différence des référents qu'elle vise : A *type*, B *token sui-référent* et, spécifique du DD, C *token autre*.

2.1 L'autonymie, mécanisme transverse au champ métadiscursif

2.1.1 Tout élément langagier peut être « autonymisé »

Il convient de souligner, en effet, ce qu'indique le terme d'« autonymisation » (utilisé ci-dessus concurremment à celui d'autonyme) : contrairement au lexique métalinguistique (*mot, adverbe, signifier*...) dont on peut dresser l'inventaire, aucune « liste » des autonymes possibles dans une langue ne peut être envisagée. L'autonymie relève, foncièrement, d'un *mécanisme* inhérent à la langue, à même de *convertir en autonyme*, c'est-à-dire de produire, pour *n'importe quel segment langagier X*, « son » autonyme, c'est-à-dire un signe de même signifiant que X et qui signifie ce signe X : « n'importe quel élément langagier »[8], cela veut dire quels qu'en soient le niveau d'analyse (du phonème à la phrase), la catégorie morpho-syntaxique, le type de fragmentation de la chaîne sonore ou graphique dont il procède, l'étendue (de l'élément insécable à la reproduction – au titre du « *e* » d'un DD – d'un texte entier), la grammaticalité (les exemples « à astérisque » des linguistes, ou les « ne dites pas... » des prescriptions de bon usage), la langue (celle dans laquelle l'élément est « autonymisé » ou toute autre), l'intelligibilité (de la chaîne la plus familière à la séquence inintelligible au L qui pratique l'autonymie), etc.

Pas de « signe autonyme » en langue donc – sur le mode où « joli » *est* un adjectif et « donc » une conjonction –, mais un mécanisme langagier et linguistique d'une extrême puissance, produisant en discours des autonymes, ou, si l'on

---

[8] Et même para- ou infra-langagiers comme les « bruits » vocaux, « codifiés », comme *pst, tss, hm hm*, ou non qui, notamment introduits par « faire », forment une zone de recouvrement entre les mécanismes de l'autonymie (comportant des contraintes grammaticales *et* une dimension iconique) et de l'imitation corporelle – sonore, gestuelle...

veut, des segments contextuellement « autonymisés » en discours, et qui s'exerce, avec la même puissance et la même liberté, pour les *types* et les *tokens* : ainsi, pour les « éléments de langue », les formes suivantes :

(15) On ne doit pas dire « malgré que » ; C'est de *mens, mentis* que vient le suffixe –ment des adverbes ; J'ai du mal avec les « i » de *ship* et de *sheep* ; Qu'est-ce ça veut dire « atropopaïque » ? ; Phrase interro-négative : N'a-t-il pas donné son accord ?...

et, pour les *tokens* autres, cet échantillonnage de « *e* », représentant phonèmes ou graphèmes :

(16) C'est incroyable ce que les /ɛs/ de cette fille peuvent m'agacer ! [oral, à propos du défaut de prononciation d'une présentatrice de télévision, janvier 2008].
(17) Tu as des barres de t qui feraient le bonheur d'un graphologue... [oral 17.3.1984].

– éléments infralangagiers ou onomatopées :

(18) Pati-Pati gonfle [...] et profère à demi-voix quelque chose comme :
— Gou-gou-gou... Puis elle rengorge son cou de lutteur, sourit, attend les applaudissements, et ajoute, modeste :
— Oa [Colette, *La « Merveille »*, in *La Maison de Claudine*].
(19) Depuis la maladie de sa femme, il n'avait plus osé se servir de son terrible ta, ta, ta, ta ! [Balzac, *Eugénie Grandet*, II].

– morphèmes, syntagmes, énoncés incomplets ou complets :

(20) Le Comte : Y a-t-il ET dans l'acte, ou bien OU ? [Beaumarchais, *Le Mariage de Figaro*, III, 15]
(21) En pensant à [...] nous atténuons le refrain du « Oui, mais si... » qui danse systématiquement dans nos têtes au rythme de la peur [C. Davis Kasl, *Danser avec la vie*, 1999, p. 213].
(22) Je déteste les sentences genre /l'homme est un loup pour l'homme, ça justifie n'importe quoi [conv. 6-9-2009].

– langue autre que celle dans laquelle le « *e* » est autonymisé, ou chaîne « hors langue » :

(23) [...] j'ouvris les yeux, je vis un homme blanc et de bonne mine qui soupirait, et qui disait entre ses dents : *O che sciagura d'essere senza coglioni* ! [Voltaire, *Candide*, chap. XI, *idt*]
(24) Voilà longtemps que j'ai oublié l'auteur d'une Encyclopédie habillée de rouge, mais les références alphabétiques indiquées sur chaque tome composent indélébilement un mot magique : Aphbicécladiggalhymaroidphorebstevanzy [Colette, « Ma mère et les livres », in *La maison de Claudine*].

Au-delà de sa productivité illimitée, la spécificité du mécanisme d'autonymisation, commun aux *types* de langue et aux *tokens* autres du DD, doit être reconnue à un double plan :

- celui (2.1.2) *sémiotique*, d'un signe S' structurellement iconique, soustrait à l'arbitraire, comme à la synonymie du signe ordinaire S, et dont l'énonciation passe par la *présentation* formelle du signe S ;
- et celui (2.1.3) *linguistico-discursif* de l'*insertion* contextuelle du segment autonyme dans une construction syntaxique ou une organisation sémantico-discursive.

2.1.2 Un signe non-arbitraire, sans synonyme, à iconicité interne

Dans les termes de l'analyse proposée ci-dessus, la structure sémiotique de l'autonyme tient à ce que le signe S' autonyme signifie le signe S tout entier, signifié et signifiant, dont il est le (méta-)homonyme. Ainsi le signe S' dont le signifiant est /ʃosyr/ a-t-il pour signifié le signe S associant le-même-signifiant /ʃosyr/ au signifié « chaussure ». De cette structure découlent des propriétés essentielles du signe autonyme, communes aux autonymes de *types* et aux *e* de DD

Le signe autonyme est soustrait à la loi saussurienne de l'arbitraire du signe linguistique : « l'idée de « sœur » n'est liée par aucun rapport intérieur avec la suite de sons *s-ö-r* qui lui sert de signifiant ; il pourrait être aussi bien représenté par n'importe quelle autre »[9], mais le signifiant du signe autonyme S' est, lui, strictement prescrit, par un « rapport intérieur » avec son signifié : celui d'une identité au signifiant de celui-ci, qui fait du signe autonyme un signe *absolument motivé* : le signifiant du S' « chaussure » ne saurait être « autre » que celui /ʃosyr/ du S ordinaire qui est signifié.

Cette structure du signe autonyme le soustrait en même temps au jeu de la synonymie : le signifié du signe autonyme S' étant constitué du signe ordinaire S (signifié et signifiant), une relation de synonymie – équivalence sémantique entre des signes ayant des signifiants différents : les signes ordinaires *chaussures* et *souliers*, par exemple – est dans ce cas « algébriquement », pourrait-on dire, impossible. Selon l'heureuse formule de J. Rey-Debove, l'autonymie entraîne le « *blocage de la synonymie* ».

Cette propriété du signe autonyme peut être envisagée dans une perspective de sémantique logique de valeur de vérité : à la substituabilité *salva veritate* des signes ordinaires synonymes, susceptible de référer au même objet du monde, pour lesquels un prédicat sera également vrai ou faux :

(25) Mes chaussures sont sales.
　　　Mes souliers sont sales.

---

9 Saussure (1916 : 100).

s'oppose la non-substituabilité des autonymes correspondants, qui référant à des objets (mots) différents, ne sont pas susceptibles de porter le même ensemble de prédicats :

(26) *Chaussures* vient de *chausses*. (vrai)
Souliers vient de *chausses*. (faux)

De façon plus générale, l'autonymie peut être envisagée comme le mécanisme instituant, par l'inscription dans leur signifié de leur matérialité signifiante, une irréductible singularité des signes : au rebours de la « transparence » du signe ordinaire, perçu comme voué à s'effacer dans sa médiation avec le monde, le signe autonyme impose – structurellement – sa « consistance » signifiante et son irremplaçabilité[10].

Complètement *motivé* – puisque son signifiant est déterminé par son signifié (le signe S, homonyme de S') – le signe autonyme présente une *dimension iconique*[11] : *via* le « geste » corporel de vocalisation (ou de scription) du signifiant commun aux deux plans, l'énonciation du signe autonyme S' est, indissociablement, monstration, présentation, affichage... du signe S donné à entendre/voir dans sa matérialité. Propriété sémiotique *interne* au signe S', son iconicité et la monstration de S que comporte son énonciation doit être reconnue *en deçà* de la variété des référents – *types, tokens, cf.* ci-dessous, auxquels, en discours, peut renvoyer un S'[12].

Ainsi, mettant en œuvre cette structure sémiotique complexe, tout DD comporte-t-il une monstration de *cette* chaîne S (signifiant et signifié) par laquelle L qui en énonce l'autonyme « *e* » propose de représenter le *token* autre $e^0(a^0)$. On peut noter, d'une part, l'affinité spécifique, dans l'ensemble de la RDA, que présente ce mode avec les démonstratifs, qui apparaît comme une manifestation

---

10 Les énoncés comme : « "Soulier" est synonyme de "chaussure" », « Il a dit "j'hésite un peu", ce qui équivaut pour lui à "je ne veux pas" », ne s'opposent pas à cette analyse : la prédication d'équivalence (synonymie en langue ou paraphrase en discours) ne porte pas sur les signes autonymes S' qui y figurent– dont les signifiés s'opposent par les signifiants différents qu'ils incluent –, mais sur les signes ordinaires auxquels ils réfèrent.
11 *Cf.* Rey-Debove (1997 : 155, 341), Tamba (2003).
12 Par rapport aux deux plans que distingue Neveu (2004) à l'article *Iconicité* : (a) « Le terme désigne une propriété du signe iconique qui réside dans la ressemblance avec les objets du monde », et (b) : « Au-delà de cette perspective, l'iconicité conceptualise la problématique de l'arbitraire et de la motivation du signe linguistique, autrement dit celle de la similitude entre les formes de la langue et leurs significations. ». C'est au sens (b) qu'est posée ici l'iconicité inhérente au signe autonyme ; au-delà celle-ci débouche – au DD notamment – sur la *possibilité*, non la contrainte, pour le signe autonyme d'un rapport iconique (a) de ressemblance aux objets (langagiers) du monde auquel le signe autonyme *réfère*.

de cette dimension de monstration propre au DD : associé au signe complexe S'
– signifiant et « réalisant » à la fois le signe S –le jeu massif des démonstratifs :

(27) Il a dit ces mots/ceci/comme ça... : « *e* ».
   « *e* ». Ces mots/cette formule/ceci...

apparaît comme relevant à la fois d'un fonctionnement de type anaphorique (cataphorique) co-référentiel en rapport avec S', la séquence autonyme, et d'un fonctionnement de type déictique (référentiel) en rapport avec le S « présenté » sur la chaîne.

D'autre part on verra (*cf.* ci-dessous 2.2.2 (i), 2.2.3 (ii)) comment la spécificité de l'objet (*token* autre) induit, relativement à l'iconicité – structurelle – du signe autonyme, un fonctionnement référentiel propre.

2.1.3 L'intégration de l'autonyme à la linéarité : un double fonctionnement

Comment ce signe à la sémiotique complexe qui, par son iconicité interne « présente » matériellement l'objet langagier homonyme, se construit-il sur la chaîne, c'est-à-dire s'inscrit-il parmi les signes « ordinaires » ? L'insertion dans la linéarité langagière de l'autonyme emprunte deux voies, selon que le contexte – langagier – où il se trouve intégré est une construction grammaticale ou une organisation discursive[13].

Dans le premier cas (a), il vient s'inscrire dans un déroulement linéaire réglé d'une combinatoire morpho-syntaxique où il reçoit un statut *nominal*. Dans le deuxième (b), syntaxiquement autonome, il prend place, sans assignation catégorielle, dans une cohérence discursive – interphrastique, sémantique, textuelle, générique, paginale,... – où l'opération de présentation (S') d'un objet langagier S trouve sens.

*(a) Les autonymes « construits » : un mécanisme grammatical de
    « recatégorisation nominale »*

On a noté le caractère radicalement disparate des éléments susceptibles d'être autonymisés : leur insertion régulière dans une construction grammaticale passe, en français, par leur recatégorisation nominale, qui constitue, de ce fait, la marque formelle de l'autonymisation.

---

[13] Je suis redevable à F. Gachet de discussions à partir de son article (2011) et à des échanges avec I. Tamba qui m'ont amenée à préciser ce qui suit – sans qu'ils en partagent nécessairement tous les aspects.

Ainsi, le guillemet n'est-il nullement nécessaire pour reconnaître un autonyme (« *type* » (a) ou « *token e* » de DD (b)) dans des chaînes comme :

(28) (a) Le ne pas est aujourd'hui souvent réduit à pas.
(b) Son je suis heureux de vous voir sonnait faux.

C'est par le franchissement sémiotique opéré par la conversion d'une séquence S quelconque en son autonyme S', nominal, que des suites aussi a-grammaticales que *Déterminant+je*, par exemple, sont « régularisées », et par là même « marquées » comme autonymes[14].

Le statut nominal « acquis » de l'autonyme – « nom de discours », « nom *a posteriori* » dit J. Rey-Debove (1978) – se manifeste tant au plan de la structure interne du syntagme nominal, qu'à celui des fonctions qu'il occupe dans la phrase[15]. Qu'il réfère à un *type* (a) ou à un *token* (b), l'autonyme peut constituer à lui seul un SN, à la façon d'un nom propre :

(29) a « Très faim » est condamné par la norme qui préconise « grand faim ».
b « C'est indécent » a été son seul commentaire.

ou entrer en composition avec un déterminant (28 a et b) et recevoir les diverses expansions du SN, adjectif (30), syntagme prépositionnel (31), relative (32) :

(30) (a) Le *ou* adversatif commute avec *ou bien*.
(b) Auparavant Alain Claeys, tête de liste PS, avait tenté de résumer la situation par un périlleux « Nous ne mesurons pas la chance que nous avons ! » [*Libération*, 16–03–1992].
(31) (a) Les *âmes, âtes* du passé simple déroutent les élèves.
(b) Laisse-les s'embarquer sur un *nous verrons* du père Grandet, et tiens toi tranquille, mon petit [...] [Balzac, *Eugénie Grandet*, idt].
(32) (b) [...] le juge obéit et fut assailli par ce : —N'avais-je pas raison, mon ami ? que les femmes disent aussi quand elles ont tort, mais moins doucement [Balzac, *Le Cabinet des Antiques*].

En termes de fonction nominale occupée par les autonymes, notons, parmi les plus courantes, le sujet (28, 29), l'apposition (directe ou liée par *de*) (33), stéréotypique dans le discours grammatical, et d'une grande fréquence au DD

---

[14] Le guillemet (ou toute autre marque typographique ou intonative) est donc, dans ce cas, redondant par rapport à la combinatoire morpho-syntaxique, ne donnant lieu qu'à quelques cas d'ambiguïté. *Cf.*, parmi les exemples donnés par J. Rey-Debove (1978 : 62) : *Démystifier est à la mode* (l'action ou le mot ?), *Elle écrit toujours* (incessante écriture, ou mot « toujours » ?), etc.
[15] Esquissée ici à très grands traits, le fonctionnement en français de la recatégorisation nominale comporte de nombreux aspects dont la description demanderait à être affinée : les variations *Det N/N* et *Det défini/indéfini*, notamment en rapport avec les fonctions occupées dans la phrase par l'autonyme, les types de prédicats métalinguistiques, la nature *type/token* du référent visé, etc.

(33) (a) Le verbe *savoir* est très irrégulier ; la conjonction *si* ne doit pas être confondue avec l'adverbe *si*.
(b) Rien de tout cela ne serait survenu [...] si tout n'était pas livré [...] à la déplorable maxime du « laissez faire, laissez passer » ! [Flaubert, *L'Éducation sentimentale* II 2].

et le complément d'objet direct de verbe transitif (34), avec toutes les possibilités de transformations grammaticales qui le caractérisent : passivation (35), topicalisation (36), focalisation (37) :

(34) (a) On construit *paraître* avec les deux auxiliaires *être* et *avoir*.
(b) [...] Louis Dreyfus, qui lâchait un « je suis contrarié » pour dire qu'il était ivre de rage [*Libération*, 05-05-1997].
(35) (a) *Quelque* est obligatoirement placé avant le nom qu'il détermine.
(b) Gyf semblait un habitué du lieu ce qui ressortait du comme d'habitude interrogatif lancé par Monsieur Louis derrière son bar [J. Rouaud, *Le Monde à peu près*, Ed. de Minuit, 1996 p. 156].
(36) (b) Non /je ne suis pas candidat, il l'a dit après les salades de M..., avant, il hésitait [conversation 14-03-2008, élections municipales avec deux tours, au sujet du poste de maire].
(37) (a) C'est /après qu'il EST arrivé, qu'on doit dire, pas /après qu'il SOIT... ceci dit, c'est vraiment un combat d'arrière garde [oral, à l'écoute de la télévision, 20-1-2008].
(b) Je crois que c'est /peu d'eau mais régulièrement qu'elle a dit [conversation, 03-06-2000, après l'achat d'une plante verte].

Ainsi la structure sémiotique « double », à deux étages, du S' autonyme signifiant le signe S homonyme, rend-elle compte du double comportement morpho-syntaxique des séquences autonymes – « *types* » de langue ou « *e* » de DD – : celui, interne à la séquence autonyme, qui est celui de S, complètement autonome par rapport à l'environnement phrastique, et celui, « externe », du mode d'insertion de S' comme constituant nominal[16] de la construction où il apparaît.

Pour récapituler, dans le cas du DD, les observations faites ci-dessus, on distinguera
– le plan S d'une séquence *Entrez donc !*, relevant quant à sa composition interne de la phrase injonctive ;
– le plan S' où cette séquence S autonymisée reçoit, comme constituant *e* d'une phrase **E**, un statut nominal en termes de combinatoire et de fonction :

---

[16] Les oppositions éventuelles de genre des éléments S sont neutralisées en S' dans le seul genre masculin : *La solidarité est précieuse* vs *« solidarité » est inadapté ici* ; et S' varie en nombre indépendamment de la catégorie du nombre affectant éventuellement S : *cf. « chevaux » **est** un pluriel* (cité par J. Rey-Debove), ou ***les** « chœur » **sont** à corriger (il y a un h !)*.

(38) Le « Entrez donc ! » de Marie était hésitant (*N dans un SN sujet avec S prep*) ; Les premiers mots de Marie ont été « Entrez donc ! » (*SN attribut du sujet*) ; C'est un pauvre « Entrez donc ! » qui a été articulé à contre-cœur par Marie (*N de SN avec adjectif, sujet focalisé de verbe passif*) ; À regret, Marie a dit « Entrez donc ! » (*COD*) ; Il a entendu « Entrez donc ! » (*COD*) ; Ce pauvre « Entrez donc ! », Marie l'a prononcé à regret (*N de SN COD détaché, pronominalisé*).

Le fonctionnement syntaxique de « la phrase de DD » apparaît, seul dans l'ensemble des modes de RDA, dont la syntaxe relève de la « grammaire » commune, comme posant des problèmes spécifiques[17] – ceux de la tension entre autonomie interne d'un « *e* » relevant de « n'importe quoi » et intégration de cet « *e* » à la construction régulière de **E**. La mise en parallèle des DD avec – hors RDA – les autonymes de « *types* » de langue, permet de reconnaître, en deçà de la différence entre secteurs de métadiscours, le fonctionnement commun, général, de l'opération de production d'autonyme, et de rendre compte par celui-ci de la syntaxe de la phrase de DD – sinon inexplicable ou requérant des solutions *ad hoc*.

(b) des autonymes éléments d'une cohérence discursive

Les autonymes apparaissent aussi en dehors d'une structure phrastique insérante, soustraits à la recatégorisation nominale des autonymes « construits » : objets langagiers décatégorisés, ces S', syntaxiquement autonomes, reçoivent un statut, une fonction, *en discours*.

C'est le cas ainsi – s'opposant aux autonymes « construits » des énoncés ci-dessus (a) – pour des séquences autonymes référant à des *types* : mots, locutions, expressions détachés typographiquement en « entrée » de dictionnaire ; paradigmes de conjugaison, déclinaison, réunis en tableaux ; phrases ou syntagmes illustrant des règles de grammaire, liste d'expressions ou de phrases proposées dans les aides « pour la conversation » en pays étranger... Que l'on compare pour la même séquence autonyme les deux fonctionnements, comme sujet grammatical dans la structure phrastique (39) et la configuration (40), typique du discours grammatical, d'une assertion syntaxiquement complète, avec laquelle elle entre, discursivement, dans un rapport sémantique d'exemplification :

---

[17] Ce dont témoignent, par exemple, dans le cadre des systèmes explicites de règles visés par la grammaire générative, les solutions proposées spécifiquement pour le traitement formel des DD, là où le DI est décrit par les règles générales, chez J.M. Sadock (1969) ou A. Banfield (1973), par exemple ; *cf.* Authier (1978) ou (1979), pour une présentation schématique de ces modèles.

(39) « La vitre est cassée » a le plus souvent une valeur d'état résultant.
(40) Le passif se construit avec être suivi du participe passé.
   La vitre est cassée.

Il en va de même pour les *e* de DD présentés – non nominalisés – hors construction syntaxique : énoncés détachés en exergue, florilèges et dictionnaires de « citations » ; exemples « d'auteurs » dans les grammaires et les dictionnaires, illustrant une règle ou l'emploi d'un lexème ; titre d'articles de presse réduits à un propos entre guillemets. Et aussi tous les cas de *e* de DD qui, apparaissant dans la linéarité du discours, y sont interprétables comme tels (et non construits univoquement) en termes de cohérence discursive : ainsi – parallèlement à (39) vs (40) – s'opposent le *e* « introduit » par un verbe régissant de (41) et le *e* interprétable[18] comme « annoncé » par la proposition qui précède, qu'il viendrait préciser (42) :

(41) Il a lancé : j'en ai assez.
(42) Il$_i$ s'est fâché : j$_i$'en ai assez.

Redondante, on l'a dit, lorsque l'autonyme est syntaxiquement « construit », la signalisation typographique ou intonative devient pertinente pour le marquage d'un autonyme syntaxiquement autonome. Ainsi, des guillemets, ou un tiret, autonymisant la deuxième phrase de (42) iraient-ils fortement[19] dans le sens de l'interprétation notée par les indices – celle de la représentation autonyme d'un message « annoncé » par la première phrase.

On est loin de la « simplicité » volontiers prêtée au DD : il importe, au contraire, dépassant le vague de la notion « d'introducteur », de faire apparaître la variété, la complexité et l'hétérogénéité des formes par lesquelles se réalise l'intégration dans le fil du dire de la séquence *e* autonyme. Il est aussi inadéquat d'ignorer, pour le DD, le volet proprement grammatical de l'insertion du *e* autonyme[20], que

---

18 La suite *Il s'est fâché : j'en ai assez* est interprétable aussi avec *Il$_i$* différent de *je = L*, celui-ci commentant le fait relaté dans la première partie (*Paul$_i$ s'est encore fâché : j'en ai assez de son$_i$ attitude*).

19 Sans la contraindre, cependant, car le contexte peut tout à fait rendre acceptable une interprétation où « j'en ai assez » serait énoncé par un *l$_2$* distinct de *il*.

20 Comme le fait Genette (1983 : 39) par exemple, posant que le DD « n'est par définition jamais *régi* mais seulement introduit par un verbe déclaratif et/ou signalé par des guillemets ou un tiret », et par conséquent qu'il n'est pourvu que de « marques sans incidence grammaticale ». C'est en soulignant ce défaut d'attention à la dimension syntaxique du DD, que Van Raemdonck (2002) propose un traitement syntaxique de la phrase de DD *Marie dit : « J'arrive »* : s'opposant aux descriptions par simple juxtaposition de deux phrases (Banfield), il rencontre, sans référer au statut autonyme de **e**, certains aspects de l'analyse développée ici.

de méconnaître l'importance des cas où c'est, hors syntaxe phrastique, discursivement qu'est mis en jeu le statut sémantique de l'autonyme « présentant » une séquence dans sa matérialité.

L'opposition entre constructions syntaxiques et configurations discursives ne va pas sans recouvrements : outre la délicate question du statut phrastique de l'incise[21], on peut noter le jeu des anaphores entre le *e* autonyme et son contexte, ou l'occurrence répétée dans le roman classique de l'unité – syntaxique ? discursive ? – conjoignant un *e* autonyme et un élément circonstanciel, phrastiquement incomplet, qui requiert le « complément » du *e*, sans le régir pour autant, sur le mode[22] :

(43) Il s'assit ; et, tendant son verre   : J'ai soif !
     Il s'assit ; et, d'une voix impatiente : J'ai soif !

L'éventail des structures d'intégration du **e** autonyme au DD, qui demanderait un parcours systématique des formes de ce mode – entre plans syntaxique et discursif, avec et sans signalisation typographique (intonative) – ouvre, aux styles individuels, aux textes, aux genres, un espace de variation spécifique, distinct d'autres facteurs pertinents, tels le type de catégorisation, de contextualisation représentée ou, *cf.* ci-dessous, le rapport à la « textualité » de la représentation.

Remarque 2 : Signe de langue et monstration. Dans le cadre *linguistique* du traitement de l'autonyme comme signe à structure complexe développé ici, le mécanisme de conversion catégorielle des S quelconques en S' autonymes nominaux apparaît comme homogène à l'espace du linguistique ; la motivation et l'iconicité interne, impliquées par cette structure complexe, débouchent sur la dimension de monstration de S inhérente à l'énonciation de S' par laquelle le système linguistique interfère avec le champ hétérogène de la « gestualité ».

Au contraire, dans le cadre du traitement de l'autonyme comme relevant (*cf.* ci-dessus Remarque 1) d'un « *showing* », de la « *demonstration* », d'une gestualité générale, cette dimension de l'autonymie apparaît comme première, mais c'est alors la dimension proprement linguistique de l'autonyme – son fonctionnement syntaxiquement contraint comme « nominal » – qui va réclamer un « dispositif » hétérogène à l'approche en « *showing* », pour convertir « du geste » en unité linguistique. Ainsi en est-il du mécanisme proposé par Recanati (2001) selon lequel les séquences « montrées » en « *closed quotation* » – *i.e.* en contexte syntaxiquement contraignant – y sont « recrutées » linguistiquement (« incorporées » au sens militaire du terme, ou « enrôlées » dans l'ordre linguistique...) pour fonctionner régulièrement, comme un de ses éléments, dans la

---

[21] Qui, notons le, n'est en aucune façon, par elle-même, une marque de DD, mais marque de RDA, apte à se combiner, entre autres, à une séquence marquée ou interprétable comme un *e* de DD (*cf.* ci-dessous chap. **9.3.2** ex. (29) à (34), p. 351-352).
[22] Dont *L'Éducation Sentimentale* fournit des dizaines d'exemples comme celui cité note 12 du chapitre **6**, p. 211.

phrase mentionnante, les « *closed quotations* » apparaissant dès lors comme un « phénomène authentiquement linguistique »[23].

Ce qui apparaît, c'est la double appartenance de l'autonymie au système linguistique – catégorie, syntaxe... – et au registre de la monstration extra-linguistique : chaque traitement étant requis, à partir de la dimension qu'il privilégie, de tenir compte *aussi* de l'autre, faute de quoi il serait inadéquat au fonctionnement de l'autonymie en général, et du DD en particulier[24].

L'approche en « showing », qui n'est pas celle que je suis, me paraît tout à fait recevable à la double condition (remplie chez Recanati (2001)) : - (1) qu'elle se soucie de la face linguistique du phénomène, et - (2) qu'elle maintienne la spécificité de l'autonymie en DD, sans fondre tous les modes de RDA (DI autant que DD) dans un même univers de la « démonstration » (comme le propose Perrin (2002) par sa mise en œuvre « étendue » de la « démonstration » englobant DD, DIL et DI)).

2.2 La représentation autonyme de *token* autre : spécificité du DD

2.2.1 Un mécanisme commun pour des référents divers

Comme précédemment pour la catégorisation et la paraphrase, qu'on a d'abord dégagées dans leur généralité de mécanisme langagier avant d'envisager leur mise en jeu dans les diverses « régions » du champ métadiscursif, et la spécificité qu'y apporte l'objet « *token* autre », il convient, pour l'autonymie, de distinguer et d'articuler ces deux plans – généralité du phénomène et particularité des référents.

C'est, en effet, en tant que mécanisme abstrait, transverse au champ métadiscursif, que l'autonymie a été posée, dans le double aspect de sa structure sémiotique comme signe complexe à dimension iconique interne, S' « présentant » de ce fait le signe S homonyme, et de son intégration à la linéarité, dans une construction syntaxique par recatégorisation nominale ou dans un déroulement discursif par mise en jeu de la cohérence de celui-ci. La reconnaissance de ce plan de l'analyse est nécessaire pour rendre compte d'aspects essentiels du fonctionnement du DD : l'insertion régulière d'un *e* quelconque dans une construction syntaxique, ainsi que la possibilité pour tout **L** d'énoncer des *je, tu, ici, etc.* qui, là encore de façon régulière (parce que signes autonymes S') ne renvoient pas déictiquement à la Situation de l'acte **A**, mais dont le signifié (les signes S homonymes *je, tu...*)

---

[23] *Cf.*, compte-tenu de mes hésitations à traduire le terme « recruited », le texte original : « That happens whenever a quotation is closed, that is, linguistically recruited as a singular term in the mentioning sentence. Because it functions as a regular singular term, both syntactically and semantically, closed quotation undoubtedly is a genuine linguistic phenomenon ».
[24] Cette attention aux deux plans de la syntaxe et de la monstration est présente dans l'approche du DD de Gachet (2012), menée dans le cadre macrosyntaxique du « Groupe de Fribourg ».

peuvent trouver sens et référence dans le co-texte assurant la représentation de l'autre acte *a*[25].

Mais s'il rend compte des propriétés sémiotiques et morpho-syntaxiques du *e* du DD, le statut autonyme d'une séquence se situe en deçà de la diversité des référents langagiers que celle-ci représente, sans spécifier la nature du rapport de représentation qui unit ces deux plans – la séquence autonyme et son référent.

Aussi importe-t-il, au delà de la reconnaissance, en DD, de son inscription dans le phénomène général de l'autonymie, de souligner *ce qui distingue*, dans les trois régions du métadiscours, *les référents* que représentent les autonymes : « types » de langue (12), *token* en train de se faire de l'ARD (13), *token* autre de la RDA (14) : on ne pourra pas ainsi étendre à l'ensemble des séquences autonymes – et donc aux « *e* » du DD – des propriétés relevant spécifiquement de l'*un* des types de référents. C'est, en effet, à l'extension abusive des caractéristiques des autonymes de *types* à ceux des *tokens* autres du DD que tiennent les principales « difficultés » – ou objections – que rencontre le traitement autonyme des « *e* » de DD, touchant la question pour cet *e* en DD de sa « textualité-fidélité » (2.2.2) et celle de son « sens » dans l'économie du dire de **L** (2.2.3).

2.2.2 La question de la « textualité » du DD
(i) La séquence autonyme **e** *et son rapport au référent* **e⁰**

Il existe, structurellement, un rapport d'identité matérielle – homonymique – entre ce signe S' et le signe S qu'il signifie, c'est-à-dire qui en est un élément constitutif : cette identité est, on l'a dit, une propriété *interne* au signe autonyme – et, partant, à toute séquence autonyme.

La question de ce qu'on appelle la textualité, ou la fidélité, l'exactitude, plus ou moins littérale du DD, relève d'un autre plan : celui du *rapport* entre le signe autonyme S' et, extérieur à lui, *ce qu'il représente*. Le caractère « ouvert » de ce rapport dans le cas spécifique du DD – c'est-à-dire de la référence à un *token* autre – a été souvent masqué par le caractère, au contraire contraint, de ce rapport dans les deux autres régions du métadiscours.

Lorsque le référent est (« *type* ») un signe de langue, unité fixe, stable, identique à soi-même, comme en (7), (8), (12), (15), *etc.*, ou :

(44) « N'y va pas » est une phrase injonctive et négative.

---

25 *Cf.* chap. 4.2.1, p. 119 *Désembrayage et hiérachisation*, et ci-dessous 2.2.3.

il y a stricte coïncidence, au plan des signifiants entre l'image autonyme S' – à signifiant « bloqué » par la non-synonymie – et le signe de langue auquel elle réfère. Aucun autre S' autonyme que « chaussure » ne peut représenter (*cf.* (7) et (26)) le référent qu'est le mot « chaussure ». Aucune explicitation de flottement n'est ici envisageable :

(45) * La phrase, à peu près (en substance, en gros...), « N'y va pas » est injonctive et négative.

Avec les séquences autonymes référant à des *tokens*, on quitte l'univers stable des unités de langue pour celui des énoncés ouvrant – contexte et interprétation – sur le non-arrêtable de leur sens en situation. Cependant, dans le cas, très particulier, (ARD) du redoublement *d'un* token *en train de se faire* par son auto-représentation, comme en (13) ou

(46) Écoute-moi bien, mon conseil tient en trois mots, c'est /n'y /va /pas !

l'image, autonyme, du dire est co-extensive au dire auquel elle réfère : la superposition entre l'énoncé et sa représentation implique une stricte identité matérielle[26].

En revanche, dans le cas de la RDA, ce qui est représenté – l'autre acte d'énonciation a^0 – est un référent qui ne présente ni la fixité du *type*, ni la co-présence du *token* en train de se faire ; le rapport qu'entretient la séquence autonyme « *e* » avec le référent $e^0(a^0)$, tout à la fois inépuisable à interpréter et extérieur à la situation A du dire en train de se faire, est un *rapport ouvert*.

Contrairement au DI, formulant, en usage, une représentation *intégrée*, aux trois plans sémiotique, syntaxique, énonciatif, de l'énoncé autre dans son cadre a^0, le DD *présente* une séquence de mots, autonyme, *détachée*, aux mêmes trois plans, comme un objet isolable, *image de* – valant pour, mis pour – *l'énoncé autre*, ainsi *représenté*. La séquence « *e* » qu'énonce L présente des mots – ses mots – « bloqués » sur leur matérialité singulière par la non-synonymie des autonymes ; mais cet « arrêt sur signifiant » est une propriété sémiotique de la chaîne auto-

---

[26] Notons, contrairement à l'impossibilité de (45), l'occurrence, notamment, de *en gros* dans des formes en « je te dis » : leur apparition, en contradiction apparente avec l'identité posée entre dire et image auto-référentielle de celui-ci, fait passer le *je te dis* dans cette zone indécise entre ARD et RDA « de soi » qui a été évoquée chap. 1.2.3.2, p. 24, où le *je te dis en gros* « *X* » relève d'un « dire en train de se faire » qui est un résumé récapitulatif approximatif du dire immédiatement précédent, comme le serait : « Certes il y a [...], mais il faut voir aussi [...]. N'oublie pas le risque de [...] bref, je te dis, en gros : "n'y va pas" », voire, sans discours précédent, d'un dire auto-représenté comme formulation approximative d'une pensée complexe non explicitée (cet emploi étant facilité par des modalisations *je te dirais, plutôt,...*) : « C'est compliqué, on peut hésiter, mais moi je te dis, en gros : "n'y va pas" ».

nyme, proposée comme image de l'énoncé autre $e^0(a^0)$ qu'elle représente : il ne concerne pas le rapport, non contraint, entre les signifiants de cette image et ceux du référent[27].

Il convient donc de distinguer les deux plans : celui du statut autonyme de la séquence « *e* » en DD qui relève du plan fixe, abstrait, de la langue ; et celui du rapport que cette chaîne « *e* » entretient avec l'énoncé autre $e^0(a^0)$ auquel – « en emploi et en action » – elle réfère, qui relève, lui, du fonctionnement concret et mouvant du discours : pour le DD, lorsqu'on parle de textualité-conformité-fidélité, c'est au plan de ce rapport discursif, posé dans un acte d'énonciation, entre un signe et un référent singulier, qu'on se situe.

Certes, la spécificité langagière du référent – c'est-à-dire une homomorphie entre représentant et représenté, étrangère à la représentation d'un objet quelconque du monde – présente des spécificités essentielles telles que la *possibilité* d'une identité matérielle (ce qu'on appelle la « textualité ») entre le signe (« *e* ») et son référent ($e^0(a^0)$) ; mais aucun rapport bi-univoque – du type qu'impliquerait un DD définitoirement « textuel » – ne saurait être posé entre le « *e* » de DD et l'énoncé e^0 qu'il représente : l'image autonyme, *présentant* « ces mots là et pas d'autres », ouvre sur un espace ininventoriable de rapports au référent qu'elle *représente*, allant – explicités par L ou laissés à l'interprétation – de la reproduction matérielle la plus étroite aux reformulations paraphrastiques les plus éloignées au plan du signifiant (radicalement résumantes ou offensivement subversives). Au plan de la matérialité des manières de dire, le rapport entre un énoncé autre représenté et l'image qu'en présente une séquence autonyme – celui où se joue la question de la « textualité » – est absolument non contraint[28][29].

---

27 Je renvoie à la netteté des formulations par lesquelles – dans les termes de sa notation (*cf.* chap. **2** note 4 p. 36) – P. Von Münchow (2001 : 177) distingue les plans du référent et de son « image » en RDA, posant l'autonymie comme propriété de langue se prêtant aux effets discursifs les plus divers, notamment en ce qui concerne son rapport plus ou moins « fidèle » au référent.
28 La nécessité de ne pas confondre autonymie et fidélité littérale est clairement formulée par G. Philippe (1997 : 216) qui, soulignant « la dimension autonymique » propre (par opposition au « DI conjonctionnel ») aux modes DD et DIL, précise : « Par *autonymie*, on ne doit pas entendre *littéralité* ou *textualité* », en notant que « l'on cède facilement à l'illusion de croire que le discours direct est une reproduction littérale de l'énoncé [...] ». (*idt*)
29 La seule contrainte formelle pesant sur la séquence « *e* » de DD est – propriété qui la *constitue* comme image d'*énoncé*, c'est-à-dire de chaîne énonciativement ancrée dans une structure d'énonciation – celle du nécessaire ancrage de ses marqueurs énonciatifs dans la situation *a* distincte de **A**. Mais l'émergence des formes référentielles et modales ancrées en a, dans « *e* », n'est pas nécessairement de l'ordre de la « reproduction textuelle » ; ils sont susceptibles d'apparaître, en « *e* », indépendamment de leur présence dans l'énoncé autre e^0, par le choix de **L** de marquer

(ii) Le degré de textualité : une variable

La disjonction des deux plans de la forme autonyme et de son fonctionnement en discours comme représentation d'un référent est illustrée par le couple d'énoncés

(47) Il lui a dit, avec ces mots : « Vous avez tort ».
(48) Il lui a dit, pas avec ces mots : « Vous avez tort ».

explicitant les rapports opposés – en termes de « textualité » – à leur référent, d'une chaîne « *e* » dont le statut autonyme est souligné, identiquement dans les deux cas, comme apposition à *ces mots*.[30]

Dans l'intervalle, entre les mots de l'énoncé auquel réfère **L** – le plus souvent inaccessibles – et les mots qu'il présente comme image de celui-ci, se joue cette part importante du sens d'un DD en discours qu'est son assignation à une place dans le continuum des rapports possibles entre les deux plans. D'un pôle à l'autre, entre ressemblance et dissemblance maximale, se combinent les mécanismes de l'explicitation et de l'interprétation.

La variété des formes *explicitant* le caractère textuel ou non du « *e* » de DD, comme la fréquence de leur usage témoignent de la sensibilité des énonciateurs à cette dimension du fonctionnement du mode.

L'adjonction familière des *textuellement*, *texto*, *je cite*, *sic*, dans les conversations courantes et la sphère médiatique, peut s'étoffer, emphatisant l'affichage des « mots eux-mêmes » pour leur conférer leur poids, souvent porté par le mouvement, critique vis à vis de e^0, d'aller au devant des réactions d'incrédulité de R, comme en :

(49) Vous savez ce qu'il a dit ? ah ! ... *faut que je vous répète exactement*, parce que... il a dit, / Nous avons pris connaissance récemment, avec la plus grande attention, des problèmes soulevés *etc. etc.* Récemment ! ah, il manque pas d'air ! [Conv. entre voisins après une réunion à la mairie, mai 2005].

---

le statut énonciatif hétérogène de « **e** ». Ainsi un $e^0(a^0)$: « Il est inutile de prolonger un échange stérile. » peut être représenté en DD par : Il lui a dit, en gros : « **J'**en ai assez, **tu** dégages ».

30 C'est très largement que les données observables en discours variés (non exclusivement littéraires) infirment l'assertion de A. Banfield (1973, trad. française in *Change* : 193) – reposant sur un parti pris de « textualité » du « *e* » du DD – selon laquelle « dans des phrases au D.I. *les mots exacts* du locuteur peuvent être commentés, *ce qui est impossible au D.D.* » ; et les énoncés du type de ceux qui sont rejetés (avec un astérisque) au nom de ce principe, tels « Marx a écrit « La religion est l'opium du peuple », et ce sont là ses mots exacts. / Marx a écrit « La religion endort le peuple », mais je ne me souviens pas comment il l'a formulé exactement », apparaissent non seulement possibles mais non rares.

L'explicitation inverse, de non-textualité[31] de *e* par rapport à *e⁰* emprunte deux voies :

(a) celle du marquage d'un abrègement local par l'indication en *e – etc., etc.* ; *et patati et patata* ; *gnagna* ; *blablabla*... – des coupures effectuées dans la littéralité du *e⁰*, renvoyé par là, de façon désinvolte à une prévisibilité prolixe sans intérêt, et par le recours aux substituts indéterminés – *un tel, tel... tel, ci... ça, machin, truc...* – dont la fréquence, notamment dans l'échange interlocutif, manifeste combien aisément le souci de la littéralité cède le pas à celui de l'économie et de la vivacité de la représentation du dire, comme par exemple[32] en :

(50) Les projets de vacances, faut se méfier... On dit/ on va faire ci, on va faire ça... on visitera tel truc, *etc.* et finalement..., mais, bref, ça fait rêver ! [Conv. privée 20.07.2013].

(b) celle des *caractérisations globales* du « *e* » de DD, reformulation paraphrastique passant par les *en substance, en gros, je résume, pour faire court, (du / dans le) genre, style,* etc.[33], marquant, souvent de façon ostentatoire que c'est dans un écart délibéré à son référent *e⁰* qu'est énoncée l'image « *e* » qu'en propose le DD :

(51) Il a vu le notaire, *en résumé* c'est /ne vendez pas, ça va remonter [conv. 07–2005].

(52) Il refusait de répondre, *genre* « j'ai rien vu, je peux rien dire », alors le flic s'est énervé... [conversation, « Il » témoin d'un accident de circulation, 16–06–2012].

une telle explicitation correspondant, dans le cadre du récit romanesque, à un affichage de la présence du narrateur, comme, par exemple chez Balzac :

(53) — Je le sais bien, répondit Eugène d'un air sec. Tout le monde aujourd'hui se moque donc de moi ! dit-il en jetant son chapeau sur les coussins de devant. Voilà une escapade qui va me coûter la rançon d'un roi. Mais au moins je vais faire ma visite à ma soi-disant cousine d'une manière solidement aristocratique. Le père Goriot me coûte déjà au moins dix francs, le vieux scélérat ! Ma foi, je vais raconter mon aventure à madame de Beauséant, peut-être la ferai-je rire. [...]. Si le nom de la belle vicomtesse est si puissant, de quel poids doit donc être sa personne ? Adressons-nous en haut. Quand on s'attaque à quelque chose dans le ciel, il faut viser Dieu !
Ces paroles sont la formule brève des mille et une pensées entre lesquelles il flottait [Balzac, *Le Père Goriot*, chap. 1, Folio, p. 37].

---

31 *Cf.* les exemples cités ci-dessus chap. 4.2.1.3, p. 123 et chap. 7 exemples (4a), p. 228 et (13), p. 235. Les travaux de Mochet (1994 : 261), (1996 : 73), Rosier (1999 : 239 *sq.*), Norén (2004 : 98 *sq.*), Rosier (2004 : 240 *sq.*), Marnette (2005 : 40 *sq.*), Branca *et al.* (2012 : 210 *sq.*) offrent une riche moisson d'énoncés avec marquage de non-textualité.
32 *Cf.* chap. 4 ex. (47), p. 123 les *etc.* ironiques de Gide, et (49) ci-dessus où la marque d'abrègement (*etc. etc.*), vient renforcer la dérision amorcée – à l'inverse – par l'affichage initial de textualité.
33 *Cf.* marqueurs de paraphrase, chap. 7.2.2.2, p. 239.

(54) Deux jeunes gens bien mis [...] se rencontrent un matin sur le boulevard [...] ils se prennent par le bras ; et s'ils partent du théâtre des Variétés, ils n'arriveront pas à la hauteur de Frascati sans s'être adressé *une question un peu drue dont voici la traduction libre* : – Qui épousons-nous pour le moment ?... [Balzac, *Physiologie du mariage*, ch. XI].

L'évaluation interprétative multifactorielle du rapport e^0/e quant à leur identité matérielle fait intervenir, notamment, les langues, variétés, genres, positions discursives... propres à chacun des deux plans de l'image « *e* » produite en **A** et de son référent e^0 élément de a^0. Ainsi est-ce par « contrat générique » qu'est requise l'exactitude littérale de ce qui relève de la citation académique, tels, dans cet ouvrage, par exemple, les recours aux écrits d'autres linguistes ou les exemples empruntés aux textes littéraires ou médiatiques – où tout écart éventuel est (s'il n'est pas indiqué comme tel) à considérer comme « fautif ». À l'inverse, on peut penser au concert multilingue des déclarations politiques sur la scène internationale, ramené en « *e* » à la langue du média qui les représente ; à la transmutation de rigueur de la variété des paroles recueillies « à chaud » dans les commissariats, dans le langage normé des « *e* » des procès-verbaux de police[34] ; aux jeux délibérés ou involontaires des « traductions » – non explicitées comme telles – qu'opèrent les DD, tel l'exemple – souvent cité – qu'en propose Proust en le commentant avec humour :

(55) Et Françoise, nous transmettant les commissions de la marquise : « Elle a dit : Vous leur donnerez bien le bonjour », contrefaisait la voix de Mme de Villeparisis de laquelle elle croyait citer textuellement les paroles, tout en ne les déformant pas moins que Platon celles de Socrate ou saint Jean celles de Jésus [M. Proust, *À la Recherche du temps perdu*, Éd. de la Pléiade, 1954, t. 1, p. 622].

(56) La prof, elle dit /Grouillez-vous, le chauffeur c'est pas un mec cool, pour trois minutes de retard il fait des emmerdes [Adolescente à un groupe de sortie scolaire, entendu mai 2014].

(57) Car y disait à ses Apôtres: /— Aimez-vous ben les uns les autres, / Faut tous êt'copains su'la Terre, / Faudrait voir à c'qu'y gn'ait pus d'guerres / Et voir à n'pus s'buter dans l'nez, / Autrement vous s'rez tous damnés [Jehan Rictus, *Le Revenant*, in *Les soliloques du pauvre*, 1897].

Deux points encore sont à noter, de nature différente, au sujet de cette question de la (non-)textualité du « *e* » de DD : l'un (a) touchant au signe typographique du guillemet, l'autre (b) relevant de la nature du référent a^0 représenté au DD.

---

[34] Le film *Quai des Orfèvres* propose un savoureux exemple de l'élaboration par l'officier de police d'une de ces déclarations en « je » dans lesquelles le signataire renâcle à devoir se reconnaître.

(a) Le guillemet portant sur le *e* de DD, s'il est signe d'autonymie ne l'est pas de textualité, comme en atteste la normalité de son usage avec des « *e* » donnés – ou évidemment reçus – comme non textuels, tels (60) ci-dessous. En revanche, dans le cas de la modalisation autonymique d'emprunt – glosable en *X, pour reprendre les mots de l* – il indique une reprise littérale des mots d'un autre dire.

(b) La description canonique du DD – réalisé en *il a dit :* « *e* » – est celle du rapport (1) *fidèle*, (2) *d'un* acte d'énonciation, (3) *factuellement* réalisé. On sait à quel point, sur ces trois points, cette présentation ne résiste pas à l'observation du fonctionnement du mode : il faut évidemment prendre en compte les cas fréquents où les RDA, et parmi elles les DD[35], s'opposent au point (2), en renvoyant à une pluralité (itérativité pour un *l*, *l* collectif...) de dires autres, ou au point (3) en représentant un (des) discours virtuel(s) (futur, hypothétique, nié...) et on a vu combien le point (1) de la fidélité est intenable. Mais, pour être également mis en défaut, ces trois points ne sont pas pour autant solidaires.

La nature *factuelle* du référent $e^0(a^0)$[36], notamment, n'est pas une condition pour que se pose la question de la textualité – stricte, forte, approximative, nulle... – du rapport entre ce référent et son image autonyme « *e* » : cette dimension est également pertinente – et également présente – dans le cas des actes a^0 présentés comme hypothétiques, niés, futurs, ... Les exemples abondent – là encore sur le mode explicite ou interprétatif – illustrant le même parcours que dans le cas des actes réalisés, de rapports de similitude stricte (c'est par exemple le cas lorsque l'on prévoit un « mot de passe », comme en (58), par exemple) ou que, en (59) c'est une formulation précise que l'on conseille, déconseille de dire, regrette de ne pas avoir dit... ou que l'on évoque un référent « du genre de » l'image présentée, comme en (60) :

(58) [...], il demandera madame *de* Saint-Estève. N'oubliez pas le *de*... Et il dira : Je viens, de la *part du procureur-général chercher ce que vous savez*... À l'instant vous aurez trois paquets cachetés... [Balzac, *Splendeurs et Misères des courtisanes*, p. 281, idt]

(59) a Je ne lui ai jamais dit textuellement « *e* » comme j'aurais dû le faire.
 b. Ne lui dis surtout jamais « *e* », ce sont des mots qui lui font voir rouge.
 c. Si tu arrives à lui placer « *e* », c'est un sésame pour entrer dans ses bonnes grâces.

---

[35] Sur cette question *cf.* chap. **2.2.1**, p. 41 ; ces cas sont largement illustré dans les travaux évoqués note 31 ci-dessus.

[36] Que celle-ci soit effective ou donnée comme telle dans la fiction narrative dans laquelle l'explicitation de l'écart au référent – comme on l'a noté pour (53) ou pour le renard de La Fontaine qui, au corbeau, « tint *à peu près* ce langage » – renforce, avec la présence de la voix narrative, l'illusion référentielle.

(60) Supposons qu'il se soit trouvé à l'Élysée [...] une voix pour dire *en substance* à la nation « Eh bien, oui, c'est vrai, pendant cette épouvantable bataille d'Alger [...]. » oui, rêvons, supposons qu'un tel langage ait été tenu [*Le Nouvel Observateur*, 05-11-1978].

ou au contraire d'écart entre « *e* » et son *e*⁰ virtuel en termes de variété, d'étendue ou de latitude, marquée par *en substance, du genre de*

(61) a. Dis-lui poliment : « j'en ai marre ».
b. Expliquez sur deux colonnes : « C'est la faute de la dette».

Ainsi, l'existence – et la fréquence – des DD à référents non-factuels ne constitue-t-elle pas, en soi, à mes yeux, l'argument qu'y trouve R. Martin (1983) contre la description du DD « par la notion de littéralité » : si celle-ci ne peut, en effet, être donnée comme propriété définitoire du DD, ce n'est pas parce que

dans un contexte futur *Tu lui diras :* « ... » (Ces paroles n'ont jamais été dites ; l'idée de littéralité n'a aucun fondement) (Martin 1983 : 94)[37].

puisque l'espace de variation du rapport de l'image « *e* » à son référent (*en gros vs textuellement*) est ouvert, que le référent soit (*il a dit :* ...) ou non (*dis lui :*...) réalisé :

(62) Il lui a dit/Dis-lui en gros/textuellement : « ... ».

Même si on peut penser que la réception des représentations de dires autres non-réalisés[38] a tendance, en l'absence d'indication dans l'un ou l'autre sens, à pencher interprétativement (si elle se pose le problème...) du côté du non-littéral, la possibilité de la littéralité n'est nullement évacuée ni, avec elle, la « question » de la littéralité. Et si, en effet, « il faut chercher ailleurs [que dans la littéralité] un critère acceptable de définition » pour DD, ce n'est pas pour cette raison de paroles « jamais dites » – où me semble jouer une perspective non linguistique de vérifi-

---

[37] Argumentation souvent reprise : *cf.* par exemple Rosier (1999 : 238) qui, à la suite de Martin, invoque « l'emploi du DD en contexte futur, en hypothétique négative » (associé aux cas de « valeur allusive, sujet collectif etc. ») comme « autant de preuves linguistiques qui démontrent le mythe » de la « fidélité du DD ».

[38] Il en va de même pour les représentation en DD ne référant pas à une énonciation unique – itérativité, sujet collectif... qui sont également invoquées comme « argument ultime que le discours qui est rapporté n'est pas reproduit littéralement » (Norén 2004 : 100, renvoyant à l'argumentation de Rosier évoquée ci-dessus, note 37) : compatibles, comme les DD d'actes non réalisés, avec des explicitations ou des interprétations en images littérales (slogans d'une foule, « scie » d'une collectivité, tic ou radotage d'une personne...), ou non-littérales, leur existence « n'évide » pas non plus la problématique de la textualité du DD et de son degré.

cabilité dans le réel – mais parce que, au plan général de tous les DD, à référents réalisés ou non, se manifeste, explicitement ou interprétativement, le caractère *ouvert* du rapport entre la séquence autonyme « *e* » et le référent $e^0(a^0)$ dont elle est présentée comme l'image.

Remarque 3 : DD et paraphrase. On a posé (chap. 7.2.1.2, p. 231) le caractère transverse à la RDA de l'opération paraphrastique : à l'œuvre dans les énoncés (48), (51) à (57), (60), (61) ci-dessus, son explicitation éventuelle y passe par les mêmes formes qu'en DI ou MAS – *en substance, je résume...* – et elle s'y présente, en DD, avec la même latitude de transformations radicales inhérente à la paraphrase discursive autour du « pivot du sens ».

Ce constat que la paraphrase est susceptible de s'exercer dans le cadre du DD – et non pas seulement dans celui du DI – ne conduit nullement à un « rapprochement » entre DD et DI qui irait au-delà... du dit constat. C'est seulement en ce sens, restreint, qu'il me semble possible d'admettre la remarque de J. Rey-Debove à propos des DD (autonymes) où « les paroles rapportées le sont pour leur contenu [...]. De telle sorte que le discours direct se rapproche beaucoup du discours indirect (1978 : 231) » et, plus difficilement encore, sa reprise par M.T. Charlent (2003 : 160) en termes plus radicaux, d'un DD, dans ces cas, « sémantiquement *équivalent* au discours indirect ».

Les deux énoncés

(63)   a   DI   Il lui a demandé, en substance, s'il allait bientôt se décider.
        b   DD   Il lui a dit en substance : Est-ce que vous allez bientôt vous décider ?

s'ils explicitent, en effet, pareillement le caractère paraphrastique de la représentation qu'ils offrent d'un référent $e^0(a^0)$, ne s'opposent pas moins quant au statut – sémiotique, et, conséquemment, syntaxique et énonciatif – conféré à la dite représentation du contenu de $e^0(a^0)$: intégrée au dire de **L** dans le premier, là où le second « fait parler *l* », c'est-à-dire présente l'image syntaxiquement détachée et énonciativement hétérogène, d'un énoncé prêté à *l*.

A fortiori je ne partage pas l'analyse de L. Rosier (1999 : 114) jugeant que ce que j'ai appelé (Authier 1978 : 75) « traduction autonyme » « met à mal [...] l'opposition binaire [DD/DI] dans son principe métalinguistique ». Ce qui est « mis à mal », à mes yeux, par l'existence de DD paraphrastiques, c'est l'opposition entre un « DD-textuel » et un « DI-reformulant », et non pas l'opposition entre un DD autonyme (et susceptible, par là, d'entrer en rapport de représentation textuelle ou non textuelle avec son référent) et un DI non-autonyme[39].

(iii) Positions différentes sur la textualité et l'autonymie

Cette approche des deux plans où se situe le « *e* » – celui de sa forme de langue, autonyme, « présentant des mots » comme image de l'énoncé autre, et celui de la mise en œuvre en discours de cette forme, incluant, *parmi ses possibles*, un

---

[39] Le caractère non-autonyme de DI n'excluant pas sa combinaison avec de la modalisation autonymique d'emprunt (*cf.* chap. 7.2.2.3 (ii), p. 241, et ci-dessous 3.3.2, p. 300).

rapport de textualité entre l'image et le référent, s'écarte de deux positions opposées touchant la textualité et/ou l'autonymie (mention).

(a) *La première*, qui *fait de la « textualité » une propriété définitoire du DD*, connaît deux versions :
- celle de la *stricte fidélité* aux propos rapportés qui, en termes de propos reproduits « tels quels », « textuellement » ou « fidèlement », « dans [leur] forme originale » ou « exacte », dans le respect du « signifiant des paroles citées », ... est, au-delà des grammaires scolaires suivant majoritairement la doxa sur ce point, largement représentée[40] ;
- celle d'une fidélité « *aménagée* », faisant place, souvent introduits dans les descriptions sur un mode concessif, restrictif, à des approximations, accommodements, déformations, conférant à la fidélité littérale le statut d'une « prétention », ou d'une « apparence »[41]. Sans entrer dans l'analyse précise de la diversité des formulations proposées — diversité réelle quant à l'ampleur des « latitudes » envisagées, d'un simple lissage des spécificités orales à une « déformation »[42], ou au statut de celles-ci, entre « mensonge » et « approximation reconnue » –, ce que l'on peut noter est qu'aucun de ces traitements, allusifs il est vrai, ne répond à la fois

---

40 Ainsi, par exemple : le DD « reproduit textuellement les paroles dites » (Grévisse, 1959/1975 : § 1060) ; au DD « l'énoncé est reproduit sous la forme exacte qu'il prend dans la parole ou la pensée » (Wagner et Pinchon, 1991 : 30) ; le DD est « rapporté dans sa forme originale » (*Le Robert*, 2ᵉ éd., article DIRECT) ; dans le DD « le locuteur L_1 cède la parole à un locuteur L_2, en reproduisant fidèlement ses propos » et il « respecte le signifiant des paroles citées » (Jeandillou, 1997 : 71) ; le DD passe par « le fait de rendre "mot pour mot" ce qu'un autre a dit, et qui se manifeste par la reproduction formelle et fidèle d'un propos » (Sarfati, 1997 : 59).
41 Ainsi, par exemple : « [...] l'énoncé rapporté est *censé* redonner fidèlement, dans leur littéralité, les propos tenus par autrui [...]. » (Le Goffic, 1993 : § 190) ; « [Le discours d'autrui] est rapporté *tel quel*, comme une citation. *Cependant*, la fidélité littérale au discours rapporté n'est qu'*apparente* : ainsi, le discours direct ne reproduit pas les caractéristiques du discours oral, qu'il neutralise le plus souvent. » (Riegel *et al.*, 1994 : 597) ; « Les guillemets typographiques *certifient, prétention fondée ou non*, la littéralité du propos. Ils *s'accommodent* d'une approximation reconnue. » (Wilmet, 1997 : § 562).
42 Ainsi peut-on s'interroger sur le plan où s'inscrit, dans les fréquentes reprises dont elle est l'objet, la formulation de Genette (1983 : 34), ce « contrat de littéralité [qui] ne porte jamais que sur la *teneur* du discours » : celui de la neutralisation à l'écrit des « particularités de l'élocution – timbre, intonation, accent, etc. », de la traduction interlangue, évoqués par l'auteur comme « entam[ant] quelque peu la littéralité », ou, plus radicalement, celui d'un paraphrasage en langue à signifié constant, ou celui d'un paraphrasage en discours où la « teneur » serait de l'ordre du sens ?

1 – au caractère possiblement *radical* de la non-identité des manières de dire de *e* et de e^0 (c'est-à-dire à un écart qui ne serait pas ramenable à du lissage ou des approximations) ;
2 – à l'affichage possiblement *ostensible* de la reformulation effectuée (c'est-à-dire ni « censément », ni « prétendument » fidèle) ;
3 – à la nécessité de rendre compte du *mécanisme* par lequel une même forme s'avère compatible avec la plus stricte littéralité et avec la reformulation la plus lointaine.

C'est sur ce dernier point que se concentre, à mon sens, le flou qui affecte les descriptions du DD comme relevant de la fidélité « aménagée », et auquel entend répondre l'articulation des deux plans, de la *forme* autonyme – présentant, dans leur littéralité, les mots qu'elle énonce – et du *rapport au référent $e^0(a^0)$* dont elle propose une représentation, scrupuleusement attachée aux manières de dire de celui-ci ou radicalement libérée de celles-ci. Faute de cette distinction, la formulation de « citation littérale » oscille entre les deux plans – sémiotique de la chaîne montrée, et sémantico-discursif de son rapport à l'énoncé qu'elle représente –, débouchant sur une problématique « citation littérale qui ne l'est cependant pas »...

Remarque 4 : Sur des traitements de DD autonymes non textuels. Les descriptions proposées dans Authier (1978) ou (1992–1993), si elles soulignent les points 1 et 2 ci-dessus, en disjoignant explicitement autonymie et textualité, ne font, en termes de *cas* de « traduction autonyme », par exemple, qu'approcher le point 3 du mécanisme, sans le dégager dans sa généralité : celle, pour tout DD de *l'assignation interprétative en discours*, pour la séquence « *e* » et les mots que, linguistiquement autonymes, elle présente, d'un *degré de textualité* dans le rapport qu'elle entretient avec son référent.

Le traitement – différent – proposé par J. Rey-Debove (1978) et, à sa suite, par M.-T. Charlent (2003) de la question de la textualité d'un « *e* » de statut autonyme, s'il prend en compte les cas de paraphrases radicales, comme ceux des restitutions approximatives, présente à mon sens deux difficultés :
– celle, critiquée ci-dessus, du flottement – ou de la contradiction – touchant la textualité, entre raideur du « en principe » et laxisme, voir « fausseté » du « en pratique », comme dans :

Les paroles rapportées en style direct sont exactement rapportées : non seulement elles ne subissent aucune modification dans leurs termes et l'ordre de leurs termes, mais de plus elles se doivent *en principe* d'en être l'icône intégrale : [intonation, typographie,...]. [...]. Il s'en faut qu'*en pratique* les paroles soient fidèlement rapportées, [...]. (Rey-Debove, 1978 : 211)

ou, chez Charlent (2003 : 159), la conjonction d'un DD qui, *structurellement*, « SIGNIFIE que la citation est textuelle » et des DD produits « tous les jours » qui sont « *en réalité* très approximatifs et donc tous un peu faux. »
– celle qui consiste à poser, pour les cas de paraphrase radicale, un mécanisme propre de paroles rapportées « pour leur contenu » par un autonyme ayant valeur de « nom de signifié » :

> Le rapporteur donne le sens du discours [...] dont il parle [...] sans s'intéresser à la forme. La séquence qu'il utilise est toujours syntaxiquement un autonyme mais son signifié est maintenant « le sens "X" » (Charlent (2003 : 160)

postulant ainsi, au principe des fait de non-textualité – sans que la frontière entre les deux apparaisse aisément traçable – deux mécanismes absolument hétérogènes.

La distinction entre les deux plans de l'image qui, structurellement, EST autonyme et du rapport que cette image entretient avec son référent qui PEUT présenter tous les degrés de fidélité, permet de poser un mécanisme *unique*, plaçant la possibilité de l'écart dans son principe – et non *via* les « tolérances » de la « réalité » d'un côté et la spécification d'un rapport « pour le contenu » de l'autre.

(b) *La deuxième option, antithétique,* prend crucialement en compte tous les faits qui s'opposent à la définition du DD par sa textualité – stricte ou aménagée – pour lui opposer une définition du DD *exclusivement centrée* – à travers des approches théoriques et des formulations diverses – sur l'indiscutable (*cf.* chap. **2**) co-présence au DD, dans un même énoncé, de *deux systèmes d'ancrage énonciatif*.

Ainsi Faucher (1978) récuse-t-il les approches textuelles du DD – et la « résignation à l'à peu près » dont relèvent les caractérisations contradictoires de la fidélité « aménagée » – passant à côté « DU » plan où se joue, pour lui, l'opposition DI/DD : celui *d'un* vs *des* « appareils référentiels » mis en œuvre par **L**. On retrouve dans Martin (1983 : 84) ces mêmes étapes : (1) « La littéralité du DD tient du mythe », (2) « Il faut chercher ailleurs un critère acceptable de définition », (3) « Ce critère est celui de l'espace énonciatif », unique en DI, là où le DD en comporte deux distincts, puisque « **L** recrée, à l'intérieur de sa propre parole, l'espace d'un locuteur l ».

Chez d'autres auteurs, le rejet de la textualité comme critère définitoire du DD est solidaire – cause ou conséquence, c'est selon – du rejet du caractère autonyme de la séquence *e* du DD[43]. Cette démarche, qui assimile autonymie (ou mention) et « textualité » repose sur l'extension – implicite et, à mon sens, erronée (*cf.* ci-dessus p. 263) – du fonctionnement de l'autonymie (mention) référant à des unités de langue (*type*) à celui de sa mise en œuvre comme référant à des éléments de discours (*token*) : dès lors que l'on prête à tout autonyme ce qui est propre à l'autonyme de *type* – l'identité matérielle entre lui et le signe qu'il désigne –, l'observation de la « non-textualité » du DD conduit logiquement à exclure ce mode du champ de l'autonymie-mention.

---

[43] Martin (1983) rejette également l'autonymie du DD, mais c'est sur une autre base, liée à la question du sens et de la référence de « *e* » (*cf.* ci-dessous 2.2.3).

Remarque 5 : L'autonymie du DD aux prises avec les assimilations autonymie/textualité.
Ainsi, la juste critique par Ducrot (1984 : 196 *sq*.) de l'enfermement du DD dans la reproduction matérielle des paroles prononcées passe-t-elle, au profit de la seule caractérisation du DD comme fait de « double énonciation »[44], par un refus de la « mention ». Entendue restrictivement comme « notion logique » illustrée par les classiques « exemples » du type : « Table a cinq lettres », c'est-à-dire limitée à son fonctionnement en référence à des types, la mention est, de fait, totalement inadéquate à rendre compte du rapport entre un « *e* » montrant des mots, comme image (très, ou pas du tout) fidèle de ceux du *e⁰* référent. La conclusion de Ducrot (1984 : 199) :

> rien ne force à soutenir que les occurrences mises entre guillemets constituent une mention et qu'elles désignent des entités linguistiques, celles qui ont été réalisées dans le discours original.

me paraît relever – par glissements de la « mention » à « des entités linguistiques » et à « celles [du] discours original » – de la confusion, déjà relevée ci-dessus, entre les deux plans, à distinguer, de la forme (autonyme) et de son référent (énoncé autre), la première proposant une représentation du second que, en effet, « rien ne force » à enfermer dans le registre de la « copie conforme » de l'énoncé original, mais cela n'exclut pas que cette représentation – non conforme – ne relève *de la mention*.

De ce rejet de la mention en DD dès lors que la non-littéralité est vraiment prise en compte, Anscombre (1985 : 15) se démarque, notant que :

> la notion de mention et donc de rapport au style direct est plus compliquée qu'il n'y paraît.

Évoquant « le rôle particulier de ce type de mention qu'est le style direct », il envisage que :

> A dit : « p » met en scène[...] un A locuteur, non nécessairement de p mais d'un discours dont la matérialité a quelque chose à voir avec celle de p. [La] coïncidence entre ces deux discours [apparaissant comme] accidentelle et non essentielle.

Chez plusieurs auteurs ayant mis, à juste titre, l'accent sur la non-fidélité du DD[45], on retrouve, clairement explicitée, cette même assimilation – que je récuse – entre autonymie et textualité ; ainsi, par exemple :

> On ne peut pas dénoncer la fidélité factice du DD sans mettre en cause son statut autonyme (Rosier, 1999 : 163)
> Les conceptions autonymique et mimétique de la citation présupposent une fidélité textuelle entre l'énoncé d'origine et sa reproduction au DD (Tuomarla, 1999 : 24).

---

44 « La possibilité toujours ouverte de faire apparaître, dans une énonciation attribuée à un locuteur, une énonciation attribuée à un autre locuteur. » (Ducrot, 1984 : 196)
45 L'enrichissement de la description des faits de non-textualité étant une contribution significative de l'ensemble des travaux de M.-A. Mochet et de l'étude de U. Tuomarla (2000).

> Dans la mesure où ces formes [DD futurs, niés, imaginés...] ne correspondent de fait à aucune textualité véritable, le statut autonyme du discours rapporté est mis en cause (Mochet, 2003 : 168).

Cette assimilation entraîne des choix divers : rejet, pour Rosier (1999), du traitement autonymique, cohérent avec sa position « anti-métalinguistique » ; remplacement – déroutant, sur lequel on revient ci-dessous – de l'autonymie par la modalisation autonymique pour rendre compte du DD (Tuomarla, 2000 : 26) ; ou partage problématique – et reconnu comme tel par l'auteur (Mochet, 2003 : 174) – entre deux types de citations en DD, selon que textuelles (ou non) elles relèveraient de l'autonymie (ou pas), alors même qu'elles « présentent de grandes similitudes (au plan syntaxique ou sémiotique) » et que le « partage » entre elles relèverait souvent de l'interprétation et de ses incertitudes.

Aux difficultés de ce « partage » difficile, répond, en affirmant la disjonction entre les deux plans – de la forme et du rapport discursif au référent – l'autonymie posée comme fait structurel, formel, commun à tous les DD, en deçà des valeurs et interprétations dont il est porteur en discours au plan de la textualité.

(iv) Conclusion : Une autonymie définitoire, un rapport textuel au référent possible.

a) Au total, reconnaître le statut autonyme (ou de mention) de la séquence « *e* » du DD permet, à condition de maintenir l'écart qui existe entre le plan du signe – la séquence autonyme à signifiant fixé – et celui du référent – l'énoncé autre – de rendre compte de la question de la textualité en échappant à l'alternative d'un DD défini *par* sa textualité ou, au contraire, *sans rapport* avec celle-ci.

Dans l'espace de variation qui s'ouvre quant au rapport – non contraint au plan des signifiants – entre la séquence autonyme et le référent dont elle est donnée comme « image », il est possible d'assigner à la textualité – *i.e.* à l'identité image/référent – la place qui lui revient en DD. Elle ne constitue, en effet, *qu'un des fonctionnements possibles* – rendus tels par l'autonymie – du DD, ce qui interdit de faire de celui-ci un mode de « rapport textuel », fût-il « aménagé »...

Mais *la réalité de cette possibilité* – celle d'une restitution strictement littérale – interdit, symétriquement, pour le DD la simple mise « hors-jeu »[46] de cette dimension de la textualité au profit, comme unique propriété, du double espace énonciatif : le DD est, en effet, le *seul* mode de RDA à présenter cette possibilité et partant, notamment, le seul recours de RDA face aux énoncés que **L** « ne com-

---

[46] Tel le « la littéralité du DD tient du mythe » de Martin (1983 : 94), dont il convient de restreindre la portée critique au DD *défini comme* rapport textuel.

prend pas »⁴⁷. Entre une textualité promue au statut de propriété définitoire, ou, à l'inverse, effacée comme non-pertinente dans la caractérisation du DD, il y a place pour une reconnaissance de la pertinence, pour le DD, de cette dimension sur laquelle, sur un mode qui lui est propre, ouvre le statut autonyme de l'image « *e* » qu'il présente.

b) Relativement à la problématique de l'articulation énonciative des deux actes **A** et ***a*** mis en rapport dans tout énoncé de RDA, le DD nous est apparu (chap. **2**) comme le seul mode à présenter la solution de « l'étanchéité »⁴⁸ des deux constituants : conférant au « *e* » le caractère de corps étranger dans le déroulement de **E**, tant au plan de la combinatoire syntaxique que des ancrages énonciatifs.

De la même façon, le statut autonyme strict⁴⁹ (de mention) du « *e* » de DD apparaît comme une propriété du seul DD dans l'ensemble des modes de RDA. Et cette propriété sémiotique qui se trouve, avec la « monstration de mots » qu'elle comporte, au principe de la gamme étendue des effets de sens propres au DD, est à reconnaître aussi comme étroitement solidaire de son fonctionnement syntactico-énonciatif : le statut autonyme de la séquence « *e* » permet, en effet, de rendre compte, au plan syntaxique, du fonctionnement régulier de « n'importe quoi » en « *e* » comme constituant de la phrase **E**, comme, au plan énonciatif, de la possibilité pour un **L** d'énoncer, parce que « désembrayés » par leur statut autonyme, des *moi-ici-maintenant* étrangers à sa **Sit A** d'énonciation. À l'hétérogénéité syntaxique et énonciative de « *e* » dans **E** répond son hétérogénéité sémiotique – corps étranger autonyme (en mention) dans un énoncé standard (en usage).

C'est par le jeu, solidaire, de ces *deux* propriétés – *autonymie et dualité syntactico-énonciative* – qu'il ne partage avec aucun autre mode de RDA que le DD peut se caractériser, différentiellement, en langue ; cette définition s'écartant donc, diversement, des caractérisations du DD comme
a) mode *textuel*, en tant que celle-ci apparaît *inexacte* ;
b) mode du *double espace énonciatif*, en tant qu'elle est *insuffisante* – parce qu'ignorant l'autonymie qui, formellement, permet cette dualité ;

---

47 *Cf.* : « Il criait quelque chose comme "Yasak, yasak", et je ne comprenais pas... ; Le malade répète /noreno/,énigmatiquement ».
48 Selon la formulation heureuse de Berrendonner (1981 : 139), à condition de ne pas oublier les possibles « intrusions » de **L** dans le cours de « *e* » évoquées ci-dessus en 4.2.1.3, p. 123.
49 L'autonymie stricte, propre au DD, se distinguant de l'autonymie « bivocalisée » réalisée dans le Biv-DIL, *cf.* 5. ci-dessous.

c) mode de la « distanciation », ou de l'« identification », ou..., en tant que ces caractérisations se situent, dans leur diversité, au plan des *effets de sens* auxquels se prête la forme abstraite du DD et non de cette forme elle-même[50].

2.2.3 Référence et sens de la séquence autonyme en DD

(i) de token vs *autonyme de* type
Sur la base de l'opposition entre signe ordinaire (en usage), renvoyant au monde, et signe autonyme (en mention), renvoyant à un signe, une identification a été parfois posée entre autonymie et « *enfermement dans l'univers du signe* » : une séquence autonyme s'avèrerait, alors, structurellement, coupée du sens, privée d'accès à la référence mondaine actuelle, soustraite à l'implication de son énonciateur, par opposition à une séquence ordinaire porteuse de toutes ces dimensions.

De fait, c'est ce qu'oppose la charge affective, pragmatique, de l'usage en (64) au caractère « dévitalisé » de son autonyme dans l'énoncé métalinguistique (65)

(64)   — Et pourquoi tu ne veux pas m'accompagner ?
        — Parce que !
(65)   Les subordonnées en *parce que* sont à l'indicatif.

On a suffisamment évoqué plus haut (chap. 5) les « aventures du sens » (et les manipulations) qu'offre aux séquences « *e* » de DD la double recontextualisation à laquelle elles sont soumises ; elles ne font que renforcer ce dont l'expérience quotidienne du DD nous assure sur le mode de l'évidence : une séquence « *e* » au DD n'est aucunement « refermée sur l'espace du signe » mais s'inscrit, partie prenante, dans le mouvement du sens et de la référence au monde du dire de **L**.

---

[50] C'est cette approche du DD comme forme abstraite que P. von Münchow (2001, 2004) fait travailler avec pertinence dans son étude des effets discursifs de ce mode dans le cadre du journal télévisé. On trouve chez Berrendonner (1981 : 199 *sq*.) – avec une conception de la « mention » plus extensive que celle qui est mise en œuvre ici comme assimilable à l'autonymie – une caractérisation des « mentions explicites (ou directes) » (DD) « par la conjonction des trois propriétés suivantes » : a) un « type de mention » marquant explicitement comme différentes les deux instances de parole E_0 et E_1, et permettant à l'énonciateur de E_1 « de rapporter mimétiquement E_0 sans être aucunement engagé par cette dernière », b) une « segmentation » possible des constituants relevant de E_0 ou de E_1 en rapport « d'étanchéité syntaxique », et c) « corrélative » des précédentes propriétés « l'opacité référentielle de ce genre de mention », l'énoncé présentant « deux réseaux de repérage déictiques strictement étanches ».

Si l'on envisage

(66) Je lui ai demandé pourquoi elle ne voulait pas m'accompagner, et tout ce que j'ai pu en tirer, c'est un « parce que » buté.

il est clair que, tout aussi autonyme que celui de (65) le *parce que* de (66) y est, en revanche, porteur d'une charge de sens et d'affect – apparentable à celle qu'il avait en (64) – via sa *représentation* par **L** comme *parole* à lui adressée.

Touchant la question de la textualité – c'est-à-dire de la conformité au référent langagier – on a vu qu'il était crucial de ne pas confondre, pour la forme linguistique stable et abstraite du signe autonyme, ses emplois en référence à un *type*, impliquant l'identité textuelle, et ceux en référence à un *token* qui ne l'implique pas. Il en va de même touchant la question de la « référence mondaine » et du sens de ces signes qui, structurellement, signifient – et réfèrent à – des signes. Saisis dans le cadre (ou le carcan) sémiotique de l'autonymie, ces signes n'en sont pas nécessairement « captifs », coupés de l'univers : selon leur contexte d'emploi et, notamment, selon qu'ils sont énoncés en référant à des éléments de langue ou de discours (*types/tokens*), les autonymes vont demeurer « lettre morte », si l'on veut, comme en (65) ou s'ouvrir sur le monde et le sens (66).

C'est l'écrasement du plan des autonymes de *tokens* sur celui des autonymes de *types* qui se trouve au principe de diverses mises en cause du statut autonyme de la séquence « **e** » du DD qui, à travers des formulations diverses, se ramènent à l'argumentation suivante :

1) *le DD renvoie au monde* :

> le DD, tout en étant présenté comme un dire ne cesse à aucun moment de renvoyer à l'univers (Martin, 1983 : 106)[51] ;

2) *le signe autonyme, « signe de signe » (ou en mention) ne renvoie « qu'à lui-même »* :

> Le signe informe sur lui-même (= autonymie) et non sur le monde (Tuomarla, 2000 : 23). Une solution fréquemment apportée consiste à considérer que le discours qui apparaît entre guillemets n'est pas utilisé mais simplement mentionné : en d'autres termes, lorsque Pierre prononce "je viendrai demain" *il ne fait pas référence à quoi que ce soit d'extra-linguistique*, il se contente de citer le discours de Marie. (Moeschler et Reboul, 1994 : 332).

3) d'où *le « e » de DD n'est pas autonyme* :

---

[51] Repris dans Rosier (1999 : 113), Tuomarla (2000 : 23).

> Impossible à mon sens d'utiliser dans la définition du DD la notion d'autonymie (Rey-Debove 1978) ou celle apparentée de réflexivité Recanati (1979), Martin (1983 : 106).

Si, on l'a dit, on ne peut que souscrire au point (1), le point (2), en revanche, confond les propriétés de langue de l'autonyme – signifier et désigner des signes – et le déploiement de ses possibilités en discours – où ces signes (signifiés) sont susceptibles, selon le contexte, de rester dans l'espace du signe, ou d'avoir accès, secondairement, à une référence mondaine[52]. Dès lors, une fois disjoints les deux plans de la structure sémiotique de l'autonyme et de sa prise – contextuelle – de référence, le point (3) perd son caractère de conséquence logique...

(ii) Les autonymes de token *renvoient – indirectement – au monde.*

(67) a. Tu prendras plaisir à la sortie de demain.
b. Soulignez les éléments déictiques dans la phrase : « Tu prendras plaisir à la sortie de demain. »
c. — Je lui avais dit: « Tu prendras plaisir à la sortie de demain. », mais elle n'a pas eu lieu ce jour là et il a été déçu.
d. — Je lui avais dit qu'il prendrait plaisir à la sortie du lendemain, mais elle n'a pas eu lieu ce jour là et il a été déçu.

Le rapprochement – comme ci-dessus (64), (65), (66) – de ces énoncés fait nettement apparaître que, là où l'autonyme de *type* de la consigne métalinguistique (b) se présente, avec son signifié (et son référent virtuel), enfermé dans l'univers du signe[53], s'opposant radicalement par là à l'usage ordinaire des signes dans l'énoncé (a), porteur de sens et de référence actuelle dans sa situation d'énoncia-

---

52 *Cf.* la question polémique adressée par L. Rosier (1999 : 115) au traitement autonyme du « *e* » de DD : « parlerait-on pour dire des signes de signes, sans référence à l'univers de réalité qui nous entoure ? » : certes non ! mais autonymie n'implique pas exclusion de la référence actuelle.

53 Si les autonymes de *type* excluent la référence actuelle inhérente à l'usage ordinaire, et accessible de façon médiate pour les autonymes de *tokens*, insistons sur le fait qu'il n'y a pas, pour autant, dans leur cas, disparition du signifié – et de la référence virtuelle – ; on peut même dire que, dans une certaine mesure, il n'est pas possible « d'échapper » au signifié, inévitablement présent, et susceptible d'entrer en résonance avec le discours (co-texte et situation) dans lequel figure l'autonyme. C'est ce dont témoigne le choix des exemples forgés des grammaires et travaux de linguistique, qui manifestent dans leur souci de neutralité, ou de moralité, ou de connivence, ou de provocation... une évidente non-indifférence à leur contenu : je renvoie au drolatique dialogue, par exemples interposés, offert par *La Grammaire d'aujourd'hui* (Arrivé *et al.* 1986), dans lequel, *via* des notes de bas de page, l'éditeur propose des alternatives « convenables » aux exemples de langue forgés par les auteurs :

tion, il n'en va pas de même pour (c) où c'est évidemment au sens et à la référence *actuelle* associée à la séquence autonyme de *token* que s'articulent – par enchaînement logique et reprise anaphorique – les propositions coordonnées.

Le caractère régulier de ce fonctionnement ne doit pas masquer ce qu'il a de spécifique, et qui le distingue de celui de (d) : l'accès, en (c), à la référence actuelle et au sens de « *e* » est réel, mais il est conditionné, *médiatisé, par la représentation co-textuelle de la situation d'énonciation a^0*, par rapport à laquelle la séquence autonyme recevra référence et sens. C'est dans cette mise en rapport que les éléments « arrachés » par l'autonymie à leur ancrage référentiel direct dans la situation en a^0 de leur énonciation – *tu, demain...* – peuvent « récupérer » une référence et entrer dans une relation de type co-référentiel[54] avec des désignations *il, elle, ce jour là*, au fonctionnement référentiel ordinaire; de même que le signifié de la séquence autonyme devient partie prenante du sens global de **E** (où joue le *mais* de (67c)).

Le caractère médiat – secondaire, dit M.-T. Charlent[55] – de l'accès à la référence et au sens pour les autonymes de *tokens* s'impose lorsque, pour diverses raisons, le travail interprétatif passant par la mise en rapport de « *e* » et de la représentation co-textuelle de son énonciation achoppe
– sur un « calcul » qui s'avère problématique :

(68) A—Avant-hier, il a dit : « Je viens après-demain » !
B— Oui, mais attends, ça fait quoi, ça ?

– sur une représentation de a^0 si pauvre qu'elle laisse référence et sens de « *e* » « en souffrance » :

(69) Distraitement, j'entendais les gens qui passaient : « Oh ! moi je te le déconseille... Venez, je vais vous le montrer... Ça c'est une bonne nouvelle... »

Derrière l'apparente proximité de (67 c et d) quant à la prise en compte par **L**, en **E**, du sens et de la référence du e^0 qu'il représente, apparaissent deux traitements différents du « transfert contextuel » (de a^0 vers **A**) inhérent à la RDA : la traduc-

---

Dire : *la maîtresse de Roger est rousse*[1], c'est présupposer que Roger a une maîtresse.
1. N. d. E. Autre exemple : *la voiture de Roger est bleue*, etc.
ou
L'infinitif comme forme nominale [...] apposition : *ses seules exigences : boire, rire, faire l'amour*[1]. 1. N. d. E. Autre exemple : *ses seuls souhaits : aimer, prier, rendre heureux*.
54 Selon le mécanisme que J. Rey-Debove (1978 : 233) a décrit sous le nom « d'anaphore infidèle ».
55 (2003 : 155) dans l'article qu'elle consacre aux mécanismes de « L'autonymie dans le discours direct ».

tion énonciativement homogène que le DI effectue – avec le transfert de déixis qu'elle suppose – va de pair avec, pour les signes énoncés « en usage », un *accès direct* à la référence et au sens dans l'expérience partagée de l'énonciation de **A** ; c'est, au contraire, un sens et une référence *à construire, indirectement*, que met en place le DD, à partir des éléments qu'il présente, disjoints – séquence « *e* » autonyme énonciativement « désancrée » et représentation d'un cadre permettant son « réancrage ». Là où le DI propose une interprétation « faite » de $e^0(a^0)$, l'interprétation d'un « *e* » de DD est toujours, si évidente qu'elle apparaisse, comme « à faire » du fait d'une autonymie « en attente » de sens et de référence[56] – cette propriété sémiotique de base trouvant à se déployer, discursivement, dans les effets de RDA « objective », sans intervention de **L**, auxquels (de façon illusoire) se prête le DD.

Ainsi l'autonymie est-elle tout à fait compatible avec le fait – d'évidence – que les propos rapportés au DD le sont en tant que, comme énoncé, ils sont porteurs de sens, au double plan de l'énonciation représentée *a* et de l'énonciation effective **A**.

Au-delà, notons que certains *effets de sens* auxquels se prête le DD – le « *e* » présenté comme énoncé autre résonnant simultanément comme énoncé *e* adressé *hic et nunc* par **L** à **R** – loin d'apparaître comme mettant en cause le statut autonyme de « *e* », *reposent*, au contraire, spécifiquement sur lui. Pensons[57] (évoqués chap. 5.4.2, p. 190) au vendeur adressant à sa cliente un « vous avez tort » sous couvert d'un récit présentant cet énoncé, ou au « Ô prince ! c'est à vous qu'on parle » de Bossuet, interpellant, de fait, le roi à travers la remontrance de Nathan à David : c'est sous le masque – indispensable – de la forme de langue manifeste de la séquence autonyme « *e* » que – interprétativement, par une dérivation sémiotico-énonciative reposant sur l'identité matérielle des deux séquences S et S' – peut surgir, implicite, en discours, la séquence homonyme ordinaire, « en usage », habitée comme telle par son énonciateur **L**.

Cette dérivation en discours – qu'elle soit le fait de la stratégie rhétorique, de la « ruse » de l'inconscient débordant l'intentionnalité, de l'interprétation hasardeuse de R... – correspond à un *trajet interprétatif, à partir* de la forme autonyme, linguistiquement définie[58].

---

[56] On a vu ci-dessus (chap. 5.5.2, p. 182) comment des textes jouaient, créativement, à ne pas combler cette attente.
[57] *Cf.* Authier-Revuz (2003 : 86–88).
[58] Cette question a déjà été rencontrée (chap. 4.2.1, p. 119) à propos de la désactivation/« réactivation » illocutoire du « *e* » de DD.

Remarque 6 : Le masque – bien réel – de la forme autonyme. Il est clair que, distinguant le plan de la langue et de ses formes (où se situe le statut autonyme du « *e* » de DD) de celui du discours et des effets de sens qui s'y produisent (tels une parole *e interprétable* comme adressée en usage par **L** à **R** « sous couvert », « à l'abri » de sa *forme* « *e* » autonyme en DD, *l dit* « *e* » *à r*), je ne considère nullement que ces ruses de l'autonymie mettent en cause le statut autonyme du « *e* » de DD ; l'effet de sens, au contraire, *requiert* pour s'accomplir le masque – bien réel – de la forme autonyme.

L'interrogation critique de U. Tuomarla (2000 : 32) repose en revanche sur l'indistinction entre les deux plans ; un fonctionnement discursif de la forme autonyme comme « masque » d'un dire non-autonyme, conduisant à récuser l'autonymie elle-même (« prétendue autonymie ») comme forme ; ainsi :

> Authier-Revuz (1982, p. 142) admet elle-même qu'il existe des cas fréquents où la prétendue autonymie est exploitée par le L, par des « ruses intentionnelles de l'autonymie quand sous le masque des mots présentés comme "objet" de la parole, les mots visent bien à être entendus, en fait, comme "de la parole" directe, où le JE est bien le JE... » Pourquoi alors persévérer à parler d'autonymie à propos de ces cas où les mots ne signifient plus réellement à un niveau 'méta' ?

Ce qui se produit dans ces cas – un sens « second » que « libère » l'autonymie marquée par une forme de langue – n'est pas essentiellement différent des cas de dérivation illocutoire (*pouvez-vous me passer le sel ? –> passez-moi le sel*), de sous-entendu (*il fait froid –> ferme la fenêtre*) ou des déploiements homonymiques (*je ne vis vraiment qu'au bord de la mer –> de la mère*) : poserait-on la question dans ces cas de « persévérer à parler » d'énoncé interrogatif, de constat quant à la température, ou de préférence géographique, c'est-à-dire de la forme de langue à partir de laquelle se produit le sens autre ?

On notera que de tels effets de sens peuvent se produire également, hors de la ressemblance entre les deux situations du *token* $e^0(a^0)$ et de **A** comme dans les cas rappelés ci-dessus (chap. **5**), avec des autonymes de *type* (hors situation d'énonciation *a*) sans que nul, à ma connaissance, en ait dénoncé l'autonymie comme « prétendue » : c'est ce dont témoigne (*cf.* note 53 ci-dessus) le récepteur choqué par le sens, en A, d'exemples – autonymes – de grammaire, ou, de façon intentionnelle, le jeu raffiné, analysé par J.M. Fournier (2003 : 109) de l'écriture grammaticale de l'Abbé Girard où un « exemple qui vient illustrer la démonstration formule en même temps la conclusion de l'argumentation » ; ou, sur le mode involontaire, attesté, ce cri du cœur, inconscient, « tu m'empoisonnes », jailli sous couvert d'exemple de grammaire – et salué comme tel, à la confusion de son auteur, par le rire de l'assistance –, lors d'un colloque consacré au discours rapporté, dans un dialogue entre deux participants, le premier A s'adressant, à l'issue de la communication de B, à celui-ci, crispé et désireux de ne pas prolonger les débats :

(70) A. - Que faire des formes comme *Il a dit, en anglais* : « *Je suis ton ami* » ?
B. - Ce n'est pas différent du cas très courant de *Il a dit en substance* : « *Tu m'empoisonnes* ».

Au-delà de ces divers cas, ponctuels, accidentels ou prémédités par l'énonciateur, de mots reçus en usage « derrière » leur autonymie marquée, on peut évoquer comme cadre propice à ce jeu sémiotico-énonciatif, celui, très particulier de la situation analytique, échappant aux normes communes de la relation interlocutive : d'un *l a dit à r* : « *e* », relaté par un patient au discours direct, peut surgir et s'imposer dans l'écoute de l'analyste, sensible à la matérialité des mots articulés *hic et nunc* à son intention, par delà le – ou en deçà du – contexte représenté, le *e* homonyme que, par la voix de son inconscient – « grand rhétoriqueur » a-t-on dit – le patient lui adresserait « en direct » :

> Patient : Il lui a dit : « Vous ne l'emporterez pas au Paradis ». /Psy : Je ne l'emporterai pas au Paradis ? /Patient : ...?... Mais enfin, il ne s'agit pas de vous... /Psy : Vous avez bien dit : « Vous ne l'emporterez pas au Paradis » ?

O. Mannoni (1969 : 145) rappelle comment, « d'une façon surprenante », Freud, à propos du refus d'un patient de souscrire à l'interprétation faite par l'analyste de sa parole, « invoque la loi autrichienne qui punit les crimes de lèse-majesté. D'après cette loi, s'il est évidemment punissable de *dire* que l'empereur est un âne, il l'est tout autant de *dire*, en essayant de se mettre soi-même hors de cause, que *quelqu'un d'autre a dit* que l'empereur était un âne », la vigilance policière rejoignant cocassement ici la « troisième oreille » de l'analyste dans l'attention à déjouer les ruses de l'opposition et celles de l'inconscient pour « dire » sous le masque du « parler d'un dire autre ».

Remarque 7 : Un rejet de l'autonymie du DD solidaire de celui de la langue. C'est l'ensemble des fonctionnements discursifs de la séquence « *e* » de DD – sa possible non-textualité, son accès au sens et à la référence actuelle, ses effets de sens « désautonymisants » – qui sont, on l'a vu, susceptibles d'être convoqués comme autant d'arguments amenant à rejeter le statut autonyme de celle-ci. De façon globale, cette démarche relève, à mon sens, d'une distinction insuffisante entre le plan de la langue et du système différentiel de ses formes abstraites et celui du discours et de l'infinité des interprétations qui s'y produisent. La démarche qui – au lieu de les reconnaître l'un et l'autre, et leur nécessaire articulation – tend à absorber-diluer la distinctivité du premier dans les continuums du second, à travers les « extensions », « élargissements », « hybridisations » des catégories de langue, est, par exemple, celle que suit U. Tuomarla dans le cadrage théorique (2000 : 22–40) de sa riche étude du fonctionnement discursif du DD.
Posant que

> Si on considère le DD du point de vue sémiotique comme forme autonyme, on néglige le fonctionnement discursif du DD en contexte. *(ibid.* : 32)
> La caractérisation formelle du DD comme autonyme ne rend pas compte des phénomènes discursifs qui accompagnent cette forme de discours : ironie, dramatisation, modalisation, thématisation [...] *(ibid.* : 40)

elle conclut de là à l'obligation de « rejeter l'hypothèse de l'autonymie pure » et de recourir à « un emploi étendu de la notion de modalisation autonymique » *(ibid.* : 32) qui, par le cumul entre usage et mention que présente cette forme, serait mieux apte à rendre compte des divers emplois du DD.

Ce rejet de l'autonymie au nom des fonctionnements discursifs du DD dont elle ne « rend pas compte » pêche, à mon sens, à plusieurs niveaux solidaires :
- celui d'une caractérisation formelle de l'autonymie souffrant d'un *défaut d'abstraction*, dans la mesure où la stricte « textualité » ou l'exclusion du sens qui sont données comme des *propriétés* de la forme autonyme sont *déjà* des effets contextuels, ceux de l'autonyme *employé* en référence à des *types*, et que la forme abstraite, générale, de l'autonyme en langue, qui se situe *en deçà* de ces effets, ne présente pas ces propriétés, qui seraient en effet incompatibles avec certains fonctionnements discursifs du DD ;

- celui de l'*articulation*, manquante, de ce plan de la forme de langue avec les effets de sens en discours dont celle-ci n'a pas à « rendre compte » directement, mais avec laquelle elle doit être *compatible*, *via* des *trajets discursifs* et interprétatifs très divers.

La solution préconisée par U. Tuomarla pour répondre à la diversité des fonctionnements discursifs du DD est celle du recours à un « emploi étendu de la modalisation autonymique », associé à « l'idée d'un continuum » usage/mention, la notion de MA étant « [redéfinie] comme ambiguïté de statut sémiotique (mention+usage) » (2000 : 233)[59]. On notera brièvement ici, avant de revenir ci-dessous sur la modalisation autonymique :
- que les différences entre séquence « *e* » du DD et segment porteur de MA (*cf.* 3.3, ci-dessous) sont telles, notamment au plan de la syntaxe (faisant rupture au DD *vs* intégrée en MAE) et des ancrages énonciatifs (distincts au DD *vs* intégrés à **A** en MAE), qu'elles interdisent la réduction des deux formes à un traitement commun fût-il assoupli par une « extension » et parcouru par un continuum ;
- que la conjonction d'usage et mention posée (*cf.* 1 ci-dessus) comme définitoire de la modalisation autonymique relève – non d'une co-présence ou d'un « mélange » des deux ingrédients, qu'ils soient faits de langue ou effets de discours, mais – d'une *structure* définie en langue comme hiérarchisant (1) une référence mondaine à laquelle s'ajoute (2) une référence au signe par le moyen duquel se fait la première.

Une telle structure est donc inadéquate à rendre compte du fonctionnement de la séquence « *e* » de DD, que ce soit dans son fonctionnement régulier – de référence (première) au signe, donnant, *via* le co-texte, accès à la référence actuelle et au sens – ou dans des effets de sens particuliers comme celui d'une dérivation « désautonymisante ».

Répondre à la complexité des fonctionnements discursifs du DD par cette modalisation autonymique « élargie » en co-présence, à degré variable, d'usage et de mention, revient, à mes yeux, à faire l'économie – dans une sorte de zone indécise entre langue et discours – du procès langagier essentiel de conversion du sémiotique au sémantique, pour reprendre les termes benvenistiens, et des trajets menant de la fixité différentielle du premier – dont relève la forme de l'autonyme – à la variété des effets de sens du second[60].

---

59 Voir aussi les formulations des p. 160–161 et de la *Conclusion* p. 232–233.
60 De fait, ce qui peut apparaître comme une divergence sur un point « technique » (autonymie ou modalisation autonymique du DD) engage deux conceptions opposées de la description : l'écart est manifeste entre la démarche descriptive, ancrée dans les formes de langue que je m'efforce de suivre et celle qu'explicite en conclusion U. Tuomarla (2000 : 232) admettant « une certaine indifférence à l'aspect syntaxique » qui l'amène à attribuer à « la plupart de [ses] exemples un fonctionnement en modalisation autonymique sans tenir compte du critère syntaxique » (opposant DD et MA), « même les exemples en DD pur ». L'écart réside d'ailleurs déjà dans la lecture de Benveniste : l'objectif donné en effet, comme « la perspective ouverte » par Benveniste, de « *non plus* décrire un ensemble de régularités formelles (la langue) *mais* rendre compte de l'activité langagière », m'apparaît étranger à l'auteur de « La *forme* et le sens dans le langage » qui se donnait pour tâche de « *continuer Saussure* pour aller plus loin »...

3 Modalisation autonymique et RDA

Pas plus que les autres opérations métalangagières envisagées précédemment – catégorisation, paraphrase, autonymisation stricte – la modalisation autonymique n'est une forme propre au champ de la RDA. Mais là où pour les autres opérations, le discours autre apparaît, par opposition à la langue d'une part, et au discours en train de se faire (ARD) d'autre part, comme l'un des objets auxquels elles sont susceptibles de s'appliquer, la modalisation autonymique relève, elle, définitoirement, du secteur ARD, de l'auto-représentation du discours, et c'est secondairement, en tant que le discours autre apparaît comme l'un des paramètres à l'œuvre dans ces « boucles » du dire en retour sur lui-même, que cette forme entre dans le champ de la RDA.

On rappellera d'abord quelques éléments de caractérisation de la modalisation autonymique en général (3.1)[61], avant d'envisager le secteur particulier par lequel cette forme participe – comme l'un de ses modes – de la RDA : la modalisation autonymique d'emprunt (MAE) (3.2).

3.1 Un mode dédoublé opacifiant de dire : « l'arrêt sur mot » de la *modalité autonymique*

On renvoie à la présentation schématique de l'opposition à trois termes placée au début (1) de ce parcours du champ de l'autonymisation : signes ordinaire, autonyme et « avec modalisation autonymique ». Cette dernière formulation nous inscrit d'emblée dans l'ordre du cumul sémiotique (« avec ») d'ordre énonciatif (« modalisation »).

Il revient à J. Rey-Debove, à propos du phénomène observable en (71) ou dans son exemple type (72) :

(71) Une seule scène surnage, si l'on ose écrire, celle de la piscine.
(72) C'est un marginal, comme on dit aujourd'hui.

d'avoir – dans le cadre hjelmslevien de son approche linguistique du métalangage – dégagé et décrit[62] la structure complexe qui est à l'œuvre : celle d'un

---

61 Dont Authier-Revuz (1992), (1995/2012) proposent une description systématique, résumée dans (1993) et présentée de façon synthétique dans (2007).
62 Au-delà des remarques auxquelles le phénomène est réduit jusqu'alors, en marge de l'opposition « reine » entre mention et usage, dans les approches logiques : *cf.* Carnap (1934 : § 74) et ses « pseudo-object sentences » constituant un « intermediate field », cité *in* Rey-Debove (1978 :

« cumul hiérarchisé du contenu "monde" et du contenu "signe" par lequel le monde est signifié. » (1978 : 231)

Ce *cumul* est traité dans les termes d'une « connotation langagière réflexive », permettant de signifier en bloc la chose et son nom, par laquelle

> La transparence ordinaire du discours E(C), qui tolère n'importe quels termes pour parler des choses est brusquement opacifiée par une précision métalinguistique. (1978 : 253-4)

Ainsi, (72) est-il décrit comme conjonction de deux énoncés, parlant respectivement du monde et d'un mot :

(72) a   C'est un marginal (ou un inadapté, un inclassable, etc.)
     b   On dit aujourd'hui « marginal » pour parler d'une personne qui [...]

l'articulation des deux y déterminant le « blocage de la synonymie », propre à l'autonymie, sur le signe qui réfère pourtant au monde. Le cumul de ces deux sémiotiques (« on emploie le signe et on le cite tout à la fois ») est *hiérarchisé* : c'est la sémiotique dénotative qui est dominante : l'énoncé (72) parle comme l'énoncé (72a) d'une personne, et c'est secondairement, *via* « l'en plus » de la connotation, qu'il parle du mot par lequel il est parlé de la personne. Contrairement à l'autonyme, dont l'opposition sémiotique (et référentielle) au signe ordinaire se traduit au plan morpho-syntaxique par la « nominalisation » de l'autonyme, et pour lequel, de ce fait, le marquage par des présentateurs métalinguistiques ou des signaux supra-segmentaux (typographiques ou intonatifs) est redondant, le signe-avec-modalisation autonymique se comporte, au plan morpho-syntaxique, *comme* le signe ordinaire[63] : aussi le marquage métalinguistique – explicite ou supra-segmental – est-il non-redondant.

---

254) ; ou Quine (1951), avec ses « occurrences non purement désignatives ». On notera que, à la différence de Quine, reconnaissant bien à ces occurrences « mixtes » la capacité de jouer « deux rôles à la fois », d'être « utilisées pour désigner tout en faisant l'objet du discours » (Recanati 1979 : 82), Carnap, lui, passe « à côté » du *cumul* sémiotique propre à cette structure, traitée comme « syntactical sentences » (phrases métalinguistiques) « disguised as object-sentences » (phrases ordinaires) (*cf.* Rey-Debove, *ibid.*). La spécificité des « mixed » ou « hybrid quotations », opposant leurs séquences « used and mentioned simultaneously », aux faits de « pure use » et de « pure-mention », fait l'objet d'un recueil récent (de Brabanter (éd.), 2003) relevant d'une approche philosophico-logique du langage.

63 Chez Rey-Debove, là où l'opposition signe ordinaire/signe autonyme est traitée en termes d'homonymie – c'est-à-dire de rapport entre deux signes différents, présentant (ici sur le mode particulier d'une production illimitée de méta-homonymes) le même signifiant – le rapport signe ordinaire/signe avec connotation autonymique est envisagé comme relevant de la polysémie touchant « UN SEUL ET MÊME MOT (même catégorie grammaticale) ».

C'est dans la filiation directe de cette notion, et renvoyant au même domaine d'observables, que se situe la modalisation autonymique, le changement de dénomination marquant un déplacement de point de vue[64]. Pour l'essentiel, ce déplacement tient à l'inscription de la double sémiotique – renvoyant à la fois à la chose et au mot – dans une perspective énonciative de modalisation du dire, inscrivant ce phénomène dans le vaste ensemble des formes, évoqué au chapitre 1, marquant – incidentes au dit ou au dire – l'attitude de l'énonciateur par rapport à ce qu'il énonce : dans cet ensemble, par rapport aux modalités portant sur le contenu propositionnel :

P, j'en suis sûr, il le faut, malheureusement, ...

et par rapport à celles qui sont incidentes au fait du dire, mais qui, comme les premières, ne « s'arrêtent » pas à la forme de celui-ci :

P, si tu veux tout savoir, il faut le dire, franchement, ...

la modalisation autonymique présente la spécificité – *via* la mise en jeu de l'autonymie – d'un *accompagnement opacifiant*, bloquant la synonymie, de mots du dire :

X, c'est le mot, pour ainsi dire, aux deux sens du mot, selon l'expression de ...

Là où, donc, la différence entre mot ordinaire/à connotation autonymique est conçue, comme polysémie, dans l'espace du signe, la configuration (méta-)énonciative de la modalisation autonymique s'inscrit, elle, dans le cadre *du dire du signe* : on peut en proposer la formulation suivante :

(73) au *mode de dire simple* d'un élément X en tant que renvoyant à un référent x
$X \longrightarrow x$
s'oppose le *mode complexe de dire*, en dédoublement opacifiant, tel que la nomination du référent x s'effectue en faisant intervenir, en quelque façon, l'autonyme X', homonyme du signe X
$[...X'...] \longrightarrow x$

Ainsi définie, la configuration énonciative complexe de la modalisation autonymique permet en outre de répondre à une difficulté formelle posée par le traite-

---

[64] Pour une analyse détaillée des rapports de filiation/déplacement de la connotation à la modalisation autonymique, *cf.* Authier-Revuz (1995/2012 : 41-54).

ment du phénomène en termes de connotation : celle que posent les formes du type *ce qu'on appelle X'*, figurant, par exemple en (74) et (75)

(74) [...] ce qu'on appelle curieusement les mariages mixtes comme si tous ne l'étaient pas [M. Sitruk, entretien *in Libération* 16-06-1987].

(75) [...] on en arrive ainsi à ce qu'il faut bien appeler un avilissement des esprits [J.C. Milner, *De l'école*, 1984, p. 141].

Cette forme, extrêmement courante, présente bien (comme le font (71) et (72), par exemple) le cumul des deux références mondaine et langagière (un type de mariage et l'expression *mariage mixte*, par exemple), mais celui-ci s'effectue sur un mode qui ne peut être ramené au schéma de la connotation autonymique[65] : là où celle-ci implique la *présence* sur la chaîne du signe en usage (*surnage* en (71), par exemple), à laquelle vient *s'ajouter* une référence au signe, relevant de la mention (*si l'on ose écrire*), on voit que dans la forme *ce qu'on appelle X'* le cumul s'opère sans qu'apparaisse le signe en usage ; seul apparaît sur la chaîne le signe autonyme (ou en mention) porteur de la référence langagière (au mot), mais il apparaît inscrit dans un syntagme nominal complexe « d'appellation », tel que c'est par ce SN complexe que s'effectue la référenciation mondaine (à la chose), *via* le « détour » d'une représentation de l'appellation :

[ce que l'on appelle [X]$_i$]$_j$ où i réfère au mot et j réfère à la chose nommée par X

Qu'il soit traité en cumul sémiotique (connotation) ou en configuration méta-énonciative, c'est de façon générale que se pose la question des formes sous lesquelles le « en même temps » des deux plans se linéarise : si l'on veut, comment les « boucles » du dire revenant sur lui-même s'appliquent-elles sur le fil du dire ?

Si par rapport au mode de dire simple d'un X renvoyant à un référent x tel que :

(76) Il faudrait un peu de charité dans cette affaire.

les formes suprasegmentales – signe double de guillemets, italique, variation intonative – sont à même de réaliser le cumul matériel du dire d'un élément et de son auto-représentation dans le strict « en même temps » du fragment modalisé

---

[65] Signalant (1978 : 257), à l'issue de son parcours de la « connotation signalée par un commentaire métalinguistique » (1978 : 253-258), l'existence de la forme *ce qu'on appelle X*, J. Rey-Debove la caractérise comme « construction sémantiquement proche » de la forme *X, comme on l'appelle*, sans poser explicitement la question de son « intégrabilité » formelle au domaine de la connotation.

(77) Il faudrait un peu de « charité » dans cette affaire.

il n'en va pas de même pour les formes segmentales qui exigent des « solutions » syntaxiques au problème de la réalisation linéaire du cumul méta-énonciatif. C'est à la diversité des agencements syntactico-sémantiques permettant la mise en jeu de l'autonyme X' dans la nomination du référent mondain x que répond le caractère non-spécifiant de la formulation (73) quant au mode formel sur lequel se réalise « l'intervention » de X' : trois types (incluant *ce qu'on appelle X'*) de linéarisation du « en même temps » sémiotico-énonciatif, à même de commuter avec X ou X', peuvent notamment être dégagés[66] :

(78) a. Il faudrait un peu de *charité, je dis bien charité*, dans cette affaire.
    b. Il faudrait un peu de, *j'allais dire charité* dans cette affaire.
    c. Il faudrait un peu de *ce que j'appellerai charité* dans cette affaire.

analysables respectivement comme :
a. *succession* sur la chaîne de X et de X' (ou d'un représentant métalinguistique[67]), comme en :

(79) Écrire du divan ou du fauteuil, repérer ce qui s'y passe dans ce qui s'y dit, au fur et à mesure (qu'est-ce que « fur », au juste ?) sans laisser échapper [...] [J. Rousseau-Dujardin, *Couché par écrit*, 80, p. 176].
(80) [...] j'ai besoin [...] d'une cuite salvatrice. Il me faut cette violence, cette déflagration. J'éclate, je m'émiette. Oui, c'est le mot, je m'émiette [G. Depardieu, *Lettres volées*, 88, p. 43].

b. *superposition* en un segment de la chaîne de X et de X' ; on voit qu'en (78b), le segment *charité* est analysable *à la fois* comme N ordinaire déterminé par « un peu de » dans le SN suite de l'impersonnel *et* comme N autonyme, objet direct de « j'allais dire » ; ainsi en :

(81) Richelieu crée cette institution qui a le rôle de, on dirait aujourd'hui haute autorité de la langue française [journal télévisé A2, 12-12-1985].

---

66 Pour une description systématique, voir Authier-Revuz (1992b, partie III) « Les formes du dédoublement énonciatif de la modalité autonymique », ou, plus schématique, Authier-Revuz (1995/2012, chap. 3 et 4), ainsi que, sur des points particuliers Authier-Revuz (1987a, 2002)

67 Dans les successions de type *X, ce mot...*, la relation qui unit l'occurrence d'un X, signe ordinaire, renvoyant au monde et une désignation métalinguistique renvoyant au signe X', n'est pas celle d'une classique co-référence anaphorique, mais celle d'une *référence*, de l'ordre de la déixis textuelle, au mot X' figurant comme objet sur la chaîne du dire ; cette relation particulière, caractéristique des « boucles » réflexives du dire sur lui-même est analysée in Authier-Revuz (1987b) comme « pseudo-anaphore déictique ».

(82) Ils ont fait des, je crois vraiment qu'il faut dire progrès, même si les résultats ne sont pas toujours nets, pendant ce trimestre [réunion scolaire, mars 1983].

c. le *détour*, en « ce qu'on appelle X », qui, à l'association directe d'un terme X à un référent, substitue la représentation d'une nomination de ce référent par X, comme ci-dessus en (74), (75).

3.2 Le dire autre : *une* des « rencontres » que le dire fait dans ses mots.

Dans l'avancée ordinaire du dire, oublieuse des mots par lesquels il va son chemin, la boucle méta-énonciative de la modalisation autonymique est doublement une figure de « l'arrêt-sur-mot » : elle suspend le déroulement uni du dire pour y inscrire la « greffe » d'un commentaire, dans le même mouvement qu'elle suspend l'ordinaire (illusion de) transparence des signes – consommés comme médiateurs sur le mode des évidences inquestionnées de « ce qui va de soi » – en donnant corps à un signe pris comme *objet* du dire, du fait que, comme *moyen* du dire, il « ne va pas de soi ».

Elle apparaît comme une émergence sur la chaîne de *l'auto-dialogisme*[68], celui « des rapports dialogiques [...] du locuteur *avec son propre mot* »[69] que repérait Bakhtine avant que, dans des cadres théoriques divers – linguistiques, psychanalytiques – ne soit thématisée la part cruciale que l'auto-réception prend au processus de l'énonciation : ainsi, par exemple, Culioli, évoquant le « dédoublement du sujet » inhérent à la pratique langagière dans laquelle « [...] on parle pour autrui et en même temps il se produit une réponse intériorisée [...] »[70].

Les formes – manifestes – de la modalisation autonymique peuvent être considérées comme autant de *réponses* extériorisées que l'énonciateur apporte à la « rencontre », ponctuelle, qu'il fait dans son dire, de « quelque chose » qui

---

68 Sur cette question, *cf.* Authier-Revuz (1995/2012 : 144–160) : « La modalisation autonymique comme forme manifeste de l'auto-dialogisme ». J. Bres (2005a) propose, pour « auto-dialogisme », le terme peut-être plus heureux de « dialogisme intralocutif ».
69 Bakhtine (1929/1963 : 239).
70 (1971 : 72), *cf.* aussi Lacan (1981 : 33) : « C'est une des dimensions essentielles du phénomène de la parole que l'autre ne soit pas le seul qui vous entende. [...] dans la parole humaine [...] l'émetteur est toujours en même temps un récepteur [...] on entend le son de ses propres paroles. » et, plus récemment, le déplacement radical de l'approche linguistique vers le pôle de « l'audition intérieure » qu'effectue G. Bergounioux (2004) : « Pourquoi parle-t-on du "locuteur" quand c'est d'un "auditeur" qu'il devrait être question ? ».

en *altère* – y faisant jouer « de l'autre » – l'évidence, le « UN » de ce qui va de soi[71].

Dans l'infinie variété des commentaires venant redoubler le dire aux points où il « accroche »[72], se dessinent les visages de ce que les énonciateurs éprouvent comme altérité, écart, au cœur du dire d'un mot ; à suivre au pied de la lettre ce que les énonciateurs disent au sujet de leur dire d'un X, on peut repérer quatre axes de problématisation du dire de cet X, relevant de

1. la non-coïncidence du *discours à lui-même*, traversé par des discours autres

> X, j'emprunte ce terme à..., pour reprendre le mot de... ; ce que l appelle..., le, l dirait... ; ...

2. la non-coïncidence *entre les interlocuteurs*[73], que sépare leur irréductible singularité

> X, passez-moi l'expression ; si vous voyez ce que je veux dire ; je crois que vous n'aimez pas le mot ; X, comprenez Y ; comme vous venez de dire ; ce que vous appelez X

et, au-delà de ces deux espaces de dialogisme – interdiscursif et interlocutif ou co-énonciatif –

3. la non-coïncidence *entre les mots et les choses*

> X, c'est le mot ; le mot est faible ; pour ainsi dire ; c'est beaucoup dire ; ce qu'on pourrait peut-être appeler X

---

71 Mouvement qui emprunte parfois les formes mêmes du dialogue : *X..., X ? Non le mot ne convient pas ; X (oui, c'est bien X que je veux dire) ; X (?) ; ...*
72 *Cf.* chap. 1 ex. (26) à (28), (30), p. 23.
73 Dans la variété des rapports co-énonciatifs que mettent en scène les formes renvoyant au TU (*cf.* Authier-Revuz, 1990, 1995/2012 chap. 5), ce qui relève du « parler avec les mots de l'interlocuteur », peut être réparti, de façon non discrète, en deux types : dialogisme interlocutif *large*, renvoyant à un dire du TU *ailleurs* que dans l'échange en cours – *ce que vous avez l'habitude d'appeler ; comme vous aimez dire, comme tu as dit l'autre jour...* – vs dialogisme interlocutif *immédiat*, inscrit dans l'échange *hic et nunc* – *comme vous venez de dire...* – : le premier peut être intégré à la sphère du dialogisme interdiscursif, comme l'une de ses régions, (*cf.* ci-dessous schéma [XV]) là où le second présente des formes particulières (de l'ordre de la reprise immédiate non-marquée notamment) relevant d'une étude spécifique.

4. la non-coïncidence *des mots à eux-mêmes*, « déstabilisés » par l'autre mot, l'autre sens que fait jouer en eux cette « intégrale des équivoques » – polysémie, homonymie, anagrammes, ... – qui est propre à une langue :

> X, au sens propre ; aux deux sens du mot ; à tous les sens du mot ; sans (avec) jeu de mot ; c'est le cas de le dire ; ...

La géographie des altérités représentées par le dire, ainsi esquissée à partir des commentaires méta-énonciatifs, appelle plusieurs commentaires.

Les secteurs indiqués, s'ils correspondent à des formes explicitement spécificatrices, ne dessinent pas une partition discrète : les recouvrements sont nombreux, par exemple entre l'emprunt de mot (1) et sa caractérisation comme (in)adéquat (3) ; à côté de commentaires explicitant le(s) paramètre(s) en jeu dans l'arrêt-sur-mot, on notera que la forme, purement typographique, du guillemet ne marque que le *fait* de l'arrêt-sur-mot[74], requérant une interprétation discursive de la (des) non-coïncidence(s) en jeu, et que, au-delà, s'ouvre, et dans tous les « secteurs » de non-coïncidence, l'espace, non délimitable, de la modalisation autonymique non marquée, identifiée interprétativement conformément – ou non... – à l'intention de l'énonciateur.

Et, surtout, si l'irruption des « mots des autres » – ou plus exactement, on l'a vu, des mots dits « ailleurs », qui peuvent être ceux de **L**, dans un autre discours – est bien (secteur 1) *l'un* des visages que peut prendre, explicitement ou interprétativement, l'altération de la transparence du dire, entrant par là dans le champ de la RDA[75], la configuration méta-énonciative de la modalisation autonymique ne saurait y être ramenée[76] : sa valeur, définie précédemment (en (73)), se situe, en langue, en deçà d'un rapport spécifique aux affleurements du déjà-dit, qui ne sont qu'un des secteurs de sa mise en œuvre.

---

[74] Contrairement aux descriptions qui en sont souvent données et qui l'enferment dans le secteur (1) des mots empruntés (« cités »), et/ou dans le registre de l'inadéquation (du secteur (3)). Sur le guillemet de modalisation autonymique, analysé comme « archi-forme » de celle-ci, *cf.* Authier-Revuz (1992b, t. 1 : 496–545), et, pour une présentation rapide, Authier-Revuz (1998). C'est seulement *en contexte* que le guillemet sur « charité » (77) pourrait être interprété comme « je ne sais comment dire » (secteur 3), « comme tu aimes à dire » (secteur 2) ou « pour parler de façon chrétienne » (secteur 1), par exemple.
[75] *Cf.* chap. 1 2.4 « L'autre dire partie prenante de l'auto-représentation ».
[76] Comme c'est souvent le cas : *cf.*, par exemple, l'article « Modalité autonymique » dans Détrie *et al.* (2001 : 189), où cette forme est envisagée seulement comme marque « dialogique » de « l'altérité énonciative », faisant entendre « outre la voix de l'énonciateur » celles de « l'énonciataire », « d'un tiers », de la « voix publique ».

Le jeu, dans les formes suivantes – effectivement observables en discours –, d'une même principale *je dis X'* et d'une diversité d'expansions circonstancielles

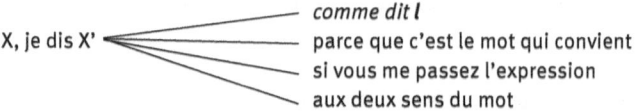

illustre cette ouverture sur une large diversité de champs dans le dédoublement du dire.

Il en va strictement de même pour la connotation autonymique telle qu'elle est définie par J. Rey-Debove (1978) : en dépit du privilège accordé – dans les exemples proposés comme base de l'analyse, comme dans l'interprétation proposée de la fonction en discours de la structure (*cf.* Remarque 8, ci-dessous) – au secteur du « langage des autres », c'est clairement en deçà d'une telle particularisation qu'est dégagée, dans son abstraction, cette forme de langue : dans sa définition comme cumul sémiotique (ne spécifiant pas ce qui se trouve en jeu dans l'opacification du mot), comme à travers l'observation de la variété sémantique des formes explicites par lesquelles elle se réalise, donnée comme incluant

> toute réflexion langagière sur le mot employé à l'intérieur de la phrase qui l'emploie (*avec le sens de, au sens propre, si je puis dire, si j'ose dire,* etc.) (1978 : 256) ;

suivie d'une série d'exemples qui sont majoritairement étrangers au champ du « langage de autres » – *littéralement, pas au figuré mais au propre, au sens le plus fort, c'est le mot, ...*

Ainsi, qu'elle soit traitée en connotation ou en modalisation autonymique, cette configuration sémantico-énonciative n'est pas, en tant que telle, une forme de la RDA ; c'est en tant qu'elle est, explicitement ou interprétativement, spécifiée comme MA *d'emprunt de mots* (MAE) qu'elle participe de ce champ – ce qu'on peut schématiser ainsi (les tracés séparant les diverses zones n'étant pas à prendre comme des frontières discrètes) :

3 Modalisation autonymique et RDA — 295

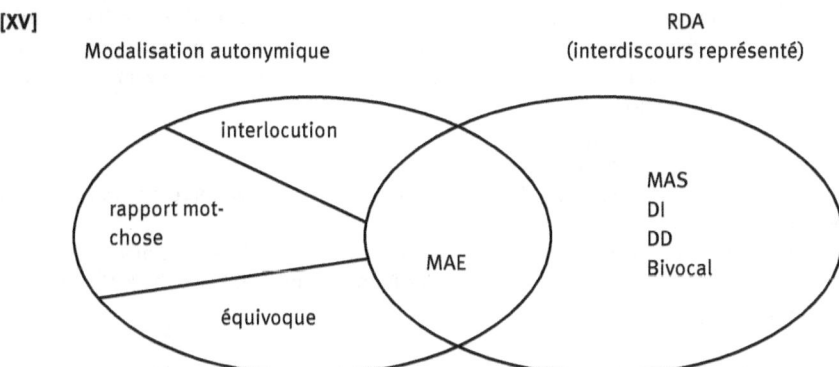

[XV]

Remarque 8 : Hétérogénéités, dialogismes et modalisation autonymique : flottements... La question du rapport entre connotation/modalisation autonymique et discours autre donne lieu à de nombreux flottements, reposant, à mon sens, sur deux mouvements solidaires.

A) Le premier consiste à *rabattre le fait de l'hétérogène* traversant l'énonciation – de façon *constitutive* (*cf.* chap. **10**), autant que dans ses émergences *représentées* au fil du dire[77] – sur *la seule dimension « dialogique »*, de la mise en jeu, dans un discours, des *discours autres*. L'hétérogène qui affecte le dire – tant au plan de ce qui le constitue que de ce qu'il en représente – est aussi le fait notamment de ces non-coïncidences *non-dialogiques*, impliquant non des discours autres mais le jeu de la langue, sous son double visage : de système différentiel vecteur de « manque » dans la nomination, et de corps d'équivoque pourvoyeur « d'excès ». Et, à aborder les discours par leurs connotations/ modalisations autonymiques, on voit combien c'est à travers *l'ensemble des champs* de non-coïncidence que se dessine – extraordinairement différenciée selon les genres et les énonciateurs, et éclairante quant aux enjeux de leur dire – la géographie (méta-) énonciative de ce qui, pour chacun, ne « va pas de soi », dont la seule prise en compte de la non-coïncidence interdiscursive donnerait une image tronquée.

Cette réduction, fréquente, prend notamment la forme d'une distorsion entre les deux plans d'hétérogénéité – restreinte à l'interdiscursivité au plan constitutif, alors qu'elle est reconnue, au plan « représenté », dans les divers champs de non-coïncidence ; ainsi, par exemple, dans Sarfati (1997 : 73) :

> J. Authier-Revuz (1995) distingue [...] l'hétérogénéité constitutive et l'hétérogénéité montrée. Le concept d'hétérogénéité constitutive réaffirme le postulat bakhtinien selon lequel tout discours porte trace d'autres discours. Quant à lui, le concept d'hétérogénéité montrée réfère d'une part aux différentes formes du discours rapporté et d'autre part à quatre autres formes au moyen desquelles le sujet parlant fait retour sur ses propres paroles [énumération des divers secteurs de non-coïncidence].

---

[77] *Cf.* Authier-Revuz (1982a, 1984, 2012).

ou, d'une façon très proche, à l'article « Hétérogénéité montrée/constitutive » de DAD (2002), ramenant explicitement l'hétérogénéité constitutive à la seule domination du discours par l'interdiscours[78], là où, au plan de l'hétérogénéité montrée, sont mentionnées les « quatre types de gloses » de non-coïncidences.

B) Le second consiste *à confondre les deux plans*
1- de l'*autodialogisme* inhérent au redoublement du dire de X par sa représentation, dans la connotation/modalisation autonymique, et
2- du dialogisme *interdiscursif*, éventuellement mis en jeu dans le cadre du premier.
C'est le glissement que présentent, à mon sens, les formulations de J. Rey-Debove (1978), interprétant la connotation autonymique comme

> une sorte de cryptodialogue intérieur à une seule énonciation, où l'énonciateur [...] s'amuse, se moque, s'indigne des paroles de l'autre. [...] le lieu où l'énonciateur tient compte du langage des autres (p. 266)

formulations qui, sauf à en restreindre la portée, (« le lieu où l'énonciateur peut, *entre autres*, tenir compte... »), sont abusivement réductrices – et en discordance – par rapport à la caractérisation formelle qui les précède. Ce « cryptodialogue » ne se situe pas au même niveau que l'autodialogisme posé ci-dessus : le premier – relevant du dialogisme interdiscursif de **L** avec les mots de *l* – n'est qu'un des aspects que peut prendre, dans certaines des modalisations (connotations) autonymiques, le « dialogue » de **L** « avec ses propres mots », inhérent, lui, à la configuration réflexive de la MA (CA). C'est fréquemment que l'on trouve – facilitées par la polysémie du verbe « citer »[79], se prêtant, à partir de la formule « on emploie et on cite à la fois » à un glissement de la « mention » à la « citation » au sens courant de présentation de discours autre – des définitions réductrices de la connotation autonymique comme « fragment d'un discours autre, une sorte de citation, mais utilisé par le locuteur primaire [**L**] dans son propre discours » (Perret (1994 : 102)) ; ou, tracées diversement, des distinctions entre connotation et modalisation autonymique, incompatibles avec les définitions qui les fondent chez Rey-Debove (1978) pour la première et Authier-Revuz (1995/2012) pour la seconde : ainsi, par exemple, Tisset (2000 : 95–100) disjoignant la connotation, affectée au seul « mentionner le dire d'autrui », des « boucles réflexives ou modalisation autonymique » renvoyant, elles, au « évaluer son dire » ; ou les analyses de textes faisant jouer comme deux catégories distinctes les « commentaires méta-énonciatifs » de la MA et la connotation autonymique *in* Maingueneau (1998 : 84–89).

---

[78] De la même façon que, dans cette définition de Maingueneau (1996 : 46) : « L'hétérogénéité constitutive : Le discours est dominé par l'interdiscours ».
[79] *Cf.* ci-dessous, chap. 9, Appendice, p. 360.

3.3 La modalité autonymique d'emprunt (MAE) et les autres formes de RDA

Secteur de la MA, caractérisé par la mise en jeu d'un discours autre dans son dédoublement auto-dialogique, la MAE constitue un mode à part entière de la RDA, relevant du « parler (du monde) avec les mots d'un autre discours » – ou parler « avec des mots d'emprunt ».

3.3.1 La MAE, mode autonome de RDA, distinct du DD

La MAE apparaît dans le dire, indépendamment de toute autre forme de RDA, ou même de contexte référent à un quelconque discours, comme – outre les exemples ci-dessus (72, 74, 81...) – dans :

(83) La tentation berninesque – construction du Louvre – avait été, comme disent les horticulteurs, une greffe qui ne prend pas [Ph. Beaussant, *Vous avez dit baroque ?*, p. 104].
(84) Je crois qu'il fait un peu ce qu'on appelait taxi-boy, dans les thés dansants troisième âge du coin, mais il est plutôt gentil [conv. 25-05-08].

Le faisceau des propriétés – sémiotiques, énonciatives, syntaxiques – que, comme MA, il présente, suffit à différencier ce mode de RDA de l'ensemble des autres modes, et notamment du mode DD – mettant en jeu aussi « de l'autonymie » – auquel on le ramène souvent. Rappelons, en illustrant cette opposition par les deux exemples suivants proposés comme faisant référence au même $e^0(a^0)$:

(85) DD Paul a dit en gros : « C'est une option absurde, je suis contre ! »
(86) MAE Personnellement, je m'en tiens à cette solution « loufoque » comme dit Paul, et cela même s'il « s'y oppose ».

que :
– à *l'opposition sémiotico-énonciative de base* entre

(a) : autonyme de *token* autre *(DD)*, référant structurellement à des mots, donnés comme énoncés (ailleurs) et, de ce fait, à même de porter, contextuellement et indirectement, une référence au monde (*cf.* ci-dessus 2.2.3),

et (b) : modalisation autonymique : ajoutant à la référence au monde, première, une référence au mot – ici, dans le cas de la MAE, venu d'ailleurs – par lequel s'accomplit la première,

– répond *l'opposition syntaxique* entre

(a) : la rupture – et l'anomalie – syntaxique, au DD, de « l'étanchéité » syntaxique de la séquence « **e** » en **E** ;

et (b) : des fragments en MAE inscrits dans une continuité syntaxique ordinaire – il suffit d'effacer les marques typographiques, et l'élément facultatif *comme il dit*, pour rétablir une phrase ordinaire ;
– et *l'opposition énonciative* entre

(a) : une séquence « **e** » ancrée énonciativement en ***a***, à la différence de l'ancrage en **A** de l'énoncé – présentant donc une dualité hiérarchisée d'ancrages ;

et (b) : des fragments en MAE relevant de (c'est-à-dire intégrés à) l'ancrage énonciatif global en **A** de l'énoncé – présentant donc un ancrage unique (cf. : il « *s'y oppose* »).

À quoi on ajoutera que tandis que, pour les mots montrés par **L** comme image autonyme du référent $e^0(a^0)$, la « textualité » n'est pas une obligation mais seulement une possibilité, (a), le caractère de *reprise textuelle* – modulo les modifications intégratrices des ancrages énonciatifs – que présente l'élément modalisé est au contraire une propriété spécifique à la MA d'emprunt[80], (b): ainsi (85) et (86) sont-ils, relativement à un $e^0(a^0)$ donné, parfaitement compatibles, ils pourraient fort bien constituer un dialogue, sans désaccord, entre un L_1 et un L_2, voire même s'enchaîner dans le dire du même **L** parlant d'abord du dire d'un e^0 par un DD « en substance », ne reprenant pas les mots mêmes de e^0, puis enchaînant en parlant du monde et en empruntant des mots de *l* – *loufoque, [s']oppose*. Ainsi, l'arrêt sur les mots, non transparents, de « *e* » que présentent, par le fait de leur commune dimension autonymique, les deux modes DD et MAE, correspond-il à deux traitements différents de la littéralité du discours autre.

Le tableau **[XVI]** suivant résume les traits qui opposent le fonctionnement de l'élément « *e* » dans E, selon qu'il relève de la MAE ou de la séquence autonyme d'un DD :

(XVI)

	MAE	DD : Autonyme de *token*
intégration syntaxique	+	–
intégration énonciative	+	–
manière de dire de *l*	+	∅

---

[80] On a vu ci-dessus, chap. 7, note 12, p. 231, le cas où la « reprise » d'une formule, de l'ordre d'un « pour imiter », pour dire « à la façon »…, relève non de l'identité mais de la similitude formelle. Le même fonctionnement s'observe avec la reprise allusive (MAE non marquée), *cf.* chap. **11** (2), (26) p. 427, 447 et Remarque 1 p. 435, par exemple.

Il faut souligner, concernant ce dernier trait – de reprise littérale –, que, au-delà du seul DD, c'est de l'ensemble des autres modes de RDA – tous susceptibles de relever d'un paraphrasage radical – que la MAE se distingue par le renvoi exact aux « manières de dire » du discours autre qui est, pour elle seule, définitoire.

Par ailleurs, on a privilégié ci-dessus – notamment pour souligner l'intégration syntaxique propre à la MAE par opposition au DD – les cas où la MAE porte sur un fragment de phrase ; mais, mode de RDA à part entière, cette modalisation du dire « en emprunt de mots » n'est nullement cantonnée à ce fonctionnement « local » : il peut – explicité ou non – porter sur une phrase entière[81] – énoncé autre ordinaire, citation bien connue, proverbe... – :

(87)   Comme dit toujours Paul, il ne faut pas baisser les bras...
(88)   A — Tu as vu Roger et Claudine ?
       B — Oui... la femme est l'avenir de l'homme comme disait l'autre ! (Conversation, 13-03-2000, à propos du mariage d'un ami jugé désastreux par A et B).

Dans ce cas, la mise hors jeu du critère d'intégration syntaxique opposant MAE et DD est source, lorsque ces formes sont non marquées explicitement – i.e. un « *e* » phrastique sans *l dit...* ou *comme dit l* – de phénomènes d'ambigüité, indécidabilité ou neutralisation[82] ; ainsi, la reprise, identifiée comme telle, du même vers d'Aragon, mais sans son explicitation comme MAE de (88), s'ouvrirait-elle, en (88')

(88')   A : [...]/B : Oui... la femme est l'avenir de l'homme !

sur ce jeu interprétatif entre : *Aragon a bien dit : ...* et *comme a dit Aragon*, c'est-à-dire entre DD non-marqué (DDL) et MAE non-marquée (allusion).

3.3.2 La MAE combinable avec tous les modes de RDA

Mode autonome de RDA – spécifiant comme venus d'un autre discours des mots énoncés par L *hic et nunc*, hors du contexte d'un autre mode de RDA –, la MA d'emprunt est susceptible d'intervenir dans le cadre de *tous* les autres modes de RDA[83]. Le cumul de la MAE avec MAS, DI, DD et Bivocal que présentent des

---

[81] Et même, au-delà, constituer le régime d'énonciation de genres de discours, écrits ou oraux, relevant – parodie, pastiche, ... – d'un dire « à la manière de ».
[82] Ce qui – faut-il le rappeler – ne conduit aucunement à « confondre » les deux catégories ou à mettre en cause le fait de leur opposition, voir ci-dessous **9**.3.3.1 ; *cf.* aussi chap. **3**. (63), p. 101.
[83] Noté par R. Martin (1983 : 109), en termes d'« îlot textuel » : « *Remarque 2.* — DD, DI et DIL sont compatibles avec les guillemets des "îlots textuels", fragments dont les connotations, les

formes complexes de RDA, s'effectue selon une diversité de formes et d'effets de sens qui ne peuvent être envisagés que dans le cadre du fonctionnement propre à chacun des modes : aussi le parcours suivant de quelques configurations fréquentes de cumul ne vise qu'à illustrer schématiquement cette compatibilité de la MAE avec tous les autres modes de RDA.

– *en MAS ou DI*
- avec MAE, *émanant de L*, redoublant, localement ou globalement, une séquence de sa reformulation d'un dire de *l* par un « pour reprendre les mots » de ce dire[84] :

(89) Pertusier qui, en 1815, a vécu longtemps à Constantinople nous raconte que lorsque le printemps ramenait la saison des amours – c'est son style et non le mien – un petit oiseau [...] [A. T'Serstevens, *Flâneries dans Istanbul*].

(90) [...] il a demandé fort curieusement si vous n'étiez pas « devenue mienne » (sic) à Tours pendant mon service militaire [J.-P. Sartre, *Lettres au Castor*, juillet 38].

(91) Pour un peu ils [les psychanalystes] ne rencontreraient plus, à les croire, que des « cas impossibles » [J.-B. Pontalis, *Perdre de vue*, 1988].

(92) Pour Patrick Devedjian, toutes « *les attaques dont [il est] l'objet trouveraient leur source dans [sa] lutte contre la corruption* ». [*Libération*, 17–07–2008, p. 14, *idt*].

(93) Le président aime à répéter que « *les usines, c'est [son] truc* ». [*idt*, *Libération*, 04–03–2008]

(94) Madame Victorine de Chastenay prétendait *qu'il avait l'air d'une âme qui avait rencontré par hasard un corps et qui s'en tirait comme elle pouvait* : définition charmante et vraie. [Chateaubriand, *Mémoires d'Outre-tombe*, XIII, 7, *idt*].

- avec MAE, *émanant de L*, redoublant une séquence de sa reformulation *d'un dire* par un « pour reprendre les mots » *d'un autre dire* :

(95) Je ne sais pas si ça te plaira, les [X] y sont allés et ils ont dit qu'ils avaient trouvé ça un peu / prise de tête, comme tu dirais [Conversation à propos d'une pièce de théâtre, 10–06–2005].

(96) D'après ce qu'ils m'ont dit, ce qu'ils aiment, pendant le week-end, c'est avant tout /trôler dans les bois [Conversation 16-10-1985, la marque intonative sur /trôler étant, sur le mode de la connivence, donnée à reconnaître comme un « comme dirait Colette », par un L coutumier des emprunts à cet auteur].

---

présupposés ou la valeur appréciative ne sont pas ceux de L (voire de *l*). L'îlot textuel sous-entend toujours un "comme dit *x*", où *x* est ou non identifiable par l'interlocuteur ».

84 J. Rey-Debove évoque ces formes : « Le discours indirect qui utilise les guillemets relève de la connotation autonymique /l dit que « X » comme il dit/ [...] (1978 : 229) » en soulignant que « Rien n'est changé pour la puissance [transformatrice] du discours indirect : les séquences non isomorphes restent exclues. (p. 261) », observation qui interdit de faire des éléments guillemetés (« îlots textuels », *cf.* 3.3.3 ci-dessous) des « fragments de DD ».

(97) Il a fait le point de façon, je trouve, assez convaincante, et, en gros, il a dit que /nous avions perdu une bataille mais que nous n'avions pas perdu la guerre... Bref, ne baissons pas les bras ! [oral, après une assemblée syndicale universitaire, mai 1995, la marque intonative donnant à reconnaître la formule de de Gaulle en 1940].

– *en DD*
– avec MAE, *émanant de l* – qui signale son recours à une locution chrétienne, une expression « chic » et savante, un texte littéraire – et que **L** *reproduit* en « *e* » :

(98) Klossowski en vient à écrire : « Les catastrophes modernes se confondent toujours – à plus ou moins brève échéance – avec la "joyeuse nouvelle" d'un faux "prophète" » [...] [V. Descombes, *Le même et l'autre*, p. 214].
(99) Puis s'adressant à Emma, qui portait une robe de soie bleue à quatre falbalas :
— Je vous trouve jolie comme un amour ! Vous allez *faire florès* à Rouen [Flaubert, *Madame Bovary*, II, chap. 14, *idt*]
(100) Nous n'eûmes pas plutôt fait l'un et l'autre le compte de notre fortune que, parodiant le mot de Walter dans la *Vie d'un joueur,* nous nous écriâmes presque simultanément: « Ah! tu n'as pas d'argent! Eh bien, mon cher, il faut nous associer ! » [H. Berlioz, *Mémoires*, 1870, chap. 12).

– avec MAE, *émanant de L*, redoublant un fragment du *e* autonyme par lequel il représente l'énoncé de *l*, d'un « pour reprendre ici ses mots mêmes que je souligne... » (*cf.* chap. 4 (53)-(56)) :

(101) —Mange ta soupe, grogne la mère, elle est déjà toute « réfroidiete » ! (L. Pergaud, *La Guerre des boutons*, chap. 5).
(102) En l'honneur de l'écrivain, la princesse jouera une scène de séduction encore mieux filée que pour Victurnien. J'ai été bien calomniée, dit-elle. Et pourquoi ? Parce que ma mère était jalouse de mon mari, que mon mari était jaloux de moi [...]. Un amant, moi ? Je n'ai fait que « des malices d'enfant. Je suis allée en Italie avec un jeune étourdi que j'ai planté là quand il m'a parlé d'amour » (id., p. 53). Autant de mots, autant de contre vérités [F. Marceau, *Balzac et son monde*, p. 93, à propos des *Secrets de la princesse de Cadignan* : le passage entre guillemets reprend exactement les mots de la princesse dans le roman].

– *en Bivocal-DIL*
– avec MAE interprétable comme *émanant de l*, marquant avec complaisance son recours à un langage à la mode, ou cru..., et que **L** *reproduit*[85] :

---

85 Sans exclure la possibilité, en l'absence d'une MA explicitée, d'une interprétation en « comme il disait » émanant de **L**, ou encore, du cumul des deux, en « comme il disait en soulignant le mot... ».

(103) Hussonnet déclara son déjeuner un peu trop lourd. Sénécal critiqua la futilité de son intérieur. Cisy pensait de même. Cela manquait de « cachet », absolument [Flaubert, *L'Éducation sentimentale*, II, 2].

(104) Homais [...] exposa sur les femmes des théories immorales. Ce qui le séduisait par-dessus tout, c'était le *chic*. Il adorait une toilette élégante dans un appartement bien meublé, et, quant aux qualités corporelles, ne détestait pas le *morceau* [Flaubert, *Madame Bovary*, III, 6, *idt*].

– avec MAE, *émanant de L*, marquant des mots de sa RDA (« un incapable... boulot ») comme textuellement repris au $e^0(a^0)$ représenté :

(105) Les coups de téléphone virulents sont en majorité dus à des problèmes de livraison. Il y a eu cette femme dont la commande avait du retard. J'étais « un incapable qui ne [savait] pas faire son boulot » [*Libération*, 21-03-2005, témoignage d'un téléopérateur de vente par correspondance].

(106) Sermon paternaliste de [X] : Est-ce que je ne comprends pas que « les temps ont changé » ? Que je regarde un peu les choses en face ! Que je me décide à voter « dans le réel » et non « en rêve » et blablabla et blablabla... [cité chap. 4 ex. (70)]].

La grande variété de fonctionnements, ici seulement esquissée, qui se déploie à travers ces divers contextes de RDA, pour cette *forme unique* qu'est la MAE, passe – notamment – par le jeu, différentiel, des traits suivants :

– *statut sémiotique* d'ensemble – ordinaire (DI, MAS) ou autonyme (DD) – du *e* de RDA *dans lequel* s'inscrit la MAE ;
– MAE *explicitée* ((89), (95)), ou seulement *marquée* comme MA (typographie, intonation) ((93), (96)) : le travail interprétatif portant donc – avec incertitude et recouvrements – sur (1) l'assignation au champ de l'emprunt d'une MA par rapport aux autres champs de non-coïncidence[86], et (2), dans ce cas, l'identification de la source de l'élément emprunté[87] ;
– modalisation émanant *de l*, et que L ne fait que reproduire dans la RDA qu'il énonce ((98), (103)), ou bien modalisation qui est *le fait de L* ((97), (102), (105)...) ;

---

[86] Comme dans cette MA où L signale le jeu de mots qu'il entend dans la formulation qu'il propose (conforme ou non à l'original) du dire de *l* : « Il dit qu'il ne veut pas faire de la publicité systématique, qu'il compte plus sur le bouche à oreille, c'est le cas de le dire ! » [conversation, novembre 1994, Il : professeur de chant], dans lequel c'est pour le défigement joueur qu'il y perçoit qu'elle est explicitement modalisée par L, et non comme emprunt.

[87] Le cas de la MAE non-marquée – « allusion » – requérant de plus l'identification interprétative de la présence même d'une MA.

- dans ce dernier cas, d'une modalisation par **L**, renvoi par celui-ci aux mots de *cet* **e⁰(a⁰)** auquel réfère sa RDA (*cf.* (91), (101), (102)...) ou bien à des mots relevant *d'un autre acte* d'énonciation (*cf.* (95), (96), (97)...) ;
- « *étendue* » du segment modalisé allant du mot ((101), (103)) au syntagme, jusqu'à la totalité de ce qui, dans la RDA, relève de la (re)formulation du **e⁰** (c'est-à-dire ce qui n'y relève pas de la catégorisation) : (93), (94), (100), par exemple.

3.3.3 L'« îlot textuel » : un cas particulier de MAE en contexte de RDA énonciativement intégrée

Ce terme est pris ici dans l'acception où il avait été proposé dans Authier (1978 : 28, 73–74), et étudié plus avant dans Authier-Revuz (1996) ; il désigne *une* des configurations d'apparition de la MAE, en contexte de RDA,

(107) l_i dit que/selon l_i, ... « X » (pour reprendre les mots de l_i)

telle qu'elle figure en (89 à 92) ci-dessus ; et telle que les énoncés du type (93), (94), que l'on peut appeler DI ou MAS « quasi-textuels », en présentent une variante avec un « X » d'étendue maximale – forme déjà rencontrée (chap. 7.2.2.3.(ii) p. 241), sous l'angle du fonctionnement paraphrastique, comme cas particulier de paraphrase « à variation minimale ».

Dans le processus de reformulation paraphrastique, en DI ou MAS, d'un **e⁰(a⁰)** par des mots énoncés « en usage » par L, « l'îlot textuel » manifeste la résistance – locale ou étendue – opposée par la matérialité signifiante du **e⁰(a⁰)** à sa traduction, « bloquée » par la MAE. Ce cas particulier de MAE présente donc les *propriétés suivantes* :
(1) contexte d'une RDA à statut sémiotique ordinaire, et ancrage énonciatif unique : DI, MAS ;
(2) MA qui est *le fait de* **L**, caractérisant un élément de sa reformulation d'un dire autre
(3) comme manière de dire *empruntée* (MAE) – et non tout autre valeur de MA – et,
(4), empruntée *à ce dire*, et non à un autre.

Le schéma suivant résume la place de l'« îlot textuel » dans la modalisation (connotation) autonymique, dont il est un cas – contextuellement – particulier :

[XVII]

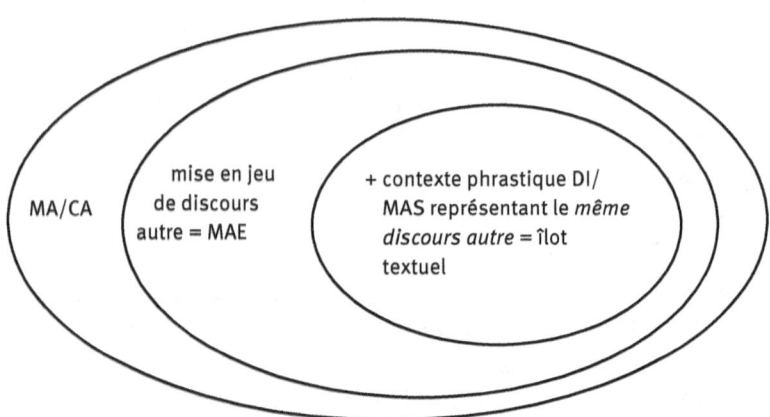

Le caractère commun de cette configuration[88] – fréquent voire stéréotypique dans la presse, les parcours critiques d'ouvrages... – ne doit pas masquer le caractère interprétatif (hormis les cas d'explicitation comme dans la parenthèse de (107)) de l'identification des points (2), (3), (4), si « automatique » que celle-ci puisse apparaître. L'étendue importante du segment modalisé, notamment, paramètre allant fortement dans le sens d'une interprétation en MA d'emprunt (point (3)), n'implique cependant pas strictement le point (4) : ainsi, en (97), la MAE d'étendue maximale renvoyant à un autre dire que celui de *l* ne fait pas de celui-ci un « DI quasi-textuel »[89].

Il est clair qu'ainsi définies, ces formes, dites d'îlots textuels, qui s'opposent au « *e* » de DD, au triple plan dégagé ci-dessus (3.3.1) par leur intégration syntaxique (1) et énonciative (2) et leur textualité obligatoire (3), ne peuvent être décrites, comme c'est souvent le cas[90] – confondant les deux modes – comme des « fragments de DD » : ainsi, Rabatel, par exemple, parlant (2002) d'« îlots textuels de DD » pour des « fragments de DD d'empan limité », réunit-il (2008, chap. 8), pour illustrer la « représentation des voix populaires à travers l'emploi

---

[88] Voloshinov (1977 : 181) l'identifie, en l'illustrant d'exemples de romans, comme « variante verbalo-analytique [qui] intègre à la construction indirecte les mots et les tournures du discours d'autrui. »
[89] Le mécanisme interprétatif jouant pour reconnaître comme îlots textuels des MAE en contexte de DI/MAS, apparaît comme partie prenante d'un fonctionnement discursif global, celui du discours autre « attaché » à l'objet du dire *vs* « associé » au Discours, analysé dans Authier-Revuz (1995/2012 : 300–323), *cf.* aussi ci-dessous chap. 15.
[90] *Cf.* par exemple, Perret (1994 : 102) : « L'îlot textuel est un fragment de style direct [...] », Auchlin *et al.* (2006 : 81) : « îlots de discours direct ».

d'îlots textuels » (p. 524) chez A. Ernaux, des énoncés relevant aussi bien de la MAE (a) que du DD (b) :

(108) (a) MAE   Au pensionnat on ne pouvait pas dire que j'avais *moins bien que les autres*, [...] (*idt*)
    (b) DD   Mon père, [...il] engueule ma mère « t'en mets toujours trop, t'as pas le compas ».

Par conséquent, cette *configuration complexe de RDA*, cumulant de façon régulière deux modes de RDA (DI/MAS *et* MAE) référant au même acte d'énonciation a^0, ne constitue pas une forme « mixte » ou « hybride » « mêlant » DI et DD[91].

Les éléments marqués – guillemets et/ou italiques – qu'ils soient brefs (90, 91) ou étendus (92 à 94) ne présentent pas la rupture énonciative induite par l'autonymie : ils sont pleinement intégrés, syntaxiquement et énonciativement, à l'énoncé de DI ou de MAS, caractérisés par leur ancrage énonciatif unique en **A**, et cela, selon le fonctionnement régulier de la MAE, que cette intégration de la MAE à l'énoncé ne requière pas d'accommodation de déictiques (89, 91) ou que cette intégration à l'ancrage en A y présente une trace (92 : [*il est*], [*sa*] ; 93 : [*son*]) ou au contraire qu'elle y soit « lissée » (90) *mienne* ; (94) : *avait...*).

Il importe de souligner ce point qui permet, différentiellement, de dégager la spécificité des cas, autres et peu fréquents, où, en effet, DI et MAS « basculent » dans du DD dans le cadre phrastique[92], sur le mode

(109) Un ami$_i$ [...] demandait à Gerfaut$_j$ s'il fallait qu'il$_i$ divorce à ton$_j$ avis. [déjà cité chap. 4, note 17, p. 110].
(110) Mais vous$_i$ étiez proche de lui$_j$ à cette époque ? Dans *Les Masques* (1957), vous$_i$ évoquez une conversation, un jour d'automne, « en taillant mes$_i$ haies de buis pendant qu'il$_j$ binait un dessous de roses trémières »... [Conversation avec R. Debray$_j$ (= vous) *in* A. Wald Lasowski *Althusser et nous*, PUF, 2016, p. 56].
(111) [...] Mary$_i$ s'était brusquement jetée sur Joan$_j$ qui lui$_i$ demandait de remédier à « ce désordre abominable que tu$_i$ viens de semer » [M. Barnes *Un voyage à travers la folie*, 1976, p. 337, cité *in* Authier (1978 : 74)].

et d'en interroger – conditions d'apparition et effets discursifs – le mouvement transgressif.

---

91 Analyse présente chez de Gaulmyn (1983) décrivant un ensemble de formes du type *il dit que...* « *X* » comme « forme mixte », « di-dd », « discours indirect comportant un îlot textuel de discours direct entre guillemets » (p. 231 ; aussi p. 243), reprise en termes de « formes intermédiaires ou mixtes » *in* de Gaulmyn (1996 : 30) ; cette conception d'une forme « mixte », « mêlant critères du direct et de l'indirect » intervient notablement dans l'argumentation centrale de L. Rosier (1999) en faveur d'un rapprochement des formes du DD et du DI (*cf.* p. 112, 114, par exemple).
92 *Cf.* Authier-Revuz (1996 : 97–101), (2004 : 48–49).

De la même façon, si on peut parler de « DD avec que » pour des occurrences du type *il$_i$ dit que je$_i$...* qui, observables sans être fréquentes en français contemporain (*cf.* chap. **9** (15–17) p. 342), présentent dans le cadre phrastique la dualité d'ancrages énonciatifs en **A** et en ***a*** propre au DD, il n'en va pas de même pour des énoncés du type :

(112) Il affirme que « la situation s'améliore » ; Le ministre estime que « nous sommes sur la bonne voie ». (avec un nous incluant **L** et **R**) ; Montaigne dit que la mort est le bout pas le but de la vie.

inscrivant de façon régulière une MAE, locale ou étendue, dans un DI, pour lesquels une analyse en « DD avec que » relève de l'effacement de la distinction entre « ***e*** » de DD et MAE (*cf.* Remarque 9 ci-dessous).

Cette analyse en « DD avec que » – par opposition à la description comme DI avec MAE formulée ci-dessus – est, dans une perspective autre que celle de cet ouvrage, proposée par U. Tuomarla (2000 : 147–156) ou Rosier (2002, 2008 : 95–97), pour des exemples, très communs dans la presse, du type :

(113) [...] il prophétise que « *le siècle qui s'annonce sera un siècle de droite* », plus conservateur que progressiste [*N. Obs*, 1997, cité *in* Tuomarla 2000 : 149]
(114) À Paris, la délégation nord-vietnamienne [...] affirme que « la force d'union des peuples vietnamien, khmer et lao est invincible » [*Le Monde*, 1970, cité *in* Rosier 2008 : 96].

cette extension à « du DD » d'éléments guillemetés dans l'incidence de verbes de parole introducteurs étant susceptible d'aller jusqu'à des segments présentant des accommodations à l'ancrage des déictiques en **A** (soulignés ci-dessous)

(115) MM. Raymond Barre et J. Chirac [...] ont indiqué dans une déclaration commune qu'ils « *s*'opposeron*t* ensemble à tout changement de la loi électorale actuelle » [*Le Monde* 28 mars 1985, cité d'après Grévisse-Goose, 1983, *in* (Rosier 2002 : 27)]
(116) [Edith] se dit « heureuse de porter ***sa*** part de la croix pour le salut du peuple juif ». [*N. Obs.* 15.10.1998, p. 24, cité *in* Tuomarla (2000 : 34)]

Remarque 9 : Polysémie de « îlot textuel ». On notera par ailleurs que la fortune de ce terme (trop ?) « parlant » d'îlot textuel lui a conféré une redoutable polysémie... À côté d'emplois correspondant à la définition rappelée ci-dessus en [XVII] (mise en œuvre par exemple par P. Von Münchow (2001 : 433*sq.*), A. Krieg (2003 : 263 *sq.*), G. Komur (2003)), notons d'autres emplois (ne relevant pas de la confusion MAE/DD) :
– celui de R. Martin (1983), étendu – au delà de ce que délimite le schéma (XVII), illustré par (89–94) – à toute MAE *en contexte de RDA* (*cf.* note 83, ci-dessus) ;
– celui, tout à fait autre, de Nølke *et al.* (2004 : 77–83) qui (1) s'attachant aux fragments guillemetés « hors DI », (2) esquissent une « typologie des IT » qui, au-delà des manifestations d'un discours autre (notre MAE) comprend les cas où « le locuteur-narrateur discute avec lui-même » à propos du langage (incluant par là d'autres champs de la MA) : la notion convoquée de « textualité » – classiquement associée à l'idée d'un rapport de plus ou moins

grande similitude formelle à un autre discours, et centrale à ce titre pour la MAE, ne renvoyant alors qu'à ce qui est le fait, définitoire, de toute modalisation autonymique, sa réflexivité opacifiante sur les mots énoncés[93].

4 Note récapitulative sur le guillemet

On notera, ici, quelques points pour synthétiser les remarques éparses faites au fil du chapitre à propos des guillemets[94].

Principal signe typographique de statut métalinguistique[95], il est la marque de l'*autonymisation* la plus neutre qui soit : en deçà des oppositions entre *type* (12) et *token* (13–14) pour les autonymes, comme entre signe autonyme et en modalité autonymique (10). Ainsi, les guillemets interviennent-ils dans le marquage de la RDA, au titre de la place qu'y occupe l'autonymisation, mais *sans être* par eux-mêmes *une marque de RDA* : c'est contextuellement qu'ils deviennent signal de DD, littéral ou non (plutôt que d'autonyme de *type*), ou de MAE (plutôt que toutes les autres valeurs, extérieures à la RDA, de la modalité autonymique).

Comme signe *double* il indique de façon univoque sa portée, remplissant de façon spécifique une fonction de *délimitation* des « **e** » que n'assurent pas de façon régulière les marqueurs morpho-syntaxiques : ainsi, au DD, en (117, 117'a, b, c) où les guillemets désambiguïsent l'étendue du « **e** » dans **E**, et avec elle le sens de l'énoncé :

(117) Il dit : Je suis inquiet. Cela me fait du souci. Il ne parvient pas à se détendre.
(117'a) Il$_i$ dit : « Je$_i$ suis inquiet ». Cela me$_k$ fait du souci. Il$_i$ ne parvient pas à se détendre. [k = L]
(117'b) Il$_i$ dit : « Je$_i$ suis inquiet. Cela me$_i$ fait du souci. » Il$_i$ ne parvient pas à se détendre.
(117'c) Il$_i$ dit : « Je$_i$ suis inquiet. Cela me$_i$ fait du souci. Il$_j$ ne parvient pas à se détendre. »

et (118) en MAE :

(118) L'homme est le résultat d'un curieux bricolage, comme dit François Jacob, au niveau évolutif [*Le nouveau F*, mars 1983, p. 85].

---

93 *Cf.* aussi Fløttum (2004 : 122) explicitant l'emprunt de ce terme « fort heureux » et son extension « aussi bien [...] hors DI », et au delà du renvoi au discours autre, à tout fragment guillemeté (non de DD) – c'est-à-dire, au total, à toute MA.
94 Je renvoie à Authier-Revuz (1992b : 496–545), (1998) et, pour une présentation schématique, (1995/2012 : chap. **3**.5).
95 Comme le souligne J. Rey-Debove (1978 : 48), dans son inventaire des ressources du métalangage naturel, qui ne lui adjoint que le tiret de dialogue, d'emploi plus restreint ; on y ajoutera la part des emplois de l'italique où il commute, ou se combine, avec les guillemets.

où, faute de guillemets, le lecteur – sauf s'il connaît l'énoncé source – ne peut identifier avec certitude l'empan de l'emprunt...

Ce signe typographique n'a pas de strict correspondant *oral*[96] : la signalisation prosodique des « *e* » de DD et de MAE apparaît à la fois en défaut et en excès par rapport aux guillemets graphiques : à travers le continuum des réalisations intonatives, accompagné de la gamme modalisante des « gestes » de guillemets, elle ne présente pas le caractère *discret* du signe double, ni pour le marquage d'un fait autonyme, ni pour la délimitation du segment concerné ; et, ignorant la *neutralité* du guillemet, pure marque d'autonymisation, elles « chargent » celle-ci d'ironie, de rejet, d'adhésion, de complicité, d'emphase, *etc*.

L'opposition[97] entre le caractère *redondant/non redondant* du signe typographique dans l'identification respective des « *e* » autonymes/en modalisation autonymique, telle qu'elle apparaît, par exemple, en (35b), où le segment autonyme est syntaxiquement identifiable comme tel, *vs* (77) où la modalisation autonymique requiert la marque :

(35b) [...] ressortait du comme d'habitude interrogatif lancé par Monsieur Louis [...].
(77)   Il faudrait un peu de « charité » dans cette affaire.

témoigne de la différence de statut entre le corps étranger (sémiotique, syntaxique, énonciatif) de l'autonyme et le fonctionnement intégré de l'élément modalisé.

Mais le rôle du guillemet ne se ramène pas à ce constat : d'une part, on l'a vu ex. (42), il est des autonymes qui, hors construction phrastique, ne sont identifiés comme tels, univoquement, que par le signe typographique ; et, d'autre part, des guillemets, redondants quant à l'identification d'un fait d'autonymie syntaxiquement marqué, pourront (*cf*. (117) ci-dessus) ne pas l'être quant à leur fonction de délimitation. Inversement, lorsque la modalité autonymique est explicitée par un commentaire méta-énonciatif la pertinence du guillemet est ramenée à la fonction de délimitation.

La *neutralité* du guillemet, relativement à l'opposition (sémiotico-syntactico-énonciative) entre autonymie et modalisation autonymique, conduit à une *configuration* graphique courante où c'est une séquence hétérogène qui est enclose entre les deux guillemets, juxtaposant en deux phrases contiguës, une MAE d'îlot textuel et un DD, conjoints au titre de leur dimension autonymique partagée, sur le mode (119), comme en (120), (121) par exemple :

---

96 Comme le note Anis (1989 : 35).
97 Soulignée par Rey-Debove (1978 : 259), formulée par Klokow (1978 : 15), dans une étude consacrée au guillemet, en termes de guillemets « conventionnels » *vs* « modalisants ».

(119) Il dit que /selon lui... « MAE. DD ».
(120) Il raconte qu'il a « toujours eu peur de perdre [ses] cheveux. Je me disais : merde, c'est fini pour le personnage du grand blond » [*Libération*, 25-01-2001, p. 48].
(121) Selon Xavier Emmanueli, ce texte, tant attendu par les associations, « *ne pourra pas se faire sans elles. Nous les consulterons largement. [...] on ne parachutera rien* » [*Libération*, 07-01-2008, p. 13, *idt*].

Voloshinov (1929 : 182), qui signale cette configuration graphique, l'illustre par la variante, également courante, à « double verbe de parole » de part et d'autre de la séquence guillemetée :

(122) Il dit que... « MAE. **e** de DD » dit-il.
(123) [...] il$_i$ déclara [...] que celui-ci avait été [...] et « *n'élevait pas les enfants comme il faut. Sans moi$_i$, le petit, il aurait été bouffé par les poux* » ajouta-t-il [...]. [Dostoievski, cité *in* Voloshinov (1929 : 182), italiques de Voloshinov]

Quelle que soit la variante – avec ou sans incise pour le DD – la « mise en facteur commun » par le guillemet, indifférent à l'opposition autonymie/modalité autonymique, de la dimension autonymique inhérente aux deux formes, n'altère pas la régularité – syntaxique, énonciative, sémiotique – des deux unités phrastiques distinctes (DI ou MAS à îlot textuel, puis DD).

Cette configuration typographique fréquente, sans rapport avec les émergences – transgressives (et de ce fait intéressantes) – de DD *dans* une phrase de DI ou de MAS, telles (109–111) ci-dessus ou :

(124) Le livre commence à l'hôpital, au moment où Catherine Duby$_i$ évoque magistralement comment « ma$_i$ vie tient à un fil » [*Libération*, 09-2008].

ne saurait non plus être versée au compte de l'« hybridicité/mixité » des formes de discours rapporté, sur la base de leur analyse comme « formes de DD avec *que* ». La disposition que note (119) occupe pourtant, au titre de « DD en *que* », une place non négligeable dans les argumentations en faveur de la « mixité » dans le champ du « discours rapporté » : il en est ainsi, par exemple, de ces énoncés[98] dans lesquels je marque le découpage en phrases (1 de DI, 2 de DD) de la séquence entre guillemets :

(125) Emmanuel avance quelques explications : « ... ». {Et d'ajouter que si « *fonctionnaire c'est avoir des privilèges, il ne faut pas justement se laisser aller au train-train.*}$_1$ {*Mais je sens que ça évolue. Peut-être parce que certains qui entrent aujourd'hui dans l'administration viennent d'ailleurs, avec un autre esprit* ».}$_2$ [*Libération*, 30-09-1996, *idt*]

---

[98] Relevés respectivement chez Tuomarla (2000 : 154–155), Maingueneau (2000 : 130) comme exemplifiant « l'hybridation » du « DD avec *que* ».

(126) {Pris dans un flot de souvenirs qui ressurgissent, ce dernier raconte que sur le moment « c'était trop dur à supporter.}$_1$ {Je n'avais plus de réflexe. J'étais devenu spectateur ».}$_2$ [*France-Soir*, 19-03-1997]

Cette configuration typographique (119) de succession immédiate entre guillemets « MAE. DD. » permet – sans que cela soit une contrainte – de marquer la contiguïté, dans l'énoncé e^0, objet de la représentation, des éléments ainsi juxtaposés en « *e* », comme en (120, 121, 125, 126), contrairement à la disjonction en deux couples de guillemets, illustrée par (127), qui est compatible avec toutes les possibilités quant à l'enchaînement dans la temporalité de a^0 (*cf*. (128)) des deux éléments :

(127) À l'heure où la précocité gagne tous les sports, lui, dit qu'elle lui a dérobé une partie de son enfance. Vite parvenu aux alentours de la 20ᵉ place mondiale, il a senti, malgré les encouragements flatteurs, « que ça ne durerait pas ». « Je suis arrivé trop jeune sur le circuit. » [*Libération*, 29-04-1997].

(128) Il$_i$ a dit que ... « MAE ». « DD » (enchaîne-t-il$_i$, complète-t-il$_i$ aussitôt, ajoute-t-il$_i$ au bout d'un moment, dit-il$_i$ aussi, dit-il$_i$ par ailleurs, volontiers,...).

On notera, en anticipant sur la spécificité de l'autonymie bivocalisée (du Biv-DIL, ci-dessous 5) distincte de l'autonymie stricte du DD, que l'on retrouve la possibilité de conjoindre entre guillemets des éléments hétérogènes – DD et Biv-DIL sur la base de leur commune dimension autonymique, comme dans les deux exemples (cités par Wagner et Pinchon (1991 : 99)[99] pour illustrer l'alternance du style direct et du style indirect libre) :

(129) a Il [La Chapelle] me demanda ce qu'il avait à faire. « Démentir, lui dis-je, les deux mémoires et leurs preuves par un mémoire et des preuves contraires et bien évidentes... Si au contraire il n'était pas en état de présenter un mémoire de cette transcendance, se taire et tendre le dos en silence sous la gouttière. » (Saint-Simon).
   b M. Aubin... décacheta la lettre, tressaillit et, d'une voix basse, avec un regard profond : « C'est un malheur qu'on vous annonce. Votre neveu... Il était mort. On n'en disait pas davantage. » (G. Flaubert).

---

99 Si la comparaison du deuxième exemple avec le texte original de « Un cœur simple » dans lequel seul le DD est entre guillemets interdit d'attribuer le placement des guillemets à Flaubert – et peut, dans le premier exemple, conduire à s'interroger sur la responsabilité de Saint-Simon – ces exemples constituent néanmoins, en tant qu'énoncés par les auteurs de la grammaire, des occurrences de guillemets « englobants ».

5 Une autonymie « bivocalisée »

5.1 Les modes autonymiques de la RDA : une trilogie

Les deux structures de l'autonymie et de la modalisation autonymique, définissables et observables indépendamment du champ de la RDA, se réalisent dans celui-ci au travers, respectivement, des deux modes du DD et de la MAE ; ceux-ci s'opposant par là au DI et à la MAS dont les modes de représentation s'exercent comme reformulation paraphrastique d'un contenu qui, « en usage », n'implique pas[100] le plan d'une matérialité signifiante « mentionnée ».

En revanche, c'est du champ de la RDA que relève la reconnaissance, commune, d'une dimension autonymique du Bivocal-DIL qui se manifeste à travers les métaphores classiques convoquées pour saisir le « mélange », la « superposition des voix » de son énonciation double : dans leur diversité apparaît quelque chose de la *corporéité* du dire représenté : c'est le « *ton* » du référent *e⁰*, la singularité de la parole d'un *l* que sa représentation *e fait entendre* ; le « discours rapportant se faisant l'*écho* d'une autre voix »[101] ; une voix qui en « mime » une autre[102], etc.

C'est à cette dimension autonymique que renvoie le très imprécis « quelque chose de la forme », noté ci-dessus (chap. **2.2.2**, p. 56) dans la spectrographie de l'énonciation pratiquée par la RDA, comme élément requis pour le mode Bivocal-DIL, aux côtés du DD et de la MAE. La partition opérée dans le champ de la RDA par l'autonymie est très explicitement mise en avant par G. Philippe (1997) dans sa belle étude de la représentation du « discours en soi » (intérieur) dans les romans de Sartre : s'y manifeste, en effet, un « choix de l'autonymie »[103], « inscrivant le paysage verbal de la conscience » avec ses variations plus ou moins « contrôlées » sur un clavier DD, DDL, DIL, excluant tout recours au DI qui, contrairement à ces modes, évacue « le souci de la monstration »[104] lexicale, syntaxique, rythmique

---

100 Même si, bien entendu, ils peuvent l'admettre, via la MAE (*cf.* MAS et DI avec îlots textuels, ou quasi-textuels).
101 Herschberg-Pierrot (1993 : 116).
102 Ph. Lejeune (1980 : 31).
103 Philippe (1996 : 138 *sq.*) et (1997 : chap. 4).
104 « Monstration » est, bien sûr, pris par G. Philippe dans un sens équivalent à *mention* ou à *autonymie*, c'est-à-dire ne relevant ni de la conception de l'ensemble de la RDA comme « monstration » (*cf.* ci-dessus Remarques 1, 2), ni de l'acception (*cf.* Nølke *et al.* 2004 : 63, 76) où le « montré » s'oppose – « par ses « phrases indépendantes », au DDL et DIL – par exemple au « dit » du DD introduit, explicitant par l'*inquit* le fait de la représentation.

qui les caractérise, en se situant « sans changement de mode sémiotique » au plan sémantique d'un contenu à reformuler.

Cet accord sur l'appartenance du Bivocal-DIL à une trilogie « autonymique » de la RDA – c'est-à-dire produisant des images d'un dire autre « à signifiant résistant » – débouche sur une interrogation quant au statut sémiotico-énonciatif de cette « bivocalité autonymique » par rapport aux configurations, classiquement identifiées dans la langue, de l'autonymie et de la modalisation autonymique mises en œuvre, dans le champ de la RDA, par le DD et la MAE. Autrement dit se pose la question de l'exacte incidence de cette bivocalité énonciative – « paradoxale, instable, contre-nature[105]... » – sur le fonctionnement de la mention.

Ce qui suit ne prétend pas fournir une « réponse » à cette question mais seulement quelques éléments dont il faut sans doute tenir compte pour en envisager une.

Je rappelle (3.1 ci-dessus et tableau XVI) les traits par lesquels – au-delà de leur commune « dimension autonymique » – DD et MAE s'opposent, comme l'illustrent, à partir d'un même référent e^0, ces énoncés

(130) a DD   Jean a dit : « C'est un plan ringard, ça ne me dit rien ».
      b DD   Jean a dit : « Ça ne me plaît pas, c'est démodé ».
(131) MAE   Jean n'est pas venu à cette fête « ringarde », qui ne « lui disait rien ».

au triple plan
- *énonciatif* : des ancrages référentiels du *e*, en *a* au DD (130), en **A** en MAE (131),
- *syntaxique* : du *e* isolable au DD, intégré en MAE,
- de la *littéralité* : du *e* mentionné par rapport au référent e^0, prescrite en MAE, possible au DD (130 a *vs* b).

5.2 Bivocal et MAE à ne pas confondre

On peut être tenté, sur la base, saillante, de l'ancrage de la déixis primaire – personne et temps – en **A** que, dans la trilogie autonymique, le Bivocal

(132) a Biv-DIL $Jean_i$ a fait la moue : « C'était un plan ringard, ça ne lui_i disait rien ».
      b Biv-DIL $Jean_i$ a fait la moue : « Ça ne lui_i plaisait pas, c'était démodé ».

partage avec la MAE (131) (et non avec le DD (130)) de rapprocher ces deux modes.

---

105 *Cf.* chap. 4.3.

Tel était le cas dans ma première approche du discours rapporté[106], assimilant le DIL au « parler avec les mots de *l* » de la « connotation autonymique » empruntée à J. Rey-Debove, « étendue » aux dimensions de l'énoncé.

C'est aussi ce qui joue, me semble-t-il, dans les renvois au DIL[107] d'éléments intégrés à la syntaxe de l'énoncé – relevant selon moi de MAE du type « comme dit *l* » – tels, par exemple dans :

(133) Je lus hier [...] une lettre du bonhomme La Maison ; [...] il ne m'en dit pas un mot, et salue toujours humblement Madame la Comtesse, comme si elle était encore à mes côtés [Madame de Sévigné, lettre du 21 octobre 1671].

l'appellation « Madame la Comtesse » (renvoyant à Madame de Grignan, destinataire de la lettre de sa mère) caractérisée « fragment de DIL » dans une étude stylistique (de Boissieu *et al*. 1987 : 102) ; ou encore les majuscules d'emphase marquant la distanciation ironique de l'auteur cité (J.P. Martin) vis-à-vis de l'écho excessif donné selon lui à Céline par l'université, que J.-M. Viprey analyse comme DIL dans le commentaire qu'il en donne :

(134) (« Ce Génie de la Littérature aura donné des gages, par avance, à cette horreur » : notons les majuscules de discours indirect libre) [Viprey, 2001 : 133, idt].

Cette assimilation du Bivocal-DIL et de la MAE paraît criticable à plusieurs égards. Il y a d'une part la différence irréductible dans le rapport du dire à un dire autre[108] entre le « parler *comme* » de la MAE et le « parler *avec* » du Bivocal : le premier relève de *l'emprunt par **L** de mots de **l***, dont il fait usage en mentionnant[109] leur caractère d'emprunt ; le second n'est pas, lui, le fait d'un « emprunt » de mots par **L**, mais d'un *partage* du dire, divisé entre les deux paroles de **L** et ***l***.

Loin de troubler cette opposition, le cas – certes minoritaire, mais non exceptionnel[110] – où c'est un énoncé entier qui est énoncé « en MAE », l'éclaire : ainsi, dans

---

106 Authier (1978 : 76–85) « Note sur le discours indirect libre » et (1979 : 224 *sq*.).
107 *Cf*. aussi (4.1.3.3 Remarque, p. 115) l'« effet de DIL », évoqué à propos d'un « ce connard de… » dans un DI.
108 Inscrite dans l'opposition (chap. **3**) entre le *parler d'après* (une source) dont relève la MAE, comme la MAS, et le *parler de*, dont relève, aux côtés des DD et DI, le Biv-DIL.
109 *Cf*. ci-dessus 3.1, p. 287, le cumul sémiotico-énonciatif *hiérarchisé* de la connotation/modalisation autonymique où « on emploie le signe et [en plus] on le cite ».
110 *Cf*. chap. 3.3 « Oignez vilain, il vous poindra (comme dit le proverbe) » et ci-dessus (88) « la femme est l'avenir de l'homme comme disait l'autre ».

(135) C'est évidemment une bonne nouvelle, mais, comme disait la Maman Bonaparte : « Pourvu que ça dourre ! » [corresp. 02-04-2005].

L prend à son compte l'énoncé qu'il emprunte, avec ses mots et sa modalité d'énonciation : il s'exclame comme Lætitia, là où, au bivocal (136), la modalité d'énonciation est montrée comme celle de *l*, aussi étrangère au **L**, qui ne « l'emprunte » pas, qu'elle le serait au DD (137).

(136) Biv X_i a appelé. Est-ce qu'on peut l_i'emmener, toi ou moi, à Roissy, à 5 heures du matin, demain ? Il rêve ! [oral 10-04-2005].
(137) DD X_i vient d'appeler. Est-ce que vous pouvez m_i'emmener [...] ? Il rêve !

Si c'est sur une série de propriétés que le Biv-DIL s'oppose strictement à la MAE, ce qu'il partage, ou non, avec le DD doit être précisé.

5.3 Divergences/convergences avec le DD

5.3.1 La textualité du *e*
Contrairement à la MAE, impliquant la *textualité* des « manières de dire » mentionnées sur le mode d'un « comme il dit », le Bivocal peut – à l'instar du DD – proposer comme image, en mention, du e^o représenté, des reformulations résumantes, en substance, ostensiblement stylisées ou caricaturées...

Ainsi peut-on aisément « convertir » au Bivocal les divers DD affichant leur caractère non-textuel, tel par exemple le long monologue intérieur de Rastignac (53)

> Tout le monde aujourd'hui se moquait donc de lui ! [...] il fallait viser Dieu !

qui accepterait aussi bien qu'au DD le commentaire du narrateur

> Ces paroles sont la formule brève des mille et une pensées entre lesquelles il flottait.

De même, le bivocal, comme le DD, fait aisément place aux impatiences de **L** coupant court – *etc., et patati et patata,...* – à la poursuite d'un dire prévisible, répétitif et/ou stéréotypé : ainsi, outre le *blablabla* stoppant l'évocation du « sermon paternaliste » évoqué ci-dessus (106)

(138) Descends de là, Pitoune.
   [...] j'ai sauté d'abord et j'ai pleuré ensuite, exigeant de remonter. Pourquoi pas ? {Il avait voulu que je voie, et maintenant je ne voyais plus, et gnagnagni et gnagnagna.} [C. Baroche, *Et il ventait devant ma porte*, 1989, p. 330].

(139) — J$_i$'ai surpris les Labbé {...} j$_i$'ai écouté leur conversation. J$_i$'en étais le seul objet, mais pour être précis, au seul titre de gêneur menaçant de compromettre leur situation matérielle, financière et sociale. {Comment tournerait l'inévitable procès ? Quelle part de fortune sauveraient-ils ? etc., etc...} Dois-je$_i$ donner des détails ? Est-ce vraiment nécessaire ?
Le président secoua la tête [P. Nord, *La Vierge du Rhin*, Fayard, 1970, procès de « je$_i$ » accusé faussement].

comme aussi aux *ceci/cela* ; *celui-ci/celle-là*, *l'un...l'autre* sans antécédent, « vidant » l'image du dire de ses éléments jugés sans intérêt

(140) La môme demande pardon. {Elle s'est laissé entraîner... Elle ceci, elle cela.} [San Antonio, *De A jusqu'à Z*].
(141) Quand il retrouve Sophie, il n'arrête pas de gémir. {On lui a fait ceci, on lui a fait cela, on le regarde de travers, il se sent l'objet de sombres calomnies}. Complètement parano, le capitaine [G. Dorman, *Le roman de Sophie Trébuchet*, Albin Michel, 1982, p. 116].
(142) Il vint des partis d'importance./ La belle les trouva trop chétifs de moitié :/ « Quoi ! moi ? quoi ! ces gens-là ? l'on radote, je pense./ À moi les proposer ! hélas ! ils font pitié :/Voyez un peu la belle espèce ! »/ {L'un n'avait en l'esprit nulle délicatesse ;/ L'autre avait le nez fait de cette façon-là :/ C'était ceci, c'était cela ; /C'était tout} ; car les précieuses/ Font dessus tout les dédaigneuses. [La Fontaine *Fables* VII-4][111].

Relevant toujours du caractère « ouvert » – comme le DD – du degré de sa textualité, le *e* bivocal signale aisément (commentaire, guillemets, italiques) autant la non conformité (143) que l'exactitude littérale (144, 145) d'un fragment[112]

(143) Quelque temps après [F. Mitterrand] me demanda de l'aller voir. [...] Il me dit qu'il prêtait attention à ce que j'écrivais, à mon ton, à mon style... {Serais-je intéressé d'être mêlé à son environnement (il employa un autre mot que j'ai oublié, car celui-ci n'existait pas à cette époque) politique ? Non, je n'avais de goût que pour l'écriture [...]} [J. Cau, *Croquis de mémoire*, 1986, Press Pocket, p. 12].
(144) Rappelle-toi... [...] {Tu avais des lacunes /fatales, c'était ton mot [...]} [exemple chap. 4 (71)].
(145) Bernard Kouchner, lui, resta longtemps pour exprimer sa colère. Il allait de groupe en groupe pour déplorer [...] le poids des féodalités locales, imperméables à toute évolution. {Bref, pour lui, la coupe était déjà pleine. Il ne resterait pas « *avec le PC* »} [*Le Monde*, 14–06–1988, « Matignon par gros temps », *idt*].

---

111 Texte analysé par A. Jaubert (2000 : 63). Balzac, dans la nouvelle *Le bal de Sceaux*, en offre un plaisant écho dans son évocation des « objections plus bouffonnes les unes que les autres » d'Émilie de Fontaine, jeune aristocrate gâtée, à l'encontre de ses prétendants « l'un avait les jambes trop grosses ou les genoux cagneux, l'autre était myope, celui-ci s'appelait Durand, celui-là boitait [...] ».
112 *Cf.* ci-dessus (103–106).

On voit que, loin de la littéralité contrainte de la MAE, la « monstration de signifiant » à l'œuvre au Bivocal-DIL autorise une variation – de la reformulation désinvolte à la fidélité attentive, en passant par toutes les pondérations des manières de dire de *l* et **L**[113] – comparable à celle du DD... à une différence (essentielle) près ; celle de la reproduction à l'identique permise pour le *e* du DD – corps étranger homogènement ancré énonciativement en *a* –, là où la bivocalisation du DIL impose au *e* l'emprise de l'ancrage référentiel hétérogène en **A**. C'est-à-dire que le plus maximalement littéral des Bivocal-DIL demeure, contrairement au *e* de DD, inhomogène parce que divisé : le mécanisme de la représentation autonyme à degré de textualité « ouvert » commun au DD et au Bivocal-DIL est nécessairement ainsi « restreint » par la bivocalité.

5.3.2 Comportement syntaxique du *e* bivoval

C'est sur un autre point que, dans la trilogie des formes de RDA à dimension autonymique, le Bivocal-DIL se distingue radicalement de la MAE, alors qu'il le partage, *partiellement*, avec le DD : celui de l'intégration/autonomie syntaxique de l'élément **e** dans le contexte où il s'insère.

Pour la MAE, quelle que soit la forme sous laquelle elle se réalise, on a vu que l'élément modalisé *(« X », X, comme il dit, ce qu'il appelle X...)* s'intègre syntaxiquement à l'énoncé dans lequel il commute avec le X standard correspondant, sur un mode étranger au Bivocal-DIL.

En revanche, si on met en rapport le comportement syntaxique des *e* du Bivocal-DIL et du DD, il faut envisager (i) ce qui les rapproche : la possibilité d'un fonctionnement autonome, et (ii) ce qui les distingue : les constructions dans lesquelles ils peuvent entrer.

(i) autonomie de **e** *?*

Le Bivocal-DIL rejoint l'autonomie syntaxique que *peut* (*cf.* 2.1.3.b) présenter le DD avec lequel il alterne aisément et n'ignore aucune des formes – typographiques ou intonatives – soulignant cette autonomie[114], telles guillemets[115], tirets et/ou

---

113 Rencontrées (chap. 4 Remarque 4, p. 136) à propos des désignations de *l*, formulées par **L**, outrepassant le mécanisme de l'ajustement référentiel.

114 La présence d'une incise de type « dit-il » n'est pas pertinente de ce point de vue puisqu'elle est partagée par tous les modes de RDA, MAE comprise (*cf.* chap. **9**.3.2.2 (29), (30), p. 351)

115 Dans le souci de souligner le caractère « ambigu » du DIL, par rapport au DD, on tend volontiers à ignorer l'indiscutable possibilité du marquage du « e » de Biv-DIL (*cf.* par exemple Ducrot (1980 : 57), Simonin (1984 : note 61 : 178/202), ou Jeandillou (1997 : 74) ; même si leur mise en

disposition en répliques de dialogue[116], selon les combinaisons les plus diverses – telles, par exemple :

(146) Quoi qu'il en soit, M. de Bévallan$_i$, à l'audition de ce récit, nous assourdit de ses$_i$ cris de désespoir.
— Comment ! Mlle Marguerite avait souffert ces longues anxiétés, et lui$_i$, Bévallan$_i$, ne s'était point trouvé là ! Fatalité ! [...] il ne lui$_i$ restait plus qu'à se$_i$ pendre, comme Crillon ! – Eh bien ! s'il n'y avait que moi pour le dépendre, me dit le vieil Alain en me reconduisant, j'y mettrais le temps ! [O. Feuillet, *Le roman d'un jeune homme pauvre*, 1879, Calmann-Lévy, p. 190].

(147) [...] je$_i$ lui$_j$ demandai de nouveau s'il$_j$ ne voulait pas de nouveau envisager Sophie.
« — Non ! il$_j$ irait au diable plutôt que d'envisager Sophie. Allegra ou personne. [...] »
[J. Webster, *Mon ennemi chéri*, trad. fr.].

(148) — Faudrait peut-être pas aller ce soir, hasarda Lebrac$_i$ pensif.
Camus$_j$ bondit — Pas aller ! Ben il$_i$ la baillait belle le général$_i$. Pour qui qu'on le$_j$ prenait, lui$_j$, Camus$_j$! Par exemple, qu'on allait passer pour des couillons !
Lebrac$_i$ ébranlé se rendit à ces raisons [L. Pergaud, *La guerre des boutons*, chap. 4].

(149) [Fantec$_i$] balbutia un pardon :
— C'est vrai, qu'il$_i$ n'aurait pas dû la$_j$ déranger... elle$_j$!...
— Moi$_j$! répondit Gaud$_j$ vivement, et pourquoi donc pas moi$_j$, Fantec$_i$?
La vie lui$_j$ était revenue brusquement, car elle$_j$ ne voulait pas encore être une désespérée aux yeux des autres [...] [P. Loti, *Pêcheurs d'Islande*, 1886, Ve partie].

(150) Il$_i$ s'informa si Sabine$_j$ lisait. — Non. D'abord, elle$_j$ n'avait pas de livres. Il$_i$ lui$_j$ offrit les siens$_i$. — Des livres sérieux ? demanda-t-elle$_j$, inquiète. — Pas de livres sérieux, si elle$_j$ ne voulait pas. Des poésies [R. Rolland, *Jean Christophe*, tome 3, « L'adolescent » – « Sabine », d'après Lips (1926)].

Ce sont aussi toutes les formes inscrivant le « *e* » de DD dans un rapport de cohérence sémantique – verbe « annonceur » (42), apposition, anaphore – avec le *e*, que partage le Bivocal-DIL : avec verbe (a) ou nom (b) de parole, avec point ou deux points, *e* avec ou sans guillemets, commençant ou non par une majuscule, tels :

(a)[117]

(151) Le général se mit à *gourmander* sa fille$_i$: « Elle$_i$ avait harcelé Catherine et l'avait mise hors d'haleine alors qu'il n'y avait nulle raison de se hâter » [J. Austen, *Northanger Abbey*, trad fr.].

œuvre littéraire a pu privilégier pour le Biv-DIL, plus que pour le DD, la forme à marquage zéro (Jean$_i$ est arrivé. Je$_i$ suis ravi./Il$_i$ était ravi.), les deux modes (à autonymie) *peuvent* être guillemetés ou non.
116 Largement illustré dans Bally (1914), Lips (1926 : chap. 5).
117 *Cf.* : *Il l'interroge, annonce la couleur, se le reprochait, s'excusa, l'interrompit, larmoyait, interpelle sa femme, se mit à parler, tempête, se lamente, s'explique*, etc.

(152) Les flics$_i$ attaquent sur le thème : Vous$_j$ nous$_i$ avez lâchés. Sarko$_j$ *proteste*. {C'est un malentendu, il$_j$ les$_i$ soutient}. D'ailleurs, ajoute-t-il$_j$, le ministère prendra en charge les frais d'avocats des policiers accusés de la bavure [*Le Canard enchaîné*, 23-11-2005, p. 3].

(b)[118]

(153) Le juge lui$_i$ adressa sommairement les *six interrogations suivantes* : — L'effet argué de faux, ne portait-il pas une signature vraie ? — Avait-il$_i$ eu, avant cet effet, des affaires avec monsieur le comte d'Esgrignon ? [...] — N'avait-il$_i$ pas été absent à telle époque ?
Ces questions furent résolues affirmativement par du Croisier$_i$.
[...] le juge termina par *cette foudroyante interrogation* : — Du Croisier$_i$ savait-il$_i$ que l'argent de l'effet argué de faux était déposé chez lui$_i$ [...] ? [Balzac, *Le Cabinet des Antiques*].

(154) Et si Montand$_i$ n'a pas annoncé la couleur de l'oseille à l'antenne ce soir là, il a *une explication toute simple* : « Personne ne lui$_i$ a posé la question » [*Le Canard enchaîné*, 13-1-1988, p. 5].

(155) Elle$_i$ murmura à ce moment *une question* : quand pourrait-elle$_i$ recommencer à vivre, alors que jusqu'ici elle$_i$ ne se consacrait qu'à ses$_i$ enfants [...] ? Elle$_i$ s'adressait à moi comme [...] [E. Goldbeter-Merinfeld, *Deuils et fantômes*, 1998, p. 79].

(156) Actuellement, désenchantement, regrets divers, rancunes diffuses. *Idée de persécution* : « Les prêtres la brûleront comme Jeanne d'Arc. La duchesse de V a empêché son mariage, etc. » [Dr. G. de Clérambault, *Certificat d'internement infirmerie spéciale de Paris*, 01-12-1920].

De même, un SN de parole[119] y paraît, aisément (a), *après* le *e* de Bivocal-DIL (séparé de celui-ci par un point, deux points ou une virgule), en rapport anaphorique (souvent explicité par un démonstratif, ou *tel*), de la même façon (b) qu'avec le *e* de DD :

(157) a « Il$_i$ ne reviendrait pas. » *Cette déclaration* de Jean$_i$ les a consternés.
  b « Je$_i$ ne reviendrai pas. » *Telle a été sa$_i$ dernière parole*.

Ainsi, par exemple[120]

(158) [...] il a cru bon de m$_j$'interroger sur mes qualifications pour la situation que j$_j$'occupe. Ai-je$_j$ étudié la biologie au collège ? Jusqu'où ai-je$_j$ été en chimie ? [...] Ai-je$_j$ visité cette institution modèle de Hastings ?
À toutes ces interrogations, je$_j$ répondis avec affabilité [...]. [J. Webster, *Mon ennemi chéri*, 1948, lettre du 6 mars, trad. fr.]

---

118 *Cf.* : *Tirade outragée de X, réponse du conseil, posait des questions, fait la déposition suivante, donne des conseils, fait une demande, adresse un message, faisait des propositions, etc.*, comme chap. 4. (69) *faisait la même réponse : « ... »*, ou (70) *sermon paternaliste de ...*
119 Plus rarement : *voilà ce qu'il dit, il dit cela sur un ton...*
120 Vuillaume (2000 : 117) analyse : *À ce mot* ; *À cette pensée...* comme « signaux de clôture » d'un passage au DIL.

(159)[121]   Clotilde de Granlieu avait pris Lucien pour causer dans l'embrasure d'une fenêtre et l'instruire des objections de sa famille. — Ayez une terre d'un million et vous aurez ma main, *telle a été la réponse de ma mère*, avait dit Clotilde [Balzac, *Splendeurs et misères des courtisanes*, partie I].

(ii) e « construits » ?
Si ces liens « d'annonce » ou de clôture, assurant une cohérence sémantique entre un **e**, syntaxiquement autonome, et son contexte immédiat, sont partagés par le Biv-DIL et le DD, il n'en va pas de même pour les rapports selon lesquels un **e** est susceptible d'être *construit* syntaxiquement : en effet, à l'ensemble des possibilités de construction syntaxique du **e** de DD – correspondant à son statut « nominal » d'autonyme – celles du **e** du Bivocal apparaissent comme *restreintes*.

Ainsi, dans le couple d'énoncés évoqué ci-dessus[122] pour illustrer l'opposition entre « introducteur » et « annonceur » de DD, on voit que c'est inégalement que la commutation pourrait se faire entre le **e** de DD et de Bivocal-DIL : là où le **e** « annoncé » peut relever aussi bien du DD que du Biv-DIL

(160) a DD   Il$_i$ s'est fâché : j$_i$'en ai assez.
       b DIL   Il$_i$ s'est fâché : il$_i$ en a/avait assez.

le **e** de Bivocal-DIL n'accepte pas d'être « introduit », à la façon du **e** de DD, par un verbe transitif qui le régirait comme COD :

(161) a DD   Il a lancé : je suis fâché.
       b DIL   *Il$_i$ a lancé : il$_i$ était fâché.

De la même façon, un introducteur comme

(162) En s'inclinant devant le souverain, il prononça :

accueille comme COD le **e** de DD mais non celui de Bivocal-DIL

a   je suis votre humble serviteur
b   * il était l'humble serviteur de sa majesté

Et il suffit d'adjoindre au verbe « prononcer » le COD qu'il requiert

(162)' En s'inclinant [...] il prononça la formule attendue :

---

121 Énoncé au DD de Clotilde comportant un Biv-DIL par lequel celle-ci représente, pour Lucien, les propos de sa mère, au sujet de leur mariage ; un DD équivalent pouvant être : « Qu'il ait une terre d'un million et il aura ta main ».
122 *Cf.* (41) et (42), p. 260.

pour qu'il soit possible de poursuivre par un (b) Bivocal « annoncé » par ce qui précède.

Si le « *e* » Bivocal n'accepte pas d'être construit en COD, il n'apparaîtra après les verbes transitifs (s'ils ne sont pas saturés comme en (162')) que s'ils sont susceptibles d'un emploi absolu « réouvrant » pour le *e* Bivocal la possibilité d'être « annoncés » par eux, et non construits... Sans chercher à approfondir et préciser cette indication[123], je m'en tiendrai au constat de la disparité observable entre les *e* de DD et ceux de Bivocal quant à la disponibilité des premiers à intégrer comme SN autonymes certaines constructions syntaxiques que n'acceptent pas les seconds, constat que vient renforcer l'observation – elle aussi à systématiser – du comportement différent des *e* des deux modes quant à leur intégration dans un syntagme nominal.

On a vu comment le DD est apte, par le statut autonyme de son *e*, à intégrer les constructions de type [Det+N] où N est occupé par *e*. Dans aucun des énoncés attestant ci-dessus[124] de cette construction (fréquente), tels, par exemple :

(34b) [...] qui lâchait un « je suis contrarié » pour dire [...].
(32)   [...] ce : — N'avais-je pas raison, mon ami ? que les femmes [...].

il ne semble aisé de substituer au N (*e* de DD)[125] un Bivocal correspondant comme dans :

(163) ? [...] Louis Dreyfus, qui lâchait un « il était contrarié » pour dire qu'il était ivre de rage.
(164) ? [...] le juge obéit et fut assailli par ce :
— N'avait-elle pas raison ? que les femmes disent aussi quand elles ont tort, [...].

Pas plus que ne paraît probable la version bivocale de cet oral familier

---

123 Cela supposerait, d'une part, d'affirmer, en en questionnant les conditions de fonctionnement, le partage entre verbes de parole susceptibles d'emploi absolu (il a avoué ; il a répondu...) et ceux qui exigent un COD (il a clamé, proclamé, asséné, redit, affirmé...) et de rendre compte de faits délicats, comme par exemple : « Il secoua la crinière comme pour *dire : non, il n'avait vu personne* [Elzbieta, *Échelle de magicien*, cité *in* S. Akesbi (2013)], ou « Soudain l'indiscret *lui demanda : « Où il avait pris ça ? »* Et comme Yves demeurait muet ; « Non, sans blague, de qui est-ce ? » [Mauriac, *Le mystère Fontenac*, cité par Rosier (1996)] » et, d'autre part, d'étendre systématiquement l'examen du comportement des *e* de Biv-DIL aux diverses constructions (pronominalisation, passivation, focalisation du SN...) intégrant le *e* autonyme de DD, comme en (34) à (37).
124 2.1.3 a, p. 257, 258.
125 En ayant éliminé de l'exemple original (32) l'apostrophe « mon ami » bloquant la conversion bivocale en « son ami ».

(165)   Son /je perds patience ! a plutôt fait rigoler [oral, sortie de réunion municipale, 15-3-2016]
(166)? Son /il perd patience ! a plutôt fait rigoler.

Il n'est pas question de poser brutalement, en termes binaires, « l'agrammaticalité » des suites Det+*e* de Biv : même si, face aux dizaines d'énoncés en Det+*e* de DD, je n'en ai pas relevé d'occurrences, je n'exclus pas leur possibilité ; les jugements des locuteurs sollicités oscillent entre « impossible » et « un peu bizarre » ; et un examen précis des conditions contextuelles – grammaticales, intonatives – facilitant ou empêchant la construction serait en tout état de cause nécessaire.

(iii) e « corps étranger » ?
Si fragmentaires ou embryonnaires que soient ces observations touchant à l'apparition du *e* bivocal en position grammaticale contrainte de SN ou de N, ce qui importe est le constat *d'une différence* avec l'insertion syntaxique du *e* de DD : le *e* bivocal y apparaît en effet comme *tendanciellement rebelle à la recatégorisation nominale* spécifique de l'autonymie (« type » ou « token)[126]. La recatégorisation nominale du *e* de DD va de pair avec son caractère de « *e* » – objet langagier complètement hétérogène énonciativement, syntaxiquement et sémiotiquement – « montré » comme tel, en E dans une distance réifiante. Il en va tout autrement avec le *e* de Bivocal-DIL, partagé qu'il est entre les ancrages énonciatifs en **A** et *a* : contrairement au **L** de DD qui peut se représenter comme totalement étranger au *e* qu'il ne ferait « que montrer », le **L** d'un *e* de Bivocal-DIL apparaît explicitement comme *partie prenante* dans le dire d'un *e* dont il assure l'ancrage référentiel – personnel et temporel –, par là, ouvertement impliqué dans l'énonciation de cet *e* que pourtant il montre[127].

---

126 À titre de remarque : la mise en jeu d'un sème « répétitif » pour le dire représenté dans des constructions du type *les habituels/le lancinant* « *e* » ou *la rengaine/le refrain du* « *e* » facilite l'acceptation de la recatégorisation nominale d'un « e » bivocal comme en témoignent des énoncés comme :

> On a eu *les rituels* « on ne la prévient pas à l'avance, elle n'a pas eu le temps de faire les choses comme elle voudrait, etc. » ; n'empêche, elle était très contente de nous voir, on a eu raison de passer... [corresp. 20–07–1986]
> Ils m'ont encore une fois fait *le coup du* /ils sont débordés par le nombre de dossiers à traiter, ils sont en sous-effectif, il faut que je repasse, etc. Ils sont bien gentils, mais maintenant ça urge ! [oral, à propos d'une demande de permis de construire, sept. 2002].

127 Le caractère paradoxal de cette implication de **L** dans un énoncé « montré » comme celui de *l*, appelle les « pourtant », « cependant », « néanmoins »..., *cf.* par exemple ces formulations suggestives, en termes de narrateur/personnage : « Le narrateur *prête en somme* sa voix [au per-

Un fait manifeste, de façon saillante, la différence de statut sémiotico-énonciatif des *e* de DD et de Bivocal-DIL, celui de la représentation en *e*, respectivement en DD et en Biv-DIL, du corps le plus « étranger » qui soit : une séquence que L ne comprend pas[128]. Là où le caractère strictement autonyme du *e* de DD s'y prête aisément, le partage énonciatif propre au Bivocal-DIL y fait radicalement obstacle :

(167) Il se plaignait : « binkrănk…binkrănk… » quelque chose comme ça, moi je ne sais pas un mot d'allemand, j'étais embarrassée.

Remarque 10 : Dans le cas d'un *e* relevant d'une langue autre que celle où s'exprime L, mais qu'il connaît, on voit que l'hétérolinguisme d'énoncés E de RDA, observable au DD, où la séquence étrangère a le statut d'un objet *montré*, apparaît en revanche plus problématique au Bivocal-DIL où L *s'exprime* en deux langues dans le même énoncé :

(168) DD   Il a plaisanté : « I don't want to disturb, I call you later ».
      Biv ?? Il a plaisanté : « He didn't want to disturb, he would call me later ».

On notera que, dans le parcours minutieux que propose M. Desnica (2016) des énoncés anglais figurant dans un important corpus de presse « féminine » française, si c'est par centaines que les *what next ?*, *It's great, Nice to meet you !*, *Do you speak english* ? « agrémentent » les articles, au DD (à tous les degrés de marquage) et en MAE, il n'y apparaît, en revanche, aucun cas de Bivocal-DIL du type :

(169) Elle$_i$ s'assied : « She$_i$ is delighted ».
      Elle$_i$ s'enquiert : « Do I$_j$ speak english ? » (L$_j$)

* * * * *

Certes insuffisantes, ces observations sur le positionnement du Biv-DIL dans le champ autonymique permettent cependant :
– d'exclure son assimilation à la configuration de la modalisation autonymique d'emprunt[129] (MAE) ;
– de constater sa parenté avec le fonctionnement autonyme du DD, aux plans notamment (outre la nature « ouverte » du rapport de *e* avec son référent

---

sonnage] *sans pour autant* établir de rupture nette par rapport à sa propre énonciation [...]. Le narrateur [...] *fait mine* d'adopter le parler [du personnage] *sans vraiment* lui laisser la parole » (Jeandillou 1997 : 75).

128 Ce qui peut se produire avec un *e* relevant de la langue de E ou d'une autre langue, ou d'un hors-langue, cas aisément rencontré au DD, *cf.* ci-dessus (18), (23), (24), et note 47.

129 *A fortiori* à la modalisation (non autonymique) en assertion seconde, MAS (*cf.* ci-dessus : chap. 3 Remarque 1, p. 73, chap. 4 note 68, p. 142).

quant à la textualité) de la détachabilité syntaxique, typographique (ou intonative) de la séquence *e* ;
- mais de reconnaître les restrictions (quant au statut morphosyntaxique et sémantique de « corps étranger » du *e*) que – par rapport au *e* de DD, énoncé, à l'instar d'un « type », comme pure monstration – la bivocalité impose par l'implication sémantico-énonciative de **L** dans cet *e* qu'il montre.

À une chaîne, autonyme, d'un *e* de DD (a) répond la possibilité (b) de l'énonciation, en usage, hors RDA, de la chaîne homonyme de même signifié :

(170) (a) — Jean$_i$ a dit : « Est-ce que je$_i$ suis en retard ? »
(b) — Est-ce que je$_i$ suis en retard ? [énoncé par le **L** Jean$_i$]

Il n'en va pas de même pour un *e* bivocal (a) :

(171) (a) Jean$_i$ s'est inquiété : est-ce qu'il$_i$ était en retard ?

pour lequel la chaîne homonyme, énoncée en usage, hors RDA

(b)   Est-ce qu'il était en retard ? [énoncé par le **L** Jean$_i$]

ne serait – excluant que *il* puisse renvoyer à l'énonciateur Jean$_i$ –, nullement synonyme.

Le simple usage exclut la division énonciative de la bivocalité : la bivocalité est métalangagière ; elle relève de *l'étage métalangagier*. Énoncer ou interpréter un énoncé comme bivocal suppose de l'appréhender comme « représenté », relevant du plan métalangagier de l'autonymie.

La question classique du « qui parle, le narrateur ou le personnage » pourrait être reformulée — puisque de fait, comme en DD, c'est toujours **L** qui parle – en : telle séquence est-elle énoncée en usage ou (comme représentée) en « mention bivocalisée » ?

Sans doute peut-on rapprocher le constat que l'usage simple ne tolère pas cet ancrage « désuni » du bivocal, attaché qu'il est à l'étage métalangagier du dire, des caractérisations du DIL comme – aux antipodes du dire normal, naturel, ordinaire... – un mode de dire, au sens propre « contre nature »[130], mode de dire « comme si »[131], « fictif », ... et y reconnaître – en écho à son analyse aigüe par

---

130 Selon la formulation d'A. Jaubert.
131 *Cf.* par exemple, « figure narrative [...] du comme si », « discours mimé [avec lequel] on reste dans le domaine du comme si » (Lejeune (1980 : 18, 20), « Discours fictif [...] le style indirect libre est un discours du « comme si » (Herschberg-Pierrot (1996 : 116). Rappelons, sans en préciser,

Ph. Lejeune (1980) comme voix « *fabriquée* »[132] – une bivocalité énonciative de *fabrication métalangagière*. Ceci sans oublier que si son caractère « fabriqué », « fictif » en fait une forme évidemment propice au jeu narrateur/personnage du récit romanesque, cette forme n'en est pas moins clairement une forme de la langue, apte à toutes les « fictionalisations » dans l'espace interlocutif le plus quotidien.

---

comme il le faudrait, les contours, l'appartenance du Bivocal au registre du « non sérieux » envisagé par Austin, Searle, Recanati.

[132] Évoquant « les mélanges de voix entre le narrateur et le héros » dans *L'enfant* de J. Vallès, Ph. Lejeune (1980 : 31), en fait l'analyse – plus que comme « l'articulation de deux instances chronologiquement différentes » – « comme le résultat du travail intérieur à une voix qui *mime*, casse ses mimes, gouaille, fait la naïve, voix *fabriquée* qui ne rend plus aucun son "naturel" (c'est à dire vraisemblable) mais qui invente peut-être une nouvelle forme de naturel. » (*idt*). Apparaît suggestivement dans cette approche, la complexité du fait de « mimer » où dans le geste qui donne à voir celui de l'autre, ne s'efface pas le geste de celui qui se donne à voir « mimant ».

Partie IV **Bilan d'étape : Représenter le Discours Autre ? La réponse – en cinq modes – de la langue.**

Introduction

Bilan, parce que c'est du jeu combiné des oppositions mises au jour au fil du parcours qui précède qu'émerge la « réponse » que la langue, française, apporte à la « question » posée par cet objet du monde qu'est le fait du Discours autre : un répertoire de cinq modes dont l'abstraction différentielle, en deçà des formes matérielles observables, structure l'ininventoriable diaprure des faits de discours.

Le chapitre **9** est consacré à ce traitement de la RDA « en langue » : les problèmes qu'il pose, les clivages théoriques qu'il induit, le double plan sur lequel s'opère la spécification de chaque mode – « Formule » et « zone de formes » –, quelques jalons pour un inventaire, à établir, des formes et fonctionnements des modes... Il est suivi en appendice par des remarques au sujet de la – problématique – dispersion des emplois des termes *citer*, *citation*, relativement à ce qui spécifie le champ de la RDA autant par rapport à des extérieurs qu'aux différenciations internes qui le parcourent.

Étape... parce qu'au delà de la reconnaissance de la RDA comme champ structuré en langue – préalable à la description, que ne vise pas cet ouvrage, de la variété des *formes* sous lesquelles chacun des modes est susceptible de se réaliser – il convient, comme base à l'examen de leurs *emplois* en discours, de placer quelques repères concernant la place du fait énonciatif et discursif de la RDA dans le fonctionnement langagier et les enjeux dont il est porteur, dans l'économie des sujets, des discours, des textes – ce qui fera l'objet de la partie V.

> « Psychologiquement, abstraction faite de son expression par les mots, notre pensée n'est qu'une masse amorphe et indistincte. [...]. Prise en elle-même, la pensée est comme une nébuleuse où rien n'est nécessairement délimité. Il n'y a pas d'idées préétablies, et rien n'est distinct avant l'apparition de la langue. »
> « On ne se pénétrera jamais assez de l'essence purement négative, purement différentielle de chacun des éléments du langage auxquels nous accordons précipitamment une existence [...] ».
> (F. de Saussure)[1]
> « Ce qui m'intéresse, c'est la séparation et l'organisation de ce qui, autrement, se perdrait dans une bouillie originaire. »
> Sigmund Freud, *Lettre à Lou Andreas-Salomé*, 30 juillet 1915[2].

Chapitre 9 Derrière le fonctionnement de la RDA en discours : la distinctivité de cinq modes en langue

Dans le parcours qui précède, il est apparu que les axes et oppositions selon lesquels la RDA pouvait être différentiellement caractérisée par rapport à l'extérieur des autres champs métadiscursifs – comme mise en jeu de deux actes d'énonciation distincts avec incidence sur le fonctionnement des opérations métalangagières – étaient aussi porteurs de différenciations *internes* au champ de la RDA – portant sur les types d'articulation, sémantique ou énonciatif, des deux actes d'énonciation (partie II), et sur les opérations métalangagières mises en œuvre (partie III).

Le « croisement » de ces différenciations internes débouche sur une structuration du champ de la RDA en cinq « modes » énonciatifs : définis en termes de traits oppositionnels, comme unités abstraites, situées *en deçà* de la variété des formes séquentielles observables par lesquelles ils se réalisent et, *a fortiori*, des effets de sens auxquels ils se prêtent, ces cinq modes sont autant de formes – *proposées par la langue* – d'appréhender un « discours autre ».

On tentera d'abord (1) de situer cette proposition de structuration par rapport aux clivages théoriques, à forte incidence descriptive, qui traversent les traitements de la RDA, notamment quant au rapport entre le champ de la RDA – défi-

---

[1] Respectivement F. de Saussure, *Cours de linguistique générale*, éd. critique T. de Mauro (1916 : 155) et *Écrits de linguistique générale* (2002 : 64–65).
[2] Lou Andreas-Salomé, *Correspondance avec Sigmund Freud*, Gallimard, 1979, p. 44, cité par M. Schneider (2010 : 129).

nissable au plan sémantico-référentiel et observable dans son fonctionnement multiforme en discours – et l'ordre de la langue, comme système de différences formelles ; puis, après avoir présenté (2) cette structuration, on évoquera (3), en forme de « programme » pour la description de chacun des modes et de leur fonctionnement en discours – qui serait l'objet d'un autre ouvrage –, quelques axes et problématiques sur lesquels elle ouvre.

1 La RDA dans la langue

1.1 Champ sémantico-référentiel et dispersion des formes observables

La RDA, champ défini par son *référent* – un acte d'énonciation distinct de l'énonciation en cours –, est instituée comme secteur métalangagier à dimensions sémantique (la représentation d'un acte d'énonciation porteur de sens) et énonciative (la mise en jeu de deux ancrages distincts) : ce champ ne correspond pas dans la langue à un sous-système de morphèmes, d'oppositions paradigmatiques propres, tels qu'en présentent la déclinaison, le système des temps verbaux, ou la diathèse actif/passif, par exemple. La « réalisation » formelle de la RDA recourt à l'ensemble le plus disparate qui soit (quant aux plans dont ils relèvent) d'éléments qui ne lui sont pas propres ; l'identification d'une « forme de RDA » est ainsi susceptible de passer par des éléments, diversement combinés, relevant : du statut sémiotique (autonymie), de la syntaxe phrastique et interphrastique (relations de rection, incidence, anaphore... ; fonctions d'objet direct, apposition, circonstants...), du lexique (métadiscours de la catégorisation), des marques d'ancrage énonciatif (référentielles et modales), de la ponctuation au sens large (guillemets, tirets, alinéas, caractères, disposition paginale...), de la prosodie (variations de hauteur, pauses démarcatives...), du plan sémantico-discursif (cohérence entre une « annonce » de dire et son explicitation, concordance/discordance au plan des contenus ou des manières de dire, entre une forme de RDA et son co-texte)...

Dans la multiplication des éléments hétérogènes qui y jouent, la *dispersion* des formes de RDA n'est pas réductible à l'organisation paradigmatique de quelques « patrons » morpho-syntaxiques.

1.2 Le mirage paradigmatique de la *vulgate*

Méconnaissant cette dispersion, c'est pourtant par trois « patrons » morpho-syntaxiques, DD-DI-DIL, constitués en paradigme du « discours rapporté », qu'une vulgate encore insistante aujourd'hui, représente ce champ[3]. Le jeu différentiel à l'intérieur de la RDA se trouve ramené à une opposition grammaticale, au sens étroit (morpho-syntaxique) du terme[4] : sur le mode où on peut coupler, par exemple, les structures morpho-syntaxiques de l'actif et du passif :

(1)   (a) SN_1 V SN_2 et   (b) SN_2 être Vppé par SN_1.
        Le chien surveille le troupeau.   Le troupeau est surveillé par le chien.

on va – abusivement – coupler les patrons morpho-syntaxiques « du DD » et « du DI » :

(2)   (a)   *l* dire : « p »   et   (b)   *l* dire que p
        Il dit : « je viens ».   Il dit qu'il vient.

et, de la même façon que l'on dit que (1b) *est* la forme du passif français correspondant à l'actif (1a), dire que (2b) *est* la forme du DI, correspondant au DD (2a).

Cette approche, appréhendant la différence entre les deux modes du DD et du DI par l'opposition paradigmatique de deux types « séquentiels », est à l'évidence inadéquate : l'extrême diversité des formes sous lesquelles se réalise chacun des deux modes est irréductible à ce « formatage » qui promeut *une* réalisation particulière comme *la* forme du DD ou du DI[5]. Cette restriction à une structure morpho-syntaxique de ce qui est un champ de réalisations formelles différentes, trouve son pendant au plan sémantique quand, par exemple, on caractérise le DD par la restitution *textuelle* à laquelle pareillement on ne saurait réduire (on l'a vu, chap. **8.**2.2.2 p. 263) l'éventail des effets de sens d'un DD « en emploi et en action ».

Dès lors que l'on se confronte à l'extrême variété observable des réalisations de la RDA – explorée par nombre d'études de corpus ces vingt dernières années –, au plan formel comme au plan du sens en discours, le cadre de la vulgate avec ses

---

[3] Rappelons-en schématiquement les principaux « articles » : trois formes DD-DI-DIL, la première caractérisée par sa « simplicité » syntaxique et sa « fidélité » de reproduction, la seconde, obtenue par subordination (et « transposition ») à partir de la première, la troisième, donnée comme DI « allégé » de la subordination et/ou « mélange » de DD et de DI, et caractérisée comme spécifiquement littéraire.

[4] Si, en revanche, par « Grammaire » d'une langue on désigne l'intégralité de ce qui – tous niveaux compris – la constitue en « système de différences », alors l'opposition, par exemple, entre les deux « modes » du DD et du DI au niveau abstrait où elle se situe (*cf.* ci-dessous), est un fait *de langue*, et relève bien de sa « Grammaire ».

[5] Le parcours de G. Komur (2003 : 32–38) tend à faire apparaître le caractère majoritairement *non nécessaire* (non définitoire) des traits classiquement proposés par les grammaires comme caractéristiques « des trois modes ».

trois « patrons » morpho-syntaxiques, assortis de la textualité[6] du DD, ne peut que craquer... Mais le dépassement des « insuffisances de la vulgate »[7] peut emprunter des chemins divers : le consensus quant à la nécessité, une fois élargi le champ des données, de prendre en compte des énoncés incompatibles – au plan de la forme ou du sens – avec le « pseudo-paradigme » traditionnellement mis en avant, peut se rompre, clivé, crucialement, par la reconnaissance ou non *d'un double plan*, celui de la langue, comme système abstrait de distinctivité, et celui auquel il s'articule, de la discursivité observable ; à titre d'alternative au paradigme disqualifié (trio DD-DI-DIL ou couple DD-DI), des traitements radicalement différents de l'ensemble du champ proposent, respectivement, correspondant à des choix théoriques opposés, une issue vers *l'au-delà* d'une mixité-continuum en discours (1.3) *vs l'en deçà* d'une structuration différentielle en traits pertinents de langue (1.4).

1.3 L'au-delà, discursif, de la mixité-continuum

La question de l'intégration, dans la description du champ de la RDA, des formes qui en étaient exclues par l'*étroitesse*, morpho-syntaxique autant que sémantique, de la caractérisation classique des « types » du « paradigme », peut se résoudre dans un traitement en termes de *continuum* : faisant place, *entre* les types fixés par la tradition, à une multiplicité de faits de *mixité*, hybrid(is)ation, mélange qui, excédant les premiers, sont cependant caractérisés à partir de ceux-ci, il congédie, de fait, le principe même d'un système d'oppositions structurant, en langue, la variété des réalisations en discours.

À plusieurs reprises, sur des points particuliers[8], nous avons évoqué cette démarche, en opposition au « parcours de distinctivité » tenté ici : présente, notamment, chez M.-M. de Gaulmyn (1983) identifiant une pluralité de types « mixtes » entre DD et DI par lesquels se trouve « abattu le mur rigide qui [les] séparait » (p. 324), ou dans le traitement de la « citation » par U. Tuomarla (2000) qui repose sur des « continuums », « hybridisation DD/DI », « cas intermédiaires » « brouillant les deux catégories DD et DI », cette démarche soutient le parcours d'ensemble du discours rapporté proposé par L. Rosier (1999) : la confrontation systématique du « couple binaire » des « catégories canoniques

---

6 Au sens de fidélité littérale de la reproduction (*cf.* chap. **8**.2.2.2, p. 263).
7 Que je notais dans Authier-Revuz (1992a : 38).
8 *Cf.*, par exemple, chap. **8** Remarque 3, p. 271 et Remarque 5, p. 275.

du discours rapporté grammaticalisé »[9], DD/DI, *tel que* la tradition en assure la prégnance[10], avec tous les cas qui, au plan syntaxique, typographique ou sémantique, « ne rentrent pas » dans ce carcan, y débouche sur la notion de *mixité*. L'identification comme forme hybride ou mixte – c'est-à-dire, *à partir* des catégories reçues du DD/DI, comme « empruntant » aux deux types de discours, les « confondant » ou les « mélangeant » au sein d'une unité phrastique[11] – d'une série de faits aussi divers que le DIL, le DI « avec guillemets », le DD « avec que », le DD paraphrastique, l'incise de DI... a pour corollaire la « mise à mal » de la « dichotomie DD/DI », dans un « affaiblissement » des frontières « entre DD et DI », un « décloisonnement » ou un « rapprochement » des deux types, « empiétant sur le terrain de l'autre »[12]. La visée explicitée d'une « organisation générale des discours rapportés sous la forme d'un **continuum** » qui, « réalisé *en discours* »[13], est mis au jour à travers la « pratique », l'usage et « les effets produits par l'emploi de telle ou telle forme »[14], comme traversé « par un mouvement d'appropriation du discours d'autrui par le sujet, de la mise à distance maxi-

---

9 *Cf.* les repères intéressants placés par L. Rosier (1999 : 9, 13–20) dans le processus menant des approches narratives et rhétoriques de la *mimesis/diegesis* et de l'*oratio recta/obliqua*, à la conception grammaticalisée du couple DD/DI.
10 C'est en effet *à partir* des catégories *telles que la tradition les propose* – « dogmatiques », « sclérosées », mais chargées d'un poids idéologique dans les images qu'en ont les énonciateurs – que la description, critique, de L. Rosier (1999), est organisée, aux plans morpho-syntaxique (a) et sémantique (b) : (a) « Le discours direct sera symbolisé par la forme *dire* : « ... », le discours indirect par la forme *dire que* ». (1999 : 40), (b) « [...] un DD citant les mots des autres et un DI traduisant les mots des autres [...] » (*ibid.* : 114).
11 *Cf.* par exemple : « [...] la pratique actuelle du DR [...] mélange les critères distinctifs des deux formes cloisonnées. (1999 : 82) Une forme « mixte » [...] confronte un type de discours (le DD) avec la caractéristique principale de l'autre (le *que* du DI). (1999 : 88) **Une forme mixte emprunte à l'un ou à l'autre des discours des marqueurs qui lui sont spécifiques et/ou des effets de sens particulier**s. (1999 : 202, **gdt**) ». Le traitement proposé apparaît ainsi, curieusement, dépendant des catégories contestées, le détour par leur image réfractée chez les énonciateurs ne le mettant pas à l'abri de la critique adressée par l'auteur (1999 : 97) aux théories qui « restent dans leur majorité tributaires » de la saisie grammaticale canonique des formes de DR.
12 *Cf.* par exemple : l'existence d'un DD paraphrastique « plaide pour un rapprochement DD/DI » (1999 : 114) ; celle de l'incise en DI « apparaît comme une imbrication des différents discours, qui affaiblit les frontières entre DI et DD » (1999 : 262), et permet « de décloisonner les DD et DI » (1999 : 265) ; et, de façon générale, est indiquée une « volonté de montrer l'affaiblissement des frontières entre DD et DI » (1999 : 246), et dans « l'usage des discours rapportés [dans le corpus dépouillé] une tendance significative à empiéter sur le terrain de l'autre » (1999 : 202).
13 Respectivement (1999 : 125, **gdt**), (1999 : 137 *idt*).
14 (1999 : 24), tels, par exemple, « l'effet de fidélité attaché au DD » (1999 : 245) ou les « effets de DD » de « l'incise, [qui] "tire" le discours [indirect] dans lequel elle s'insère vers le direct. » (1999 : 261).

male à l'ingestion/digestion de la parole d'autrui » (1999 : 9) marque, nettement, le changement de terrain qui accompagne la contestation d'une opposition formelle inadéquate : il ne s'agit pas dans cette approche de mettre au jour, se substituant à l'opposition mise en défaut, *une autre structuration différentielle*, mais de déplacer l'appréhension du discours rapporté du côté d'une discursivité intégrant – en y « diluant » la langue – psychologie, idéologie, sens...[15] La mise en cause de la partition canonique conduit ici à rejeter le principe même d'une partition en langue.

1.4 L'en deçà d'une distinctivité abstraite, en langue

Posant, à propos de DD précédés de *que*, la question de l'intégration au champ de la RDA de formes mettant en défaut le paradigme établi, Bruña-Cuevas (1996)[16] récuse la solution offerte par des catégories comme « discours mixte, discours hybride et mélange de SI et de SD » (Rosier, 1999 : 244) :

> Ces dénominations ne nous semblent pas adéquates, elles nous semblent plutôt révéler l'embarras devant une forme qui échappe aux typologies traditionnelles du DR, *dès lors manifestement mal établies*. (p. 30)

Ainsi, Benveniste (1965), au seuil d'une réanalyse linguistique du système des pronoms du français, dénonçait-il dans des propositions descriptives récentes la permanence d'une « conception, stylistique ou impressive » propre à « seulement déguiser en notion psychologique une réalité linguistique insuffisamment décrite. » (1965 : 198).

C'est dans ce sens que s'inscrit la démarche que je tente de suivre : celle – à l'opposé d'un continuum déployant une variété d'énoncés soustraite au jeu contraignant des oppositions – d'une restructuration différentielle du champ,

---

15 Le déplacement vers la « mixité » et le continuum apparaît, pour L. Rosier (1999 : 107), comme le *corrélat* d'« une linguistique qui ne peut plus, depuis une trentaine d'années, ignorer *le sujet, le sens* » ; tandis que chez D. Torck (2004 : 246) il est envisagé comme relevant d'un déplacement disciplinaire, hors de la linguistique : ainsi l'analyse proche (« frontières formelles [tendant] à s'effacer » ; « formes mixtes qui abondent » ; « difficile et [...] improductif de figer les différentes formes de DR dans des valeurs canoniques ») est-elle formulée dans une perspective explicitement interactionnelle, visant les enjeux relationnels du fonctionnement des séquences de DR, que l'auteur caractérise comme se situant « probablement plus près de certaines approches du DR en psychologie sociale et en anthropologie linguistique [...] que d'approches linguistiques ».
16 Auquel L. Rosier (1999 : 88, 244) fait place en contrepoint – de désaccord – avec sa propre démarche.

telle que les frontières ainsi retracées permettent de rendre compte de l'ensemble des formes et de leur valeur.

L. Rosier signale cette divergence d'approche, s'interrogeant sur le fait que la reconnaissance, effective, dans certains travaux[17], de faits excédant les définitions traditionnelles des types, telle que « on pourrait s'attendre à une prise en compte de la notion de **mixité** formelle »[18], n'y conduise pourtant pas leurs auteurs, obstinément attachés à une structure différentielle...

À travers l'exemple, rencontré chap. **8**, du DD passant, à l'égal d'un DI, par l'opération paraphrastique, il convient de souligner que le maintien, face à des formes questionnant la définition canonique des types, d'un rapport d'opposition ne signifie pas la conservation fétichiste d'un paradigme que démentent les faits, mais passe par une *redéfinition* des types et des frontières selon lesquelles ceux-ci s'opposent : il est clair qu'une opposition DD/DI où le DD est défini comme « textuel » est « mise à mal » par l'existence des DD paraphrastiques ; mais dès lors que le DD est *redéfini* par le trait « autonyme » (situé « en deçà » de la propriété de « textualité », qui n'est qu'une des valeurs qu'il peut prendre en discours), une opposition DD/DI demeure, refondée sur une frontière située ailleurs, en deçà, à un plan – en langue – de plus grande abstraction. De la même façon, le trait « autonyme » par lequel le DD s'oppose – en combinaison avec d'autres traits – au DI, s'il comporte l'implication formelle d'une rupture syntactico-sémiotique de l'élément autonyme par rapport à son environnement phrastique, se situe également en deçà de toute réalisation séquentielle particulière, telle que, par exemple, la forme *l dit : « ... »*, hypostasiée comme « le discours direct ».

Ainsi, à un DD défini (3) positivement par un « patron » linéaire et une valeur

(3)   - l dit : « ... »
        - textualité

on substituera un « mode DD » défini différentiellement dans le champ de la RDA par un faisceau de traits distinctifs (4)[19] :

---

17 Rey-Debove et Authier notamment, *cf.* Rosier (1999 : 108–114) par exemple : « Dans ce cadre [métalinguistique, J. Authier] a touché aux formes mixtes que nous avons isolées plus haut. Nous verrons comment elle les intègre dans une conception renouvelée de l'approche classique du DR ». (1999 : 108)
18 Rosier (1999 : 112, **gdt**).
19 *Cf.* « aucun fait de langue [...] n'existe un seul instant par lui-même hors de son opposition avec d'autres » (Saussure, 2002 : 66).

(4) - discours autre objet (*vs* source)
 - « *e* » avec autonymie (*vs* sans)
 - dualité d'ancrages énonciatifs (*vs* unité ou division)

qui, *en deçà* de toute linéarisation et de toute valeur en discours, est susceptible de se réaliser, *parmi d'autres*, sous la forme ou avec le sens noté en (3).

1.5 L'enjeu du « réel de la langue »

L'inadéquation du paradigme des « types » tels que fixés par la vulgate et de la partition qu'elle opère dans le champ de la RDA n'est pas contingente : un simple *déplacement* des lignes d'opposition aux plans où elles sont tracées – types séquentiels ou sens en discours – ne peut être une issue ; la « dispersion » des formes relevant de la RDA est irréductible à un quelconque paradigme opposant des types séquentiels : la description doit *changer de niveau*. Et c'est bien ce qu'effectuent, dans des directions opposées, les deux approches envisagées : là où le mouvement de remise en cause des oppositions « canoniques » se fait, pour l'une – en rejetant le principe même d'oppositions en langue – vers l'aval d'un continuum d'observables en discours, l'autre, que nous suivrons, se fait vers l'amont d'une structuration différentielle en traits pertinents relevant, en langue, d'un plan de plus grande abstraction que celui des types grammaticaux et – *a fortiori* – des effets de sens de leurs occurrences en discours.

Il est clair que cette divergence d'approche s'inscrit dans un clivage dépassant largement la question du traitement de la RDA : le congédiement de la langue, au sens saussurien du terme – comme système abstrait de distinctivité –, volontiers dénoncée comme artefact ou réduite à une « norme » restrictive, au profit de catégories psychologiques, argumentatives, communicationnelles... opérant au plan du discours, est un mouvement de fond qui, traversant depuis trois décennies l'ensemble des « sciences du langage »[20], affecte spécifiquement les secteurs reconnus comme impliquant énonciation, subjectivité,

---

20 Dès *L'Amour de la langue* (1978), Milner s'interroge de façon aigüe sur ce qui, dans la linguistique – « s'attacher à la langue comme telle, y reconnaître les facettes d'un réel » –, « importune », au point que « se développe incessamment » ce qu'il appelle une « anti-linguistique » (p. 124–126). À cette analyse Pêcheux (1982) fait écho, dénonçant « l'aversion [...] à l'égard du propre de la langue » et le mouvement conduisant à « Penser contre Saussure ». Deux décennies plus tard, se retournant sur *Le Périple structural*, Milner (2002) radicalise son constat : « Depuis 1973, la restauration du substantiel au détriment de toute forme (des significations au détriment

sens... Contre l'apparente « évidence » d'une alternative langue *ou* énonciation/discours, je revendique, dans la ligne de Benveniste – et de la « double signifiance »[21] par laquelle il articule négativité abstraite du signe et positivité concrète des énoncés – la reconnaissance du « réel de la langue » et de son abstraction différentielle, au principe de l'approche des faits d'énonciation et de discours[22].

2 Structuration différentielle – en langue – du champ de la RDA

2.1 Trois oppositions pertinentes

Le parcours qui précède a fait apparaître trois oppositions pertinentes, opérant des distinctions dans le champ des énoncés observables en RDA :
A. celle (ch. **3** schéma **VII** p. 100) du *statut sémantique donné*, dans l'énoncé, *au discours autre* qui y est représenté comme

1. objet du dire	2. source du dire
glosable en A_1: *ce dont* on parle ; parler *de* opposition qui partage :	vs A_2 : *ce d'après quoi* on parle ; parler *d'après*
A_1 : Réponse de Jean : « Je refuse » Il a dit son désaccord.	vs A_2 : D'après lui, j'ai fait ce qu'il fallait. « J'ai assuré », comme dirait Marie.

---

de tout signifiant) n'a pas cessé d'accentuer ses effets. [...] Qu'il s'agisse des données, des méthodes, des notions, Saussure n'a pas existé. » (p. 239).

21 Dont l'ouverture, « dépassant » le signe saussurien en direction du domaine de « la langue en emploi et en action » (le « sémantique ») ne cède à aucun moment sur cela (le « sémiotique ») à quoi s'articule « à la base » le fonctionnement langagier : le système des oppositions distinctives dont le jeu délimite, définit, institue les unités de langue. (*cf.* particulièrement : « La forme et le sens dans le langage » et « Sémiologie de la langue » *in* Benveniste (1974).

22 Sur cette position (qui relève du « courant énonciatif au sens étroit » ou « néo-structuraliste » que C. Fuchs (1981) repère, en évoquant les noms de Bally, Benveniste, Guillaume, Culioli, comme « [partant] des formes de la langue »), voir Authier-Revuz (1995/2012 : 61–71) « Hétérogénéité du champ énonciatif – Du linguistique affecté par des extérieurs » « Penser "avec Saussure" *pour saisir l'énonciation* », et (1995/2012 : 469–473) « La langue comme ordre propre », « Un réel méconnu dans des "dépassements" du structuralisme ».

B. celle (ch. **8**) du *statut sémiotique de la représentation* de **e** en **E** : ordinaire, transparent, faisant usage des mots *vs* avec autonymisation, monstration des mots, blocage de synonymie :

| 1. ordinaire (en usage) | 2. avec autonymisation |

opposition qui partage :

B_1. D'après lui, j'ai fait ce qu'il fallait. B_2 « J'ai assuré », comme dirait Marie.
Il a dit son désaccord   Réponse de Jean : « Je refuse ».
   $Jean_i$ se fâche : Est-ce qu'on le_i croit naïf ?

Le croisement des deux oppositions opère une quadripartition :

A B	A_1 : DA objet du dire	A_2 : DA source du dire
B_1 : sémiotique ordinaire	$[A_1B_1]$ ex. : Jean a dit son désaccord. **DI**	$[A_2B_1]$ ex. : D'après Jean, j'ai fait ce qu'il fallait. **MAS**
B_2 : avec autonymisation	$[A_1B_2]$ ex. : Réponse de Jean : « Je refuse. » **DD** ex. : $Jean_i$ se fâche : Est-ce qu'on le_i croit naïf ? **Bivocal**	$[A_2B_2]$ ex. : Jean a « assuré » comme dirai Marie **MAE**

C. celle (chap. **4**, p. 145) portant sur le *type d'articulation* en **E** *des ancrages énonciatifs* des deux actes **A** et ***a*** : opposition ternaire, contrairement aux deux autres, elle fait passer une différenciation supplémentaire à l'intérieur de la partition effectuée par les traits A et B – entre unité énonciative en **A**, dualité énonciative en **A** et en ***a*** – et elle dégage, « excentré », le type autre de la division des ancrages primaires entre **A** et ***a*** propre au Bivocal :

1 ancrage unifié en A	2 deux ancrages distincts en A et en *a*	3 ancrage partagé entre A et *a*
opposition qui partage :		
C_1 : ancrage unifié en **A**	C_2 : 2 ancrages distincts en **A** et *a*	C_3 : ancrage partagé entre **A** et *a*
$[A_1B_1]$ ex. Jean a dit son désaccord. **DI** $[A_2B_1]$ ex. D'après Jean, j'ai fait ce qu'il fallait. **MAS** $[A_2B_2]$ ex. « J'ai assuré », comme dirait Marie. **MAE**	$[A_1B_2]$ ex. : Réponse de Jean : « Je refuse. » **DD**	$[A_1B_2]$ ex. Jean$_i$ se fâche : est-ce qu'on le$_i$ croit naïf ?. **Bivocal**

2.2 Cinq « MODES » de RDA

2.2.1 Une analyse sur plusieurs plans

C'est par la mise en regard d'énoncés concrets de RDA – attestés ou fabriqués – que sont dégagés les traits A, B, C, en fonction desquels ils s'opposent, traits relevant, abstraits, généraux, du plan de la langue comme système de différences ; de leur combinatoire émergent cinq combinaisons ou « formules » de traits – sémantique, sémiotique, énonciatif – structurant différentiellement, en langue, le champ de la RDA.

Ces combinaisons de traits se situent en deçà de la diversité des types formels selon lesquels peut se réaliser leur linéarisation – les formes offertes par la langue pour la représentation du discours autre relevant de deux « étages » (non linéaire et linéaire) articulés de son système.

Chacun des cinq modes de RDA se déploie donc sur trois plans : celui (I) d'un ensemble fini de *traits différentiels*, abstraits et pauvres sémantiquement, ouvrant (II), au plan de la linéarité, sur la « zone » de formes par lesquelles il se réalise, large espace de variation où jouent les niveaux morpho-syntaxique, lexical, typographique, sémantique, discursif, dans lequel la description peut repérer, non pas un système différentiel structurable en paradigme, mais des *types d'agencements linéaires* qui débouchent (III), en discours, sur des *occurrences concrètes* et leurs effets de sens singuliers, dont l'infinité et le continuum – certes « balisables » en termes génériques, stylistiques, idéologiques... – excède radicalement la systématicité différentielle (du I) qui les « porte ».

En changeant de plan d'analyse, des traits différentiels (I) aux types d'agencements linéaires (II), on ne quitte pas l'espace du « répétable » et du « discontinu » – qui est celui des formes de langue ; c'est avec le plan (III) des événements de parole, où la langue, « en emploi et en action », s'articule au « monde » qu'on aborde, au-delà de la négativité structurée de signes, à la positivité ininventoriable des sens.

Pour reprendre le cas, évoqué ci-dessus, du MODE DD, on distinguera ainsi:

(I) : *sa Formule*, combinant par les trois traits [**A$_1$-B$_2$-C$_2$**], *i.e.* parler du DA (*vs* parler d'après), avec autonymie (*vs* sans), avec dualité énonciative (*vs* unité ou partage) ;

(II) : *l'espace des formes* par lesquelles il peut se réaliser, où figurent des types linguistiques séquentiels illustrés ici, par commodité, à l'écrit et à travers une réalisation lexicale comme :

(5) (a) Il a dit : « Je suis heureux. » (b) Sa déclaration (je suis heureux) a surpris. (c) Je suis heureux, proclame-t-il. (d) « Je suis heureux. » Ces mots ont surpris. (e) Il se réjouit : « Je suis heureux. » (f) Il arrive. Je suis heureux. Il repart. *Etc.*

(III) : *le déploiement des effets de sens* dans les occurrences particulières, où à la même forme au plan (II) : *Il a dit : « Je suis heureux »*, pourront être associés, en contexte, des sens caractérisables (encore en deçà de leur stricte singularité) par des effets de théâtralité, distanciation, identification, textualité, *etc.*

Relativement à cet étagement, dans lequel c'est au plan (I), des traits distinctifs, que se *définit* le MODE, les « définitions » du DD comme forme *dire : « ... »* ou discours rapporté « textuel » relèvent d'une illégitime « promotion » au rang de propriété distinctive de langue, de ce qui n'est qu'*une* des formes de l'espace (II), ou qu'*un* des effets de sens du niveau discursif (III).

2.2.2 Les cinq modes : « formule » distinctive et zone de formes.

C'est chacun des modes qui – comme le DD pris à titre d'exemple – est appréhendable en langue aux deux niveaux :
(I) de sa « Formule » définitoire en traits pertinents ;
(II) de la zone de formes, diverses, selon lesquelles il peut se réaliser linéairement.

Ainsi, dans le système des trois traits A-B-C posé ci-dessus, au mode **DD**, défini comme [**A$_1$-B$_2$-C$_2$**], répondent :
– *le mode [A$_1$-B$_1$-C$_1$] du DI* (**discours indirect**) : représentation de a^0 comme objet, via un fonctionnement sémiotique ordinaire et un ancrage énonciatif

unique[23] (« normal », en **A**) ; la zone de formes répondant à ces propriétés comportant, notamment :

(6) (a) Il reconnaît qu'il s'est trompé/s'être trompé/son erreur. (b) Il a, reconnaît-il, des rapports difficiles avec ses voisins. (c) Il a dit ce qu'il avait à dire/expliqué comment faire. (d) Il a menacé ses voisins/posé des questions embarrassantes. (e) Ils ont évoqué leur jeunesse/parlé affaires. Etc.

- *le mode [A_2-B_1-C_1] de la MAS*, **modalisation d'assertion comme seconde** : représentation de a^0 comme source de l'assertion énoncée, via un fonctionnement sémiotique ordinaire et un ancrage énonciatif unique (en **A**) ; la zone de formes répondant à ces propriétés comportant :

(7) (a) Selon lui/d'après lui/si on l'en croit, il a des chances de l'emporter. (b) Il paraît qu'il a des chances de l'emporter. (c) Il a, paraît-il, des chances de l'emporter. (d) Il aurait des chances de l'emporter. Etc.

- *le mode [A_2-B_2-C_1] de la MAE*, **modalisation autonymique d'emprunt** : représentation de **a^0** comme source d'un segment de la chaîne énoncée, *via* un fonctionnement sémiotique avec autonymisation et un ancrage énonciatif unique (en **A**) ; la zone de formes répondant à ces propriétés comportant :

(8) (a) C'est un « marronnier », comme on dit dans la presse/pour parler comme dans la presse/selon le jargon de la presse. (b) Il y a là ce que Althusser appelle/nomme une coupure épistémologique. (c) Le prétendu, fameux, sempiternel « déclin de l'occident », correspond... (d) La mère a été jugée « démérltante » (*sic*). Etc.

- *le mode [A_1-B_2-C_3] du Bivocal/DIL* : représentation de a^0 comme objet, avec autonymisation *via* le « parler avec » d'un partage des ancrages énonciatifs primaires entre **A** (référentiels) et *a* (modaux) ; la zone des formes correspondant à cette propriété, comportant :

(9) (a) Jean$_i$ s'informe : « Peut-il$_i$ emprunter le livre ? ». (b) Jean$_i$ passe la tête. Peut-il$_i$, demande-t-il$_i$, emprunter le livre ? (c) Jean$_i$ passe la tête. Peut-il$_i$ emprunter le livre ? (d) Jean$_i$ soupira. Eh voilà, il$_i$ n'aurait pas le livre indispensable! Etc.

---

[23] On voit que, relativement à la variabilité des contours assignés au « discours narrativisé » lorsqu'il est distingué du DI, et aux positions différentes quant à une séparation/réunion du DI et du narrativisé (*cf.* par exemple López Muñoz *et al.* 2004 : 19), la définition d'un Mode DI par la formule **A_1**-**B_1**-**C_1** débouche sur la plus large des inclusions – limitée par la seule « condition de représentativité » évoquée chap. 2.2.1, p. 54 – à charge pour la description de cartographier cette riche variation interne, aux plans – syntaxique, sémantique, discursif – où elle se déploie.

Le double étage où se spécifient les modes : Formule/zone de formes
La différence de statut entre les deux niveaux (I) et (II) sur lesquels s'étage, en langue, cette structuration, est essentielle.
– La reconnaissance d'unités (formes) de langue, mais non pas de « syntaxe » ou de « grammaire » au sens étroit du terme, conduit à s'écarter de formulations – soucieuses pourtant de distinctivité linguistique – telles que, chez M.-A. Mochet (1994 : 249), par exemple (pour DD, DI, D narrativisé) :

> Pour « mettre en scène » ces actes verbaux, le locuteur dispose principalement de trois *modalités syntaxiques* qui lui permettent [...].

Et, bien entendu, l'ancrage définitoire des modes, en langue, mais *en deçà* du grammatical au sens séquentiel du terme, écarte, dans son principe même, toute « dérivabilité » morpho-syntaxique entre les modes[24].

De même, cette structuration en « Formule/zone de formes » des cinq modes est étrangère à la perspective « prototypique » telle qu'elle est proposée par von Roncador (1988) par exemple, organisant la diversité des formes observables comme plus ou moins proches ou périphériques par rapport au centre d'une forme (de DD, de DI, ...) posée comme prototype. De même que le phonème n'est pas une réalisation prototypique mais une unité abstraite correspondant à une classe de sons, de même le « mode DD » par exemple ne correspond pas à « une forme » particulière de réalisation ; et le DD non marqué (ou DDL) par exemple est « autant » du DD que la forme, donnée comme canonique, du *l dit :* « ... ».

Le double niveau à travers lequel se structure le système des cinq modes de RDA – celui du jeu différentiel des Formules définitoires (I) et celui de l'éventail des types formels par lesquels celles-ci se linéarisent (II) – ne présente pas le même degré de stabilité. Qu'elle soit sociolinguistique ou diachronique, la variation est à l'œuvre au plan (II) de l'espace des formes offertes à la réalisation d'un mode : à titre d'exemple, il en va ainsi du *DI « sans que »*, variété populaire contemporaine[25], largement attesté dans le corpus Vincent-Dubois (1997 : 34 *sq.*) tels (outre chap. **2.** (57) p. 58) :

(10)   I(l) dit i(l) va faire et après i(l) fait pas [oral, 4-6-2009, à propos d'un époux rétif au bricolage].

---

24 Telle qu'elle persiste encore, par exemple, chez Riegel *et al.* (1994 : 597), assortie cependant de la réserve : « Cette analyse grammaticale ne rend pas compte de tous les phénomènes de discours rapporté [...] ».
25 Participant du phénomène plus large d'effacement du *que* ; *cf.* (13) ci-dessous, avec *vouloir* comme avec *dire*.

(11) moi je trouve qu'il est elle est bien il me dit il est bien là haut hé bon [cité *in* Marnette (2005 : 156)].
(12) Ils ont dit ils passeraient dans chaque maison pour vérifier les canalisations [oral 10-11-2015, après une réunion municipale de quartier].
(13) — Ouais, y'en a en heure de vie de classe ils ont dit vous charriez trop. Ils voudraient je le dise en conseil de classe [F. Bégaudeau *Entre les murs*, 2006].

ou du *DD* « *avec que* »[26] qu'il soit fréquent comme dans l'ancienne langue[27] :

(14) et dist$_i$ que ce n'est pas moi$_i$/mais le Seigneur en qui je$_i$ crois [*Roman de l'Estoire dou Graal*, cité *in* Perret (1977 : 16) qui le reprend à Meiller (1966)].

ou nettement plus sporadique comme aujourd'hui[28] :

(15) l'infirmière elle m'a dit que il faut que vous /partez, partiez/ avec l'ambulance /qui, il/ vous attend + elle m'a amené ici [cité *in* Marnette (2005 : 156)].
(16) Gabriel$_i$ [...] rougit et se dit que cette fois, c'est sûr, je$_i$ suis amoureux d'Ann [...] [Orsenna, *L'exposition coloniale*, 1988, cité *in* Charlent (1996)].
(17) Ma mère, elle est tout le temps après moi à râler, que tu penses qu'à t'amuser, que je travaille pas pour que t'ailles à l'école si tu fais rien, tout ça... [train de banlieue, mai 2008].

Ainsi le *que* n'apparaît-il comme ni nécessaire ni suffisant au DI : pleinement compatibles avec les « Formules » respectives des modes DI et DD (I), ces énoncés (10–17) s'inscrivent dans l'espace (II) des formes linguistiques dans lesquelles ces modes se réalisent[29], appelant, au plan (III), une description de leurs conditions d'apparition en discours (écrit, oral ; littéraire, médiatique, populaire, enfantin...).

Et peut-être le débat sur la modernité ou au contraire l'ancienneté du DIL[30] gagnerait-il à distinguer les deux plans (I) d'une Formule – stable – de traits, comportant celui (C_3) de la division des ancrages énonciatifs et (II) des types linéaires – sujets à variation – selon lesquels elle prend forme – depuis sa première attes-

---

26 Entendu ici – restrictivement par rapport aux conceptions assimilant MAE et DD critiquées ci-dessus (chap. **8**.3.3 p. 304 et chap. **8**.4, p. 308) – comme énoncé en *V de parole + que* présentant une dualité d'ancrage énonciatif, d'abord en **A** puis en *a*.
27 *Cf.* l'étude de Bruña Cuevas (1996) et la présentation de Rosier (1999 : 82–87).
28 D'un emploi « rare » aujourd'hui en français parlé, selon Marnette (2005 : 176) qui en relève 0,3% dans son corpus.
29 Formes – diverses – qui sont à intégrer aux réflexions sur le statut du morphème *que* en français contemporain : *cf.*, notamment, Delofeu (1999) pour les traitements proposés des emplois de *que* ne relevant pas de la « simple » subordination conjonctive ; et les remarques de de Gaulmyn (1983) sur le *que*, jonctif, pré-subordonnant, en langage enfantin.
30 Pour une présentation claire du débat, *cf.* Pernot (2008).

tation littéraire³¹, dialogale, dans la brève réponse, dite ou pensée, de l'héroïque Eulalie aux menaces du roi païen, jusqu'aux émergences, dans le roman moderne, d'amples coulées de discours intérieur, non adressé, qui, si novatrices soient-elles, aux plans (II) et (III), ne mettent pas en cause l'identité du mode, telle qu'elle est définie au plan I.

On voit ici – selon l'heureuse formule de Barthes (1977), soulignant que si « la langue afflue dans le discours, *le discours reflue dans la langue* » – l'incidence du fonctionnement discursif sur l'éventail des types de formes correspondant à un mode : ainsi, outre les transformations de la pratique narrative littéraire, le développement d'une écriture journalistique (de « titraille » par exemple), de la communication audio-visuelle, des techniques électroniques d'interaction (courriel, échanges sur « réseaux sociaux »...) sont-ils susceptibles d'induire de nouveaux types de formes de RDA ; mais, aisément observable au plan II des modes de RDA, ce « reflux » du discours dans la langue ne se manifeste pas au plan I de leur formule définitoire dont l'altération, touchant plus profondément à la structure de la langue, impliquerait d'autres mécanismes, inscrits sur une autre temporalité...

Dégager, comme on l'a fait, en deçà des énoncés et même des types de formes, une identité abstraite, différentielle, aux divers modes ainsi distingués, conduit à les reconnaître – non affectés encore des enjeux psychologiques, argumentatifs... dont ils se chargeront en discours – comme les alternatives que propose la langue, en nombre fini, pour l'appréhension d'un discours autre : le jeu différentiel des combinaisons de traits sémantiques (A : parler de/parler d'après), sémiotique (B : projeter ou non les signifiants sur le devant de la scène), énonciatif (C : intégrer/disjoindre/partager l'ancrage énonciatif autre) est ce qui dessine, façonne les « perspectives tout à fait différentes face au discours d'autrui » qu'évoque G. Philippe (1996 : 142) à propos de l'opposition DD/DI.

S'il n'est pas question d'assimiler des approches relevant de cadres très différents à la conception des modes de RDA esquissée ici, on peut néanmoins faire apparaître entre elles des points de résonance. Ainsi, sans entrer dans la problématique complexe proposée par Bally (1914) de l'articulation entre « Figures de pensée et formes linguistiques » – et sans y assimiler le double niveau des

---

31 Dans la célèbre *Cantilène de Sainte Eulalie* (vers 880), où celle-ci à l'abjuration de sa foi préfère le martyre : « [Le roi paien] li enortet [...] / Qued elle fuiet lo nom christien. / Ell'en adunet lo suon element : / *Melz sostendreiet les empedementz / Qu'elle perdesse sa virginitet.* / Por os suret morte a grand honestet. [Adaptation (Ch. Oulmont, *La poésie française du moyen âge* Mercure de France 1913) : Le roi paien] l'engage, [...], /À abandonner le nom chrétien /Elle en rassemble les siennes forces /Elle supporterait les tortures/ Plutôt que de perdre sa virginité./ C'est pourquoi elle mourut très honorablement].

« Formules » de traits et des zones de formes posé ici – peut-on souligner chez lui, développé à propos du discours rapporté[32], le souci de dégager un plan d'analyse et de réel langagier[33] qui pour n'être pas « grammatical » n'en relève pas moins *de la langue* : tel est le point de vue qui s'exprime lorsqu'il renvoie les erreurs touchant au « style indirect libre » à la méconnaissance chez les grammairiens du fait :

> [qu'il] n'est *pas une forme de grammaire*, c'est une attitude de l'esprit, un aspect, un angle particulier sous lequel il perçoit les choses ; et – chose à bien noter – ce n'est *pas une observation psychologique* qui fait découvrir cette forme de pensée, elle *se déduit de l'étude même de la langue*. (Bally, 1912 : 606).

Et on retrouve dans le couple « *schéma/variantes* »[34] que fait travailler Voloshinov (1929), dans la section consacrée au discours rapporté[35], des caractéristiques du double niveau Formule/formes linéaires : à la question de « l'appréhension active du discours d'autrui » répondent, selon lui, dans une langue, à un moment donné, quelques « schémas stables » « constitués et effectifs en langue » (Voloshinov 1929 : 164), « formes autonomes » (*ibid.* :197)[36] qui « expriment », chacun, « une tendance » dans « la dynamique réciproque des deux discours » :

> Chaque schéma recrée à sa manière l'énonciation [autre], lui donnant ainsi une orientation particulière, spécifique. (*ibid.* : 176).

---

[32] Envisagé comme « occasion de dégager, à propos d'un fait particulier, une question de linguistique générale : le rapport à établir entre les figures de pensée et les formes linguistiques et spécialement les formes grammaticales. » (Bally, 1914 : 407).
[33] Un « sentiment intuitif de la langue » dit G. Philippe (1996 : 149) à propos des « figures de pensée ». Pour le positionnement de Bally dans les débats « fondateurs » du DIL, évoqués chap. 4 note 61, p. 139, *cf.* Philippe *et al.* (2018).
[34] Traduit en « modèles/modifications » dans la traduction de (2015 : 385 *sq.*).
[35] Ici encore, sans entrer dans le détail (compliqué par les problèmes de traduction, *cf.* Sériot 2011) d'une approche du fait langagier revendiquée – en opposition à « l'objectivisme abstrait » de Saussure – comme « intégralement sociale », ni, par conséquent, dans les différences certaines que cela implique entre les « Formules » des modes proposées ici et les « schémas » de Voloshinov, postulés dans une logique d'incidence sociale quasi directe sur les formes de langue (*cf.* le sous-titre de l'étude du discours rapporté : « Essai d'application de la méthode sociologique aux problèmes syntaxiques » ; voir l'éclairante présentation qu'en donne Combettes (1989 : 114–116).
[36] *Cf.* la discussion évoquée ci-dessus (chap. 4.3.1, p. 132) sur la reconnaissance du DIL comme « schéma » à part entière (et non mélange DD/DI) et son apparition comme celle d'une « nouvelle forme linguistique » « complètement autonome » (Voloshinov, 1929 : 196, 197).

Le « rapport des variantes au schéma de base » est celui, relativement à la forme abstraite dont elles procèdent, de réalisations multiples situées « à la frontière de la grammaire et de la stylistique » et « où s'accumulent les changements au cours des siècles » :

> Le schéma ne se réalise que sous la forme d'une variante particulière. (*ibid.* : 173)

et, d'autre part, pour un schéma donné – celui du discours direct par exemple – :

> Il [...] possède une immense variété de réalisations nettement différentes. (*ibid.* : 184)

3 Jalons pour un parcours descriptif des cinq modes

De la structuration évoquée ci-dessus se dégagent quelques axes – programmatiques – à même d'orienter la description de chacun des modes qui, supposant l'étude systématique de leurs formes et de leur fonctionnement en discours, incluant ce qui tient à leur réalisation matérielle (canal écrit ou oral et variété de leurs « supports » respectifs[37]) requiert l'espace d'un autre ouvrage.

3.1 Incidences des rapports différentiels entre modes : « familles » de modes

Les modes sont chacun, par définition, différents les uns des autres, mais ils le sont différemment, deux à deux, selon le nombre et la nature des traits qu'ils partagent ou qui les distinguent.

Il en est ainsi notamment de la façon dont les modes s'opposent/se rassemblent quant au trait C – porteur des types d'altération que le discours autre imprime au Dire au plan essentiel de son ancrage énonciatif[38]. Les traits C_2 et C_3 ne caractérisent, chacun, qu'un seul mode, DD et Bivocal respectivement. Le trait C_1 détermine, lui, une « *famille* » de trois modes énonciatifs *intégrés* à **A** (MAE,

---

37 De l'imprimé sur papier – livres, journaux, brochures, prospectus... – aux scriptions passant par les matériaux les plus diverrs – affiches, pancartes, banderolles, tags, tatouages... – et la « dématérialisation » hyperformatée des courriers électroniques, SMS, « chats » et autres résaux sociaux à haute densité de RDA ; et, pour la parole, de ses réalisations dans l'espace privé ou public, du tête à tête à l'assemblée, du direct « physique » à tout ce qui passe « en direct » ou non par un medium technique, téléphone, dictaphone, répondeur et, évidemment, radio, télévision...
38 Référentiel et modal, *primaire, cf.* chap. 4.1.3, p. 109.

MAS, DI), c'est-à-dire d'énoncés de statut énonciatif ordinaire, que n'altère pas leur appartenance au champ de la RDA.[39]

Cette répartition suggère pour le parcours descriptif du champ un cheminement qui – rompant avec l'ordre canonique DD-DI-DIL – partirait du groupe C_1 des modes « simples » au plan énonciatif, avant d'envisager le DD, seul à présenter la complexité par juxtaposition sur la chaîne d'une dualité énonciative, et, enfin, le Bivocal, dans la radicale singularité de sa division énonciative.

La pertinence des rapports « d'apparentement » plus ou moins étroits entre les modes – de zéro à deux traits partagés – mérite d'être envisagée dans le fonctionnement des modes au plan des combinaisons – cumul, enchâssements, enchaînements – qu'ils admettent ou privilégient, comme à celui du degré de stabilité de leur opposition en discours – ambiguïté, indécidabilité, neutralisation (*cf.* ci-dessous 3.3).

Ainsi, à titre d'exemple, leur appartenance à la « famille C_1 » évoquée ci-dessus, semble, pour les trois modes qui la composent, aller avec une combinabilité intraphrastique spécifique, telle que l'illustre, par exemple, ce DI incluant une MAS et une MAE :

(18) Il prétend que sa voisine à laquelle, d'après lui, il n'aurait pas dû faire confiance, lui a « foutu tout son courrier à la poubelle » ... ! [correspondance, 20-11-2004].

À l'intérieur de cette même famille des modes énonciativement intégrés, un seul trait ([A] parler de/parler d'après) oppose DI et MAS qui ont en commun les deux autres ([B] et [C] : sémiotique et ancrage énonciatif « ordinaires ») ; de même qu'un seul trait ([B] : sémiotique ordinaire *vs* avec monstration de mots) oppose MAS et MAE, qui partagent les deux autres ([A] et [C] : parler d'après, ancrage énonciatif unique) : aussi, reposant sur un seul trait, les oppositions entre ces modes apparaissent-elles structurellement propices, en cas d'effacement du marquage de ce trait à divers faits d'indétermination entre l'un et l'autre. Il n'en va évidemment pas de même pour une opposition maximale – à trois traits – comme celle qui sépare la MAS du DD, plus « résistante » à la neutralisation en discours.

---

39 Si on le restreint à son versant référentiel (déictique), le trait d'ancrage énonciatif (primaire) *intégré*, définit *en compréhension* un ensemble plus vaste que la « famille » C_1, incluant le Bivocal : il correspond au complémentaire du DD dans le champ de la RDA, celui des *Discours autres* à *Deixis intégrée*, ou *unifiée*. Une telle structuration peut apparaître pertinente au regard de certains fonctionnements syntaxiques : ainsi, par exemple, de la partition que pose F. Gachet (2012) entre incises en DD vs « dans le reste de la RDA ».

3.2 Le niveau de marquage : un paramètre de variation concernant l'ensemble des modes

Le parcours de l'espace de variation, interne à chaque mode, celui (plan II) de la zone des types de formes selon lesquels se réalise sa « Formule » différentielle (I), est une part essentielle de la description de la RDA. Les paramètres qui y jouent de façon pertinente sont propres à chacun des modes – à leur spécificité sémantique, sémiotique, énonciative – et ne peuvent être appréhendés hors de la description précise de ceux-ci (que ne vise pas le présent ouvrage). Un axe de différenciation apparaît cependant transverse aux divers modes, celui (bien entendu à travers les formes propres à chaque mode) du *niveau de marquage* de la forme de RDA.

3.2.1 Une variation interne à chaque mode

Un traitement antérieur[40] de cette dimension déployait sur trois degrés une opposition « explicite *vs* interprétatif », envisagée comme structurant le champ au même titre que les oppositions notées ici [A] et [B], et proposait une partition entre formes :
- marquées univoques : DD, DI, MAS, MAE ;
- marquées exigeant un travail interprétatif : guillemet ou italique marquant une MA devant être interprétée comme MAE ;
- purement interprétatives : DDL, DIL, citation cachée (allusion)...

De cette présentation, on peut retenir l'importance dans le champ de la RDA de la question du niveau de marquage et de sa variation, en rapport inverse avec la place conférée à la reconnaissance interprétative en discours ; et l'articulation des deux processus intervenant dans l'identification : celui du repérage univoque de marques *isolables sur la chaîne* (un *selon l*, des guillemets...) et celui de la *mise en relation* interprétative – de discordance et de concordance, notamment – d'une chaîne **e** en **E** avec l'*ailleurs* de son environnement intradiscursif, immédiat ou lointain, du contexte situationnel **Sit** de son énonciation **A**, et de l'espace interdiscursif.

Mais la distinction des deux plans des modes – Formule définitoire et zone des formes par lesquelles ils se linéarisent – impose une remarque et deux déplacements de fond :

---

[40] Dans un texte à visée pédagogique Authier-Revuz (1993a : 41–42) (structuration évoquée dans l'article « Discours rapporté » *in* DAD 2002).

– la question du degré de marquage ne peut évidemment pas faire l'impasse sur la prise en compte, à l'oral, de l'accompagnement prosodique et mimo-gestuel à même d'assurer la reconnaissance univoque (comme DD ou MAE, par exemple) d'un segment dépourvu de tout marquage morpho-syntaxique, ou de marquer la borne finale du message représenté, notamment lorsque celui-ci, marqué morphosyntaxiquement à l'initiale (en DD, DI, MAS) est de nature pluriphrastique[41]. Par rapport au caractère binaire du marquage typographique du guillemet par exemple, la variation intonative et gestuelle susceptible d'indiquer une MAE est à la fois beaucoup plus riche – de degrés et de nuances – et moins sûre – ouvrant sur du « à peine marqué ».
– C'est au plan de la *variation interne* à chaque mode que doit être saisi le degré de marquage et non comme un trait qui les opposerait comme définitoirement marqués/non marqués. DDL et allusion[42], par exemple, sont à traiter comme des *formes*, à marquage zéro, respectivement des *modes* DD et MAE, c'est-à-dire comme des pôles de non-marquage sur l'échelle que parcourt leur espace de variation[43] ;
– *tous les modes* présentent une variation dans le niveau de leur marquage : d'une part la variation qui parcourt la zone II de leurs réalisations linéaires atteint, sans exception, à une forme non-marquée, où – comme on l'a classiquement relevé pour le Bivocal-DIL – c'est de façon complètement interprétative qu'une chaîne en tant qu'énoncé, en discours, c'est-à-dire au plan (III), est reconnue comme réalisation d'un mode, répondant, à l'égal des formes marquées de la zone (II), à la Formule définitoire (I) du mode[44].

---

[41] *Cf.* ci-dessous (19) par exemple. Pour des éléments de repérage de la borne finale du message de DD voir notamment Morel et Danon-Boileau (1998 : 129–133) et Branca *et al.* (2012).
[42] *Cf.* pour l'allusion, les exemples chap. **5** (1) p. 153, chap. **8** (88'), p. 299, et chap. **11** (1), (2), p. 427.
[43] Suivant cette définition du DDL, on analysera (en accord avec L. Rosier (1999 : 279) excluant tout marquage typographique) comme DD faiblement marqué (non univoque) des énoncés comme « Jean marche vers la gare. "Je suis en retard " », ou le titre du livre de A. Ernaux : *« Je ne suis pas sortie de ma nuit »* (et pas comme DDL, comme par exemple Romeral (2005 : 115, 117) incluant dans le DDL les formes marquées typographiquement)
[44] *Cf.* ci-dessous chap. 11.2.1, p. 427 Sur cette question du marquage zéro, je renvoie à la lecture aiguë que R. Mahrer (2011 : 210–218 notamment) propose de la langue benvenistienne comme « système de signes informé par des fonctions » – fonctions « qu'assure dans le milieu humain » (Benveniste (1974 : 217) comme réponses données aux problèmes qui s'y posent, un langage qui primordialement « signifie ». Citant Benveniste selon lequel des « **formes très dissemblables sont à classer ensemble au point de vue de leur fonction** » et « les agencements matériels que constate et analyse la linguistique descriptive peuvent être progressivement ramenés **aux figures diverses d'un même jeu** » (souligné par R.M.), il envisage la « possibilité du marquage nul » – « soit de mobiliser "en discours" la valeur d'une fonction sans recourir à son appareil formel

Ainsi, par exemple, le DI et la MAS connaissent-ils, eux aussi, des formes non marquées, qui relèvent interprétativement, notamment, de *l'extension extraphrastique* – à une ou plusieurs phrases – d'un marquage antérieur[45].

En ce qui concerne la MAS, l'incidence au-delà de la phrase des *selon l*, *pour l...*, observable dans les énoncés ci-dessous, a été précisément étudiée[46] dans la perspective de leur fonction « cadrative » reconnue par Charolles (1987) :

(19) *D'après M. H.*, l'azalée, c'est pas une bonne idée. {Même en ajoutant de la terre de bruyère, le sol est trop calcaire}$_2$. {Il a eu plusieurs échecs dans le coin}$_3$. Il m'a conseillé d'autres arbustes plus accommodants [oral, nov. 2012].

(20) *À en croire les croupiers*, Aliso avait joué environ trois heures le jeudi soir, et pour finir était plus ou moins rentré dans ses sous. {Le vendredi, il avait encore joué deux heures en début de soirée et d'après leurs estimations, avait quitté la table délesté de deux mille dollars}$_2$ [M. Connelly, *Le cadavre dans la Rolls*, trad. fr. Points, 1998, chap. 2].

(21) *Pour Chantal Crétaz*, secrétaire général de l'Association Nationale des Visiteurs de Prison, la prison en France n'est « *plus un lieu de justice* ». {Il en va de l'intérêt de tous de permettre à un détenu de garder sa dignité car, « *faire du détenu-sujet un détenu citoyen* », c'est participer à la préservation de la sécurité publique}$_2$ [*Libération*, 28–02–1997, p. 15, compte rendu d'un colloque sur les conditions de détention, *idt*] ;

En revanche, a moins été prise en compte l'extension, au delà de la complétive, de l'incidence de *l dit que*[47] telle que, très communément[48], elle fonctionne :

---

propre » –, c'est-à-dire « qu'une identité puisse être reconnue [...] au-delà de l'opposition avec marques/sans marques » comme « l'une des manifestations les plus évidentes de la gouvernance du sens dans les procédures d'analyse » (Mahrer 2011 : 215).

45 Parmi les éléments jouant dans l'interprétation « par extension » d'une forme non marquée de DI ou de MAS, le genre du discours apparaît comme spécifiquement pertinent : ainsi est-ce la forme privilégiée de représentation des « tours de parole » dans nombre de genres – très normés – de discours « tenant lieu » d'un autre discours – tels que procès verbaux, comptes rendus, (*cf.* Mellet et Sitri 2013, Authier-Revuz et Lefèbvre 2015, Sitri 2015b), sur le mode : *A dit que* P. Q. R. ; *B remarque que* P. Q. R. ; *C souligne que* P. Q. R. ... Ce « patron », dominant dans le genre « procès-verbal » du rapport de soutenance de thèse, D. Maingueneau (*in* Dardy *et al.* 2002) en décrit pertinemment le fonctionnement (p. 73–86), mais dans les termes – à mon sens problématiques – d'un DIL de « type singulier », « très appauvri », dont « on a l'impression que [la] catégorisation se fait par défaut ».

46 *Cf.* notamment Schrepfer (2006) tout entier consacré à la « portée » des *selon l*, dans un corpus du *Monde Diplomatique*.

47 Sa perception étant sans doute obscurcie par l'existence du DIL-Bivocal, parfois ramené à du DI « sans que », *cf.* chap. **4.3.3** note 64, p. 141. La question du « scope » d'un opérateur de discours rapporté est envisagée par Kerbrat-Orecchioni (1980 : 163), qui signale, en l'illustrant d'un exemple de DI (du type *l a annoncé que P. Q.*), que « dans certains cas l'incidence du verbe introducteur enjambe une frontière de phrase ».

48 *Cf.* encore exemples chap. **6.** (39), p. 219 et chap. **11.** (4), p. 428.

(22) M. X, en charge des bâtiments scolaires, *signale que* le groupe scolaire de X** requiert des travaux importants. {Des infiltrations ont été constatées en plusieurs points}₂. {L'installation électrique de la partie ancienne n'est plus en conformité avec les normes actuelles}₃. *Il conclut qu'*une réévaluation de la dotation initiale s'impose [Procès-verbal de réunion de conseil municipal (2000)].

(23) Kramer *(1985) remarque que* même si le décès de la génération plus âgée est prévisible, son impact est très puissant sur la famille. {Les émotions sont toujours fortement intensifiées lorsque le système familial vit une perte}₂. {Avec la mort d'un membre, en particulier s'il s'agit d'une figure centrale, un vide est créé}₃. Kramer pose dès lors les deux questions [...] [É. Goldbeter-Merifeld, *Deuils et fantômes*, p. 76].

(24) Derrida *remarque que* Lacan se sert de la littérature pour illustrer la vérité de sa doctrine, c'est-à-dire une vérité extérieure au texte littéraire. {En agissant ainsi il rejoint la pratique de la psychanalyse appliquée alors même qu'il en condamne l'usage}₂. Outre cette contradiction, Derrida souligne [...] [É. Roudinesco, *Histoire de la psychanalyse en France*, t. 2, Seuil, Paris, p. 545].

(25) *Il dit qu'il* va améliorer son service, peut-être adopter une raquette au manche rallongé pour lui donner un surplus de puissance. {Poursuivre le double aussi, qui l'a poussé vers un tennis plus audacieux, plus offensif}₂. {Il va jouer à Prague, disputer les qualifs à Rome}₃. {Et pointer ce tennis aux contours étranges du côté de Roland-Garros}₄. Il jure : « *Je joue vraiment* au tennis aujourd'hui. » [*Libération*, 28-04-1997].

(26) *Il lui₁ fut dit que* non seulement la petite Fadette n'y était point venue enceinte et n'y avait point fait d'enfant, mais encore qu'elle s'y était si bien comportée qu'il n'y avait point le plus petit blâme à lui donner. {Elle avait servi une vieille religieuse noble, laquelle avait pris plaisir à en faire sa société plus que sa domestique, tant elle l'avait trouvée de bonne conduite, de bonnes mœurs et de bon raisonnement}₂. {Elle la regrettait beaucoup, et disait que c'était une parfaite chrétienne, courageuse, économe, propre, soigneuse, et d'un si aimable caractère, qu'elle n'en retrouverait jamais une pareille}₃. [...].
Le père Barbeau₁ fut bien content [...] [G. Sand, *La petite Fadette*, chap. XXXIV].

Et, à l'inverse, le mode Bivocal est bien un mode « interprétatif », en ce que, contrairement aux autres modes, il ne présente pas de forme phrastique univoque hors contexte, d'où la nécessité de recourir, pour les exemples fabriqués, à des indices stipulant les co-références requises pour une interprétation en Bivocal

(27) Jean₁ reprend son travail. Marie va-t-elle l₁'appeler ?

là où cette spécification interprétative est le plus souvent superflue pour les exemples empruntés à des textes, c'est-à-dire pourvus de contexte. Mais le Bivocal se réalise aussi dans des formes comme[49] :

(28) Jean₁ proteste : « Pourquoi, s'exclame-t-il₁, ne lui₁ a-t-on pas dit de venir ? »

---

49 *Cf.* chap. 4.3.1 note 46, p. 131.

où c'est une forme marquée à un fort degré *comme RDA* qui est à interpréter comme Bivocal[50].

3.2.2 Marquages partiels et marquages « retardés »

Le marquage – ou son défaut – n'est donc pas à penser comme assurant ou non « en bloc » l'identification d'une séquence comme forme d'*un* mode déterminé de RDA. Des marques univoques, jouant dans le champ de la RDA, se situent *en retrait* par rapport à l'identification d'un mode, ouvrant sur un travail interprétatif d'assignation à l'un de ceux-ci ou sur un fait de neutralisation d'opposition. Ainsi, une séquence marquée de la dimension autonymique par des guillemets ne sera-t-elle (ou non) identifiée, d'abord comme RDA, ensuite comme relevant du mode DD, MAE ou Bivocal, que combinée à d'éventuelles autres marques ou éléments discursifs d'interprétation.

Le statut de l'incise de type *dit-il* est de ce point de vue exemplaire : si elle constitue, de fait, une marque univoque, c'est celle de l'appartenance à la RDA de la séquence qu'elle commente – par opposition au type *dis-je*, au présent, de l'ARD – ; et non, par elle-même d'un mode spécifique de RDA : c'est par le jeu combiné des autres marques et/ou indices interprétatifs de l'énoncé où elle figure, qu'aboutira, ou non, l'identification d'un mode particulier.

Il en est ainsi dans les exemples suivants, manifestant la compatibilité de *dit-il* avec tous les modes, l'incise ne constituant pas, par conséquent, une « marque » de DD :

(29) a DD   Marie$_i$ était furieuse : « Pour qui, *dit-elle$_i$*, me$_i$ prend-on ? »
      b Bivocal   Marie$_i$ était furieuse : « Pour qui, *dit-elle$_i$*, la$_i$ prenait-on ? »
      c DI/MAS   Marie est allée, *dit-elle*, à plusieurs expositions.
      d MAE   Marie est allée à plusieurs expositions, « fascinantes », *dit-elle*.

Comme, par exemple, dans :

(30) Bivocal   Elle$_i$ n'en voulait point à sa mère, elle se reprochait seulement de ressentir moins d'amour que de terreur pour elle. Peut-être, *pensait cet ange$_i$* ces sévérités étaient-elles nécessaires ? Ne l'avaient-elles pas préparée à sa$_i$ vie actuelle ? En l'écoutant, il me semblait [...] [Balzac, *Le Lys dans la vallée*, p. 95].

---

[50] Plutôt que comme DD (*cf.* (29a) Jean$_i$ proteste : « Pourquoi, s'exclame-t-il$_i$, ne lui$_j$ a-t-on pas dit de venir ? ») ce qui montre qu'une partie des exemples proposés comme formes de DD (fabriqués, donc hors-contexte discursif) ne relèvent pas du seul « marquage » univoque, mais aussi d'une interprétation qui, spontanément majoritaire, passe aisément inaperçue. En toute rigueur, mais au risque d'alourdir, il aurait fallu « indicer » ces exemples incomplètement marqués de DD hors contexte, comme les exemples de Bivocal.

(31) DI/MAS   Quatre heures dans les phrases, ce n'est pas mal. Mais le vieux Casanova$_i$, en Bohème, écrivait, *dit-il$_i$*, douze à treize heures par jour [Ph. Sollers, *Dictionnaire amoureux de Venise*, 2004].

(32) MAE   Qu'en est-il des biographies des grands poètes, des grands artistes, des grands penseurs, des « Mages », *disait Victor Hugo* ? [J. Bruneau, *Préface* au *Gustave Flaubert* de H. Lotman].

Outre la neutralisation opérée par l'incise quant au trait source/objet[51] qui distingue notamment les modes énonciativement intégrés et sans autonymie (C_1, B_1), DI et MAS, nombreux sont les énoncés, univoquement marqués comme RDA par l'incise, que leur forme ne spécifie pas dans l'ensemble MAS-DI-Bivocal, par exemple :

(33) Gandhi$_i$ se boucha les oreilles, mais refusa que l'on éteigne la lumière de son compartiment. Les gens devaient le voir si tel était leur souhait, *dit-il$_i$* : malgré le vacarme, il parvint à écrire. [...] fin octobre 1946, il$_j$ pressa Gandhi$_i$ de repousser son départ ; Calcutta, *disait-il$_j$*, avait aussi besoin de lui [R. Gandhi, *Gandhi*, trad. française 2008, p. 731].

ou, au-delà, incluant le DD :

(34) Il faut dire que les parents en redemandent : associer les enfants aux achats familiaux, c'est, *disent-ils*, leur apprendre la vie tout en achetant utile [*Le Nouvel Observateur*, n°1923].

Rappelons la problématique, distincte, et valant y compris pour des formes univoquement marquées comme relevant d'un mode donné, de la *délimitation* du **e** représenté entre ses deux bornes gauche et droite, dans laquelle se combinent (différemment à l'oral et à l'écrit) marques et indices démarcatifs et indices discursifs de cohérence/disjonction.

Le « jeu » dans le marquage de la RDA relève aussi, dynamique, de son inscription dans le *mouvement du dire* : au-delà des variations intraphrastiques de déplacement d'un *dit l* ou d'un *selon l* en tête ou au contraire en fin de phrase, riches en effets de sens, il faut noter, plus radical, le processus interphrastique de marquage du type

P. C'est *l* qui le dit.

---

[51] *Cf.*, signalés au chap. **3**, p. 101, les faits de neutralisation DD/MAE (ex. (62) et (63)) et DI/MAS (ex. (65)) avec incise en *dit-il*. Voir aussi Komur (2003 : 266 *sq.*) qui relève dans la presse, pertinemment analysés comme « archi-formes » de RDA, des faits de neutralisation de formes de RDA : DD-DI-DIL avec incise, et les réflexions de Nita & Hanote (2007) sur le caractère de « discours rapporté indéterminé » relativement aux « formes classiques de DR », de formes avec incise de parole.

qui, à une phrase non-marquée fait succéder, avec des effets divers, son marquage univoque *rétroactif*[52] :

(35) Ce n'est même pas lui qui a choisi sa femme, alors rendez-vous compte. Enfin c'est ce qu'on dit [F. Vargas, *L'armée furieuse* (2011), p. 358].
(36) Ici le jour ne ressemble pas au jour. Le jour est comme un morceau délavé de la nuit. L'accompagnateur, par ces mots, veut gifler les esprits [*Incipit* de L. Salvayre *Les Belles âmes*, 2001].
(37) Pauvre Jeanne ! Pauvre Emma !
Pauvres femmes ! Quoique, après tout, si elles étaient un peu moins bêtes, elles seraient peut-être un peu moins malheureuses (c'est Maupassant qui parle, ici, non l'auteur de cette préface) [A. Fermigier, Préface à *Une Vie*, Folio, p. 3].

Le mouvement rétroactif, ici, à partir d'une marque univoque, peut bien entendu fonctionner à partir d'indices interprétatifs.

Signalant la fréquence de ce procédé « d'éclaircissement rétroactif » dans le roman sartrien, G. Philippe (1997 : 48) renvoie à l'étude que P. Hamon[53], sous le nom d'« épigraphie », propose des procédés qui consistent à attribuer un énoncé implicitement et *a posteriori* à un personnage en écrivant à côté « que l'énoncé qui précédait n'était pas attribuable au narrateur. »

Entre la mobilité intraphrastique (incises, constituants marqueurs de MAS) et les liens interphrastiques (anaphoriques...), s'ouvre l'ensemble des formes phrastiques « décrochées », en incidente, entre parenthèses, en note, enrichissant pour une phrase la gamme de ses marquages « seconds » (seconds dans le temps, ou la hiérarchie syntactico-énonciative, par rapport aux constructions du type *l a dit que*...) et la panoplie des effets auxquels ils se prêtent.

* * * * *

Au total, c'est non seulement loin d'une opposition binaire mais même d'une « échelle » totalement ordonnée[54] que se réalise le marquage des diverses formes de RDA, combinant, de façon complexe, avec leur graduation propre, divers éléments : appartenance au champ de la RDA, identification d'un mode spécifique de RDA, tracé des frontières de l'énoncé *e* représenté, attribution à une source *l*.

---

52 Rencontré chap. **3**.1.2.1 ex. (35–38), p. 90 et *cf.* par exemple, pour le DD à l'oral, Morel et Danon-Boileau (1998 : 129–133) ou, pour la MAE, Authier-Revuz (2012 : 272 *sq.*).
53 Dans *Textes et Idéologies*, PUF (1984 : 141).
54 Au sens de l'ordre total mathématique où tout point peut être situé par rapport à un autre sur une échelle linéaire – d'où une hésitation sur l'emploi du terme « degré » à laquelle son remplacement par « niveau » ne répond guère, pour cette structure « pluri-scalaire », de façon vraiment satisfaisante...

C'est, par là, dans ce jeu pluri-scalaire, un espace considérable qui s'ouvre pour le *marquage partiel* des formes de RDA, auquel répondent deux aspects notables du fonctionnement de la RDA.

Le premier est celui de la part, souvent minimisée, du *travail interprétatif* qui, étroitement solidaire du degré de marquage, doit être soulignée dans l'identification de formes semi-marquées de RDA, contre l'assimilation de cas d'interprétation « évidente » à des faits de marquage univoque[55] : c'est le cas, par exemple, pour la forme – massivement présente dans la presse ou le récit romanesque – du « *e* » de DD *annoncé* par ce qui constitue une phrase de DI catégorisant, du type :

(38) Il proteste : « *e* »

Contrairement à la contrainte syntaxique qui lie un « *e* » à son « introducteur » (recteur) dans la forme pleinement marquée *il dit :* « *e* »[56], c'est un rapport de cohérence sémantique qui conduit, ou non, à interpréter en (39) la succession du DI et du « *e* » comme relevant de la représentation du même *a⁰*, la première forme de RDA « annonçant » la seconde, qui la « développe » en y trouvant son « *l* » ; cette dimension interprétative, aisément dissimulée dans l'immédiateté de son fonctionnement, apparaît si on compare ces deux enchaînements de « *e* » à un DI représentant par catégorisation un acte d'énonciation, respectivement interprétables comme (a) développement de cet acte dont le DI est l'« annonceur » *vs* (b) « *e* » d'un acte *distinct* :

(39) Depuis le départ du train elle harcèle la fillette :
      (a) « Tiens-toi droite ! Ne t'agite pas comme ça ! »
      (b) « Vous ne pourriez pas la laisser tranquille ? »

Le second aspect à noter dans le fonctionnement de la RDA est celui, dans la diversité des types de « *contacts* » entre modes évoqués ci-dessous, des faits, solidaires de ces faits de marquage partiel, de « concurrence » de modes en un point de la chaîne.

---

[55] C'est-à-dire ramenant ce que l'on « comprend » comme fait de discours, à ce qu'on « reconnaît » comme forme de langue, pour reprendre l'explicitation par Benveniste de l'articulation sémantique/sémiotique.
[56] *Cf.* chap. 8 (42) *vs* (41), p. 260 : il s'est fâché/il a lancé : « j'en ai assez ».

3.3 Contacts entre modes

Entités différentielles, les modes sont distincts, mais non pas « séparés » en discours, présentant une variété de faits de « rencontre » *d'un mode avec un autre*.

3.3.1 Concurrence de modes en un point de la chaîne

C'est d'abord, en l'absence d'un marquage spécificateur d'un mode, la rencontre, « à la verticale » si l'on peut dire, en un point de la chaîne, de plusieurs modes, « candidats » à figurer en ce point, qui se résout selon les configurations de :
- *l'**ambiguïté***, lorsque le contexte exige une assignation interprétative à l'un *ou* à l'autre, incompatibles, comme par exemple pour (28) dont l'interprétation *doit* trancher (en termes de coréférence) entre DD et Bivocal ;
- *l'**indécidabilité***, lorsque rien ne permet, contextuellement, de trancher entre l'un et l'autre mode, entre lesquels oscille, instable, l'interprétation – comme souvent, par exemple, pour un « X » phrastique, syntaxiquement autonome, entre MAE (*(je dis) « X », comme dit l*) et DD (*l dit : « X »*), tels, rencontrés précédemment (chap. **3** (62) ; chap. **8** (88')), les aphorismes « oignez vilain... » ou « la femme est l'avenir de l'homme »[57] ;
- la **neutralisation** d'opposition, lorsque l'identification, par marquage et interprétation, se situe au plan de ce que ces modes ont en commun, le sens se produisant en deçà de ce qui les distingue, comme on l'a évoqué, par exemple, ci-dessus avec l'incise en (33) et (34)[58].

Ainsi, la description du fonctionnement des modes, en discours, demande-t-elle que soient repérées les conditions d'apparition de ces cas de *concurrence* en un point, de plusieurs modes et de leur résolution en choix de l'un *ou bien* de l'autre

---

57 À propos des reprises (à incidences judiciaires) du « Casse-toi pov'con » initial de N. Sarkozy, alors chef de l'État, C. Mellet et F. Sitri (2012) dégagent, notamment p. 115, la double interprétation en DD : *Sarkozy a dit : « Casse-toi... »* et en MAE : *« Casse-toi... », comme a dit Sarkozy*.
58 Ainsi Marnette (2005 : 155 sq.) fait-elle place à une catégorie de « Discours Neutre » par rapport à l'opposition DD/DI : la possibilité de DI sans *que* (*cf.* (10–13) ci-dessus) en français parlé produit, en l'absence d'éléments déictiques ancrés en **a** ou en **A** et de marquage intonatif différenciateur, des énoncés tels : « et alors vous avez dit oh c'est très vrai tout ce que vous dites mais il y a une chose qui m'a frappée et vous dites elle ne pensait plus en français » (*ibid* : 156). Pertinemment, l'analyse de l'auteur va dans le sens, non de l'ambiguïté ou de l'indécidabilité, mais de l'en deçà de la neutralisation : « [...] it is doubtful *whether the speaker wants or needs to make a difference here*. What is important is the content of the reported discourse and indeed most examples of Neutral Discourse are used in an argumentative context [...] » (*ibid* : 157).

de l'ambiguïté, en oscillation *entre* l'un et l'autre de l'indécidabilité, en retrait *en deçà* de l'un et de l'autre de la neutralisation.

3.3.2 Conjonction de modes

La *conjonction*, sur la chaîne, d'un mode *et* d'un autre passe aussi par plusieurs configurations – phrastiques et interphrastiques – dont le fonctionnement mérite la description :
- **cumul** de *l'un* **plus** *l'autre*, tel que, par exemple, le présentent les constructions DI ou MAS avec MAE – *l dit que/selon l* ...« *X* »... – associant des modes à ancrage énonciatif intégré en **A** (famille C_1).

Ces formes régulières au plan de la langue, sont stéréotypiques à celui du discours, par exemple dans le cas d'une MAE à statut d'îlot textuel[59]. Il importe de distinguer ces constructions régulières de cumul de deux modes, des mouvements intraphrastiques de « bascule » énonciative, d'un mode dans un autre, relevant d'une *dynamique* transgressive – par exemple d'un DI ou MAS vers un DD, ou, plus précisément, de l'émergence d'ancrages énonciatifs *primaires*, référentiels et/ou modaux, en ***a***, dans un énoncé intégré en $\mathbf{A}^{60}$. Il ne s'agit pas de séparer le bon grain (des cumuls réguliers) de l'ivraie (des phénomènes de rupture syntactico-énonciative), mais de reconnaître à ces derniers une hétérogénéité spécifique dont les ressorts méritent d'être interrogés. Que cette interrogation se fasse en termes de psycho-linguistique (défaillance, reprogrammation...), d'inscription subjective ou d'effet stylistique (de surgissement spontané ou concerté de la « voix de ***l*** » forçant le cours régulier du dire de **L**), de diachronie (émergence d'une forme...), elle suppose, en tout état de cause, que ces phénomènes, saillants, de « bascule » énonciative, auxquels elle s'attache, ne soient pas, sous une rubrique, indifférenciante, de « formes mixtes/hybrides », confondus avec – c'est-à-dire noyés dans – la masse « sans histoire » des cumuls réguliers.

---

[59] C'est-à-dire où il y a *identité* des ***l*** impliqués dans cette MAE et dans la forme DI ou MAS englobante, *cf*. Jean$_i$ dit que « l'exposition est superbe » / Selon Jean$_i$, l'exposition est « superbe » (pour reprendre ses$_i$ mots). (chap. **7**.2.2.3 (40–41), p. 242, voir chap. **8**.3.3.2 (89–94), p. 300.

[60] *Cf*. chap. **8** (124) p. 309 : ***l***$_i$ *évoque* « *comment ma$_i$ vie tient à un fil* », ou chap. **8** (109–111), p. 305, chap. **4** (40) et note 17, p. 110 et 116. Le fait de reconnaître, ou non, la MAE comme mode de RDA à part entière, distinct du DD (cf. **8**.3.3.1, p. 297), joue évidemment un rôle crucial dans la distinction entre cumul et « bascule » (*cf*. **8**.3.3.3, p. 305 ; ou **8**.4, p. 309, par exemple, à propos de ce que recouvre problématiquement l'appellation « DD avec que »).

– **enchâssement**, de *l'un dans l'autre*, correspondant à la représentation d'une chaîne d'actes d'énonciation[61] : **E(A)** représentant a_1 représentant a_2 représentant a_3 ... sur le mode, par exemple, de *l_1 a dit que l_2 lui avait dit que l_3 disait*... dont la description doit prendre en compte deux distinctions : d'une part celle qui se pose pour toute structure récursive entre grammaticalité en langue et acceptabilité en discours ; d'autre part, entre récursivité *de RDA*, *via* des combinaisons de modes divers, et récursivité *d'un mode* de RDA. En ce qui concerne la récursivité « à mode constant », les différences observables entre les divers modes quant à leur « aptitude » à l'auto-étagement relèvent de la mise en évidence des spécificités de chacun d'entre eux : on a noté (chap. 4.2.2) la disparité, en termes d'acceptabilité, de la récursivité du DI et du DD, aisée pour l'un, rapidement bloquée pour l'autre, le contraste renvoyant, évidemment, à l'opposition – aux plans syntaxique, énonciatif, sémiotique – entre l'unité du premier et la dualité du second ; de même, à la singularité énonciative – de division (C_3) – du mode Bivocal-DIL dans l'ensemble de la RDA, fait écho une résistance, non moins singulière[62], à la récursivité, que dégage G. Philippe (2005) en réponse à la question « Peut-on avoir du discours indirect libre dans du discours indirect libre ? ».

– **enchaînement** de *l'un puis de l'autre*, présentées par des successions immédiates intra ou interphrastiques de deux (ou plusieurs) formes de RDA, syntaxiquement autonomes ; la fréquence de certains enchaînements dans ces « séquences composées »[63] de RDA – telles les successions DI-DD, ou « D narrativisé »-DD, étudiées par M.A. Mochet (1993) dans un important corpus d'entretiens oraux – fait apparaître des « patrons » différents, selon qu'ils correspondent à la représentation d'un seul acte *a*, envisagé successivement sous deux angles, ou bien à la représentation de plusieurs actes distincts. Ainsi, par exemple, pour des actes distincts, des effets de différenciation des deux voix en dialogue :

(40) Elle lui propose d'aller au cinéma. « Je n'aime pas ça. »
 Elle suggère une promenade. « Je suis fatigué ».
 Elle lui demande ce qu'il veut faire. « Rien ».

---

61 *Cf*. Rosier (2005), (2006), traitant de la « circulation des discours ».
62 MAS et MAE n'interdisent nullement l'enchâssement, très généralement limité à deux étages : ... « X » comme dit *l_1* en reprenant *l_2*... ; *d'après l_1, il paraît$_2$ que les jeux sont faits*.
63 Selon l'heureuse expression de M.A. Mochet (1994 : 254). *Cf*. aussi les analyses de J. Bres (1996 : 56–58) montrant, dans des récits oraux d'interaction, les effets de « perspective » crées par les « alternances » séparant et hiérarchisant un arrière-plan au DI (et narrativisé) d'un *l_1* sur lequel se détache la saillance du DD d'un *l_2* en « je » (identifié au **L** narrateur).

ou des enchaînements opposant – avec les visées les plus diverses – l_1 *dit que*..., la formulation en usage d'un contenu, à l_1 *dit :* « ... », la présentation de mots, en mention :

(41) X exprime sa confiance dans la réussite de l'entreprise. Y dit : « On court à la catastrophe ».

Et, pour un même acte, la succession, comme en (38) et (39a), du type :

(42) Il refuse : « Il n'en est pas question. »
(43) Il admet son erreur : « J'aurais dû lui en parler avant. »

suite stéréotypique au point de faire, parfois, méconnaître, sous l'appellation imprécise d'« introducteur de DD », la différence entre le lien – sémantique – d'enchaînement entre les *deux* formes de RDA (l'une « annonçant » ce que l'autre « développe ») et le rapport syntaxique de rection, interne à *une* forme de RDA (*il dit*...) ; ou apparentable à ce que Voloshinov appelle « discours direct vidé de sa substance »[64], ce couplage DI-DD qui, faisant précéder les mots d'un *l* d'une formulation, en DI, par **L** qui en explicite – révèle, épuise – la charge sémantique, relègue le DD qui suit à une fonction d'accompagnement pittoresque, amusé, attendri, comme dans :

(44) On a joué à la balle, puis il m'a dit qu'il en avait assez : « Ça fussit, la balle, ça fussit » et on est rentré. [corresp. privée, juillet 1975, *l* enfant de 3 ans]

Cette RDA « double face » pour un même *a* apparaît aisément, dans les textes de sciences humaines ou de journalisme d'analyse de la société, comme « solution » à la difficulté d'un discours ayant pour « objet » des sujets parlants, solution aussi aisée qu'elle est redoutable par le statut « décoratif » de « couleur locale » qui y échoit aux mots de l'autre-objet au sein du discours, surplombant, du scripteur[65].

---

64 Voloshinov (1929 trad. 1977 : 185), *cf.* aussi : « Le poids sémantique des paroles rapportées [au DD] diminue, mais en revanche leur signification caractérologique se renforce, ainsi que leur tonalité ou leur valeurs typiques » (p. 186) ; ailleurs (p. 169) Voloshinov évoque le processus de paroles qui, ayant perdu « leur sens objectif deviennent des objets décoratifs au même titre que le costume, l'aspect extérieur, les éléments constituant un tableau de mœurs, *etc.* »

65 Je renvoie aux analyses de B. Lagadec (1996 : 139) des formes de RDA dans les textes de P. Bourdieu introductifs aux entretiens reproduits dans *La Misère du Monde*, pointant le fait que les couplages DI du sociologue/DD d'un « jeune » qu'on y a observé « ne peuvent qu'aboutir à cette fameuse stigmatisation dénoncée par Bourdieu », et au travail d'A. Bolón (1996 :196–207 notamment) sur des articles du journal *Le Monde* consacrés aux « jeunes issus de l'immigration », qui analyse les mécanismes de RDA (parmi lesquels les « *e* » de « jeunes » au DD succédant immédiatement à des DI, ayant déjà énoncé, dans les termes de L et de ses lecteurs, le sens des propos de *l*) comme aboutissant, en dépit de l'abondance des mots « montrés » à la création d'une « absence de lieu de parole » (p. 196) pour des propos « dévitalisés ». Voir ci-dessous chap. 15, p. 616.

Dégager les mises en œuvre dominantes, voire stéréotypiques, dans le discours de tel ou tel type d'enchaînement de formes de RDA, peut faire apparaître – aux plans générique, stylistique, idéologique... – des modèles de progression narrative, rhétorique, argumentative *locale*.

* * * * *

La structuration ainsi posée du champ de la RDA en cinq modes définis au double niveau d'une Formule (I) de traits distinctifs et de la zone de formes (II) par lesquelles la première peut se linéariser, ancre la RDA dans la langue comme système de différences. S'attacher à ce réel – abstrait – de distinctivité n'est pas délaisser le plan du discours : on a vu que l'inventaire (II) des types de formes propre à chaque mode (I) ne pouvait s'achever – renonçant par là à la complétude – sans faire place à la reconnaissance interprétative, en discours, des formes non ou semi-marquées de RDA ; et l'exploration systématique de chacun de ces ensembles (II) comme espaces de variation interne à chaque mode, parcouru d'un réseau propre de fines différences (construction, lexique, ponctuation, prosodie, pondération entre marquage de langue et indices interprétatifs, etc.)[66] apparaît comme un préalable pour envisager, au plan de la foisonnante concrétude des énoncés (III) et de leur sens en discours, la part qu'y prend le jeu sur le clavier de la RDA – avec ses modes, leur Formule (I) et leurs formes (II).

Mais si rendre compte des faits de RDA observables en discours suppose d'en passer, en deçà de la concrétude des énoncés, par le réel abstrait de la langue et de ses différences, qui en sous-tendent le fonctionnement, il est aussi nécessaire, pour ces énoncés qui font place à du discours autre en le représentant, de prendre en compte cet autre réel qu'est, en tout énoncé, la présence constitutive – interdiscursive, dialogique – de la discursivité « extérieure ». À profiler les énoncés de RDA sur le fond de discours autre d'où ils émanent, s'impose la question pour le *dire* de la RDA, de la place dans l'économie langagière – subjective, discursive, textuelle – de ce geste énonciatif qui trace des frontières entre l'un et l'autre (représenté) dans un discours constitutivement traversé par de l'autre (présent). C'est ce à quoi s'attache la suite – partie V – du parcours.

---

[66] Programme descriptif sur lequel débouche cette structuration, mais qui n'est pas l'objet du présent ouvrage.

Appendice au chapitre 9 : Citer/citation : l'éventail polysémique

Curieux statut que celui de ces termes dans le discours linguistique contemporain : d'emploi fréquent, ils ne figurent pourtant ni en entrée des dictionnaires de la discipline (linguistique ou analyse de discours) en usage, ni dans les index de notions des grammaires[1], comme si leur emploi relevait, en rapport avec celui du discours commun, d'un fonctionnement « pré-technique », consensuel[2]. Trompeuse apparence derrière laquelle se déploie, dans le discours spécialisé, un large spectre de valeurs, combinant diversement *discours autre, représentation, autonymie (mention)*, qui demanderait – comme on le fait pour bien d'autres termes polysémiques – que, dans les analyses linguistiques, on précise l'usage que l'on en fait … ou qu'on y renonce…

D'une façon cavalière – sans prétendre rendre compte de l'extrême diversité des usages d'un auteur à l'autre, dans leur distribution actuelle et dans leur évolution – on peut distinguer quatre types d'emploi.

L'usage (I), courant, de *citer-citation* combine les trois traits de
a) mise en jeu de discours autre,
b) représentation (dimension métalangagière),
c) avec autonymie-mention.

Par rapport à ce faisceau de traits de *citer-citation*, les autres usages peuvent se définir par la sélection qu'ils y opèrent :

	I usage courant	II usage logico-typographique	III « Discours citant/cité »	IV « tout est citation »
(a) discours autre	+		+	+
(b) représentation	+	+	+	
(c) autonymie	+	+		

---

[1] Par exemple : Arrivé *et al.* (1986), Détrie *et al.* (2001), Charaudeau *et al.* (2002), Neveu (2004), pour les premiers, Wagner *et al.* (1991), Le Goffic (1993), Riegel *et al.* (1994), Wilmet (1997)… pour les secondes.
[2] Autorisant leur emploi ponctuel : « citation guillemetée », pour une MAE par exemple, chez Wilmet (1997 : 447).

Open Access. © 2020 Jacqueline Authier-Revuz, published by De Gruyter. This work is licensed under the Creative Commons Attribution-NonCommercial-NoDerivatives 4.0 License.
https://doi.org/10.1515/9783110641226-017

(I) citer-citation (a+b+c) : représentation d'un discours autre avec autonymie
L'article *Citation* du *Grand Robert* distingue, des deux sens spécifiques aux domaines judiciaire et militaire (citation devant le tribunal de.../ à l'ordre du régiment), un sens caractérisé comme « courant »[3] : « Action de citer, de prélever et de réutiliser un fragment de texte ; fragment emprunté à un texte authentifié, utilisé dans un autre texte ».

Mis en rapport avec « bribes, extrait, passage, épigraphe, florilège,... », présenté dans des collocations du type : *tirer une citation de, émailler/truffer de citations, citation déformée, abrégée, textuelle, authentique*, et dans la locution *fin de citation*, illustré de « citations » de grands auteurs, évoquant des « citations tronquées », « une prose hérissée de citations »... le sens principal de « citation » trouve son correspondant verbal dans le premier des sens (non spécialisés) enregistrés pour « citer » : « le prédicateur cite une phrase de l'Évangile ; un passage bien, mal cité... ».

Cet emploi de *citation-citer* (I) n'est pas sans entrer en résonance à la fois avec la « convocation » ou « sommation à comparaître » de la justice et de la « distinction » honorifique de l'armée.

L'opération de *citation-citer* (I) relève de la famille B_2 des modes avec autonymisation (mention), DD, MAE et Biv-DIL. Les commentaires spontanés en discours de l'usage de ces modes[4] en termes de *citer-citation* sont monnaie courante : tels, spécifiant notamment le degré de textualité de la « citation » autonyme, les

(1)   je cite, je cite textuellement/ à peu près/ en substance, la citation n'est pas exacte mais c'est l'esprit

qui viennent se placer en incidence (Δ) dans la forme de base du DD

(2)   Il a dit, Δ : « P ».

ou, devant les « îlots textuels » (MAE en DI ou MAS), pour redoubler emphatiquement les guillemets à l'écrit, ou les remplacer à l'oral

(3)   Pour lui, il s'agit de, je cite, /préserver notre petite ville. Tout le reste est secondaire [conv. 10-10-2015].

De façon générale, c'est à travers cette catégorie omniprésente (et les mots) de *citer-citation* (I) – et non dans les termes techniques, DD, et encore moins MAE ! – que, dans le champ médiatique, politique, culturel, scientifique se pense et se dit

---

[3] Le seul retenu dans le *Gradus des procédés littéraires* (Dupriez 1980/1977) à l'article *citation* : « passage emprunté à un auteur [...] ».
[4] DD et MAE le plus souvent, mais sans exclure le Biv-DIL

la pratique, aux enjeux constamment renouvelés, de la « RDA avec monstration de mots »[5].

À titre d'exemples de ce fonctionnement discursif constant :
- les instructions éditoriales adressées aux auteurs :

(4) on sort une *citation* de plus de deux lignes. On insère un intervalle (ligne blanche) avant et après la *citation*.

- l'indication, fréquente dans des textes (articles, essais...) spécifiquement consacrés à un discours, selon laquelle toutes les « citations » du texte (DD et MAE non spécifiquement attribuées) sont tirées de ce discours[6] ;
- le « patron », répété pour chacun des trente « Romans d'Amour » sélectionnés comme « chefs d'œuvre » dans une revue littéraire grand public[7], d'un « résumé » suivi des rubriques titrées : CITATION (présentant un extrait de 10 lignes), CIRCONSTANCES, ACCUEIL..., selon une organisation où l'on note l'enchaînement immédiat des deux traitements en RDA du texte, de la paraphrase résumante et du DD textuel.
- dans un texte analysant un article de Benveniste, une succession serrée de DD de plusieurs lignes, prélevés dans des pages voisines, débouche – après l'indication d'une coupure ([...]) avant la fin d'une phrase – sur cette remarque : « L'article tout entier mériterait d'être cité ». (Milner 2002 : 75)

Dans les études littéraires et linguistiques, le couple *citer-citation* (I) est convoqué sur le mode d'une catégorie reçue et, au gré des différenciations rencontrées – au plan de la fidélité, du marquage ou de l'intentionnalité –, prolifère en sous-espèces de la reprise de fragments, envisagées, de façon non stabilisée,
- comme des sous-catégorisations, telles : citation *explicite* vs *cachée, implicite*[8], *crypto-citation*[9], ou, dans le seul *Palimpsestes* de Genette (1982) : *brute, littérale, déformée, pseudo-citation*...

---

[5] *Cf.* le parcours intéressant proposé par L. Rosier (1999 : 23–25) des emplois de cette citation au sens (I) commun.
[6] Ainsi, en note infrapaginale d'un long article consacré à un ouvrage récent « *Cosmos* », *radiographie d'un best-seller* : « (5) Michel Onfray, *op. cit.* Toutes les citations suivantes, sauf mention contraire, proviennent de ce livre. » [*Le Monde diplomatique*, juillet 2015].
[7] *Lire* n° 404, 29 mars 2012.
[8] Kerbrat-Orecchioni (1980 : 164).
[9] Mayenova (1970 : 655), Rey-Debove (1978 : 268).

- ou, en rapport d'opposition à *citer-citation* (I) dont elles restreignent l'extension : (faire) *allusion*[10], *ré-utilisation* (*riutilizzo*)[11], *réminiscence*...

C'est ce *citer-citation* (I) qui fait l'objet de réflexions – historiques, sémiotiques, discursives, stylistiques,... – telles que, notamment, celle de Compagnon (1979) sous-titrée « Le travail de la citation »[12] ou de Quéré (1992 : 87–99) sur les « Usages de la citation ». Et il apparaît, régulièrement associé aux guillemets-italiques, à la *mimesis* et aux formes de DD et de MAE (sous des noms divers), par opposition souvent explicitée au DI[13], dans les chapitres consacrés au Discours rapporté des grammaires générales ou des manuels universitaires[14]. De même, dans sa présentation de « L'analyse textuelle », Jeandillou (1997 : 70 *sq.*) introduit à la question du « discours rapporté » comme « le biais [par lequel] le texte laisse entendre la voix des personnages dont les propos sont *cités, ou diversement transposés* ». Et c'est sous la dénomination, retenue en titre, de « *discours cité* » qu'il est traité du discours direct (par opposition aux « intégrations, transpositions, reformulations, traductions » des autres discours : indirect, raconté et indirect libre).

Remarque 1 : « Citations » musicales, picturales... On remarque enfin que c'est ce sens – vivace – de *citer-citation* (I), de reprise d'un fragment de discours antérieur, qui, très largement, est exporté hors du champ de l'intertextualité, dans d'autres domaines de la création artistique, où la critique parle très volontiers des « citations » musicales, picturales, cinématographiques, à l'œuvre dans une partition, un tableau, un film.

Notons – bien sommairement pour ce champ passionnant... – que, par opposition au langage, disposant – avec ses deux plans de signifiance, pour suivre Benveniste, de signes (au plan sémiotique), tels les guillemets ou la syntaxe propre à l'autonyme, à même de *marquer* les citations, les reprises musicales, picturales, filmiques relèvent, si évidentes qu'elles puissent paraître, du seul plan (« sémantique » au sens de Benveniste) où la mise en rapport d'un segment avec l'ailleurs d'une mémoire musicale, picturale... conduit à *interpréter* le segment comme

---

10 Authier-Revuz (2000).
11 Mortara-Garavelli (1985 : 67).
12 Caractérisée comme « la forme simple » ou « la plus flagrante » de la répétition, associée aux guillemets, spécifiée dans son statut de « mention » ou de *mimesis*, par opposition au commentaire ou à la paraphrase (Compagnon 1979 : 162, 283), et passant par les opérations de découpe-prélèvement, déplacement et greffe-collage, qui articulent les deux textes et les deux énonciations « citantes et citées » (texte, sujet cité/citant (*ibid.* : 77, 159, 281) ; énoncé répété/répétant (*ibid.* : 68, 99)).
13 *Cf.* Tisset (2000 : 92) : « Le discours indirect n'est plus la *citation* d'un acte d'énonciation [...]. [C']est une reformulation du propos et non une *citation* », ou : « un discours rapporté au style indirect est non plus une *citation* mais une reformulation [...] » (Le Goffic 1993 : 270).
14 Grévisse (1975 : 1066), Riegel *et al.* (1994 : 597), Kerbrat-Orecchioni (1980 : 63–67), Sarfati (1997 : 69–72), Rullier-Theuret (2001 : 9, 39, 68, 72), par exemple.

emprunté à cet ailleurs : le citer-citation musical, pictural... se réalise sur le versant *non-marqué* (ce qui, insistons-y, n'empêche pas que cela ne puisse être tout à fait « saillant ») de l'opération – celui où on caractérise une citation discursive comme « implicite », « crypto », « allusion »...

Resterait à préciser le statut – relativement à l'absence de « marque » au plan sémiotique – des formes spécifiques de mise en abyme, faisant apparaître un tableau « encadré » dans un tableau, un écran où se projette un film dans un film, apparentable à l'enchâssement, marqué, d'un dire autre « montré » au DD dans le Dire.

(II) citer-citation (b+c) : représentation autonyme

Un emploi, spécialisé, de citer-citation correspond à la notion sémiotique de *mention* (vs *usage*) ou d'autonymie et à son répondant typographique le guillemet. Le trait (c) du sens (I), celui de « discours autre » s'y efface ; le domaine couvert par ce sens (II) étant celui des trois zones de métadiscursivité distinguées précédemment : celle de la langue et de ses « types » comme celle des discours et de leurs « tokens », qu'ils soient « autres » ou « en train de se faire » (RDA *ou* ARD). Seront également « citées », en ce sens, l'ensemble des occurrences guillemetées dans

(5) « Le » est un article ; Il a dit : « Je suis d'accord » ; Je te dis : « Viens » ; C'est une « trahison », il n'y a pas d'autre mot.

Ainsi le chapitre « Guillemet », dans le *Traité de la ponctuation française* de J. Drillon (1991), fait-il voisiner au titre de *citer/citation* DD, MA dans toute son étendue (c.à.d. non restreinte à l'emprunt à du discours autre) et « mot cité en tant que mot », illustré par « Le mot "zythum" constitue la dernière entrée [...] » (1991 : 301). Il en va de même dans l'article « autonymie » d'un dictionnaire de linguistique[15], caractérisant cette forme comme « permettant de *citer* les formes linguistiques – quelle qu'en soit la nature [...] de la lettre [...] à l'énoncé – [...] ». C'est encore ce sens (II) qui émerge dans la formulation de J. Rey-Debove (1978 : 253–254) : « La connotation autonymique cumule deux sémiotiques : on emploie un signe et on le cite tout à la fois », où le « citer » est associé à la configuration sémiotique proposée pour l'autonymie.

Remarque 2 : *to quote/quotation, to cite/citation.* Sans entrer dans le fonctionnement de l'anglais avec ses deux lexèmes : *to quote-quotation* et *to cite-citation*, pour lesquels le *Harraps Standard* donne également citer-citation comme équivalent français, on notera :
– l'emploi courant de *quotation* dans *quotation marks* (guillemets) et *words quoted* (mots entre guillemets), comme dans l'usage de *quote/unquote*, à l'oral, entourant emphatiquement un « *e* » de DD ou une MAE, sur le mode *je cite/fin de citation* ;

---

15 Arrivé *et al.* (1986 : 89).

– la valeur de *quotation* chez les philosophes du langage, Quine, notamment, fondateur de l'opposition usage/mention, renvoyant à *tous les faits de mention*, se situant donc comme l'autonyme de J. Rey-Debove, en deçà des différences langue-discours-discours autre[16] ;
– l'apparition du syntagme « *noncitational quotations* »[17], correspondant, dans l'espace des « *hybrid quotations* » – définies comme séquences « *both used and quoted* » », *i.e.* ce que désignent connotation et modalisation autonymique – au complémentaire des modalisations autonymiques d'emprunt dans l'ensemble des modalisations autonymiques (*cf.* ci-dessus chap. **8**.3.2, p. 292 et schéma [XV]) : en termes de « citation » il faudrait en français évoquer des « citations (II) non citationnelles (I) » (c'est-à-dire des mentions, sans emprunt à un discours autre).

(III) citer-citation (a+b) : discours autre représenté

Avec ce troisième sens pour *citer-citation*, c'est, par rapport au sens « courant » combinant discours autre-représentation-autonymie, un déplacement inverse de celui observé pour le sens (II) qui se produit : là où autour du trait (métalangagier) de « représentation » qu'ils partagent tous les deux, le sens (II) – sémiotique – se dégageait du « discours autre » pour s'étendre à toute autonymie-mention, le sens (III), dégagé du trait d'autonymie, s'étend à tout ce qui relève de la « représentation » du « discours autre » – autrement dit correspond au champ global de la RDA.

Cette extension du sens (I) au sens (III) couvrant le domaine du « discours rapporté » peut trouver un ancrage dans une facette de la polysémie du verbe *citer*, telle que, débordant largement le spectre des emplois du nom *citation*, la parcourt l'article du Grand Robert. Au-delà du sens, spécifiquement métalangagier, couplant *citer* à *citation*, deux séries sont recensées :
– la première, définie par « Reproduire (des paroles déjà prononcées ou écrites) », reliée à « alléguer, mentionner, produire, rappeler, rapporter », ne s'intègre – ou ne s'apparente – que pour une part (« citer les paroles de quelqu'un, ses sources, ses références ») au domaine de la RDA (contrairement à « citer un fait, un exemple ») ;
– la seconde, définie par « Désigner (une personne, une chose) comme digne d'attention », reliée à « évoquer, indiquer, invoquer, nommer, signaler » est, elle, étrangère à la RDA.

---

16 *Cf.* Brabanter (2003 : 5) : « Philosophers of language usually deal with Rey-Debove's autonymy under the heading of "mention" » or "quotation" », ou J. Rey-Debove (1978 : 87) commentant l'énoncé « "Boston" is disyllabic » par « C'est le mot autonyme ("a quotation") qui est employé et non le mot ordinaire [...] ».
17 *in* Brabanter (éd.) (2005 : 22 *sq.*), par exemple.

Citer (III) – comme synonyme de *rapporter* ou *représenter* – se rencontre couramment aujourd'hui dans les travaux de linguistique ou d'analyse du discours, parfois étendu au nom *citation*. Le divorce entre les sens (I) et (III) est saillant dans des formulations telles que « dans le discours indirect il [notre **L**] *fait usage* de ses propres mots quand il *cite* les propos d'autrui »[18]. La distribution et l'histoire précise de cet emploi générique de *citer-citation*, par rapport au sens (I) serait à faire.

Au-delà des ouvrages de Maingueneau[19] qui, de longue date, ont promu l'articulation discours *citant/cité* comme cadre à l'appréhension du « discours rapporté », nombreux sont les chapitres de manuels, consacrés à ce champ, qui emploient ce *citer* (III) : dans des occurrences ponctuelles, associées à un mode sans monstration de mots, lorsqu'il est question, par exemple[20], du « discours citant » ou de la « parole citante », par rapport auxquels s'effectuent les transpositions de déictiques au DI ; ou comme cadrage d'ensemble pour la différenciation des trois types – DD, DI, DIL – par les caractéristiques de leur « discours cité » respectif[21] ou le rapport entre « discours citant » et « discours cité »[22].

Cet usage générique de *citer* (III), renvoyant, à l'instar de *rapporter*, *représenter*..., à l'ensemble du domaine, s'est incontestablement « établi » dans le champ linguistique contemporain[23], qui se trouve ainsi partagé entre lui et celui du *citer* (I), renvoyant spécifiquement au sous-ensemble du premier comportant de la monstration de mots.

L'extension observable du sens (III) au nom *citation* – dont la valeur commune ne présente pas la polysémie de *citer* – paraît moins fréquente. Notons, par exemple, chez Maingueneau, l'emploi de *citation* au sens (III) allant de pair avec celui du couple *citant/cité* :

---

[18] Maingueneau (1994 : 135).
[19] Notamment Maingueneau (1976), (1987), (1991), (1994).
[20] Herschberg-Pierrot (1993 : 113, 114).
[21] Arrivé *et al*. (1986 : 236-237) : le DD « préserve l'indépendance du *discours cité* », et « le *discours cité* est présenté entre guillemets » ; le DI « enlève toute autonomie au *discours cité* » et « le *discours cité* est [...] intégré à la phrase » ; le DIL « conserve les traces de l'énonciateur du *discours cité* ».
[22] Stolz (1999 : 73) : « [...] le *discours cité* en discours indirect perd sa modalité : c'est la modalité du *discours citant* qui s'impose, la modalité du *discours cité* peut être signalée par le sémantisme du verbe. »
[23] Par exemple (sans qu'il soit question d'en recenser les apparitions) : *énonciation citante/citée* chez Reichler-Béguelin (1992 : 203) ; *discours citant/cité* chez Rosier (1999 : 126, 231...) ; *locuteur citant/cité* chez Rabatel (2004 : 8) : « trois grands types de procédés qui permettent de *citer* autrui » chez De Mattia (2000 : 7)...

> [...] l'opposition irréductible entre ces deux formes de *citation* : le discours direct insère [...]. En revanche, le discours indirect ne maintient stable que le contenu du *discours cité* [...]. Le *discours citant* subordonne tout à son « optique » [...] (1976 : 123-124)
>
> En français [...] la *citation* peut se réaliser à travers trois « stratégies » distinctes [...] selon le type de relations qui s'instaurent entre *discours citant* (DCt) et *discours cité* (DCé) [...]. [...] aucune des stratégies n'est première, il s'agit de deux *modes de citation* indépendants qui correspondent à deux perspectives complémentaires. (1994 : 121 et 123)

ou les volumes *Citations I* et *II*[24] rassemblant des travaux couvrant le champ du « discours rapporté »

On distinguera de cet emploi de citation (III) deux usages résolument génériques du terme qui relèvent de perspectives et de choix théoriques particuliers différents.

L'un[25], intégré à une entreprise de constitution automatique de résumés visant les seuls contenus informationnels, se propose l'identification et l'extraction de tout ce qui, dans un texte – quelle qu'en soit la forme – y relève du « rapporté », c'est-à-dire du discours « autre » :

> [Nous] définissons la citation comme un acte de langage, celui de rapporter un discours [...]. [...] « citation » est pour nous un terme générique qui regroupe toutes les formes de discours rapporté. (Mourad et *al.* 2004 : 398)

L'autre, loin de « neutraliser » le trait de « monstration » inclus dans *citer-citation* (I), le place, dans une approche « citative » du discours rapporté, au principe même de tout le champ : ainsi, par exemple, le titre de L. Perrin (2002) « Les formes de la citation au style direct, indirect et indirect libre » ne doit-il pas être assimilé aux formulations évoquées ci-dessus, des diverses « stratégies » par lesquelles se réalise (neutre, en deçà de l'opposition ±monstration) l'opération de citation (III)... La citation généralisée s'inscrit ici, posée au principe d'un discours rapporté conçu tout entier comme « démonstratif » (vs « descriptif ») où la « reproduction » du discours autre est pensée en termes de « ressemblance » dans le sillage théorique des approches « mimétiques » ou « iconiques » de la communication[26].

Lorsque, en revanche, en dehors de ces deux cadres, on s'attache, dans une perspective linguistique, discursive, à dégager la spécificité des diverses formes disponibles dans le champ – et notamment ce qui tient à la dimension autony-

---

24 Jaubert *et al.* (2011).
25 Mourad G. *et al.* (2004), par exemple.
26 Sperber et Wilson (1989) et, pour le DR, Clark et Gerrig (1980), *cf.* ci-dessus chap. **8.1** Remarque 1, p. 251 et chap. **8.2.1.3** Remarque 2, p. 261.

mique, de monstration de mots – on observe que, dans les contextes convoquant le sens (III), notamment *via* le couple *citant/cité*, le sens (I) (de *citation* et même de *citer*) « fait de la résistance » : la polysémie intra-textuelle qui en résulte se réalise dans des configurations diverses.

Ainsi, au cadrage liminaire d'un article « Discours rapporté » de dictionnaire de linguistique[27] en termes de « locuteur citant/cité », le corps de l'article réserve *citer* (p. 95) et *citation* (p. 96) à des formes avec monstration de mots.

La prégnance du sens (I) de *citation* se manifeste aussi dans des présentations du « discours rapporté » convoquant tout au long le sens (III) du verbe (*citant/cité*) et du nom. Ainsi, sinon un passage obligé au sens (I), est-ce au moins un tropisme vers ce que désigne *citation* (I) qui apparaît dans la séduisante revue proposée par Maingueneau[28] de la « fonction des citations » ou des « fonctions de la citation » : les cinq sortes de citation qui sont distinguées « relique, épigraphe, culture, preuve, d'autorité » – semblent bien, à travers exemples et commentaires – « fragments de discours vrai », « citations de grands auteurs », « extraits de la Bible », « [ne pouvant] être résumés, reformulés » –, relever de la *citation* (I), et dans la catégorie proposée de « résumé avec citations »[29], si le résumé est à juste titre appréhendé comme pratique textuelle de « discours rapporté », c'est-à-dire relevant globalement du couple *citant/cité* (III), c'est évidemment au sens de *citation* (I) que le nom est pris ici pour désigner les fragments (MAE) que comporte le résumé ; aussi est-ce, tout au long, sur une double portée polysémique *citer* (I/III) que se déroule l'analyse[30].

Cette alternance entre les deux valeurs (I) et (III) de *citer-citation* peut traverser de façon serrée toute une étude (Lorda Mur 1997). Ainsi, partie du sens (III)

> Je propose de distinguer entre le discours *citant* (journalistique) et le discours *cité* (politique) (Lorda Mur 1997 : 66)

l'auteur convoque le sens (I), spécifié différentiellement par rapport à d'autres modes de RDA :

> Quant aux propos politiques retenus (*intégrés, cités ou évoqués*) (*ibid.* : 71)
> Par la suite les propos *intégrés et les citations* alternent avec les explications [...] (*ibid.* : 72)

---

27 Détrie *et al.* (2001 : 92–96).
28 Maingueneau (1976 : 126–127), (1991a : 137–139).
29 Maingueneau (1991 : 108–109), (1994 : 132–133).
30 *Cf.*, par exemple, (1994 : 133) : « résumé avec citations (I)... voix du DCt et celle du DCé (III)... les fragments cités (I)... citations (I)... DCt (III)... point de vue du DCé (III)... choix des citations (I)... fragments ainsi cités (I)... intégration dans le DCt (III)... ».

L'alternance peut se faire dans le cadre d'une phrase :

> Toutes les formes du discours rapporté sont utilisées, de l'intégration totale dans le discours *citant* (III) à la *citation* (I) littérale qui peut se réduire à un îlot [...].(*ibid.* : 67)
> [...] l'enchevêtrement énonciatif du discours *citant* (III) et du discours *cité* (III), des paroles et des intentions des déclarants, des extraits *cités* (I) politiques et de l'interprétation journalistique. (*ibid.* : 71)

et déboucher... dans l'incertitude (I ou III)[31]

> une des caractéristiques des *citations* de la presse est justement l'extrême attention portée aux bons mots et aux expressions originales, maladroites, agressives, naïves [...] des élus, ce qui constitue un des moyens privilégiés pour accrocher l'attention des lecteurs. (*ibid.* : 71).

À survoler par leur résumé les 55 articles du recueil « Le Discours rapporté dans tous ses états »[32], quelques traits de la distribution de *citer-citation* peuvent être – sans les extrapoler pour autant – notés :
- les termes *citer-citation* apparaissent dans moins de 40% des résumés, là où tous sauf 7 font usage[33] de l'ensemble *rapporter-représenter-reprise* (sous leurs formes diverses : participiales, nominales, adjectives).
- Lorsque *citer-citation* apparaît, son usage se partage entre sens (I) (avec mention) et sens (III) (générique, équivalant à RDA) dans un rapport de 3 pour 1[34], privilégiant donc nettement le sens (I). L'identification du sens (I) ou (III) des termes pouvant se faire contextuellement dès le résumé ou seulement à la lecture de l'article montrant ce à quoi ils renvoient : DD ou MAE dans la majorité des cas *vs* « citations directes et citations indirectes » (comme pour l'article résumé p. 603).

Au total, par rapport au vocabulaire « technique », et lourd, de « discours rapporté, représenté, ... », *citer-citation* (III) offre certes un visage d'aimable simplicité, le verbe *citer*, se prêtant de façon élégante dans sa brièveté, à donner force,

---

31 Sans doute – compte-tenu de la prégnance spécifique du sens (I) pour *citation* – doit-on comprendre que : « les DD de presse se focalisent sur les particularités langagières accrocheuses » ; mais est envisageable le sens (III) de : « la RDA dans la presse privilégie les bons mots... » – ceci devant impliquer le recours aux modes autonymisants, DD ou MAE.
32 López-Muñoz *et al.* (2004).
33 Parmi ces 7 textes, 5 se situent directement au plan de leur objet propre (DIL, DI, autonyme, îlot textuel, discours cité (au sens de DD)), sans référer au champ d'ensemble.
34 *Cf.* citation (III) : « la citation journalistique [...] » (p. 603) ; « détection automatique des citations [...] » (p. 611) ; « la citation et l'appel à référence bibliographique [...] » (p. 617) ; « [...] extraction des informations citationnelles » (p. 619).

via l'opposition actif/passif *citant/cité* au couple – homomorphe et dissymétrique – des deux discours impliqués dans tout fait de RDA. Mais outre les flottements ou confusions liés à la polysémie, l'extension à tout le champ de la RDA du terme renvoyant communément à la reprise – exacte ou non – de *mots* d'ailleurs, conforte implicitement – cela quel que soit le point de vue exprimé – la conception d'un « discours rapporté » foncièrement associé à la dimension de la « textualité » (comme dans la tenace approche dérivationnelle DD–>DI–>DIL) où l'éventail des formes se ramènerait à des types et degrés d'aménagement de cette textualité.

Remarque 3 : La traduction française (1963 : chap. IX) du passage que, parmi les « structures doubles », Jakobson (1957) consacre à celle, M/M, du discours rapporté, offre un curieux exemple d'arasement terminologique par *citer-citation* – successivement utilisé comme dénomination générale, puis spécifique – de la différenciation marquée par l'auteur entre « *reported* » et « *quoted* » *speech* :

> M/M) « REPORTED SPEECH is speech within speech, a message within a message and at the same time it is also speech about speech [...]. There is a multiplex scale of linguistic processes for **quoted** and quasi-quoted speech : « direct speech », « indirect speech » (*oratio recta, obliqua*) and various forms of « **represented** » discourse » (*style indirect libre*, « free indirect style ») (1957/1990 : 387, *idt*)
> M/M) Le discours cité (*oratio*) est un énoncé à l'intérieur d'un énoncé [...]. Il existe une échelle multiple de procédés destinés à rendre les citations ou quasi-citations : le discours direct (*oratio recta*), le discours indirect (*oratio obliqua*) et diverses formes de style indirect libre. (1963 :177, *idt*).

Citation (IV) : le dire comme déjà-dit
Avec ce dernier sens, c'est la dimension de la *représentation* qui s'efface et, avec elle, celle de la *mention* comme forme sémiotique : sous le terme de *citation*, ou de *citationnel*, s'opère un basculement depuis le sens (I) (le dire *prélève* des mots du déjà-dit) vers le sens (IV)) (le dire *relève*, tout entier, du déjà-dit).

Pas de risque de confusion ici, car des sens (I) et (III), renvoyant tous deux à des *formes* linguistiques de la *représentation* du discours autre, on est passé, changeant de plan, du côté de l'appréhension du *fait* de la *présence*, inhérente au dire, du déjà-dit dans lequel et à partir duquel il se fait.

Ce mouvement de « forçage » du sens, de l'usuel « je cite » vers le sens (IV) d'une reconnaissance de la nature intertextuelle, interdiscursive, dialogique, du dire s'opère notamment chez Barthes, sous couvert du dérivé « citationnel »[35] :

---

[35] Selon le même mouvement que celui que décrit M. Schneider, à propos de *plagiat*, dans *Voleurs de mots* (1985 : 31) : « Qui parle quand l'un dit ? Qui écrit, l'auteur ou l'autre ? [...] le pla-

> Un langage ça ne fait que s'emprunter, que « se passer » comme une maladie ou une monnaie. Vous avez pu voir que dans *S/Z*, contrairement à toute déontologie, je n'ai pas « cité mes sources » [...] ; si j'ai supprimé les noms de mes créanciers [...] c'est pour marquer qu'à mes yeux c'est le texte tout entier de part en part qui est *citationnel* [...][36].

et aussi, « à mot constant » :

> Tout texte est un intertexte ; d'autres textes sont présents en lui, à des niveaux variables, sous des formes plus ou moins reconnaissables : les textes de la culture antérieure, ceux de la culture environnante ; tout texte est un tissu nouveau de *citations révolues*. [...] L'intertexte est un champ général de formules anonymes, dont l'origine est rarement repérable, de *citations* inconscientes ou automatiques, données sans guillemets[37].

C'est dans le battement de cette polysémie I/IV que Compagnon (1979) inscrit son parcours du « travail de la citation », depuis la « découpe » de « La citation telle qu'en elle-même » – celle de « L'homme aux ciseaux » – jusqu'à « l'écriture brouillée », aux prises avec le « tout est déjà-dit », selon un mouvement qu'annonce, dans l'avant-propos : « Je souffre de la citation, c'est-à-dire du langage », où le « c'est-à-dire » revenant sur l'emploi initial, au sens (I), y surimprime le sens (IV). Même trajet pour la revue, par Quéré (1992) des « usages de la citation (I) », débouchant, hors « limites », sur l'intertextualité et « l'in-fini de la citation (IV) ».

Le couple citation (I/IV) apparaît, dans l'espace sémiotico-littéraire, comme une manière de dire l'articulation saisie ailleurs en termes d'hétérogénéité représentée/constitutive[38]. On revient ci-dessous (partie V) sur ce déjà-dit constitutif du dire – la citation (IV) – sur fond duquel appréhender en discours les formes de la RDA – c'est-à-dire la citation (III), incluant la citation (I)... – : la solution pratique adoptée dans cet ouvrage devant cette polysémie de *citation* est d'en limiter l'usage au maximum, et restreint au sens (I), « commun »[39].

---

giat est soit peu de chose : ce que les tribunaux caractérisent ainsi (le plagiat, si l'on veut, sans guillemets), soit un ensemble immense (le "plagiat") qui désigne l'inappartenance foncière du langage ».
36 Entretien, 20 mai 1970, *Les Lettres françaises*, repris dans Barthes (1981 : 78). Voir cap. 14 p. 565.
37 Barthes (1973 : 1013–1015).
38 *Cf*. notamment Authier-Revuz (1982a), (1984), (1995/2012).
39 Sauf, bien entendu, notamment au chap. **12.**2, lorsqu'il s'agit de citer (I) – en DD, en MAE marquée ou non – d'autres discours usant du sens (III).

Partie V **La fonction configurative de la RDA**

Introduction

En caractérisant le discours rapporté comme « discours sur du discours (autre) » et « discours (autre) dans le discours », Voloshinov, on l'a dit, fait de ce champ – notre RDA – le lieu de l'articulation du métalangage et de l'hétérogénéité discursive.

Le parcours qui précède s'est attaché à dégager les éléments – opérations métalangagières de catégorisation, paraphrase, autonymisation ; agencements discursifs de la double contextualisation ; articulations sémantiques et énonciatives opérées par les formes de langue – par lesquels se réalise cette conjonction du « sur » et du « dans » de la représentation-du-discours autre-dans-le-discours, *sur le fil du discours*. Et c'est dans cette perspective du fonctionnement de la RDA que se situe le « programme » sur lequel débouche le « système des modes » dégagé au chapitre **9** d'une description de la variété des réalisations, en langue et en discours, de chacun de ces modes.

Il convient, maintenant, si l'on veut saisir quelque chose de la *fonction* de la RDA dans le dire – son économie énonciative et son fonctionnement discursif – de faire droit, dans toute son extension, à cet autre plan de l'altérité discursive *dans* le dire, celui de la *présence* du discours autre dans le discours, pour y appréhender la fonction et le statut – discursif, subjectif, textuel... – de cette part spécifique qu'en constitue la RDA – discours autre *représenté* – ; non plus seulement, donc, celui où le dire représente ce qu'il reconnaît de dire autre en lui-même, mais celui (chap. **10**) du dialogisme et de l'interdiscours où, pour le dire, l'extérieur du déjà-dit ou de l'interdiscours est *l'élément* même *dans* lequel il se produit et se comprend, et dont, matériellement, il est, irreprésentable pour le sujet, *constitué*.

Autrement dit, il s'agit de ne pas oublier – et des pensées fortes excédant le champ strictement linguistique sont là pour nous en empêcher – que, pour un discours, son « altérité » ne se ramène pas à ce qu'il en représente.

Du schéma idéaliste d'une pensée du sujet passant directement – revêtue des mots de la langue – dans le dire, Foucault dénonçait, superbement, en 1971, dans *L'ordre du discours*, la résistance dans la pensée occidentale, comme celle d'une « dénégation » ou d'une « très ancienne élision de la réalité du discours », comme si cette pensée avait « veillé à ce que le discours ait le moins de place possible entre la pensée et la parole » : le « sujet fondateur [...] chargé d'animer directement de ses visées les formes vides de la langue » apparaît comme une des figures protectrices de cette élision :

> Dans son rapport au sens, le sujet fondateur dispose de signes [...] il n'a pas besoin pour les manifester de passer par l'instance singulière du discours. (Foucault 1971 : 48–49)

Outre la conception d'un « ordre du discours » élaborée par M. Foucault et mise en œuvre dans l'analyse du discours telle qu'elle s'est développée autour de M. Pêcheux[1], c'est tout un ensemble d'approches, relevant diversement des champs philosophique, linguistico-discursif, littéraire, psychanalytique, qui, se déployant dans la période « structuraliste » au sens large (en tant qu'elles s'y produisent ou que, comme Bakhtine, elles s'y reçoivent et s'y diffusent en France), viennent perturber le rapport de souveraineté d'un sujet à « son » sens à travers la langue : avec des différences sensibles, notamment dans la conception du sujet qu'elles font jouer, elles se rejoignent, en effet, pour y introduire *la préséance, pour tout dire, du réel d'une discursivité* qui, sur le mode d'une extériorité agissante, constitutive de son intérieur, le contraint, le conditionne, le nourrit tout à la fois qu'elle le déporte – ou décentre – hors de lui-même.

Quelles que soient les figures données à ce « déport » d'un dire hors de lui-même, plaçant l'extérieur à l'intérieur, l'avant dans le maintenant, l'autre dans l'un, ou celles, induites, de la parole comme « habitée » (de déjà-dit, Bakhtine), « déterminée » (par l'interdiscours, Pêcheux), désindividualisée (Deleuze), condamnée au « répété » (Barthes), dépossédée (Schneider (1985)), etc., ce qui les rassemble c'est que la donnée de cette discursivité extérieure, antérieure, autre, est posée comme une *loi du langage*, comme *condition d'existence* du discours et du sens. Derrière le fait que le discours *peut faire entendre* d'autres voix que celle de son énonciateur – ce qui relève de la représentation du discours autre, que celle-ci soit explicite ou donnée implicitement à reconnaître – il y a le fait que ce discours *ne peut pas ne pas porter en lui*, hors de toute intention de le faire, de l'ailleurs discursif. C'est à ce fait que tout dire, et incessamment, *ne peut pas ne pas être habité-déterminé-divisé*-etc. par la réalité de l'extériorité discursive dans laquelle il se produit, et se reçoit, que renvoie la non-coïncidence constitutive du discours à lui-même (ou son hétérogénéité foncière).

La reconnaissance du jeu, dans le fonctionnement du dire, de ces *deux régimes d'altérité* – représentée/constitutive – sape la tranquille évidence d'une RDA rendant compte dans un dire de ce qui s'y trouve d'autres dires : dès lors en effet que le geste – métadiscursif – du dire qui *parle de l'autre* en lui, se profile sur le fond de l'altérité qui, silencieusement, *parle dans le dire* (et « le parle »), il s'impose d'interroger la fonction que ce geste remplit dans le dire. À l'aune du réel de l'altérité foncière du dire – ouvrant celui-ci sur la présence inassignable, irreprésentable d'un ailleurs illimité d'où procède le dire et où prend corps son

---

[1] C'est en ce sens restrictif que AD sera entendu ci-dessous dans l'immense domaine recouvert par le terme d'« analyse de discours », tel que le présente, par exemple, le « Dictionnaire » (DAD 2002).

sens, par là dérobé à la maîtrise de son énonciateur – l'altérité représentée dans le dire apparaît, dans sa réalité d'*image* – celle d'un dire entrant *localement* en toute conscience métadiscursive, en rapport avec les autres dires – image dont le « défaut », au regard de l'ailleurs qu'elle ignore, est cela même qui lui permet de remplir sa fonction positive de *configuration* du dire.

Remarque 1 : Hétérogénéité représentée/constitutive. Proposée en 1982[2], cette opposition visait à saisir l'articulation des formes observables de l'énonciation – parmi lesquelles celles de la RDA – à un réel langagier excédant le linguistique, en tant qu'il implique l'histoire, le sujet... : c'est dans la ligne de cette opposition, largement diffusée[3], à laquelle nombre de travaux portant sur des corpus précis ont donné corps[4], et que j'ai personnellement poursuivie et reformulée en termes de « non-coïncidences du dire » (représentées/constitutives)[5], que s'inscrit la suite de ce parcours de la RDA.

Ayant ici pour objet la RDA, c'est évidemment sur l'axe du « discours autre » que je vais replacer l'articulation du représenté au constitutif ; il importe cependant de rappeler que l'hétérogénéité énonciative, pas plus au plan des formes qui la « représentent » – comme on l'a déjà noté à propos de la MAE reconnue comme *un* secteur de la MA– qu'à celui où elle s'imprime constitutivement au cœur de l'énonciation, ne se ramène à la seule dimension du « discours autre »[6] : c'est aussi, constitutivement, de l'écart inhérent au rapport interlocutif, de l'écart qui, entre les mots et les choses, creuse la nomination, de celui, enfin, du jeu de l'équivoque « décoïncidant » les mots d'avec eux-mêmes, que l'énonciation n'est pas « une » ; et c'est dans une négociation permanente, et échappant largement à l'intentionnalité d'un sujet clivé par l'inconscient, avec l'ensemble des hétérogènes dans l'entrecroisement desquels elle se produit, qu'un dire se forme et « se tient ».

On rencontrera, chemin faisant, des points où se manifeste l'entrecroisement, avec celle du discours autre, des autres dimensions de l'hétérogénéité énonciative. Mais il importe, au moment de se focaliser sur les jeux – constitutif et représenté – du discours autre dans le dire, de garder présent à l'esprit que si le discours autre est « partout » à l'œuvre dans le dire, il n'est pas « le tout » du non-un du dire.

On s'attachera d'abord (chap. **10**) à dégager, dans deux pensées langagières majeures de l'extériorité interne que sont – centrées sur les noms de Bakhtine et de Pêcheux – dialogisme et théorie du discours, des points d'appui pour la recon-

---

2 Authier-Revuz (1982) et (1984).
3 *Cf.* Maingueneau (1987), dont la partie centrale « Hétérogénéité » est structurée d'après cette opposition, et les deux dictionnaires récents d'analyse du discours, Détrie *et al.* (2001) et DAD (2002), aux entrées « hétérogénéité énonciative », « hétérogénéité montrée/constitutive » et « Dialogisme ».
4 À titre d'exemples de mises au travail productives récentes de cette articulation de représenté et du constitutif : dans le champ politico-médiatif Krieg (2003) ou Moirand (2004, 2007), ou, dans le champ littéraire, Rannoux (2004).
5 Authier-Revuz (1995/2012).
6 Voir ci-dessus chap. **8**.3.2, p. 291, notamment Remarque 8 A, p. 295.

naissance, dans le dire, du double plan de la présence et de la représentation du discours autre, de l'intérêt de leur mise en perspective réciproque pour l'appréhension des discours et des enjeux que cela implique quant aux conceptions du sujet.

Sur le fond de l'altérité constitutive du dire, on tentera, ensuite, de saisir comment, par les filières de la distance réflexive du dire sur du dire, la RDA assure, dans l'économie énonciative, la nécessaire conversion de l'Autre constitutif du « ça parle » dans la topographie – configurante – d'un dire faisant place aux autres dont il parle, conférant par là à ce dire le visage rassurant d'un rapport contrôlé de soi avec autrui. Différences, contours... c'est par un travail – celui d'une négativité « instituante » – de *délimitation* que s'exerce cette fonction configurative de la RDA dans le dire, et cela à plusieurs plans distincts mais étroitement solidaires :

- celui (chap. **11**), du *prélèvement* par le filtre métadiscursif des autres « retenus » comme tels par le dire, dans l'extériorité constitutive, et des modalités et aléas du tracé dissimilatoire séparant, dans le Discours, discours de soi et discours de l'autre ;
- celui (chap. **12**) des *fonctions* discursives et subjectives de la « *zone frontière* » (ses formes de RDA) où s'opère le contact avec les autres discours, extérieurs, accueillis, qui, au-delà des mécanismes rhétoriques auxquels se prête la panoplie des « rencontres » représentées, remplit dans le Discours une fonction *doublement configurative* assurant d'abord au Discours, différentiellement parmi « ses » autres représentés, positionnement et image de soi et, en deçà – à un autre plan (chap. **13**) –, la consistance, imaginaire et nécessaire, d'une « parole propre », en réponse à la menace pour l'énonciation de « l'inappartenance foncière du langage »[7].

En conclusion (chap. **14** et **15**), la RDA sera envisagée comme geste énonciatif – essentiel aux plans du discours et du sujet – de *conversion métadiscursive* du réel, topologique, de l'« extériorité interne » – de l'Autre dans l'un –, dans la géographie, habitable, de rapports frontaliers entre discours propre et autre, et la place qu'elle occupe dans tout Discours comme celle de la « bordure » interface par laquelle il se configure. En chaque Discours, à travers la complexe mise en jeu – à décrire – d'un *ensemble de variables*, c'est comme *travail de bords* propre qu'apparaît, précieuse entrée dans l'économie des discours, sa « bordure » de RDA.

---

[7] Selon l'heureuse formulation de M. Schneider (1985).

Chapitre 10 En arrière plan de la RDA, le « discours autre » constitutif du dire : deux pensées de l'extériorité interne au dire

Dans l'ensemble des approches ouvrant le dire sur ses extériorités internes, deux courants s'imposent : le dialogisme et l'AD, en ce que, derrière des objets aussi différents que les genres littéraires pour Bakhtine et les processus idéologiques pour Pêcheux, ce sont, *d'abord*, des théorisations du langage et du sens qui sont élaborées : pour l'un comme pour l'autre, la parole, dans sa linéarité formelle, ne peut pas se penser hors de la matérialité discursive historique, condition du dire et du sens, dans laquelle elle se constitue. Par là, ils constituent l'un et l'autre des références obligées pour la prise en compte solidaire des deux niveaux, de la chaîne – observable dans son déroulement linéaire – et de l'extériorité discursive – envisagée comme espace, milieu, corps...

Mais si la reconnaissance de ces deux plans est partagée, il n'en va pas de même pour les modalités sous lesquelles de part et d'autre est pensée leur mise en rapport : en termes de « rencontre » et « dialogue » du dire *avec* l'extérieur discursif, d'un côté, là où de l'autre elle relève de la « détermination » du dire *par* cet extérieur.

La complexité des différences de problématiques, objets, méthodes, qui passent à travers la pluralité des auteurs et des « moments » d'évolution de ces deux courants, qui demande de préciser le mode sur lequel on peut tenter de les « articuler », incite en même temps à une prudente modestie... Je ne vise pas ici à rendre compte de façon globale, même schématique, de chacun d'eux, mais seulement à faire apparaître, à travers la présentation de l'un puis de l'autre (**1** et **2**) quelques-uns des points essentiels d'appui que – dans l'immense « déjà-dit » des élaborations du « non-un » du dire – la formulation du couple représenté/constitutif a pu trouver en eux (plutôt que dans d'autres approches interactionnelles ou polyphoniques), mais aussi des limites et des difficultés rencontrées à cet appui, différemment, dans l'un et l'autre de ces courants ou dans un moment plutôt qu'un autre de leur trajectoire...[1], notamment touchant la question du sujet (**3**) crucialement en jeu dans ce rapport du dire à son « ailleurs » langagier.

---

[1] Dans la même visée spécifique d'ancrage de l'opposition représenté/constitutif, on trouve des présentations plus étoffées de ces deux courants dans Authier-Revuz (1982), (1995/2012).

1 « L'autre dans l'un » de la traversée dialogique du déjà-dit

Une unité se dégage de la pensée multiforme du « dialogisme »[2] : problématiques philosophiques, éthiques, épistémologiques, littéraires, langagières sont de part en part portées par une pensée du rejet du UN, comme antinomique du pluriel, de l'hétérogène, du relatif, du conflictuel, de l'inachevé, posés comme le fait même du « vivant ».

Si, dans le champ langagier, cette pensée de « l'autre dans l'un » trouve ses objets de prédilection dans les formes de langue du discours rapporté et les genres textuels « polyphoniques », ceux-ci ne sont jamais « coupés » du réel dans lequel ils s'ancrent et dont ils apparaissent comme des « révélateurs », ou des images : le « dialogisme » foncier du langage, articulant (**1.1**) le travail différenciateur – hétérogénéisant – de l'histoire dans la langue, à (**1.2**) la dynamique des « rencontres » du dire, dans son mouvement à travers le déjà-dit.

1.1 Le « milieu du déjà-dit », produit du travail de l'histoire

Le travail de l'histoire – « la vie sociale vivace et le devenir historique »[3] – dans le UN de la langue, celui qu'opèrent les discours, est d'abord celui de la « *stratification* », processus de différenciation à « l'intérieur d'une langue nationale

---

[2] Dans la masse des travaux autour de ceux – Bakhtine, Voloshinov, Medvedev – qu'on a rassemblé comme représentants du « dialogisme » je me contente de rappeler Kristeva (1970), Todorov (1981), Peytard (1995) qui en ont marqué la réception en France, et de souligner le mouvement récent de réévaluation critique « recontextualisante » – tant historique qu'épistémologique – de ce courant et de sa réception (entre autres de la consistance de la notion de « cercle Bakhtine »), notamment autour de P. Sériot : *cf.* Sériot (2007), Sériot *et al.* (2008), Sériot (préface à Voloshinov (2010) ; *cf.* aussi Bouquet *et al.* (2007), Bronckart *et al.* (2011). Je considère d'emblée comme écartée la confusion entre « dialogal » – forme extérieure de l'alternance des voix dans l'échange interlocutif – et dialogisme – dimension inhérente au fait langagier, quelle que soit la forme sous laquelle il se réalise, *cf.* par exemple, les articles « *Dialogisme* » et « *Dialogue* » *in* DAD 2002 ou Bres *et al.* (2005: 36–38). L'aspect qui me retient ici – celui de l'ancrage « dialogique » du dire dans le milieu historiquement constitué du déjà-dit – m'apparaît, au niveau de généralité où je me situe, suffisamment partagé par l'ensemble de ce courant – réparti, entre trois auteurs d'abord, puis sur 40 ans de production de l'un d'eux – pour que je fasse abstraction des différences réelles qui peuvent s'y observer, et suffisamment « massif » pour que la lecture que j'en propose ici, prolongeant et s'appuyant sur celles de Authier-Revuz (1982: 101–123) et (1995/2012: 249–254), plus détaillées, n'encoure pas trop le risque d'une vraie remise en cause par les éclairages récents évoqués ci-dessus.
[3] Bakhtine (1975, *Du discours romanesque* : 110), texte sur lequel je m'appuie centralement.

abstraitement unique ». Le pluri/multilinguisme inhérent à toute langue[4], si volontiers parcouru par Bakhtine dans des inventaires de parlers « socialement typiques »[5], ne se ramène pas à celui d'une variété dialectale perçue comme « habillage » diversifié pour des contenus semblables : il fait de la langue « une opinion multilingue sur le monde »[6] : car ce sont aussi des « perspectives » ou des « points de vue spécifique sur le monde, des formes de son interprétation verbale »[7] que portent en eux les « langages du plurilinguisme ». Les « langages sociaux » ne coexistent pas au sein d'une même langue sur le mode d'une marqueterie stabilisée mais dans la constante instabilité de rapports « d'imbrication », « d'intersection », « d'entrecroisements », formant des « parlers neufs, socialement typiques »[8].

Ce travail est ensuite celui de la mémoire dans laquelle se produit ce que Bakhtine appelle la *saturation* du langage : un espace dans lequel *aucun mot* n'échappe à l'emprise du « déjà-dit » dont il est « habité », « environné », « saturé »... :

> Comme résultat du travail de toutes ces forces stratificatrices, le langage ne conserve plus de formes ou de mots neutres « n'appartenant à personne ». [...] Chaque mot renvoie à son contexte ou à plusieurs dans lesquels il a vécu son existence socialement sous-tendue[9].

de la même façon qu'*aucun « objet »* ne se présente « neutre », c'est-à-dire « innommé », mais

> comme déjà spécifié, contesté, évalué, emmitouflé [...] par les paroles étrangères à son propos. Il est entortillé, pénétré par les idées générales, les vues, les appréciations, les définitions d'autrui[10].

---

4 « [... qui] doit se stratifier intérieurement à tout moment de son existence historique » (*ibid.* : 88-89).
5 (*ibid.* : 112), *cf.* aussi : « La langue nationale se stratifie en dialectes sociaux, en manières d'un groupe, en jargons professionnels, langages des genres, parlers des générations, des écoles, des autorités, cercles et modes passagères, en langage des journées (voire des heures) sociales, politiques (chaque heure possède sa devise, son vocabulaire, ses accents [...]. » (*ibid.* : 88)
6 (*ibid.* : 114).
7 (*ibid.* : 113).
8 (*ibid.* : 99).
9 (*ibid.* : 114), *cf.* l'image chez Valéry de mots « desquels la mémoire est barbouillée » de ce qu'ils ont « fait tous les métiers » (*Regards sur le monde actuel - Fluctuations sur la liberté*, 1931)).
10 (*ibid.* : 100). C'est, par exemple, ce qu'évoque – « fond » rhétorique propre à faire se détacher une singularité narcissique affirmée – cette ouverture d'article de B.H. Lévy consacré à l'évocation d'un séjour à Rome : « Rome et les ruines... Rome et sa mémoire... Rome et son histoire... Rome la morte, la mortelle, la morbide... "La base de Rome est un tombeau" disait Michelet... [...] C'est tout ça que j'avais en tête au début de cette dérive romaine. Tous ces textes. Tous ces sou-

Ainsi la sédimentation de déjà-dit qu'opère la mémoire de l'usage des mots, en contexte, façonne-t-elle – en y inscrivant de la diversité et du conflit – tout à la fois la polysémie[11] de mots « pluri-accentués », « arènes en réduction où s'entrecroisent et luttent les accents sociaux à orientation contradictoire »[12], et la pluralité des nominations renvoyant à un même objet, porteuses de leur appartenance discursive et, avec elle, de « points de vue » diversifiés sur le monde.

1.2 La dynamique du dire : rencontres dialogiques dans la traversée « orientée » du déjà-dit

« Orienté sur son objet », un énoncé va prendre corps dans – et de – son trajet de traversée de ce milieu du déjà-dit : telle est la loi du discours humain – à laquelle seul peut échapper « l'Adam mythique abordant avec le premier discours un monde vierge et encore non dit »[13].

Au cœur du surgissement du dire, s'impose la « résistance » du déjà-dit : cette résistance se joue, pour Bakhtine, sur le mode de l'interaction obligée – « rencontre » et réaction – avec le discours d'autrui :

> Le discours rencontre le discours d'autrui sur tous les chemins qui mènent à son objet, et il ne peut pas ne pas entrer avec lui en interaction vive et intense[14].

Rencontres avec les mots, expressions, accents, jugements « étrangers » qui tissent le déjà-dit et réactions d'accord, désaccord, évitement etc. du discours qui se « faufile » dans leurs interactions compliquées, fusionne avec les uns, se détache des autres, se croise avec les troisièmes, forment le « processus de dialogisation » dans lequel le discours « peut s'individualiser et s'élaborer stylistiquement », trouver sa « forme » et son « ton », c'est-à-dire « se faire » – au sens plein du terme.

On notera que c'est encore en termes de *rapports entre discours* constitués dans le déjà-dit, qu'est pensé le rapport interlocutif : loin du modèle télégraphique de transmission au récepteur d'un message tout fait, étranger aussi aux stratégies

---

venirs. [...] dans ce cas-ci on évite difficilement le lieu commun [B.H. Lévy, *Vacances Romaines*, *Maison de Marie Claire*, mai 1985] ».
11 [...] d'identiques éléments abstraits du langage se chargent de différents contenus sémantiques et axiologiques et résonnent différemment. (*ibid.* : 110)
12 Voloshinov (1929 : 67).
13 Bakhtine (1975), traduction du fragment dans Todorov (1981 : 98).
14 *ibid*.

communicationnelles en termes de contenus, la visée du destinataire intégrée à la production du discours se situe chez Bakhtine au plan de sa « compréhension répondante », c'est-à-dire du discours-réponse prêté à l'autre ; les deux relations au déjà-dit, qu'elles soient « aimantées » par l'objet visé ou par l'interlocuteur « peuvent, note Bakhtine (1975 : 105), s'entrelacer très étroitement » : le dialogisme « interlocutif » apparaît comme partie prenante d'un dialogisme complexe où il intervient comme facteur – discursif – spécifique d'orientation du cheminement dialogique d'ensemble du discours dans le déjà-dit[15].

Réfracté dans la « conscience individuelle », le processus de constitution du discours dans le déjà-dit apparaît – loin de la tranquille « utilisation » par le sujet parlant de mots mis à sa disposition par la langue – comme l'expérience d'une appropriation, ni aisée, ni achevée, laissant au cœur du dire l'écart d'une dépossession :

> [...] pour la conscience individuelle [...] le mot du langage est un mot semi-étranger. [...] Jusqu'au moment, où il est approprié [...] il est sur des lèvres étrangères, dans des contextes étrangers, au service d'intentions étrangères, et c'est là qu'il faut le prendre et le faire "sien". [...] Le langage [...] n'est pas un milieu neutre. Il ne devient pas aisément, librement, la propriété du locuteur[16].

et,

> L'auteur (le locuteur) a ses droits inaliénables sur le discours, mais [...] en ont aussi ceux dont les voix résonnent dans les mots trouvés par l'auteur (puisqu'il n'existe pas de mots qui ne soient à personne) [...] Le discours [...] se joue en dehors de l'auteur, [...][17].

---

15 *Cf.* Authier-Revuz (1995/2012) ; Bres (1998 : 44) note justement que dans l'approche bakhtinienne des deux dialogismes « *l'interdiscursif assimile* quelque peu *l'interpersonnel* : la première dialogisation tient à la rencontre des discours d'autrui, la seconde à la rencontre *d'autrui comme discours* ». De fait, cette « discursivisation » intégrale du rapport intersubjectif apparaît en particulier réductrice relativement à ce qui se joue – « l'impossible conjonction de sujets désirants (Milner 1978) – de non réductible à la discursivité, entre des sujets marqués par l'Autre de l'inconscient, *cf.* Authier-Revuz (1982 : 119) et (1995/2012 : 176–178).
16 Bakhtine (1975 : 114–115). *Cf.* aussi : « Il [le langage] est peuplé et surpeuplé d'intentions étrangères. Le dominer, les soumettre à ses intentions et accents, c'est un processus ardu et complexe » (*ibid.*).
17 Bakhtine (1979 : 331), trad. Todorov (1981 : 83).

1.3 Le dialogisme : une cohérence à ne pas tronquer

Le dialogisme bakhtinien repose donc sur cette conception d'une matérialité historique de la discursivité qui, déposée dans une langue « plurilinguisée », est constitutive, en extériorité interne, de tout fait de discours qui y trouve sa forme et son sens : une des séductions et des forces de ce courant réside dans l'étendue du spectre sur lequel se déploie, à des plans divers – linguistique ou textuel – cette inscription du jeu de « l'autre dans l'un » au principe du fait langagier.

Ainsi, les formes du discours rapporté, envisagées comme fonctionnements dialogiques « grammaticalisés » dans la langue, apparaissent-elles, en aboutissement de l'ouvrage de Voloshinov, comme manifestation privilégiée du fonctionnement « socio-interactif » inhérent au langage. De même, si au plan textuel le roman est la forme littéraire privilégiée par Bakhtine, c'est en tant que sa vocation est, à ses yeux, de *représenter* le langage, de produire une image stylisée de son fonctionnement dialogique[18] : le roman « polyphonique » orchestré par Dostoïevski, et au-delà l'horizon idéal du roman « tout entier entre guillemets » apparaissent comme des accomplissements du genre, au plus près du dialogisme foncier du langage.

La cohérence et la transversalité de la pensée de Bakhtine, saisissant d'un même mouvement les divers plans du langage, apparaît encore de façon frappante à propos de la notion, dialogique par excellence, de « l'hybridisation » comme mélange, amalgame de « deux langages » ou accents, voix, parlers[19] : si son « étage » d'hybride « intentionnel », conscient, est spécifié par la mise en jeu d'une « conscience représentante » à l'œuvre dans la création d'une « image dialogisée du langage » – dont il apparaît comme un des principaux « procédés »[20] –, c'est dans un constant va et vient que, « [hybride] *concret et social* », il est ancré dans le fait de l'hybridation « historico-organique », involontaire, « obscure », loin de la « juxtaposition » et de l'opposition consciente entre deux langages qui

---

18 « [...] le problème central de la stylistique du roman peut être formulé comme *problème de la représentation littéraire du langage, problème de l'image du langage*. (Bakhtine 1975 : 156, *idt*) ». « L'objet principal du genre romanesque, ce qui le spécifie et qui crée son originalité stylistique, c'est *l'homme qui parle et sa parole* » (Bakhtine 1975 : 153, *idt*).
19 Bakhtine (1975 : 175–178).
20 Ces *mélanges de voix* que permet *une forme* – tels, par exemple, ceux que structurent le mode Bivocal et la MAE – approchés avec acuité par Bakhtine, ne se situent pas du tout au même plan que les *hybrides de formes* (*i.e.* mélanges de DD/DI, par exemple) proposés parfois pour rendre compte de certaines configurations complexes (rappelons, *cf.* ci-dessus, chap. 4.3.1, p. 132, la position de Voloshinov sur le DIL comme forme autonome et non pas « mixte » de DD et de DI).

est, avec ses « mélanges épais et sombres », l'un des « modes majeurs » de « l'existence historique » et du devenir « stratifié » des langues « multilingues »[21].

Là où la solidarité de l'approche de « l'autre en discours » comme loi et condition d'existence *et* comme objet – linguistique ou textuel – de représentation, s'impose, à mon sens, comme une des spécificités stimulantes du dialogisme bakhtinien, c'est pourtant à une lecture partielle, dissociante, négligeant – ou rejetant – le premier versant, que relèvent bien des emplois de ce terme – trop ? – parlant. Une « vulgate » du dialogisme (ou tout au moins des usages du terme « dialogique ») le restreint en effet à ce que l'on pourrait appeler les manifestations « horizontales » – sur la chaîne – de l'autre représenté, à l'exclusion de l'épaisseur de déjà-dit qui « verticalement » la travaille : de la sphère du « discours *dans* le discours » du dialogisme, n'est alors retenue que la part qui en est « passée » par le filtre de la conscience métalangagière – du discours *sur* du discours. Il en va ainsi de définitions du dialogisme comme propriété de *certains* énoncés, ou de l'opposition, couramment formulée, entre énoncés (ou textes) « dialogiques vs monologiques »[22], dont, dans un cadre strictement bakhtinien, le premier terme est tautologique et le deuxième contradictoire[23], puisque, selon la formulation chère à Bakhtine, un énoncé « ne peut pas ne pas » être dialogique...

Ces formulations ne peuvent, dans le cadre bakhtinien, renvoyer à autre chose qu'à l'*image* de dialogisme – omniprésent/nourri/faible/absent... – que les discours présentent en eux-mêmes ; c'est ainsi qu'en face du genre romanesque, s'accomplissant pour Bakhtine, on l'a vu, dans une représentation maximale du dialogisme, la voix poétique qui, à l'opposé selon lui, trouve son achèvement dans l'unité, l'identité, « d'une pleine solitude », n'y accéderait que par une tension stylistique de création de « un » par « enlèvement », mise en silence, des voix d'autrui inévitablement rencontrées :

---

21 Bakhtine (1975 : 176, 177, *idt*).
22 *Cf.*, par exemple : « Le terme de *dialogisme* (*idt*) est employé dans la théorie des textes, pour caractériser la propriété qu'ont *certains énoncés* de n'être pas attachés à une seule mais à diverses sources d'énonciation. Les travaux du formaliste russe Mikhaïl Bakhtine [...] ont montré que l'occurrence ponctuelle d'une ou plusieurs phrases *pouvait être déterminée* non seulement par l'acte de parole [...] d'un locuteur [...] singulier, mais aussi par des actes antérieurs émanant d'instances plus ou moins identifiées » (Jeandillou 1997 : 76). « [...] *dans un énoncé monologique* le locuteur est aussi énonciateur ; *dans un énoncé dialogique*, peuvent coexister un certain nombre de locuteurs/énonciateurs seconds [...] (Rabatel 2008b : 8), où l'auteur – dans ce texte – situe cette opposition au plan, inspiré de Ducrot, de la « mise en scène énonciative ». Voir, au contraire, la mise au point de S. Moirand à l'article « Dialogisme » de (DAD 2002 : 76).
23 Ce que rejoint la formulation heureuse de J. Bres (2005a) : « le monologique tend à être une catégorie vide ».

> [...] ce cheminement du discours poétique vers son objet et vers l'unité du langage, cheminement au cours duquel il rencontre lui aussi, continuellement, le discours d'autrui et s'oriente mutuellement avec lui, demeure dans les scories du processus de création, et *s'enlève* comme s'enlèvent les échafaudages d'un bâtiment terminé ; alors l'œuvre parachevée s'élève, *tel un discours unique* et concentré sur un objet, un discours, sur un monde « vierge »[24].

Ainsi, parler de « dialogisme », de « discours dialogique/monologique » en référence aux seules couches qui en donnent une représentation relève-t-il, relativement à la pensée bakhtinienne du dialogisme, de la commodité d'un abus de langage (préférant le bref « discours monologique » à « discours qui se représente comme/se donne pour monologique »), avec les risques de confusion entre les deux plans que cela comporte ; au-delà les références au dialogisme ou à Bakhtine dans des approches stylistiques ou, plus encore, dans les traitements pragmatiques et/ou conversationnels de l'altérité énonciative qui posent – de fait, ou explicitement – la question du rapport au dire de l'autre au niveau intralinguistique ou interlocutif, à l'exclusion de toute prise en compte de l'extériorité discursive, apparaissent, tournant le dos à ce qui constitue l'ancrage même de la pensée bakhtinienne, comme non pertinentes, et l'amputation déshistoricisante qu'elles pratiquent sur celle-ci comme un avatar. de la « très ancienne élision de la réalité du discours » évoquée par Foucault.[25]

Remarque 1 : Polyphonie de Ducrot et déjà-dit bakhtinien. C'est dans cette élision de l'extériorité discursive interne au dire que, foncièrement, se fait l'écart – formulé en termes « d'extension (très libre) » par Ducrot (1984 : 173) – entre approche polyphonique de l'énonciation et dialogisme bakhtinien.

---

[24] Bakhtine (1975 : 150). Cette dernière phrase fait jouer, à l'horizon de la pratique poétique, l'image du « solitaire Adam », etc..., mais ramenée au réel du langage humain par le *tel* et le guillemet sur *vierge*. On peut, certainement, contester cette conception bakhtinienne du poétique, *cf.* Authier-Revuz (1995/2012 : 663) : elle n'est, ici, convoquée que pour éclairer le rapport posé par Bakhtine entre le fait – obligé – de la traversée du déjà-dit et l'image « une » qu'en offrirait, selon lui, ce type de discours.

[25] Et on ne doit pas s'étonner que les « défenseurs » de « l'épaisseur » historique du dialogisme soient aussi, parmi les héritiers de Bakhtine, ceux qui se réclament aussi, diversement, de l'AD et/ou de la praxématique : ainsi, P. Schepens (2006b : 38) qui souligne « la dimension diachronique et *transformationnelle* [au sens d'une rencontre transformatrice, pas au sens génératif bien sûr] qu'il donne à toute *prise de parole* » dans ce qui fait la « force » de la pensée de Bakhtine, ou J. Bres dont la résistance vigoureuse à la « dissolution » du dialogisme « dans les eaux accueillantes du calcul communicatif » traverse les textes récents : Bres (2004, 2006), Bres et Nowakoska (2005, 2008). *Cf.* Remarque ci-dessous.

Si le caractère tranché du choix explicité par Ducrot de situer son approche « polyphonique » de l'énonciation au plan intralinguistique d'énoncés-phrases détachés de tout ancrage subjectif et historique[26] s'oppose évidemment à la perspective de l'AD, comme le rappelle Pêcheux (1990 : 291) :

> O. Ducrot se refuse absolument à faire intervenir dans l'analyse linguistique de la séquence la référence à quelque corpus interdiscursif que ce soit : il fait même de ce refus un critère distinctif de ce qui peut se présenter légitimement comme une analyse linguistique.

il apporte, en même temps, la plus nette des restrictions à une véritable « filiation » bakhtinienne de Ducrot : par delà l'emprunt en forme d'hommage du mot « polyphonie », il faut reconnaître ce qui sépare – voire oppose – pluralité des voix orchestrée dans une mise en scène *en quoi* consiste une énonciation chez l'un, *et*, chez l'autre, dire partagé *en tant qu*'il prend forme dans et de son inévitable traversée d'un « milieu » de déjà-dit, historiquement constitué...

On ne saurait, aussi, suivre Ducrot lorsque – ne retenant du large « spectre » du dialogisme que la stylisation qu'en proposent certaines œuvres caractérisées comme « polyphoniques » – il réduit l'observation du fait – dialogique – de la pluralité des voix à l'œuvre dans un dire par Bakhtine, au seul plan des textes,

> jamais aux énoncés dont ces textes sont constitués. De sorte qu'elle n'a pas abouti à mettre en doute le postulat selon lequel un énoncé isolé fait entendre une seule voix. (1984 : 171).

Non seulement la notion « d'hybridisation » évoquée ci-dessus, touche à l'évidence les énoncés, mais au-delà, on l'a vu, c'est *en tout mot* énoncé que résonnent « inévitablement » les voix, déposées en lui, du déjà-dit, qui « altèrent » le dire du « sujet parlant ».

Je renvoie au parcours, dans Bres et Rosier (2007) de la « réfraction » des concepts bakhtiniens, dans le cadre « des reconfigurations théoriques » ayant accompagné leur réception dans l'espace francophone, notamment (p. 445–448) à la partie « Ducrot et la notion de polyphonie : le regard éloigné »[27].

En ce qu'elle est « délestée » du souci bakhtinien du milieu du déjà-dit où se forme le dire, la polyphonie de Ducrot apparaît étrangère à ce « socle » que la notion d'hétérogénéité constitutive peut trouver, en deçà de leurs divergences, chez Bakhtine et Pêcheux. On revient plus loin – *cf.* 3.4.2 ci-dessous – sur les autres choix, au plan du sujet, de l'énonciation, du sens, qui sous d'apparentes similitudes de formulation (une « altérité interne » du dire ayant « valeur constitutive » (Ducrot,1984) confortent l'incompatibilité théorique entre approche polyphonique et articulation représenté/constitutif.

---

26 *Cf.* Ducrot (1980, 1984), clairement formulé dans sa discussion avec P. Henry (Henry (1977), notamment p. 202–203)

27 Prenant la mesure de la « liberté » que reconnaît Ducrot dans « l'extension » opérée par la polyphonie à partir de Bakhtine, ils opposent (p. 448) à la « pluralité des voix permettant dans le cadre structuraliste de l'énoncé-phrase de rester à l'intérieur du champ de la linguistique pragmatique », mise en œuvre chez lui, à ce qui, ailleurs, relève d'un « rapport incontournable aux autres discours et aux sens déjà produits dans les mots », concluant que les deux façons dont le non-un est traité « n'ont pas grand chose à voir ». *Cf.* aussi la précise mise au point de Sitri (2004).

1.4 Questionnements descriptifs et théoriques

Envisagé – non tronqué – dans la cohérence de sa problématique globale de « l'autre dans l'un » pour le dire, à la fois aux plans de la loi qui le constitue, et des formes où il se réalise, le dialogisme ouvre des perspectives qui apparaissent en manque des investigations descriptives ou des interrogations théoriques explicites qu'elles appellent.

1.4.1 La « traversée » constitutive du déjà-dit : postulée mais non décrite

Dans le processus par lequel le dire prend « forme » dans ce déjà-dit qu'il ne peut pas ne pas traverser, les faits précieusement analysés chez Voloshinov et Bakhtine – discours rapporté, guillemets, formes littéraires « bivocales » du pastiche, de la parodie, de la distanciation ironique... – appartiennent, dans l'énonciation, au plan métalinguistique de l'intention « représentante ». C'est un aspect aigu de la pensée de Bakhtine que le lien établi entre position métalinguistique et altérité langagière : lien posé tant au plan théorique dans sa conception d'une « conscience galiléenne » – non à même d'occuper une position « ptoléméenne » extérieure au langage – dans laquelle « le métalangage se rapporte toujours dialogiquement au langage qu'il décrit et analyse »[28], qu'à celui de l'analyse des formes énonciatives, telles celle de « l'hybridation intentionnelle », rendue possible par

> cette aptitude d'un langage qui en représente un autre de résonner simultanément hors de lui et en lui, de parler de lui tout en parlant comme lui et avec lui, et d'autre part [à] l'aptitude du langage représenté à servir simultanément d'objet de représentation et de parler par lui-même. (Bakhtine, 1975 : 175).

On l'a souligné plus haut, les formes de la représentation ne sont jamais, dans la cohérence qui fait la force de cette pensée, *détachées* du fonctionnement dialogique constitutif dont elles sont l'image, ou, littéralement, la stylisation.

Mais la disparité dans l'approche des deux plans – représenté/constitutif – est frappante : à la « constitution » dialogique du dire, fortement affirmée[29] ne répond pas le volet descriptif des fonctionnements discursifs par lesquels elle s'opère : sous quelles formes concrètes se réalisent, dans l'épaisseur du déjà-dit, les processus de « rencontres » diverses avec les mots et les sens des autres, et,

---

28 Bakhtine, *in* Todorov (1981 : 40).
29 Et qui trouve un écho au plan subjectif dans le « ressenti » au cœur du dire de l'écart subjectif d'une dépossession, *cf.* chap. **13.2**.

en deçà, ceux de la sédimentation multilingue, ou des « mélanges obscurs » de « l'hybridation historico-organique » ? À ces mécanismes suggestivement évoqués ne répond, dans l'approche dialogique, aucune dimension opérative.

C'est du côté *des* analyses de discours qu'il faut se tourner pour trouver la consistance descriptive qui leur fait défaut dans le corpus bakhtinien[30] ; dès lors, en effet, qu'elles font place à la dimension historique de la discursivité, la mise au jour des processus jouant dans « l'épaisseur » hétérogène du déjà-dit est leur domaine par excellence. Que la référence au courant dialogique y soit absente (travaux antérieurs ou élaborés dans un cadre théorique tout autre, comme l'AD) ou présente (inégalement explicitée et combinée selon des pondérations diverses à diverses approches, AD notamment) ces travaux, de fait, occupent – parcourent, balisent... – cet espace désigné, mais laissé « vacant » par le dialogisme.

Il n'est pas question de rendre justice, même allusivement, à la masse des travaux ayant contribué à donner corps – « sur pièces », c'est-à-dire en articulant des discours singuliers à (un corpus de) leur mémoire – à la constitution du dire dans le déjà-dit, dont le recensement tendrait à se confondre avec une histoire de l'analyse de discours... Hormis l'AD, envisagée ci-dessous (2), dans sa spécificité, les références qui suivent (Remarque) ne prétendent, sans visée systématique, qu'à marquer par des *exemples* la permanence et la diversité de cette dimension.

Remarque 2 : Le dialogisme constitutif appréhendé par... les analyses de discours[31]. C'est bien antérieurement à la réception du dialogisme dans les années 80 que la « pluri-accentuation » des mots, « arènes », divisés par les contextes où ils ont « vécu leur vie de mots », « s'incarne » dans des analyses de corpus historiquement situés[32]. Ce que B. Gardin (1974 : 70) formule en termes de « bataille pour les signes », un mot contre un autre pour nommer le réel, et, pour un mot, un sens contre un autre, est au cœur, dès 1962, de l'étude de J. Dubois, faisant apparaître, en corpus, les clivages de mots et de sens de part et d'autre de la fracture de la Commune[33], comme

---

30 Ainsi est-ce le mouvement qu'explicite S. Moirand (2006: 41), en se réclamant de Bakhtine, à l'orée de l'étude empirique d'un corpus de presse : « [...] si le concept tel qu'on peut le dégager des écrits du cercle de Bakhtine est tout à fait fascinant pour construire une réflexion sur le langage et le discours (en philosophie, en littérature, en rhétorique, etc.), Bakhtine ne fournit pas au linguiste de corpus (si ce n'est les formes classiques du discours rapporté) de catégories descriptives qui lui permettent de mettre au jour ses différentes formes d'actualisation dans les données qu'on analyse. » ; *cf.* aussi Moirand (1999).
31 Je n'évoque pas ici les travaux spécifiquement inscrits dans le cadre de l'AD (*cf.* 2. ci-dessous).
32 Maingueneau (1976 : 1–98) offre une précieuse présentation des travaux d'analyse de discours publiés à cette date (incluant, p. 93–98, la première mouture de l'approche de Pêcheux).
33 C'est-à-dire *comment* le lexique « varie suivant les classes, les catégories économiques, les individus et la génération à laquelle ceux-ci appartiennent » et *comment* « lorsque les classes sociales se servent des mêmes mots elles leur donnent des contenus souvent différents. » (1962 : 1–2)

des travaux du *Colloque de lexicologie politique* de Saint-Cloud en avril 1968[34], mettant au jour, par exemple, les lignes de front traversant le vocabulaire de la guerre d'Algérie, du Congrès de Tours, ou, au siècle précédent, les oppositions pour imposer le « bon » sens du mot « nature » – celui de Rousseau ou de Bonald –[35] ; au cœur aussi des analyses du fonctionnement, par exemple, des mots « liberté » par G. Petiot (1988, 1990), ou « grève » par M. Tournier (1982) – c'est-à-dire du mode sur lequel leur sens se divise jusqu'à bloquer « l'échange » verbal entre tenants et ennemis de « l'école libre » pour le premier, ou entre adversaires de classe – euphémiquement nommés « partenaires sociaux » – pour le second.

L'entreprise lexico- ou texto-métrique, appliquant des outils informatiques à des corpus étendus, apparaît dès l'origine[36] comme une méthodologie de mise en évidence du travail du dire par le déjà-dit : « graphes de co-occurrences » et « segments répétés » donnent corps, précisément, aux faits de « saturation » d'un mot par les contextes où il a vécu sa vie de mot[37] ou à la prégnance des formulations déjà-dites offertes « à la redite »[38].

C'est encore à des aspects du « comment » de la loi de « l'interaction vive et intense » que donnent forme – conceptuelle et concrètement descriptive – des catégories comme « circulation », cristallisation, « formule », dont l'esquisse chez Fiala-Habert (1987)[39] : « À certaines époques, le débat politique fait circuler des formules qui cristallisent un enjeu fondamental » (p. 45) sera richement approfondie par S. Moirand (2001, 2004) et par A. Krieg (2004, 2006).

Et c'est explicitement dans la perspective de donner corps, descriptivement, au concept de dialogisme que J. Bres, soulignant que

L'AD doit, plus qu'elle ne l'a fait jusqu'à présent, accorder toute son importance au concept de dialogisme et s'attacher à la description de ses marques (Bres 1999 : 83),

inscrit son travail de mise au point dans la linéarité d'une variété de « marqueurs dialogiques »[40], formes de langue se prêtant particulièrement à l'accueil de la mémoire discursive.

---

34 Publié en 1968–69 dans les *Cahiers de Lexicologie*.
35 Respectivement dans les communications de D. Maldidier, J.B. Marcellesi, J. Gritti.
36 Notamment au fil de la revue *MOTS (Mots, Ordinateurs, Textes, Sociétés)*, fondée par M. Tournier en 1980, et, par exemple, Salem (1987, 1993), Fiala *et al.* (1987), Habert *et al.* (1997).
37 *Cf.* par exemple, à propos du mot « travail » : « [...] les empilements de texte que la méthode effectue ne donneraient-ils pas une image des moirages de langue dont notre mémoire est le théâtre ? Ce qui tourne dans les graphes c'est un « mémoirage" syndical » (Tournier 1987 : 122).
38 Pour ce très riche ensemble de travaux consacrés à la couche de prêt à dire/écrire – phraséologie, figements, formules, patrons, motifs, structures pré-formées, stéréotypes, clichés... – *cf.* par exemple les tours d'horizon de Amossy et *al.* (1997), Krieg (2012 : 97–117), Sitri (2015 : 70 *sq.*, 149 *sq.*). On revient ci-dessous chap. 11.3 sur les rapports entre la RDA et cette « part routinière du langage » (Sitri).
39 « Dans un certain état des rapports de force sociaux, *des formules surgissent* [...] par rapport auxquelles [...] l'ensemble des locuteurs *sont contraints* de prendre position, [...] de les combattre ou de les approuver, mais en tout état de cause de *les faire circuler*. » (Ebel et Fiala, 1983 : 174)
40 *Cf.* Bres (1998, 1999, 2002, 2005). Envisagées dans une perspective bakhtinienne, ces formes présentent une large intersection avec celles – pensées dans des cadres théoriques différents –

De la même façon, l'articulation des deux « altérations » constitutives du dire – comme trajet dans le déjà-dit, *adressé* à un autre[41] – est un de ces lieux où la mise au travail du principe d'un « double dialogisme » ouvre sur la saisie des formes concrètes sous lesquelles elle se réalise. On peut penser que, retardée par les développements disjoints aussi bien d'une AD longtemps peu soucieuse d'interlocution et que de travaux conversationnels envisageant l'interaction « hors déjà-dit »[42], l'exploration de ce domaine va se développer[43]. Notons qu'un parcours des divers modes de la RDA croise, inévitablement[44], la dimension du dire adressé, donnant corps, de façon ponctuelle, à cette articulation.

1.4.2 Quel sujet pour la constitution dialogique du dire dans le déjà-dit ?

Le déficit descriptif qu'on vient d'évoquer, touchant les processus par lesquels un dire prend corps dans le milieu du déjà-dit, n'est pas seulement à mettre au compte du privilège accordé aux formes de la représentation, notamment littéraires, du dialogisme inhérent au langage ; il apparaît aussi solidaire d'un défaut d'articulation théorique quant au mode sur lequel la subjectivité se trouve inscrite dans la radicalité reconnue au fait dialogique.

Ce que, à l'orée de la réception de Bakhtine en France, J. Kristeva (1970 : 76) désignait comme manque – « une théorie de la signification qui aurait besoin d'une théorie du sujet » – apparaît plus précisément comme une approche de la subjectivité penchant du côté de la conscience et de l'intentionnalité, « en

---

du préconstruit (AD) et de la polyphonie (*cf.* 2.11 (iii) ci dessous). Sur la distinction à faire entre « marques » et « indices », voir ci-dessous chap. 11 Remarque 1 p. 435.

[41] Je m'efforce ici d'éviter la formulation de cette problématique en termes de « double dialogisme interdiscursif /interlocutif », dont la séduisante commodité (à laquelle je n'éviterai pas de céder çà et là...) ne doit pas masquer l'impropriété syncrétique (*cf.* ci-dessous) au regard des divergences théoriques de fond qui, en deçà de ce qui les rassemble, opposent « dialogisme » et « interdiscours ».

[42] Voir les pertinentes remarques de J. Bres (2008) sur la fréquence de « l'oubli de Bakhtine » et de l'épaisseur « verticale » du dialogisme « interdiscursif », dans les approches de l'interaction « dialogale ».

[43] Cette question du « Dire pour l'autre dans le déjà-dit » (Authier-Revuz 2012) est ainsi au cœur de Sitri (2003), des recherches de J. Bres (1999, 2008), de celles de P. Von Munchow (2011, 2012), et on le voit émerger au sein de la « Dialogue analysis », dont le colloque (IADA 2009) invite dans son intitulé à croiser « intertextualité » et « interlocution », *cf.* Lorda Mur (2012).

[44] Comme déjà dans Authier-Revuz (1995/2012), à propos de la dimension du déjà-dit des formes de « non-coïncidence interlocutive » (le « dialogisme interlocutif large » d'un *comme vous avez l'habitude de dire* vs *comme vous venez de dire*) ou de la spécification interlocutive des formes de renvoi à un extérieur interdiscursif (*comme on dit chez vous, dans votre parti, ...*) (*cf.* ci-dessous chap. 11.2.3.1, p. 443 les incidents interlocutifs sur fond de déjà-dit du dire).

manque » des moyens théoriques qui lui permettraient de penser ce qui du dialogisme foncier, centralement affirmé, *échappe* à cette conscience intentionnelle. Au-delà du rappel du rejet radical du freudisme par Voloshinov[45], les travaux récents de Sériot (2007 : 45–46) soulignent, solidaires de leurs ancrages respectifs, psycho-sociologique pour Voloshinov et dans « une approche personnaliste de la responsabilité » pour Bakhtine, une même absence de la dimension d'un inconscient, divisant le sujet.

De fait, l'appréhension du mouvement du discours conjoignant la visée d'une « orientation sur l'objet » et l'emprise de l'extérieur discursif sur le discours, *oscille*, non problématisée, au gré des formulations et des métaphores, entre choix intentionnels (« le locuteur cherche à orienter son discours avec son point de vue [...], il construit son énoncé [...] »[46]) et processus discursifs (c'est « le discours » ou « l'énoncé » qui rencontre, traverse, trouve, touche, fusionne, etc. le matériau du déjà-dit)[47]. Et, essentielles quant au rapport du sujet au discours et au sens, les questions de la (non-) maîtrise et de la (non-)représentabilité affleurent constamment à travers les dimensions reconnues de contrainte (le « ne peut pas ne pas » cher à Bakhtine) et d'extériorité (le discours qui « se joue en dehors de l'auteur »), sans accéder pour autant à une théorisation explicite.

*****

À ce qui – déficit opératoire ou impasse théorique – contrarie la perspective d'une effective mise en regard, pour un discours, un texte, de ce qu'il représente comme autre (RDA) avec ce qu'on peut approcher de son extérieur constitutif, c'est dans les élaborations de Pêcheux et le recours à l'approche post-freudienne d'un sujet divisé, qu'on tentera de trouver des réponses articulant les deux plans du constitutif et du représenté, sans perdre la richesse du « tissage » qu'en propose le dialogisme bakhtinien.

---

[45] Voloshinov (1927), *cf.* « (Bakhtine) et Freud » *in* Houdebine (1977 : 129–223) et Authier-Revuz (1995/2012 : 102–104).
[46] Bakhtine 1975 : 105.
[47] Ce va-et-vient entre processus de discours et conscience d'un locuteur se manifestant à l'extrême dans des formulations telles que (à propos de discours autres ne se prêtant pas aisément à leur assimilation) : « C'est comme si, hors de la volonté du locuteur, ils se mettaient "entre guillemets" » (Bakhtine 1975 : 115) où ce serait « comme si » *le discours* accédait à la conscience représentante que suppose le guillemet...

2 « Ça parle » toujours « ailleurs, avant et indépendamment »[48] : l'interdiscours au principe du discours

L'ensemble – conceptuel et méthodologique – produit dans le cadre de ce que D. Maldidier (1990) appelle « l'aventure théorique du discours », l'AD telle qu'elle s'est développée autour de Michel Pêcheux à partir des années 60[49], a été, et demeure aujourd'hui, à mes yeux, un appui déterminant pour poser – en « fond » de la description des formes de RDA, qui représentent de l'autre, de l'ailleurs, dans le dire – ce que j'ai appelé « l'hétérogénéité (interdiscursive) constitutive ».

Contrairement à la rencontre « inévitable » du dialogisme avec sa problématique générale de « l'autre dans l'un » et son attention aiguë aux formes de sa représentation, pour qui, dans les années 70, s'intéressait aux formes du « discours rapporté »[50], il n'en allait pas de même avec les premières étapes de l'AD, marquées à la fois par une prédilection pour l'homogène et un désintérêt explicite pour les formes de l'énonciation... En revanche, dès lors que, dans son constant mouvement de transformation, elle fait place (AD_3)[51] au réel de l'hétérogène et à la consistance des formes de l'énonciation, cette approche du « discours comme produit de l'interdiscours » va étayer (à partir de Authier 1982, 1984) la notion d'hétérogénéité constitutive/représentée, à côté de celle de dialogisation interne du discours, dont l'AD partage la pensée de l'historicité et de l'extériorité interne

---

48 (Pêcheux 1975 : 147), le « ça parle » étant repris à Culioli reprenant Lacan.
49 Je ne retiens pas, pour ce mouvement, l'étiquette d'« école française d'analyse de discours » proposée, *a posteriori*, dans DAD (2002: 201–202) ; elle apparaît, notamment, problématique quant à la place de travaux tels que ceux de J. Dubois, B. Gardin, J.B. Marcellesi... : sont-ils *exclus*, alors même que incontestablement ils relèvent d'une analyse de discours, spécifiquement ancrée dans le paysage intellectuel et politique français des mêmes années, ou, aussi indûment, *assimilés* à la démarche de Pêcheux, en dépit des clivages vifs qui les séparent ? Paveau et Rosier (2005) reviennent, citant l'analyse critique qu'en fait Courtine, sur les difficultés de cette appellation. Il va de soi que je souscris encore moins au congédiement – en tant que « progressivement marginalisé à partir des années 80 » (DAD 2002: 202) et « appartenant à l'histoire des idées » (Maingueneau 1995) – d'un courant qui, au rebours (plus encore aujourd'hui que trente ans en amont) des évidences consensuelles des sujets « gestionnaires » de leur dire et de leur sens, nourrit nombre de travaux, et en tout cas, en ce qui concerne ce travail, la pensée du discours et de son « hétérogénéité constitutive ».
50 Voloshinov (1929), premières traductions anglaises en 1973, française en 1971, dont la lecture récente se manifeste ponctuellement dans Authier et Meunier (1977 : 63), et dans Authier (1978 : 51, 74, 82).
51 *Cf.* Pêcheux en 1983 « Analyse de discours : trois époques » (1990: 295–302), voir note 71 ci-dessous.

au dire, en apportant, dans ce qui les différencie, des éléments, précieux, d'affermissement théorique et d'opérativité descriptive[52].

Emergeant dans la conjoncture théorique des années 60 – rangée, sommairement, sous la bannière « Marx, Freud, Saussure » – le concept de « discours » mis en œuvre dans l'AD croise les questions de la langue, du sujet et du sens. Du parcours de l'AD, je rappellerai schématiquement[53] (1) à travers les *constantes* de sa démarche, ce qui en fait la force aux plans du positionnement théorique et de l'investigation descriptive, avant (2) de marquer, dans l'évolution de leur mise en œuvre (périodisée en « trois époques » par Pêcheux), celles des *reconfigurations* qui permettent la prise en compte de l'hétérogène représenté de la RDA.

2.1 Choix fondamentaux d'une démarche en évolution

> D'un bout à l'autre (souligne D. Maldidier, 1990 : 89) ce que [M. Pêcheux] a théorisé sous le nom de discours est le rappel de quelques idées aussi simples qu'insupportables : le sujet n'est pas à la source du sens ; le sens se forme dans l'histoire à travers le travail de la mémoire, l'incessante reprise du déjà-dit ; le sens peut être traqué, il échappe toujours.

Le lieu du « discours », en effet, – quelles que soient les catégories à travers lesquelles est pensé son « ordre » : des « formations discursives » homogènes initiales aux « réseaux » ou « espaces » de « mémoire discursive », en passant par les

---

52 C'est d'abord par les échanges et discussions, nourries par la générosité intellectuelle de M. Pêcheux que, dans le cadre d'entreprises diverses (section de linguistique du « Centre d'Etudes et de Recherches Marxistes », 1977–1980 ; colloque « Matérialités discursives » (Conein *et al.* 1981) ; dernier groupe de recherche, ADELA (Analyse de Discours et Lecture d'Archive, RCP du CNRS), 1981–1983, animé par M. Pêcheux, dont D. Maldidier (1990) retrace précisément l'activité) j'ai bénéficié de la profondeur et de la richesse d'une pensée exigeante et ouverte qui, de fait – qu'elle soit citée ou non – irrigue, souvent croisée à celle de Bakhtine selon des modalités diverses et complexes, tant de travaux actuels, dès lors qu'ils ne tournent pas le dos – cédant complètement à l'idéalisme des mirages communicationnels, interactifs, pragmatiques, d'échanges entre sujets stratèges du sens – à la prise en compte de la détermination « (inter)discursive » du sens.

53 Pour un parcours moins cavalier, relevant de la même perspective, je renvoie aux pages qui y sont consacrées dans Authier-Revuz (1995/2012) : « Théorie discursive du sens de Pêcheux », p. 236–238, et « L'hétérogène en analyse de discours (AD) », p. 245–257; pour des traitements d'ensemble de cette AD, outre aux présentations de Maingueneau (1976, 1987, 1991) qui en ont activement accompagné et transmis le parcours, à la précieuse introduction donnée par D. Maldidier « (Re)lire Michel Pêcheux aujourd'hui » (p. 7–91) à son recueil de textes de Pêcheux (1990), paru sous le titre « L'inquiétude du discours » ; et plus récemment, à la synthèse de F. Mazière (Mazière 2006) et à des mises au point (Paveau 2008, 2010, Paveau et Rosier 2005), contre des recouvrements ou confusions.

redéfinitions du concept « clef de voûte » de l'interdiscours – *détermine* la forme et le sens des énoncés observables.

Ainsi, au fil des reconfigurations de l'AD, est-ce à travers une série de couples de notions articulant les deux plans de l'énoncé et du lieu discursif dont il procède, que par leur mise en rapport, réglée, sont appréhendés les processus discursifs, par lesquels le fait observable d'une linéarité énoncée ici-maintenant dans sa singularité (I) apparaît comme le produit d'une discursivité extérieure « formée » ailleurs, avant et indépendamment (II). Autour du couple central intradiscours/interdiscours se déploient : surface (discursive) et extérieur spécifique[54], dedans et « ailleurs », actuel et antérieur, séquence et « formation discursive », horizontal et « vertical », linéarité et épaisseur, fil du discours et domaine, espace ou réseau de mémoire, etc..., les espaces discursifs du (II) n'étant pas pensés comme les « contextes » des observables du (I), mais comme ce qui, à leur insu, les « détermine », les « régit », s'y « inscrit », s'y dépose, s'y impose sur le mode d'une *extériorité interne*[55].

S'en trouvent, au plan du sens, *défaits* – déportés qu'ils sont, hors d'eux-mêmes, par cette instance extérieure – le texte (le dire) comme clôture, le sujet comme source, origine.

2.1.1 Un socle stable
Trois points assurent le « socle » permanent des étapes de cette démarche :

(i) La contestation du sujet psychologique, source intentionnelle d'une parole dont il serait à même de se représenter le sens

Derrière la variation des modalités sous lesquelles est appréhendée « l'objectivité matérielle » de l'extérieur discursif où se déterminent le dire et son sens, demeure : que c'est à l'insu du sujet, dissimulée sous « l'évidence » d'un sens transparent dont il serait la source intentionnelle que se produit l'emprise du dehors sur le dedans ; que nul n'est à même d'accéder à cet avant-ailleurs discursif qui « cause » (dans) son dire ; et que, par là, de ce dire dont la maîtrise lui

---

54 *Cf.* Pêcheux dans « Analyse automatique du discours » (1969) [in (1990 : 130)].
55 C'est ce que – après avoir noté comment « tout discours dominé est *tissé* de discours dominants qui lui sont *intégrés* », comment « le *savoir antérieur s'inscrit* dans la construction d'une connaissance et se répète à travers des formes de langue » – souligne F. Mazière (2005 : 58) : « Autrement dit, hétérogénéités et antériorités de l'interdiscours s'inscrivent *à l'intérieur* même de l'intradiscours, elles *n'en constituent pas le contexte*. ».

est dérobée, le sens est, pour le sujet qui l'énonce, *irreprésentable*[56]. A travers les déplacements de fond qui l'affectent (*cf.* ci-dessous 2.1.2) ce point se distingue nettement des inflexions « conscientisantes » du dialogisme.

(ii) Une pensée du discours arrimée au fait de la langue
La reconnaissance d'un *ordre du discours* s'oppose, d'emblée, à la « parole », pensée comme rapport direct d'un sujet à la langue dans sa visée du sens : cet ordre langagier, historiquement structuré – dans le double sillage « structuraliste » de Foucault et d'Althusser[57] – ne vient en aucune façon chez Pêcheux se substituer à *l'ordre de la langue*. L'affirmation de la matérialité de la langue saussurienne, comme système différentiel de formes, reposant sur la « valeur » est une des positions intangibles de l'AD à travers toutes ses configurations[58] : cet « arrimage » au linguistique[59] inscrit au cœur de l'AD (tant au plan théorique qu'à celui des procédures descriptives attachées aux formes de langue) la problématique de l'articulation de cette double systématicité – celle d'« un ordre propre [du discours], distinct de la matérialité de la langue » mais qui « se réalise dans la langue »[60].

Modalité de la « prise » de l'interdiscours dans l'intradiscours, le « préconstruit » comme forme de langue (relative déterminative, nominalisation, focalisation...)[61] propre à accueillir sur le « fil du discours » le préasserté ailleurs,

---

56 Pensons à l'expérience de certains « dialogues de sourds » entre interlocuteurs disposés pourtant à l'échange : s'y joue l'impossibilité où ils se trouvent de *s'extraire* du discours dans lequel « baigne » leur parole, pour « mettre sur le tapis », en débat – c'est-à-dire objectiver, expliciter – ce qui s'impose, c'est-à-dire se dérobe, à eux sous le mode de *l'évidence*. On ne peut pas parler de ce par quoi "on est parlé". Pour le dire autrement, on ne "rencontre" pas dans sa parole ce qui y va de soi – ce qui questionne quant à ses limites la pertinence de la métaphore dialogique de la rencontre-réponse entre dire et déjà dit.
57 *Cf.* notamment la théorie marxiste des idéologies d'Althusser (1970) et « L'archéologie du savoir » de Foucault (1969), faisant peu de place à la langue ; ceci contrairement à Lacan, autre référence de Pêcheux, qui convoquée d'emblée, en rapport avec la place faite à la langue, n'est pas prise en compte au plan du sujet avant l'AD$_3$.
58 Présente centralement dès l'article réaffirmant (Haroche *et al.* 1971) « la coupure saussurienne » comme condition pour aborder ce qui – la sémantique – excède le champ de la langue (*cf.* Maldidier 1990 : 19–23), elle se manifestera dans la critique répétée (*cf.* par exemple Pêcheux 1982) des prétentions, analysées comme des régressions pré-théoriques, à « dépasser » Saussure, en rejetant la langue du côté des artefacts normatifs.
59 Selon l'heureuse formule de D. Maldidier (1990 : 13).
60 *Cf.* Courtine (1981b) cité *in* Maingueneau (1987 : 12).
61 *Cf.* par exemple Grésillon (1975) pour les relatives, Sériot (1986) pour les nominalisations.

avant..., incarne exemplairement cette articulation des « processus discursifs » à une « base linguistique ». La consistance également conférée au discours et à la langue tranche évidemment avec le rejet offensif de Saussure par Voloshinov vidant le concept de langue au profit d'un « tout-social » – comme avec les accueils enthousiastes qui ont pu être faits de *Marxisme et philosophie du langage* au titre d'une refondation anti-saussurienne de la linguistique[62]. Moins incompatible avec la position spécifiquement bakhtinienne, l'AD se démarque cependant nettement, sur cette question, par le souci foncier d'*articuler* les deux « ordres », de la langue et du discours, du mode sur lequel Bakhtine, concédant la légitimité d'une linguistique, en « détache » quelque peu le *trans-* ou le *méta*linguistique, espace du dialogisme.

(iii) dimension opératoire revendiquée théoriquement
Il n'est pas question, chez ce philosophe, de s'en tenir à une conceptualisation articulant histoire, sujet, sens, mais de construire explicitement les « dispositifs » – terme cher à M. Pêcheux – mettant les propositions théoriques à l'épreuve des matérialités langagières[63].

Ainsi l'affirmation centrale, d'un

> primat de l'interdiscours comme affectant tout discours d'une hétérogénéité par rapport à lui même, dont il appartient à l'AD [...] de repérer les traces. (Courtine 1981 : 31)

associe-t-elle conception théorique et visée descriptive : consubstantielle à la démarche de l'AD est la pratique – solidairement théorique et méthodologique – de la *mise en rapport* des deux plans de la matérialité discursive – celui de la linéarité directement observable de l'événement singulier de dire et celui de l'épaisseur stratifiée de déjà-dit d'où procède le premier. Au-delà du « principe » de l'extériorité qui, interne au dire, le « déclôture », l'AD est une tentative pour appréhender – « sur pièces » – quelque chose de son « comment », en *donnant corps*, dans des analyses concrètes, au jeu, *dans* un discours (I) de son extérieur (II).

---

[62] *Cf.* Gardin (1978) par exemple. Sur la vivacité de ce débat dans le champ marxiste des années 1970, *cf.* Maldidier (1990 : 49–53).
[63] *Cf.*, par exemple, à propos des vertus, en AD, de l'informatique – mise à l'œuvre, tout au long du parcours de l'AD, sous des formes diverses – le fait qu'elle « exige des analystes de discours une *construction explicite* de leurs procédures de description, ce qui est *la pierre de touche de leur consistance d'objets théoriques.* » (Pêcheux et Marandin 1984). *Cf.* aussi la réflexion de P. Henry (1995) sur le lien, dans les conceptions épistémologiques de Pêcheux, entre « nature conceptuelle et expérimentale » de l'objet scientifique et sur l'accent mis sur « l'instrument ».

Et l'histoire de l'AD est, indissolublement, celle de ses renouvellements théoriques *et* procéduraux : aux *conceptions* successives de l'extériorité discursive et de son emprise sur les énoncés, répondent, au plan des *procédures* de construction de cette mise en rapport, les modes successifs selon lesquels, solidairement,
- (a) elle *construit* en *corpus*, analysable, quelque chose du dit ailleurs, avant et indépendamment, dans lequel, au plan (II), se produit et/ou se reçoit une séquence,
- et (b) elle *analyse*, au plan (I), les *formes de présence* sur la chaîne de cet extérieur discursif.

Remarque 3 : Évolution conjointe des conceptions théoriques et des procédures descriptives. Pièce maîtresse du dispositif de l'AD[64], la *construction du corpus* (a), au départ **[1]** synchronique et homogène (correspondant à la compacité insulaire des « machines » structurelles de la première AD), intégrera **[2]**, avec la notion d'interdiscours, l'hétérogène de la contradiction, et de la stratification diachronique[65], avant que le corpus ne soit **[3]** étendu à de très vastes étendues discursives susceptibles d'être « balayées » par des procédures informatisées, et adapté évolutivement, en « états de corpus », à une progression de l'analyse, comme accès au « réseau de formulations » ou « corps socio-historique de traces discursives » constituant « l'espace de mémoire d'une séquence »[66].

Cependant que, parallèlement, *l'analyse* (b) *des chaînes* passera par : **[1]** une pratique délinéarisante de réduction à l'équivalence des spécificités de surface permettant de remonter vers leur « principe structural », avant **[2]** de privilégier, à côté de strictes reprises de segments entre (I) et (II), les formes linguistiques d'accueil du déjà-dit que sont « préconstruit, discours transverse, énoncé divisé... », et **[3]** de viser la construction automatique des associations produites au fil d'un discours « plongé » dans l'espace de mémoire d'une « lecture ».

Dans ce cheminement, la trilogie interdiscours-intradiscours-préconstruit apparaît comme emblématique de l'AD – par la netteté avec laquelle s'y noue l'ensemble des choix sur lesquels, spécifiquement, elle repose. C'est ce qui se dégage de la mise en regard de la notion de *préconstruit* avec celle – répondant au même type de formes observables dans la linéarité, telles : nominalisations, interrogations partielles... – de *présupposition*, mise en œuvre par O. Ducrot.

---

64 Je renverrai désormais par **[1]**, **[2]**, **[3]** aux étapes de la périodisation proposée par M. Pêcheux en 1983 [*in* (1990 : 295–302)], à laquelle j'associe la succession des textes choisis par D. Maldidier (en dépit d'une différence dans le découpage qu'elle effectue) :
[1] AD_1 : centrée sur l' « *Analyse automatique du discours* » (1969), textes I à III ;
[2] AD_2 : allant des « *Vérités de la Palice* » (1975) à 1980, textes IV à VII ;
[3] AD_3 : à partir du colloque « *Matérialités Discursives* » de 1980, textes VIII à XI.
65 Courtine (1981).
66 Pêcheux 1983 *in* (1990: 301).

Dans le statut conféré, par rapport à une assertion (a) et une séquence (b) comportant sa nominalisation,

(a) le climat se réchauffe
(b) le réchauffement climatique impose de modifier nos modes de vie

le clivage entre les deux concepts apparaît sur chacun des points (*i*, *ii*, *iii*) dégagés ci-dessus. Ainsi l'acte de présupposer engage-t-il l'intention d'un sujet psychologique [point (*i*)], ayant recours, stratégiquement, pour soustraire ce qu'il dit – donné pour évident – à la contestation, aux ressources d'implicitation offertes par la seule langue [point (*ii*)]. Là où le préconstruit, trace inscrite dans le dire d'une extériorité, n'engage pas l'intentionnalité [point (*i*)] (qui, certes, *peut* s'en emparer), mais implique la prise en compte de deux ordres, de la langue et du discours [point (*ii*)] et leur mise en rapport [point (*iii*)]. Dans la confrontation préconstruit/présupposition[67] se manifeste exemplairement la divergence entre une « sémantique (intra)linguistique », croisant la langue et l'intentionnalité communicative, et le projet de « sémantique discursive » de Pêcheux.

Sur ces choix (*i*, *ii*, *iii*), posés comme formant le « socle » théorico-méthodologique stable du trajet de l'AD, deux remarques :

– La première touche aux *divergences entre AD et dialogisme* qui, dans leur traitement d'une extériorité discursive reconnue comme interne au dire, ne sont pas mineures : au-delà de la place, différente, faite à la langue, l'opposition entre, d'un côté, la *détermination* d'un dire, à son insu, par un extérieur discursif et, de l'autre, les « rencontres » de son « cheminement » dans le déjà-dit, doublée par celle, solidaire, de la visée d'une saisie de « traces » de présence insue pour le premier (AD), là où le second (dialogisme) met l'accent sur les formes de représentation, incite à interroger le syncrétisme, tentant et répandu[68], de formulations comme « dialogisme interdiscursif » ou « interdiscursivité bakhtinienne »... : la double filiation qu'elles reflètent appellerait, cette association n'allant pas de soi, une explicitation des modalités sur lesquelles elle est, diversement, opérée – dont on peut penser que, de façon dominante, elle relève d'un mouvement de « bakhtinisation » de l'AD[69] où le « ça parle » tend à se dissoudre en « rencontres » dialogiques... Rappelons (*cf.* note 63) à quel point la métaphore du « dialogue » – avec les deux instances symétriques qu'il suppose – envisageable pour saisir le rapport d'un Discours

---

67 Qui est au cœur de Henry (1977), suivi de la « réponse » de Ducrot. Sur le rapport entre les deux notions, *cf.* Maldidier (1990 : 26–27), Paveau (2006 : chap. 2).
68 Tendance dont je ne m'exclus pas, *cf.* Authier-Revuz (1995/2012 : 24).
69 Selon l'heureuse formulation – critique – de M.A. Paveau (2008), *cf.* note 60.

à l'altérité discursive qu'il reconnaît comme telle, notamment en la représentant en lui-même, est radicalement inadéquate pour le mode sur lequel un discours dépend de l'extériorité discursive dans et de laquelle il se « constitue » : on ne « dialogue » pas avec son interdiscours.

De l'interdiscours de l'AD au « dialogisme interdiscursif », le déplacement apparaît comme celui d'une « psychologisation », ramenant tendanciellement l'impensé, pour le sujet, de ce qui détermine son dire, vers la (quasi) conscience des rapports du dire avec l'environnement d'autres dires. Sous les figures de ce à quoi on « emprunte », à quoi on « répond »[70], l'interdiscours semble avoir rompu les amarres avec l'AD qui – insiste D. Maldidier (1990 : 43) –, conceptualisant le « ça parle toujours ailleurs, avant et indépendamment », « n'est pas la désignation banale des discours qui ont existé ».

- La seconde pour souligner que les (trois) choix fondamentaux dégagés ci-dessus, au niveau de généralité qui permet, en deçà des transformations qu'à connues l'AD, d'en faire le socle intangible, n'offrent pas, en eux-mêmes, un cadre à une saisie de l'articulation des hétérogènes constitutifs et représentés : la forme que prend leur mise en œuvre dans la première AD est même radicalement inadéquate à une approche de la RDA, comme couche *représentée* d'une extériorité discursive interne.

2.1.2 Ouvertures sur l'hétérogène et le fil énonciatif du discours

L'AD n'offrira un cadre propice à une problématique de la RDA qu'au terme de mutations profondes[71], ouvrant l'AD – au risque de sa déstabilisation – sur les dimensions, forcloses au départ, **(i)** de l'*hétérogène*, **(ii)** de la consistance propre d'un « fil du discours » où s'inscrit l'*énonciation*, solidairement **(iii)** d'un retour critique sur la conception du sujet, restauré – non dans sa maîtrise – mais dans sa consistance (singulière) de division.

---

70 Ainsi J.M. Adam (2006) illustre-t-il ce qu'il caractérise chez Peytard (1995) comme un « glissement de l'interdiscours vers le dialogisme de Bakhtine », par sa définition (déjà relevée, dans la même perspective dans Paveau-Rosier 2005 : 11) du « tiers-parlant » comme « ensemble indéfini d'énoncés prêtés à des énonciateurs sous les espèces de: "les gens disent que...", "on dit que...", "on prétend que...". [...] Ces énoncés [doxiques] appartiennent à la masse *interdiscursive* à laquelle *empruntent* les agents de l'échange verbal *pour "nourrir"* leurs propos » (1995:121). Citons encore cette définition: « le dialogisme interdiscursif structure fondamentalement tout texte en ce que celui-ci est obligatoirement *réponse* (Bakhtine 1952/1979/1984: 298–299) à des textes antérieurs ». (Bres-Nowakowska 2006: 25–26).

71 Sur ces points je renvoie à D. Maldidier (1990) ; Pêcheux 1983 *in* (1990: 295–302) ; Authier-Revuz (1995/2012 : 95–96 et 245–253).

(i) Vers l'hétérogénéité de « l'ailleurs-avant »

Le trajet de l'AD, dans sa conceptualisation de l'extériorité discursive déterminant le discours, va d'un « primat du même » (AD$_1$) à celui de « l'autre sur le même » (AD$_3$)[72].

De [1] « l'insularité » des « machines » discursives homogènes de « l'analyse automatique du discours » (1969), on passe en [2] à la prise en compte, dans la mise en rapport de « formations discursives » dans le « tout complexe » de l'interdiscours, de faits, d'« intrications », d'empiètements entre ces unités qui, faisant jouer de l'autre, les « divisent » et « déclôturent ».

Se conjuguent, dans ce mouvement, la réflexion théorique sur la catégorie de l'idéologie comme « non identique à soi-même et n'existant que sous la modalité de la division »[73], et les études des historiens confrontant leur quête « dans le corps complexe des discours [d']éléments simples (discours bourgeois/discours féodal ; discours jacobin/discours sans-culotte) » au réel d'une discursivité où ne se rencontrent « qu'intrication des stratégies discursives d'affrontement ou d'alliance. » (Guilhaumou et Maldidier, 1979). L'étude de Courtine (1981), consacrée au « discours communiste adressé aux chrétiens », théorise et pratique, aux plans inter- et intra-discursifs, cette entrée de l'hétérogène sous les espèces de la contradiction (communiste /chrétien) et du décalage diachronique, dans la construction du corpus et dans les « effets de mémoire » jouant, par exemple, dans la séquence de « L'appel adressé aux chrétiens » de G. Marchais en 1976[74].

Le mouvement aboutit en [3] à la mise en cause d'une approche « topographique » de l'(inter)discursivité (et par là même à la notion même de formation discursive qui y ancrait sa consistance), dans le constat que c'est « sans frontière repérable » que « la séquence est constituée – traversée par des discours venus d'ailleurs »[75], menant à une reconfiguration de l'interdiscours en « espace de

---

72 Pour reprendre les formulations de Pêcheux 1983 *in* (1990: 297, 299).
73 M. Pêcheux « Remontons de Foucault à Spinoza » en 1977, *in* (1990 : 245 *sq*.)
74 Exemples encore (*cf*. in Authier-Revuz 1995/2012: 250, 253) de mise au jour systématique dans un discours – soviétique pour Sériot (1985, 1986a, b), « nationalitaire algérien » pour Ouamara (1983), repris en partie dans (1986) – d'un hétérogène jouant dans les nominalisations pour le premier, les formes de « déconstruction » du discours colonial pour le second. La stratification diachronique des corpus est au cœur des travaux – connexes à l'AD – sur la « circulation » discursive dans les médias (Moirand, 2007) ou l'émergence – et les avatars – d'une « formule » (Krieg, 2003).
75 Madidier (1990 : 78) reprenant un manuscrit de Pêcheux (des années 1982-83). Le colloque *Matérialités discursives* (Conein et *al.*, 1981) marque le tournant, en AD, de cette ouverture sur l'hétérogénéité des « espaces de mémoire »: au retour critique initial de Courtine et Marandin sur le « ratage de l'hétérogène » (p. 24), répond, dans le bilan signé des organisateurs (p. 99) l'in-

mémoire d'un corps socio-historique de traces discursives »[76] dans lequel se constitue une séquence dont la « lecture », par une AD repensée en discipline interprétative, passera par sa mise en rapport avec des « réseaux de mémoire ».

Ainsi, le dernier texte de Pêcheux[77] esquisse-t-il, à partir de « l'opacité » de l'énoncé « On a gagné ! » du soir de la victoire de F. Mitterrand en 1981, la *dispersion* des réseaux de mémoire dans lesquels il se trouve résonner. Et, dans des développements récents de l'AD, on voit que s'impose, avec son « impossible clôture »[78], le caractère hétérogène de la mémoire discursive à l'œuvre dans un discours : la présentation d'une recherche collective en cours par Ph. Schepens (2012), par exemple, illustre, dès son titre « *Prolégomènes à l'analyse d'un journal écrit sous l'occupation : Qui parle ?* », comment la « plongée » d'un texte – ici, le journal intime d'une jeune fille du Doubs durant cette période – dans la mémoire, immense, hétérogène et extensible[79] – que les techniques de numérisation permettent de constituer – est le préalable à une « lecture » de ce texte, pensée comme mise en rapport réglé de l'un qui s'énonce avec l'autre de l'extériorité discursive, par laquelle ce dire personnel se révèle « lieu [...] d'entrechocs entre discours constitués ou institutionnels et parole vivante qui fraie son chemin » ; ou les réflexions sur lesquelles débouche l'étude d'écrits de « Signalement d'enfants en danger »[80] soulignent le caractère hétérogène et ouvert du corpus de mémoire que requiert l'analyse de ce discours où se tissent textes de lois, guides de rédaction, discours médiatiques, psychologiques, psychanalytiques...

(ii) Entrée du fil, énonciatif, du discours
La solidarité que note P. Henry (1977 : 154) entre énonciation et linéarité :

> [...] dans le discours commun, ce qui soutient cette identité [du sujet de l'énonciation présent sous le sujet de l'énoncé] c'est la *linéarité du discours*.

apparaît dans le mode *conjoint* sur lequel leur traitement évolue radicalement sur le trajet de l'AD.

---

sistance sur « la frontière absente » (titre de ce bilan), ou « inassignable » (p. 202) dans le mode – non « localisable » – où « du même est pris dans l'autre » (p. 202).
76 Pêcheux 1983 *in* (1990 : 301).
77 « Le Discours : structure ou événement », *in* (1990 : 306–313).
78 *Cf.* Moirand (2004).
79 Où cohabitent déjà, par exemple, 200 tracts de la résistance et une collection complète du quotidien régional.
80 Émanant des services sociaux, *cf.* Cislaru et Sitri (2012).

La contestation – inhérente à l'AD – du sujet maître de sa parole, prend, en effet, dans la première étape **[1]** la forme d'un égal désintérêt – voire d'une suspicion[81] – vis à vis de la matérialité du fil du discours *et* des marques de l'énonciation : c'est conjointement qu'ils sont écartés comme relevant de « l'espace imaginaire » offert aux déplacements du sujet parlant[82], sans autre consistance que celle d'un leurre, sorte d'« écume » à traverser pour accéder – par des pratiques de « désuperficialisation » permettant de « remonter » des énoncés concrets jusqu'à leur « principe structural »[83] – au « ça parle » des processus discursifs, cause véritable du dire. Ainsi, revenant, en 1983, sur cette première approche du discours, Pêcheux (1990 : 300) note-t-il que, dans sa logique, « le registre de l'énonciation et des contraintes de séquentialité lui demeurait opaque »[84].

Si, dans un deuxième temps **[2]**, l'attention aux formes syntaxiques – du préconstruit notamment – est manifeste, c'est dans le cadre ignorant la dimension proprement énonciative – « a-énonciatif » pourrait-on dire – de l'articulation interdiscours/intradiscours, comme trace du premier dans le second.

Ainsi faut-il attendre le colloque *Matérialités discursives*, ouvrant la dernière période[85] **[3]** de l'AD, pour que l'attention se porte enfin, comme sur un objet légitime, sur « cette matérialité même de l'activité énonciative » dont Culioli notait, pertinemment, le « peu de cas [qu'en avaient fait] les spécialistes d'analyse du discours »[86]. Diverses contributions s'y attachent ainsi aux formes d'inscription de la subjectivité affectant le déroulement de la linéarité : les « règles » de langue pensées comme « espace de jeu » pour l'écriture, les « effets de déliaison » (par rapport aux structures d'enchâssement) des juxtapositions d'énoncés, interruptions, phrases nominales, les ajouts de l'incise et les « trous » de l'ellipse, les « arrêts sur mots » des guillemets, suspendant de leur dédoublement méta-énon-

---

[81] Parente de celle de Kuentz (1972a: 22, 27) à l'égard de toute notion – « parole », « énonciation »... – susceptible de servir une « opération de sauvetage » de « l'autonomie du sujet parlant ».
[82] « L'espace subjectif de l'énonciation » y est entendu, en effet (et par là, dans cette première étape, « dévalorisé »), comme « espace imaginaire qui assure au sujet parlant ses déplacements à l'intérieur du reformulable de sorte qu'il fait retour sur ce qu'il formule et s'y reconnaît. » (Pêcheux et Fuchs 1975 : 21) – espace où s'assure, pour le sujet, une position illusoire d'extériorité par rapport à son discours.
[83] Sur cette procédure de délinéarisation des chaînes observables, réduites à l'équivalence par transformations harrissiennes « inverses » de dé-passivation, dé-nominalisation, dé-subordination... voir la présentation de Maingueneau (1976 : 65–82).
[84] Gadet *et al.* (1995) reviennent sur la « place du pauvre accordée à Benveniste » dans une AD « passant à côté de l'énonciation » en 1969.
[85] Annoncée, sur ce point, dans l'analyse par Marandin (1979) du « fil » du « discours français sur la Chine ».
[86] Intervention à la table ronde finale du colloque (Conein *et al.*, 1981 : 185).

ciatif le cours du dire...[87], focalisent l'attention sur – événements, émergences, accidents... – ce qui survient, advient, dans le cours d'un dire à la « consistance retrouvée », sans que cela implique, en aucune façon, un sujet « restauré » dans sa maîtrise.

Dans ce mouvement, l'AD [3] s'ouvre à la dimension, métalangagière, de la représentation du dire – dont relève notre RDA – c'est-à-dire, dans une approche de l'*impensé* du dire, aux formes qui marquent que ce dire, pour autant, *se pense*. Le principe d'une articulation entre les deux plans des hétérogénéités « montrée/constitutive » trouve dans le cadre d'ADELA[88] – pensée comme façon de « revenir dans des termes nouveaux et opérationnels vers le jeu de l'interdiscours dans l'intradiscours » (Maldidier 1990 : 78) – un lieu privilégié de mise au travail.

Le jeu dans le discours des « formes linguistiques discursives du *discours autre* » peut alors être envisagé dans une double visée descriptive : celle des *marques* de la « mise en scène par le sujet » du « discours d'un autre » et « en même temps » celle des *traces* de « l'instance d'un 'ailleurs' interdiscursif [...] en deçà de tout auto-contrôle fonctionnel »[89]. On revient ci-dessous (chap. 11) sur la mise en rapport de ces deux plans où l'extérieur discursif joue dans le dire : sa prise en compte, en effet, conditionne l'approche de la fonction, dans le dire, de la RDA – ce que celle-ci « représente » de l'ailleurs se profilant sur fond de ce qui en est « présent ».

(iii) Du « non-sujet » au sujet divisé : un déplacement de fond
L'évolution sur les plans de l'hétérogène *(i)*, du « fil » et des formes énonciatives *(ii)*, est inséparable d'un déplacement de fond sur la question du sujet.

Le trajet de l'AD s'inscrit, en effet, dans l'écart flagrant entre une visée initiale [1] « [d']esquisser une théorie non-subjective de ce qu'on appelle aujourd'hui énonciation »

et l'ouverture [3] sur « [la] question cruciale du sujet énonciateur, dans la parole, l'écoute et la lecture. »[90]

---

87 Traités dans les contributions (Gadet, Pêcheux, Haroche, Authier-Revuz) constituant le volet IV « Discours et linguistique » du colloque (Conein *et al.*, 1981 : 115–154).
88 Et plus spécifiquement du groupe « Analyse linguistique de la séquence », dont D. Maldidier (1990 : 77–79) retrace l'activité pendant les trois années d'existence (1981–1983) de la structure de recherche ADELA [Analyse du Discours Et Lecture d'Archive (CNRS)].
89 Pêcheux 1983 *in* (1990 : 300), *cf.* aussi Maldidier (1990 : 78).
90 Ces formulations opposées figurant respectivement dans les « Mises au point [...] » sur l'AD de Pêcheux et Fuchs (1975), cité *in* Maldidier (1990 : 34), et dans une ultime « note » programmatique du « Livre blanc pour la recherche en linguistique » – parue de façon posthume (Pêcheux 1984).

Pour saisir ce que D. Maldidier (1990 : 87) évoque comme un « déblocage du côté du sujet », il s'agit, serait-ce à grands traits, de dégager comment la contestation du sujet « souverain » (A), reconnue (*cf.* ci-dessus), comme un élément permanent de l'AD, s'y effectue en passant de la conception initiale d'un « non-sujet » (B) à celle, qui lui est irréductible, d'un sujet divisé (C). Le balisage qui suit a, si schématique qu'il soit, une double visée : celle, spécifique à l'AD, d'en éclairer l'évolution, au plan du sujet, solidaire des plans évoqués précédemment *(i, ii)*, et, au-delà, de façon plus générale, celle de mettre en place les repères minimaux que requiert, au plan du sujet, un traitement de la RDA. Si, en effet, toute approche de l'énonciation met en jeu – implicitement ou non – une conception du sujet et de son rapport au langage, c'est spécifiquement que le traitement de sa couche métalangagière se trouve conditionné par son « placement » dans le triangle (A)-(B)-(C) que structure crucialement la question de la (non)représentabilité, pour le sujet, de lui-même et du sens de son dire[91].

3 Repères dans le champ du sujet

3.1 Sujet plein et non-sujet : un face à face de narcissismes inversés

Qu'il soit sommairement désigné comme « autonome, plein, origine... » *le sujet (A)* déploie, en variantes psychologiques, sociales, neuronales..., la capacité fondamentale de « se connaître lui-même en tant que pensant »[92]. Ce sujet transparent à lui-même exprime sa pensée avec les mots qu'il choisit, c'est un énonciateur qui « sait ce qu'il dit » et, le sachant, peut en parler, c'est-à-dire le représenter ; non que des « ratés » ne puissent survenir dans sa maîtrise du processus, ni que le « tout » de son sens et de sa pensée lui soit présent à l'esprit en permanence, mais « l'inconscient » n'y a le statut que d'un défaut, d'une défaillance cognitive contingente – du « non-conscient qui pourrait devenir conscient »[93].

Cette conception (A) du sujet est la plus « naturelle » et familière qui soit, puisqu'elle rejoint le sentiment spontané – et nécessaire – que les sujets parlants

---

[91] *Cf.* Authier-Revuz (1995/2012), chapitre 2.
[92] P. Schepens (2002a : 10) emprunte cette formulation à J.-P. Bronckart (1999), à la réflexion épistémologique duquel il s'appuie, en introduction à des contributions diverses sur le thème « Textes, Discours, Sujet » : rappelant que « dans le fond deux conceptions du sujet continuent à occuper le champ des sciences humaines », il souligne un des points de clivage radical entre une « auto-conscience » héritière du *Cogito* (A) et conception post-freudienne (notre C) de l'inconscient.
[93] Selon la formulation de Plon (2003).

ont de contrôler leur dire. C'est celle que, travaillée dans leur cadre propre, reconduisent de façon dominante au plan théorique les sujets intentionnels de la pragmatique, les « stratèges » des interactions communicationnelles ou les régleurs (« monitoring ») de la machinerie verbale de la psycho-linguistique. Si une telle conception ouvre de plain-pied sur la RDA (ses stratégies, ses mises en scène...), la catégorie d'un « impensé » du dire lui est étrangère.

Le sujet (B), lui, se dessine dans le courant du structuralisme philosophique européen des années post-1960, au cœur de son grand mouvement de « démystification » des évidences « naturelles » du sujet humain touchant sa pensée, ses conduites, sa parole... par la mise au jour des mécanismes – non-subjectifs – qui structurellement les déterminent. Cette explosion de pensée, riche, hardie, n'est nullement monolithique[94] : en ce qui concerne l'AD, c'est spécifiquement, à côté du Foucault de l'*Archéologie du Savoir* (1969) et de l'*Ordre du Discours* (1971), dans le sillage de la théorie des idéologies d'Althusser que sa conception du sujet a d'abord pris forme.

Figure inversée du (A), le sujet s'y résorbe – « évidé » – en pure illusion, dans ce qui (et, avec lui, son dire et son sens), intégralement, en est la cause réelle : « formations discursives » de Foucault, ensemble de règles anonymes, historiques, toujours déterminées dans le temps et dans l'espace qui y définissent « les conditions d'exercice de la fonction énonciative » ; mécanisme idéologique, chez Althusser, de « l'assujettissement », c'est-à-dire de « l'interpellation des individus en sujets »[95]. Sous les espèces de la « mort du sujet », réduit à une « fonction » (*cf.* « la fonction auteur » de Foucault), ou de « l'effet-sujet », la formule ambiguë de « l'illusion subjective » ne renvoie pas dans ce contexte à une *part* de méconnaissance inhérente au fonctionnement subjectif, mais bien au sujet *comme* leurre.

Transposée au plan du discours, cette détermination « totale » est ce que postule l'AD$_1$ des *Vérités de La Palice* (1975) :

---

94 L'espace « structuraliste », aux contours d'ailleurs problématiques – Lévi-Strauss, Foucault, Althusser, Bourdieu, Barthes, Lacan, Derrida... – se partage notamment sur la question de la langue et de l'inconscient post-freudien (cf. ci-dessous) ; cf. par exemple les parcours – aux objectifs et points de vue sensiblement différents – qu'en présentent Dosse (1991–1992) et Milner (2002).

95 Comme toutes les évidences, y compris celles qui font qu'un mot « désigne une chose » ou « possède une signification », donc y compris les évidences de la « transparence du langage », cette évidence que vous et moi sommes des sujets – et que ça ne fait pas de problème – est un effet idéologique, l'effet idéologique élémentaire. (Althusser 1970 :30)

on peut bien dire que l'intradiscours en tant que « fil du discours » du sujet est *strictement* un effet de l'interdiscours sur lui-même, une « intériorité » *entièrement* déterminée comme telle « de l'extérieur ». (Pêcheux (1990 : 232)

Le « sujet doublement forclos » de l'AD₁ que décrit D. Maldidier (1990 : 83-84) – forclos sur les deux versants de la co-énonciation, ramenée à « l'effet-sujet » d'un côté, à une « prothèse de lecture » de l'autre – s'inscrit dans ces théories philosophiques de la non-subjectivité. Et la démarche descriptive initiale, dans sa focalisation exclusive sur le réel des processus discursifs, au détriment de « l'inconsistance » des formes « de surface » que revêt le « leurre » énonciatif – a fortiori celles de son redoublement méta-énonciatif... – est solidaire de cet ancrage.

Il faut noter que les références à la théorie psychanalytique qui accompagnent la démarche de l'AD à ce stade [1] y sont, en revanche, exogènes : si on peut considérer que l'intérêt qu'elles manifestent annonce le vrai questionnement, qui se produira dans la dernière période [3], elles reposent en [1] sur la réduction de l'inconscient à l'idéologie, passant, centralement, par une confusion entre « l'imaginaire » chez Althusser – à quoi se ramène, dans son leurre, l'effet-sujet – et chez Lacan où il est instance d'un sujet divisé (et non pas annulé). Le retour critique de Pêcheux sur cette assimilation conditionne le déplacement de l'AD vers le sujet (C)[96].

L'antagonisme – radical – des sujets A et B est celui de leur narcissisme inversé[97] : celui d'un sujet souverain pour le premier, celui d'une structure toute puissante pour le second, qui se rejoignent – sujet plein/sujet vide – dans l'évitement de la *division* fondatrice du sujet post-freudien.

En ce qui concerne la prise en compte des deux étages du dire, celui des formes énonciatives par lesquelles il se représente et celui de l'extériorité dis-

---

96 Déplacement dont un des moments importants est l'ouvrage de P. Henry (1977) *Le mauvais outil – Langue, Sujet et Discours*, inscrivant au cœur de l'AD la conception psychanalytique d'un sujet divisé effet du langage – et non de « l'effet-sujet » ou « non-sujet » » : « La psychanalyse traite le sujet comme un effet. Plus précisément, le sujet dont elle fait sa matière première est effet du langage. C'est en fin de compte cette mise en place du sujet par rapport au langage qui met la psychanalyse en position de rompre avec l'idéologie de la transparence. En outre poser le sujet comme effet exclut de le tenir pour centre, source, unité d'une intériorité, etc. » (p. 21).
97 J'emprunte ici au retour critique de Pêcheux en 1983 [*in* (1990 : 316)] sur l'AD₁ : évoquant le « soupçon tout à fait explicite sur le registre du psychologique (et sur les psychologies du « moi » de la « conscience », du « comportement » ou du « sujet épistémique ») » issu de la pensée structuraliste, il souligne que « en même temps, ce mouvement anti-narcissique (dont les effets politiques et culturels ne sont visiblement pas épuisés) basculait dans une nouvelle forme de narcissisme théorique. Disons un *narcissisme de la structure*. »

cursive dans laquelle il se détermine, le face à face des sujets A et B, le premier récusant le fait de la détermination qui constitue l'objet exclusif du second, laisse dans une impasse...

Remarque 4 : Approches du discours opposées par leur conception du sujet. En dépit de sa formulation en simples termes de choix « entre [...] deux directions de travail en analyse de discours » – et non d'une opposition entre deux conceptions du sujet – c'est bien sur ce fond d'un face à face entre sujets A/B que se profile l'alternative par laquelle Ducrot répond à la critique des bases théoriques de la présupposition menée par P. Henry (1977) : lorsqu'il oppose d'un côté une sémantique prenant pour objet central « les représentations du sens » d'un énoncé par son énonciateur[98], et de l'autre une AD qui « tenant pour une illusion l'éventualité que le locuteur soit sujet », se « désintéresse » de ces représentations au profit « d'un sens véritable » approché « selon des méthodes qui ne relèvent plus du tout de la recherche linguistique traditionnelle » (p. 181, 202–203).

3.2 Le sujet divisé comme sortie d'une impasse

Le sujet (C) « divisé », post-freudien, conteste assurément la maîtrise du sujet A, transparent à lui-même et « sachant ce qu'il dit », mais non pas, à l'instar de la position B, *l'existence d'un sujet*[99], singulier, et la réalité spécifique d'une parole dont l'écoute, dans sa lettre, matérielle, est cela même qui fonde la pratique psychanalytique.

Le sujet posé par Freud est

> habité par un savoir qui lui échappe – l'inconscient, et mû par un désir dont les objets lui sont inconnus [S. Aouillé *et al.*, 2010 : 123].

Et c'est en tant que, dans la parole du sujet, se fait entendre, à l'insu de celui-ci, le langage – évoqué par Proust – de son désir

> ce magnifique langage, si différent de celui que nous parlons d'habitude, et où l'émotion fait dévier ce que nous voulions dire et épanouir à la place une phrase tout autre, émergée d'un lac inconnu où vivent des expressions sans rapport avec la pensée, et qui par cela même la révèlent[100].

---

[98] Position qui se radicalisera (1980, 1984) dans la conception, strictement intralinguistique, du sens d'un énoncé *comme* représentation, ou description, de son énonciation, *cf.* Authier-Revuz (1995/2012 : 72–76), voir ci-dessous 3.4.2, p. 416.
[99] « Le sujet est barré mais non absent ; il est manquant et non exterminé » (Roudinesco, 1977 : 43).
[100] *À la recherche du temps perdu,* tome III, p. 822. Passage auquel fait allusion le titre du beau livre de Jean-Yves Tadié (2012) *Le Lac inconnu – entre Proust et Freud.*

que cette parole – mise en jeu dans la cure – peut faire accéder le sujet à quelque chose de cet insu qui le gouverne : ainsi Lacan énonce-t-il que

> La situation du sujet au niveau de l'inconscient telle que Freud l'articule [...] c'est qu'il ne sait pas avec quoi il parle, on a besoin de lui révéler les éléments proprement signifiants de son discours [...][101].

caractérisant

> l'inconscient, à partir de Freud, [comme] une chaîne de signifiants qui quelque part (sur une autre scène, écrit-il) se répète et insiste pour interférer dans les coupures que lui offre le discours effectif [...] [Lacan 1966 : 799].

Reformulée par Lacan, dans son « retour à Freud », la conception d'un sujet qui n'est sujet que d'être parlant, et « produit » par le langage, comme structurellement clivé par un inconscient, ne relève aucunement des théories de la « non-subjectivité » : un « effet-sujet » – comme un mirage est un effet d'optique – *ne se confond pas* avec un « sujet, effet du langage »[102]. Cet écart est très explicitement marqué par Lacan dans la discussion qui suit la présentation par Foucault de sa « fonction auteur »[103] : face aux tenants « de l'homme » et du « sujet » (au sens A), il oppose – se démarquant aussi par là de Foucault – à la notion de « négation du sujet » (B) imputée au structuralisme, celle

> de la dépendance du sujet, ce qui est extrêmement différent ; et tout particulièrement, au niveau du retour à Freud, de la dépendance du sujet par rapport à quelque chose de vraiment élémentaire, et que nous avons tenté d'isoler sous le terme de « signifiant ».

B. Ogilvie (1987 : 42–43) analyse de façon aiguë cet échange comme révélateur de l'effort de Lacan pour « défaire » le sujet libre sans éliminer pour autant « le sujet »[104] : démarche par laquelle, précisément, le sujet (C), divisé, séparé qu'il est

---

101 Séminaire 1958 *Le Désir*, séance du 19-11-1958, cité in Mannoni (1969: 34), *cf.* aussi J. Dor (1985 : 132) : « Le langage apparaît donc comme cette activité subjective par laquelle *on dit tout autre chose que ce que l'on croit dire dans ce que l'on dit*. Ce « tout autre chose » s'instituant fondamentalement comme l'inconscient qui échappe au sujet qui parle parce qu'il en est fondamentalement séparé. »
102 Plus précisément « effet de la prise du corps dans le langage » (S. Aouillé *et al.* (2010 : 117) ou « ce qui surgit du vivant sous l'action du langage » (Miller (1981).
103 Foucault (1969b), repris *in* (1994 : 820).
104 Ce que M. Plon (1988 : 246), dans un compte rendu de l'ouvrage d'Ogilvie, reformule en : « Lacan ne nie pas, n'invalide pas la question du sujet, se démarquant en cela d'un Michel Foucault, il ne cherche pas à éliminer un *sujet* au profit d'un autre, il ne rejette pas [...] le registre de

de la part inconsciente de lui-même, offre – subvertissant l'opposition A/B – une sortie de « l'impasse » évoquée ci-dessus...

Ni accidentelle ou pathologique, ni contingente ou « remédiable » dans une unité retrouvée, la division freudienne du sujet, tenant spécifiquement au fait de l'existence – et de la dynamique – du savoir inconscient, est posée comme structurelle, constitutive.

On sait que Freud évoque les deux « blessures narcissiques » infligées à l'homme par Copernic – la terre n'est plus au centre du monde – puis par Darwin – il n'est plus, descendant du singe, au centre de la création – pour inscrire à leur suite la découverte d'un inconscient qui le *décentre* de lui-même, sans prise sur ce qui le cause. La « résistance » à cette dépossession de maîtrise est foncière : si on peut en débusquer, de façon critique, l'opiniâtre constance, sous la variété des formes qu'elle revêt au plan théorique[105], elle est, pour le sujet, de l'ordre de la nécessité : au caractère structurel de la « division du sujet » répond, non moins structurelle, ce que Freud désignait comme « la fonction de méconnaissance du moi »[106].

Que la complexité du sujet de l'inconscient soit posée en termes de topique freudienne ou des structures de sujet élaborées par Lacan, le Moi-Imaginaire[107] en est :
- une *instance*, à laquelle donc il ne se ramène pas ;
- une instance *de « méprise »*, occupée à restaurer, pour le sujet, dans l'illusion, le sentiment de sa maîtrise ;
- une instance *vitale* faisant « tenir » le sujet qui, faute d'elle, se « défait ».

---

l'illusion mais situe le point nodal, celui d'un sujet vrai, sujet de l'inconscient à l'aune duquel ces représentations incontournables que ce sujet se donne de lui-même sous la forme de ces constructions illusoires que sont le sujet de la métaphysique ou le sujet de la psychologie peuvent être évaluées, nommées. » (*idt*).

105 *Cf.* le parcours effectué par J. Dor (1988) dans le champ : « [des] stratégies contre-subversives d'assujettissement ou de dénaturation [qui] n'ont cessé de rivaliser à [l']endroit [de la psychanalyse] aussi bien par l'ingéniosité de leurs modes d'articulation que par la diversité de leurs implications propres, [d'où il ressort que] malgré cette diversité, il est cependant quelque chose qu'elles ont toutes partagé, qui explicitement, qui implicitement : l'annulation de la dimension princeps convoquée par la psychanalyse, soit la *"division du sujet"*. » (Introduction, p. 14).

106 *Cf.* par exemple Roudinesco (1977: 42) : « Le sujet est décentré de sa position de maîtrise [...] Il est « divisé », mais pour autant il ne disparaît pas, il parle et continue dans le fantasme sous la forme du Moi. [...] La découverte de l'inconscient permet de signifier cette division inaugurale en montrant que l'illusion du centre demeure et qu'elle est inhérente à la constitution du sujet humain ».

107 Voir, par exemple, Vanier (1998 : chap. II « L'imaginaire »).

Ses formes, dès lors, – dans le dire comme ailleurs – requièrent l'attention *pour ce qu'elles sont*, sans les prendre (sujet A), ou au contraire les écarter (sujet B), pour ce qu'elles ne sont pas : le sujet lui-même (A) ou l'inconsistance d'un pur leurre (B); c'est ce droit de cité de l'imaginaire que souligne P. Clavreul (1987 : 79) au plan du sujet[108] :

> [L'imaginaire...] n'est pas ce truc vague, cette superstructure insolite dont il faut se méfier comme de la folle du logis, ou qu'il faut opposer à la solidité du réel, ou à celle du symbolique. Non, il n'y a pas un "imaginaire-caca" dont il faut se défier ; c'est au contraire *quelque chose de consistant*, à quoi Lacan a donné un statut tout aussi solide qu'au réel et au symbolique [...]. Sans l'imaginaire, le nœud borroméen ne tient donc plus et ouvre la porte à la folie.

et que rappelait Flahaut (1978 : 153–154) dans son approche de la parole :

> l'écran [...] que nous interposons entre le fonctionnement réel de la parole et la conscience que nous en prenons [...] ne [doit] pas être considéré seulement négativement, comme une pure illusion sans épaisseur nous voilant la réalité : l'opacité est elle-même une certaine réalité [...]. [...] Ce qu'il nous faut regarder en face, c'est que *le voile (avec ses effets d'illusion), nous ne pourrions vivre sans lui*. Il s'agit donc de prendre au sérieux le superficiel, l'écume de la quotidienneté, la zone de tout ce qui vient conjurer l'insupportable surgissement du réel [...], l'espace où sont produites et où circulent des médiations dont la texture mêle le symbolique à l'imaginaire [...].

3.3 Jalons sur le trajet de l'AD

Les réceptions des *Vérités de La Palice*, dès lors qu'elles émanent de vrais lecteurs de Lacan, se rejoignent, dans des tonalités opposées – polémique pour Houde-

---

[108] Je n'entre pas ici dans la conception « topologique » – à laquelle réfère Clavreul – du « nœud borroméen », liant entre elles les trois instances par lesquelles Lacan, à partir de 1953 dans « Le symbolique, l'imaginaire et le réel », structure le sujet. Très schématiquement, l'imaginaire est « lié à l'expérience d'un clivage entre le moi et le je (le sujet) », il se définit comme « le lieu du moi par excellence avec ses phénomènes d'illusion, de captation et de leurre », en rapport avec le symbolique comme lieu du signifiant de la loi du langage (et de la « fonction paternelle ») et le réel comme « un reste impossible à symboliser » (d'après l'article « Imaginaire » *in* Roudinesco et Plon. 1997), le sujet tenant au *nouage* de ces trois instances. Sur l'évolution de Lacan depuis la « dévalorisation » initiale de la dimension imaginaire – solidaire de « l'exaltation du symbolique » dans les années 50, et de la critique de l'Ego-psychologie – jusqu'à sa reprise en compte comme instance « irréductible », faute de quoi un sujet ne peut tenir, voir Julien (1990 : parties 2 et 5 notamment).

bine (1976), positive pour Plon (1976), en s'y appuyant pour Flahaut (1978) – pour y pointer de façon critique, ce qui y relève – dans la ligne du recouvrement de l'inconscient par l'idéologie chez Althusser[109] –, d'une assimilation (un « ravalement » dit Houdebine) du sujet au moi[110].

C'est, entre autres, une réponse-auto-critique que leur adresse Pêcheux dans ce texte de 1978, qui fait rupture, « il n'y a de cause que de ce qui cloche »[111], lorsqu'il prend acte que « l'ordre de l'inconscient ne coïncide pas avec celui de l'idéologie », et que « prendre trop au sérieux l'illusion d'un moi-sujet-plein où rien ne cloche [*cf.* ci-dessus la détermination pensée comme « entière »], voilà précisément quelque chose qui cloche dans les *Vérités de La Palice*. »

Le déplacement qui s'y marque – depuis la « forme sujet idéologique » vers « l'existence d'une division du sujet, inscrite dans le symbolique » –, mis au travail dans la prise en compte, descriptive, de l'hétérogène au principe du discours et des événements énonciatifs singuliers qui, ouvrant avec l'inconscient sur l'équivoque de la langue, altèrent la prévisibilité du fil du discours, apparaît comme un « acquis » irréversible pour les textes de l'AD **[3]**, dans la forêt de « questions », théoriques et opératoires, sur lesquelles il débouche[112].

Dans ce mouvement qui quitte le sujet B, évidé, – et la visée *du* sens comme entièrement déterminé par une matérialité discursive historique – pour le sujet divisé d'un inconscient, singulier, irréductible à des processus discursifs, la théorie-pratique de l'AD se « décomplète »... À s'ouvrir sur l'hétérogène discursif,

---

109 *Cf.*, par exemple : « Depuis Marx, nous savons que le sujet humain [...] n'est pas le "centre" de l'histoire [...]. Freud nous découvre à son tour que le sujet [...] humain est décentré, constitué par une structure qui elle aussi n'a de " centre " que dans la méconnaissance imaginaire du " moi ", *c'est-à-dire dans les formations idéologiques* où il se " reconnaît " » (Althusser 1976 : 33–34).
110 Insistant sur « la distinction entre la constitution du sujet et celle du moi (c'est-à-dire des identifications du sujet) » (Flahaut 1978 : 156) ; sur la forclusion de la dimension singulière du sujet, « l'inconscient (individuel) et le sujet (singulier) [étant passés] à la moulinette bien connue de l'Histoire comme procès-sans-sujet » (Houdebine 1976) ; ou le caractère, inconciliable avec la théorie freudienne, du « sujet matérialiste issu de ce procès de dés-identification » (Plon 1976 : 95).
111 Mais dont l'avancée est comme « retenue », inédite en France avant son insertion dans (1990 : 261–272) par D. Maldidier ; voir à ce sujet les réflexions de Plon (2003).
112 Dans le détail desquelles je n'entrerai pas – non plus que dans la diversité des modes sur lesquels la réflexion s'est poursuivie à partir d'elles (« trajets » de corpus de Maldidier et Guilhaumou, algorithmes de mise en rapport séquence/mémoire de Marandin, notamment), *cf.* Authier-Revuz (1995/2012 : 251–252), Mazière (2005 : 56–58 et 67–70), ou dans des développements récents (Cislaru et Sitri 2012) sur la nécessaire hétérogénéité des corpus de mémoire évoquée ci-dessus 2.1.2 (*i*).

l'équivoque de la langue, les formes de l'énonciation, des points d'émergence du sujet... l'AD renonce à donner accès « clefs en main » au sens d'un énoncé, c'est-à-dire à l'ambition totalisante de ses débuts. Mais demeure, pour cette AD reconfigurée en pratique interprétative de « parcours de lecture » d'un énoncé *dans* des espaces de mémoire, la visée de *quelque chose* de ce qui se joue dans le sens entre une chaîne et la mémoire où elle se produit/reçoit.

À l'issue de ce parcours – et des trois déplacements qui s'y effectuent vers une extériorité interne hétérogène (i), la reconnaissance du fil énonciatif (ii), un sujet divisé (iii) –, l'AD, dans sa configuration **[3]**, permet, théoriquement et descriptivement, d'aborder l'articulation des deux plans d'hétérogénéité discursive : constitutive du « ça parle ailleurs, avant et indépendamment » *et* représentée dans les formes métadiscursives de la RDA. Y apparaissent déterminants les points suivants :

1. la prise en compte pour l'énoncé de la *double matérialité langagière* où il se produit, celle (a) de l'épaisseur historique de la *discursivité*, et celle (b) du *réel de la langue* comme système de distinctivité et comme corps d'équivoque ;
2. la conception d'un *sujet divisé* pour lequel (a) le caractère inaccessible, *irreprésentable* du sens de ce qu'il dit – et notamment de la « mémoire » discursive où celui-ci prend corps – n'empêche nullement (b) la *consistance* singulière du fait de *son énonciation* – et de son « étage » de représentation métalangagière.

Remarque 5 : AD$_3$ et dialogisme irréductibles l'un à l'autre. La forte solidarité théorique entre ces divers points ne permet pas de circonscrire la différence entre AD$_3$ et dialogisme aux seuls points d'opposition, évidemment saillants, (1b) et (2a), du réel de la langue et du sujet divisé. Elle incite à contenir le rapprochement des deux approches, sur la base de ce qu'elles partagent en effet – la pensée d'une altérité discursive se jouant *à la fois* dans une extériorité produite par l'histoire *et* dans l'ici maintenant du dire en train de se faire – dans les limites, loin d'une identification, d'une prudente mise en résonance ; ou bien de reconnaître que l'intégration de l'une au cadre d'ensemble de l'autre, ne va pas sans déplacement sensible du dit cadre.

3.4 Le « sujet », un espace polysémique à risque : flottements, glissades, malentendus

Le domaine de la subjectivité est riche en faits de polysémie/homonymie propices aux flottements ou aux malentendus entre les conceptions A, B et C distinguées ci-dessus, lorsque des termes s'y trouvent partagés – aux deux sens du mot, c'est-à-dire communs à un cadre et à un autre et divisés par les sens différents qu'ils y reçoivent.

3.4.1 Entre sujets (B) et (C) : non-sujet et sujet divisé

On a noté ci-dessus la confusion dans l'AD$_1$, sous le vocable d'« imaginaire » entre les deux conceptions irréductibles d'Althusser et de Lacan – confusion solidaire de formulations du premier, assimilant inconscient et idéologie.

Il en va de même de la formulation de « l'illusion subjective », ou de « l'illusion constitutive du sujet », selon que ce syntagme s'explicite comme

(1) *le sujet (n')est (qu')illusion ; l'illusion est d'être un sujet*,

qui correspondent à l'effet-sujet (B) des premières étapes de l'AD ; ou

(2) *le sujet a une part, comporte, requiert de l'illusion ; il y a de l'illusion dans le sujet*,

qui relève du sujet divisé (C).

Ainsi, reconnaître « de l'illusion » dans le fonctionnement subjectif n'implique pas que le sujet y disparaisse en « non-sujet » (B). La conception (C) est une théorie aussi *subjective* que la conception (A), en rapport de contestation avec celle-ci par la prise en compte de la division du sujet par l'inconscient.

Dans de nombreuses formulations – parfois « rituelles » comme celle du « retour du sujet » des années 80 – est en jeu le rabattement (ou non...) de la configuration triangulaire A-B-C sur l'opposition binaire A-B du sujet au non-sujet – en annexant à celui-ci, implicitement et indirectement, le sujet (C) divisé[113].

On peut certes penser que la caractérisation classique de l'AD comme « théorie non-subjective » ou « approche désubjectivisée du langage », adéquate, de fait, à la visée initiale de l'AD, relève seulement de l'amputation de la dernière période [3] de sa trajectoire. Mais une telle échappatoire n'est plus envisageable lorsque, par exemple, c'est l'approche que je propose de la couche méta-énonciative du dire – en tant qu'elle éclaire le rapport des sujets au langage et à ses non-coïncidences foncières[114] – qui, pourtant explicitement associée à ses appuis freudo-lacaniens, se trouve définie comme un « travail de construc-

---

113 Évoquant « le grand retour du refoulé, le sujet » qui dans les années 80 a suivi le moment « anti-subjectif » structural – dont ne relève pas le sujet freudien revisité par Lacan – F. Dosse (1991 : 455 *sq.*) cite et commente ainsi des propos de F. Wahl : « "Tous ceux qui disent : Le sujet ? Le sujet ? comme de Gaulle disait : L'Europe ! L'Europe ! en se moquant de Lecanuet, me paraissent dérisoires parce que c'est un propos totalement impensé." François Wahl vise ici tous ceux qui s'appuieraient dans leur retour au sujet sur la négation de sa division fondatrice, de sa structure clivée, au profit d'un sujet plein, d'une conception nouménale du sujet [...]. »

114 Authier-Revuz (1995/2012), notamment.

tion d'une *théorisation non subjective de l'énonciation*[115] » : cette formule dont le sens implique que « sujet » y signifie « sujet (A) », illustre exemplairement, dans un texte témoignant par ailleurs d'un souci aigu de précision, le caractère reçu, « établi » d'une telle assimilation[116] (sujet = sujet (A)) dont on pourrait multiplier les exemples[117]...

Des flottements sur « imaginaire » ou « illusion subjective » on passe avec ces « théories non subjectives » recouvrant indistinctement les conceptions B et C, à une confusion dont le caractère usuel témoigne d'un contournement, d'autant plus efficacement consensuel qu'il est non-dit, de la division fondatrice du sujet : dans le face à face du sujet (A) au non-sujet (B) – aisé à mettre en défaut – le sujet divisé (C), réduit à ce dernier (B), n'a tout simplement pas droit de cité[118].

---

[115] Bres et Rosier (2007 : 248), ou encore : « Dans sa [J. Authier] construction d'une théorie de l'énonciation *non subjective* et dans sa description des formes de non-coïncidences du dire [...] » (*ibid.* : 249).

[116] À l'emprise de laquelle je n'ai pas échappé lorsque (Authier, 1984 : 89) j'oppose, sur un mode binaire, les conceptions (A), allant dans le sens des évidences des sujets parlants, à des théories non-subjectives du sujet et de la parole, allant contre ces mêmes évidences, renvoyant implicitement autant à ce qui relève de B (Foucault...) que de C (Freud, Lacan...).

[117] Dans de nombreuses thèses de doctorat des trente dernières années, c'est comme sur le mode d'un passage obligé que figure – précédant les analyses (souvent pertinentes) de faits de discours (presse, entretiens...) qui constituent leur objet – le survol en quelques pages d'une histoire de l'analyse de discours en termes de passage du sujet « perdu », « complètement idéologique » (notre B), au sujet, heureusement « retrouvé », de la pragmatique, des interactions sociales, de la psychologie cognitive, etc. (relevant de A). Au delà de la simplification (faisant bon marché des questionnements internes à l'AD, de son évolution et des travaux résolument énonciatifs qui s'y rattachent, *cf.* ci-dessus 2.1.2. *ii*) p. 404 c'est, à ramener la question du sujet au remplacement (diachronique) du sujet B par le sujet A, le fait même de l'opposition (« synchronique »), touchant la division du sujet, entre *des* conceptions du sujet qui est passé à la trappe.

[118] On notera que le passage, chez Foucault, de la conception de l'individu « assujetti » (B), à celle des « sujets » et « modes de subjectivation » envisagés dans ses derniers séminaires (par exemple *Le courage de la vérité*, 2009) dans la visée de « la production de soi-même », n'implique pas une évolution de (B) vers le « sujet divisé » de (C), car ce travail et ses effets de subjectivité sont à ranger du côté du *moi* (*cf.* Aouillé *et al.* 2010 : 117). Je renvoie, repris dans Grignon (2017) aux pages éclairantes de Grignon (2008) « Avec quoi analyse-t-on ? », où questionnant dans la pratique psychanalytique elle-même « cette pente naturelle de chacun » à analyser, écouter, intervenir à partir de « ce moi auquel nous tenons tant » et non « en tant que sujet », il fait ce constat critique : « [...] le problème, c'est que nous avons des théories du sujet tellement misérables que *quand nous pensons théorie du sujet, nous pensons théorie du moi* ». (p. 84–85)

3.4.2 Entre sujets (A) et (C) – La « division » du sujet : démultiplication ou décentrement

Le vocabulaire de la division et, solidairement, celui de « l'altérité » », densément convoqué dans le champ linguistico-discursif de l'énonciation, concentre les risques d'équivocité entre sens dans le cadre (A) et dans le cadre (C) post-freudien[119].

Qu'il soit dit « divisé », « clivé », le sujet post-freudien, schématiquement évoqué ci-dessus, n'est pas un sujet qui *se* divise – se dédouble, se démultiplie –, il *advient comme divisé*, c'est-à-dire « séparé », « coupé » de la part inconsciente de lui-même, dont l'accès lui est « barré ». Parlant (et agissant) sans le savoir depuis un autre lieu, une « Autre Scène » qui lui est irreprésentable, c'est un sujet « où manque le fait d'une subjectivité psychologique » (Roudinesco 1977 : 48), c'est-à-dire auquel « centre » et « unité » font défaut. A l'aune de l' « hétéronomie radicale dont la découverte de Freud a montré dans l'homme la béance », « excentricité radicale de soi à lui-même à quoi l'homme est affronté » (Lacan 1966 : 524), la division du sujet (C) apparaît – loin des effets de dédoublement de soi, en rapport avec des autres, différents (de soi) – comme celle d'une altérité/hétérogénéité constitutive où, pour le sujet, disparaît l'unité et le centre (hors le lieu « réparateur » de l'imaginaire).

Largement présentes dans la diversité des approches pragmatico-communicationnelles de l'énonciation, les notions de « division » (du sujet), d'« altérité », ou d'« hétérogénéité », caractérisées comme « internes » ou « constitutives », y relèvent d'une perspective tout à fait différente : celle d'une *pluralité* de voix, points de vue, images, rôles, personnages... dans laquelle « se distribue » le sujet parlant et/ou l'énonciation.

Il en est ainsi, par exemple, dans la théorie *des* sujets « de langage » de P. Charaudeau où la « mise en scène de la signification »[120], posée au principe de l'acte de langage, articule la double dimension d'altérité du dédoublement de l'un (1) en interférence (calculs, stratégies...) avec l'autre (2) :

> [...] le sujet parlant est un être complexe, divisé *parce qu'il* a maille à partir avec les images qu'il se construit de l'autre comme interlocuteur et avec ce que peut être l'enjeu de l'acte langagier Charaudeau (1989 : 9–10).

C'est aussi, bien entendu, le cas dans la conception polyphonique de l'énonciation développée à la suite de Ducrot dans laquelle la dimension de l'altérité est

---

[119] Authier-Revuz (1995/2012 : 79–83 ; 88–92).
[120] Charaudeau (1984), (1989).

posée comme centrale : relevant du souci de « donner à l'altérité [...] une valeur constitutive », « [fondant] le sens sur l'altérité », la théorie de la polyphonie inscrit dans l'approche de l'énonciation

> une altérité « interne » – en posant que le sens d'un énoncé décrit l'énonciation comme *une sorte de dialogue* cristallisé, où plusieurs voix s'entrechoquent (Ducrot 1984 : 9).

Cette altérité s'inscrit dans une conception de l'énonciation et du sens posée, doublement, comme représentation : passant du plan (1) de la définition du sens d'un énoncé comme « la représentation qu'il donne de son énonciation » (au sens de « ce qui est dit par l'énoncé à propos de son dire »), à celui (2) de cette « description du dire », conçue « comme une représentation théâtrale », dans laquelle un « locuteur responsable de l'énoncé donne existence au moyen de celui-ci à des énonciateurs dont il organise les points de vue et les attitudes » (Ducrot 1984 : 8–9).

Remarque 6 : Sur le sujet « polyphonique ». Il est hors de mon propos – et de ma portée – de parcourir, du point de vue de la question du « sujet », l'immense champ des études qui s'inscrivent dans – ou dans le sillage de – l'approche polyphonique de Ducrot[121]. C'est d'une façon schématique que j'indiquerai comment la prise en compte centrale d'une dimension de non-un dans le sens d'un dire où jouent des « voix » diverses, dans la polyphonie de Ducrot d'une part, dans le dialogisme bakhtinien, l'AD$_3$, et l'articulation « hétérogénéité représentée/constitutive » d'autre part, s'y effectue à des plans et selon des modes séparant irréductiblement la première des secondes.

Touchant la question du sujet parlant, le clivage se localise à deux niveaux : celui (a) de son exclusion dans la visée « intralinguistique » de la polyphonie, et celui (b) de la conception sous laquelle il fait cependant retour dans les descriptions.

---

121 Du cadre strictement pragmatique de Mœschler et Reboul (1994) aux élaborations syncrétiques de Rabatel (2008) de l'« homo narrans » (*cf.* p. 12–20), par exemple. Dans DAD (2002), Nølke donne une idée de ce que serait l'ampleur de la tâche lorsque, à l'article « Polyphonie », il souligne l'étendue et la diversité de la postérité de la théorie de Ducrot, « adoptée et adaptée par de nombreux chercheurs en linguistique et en analyse de discours », notant que, dans le recours à cette notion, « les différentes acceptions divergent sur des points essentiels », observation réitérée à l'orée de leur travail par Nølke *et al.* (2004 : 13) : « il y a presque autant de conceptions de cette notion que d'auteurs qui s'en servent ». (Je ne parle évidemment pas ici de l'emploi maximalement extensif du terme de « polyphonie », recensé dans le « Dictionnaire des Sciences du langage » de Neveu (2004), où la notion est envisagée, au delà de son introduction par Bakhtine, comme « par la suite approfondie en linguistique énonciative et en pragmatique (entre autres en France par Oswald Ducrot, Jean Claude Anscombre, Antoine Culioli, Alain Berrendonner, Jacqueline Authier-Revuz) [...] »).

(a) La visée du projet polyphonique selon la formulation rituelle de « fin, remise en cause, en question... » du « postulat, dogme, mythe,... » de « l'unicité du sujet parlant »[122] est inscrite – ou enclose ? – dans ce que Rabatel (2005) appelle joliment une « scénographie interne à l'énoncé » : les entités plurielles mises en jeu dans la « représentation » énonciative – locuteur-metteur en scène et énonciateurs-personnages – reçoivent explicitement, chez Ducrot[123], le statut *d'êtres théoriques*, posés *sans rapport* avec le sujet (réel, effectif, empirique) d'un acte de parole[124]. Posant que

> Ducrot établit ainsi une frontière infranchissable entre le sujet parlant, c'est-à-dire l'individu dans le monde qui prononce l'énoncé, et le locuteur et les énonciateurs qui restent des êtres théoriques et qui ne s'incarnent pas.

Mœschler *et al.* (1994) en concluent, logiquement, que, dans son principe, « la théorie de Ducrot [...] ne traite en fait pas de la subjectivité »[125].

Si on prend acte de cette clôture « intralinguistique » – hors sujet, hors histoire, hors discours – postulée par la théorie polyphonique, celle-ci se place, avec « l'altérité » qu'elle pose centralement, *en dehors* du « triangle » des conceptions A-B-C du sujet, à l'écart de leurs choix opposés et « soustraite » par là, en droit, aux risques de glissements ou de confusions entre eux. C'est donc déjà à ce plan que, derrière leur « air de famille », l'altérité polyphonique d'une part, et ce que recouvre l'hétérogénéité constitutive du dire (où entrent dialogisme bakhtinien et AD [3]) se séparent : puisque la première se donne – représentation qu'un énoncé produit *en lui-même* de son énonciation – comme une image *détachée du plan subjectif et historique* de la production du dire, là où c'est justement à ce plan, de la parole d'un sujet dans l'histoire, qu'est reconnue la seconde, de l'ordre d'une *extériorité interne* au dire, à laquelle celui-ci ne peut pas se soustraire.

Aussi, au-delà de la reconnaissance, commune au dialogisme et à la polyphonie, d'une pluralité de voix jouant dans un énoncé, ne va-t-il pas sans forçage – ou flottement – de les ranger tous deux sous une même bannière de « mise en cause de l'unité du sujet parlant »[126], dans la mesure où la perspective polyphonique – intralinguistique et dans son principe a-subjective – dans laquelle ce programme prend sens, est étrangère au dialogisme. C'est le cas, par exemple,

---

122 *Cf.* par exemple : Ducrot (1988 : 171, 172) ; Mœschler *et al.* (1994 : 324, 326).
123 Contrairement, par exemple, au modèle socio-communicatif de Charaudeau évoqué ci-dessus.
124 *Cf.* « Je ne dis pas que l'énonciation c'est l'acte de quelqu'un qui produit un énoncé : [...] je ne veux pas prendre position [...]. » (Ducrot (1984 : 179), ou « faire abstraction du producteur empirique (position qui est aussi la mienne) » (*ibid.* : 172).
125 p. 326, 340, ou Nølke *in* (DAD 2002 : 445) : « Le rapport à l'être parlant réel n'intéresse pas O. Ducrot ».
126 Au regard de l'exclusion explicite, hors du champ de la polyphonie, du « sujet-parlant » empirique, réel..., cette formulation peut être source de perplexité : s'agit-il d'un raccourci pour « sujet parlant représenté » comme non-unique, ou « image du sujet parlant comme non-unique », ou bien a-t-on à faire, dès cette formule de base, à l'oscillation, largement observable dans les développements de la polyphonie en analyse de discours, de part et d'autre de la « frontière infranchissable » séparant les « êtres théoriques » et les êtres « parleurs » ?

dans Mœschler et Reboul (1994 : 323–324) à la démarche desquels renvoie Rabatel (2006 : 60), explicitant par un *donc* l'implication qui est l'objet de ma critique :

> [les auteurs] font référence, en amont de Ducrot, à l'approche du dialogisme bakhtinien puisque les deux théoriciens ont insisté [a] « sur la multiplicité des points de vue exprimés dans un énoncé unique » (1994, p. 323), et donc [b] sur leur commun objectif de remettre en cause l'unicité du sujet parlant. (les [a] et [b] sont ajoutés par moi)

L'aventure dialogique, foncièrement *subjective*[127], en quoi pour Bakhtine, on l'a vu, consiste pour la parole d'un sujet – « réel » – la traversée obligée du milieu touffu du déjà-dit, dans laquelle elle prend corps, ne se ramène pas à (pas plus que l'énoncé qui en résulte ne se prête à être représenté comme) une « régie théâtrale » maîtrisée de points de vue polyphoniques en présence.

(b) À supposer, maintenant, que l'« asepsie » intralinguistique soit « tenable », c'est-à-dire qu'il soit possible, dans le champ de l'énonciation et du sens, de s'affranchir du retour dans la description des extérieurs forclos du sujet et de l'histoire déposée dans les mots[128], il est clair que dans la large mise en œuvre dans le champ énonciativo-discursif contemporain des catégories de la polyphonie, la « frontière infranchissable » – entre le *sujet parlant* producteur effectif de l'énoncé que la théorie choisit d'ignorer et les *personnages* de l'énonciation, locuteur et énonciateurs qu'elle institue – tend à s'estomper, ou disparaît, et, dans cette (re)mise en communication des deux plans, la « scénographie interne à l'énoncé » à se changer en – à se lester d'une – conception de la subjectivité.

À franchir cette frontière, le « locuteur », de « personnage responsable de l'énoncé » qu'il était dans la représentation donnée par celui-ci, devient – « incarnation » favorisée par l'usage courant du terme – *personne* parlante, organisatrice, *responsable du sens de ce qu'elle dit*[129]. L'isomorphie entre la scénographie réflexive et la conception « naturelle » – illusoire et nécessaire – selon laquelle un sujet humain *se* représente en maître intentionnel de son dire, débouche – dispensée, par cette « naturalité » même, de s'expliciter comme théorie et de se justifier – dans une mise en œuvre du sujet (A), dont la polyphonie « subjectivisée » apparaît simplement comme

---

127 Est très présente chez Bakhtine, la dimension subjective – sur laquelle on revient dans les chapitres suivants – de *l'expérience dialogique* que nous faisons dans notre parole, doublement « altérée » de s'adresser à un autre à travers l'épaisseur historique du déjà-dit des autres discours : *cf.*, entre mille, l'évocation de l'« *attitude* de dialogue [...] possible à l'égard [...] même d'un mot séparé s'il n'est pas *considéré* comme un mot impersonnel de la langue mais comme signe d'une position de sens appartenant à quelqu'un d'autre, comme représentant de l'énoncé d'un autre, c'est-à-dire *si nous percevons* en lui la voix d'un autre. » (Bakhtine 1929/1963 trad. fr. 1970 : 214, cité *in* Bres et Rosier 2007: 247).
128 Ce que je ne crois pas mais que je ne discuterai pas ici (*cf.* Authier-Revuz 1995/2012 : 72–77). Voir, par exemple, ci-dessous (chap. **11.**2.3, ex. (27), p. 477 : « étoiles nouvelles »), comment l'inévitable extérieur du déjà-dit vient ruiner le « calcul » intra-linguistique – polyphonique – du sens d'un guillemet.
129 *Cf.*, par exemple, Vion (1998 : 199) évoquant cette pluralité de voix mise en jeu dans le dire comme « permettant au sujet de jouer à cache-cache avec des opinions, de les camper, de disparaître, de jouer une position en mineur ou en contrepoint, puis de se réapproprier, plus ou moins violemment une place énonciative dominante. »

un variante sophistiquée dans laquelle, à passer de « soliste » à « chef de chœur » distribuant *des* voix conformément à ses intentions et sa stratégie, le sujet centré ne perd rien de sa souveraineté[130].

Retrouvant ainsi le terrain de la subjectivité à l'écart duquel la visée intralinguistique prétendait la tenir, la polyphonie retrouve les clivages qui le traversent et – catalysés par la problématique de l'« altérité » – les glissements et confusions dont il est le lieu. La confusion principale se joue entre sujets (A) et (C), régulièrement dans le sens d'un recouvrement de l'inconfort narcissique du second par l'« évidence » sécurisante du premier : l'unité subvertie par une division hétérogénéisante de (C) est « rapatriée » dans l'unicité déployée en pluralité diversifiante de (A).

Du recouvrement de (C) par (A), l'échange intertextuel suivant[131] présente, dans son malentendu, une forme exemplairement explicite: A. Grésillon (1979 : 11) opposant, à propos du traitement de la présupposition par Ducrot, la conception du sujet (A) « plein », intentionnel, origine et cause de ses pensées et stratégies langagière qui y est mise en œuvre, à celle d'un sujet (C), *décentré et divisé* d'être « pris dans un ensemble de déterminations idéologiques et psychanalytiques », conclut, à mon avis pertinemment, que

> la théorie des actes de langage reste prisonnière de la problématique subjectiviste centrée sur l'individu et [...] refuse de mettre l'unité du sujet en question.

Une dizaine d'années plus tard, C. Kerbrat (1991 : 16) caractérise cette critique comme désormais obsolète, la pragmatique s'étant largement ouverte sur la *pluralité* des voix...

> Si en 1979, Grésillon pouvait encore et à juste titre reprocher aux pragmaticiens une conception archaïque et monolithique du sujet parlant [...] les temps ont depuis bien changé : la polyphonie est désormais partout [...] on la traque dans les énoncés les plus innocemment

---

130 Outre à (Maldidier *et al.* 1985: 46) jugeant, à propos du « raffinement apporté autour du problème du sujet » par la démultiplication polyphonique, qu'on « peut douter, [...] au-delà des subtilités qu'il permet dans l'analyse, qu'il marque une rupture dans la problématique antérieure d'un sujet "responsable d'un acte de parole" », je renvoie aux analyses formulées antérieurement dans Authier-Revuz (1995/2012 : 79–95) et (1998 : 70), notamment : « L'autre, l'altérité, la division dont il est question ici [...] s'inscrit dans l'espace propre à la psychologie sociale qui est celui d'un jeu interactif, spéculaire, des intentionnalités. Le sujet metteur en scène, si nombreux que soient les rôles dans lesquels il se démultiplie, demeure fondamentalement UN, en tant que centré et "maître en sa propre demeure" pour parler comme Freud. ». *Cf.* encore Rabatel (2005 : 11) motivant ses propositions de déplacement dans l'appréhension d'instances plurielles (locuteurs/ énonciateurs) par la prise en compte (référant notamment aux textes ci-dessus) du « risque de dérives idéalistes certaines » de l'approche polyphonique.
131 Analysé plus précisément dans Authier-Revuz (1995/2012 : 90–91).

monodiques en apparence, et ce qui menace le sujet c'est aujourd'hui bien plutôt une atomisation excessive [...].

* * * * *

Ce long détour à travers un champ dont les clivages profonds sont si aisément recouverts par la polysémie qui y règne, tient à ce que, au rebours du caractère dominant du sujet (A) – et des rabattements qu'il entraîne... – l'ancrage dans la conception (C) d'un sujet divisé conditionne, pour la RDA, l'approche, qui fait l'objet de ce qui suit, de sa *fonction* dans l'économie du dire.

Le statut que l'on peut reconnaître à la RDA dans un discours, c'est-à-dire à l'hétérogénéité qu'il représente en lui même par des formes métadiscursives, dépend, en effet, foncièrement des choix effectués aux deux plans évoqués dans ce chapitre : celui de la reconnaissance – ou non – d'une hétérogénéité constitutive du dire, que celui-ci *n'est pas à même de représenter* ; et au plan de la complexité d'un sujet non-un, la reconnaissance – ou non – en deçà de la pluralité à laquelle se prête le sujet (A) centré, d'une *division* séparant le sujet (C) d'une part de lui-même et du sens de ce qu'il dit, requérant la restauration, *dans l'imaginaire*, d'une centration de type (A).

Chapitre 11 La RDA : prélèvement métadiscursif dans l'extériorité constitutive du dire

Quel que soit le souci – parfois aigu – du déjà-dit dans lequel se fait un discours, dont peut témoigner en lui une RDA proliférante, ce qu'il en représente n'est qu'une part de ce qui y joue. C'est au « manque » radical de la RDA au regard de ce qui, illimité, fait la matière même du dire, que tient son pouvoir propre dans le dire – celui d'un *prélèvement* opéré dans l'ailleurs qui baigne le dire, instituant ces autres spécifiques qu'elle retient, passés par le « filtre » de la conscience métadiscursive, comme partenaires rencontrés par le dire sur son chemin… Mettre en regard, pour un discours, quant à l'extériorité *E* qui y joue, les *traces de présence* – que peut notamment y faire apparaître l'analyse de discours, conçue comme pratique réglée de « lecture » dans une mémoire associée – et les *formes de représentation E'*, énoncées et observables au fil du dire, éclaire le travail configurateur de la RDA : l'image dont le discours se dote par sa RDA se charge de sens par ce qui, de l'altérité, se trouve, par la sélection qu'elle opère, comme passé sous silence : incorporé, assimilé, ignoré, refoulé, insu…

1 La représentation *E'* envisagée sur fond de la présence *E* dans quelques discours

Les discours dits « monologiques » portent à l'extrême la nécessité de penser la fonction de la représentation de l'autre dans son rapport avec la présence de celui-ci : comment, sinon sur le fond des extériorités dont un tel discours se révèle tissé, appréhender dans sa dimension configurante de leurre la fonction de la RDA – dans ce cas par son absence – productrice de l'image d'un discours solitaire, homogène, absolu, du « UN ».

L'étude de la « langue de bois soviétique » par Patrick Sériot est une illustration de cette approche, menée dans une perspective d'AD, au double plan des « traces » et des « marques » de l'interdiscursivité dans le discours : à une présence « constante de discours adverses et antérieurs »[1] mise au jour systématiquement, notamment dans les nominalisations, forme apte à porter du préconstruit, et dont la surabondance est un trait de ce discours, répond, à la « surface » du dire – là où les formes de représentation dessinent l'image d'un dire « par ses autres » (c'est-à-dire les autres qu'il se reconnaît) – une quasi-absence de formes

---

[1] Sériot (1986b : 30), *cf.* ci-dessus chap. 10, note 74, p. 401.

de RDA. Ainsi, dans cette articulation, le plan métadiscursif de la RDA apparaît-il comme opérant une « véritable expulsion [...] de sujets d'énonciation conflictuels en surface assertée »[2] et la spécificité de la « langue de bois » est-elle saisie comme « une tension extrême entre une homogénéité, un monolithisme déclarés et une hétérogénéité fondamentale. »[3].

La place du discours autre – présence et représentation – singulièrement celle du discours de l'opposition est l'un des axes privilégiés par Freda Indursky[4] dans son investigation du discours, au long des 21 années de la dictature militaire au Brésil (1964–1985), de ses « présidents généraux », menée diachroniquement, dans le cadre de l'AD. Dans la première période, au muselage brutal de l'opposition dans les faits – interdite d'expression, mutisée ou emprisonnée... – répond le statut qu'elle reçoit dans le discours de la dictature : celui d'une entité dangereuse, faite de « traîtres » ou « ennemis de la patrie », le plus souvent désignée comme « la subversion, l'anarchie, le désordre, la désagrégation[5] », etc., mais en aucune façon comme source d'un discours autre, de contestation, susceptible d'affecter le discours « UN » du pouvoir. A partir des années 70, parallèlement à la progressive transformation du rapport de force desserrant, ébranlant et finalement renversant le pouvoir militaire, le discours de l'opposition va forcer les portes – et l'autisme – du discours de la dictature. Net indice, accentué dans les dernières années du cycle militaire, du changement de la conjoncture, l'entrée d'un discours de l'opposition, qu'il n'est plus possible d'annuler, se fait dans l'articulation *des deux plans*, différenciés, de leur présence E et de leur représentation E' : à travers une variété de formes de « discours rapporté » E', le discours « donne la parole » à une opposition reconnue porteuse d'un discours adverse, en se « configurant » lui-même par là, dans ce rapport polémique. Cependant que, sur l'autre plan E, la présence, souterraine, de nombreux éléments repris tacitement – consciemment ou non – au discours de l'opposition, par le discours des militaires[6] atteste de la puissance avec laquelle le discours « montant » du mouvement populaire s'impose à un discours autoritaire fragilisé qu'il investit (« contamine ») de ses manières de dire, ses catégories, ses points de vue. Sur le fond E d'une *emprise*, sur le discours des militaires,

---

2 Sériot (1986a : 39).
3 Sériot (1986b : 30).
4 Indursky (1997a), à partir d'une thèse soutenue en 1992, particulièrement la 3e partie consacrée à « La construction de l'homogénéité imaginaire et ses ruptures ». Menée indépendamment, et dans un autre cadre théorique, la description de Forget (1992) conduit à des observations analogues.
5 *Cf.* les extraits traduits en français dans Indursky (1997b).
6 Que F. Indursky, soulignant l'entrée incognito dans le fil du discours de ces fragments venus d'ailleurs, appelle « incises discursives ».

du discours de l'autre, l'image *E'*, par laquelle, *via* la RDA, il se configure dans l'image d'un discours *menant* un débat, sans compromis, avec l'adversaire, revêt quelque chose d'une fonction défensive de dénégation.

C'est, aussi, l'écriture singulière d'un journal d'écrivain que C. Rannoux (2004) – dans son entreprise de caractériser différentiellement, « par leurs autres » représentés, « l'écriture de soi » de plusieurs diaristes – éclaire, de façon aiguë, en montrant comment, chez le Léautaud des années 1939-1942[7], le tracé d'autres discours, sourcilleusement distingués du sien propre, se dessine, dans un exemplaire aveuglement de l'énonciateur, sur un fond, ignoré, de présence de la discursivité environnante. S'il est, en effet, une image dans laquelle Léautaud aime à se reconnaître c'est, cent fois reformulée, celle d'un esprit lucidement indépendant, à la singularité de « marginal », réfractaire à toute forme d'emprise ou d'affiliation. Traduction méta-énonciative de ce souci de distinction, les si nombreux guillemets qui affectent, curieusement, des termes non pas vraiment « spécialisés » mais présentent l'ombre d'une appartenance à quelque domaine socio-professionnel, tels *mise en page, blanc, placard, chapeau* (de l'imprimerie), *melon* (du chapelier), *crapaud* (du tapissier)[8] *etc.* : dépourvus de toute nuance critique, leur valeur est de pure distanciation singularisante, simple occasion pour l'énonciateur, en se démarquant d'un quelconque usage « social », d'afficher sa foncière « non-appartenance ». La même position se retrouve au plan idéologique dans la figure adoptée d'observateur neutre, à distance surplombante des points de vue partisans des autres[9] – fiction « d'atopie idéologique » en *E'*, qui ne rencontre pas seulement les limites qu'impose, à la distanciation généralisée d'avec « tous les jargons », le caractère essentiellement « commun » du langage, mais, en *E*, le *démenti* de l'emprise flagrante du discours pétainiste dans l'expression au jour le jour, par le diariste, de ses goûts, sentiments, opinions « personnelles ».

Ainsi (en *E'*), la distribution des guillemets sur des mots « pas à soi » rejoue-t-elle, au plan méta-énonciatif, la position affichée vis à vis des deux camps – favorables ou hostiles à la politique vichyssoise de collaboration : aux guillemets tenant à distance, par exemple, d'un côté les désignations pétainistes des résistants comme « traîtres à la patrie », ou de la République honnie par l'Etat Français instauré par Vichy, comme « l'ancien régime », répondent, de l'autre,

---

[7] « Coupe » dans son immense *Journal littéraire* – de 1893 à sa mort en 1956 – qui permet la comparaison synchronique avec le *Journal de guerre* de Malaquais.
[8] Voir Rannoux (2004) : chap. 1.3 « Les jargons ».
[9] *Cf.* cité *in* Rannoux (2004) : « Je ne les [les résistants à Londres appelés par certains « traîtres à la patrie »] approuve ni ne les désapprouve. [...] J'écris en spectateur, par esprit critique. (22 juin 1942), et « Je ne suis pas du tout de droite si je ne suis pas de gauche [...]. Je sais fort bien ce que je suis : rien, neutre, indépendant, en marge » (17 septembre 1942).

ceux qui tiennent à distance, et à chacune de leurs occurrences, « l'occupant », « les occupants » pour désigner la présence allemande[10]. Tandis que (en E) le discours propre résonne souvent comme un écho direct du discours vichyssois dominant : ainsi, la prise de distance par rapport au mot « d'ancien régime », va-t-elle de pair avec une évocation « personnelle » des tares d'une République dont il faut se garder de souhaiter le retour qui paraît émaner – sans « filtrage » aucun, dans une parole « ventriloquée » – des rituelles diatribes contre « la Gueuse » des tenants de l'Etat français :

> L'excès de désordre, de scandales au grand jour ou cachés, des tendances démagogiques en discours ou en actions, du manque de sens moral chez les écrivains, [...] tout ce qu'on peut penser qui reviendrait [...]. (17 juillet 1942).

De la même façon, c'est, alors même qu'il explicite une réticence à être étiqueté comme antisémite, que le discours trouve « ses » mots – le « faciès indéniable » – dans le répertoire de l'antisémitisme le plus avéré :

> Je me suis trouvé, en rentrant, dans le métro avec Galtier-Boissière. Il me dit qu'il vient de relire [...] *Chroniques dramatiques* et qu'il a fait cette remarque que j'y montre déjà un fort antisémitisme. Si on peut appeler antisémitisme au sens courant du mot le fait du déplaisir de voir jouer la Comtesse du Mariage de Figaro par une petite juive au faciès indéniable [...]. (3 décembre 1942).

C'est encore dans cette perspective d'appréhension de l'autre représenté comme tel sur fond d'un ailleurs constitutif « fait sien » que F. Hailon (2011) dégage, de façon précise, les modalités du « progrès » dans une coupe synchronique, en 2002, de plusieurs titres de la presse française, de formulations issues de l'extrême droite : l'extension, par exemple, de « forces de sécurité », en remplacement de « forces de l'ordre/de police » se manifestant sur le mode de la reprise réticente (dans *Le Monde*), c'est-à-dire comme « discours autre », ou bien comme formulation « naturalisée », énoncé sur le mode de l'évidence (dans *Le Figaro*).

* * * * *

Dès lors que l'on met en regard les deux plans où se joue l'altérité discursive dans un Discours, celui de l'autre représenté (E') se « détache », comme en relief,

---

[10] Au delà de cette très sommaire évocation, je renvoie à la fine analyse d'ensemble de C. Rannoux des guillemets d'emprunt et au complexe travail d'identification et d'interprétation de leur valeur prise dans les contradictions – et contorsions – discursives de Léautaud rejetant un discours vichyssois qui « le parle ».

sur le fond de celui de l'autre, constitutivement présent (E). Dans un Discours
– constitutivement hétérogène – la RDA opère un partage entre ce que métalangagièrement elle institue, sélectivement, comme dire autre, et ce qui, complémentairement, s'y trouve donné – quels que soient les autres qui y travaillent, comme « propre ». Le mouvement de différenciation d'avec « de l'autre » que marque la RDA suppose celui, non-dit, d'une assimilation, incorporation, de l'autre – complémentaire – « fait sien ». C'est par ce double mouvement que passe la fonction dynamique de la RDA dans le discours : celle de la production métadiscursive d'une image configurant l'un – discursif, textuel, subjectif – par ses autres, désignés comme tels.

Une lecture réglée – d'analyse de discours, d'interprétation de textes... – ne saurait se passer de cette prise en compte des *deux* plans où, dans un discours, joue du discours autre : celui, saillant de l'autre E', représenté comme tel, certes, mais profilé sur le fond de l'autre, E, présent, constitutivement. Mais cette question du « traçage » de E' dans E ne relève pas seulement d'une « visée » descriptive : c'est dans le mouvement spontané du dire qu'elle se pose, émergeant parfois de façon aiguë, pour les deux pôles de la co-énonciation, en tant que partie intégrante du sens, et de ses enjeux.

2 Le prélèvement de E' dans E au fil du dire : incertitudes et enjeux d'un tracé

Chargée de sens et d'enjeux subjectifs, cette distinction que la RDA fait passer dans un Discours entre ce à quoi elle réfère comme « autre » et ce qui, par là, est institué différentiellement comme discours « de soi », n'opère pas un partage tranché : c'est à la fois dans son univocité et dans sa discrétude que le tracé selon lequel, dans un Discours, la *représentation* se démarque de la *présence* du discours autre, se trouve interrogé – discuté en malentendus, estompé en continuum ou questionné comme indécidable.

Les incertitudes de la « découpe » métalangagière opérée par la RDA dans la matière déjà-dite du dire – où se joue, on l'a dit, pour (et entre) les co-énonciateurs, une part du sens de ce dire – proviennent de deux traits négatifs propres au rapport entre discours autre représenté et présent :
- d'une part, le statut de *représenté* (E') n'est pas synonyme d'explicite ou de marqué, il y a donc du représenté implicite... (*cf.* ci-dessous 2.1, 2.2, 2.3)
- d'autre part, le statut de *non-représenté* $E \setminus E'$: complémentaire de E' dans E (correspondant à ce qui se donne comme parole propre) n'est pas synonyme de « présence insue », il y a de l'autre consciemment énoncé comme « fait sien ») (*cf.* ci-dessous 3)

C'est un champ complexe qui est ouvert par cette incertitude du « traçage » de l'autre représenté, mettant en jeu :
- la dualité dissymétrique des interlocuteurs – et l'irréductible différence de leur mémoire discursive,
- le travail interprétatif – et ses aléas,
- l'intentionnalité – et ses marges indécises,
- la conscience de l'énonciateur – et ses degrés.

Ce qui suit ne vise qu'à y placer quelques repères... ou questionnements.

2.1 La RDA à marquage zéro

Représentation n'implique pas « marquage » : ce sont, on l'a vu[11], *tous* les modes de RDA qui présentent, à l'extrémité du « dégradé » de marquage des formes par lesquelles ils se réalisent, une réalisation à *marquage zéro*, relevant purement de l'interprétation en discours, comme dans les énoncés suivants[12] :

MAE
(1) Probablement, puisque je ne cherchais pas des manuscrits, aurais-je pu trouver les mêmes livres ailleurs, ou les faire venir par la bibliothèque de mon université. Mais {longtemps je m'étais couché de bonne heure} en rêvant de monter à la Montagne Sainte Geneviève avec Abélard, de me rendre [...] [U. Eco, *Discours de réception comme Docteur Honoris Causa de l'Université Paris 3*, 20.1.1989][13].
(2) Dès qu'une femme franchit la frontière du territoire masculin, la nature du combat professionnel change. {Les vertus qu'on exige alors d'une femme, on se demande combien d'hommes seraient capable de les montrer} [F. Giroud, *Si je mens...*, 1972][14].

MAS
(3) Selon Naouri, le parent n'a pas à donner de justification et à entrer dans l'éventuel cycle de la négociation. {L'enfant doit être « tenu », c'est la seule condition pour qu'il se structure.} [F. de Singly, *Libération*, 27–04–2004].

---

11 *Cf.* chap. **9**.3.2 « le niveau de marquage ».
12 Voir aussi, par exemple : chap. **4** ex. (71–77) pour le Bivocal; ou chap. **9** ex. (19–26) pour les « extensions » de DI et MAS. et pour l'allusion (i.e. la MAE à marquage zéro) Authier-Revuz (2000a) et (1995/2012 : 272–296). Les segments donnés à reconnaître dans les exemples ci-dessous sont repérés par des { }.
13 « Longtemps je me suis couché de bonne heure », *incipit* de *Du côté de chez Swann* (Proust).
14 « Aux vertus qu'on exige dans un domestique, Votre Excellence connaît-elle beaucoup de maîtres qui fussent dignes d'être valets ? » [Beaumarchais *Le Barbier de Séville* : Acte I, sc. 2 (FIGARO)]

DI
(4) Quatre jours après la mère revient et me dit que l'enfant est plus calme. {Sans gardénal elle a dormi, d'un sommeil léger, mais sans cauchemars, l'énurésie a persisté les deux premières nuits et on n'a pas grondé l'enfant. Depuis deux jours, l'incontinence nocturne a cessé, l'appétit est revenu et l'enfant est gaie dans la journée. Elle pose de nombreuses questions.} [F. Dolto, *Psychanalyse et pédiatrie*, 1971].

DD
(5) Sur le soir du 11 août, par la grande chaleur humide et malsaine des étés de Versailles, Jeanne survient plus effervescente que jamais, {tout va de mieux en mieux, je sors de chez la Reine qui est très contente, et maintenant laissez-vous faire...} [C. Manceron, *Les hommes de la liberté*, IV, p. 104, 1979].

Bivocal-DIL
(6) Valentin$_i$ nie éperdument et prétend être resté couché chez lui$_i$ toute la nuit. {Et d'abord : comment Mme Ridel aurait-elle pu le$_i$ reconnaître ? la nuit était sans lune et la rue très mal éclairée.} [A. Gide, *Souvenirs de la Cour d'assises*, Pléiade, p. 645].

En l'absence de forme (segmentale, typographique, intonative) *marquant* métalangagièrement comme discours autre – « pas de soi » – un élément du Discours, rien ne distingue, *formellement*, sur le fil du Discours, ce qui de l'ailleurs discursif y relève de la *présence* ou de la *représentation*, c'est donc à l'interprétation – sur la base d'*indices* discursifs – de faire la différence, essentielle quant au sens attribué au Discours, entre ces deux statuts :
- élément de discours qui, dans ce qui s'énonce comme Discours *« de soi »*, est *identifiable* comme *trace* de présence de discours autre,
- élément de discours *énoncé métalangagièrement comme discours autre* et intentionnellement *donné à reconnaître comme tel* (par des indices)[15].

Là où le premier relève du « risque » inhérent au langage, à se produire et à se recevoir constitutivement, dans l'extériorité discursive des « mémoires » des co-énonciateurs (à la fois dissemblables et échappant à leur contrôle), le second procède, pour l'énonciateur, d'un *choix du risque*, en « confiant » au récepteur le soin de reconnaître par lui-même la topographie, qu'il a implicitement dessinée dans son dire, de l'autre dans le propre.

---

15 C'est-à-dire correspondant à une forme de RDA à marquage zéro. E. Orlandi (2012: 89) souligne ainsi l'opposition entre ces deux statuts pour un discours autre non marqué comme tel : « L'allusion cesse d'en être une quand nous sommes parlés par l'idéologie, c'est-à-dire quand dans nos mots, d'autres mots parlent, qui produisent un effet dans notre dire au travers de l'oubli "idéologique" ».

2.2 Discours énoncé comme autre et donné à reconnaître par des indices

Le travail interprétatif d'identification d'un élément X donné à reconnaître comme « de l'autre » repose sur des indices :
- intradiscursifs, impliquant l'environnement, immédiat ou non, du segment concerné ;
- interdiscursifs, impliquant les « mémoires » de **L** et de **R**[16] ;
- contextuels, impliquant une connaissance de la situation et des sujets parlants, tant **L** que les « *l* ».

En fonction du degré de saillance de chaque indice et de leur cumul éventuel, les agencements discursifs observables donnent forme très diversement au choix du non-marquage, entre la quasi-annulation de l'aléa qu'il comporte ou au contraire sa mise en jeu maximale intensifiant, avec le risque d'échec, les bénéfices de la connivence.

De la diversité des fonctionnements propre à chaque mode de RDA[17], se dégagent des mécanismes généraux de reconnaissance des formes non marquées reposant sur une *mise en rapport*, interprétative, de l'élément X en question *avec un autre élément* de discours. Schématiquement, dans un jeu à quatre termes, X sera reconnu comme « autre » à travers son
- rapport de (A) *discordance* avec le Discours en train de se faire de **L**, *vs* (B) *concordance* avec de l'ailleurs,
- établi (**1**) sur le fil de l'*intradiscours* ou (**2**) dans l'espace de l'*interdiscours*.

---

16 « Mémoire » est pris ici au sens particulier de mémoire interdiscursive (*cf*. ci-dessus, chap. **10** 1.4.1, p. 389 et 2.1.2.(i), p. 401, étant entendu que la mémoire, au sens courant, y est requise comme aussi dans la prise en compte de "l'avant" du fil, intradiscursif, ou des connaissances liées au contexte situationnel.

17 Le fonctionnement des indices permettant d'identifier un discours autre donné à reconnaître dépend du mode de RDA réalisé en marquage zéro : les conditions d'identification (ou non) d'une allusion (MAE non marquée) associée inopinément au déroulement du Discours ne sont pas comparables, par exemple, à celles d'un DD ou d'un Bivocal non marqué, attribuable à un *l*, personnage d'une narration. Aussi la description précise des mécanismes par lesquels passent, spécifiquement pour chacun des modes, la reconnaissance de ses réalisations non marquées – ici, très majoritairement, illustrée dans le cas de la MAE non marquée, « allusive », *cf.* Authier-Revuz (2000a) – devrait s'inscrire dans le cadre de l'étude détaillée du fonctionnement de chacun d'eux, qui n'est pas (comme on l'a vu chap. **9**) l'objet de cet ouvrage.

	A Discordance	**B** Concordance
Intradiscours (1)	A_1 ex. (1), (5), (7), (8)	B_1 ex. (3) ; (4), (20), (21)
Interdiscours (2)	A_2 ex. (22)	B_2 ex. (1), (2), (22)

2.2.1 Indices dans l'intradiscours

(i) Indices de discordance A_1
Parmi eux, on distinguera deux types :

***a*)** d'une part, celui de diverses *figures d'altérité*, de différence, *d'un élément X relativement à son co-texte*, différence attribuable interprétativement à l'appartenance à un discours autre, telles, par exemple :
- l'étrangeté de la survenue, dans l'exemple (1), d'une information concernant les heures de coucher d'un orateur évoquant un parcours universitaire dans un discours protocolaire (parfait exemple de ce que Riffaterre appelle la « trace de l'intertexte », cet indice qu'il y a « de l'autre » demande, pour aller au-delà de la simple perplexité, qu'un rapport de « concordance » avec l'incipit proustien puisse être établi)[18] ;
- la rupture de « ton » – registre de langue et régime énonciatif dans l'exemple (5), entre le récit en *il*, de style soutenu, du narrateur historien, et l'adresse familière en *je/tu*, identifiée par là comme parole de *l* = Jeanne
- la contradiction interne à l'énoncé proposé par M. Pêcheux (1975 : 88) :

(7)   Celui qui sauva le monde en mourant sur la croix n'a jamais existé.

comme exemple d'une hétérogénéité dont la reconnaissance conditionne l'acceptabilité du dire, ou, plus trivialement :

(8)   Au fait, ça ne me gêne pas, je me promènerai tout aussi bien, mais tes chevaux, ce sont des mulets (oral, 10-09-2005).

***b*)** d'autre part, celui de *marques* – en langue – *de discordance*, de différence ou d'un quelconque suspens méta-énonciatif qui, portant sur un élément X, sont susceptibles d'être interprétées comme celle de l'appartenance de cet X à un discours autre.

---

[18] Le contexte institutionnel du genre du discours doublant le co-texte au sens le plus strict. Pour d'autres exemples, voir Authier-Revuz (2000a) et (1995/2012, chap. **6.2.4**).

Tel est le cas du guillemet de modalité autonymique qui, on l'a vu (chap. **8**.3.2), marquant qu'un élément du dire « ne va pas de soi » (MA), n'est pas pour autant une marque que cet élément « vient d'un autre discours » (MAE) : la non-coïncidence énonciative dont il est le signe *peut*, en discours – via l'intra ou l'interdiscours – se charger interprétativement d'un sens d'emprunt à un autre discours – fonctionnant alors comme un indice de MAE.

C'est ce qui apparaît, par exemple ci-dessous, dans l'énoncé (20) où c'est couplé à un fait de concordance dans l'avant du texte que l'élément « faire des mariages », guillemeté, est interprété comme emprunté à une instance autre que celle du narrateur ; ou dans la discussion suscitée par l'interprétation en (27) ci-dessous d'un guillemet de Proust, selon que la marque – différenciatrice – dont il affecte « étoiles nouvelles » est, ou non, « transformée » (comme on le dit d'un essai au rugby !), c'est-à-dire comprise comme indice d'emprunt, par concordance avec l'ailleurs d'un poème de Heredia...

Deux formes, également méta-énonciatives, présentent un fonctionnement semblable à celui du guillemet de MA – une valeur en langue, étrangère à la RDA, mais apte à recevoir, en discours, le sens d'un renvoi à du déjà-dit : le point de suspension (et son correspondant prosodique) et « etc. »[19]. Ces marques d'inachèvement délibéré du dire se prêtent, bien entendu, à l'appel à une mémoire discursive[20] du destinataire à même de partager implicitement la « suite » tellement déjà dite qu'il n'est pas nécessaire de l'énoncer matériellement une fois de plus. L'énonciation – stéréotypique — des proverbes, paroles célèbres, rengaines diverses, notamment, emprunte volontiers ce mode connivent, « économisant » une redite intégrale superflue :

---

19 Une autre forme typographique – celle du trait d'union méta-énonciatif (et non lexical) affichant la « soudure » d'éléments normalement détachés, comme dans « Montrer, comme c'est le cas dans ce premier épisode, Berlioz et ses états d'âme (Dieu, que Mesguich est insipide et théâtral) en futur-génie-qui-lutte-contre-papa-et-maman ne représente qu'un intérêt minime [*Télérama*, nov. 1983, n°1764, p. 107] », semble, elle, impliquer le renvoi au déjà-dit (figé) des éléments soudés (voir d'autres exemples *in* Authier-Revuz (1992 : 488). (Le trait d'union, comme image écrite d'un fait intonatif, peut, comme par exemple chap. **8** (3), être étranger au signalement d'un stéréotype).
20 Interdiscursive, comme dans les exemples notés ci-dessous, mais aussi bien intradiscursive, faisant jouer, comme le guillemet de (20), la complicité créée par un univers textuel commun (*cf.* une belle mise en œuvre dans l'évocation d'une atmosphère familiale peu à peu partagée avec le lecteur dans *L'Amour des commencements* de J.-B. Pontalis (1986 : 69, 114) évoqué *in* Authier-Revuz (1995/2012 : 287).

(9) Difficile de discuter de son salaire, voire impossible. [...] Encore un des méfaits de la culpabilisation des femmes qui travaillent. Il est temps de prendre conscience que si l'argent ne fait pas le bonheur, etc., etc. [M.F. Sablé, *Le nouveau F*, juil.-août 1983, p. 13].

(10) Lorsque François Miterrand a soulevé, en mai dernier au Collège de France, la question d'une chaîne culturelle et éducative, il ne pensait sincèrement pas provoquer des réactions audio-visuelles aussi enthousiastes. Quand j'entends le mot culture, je sors... Eh bien pas du tout [*L'événement du jeudi*, 18.07.85, p. 77].

(11) [...] une partie du sort de la planète est désormais suspendue aux rebondissements de ce vaudeville qu'on ne doit pas sous-estimer : le nez de Cléopâtre et le zizi de Clinton, s'ils eussent été plus courts, etc. D'ailleurs, déjà, les palestiniens s'inquiètent. [*Libération*, 23.1.1997, affaire Lewinski-Clinton]

Si courants qu'ils soient, les fonctionnements de ces formes associées à du déjà-dit à reconnaître, sont ceux *d'indices* de RDA et non de « marques », comme le montrent par différence :
– d'une part, les emplois de ces formes ne comportant pas la mise en jeu d'un énoncé déjà dit, mais seulement, par exemple, celle d'un savoir encyclopédique pour *etc.* (12), ou l'invite faite au destinataire de « rejoindre » interprétativement l'énonciateur dans l'espace de non-dit qu'il ouvre (13)

(12) C'était un fouillis indescriptible, livres, vêtements, chaussures, balles de tennis, disques, photos, etc. Il a renâclé mais il a fini par s'y mettre [oral, 20.09.1992].

(13) J'ai reçu ce matin une lettre de Bertrand... Je voulais vous la montrer, il est follement heureux chez vous... Il me parle de votre mère... Cela ne m'étonne pas qu'elle soit bonne et charmante... [Mauriac, *Asmodée* III-10, cité par Grevisse *Le bon usage*].

– d'autre part, à l'inverse, des formes suspensives renvoyant univoquement à un discours autre, telles :

(14) Barcelone avait posé sa candidature en 78, trois ans avant Paris. Rien se sert de courir, *vous connaissez la suite* [FR3,17–10–86 (Echec de la candidature de Paris aux jeux olympiques de 1992)].

(15) Il paraît que c'est la base de leur fortune. Bien mal acquis, *tu connais la chanson*, eh bien, c'est pas si clair que ça ! [conversation, 3.10.2010].

Au-delà, lieu sensible de l'extériorité interne au discours, où s'articulent le constitutif et le représenté, c'est tout un ensemble, non délimité, des formes retenues – au-delà du « discours rapporté » identifié à la trilogie DD-DI-DIL – en tant qu'elles « portent de l'autre » dans le dire de l'un, qui a été, à travers de très nombreuses études, un objet privilégié de l'AD, comme des perspectives dialogique ou polyphonique[21]. Dans cet ensemble nous retiennent ici les formes susceptibles de jouer le

---

21 Il n'est pas question de rendre compte, ici, du détail des analyses portant sur les formes particulières – faits de pré-construit/présupposition, subordination, focalisation ou clivage, néga-

rôle d'*indice* dans la reconnaissance, interprétative, d'un élément comme relevant d'un discours autre – c'est-à-dire dont la valeur, en langue, est *compatible*, voire propice, au plan du sens en discours, avec la mise en jeu d'une instance de discours différente de l'énonciateur **L**, à l'exclusion de celles qui, la contraignant, en apparaissent comme des *marques*, partie prenante, de ce fait, du champ de la RDA[22].

Ainsi, par exemple, de la tournure *ce n'est pas X mais Y* : elle est analysée par Courtine (1981a) comme *site d'inscription*, en X, d'un déjà-dit dans un énoncé dit par là « divisé », c'est-à-dire qui est – relativement à une mémoire discursive – interprété comme « divisé » entre le dire de l'un et un dire autre – dire autre dénonçant une tactique opportuniste du parti communiste, dans l'énoncé communiste cité par Courtine :

(16) Notre politique à l'égard des chrétiens n'a rien d'une tactique de circonstance, c'est une politique de principe.

De même la lecture, résolument recontextualisante, que P. Sériot (2007) fait de Bakhtine, dans l'environnement discursif qui était le sien, lui permet-il de dégager, interprétativement, dans la récurrence observable du schéma « X n'est pas Y mais Z » l'insistante mise en cause polémique, en Y, d'un discours autre non explicité comme tel :

[...] non seulement Bakhtine ne donne pas la parole à l'autre pour qu'il puisse se défendre, mais encore il ne nomme pas son adversaire principal, privé du droit à la parole et à l'existence par le nom. En effet, lorsque Bakhtine dit « X n'est pas Y mais Z » Y est la plupart du temps une crypto-citation de son adversaire de tout temps, V. Vinogradov (1894–1969).

Mais si la valeur en langue de cette forme d'opposition entre deux éléments prend aisément corps en discours, dans l'opposition à un autre discours, ce chemin interprétatif n'est pas contraint : un énoncé tel que

---

tion, connecteurs... – objets largement partagés par les diverses approches, ni des différences de traitement entre celles-ci ou dans leurs variations internes. Je reviens, de façon fragmentaire et schématique (*cf.* ci-dessous Remarque 1) sur quelques points.

22 *Cf.*, par exemple, dans ces formulations, la caractérisation nette d'éléments comme « ouvrant » sur la mise en jeu d'un discours autre, mais non le « marquant » » : S. Moirand (2005), évoquant « certaines constructions qui *semblent favoriser*, sémantiquement ou syntaxiquement, l'inscription des dires antérieurs ou des dires d'autrui (voir, par exemple, Bres 1998, 1999) ce qui nous renvoie à la notion de pré-construit de l'analyse du discours française (Henry 1975 par exemple) » ; ou Combettes (2014), relevant, en diachronie, parmi les formes de dialogisme accompagnant l'émergence du texte argumentatif « le statut périphérique des constructions topicalisées [qui] peut être considéré comme un *indice* du dialogisme sous-jacent ».

(17) H. n'est quasiment d'aucune aide, ce n'est pas qu'il soit de mauvaise volonté mais il ne « comprend pas » ce qu'il y a à faire ! [Corr. privée, dans le cadre d'un déménagement, 26-08-2013].

« divise », certes, la pensée et le dire du scripteur entre les divers points de vue envisageables à ses yeux, mais c'est sans qu'il y ait ici à faire intervenir une quelconque trace de « discours autre » (sinon, bien sûr, l'extériorité discursive habitant, constitutivement, tous les mots de tous les énoncés...)[23].

De même, si en (18) *puisque*, compte tenu de son contexte, introduit bien la reprise – polémique – d'un dire de Jean se vantant d'avoir suivi un discours en allemand :

(18) Puisque Jean a tout compris ce que ce type a dit, il va pouvoir nous expliquer...

en (19) en revanche, c'est sur un constat fait par lui, *hic et nunc*, et non sur un dire autre que l'énonciateur fonde sa conclusion (de dîner sans attendre un convive hypothétique) :

(19) Puisque G. n'a pas téléphoné, on va commencer sans lui.

* * * * *

Les diverses formes reconnues comme *indices* – et non pas « marques » – *de possible mise en jeu de discours autre* peuvent, régulièrement, figurer dans des énoncés des types (16) à (19) : c'est en fonction de divers éléments co- et contextuels que leur valeur en langue – celle d'une structure de différenciation, opposition, décalage, discordance, altérité...[24] de « non-même » ou de « non-un » – se convertira, ou non, en discours, en mise en jeu d'une altérité spécifique, celle d'un *ailleurs discursif*. Ainsi, ces formes ne sont-elles pas des formes *linguistiques* de dialogisme – comme le sont les formes de la RDA. Mais il relève bien de la langue et de sa foncière abstraction d'offrir une diversité de « structures d'altérité » – négative, comparative, concessive, *etc.* – impliquant « de l'un et de

---

23 Ceci constitue un point de clivage théorique net entre, d'un côté, AD et dialogisme au sens où il a été pris ici, ainsi que chez J. Bres ou S. Moirand, par exemple, et de l'autre, polyphonie intralinguistique (Ducrot et Scapoline) où les « voix » des « personnages de l'énonciation », purs « êtres discursifs », n'ont pas à être présupposées comme actualisées (*cf.* sur ce point les réflexions de Rabatel 1990 : 6, de Perrin 2005 et de Sitri 2015). Ainsi Bres *et al.* (2006 : 31) soulignent-t-ils le fait que « le dialogisme d'un énoncé (E) tient à ce qu'il "répond" à un énoncé [e] qu'il présuppose actualisé en le "reprenant" de diverses façons, allant de sa citation à sa présupposition. ».
24 *Cf.* encore, dans Ducard (2004) (cité *in* Sitri 2015a), la concession, traitée en termes culioliens, de « forme schématique » comme faisant fonction de « marqueur de *discontinuité* ».

l'autre » (l'autre ne se ramenant pas à de « l'autre dire »), comme autant de moules ou de patrons permettant de donner forme au rapport d'un discours à ses autres.

On distingue ainsi entre ces deux modes de mise en jeu d'un discours autre dans un énoncé : assuré – c'est-à-dire *marqué* – dès le *plan de la langue*, ou bien résultant de la *saturation, en discours*, par du « discours autre », de la relation – abstraite – d'altérité[25], telle que, diversement, elle est configurée au plan syntactico-sémantique dans une variété de formes de langue, qui apparaissent dès lors comme autant de « *sites d'accueil* » pour un possible « discours autre ». Cette distinction est en accord étroit avec le cheminement de F. Sitri dans ses analyses du fonctionnement concessif[26] : menée dans un cadre non polyphonique, relevant d'une AD ouverte sur la théorisation culiolienne[27], sa réflexion, qui rejoint celle de S. Mellet (2009), aboutit à préciser, à propos de *certes*, la distinction formulée ici en termes de *marque vs indice* :

> Nous ne parlons donc pas de « marqueur dialogique, c'est-à-dire de « morphème dont le signifié en langue programme la signification dialogique (Bres et Mellet 2009 : 6 note 4) mais de marqueur susceptible en discours de produire des effets dialogiques ou, pour reprendre l'expression de S. Mellet dans son article, de « morphème(s) à fort potentiel dialogique » [...]. (Sitri 2015a : 63)

Remarque 1 : Marqueurs et indices dialogiques. L'appellation « marqueurs dialogiques » sous laquelle J. Bres réunit, dans le souci de saisir le « phénomène du dialogisme dans son unité »[28] une série de formes « extrêmement fournie et non close » où le renvoi à du discours autre passe par des « signifiants hétérogènes » et un « mode d'être très variable (de l'explicite clairement marqué à l'implicite laissé à l'interprétation »[29] n'est évidemment pas à entendre au sens – opposé à « indice » – donné ici à « marque ». De fait, ces « marqueurs dialogiques » incluent – au-delà des formes univoques de renvoi à un discours autre – non seulement des éléments de langue, susceptibles ou non de recevoir, en discours, une interprétation dialogique, mais n'im-

---

25 Je renvoie ici à la réflexion importante de Culioli, à propos de l'opération de négation, posant « l'altérité » comme « de fondation » (Culioli 1988/1990 : 97) et associant la négation à la construction par le sujet d'une « relation d'altérité », et à « la représentation des possibles ». (*ibid.* : 113).
26 Garnier et Sitri (2009), Sitri (2015a).
27 *Cf.* notamment De Vogüé (1992), Ducard (2004), Paillard (2011).
28 Perspective particulièrement explicite dans Bres et Vérine (2003), Bres (2005b). On notera que contester le terme de « marqueur dialogique », en ce qu'il rassemble les formes signifiant univoquement de l'autre discours et celles qui sont seulement aptes à recevoir cette interprétation, ne met nullement en cause l'intérêt de la position de J. Bres, soulignant de façon très bakhtinienne l'unité du fait dialogique; cela ne fait qu'insister sur un paramètre – à mon sens essentiel – de cette diversité « des façons dont se signifie le dialogisme de l'énoncé » que Bres appelle à décrire.
29 Bres et Nowakowska (2006) et article « Dialogisme – marqueurs de » *in* Détrie *et al.* (2001).

porte quel segment de discours, dès lors que, dans une mémoire discursive donnée, il serait reconnu comme écho d'un ailleurs (*cf.* ci-dessous 2.2.2), ce qui annule d'emblée toute entreprise de « listage » si ouvert soit-il.

Ainsi, le frappant exemple d'allusion – interdiscursive – à l'*Éducation Sentimentale* par J. Echenoz proposé comme « marqueur de dialogisme » (p. 88 de l'article du même nom in Détrie *et al.* (2011)) de type « détournement » ne présente, si insistant soit-il « pour qui a lu Flaubert », aucun élément qui, en lui-même, ferait signe vers de l'ailleurs... Ni marque univoque, ni *indice* interne de renvoi à de l'ailleurs discursif dans cet énoncé :

> Il connaît la mélancolie des restauroutes, les réveils acides des chambres d'hôtel pas encore chauffées, l'étourdissement des zones rurales et des chantiers, l'amertume des sympathies impossibles [J. Echenoz, *Je m'en vais*, Éd. de Minuit, 1999, p. 196].

pas plus que dans ces autres allusions (parmi bien d'autres...) au même texte :

> Il connut les longues attentes des aéroports, les réveils poisseux sous le ventilateur, l'étourdissement des déserts et des mégapoles, l'amertume des connexions interrompues [R. Debray, *Le bel âge*, éd. Café Voltaire, 2013].
> Il connut la mélancolie des premiers matins, les froids réveils aux portes des usines, l'étourdissement des cités ouvrières et des bidonvilles, l'amertume des sympathies interrompues [M. Schneider, 2010 : 17).

C'est seulement de leur *rencontre* (aléatoire, même si elle est évidemment visée par l'auteur) avec l'ailleurs flaubertien qu'ils pourront être reconnus dans le jeu de leurs consonances (rythmiques, syntaxiques, lexicales) et de leurs dissonances comme écho sarcastique de la mélodie désabusée du parcours de Frédéric :

> Il connut la mélancolie des paquebots, les froids réveils sous la tente, l'étourdissement des paysages et des ruines, l'amertume des sympathies interrompues [G. Flaubert, *l'Éducation sentimentale*, partie 3, chap. 6].

En très large proportion, les formes analysées – de négation, interrogation, concession, opposition, comparaison, confirmation, tours corrélatifs, nominalisation, relatives... – apparaissent non comme des formes renvoyant par elles-mêmes à un discours autre (telles *il dit, selon, paraît-il, officiellement, officieusement*...) mais comme des formes susceptibles, en contexte, de se charger de cette dimension d'altérité discursive. C'est d'ailleurs de façon répétée que J. Bres pointe la dimension de potentialité dialogique des « marqueurs » dans des commentaires tels que :

> les *vertus* dialogiques de cet outil [négation] [...]. [...] la subordination [...] s'avère particulièrement *apte à porter* le dialogisme [...]. [...] La subordination avec thématisation de l'élément subordonné fait partie de ces tours qui *permettent* à E1 de prendre en compte la parole de e1, même si c'est pour s'opposer à elle (Bres 1999 : 73, 81, 83).
> [...] complétives, circonstancielles, relatives *peuvent être* des outils de dialogisme (Bres 2005).

et à la question – cruciale quant au statut de ces formes, comme forme dialogique en langue, ou forme se prêtant à un sens dialogique en discours – posée à propos de *mais* :

Dans quelle mesure *mais* pose-t-il lui-même l'altérité énonciative ?

c'est par la négative qu'il répond :

Si dans certaines occurrences [de X mais Y] X n'est pas nécessairement dialogique, dans d'autres il l'est parfaitement. (Bres 1999 : 80)

Et, très normalement, les énoncés proposés comme illustration – convaincante – de fonctionnement dialogique de ces formes comportent, largement, des éléments co-textuels ou sont assortis d'informations contextuelles renforçant ou affirmant la mise en jeu d'un discours autre : tels, cumulés à une variété de tours négatifs (Bres 1999 : 74–75) dont ils assurent l'interprétation dialogique, guillemets, conditionnel, lien intra ou interphrastique avec une forme explicite de RDA, situation polémique, par exemple.

A l'intérieur du champ dialogique tel que Bres le parcourt, à travers la variété de ses « marqueurs, « de la citation à la présupposition », la distinction entre formes *imposant* (I) vs *permettant* (II) la mise en jeu d'un discours autre apparaît suffisamment sensible pour que le tracé de la frontière entre les deux soit – au delà du cas privilégié de la négation – l'objet d'un questionnement récurrent dans le cadre dialogique comme dans le cadre polyphonique[30].

Ainsi, si on considère le secteur des formes dédiées à la « confirmation », dont Bres (1999 : 78) propose, par exemple, une liste ouverte

bien, évidemment, décidément, effectivement, sûrement...

le souci de spécifier le caractère « polyphonique en soi » ou non, de tel ou tel élément apparaît-il régulièrement, affinant – et déplaçant – au fil des études la frontière entre les ensembles (I) et (II) : Rubattel (1990), par exemple, argumente pour ranger *évidemment* du côté (II) ; cependant que C. Rossari (2007) étudiant le couple *effectivement/en effet* dégage clairement, par la mise en parallèle des deux « profils », ce qu'ils partagent – le fait que chacun

confirme le bien fondé de l'attitude épistémique [Δ] adoptée à propos d'un état de chose préalable à l'énonciation de la forme adverbiale (Rossari 2007 : 127)

et ce qui les distingue – la propriété supplémentaire requise pour *effectivement* (I) que formule, au point [Δ] ci-dessus, l'ajout selon lequel l'attitude épistémique confirmée est nécessairement celle

qu'une instance – distincte du locuteur au moment de l'énonciation de l'adverbe – a adoptée (*ibid.*)

De même, la ligne de partage proposée, dans le cadre polyphonique, par Perrin (2005) entre les « marqueurs » seulement « potentiellement polyphoniques » (II) (comme : morphème de néga-

---

30 *Cf.* par exemple Kerbrat-Orecchioni (1980 : 164 *sq.*), Rubattel (1990) ou Perrin (2005), contestant le caractère « polyphonique en soi » d'éléments tels que : négation, *si* hypothétique, *évidemment*, connecteurs argumentatifs...

tion, *si* hypothétique, *évidemment*), et les « marques polyphoniques [...] fortes ou directives qui imposent en soi une séquence écho » (I), parmi lesquelles, aux côtés de *il paraît (que), selon l, comme dit l*, il range *certes*, se trouve-t-elle à nouveau déplacée par les études évoquées ci-dessus qui, de façon convaincante, contestent le caractère (I) de « marqueur dialogique » de *certes*, pour le redéfinir comme (II) marqueur d'altérité, susceptible de fonctionnement dialogique.

(ii) Indices de concordance B
Les indices de rapport de *concordance* établis dans (1) l'intradiscours peuvent, notamment, relever :
- de la *cohérence séquentielle immédiate* entre une forme de RDA marquée et l'élément qui la suit, interprété comme RDA non marquée, relevant du même mode, comme dans les « extensions » de MAS ou DI en (3), (4), par exemple, ou d'un mode différent, selon les très classiques agencements d'un DI marqué suivi d'un DD ou d'un Bivocal non marqués ;
- de la *ressemblance* ou de l'identité entre un élément et une forme de RDA marquée figurant *à distance* dans le co-texte antérieur, et sollicitant la mémoire – intradiscursive – du déroulement du Discours. C'est le cas, dans les récits, des DD non marqués dont la reconnaissance – en tant que DD, et d'un certain *l* – s'appuie sur la similitude (de contenu et de manières de dire) avec des passages antérieurs marqués comme DD d'un *l* déterminé ; ça l'est aussi pour les MAE non marquées[31], reprises allusives reposant sur une connivence intratextuelle avec le lecteur, se prêtant à de multiples mises en œuvre textuelles : que ce soit dans un bref article, avec, par exemple, l'effet rhétorique de « boucle » d'une conclusion reprenant, sur un mode non marqué, la RDA marquée en introduction ; dans un texte argumentatif comme stratégie polémique de reprise « en contexte hostile » des mots préalablement cités de l'adversaire[32] ; ou, dans le temps d'un long récit et de sa mémoire – celle des personnages et du narrateur offertes en partage au lecteur... comme en

---

[31] Le travail de reconnaissance par écho intradiscursif jouant tant pour les éléments ne présentant aucune marque que pour des éléments marqués comme MA (par des guillemets) qui sont à reconnaître comme MAE. Je renvoie pour des exemples d'échos à courte ou à longue distance à Authier-Revuz (1995/2012 : 284–287) ou (2000a).

[32] *Cf.* par exemple l'importance des échos non marqués, donnés à reconnaître comme relevant du *comme vous dites* sur la base des diverses formes marquées de RDA – *Vous dites « ... », selon vous « ... »* – qui les précèdent, dans le discours offensif de Luce Irigaray adressé à « Messieurs les psychanalystes » sous le titre « Misère de la psychanalyse » (étudié *in* Authier-Revuz 1995/2012 : 225–231).

use largement Proust, par exemple, au fil des temps perdus et retrouvés[33]. Ainsi, dans « Un amour de Swann » :

(20) Hélas! il y aurait aussi le peintre, le peintre qui aimait à « faire des mariages », qui inviterait Forcheville à venir avec Odette à son atelier (p. 286).

faisant écho dans la mémoire irritée de Swann – et celle du lecteur – quelques temps et quelques dizaines de pages après, à la confidence faite par le peintre « dans l'oreille du docteur Cottard » :

« Rien ne m'amuse comme de faire des mariages » (p. 202).

ou cette formulation de la pensée de Mme Verdurin par le narrateur :

(21) [...] Mme Verdurin à qui le Président de la République apparaissait comme un ennuyeux particulièrement redoutable parce qu'il disposait de moyens de séduction et de contrainte qui, employés à l'égard des fidèles, eussent été capables de les faire lâcher (p. 217).

qui ne trouve sa saveur de condensé caricatural que précédée des nombreuses occurrences guillemetées de « ennuyeux », « fidèles », « lâcher » qui ont marqué l'initiation de Swann et du lecteur au « parler Verdurin ».

2.2.2 Indices de rapport avec l'interdiscours

Contrairement au repérage des indices intradiscursifs[34], le fonctionnement des indices mettant en jeu – discordance ou concordance – le rapport entre l'énoncé et une extériorité interdiscursive *repose* sur une rencontre des mémoires interdiscursives de **L** et de **R**.

(i) Rapport de discordance
Ainsi en va-t-il pour le rapport (A) de *discordance* qui peut aussi s'établir (**2**) (voir p. 430) entre un énoncé et sa mémoire interdiscursive, sous les espèces, par

---

[33] On trouve dans Funakoshi-Teramoto (2005) et Moricheau-Airaud (2008b) des études précises, respectivement chez Flaubert et chez Proust, des échos intratextuels circulant dans l'écriture romanesque.

[34] L'interprétation des « indices » de discordance intradiscursifs par exemple peut évidemment passer par la mémoire interdiscursive (*cf.* le guillemet de MA, par exemple, pour l'interpréter comme (1) emprunt, (2) à tel discours autre), mais l'indice – comme une « question » – est d'emblée repérable sur le fil du discours lui-même.

exemple, d'une *incompatibilité* entre un élément X du dire et la connaissance que possède **R** au sujet de **L** (et de son discours antérieur), comme dans

(22)   Ben, on peut quand même pas faire stagner les bénéfices des actionnaires ! [commentaire intonation neutre, en famille, d'une annonce de délocalisation d'usine, au journal télévisé 09–2010].

Par rapport à la caractérisation générale de l'ironie comme phénomène « foncièrement contextuel » en ce qu'il suppose une « discordance par rapport à la parole attendue dans tel type de situation »[35] ou comme reposant sur la formulation par **L** d'une « position dont on sait par ailleurs [...] qu'il la tient pour absurde » (Ducrot 1984 : 221), ce qui spécifie le type d'ironie jouant en (22), c'est que c'est exclusivement sur fond d'interdiscours – sans indices internes à l'énoncé, ni rapport contre-factuel à la situation comme pour « Quel beau temps ! » énoncé sous une pluie battante[36] – que peut apparaître la distance métalangagière[37] ironique d'un « comme dirait ou disait un autre » : par reconnaissance combinée de la discordance d'avec les extérieurs du déjà-dit de **L** et d'une concordance avec ceux du discours du libéralisme économique. Plus encore que la simple allusion (*cf.* (24)) à un discours autre dont la « perte » appauvrit – parfois gravement – le discours, ce type d'ironie est, de la part de **L**, le choix d'un risque radical de « contre »-sens dans l'interlocution, dans un jeu avec l'image que **R** se fait de **L**, source du plaisir d'une complicité réassurée, de l'embarras d'un échec, ou du malaise créé, par une pratique excluante ou sécurisante – perverse ? – de l'ironie dans un groupe de personnes se connaissant à peine, c'est-à-dire privé des moyens de la reconnaître à coup sûr[38].

---

[35] Article « Ironie » *in* (DAD 2002 : 330).

[36] Ce qui n'interdit pas de réunir les deux cas, en considérant que « la parole attendue » dans une certaine situation (et son « envers », la parole ironiquement tenue à distance) ne l'est que relativement à une « normalité » – interdiscursive – de ce qu'« on dit », ce qui « se dit » dans la dite situation.

[37] *Cf.* le traitement de l'ironie comme « mention » par Sperber et Wilson (1978), et sa reformulation en modalisation autonymique par Basire (1985).

[38] Tel, au cours d'un dîner, le flottement de convives non familiers les uns des autres, ne sachant comment « enchaîner » sur l'affirmation, proférée sur un ton « neutre », en réponse à une remarque évoquant la pratique des électrochocs comme heureusement dépassée : « non, non, les électrochocs, ce n'est pas si mal, d'ailleurs on y revient » [25–01–2014].

(ii) Indices de concordance

Les indices (B) de *concordance* s'établissent, sous l'espèce d'une nécessaire zone de mémoire partagée par **L** et **R** dont l'élément X non marqué, donné à reconnaître comme un écho par l'un, est reconnu comme tel (c'est-à-dire comme écho intentionnel) par l'autre. C'est la rencontre des deux mémoires – énonçante et interprétante – en un point X de la chaîne qui l'établit comme RDA à marquage zéro : apportant à la « question » ouverte par un indice de discordance la « réponse » d'une source autre identifiée – incipit de *La Recherche* pour (1), phraséologie chrétienne pour (7), discours usuel de « l'économie de profit » pour (22) –, ou bien assurant à elle seule le statut de discours autre donné à reconnaître à un élément non repérable comme « discordant » sur la chaîne comme en (2)[39].

Fonctionnant « à la connivence » d'un partage de mémoire, le mécanisme de l'allusion[40] est à l'œuvre (couplé ou non à de la discordance) dans la plus grande variété de discours : échanges privés, médias, essais politiques, théoriques, critique littéraire... ; ressort des mises en résonances intertextuelles qu'orchestrent, densément, certaines écritures littéraires, telles, par exemple, celles de Proust ou de Perec[41] – sans en exclure l'écriture poétique contrairement à l'*a priori* bakhtinien[42] – le dédoublement du dire par renvoi implicite à un ailleurs, atteint au procédé de fabrication dans le domaine des slogans, publicitaires en particulier et des titres de certains journaux[43].

---

39 L'énoncé (2) rappelant que la « concordance » indice d'extériorité peut – au-delà d'une identité stricte — passer par la similitude formelle (syntaxique, sémantique, rythmique) d'un « patron » : *cf.* chap. **7**, note **12**, p. 231, ou ci-dessus, Remarque 1, les reprises « avec variations » de Flaubert par Echenoz et Debray.
40 Authier-Revuz (2000a).
41 *Cf.* Compagnon (2000, 2009) pour le réseau d'allusions – retrouvées ou perdues... – doublant le fil de *La Recherche* (voir ci-dessous (27) les « étoiles nouvelles ») ; ou Perec, chez qui la mise en texte d'emprunts non marqués – les « impli-citations », dit B. Magné (1989) – tient dans *La Vie Mode d'emploi* de « l'art du puzzle ».
42 *Cf.* chap. **10**.1.3, p. 385, comme le fait apparaître, par exemple, la partie consacrée à « L'intertextuel » (p. 49–89) dans Thomas (1989, *La langue, la Poésie*) et les strates intertextuelles, richement « dépliées » par J.-M. Adam, sous la surface d'un poème de Desnos, de deux vers d'Eluard, *in* (1999 : 128 *sq.*), (2002 : 84 *sq.*), ou de la dernière phrase de *Nadja* d'A. Breton, *in* (2006 : 19 *sq.*).
43 *Cf.* par exemple Grunig (1980 : 115–145), Maingueneau (2000: 150 *sq.*), ou le florilège qu'en propose la livraison de *Tranel* (Bonhomme *et al.* 2006) consacrée à « Interdiscours et intertextualité dans les médias », notamment chez Adam, Lugrin, Moirand, Revaz.

2.3 "Turbulences" aux frontières de la RDA dans le dire

Il est possible d'évaluer, en soi, le degré de saillance d'un agencement d'*indices* – discordance/concordance – *intradiscursifs* présenté par un discours : on peut ainsi considérer que le « risque » du marquage zéro n'est pas loin d'être annulé par le jeu ostensible des indices, dans le discours, du partage des voix de l'un et de l'autre, tel par exemple, dans ce bivocal[44] typique de Zola :

(23) Alors, elle lâcha tout ce qui lui vint à la bouche. Oui, oui elle n'était pas bête, elle voyait clair. On s'était fichu d'elle pendant le dîner, on avait dit des horreurs pour montrer qu'on la méprisait. Un tas de salopes qui ne lui allaient pas à la cheville [...]. Et la rage l'étranglant, sa voix se brisa dans des sanglots [Zola, *Nana*].

et que c'est en revanche « sans filet » – en l'absence d'indices intradiscursifs – que le contrepoint, en (2), qui, dans un dire dénonçant le pouvoir masculin, y inscrit la voix « pré-révolutionnaire » de Figaro est donné à reconnaître « confié » à la seule mémoire du récepteur.

Il en va évidemment tout autrement pour les indices interdiscursifs puisque leur degré de saillance est strictement *fonction* de la mémoire dans laquelle ils sont reçus : résonnant sur le mode de l'évidence dans une certaine mémoire, les échos de Proust, de Beaumarchais ou du discours sur les moteurs financiers des choix politico-financiers (en (1), (2), (22), par exemple), resteront « lettre morte » dans une autre. S'attachant à « L'intertextualité comme "mémoire de la littérature", c'est ce que souligne T. Samoyaud (2010 : 68) en titrant une partie « Des indices variables pour un repérage instable ».

Ainsi, reposant sur des indices dont la saillance, *variable* pour ceux qui jouent sur le fil du discours, est *aléatoire* pour ceux qui engagent les mémoires des deux co-énonciateurs, la reconnaissance des formes non marquées introduit, dans la frontière entre soi et l'autre – telle que la « fixent » les marques de RDA – de l'incertitude et du risque.

Diverses sont les formes que prennent les « incidents de frontière » qui apparaissent sur un mode : (1) de ratages et de conflits entre **L** et **R** ; (2) de doutes et d'incertitudes pour **R** ; (3) de flottements et « d'accidents » pour **L** lui-même.

---

[44] Dans lequel jouent à plein notamment (A_1) discordance séquentielle immédiate (régime énonciatif, registre de langue...) entre narration et parole du personnage, (B_1) cohérence immédiate avec la représentation d'un fait de parole (« lâcha tout ce qui lui vint à la bouche ») et concordance à distance, au plan du registre, avec d'autres propos explicitement représentés comme ceux de Nana.

2.3.1 Ratages et conflits entre L et R

Deux filières pour l'éclosion des ratages et conflits selon que le risque qu'ouvre le fait du non marquage apparaît comme celui que le locuteur choisit délibérément, proposant à son interlocuteur « de l'autre » à découvrir, ou bien, différemment, celui qu'il subit avec « l'autre » débusqué par le récepteur, et que celui-ci lui impose à son « intention défendante ».

(i) Un risque choisi par l'énonciateur

Ce risque « choisi », c'est, par rapport à « l'assurance » d'un X, *dit l...*[45] marqué, celui – revers obligé des bénéfices de la connivence – des diverses réceptions malheureuses auxquelles se prête l'élément X correspondant, seulement donné à reconnaître :
– *l'autre, reconnu comme autre par R, lui demeure inconnu* ; rien ne vient dans sa mémoire combler le « manque » qu'ouvre au fil du discours un indice perçu de discordance ou des guillemets de MA tendanciellement interprétés en MAE : c'est la très ordinaire et disphorique expérience de reconnaître que ce qui vous est donné à reconnaître – un discours autre spécifique – vous échappe ; comme par exemple, en (1), l'irritante énigme, pour un non familier de Proust, de cet ailleurs inconnu qui pourrait donner du sens à l'insolite évocation de ses heures de coucher par U. Eco, faute de quoi il éprouve qu'il demeure « en lisière » du sens, ou le sentiment en (24) de l'étrangeté de « cet Orient pas désert du tout » si sa protestation – marque de négation interprétable en indice dialogique – ne rencontre pas, dans la mémoire du lecteur, l'« ennui » d'Antiochus dans son « orient désert »[46] :

(24) Le regard de Giraudoux va plus loin : « *Les Fables de La Fontaine sont bien des contes, ce sont nos contes des Mille et Une Nuits* » [...] Et voilà en deux mots la clef de La Fontaine, le plus oriental des classiques d'Occident. Il faudrait écrire un livre sur l'Orient et nous. [...] Et l'on découvrirait avec ravissement au sein de notre culture tout un royaume d'Orient. La Fontaine en serait le prince subtil et nonchalant [...]. Et voilà que s'accomplit le miracle : nous croyons à l'histoire qu'on nous raconte [...]. Et nous retrouvons, sans être désorientés, tout cet Orient pas désert du tout qui sommeillait en nous [C. Roy, *La Conversation des Poètes*, 1993].

Figure paradoxale mais courante, « l'allusion explicitée » met en œuvre la dualité spatiale du corps d'un texte et de ses notes pour « jouer sur les deux tableaux »,

---

[45] L'incise est choisie ici comme marque de RDA neutralisant l'ensemble de oppositions entre modes (*cf.* chap. 9.3.3.2 p. 351).
[46] « Dans l'Orient désert quel devint mon ennui ! » [Racine, *Bérénice*, Acte1, sc. 4].

annulant le risque par la note sans renoncer à la connivence de l'implicite proposé par le texte[47] :

(25) Comme si l'expérience venait moins « contredire »[2] la théorie [...] que la « négativer ». /2. Allusion au titre d'un texte de Freud : « Communication sur un cas de paranoïa venant *contredire* [mes italiques] la théorie psychanalytique » [J.-B. Pontalis, *Perdre de vue*, 1988 : 73].

– *l'autre n'est pas reconnu comme tel par **R*** ; le Discours est reçu comme directement assumé par **L** : à manquer la RDA c'est, selon les cas, un déficit de sens ou un contre-sens qui se produit. Ainsi de la voix de F. Giroud en (2) amputée de la portée qui la double de son accent de défi pré-révolutionnaire ; ou de cette déclaration :

(26) Le 16 mars, la droite a remporté une victoire, mais elle n'a pas gagné la France. [J.P.Chevènement, discours du 20-04-1986, cité *in Libération* 21-04-1986]

qui, si l'écho des hauteurs visionnaires de la parole gaullienne où elle entendait se situer[48] est perdu, redescend vers l'ordinaire du commentaire électoral.

Un cas intéressant, au plan théorique, est fourni par l'analyse, dans le cadre polyphonique de la Scapoline[49], d'un énoncé de Proust :

(27) Cependant les aéroplanes venaient s'insérer au milieu des constellations et on aurait pu se croire dans un autre hémisphère en effet, en voyant ces « étoiles nouvelles ». [Proust, *Le Temps retrouvé*]

Il est convoqué au cours d'une analyse des segments guillemetés dégageant 4 types de valeurs pour un « X », calculées à partir des seuls co-textes immédiats, internes à l'énoncé : elle oppose ainsi au cas (1) de « X » avec explicitation d'un « tiers individuel responsable de X », plaçant le locuteur de l'énoncé « dans une non-reponsabilité totale », du type «*X » selon les paroles de Jean*, celui (4) du « X » sans source explicite et attribué au ON polyphonique (« tiers collectif ») être discursif aux contours flous qui, incluant **L**, le place dans une « non-responsabilité partielle », cette attribution « particulièrement nette quand le pronom *on* est présent dans le co-texte » étant exemplifiée par l'énoncé (27). Or il suffit que, à l'appel à l'interprétation que constitue tout guillemet, réponde dans la mémoire[50]

---

47 *Cf*. Authier-Revuz (2002 : 289) et Lefèbvre (2004, 2007).
48 « La France a perdu une bataille! Mais la France n'a pas perdu la guerre! » [Appel du 18 juin 1940 (Affiche)].
49 (Fløttum 2001: 126 *sq*.) ou (Nølke *et al*. 2004 : 77–82).
50 Rencontre préparée, en amont immédiat, par la densité chez Proust (« mer, tempête, ciel, étoiles, pâles poussières d'astres, errantes voies lactées ») de la double isotopie mer/ciel étoilé qui

le célèbre sonnet dédié par Hérédia aux « Conquérants » du nouveau monde, dont le tercet final fixe l'image de ces navigateurs fascinés par l'apparition des « étoiles nouvelles » de l'hémisphère austral

> Ou penchés à l'avant de blanches caravelles /Ils regardaient monter en un ciel ignoré /Du fond de l'Océan des étoiles nouvelles.

pour que s'impose absolument le « tiers individuel responsable de X », d'un « comme a dit Hérédia » qui, interprétativement équivalent au cas (1), bouscule l'analyse proposée du couple co-textuel « *X* »/*on*.

La visée de cette remarque n'est évidemment pas celle d'une critique – facile et absurde – d'une « lacune » de mémoire... car la mémoire « totale » apte à reconnaître « toutes » les allusions d'un texte est pur fantasme[51] : le « défaut » d'adéquation de la mémoire réceptrice – que creuse inévitablement la différence des mémoires – est constitutif du sens qui, pour tous les sujets parlants, se produit dans et avec les aléas, les incertitudes du jeu mémoriel[52]. En revanche, ce que cet « incident interprétatif » met en évidence, c'est la limite de la « calculabilité » intralinguistique du sens telle que – à l'encontre du dialogisme bakhtinien et de l'interdiscursivité en AD[53] – la conçoit l'approche polyphonique.

Si dans ces divers cas, l'autre discours perdu est seulement comme un « bateau de sens » en plus qui, faute d'une mémoire favorable, n'a pas pu atteindre le port, dans d'autres, la méconnaissance de la part d'autre que le Discours donnait à reconnaître en lui est source de véritable malentendu. C'est, bien entendu, le cas

---

traverse aussi le sonnet de Hérédia et qui donne sens à l'indice dialogique – autrement étrange – du « en effet » répondant à cet autre discours où, de fait, les étoiles nouvelles » marquaient bien l'arrivée des conquistadors dans « un autre hémisphère ».

51 *Cf.* A. Compagnon (2000) évoquant, illustré par des exemples pris chez Proust, d'allusions qui lui avaient échappé lors de son édition de Proust, le caractère de « cimetière des allusions perdues » que présente « la littérature » – et Proust tout particulièrement.

52 C'est comme une « extension de mémoire » que propose au lecteur ordinaire l'appareil éditorial de notes telles que « Écho de la célèbre expression... ; parodie des paroles de... ; citation d'une pantomime ...; Pastiche de Corneille... » dans une édition du *Père Goriot* (Garnier 2008, notes 8, 17, 55, 74).

53 Rappelons le caractère central de l'opposition théorique, formulée par exemple par Pêcheux dans « Lecture et Mémoire » (repris in (1990 : 291) : « O. Ducrot se refuse absolument à faire intervenir dans l'analyse linguistique de la séquence la référence à quelque corpus interdiscursif que ce soit [...] là où, pour l'AD la séquence ne peut être étudiée que si elle est mise en rapport avec l'interdiscours qui l'enveloppe, ou avec ce que Foucault (1969 : 128) évoquait, pour tout énoncé, comme ses « marges peuplées d'autres énoncés ». *Cf.* aussi Adam (1999 : 127) rappelant qu'« une analyse pragmatico-linguistique gagne à penser les signes de la langue de façon résolument bakhtinienne [...]. »

lorsque le discours méconnu comme autre donné à reconnaître résonne dans le Discours – antiphrase, ironie – comme ce à quoi celui-ci *s'oppose*, l'énonciateur jouant alors « gros jeu » dans ce type de choix du risque : en relèvent le célèbre contre-sens sur la justification de l'esclavage des nègres par Montesquieu, les mésaventures connues d'humoristes (d)énonçant ironiquement des propos racistes ou antisémites[54], applaudis par des spectateurs qui les prennent au pied de la lettre ou cet échange contradictoire à partir d'un bivocal méconnu :

(28) Marcel Bluwal : Je me souviens qu'en 68 [...] il a été mis à la poubelle un certain nombre de valeurs traditionnelles, et j'ai été frappé par le côté non dialectique de cette démarche. Elle était purement morale : *les valeurs polluées par la bourgeoisie devaient être rejetées* [...].
Bernard Pingaud : Maintenant, quand Bluwal parle des jeunes de 1968 qui voulaient mettre à la poubelle les valeurs polluées par la bourgeoisie et qu'il leur reproche une attitude anti-dialectique, j'ai bien envie de lui demander à mon tour s'il est très dialectique d'évoquer des valeurs éternelles, objectives, que tel groupe social aurait souillées, mais à qui nous pourrions, demain, rendre leur pureté originelle. Je ne crois pas que la conception marxiste admette de telles valeurs.
Marcel Bluwal : Je suis tout à fait d'accord avec Pingaud et je le dis tout de suite, d'autant plus que *j'ai employé un langage entre guillemets qui n'était pas le mien* [Morale et société, Semaine de la pensée marxiste, Ed. Sociales, 1974].

Ce sont aussi de vrais quiproquos à même de bloquer un échange que peut faire naître une RDA manquée : témoin cette conversation détendue entre un couple en vacances (A, B) et un entrepreneur du crû (C) à propos de la vie locale, qu'une imprudente mise en jeu de mémoire discursive[55] de la part de B menace de faire capoter, dans un double malaise des « faces » des interlocuteurs :

(29) A – D'après ce que j'ai compris, il a vu trop grand, et puis il avait quasi tout misé sur un gros chantier qu'il n'a pas eu... alors, pour le moment, tous les beaux projets de l'an dernier sont à l'eau !
B – Adieu, veau, vache, cochon, couv/
C – Mais... il ne s'agissait pas du tout d'élevage, c'est un complexe sportif qu'il voulait.

---

54 Tel le sketch « Les vacances à Marrakech » (1975) que les auteurs (G. Bedos et S. Daumier) ont retiré de leur répertoire tant il suscitait d'approbations tranquillement racistes ; *cf.* aussi l'analyse par H. Godard (2011 : 253) du traitement par Céline dans *Bagatelles pour un massacre* du texte d'un auteur juif – qui « avait cru, en s'adressant aux antisémites pouvoir procéder par ironie » – qu'il reprend, à l'instar de « toutes les publications antisémites du moment » (et en omettant l'indice d'italiques du texte original) pour « faire dire [à celui-ci] le contraire de ce qu'il disait ».
55 Celle – très familière à A et B, mais non à C – de Perrette (La Fontaine, *Fables*, VII 10) et de ses rêves de prospérité fermière « tombés » avec le « pot au lait » que, posé sur sa tête, elle portait au marché... Cet exemple – avec la gêne de B et la diversion opérée par A – est analysé de façon plus précise dans Authier-Revuz (2012).

B – Oui, je sais..., c'était..., je pensais..., non, excusez-moi...
A (à C) – Et vous pensez qu'il y a une chance que ce soit repris ? C'était une bonne idée... [août 2008].

Remarque 2 : Prise de risque ou flottement de l'énonciateur. Je renvoie à la riche analyse proposée par B. Gardin et J. Richard-Zapella (1994) de la tempête politique au sommet du gouvernement allemand soulevée par le « risque » pris par le président du *Bundestag* le 10 novembre 1988, au cours d'une cérémonie commémorant la « Nuit de Cristal », à évoquer, à l'abri de la fragile distanciation d'un guillemet oral, l'opinion allemande de l'époque nazie : la précieuse revue des réactions (au-delà du naufrage initial de la cérémonie) dans la presse française fait apparaître le plus large éventail d'interprétations de ce discours, entre panégyrique du Führer prononcé sans le moindre « bémol » et « réquisitoire contre l'Hitlérisme » victime d'un flagrant contresens, en passant par la « stupéfiante maladresse », la « bévue » rhétorique « d'un usage fort malheureux de la citation », source de toutes les incertitudes que condense le titre de presse « L'incompris », pour en arriver au diagnostic d'un orateur « ventriloqué » par le discours nostalgique du 3e Reich : « ça a parlé en lui », « il n'y a pas intention mais lapsus » – le risque « choisi » par l'inconscient est « subi » par l'énonciateur...

(ii) Un risque subi par l'énonciateur

Propice au ratage de l'autre donné à reconnaître, la possibilité du non-marquage peut en effet, à l'inverse, se prêter à des forçages interprétatifs, par **R**, du dire de **L**, lorsque, à l'encontre de l'intention de celui-ci, **R** identifie un élément de discours comme autre-donné-à-reconnaître dans un élément énoncé par **L**, simplement – sans surplomb métalangagier –, comme « sien ».

On quitte ici le versant du risque « choisi », localement, par l'énonciateur lorsqu'il recourt à une forme non marquée de RDA, pour celui du risque « subi » par tout dire : reçu et compris dans la mémoire interdiscursive de **R**, le dire de **L** est par là inévitablement « exposé » aux rencontres qui peuvent se produire entre les deux – énoncé de **L** et mémoire de **R** – et être interprétées par **R** comme RDA implicite.

Les incidents de frontière quant à ces discours autres que le dire donnerait – ou non – à reconnaître en lui peuvent, certes être empreints d'une flagrante mauvaise foi de la part d'un **L** protestant de son ignorance quant au dire autre que, sciemment, il fait jouer dans son dire : une forme non marquée de RDA apparaît alors comme stratégiquement choisie pour pouvoir toujours être déniée, en renvoyant **R** à des procès d'intention ou des délires interprétatifs ; c'est ce qu'illustre cet échange :

(30) *J.M. Le Pen* : « Monsieur Polac est un homme sans humour, sûr de lui et dominateur. [...Ils] présentent la politique et les valeurs fondamentales que je défends, comme une dérivation du nazisme [...]. » /*Georges Kiejman, l'avocat des inculpés, interrompt* : « Est-ce volontairement que vous employez les termes « *sûr de lui* » et « *dominateur* » que le général de Gaulle

avait utilisés pour définir l'état d'Israël ? » /*Jean-Marie Le Pen s'esclaffe* : « Ça y est, voilà la notion d'antisémitisme introduite par le biais de De Gaulle. Non, je n'avais pas d'intention antisémite » [Procès en diffamation intenté par J.M. Le Pen à M. Polac *et al.*, CR *in Le Matin*, 4.10.1984].

Mais l'affrontement ne sera pas moins vif lorsque c'est un élément énoncé, en toute « bonne foi » par l'un, comme « propre », que l'autre reçoit comme « autre » donné à reconnaître comme tel (RDA non marquée), c'est-à-dire en prêtant au premier une intention signifiante que celui-ci récuse... Tel est, par exemple, saisi par N. Sarraute, si attentive aux dangers que recèlent les incertitudes du dire, l'enjeu de la discussion pied à pied sur laquelle va se briser le mouvement qui portait deux amis, séparés par des choix de vie divergents, à se retrouver : celui du statut d'un « la vie est là » énoncé par H_2, et où H_1 entend – le recevant comme marque blessante de distinction « poétique » adressée au « béotien » qu'il pense incarner aux yeux de son ami – une allusion à Verlaine que récuse absolument H_2 :

(31) H_2 : [...] Tu comprends pourquoi je tiens tant à cet endroit. [...]. H_1 : Oui je comprends. H_2 : Si je devais ne plus revoir ça, ce serait comme si, je ne sais pas moi, ... oui, pour moi, tu vois, la vie est là. [silence, puis léger ricanement de H_1] H_2 : Mais, qu'est-ce que tu as ? H_1 : La vie est là, simple et tranquille... La vie est là, simple et tranquille, c'est de Verlaine, n'est-ce pas ? H_2 : Oui, c'est de Verlaine, mais pourquoi ? H_1 : De Verlaine, c'est ça ! H_2 : Je n'ai pas pensé à Verlaine, j'ai dit la vie est là, c'est tout. H_1 : Mais la suite venait d'elle-même, il n'y avait qu'à continuer. H_2 : Je n'ai pas continué !... qu'est-ce que j'ai à me défendre comme ça, qu'est-ce qu'il y a ? qu'est-ce qui te prend ? [...].H_1 : Mais voyons, ne joue pas l'innocent... La vie est là, simple et tranquille. H_2 : D'abord, je n'ai pas dit ça. H_1 : Si tu l'as dit. Implicitement. Et ce n'est pas la première fois... [...] C'est là que tu te tiens, à l'abri de nos regards salissants, sous la protection des grands Verlaine. H_2 : Je te répète que je n'ai pas pensé à Verlaine. H_1 : Bon d'accord, admettons, je veux bien, mais tu reconnaîtras qu'avec le petit mur, le toit, le ciel par dessus le toit, on y était en plein. H_2 : Où donc ? H_1 : Mais voyons, dans le Poétique. La Poésie ! [...] [N. Sarraute, *Pour un oui ou pour un non*].

Ou bien cet échange conjugal où l'un (A) reçoit un énoncé P comme forme non marquée de RDA, renvoyant polémiquement à sa propre parole – dont la forme marquée pourrait relever de « comme tu dirais » ou « tu dirais : " P " », là où l'autre (B) proteste de la simplicité innocente de son dire de « P », dépourvu à ses yeux de toute malignité métalangagière :

(32) *A* : Ce serait bien qu'on les invite un de ces jours. *B* : Je vais y penser. *A* : Tu te moques de moi ? *B* : ?? *A* : « Je vais y penser », tu me l'as assez dit, que c'est ma façon de botter en touche, non ? *B* : [rire] C'est vrai... mais je n'y pensais pas du tout, j'ai dit ça parce qu'il faut vraiment voir comment, avec tout ce qu'on a à faire en ce moment... tu es pas un peu parano, mon grand ? Je n'avais aucune envie de t'agresser ! *A* : Bon, bon, d'accord, si tu le dis... [conv. oct 2013].

La façon dont se « règle » le conflit sur le statut du discours autre dans ces énoncés fauteurs de trouble questionne la discrétude du tracé entre autre représenté et autre présent. Si les « bon d'accord » de H_1/A semblent mettre un terme à la discussion, les « admettons, mais tu reconnaîtras, si tu le dis » qui suivent indiquent que l'accord ne s'est pas fait pour autant sur le statut du dire en question dans le dire. Pour l'énonciateur H_2/B, sa parole ne met pas en jeu de discours autre ; il évacue comme *non signifiante* ce qu'il juge une rencontre accidentelle, *de hasard*, entre ses mots et de l'ailleurs. Pour l'autre, s'il concède que ce qu'il a reçu comme RDA implicite puisse ne pas être le fruit d'une claire intention de l'énonciateur, ce n'est pas, à l'instar de celui-ci, pour le congédier hors du dire, comme un hasard, non pertinent pour le sens et n'impliquant pas le sujet du dire : il ne renonce pas à la signifiante présence, dans le dire du sujet, d'un ailleurs qui, sur le mode d'un « *comme par hasard* », réminiscence non consciente – ou voix secrète mais résolue de son inconscient – s'y ferait entendre...

Dans le cadre, différent, d'une lecture théorique, c'est un jeu de cet ordre que décrit J. Bres: celui d'une oreille qui, particulièrement sensible à un certain discours (Guillaume) ne peut manquer d'en percevoir la présence, comme refoulée, dans le dire d'un autre (Benveniste) :

(33) [...] on sait que Benveniste a pris grand soin **à ne pas se référer** à la théorisation de Guillaume [...], à (essayer de) gommer de ses textes toute trace d'intertextualité avec la psychomécanique. Peine perdue : chassé par la porte du discours rapporté, le discours de l'autre revient, par exemple par la fenêtre de la négation : « Du signe à la phrase il n'y a pas transition [...] » (1969/1974, p. 65, *ibid.*). **Une oreille avertie** en psychomécanique **ne peut manquer d'entendre** dans *transition* un mot de Guillaume dans son questionnement de *la transition de la langue au discours*. [1999 : 83, *idt*, **gras** de mon fait].

Les « turbulences » aux frontières observées aux « bords » incertains de la RDA dans le Dire témoignent que ce n'est pas au même niveau que se situe ce qui est en jeu pour le sujet parlant dans ce tracé de frontière, selon que le ratage interlocutif relève du risque choisi ou subi par l'énonciateur. Si l'énonciateur peut se dépiter de ce que l'interlocuteur – manquant une allusion par exemple, et, avec elle, telle facette de l'image qu'il compose de son discours – le prenne, méconnaissant quelque chose de sa spécificité, en quelque sorte, « pour un autre », voire déplorer un blocage communicationnel, comme en (29), il s'agit de bien autre chose, pour lui, lorsque quelque chose de sa parole, énoncée comme propre, lui est retourné comme pur « écho » de déjà-dit : colère, protestation, trouble malaise... signifient que c'est alors (bien plus profondément que pour telle facette de son positionnement discursif) son statut de sujet parlant, source de « sa » parole qui se trouve, ponctuellement, mis en cause.

Ainsi, dans cet échange (à l'issue disphorique), la convocation par **R** du déjà-dit habitant selon lui, le dire de **L**, apparaît comme faisant violence à l'énonciation « une » de son interlocuteur, ramené au statut de perroquet-porte-voix, en lui déniant son statut d'énonciateur d'une parole propre (de fait toujours susceptible de « faire un » avec de l'extérieur sans être nécessairement « ventriloqué ») :

(34) — Alors, qu'est-ce qui se passe à l'hôpital ? — Ils sont en train de détruire le service public de santé, de mettre en place une santé à deux vitesses, pour les riches et pour les pauvres. — Oh ! écoute, c'est pas tes tracts que je te demande, c'est ton expérience à toi, qui aimes ton boulot, pourquoi tu penses que ça va mal... [conversation entre deux amies dont l'une est infirmière, après des manifestations, avril 2009].

C'est l'intime violence de ce mécanisme qui, réduisant le dire de l'autre à une récitation, le dépouille de sa parole propre, que met en scène, poussé à l'extrême, la joute oratoire, brillamment présentée par A. Compagnon (1979 : 366), opposant dans *Trans-Atlantique* W. Gombrowicz, le narrateur, à Borgès : à aucun moment celui-ci ne répond aux propos de son adversaire, il se contente de les réduire au statut d'écho d'un déjà-dit dont, redoutable érudit, il déniche les références, jusqu'au « merde, merde, merde » de Gombrowicz exaspéré, encore une fois « annulé », en écho de Cambronne : cruel et virtuose, ce jeu est une mise à mort de la parole de l'autre, débouté de son statut d'énonciateur source de « sa parole », dépossédé de ses mots.

Dans tous ces conflits relevant du « risque subi », le message adressé à l'énonciateur est celui d'un « soit, cet autre discours n'est peut-être pas *représenté* dans ton dire, mais, de toute façon, ton dire le *présente* ». L'ambiguïté du verbe « présenter » entre valeur passive (a) et active (b), comme dans

(a) le mur présente une fissure   vs   (b) l'enfant présente sa plaie au médecin
                                           le fermier présente ses légumes sur l'étalage

ouvre sur l'espace d'un autre présent(é) (a-b) où, en l'absence de seuils tranchés, c'est sans solution de continuité que – en deçà du seuil de la représentation – on passe d'un autre présent(é), au sens (a), à un autre qui, affleurant à des degrés divers à la conscience de l'énonciateur, peut être dit « présenté », au sens (b), par le dire. La vivacité des débats autour du statut de cet autre – représenté/présent(é)/absent – dans le dire de l'énonciateur (H_2, B en (31), (32)) témoigne de la violence interprétative subie par celui-ci de la part de l'interlocuteur : celle-ci relève – que ce soit dans l'interprétation initiale d'un ailleurs représenté, intentionnellement et implicitement, ou, en repli, dans l'insistance sur le caractère néanmoins présent(é) de cet ailleurs dans le dire – d'une mise en cause, intrusive, des frontières dans lesquelles, pour l'énonciateur, était enclose sa parole « propre ».

Remarque 3 : « Réminiscences anticipées ». Notons encore, relevant du « risque subi » par un dire livré à la réception interprétative du récepteur et de sa mémoire, le cas particulier de l'allusion perçue « illégitimement » relativement, non seulement à l'intentionnalité de l'énonciateur, mais même à la mémoire susceptible de lui être prêtée : celui du récepteur percevant – par erreur ou en assumant l'arbitraire d'un trajet intertextuel n'ayant de réalité que subjective, dans sa lecture – dans un texte l'écho d'un « déjà-dit » *postérieur* au texte. Tel le mécanisme (rappelé par Compagnon, 2009 : 26–28) des « réminiscences anticipées » qu'évoque Proust, dans une mémoire densément sédimentée de littérature, où peut surgir « une phrase de Flaubert dans Montesquieu » – mécanisme qui, de façon non consciente est évidemment à l'œuvre dans la lecture « naturellement anachronique » que nous faisons des textes dans notre mémoire.

Au-delà de sa pertinence comme concept à mettre en œuvre dans l'analyse sémantique des discours, l'extériorité interne au discours – ou son hétérogénéité constitutive, *cf.* chap. **10** – apparaît là, dans sa dimension d'*expérience subjective* foncière : celle – largement non consciente – pour un sujet d'avoir à « se poser » dans le langage, à y assurer sa parole comme telle, imaginairement et vitalement soustraite à son ailleurs dépossédant – enjeu subjectif du tracé configurateur dont on envisagera, au chap. **13**, les conditions et les aléas.

2.3.2 Échos rencontrés dans le dire d'un autre : incertitudes et aléas

En deçà des accidents perturbant, parfois vivement, le cours des échanges, c'est souvent à bas bruit que le récepteur fait l'expérience de son incertitude – émergence de la non-coïncidence foncière où se produit le sens – à reconnaître un fait de RDA non marqué, c'est-à-dire (1) à percevoir sur la chaîne l'écho d'un discours autre, (2) à identifier celui-ci, (3) à attribuer cet écho à une intention de l'énonciateur. De l'impression fugitive d'un « ça me rappelle quelque chose » ... à l'interrogation persistant sans réponse, le flottement de la réception du déjà-dit dans le dire – entre représentation et présentation/présence – prend de multiples visages.

Ainsi, si c'est sans doute aucun que tel récepteur de l'énoncé (1) de U. Eco peut transformer en allusion la « rencontre » opérée dans sa mémoire avec l'incipit de *La Recherche*, le degré de certitude est moindre pour les mots par lesquels J. Derrida ouvre sa conférence au colloque « Judéité – Questions pour Jacques Derrida »[56] :

(35) Longtemps et de bonne heure j'ai tremblé, je tremble encore devant le titre de ces journées [...] et jamais le privilège d'un colloque apparemment à mon adresse ne m'a à ce point intimidé, inquiété [...] [cité *in* Peeters (2010 : 613)].

Pour un lecteur privé de l'intonation du philosophe, l'écho, délibérément fragile, du « longtemps ... de bonne heure » peut demeurer indécis. Mais, quoiqu'il en soit, la lecture commune poursuit normalement son chemin au fil des perplexités dont

---

56 *Cf.* colloque 3–5 décembre 2000 à Paris, publié sous ce titre, Cohen J. *et al.* (dir.) 2003.

elle s'accommode avec plus ou moins de cet « inconfort de lecture » qu'évoque P. Hamon (2000 : 185) dans ses réflexions et ses exemples[57] sur le « plus ou moins de certitude » éprouvée quant à l'identification d'une « allusion » – le degré d'inconfort étant fonction de l'inscription plus ou moins intense du lecteur dans une perspective d'accès à la « vérité » d'un texte. Et, devant la « légion de références et emprunts » que lui-même et d'autres ont « cru déceler » dans un texte de Spinoza, P. Zaoui[58] dit son doute

> qu'aucun de ces rapprochements vaille en lui-même ou puisse valoir [pour Spinoza] comme argument d'autorité (Comment savoir pour chacune si l'allusion est délibérée ou non ?) [...].

pour ne retenir, comme pertinent pour la pensée et l'écriture de Spinoza que le fait de son intense inscription dans le déjà-dit.

Dans le contexte, différent, des discours médiatiques à forte « circularité des mots et des dires »[59], tissés de RDA inégalement marquées, les analyses montrent l'importance des « reprises » – non marquées comme telles – inassignables de façon discrète à du représenté ou à du présent(é).

Ainsi de l'abandon des guillemets observé par S. Moirand[60] dans l'emploi, par exemple, de « contaminé » lors de l'affaire, en mai 2000, du colza transgénique : au fil du déroulement des articles d'un même numéro du *Monde* la métaphore de la « contamination » d'abord explicitement empruntée aux écologistes fait place à des apparitions, sans marquage, susceptible de fonctionner sans solution de continuité – brouillant le tracé du contour de l'hétérogénéité représentée dans l'hétérogénéité constitutive – comme écho prolongeant la distanciation des formes marquées de l'emprunt *ou* (ayant rompu les amarres avec leur « source ») comme intégré à la parole propre. De la même façon, D. Da Cunha (2012), en écho à l'insistance de Bakhtine sur la « gradation infinie sur les degrés de l'altérité (ou

---

57 Déclinés en « je ne suis pas très sûr que dans [...], et malgré les notes de telle édition critique il y a allusion [...]. [...] je ne suis pas très sûr (mais quand même un peu plus [...]) que [...] est une allusion à [...]. En revanche, je crois identifier avec certitude une allusion assez nette au [...]. [...] Mais comment *évaluer* ces degrés? » [Hamon (2000: 185), *idt*]. De cette incertitude témoignent les « peut-être » qui, régulièrement, modulent en hypothèses les élucidations d'échos dans les éditions de textes, tel ce « peut-être » : « peut-être [Balzac] se souvient-il de la comédie vaudeville en un acte [...] » (note 95 dans l'édition du *Père Goriot* évoquée ci-dessus note 53), comme aussi les reproches d'arbitraire ou de surinterprétation que suscitent certains « dévoilements » d'allusions.
58 Pierre Zaoui, *Spinoza. La décision de soi*, Paris, Bayard, 2008.
59 Moirand (2007 : 158).
60 Moirand (2007 : 47–50). Le même chemin, allant d'un « X » comme emprunt marqué à un X intégré au fil du dire, est illustré dans cette étude par de nombreux cas: « principe de précaution », « vache folle », ...). *Cf.* aussi Moirand (2006).

de l'assimilation) du mot » dans le dire, comme de la conscience qu'en ont les énonciateurs[61], fait apparaître dans la circulation des dires propres à un « Courrier des lecteurs »[62], en deçà des formes marquées de RDA, la zone indécise où « il n'est pas facile de distinguer entre allusion et discours autre présent (et non représenté) ».

Dans tous ces cas, un élément dans un dire est entré en résonance avec la mémoire d'un récepteur : c'est la conversion interprétative, en forme de RDA non marquée, d'un fait de concordance avec de l'ailleurs, qui se charge d'incertitude.

Mais c'est aussi le fait même que la rencontre se produise entre un dire et une mémoire vivante donnée qui peut se révéler comme aléatoire, et la perception subjective d'un « même » – contrairement aux résultats automatiques de la mise en rapport en AD entre un texte et une « mémoire » interdiscursive constituée en corpus (*cf.* ci-dessus, chap. 10) – comme imprévisible.

Revenant sur l'impossible « dépliement » en note par un éditeur de *La Recherche* de toutes les allusions que le texte recèle, Compagnon (2000) évoque, par exemple, telle allusion à des vers – pourtant bien connus de lui – de Baudelaire qui, lui ayant « échappé » au moment de l'édition, s'impose à lui, dans un autre temps, comme « immanquable », lui suggérant ce commentaire : « Je m'en veux [...] de n'avoir pas vu l'évidence »[63].

J'ai, pour ma part le souvenir étonné de ces « intermittences de la mémoire », jouant dans la rencontre d'un « même » – redoublé de l'incertitude à interpréter le statut de ce même pour son énonciateur : ainsi ai-je plusieurs fois étudié, avec des étudiants, un texte de Gide, comportant

(36) M. Granville, journalier, a été attaqué à une heure du matin, rue Barbet, à Rouen, par un malandrin [...]. La victime se déclare incapable de reconnaître son agresseur ; mais, à ses cris, Mme Ridel avait mis le nez à la fenêtre et prétend avoir pu reconnaître en lui le sieur Valentin, journalier, qui comparaît à présent devant nous. [A. Gide, *Souvenirs de la Cour d'Assises*, VI, Pléiade, p. 645]

sans y entendre d'écho... jusqu'à ce que – pour une raison que j'ignore – se soit soudain éveillé le vers qui m'était depuis longtemps familier « La Belette avait mis le nez à la fenêtre », surimposant, désormais pour moi, à cette Mme Ridel sûre

---

[61] Bakhtine (1984 : 330), *cf.* aussi « Notre parole [...] est remplie des mots d'autrui caractérisés, à des degrés variables, par l'altérité ou l'assimilation, caractérisés, à des degrés variables également, par un emploi conscient et démarqué » (*ibid* : 296), cités par Da Cunha (2012).
[62] Corpus d'une soixantaine de lettres, publiées dans des quotidiens brésiliens sur une courte période (oct.-nov. 2005) en réponse au reportage d'un magazine alléguant un financement secret par Cuba de la campagne présidentielle de Lula.
[63] Compagnon (2000 : 244-245).

d'elle et prompte à charger un suspect, la figure de l'arrogante et sans scrupule « Dame au nez pointu » croquée par La Fontaine dans « Le chat, la belette et le petit lapin » (*Fables*, VII 16) ; et à la demande adressée à un collègue, visant à évaluer la « légitimité » d'un écho, pour moi aussi soudain que têtu, la réponse d'un évasif « pourquoi pas ? », n'a fait qu'ajouter à l'expérience des caprices de la mémoire, quant à cette perception d'un même, celle du flottement de son attribution à un emprunt volontaire, ou à une réminiscence... chez Gide amateur de La Fontaine, plutôt qu'au hasard, non éliminable, des similitudes !

2.3.3 Échos rencontrés dans son propre dire : après-coups, flottements, surprises.

Au nombre des expériences de flottement dans la rencontre et l'interprétation d'un déjà-dit du dire, il faut ajouter, troublante, celle que fait l'énonciateur lui-même dans son propre dire, découvrant, sous de multiples facettes, combien il n'est pas le maître lucide des échos que « ses mots » portent avec eux – trivialement : combien il ne sait pas très bien... ce qu'il dit.

Ce peut être, dans un *après coup de l'écriture*, qu'un énonciateur reconnaît le caractère d'emprunt d'un élément, accueillant, avec ou sans plaisir, dans son dire la mémoire interdiscursive singulière attachée à cet élément, qu'il avait mise en jeu à son insu !

Ce retour de l'énonciateur sur son dire et les échos qui s'y révèlent peut se faire en réponse aux remarques du récepteur dont – contrairement aux réactions évoquées plus haut – l'énonciateur admet le bien-fondé : c'est ainsi le cas d'une auto-critique, parue à la suite de protestations de lecteurs, du journal *Le Monde* (15.10.2001)[64] reconnaissant la présence non réfléchie d'un déjà-dit inopportun, dans l'emploi du terme « jeunes » comme désignation « euphémique » – promue par la presse d'extrême droite – de jeunes maghrébins, noirs, immigrés.

Sans l'intervention d'un autre, c'est aussi l'énonciateur lui-même, mais dans l'écart à lui-même d'un autre temps, qui perçoit– sur les modes les plus divers — un déjà-dit qu'il n'avait pas délibérément mis en jeu : ainsi, de cette « remontée » dans la mémoire à partir de mots venus simplement – « sans histoire » pourrait-on dire – sous sa plume, dont A. Compagnon (2013) retrace, précisément, à la façon d'une enquête, les péripéties :

---

64 Étudié par F. Hailon (2012a), dans le cadre d'analyses précises de l'emprise dans la presse des « représentations du FN » qui y apparaissent, « en surplomb comme déterminantes » (p. 196) (*cf.* aussi 2011, 2012b).

(37) [...] dans *La classe de rhéto*, pour décrire l'humeur de l'un de mes camarades, mon meilleur ami, qui était un peu fou, *j'ai écrit* [1] qu'« il passait sans transition de l'exaltation à l'abattement ». Puis il y a quelques jours, *je me suis soudain dit* [2] *que cette phrase* qui me trottait dans la tête depuis quarante-cinq ans *n'était pas de moi* mais devait être une citation que j'avais lue à l'époque qui m'avait fait comprendre le comportement de mon ami en le nommant. [...] Cette phrase, *je l'avais lue quelque part* [3] en 1965, elle avait soudain éclairci pour moi le comportement de ce garçon ; elle était restée inscrite dans ma mémoire et je l'ai finalement écrite. Et comme, aujourd'hui, on peut tout retrouver grâce à Google, je l'ai tapée [5] [...] et maintenant *je sais* [6] *que je l'avais lue* dans le *Lagarde et Michard* du XVIIIe siècle, à propos de Diderot, non de Rousseau, comme *je me le suis d'abord dit* [4] en le retrouvant l'autre jour [2013 : 24, chap. « Une jeunesse liseuse »].

Dans les parcours génétiques, c'est tout un pan des rectifications qui relève de la rencontre, à la relecture, non pas de répétitions malencontreuses, de sonorités fâcheuses, de clarté douteuse, etc... mais, dans les mots choisis tout d'abord – naturellement – d'un déjà-dit éprouvé comme inopportun. Ainsi G. Philippe (2012 : 258 *sq.*) analysant ce qui se joue dans les variantes paraphrastiques observables dans le manuscrit « Cuba » de J.P. Sartre, fait-il apparaître une série de suppressions, à la relecture, de termes conformes à « l'ethos prédiscursif [d'] intellectuel engagé qui décrit le monde à travers un ensemble de catégories idéologiques » du premier jet, au profit du vocabulaire « moins marqué idéologiquement » requis par la visée « littéraire » d'un idéal de « belle langue » : *surexploités*, *structure*, *aliénation*, remplacés respectivement par *pauvres*, *cause*, *violence*.

Ce peut être aussi, dans le mouvement même du dire, dont il est, à tout moment l'auto-récepteur, que l'énonciateur perçoit une résonance interdiscursive non programmée qu'il peut accueillir comme bienvenue :

(38) En ce temps là (voilà que je me mets à parler comme un apôtre quand je repense à Mao, l'autre saint patron de ma jeunesse folle au deux sens de ces mots), j'avais vingt et quelques ans [...], et je faisais tous les matins mon chemin de croix. J'allais à la recherche du prolétariat immigré des usines [M. Schneider, « D'une passion l'autre », *in Lacan, les années fauves* : PUF, Paris, 2010, p. 4].

ou reconnaître avec irritation, sous l'expression affective la plus spontanée, la mécanique ventriloquée qui la porte :

(39) C'est vraiment embêtant. Mais je n'ai qu'à m'en prendre à moi-même... Merde alors ! C'est ma mère qui me disait ça... Si je me mets à parler comme elle ! J'avais horreur de ça ! [conversation, 02–2010].

Ce mouvement de retour « désappropriant » sur son propre dire, se trouve multiplement illustré dans un roman qui en fait un trait des monologues intérieurs d'un personnage, comme par exemple dans :

(40) (a) Oh, mon Dieu, elle devenait fasciste en vieillissant. Elle n'allait pas tarder à réclamer le rétablissement de la pendaison et de la flagellation, enfin peut-être pas de la peine de mort – après tout pourquoi pas ? [...] des saligauds qui torturaient enfants et animaux et machettaient des innocents. « Saligauds » c'était un mot typique des tabloïds, sorti tout droit du *Sun* [...]. Si ça continuait, elle ferait aussi bien d'annuler tout de suite son abonnement au *Guardian*.

(b) Amelia avait eu, ce soir, une conduite encore plus bizarre que d'habitude : elle avait débité des âneries au sujet d'Olivia alors que [...]. Débiter des âneries. Encore une expression de son père. Ça faisait presque un an que le vieil homme était mort [K. Atkinson, *La Souris bleue*, trad. fr. Le Livre de Poche, 2006].

C'est, enfin, de ce mouvement que relève la troublante surprise du « lapsus interdiscursif » par lequel c'est à travers le déjà-dit attaché à une formulation (un des environnements discursifs où elle a vécu un épisode marquant de sa « vie de mot », pour parler comme Bakhtine), et non par le classique mot pour un autre, que l'inconscient trouve à se dire sans le concours ou à l'encontre de l'intentionnalité : ainsi, cet énonciateur évoquant, entre amis, la cure psychanalytique qu'il a entreprise

(41) Bof, si mon analyse se poursuit fraîche et joyeuse, normalement ça devrait aller [Oral, nov. 1990].

qui adhère, avec un rire, dans le second temps d'une auto-réception d'abord déconcertée, à ce que, récepteur de ses propres mots, il y a entendu, à savoir que, selon lui, la psychanalyse a, pour lui, quelque chose d'une guerre[65].

Ou bien, dans une formulation où s'impose un déjà-dit aussi impérieusement survenu qu'il est malvenu – lors d'un oral de concours, où une candidate, mise en difficulté par le jury au sujet de son interprétation de *La Route des Flandres* de C. Simon comme porteuse d'un « message progressiste » appelant à une « transformation du monde », et qui, désireuse de concéder, en dépit de sa conviction spontanée, un certain pessimisme dans la vision de l'auteur, emprunte – sans en avoir conscience dans un premier temps – les paroles de... l'*Internationale* appelant à faire « du passé table rase », qui, adressées à ces interlocuteurs, lui reviennent en boomerang, avec leur « suite » dans le déjà-dit : « ... debout ! debout ! Le monde va changer de base, etc. »

(42) C'est vrai que Claude Simon fait du passé table rase ... enfin ce n'est peut-être pas le mot, il ne reste pas grand chose de solide [Oral de concours de recrutement d'enseignants de lettres, 1998].

---

65 « La guerre fraîche et joyeuse » est une boutade du Kronprinz Guillaume de Prusse en 1914.

3 Hors RDA : l'ailleurs discursif consciemment « fait sien » dans le dire

Ainsi – avec des turbulences observables sur ses « marges » non marquées –, la RDA dessine-t-elle, dans un discours que traverse de part en part une extériorité discursive *E* illimitée, la place *E'* de ce que ce discours désigne en lui comme discours autre. Sur cette base, il convient de ne pas passer à une géographie trop simple des jeux de l'ailleurs discursif dans le dire, où à la partition *E'*/*E* se superposerait l'opposition conscient/non conscient.

Certes, la RDA implique l'intentionnalité ; et, solidairement, l'ignorance – la non conscience – pour l'énonciateur du déjà-dit traversant constitutivement son dire, est condition de la possibilité même de ce dire, qui ne peut « se tenir » que protégé (*cf.* chap. **13, 14** ci-dessous) des forces centrifuges, dépossédantes, qui le « déferaient ». Et, envisagé par le dialogisme, le caractère insu du déjà-dit travaillant le dire est au cœur même du projet de l'AD, comme continent à explorer nécessairement pour approcher le « sens », et s'impose comme facteur pertinent dans toute rencontre – perception ou analyse – de l'espace stéréotypique des lieux communs, clichés, routines, formules... qui viennent d'autant plus naturellement aux énonciateurs qu'ils les ont « reçus » d'ailleurs sans le savoir.

Pour autant, apparaît en *E*, hors RDA, une zone où c'est *en toute conscience* de l'énonciateur que du déjà-dit est mis en œuvre, dans son dire, comme – approprié, adopté, assimilé... – délibérément *fait sien*. Son existence apparaît – sans être thématisée – comme l'un des pôles du continuum des « plus ou moins conscient », « plus ou moins réfléchi » souvent évoqué à propos du fonctionnement énonciatif de la stéréotypie[66] tel qu'il s'observe massivement dans les genres « routiniers » (*vs* « auctoriaux », *cf.* Maingueneau 2004)[67].

Le souci d'identifier, dans l'ensemble des modalités sur lesquelles l'extériorité constitutive de tout dire joue en lui, celle d'un déjà-dit simplement conscient – donc pas insu, sans être représenté pour autant – se fait jour, clairement expli-

---

[66] *Cf.* par exemple Branca (1993) analysant le routinier dans « l'écrit des assistantes sociales » comme relevant de « fonctionnements qui sont des savoir faire plus ou moins conscients » ; ou Amossy (2010) notant que c'est "sciemment ou non", « de façon plus ou moins réfléchie et apprise », que l'expression dans des genres fortement codés se régule, stéréotypiquement, selon un « modèle préexistant » (p. 50–51).

[67] Si, à l'interrogation de P. Veyne (1995 : 208) « Les lettres administratives qu'écrit Stendhal quand il est commissaire des guerres, font-elles partie de ses œuvres ? Est-ce qu'il en est l'auteur ? » il est possible de répondre de façon négative, Henri Beyle n'en est pas moins leur énonciateur, adoptant, sans doute, selon toute la gamme du « plus ou moins conscient », les normes de cette correspondance.

cité, chez F. Sitri dans un texte (2015a) revenant sur l'ensemble de son parcours en AD[68]. Menant une réflexion exigeante sur les divers aspects de l'extériorité discursive interne à un discours, à travers le traitement minutieux de corpus d'écrits professionnels, elle pose comme « une question importante [...] celle du caractère conscient ou non des routines » (p. 176, 182). Formulant – pertinemment – son interrogation d'ensemble en termes d'un « même » identifiable, sans marquage, entre un discours et de l'extériorité discursive, et recouvrant des phénomènes non équivalents, elle propose de distinguer entre les mêmes
(1) du *répété* (non conscient) *vs* de la *reprise* (consciente),
(2) de la reprise d'*emprunt* (RDA d'allusion) *vs* du *partage* (routine assumée).

Ce mode d'accueil conscient du déjà-dit dans le dire n'empiète nullement sur la zone *E'* de la RDA : c'est du complémentaire de *E'* dans *E* – la part d'ailleurs discursif jouant dans le dire *sans* y être représenté – qu'il relève, partageant de façon non discrète cette zone du déjà dit présent(é), selon que ce déjà-dit « fait sien » est énoncé comme tel consciemment ou non par l'énonciateur.

Aussi, n'est-ce pas en tant que tel que ce troisième mode de tissage du déjà-dit dans le dire – ni insu, ni représenté – intéresse une étude de la RDA, mais en ce que leur base commune – la *conscience* de la mise en œuvre d'un *ailleurs discursif* dans le discours en train de se faire – permet, différentiellement, d'affiner ce qui fait la spécificité de l'une, la RDA – une fonction *dissimilatrice*, incompatible avec le mouvement sous-jacent, consciemment assimilateur de l'autre.

Remarque 4 : Présence multiforme de modèles consciemment suivis. De multiples observations témoignent de la réalité de la pratique du dire se conformant – en toute conscience et sans le dire – à un « modèle » préexistant. Il en va ainsi, lors des processus d'apprentissage, des pratiques écrites ou orales relevant de la formation professionnelle, avant que les modèles extérieurs ne soient éventuellement incorporés en « seconde nature » ; du nombre et de la diffusion des ouvrages pourvoyant les énonciateurs en instructions ou en modèles : manuels à l'usage des professionnels de la rédaction (comptes rendus officiels, textes à caractère juridique...), guides pour le courrier administratif, recueil de lettres et discours pour toutes les circonstances de la vie sociale et privée... ; d'expériences parfois assez disphoriques à devoir faire passer son dire par les filières très normées des formules d'appréciations de bulletins scolaires, de lettres de recommandation ou de témoignages de voisinage... ; des « éléments de langage » que les acteurs de la vie politico-médiatique vont répétant à l'identique, successivement ou simultanément à travers plateaux et studios les soirs de résultats électoraux sur le mode de l'expression, hic et nunc, de leur pensée personnelle ; de tous les rituels, enfin – civils ou religieux – dont l'accomplissement passe par la ré-énonciation, à neuf, avec sa valeur performative, d'un énoncé strictement figé : des « je vous déclare unis par les liens du mariage » ou « la séance et ouverte » aux paroles des

---

[68] Notamment dans le cadre du « travail social » (rapports éducatifs, signalements d'enfants en danger...) : *cf.* par exemple, en collaboration, Cislaru *et al.* (2008), (2013) ou Née *et al.* (2014, 2016).

fidèles et de l'officiant de la messe, ou au serment publiquement énoncé comme répétition du nouveau président des Etats-Unis.

Il n'est pas question ici de rendre compte, même sommairement, du champ passionnant et difficile – en bordure externe de la RDA – de ces dires consciemment coulés dans un moule préexistant ; ni d'en évoquer l'importance dans le fonctionnement social, de dégager les profondes différences qui le parcourent au plan énonciatif (statut du « modèle », opposé, par exemple, dans l'effectuation du dire des « éléments de langage » ou de celui des rituels sacralisés qui requièrent sa dissimulation pour les premiers et sa pleine reconnaissance pour les seconds), ni d'en interroger l'extension (relativement, notamment, au statut, aussi complexe que débattu, de la « récitation », ou de la « parole du comédien »...). Je noterai seulement, dans le champ des « prêts à écrire », l'intérêt des approches dégageant, au-delà de l'image négative d'une « communication bloquée », d'une « parole mortifiée », « vidée de sens » et « d'authenticité », le double versant positif du « modèle » dont « s'emparent » – plus qu'il ne s'impose à eux, les privant de parole – les énonciateurs peu lettrés comme de « facilitateurs d'accès » à une expression écrite personnelle, et qui constitue une manifestation d'appartenance à un groupe[69].

Le discours autre « fait sien » n'est pas « de la RDA non marquée » : non seulement le mouvement énonciatif conscient de « faire sien » du dit « ailleurs-avant-et-indépendamment » ne se confond pas avec celui de la RDA qui, au contraire, *désigne* « de l'autre » dans le dire, mais ces deux rapports du dire au déjà-dit s'opposent et s'excluent.

Dans le mouvement par lequel un dire passe consciemment par les filières d'un déjà-dit – celui de l'assimilation d'un *ailleurs* avec lequel il ne fait plus qu'*un* – la moindre manifestation dans le dire d'une prise de distance différenciatrice vis à vis de cet ailleurs est radicalement « subversive ». Glisser, dans la reprise d'une formule consacrée, des guillemets (de MAE), un *etc.* indiquant que le degré de familiarité avec le déjà-dit permet de se dispenser de le dire effectivement[70], des (!), (!!) de distanciation méta-énonciative, *a fortiori* des commentaires explicitant les *comme on dit*, *comme il est coutume de dire* – que, précisément, résorbe le mouvement du « faire un » – c'est-à-dire insérer le moindre grain de RDA, c'est y introduire le « diable » d'une distance *dissimilatrice*, provocatrice. Il en est ainsi, par exemple, de l'intonation de « perroquet » faisant entendre que

---

69 *Cf.* outre Branca (1980 : 24), les précieux travaux de cet auteur consacrés à l'écriture des « peu lettrés », notamment (2014) au vaste corpus de 700 lettres de soldats de la grande guerre qui, prenant la plume pour une correspondance à forte charge affective, alors qu'ils « n'écrivaient jamais dans la vie », trouvent une aide dans les « cadres » fournis par les répétitives formules de début et de fin de lettre ; *cf.* aussi Sitri (2015 : 174) soulignant la nécessité de « remettre en question l'association entre "routine" et "pure répétition" ».
70 Tels ceux évoqués ci-dessus, chap. 4 ex. (47), (48), p. 123, comme rappels de la présence de L dans la représentation qu'il énonce, au DD, d'un dire de *l*.

l'énonciateur « déshabite » un dire qu'il ne « fait pas sien », dans cet échange sur lequel s'achève l'affrontement d'un enseignant et d'une élève :

(43) — Répète après moi : monsieur, je m'excuse d'avoir été insolente envers vous.
— Je n'ai pas été insolente.
— J'attends : monsieur, je m'excuse d'avoir été insolente envers vous.
— Monsieur, je m'excuse d'avoir été insolente envers vous.
C'était récité mécaniquement, avec une ostensible absence de conviction. J'ai quand même tendu le carnet qu'elle a aussitôt saisi avant de sautiller vers la porte. Au moment de disparaître dans le couloir, elle s'est exclamée
— j'le pense pas.
J'ai bondi mais trop tard [F. Bégaudeau, *Entre les murs*, 2005, p. 56].

de formules dont la « politesse » serait annulée par la désinvolture de leur renvoi à du stéréotype par *etc.* ou des points de suspension :

(44) Je vous prie de croire etc.
Veuillez agréer l'expression...

comme de paroles consacrées dont – énoncées par un « officiant » lassé de leur répétition – s'évanouirait la valeur performative :

(45) Je vous déclare unis *et cœtera*...

Et au scandale – « profanation pure et simple » écrivait M. Droit dans le *Figaro Magazine* du 01-06-1979 – causé par le succès de la version « reggae » de l'hymne national par S. Gainsbourg « Aux armes et cætera », répond le mode irrévérencieux sur lequel le pittoresque « Feldkurat » – l'aumônier militaire dont « le brave soldat Chweik » se retrouve l'enfant de chœur – « expédie » au plus court, à l'intention de soldats égayés par ses fantaisies, les messes qui précèdent leur départ au front :

(46) Il remplit brillamment sa tâche comme toujours. Pour la transsubtantiation il se sert cette fois de Weinspritz, et le sermon fut un peu plus long, car un mot sur trois était suivi par un *et cætera* et un « évidemment ».
« Soldats, dit-il, vous partez aujourd'hui pour le front, *et cætera*. Elevez vos cœurs *et cætera* vers Dieu, évidemment. Vous ne savez évidemment pas ce que vous allez devenir, *et cætera*. » Le sermon continuait sur ce ton. Le courant d'*et cætera* et d'« évidemment » s'arrêtait parfois pour laisser passer des « nom de Dieu » et les noms de tous les saints. [...] La messe fut cependant achevée sans autre scandale, ayant fort diverti les soldats qui y assistaient [J. Hasek, *Le brave soldat Chweik*, trad. du tchèque, Gallimard, chap. 12, *idt*].

Le pointage du déjà-dit d'une formule – par opposition à son assimilation au « propre » du dire – peut aussi passer par son déplacement en contexte discordant[71], comme dans cette lettre humoristique adressée à un ami par celui à qui il a prêté sa maison et confié son chien :

(47) J'ai le regret de porter à votre connaissance le fait que le nommé Tiburce a renversé et cassé en courant comme un fou, à son habitude, la jolie poterie bleue de l'entrée de la maison [Corresp. privée, 14-08-2002] ;

ou se faire, au plan d'un genre de discours très normé, par sa bascule dans le genre – de RDA – de la parodie : il en est ainsi, par exemple, dans les jubilatoires caricatures d'articles scientifiques de Perec[72], ruinant le « sérieux » de la pratique des routines (que celle-ci soit automatisée et comme oubliée par des chercheurs chevronnés, et/ou résignés, ou attentivement suivie par un apprenti...) par la mise en scène distanciante de leur exacerbation et d'une discordance d'avec l'objet farfelu du discours.

Que de l'extériorité discursive accède localement à la conscience de l'énonciateur, c'est ce qui rapproche RDA et conformation délibérée d'un dire à un déjà-dit, par opposition au caractère insu de la présence, constitutive, du déjà-dit dans le dire. Mais là où le dire « ne fait qu'un » avec l'ailleurs auquel il se (con)fond, *présentant* par là, dans sa forme même cet ailleurs auquel il se conjoint, la RDA qui, par son étagement métalangagier, institue quelque chose de son extériorité perçue comme extérieure au discours en train de se faire, en le *représentant* comme tel, est foncièrement *différenciatrice*.

L'opposition entre ces deux modes – assimilateur/dissimilateur – de traitement d'un ailleurs discursif perçu par l'énonciateur ne correspond pas à une opposition accord/désaccord de l'énonciateur avec l'ailleurs consciemment accueilli : « faire UN avec » et « représenter comme autre » un certain discours, se situent en deçà des opinions ou sentiments de l'énonciateur à l'égard de ce discours.

L'opération consciente – mais non dite – de « faire un » avec un déjà-dit peut s'accompagner de la plus grande diversité des affects – pleine adhésion, certes, du sujet à ce qu'il assimile, accord avec un rôle, attention appliquée, mais aussi

---

71 Déplacement « hétérogénéisant » par rapport au fonctionnement homogène des routines « faites siennes » par un dire – *cf.* l'analyse pertinente de R. Mahrer (2005 : 105) remarquant que « certaines unités du discours » étant « associées [...] à des composantes contextuelles » il s'ensuit que « quand tel énoncé est employé dans un contexte auquel il n'est pas associé habituellement (dans un genre auquel il ne correspond pas selon la représentation dudit genre qu'a le co-énonciateur ou provenant d'un énonciateur auquel le co-énonciateur n'aurait pas prêté une telle parole...) il est alors chargé d'une valeur d'hétérogénéité voire d'impertinence [...]. »
72 « *Cantatrix sopranica L. – et autres écrits scientifiques* », parodique contribution neuro-physiologique – génériquement hypernormée – de G. Perec à la recherche internationale sur les effets du jet de tomates sur les cantatrices... pour le premier texte du recueil (voir chap. 5 note 29, p. 162).

bien amusement, irritation, résignation... – éprouvés à « conformer » son dire à un prêt-à-dire/écrire[73]. De même, le geste dissimilateur de la RDA est à entendre comme pure distinction de deux discours, mise en rapport qui ouvre sur toute la gamme des rapports possibles entre eux, du conflit à l'accord. La RDA n'est nullement rebelle à l'expression, dans le discours, de son identification avec le dire autre de *l* que **L** partage, qu'il reprend à son compte, auquel il s'associe, qu'il rejoint, etc. Mais il faut souligner la différence entre appropriation, consciente mais implicite, d'un extérieur discursif par un discours, et mise en scène explicite dans un Discours d'un autre discours distinct et du mouvement par lequel il « fait un » avec lui. À titre d'illustration de l'emphase dont peut se charger – loin de l'assimilation muette – la représentation de ne « faire qu'un » avec un autre bien identifié comme tel, je renvoie au florilège des énoncés de RDA émanant de députés abolitionnistes lors du débat parlementaire sur la peine de mort, en 1981, analysés par R. Micheli[74] comme relevant de « stratégies de rapprochement », tendant à « réduire la distance » d'avec une source prestigieuse, fortement « distinguée », pour en arriver à se « réapproprier » le discours de celle-ci, comme par exemple :

(48) — À ce sujet, *je fais miennes les paroles* de notre camarade Jean Jaurès, que vous avez si bien rappelées hier, Monsieur le Garde des Sceaux « Je crois pouvoir dire, déclarait-il voici soixante treize ans, que la peine de mort est contraire à ce que l'humanité [...] ».
—Enfin, je terminerai en évoquant celui qui siégea ici (l'orateur montre la place où siégea Victor Hugo) [...] celui qui s'est battu toute sa vie contre la peine de mort et qui, le 15 septembre 1848 prononçait devant l'Assemblée Nationale, *cette phrase que je fais mienne* : « Je vote l'abolition pure, simple et définitive de la peine de mort. »

ou :

(49) Ce monument ne devait jamais être réalisé, mais il anticipe *ce jugement* de Chateaubriand *que nous faisons nôtre* : « Devant le tombeau de Napoléon, on ne perçoit que le génie de Napoléon ; devant celui de Louis XIV on perçoit le génie de la France » [G. de Saint-Bris *Louis XIV et le Grand Siècle*, 2012, L. de Poche, p. 343].
(50) Enfin, et surtout, je fais mienne la formule de Victor Hugo ; « *Il y a dans l'admiration quelque chose de réconfortant.* » J'adore admirer... [B. Tavernier, Conclusion d'un entretien dans *Télérama*, 15/21–10–2016, p. 8, *idt*].

À l'opposé du processus d'assimilation – relevant d'un « faire sien » tacite ou ignoré – ce mouvement rhétorique de « faire sien » suppose la « dissimilation explicite » de la RDA.

---

[73] Affects aussi divers que ceux avec lesquels on peut être amené à revêtir un uniforme, par opposition avec un déguisement ludique, dans lequel le "sérieux" du "faire un" serait ruiné par des éléments de "distanciation" (tels la discordance avec la situation, l'ostentation, etc., comme, par exemple en (22), (47) ou le texte "scientifique" de Perec).
[74] Micheli (2006 : 291 *sq.*) évoqué ci-dessus au chap. 5.5.4.2, p. 191.

4 Entre l'autre et le propre, une zone sensible

Par le tracé différenciateur – dissimilateur – de la RDA, le Discours partage en lui-même, les territoires des discours autres et ceux de sa parole « propre », foncièrement ou consciemment « faite sienne ». Élément « configurateur » essentiel du discours en train de se faire – ce tracé – métadiscursif – n'a donc pas la netteté tranchante d'une ligne tracée au cordeau : du flou apparaît dans la cartographie sur une marge, une frange de la RDA, où le partage – au sens de séparation – entre ce qui relève de l'un ou de l'autre se fait incertain.

Deux données se combinent, on l'a vu, pour brouiller la ligne de partage que trace, par exemple, un DD maximalement marqué : un fait de langue – les degrés de marquage que présentent tous les modes de RDA, avec la possibilité d'une réalisation en marquage zéro – et un fait de langage – la présence constitutive, qu'elle soit formulée en termes de dialogisme foncier ou d'extériorité interne, de l'ailleurs discursif dans le dire.

À ces formulations théoriques répondent, pour les énonciateurs, l'*expérience* concrète de cette présence sous-jacente au dire : jouant sur un mode largement et nécessairement ignoré des sujets parlants – puisque parler et comprendre se font dans, à travers, *via* le déjà-dit qui constitue la « matière » même du dire et du sens – cette présence peut, à tout moment, affleurer à la surface « unie » du dire, de façon plus ou moins prévisible ou inopinée, et plus ou moins vive, à la conscience de l'un, et pas de l'autre, des co-énonciateurs : c'est cette « présence », perçue différemment, interprétée différemment, qui est au cœur des flottements, malentendus, conflits, surprises évoqués ci-dessus.

Au principe de ces discordances ouvertes par le non marqué, tout ce qui relève d'un *écart* : écart notamment entre les pôles de la co-énonciation, immédiate ou différée, dont les mémoires discursives, foncièrement dissemblables, ne sont, de plus, pas « activées » de façon immuable, écart temporel entre un énonciateur et lui-même en position de récepteur, écart dans le moment même de l'énonciation-réception entre le conscient et l'inconscient du dire. Et, affectant toutes les opérations liées à ces « affleurements » de déjà-dit dans le dire, le dégradé des niveaux de conscience[75] où elles se situent : conscience aussi affirmée que

---

[75] Gradation soulignée par Bakhtine (1984). Arrivé (2012) fait apparaître combien la question de la conscience que le sujet parlant a de la langue n'est pas étrangère à la réflexion de Saussure (2002), et relève notamment l'attention de celui-ci « aux degrés de conscience » correspondant à l'idée que « la notion de conscience est éminemment relative », et suggère (p. 37, 40) que le métalangage – non désigné par ce mot chez Saussure – correspond chez lui au « degré de conscience le plus élevé » ou à « la forme la plus aigüe de "la conscience de la langue" ». Transporté au plan de la conscience plus ou moins vive, en un point, de la présence d'un extérieur discursif, c'est au

celle qui accompagne le marquage comme autre d'un élément, mais aussi demi-conscience, conscience latente, instable, non-conscience et inconscient[76]. Ainsi la ligne séparatrice par laquelle le discours assigne en lui-même un territoire au discours autre se défait-elle – conflictuelle, instable, incertaine jusqu'à l'indécidable, « poreuse »... en une zone indécise entre l'un et l'autre.

Pour autant, ce n'est nullement une sorte de zone « neutre » où s'émousserait la « question » de la frontière : loin d'être mise en sommeil faute de repères assurés, elle est au contraire avivée par l'incertitude. La vivacité des réactions des co-énonciateurs – conflits, malaises, irritation, surprise... comme l'intensité des quêtes de repères manquants, font apparaître ce tracé comme d'autant plus « sensible » qu'il est incertain, témoignant par là des enjeux qui y sont attachés, pour le sens et pour le sujet énonciateur. L'inconfort, le trouble que font naître, ponctuellement, dans le dire, les flottements et incidents de frontières qui s'y produisent, apparaissent ainsi comme des révélateurs de ce qui, « sans histoire » est normalement assuré par la RDA : la séparation configurante de l'un d'avec l'autre par laquelle, dans l'imaginaire[77], pour le discours et son sujet-énonciateur se dessine une identité au reflet différenciant de « ses » autres (qu'on évoquera chap. **12**) et se conforte le sentiment d'une parole « propre » (chap. **13, 14**).

---

degré maximal, en effet, qu'on pourrait placer le marquage métadiscursif d'une MAE; voir aussi Arrivé (2018)..

76 Ce qui, rappelons-le, n'est aucunement synonyme. Le non-conscient relève d'une absence, là où l'inconscient est présence agissante ; *cf.* ex. (41) et (42) où l'ailleurs, chargé de sens est *positivement* mis en jeu par l'inconscient.

77 Cette catégorie – on l'a vu ci-dessus chap. **10**.3.2, p. 410 – ne renvoie pas au monde des fées et des licornes, mais à la part d'illusion nécessaire du « Moi » sans laquelle un sujet humain ne peut « tenir ».

Chapitre 12 La caractérisation différentielle du Discours par ses autres : images et reflets configurants de la RDA

Introduction Positivité du négatif : frontières « instituantes »

« L'être se pose en s'opposant » : indéfiniment reprise ou reformulée, la formule de Hegel n'en a pas pour autant perdu de son pouvoir éclairant...

C'est – hors de toute visée de présentation de cette pensée et de celles qu'elle a inspirées – à la « vulgate » post-hégélienne, d'une positivité de la négation que je fais référence ici ; envisagée en termes de limite, frontière, séparation, différence, distinction, même/autre... comme productrice d'identité, elle s'énonce aisément sous forme aphoristique : « l'identité s'atteint par la différence ; autrui est la condition essentielle de la conscience de soi ; la négation est nécessaire au devenir soi... ».

Elle s'impose – autant à la réflexion philosophique que dans le champ des sciences humaines[1] – comme « envers » de l'indifférenciation, de la (con)fusion, de l'incorporation... : panorama qu'il serait vain de tenter d'évoquer par un florilège de « vraies » citations (par rapport à l'anonymat des aphorismes ci-dessus), tant le caractère « instituant » du négatif qui, formulé à ce niveau de généralité, peut être considéré comme partagé, s'est, en effet, en fonction des cadres de pensées, des problématiques, des objets divers, chargé de significations et d'enjeux si dissemblables – Bakhtine, Heidegger, Sartre, Ricœur, Bourdieu... – que le rapprochement de formulations d'apparence voisine, non contextualisées serait trompeur.

Deux citations[2] seulement ici, l'une parce qu'elle émane de Benveniste et qu'il s'agit de langage... :

---

[1] Outre la « distinction » travaillée par Bourdieu (« Exister, symboliquement, c'est différer » rappelle-t-il dans un entretien avec C. Levi-Strauss de 1988 (*You tube*), citons, par exemple dans le champ des sciences humaines F. Hartog, *Le Miroir d'Hérodote-Essai sur la représentation de l'autre* Gallimard, 1980, liant crucialement la question de l'altérité à celle de la frontière (p. 135, par exemple), ou E. Terray dans *Penser à Droite* (Galilée, 2012) distinguant l'investissement, xénophobe « identitaire », de ce qui est limite nécessaire à une identité (p. 110 *sq.*, notamment) ou encore *L'éloge des frontières* de R. Debray (2010).
[2] Dont j'emprunte la « rencontre » à S. Bikialo (2012 : 122).

> La conscience de soi n'est possible que si elle s'éprouve par contraste [1966 : 260],

l'autre du philosophe Clément Rosset :

> Il ne saurait donc être de moi que de l'autre et par l'autre, dont l'étayage assure l'éclosion et la survie du moi [1999 : 48],

parce que à travers ses mots « étayage, assurer, éclosion, survie » apparaît nettement que la constitution du moi par différence d'avec l'autre n'est pas une « donnée » de fait, statique, mais, dans un « jeu de forces », un équilibre à produire et, toujours mouvant, à maintenir.

Délimitant, dans l'un du Discours-en-train-de-se-faire, le territoire de ses autres, reconnus pour tels, la RDA est apparue comme un geste méta-énonciatif *dissimilateur*, traceur de frontières. Les « émotions » observables chez les énonciateurs lorsque ce tracé séparateur se fait problématique, incitent, on l'a dit, à en questionner l'économie – discursive et énonciative – au-delà de celle, première, de doter tout dire de la possibilité, métalangagière, de parler d'un autre dire, autant que de tout autre référent.

Dans l'opération globale de « présentation de soi » inhérente au discours, la RDA apparaît, par la double spécificité de son statut *métalangagier* et de *sa négativité* (différentielle), comme un ressort crucial du « positionnement » des discours (**1**). Sa fonction configurante du Discours « par ses autres » s'accomplit *indirectement* par le jeu d'images et de reflets que des visées discursives diverses disposent en lui dans sa traversée du déjà-dit (**2**).

La RDA, partie prenante des mécanismes de négativité instituante (**1**), apparaît comme porteuse d'une figuration différentielle assurant l'identité du discours et du sujet qui l'énonce.

Ce mécanisme s'exerce sur deux plans du dire, distincts et solidaires, qu'on envisagera séparément, en tentant de saisir leur articulation au sein de la fonction configurative de la RDA : celui, au plan discursif, de la *caractérisation différentielle* du discours par les autres discours qu'il représente en lui, qui fait l'objet de ce chapitre et, en deçà, celui, au plan du rapport du sujet au langage, abordé ci-dessous 2.3.4 et envisagé aux chapitres suivants, d'une *délimitation* qui institue, dans la présence constitutive de l'ailleurs discursif, une parole « *propre* ».

1 Mécanismes d'identification discursive et RDA

1.1 *Ethos*, identité discursive, présentation de soi.

1.1.1 La dimension langagière de la figuration de soi.

Le champ est immense – de la rhétorique d'Aristote aux travaux contemporains de la prise en compte de cette composante obligée de toute parole qu'est l'« image », la « figuration », la « mise en scène » de soi qui, productrice d'une « identité discursive » est partie prenante de son effectuation. Je ne tenterai pas de le parcourir, renvoyant, par exemple, au panorama qu'en propose R. Amossy (2010), sous le titre « La présentation de soi – *Ethos* et identité verbale » et, dans le *Dictionnaire d'Analyse de Discours*, de Charaudeau et Maingueneau (2002), au jeu croisé des articles qui y introduisent : « *ethos*, face, identité, individuation, places (rapport, système de), portrait discursif, positionnement, rhétorique, rôles, aire d'énonciation, stratégie de discours... ».

Les pensées de la production d'images de soi comme composante de la vie sociale à travers toutes ses formes – vêtements, habitation, « manières de table », ancrages et trajectoires professionnels, régionaux, « appartenances » diverses, modes plus ou moins ritualisés de la sociabilité, *etc.*, parmi lesquelles les pratiques langagières – comme celles de « la mise en scène de la vie quotidienne » de Goffman (1973) ou de la « distinction » de Bourdieu (1979) – ont évidemment nourri, à des degrés divers, les problématiques évoquées ci-dessus. Mais, celles-ci, en deçà des différences certaines qui les traversent, en termes, par exemple, des « places » – effectives et imaginaires occupées par les interlocuteurs, évoquées par Pêcheux et Fuchs (1975)[3] et retravaillées par Flahaut (1978) – des « images » de celui qui parle et de celui à qui le discours s'adresse, telles que les propose le « dispositif d'énonciation » de E. Véron (1984 : 35), d'identité socio-discursive chez Charaudeau (2009), de l'*ethos* produit aux divers plans de la « scène d'énonciation » chez Maingueneau (1993, 2012), partagent, à l'instar de la rhétorique d'Aristote, une même focalisation sur la dimension langagière de la figuration de soi, dont R. Amossy (2010 : 210) souligne les « deux aspects cruciaux » : « la construction d'une identité verbale et la quête d'une efficacité rhétorique ».

Ainsi retrouve-t-on la panoplie des marqueurs identitaires, évoqués par Goffman, autant comme « ressources » que comme « stigmates » dans le jeu social, sous les espèces des indicateurs langagiers d'appartenance sociale, régio-

---

[3] Présenté *in* Maingueneau (1976 : 143) sous le titre « Places et "formations imaginaires" ».

nale, générationnelle, « genrée », culturelle, politique, idéologique, professionnelle... et « générique » – au sens de genre de discours – du sujet énonciateur, et du discours qu'il tient, analysés par un riche ensemble de travaux[4].

Parmi les éléments langagiers[5] retenus par les analyses d'un discours en tant que lui conférant une identité, on peut noter (sans que soit tout à fait négligés les aspects de variété lexicale ou syntaxique, les traits de prononciation comme les élisions familières par exemple) que l'ensemble de ce qui est classiquement reconnu comme « formes d'expression de la subjectivité » se taille la part du lion : présence/absence du *je*, des formes renvoyant à l'allocutaire *tu*, *vous* et termes d'adresse, du *on*, des modalités interrogatives, exclamatives, de l'effacement énonciatif...

La focalisation sur ces éléments, certes saillants, ne doit pas faire oublier que c'est *tout* qui, dans un discours, concourt à son individuation – ce que souligne la remarque de J.-M. Barberis[6], estimant que par la focalisation sur les « marques de l'énonciation » :

> on se prive de la possibilité de relier le sujet égotique, pleinement individualisé, aux autres formes d'apparition de la subjectivité, beaucoup plus discrètes et diffuses [les formes les plus saillantes devenant] les arbres cachant la forêt où se trouvent tous les autres modes de positionnement linguistique de la subjectivité.

1.1.2 Caractères de l'identité produite par le discours

Avant (1.2) de préciser en quoi la RDA *se spécifie* dans l'ensemble des faits envisagés comme porteurs d'identité discursive, on peut rappeler quelques propriétés reconnues, en deçà de ce qui distingue les diverses approches, à cette identité produite par le discours, et que la RDA partage :

---

[4] *Cf.*, par exemple, dans la très vaste bibliographie relevant de cette problématique, plusieurs recueils qui en explicitent nettement la visée : *La production d'identité* (Colloque de Sommières 1986), *Images de soi dans le discours* (Amossy dir. 1999), *Identités sociales et identités discursives du sujet parlant* (Charaudeau dir. 2009).

[5] Sans que, entre les éléments non langagiers (tenue vestimentaire, apparence physique...) accompagnant le discours et les éléments strictement linguistiques, l'espace du mimo-gestuel, de la voix, du débit soit partageable de façon discrète.

[6] (Détrie *et al.*, 2001 : 330) ; ainsi que sa reprise, en termes d'*ethos* par M. Suchet (2014 : 183), notant, dans sa riche étude des « figures d'énonciation hétérolingues » qu'elles sont susceptibles d'apparaître à « *n'importe quel point de la chaîne* du discours, même en l'absence des indices habituels de la présence d'un "sujet" ».

- l'identité, l'image de soi qui accompagne le discours, n'est pas une « essence », un donné, mais relève de la dynamique d'un *processus* de « construction » ou « production langagière d'identité »[7] ;
- cette identité, produite dans et par le langage, est étrangère à la permanence, la stabilité, la fixité... ; jamais « acquise », elle est à maintenir[8], elle est à refaire, rejouée dans chaque parole : *mobile*, fluctuante dans le cours d'un même discours, elle est aussi *plurielle*, pour un sujet donné porteur d'identités multiples au gré des places diverses qui lui sont offertes ou imposées par le discours[9] ;
- le processus de production d'une identité énonciative s'accomplit à travers *tous les degrés* de conscience du sujet énonciateur : de certains marquages identitaires – accents, variété de langue – échappant tendanciellement au contrôle du sujet parlant[10] aux stratégies concertées « d'individuation volontaire » dans le champ politique notamment[11] ;
- cette identité produite est celle d'un *positionnement discursif*[12], un placement qui s'opère *contrastivement* par rapport au milieu discursif environnant ; les « indicateurs » identitaires – déictiques, modalités, syntaxe, lexique, *etc.* – que présente un discours le font reconnaître, sur fond de discursivité ambiante,

---

7 *Cf.* par exemple Lafont (1986 : 8) : « L'identité n'est pas plus un donné qu'une essence : c'est le résultat d'une production signifiante que la société langagière permet, règle, contrôle » ; ou Amossy (2010 : 210) : « L'identité n'est pas une essence qui se traduit sur un mode plus ou moins authentique et qu'on peut exhiber ou au contraire dissimuler pour des besoins stratégiques [...], mais une *construction verbale effectuée dans l'échange* ».
8 *Cf.* Maingueneau évoquant « l'instauration et [le] maintien d'une identité énonciative » (DAD 2002 : 453).
9 *Cf.* le « potentiel de fragmentation identitaire » évoqué par N. Labrie « Nous disposons tous, en effet, d'identités multiples qui peuvent justifier notre affiliation à diverses communautés » ; ou la « démultiplication constituante de chaque être parlant, de chaque sujet, qui le diffracte et le pluralise en autant d'échos décalés, de discours et de langage différenciés » évoquée par J.-M. Prieur (1986 : 303) en écho à Freud : « Chaque individu fait partie de plusieurs foules, présente les identifications les plus variées [...] participant de plusieurs âmes collectives, de celles de sa race, de sa classe, de sa communauté confessionnelle, de son état, etc. » [*Essais de psychanalyse*, Payot, p. 157].
10 *Cf.* par exemple le « marquage identitaire peu conscient et très fortement ressenti » d'un accent régional, signalé par Guespin (Colloque de Sommières, 1986 : 253).
11 Mises au jour, par exemple, dans les discours à visée auto-identificatrice et « différenciatrice » du Congrès de Tours, par Marcellesi et Gardin (1974 : 214, 234–236).
12 Caractérisé comme « catégorie de base de l'AD » par D. Maingueneau (DAD 2002 : 453) ; le « positionnement » est envisagé comme recouvrant aussi bien un placement dans un champ structuré conflictuellement – politique, idéologique, scientifique... – qu'une position occupée, plus ou moins consciemment, dans un espace de valeurs et de normes comportementales, par les sujets sociaux.

tant au plan *générique*, comme programme électoral, mode d'emploi d'un appareil, lettre familiale, article scientifique ou discussion de comptoir... qu'au plan *individuel* où l'énonciateur se « positionne » différentiellement comme expert, mère de famille, chrétien de gauche, jeune « branché », « macho »...

1.1.3 La RDA « indicateur d'identité », parmi d'autres

La RDA que présente un discours – degré de présence, autres convoqués, formes de la représentation... – fait partie, au même titre que tous les autres aspects d'un discours, des éléments par lesquels celui-ci se positionne par rapport à d'autres discours dans le champ discursif.

Ainsi, par exemple, l'absence (a) ou, au contraire, la profusion (b) de faits de RDA dans un discours peut-elle être corrélée avec une énonciation « sans énonciateur » (a) ou, au contraire, à « je-moi » envahissant (b), dans le positionnement énonciativo-discursif opposé de modes d'emploi ou textes de loi (a), et d'interactions orales à fort enjeu narcissique comme les échanges entre pairs (b) analysés par Goodwin (1989) ou Vincent *et al.* (1997), ou les récits dont J. Bres (1994 ; cité chap. 5 (28)) souligne la dimension de « production d'identité sociale ».

La pertinence de la prise en compte des faits de « discours rapporté » parmi tous les autres « indicateurs » d'identité génériques, idéologiques, individuels dans les approches de discours menées explicitement en termes de présentation de soi ou de positionnement est ainsi rappelée par D. Maingueneau[13] :

> On ne cite pas de la même manière dans une revue de physique nucléaire et dans une conversation, dans un quotidien dont le public cible est une élite et dans un quotidien populaire.

qui souligne que

> la manière dont une parole est attribuée à une autre source est solidaire des caractéristiques de l'ensemble du discours citant.

et, identifiant la RDA comme « *une des dimensions du positionnement* » (*idt*)[14] du discours, la pose comme « *modalité à part entière du fonctionnement discursif* » (*idt*)[15].

---

13 Article « Discours rapporté » (DAD 2002 :194–195).
14 Ce que reprend l'article « Positionnement » du même ouvrage où, à côté du « genre », c'est la « manière de citer » qui est retenue parmi les diverses dimensions du discours susceptibles de « manifester » son positionnement.
15 Maingueneau (1981 : 140), position pertinemment illustrée par l'analyse contrastive des discours religieux du grand siècle, « humaniste dévot » et janséniste, menée *in* Maingueneau (1983).

Le lien entre « discours rapporté » et « production d'identité » est également thématisé par R. Amossy (2010) consacrant dans son parcours des « modalités verbales de la présentation de soi » une section (p. 148 *sq.*) aux « jeux de l'ethos dans le discours rapporté en situation interactionnelle ».

Dans le riche ensemble de travaux illustrant cette perspective, je me contenterai d'évoquer, à titre d'exemple, quelques-uns de ceux qui, dès leur titre, affichent la problématique « RDA et image de soi » – tels « Discours rapporté, représentations sociales et présentation de soi » de D. Vincent (2004), « La Parole de l'autre comme construction identitaire » de A. Aït-Salia Benaïssa (2004) ou « La polyphonie au service de l'*ethos* » de H. Constantin de Chanay (2010).

1.2 Le positionnement discursif par la RDA : métalangagier et différentiel

Le discours rapporté est, on l'a vu, largement reconnu comme participant, dans le discours, à la production d'un *ethos*, d'une présentation de soi, parmi et au même titre que nombre d'autres faits langagiers – déictiques, modalités, lexique... Il convient, à présent, de dégager ce qui dans l'ensemble des marqueurs d'identité langagière d'un discours, fait la spécificité — « configurative » – de la RDA. Cette spécificité tient aux caractéristiques de la RDA : son statut *métalangagier* qui lui permet la représentation, *interne* au Discours de **L**, d'une *altérité* discursive.

1.2.1 Du dire sur le dire – un fait de métadiscours

On a vu que c'est à travers ce qu'*il montre* – son lexique, ses stéréotypes, son accent, ses connecteurs argumentatifs, etc. – que le discours se positionne, non par ce que l'énonciateur *dit* de lui-même et de son discours : c'est la dimension de l'*ethos* de la présentation de soi, dont D. Maingueneau (2002 : 3) et R. Amossy (2010 : 35, 113–117) soulignent la pérennité, depuis Aristote qui « entendait par là l'image que donnait *implicitement* de lui un orateur à travers sa manière de parler »[16], jusqu'aux approches contemporaines de Barthes (1966 : 212) ou Ducrot (1984 : 201), notamment, que D. Maingueneau reformule ainsi

> L'efficacité de l'*ethos* tient au fait qu'il enveloppe en quelque sorte l'énonciation sans être explicité dans l'énoncé. [...]. [...] l'ethos se montre dans l'acte d'énonciation, *il ne se dit pas dans l'énoncé*. Il reste par nature au second plan de l'énonciation : il doit être perçu, mais *ne pas faire l'objet du discours*. [Maingueneau, 2002 : 57].

---

[16] Maingueneau (1996 : 39).

Dans l'ensemble des éléments susceptibles de jouer dans la production de l'image d'un discours et de son énonciateur, le plan langagier dispose, seul, de la capacité réflexive de se prendre pour objet : on peut faire, au plan vestimentaire, de l'« exhibition identitaire », comme, au plan langagier, on peut « afficher » telle variété de langue ; mais seul le discours permet de passer de la simple présentation/monstration au plan second – langage « au carré », si l'on veut – d'une *représentation* de discours. Il en va ainsi sur les deux versants du métadiscours que sont, dans le Discours, son auto-représentation (ARD) et la représentation d'un discours autre (RDA).

On peut mettre en regard un énoncé (a) et ses deux avatars, métadiscursivement accompagnés d'ARD (a') et de RDA (a") :

(a) Cette décision est une grave erreur.
(a') Cette décision, je le dis en conscience après mûre réflexion, est une grave erreur.
(a") Cette décision est, n'en déplaise à M. X qui la « salue comme un progrès décisif », une grave erreur.

Ces formes *parlent du dire* – Discours en train de se faire en (a'), autre discours mis en rapport avec le premier en (a"). Il n'est pas question pour autant de dire – allant contre le fait que l'ethos se montre mais ne se *dit* pas dans l'énoncé – que ces formes « disent l'ethos ». Elles sont bien partie prenante – au même titre que son niveau de langue par exemple – de la « manière de parler » que le Discours *présente* et à travers laquelle se produit son image. Mais on est amené à questionner la spécificité du rôle que, dans le processus de production d'image ou de « mise en scène » qui s'opère dans un discours via les formes qu'il « présente », jouent celles que le discours *présente en tant qu'elles le représentent*, donnant, réflexivement, sur un mode susceptible de se charger de théâtralité, des *images* explicites – *directes* (ARD), ou *indirectes* (RDA) – à travers celles des discours qu'il reconnaît comme « ses » autres.

1.2.2 L'ARD : limites de la caractérisation directe du dire

Visant à préciser le fonctionnement propre à la RDA dans la production métadiscursive d'une image du Discours et de son énonciateur, je n'envisagerai, et sommairement, de l'autre versant – celui de l'auto-représentation du Discours (ARD) – que quelques points sur lesquels il s'oppose au premier, permettant d'amorcer la caractérisation de la RDA.

A priori, la caractérisation[17] explicite, directe, positive, par laquelle les formes de l'ARD redoublent de son image, comme « en miroir », le dire en train de se faire,

---

17 Rappelons qu'il ne s'agit pas ici de caractérisation explicite de la personne de l'énonciateur, telle le « je suis très modeste », objet de plaisanterie (*cf.* Amossy, 2010 : 115).

pourrait apparaître comme instrument par excellence de la production discursive d'identité.

On a esquissé, (chap. 1) la variété des formes par lesquelles un dire peut, sur une « portée seconde », revenir en boucle sur lui-même[18] : formes phrastiques (1) ou circonstancielles (2), portant sur le contenu du dire (a) ou une manière de dire (b), comme :

(1a) Je te dis que P
(1b) Je dis ce mot avec des guillemets.
(2a) S'il faut tout dire
(2b) Pour ainsi dire

Je n'entends pas, ayant consacré une étude détaillée[19] à la variété des inscriptions modalisantes du dire, au plan de ses manières de dire (du type (1b, 2b), dans les jeux de non-coïncidence de l'interlocution, de la référenciation ou de la plurivocité[20], tant dans l'inventaire des formes qu'à ce que leur usage révèle de l'économie énonciativo-discursive des discours, minimiser l'intérêt de « l'entrée » dans les discours par le mode selon lequel ils occupent (volontiers, rarement, jamais..., pour quel type de commentaire...) cette position méta-énonciative de surplomb sur le dire propre[21]. Mais, paradoxalement, le pouvoir de production discursive d'une image de soi apparaît, sur ce versant ARD du métadiscours, comme *restreint* par la stricte centration réflexive du « je dis » sur le dire en train de se faire. Ainsi peut-on noter que :
– le caractère non nécessaire de ce qui relève du redoublement, en miroir, du dire par lui-même, induit, aisément, le soupçon d'une tendance à l'emphase, à l'affectation, ou un penchant à la complaisance – imputable à qui « s'écoute parler » comme on dit...– freinant le recours à l'ARD ;
– le spectre des caractérisations de son propre dire, admissibles au regard de normes de bienséance communicationnelle ou de cohérence énonciative, est restreint relativement à celui que parcourt la caractérisation d'un dire quelconque autre, que ce soit, par exemple, dans l'ordre de la louange :

---

18 *Cf.* 1.2.3.1 (*iii*), p. 22, formes, rappelons le, n'incluant pas les performatifs par lesquels l'acte de dire ne se réalise pas « redoublé » de son explicitation, mais *via* cette explicitation.
19 Authier-Revuz (1995/2012) ; *cf.* ci dessus chap. 8.3.1 et 8.3.2, p. 291.
20 Comme, respectivement, dans « si tu vois ce que je veux dire », « c'est le mot qui convient », « aux deux sens du mot », par exemple, qui, contrairement à la MAE n'impliquent pas la mise en jeu d'un « discours autre ».
21 Non plus que l'intérêt du vaste champ des formes méta-énonciatives, « non opacifiantes », portant (comme 2a) sur le fait ou le contenu du dire.

(3) RDA   Ce qu'il appelle, admirablement, « X ».
     ARD ?   Ce que je vais appeler, admirablement, « X ».

comme de la critique :

(4) RDA   Il a eu l'indécence/l'obscénité de dire...
     ARD ?   J'ai l'indécence/l'obscénité de dire...[22]

— enfin, si la grammaticalité et l'acceptabilité de formes d'ARD — telles les « boucles » de modalisation autonymique largement amplifiées ou joueusement récursives par exemple[23], ou les interminables successions de circonstants métadiscursifs d'un *je dis* retardant l'arrivée du dire du P annoncé[24] manifestent la liberté créative offerte à leur énonciateur, il n'en reste pas moins que l'ARD relève d'une pratique assez fortement stéréotypée par le nombre et la fréquence d'emploi d'expressions figées, telles, notamment, les associations :

je dis + modaux *devoir, pouvoir, vouloir...*

ou les formules comme :

si vous voulez, passez-moi l'expression, pour ainsi dire, c'est le cas de le dire,...

1.2.3 Ressorts et ressources propres de l'opération métadiscursive de figuration du Discours par « de l'autre »

Une figuration explicite, différentielle, interne au Discours
Le « positionnement » qui s'opère en tout discours est, rappelons-le, selon la présentation qu'en propose D. Maingueneau[25] :

---

[22] Acceptable à nouveau, dès lors que par un effet de reprise contextuelle immédiate, ou un marquage intonatif ou typographique, la caractérisation de ma parole comme indécente serait entendue comme celle d'un autre — dans une MAE non (allusion) ou peu marquée.

[23] Voir le parcours des boucles revenant sur « ces mots qui ne vont pas de soi » (Authier-Revuz, 1995/2012). Je n'en reprendrai ici que — doublement « bouclante » — l'une de celles citées en exergue : « Ah, non, changer des bébés toute la journée, moi je trouve ça emmerdant,... au sens propre d'ailleurs, enfin, propre [rires] si on peut dire » [Conversation train (jeunes filles parlant du métier de puéricultrice), oct. 1984].

[24] Telle : « Je dis, à regret mais en conscience, en pesant mes mots, ne renonçant pas à faire entendre la voix du bon sens et en espérant qu'elle soit reconnue par ceux qui ont conservé la liberté de leur jugement, etc. P ».

[25] DAD 2002 : 453.

Le fait qu'à travers *l'emploi de tel mot*, de tel vocabulaire, de tel registre de langue, de telle tournure [...] un locuteur *indique comment il se situe dans un espace conflictuel*.

assortie d'exemples :

en utilisant la lexie « lutte des classes » on se *positionne* comme de gauche – en parlant d'un ton didactique et avec un vocabulaire technique on se positionne comme spécialiste, *etc*.

Si on met en regard, en termes de positionnement du discours, un usage « simple » de la lexie « lutte des classes », du type (5) et un emploi en ARD comme (6) avec des emplois « en RDA » comme (7) ou (8) :

(5)   On observe en Europe, à cette période, une exacerbation de la lutte des classes.
(6) ARD   Je dirais que cette affaire est, une fois de plus, un épisode de la, *utilisons le mot propre*, lutte des classes.
(7) RDA   C'est une question d'équité, de morale, pas de « lutte des classes », *comme disent les nostalgiques du marxisme* [oral, juin 1995].
(8) RDA   Pour lui, quelle que soit la question, la Syrie, Trump, la dette des états, le réchauffement climatique, je t'en passe, *il a une seule réponse*, « la lutte des classes », sans doute à un certain niveau il a pas tort, mais à ce degré de généralité, ça t'avance pas beaucoup... [oral, 10–12–2016].

il apparaît que la spécificité du mode sur lequel la RDA s'inscrit dans la « production par le discours d'une image de soi » tient à la conjonction de trois caractères. Cette figuration que la RDA opère dans le discours est en effet :
– *explicite* : contrairement aux « indicateurs » d'identité relevant d'une individuation « montrée » (*cf.* (5)), elle passe (comme l'autre mode métadiscursif, l'ARD, par du *dit* ;
– *différentielle* : le méta-dire de l'ARD accompagne le fait que – et la façon dont – un dire est en train de se faire d'une représentation *directe* et *positive* de celui-ci (*cf.* (6)) ; avec la RDA – puisque ce sont des éléments de discours *autres*, « dissimilés » comme tels au sein du Discours, qui sont représentés – la production d'une image de soi par le discours emprunte un parcours *indirect*, à travers lequel l'image du Discours se dessine *négativement*, par *différence* ;
– *interne au discours* : la dimension contrastive est, à l'évidence, au principe même des processus de présentation de soi, ou de positionnement ; mais (*cf.* (5) par exemple) c'est sur fond de discursivité environnante, dans l'« espace conflictuel » où il se produit qu'un discours, relativement à des discours extérieurs, s'identifie, différentiellement, à travers les éléments langagiers qu'il « présente ». Avec la RDA, le Discours convoque le « comparant » extérieur à l'intérieur, met en place – et en scène – les autres qu'il choisit de représenter

en lui : ainsi, le Discours trouve-t-il en chaque forme de RDA, qui articule, sur la chaîne, *de l'un et de l'autre*, un lieu où, par *le rapport* qui s'y établit à un discours différent, il peut marquer un trait de son positionnement, de son image.

Remarque 1 : L'altérité de l'interlocuteur : présente ou représentée ? Relativement au processus de positionnement-individuation propre à la RDA – (1) de représentation, (2) d'une altérité, (3) interne – duquel se différencient les « indicateurs » d'identité (fonctionnant relativement à des autres extérieurs) et l'ARD (représentation interne mais non différentielle), le statut de l'autre-interlocuteur est complexe.

Le rapport interlocutif fait jouer, dans le dialogue, une altérité interne à celui-ci, mais, si saillante qu'elle puisse apparaître (polémique, registres de langue fortement différenciés...), comme dans :

(9) A : Cette mesure est indispensable.
  B : C'est une belle connerie, oui !

elle n'est pas assortie d'une *représentation*, c'est-à-dire de la production, en discours, d'une image d'altérité par rapport à laquelle se constitue une image de soi. La différence entre les deux discours se « présente » par leur rencontre (ici articulée par l'anaphore).

Mais le discours de l'interlocuteur peut aussi – qu'il vienne d'être tenu dans l'échange, ou énoncé loin avant ou en dehors de celui-ci, ou évoqué comme virtuel... – être pris pour objet de RDA de la part d'un partenaire de l'échange. Les effets emphatiques de différenciation d'avec l'interlocuteur que permettent la mise en scène de l'échange ont été analysés, par exemple, dans un débat de candidats à l'élection présidentielle[26] : les auteurs notent que c'est lorsque l'un des interlocuteurs entend « se démarquer très nettement du discours de l'autre » qu'il passe (au-delà de la simple expression d'un désaccord comme ci-dessus (9)), à la *représentation* du discours qu'il réfute – ici de surcroît objectivé en *il dit*, de préférence à *vous dîtes* :

> **Jospin** : [...] **Lui pense, et il l'a dit, qu'au fond il y a une sorte de dérive** [...]. **Moi**, j'ai un point de vue différent : je pense que [...]. [...] **il dit** : Il suffit que l'homme qui sera président de la République [...]. **Moi**, ma vision est très différente [...] (p. 116, soulignements des auteurs).

Cette double possibilité, très sommairement évoquée ici, pour le discours de cet autre particulier qu'est l'interlocuteur, d'apparaître comme représenté ou, simplement, comme présent, factuellement, le distingue du discours autre du « tiers parlant » qui, désigné aussi comme « tiers absent », ne peut apparaître *que* s'il est représenté. En regroupant au titre de « discours autres, qu'ils soient tenus par l'interlocuteur ou par un tiers absent »[27], ces deux types d'altérité, il faut prêter attention au fait que ce n'est pas de la même façon qu'opère, dans les deux cas, le processus d'individuation « par lequel tout sujet parlant cherche à se construire une identité », selon qu'il passe, nécessairement ou non, par la représentation de l'autre.

---

26 Débat Chirac-Jospin en 1995, étudié *in* Sullet-Nylander *et al.* (2011 : 115–119).
27 Charaudeau (DAD 2002 : 307–308).

Variété illimitée des contacts entre le Discours et ses discours autres.
La comparaison avec l'ARD – et la représentation directe et positive qu'elle effectue – souligne les ressources propres à la caractérisation différentielle et relationnelle d'un Discours par sa RDA. Le spectre des réalisations de la RDA est en effet illimité : au référent unique et imposé de l'ARD répond l'infinie diversité des référents représentés comme « dire autre » – actuels/virtuels, passés/présents/à venir, singuliers/pluriels/collectifs, oraux/écrits, *etc.* (*cf.* chap. **1**), déployant la variété non dénombrable des « parlers » volontiers parcourue par Bakhtine et figurant dans des situations irréductiblement singulières. Et, si l'auto-représentation, soumise à des restrictions d'acceptabilité, apparaît comme relativement contrainte, la représentation, dès lors qu'il s'agit de discours autre, ne rencontre, en soi, aucune limitation ni censure[28].

Ainsi, la variété des rapports susceptibles d'être mis en scène entre les discours autres et le Discours qui les convoque est-elle, comme celle de ces discours, potentiellement infinie. La variété illimitée des modes sur lesquels s'exerce dans les Discours cette capacité à « avancer » métadiscursivement accompagnés d'autres discours de leur choix, fait de la RDA un ressort crucial – apte aux nuances les plus fines dans ses opérations de mise en rapport différentielle de l'un et de ses autres – du positionnement énonciativo-discursif des Discours[29].

2 La RDA : visées discursives et fonction identifiante

La RDA, observable dans un discours, suscite, classiques toutes deux et pertinentes, deux réactions : celle d'une question « *Pour quoi faire ?* », dans quelle intention, comme élément de quelle stratégie fait-on, dans un discours, adressé à un autre, appel à un « tiers parlant »[30] ? et celle : « *Dis-moi qui tu cites, je te dirai qui tu es* », d'un projet, ou promesse, de déchiffrer, révéler, derrière ce qui s'ex-

---

28 Sinon, bien entendu, à un autre niveau, celle des normes requises par un genre, une situation – pour la RDA comme n'importe lequel des aspects du discours.
29 Prendre la mesure du pouvoir singularisant, pour un Discours, qu'offre l'extraordinaire diversité de la RDA qu'il présente passe par une investigation systématique du réseau des paramètres dans lequel elle s'inscrit : place faite au discours autres ? Quels autres ? Combien ? Saisis dans quel rapport ? Représentés par quel mode ?... à laquelle cet ouvrage ne consacre qu'une esquisse programmatique (*cf.* chap. **14** et **15**)
30 Question mise en évidence dans le titre « Citer pour quoi faire ? Pragmatique de la citation » du recueil de Jaubert *et al.* (2011) – dans lequel « citer », comme dans « Dis-moi qui tu cites... » et diverses formulations reprises dans ce chapitre, a bien entendu le sens « étendu » (III) évoqué dans l'appendice au chap. **9**, emploi auquel pour cette raison je me conformerai dans ce chapitre.

pose – ces autres discours représentés –, une vérité plus discrète, voire secrète, y compris peut-être pour l'énonciateur L, que pourtant elle concerne. Là où la première s'interroge sur la *cause* d'un recours à la RDA – ce qui dans l'avancée de son discours le motive pour son énonciateur L –, la seconde, envisageant ce que produit cet appel à de « l'autre discours », en pointe *un effet*, non nécessairement calculé.

2.1 Le « Faire » de la RDA et son « ce faisant »

C'est toute une panoplie de stratégies rhétoriques, pragmatiques, communicationnelles, qu'a fait apparaître, dans de nombreux travaux, l'observation de la mise en œuvre de la RDA dans la diversité des discours.

Sans viser nullement à un inventaire qui, de toute façon, ce niveau langagier ne relevant pas du système de la langue, ne saurait être fermé, pas plus que ne sont discrets ses éléments, on peut rappeler, classiquement reconnues et volontiers déployées dans leur diversité[31], quelques unes des opérations qu'un Discours réalise en passant par un autre discours, relevant de :
- l'*argumentation* (débattre, adhérer, réfuter, élaborer un point de vue...), la *persuasion* (convaincre, emporter l'adhésion...), ces objectifs ayant recours à des processus de *validation* (conforter son dire par des appuis, garants, arguments d'autorité...)[32] ;
- la *séduction* (agrémenter un discours sur un mode ornemental – culturel, ludique...) ;
- la *production* et la *transmission de connaissances* et d'informations (dans le champ scientifique, médiatique...) ;
- la *narration* (de faits de discours réels ou fictifs) ;
- *etc.*

---

31 *Cf.* par exemple, *in* Maingueneau (1991 : 137 *sq.*), les fonctions – « relique, épigraphe, culture, preuve, autorité » – de la citation, *in* Quéré (1992 : 92–98) les variétés d'un « faire citationnel » relevant de l'argumentation, de l'alliance, de l'étalage, ou *in* Schneider (1985 : 279), les citations de pédanterie, d'aphasie, de culpabilité, de narcissisme...
32 Selon le mécanisme que L. Chetouani (2004) formule en « Faire dire pour dire », pointant – à travers le double jeu dans une déclaration à l'ONU de faits de « polyphonie consensuelle » et « conflictuelle » – « l'art politique de se servir de la voix d'Autrui pour faire passer ses propres idées », c'est-à-dire, au total, pour un énonciateur, d'emprunter le détour métadiscursif des *X a raison/a tort de dire P* pour dire *P/non P*.

La « présentation de soi » ou la « production d'identité » qui se réalise dans un discours *via* sa RDA n'est pas à ranger parmi les visées discursives, relevant de savoir-faire explicites ou exemplifiés dans les manuels de communication ou le recueils de discours « modèles », mais comme un processus qui *s'accomplit*, secondairement, *à travers elles* : un discours, un énonciateur *représente des discours autres* convoqués pour, en vue de « faire quelque chose » (valider, raconter...) et, *ce faisant, il se présente lui-même*, identifié par rapport à ces autres.

Ainsi est-ce *pour raconter*[33] que le Cardinal de Retz (*cf.* ci-dessus chap. **6** (45), p. 221) convoque incessamment, au fil des péripéties de la Fronde, les multiples dires – dont le sien – recueillis au cœur de l'action... *et, ce faisant*, il apparaît, très narcissiquement, comme figure centrale des évènements, tout à la fois acteur privilégié et observateur lucide.

C'est *pour légitimer, crédibiliser*, leur parole dans le cadre d'une argumentation parlementaire, en 1981, entre tenants de et opposants à l'abolition de la peine de mort, que les orateurs font appel de façon répétée à des discours autres[34] *et, ce faisant*, qu'ils dessinent, en fonction des autres qu'ils se sont respectivement choisis à l'appui de leur position, des « images discursives de soi » : d'un côté, de porteur du « flambeau », transmis à travers l'histoire par des personnages illustres, Hugo, Jaurès, Camus... et, de l'autre, de porte-parole des « gens ordinaires », de la « France profonde », d'une « majorité silencieuse ».

On a évoqué (chap. **5**.3.2, p. 161) les trois « cercles » de discours autre dont s'entoure – selon une disposition intertextuelle que présentent volontiers les écrits de « développement personnel » – un texte de psychologie appliquée à la « poursuite du bonheur » : dans sa visée foncière de persuasion, il enrôle, en nombre, des autres chargés de le valider – spécialistes, côté savoir ; patients, côté expérience clinique – et de le valoriser – grands auteurs porteurs d'aura culturelle – ; et, *ce faisant*, se trouve produite l'image, triplement positive, d'un discours énoncé par une personne compétente dans sa discipline, engagée dans l'écoute et le soin de la souffrance, et nourrie de sagesse humaniste.

Ce rapport d'un « faire » discursif, passant par la représentation d'autres discours, à un *effet* d'image de l'énonciateur et de son dire, s'observe comme préci-

---

33 Dans l'étude « Récit oral et production d'identité » que J. Bres (1996) consacre au vaste corpus d'entretiens avec des mineurs, racontant après coup, leur participation personnelle au long conflit social de 1980, on peut noter l'omniprésence de la RDA comme élément pertinent de cette production d'image de soi par le récit des interactions conflictuelles entre un « je » narrateur et des interlocuteurs représentants du patronat ou des forces de l'ordre notamment. *Cf.* l'exemple (29) du chap. **5**, p. 164.
34 Exemple que j'emprunte à l'analyse de Micheli (2006, 2007) déjà évoquée aux chap. 5.4.2, p. 191 et **11**.3 (48), p. 462.

sément normé au plan générique : il en va ainsi des textes de vulgarisation scientifique pour grand public[35]. La visée, génériquement affichée, de *transmission de savoir*, fait massivement appel à la représentation du discours de deux sortes d'autres : celui des « savants » (au DD, DI...), qu'il faut « faire passer », et celui du lectorat-cible, dans les mots « ordinaires » duquel (en MAE) il faut parfois, pédagogiquement et approximativement « traduire » le discours scientifique[36] et, *ce faisant* se met en place dans cet « entre-deux autres » du Discours, l'image générique du vulgarisateur « parlant pour » les deux autres – à la place des uns, les savants, et en direction des autres, les lecteurs – comme « go-between », médiateur et « troisième homme » pour reprendre une des images fondatrices du discours des praticiens de la vulgarisation, se dotant volontiers de la « mission » (de « cohésion sociale ») de combler, en « rétablissant la communication », le « fossé » creusé entre la Science et les citoyens ordinaires.

Ainsi apparaît le caractère *second*, dérivé, du mode sur lequel s'opère la présentation de soi, le positionnement, de soi dans le Discours, *à partir* des discours autres convoqués par celui-ci, au service des objectifs qu'il poursuit[37].

Plusieurs études consacrées à la fonction du « discours rapporté » dans le Discours débouchent, à travers des formulations diverses, sur cette dualité des plans où se joue l'action de la RDA : celui, immédiatement observable *des* stratégies discursives diverses qui la mettent en œuvre, et celui, reconnaissable, de *la* fonction, configurante, de production d'une image de soi, qui s'accomplit à travers le premier.

Ainsi H. Quéré (1992) évoquant divers rôles discursifs de l'appel à l'autre discours – « tirer argument du déjà dit [...], du déjà vu et approuvé », « marquer une dette », viser un « label de qualité », etc. – conclut-il : « Chacun donc, en citant, se situe » (Quéré 1992 : 94). M.-M. de Gaulmyn, marque aussi la différence, pour le Discours, entre ce qu'il dit et ce que « par là » il fait :

> *Donnant à entendre d'autres que soi*, on *se donne soi-même à voir*. Les évaluations formulées sur les paroles d'autrui *guident* les appréciations que d'autres se forment sur nous (de Gaulmyn 1996 : 43)

---

[35] *Cf.* notamment (dans une très vaste bibliographie) Mortureux (dir.) (1982) et de nombreux travaux traitant de la problématique de la « didacticité » (S. Moirand et la collection des *Carnets du CEDISCOR*)
[36] Tels, empruntés à Authier-Revuz (1982b) : « [...] Il existe pour ces ions des sortes de « portes » minuscules – ou « canaux voltage-dépendants » – constituées [...] », « [...] des *pili* sortes de flagelles qui [...] », « [...] entouré d'une « boite » protéique (la capside) [...] ».
[37] Ce caractère second de la production d'identité rejoignant le statut « indirect » et « différentiel » de la figuration de soi « par les autres » explicité ci-dessus 1.2.3.

De même, M. Doury, s'attachant à « la fonction argumentative des échanges rapportés » aboutit-elle[38], à travers l'analyse de ces échanges rapportés, à la mise au jour, derrière leur fonctionnement comme « support » de mouvements argumentatifs, du

> rôle capital [qu'ils] jouent dans la construction de l'ethos – de l'image que le locuteur construit de lui-même à travers son discours. (Doury 2004 : 261)

Telle est aussi, centralement, la démarche de D. Vincent à propos du « recours au discours rapporté dans l'oral standard » : observant, notamment dans les récits de parole où – relevant d'une « stratégie fonctionnelle » – il « sert le plus souvent à des fins argumentatives »[39], l'auteur considère que les divers points de vue – narratif, argumentatif, interactionnel – selon lesquels on peut envisager les discours rapportés

> sont autant de clefs pour accéder à ce que les individus veulent montrer d'eux-mêmes [et que] en réalité, peu importe la typologie [narrative, argumentative, etc.] que l'on adopte, *presque toutes ces fins s'inscrivent dans une perspective de construction de soi*. (Vincent 2004 : 244)

Enfin, au terme d'une préface récapitulant le riche parcours collectif de réponses apportées, en termes de « pragmatique de la citation », par des discours didactiques, scientifiques, politiques, médiatiques, à la question liminaire « Citer pour quoi faire ? », A. Jaubert et L. Rosier « mettent en avant »

> la visée *sub-pragmatique* de la citation[8] qui sous-tend en profondeur toutes les autres [...] ; il s'agit de la construction d'un *ethos* pour l'énonciateur-citateur (qu'il soit un habitué des salons mondains, un enseignant universitaire, un homme ou une femme politique, etc.).
> 8. Visée unifiante ainsi nommée en écho au schème sublinguistique de Gustave Guillaume. [Jaubert, Rosier 2011 : 10, *idt*].

---

38 Selon un mouvement qu'on peut suivre au fil des intertitres, de « Echanges rapportés comme support de l'argumentation [...] » à « Echanges rapportés et construction de l'ethos du locuteur rapportant ».
39 *Cf.* « proposer un argument, se positionner pour ou contre un autre en faisant jouer la "fonction d'autorité" » (Vincent 2004 : 240) ; « le locuteur *utilise* les propos d'autrui *pour* convaincre l'interviewer » (*ibid.* : 244).

2.2 Une composante du dire : le reflet de sa traversée du déjà-dit

2.2.1 L'expérience subjective de l'hétérogénéité constitutive du dire

L'idée de discours isolé, autonome, rejoint dans l'inconsistance l'« Adam mythique » de Bakhtine, prenant la parole dans un monde vierge de tout dire... Un fait de discours n'existe que dans son rapport à d'autres discours : formulée ici de façon triviale, cette loi du discours est celle qui se dégage des deux pensées de l'hétérogénéité constitutive évoquées plus haut (chap. **10**) – celle de l'extériorité interne d'un discours déterminé par l'interdiscours et celle de la traversée dialogique du milieu du déjà-dit des autres discours dans lequel prend forme le discours.

S'il n'est pas question d'édulcorer le caractère radical de l'inaccessibilité, pour les sujets, du « tout » des ailleurs discursifs où et d'où se forme leur dire et, spécifiquement, de ceux par lesquels « ils sont parlés » (méconnaissance salutaire sans la protection de laquelle une parole ne peut se tenir, *cf.* chap. **14**), il convient de faire droit, pleinement, au versant de l'expérience, subjective, à des degrés divers de conscience, des ailleurs discursifs rencontrés – heurtés, salués, suivis, croisés, frôlés, évités, soupçonnés..., ignorés aussi comme autres – dans l'avancée d'un dire en quête de « ses mots ».

L'éclairage de Bakhtine est ici précieux : contrepartie positive au caractère marginal de la part qu'il concède à l'involontaire, à « l'obscur », dans l'articulation du dire au déjà-dit, c'est clairement le plan de ce qu'on pourrait appeler « le sentiment » ou « l'expérience dialogique » que privilégie Bakhtine (*cf.* ci-dessus chap. **10**.1.2, p. 382), revenant inlassablement – et avec bonheur – sur les aventures « vécues », les affects ressentis par une conscience individuelle sur le chemin de son dire à travers le milieu du déjà-dit. Dans l'explicitation de ce point de vue :

> La manière individuelle dont l'homme construit son discours est, *pour une part considérable*, déterminée par la *sensation personnelle* qu'il a du mot de l'autre et par les moyens qu'il a *d'y réagir* [Bakhtine 1929/1963, trad. fr. *L'Âge d'homme*, Lausanne, 1970 : 229].

on note (tout en faisant place à la responsabilité individuelle du traducteur...[40]) que c'est jusqu'au niveau corporel de la « sensation » que – à mon sens pertinemment – est envisagée la réaction individuelle au « mot de l'autre » – ouvrant notamment sur les affects irraisonnés, ancrés dans l'intime singularité de l'in-

---

[40] Pour le terme « oščuščenie » susceptible d'être traduit aussi par « sentiment, impression... » (communication personnelle de E. Velmezova).

conscient, source de refus phobiques à énoncer tel mot ou, à l'inverse, de bonheur indicible à user de tel autre.

On observe aussi que cette approche n'interdit pas de prendre en compte – au titre de la « sensation personnelle » qu'un discours « va de soi » – l'*insu* pour le sujet de la détermination de ses mots par un interdiscours qui, pour une part, « le parle ».

La reconnaissance théorique du fait de l'hétérogénéité constitutive du discours, comme loi, contrainte à se produire dans le milieu du déjà-dit des autres discours et de la détermination du discours par l'interdiscours, n'efface en rien – et ne dispense pas de prêter attention à – la réalité de l'expérience subjective, singulière, que les sujets énonciateurs font de l'avancée de leur dire comme traversée du déjà-dit. De ce déjà-dit qui est celui de sa mémoire discursive spécifiquement sollicitée par les conditions contextuelles de son discours – situation, destinataire, genre, visée du propos, *etc.* – l'énonciateur va (*cf.* chap. **14–15**), selon sa sensibilité singulière à l'épaisseur sédimentée du langage, en éprouver plus ou moins consciemment la consistance, la résistance, la complaisance.

2.2.2 Deux filières pour les réactions de l'énonciateur au déjà-dit

La réaction au déjà-dit qui, dans l'avancée du dire s'impose, se propose, s'oppose... relève de l'une ou l'autre de deux filières par lesquelles passe le dire en train de se faire : celle (a), *muette et constante*, des réactions « intérieures », conditionnant secrètement le dire, et celle (b) *saillante et ponctuelle* des réactions extériorisées (de la RDA) qui l'accompagne au plan métalangagier.

(a) Derrière le fonctionnement secret de la première filière de réaction au déjà-dit, croisé au fil de l'avancée du dire, se déploie un continuum entre deux pôles :
- l'un est celui de la réaction la plus nettement consciente de l'énonciateur poursuivant son chemin en adoptant, assimilant, sans bruit, le discours autre rencontré, ou au contraire en l'écartant, via une évaluation inexprimée ; évaluation dont on peut surprendre l'expression en dehors du fil même du discours, en avant-texte par exemple, dans des échanges oraux de rédaction à plusieurs explicitant une réaction au déjà-dit (« Non, pas ça, ça fait... »), ou, dans les traces que gardent les brouillons, les hésitations et ratures attribuables à un jeu de déjà-dit (*cf.* ci-dessus, chap. **11**.2.3.3, p. 455, pour cause de déjà dit importun, l'exemple d'une rature de Sartre) ;
- l'autre est celui de la non-conscience, c'est-à-dire chez l'énonciateur, d'une « non-réaction » à de l'extériorité discursive, éprouvée non pas comme telle, mais comme discours « allant de soi », normal, inquestionné et propre : la « sensation personnelle » que l'énonciateur a, dans ce cas, « du mot de

l'autre » est celle d'une évidence familière où se dissout le sentiment de l'extériorité méconnue qui le parle à son insu. Entre les deux, un dégradé serré de niveaux de conscience dans les réactions de l'énonciateur au déjà-dit en jeu dans son propre dire, telles que celles, en retour « désappropriant » sur son dire (déclenchées par l'interlocuteur, ou en après coup...) évoquées chap. **11** ; et, au voisinage du pôle de radicale – et salutaire, redisons-le – méconnaissance, à l'abri de laquelle un énonciateur peut s'engager dans *sa* parole, celle d'un dire qu'effleure le soupçon, impression fugitive, sentiment indéfini, de n'être qu'un « écho » – à même, de devenir, pour certains énonciateurs, de façon normale ou pathologique (*cf.* chap. **13**), le cœur de leur rapport au langage.

(b) Au traitement de l'extériorité discursive qui s'effectue « en soute » de l'avancée du dire – ou, si l'on veut, dans sa « salle des machines » – répond, à ciel ouvert – sur le pont... – la réaction extériorisée, consciente, *dite*, de la RDA, offrant, réglée depuis l'étage métalangagier du dire, puissamment sélective, la représentation – au sens aussi de mise en scène – des discours autres élus par le Discours, invités, convoqués... au cours de son cheminement « accompagné ».

Ainsi, du fond du dire prenant corps et se frayant en silence son chemin dans l'épaisseur d'un déjà-dit qui, immaîtrisable par le sujet, pour une part « *le parle* », se détache la voix de l'énonciateur L, faisant place dans son discours à *des* discours autres *dont il parle*.

2.3 La RDA : une fonction auto-configurante du Discours par ses autres

2.3.1 Le Discours « en société » de la RDA

La RDA fait se lever dans un Discours une société d'autres discours qu'il compose, dispose et met en scène à son gré.

Par rapport à ce qu'il en est de la réalité du dire en dialogue avec d'autres, c'est-à-dire des rencontres – accords, affrontements – imprévues, des surgissements *in vivo* de l'altérité de la parole d'énonciateurs de chair et d'os, les discours autres mis en place par le Discours sont « ses créatures » qu'il fait surgir par sa parole, sans se départir de la position de surplomb depuis laquelle il sera toujours celui qui les « fait parler » quand il prétend ou s'efforce de leur « laisser la parole » (*cf.* chap. 4.2.1). À produire, en lui-même, écho métadiscursif de sa traversée de l'extériorité discursive, l'image d'une « société de discours autres », c'est, selon le mécanisme évoqué plus haut – indirect, différentiel, interne – jouant de la variété illimitée des images d'autres mises en place par le Discours, une *image de lui-*

même « en société », c'est-à-dire à travers sa mise en rapport avec ces autres que le Discours fait, secondairement, apparaître.

Aucun discours n'échappe à ce que j'ai appelé la « traversée » de son extériorité discursive, non plus qu'au passage par les deux filières de réaction à cette extériorité qui s'offrent à lui – silencieuse sinon insue *vs* consciente et dite. Aussi, *tout* discours présente-t-il – émergence de cette traversée à la surface du dire – *son* image des autres rencontrés et, partant, l'image de soi qui s'en dégage.

On peut ainsi considérer que tout discours comporte une image de lui-même, configurée par sa mise en rapport (en société) avec ces autres que – parmi tous ceux qui jouent en lui et se pressent aux portes de son dire – il a choisi d'accueillir ; et que la RDA remplit dans le dire – exercée sous couvert de visées discursives diverses (cf. plus haut) – une fonction, partie prenante de l'économie énonciativo-discursive : fonction métalangagière de représentation *auto-configurante du discours* (et de son énonciateur) *par ses autres*.

Dans cette perspective, les discours « monologiques » qui, évidemment sont pétris, comme tout discours, de discours autres – ne sont pas des discours dans lesquels cette fonction cesserait de s'exercer, mais des discours puissamment auto-configurés comme « sans autres », comme discours du UN, du vrai sans partage : que cet « un » soit (dangereusement) de l'ordre – psychique ou idéologique – d'une surdité radicale, inconsciente ou délibérée aux discours autres, ou que, différemment la clôture sur soi du discours relève fonctionnellement de ce que M. Pêcheux appelait les « univers discursifs logiquement stabilisés » :

> inscrits dans l'espace des mathématiques et des sciences de la nature, dans celui des technologies industrielles et biomédicales, et dans la sphère sociale des dispositifs de gestion-contrôle administratifs [...] [Pêcheux 1982 : 19]

ou, plus loin encore de la discursivité ordinaire, de l'inscription dans un projet de discours entièrement formalisé, selon un principe – d'altière autosuffisance – d'auto-engendrement interne à partir d'axiomes explicites[41].

---

41 Tel celui, explicité par N. Bourbaki, au Livre I des *Éléments de Mathématique* (Hermann, Paris, 1954) : *Cf.* Authier (1981 : 137) :
> Mode d'emploi de ce traité : Le traité reprend les mathématiques *à leur début* et donne des démonstrations complètes. Sa lecture ne suppose donc, en principe, *aucune connaissance mathématique particulière*.

2.3.2 L'image du Discours, reflet des images de ses autres

Le positionnement du Discours « par ses autres » – « Citer c'est se situer » dit Quéré (1992 : 97) – est, tout entier, jeu d'images et de reflets. L'image du Discours qui se dégage de la « société d'autres » qu'il s'est composée par la RDA est celle – non dite – que *reflètent* les images de ces autres discours. Dans le Discours, chaque forme de RDA inscrit localement sur la chaîne, dans la matérialité du dire, une image de discours autre : au-delà du *qui*, de l'identification d'un *l* distinct de L, chaque image comporte le *comment* de la façon dont – dans l'immense clavier des formes à travers lesquelles peut se faire l'image et des rapports possibles entre le Discours et tel de ses autres – l'autre discours se trouve, singulièrement, articulé au Discours et par là « l'angle » sous lequel s'y reflètera le Discours.

Le travail de l'image de soi qu'accomplit le Discours par sa RDA repose ainsi – loin du « miroir » de l'ARD offrant directement une image du Discours – sur un jeu spéculaire complexe, « miroir de son être dans l'autre »[42], dans lequel chaque image de discours autre délivre, en retour, une facette de l'image du Discours qui l'énonce ; et où c'est de l'*ensemble* de ces images de discours autres que le Discours dépose en lui – aussi multiples et disparates soient-elles –, que se dégage, différentielle, composite, indirecte et immatérielle, une image de soi.

Cette différence entre les deux plans, dans un Discours, de la *représentation* de discours autre qui *s'y énonce, localement et sur la chaîne*, et de la *présentation* de soi *qui s'en dégage*, c'est-à-dire entre ce qui relève du dit et ce qui n'en est qu'un reflet, une émanation, est déjà présente dans la classique formule du « dis-moi qui tu cites... » : la promesse du « je te dirai qui tu es » signifie bien que si l'énonciateur est à même de dire les autres auxquels il fait place, il peut, en revanche, être nécessaire de lui révéler l'image de lui qui se forme dans le jeu de facettes identitaires que sa RDA met en place.

C'est ce qu'indique une formulation comme celle de M.-M. de Gaulmyn (1996 : 28) :

> [...] le DR « reflète » et « dénonce » la situation de discours et les positions respectives du narrateur et du narrataire.

Et, dans l'analyse aiguë que F. Gai (2011) propose de l'œuvre mauriacienne en tant que « constellée de citations », je retiendrai la distinction qu'il marque – dans le « processus identitaire » qu'il y fait apparaître – entre le plan de la présence matérielle des citations :

---

[42] *Cf.* ci-dessous 13.1.2.2, p. 496, Dolto au sujet du stade du miroir.

[...] fréquentes dans le texte, elles donnent *corps* à l'autre, lui assurant une *présence* auprès de l'écrivain (Gai 2011 : 38, *idt*)

et celui de « l'image » que leur jeu « délivre » :

[...] assemblage et collage de discours [...] permettant à l'auteur de *délivrer* une *image de soi* (*ibid.* : 48, *idt*).

2.3.3 Au terme d'un parcours : retouches au « Dis-moi qui tu cites, je te dirai qui tu es »

*Dis-moi qui **et comment**... je te dirai **l'image** qui se dégage de ton discours*

La RDA – dispositif, interne au Discours, de configuration différentielle de soi à partir des discours autres qu'il présente – apparaît comme un puissant mécanisme de figuration individuante du Discours et de son énonciateur. Son pouvoir propre – par rapport aux autres ressorts de positionnement – tient, pour une part, à la façon dont s'y articule *le dit*, interne au Discours, des autres avec lesquels, sélectivement, il se montre en relation, *au non-dit* de l'image de lui-même qui, déterminée par le jeu de reflets disposé par l'énonciateur, a pourtant l'évidence de ce qui semble s'imposer « tout seul ».

Son autre atout majeur est la *palette illimitée* où puise le Discours, pour représenter ces autres en rapport avec lui, dotant le jeu de reflets où se compose son image d'un pouvoir extrême – dans la précision aiguë, la finesse délicate – de caractérisation différentielle. L'importance du *rapport* établi dans le Discours avec chacun de ses autres impose une première « retouche » au dicton du « dis-moi qui tu cites... ». Les images de discours autres dont le jeu « dénonce », « délivre », « reflète » l'image du Discours qui les a disposées en lui, ne se réduisent certes pas à l'identification du *qui* convoqué : le *comment* de l'accueil qui lui est fait est évidemment essentiel[43].

On pourrait multiplier les exemples de Discours dont l'image – fort différente – se forme au reflet de l'image d'un même autre, disposé d'une autre façon. Tel, pour prendre un cas saillant, le face à face de textes, également saturés d'un discours autre d'un même « qui ? : Lacan », qu'opposent, radicalement, leurs deux « comment » : celui d'un psittacisme de disciples dévots d'un côté et, de

---

[43] Comme le marque J. Bres (1999 : 84) dans cette formule : « Dis moi quels sont tes autres *et comment tu les traites* et je te dirai qui tu es... ».

l'autre, celui d'une mise en pièces par L. Irigaray, dans sa diatribe en forme de « Lettre ouverte à Messieurs les psychanalystes »[44].

La pertinence des différences dans le « comment » de l'accueil fait à l'autre discours ne se réduit évidemment pas à des oppositions axiologiques aussi frontales. C'est tout un *ensemble de variables* (évoqué ci-dessus, note 29 et chap. 14, 15) qui est en jeu dans chaque fait de RDA, et au-delà dans l'ensemble des faits de RDA dans un Discours, d'où se dégage son image : quels discours autres, en quel nombre, identifiés avec quel degré de précision, inscrits dans quel rapport avec le Discours, à travers quel type de contact (i.e. de mode de RDA), occupant quelle étendue dans le Discours, etc. ; l'exploration des possibilités offertes par chacune de ces variables et, au-delà, par leur combinaison dans un Discours, peut fournir une grille utile à « l'approche des Discours par leur RDA », et y ouvrir des questionnements. C'est sur l'ébauche de ce « programme » que s'achèvera, ci-dessous chap. **15**, notre parcours.

Notons que le jeu des variables caractérisant les discours autres et, par elles, l'image du Discours, amène aussi à retoucher le « qui » : les images de discours autres renvoient, aussi bien qu'à des personnes, à des genres de discours, des parlers, des variétés... et, bien sûr, tel propos particulier ; c'est ce que prend en compte l'alternative *qui/ce que* proposée par Quéré (1992 : 96) :

Dis-moi *ce que* – ou qui – tu cites, je te dirai qui – *ce que* – tu es

*Dis-moi... et **qui tu ne cites pas***

Si l'image qu'un Discours, un énonciateur, donne de lui à travers la RDA constitue assurément un élément de ce qu'il « est », on ne saurait prendre l'une pour l'autre... Il faudrait, entre autres, pour, derrière l'image proposée, approcher (certes pas atteindre) celui – Discours, énonciateur – qui la propose, se demander qui – ce que – *il ne cite pas*.

L'image donnée, pertinente en elle-même, ne prend tout son sens, on l'a vu chap. 11.1, p. 422, que sur le fond de déjà-dit de la mémoire discursive qui joue en silence dans le Discours, que cette altérité y soit tue délibérément[45], ou simplement (à des degrés divers et au deux sens du mot : ne pas tenir compte et ne

---

[44] *Cf*. « Un discours offensif, tout entier sur le mode du *comme vous dites* » (Authier-Revuz, 1995/2012 : 219–224)

[45] Par « nécessité performative » [*cf*. chap. **11** (45), p. 460] pour les formules consacrées, ou par le non-dit calculé du recours à une mémoire soutenant d'autant mieux le projet d'un Discours qu'il demeure inavoué [chap. **11** (30), p. 447].

pas savoir) ignorée, comme « allant de soi » – condition même de la possibilité de tenir une parole.

Si « dis-moi qui tu ne cites pas » serait la plus absurde des requêtes adressées à un énonciateur ne voulant et surtout ne pouvant y répondre, le travail interprétatif de la réception d'un Discours et de sa RDA ne peut ignorer la mémoire discursive qui les habite – que celle-ci soit intuitivement et implicitement prêtée au Discours par le récepteur, à partir de la sienne propre, ou que cette mémoire soit l'objet d'une construction réglée selon le projet et la méthodologie de l'Analyse de Discours (chap. **10**.2, p. 393).

Précieuses de ce point de vue sont les approches de la RDA en discours qui s'efforcent de conjoindre le déjà-dit représenté au fond – constitutif – d'où il émerge, ou, si l'on veut, celles qui, dans un discours, prêtent attention au complémentaire (*cf.* chap. **11**) de *E'* dans *E*.

Divers travaux permettent de mesurer combien une prise en compte solidaire – plus ou moins systématisée – *des deux plans* où joue, dans des Discours, leur extériorité, ouvre sur ceux-ci des perspectives, fermées à l'étude d'un seul plan. On a déjà évoqué (chap. **11**.1, p. 423) l'éclairage qu'apporte sur le « Journal » de Léautaud, ou sur les discours autoritaires « monologiques », la mise en rapport de « ce qu'ils citent à « ce qu'ils ne citent pas », comme aussi, explicitement inscrite dans cette démarche[46], l'étude menée par F. Hailon (2011b) d'un corpus de quatre quotidiens pendant la campagne présidentielle de 2002 : le discours du Front National y est envisagé comme une région de l'extériorité discursive dans laquelle se produisent les divers organes de presse ; et c'est par le moyen d'une minutieuse comparaison de ce qui, de ce discours (« forces de sécurité », « zones de non droit », « quartiers sensibles »,...) se trouve « cité » ou « pas cité », c'est-à-dire mis à distance comme autre par des guillemets de MAE ou bien pris en charge, « naturalisé », qu'est évalué le degré de pénétration de l'idéologie frontiste dans le paysage médiatique. Sur un autre mode, on observe combien l'analyse d'écrits relevant du « travail social » – rapports éducatifs, signalement d'enfants en danger – gagne en profondeur à être menée aux deux plans de la mise en scène qu'ils offrent par la RDA des propos des divers acteurs concernés – parents, enfants, professionnels divers[47] – et de l'emprise sur ces écrits de la mémoire interdiscursive hétérogène – où voisinent guides de rédaction, textes juridiques et administratifs, traitements médiatiques de la maltraitance, « fond » culturel, littéraire sur le thème de l'enfance malheureuse, discours « psy » professionnels et de magazines... – dont ils

---

46 En référence à l'articulation hétérogénéité montrée/constitutive de Authier (1995/2012, 2000,...) et à l'approche des domaines de mémoire dans les médias de Moirand (2004).
47 *Cf.* Sitri (2008), Cislaru et Sitri (2008).

sont « tissés » et qui s'y manifeste notamment en formulations stéréotypiques et « routines »[48].

2.3.4 Du *qui* tu cites... au *fait que* tu cites : du rapport aux autres au rapport au langage

On a vu comment, en convoquant tels discours autres en fonction des buts – rhétoriques, narratifs,... – qu'il poursuit, un Discours dispose en lui-même les éléments propices à sa « figuration » différentielle – l'opération d'*identification* se réalisant parmi et par ces autres, les semblables qu'il s'est choisi comme société et au reflet de l'image desquels se dégage une image de lui-même. Ressort de base de la fonction configurative de la RDA dans le discours, ce mécanisme de construction identitaire, foncièrement spéculaire, appartient au registre subjectif de l'imaginaire, comme lieu du « moi par excellence » et de « la relation duelle à l'image du semblable » dont relèvent les « phénomènes d'illusion, de captation, de leurre, *etc.* »[49], liés à la construction de cette instance du sujet.

Mais, relevant aussi du registre imaginaire – de l'illusion nécessaire au sujet – auquel s'accorde spécifiquement la position métadiscursive de surplomb de l'énonciateur par rapport au discours, la fonction configurative de la RDA opère encore sur un autre plan : celui, en deçà du rapport à d'autres discours et, se jouant à travers lui, du rapport du sujet énonciateur *au langage*. L'action du « Faire citationnel » dans le Discours (pour reprendre la formulation d'H. Quéré (1992 :92) n'est pas tout entière comprise dans ces jeux d'images composant, différentiellement, l'image du Discours dans son rapport aux autres discours qu'il représente : en deçà – et au travers – d'un « *qui* tu cites » menant à « *qui* tu es », c'est-à-dire de l'image d'un Discours identifié, caractérisé par la représentation qu'il donne de *tel* rapport, à *tel* discours, se profile un simple « *tu cites* » – peu importe qui – faisant apparaître, par contraste, « *que tu es* » énonciateur d'une parole propre ; « citer » trace dans le Discours une frontière entre ce qui, globalement, *quels que soient* les autres discours représentés, relève du « dehors » de l'altérité-extériorité discursive et ce qui, délimité par opposition, se trouve par là même institué comme le « dedans » d'une parole « *de soi* ».

Etudiant le discours rapporté chez P. Modiano, c'est à ces deux niveaux que M. Colas-Blaise (2004) situe ce qu'engage un « style citationnel » – celui où représenter le discours de l'autre permet, par différence, de forger « une identité de

---

48 *Cf.* Cislaru et Sitri (2012), Sitri (2015a).
49 Roudinesco *et al.* (1997), articles *Imaginaire* (p. 482) et *Symbolique* (p. 1042) ; *cf.* ci-dessus chap. **10**.3.2, p. 411, 3.4.1, p. 414, et, ci-dessous, **13**.1.2.2, p. 496, l'*infans* au miroir : « moi » aux côtés « d'un autre ».

discours », et celui, « plus fondamentalement » où se joue, en rapport avec « une conception du langage et de la relation à autrui », « une identité de soi comme sujet énonciateur » (p. 167, 171)...

Avec ce deuxième plan de l'action configurative de la RDA dans le Discours, on quitte donc l'espace de la relation spéculaire *à autrui* – où un discours s'individualise par rapport à tel(s) autre(s) discours – pour celui du rapport du sujet *au langage* : celui – contre la menace de dépossession que constitue le réel de l'hétérogénéité constitutive – de l'assurance pour le sujet, aussi illusoire qu'elle lui est nécessaire, de *tenir* une parole *propre*.

* * * * *

C'est donc à ce double plan que la fonction configurative de la RDA fait jouer la « positivité du négatif » : les discours autres, intentionnellement convoqués dans un Discours au titre d'éléments de stratégies communicationnelles diverses, y inscrivent, comme corps étranger, « dissimilé », cette part d'altérité (de négativité) qui est condition de la configuration – positive – du discours par lui-même, passant par le travail, d'une double « frontière instituante » :
– la première, envisagée dans ce chapitre, au long de laquelle, par le jeu des images que le Discours propose de chacune de ses rencontres avec des autres spécifiques, se forme l'image à multiples facettes par laquelle le Discours se différencie, *se caractérise*, se positionne, s'identifie *comme un parmi et par rapport à ces autres* ;
– la seconde, issue de la première, qui *délimitant* dans le Discours la part attribuée à la représentation de discours autre, *institue par là l'espace* de son complémentaire comme celui – imaginaire – *du UN sans autre d'une parole propre*, assurant ainsi au sujet « l'assiette » subjective d'une parole énoncée – depuis le dit ailleurs-avant-et indépendamment dont, pourtant, elle est *faite* – comme « sienne », porteuse de la contradiction inhérente au langage – qu'on tentera d'approcher dans la suite.

Ainsi le mécanisme métalangagier de représentation de discours autres dans le Discours, traverse-t-il plusieurs plans, distincts et articulés, passant de celui, intentionnel, des stratégies communicatives (évoqué en 2.1), à celui, très inégalement conscient, du travail de l'image de soi parmi ses autres (évoqué en 2.3), pour déboucher dans celui où se joue, insu, quelque chose du rapport du sujet au langage (interrogé dans ce qui suit).

Chapitre 13 Le dehors du langage au dedans du dire : la « question » de la parole propre

Introduction

Il ne s'agit donc plus ici de « positionner » son discours parmi ceux des autres, dans un jeu narcissique de « petites différences »... ou de grands conflit, mais pour un sujet – qui ne l'est que d'« être parlant » – de se placer *dans le langage*, c'est-à-dire, dans la foncière altérité de celui-ci, d'y assurer le sentiment – nécessaire – de *tenir une parole propre*.

Ce qui se joue aux frontières intérieur/extérieur d'une parole ne peut être dissocié du caractère crucial, pour le sujet humain, *aux plans interpénétrés du corps et du langage*, du sentiment, au fondement de son identité, de constituer une entité *distincte*.

Pour approcher ce qui relève, non d'un donné de naissance, mais – pour le sujet en devenir, puis à maintenir – d'un mouvement d'instauration de « limites identifiantes », productrices d'un « effet de UN », on rappellera d'abord (1) la nécessité vitale et archaïque de la distinction dedans/dehors, dans la constitution d'une *image de soi*, au plan, pour le sujet en devenir, de son corps baigné de langage ; avant (2) de s'attacher à la contradiction propre au langage, d'un *dedans « fait » de dehors*, telle qu'elle apparaît pour l'« infans » entrant dans la parole, et dans les réflexions de théoriciens de l'« inappartenance foncière du langage », pour – derrière l'évidence d'un usage de l'instrument de communication disponible – reconnaître, à travers pathologies langagières ou expériences communes, ce qui se joue dans le fait d'accéder, ou non, ou mal... à une parole *posée*, dans l'altérité langagière d'où elle procède, *comme « à soi »*, c'est-à-dire d'envisager la parole dans sa dimension de *question*.

1 De l'indistinction primitive à l'image de l'un parmi d'autres

Descartes et Michaux

> Et comment est-ce que je pourrais nier que ces mains et ce corps-ci soient à moi ?

dit Descartes, ouvrant les *Méditations* par l'expression de cette évidence communément partagée... Mais c'est lui-même qui, aussitôt, vient troubler cette certitude raisonnable de la dissonance d'un « Si ce n'est peut-être... » qui, tout en la tenant à distance, fait place, dans la réalité humaine... à la déraison :

> Si ce n'est peut-être que je me compare à ces insensés, de qui le cerveau est tellement troublé et offusqué par les noires vapeurs de la bile, qu'ils assurent constamment qu'ils sont des rois, lorsqu'ils sont très pauvres ; qu'ils sont vêtus d'or et de pourpre, lorsqu'ils sont tout nus ; ou s'imaginent être des cruches, ou avoir un corps de verre. Mais quoi ! ce sont des fous, et je ne serais pas moins extravagant, si je me réglais sur leurs exemples.

De fait, le sentiment d'un « corps à soi » n'est pas un donné « de naissance » : le caractère factuel de « séparation » que comporte la naissance ne suffit pas ; il y faut la constitution, par chacun, d'une *image de son corps*, distincte et cohésive où, dans un processus d'individuation – susceptible de rencontrer des difficultés, de connaître des échecs... – puisse se fonder son « moi ». Laissons la parole à Henri Michaux pour évoquer – non pas en opposition à Descartes mais en amont du plan, où celui-ci se place, des certitudes normalement acquises –, d'après la radicale expérience personnelle où s'ancre son œuvre, le parcours à accomplir parmi « Les grandes épreuves de l'esprit »[1], pour atteindre à la nécessaire délimitation de soi :

> L'enfant dans son tout premier âge confondait la main, la tête, le sein, la mère et lui-même dans une sphérique sphérifiante impression globale qui n'avait pas de fin. Seul le sommeil revenait souvent, revenait l'entourer, mais le sommeil est-ce une frontière ?
> Etrange planète, que chacun de nous a été. L'homme est un enfant qui a mis une vie à se restreindre, *à se limiter*, à s'éprouver, à se voir limité, à *s'accepter limité*. Adulte, il y est parvenu, *presque* parvenu. (p. 147)

1.1 L'idée – corporelle – de nous-mêmes, avec « un dedans et un dehors ».

Les mots de Michaux entrent en résonance avec ceux – indistinction, fusion, symbiose... *vs* limite, frontière, séparation, démarcation, partage, enveloppe... – qui, à travers tout le champ psychanalytique, portent, avec constance, une *pensée de la limite* comme inséparable du devenir humain : non celle d'une sagesse appelant à se garder de l'excès, de l'*hybris*..., mais celle, primitive, existentielle, de l'instauration progressive, dans l'indistinction des origines, d'un partage dedans/dehors, intérieur/extérieur, solidaire de l'émergence du moi[2] que – en écho à la

---

[1] Gallimard, Paris, 1966, repris *in* 1994..
[2] E. Porge (2012 : 84) évoquant « la distinction entre le dedans et le dehors, laquelle ne s'opère qu'une fois que le moi a pris forme », par opposition à « une altérité régnant sans partage, dans l'extase et l'angoisse ».

conception freudienne des instances psychiques de 1923 d'un Moi « avant tout corporel »[3] – l'on retrouve dans l'évocation par Gribinski (2013 : 19) de la réalité psychique comme supposant que

> notre idée de nous-même ait quelque chose de corporel, avec un dedans et un dehors.

L'aventure, au fondement archaïque du moi, de cette séparation individuante, est, certes, affaire de corps, mais pas, on l'a dit, celle d'un corps qui serait « laissé à lui-même » si l'on peut dire : séparé du corps de la mère il l'est à la minute où se fait la coupure du cordon ombilical... La sortie hors de la « sauvagerie maternelle »[4], de cet espace psychique primitif « d'avant l'ordre de la langue, avant les commencements de l'apprentissage du monde »[5] se fera par l'émergence – éprouvée « par ses bords » – d'une image du corps propre, nécessaire pour que le chaos de l'indistinction mère-enfant « se civilise dans la différence qui fait d'un enfant un "autre" »[6].

Un corps « exposé au langage »
On doit noter que les caractérisations, fréquentes, du moment fusionnel mère-enfant comme « temps d'avant le langage » sont trompeusement approximatives car il ne peut s'agir, pour l'*infans*, plongé dans le langage, que du temps d'avant son entrée *parlante* – passant par l'ordre de la langue – dans celui-ci. Selon une thèse majeure de Lacan, il n'y a pas pour l'humain – quelque soit le moment où l'on se situe de sa maturation – d'« en deçà du langage »[7] :

> [...] l'homme qui naît à l'existence a d'abord affaire au langage ; c'est une donnée. Il y est même pris avant sa naissance, n'a-t-il pas un état civil ? Oui, l'enfant à naître est déjà, de

---

3 *In* « Le Moi et le Ça » : « [le moi] est en quelque sorte une continuation de la différenciation superficielle », « le moi est avant tout un moi corporel », cité *in* Roudinesco *et al.* (1997 : 681), qui commentent : « Aussi faut-il l'appréhender comme une projection mentale de la surface du corps. »
4 Titre d'un ouvrage d'A. Dufourmantelle (2016).
5 Dufourmantelle (2016 : 18) : » *espace* [dit l'auteur], que l'on peut seulement approcher par défaut dans ses contours, ses plaintes, ses effets dans la mythologie qui en recueille la voix, dans certaines destinées, dans le repli des œuvres [...], moment où l'enfant est à peine séparé de la mère, que Mélanie Klein, Bion, Winnicott ou Bettelheim ont magistralement décrit [et] reste pourtant une énigme qui échappe au discernement des soignants ».
6 *Ibid.* p. 19.
7 *Cf.* l'analyse par C. Soler (2008 : 30 *sq.*) de l'incidence du langage sur la perception, notant que « cette thèse heurte "la foi perceptive" que tous les êtres parlant partagent » (p. 36).

bout en bout, *cerné dans ce hamac de langage qui le reçoit et en même temps l'emprisonne* (Lacan 1957, entretien).

Nombreuses sont les expressions – en référence explicite à Lacan ou non – de cette conception de l'humain comme non séparable du langage ; par exemple celle d'A. Dufourmantelle (2001 : 255), dans la métaphore de « l'enfant [...] *habité* par le langage dès sa conception », ou, radicalement chez Jean Oury (2006 : 12,13) lorsqu'il évoque, dans le sillage de Lacan

> le corps *tissé de signifiants*, l'existence tissée de paroles, marques dans le corps des signifiants [...],

Et, pour s'en tenir à l'expérience de tout un chacun – que l'on retrouvera ci-dessous quand il s'agira pour le sujet devenu parlant d'énoncer une parole propre – on sait bien que, avant qu'il ne parle lui-même, l'enfant a été un *infans*, et *un corps à qui, de qui, autour de qui..., à la place de qui, on a parlé*, par là baigné, rythmé, nourri, bercé, tissé, meurtri, ... de langage.

Ainsi, le corps dont l'image comme distinct apparaît en corrélation avec l'émergence individuante du moi est un corps « parlé », ou, si l'on peut dire, un *corps « langagié »*. Et l'instauration des frontières dedans/dehors qui le délimite est indissociable du mode sur lequel le sujet est « exposé » au langage ; c'est ce qui s'impose à suivre le parcours que F. Dolto[8] retrace, dans ses étapes et ses écueils, de la « *figuration du corps* » : distincte du « schéma corporel » qui est une « réalité de fait », l'image du corps s'élabore, prend forme dans le milieu de la parole environnante.

1.2 Pensées de l'instauration d'une limite identifiante

Dans l'immense ensemble des travaux consacrés à ce chemin de différenciation première, je retiendrai trois conceptualisations : « l'objet transitionnel » de Winnicott, le « stade du miroir » de Lacan, le « moi-peau » de D. Anzieu. Il est clair que, dans un champ traversé par des différences théoriques qui ne sont pas mineures, la notion de *limite* ne relève pas d'une conceptualisation unique, et que l'usage « banalisé »[9] que j'en fais ici – à juxtaposer des traitements qu'il n'est pas question

---

[8] Dolto (1984), *L'image inconsciente du corps*.
[9] Je pense à un passage – dans le texte théoriquement aigu de C. Soler (2008) – où, évoquant, de façon critique, diverses interprétations de phénomènes psychotiques en termes de « défaut dans le repérage des frontières », l'auteur conclut sur une forme « d'accord » possible dès lors qu'il se

d'articuler théoriquement[10] – se situe à un niveau « infrathéorique » : j'espère cependant pouvoir raisonnablement y dégager quelques uns des traits par lesquels peut se penser, au plan subjectif, la vitale instauration d'une limite – frontière, contour, enveloppe... –, susceptible d'éclairer, ultérieurement, au plan du discours, les enjeux subjectifs du tracé de contour de la RDA.

1.2.1 Avant la séparation : un espace de transition

C'est négativement que la notion *d'objet transitionnel*[11] dessine celle de limite : amorce d'une distinction à venir, à un moment où l'enfant est « à peine séparé » de sa mère, cet objet auquel, entre quatre et douze mois, l'enfant s'attache – bout de chiffon, coin de couverture... « véritable fétiche tactile et odorant, associé au téter d'un ou deux doigts »[12] – relève, en effet

> [d']un *champ intermédiaire* d'expérience dont l'enfant n'a à justifier l'appartenance ni à la réalité intérieure, ni à la réalité extérieure (et partagée)[13]

qui constitue pour lui un espace de passage,

> de transition de la relation fusionnelle (non-moi) vers une symbolisation de la relation objectale (moi)[14]

1.2.2 L'« *infans* » au miroir : « moi » aux côtés d'« un autre »

En revanche, c'est foncièrement de la survenue d'une limite de soi, comme distinct d'un autre, qu'il s'agit dans le moment (de première ébauche du Moi[15]) que J. Lacan a appelé « stade du miroir »[16], étape cruciale de la « figuration du corps » à travers laquelle l'enfant, face au miroir et aux côtés d'un autre, témoin, découvre sa propre image :

---

situe, en deçà, à un moindre niveau d'exigence théorique : « [...] il est clair en tout cas qu'il y a effectivement un type de phénomènes qui *évoquent une question de frontières* » (p. 74).
10 *Cf.* note 31 et note 35 ci-dessous, les rencontres sur fond de discordance théorique touchant à la conception du moi et du sujet.
11 *Cf.* D.W. Winnicott (1953, 1971), voir les articles « objet transitionnel » des dictionnaires de psychanalyse : Laplanche *et al.* (1968) et Roudinesco *et al.* (1997).
12 Dolto (1984 : 254) : situé « entre le pouce et l'ours en peluche » dit Winnicott.
13 Winnicott, cité in Laplanche *et al.* (1968 : 296).
14 Roudinesco *et al.* (1997 : 741).
15 Le Moi, comme instance – imaginaire – du sujet, *cf.* chap. **10**.3, p. 410.
16 Lacan (1949), voir les articles « stade du miroir» des dictionnaires de psychanalyse de Laplanche *et al.* (1968) et de Roudinesco *et al.* (1997).

En se reconnaissant à travers cette image, l'enfant récupère ainsi la dispersion du corps morcelé en *une totalité unifiée* qui est la *représentation du corps propre*. L'image du corps est donc structurante pour l'identité du sujet qui y réalise son *identification primordiale* (Dor 1985 : 101).

De cette expérience – fondatrice du narcissisme primaire – à partir de laquelle, dit F. Dolto (1984 :154) « ce ne sera plus jamais comme avant », je retiendrai quelques traits :
- la fonction *d'assurance* – de protection – contre les fantasmes de corps morcelé, envahi... que l'enfant trouve dans l'image corporelle *d'unité cohésive* à laquelle, sur un mode « jubilatoire » dit Lacan[17], il s'identifie ;
- cette image de soi n'est fondatrice qu'en tant qu'elle *passe par l'autre*, à la fois *vu* dans le miroir (semblable et différent) et *regardé*, témoin, *parlant*, de ce jeu d'images : il ne suffit pas que l'enfant *se* voie, image aperçue dans, dit Dolto (1984 : 148)

un miroir plan [qui] à rien ne sert [s'il n'est expérience] d'un *miroir de son être dans l'autre* (*idt*).

L'expérience spéculaire est donc, certes, d'ordre visuel, mais indissociablement relationnelle et symbolique[18], comme en témoigne, selon Lacan[19],

[...] le geste par quoi l'enfant au miroir, *se retournant vers celui* qui le porte, *en appelle* du regard au témoin qui décante, de la vérifier, la reconnaissance de l'image [...].

- l'image de la totalité unifiée dont, en passant par l'autre, l'enfant s'assure dans le miroir, est une image *identifiante*, porteuse de *distinction* :

L'enfant ne peut donc plus, dans la réalité, à partir de l'expérience scopique partagée avec autrui, *se confondre* [...][20].

---

17 *Cf.* par exemple, in Lacan (1947, repris *in* 1966 : 185) : « l'assomption triomphante de l'image avec la mimique jubilatoire qui l'accompagne et la complaisance ludique dans le contrôle de l'identification spéculaire », *cf.* encore Schneider (2013 : 63) : « la toute puissance de l'enfant découvrant son image dans le miroir ».
18 Point sur lequel insiste F. Dolto (1984) dans sa présentation (p. 147–163) de ce qui se joue « au miroir », soulignant que l'enfant découvre que « son visage est *visible pour autrui comme l'est pour lui le visage des autres* » (p. 157) et le convainc [...] qu'il est semblable aux autres humains, *un parmi eux* » (p. 158). *Cf.* Prieur (1986 : 298) : « Le moment de *formation du moi*, de reconnaissance et d'identification à son moi est [...] corrélatif du *surgissement de l'étranger*. »
19 Lacan (1966 : 678) cité par E. Porge (2012 : 74).
20 Dolto (1985 : 154), qui précise : « ni se confondre avec les autres, ni se prendre pour ("croire vraiment être") un avion... ou un cheval..., condition pour accéder plus tard aux jeux fictionnels du conditionnel : *je serais* etc. ».

1.2.3 L'interface du Moi-peau

Une autre pensée de la limite comme élément crucial sur le chemin de l'individuation – menant, selon les termes de F. Dolto[21], du « circuit court » d'un corps à corps de l'enfant à la mère au « circuit long de communication de psychisme à psychisme » – est celle du *Moi-peau*, développée par D. Anzieu[22].

La constitution par l'*infans* d'un Moi-peau va de pair avec l'instauration d'un moi distinct : répondant, pour l'*infans*, au besoin d'une « enveloppe narcissique », le moi-peau relève

> [d'] une *figuration* [...] au cours des phases précoces de son développement pour *se représenter lui-même* comme Moi *contenant* les contenus psychiques, à partir de son expérience de la surface du corps.[23]

Les trois fonctions principales qui sont reconnues à cette construction psychique – « enté[e] sur le corps propre[24] » – s'ancrent dans « l'expérience de la surface cutanée[25] » :
- celle d'une *contenance*, protectrice d'un dedans individuel, par son caractère d'enveloppe ;
- celle, associée à la première dans le processus d'individuation, d'une *délimitation*, distinction, séparation, barrière... d'avec l'extériorité ;
- celle, enfin – qui fait la stimulante spécificité du Moi-peau comme conception de la limite – d'*interface*[26].

Ni mur, ni ligne infranchissable, la frontière du moi-peau est dotée à la fois de porosité et d'épaisseur, pensée – à partir de la double réceptivité de la peau aux sensations internes et externes – comme espace à double face, lieu de rencontre, d'échange, de communication entre un intérieur et un extérieur (qui, pour « communiquer » doivent préalablement avoir été distinguées).

---

21 Dolto (1984 : 83, 102)
22 Anzieu (1974, 1985), la notion, développée en 1985 dans l'ouvrage intitulé « Le Moi-Peau », apparaît en 1974, comme élément d'une publication collective significativement intitulée « Le dehors et le dedans ».
23 Anzieu (1985 : 61), *cf.* aussi (*ibid.* : 59) « L'infans acquiert la perception de la peau comme surface à l'occasion des expériences de contact de son corps avec le corps de la mère [... parvenant ainsi] à la notion d'une *limite entre l'extérieur et l'intérieur.* »
24 Gribinski (2013 : 34).
25 Freud (1923), évoqué par Anzieu (1985/95 : 120).
26 Anzieu (1985/95 : 84 *sq.*) : « Particularités du Moi-peau considéré comme interface ».

D. Anzieu[27] marque nettement, pour cette dimension bi-face du moi-peau, le caractère précurseur de la notion tôt élaborée par Freud[28] de « barrière de contact », associée à des fonctions de « tamis » ou de « filtre » pour les stimulations externes et internes. L'intérêt de cette conception psychique de la « peau », permettant de penser le fait humain crucial de la distinction, non pas comme une disjonction – résultat d'une coupure « chirurgicale »... – mais comme résultant, dans un espace *vivant*, de la *rencontre* de forces hétérogènes (endo- et exogènes), a été souvent relevé, dès lors que (se réclamant d'une fidélité à Freud[29]) l'ancrage dans le corps des réalités psychiques était reconnu comme essentiel : ainsi Gribinski[30], déjà convoqué, ou A. Dufourmantelle qui, rappelant la notion de « membrane de délimitation » proposée par Winnicott, reformule le moi-peau en « lien de peau entre le dedans et le dehors ». Citons aussi, entrant en résonance avec ce qui précède – mais sans référence à la notion de Moi-peau[31] – ces mots de O. Grignon dans « États de corps » :

> [...] la peau n'est pas un sac, ce n'est pas une barrière entre l'intérieur et l'extérieur. Au contraire c'est un lieu troué, un lieu d'échange, un espace d'attraction et de répulsion. La peau vivante, c'est d'abord la caresse. (Grignon 2017 : 240)

Notons encore, dans une perspective de « sémiotique du corps », la réflexion que J. Fontanille consacre au « modèle du Moi-peau », insistant sur la spécificité « topologique » de cette

> membrane entre deux domaines [...] lieu *critique* où des forces et des mouvements aboutissent, passent, sont bloqués, bifurquent, etc. (Fontanille 2002 : 202, *idt*)

soulignant le caractère de *contrôle* de cette instance interface[32].

---

27 *ibid*. p. 98–104.
28 Dans sa correspondance avec Fliess (1895) publiée (1956) sous le titre « Esquisse d'une psychologie scientifique ».
29 *Cf.* Anzieu (1985/95 : 119) évoquant comme « spécifiquement freudien » le principe selon lequel « toute fonction psychique se développe par appui sur une fonction corporelle dont elle transpose le fonctionnement sur le plan mental ».
30 (2013 : 28–38), au chapitre « Anatomie animique » qui, s'ouvrant sur un commentaire du catalogue d'une exposition intitulée « L'âme du corps », débouche sur la notion élaborée par D. Anzieu, dont il reprend la litanie des « mots de peau » : « Tout être vivant a une peau, une écorce, tunique, enveloppe, carapace, membrane, méninge, armure, pellicule, cloison, plèvre... Quant à la liste des synonymes de *membrane*, elle est considérable : [...]. » Anzieu (1985/95 : 35).
31 Hétérogène théoriquement au cadre lacanien affirmé de O. Grignon.
32 Contrôle auquel répond, je pense, au plan du Discours, le caractère de surplomb métadiscursif de la RDA sur lequel on revient au chap. **14**.

Remarque 1 : Peau redessinée ou redoublée : le tatouage et la « robe ». Il faut noter l'extension des fonctions de l'image de la peau comme enveloppe, barrière de contact... à ce qui *se surajoute* à sa surface nue :
- ce qui s'y *imprime*, comme les incisions, scarifications, tatouages, peintures, maquillage, etc., pratiques de dessin ou d'écriture du corps, dont la fonction symbolique a été largement explorée par les anthropologues et les observateurs des sociétés urbaines contemporaines, et que Anzieu[33] évoque rapidement comme un « développement de la fonction du Moi-peau » ;
- ce qui la *redouble*, vêtement, piercing, bijoux... dont, dans un cadre lacanien, E. Lemoine-Luccioni[34] explore la fonction de « seconde peau »[35] qui « tend à refaire l'enveloppe : à refaire un dedans et un dehors »[36], réassurant l'effet de un (limite, cohésif) de l'image « au miroir », c'est-à-dire de cette *forme* dont le sujet

> a besoin de façon vitale, parce que l'Autre est là, *en qui le corps se perdrait*, n'était ce *contour imaginaire* que le sujet se donne [...][37].

1.2.4 Fonctions, enjeux et troubles « de la limite »

Les hypothèses, conceptualisations, évoquées ci-dessus, touchant la nécessité pour le sujet humain de l'instauration d'une frontière dedans/dehors, sont indissociables – en tant qu'elles sont issues de leur observation et qu'elles visent à permettre une réponse thérapeutique – des troubles psychiques renvoyables à un défaut de cette frontière[38].

Si Freud a caractérisé « la psychose comme un trouble entre le moi et le monde extérieur »[39], c'est une constante de spécifier ce trouble en « *manque de limites* » et d'observer que ce que l'on nomme aujourd'hui les « états limites » (ou *borderline*), c'est-à-dire à la limite entre les phénomènes névrotiques et la « folie » psychotique, relèvent de « pathologies dans lesquelles précisément les limites ne sont pas définies »[40].

---

33 (1985/95 : 128).
34 E. Lemoine-Luccioni (1983) *La Robe - essai psychanalytique sur le vêtement*.
35 Expression qu'elle introduit et commente ainsi : « Je reparlerai volontiers ici de seconde peau et même de "moi-peau" si cette notion ne traînait derrière elle des présupposés théoriques où je ne me reconnais pas. » (p. 131)
36 *ibid.*, p. 81.
37 *ibid.*, p. 41, je rappelle que l'*Autre*, avec une majuscule, irreprésentable, s'oppose à l'*autre*, celui par lequel, au contraire, l'*un* peut se poser comme différent, *cf.* « le lieu de l'Autre » *in* Lacan 1966, p. 898–9), ou Roudinesco *et al.* (1997 : 83) : « Autre voir ci-dessous p. 509 ».
38 Ainsi le parcours de F. Dolto (1984) des étapes de la « figuration du corps » se déroule-t-il continûment sur le double fil de l'observation clinique et de l'élaboration théorique.
39 Roudinesco *et al.* (1997 : 848).
40 Schneider (1985 : 293) ; *cf.* aussi Anzieu (1995 : 29) : « En fait ces malades souffrent d'un manque de limites » ; *cf.* Roudinesco *et al.* (1997 : 260) : « Etats limites ».

« Questions de frontière », « problème des frontières du corps », « précarité des frontières entre dedans et dehors », « abolition de l'écart constitutif entre le dedans et le dehors », « séparation impossible », « indifférenciation », « symbiose »... reviennent comme un leit-motiv dans les approches (par ailleurs non-consensuelles) des formes variées de psychose. Et à ces « troubles de la frontière » correspondent – à tous les degrés de gravité, de la fragilité passagère à la catastrophe – des altérations des diverses fonctions qu'assure la frontière :
- *distinction, individuation, identification* dont le trouble laisse le sujet, victime de « défaut identitaire et d'indétermination de son être »[41], aux prises avec les menaces d'intrusion, de dépersonnalisation, de « voix »[42] ;
- *sentiment d'unité et de cohésion*, dont la fragilisation livre le sujet à la persécution de « ses doubles » et aux angoisses de « corps morcelé »[43] ;
- caractère *interface* de la séparation dont le ratage condamne le sujet au repli derrière une barrière isolante, étanche – telle la « forteresse »[44] de l'enfant autiste, interdisant, parfois jusqu'au mutisme, tout contact.

Ainsi, à titre d'exemple, parmi tant d'autres, ces deux évocations de troubles douloureux de la limite : celle de Robert Schumann auquel parmi ses suggestives attributions fictives d'œuvres, P. Bayard[45] attribue la paternité du *Cri* de Münch, en manière d'approcher la folie du musicien, l'angoisse hallucinée qui le conduira au suicide, en proie à une « absence de séparation entre l'intérieur et l'extérieur », une « dissolution terrifiante des limites », dans une souffrance de « perte fondamentale d'identité » où s'engloutit le sujet. Ou, dans une autre tonalité, celle de R.M. Rilke et de sa « fragilité narcissique » où se retrouve – exprimé en tourments physiques et nerveux accompagnant la création – cet enjeu de la limite, du rapport au monde extérieur qu'évoque F. Gantheret[46] en termes d'enveloppe, ou de peau, fragilisée :

---

41 Soler (2008 : 130–131) ; *cf.* Chabert (2011 : 10) : « la précarité des frontières entre dedans et dehors, une porosité des enveloppes [...] expose aux intrusions [...] ».
42 *Cf.* ci-dessous 2.3.2, p. 522.
43 *Cf.* par exemple G. Pankow, clinicienne de la psychose, évoquant chez les psychotiques « des zones de destruction de l'image du corps », leur interdisant « de reconnaître un lien dynamique entre la partie et la totalité du corps », perte du sentiment d'unité qu'illustre le cas, tragique, de la patiente éprouvant sa tête comme détachée de son corps (2006 : 113 *sq.* : « la statue décapitée [...] »).
44 Pour reprendre la métaphore de B. Bettelheim (1969) : « La forteresse vide. L'autisme infantile et la naissance du soi ».
45 Bayard (2010).
46 Gantheret F. (1996), *Moi, monde, mots*, chap. 1.

> La peau est usée, peu fiable : [...] l'unité de l'enveloppe n'est pas assurée,

et d'identité en danger, de ce que « la peau ne peut [la] sauvegarder »[47].

*****

Loin de la linguistique ou de l'analyse de discours, ce parcours, certes un peu long, apporte aux notions (si souvent convoquées ci-dessus[48] comme s'imposant descriptivement pour rendre compte des faits observés de RDA dans les discours) de *frontière*, de *tracé dissimilateur*, bases d'« identité verbale », de « figuration différentielle »..., la mise en perspective de ce qu'il en est, au plan – premier – de l'avènement d'un Moi (comme instance du sujet) « par ses bords ».

Parmi les traits à même d'ancrer « par les fondations » ce qui se joue, subjectivement, au plan du Dire, dans les frontières placées par la RDA, on peut retenir :
- le caractère *mortifère* de l'indistinction,
- et, corrélativement, celui, *vital, du tracé de frontières* identifiantes,
- la nécessaire mise en jeu différenciatrice *d'un autre*,
- la structure d'*interface* intérieur/extérieur de la frontière ;

ceci en portant l'accent sur deux caractéristiques de cette individuation :
- qu'elle n'est pas un donné, de naissance, mais le fait d'un *processus*, impliquant le langage, d'établissement de « bords »,
- que la séparation, imaginaire, qui en résulte n'est pas de l'ordre du « mur », mais, on l'a dit, un *lieu, vivant*, de contact et d'échange.

Et on soulignera que l'instauration de cette frontière
- n'est *pas de l'ordre du tout ou rien*, réussi/raté, mais qu'elle connaît des degrés, des zones de moindre solidité...[49]
- n'est pas non plus *intangible*, établie une fois pour toutes, à un certain stade du développement : elle évolue, se modifie, peut, dans son histoire, rencontrer des fluctuations passagères, des accidents, et que, par conséquent, cette frontière est, pour le sujet, continûment à maintenir, à faire vivre, à *réassurer tout au long de la vie*[50].

---

47 *ibid.*, p. 34, 35.
48 Chap. 11 et 12.
49 *Cf.*, note 43 les « zones de destruction » évoquées par G. Pankow. »
50 Que l'on pense à Michaux (1, p. 493.) « presque parvenu », adulte, à « s'éprouver limité ». Ainsi, Anzieu, après avoir évoqué des thérapies d'« enveloppes de secours » mises en œuvre

La construction psychique de ce « un parmi d'autres »[51] qu'est un sujet repose sur l'équilibre – précaire, vivant, toujours à refaire – d'un « être avec »[52] – à l'écart de la fusion autant que de la séparation radicale : de cet « être avec » on envisagera (chap. 14), au plan du langage et du discours, la RDA comme une des modalités.

C'est sur cette base qu'on se posera, au plan du langage[53], la question du sentiment pour l'énonciateur « d'avoir une parole propre », c'est-à-dire du « comment » en discours, dans la parole, se joue « le mouvement très archaïque de recherche des limites »[54], comment parvient à s'établir la nécessaire frontière du dedans/dehors, assurant une image du « propre », alors que – contrairement au corps qui se « sépare », de fait, à la naissance – le « dedans » de la parole est d'emblée, et irrévocablement, *constitué* de dehors.

2 La contradiction fondatrice du langage : le « dehors » au « dedans » du dire

> Nous n'atteignons jamais l'homme séparé du langage [...]. C'est dans et par le langage que l'homme se constitue comme *sujet*. (*idt*)[55]

Ces propositions ancrent la réflexion de Benveniste sur « la subjectivité dans le langage » ; pour lui, la « définition » de l'homme passe par le langage : et son « homme parlant »[56] n'est pas un homme « doué » de parole, mais – à l'instar du « parlêtre » de Lacan – homme *de ce qu'il est parlant*. Et, « être de langage », c'est dans notre parole que réside – y compris à notre insu – notre vérité la plus singulière.

---

pour restaurer des frontières gravement défaillantes, observe que « C'est là le grossissement d'un phénomène constatable chez les gens normaux qui ont *besoin de reconfirmer* périodiquement par des expériences concrètes leur sentiment de base d'un Moi-peau » (1985/1995 : 137).
51 Pour reprendre le titre de l'ouvrage de D. Vasse (1978).
52 *Cf.* J. Oury (2006 : 13) évoquant comme dimension où se joue notre existence, celle de « "l'avec" énigmatique ».
53 Rappelons qu'il ne s'agit pas là de passer – en termes d'images que s'en fait le sujet – du plan *du corps* à celui *du langage* : il n'y a jamais eu de corps hors du langage, c'est d'un corps « exposé » au langage, on l'a dit, que le sujet se fait une image ; c'est de passer du corps (langagié) muet au corps *parlant* qu'il s'agit.
54 Schneider (1985 : 119–120) rappelant cette donnée à propos de faits de discours.
55 Benveniste (1966 : 259)
56 *ibid.* « C'est un homme parlant que nous trouvons dans le monde [...], et le langage enseigne la définition même de l'homme ».

Pourtant, notre parole n'est pas « à nous » sur le mode où l'est notre corps : il n'est pas besoin de rejoindre les « insensés » évoqués par Descartes pour s'interroger sur l'appartenance des mots que nous disons.

De fait, la parole est le lieu, paradoxal, d'une essentielle contradiction : porteuse de la singularité du sujet dans le moment de son énonciation « propre », elle relève en même temps de cette « extériorité interne » reconnue comme une *loi du langage* – dialogique ou interdiscursive, *cf.* chap. **10**. – qui, constitutivement, « déporte » la parole vers « de l'autre ».

Là où le Moi-corporel se fait en se séparant, se détachant psychiquement de la symbiose originelle, la parole qui advient – qui « prend corps » pourrait-on dire – *ne se sépare pas* de l'environnement langagier *dans lequel*, et *dont, elle est faite*.

De cette contradiction[57] on évoquera, au plan subjectif, quelques facettes :
(1) comment elle est, comme « greffe », au cœur de l'advenue au langage de l'*infans* ;
(2) comment, depuis des points de vue théoriques divers, se formule le constat ou la plainte dont elle est l'objet pour le sujet parlant ;
(3) comment elle peut être « vécue », diversement dans l'expérience individuelle qu'en font les sujets.

2.1 La « greffe » de l'entrée dans le langage : don et capture

2.1.1 Du vivant « dé-naturé » par le langage[58]

Dans « La barque silencieuse » P. Quignard revient sur ce qui « fait source » à son écriture – la faille qu'inscrit en nous, nous arrachant, vitalement, à la « terrible extase infante », l'accès à la parole :

> Le mot français d'enfance est extraordinaire. Il vient du latin in-fantia. Il veut dire en français a-parlance. Il renvoie à un état initial, non social, qui fait source en chacun de nous et dans lequel nous n'avons pas acquis notre langue. Nous sommes du *non-parlant* qui doit *apprendre la langue sur les lèvres des proches*. Aussi, quoi que nous apprenions en vivant, en

---

57 Traitant (en 1951, dans le « Discours de Rome », repris dans (Lacan, 1966 : 237–322) « des rapports dans le sujet de la parole et du langage » (p. 279), Lacan souligne les « paradoxes constituants » (p. 283) et « l'antinomie immanente aux relations de la parole et du langage » (p. 298).
58 Je reprends cette notion lacanienne de « dénaturation » du corps par le symbolique chez C. Soler (2008 : 260) évoquant « les corps qui sont imaginaires dans leur forme, réels en tant que vivants et dénaturés par le symbolique ; cf. aussi « l'effet de langage comme "opération dénaturante" » *in* Soler (2014 : 21).

vieillissant, en travaillant, en lisant, nous sommes toujours *des chairs où le langage défaille*. Nous sommes toujours des anciens enfants, des anciens non-parlants, des bêtes vivipares, des êtres à deux mondes où *la langue n'est ni naturelle ni sûre*. (Quignard, 2009 : 68–69)

Apparaissent dans ce texte des éléments de ce qui « fait contradiction », de ce qui, pour le sujet, « ne va pas de soi à devenir parlant » et dont la trace demeure au fil de sa pratique langagière de sujet « devenu parlant ».

L'enfant, en naissant, respire, crie, mais – Gargantua excepté – ne parle pas... Cette acquisition fait, certes, partie, dans le développement normal de l'enfant, des diverses conquêtes qui en rythment les premières année : mais elle n'est assimilable à aucune autre. La parole ne survient pas sur le mode où apparaît la marche par exemple (ou, avant elle la reptation, la station debout...) comme manifestation, en temps voulu – chez le petit humain comme chez le petit chien – de la fonction, *naturelle*, de locomotion (même si l'imitation et l'encouragement de l'environnement interviennent dans ce processus). Le langage n'est pas non plus « quelque chose » que rencontre l'enfant dans son exploration du monde qui l'entoure, ni un instrument – hochet, balle, cuillère... – qui lui serait présenté par son entourage, dont il apprendrait à « se servir » et qui, même devenu familier, demeurerait, pour lui, un objet *extérieur*.

On dit de l'enfant qu'il « entre » dans le langage – qu'il le découvre, se l'approprie... ; on pourrait dire tout autant que le *langage entre dans l'enfant*, l'investit, se saisit de lui...

De cette opération on peut parler comme d'une *greffe*[59], celle du langage, sur du vivant, qui en fait un sujet humain. Greffer est une opération intervenant dans le développement d'un être vivant, tel un arbre, par exemple, dans le corps incisé duquel l'introduction d'un élément étranger qui va – si la greffe « prend » et n'est pas « rejetée » – se fondre à son porte-greffe et en changer le devenir. Ce que saisit cette métaphore du langage – langue et parole – « enté » sur le petit d'homme par son environnement parlant, c'est, à l'origine même où s'opère la mutation de l'infans en sujet parlant, la contradiction inhérente à l'« être de langage », advenu de ce qu'il incorpore, assimile, fait sien, au plus intime de soi, ce qui, le langage, lui est extérieur, étranger – impliquant que « du dehors » devienne « son dedans ».

Remarque 2 : La nature langagière de l'homme. L'apparente contradiction quant à la « nature » – terme redoutablement polysémique – de l'homme comme « être parlant » qui surgit, par exemple, entre les propositions de Benveniste (« le langage enseigne la *définition* de l'homme ») et de Quignard (« la langue n'est *ni naturelle*, ni [...] »), trouve une issue dans cette conception de l'humain « obtenu » par greffe du langage sur du vivant, par là « dé-naturé ». On peut dire qu'il

---

[59] *Cf.* Soler (2016), ou Soler (2009 : 5) : « le vivant marqué par le langage ».

est dans la nature (définition, essence...) de l'homme d'être « dé-naturé », au sens biologique, ou que la « nature humaine » passe par une « dénaturation » – contradiction que Derrida saisit par la métaphore de la « prothèse d'origine » (*cf.* ci-dessous 2.2).

2.1.2 « Capture inaugurale » dans le discours de l'autre

La condition de cette greffe – qui nous ouvre au langage et, à travers lui à la pensée, la conscience, l'échange... et nous fait accéder à notre humanité d'être-de-langage – c'est[60] le *discours de l'autre*, de l'autre en tant qu'il parle autour de nous, et, singulièrement, qu'il nous parle, et qu'au-delà du bain de langage où il nous plonge, il nous implique dans sa pratique : c'est dire que l'origine, la source où nous avons puisé *notre* langage, c'est le discours *de l'autre, premier*.

Ainsi, pour l'enfant qui entre – on pourrait dire qui « tombe » – dans le langage, la découverte, vitale, conquérante, que cela constitue, se double – en mode mineur – d'une « capture ». L'appropriation, solidaire, du système de la langue et de l'engagement co-énonciatif de la parole, qui, achevant le processus salvateur de la désadhérence d'avec l'extérieur, *ouvre* le sujet naissant à la pensée de soi, du monde, et à la relation aux autres, est, indissociablement, pour lui et son dire, « prise » dans les rets de la langue et de son réseau de contraintes et « emprise » des discours environnants[61].

Avant de revenir ci-dessous sur la plainte qui, longtemps après le premier moment parlant, s'élève, tenace contre cette extériorité dépossédante, rappelons les approches soulignant le caractère fondateur, pour le rapport du sujet au langage, de ce que M. Schneider (1985) caractérise comme « capture inaugurale ». Ainsi, évoquant des manifestations adultes d'un sentiment de « dépossession de sa propre pensée par les mots de l'autre » (telle la hantise, par exemple, de subir ou commettre un plagiat) celui-ci envisage que :

> Sans doute est alors révélée, voilée d'un malaise informulable, la reviviscence du temps d'entrée dans la parole, *la capture dans les mots de la mère*. Cette induction fut traumatique : celle qui nous enseignait la langue nous apprenait d'abord *la sienne*. (1985 : 295 *sq.*)

l'acquisition de la *langue* passant, pour l'enfant, par les *discours* de ceux qui, *à leur façon propre*, la mettent autour de lui, « en emploi et en action » :

---

[60] Sur la base de « l'équipement génétique qui donne à l'enfant la *capacité* de parler et lui *permet* l'appropriation d'une langue « non-innée ». (Jacob, 1981 : 120).
[61] *Cf.* la métaphore de Lacan (1957), citée ci-dessus 1.1, du « hamac » qui « reçoit » et « emprisonne ».

Il n'y a pas de langue innée. La langue maternelle [...] donnée, reçue [...] n'est pas un outil neutre [...] mais un ensemble de mots investis de désir, de plaisir, d'interdit, d'amour. (*ibid.* : 285)

Foncièrement, l'enfant qui prend la – « sa » – parole, la *reprend* « aux lèvres des autres » comme dit Quignard.

Les analyses d'interactions précoces adultes/enfants de 1 à 3 ans, menées, par exemple, par A. Morgenstern[62] mettent au jour, de façon précise et vivante, la dimension cruciale de l'emprunt – reprise, répétition, imitation... – qui caractérise le « va-et-vient » entre les interactants, à travers lesquels, par « internalisation »[63] des formes reçues de l'autre, se « fabrique » la langue et le sujet.

Remarque 3 : La reprise initiale : ni « perroquet » ni RDA.
(1) De façon précieuse, A. Morgenstern (2007) souligne que « la reprise de formes entendues dans le discours adulte » menant à une acquisition, c'est-à-dire à leur appropriation, ne se confond pas avec l'écholalie, ou une imitation relevant « d'un simple automatisme passif » : la reprise « énoncée » passe par une « forme de sélection qui traduit de l'intentionnalité ».

C'est lorsque la « greffe » n'a pas – ou mal – pris que surgit une parole « de perroquet ». Dans le même article l'auteur oppose à la vraie reprise créatrice, le caractère « échoïque » de la parole d'enfants présentant des troubles du langage[64], et émettant d'une voix « inexpressive », « sur un schéma mélodique indéfiniment répété », un « patchwork » de formulations entendues.
(2) Sélectionnés, intentionnels, les reprises, emprunts par lesquels émerge le langage, n'apparaissent certes pas explicitement redoublés comme tels au plan métalangagier par des « comme tu dis » par exemple. Pour autant, notamment, dans l'observation[65] des « renversements pronominaux » où l'enfant (dans sa troisième année) parle de lui en *tu* (« bravo tu marches !! » d'un enfant qui parvient à faire quelques pas avec les souliers de son père), l'auteur, évoquant pertinemment le fait que l'enfant « exprime sa propre fierté en empruntant *le rôle* de "congratulateur" habituel de sa mère », parle d'une « forme de dédoublement de soi », de dimension « citationnelle » (et non pas simplement « échoïque »).

Ne faut-il pas considérer que l'émergence du langage se double, précocement, d'une conscience du langage ? Les reprises « citationnelles » peuvent-elles être envisagées comme de la « proto-RDA », des ébauches de ce qui deviendra la RDA « dite »[66] ?

---

62 *Cf.* les discours « repris, empruntés, habités » des titres de A. Morgenstern (2007, 2012).
63 Terme de Vygotsky, cité en conclusion, dans Morgenstern (2012).
64 *Cf.* les remarques de C. Soler (2008 : 80) sur certaines thérapies d'enfants psychotiques dont les paroles « en progrès » restent cependant du côté du « perroquet » et de « l'écho » du dire des autres (*cf.* ci-dessous 2.3.2, p. 521).
65 Morgenstern (2007, section 3).
66 Cette question affleure dans l'analyse de A. Morgenstern (2007, section 1) à propos d'un enfant de 21 mois « allant de pièce en pièce [...] en babillant et *en pointant* tout ce qui se trouvait sur son passage », dans le commentaire : « On peut se demander si le pointage ne serait pas du *gestuel "rapporté"*. [...]. [...} il *reprendrait* alors la "mise en geste" de l'adulte. »

2.1.3 Mère « porte-parole », *infans* « parlé »

Que ce soit depuis la parole de l'autre – dès lors, condition et source – qu'émerge la parole de soi par *reprise*, établit donc, en même temps, l'emprise de la première sur la seconde.

En deçà de ce plan où le rapport intérieur/extérieur s'établit réciproquement entre l'un et l'autre, en appropriation/capture, apparaît un niveau plus radical de captation, exploré notamment par P. Aulagnier[67], au-delà et du fait que :

> Précédant de loin la naissance du sujet, lui *préexiste* un discours *le concernant* (*ibid.* : 131)

comme le lieu d'une « violence primaire » exercée sur le non-parlant :

> La parole maternelle déverse un flux porteur et créateur de sens qui anticipe de loin sur la capacité de l'*infans* d'en reconnaître la signification et de la reprendre à son compte. (1975 : 36)

En deçà de (ou incluse dans) la parole adressée à l'enfant – celle par laquelle on *lui* parle – il faut faire la part de ce qui relève d'une parole qui *le* parle, qui parle *de* lui, qui parle *pour* lui, à sa place, qui le « met en mots », le définissant et « traduisant » (« interprétant ») ses besoins et émotions...[68] P. Aulagnier évoque ainsi :

> La violence primaire qu'exerce l'effet d'anticipation du discours maternel [qui] se manifeste essentiellement par cette offre de signification qui a comme résultat de lui faire émettre *une réponse qu'elle formule en lieu et place de l'infans* (*ibid.* : 41)

conférant au discours maternel une fonction de « porte-parole ». Avant de citer le mode – double – sur lequel elle en déploie, théoriquement, la métaphore, on peut, à un plan élémentaire, noter que l'expression « discours porte-parole » fait jouer le double sens d'une parole *donnée* – transmise à quelqu'un comme l'est la flamme apportée par le coureur olympique – et *substituée* à une parole qui n'a pas la possibilité de se dire :

> Ce terme définit une fonction dévolue au discours de la mère dans la structuration de la psyché : porte-parole au sens littéral du terme puisque c'est *à sa voix que l'infans doit*, dès sa venue au monde, *d'être porté par un discours* qui tour à tour commente, prédit, berce l'ensemble de ses manifestations, mais porte-parole aussi au sens de délégué, de *représentant d'un ordre extérieur* dont ce discours énonce à l'*infans* les lois et les exigences. (*ibid.* :130)

---

67 Aulagnier P., 1975, *La violence de l'interprétation*.
68 Ceci pour s'en tenir à une simplification extrême d'une pensée riche et difficile.

2 La contradiction fondatrice du langage : le « dehors » au « dedans » du dire — 509

Contre le sentiment – normal – du parlant habitué à « se servir » du langage comme d'un instrument dont l'espèce humaine aurait le privilège de disposer, les « ratés » – psychotisants – de l'entrée dans le langage *témoignent*[69], dans la souffrance et la catastrophe, de cette « hétéronomie » du langage qui, « greffé » sur le vivant, peut « ne pas prendre » – pas vraiment, ou pas du tout[70].

L'appropriation réussie qui nous fait vraiment « parlant »[71], c'est-à-dire nous permet de nous impliquer, confier, inscrire dans le langage – et parfois nous y consacrer par l'écriture – ne va pas cependant sans une interminable plainte qui, même si elle emprunte volontiers la forme de récriminations à l'encontre d'un « mauvais outil »[72] résonne – parfois explicitement – comme un écho de ce qu'il y eut de « perte » à entrer dans le langage[73], comme une douleur, plus ou moins vive, de « cicatrice » au lieu de la greffe initiale.

2.2 Un sujet ex-centré par l'Autre du langage : variations théoriques

Remarque 4 : L'Autre du langage *vs* les autres discours. On a déjà, chap. **10**.3.2, évoqué l'imaginaire comme lieu de la relation à autrui, *un autre* semblable à soi. A. Vanier (1998 : 40) résume ainsi le mode sur lequel l'Autre s'oppose à l'autre :

> La relation à l'autre est fondamentale pour Freud dans la constitution du sujet. Lacan distingue l'*autre*, le semblable, le partenaire imaginaire, celui avec qui se jouent les phénomènes d'identification, de l'*Autre*, place essentielle de la structure du symbolique, qui se confond à la limite avec le langage et intervient au-delà de l'*autre* dans toute relation humaine (*idt*) ;

ce que J.-P. Lebrun (2015 : 56) formule à son tour ainsi :

> Lacan distingue donc deux « autres » : un premier qu'il écrit avec une minuscule, l'autre qui est le partenaire, et un second qu'il écrit avec une majuscule : *l'Autre qui, au-delà du*

---

69 C. Soler (2016), à propos de la caractérisation par Lacan du psychotique comme « un *martyr* du langage », rappelle que le martyr est celui qui souffre et *témoigne*.
70 Je renvoie à Manier (1995) et Soler (2008) ; et voir ci-dessous 2.3.2.
71 « Parlant » que A. Manier (1995 : 45) oppose à l'enfant psychotique, qui sera « au mieux phonant », « faute qu'on l'ait parlé, qu'on lui ait donné la parole ».
72 Pour reprendre le titre du livre de P. Henry (1977).
73 « Perte de l'état premier », « extase fusionnelle », « densité de la chose même » (Manier, *ibid.* : 119), si présente chez Quignard (*cf.* ci-dessus, ou encore « l'ancien silence » « qui fait le fond de l'âme » *in* 2012 : 164–168), et qui est « le prix à payer en échange de la capacité de représentation » (Manier, *ibid.* : 122).

partenaire, désigne la scène du langage qui, antérieure et extérieure au sujet, le détermine néanmoins radicalement. [...] ce grand Autre [n'étant] accessible à quiconque qu'au travers de ceux– les parents, et même plus directement la mère – qui lui ont prêté chair.

Pour s'être approprié le langage, le sujet, devenu parlant, n'en a pas fini – n'en aura jamais fini – avec, dans sa parole « propre », la contestation qu'y porte son ancrage nécessairement extérieur : la contradiction est indépassable dans une parole dont l'énonciateur se pense – et a besoin de se penser – « source » pour pouvoir la vivre comme *sienne*, alors que lui préexiste nécessairement le langage dont elle émane, sous la *loi* de la *langue* et l'*emprise* des *discours*.

À cette contradiction, inhérente à la parole, le sujet aura toujours à répondre, c'est-à-dire à trouver l'équilibre singulier, instable, mouvant, jamais établi une fois pour toutes, selon lequel il pose sa parole dans le langage qui l'en dépossède dans le moment où il la lui donne. Et, pour un sujet « effet de langage » – c'est-à-dire qui est sujet d'être parlant –, cet équilibre, toujours à réassurer, de façon vivante, du « propre » de sa parole dans l'Autre du langage, est partie prenante de la constante « refabrication »[74] de lui-même, comme une des dimensions par lesquelles celle-ci s'opère.

Un concert de voix – linguistes, philosophes, psychanalystes, écrivains[75] – s'élève pour dire le « prix à payer » de l'accès au langage et, par lui, à la subjectivité, à la pensée, à l'échange... Explorant ce qu'il en est de « perte » au don du langage, à ce que la parole « propre » doive en passer par des mots « pas à soi », ces variations langagières sur le langage incarnent, dans leur tonalité disphorique dominante, la contradiction inhérente à celui-ci : s'en remettre au langage pour se plaindre de lui...

Quels que soient les modes – frustration, aliénation, dépersonnalisation, dépossession, expropriation, etc. – sur lesquels se trouve vécu et nommé le

---

74 *Cf.* Henry (2012) : « ce sujet, ce parlêtre, ce sujet fait de langage [...] ne cesse pas d'être en « refabrication », en recomposition, en recollement. [...] cette refabrication [...] s'inscrit dans un contexte, un environnement, des situations de dialogue... dans l'histoire individuelle, dans l'histoire tout court... Le sujet parle, écoute, et parce qu'il parle et écoute, il est constitué et modifié sans cesse par son propre discours et parce qu'il s'approprie le discours qu'il reçoit ».
75 Les deux « pratiques de langage » – travail et aventure – que sont la psychanalyse et l'écriture littéraire, certes foncièrement différentes, mettent, toutes deux, à vif la contradiction entre la singularité subjective et le « commun » du langage, présentant, comme autant de réponses à cette contradiction, des modes propres, parfois extrêmes de « se poser » dans le langage. Le champ est immense, tant au plan de la diversité des « observables » – paroles de sujets « en analyse » ou écritures littéraires – que des réflexions à leur sujet ; et il n'est pas question, ici, au-delà de brèves évocations, dans ce qui suit, de quelques exemples, d'en rendre compte.

négatif de l'expérience langagière, il importe de ne pas rabattre celle-ci sur les rencontres qu'un sujet parlant peut faire de l'emprise sur son dire d'*un* autre discours (spécifique) distinct : c'est *le langage lui-même*, « voix de personne », qui est ici à l'œuvre, dépossédant le sujet « par des mots sans auteur »[76]. Derrière les effets, potentiellement frustrants ou aliénants, des émergences « dialogisantes » imprévues dans le discours en train de se faire, depuis le milieu du déjà-dit *des autres discours*, s'opère, pour le sujet, qui en devient « parlant », une « *ex-centration* » *dans l'Autre*, ou l'ailleurs du langage lui-même – avec lequel il n'est pas de rapport « de dialogue »...

Remarque 5 : La « chose perdue ». La « perte » inhérente à l'accès au langage ne relève pas seulement de la « capture » dans un ailleurs, elle loge aussi dans l'irrémédiable *écart* que les signes instaurent entre le sujet et le monde : l'accès à la représentation par le symbolique libère – et protège – le sujet du mortifère « faire un » avec la chose, *et*, par là même, ouvre sur la nostalgie, la souffrance de la « chose perdue »[77]. Évoquée dans *Moi, monde, mots* par F. Gantheret (1996 : 17) :

> [...] pathos humain, souffrance et passion d'être jeté dans le monde, de n'y être pas « naturel », de devoir le parler, à tout le moins le mettre en signes. Passion d'interroger fébrilement ces signes. Et souffrance d'éprouver qu'ils ne sont jamais, contre notre espoir, la chose même que nous voulons rejoindre.

cette souffrance d'une distance, d'un intervalle impossible à réduire a souvent été placée au principe même de la littérature comme pratique de cet écart dont, dit Barthes (1978 : 22) « les humains ne prennent pas leur parti » ; mais, si profonde soit-elle, la mélancolie de la chose perdue n'entre pas en résonance avec notre objet, du statut dans le dire de la représentation du discours autre, aussi directement et spécifiquement que l'expérience du « pas à soi » du langage.

La singularité passée par la loi de la langue
De ce que « la langue est un système commun à tous », alors que « les configurations de la parole sont chaque fois uniques », Benveniste (1966 : 78) conclut : « Il y a *antinomie* chez le sujet entre le discours et la langue ».

Aucun dire n'advient en dehors de la langue reçue « en partage », loi[78] impersonnelle, commune, sous les fourches caudines de laquelle – système de règles, de limites – il doit passer pour prendre corps. De ce qu'il en coûte de renoncer à « l'impossible – parler une langue qui ne serait qu'à moi et que pour-

---

[76] *Cf.* Schneider (1985 : 230) et (2010 : 56).
[77] *Cf.* Authier-Revuz (1995/2012, chap. **9**).
[78] « Loi » qui, souligne Derrida (1996/2016 : 69) « demeure nécessairement, ainsi le veut au fond l'essence de toute loi, *hétéronome* » (*idt*).

tant chacun pourrait entendre »[79] –, les réflexions suivantes se font, parmi bien d'autres, l'écho, à travers leur visée propre – celle, par exemple, linguistique, de G. Siouffi :

> Cette aliénation qui a comme horizon le *caractère extérieur des mots*, leur matérialité, le fait qu'aucun des mots que j'emploie en tant que sujet n'est mien [...] peut très naturellement être perçue comme une aliénation négative, destructive de l'expression authentique du sujet, « impersonnalisante » [...]. La valeur d'échange du langage, son caractère arbitraire et conventionnel, *est* (*idt*) profondément une aliénation. (Siouffi, 2001 : 191, 195)

– celle, psychanalytique de G. Pommier :

> Le fait de parler, de s'approprier la langue, impose une mortification au sujet. Celui-ci emploie des mots qui ne lui appartiennent pas, et il se soumet à leur logique, qui lui échappe de toute part. [...] l'agent de cette mortification est le père mythique qui a créé la langue. (Pommier, 1999 : 122)

– ou celle, philosophique de M. Merleau-Ponty, posant que subjectivation (par le langage) implique dépersonnalisation :

> Il n'y a de parole (et finalement de personnalité) que pour un « je » qui porte en lui ce germe de *dépersonnalisation*. (Merleau-Ponty, 1952 : 29, cité par Siouffi, 2001)

Le Dire, un RE-dire obligé
Au rappel, par Saussure, au plan de la langue, de l'avant de « ce qu'on a dit » sur quoi se fonde ce que « nous disons » :

> Pourquoi disons-nous homme, chien ? Parce qu'*on a dit avant nous* homme, chien. La justification est dans le temps. (1968, tome 1 : 165)

répondent, au plan du discours et de l'énonciation, évoqués au chapitre **10**, le mythe bakhtinien du solitaire Adam et de sa parole toute neuve... émergeant dans un monde innommé, comme le « ça parle ailleurs, *avant* et indépendamment » de M. Pêcheux. Objet de désolation, d'exaspération, de hantise même au fil des siècles, de la part de tant de penseurs ou d'écrivains[80], cette dimension de fon-

---

79 Pontalis (1986 : 28).
80 Pensons à Flaubert « vouant » son écriture à faire texte de cette inévitable dépendance à la « Bêtise » (*cf.* chap. **14**), ou aux stratégies défensives de Nietzsche face à la menace de la grégarité,

cière dépendance du dire à ce qui langagièrement le *précède* traverse fortement la pensée contemporaine, sensible à l'emprise des discours.

Ainsi, dans la conception foucaldienne d'un « Ordre du Discours », déterminant le dire, l'excentration dans laquelle celui-ci se produit, depuis une « pensée du dehors », se fait-elle, en même temps, depuis l'*avant*, dans

> [...] le ruissellement et la détresse d'un langage qui a toujours déjà commencé (*La pensée du dehors, in* 1966 : 523)

et on note, chez J.-F. Lyotard, l'insistance – soulignée par le retour du *nous* – sur la commune expérience pour le sujet parlant de la préséance du déjà-dit sur son dire :

> [...] nous sommes toujours sous le coup de quelque récit, on nous a toujours dit quelque chose et nous avons *toujours été déjà dits* (1977 : 47)

Pour Derrida, cet avant, par rapport auquel la parole, dès son commencement – et à jamais – sera « itérative » pour un sujet débouté comme source ou origine de ce qu'il dit, est ce qui fait « une aliénation essentielle dans la langue – qui est toujours de l'autre »[81] :

> Dès que je parle les mots ne m'appartiennent plus, ils sont *originellement répétés*. [...] Ce qu'on a appelé le sujet parlant n'est plus celui-là seul qui parle. Il se découvre dans une *irréductible secondarité* [...], origine toujours dérobée à partir d'un champ organisé de la parole dans lequel il cherche en vain une place toujours manquante. (*La parole soufflée, in* 1967 : 264 *sq.*)

La langue, « prothèse d'origine », est foncièrement « étrangère »[82], et la parole qui – d'être répétée – relève de la « citation »[83], passe de surcroît par le mou-

---

ou de Barthes face à celle de la doxa (*cf.* ci-dessous 2.3.5, p. 540). Je renvoie au riche parcours que M. Schneider (1985) consacre à ceux qui s'éprouvent, au cœur de leur dire, comme « Voleurs de mots ».

81 *Cf.* (1996/2016 : 113–114), ou encore :
   une sorte d'aliénation originaire qui institue toute langue en langue de l'autre : l'impossible propriété d'une langue (*ibid.* : 121).

82 *Cf.* le « je n'ai qu'une langue et (mais, or,...) ce n'est pas la mienne », *leitmotiv* de « Le Monolinguisme de l'autre ou la prothèse d'origine » (1996/2016).

83 On retrouve ici le sens IV de « citation », ou « citationnalité », évoqué dans l'appendice au chapitre **9**. On revient, chap. **14**.1.3.4 3 p. 565 *sq.*, sur la nécessité de ne pas écraser la différence entre la citation-RDA et la « citation » comme inhérente au langage.

vement d'une « importation[84] du langage de l'autre » ou celui – « sans langue originaire, sans langue de départ » – d'une « traduction »[85] dans ce langage de l'autre.

L'excentration de la parole par l'ailleurs-avant qui, jouant en elle, la déporte hors d'elle-même, est pensée chez Derrida en terme d'expropriation (ou d'« exappropriation »), et l'énonciation ne sera « jamais de part en part présente à elle-même et à son contenu » (1972, repris dans 1990 : 46) de ce que « L'itération qui la structure *a priori* y introduit une déhiscence et une brisure essentielles » (*ibid.* : 195)[86].

Des mots « pas à soi » à l'« exil » dans les mots
À travers la variation ci-dessus sur le « pas à soi » du langage – signes « communs » qu'impose la langue, mots « de l'autre » qu'il faut « importer » – le thème de l'expérience du langage[87] comme dépossession apparaît comme récurrent.

À parcourir le domaine du plagiat – de son sens strict (plagier/être plagié) au sens étendu de ce qu'implique un langage, qu'on ne peut que s'« approprier » – l'ouvrage *Voleurs de mots* de M. Schneider (1985) est un voyage en « inappartenance foncière du langage » :

> *Le propre des mots est d'être impropre* ; leur destin d'être volés, ou de vous voler, ne vous dérobent-ils pas à vous-mêmes, déposant en vous des pensées insues, des réminiscences involontaires ? [...] Entre mes mots et moi, une dépossession : quelqu'un qui me les donne, me les prend [...] (4ᵉ de couverture)

Et l'image est constante chez Bakhtine (*cf.* chap. **10**.1.2, p. 389) du locuteur contraint, à jamais dépourvu qu'il est de mots « à lui », d'aller *prendre* « ses » mots en « territoire » étranger, et s'efforcer de se les « approprier ».

---

84 *Cf.* : « L'importation commence dès le premier mot ; on apprend à parler en important mot par mot » (1996/2016).
85 La double distance qu'opèrent « citation » et « traduction » (ou « importation ») est ce que souligne A. Sevenant (1997) en achevant *Importer en Philosophie*, l'essai qu'elle consacre à Derrida, par cette phrase : « L'expression *citer dans une autre langue* (idt) marque et remarque ainsi le caractère disjoint de toute langue » (p. 157).
86 Posé dans l'essai *Signature, événement, contexte* qui clôt Derrida (1972), le fait que le statut constitutivement itératif de la parole affecte celle-ci d'une « absence à elle-même », *n'annule pas* la réalité de l'intentionnalité énonciative qui – objet d'une vive contoverse avec Searle – est réaffirmée, en réponse polémique à celui-ci, en 1990, dans *Limited Inc.*
87 Au-delà du temps de « l'acquisition par l'enfant de la langue du groupe qui le précède [...], qu'il peine à faire sienne. » (Quignard, 2012 : 17)

2 La contradiction fondatrice du langage : le « dehors » au « dedans » du dire — 515

Au-delà, ce qui se dit à travers la métaphore prégnante de l'*exil* du sujet dans le langage, c'est – plus radicalement que d'avoir, depuis un « chez soi » subjectif, à en passer par des mots d'ailleurs – la perte de tout « chez soi » que signe, pour le sujet, son entrée dans le langage.

Ainsi de la « radicale extériorité de l'humain par rapport au langage » qu'il rappelle, O. Grignon en vient-il au

> rapport forcément *étranger*, [...] *d'exil fondamental* des hommes par rapport au langage. (2017 : 91–92)

cependant que E. Lemoine-Luccioni donne à ce chez-soi « perdu » le visage d'une « maison » imaginairement originaire :

> Il a giclé un jour hors de son gîte pour naître [...]. Mais il tombe dans le tout fait du langage et le voilà perdu dans la maison commune ; dans l'*unheimlich* en tout cas, car *il ne retrouve jamais sa maison, qu'il n'a pas eue*. (1983 : 91)[88]

et que J.-B. Pontalis – dont le beau livre de souvenirs, *L'Amour des commencements*, suit les formes prises par ce qui, à ses yeux, « commande » sa vie : « l'amour et la haine du langage » – évoque

> [ce qui] fut pour [lui] le premier maléfice du langage : en lui je ne pouvais être effectivement qu'immigré, déplacé, sans que *cet exil forcé* me donne pour autant la nostalgie d'une terre natale. Le maniement du langage me ferait perdre jusqu'au pouvoir de me représenter ce que j'avais perdu ! (1986 : 8).

Et de même, pour Derrida, si la langue maternelle est « habitable », c'est dans l'exil endeuillé d'un vrai « chez soi » :

> La langue dite maternelle n'est jamais purement naturelle, ni propre, ni habitable [...] Il n'y a pas d'habitat possible sans la différence de cet exil et de cette nostalgie. (1996/2016 : 112)

et le « grief »

> [...] quasi-originaire, puisqu'il ne déplore même pas une perte : [...] dans un tel grief, on prend ainsi, à demeure, *le deuil de ce qu'on a jamais eu* (ibid. : 61)

---

[88] *Das Unheimliche* est le titre d'un texte de Freud, traduit par « l'inquiétante étrangeté », étymologiquement formé sur « *heim* » : à la maison.

Le dire dispersé en voix multiples

De cet ailleurs-avant d'où procède le dire du sujet, c'est aussi la *pluralité* des voix qui y « parlent » qui est soulignée – pluralité dont le dire est fait et où se défait le caractère « un » que l'on prête au conscient[89].

Ainsi Milner (2011 : §5), rappelant que

> Dès qu'il n'est plus *infans*, le sujet aura à s'arranger de la pluralité parlante. [...] l'être parlant est toujours déjà plusieurs en tant qu'il est parlant (p. 15),

évoque-t-il

> la foule intérieure qui persiste au plus intime de chacun et dont la langue se fait le porte-voix (p. 16).

Et centrale est, chez Deleuze, la pensée d'une « désindividuation » : la position radicale selon laquelle

> Il n'y a pas d'énonciation individuelle [mais un] *agencement collectif* impersonnel [...] qui va déterminer comme sa *conséquence* les procès relatifs de subjectivation, les assignations d'individualité (Deleuze *et al.*, 1980 : 101)

se dit[90] (dans *Mille Plateaux*, par exemple) à travers la métaphore récurrente du « discours indirect » ou du « discours indirect libre » comme principe même du fonctionnement du « discours direct »[91] qui, jamais « premier », fonctionne à l'ouï-dire :

> Le discours indirect est la présence d'un énoncé rapporté dans l'énoncé rapporteur, la présence du mot d'ordre dans le mot. C'est *le langage tout entier qui est discours indirect*. Loin que le discours indirect suppose un discours direct, c'est celui-ci qui s'extrait de celui-là [...]. (1980 : 106).

---

[89] *Cf.* Milner (2011 : 14) « Puisque la tradition philosophique a donné le nom de *conscience* au principe d'unicité, on comprend qu'à raturer ce nom par le nom d'*inconscient*, on précise l'insistance, au plus secret de l'être parlant, de son être plusieurs » (*idt*).

[90] Conjointement à la conception du fonctionnement, socialement chargé de discours, du *mot* comme « *mot d'ordre* » imposant ses « présupposés implicites » (1980 : 97–100).

[91] « discours direct » étant ici pris (comme souvent dans le discours philosophique) au sens de « en direct », non rapporté, voir chap. 2.1.

Cette métaphore qui « transporte » DI, ou DIL, de leur valeur linguistique de formes localisables de « discours rapporté »[92] vers un statut de tout discours comme relevant du « DI », « DIL »..., procède du même « mouvement » que celui, rencontré ci-dessus, menant du fait de la citation en discours au discours *comme* citation. Mais, dans l'ensemble des traitements du dire comme foncièrement traversé par l'autre qui le précède, s'impose, singulière, chez Deleuze, la tonalité joyeuse du constat de la défaite du « UN » dans une énonciation « originairement plurielle » – tonalité qui (accompagnée d'un lexique où l'autre, le différent, l'inégal... consonnent avec le vivant et l'intense) s'entend dans le leitmotiv[93] du

[a] tant d'êtres et de choses pensent en nous...,
[b] toutes les voix présentes dans une voix, les éclats de jeune fille dans un monologue de Charlus,
[c] toujours une voix dans une autre voix...,
[d] toujours un autre souffle dans le mien, une autre pensée dans la mienne,

et s'explicite dans le « joyeux message » que constitue la reconnaissance d'un « moi dissous » qui s'ouvre à une multiplicité d'autres qui le « font » :

> Il ne s'agit pas des influences que nous subissons, mais des insufflations, des fluctuations *que nous sommes* [idt], avec lesquelles nous nous confondons. Que tout soit si « compliqué », que *Je* sois un autre, que quelque chose d'autre pense en nous [...] dans *une violence* qui est celle du langage, *c'est là le joyeux message*. (Deleuze, 1969 : 346)

2.3 Extériorité du langage et parole propre

Appréhender l'antinomie fondatrice du langage c'est, immanquablement – loin du tranquille rapport du sujet à un « instrument » reçu en partage – voir la parole surgir comme *question*. Dans un chapitre intitulé « Ce que parler implique », J.-P. Lebrun illustre, en une page, ce mouvement de constat d'une contradiction :

---

92 Formes de RDA que Deleuze évoque comme « insertion d'énoncé "différemment individués" ou "emboîtements de sujets d'énonciation divers", à penser comme phénomène second, de surface si l'on veut, par rapport à l' "agencement collectif " qui sous-tend et détermine "les procès relatifs de subjectivation, les assignations d'individualité et leurs distributions mouvantes dans le discours" ». (Deleuze, 1980 : 101).
93 J'emprunte le terme à F. Zourabichvili (1994 : 125), comme aussi les citations qui suivent [a], [c] de Deleuze (1969 : 347) et (1985 : 218), [b], [d] de Deleuze *et al.* (1980 : 101, 346).

> ce que j'ai de plus singulier, mes mots, qui est aussi ce que j'ai de plus intime [...] pourtant n'est jamais construit que dans le matériau de l'Autre (2015 : 57),

qui se fait aussitôt énigme à résoudre :

> Mais alors *comment* le « singulier » d'un sujet peut-il se constituer à partir du « commun » qui lui vient entièrement de l'Autre ? [.] *À quelles conditions* [...] *Pourquoi* ne reste-t-il pas complètement aliéné dans l'Autre ? *Comment* lui est-il possible [...] ? *Pourquoi* ne reste-t-il pas noyé dans l'Autre, englué, incapable de distinguer ce qui est de lui et ce qui est de l'Autre ? (*ibid.*)

Ainsi, pour « normal » qu'il soit, pour le petit d'homme de devenir parlant, il ne faut pas ignorer la *force* de l'opération inaugurale par laquelle l'*infans* accède à sa parole à partir du langage reçu de l'autre, ni la tension, jamais levée, dans laquelle tout dire aura à trouver son (dés)équilibre entre extériorité du langage et parole énoncée comme sienne (2.3.1).

Sur ce qui se joue, crucialement, dans l'opération première d'entrée dans le langage, comme de sa nécessaire réassurance par le sujet parlant, de graves troubles langagiers témoignent « par défaut », apportant un éclairage aigu sur l'ordinaire de la parole « normale » (2.3.2).

2.3.1 L'appropriation fondatrice et son renouvellement

En termes d'aliénation, dépossession, exil, déhiscence... on a dit ce qu'il y a de « perte » – d'un état primitif de fusion... – à en passer par l'Autre de la langue et des discours : c'est via cette « perte » que pourtant – ou plutôt « justement » – l'enfant accède à la parole car le langage « greffé » qui, de toute son extériorité, *excentre* le sujet, est ce qui, par là même, *l'ouvre* sur l'ailleurs et qui, reçu de l'extérieur des autres qui lui parlent, lui donne prise sur un monde qu'il peut nommer et accès à des autres auxquels il peut s'adresser[94].

C'est comme une « deuxième naissance » qu'A. Manier (1995 : 51) célèbre :

> [ce] moment d'excentration d'une étonnante audace et fécondité qui a consisté à pouvoir énoncer par un signifiant une unité de pensée en accord avec l'autre.

---

[94] C'est l'oubli de ce que l'aliénation comporte d'ouverture que dénonce P. Henry (1977 : 162) : « [...] nos corps sont pris dans le langage avant toute cogitation. N'y voir que le fondement d'une aliénation quasi-existencielle, c'est oublier que le langage est aussi ce qui rend possible une appropriation du réel [...]. »

2 La contradiction fondatrice du langage : le « dehors » au « dedans » du dire — 519

L'accès au signe partagé avec l'autre marque la fin – deuil et libération – de « l'immédiateté de la relation à l'objet »[95], ouvrant le sujet, désormais séparé de la « chose », à l'espace de la pensée et au jeu de l'intersubjectivité.

Le « miracle » – si commun soit-il – des premiers mots est celui d'une appropriation : l'enfant « prend » *sa* parole à partir de celle qu'on lui adresse, se faisant du « propre » avec du non-propre. La conversion qu'accomplit l'enfant, de l'extériorité du langage dans une parole de soi, dépend – tout au long du chemin qui le mène du cri à l'appel et à la parole – de l'expérience qu'il fait de la parole à lui adressée et de la subjectivité qui anime celle-ci : c'est dans cette énonciation de l'autre qu'il trouve, plus ou moins aisément, plus ou moins profondément, l'*élan* – désir et confiance – qui le porte à « s'expatrier » dans des mots d'ailleurs[96] ; aucun dispositif technique, si sophistiqué soit-il, ne pourrait susciter la réponse d'une première parole.

Caractérisant ce moment crucial de l'entrée dans la parole comme « constitutif de la distinction extérieur-intérieur » E. Porge (2012 : 90) souligne que si cette distinction est :

> corrélative de toute *identification*, [elle est] corrélative aussi d'un retournement où *il y a un extérieur de l'intérieur*.

Décisive et émouvante, l'appropriation initiale de la première parole ne « règle » pas la contradiction inhérente à l'extériorité interne au dire, n'annule ni n'aplanit la tension entre le fait réel que les mots – relevant de la langue commune et chargés de leur histoire discursive – ne sont pas à soi, et l'impérieuse nécessité subjective d'une parole énoncée comme propre. La structure topologique de l'extériorité interne est le réel que toute parole a à affronter, expérimenter, vivre. Ce que M. Schneider analyse de cette contradiction, à propos de l'œuvre littéraire, on peut – sans pour autant les confondre – le dire pour la parole « ordinaire » :

> On ne peut pas dire : mes mots à moi » sans s'illusionner sur la nature du langage et des mots qui ne sont pas plus à moi qu'à personne. Par contre, je peux dire : mon œuvre [...]. *La propriété ne concerne que l'œuvre et non ce dont elle est faite*. La difficulté logique se pré-

---

[95] Il est facile, du fait de sa violence, de ne faire résonner la formule « le mot est le meurtre de la chose » que sur le versant de la perte, ignorant, dans la contradiction inhérente au langage, le versant, strictement solidaire, de pouvoir et de protection que confère au sujet un accès à l'objet, distancié et médié par un système de représentation partagé. Sur l'enveloppe langagière protectrice qui dramatiquement fait défaut au psychotique, *cf.* par exemple Manier (1995 :111–112).

[96] Et, bientôt, à « apprendre à dire "je" : apprendre que "je" existe à travers la plus sociale des institutions, la moins individuelle : la langue » (P. Lepape, *Le Monde des livres*, 30 janvier 1998), cité *in* Morizot (2001 : 5).

> sente donc ainsi : comment le texte, simple assemblage de mots, choses viles et communes, peut-il être dit mien, légitime, défendu comme propre ? (1985 : 321)

On peut pour toute parole, on l'a dit, se poser la question de ce « *comment* » : comment une parole peut-elle *s'énoncer comme propre* à partir des mots partagés de la langue et du déjà-dit ? Évoquant ainsi l'émergence du propre depuis l'étranger :

> Le propre n'est jamais que ce que je fais mien de l'étranger, ce que je *m'approprie*, par des voies toujours singulières. (1985 : 309)

M. Schneider pointe un élément crucial : le caractère singulier des voies de l'appropriation. L'issue à la contradiction – « miracle » inaperçu au cœur de chaque dire – est ce qu'accomplit l'*énonciation* comme *acte d'appropriation singulier – le temps du dire* – de ce qui vient de l'autre. Énoncer, c'est *se faire source* à partir du flux qui nous traverse. Chaque parole renouvelle – et avec elle l'alliance initiale de l'entrée dans le langage – la conversion « appropriante » de l'inappartenance réelle des mots dans l'affirmation subjective de leur énonciation singulière ; et dans cette expérience, selon le mode où le sujet s'y *engage*, se joue le sentiment de son identité.

Ainsi, vivre pour un sujet parlant, c'est-à-dire dans le langage, est-ce d'emblée et pour toujours, répondre à la contradiction d'un dedans fait du dehors en y « posant » *sa* parole, dans un (dés-)équilibre singulier, mouvant, incertain parfois, ou difficile, et que des troubles graves peuvent, tragiquement, mettre hors d'atteinte.

Remarque 6 : Appropriation singulière et « originalité ».
(a) Reconnaître la singularité de l'acte d'appropriation par lequel, dans le moindre dire, le sujet *se fait source* de ce qu'il énonce *via* les mots qu'il a reçus, ne touche nullement à la question de l'« originalité » de la parole produite. Faire sien ce qui vient de l'autre c'est ce qu'accomplit toute parole : autant celle qui puise, joyeusement insouciante au déjà-dit offert, que celle en proie à un vrai tourment de devoir en passer par lui – Flaubert, Nietzsche, Barthes... parmi tant d'autres que persécute l' « usure » des mots – ; autant dans l'affirmation souveraine de voix « inouïes » – Rabelais, Hugo, Rimbaud... – que dans l'effacement de paroles comme étouffées qui se coulent étroitement dans les moules du déjà-dit ou en empruntent les chemins les plus balisés, telles, par exemple, celles des marionnettes désindividualisées que mettent en scène N. Sarraute, Pinget ou Vinaver[97].

---

[97] Précisément étudié sous le titre « La Parole empruntée [...] : théâtres du dialogisme » par E. Eigenmann (1996)

2 La contradiction fondatrice du langage : le « dehors » au « dedans » du dire — 521

Aussi usée, répétitive, stéréotypée... que soit une parole, elle *est acte unique*, singulier, par lequel un sujet prête vie, corps, souffle, trace aux mots communs disponibles qu'il « habite » et « fait sien ».

(b) N'oublions pas, évoqué ci-dessus, chap. **5**.1.2, p. 150, ce fait essentiel que le plus « commun » des énoncés est toujours, dans le contexte singulier de son énonciation – contrairement à la phrase à laquelle il prête vie – un acte unique, non répétable.

(c) Rappelons, enfin, cet irréductible espace de singularité que recèle tout énoncé, si « commun » soit-il, en ce que sous la surface des mots qu'énonce le sujet, s'ouvre une autre altérité que celle de l'interdiscours ou du dialogisme : celle, inépuisable envers de la langue, de *lalangue*[98] qui, « en toute langue [est] le registre qui la voue à l'équivoque », par qui toute langue est aussi « mode singulier de faire équivoque »[99], et dont le jeu imprévisible accompagne l'énoncé le plus convenu. Ainsi, faisant alliance avec la langue chargée de discours lorsqu'il y élit et en les « faisant sien » les mots de son énoncé, le sujet fait-il en même temps – et ne peut pas ne pas le faire – alliance avec *lalangue* où de façon sauvage, radicalement singulière et immaîtrisable[100] s'inscrit (largement à son insu) son désir inconscient – le sujet habitant ainsi doublement ce qu'il énonce sur les deux portées de son dire[101]. Par la « portée du dessous » qui y court, le dire le plus prévisible et le plus commun s'énonce – fut-ce, pour son énonciateur, non seulement à son insu mais à son corps défendant – comme parole singulière.

---

98 Pour une présentation schématique de ce concept lacanien, *cf.* Authier-Revuz (1995/2012 : 655 sq.) ; réflexion éclairante *in* Soler (2009)
99 Milner (1978 : 22) et (*ibid.* : 104) : par rapport à la langue réseau descriptif de différences, lalangue, comme « fonction d'excès » se dessine comme « l'ensemble de toutes les chaînes possibles, celles que la science représente : étymologie, paradigmes divers, dérivations, transformations, etc., et celles qu'elle récuse : homophonies, homosémies, palindromes, anagrammes, tropes et toutes les figures imaginables de l'association ».
100 *Cf.* Milner (1978 : 104) évoquant lalangue comme « une foule d'arborescences foisonnantes, où le sujet accroche son désir, n'importe quel nœud pouvant être élu pour qu'il fasse signe ».
101 Sur la fréquence de la métaphore musicale pour évoquer le discours de l'inconscient d'un sujet pensé comme « effet de langage », je renvoie à la présentation élémentaire de la parole hétérogène dans cette perspective psychanalytique *in* Authier-Revuz (1982b : 125–136) : au « tout discours s'avère s'aligner sur les plusieurs portées d'une partition », posée, en 1957, par Lacan dans « L'instance de la lettre dans l'inconscient » (repris *in* Lacan 1966 : 493–526), répond, par exemple, l'éclairant filage métaphorique par S. Leclaire du « chant de l'inconscient [...] » comme ne relevant pas du « contrechant d'une fugue ou [des] harmoniques d'une ligne mélodique » mais bien plutôt de la discordance d'une « musique de jazz que l'on entend malgré soi derrière le quatuor de Haydn écouté à un poste de radio mal réglé [...] » – faisant écho au dire dispersé en « voix multiples » évoqué ci-dessus 2.2, p. 516.

2.3.2 Échecs à la parole « de soi » : « paroles imposées » ou le langage qui « parle » tout seul

Observer, dans la diversité des troubles du langage, les ratés, graves, d'une non-advenue d'une parole « de soi » – c'est-à-dire habitée comme sienne par un sujet parlant – atteste que, si commune que soit l'issue heureuse du processus d'appropriation, il y a – dans la contradiction inhérente à l'extériorité interne – comme un « défi » à relever pour se « faire source » à partir de ce qui est reçu : les difficultés, les impossibilités que manifestent les troubles, font apparaître « en creux » ce que le sujet parlant « ordinaire » a dû impérativement réussir pour, dans l'aventure qui, par là, se révèle « à risque », *prendre* la parole.

Ainsi, dans le rapport altéré au langage qui est celui de la psychose[102], des manifestations témoignent d'une pathologie langagière du rapport dedans/dehors : lorsque de façon spectaculaire des voix *s'imposent* au sujet ou que, plus discrètement, la parole qu'il émet apparaît comme « plaquée » ou « citée »[103] : cela montre que le sentiment d'énoncer une parole de soi peut, pour le sujet, demeurer, dans la souffrance, hors d'atteinte ou très fragilisé, projetant un éclairage sur la parole « normale » quant à ce qui relève de son placement énonciatif dans le réel de l'extériorité langagière.

Sous des noms divers – celui de son baptême en « automatisme mental » par Clérambault[104], ou ceux de « voix intérieures », « paroles imposées », « écho de la pensée », « hallucination verbale »... – le trouble qui consiste en ce que familièrement on appelle « avoir des voix » a fait l'objet, du 19e siècle à nos jours, de très nombreux travaux. Il n'est ni de ma compétence ni, j'espère, de ce que requiert mon objet, d'esquisser un panorama de cet ensemble, riche et complexe, d'investigations psychiatriques et psychanalytiques – observations cli-

---

102 *Cf.*, par exemple, dans leur développement différencié : Lacan (1966 : 531–589), (1981), Manier (1995) et Soler (2008), (2015).

103 Étant entendu que les troubles langagiers psychotiques ne se limitent pas à ceux que nous évoquons ici en tant qu'ils semblent entrer en résonance avec la question – posée par la RDA et sa fonction dissimilatrice – de l'énonciation d'une parole de soi dans le réel de l'extériorité du langage : le rapport altéré au langage de la psychose peut aussi, notamment, se manifester dans la prolifération signifiante – équivoque, néologismes, mots-valises, glossolalies – d'une parole qui, livrée sans bornes au réel langagier de la substance signifiante, « *dé-chaîne* », selon le mot de L. Irigaray (1974) les mots de la langue, comme, différemment, J.-P. Brisset (*Œuvres complètes*, 2001) ou le *Finnegans wake* de Joyce en donnent des exemples. Sur l'observation des « tonalités récitatives » chez « un sujet en phase schizophrénique », voir Schepens (2002b : 11–31).

104 Gaëtan Gatian de Clérambault (1872–1934), psychiatre, médecin-chef de l'infirmerie spéciale [...] de Paris, clinicien que J. Lacan reconnaissait, en 1966, comme son « seul maître en psychiatrie ».

niques et réflexions théoriques –, tant dans sa dimension historique que dans la diversité ou l'opposition des approches du phénomène (touchant notamment à la causalité organique ou psychique de celui-ci, articulées à des conceptions pré- ou post- freudiennes, et repensées dans le cadre du « sujet effet de langage » de Lacan)[105].

Je ne m'attacherai pas non plus à détailler la gamme étendue des formes prises par cette « xénopathie langagière » ; je me contente de rappeler la diversité des manifestations de l'emprise d'une voix « étrangère » sur le sujet[106] pour souligner que ce trouble ne se ramène pas au délire d'un sujet en proie aux paroles persécutrices ou injonctives de quelque voix de Dieu ou de diable ; ce sont aussi des voix neutres, affectivement, qui s'imposent au « récepteur ». Lorsqu'elles accompagnent la vie du sujet d'un incessant « commentaire de ses actes », par exemple, elles ne sont pas nécessairement plus critiques ou menaçantes que la très normale « petite voix » intérieure susceptible de s'exclamer en « je » ou en « tu » :

— Ah, ce que je suis bête, j'ai encore oublié de...
Ça y est, tu t'es encore trompée, le jour où tu seras capable de lire correctement un horaire...

Mais, voix « d'ailleurs » à l'intérieur du sujet, elle parle de « lui/soi » à la troisième personne, ou bien elle « le/se » désigne par « on » :

elle fait ci, elle fait ça[107]
on veut répondre, [...] on attendra bien un peu.[108]

---

105 On trouvera – et j'utiliserai ci-après – des éléments précieux sur l'histoire et l'actualité de cette pathologie dans des publications récentes : E. Porge (2012) qui en rappelle, en ouverture de sa réflexion aigüe sur la voix (p. 19–25 notamment), des étapes cruciales : G.-G. Clérambault, H. Ey, D. Lagache, J. Lacan... et le *Journal Français de Psychiatrie* qui consacre un numéro entier (n°45, Faucher *et al.* (dir.) 2018) à un premier parcours – historique et clinique – de l'automatisme mental.
106 Entre autres : énoncés suivis ou « bribes », énoncés interrompus donnés à compléter au sujet ; voix entendues comme émanant de personnes présentes mais silencieuses, ou d'écrits affichés ; voix seulement entendues ou « émises » par le sujet...
107 C. Soler « Qu'est-ce que la psychose ? » *France Culture, Chemins de la philosophie*, 15–12–2016.
108 Noté par Clérambault (2 avril 1920) au sujet d'un malade : « Automatisme mental. Scission psychique. Voix intérieure qui l'inhibe et se substitue à sa pensée. [...]. Parle d'elle-même à la troisième personne : "on" [...] » (reproduit *in* « Bibliothèque Confluents », Association de la Cause Freudienne- Île de France, Printemps 2004).

(i) Paroles qui s'imposent, sans émetteur...
Au niveau « basique » où je me situe, je voudrais simplement souligner les deux traits – d'ailleurs fortement solidaires – qui se trouvent unanimement relevés à propos de cette pathologie de l'extériorité langagière, quelles que soient la variété de ses manifestations et la diversité de ses approches : le caractère de ces voix pour le sujet : 1) *imposé* et 2) *incertain* quant à leur source...

On est frappé, en effet, de la récurrence du vocabulaire par lequel patients et soignants, de Clérambault à nos jours, disent la violence éprouvée par ceux qui se plaignent d'avoir « des voix dans la tête ». Reviennent en leitmotiv le sentiment pour le sujet d'être le siège d'un phénomène mécanique, comme celui d'un « écho », intérieur, d'un « automatisme » mental, d'être soumis, dans son intériorité, à une « *force* extérieure » :

> une force qui le commande... forcés à penser par l'influence de forces extérieures... sujets qui se plaignent de ce qu'on les force à parler par pensée ou par action... paroles imposées... phrases qui s'imposent... sa pensée lui est imposée... prise de la pensée du malade par autrui...

ressentie comme une intrusion

> intrusion de l'autre en moi... force envahissante... parasite... processus qui prennent possession de lui... assailli... harcelé... investi...[109]

Rejetant en dehors de lui cette intrusion langagière, le sujet n'en éprouve pas moins qu'il en est le siège, le lieu, le théâtre... Ce qu'il y a de contradictoire ou d'énigmatique au plan de la subjectivité dans le phénomène que Clérambault[110] met au jour comme « automatisme mental » est d'emblée au cœur de la description qu'il en donne (ici, résumée par E. Porge (2012 : 22–25)) :

> « on *me donne* des pensées qui ne sont *pas à moi* ». [...] Le sujet accepte qu'il s'agisse de *sa* pensée *mais* il la perçoit comme imposée *du dehors*. Il est dédoublé face à sa pensée. (p. 23)
> Au regard de ces formes verbales un dédoublement se produit pour le sujet ; *à la fois* il s'agit de *sa* pensée *et* elle lui *vient du dehors*, elle lui est imposée de façon parasitaire [...] (p. 24)

---

109 Fragments émanant des malades ou des cliniciens relevés au fil des pages dans Faucher *et al.* (2018).
110 G.-G. de Clérambault, *Œuvre psychiatrique*, t. I et II, PUF, Paris, 1942.

2 La contradiction fondatrice du langage : le « dehors » au « dedans » du dire — 525

Contradiction que H. Ey[111] reformule en notant que la victime de « voix intérieures » « en pensée » a l'impression de « ne pas être l'auteur du discours *pourtant* intérieur qu'il entend ».

Aux antipodes du sentiment d'être source, auteur, de sa pensée et de son dire, l'expérience du sujet est celle d'une radicale – vertigineuse – incertitude énonciative[112] où vacille l'ancrage identitaire : le « ça parle/pense dans ma tête » débouche sur un « je ne sais pas qui pense/parle », moi ou un autre. De la dépossession subjective qu'entraîne pour le sujet l'origine incertaine – soi/pas soi ? – de ce qui pense/parle en lui, C. Soler (2008 : 127–133) présente l'exemple d'une jeune femme psychotique, « Marlène », dont « les voix » sont le symptôme majeur :

> Lorsque la question « Qui le dit ? » lui est posée, elle répond d'un geste *évasif*. [...] elle a indiqué s'être posé elle-même la question [...] « Était-ce moi ou l'autre ? » La réponse reste cependant *hypothétique, instable, quasi indifférente*. (p. 129)[113]
> Pour Marlène, les voix, plurielles, *ne font pas un émetteur*. Elles présentifient *une sorte d'émission omniprésente*, presque coextensive au bain signifiant. (p. 129)

Loin que, dans le vécu de cette troublante expérience langagière, une parole adressée puisse prendre corps, et avec elle, le sujet qui l'énonce –

> Pour Marlène, *au vide de l'énonciation* du côté des voix, répond de son côté le défaut d'identité et *l'indétermination de son être*. (p. 130)

le langage est, pour le sujet, un réel qui *le traverse* :

> Il y a *du* message mais pas *de* message. (*idt*) (p. 129)[114]

---

111 H. Ey, *Traité des hallucinations*, t. I, Masson, Paris, 1973. Cité d'après Porge (2012 : 20).
112 Incertitude pathologique qu'il faut distinguer des flottements ponctuels éprouvés normalement par les sujets, si agacés ou troublés qu'ils soient de rencontrer, au détour d'un mot, d'une expression, le « parlé » de leur propre parole (*cf.* ci-dessus chap. 11 2.3.3, p. 455 et, ci-dessous, 2.3.4).
113 À ce flottement du sujet quant à ce dire « en lui », E. Porge (2012 : 36) fait écho lorsqu'il note « la difficulté à en parler » : « La façon dont quelque chose se dérobe toujours de façon singulière quant il s'agit pour le délirant de communiquer sur la nature de ses voix [...] qui se traduit parfois au seul fait que "ça" s'impose à lui ».
114 De la même façon, C. Fromentin, in Faucher *et al.* (2018 : 55), analysant ce qu'il en est pour un sujet de la voix chargée d'insultes qui « s'impose à lui » – « Le sujet ne s'y reconnaît pas. Il sait [...] qu'il en est le *support, à la fois émetteur et récepteur*, mais il ne peut s'attribuer cette insulte au sens où il en serait *l'auteur* » – conclut : « Il s'agit d'un énoncé coupé de son énonciation ».

Remarque 7 : Subir des « paroles imposées » et *représenter* les « idées reçues ». « [...] en état d'*estrangement* devant les mots : c'est le dehors passé à l'intérieur, c'est l'intérieur saisi comme extérieur » : le diagnostic que Sartre (1988) porte, en frère de souffrance[115], sur l'auteur de *Bouvard et Pécuchet*, pourrait concerner une victime des paroles imposées, marquant ce qu'il y a d'intime parenté entre cette pathologie et l'entreprise esthétique de Flaubert, visant un Livre « entièrement recopié », et le commentaire de Barthes (1970) au sujet de Flaubert

> *On ne sait jamais s'il est responsable de ce qu'il dit* (s'il y a un sujet *derrière* son langage) ; car l'être de l'écriture (le sens du travail qui la constitue) est d'empêcher de jamais répondre à cette question : *Qui parle ?* »

consonnent de façon troublante avec les analyses évoquées ci-dessus. Mais, si « insensée », « vertigineuse » qu'elle soit (selon toujours les mots de Barthes), l'écriture – ô combien différente de sa pratique épistolaire où s'affirme un énonciateur robuste – relève d'une *ascèse* du répété que *pratique* un créateur de textes qu'il *signe*. On revient (chap. **14**) sur cette position énonciative extrême, risquant l'effacement de la parole propre du sujet, au profit d'une *représentation* – généralisée – du discours autre que porte et organise, invisible, une instance – écrivante – souveraine. Il importait ici, seulement, de marquer qu'il y a antinomie, précisément au plan énonciatif de la RDA, entre – si proches soient-elles, en même temps – les « paroles imposées » que subit un sujet et les « idées reçues » dont un autre *compose* un « Dictionnaire ».

(ii) altération non de la langue mais de l'énonciation

Les voix, que les sujets les « extériorisent » ou qu'ils « en parlent », ne maltraitent pas le système de la langue[116] : ce sont des chaînes normalement constituées au plan linguistique qu'ils émettent. La maîtrise de la langue n'est pas touchée, mais « seulement » – si l'on peut dire – la capacité énonciative d'y inscrire subjectivement une pensée et une parole éprouvée comme « propre ».

J.-M. Faucher note[117] que le père de l'automatisme mental, Clérambault,

> estimait justifié de le remarquer : « La pensée qui devient étrangère le devient *dans la forme ordinaire* de la pensée ».

De cette observation, commune, de la normalité linguistique des « voix », on peut rapprocher ce qu'on a évoqué plus haut comme manifestation plus « discrète »

---

115 G. Philippe (1997 : 188) formule ainsi le « véritable drame du langage chez Sartre [...] : nous ne pouvons nous exprimer qu'à travers les mots des autres », *cf.* Ndiaye (1992 : « Roquentin et la parole vierge »)

116 Mis à part les cas où, évoluant en délire, les voix reçues, attribuées à des êtres divins ou diaboliques... – comme, par exemple le « président Schreber » auquel Dieu s'adressait en « langue fondamentale ».

117 Dès l'éditorial de Faucher *et al.* (2017)

– sans « voix » – du rapport altéré au langage de la psychose. Dans son approche clinique A. Manier (1995) observe, dans l'expression de patients psychotiques, la conjonction d'un fonctionnement grammatical correct, voire élégant ou même virtuose[118]... et d'une émission verbale reçue par lui comme

> simplement phonée – *comme une citation* – par le psychotique, simple *relai* et haut-parleur (p. 120)[119]

relevant

> d'une espèce de « plaqué langagier », de simple vernis de représentation langagière présent chez à peu près tous les psychotiques (p. 109).

De ce qu'il caractérise comme une « apparence de fonctionnement du langage » (p. 88), A. Manier rend compte à travers l'opposition entre le « je parle » du sujet habitant le langage et le « ça phone » du psychotique que traverse le langage « tournant » en lui comme un moteur à vide, sans que s'y produise l'embrayage d'une énonciation.

Parler du « phoner » du psychotique ne signifie pas (« Un psychotique, pour être psychotique, n'est pas nécessairement seulement psychotique » souligne A. Manier (1981 : 82) que le régime d'expression d'un psychotique soit continuement celui de sa « phonie » : moments de phonie et moments de parole peuvent se succéder pour une même personne, la capacité du thérapeute à « distinguer ce qui est langage de ce qui est phonie » (p. 159) étant, justement, essentielle dans la perspective, qui est celle de l'auteur, d'une « linguothérapie » tentant de faire accéder le sujet à un « fonctionnement langagier » en s'appuyant à ce qui a pu – si limité soit-il – s'en établir, présent dans des « moments de langage fonctionnant selon le code social » (p. 82).

Remarque 8 : Un cas de parole « comme citée ». La problématique du caractère « comme cité » d'une parole psychotique apparaît au cœur de l'observation détaillée du discours d'un enfant par E. Filhol. Troué par instants de brèves irruptions de parole propre (« Moi je ne suis pas fou. J'ai eu des ennuis avec ma famille » (Filhol 1997 : 79), le discours qu'il « déroule » – dans

---

[118] Par exemple p. 160, ou p. 168 : « Jamais psychotique ne me fit mieux comprendre la différence entre langage et phonie : son français était élégant et impeccable mais ne comportait pas la moindre trace de langage. [...] En lui la phonie phonait des idées comme un moteur tourne à vide ».
[119] *Cf.* ci-dessus, Remarque 3, p. 507, les observations (faites dans le cadre de thérapies d'enfant) de paroles « échoïques », « inexpressives », ou encore comme en « marionnettes de l'Autre » (Soler, 2008 : 80).

un tragique régime d'aliénation – est clairement identifiable comme celui d'un père follement « contrôleur »[120], dont il n'est que le relais sonore. Cette parole dépossédée d'elle-même – à laquelle le « changement de voix », d'un débit plus rapide, précipité, « appose [...] le sceau d'une étrangeté » – *n'est pas une parole qui cite*, c'est-à-dire qui ferait apparaître en elle, disjointe, une parole autre, *dont* elle parlerait.

C'est pourtant comme « citation »[121] que – en toute rigueur de façon impropre – sont évoqués dans l'étude les énoncés

> qui ne cessent pas d'envahir le discours, obligeant celui qui les énonce *à les proférer comme si c'étaient ses propres paroles* (*ibid.* : 81) ;

le décalage du « comme cité » – qu'on dirait cité mais qui ne l'est pas – prenant, dans cette analyse de « la citation du psychotique » (*ibid.* : 86), la forme paradoxale d'un recours régulier au terme de « citation », assorti de commentaires déniant ce statut[122] au référent ainsi nommé :

> des citations empruntées au discours de l'autre mais qui n'apparaissent jamais en tant que telles par celui qui les cite (*ibid.* : 81)
> un autre texte cité, non désigné comme tel, à l'insu du sujet qu'il parle et qui le parle (*ibid.* : 81)

Un élément vient cependant comme conforter l'usage du terme « citation » – si problématique qu'il apparaisse avec ce qu'il implique de distanciation prise dans la parole « se faisant » par rapport à une parole autre – c'est l'apparition énigmatique, répétée en point d'orgue de coulées de discours paternel passant sans distance dans la parole de l'enfant, de la formule : « Fin de citation ».

Dans son étrangeté, le fait que rétroactivement elle caractérise comme « citation » le flux langagier qui précède peut interroger le caractère radical de la ventrilocation dont le sujet est victime, y faisant surgir l'ombre d'un dédoublement méta-énonciatif de RDA, susceptible d'être perçue comme fragile et incertaine tentative d'accès à une parole de soi[123].

---

120 *Cf.* « *Moi, vous savez*, dit le père, [...] *rien ne m'échappe, je sais tout ce que peut faire Frédéric. On ne peut rien me cacher, je suis comme le serpent qui s'insinue partout [...] Qu'est ce qu'il vous a dit ? Moi je vais le faire parler.* » (p. 81)
121 « Le discours de Frédéric, à certains endroits, n'est pas son propre discours mais une citation de la parole paternelle » ; « aliénation à la citation de l'autre » (p. 81, 82)
122 Si on prend « citation » au sens strict (*cf.* chap. **9** Appendice : Citation I p. 361) de reprise intentionnelle marquée (ou donnée à reconnaître) comme telle. En revanche, dans son extension au réel du déjà-dit dans le dire, le sens IV de citation (comme son dérivé « citationnel ») pourrait rencontrer cette parole comme relevant d'une « citationnalité pathologique ».
123 Interprétation sur laquelle – avec une prudence modalisante en *peut-être* et conditionnel hypothétique – s'achève l'étude de Filhol (1997), envisageant que cette « fin de citation » « pourrait signifier [...] l'émergence d'une parole personnelle, nouvelle, moins aliénée ».

Exemplairement dans ce qu'on appelle « paroles imposées », comme, plus discrètement, dans ce qui s'articule « comme cité », il y a *absence de parole* – au sens de l'investissement énonciatif d'un sujet[124] ; théâtre de voix étrangères, support de « plaqué langagier », le sujet n'a pas partie liée avec le langage qui lui demeure extérieur, fait – et corps – étranger, non intériorisé, assimilé, qu'il laisse « passer par lui » sans y « mettre du sien ».

De cette pathologie langagière qui, inscrite dans le fonctionnement de l'extériorité interne du langage, empêche qu'advienne une parole – un discours, un dire – on peut rapprocher deux formulations : celle d'A. Manier (1995 : 59) qui la saisit comme « langue privée... de langage » et celle de C. Soler évoquant[125]

« le hors-discours de la psychose » (2008 : 65),
« le schizophrène hors discours – mais pas hors langue » (2009 : 195),

« discours » désignant ici « une modalité du lien social en tant qu'ordonné par le langage »[126], « lien », « ordonnancement » qu'assure l'usage socialement partagé du langage, sans lequel le psychotique est « lâché » dans un monde aux limites et séparations non-établies.

Remarque 9 : Parole pensée *vs* phrases émergentes : un témoignage aigu de vacillement identitaire. Dans le long entretien entre J. Lacan et un patient souffrant de « paroles imposées »[127], la frappante acuité avec laquelle celui-ci parle avec ses mots à lui de l'expérience angoissante d'être le lieu où se produit – « émerge » dit-il – du verbal[128], en fait un document remarquable. Le phénomène est répétitivement saisi par lui comme

ce qui (« ça, cela ») vient, émerge, s'impose.

Apparaît une « répartition » marquée, au plan grammatical, de la première personne : massivement présente (pronom ou déterminant possessif) en fonction de complément (direct, indirect, de lieu...) comme dans

---

124 Et au sens où J. Lacan (1966 : 279–280) reconnaît « une absence de la parole » « dans la folie » « où le sujet, peut-on dire, est parlé plutôt qu'il ne parle. »
125 Dans le sillage de Lacan (1977) « L'étourdit ».
126 Soler (2008 : 63) ; ce qu'on peut rapprocher du retour de A. Manier (1991) sur le caractère crucial de l'accès – ou non – au-delà de la langue, au langage *socialement codé* (p. 57), c'est-à-dire à la dimension *sociale* – partagée, impliquant contrat, confiance... – de « l'usage » du « fonctionnement, de la « fonction » du langage (p. 49, 53, 115...).
127 Entretien du 13-02-1976 dont le *verbatim* est publié dans Faucher *et al.* (2018b) (et je remercie ses coordinateurs de me l'avoir communiqué). Lacan revient sur cet entretien (*cf.* ci-dessous 2.3.3, p. 531) dans le séminaire qui suit (année 1975-76), *cf.* Lacan (2005 : 95).
128 *Cf.* « Cela vient d'un seul coup : "vous avez tué l'oiseau bleu", "c'est un anarchic système"..., des phrases qui n'ont aucune signification rationnelle dans le langage banal [...]. »

> ça me vient ; elles m'envahissent
> s'impose à moi/à mon cerveau/à mon intellect

elle n'apparaît en *je* que 3 fois dans la construction étrange (comme on dit « j'ai une poussée d'acné, des élancements... ») :

> j'ai des phrases émergentes/imposées ; j'ai une phrase imposée qui dit

ou en contexte de procès passif ou négatif :

> je suis un peu disjoint du point de vue langage ; comme si j'étais peut-être manipulé...
> je n'arrive pas à expliquer ; je ne sais pas comme elle vient [...] cette émergence

La place des actants sujet des procès *s'imposer, émerger, venir...* étant occupée par *phrase(s)* ou *émergence*, incessamment repris anaphoriquement par *elle(s), ça, cela*

> Des phrases qui s'imposent ; ce sont des phrases qui émergent ; l'émergence s'impose à moi ; ces phrases imposées ; dans la mesure où elles émergent pour...

De façon remarquable, le terme *parole* (imposée) n'apparaît pas chez le patient, sinon, plusieurs fois, en reprise immédiate d'un propos de Lacan

> Dr Lacan : [...] Les paroles imposées sont d'avant ? / G.L. : Les paroles imposées [...] ont commencé en mars 1974

C'est au terme de « *phrase* » qu'il recourt pour désigner « ce qui émerge » au plan langagier, usage relevant d'un choix affirmé par rapport à « parole » qui se manifeste dans la succession reprise interlocutive/reformulation

> Dr Lacan : [...] Qu'est-ce que vous appelez la parole, que vous dites, vous, la parole imposée ?
> G.L. La parole imposée, c'est une émergence qui s'impose à mon intellect et qui n'a aucune signification au sens courant. *Ce sont des phrases qui émergent* [...] qui ne sont pas déjà pensées [...].

ou, plus nettement encore, en rectification catégorique

> Dr Lacan : Alors, c'est vous même qui le dites, ces paroles...
> G.L. : *Non, ce sont des phrases.*

G.L. revient, à plusieurs reprises, sur la différence qu'il éprouve entre les deux régimes langagiers de sa parole et de l'« émergence » de phrases dont il est le siège, qu'il caractérise, négativement, par rapport à la première, comme « non-réflexives », « pas déjà pensées », leur succession sur la chaîne lui apparaissant comme

> une disjonction entre une phrase imposée et une phrase de moi.

2 La contradiction fondatrice du langage : le « dehors » au « dedans » du dire — 531

Et c'est par ce terme de disjonction passant *à travers lui* qu'il évoque cette angoissante cohabitation :

> *Je suis un peu disjoint* au point de vue langage, disjoint au niveau du langage. [...] Il se fait une disjonction.

débouchant, au plan identitaire dans le trouble, l'incertitude, sur la plainte, énoncée d'entrée de jeu (en réponse à un « parlez-moi de vous ») :

> *Je n'arrive pas à me cerner.*

reprise en clôture d'entretien, en forme d'appel au secours :

> J'ai un tel espoir de retrouver mon pouvoir de jugement, mon pouvoir de dialogue, un pouvoir de prise en main de la personnalité. Je crois que c'est le problème crucial. Comme je vous l'ai dit au début, c'est que *je n'arrive pas à me cerner*, je n'arrive pas à *me prendre en main*.

2.3.3 *Comment* peut-il se faire que... la parole advienne/n'advienne pas ?

Deux réactions de questionnement étonné devant une (non)advenue de la parole éprouvée comme propre, deux « Comment peut-il se faire que... ? » se font face :
– celle de D. Lagache, à l'orée de son ouvrage sur les hallucinations verbales

> *Comment* la parole propre peut-elle apparaître à son auteur comme une parole étrangère ?[129]

pointant le caractère communément perçu comme insensé, aberrant, de la dépossession ventriloque ressentie par le sujet, méconnaissant ce qu'il produit,
– et celle, paradoxale et souvent citée, de Lacan[130], s'interrogeant à l'inverse sur le mystère qui nous fait – normalement – méconnaître le réel que, dans sa « rigueur »[131], rencontre le psychotique :

> *Comment* est-ce que nous ne sentons pas tous que des paroles dont nous dépendons nous sont, *en quelque sorte, imposées* ? C'est bien en quoi ce qu'on appelle un malade va quelquefois *plus loin* que ce qu'on appelle un homme bien portant. La question est plutôt de

---

129 Page 1 de *Les Hallucinations verbale et la parole*, Librairie Felix Alcan, Paris, 1934, cité *in* Porge (2012 : 19).
130 Lacan (2005 : 95), *cf.* note 127 ci-dessus.
131 « La psychose est un essai de rigueur » dit Lacan (*Scilicet* 6/7, 1976, p. 9), cité *in* Roudinesco (1993 : 485).

> savoir *pourquoi un homme normal*, dit normal, *ne s'aperçoit pas* que la parole est un parasite, que la parole est un placage, que la parole est la forme de cancer dont l'être humain est affligé.

C'est cette interrogation – provocativement négative – que reprend C. Soler (2008), en la reformulant sur son versant positif, lorsqu'elle se demande :

> *comment* ce sujet défini comme pur effet parlé par l'autre, *peut virer à l'agent, devenir quelqu'un qui parle*, qui désire, autrement dit quelqu'un qui s'anime de libido (p. 67)

et, au delà

> ce qui *protège* le névrosé de l'expérience énigmatique que le psychotique rencontre (p. 121).

Les troubles ou échecs de la parole propre questionnent et éclairent, en effet, quant à ce que celle-ci requiert derrière l'évidence de son fonctionnement ordinaire. Il importe, pour en approcher quelque chose, de bien distinguer les deux plans où peut s'énoncer et signifier un « ça parle » :

a) celui de l'élaboration *théorique*, pertinente, du fait de l'extériorité interne du langage – qu'elle se formule dans le principe du « ça parle toujours, ailleurs, avant et indépendamment » ou dans les diverses réflexions évoquées ci-dessus (2.2) – qui, posant conceptuellement un réel sous-jacent au « je parle », questionnent la souveraineté énonciative et la prétention de ce « je » à être source et origine,

et **b**) celui du *vécu*, pathologique et souffrant d'un « ça parle dans ma tête », antinomique du sentiment d'énoncer – en « je parle » – une parole propre.

À s'éprouver – au risque que s'y perde, dans le brouillage des frontières dedans/dehors, le vital sentiment des limites de soi et de son corps – comme traversé (envahi, investi, assiégé...) sans défenses par le flux du langage, le sujet psychotique, témoin rigoureux– martyr (*cf.* note 69 p. 509) – de l'extériorité d'un langage qui nous est imposé, y perd le pouvoir de faire sienne une parole énoncée comme propre.

Prendre la parole suppose en effet d'être – paradoxalement – en mesure « *d'aller moins loin* » que le psychotique dans sa vertigineuse et invivable « lucidité », d'être à même de « ne pas s'apercevoir » du « ça parle » qui nous traverse, c'est-à-dire de lui opposer *la force positive d'une méconnaissance*. C'est celle-ci, salutairement protectrice, qui fait défaut au psychotique, le livrant désarmé au flux du langage ; cette méconnaissance n'est pas de distraction ou d'inattention... mais ce que le sujet parvient à *produire*, à initier et à maintenir : la vitale *consistance imaginaire* d'une parole qu'il énonce, comme sienne[132], c'est-à-dire qu'il pose (impose) comme « faisant corps » dans (contre) le réel dispersant du flux langagier qui le traverse.

Le miracle ordinaire de la parole est celui de la conversion qu'elle opère du règne de l'extérieur d'un « ça parle » dans l'engagement énonciatif du sujet dans le « dedans » d'une parole de soi. Si elle requiert l'élan d'un désir de parole, une confiance accordée au langage, cette conversion, qui permet de « faire sien » le langage, fonctionne « à la méconnaissance », s'alimentant à la puissance de l'imaginaire. Avec M. Schneider (1985 : 241), rappelons que, si le « propre » de la pensée, de la parole, est « sans doute à situer dans le registre des illusions », il vaut, comme tel, « *ce que valent les illusions : beaucoup.* »

On verra, au chapitre suivant, comment on peut considérer la RDA – partie prenante de l'opération de conversion du « ça parle » en un « je parle parmi d'autres » – comme rouage du mécanisme de méconnaissance protégeant la parole.

Dans leur diversité, les faits rassemblés ci-dessous, évoqués de façon sommaire, le sont en tant que, à leur façon, ils conjoignent tous, ponctuellement, RDA et « question » – trouble, manque, conquête, défense – d'une parole de soi, témoignant de leur articulation dans l'économie énonciative.

2.3.4 « Histoires » de RDA et de parole propre

On a aperçu[133] comment, dans le processus normal d'acquisition ou dans le déroulement chaotique d'une parole dépossédée d'elle-même, la moindre émergence – même incertaine – d'une distance prise à « de l'autre » dans sa parole était saluée – ou espérée – comme un pas vers l'advenue d'une parole propre. Mais nombreux et divers sont les « faits » de RDA qui, au fil d'un dire adulte et normal – ayant toujours affaire constitutivement à l'altérité langagière dont il est tissé –, témoignent du besoin du sujet énonciateur d'assurer, en y repérant « de l'autre », sa parole propre : ainsi de ces « histoires de RDA » que recèlent aussi bien la parole la plus ordinaire (i) que ces deux pratiques intenses du langage, la parole en psychanalyse (ii) et l'écriture littéraire (iii) qui, selon M. Schneider « dénoncent mais sans cesse réénoncent la revendication du propre » (1985 : 256).

---

132 *Cf.* P. Arel, *in* Faucher *et al.* (2018a : 63) évoquant comment « l'homme parasité par le langage qui le conditionne dès les premiers jours [...] *parvient* à se constituer une petite place qui lui laisse *l'illusion qu'il a pris la main, en usant de la parole.* »
133 *Cf.* ci-dessus Remarque 3, et 2.3.2 (ii) Remarque 8 « Fin de citation », p. 528.

(i) Petites aventures de l'ordinaire du dire
Communes au fil du dire, évoquées plus haut, chap. **11** (38–40), elles se jouent en deux temps : la surprise de l'énonciateur –*Tiens...* ; *Voilà que...* ; *Merde alors...*, etc. – à éprouver que, soudain, sa parole lui échappe au profit d'un autre, à laquelle, aussitôt, répond une RDA qui, identifiant et jugeant la voix clandestine, reprend, en surplomb méta-énonciatif, le contrôle sur un dire brièvement perturbé.

À noter que le retour à la parole éprouvée comme propre ne passe pas exclusivement par le rejet de mots importuns dont une RDA stigmatisante « débarrasse » le dire, mais aussi (moins souvent) comme dans :

> – Viens voir, il y a au fond du jardin une touffe de dahlias de toute beauté... Tiens, je dis comme Maman... tu te souviens ?
> – Mais elle disait autrement : « de-tou-te-beau-té »...
> – Ben, dis, ce n'était pas de l'imitation ! [rires] (oral, entre deux sœurs, 15-08-15)

où la RDA répondant à la surprise de reconnaître inopinément dans sa parole un déjà-dit non-convoqué, débouche plutôt dans un accueil attendri de cette voix autre, comme un harmonique bienvenu aux mots de l'énonciateur (proche, sur un mode implicite, du partage complice d'un *comme disait Maman*).

Peu importe, dans ces menus évènements (méta)-énonciatifs, la couleur – hostile ou accueillante – de la réponse apportée par la RDA au trouble d'une parole à se découvrir, ponctuellement, altérée, désunie par une voix étrangère : la fonction dissimilatrice de la RDA sépare explicitement l'autre de l'un, libérant de son emprise insue le dire qui *se reprend*, comme *parole de soi*.

(ii) « Moments » de talking-cure

> Pourquoi vient-on chez un analyste [...] Sinon pour y dire cette seule plainte : je n'ai pas de mots qui me soient propres.

Sur ce constat de M. Schneider (1985 : 256) selon lequel, derrière le mal-être qui conduit à entreprendre une psychanalyse, joue le défaut d'une parole de soi, de nombreux psychanalystes, dans des cadres théoriques différents, se rejoignent. Dans cet accord, on retiendra les points suivants, largement partagés :
- le lien entre quête de « mots à soi » et quête identitaire « de soi ». Ainsi J.-B. Pontalis fait-il se répondre les deux versants de :

> « Parler avec des mots à moi » disent-ils un jour ou l'autre, fatigués de tant de paroles ingérées, empruntées, incrustées dans leur chair. (1986 : 98)

2 La contradiction fondatrice du langage : le « dehors » au « dedans » du dire — 535

et

> [...] ce souci taraudant que nous avons de notre identité... [souffrant] qu'elle soit si incertaine, si précaire, si largement dépendante (*ibid.* : 175)

que M. Schneider conjoint dans ses « êtres palimpsestes » :

> Les êtres ne sont-ils pas des palimpsestes, traces de mots effacés – jadis prononcés –, autres par les parents, les frères, médits, maudits, parfois surchargés d'altérations, livres effaçant sans cesse les arrière-textes dont ils sont faits (1985 : 310).

– la *nécessité* pour le sujet de son désir de mots à soi, pourtant *inaccessible*, vouant à un « autant que faire se peut[134] », aussi bien la quête, selon D.-R. Dufour (2016), de « ceux qui vont chez les psychanalystes pour essayer de parler en leur nom » (p. 126), que ce que – face à la « situation de radicale extériorité de l'humain au langage – O. Grignon (2017) estime être « le travail d'une analyse » : « rendre *un peu plus viable* » le rapport de quelqu'un au langage[135].

Revendication absurde, certes, que d'« avoir » des mots à soi, rappelle Pontalis, mais

> Pourtant, il faut qu'il mène à son heure ce vœu impossible [...]. Quand les mots manquent, c'est qu'à son insu, on s'apprête à toucher un autre sol. (1986 : 98)

Et si évidemment « chercher ses mots », et faire l'expérience de reconnaître dans sa parole des déjà-dits qui, insus, y règnent comme chez eux, pour y découvrir le « sol » nouveau de mots à énoncer pleinement comme siens, n'est pas, heureusement, le privilège exclusif de la pratique psychanalytique[136], celle-ci, par son dispositif spécifique de parole[137], soutenu, dit A. Dufourmantelle, par

---

134 *Cf.* aussi M. Schneider (2010 : 115) évoquant « l'idéal d'authenticité dont on *s'approche* en défaisant les paroles "comme si" [...] et en devenant, *autant que faire se peut*, un auteur plus qu'un porte-parole ».
135 C'est-à-dire, ajoute-t-il (p. 92), « autant que faire se peut d'aller au plus loin de cet exil, si possible ».
136 Comme en témoignent tous les « bougés » de parole qui se produisent, conscients ou non, dans le cours ordinaire de la vie d'un sujet, en rencontres et surprises, dans les flottements introspectifs, les rêves, la lecture des poètes, et tout simplement « l'usage de la parole » comme le rappelle N. Sarraute.
137 Celui d'une parole libérée des contraintes – et privée des protections – de l'usage communicationnel normal et soutenue par l'écoute d'un autre attaché à « tendre l'oreille au non-dit qui gîte dans les trous du discours » (Lacan, 1956 : 307).

cette conviction héroïque que les mots nous sauvent si nous les faisons nôtres » (« Au risque de la parole », 2011 : 136),

vivifie la parole, catalysant sa capacité d'auto-écoute libératrice[138].

Sur le chemin de mots « vers plus de mots de soi » qu'est une *talking-cure*, on peut noter que des « tournants » se produisent, qui passent spécifiquement par un fait de RDA. À côté des événements de parole, tels lapsus, homonymie,... jeux de *lalangue* qui, survenant au fil du dire, y font éclore un sens imprévu, des occurrences de RDA apparaissent, libératoires, comme moments clefs parfois dans l'avancée du dire d'un sujet vers *sa* parole.

Remarque 10 : Récits de cure et RDA. Dans leur diversité[139] les textes visant à rendre compte de la pratique psychanalytique présentent, sans surprise ayant un référent langagier, une forte densité de formes de RDA renvoyant aux dires des deux protagonistes.
   Relevant d'un vaste espace générique (*cf.* chap. **15.** 1.1.1, p. 583) de discours « tenant lieu », ou « rendant compte » d'un autre discours, la réalisation spécifique qu'ils en offrent au plan des formes de RDA méritent une étude systématique (dont Sitri (2012) propose un élément).
   Dans l'ensemble de ces « discours de RDA », le récit de cure affiche la particularité d'un fonctionnement « à deux étages » de la RDA : dans les propos représentés eux-mêmes s'observe la fréquence des faits de RDA, où se déploie la plus grande variété tant au plan des formes mises en œuvre qu'à celui des autres convoqués (*je, vous, ma mère..., le journal, on, un poème...*) que du statut référentiel des dires représentés (qui ont été dits, y compris en rêve, qui n'ont pas été dits, etc. parcourant toute la gamme évoquée au chap. **2.**2.1, p. 39).

Ce n'est pas l'ensemble du riche fonctionnement de RDA dans le récit de cure qui nous retient ici, mais la part, très spécifique, des énoncés constituant, *dans les propos des protagonistes*, des « moments » d'avancée de leur parole, en quête « de mots propres », par la mise au jour, en elle, de discours autres clandestins.

« Histoires de RDA et de parole propre », ces énoncés le sont en ce que, ramenant à la surface d'une parole qui les y explicite, depuis les profondeurs où ils demeurent, insus et agissants, des discours fantômes – dits et oubliés, non dits et manquants – les RDA, en leur donnant corps, délivrent le sujet et sa parole de leur emprise cachée. En écho à la formulation de Lacan[140] :

---

[138] Que vivifie aussi la poésie, comme en témoigne Joë Bousquet remerciant P. Éluard : « Vous avez permis que je devienne celui qui dans ma voix m'écoute » (*in* P. Éluard *Lettres à Joë Bousquet*, 1973, p. 104, cité *in* Gantheret, 1996 : 173).
[139] Écrits par l'un ou l'autre des acteurs du dispositif, avec des visées théoriques, cliniques, auto-biographiques, littéraires...
[140] Dans « Fonction et champ de la parole et du langage en psychanalyse ».

2 La contradiction fondatrice du langage : le « dehors » au « dedans » du dire —— 537

> L'inconscient est ce chapitre de mon histoire qui est marqué par un blanc ou occupé par un mensonge : c'est le chapitre censuré. Mais la vérité peut être retrouvée ; le plus souvent déjà, elle est écrite ailleurs. À savoir : - dans les monuments [...] ; - dans les documents d'archives aussi : et ce sont les souvenirs de mon enfance, impénétrables [...] quand je n'en connais pas la provenance ; - dans l'évolution sémantique : [...] aux acceptions de vocabulaire qui m'est particulier [...] ; - dans les traditions [...] ; - dans les traces, enfin, [...] (1966 : 259),

on peut dire que les énoncés de RDA évoqués ici restituent, en les représentant, de éléments de vérité retrouvée du chapitre censuré.

C'est ainsi le cas, classiquement observé, de *paroles oubliées*, très anciennes – interdictrices, jugeantes, assignatrices à une place ou un comportement, reçues parfois sans les comprendre, et dans la peur – enfouies, conservées dans cette forme vivante de la mémoire qu'est l'oubli, et dont le (parfois malfaisant) pouvoir souterrain s'évapore à l'air libre d'une parole qui les convoque, comme référents identifiés, localisés, maîtrisés par la représentation qu'elle en donne. On parlerait ici volontiers, pour ces RDA, de discours « rapportés », ramenés-remontés qu'ils sont du fond des âges et de la psyché où ils étaient enkystés, et remis en circulation de sens, dans le contexte d'accueil, neuf, d'une parole adulte, à même de se confronter à eux – devenus parfois dérisoires, de paralysants qu'ils étaient.

Je ne tenterai pas d'en évoquer rapidement des exemples, tant le récit de ces « remontées » libératrices ne prend de sens qu'à en suivre dans le plus grand détail l'imprévisible cheminement : c'est ainsi plus d'une dizaine de pages, (147–159) auxquelles je renvoie, que F. Gantheret (1996), au chapitre *Pouvoirs de la parole. L'interprétation*, consacre à « seulement » raconter les étapes de la résurgence d'une parole (si profondément enfouie que le sujet ne sait même plus si « c'est un vrai souvenir » (p. 152) – résurgence qui achève de s'accomplir par une RDA ramenant la parole perturbatrice :

> Ça m'a rappelé une parole de mon père à ma mère, à mon propos : « Mais non ! Elle n'a rien vu »,

dans le *hic et nunc* de l'échange analytique où l'énoncé et la scène où il s'enchâssait sont *désinvestis* de leur pouvoir maléfique.

Autres discours fantômes, à même d'interférer gravement dans la vie de sujets, et dont ils peuvent, parfois, « se défaire » par la grâce de la RDA qui leur « donne corps » dans la parole qu'ils énoncent : des *discours manquants* – ceux qui, souvent dans des circonstances dramatiques de l'enfance[141] ont été tus comme

---

141 Mort, suicide d'un proche masqué en « voyage » ou, à l'inverse, départ d'un père, d'une mère travesti en décès, filiation illégitime dissimulée, adoption passée sous silence, etc.

autant de « secrets de famille »[142]. Des mots ont fait défaut à l'enfant, laissant le sujet, « en souffrance » de ceux qui auraient pu/dû assurer la cohérence de son monde, dans le mal-être d'une discordance – un porte-à-faux entre son vécu et le discours environnant.

Un chemin de parole[143] peut se faire, dans la cure, à travers les couches de discours venus en lieu et place des mots manquants au fil de ce que le sujet rencontre dans la sédimentation de sa mémoire, de trous, failles, flottements, impasses, contradictions..., comme autant d'indices dans un jeu de piste[144] : son « débouché », *via* la RDA, dans le *dire hic et nunc*, de cela qui n'a pas été dit[145], retournant par là vers le lieu ancien qu'occupaient mensongèrement d'autres discours, y « rapporte » la lumière des mots, pleinement énoncés, d'une « vérité retrouvée » et constitue un moment d'avancée de la parole propre hors de l'emprise de ces autres discours.

Ainsi, à représenter, au terme d'un parcours, un discours autre manquant, effacé ou jamais dit, c'est-à-dire en leur donnant corps (de mots), le sujet peut-il être à même, à la fois, de faire s'évanouir le discours « fantôme » et « la chose muette[146] » qui étaient en lui, et de prendre ses distances d'avec les discours autres qui en occupaient la place.

Notons que le mouvement qui consiste, pour un sujet, à *faire taire* ce qui, silencieusement, s'imposait dans sa parole et sa vie *en lui donnant la parole* – par le moyen d'une RDA qui, l'identifiant comme discours distinct de celui du sujet, en détache celui-ci – opère autant, pour dégager la voie à de la parole propre, au plan singulier de la vie affective (comme dans les cas évoqués ci-dessus) qu'à celui, collectif, social, des emprises idéologiques.

À l'opposé des discours manquants dont une RDA peut marquer la (ré) advenue, ce sont des discours conservés – et même comme *immobilisés* – en

---

142 *Cf.* ce rappel clinique de Lacan (1966 : 277) : « Nous savons en effet quel ravage déjà allant jusqu'à la dissociation de la personnalité du sujet peut exercer une *filiation falsifiée*, quand la contrainte de l'entourage s'emploie à en soutenir le mensonge ».
143 Dont le cours capricieux et complexe, emprunté singulièrement dans chaque cas, est aussi peu « racontable » brièvement que celui du chemin précédent ramenant à des mots oubliés.
144 *Cf.* à la fin du passage cité p. 537, un des emplacements évoqués par Lacan où peut être retrouvée, « écrite ailleurs, la vérité du chapitre censuré » : « dans les *traces*, enfin, qu'en conservent inévitablement les *distorsions* nécessitées par le *raccord* du chapitre adultéré dans les chapitres qui l'encadrent, et dont [l']exégèse rétablira le sens. » (1966 : 259)
145 « P », *mais c'est ce qu'on ne m'a jamais dit...* ; *Si on avait été capable de me dire « P »...* ; *Il aurait fallu me dire que P, au lieu de...*
146 « Chose muette », réduite à la « parole » somatique, et dont le sujet aspire, sur le mode du « Donnez-moi vos mots pour dire la chose muette qui est en moi » que M. Schneider (1985 : 324) prête à l'analysant, à se délivrer.

mémoire, qui souvent, voire répétitivement, convoqués en RDA par un patient, vont soudain, à la faveur d'une nouvelle reprise dans un autre moment de la cure – et donc dans un contexte d'accueil modifié – se renouveler, en libérant un sens inaperçu.

Tel est le cas, par exemple, d'un parcours sur lequel F. Gantheret (1996) revient de façon précise et éclairante, où c'est *une RDA* – la *reprise* par le sujet en modalisation autonymique d'emprunt, avec *ses* je-ici-maintenant, de mots biens connus des deux interlocuteurs – qui *fait rupture* libératoire, pour le sujet, dans la chaîne répétitive, où il se trouvait « pris », de *transmissions* littérales au DD, de cette parole figée, en « monument » dirait Voloshinov.

Ainsi (*cf.* Remarque ci-dessous) la « redoutable efficacité » d'une « parole fatidique » qui « immobilise le sujet autour d'elle » – en l'occurrence autour de vœu de mort implicite dont elle s'avère, sous une forme dénégative, porteuse – se dissipe-t-elle dans le jeu énonciatif complexe d'une MAE : la réappropriation comme « siens » (en usage) des mots de l'autre, passant par la distance prise (en mention) avec ceux-ci, le sujet peut reprendre « à neuf » cette parole qu'il réanime et réouvre à la circulation du sens[147].

Remarque 11 : « Historique » d'un parcours de RDA. Le chemin de parole évoqué ci-dessus passe par les étapes suivantes :
1. Paroles originelles adressée, au lendemain de l'hospitalisation d'urgence d'Émilie – future analysante, alors petite fille de quatre ans – par les médecins à sa mère :

> Madame, votre fille est maintenant hors de danger, mais si vous n'étiez pas venue hier, vous n'auriez aujourd'hui que vos yeux pour pleurer.

2. Émilie entend d'innombrables fois, dans son enfance, le récit complaisant par sa mère de cet épisode s'achevant par cette phrase (*vous n'auriez aujourd'hui...*) que celle-ci se plaît à répéter.
3. Émilie évoque souvent dans l'analyse le souvenir de cette phrase et du malaise qu'elle éprouvait à l'entendre, sans en comprendre plus qu'autrefois la raison.
4. Émilie, de plus en plus souvent absente à ses séances, et en larmes, dit :

> Je ne vous ai pas dit, mais je ne sais pourquoi mais j'ai failli ne pas venir hier.

5. L'analyste est saisi de l'écho de 1+2+3, et je lui laisse la parole :

> Je pensai, sans pouvoir me donner de raison ni même prendre le temps d'en chercher que je devais lui dire. « Si vous n'étiez pas venue hier », commençais-je. Elle acheva ma phrase,

---

[147] Si la forme de la MAE se prête particulièrement bien à cette reprise d'un DD figé, il faut noter que c'est aussi en DD que, via le changement de contexte d'accueil, peut se produire la réactivation, *hic et nunc*, de l'énoncé « figé ».

sans solution de continuité, sur un ton d'évidence paisible ; « ... je n'aurais aujourd'hui que mes yeux pour pleurer », dit-elle.

6. Cette séance, achevée par Émilie, souriante, « les yeux gais et secs », débouche, la nuit suivante dans un rêve « de mort », effrayant, et source d'apaisement en ce que 1) elle y échappe à la mort et 2) « ce n'était qu'un rêve ».
7. Empruntant avec humour le ton du conte pour achever son récit :

> Émilie ne manqua plus de séance et ne fut plus jamais triste,

l'auteur note que – le questionnant, lui, sur le « comment » de ce miracle accompli par 4-5-6 – « le sombre mystère qui l'habitait l'avait quittée ».

2.3.5 Pratiques de RDA au service d'une écriture propre

Il ne s'agit pas ici de la variété des mises en œuvre stylistiques des ressources de la RDA – La Fontaine, Zola, Cohen...– mais de la réponse explicite apportée par certains scripteurs à leur souci – parfois leur hantise – de la prégnance du déjà-dit dans une écriture qu'ils veulent « *propre* » : celle du recours réfléchi à des *outils* de RDA, mis au service – défense ou conquête – de la singularité de *leur* écriture.

a) Du côté des *stratégies de protection* de son écriture – ses mots, sa pensée, son style... – la figure de Barthes s'impose, comme exemple d'une pratique, aussi constante qu'elle est revendiquée, de *résistance*, dans l'écriture, à la menace de la « grégarité » du langage, de l'« arrogance » de la Doxa, « régnant » sous les habits du « naturel »[148]. Une vigilance méta-énonciative anti-doxa s'exerce au fil du dire, repérant les menaces d'intrusion de cette force invasive pour les « déjouer » par une prise, affichée, de *distance*.

C'est à la panoplie des outils à même de troubler la « bonne conscience » du dire d'un mot par le rappel du déjà-dit dont il est porteur que recourt l'« hygiène énonciative » ainsi mise en œuvre : univoques (*ce qu'on appelle X, X comme on dit, le N appelé X,...*) ou interprétatifs (guillemets, italiques...[149]), formes de modalisation autonymique « d'emprunt » – qu'on pourrait dire ici d'emprunt « forcé » puisque, comme le dit Barthes : « je ne puis parler qu'en ramassant ce qui traîne dans la langue » (1978 : 15) – ils inscrivent répétitivement, au cœur de l'énoncia-

---

[148] Evoqué de façon plus détaillée dans Authier-Revuz (1995/2012 : 451–455), cet aspect bien connu du « rapport inquiet au langage » de Barthes, que celui-ci développe dans (Barthes, 1975), (Barthes, 1978), court dans toute son œuvre, (Barthes, 1981) et (Barthes, 1984) notamment.
[149] Dont Barthes, s'inscrivant volontiers dans le sillage de Nietzsche, se plaît à noter (*cf.* 1984 : 281, par exemple) l'usage concerté que celui-ci en faisait dans sa lutte contre la « maladie du langage » (*cf.* Haar, 1978) qu'est sa « grégarité ».

tion des mots, par le questionnement, la suspicion dont ils l'affectent, ce « déboitement » d'un « langage qui se pense » apte, selon Barthes, à contrer, dans le mot énoncé, le sens « solidifié » de la doxa et à permettre que s'y « réveille » la « fraîcheur » d'un « frisson du sens ».

En chaque MAE se rejoue ponctuellement le fait que, dès lors que, depuis la position méta-énonciative qui est la sienne, *je parle* du déjà-dit qui est dans mon dire, je me soustrais d'autant à son emprise totale, il n'est plus en mesure de, strictement, *me parler*.

b) Du côté des *pratiques de conquête* d'une parole propre faisant appel à la RDA, c'est un genre, le pastiche[150], fonctionnant « à la MAE », qui en donne l'exemple. Ce que J.-B. Pontalis, dans ses souvenirs tire de son expérience personnelle dans la vie courante :

> Quelle ascèse plus efficace, pour qui voudrait être soi-même, que de savoir imiter ! Ainsi garde-t-on une chance, par le recours à des imitations conscientes et l'accentuation délibérée des traits du modèle, de ne pas être seulement l'écho de voix admirées. Les quelques personnes que je sais imiter [...] je suis à peu près sûr de n'en être pas la réplique involontaire (1986 : 157),

éclaire les enjeux de l'imitation dans l'écriture et, singulièrement, de l'usage, suivi et commenté, qu'en a fait Proust. La pratique mimétique d'écriture *à la manière de*, *à la façon de* permet à la fois de se démarquer de l'écriture autre et d'en afficher la maîtrise – la tonalité de la distanciation pouvant varier de la complicité amusée à la charge cruelle touchant la parodie.

Ce qui retient, dans le cas singulier des *Pastiches*[151] de Proust, c'est qu'on peut, par un faisceau de traits, leur reconnaître un statut de « gammes » d'écriture, d'exercices de virtuosité stylistique pratiqués par un jeune écrivain en quête de sa voix propre :
- de façon exceptionnelle, ce n'est pas le pastiche d'*un* auteur, que compose Proust, mais une série de pastiches, comme une « suite de variations – Saint-Simonienne, Balzacienne, Flaubertienne...[152] » – autour d'un même fait-divers contemporain, l'affaire Lemoine ;
- admiration et satire s'y mêlent en tonalités variables, mais, fait que Genette souligne comme « très caractéristique », « aucun de ces auteurs [n'a] suscité

---

150 Je renvoie au panorama qu'y consacre Genette (1982) dans son parcours de « la littérature au second degré ».
151 1ère édition : Gallimard, 1919, édition critique : J. Milly (1970).
152 Genette (1982 : 131) ; variations passant aussi par Chateaubriand, Michelet, Renan, Régnier, Goncourt.

chez Proust une condamnation ou une critique de sa singularité stylistique »[153] ;
- parus en volume en 1919, le travail d'écriture de ces pastiches appartient à une période de formation[154], et c'est Proust lui-même qui évoque alors[155] « la vertu purgative, exorcisante du pastiche », situant celle-ci dans sa capacité à faire se « dégager » la voix propre du pasticheur :

> notre voix intérieure qui a été disciplinée [...] à suivre le rythme d'un Balzac, d'un Flaubert voudrait continuer à parler comme eux. Il faut la laisser faire un moment [...] *faire un pastiche volontaire* pour pouvoir après cela redevenir original, *ne pas faire toute sa vie de pastiche involontaire*[156].

20 ans plus tard, lors de la publication des pastiches, Proust revient, dans une lettre[157], sur la visée – d'apparence plaisamment modeste – qu'il assigne au pastiche des maîtres :

> [...] faire *ouvertement* [du Michelet ou du Goncourt] sous forme de pastiches pour *redescendre à n'être plus que Marcel Proust* quand j'écris des romans.

Comment mieux dire que, contrairement aux influences inaperçues qui « disciplinent », infléchissent, formatent notre « voix intérieure » en « parlant en elle », antinomique de cette autre pratique consciente de rapport à un discours autre qu'est le plagiat – dans lequel, le mensonge y côtoyant le trouble identitaire[158], le sujet annule, « perd » sa voix propre –, le pastiche est, à visage découvert, une pratique dynamique et joueuse où l'on *trouve* sa voix. Et, contrairement au plagiaire, mélancolique, le pasticheur, Proust en fait la remarque[159], est gai.

---

153 *Ibid*. p. 109.
154 Antérieure à 1908, date à laquelle ils paraissent, pour la plupart, dans le supplément littéraire du *Figaro*, en février-mars.
155 Dans le *Contre Sainte-Beuve*, publié de façon posthume en 1954, écrit entre 1895 et 1900, cité dans l'édition de la Pléiade, Gallimard, Paris, (1971).
156 Proust (1971) « À propos du "style" de Flaubert », *Essais et articles*, Bibl. de la Pléiade : 594–595.
157 Lettre de 1919, à D. Fernandez, cité *in* Milly (1970 : 37).
158 *Cf*. Schneider (1985 : 270 *sq*., 292 *sq*., 300 *sq*.) sur le plagiat comme « absence de for intérieur », « maladie qui concerne les rapports du dehors et du dedans », où « à la place des transitions *entre* l'un et l'autre se produit un mode très archaïque de rapport à l'autre : l'ingestion » (*idt*, p. 304), réflexions illustrées notamment par les plagiats de Nerval à la fin de sa vie (p. 293 *sq*.).
159 Noté par Schneider (1985 : 340), qui renvoie à une lettre à D. Fernandez, citée *in Le Divan*, oct.-déc. 1948).

Avec le pastiche s'achève cette collection disparate d'« histoires » de RDA et de parole propre : dans leur diversité – surprises dans la survenue dans le Dire de l'un d'un mot éprouvé comme d'un autre ; « remontées » en surface, du fond de l'enfance, depuis l'oubli, l'absence ou le figement où elles étaient retenues, de paroles qui peuvent, alors, être replacées comme « autres », dans le mouvement du Dire ; défense, pied à pied – mot à mot... – du Dire propre contre l'invasif déjà-dit ; dégagement d'une voix propre de l'emprise de celles, puissantes, qui l'entourent... – elles forment une variation sur le thème unique d'un *parler d'un discours autre pour ne pas être parlé par lui*, ou d'un *passer par la RDA pour assurer sa parole propre*[160].

* * * * *

Du langage – de la greffe initiale dont il est l'objet à son fonctionnement en « extériorité interne » –, la *parole* émerge comme *une question* : celle, donc, source de plaintes, troubles, aventures, efforts... de faire « du dedans » avec « du dehors », d'énoncer une parole propre à partir de ce qui est Autre.

À travers les expériences langagières évoquées ci-dessus :
- celles où (2.3.2) dans la violence que le langage fait subir à ceux qu'il traverse, « parlant » à leur place, d'où solidairement se trouvent *absents*, autant la représentation d'un discours comme autre, que le sentiment d'une parole énoncée comme propre, la différence entre *le propre et le non-propre* n'a tout simplement *pas cours* ;
- celles où (2.3.4) la RDA, accompagnant la ré-émergence dans la parole d'un dire identifié comme autre, la *dégage* de l'emprise que celui-ci, insu, avait sur elle ;
- celles où (2.3.5) la RDA est, comme *outil de défense ou de conquête* d'une écriture propre, mise délibérément en œuvre face à la menace que fait peser sur elle la puissance de la grégarité ou la séduction des « grands modèles » ;

la RDA et sa *fonction dissimilatrice* foncière de distinction d'une parole autre d'avec la parole en train de se faire, apparaît comme ayant *partie liée* avec la possibilité pour le sujet d'énoncer une parole comme propre. Dans les trois cas, ce sont les frontières, limites, bords, auxquels la parole peut (ou non) s'assurer comme

---

[160] Si, dans les cas particuliers évoqués ici, la MAE – où le rapport dissimilateur à l'autre d'inscrit au plus intime du dire de l'un, par la mention passant au travers des mots dont il fait usage – est la forme de RDA majoritairement convoquée, c'est (*cf.* chapitre suivant) la RDA dans son ensemble qui s'articule avec la « question » de la parole propre.

propre qui sont en jeu : bords manquants d'une non-parole sans autre, bords retrouvés, libérateurs, avec un autre, bords conquis d'une écriture propre dans son environnement.

L'observation, dans ces dires variés des rencontres entre RDA et parole énoncée comme propre (fût-ce sur le mode de leur commune absence) met sur le chemin de la fonction énonciative « ordinaire » de la RDA dans le dire : celle, sur le fond, réel, d'un dehors au dedans du dire, d'assurer la parole dans des frontières, limites, bords qui, pour être imaginaires, lui sont vitalement nécessaires.

Chapitre 14   La RDA : un travail de(s) bords

Quel jeu pour la RDA dans la tension langage/parole ?
À l'issue de ce parcours, on voudrait tenter de saisir quelque chose du mode sur lequel – au-delà des diverses fonctions, rencontrées précédemment chap. **12**, qu'elle remplit aux plans discursif et subjectif – la RDA « joue sa partie » dans la réponse que le sujet parlant doit apporter à la contradiction indépassable entre ce qui nous fait humain, *le langage*, et ce par quoi nous sommes sujet singulier, *notre parole*.

Formulable au plan théorique, cette contradiction est, on l'a dit, au cœur de l'expérience langagière, à vivre subjectivement dans la tension, jamais résolue, entre :
- *une parole déportée* hors d'elle-même par la loi de la langue et l'emprise du discours, dont le dedans est fait de « dehors », qui, inévitablement reprise, n'est qu'emprunt éphémère dans le flux du langage ; dont, par là-même l'énonciateur ne peut se revendiquer comme origine, pas plus qu'il ne peut prétendre en contrôler le sens, chargé de cet ailleurs-avant inassignable[1], dont il est fait ;
- et *la singularité* dont, pourtant, relève toute parole, non ramenable à la loi de la langue et la détermination par les discours. D'abord parce que, de fait, tout événement d'énonciation est, comme Benveniste, parmi d'autres, le souligne, non répétable[2], par l'infinité des éléments contextuels[3] où se produit l'énoncé et son sens, le plus prédictible des énoncés stéréotypés étant, par là, encore neuf ; ensuite, parce qu'il n'est de parole, énoncée et reçue comme telle, qu'éprouvée, assumée comme *sienne*, par un sujet qui *se reconnaît* en

---
[1] *Cf.* Milner (1983 : 40) : « [...] quelque chose [...] aussi se dit toujours *en plus*, qui n'était pas demandé. [...] nul être parlant ne peut se targuer d'avoir la maîtrise des échos multiples de son dire » – échos dont le jeu (*cf.* les variations que les mots *rideau* ou *arbre* inspirent à Lacan, 1966 : 166 *sq.*, 503 *sq.*) associe, aussi peu « contrôlables » les uns que les autres, harmoniques du déjà-dit et caprices de l'équivoque (ou de l'homonymie).
[2] Chap. 5.1.2, p. 150.
[3] Parmi lesquels, ce qui, tenant à la singularité absolue des sujets, des deux côtés de l'émission-réception d'un dire, fait que le sens de cet acte de parole si chargé, déterminé, programmé qu'il soit, par le déjà-dit dont il procède, est, en même temps, radicalement unique par les « échos » (*cf.* note 1 ci-dessus) imprédictibles, et inconscients, jouant pour l'un et pour l'autre différemment, dans ce qui est énoncé et reçu.

Open Access. © 2020 Jacqueline Authier-Revuz, published by De Gruyter. This work is licensed under the Creative Commons Attribution-NonCommercial-NoDerivatives 4.0 License.
https://doi.org/10.1515/9783110641226-023

elle – au sens fort, où, « effet de langage », son identité se rejoue dans chaque acte de parole[4].

D'où, au cœur de chaque parole, où se renouvelle l'alliance du sujet avec le langage, *la question*, toujours ouverte, du mode sur lequel, dans un équilibre personnel, jamais *atteint* une fois pour toutes, un énonciateur fait du propre avec du non-propre, du dedans avec du dehors, se fait source dans ce qui le traverse, c'est-à-dire pose sa parole à la fois *dans* et *contre* le langage qui la permet et la menace.

Comment, dans la diversité des mécanismes énonciativo-discursifs qui permettent à une parole de « se tenir » dans cette contradiction, la RDA intervient-elle ? Quelle est, dans la réponse globale que le dire apporte, de fait, aux questionnements[5] que suscite la dite contradiction, la part propre qu'en assure la RDA – avec son statut métalangagier, son action dissimilatrice, son éventail de réalisations formelles ?

On tâchera de dégager (1) quelques-uns des ressorts par lesquels s'exerce, spécifiquement, la fonction « configurative » de la RDA : mécanismes consistant à
- *activer* le registre subjectif de l'imaginaire ;
- *convertir* métadiscursivement le Réel de l'Autre langagier dans l'image des discours autres en rapport avec le Discours ;
- assurer au Discours *les bords* nécessaires à ce qu'il prenne « forme » et « corps », conduisant à penser la RDA comme la « peau » que le Discours se donne ;

puis, (2), d'envisager d'abord les Discours « par leurs bords » – témoignant de leur « être avec » –, en rappelant les filières par où s'élabore un « style de bords » et, au terme du parcours de ce livre, de déboucher (chap. 15) sur – seulement esquissé – le jeu de variables à travers lequel *se forme*, se dessine, pour tout discours, la « bordure » de RDA qui, à divers plans, le *configure*.

---

4 Ou, pour reprendre la formulation, proche dans sa différence, de J. Bres (1989 : 44) : « Le sujet, fait de langage, rejoue sa construction dans chaque acte de parole » ; *cf.* ci-dessus **13**.2.2, note 74, notamment.

5 *Cf.* **13**.2.3, p. 518, 531–532, les « comment ? » de Lacan, Soler, Lebrun...

1 De la topologie langagière aux cartographies discursives : « donner forme » au Discours

1.1 L'imaginaire, condition de la parole « de soi »

On a évoqué plus haut[6] l'imaginaire comme lieu, dans le sujet, des illusions du moi, instance de leurre pour le sujet qui interpose, entre lui et le réel irreprésentable (impossible à symboliser), l'« écran » de représentation d'une réalité, remplissant ainsi, après de lui, la vitale « fonction de méconnaissance », faute de laquelle il se déferait.

Soulignant « notre pauvre mais constant besoin d'illusion », M. Schneider en appelle, pour cet imaginaire protecteur, à la métaphore, déjà rencontrée, de la peau[7] : « [...] l'illusion, le mensonge ne sont pas les vêtements de l'être, mais peau dont le savant dépouillement vous ferait mourir. » (2010 : 53)

Pour ce qui nous occupe, la possibilité de tenir une parole repose sur un ensemble d'illusions[8], parmi lesquelles celle d'avoir ou de tenir une *parole propre* : un imaginaire du dire est spécifiquement requis, qui le soutienne dans son existence, traversée par le réel d'un ailleurs inassignable, qui le protège de la dispersion dépossédante dont il est menacé par l'extériorité langagière dans laquelle et de laquelle il se produit, mais par laquelle il pourrait être « défait » n'était la force de méconnaissance qui y résiste.

La parole, ainsi, fonctionne « à la méconnaissance », celle-ci empruntant, notamment pour s'opposer au réel invasif du langage, deux filières de résistance, l'une passive (i), relevant d'un « ne pas », l'autre active (ii), relevant d'un « faire » énonciatif, où s'inscrit la RDA.

1.1.1 Résistance passive d'un « ne pas... »

La première relève de ces « *mécanismes d'inactivation* » que Culioli[9], soulignant que

---

[6] Chap. **10**.3.2, p. 410.
[7] Citant (p. 49) une lettre de Freud (1910, à Ferenczi), au sujet de la « fin » de la cure psychanalytique, assimilée à un *changement* de peau : « [Le patient] a mué, et il laisse sa mue à l'analyste. Dieu le préserve d'aller maintenant nu, sans peau ! » – et non à une suppression.
[8] Notamment celles, approchées dans Authier-Revuz (1995/2012) – paradoxalement confortées aux lieux mêmes où, ponctuellement, le dire se marque de défaut – du « faire un » : des co-énonciateurs, des mots avec les choses, des mots à eux-mêmes et pour ce qui nous concerne ici, du discours à lui-même.
[9] (2002, 51–57, 116, 222).

> si on ne les avait pas [...] on ne pourrait simplement plus parler (p. 56),

caractérise comme « des espèces de mécanismes de sécurité » qui « nous permettent » de « faire taire » le « jeu » qui, sous-jacent dans le dire[10], pourrait, nous faisant nous interroger à chaque mot, en interrompre le cours :

> [...] tout ce qui peut perturber l'échange, nous le mettons en veilleuse, nous l'*inactivons*. Nous inactivons tous ces mécanismes de vigilance, de prise de conscience de ce que nous disons. [...] nous inactivons tout ce qui nous donnerait une sorte d'éveil permanent tellement insupportable à pratiquement chaque parcelle d'émission, que nous perdrions complètement le fil. (p. 116)

Cette inactivation de la conscience de ce que nos mots, entre autres, « traînent » avec eux (dirait Barthes) des ailleurs où ils ont « vécu leur vie de mot » (pour parler comme Bakhtine) relève de ce que Milner (1983), au chapitre « La bêtise », posait comme condition d'existence du sujet et de son discours :

> [...] *la part nécessaire de bêtise* [...] à quoi tout sujet est convié de consentir dès lors qu'il fait semblant que la dispersion réelle cesse d'exister [...] s'anesthésiant à ces coupures qui pourraient disperser et pulvériser. (p. 135)

« S'anesthésier », « inactiver », deux façons d'évoquer les ressorts de la résistance que l'imaginaire oppose à la menace du réel – celui du dehors-dedans langagier notamment ; résistance qui est celle d'un *ne pas* percevoir, *ne pas* prêter attention..., ignorer[11].

Cette « bêtise » – cet imaginaire – est ce qui précisément fait défaut à ceux que le langage, pour s'être trouvés abandonnés à lui sans défense, a « rendus fous »[12]. C'est elle qui permet au sujet de se garder de l'« insupportable lucidité », protégé par là de la force dispersante du langage[13] ; et le met en mesure de

---

[10] « Jeu » dans le dire dont Culioli, s'il en privilégie l'axe de l'adéquation, de l'approximation inhérentes à la nomination, ne l'y restreint nullement, évoquant explicitement, à ce sujet : « ce que J. Authier appelle les non-coïncidences du dire » (2002 : 56).

[11] Résistance « bête » à laquelle Barthes, par exemple, cultivant le « soupçon » à chaque mot, la « vigilance » propre à « déjouer » la doxa tapie en chacun d'eux (*cf.* ci-dessus 13.2.3.5, p. 540), consent « minimalement » comme en témoigne la forte densité de commentaires méta-énonciatifs qui – sans lui faire aucunement « perdre le fil », mais propres à susciter la caricature malveillante d'un « Barthes sans peine » (Burnier *et al.* 1978) – l'accompagne.

[12] *Cf.* 13.2.3.2, p. 522.

[13] Le défaut de protection par excès de lucidité étant ce que bravent, à leurs risques et périls, des écrivains, tels Flaubert, par exemple, *cf.* chap. 13, Remarque 7, p. 526 et ci-dessous 2.2.1.

« faire taire » celle-ci pour faire tenir sa parole – ce qui l'anime, le nourrit, le soutient, étant chez le sujet, son *désir* de parole.

Que la parole suppose – paradoxalement – de résister, de s'opposer au langage, est ce dont J.-P. Lebrun (2007/2015 : 58–59, au chapitre « Ce que parler implique ») rend compte en évoquant, dans l'acquiescement du sujet au langage, le NON qui *doit* y jouer :

> [...] pour être un sujet, il faut dire deux fois « Oui ! » et une fois « Non ! ». Une première fois oui en acceptant d'entrer dans le jeu du langage, d'être aliéné dans les mots de ceux qui nous précèdent. *Une fois non* : [...] *en faisant objection à ce qui vient de l'Autre*. Et une seconde fois oui : quand le sujet accepte ce qui lui vient de l'Autre pour le faire sien, et cela de son propre chef, en ayant la possibilité de s'en démarquer.

1.1.2 Protection active d'un « faire » énonciatif

Au-delà des mécanismes muets consistant à ignorer ce qui du langage, dans tous ses aspects[14], menace la tenue de la parole, la résistance protectrice de l'imaginaire s'exerce différemment – visant spécifiquement le danger de l'extériorité interne – de façon active, en contrant, par et dans la parole, la menace qui pèse sur elle : ainsi, le « faire » énonciatif[15], explicite, de la représentation, dans la parole en train de se faire, de discours qui lui sont extérieurs, apparaît-il comme un mécanisme à même d'*activer*, contre l'emprise de l'ailleurs langagier, la consistance imaginaire du « dedans » d'une parole de soi.

C'est un mécanisme complexe produisant dans la parole une réassurance d'elle-même comme propre, qui, *non-dite*, s'effectue par la reconnaissance *dite*, en elle, d'éléments étrangers : il passe par une opération, apparemment paradoxale, de conversion métadiscursive, substituant, dans la parole, l'image de la représentation d'autres propos localisés, au réel de la présence irreprésentable de l'Autre-langagier.

---

14 Écart interlocutif, équivoque, adéquation mot-chose, déjà-dit..., *cf.* note 8 ci-dessus.
15 C'est-à-dire sur le mode où Quéré (*cf.* ci-dessus chap. 12 note 31, p. 478) parle du « fait citationnel », ce qui *se fait* par l'énonciation d'une RDA..

1.2 De l'Autre constitutif du Dire à ses autres configuratifs : une conversion métadiscursive

En deçà – et par le moyen – de sa fonction de caractérisation différentielle du Discours par ces autres qu'il représente en lui (*cf.* chap. **12**), la RDA apparaît, en effet, comme un outil privilégié de la réponse au « comment » formulé ci-dessus : comment une parole peut-elle être tenue comme propre par un sujet parlant, alors que l'en dépossède l'ailleurs langagier dont elle est faite ? Par le jeu combiné de ses deux propriétés essentielles – *étagement métalangagier* et *action dissimilatrice* – la RDA est en mesure de remplir, activement, dans et par la parole, la fonction de méconnaissance instituant face à l'Autre constitutif de tout dire, l'illusion nécessaire d'une parole *de soi*, configurée par rapport à des paroles autres.

1.2.1 Placer des frontières là où il n'y en a pas

Ce qu'opère la RDA est une conversion métadiscursive, de la topologie, problématique, d'une extériorité interne (un « dedans » *fait* de « dehors »), en une géographie, aplanie, d'espaces délimités par des frontières (un dedans « bordé » par rapport au dehors).

Aussi essentielle pour le sujet qu'elle n'est pas intentionnelle, l'action de ce mécanisme apparaît, aux divers plans où il opère, comme celle de *poser des limites là où il n'y en a pas*, relevant d'une négativité instauratrice d'identité.

La conversion fondamentale, d'où procèdent les autres, est celle qui du plan *du langage* fait passer à celui *des discours* : retournant
- (1) le réel du langage et la *loi imposée* de son extériorité anonyme, « sans auteurs », comme condition du Dire qu'elle traverse,

en

une « affaire de discours », de *rapports choisis* par un discours entre lui et des autres, extérieurs ;
- (2) le caractère *inassignable*, *irreprésentable*, de l'altérité/extériorité langagière pour un Discours déterminé, nourri, imprégné... « déclôturé » par sa présence en lui, sans frontières[16],

dans

le jeu de frontières, par lequel le Discours assigne en lui-même une *place* à des discours autres spécifiques qu'il représente, instaurant par là – sous contrôle

---

16 *Cf.*, chap. **10**, note 75 p. 401, la prise en compte en AD de l'extériorité interne en termes de « frontière absente », ou de discours « déclôturé », « sans frontière repérable ».

métadiscursif – *l'image circonscrite* de l'accueil dialogique qu'il leur fait sur son territoire ;
- (3) le *trouble* que porte, dans la parole, ce qui depuis l'« ailleurs-avant-indépendamment » y parle, au point que le « être parlé », de formulation théorique puisse devenir l'expression de l'angoisse d'un sujet parlant en perdition,

dans
l'*affirmation* d'un *je parle*, que conforte la représentation dissimilatrice des paroles autres *dont*, en surplomb, je parle.

La RDA apparaît, ainsi, comme un geste énonciatif majeur de résistance active au réel dissolvant de l'extériorité langagière, à même de conforter chez le sujet parlant le sentiment – nécessaire – de tenir une parole sienne.

1.2.2 Le double geste configuratif de la RDA

Par la réflexivité inhérente au dire, le discours se double, comme en miroir, d'images de lui-même : par rapport à l'ARD et aux représentations en miroir « simple » qu'elle fait jouer, ce qui est au principe de la *représentation* du discours autre, c'est la *négativité*, foncièrement dissimilatrice, de la RDA qui, parce qu'elle distingue, sépare, trace des frontières, a le pouvoir – *configurateur* – de « donner forme ».

C'est à deux niveaux – en différences locales et en délimitation globale – que s'exerce la fonction configuratrice de la RDA : le tracé au fil duquel, localement, en chaque point, le Discours se différencie de ce qu'il reconnaît et représente en lui comme autre, débouche dans une configuration seconde, globale, atteinte *par le moyen* de la première.

On a évoqué, chap. 11 et 12, comment, au fil de son avancée et des événements qu'y constituent l'émergence des autres discours qu'il représente en lui, le Discours, à chacun des points de rencontre dialogique qu'il met en scène, compose, progressivement – façonne, nuance, retouche, inquiète, confirme... sa propre image, différentiellement, aux reflets de l'image de ces/ses autres.

Mais, *en même temps*, c'est-à-dire par le moyen même de cette différentiation d'avec des autres, s'opère, à un tout autre plan, la *délimitation* protectrice d'une parole de soi, par rapport à l'extériorité langagière.

Le Discours, en effet, par sa RDA – surplombante et dissimilatrice – exhibe sa capacité à reconnaître en lui la place prise, au fil de leurs émergences, par ces autres discours qui font sa « société » : se dessine par là, en lui, la *géographie* d'un partage interne entre le territoire assigné – offert, concédé... – à « son » altérité-extériorité et l'espace *complémentaire* d'un intérieur institué de ce fait comme *propre*, « sans autre ».

Ce partage du discours entre (1) zone de RDA et (2) son complémentaire, par là donné comme propre, apparaît comme la « version » métadiscursive – c'est-à-dire formulée du point de vue réflexif du sujet parlant – de la structuration envisagée du point de vue de l'analyse du discours (chap. 11.1) où la zone (1) de la RDA d'un discours est envisagée, sur fond de présence généralisée de l'ailleurs, comme un « prélèvement », dont le complémentaire ne renvoie évidemment pas à du « propre » mais à de l'autre – insu, incorporé... – passé sous silence.

Solidaire de la première fonction configurative – (I) différenciatrice – de la RDA, par le moyen de laquelle elle s'accomplit, à un autre plan du dire, cette deuxième fonction – (II) délimitante –s'en distingue radicalement.

Remarque 1 : Abus de langage de l'opposition *différenciation vs délimitation*. La formulation opposant *différenciation* à *délimitation* est criticable puisque « délimiter » relève, à l'évidence, d'une « différenciation » : il serait plus exact d'opposer une *différenciation (I) caractérisante*, produisant une image par facettes locales, et une *différenciation (II) délimitante*, effectuant un tracé, global. Il pourrait apparaître plus judicieux d'opposer caractérisant (I) à délimitant (II) : le fait, ici, de cette abréviation « boiteuse » vise à empêcher l'oubli (aisé) dans l'idée de « caractérisation » de l'*opération négative*, *différentielle* (*cf*. chap. 12) sur laquelle elle repose.

À l'inverse de ce qui est le ressort même du travail de positionnement différenciateur (I), la fonction délimitante (II) de la RDA est aussi indifférente à la particularité des discours représentés dans le Discours qu'à la tonalité des rapports dialogiques mis en scène aux points de rencontre que constitue chaque forme de RDA : elle ne prend en compte ces lieux disjoints d'imbrication de l'un à des autres que pour faire passer par eux la frontière qui, dans le Discours, délimite et assure une part « non-altérée », soustraite à l'extériorité langagière, énoncée comme parole « de soi ».

C'est avec ce deuxième niveau « délimitateur » de l'action configurative de la RDA que celle-ci apparaît comme un mécanisme *actif* de résistance imaginaire à la « défaite » de la parole dans son extériorité constitutive (ou interne) : c'est par le « faire » énonciatif de la représentation d'éléments « du dehors » (I) jouant dans le Discours que peut, par opposition, s'affirmer comme tel (II), un dedans.

Le geste énonciativo-discursif de la RDA, derrière et à travers son rôle de positionnement différentiel du discours parmi les autres discours, se révèle ainsi comme touchant au rapport du sujet au langage, et à sa possibilité de tenir une parole : faire la part en soi des autres représentés fait partie de ce qui permet de tenir l'Autre en respect, est une des formes du « NON » qu'il est nécessaire d'opposer au jeu dépossédant du langage, et prend donc place dans la réponse aux « comment » évoqués ci-dessus[17]. Le bord délimitateur du « propre » dans le Discours – tracé imaginaire et vital – y soutient, affirme, pour le sujet parlant, la *consistance* d'une parole tenue pour sienne, circonscrite et cohésive, *donne corps* au sentiment de la *parole propre*. S'opposant au réel de la frontière absente, la RDA remplit, pour le Discours, dans l'imaginaire, une fonction essentielle de protection *clôturante*[18].

1.2.3 Donner forme et consistance à la parole : une fonction de la RDA

La fonction de la RDA dans un Discours ne s'achève donc pas avec la gestion de la relation aux autres discours et la construction de son positionnement parmi eux : au-delà – ou plutôt, en deçà – et sur un mode beaucoup moins conscient pour l'énonciateur, c'est quelque chose de l'aventure subjective de « l'être de langage » qui se joue, requis de « se poser » dans le langage, et de s'y trouver une position de sujet parlant, à même de tenir une parole propre, énoncée comme sienne depuis l'extériorité dont elle est faite.

La RDA apparaît ainsi, via la conversion métadiscursive qu'elle opère – de l'Autre tenu en respect par le fait d'instituer « de l'un » en rapport contrôlé avec des autres –, comme un ressort important de l'imaginaire nécessaire au sujet parlant, opposant sa résistance active à la force dépossédante du langage.

Remarque 2 : Conversion métadiscursive et « appropriation » bakhtinienne. Formulée ainsi – en termes de réel irreprésentable, d'imaginaire vital... – l'idée de conversion métadiscursive apparaît évidemment étrangère à l'approche bakhtinienne de la parole se formant sur fond d'altérité dialogique ; elle entre cependant en résonance avec l'intuition fortement exprimée par Bakhtine, selon laquelle tenir une parole pour un sujet parlant ne se fait pas « tout seul », mais demande que le sujet, si l'on peut dire, y mette « du sien » pour faire sien ce qui lui est, par nature, étranger. Rappelons schématiquement les étapes de ce qui, chez Bakhtine (*cf.* chap. **10**.1-2 p. 382), est pensé comme un processus – non pas de simple « utilisation » de ce qui, les mots, s'offre à nous, mais de « transformation » inhérente à toute prise de parole[19] :
1. le langage n'est « pas un milieu neutre », mais foncièrement « étranger » ;
2. c'est là [dans ce milieu] qu'il faut prendre [ses mots] et les « faire siens » :
3. un processus est donc nécessaire qui, à la charge du sujet ne s'opère pas aisément – celui d'une *appropriation* ;

---

[17] *Cf.* note 5, ci-dessus.
[18] Cette fonction protectrice de délimitation de la RDA trouve un écho dans la notion de « délivrance » évoquée par F. Armengaud (2005) comme action de « la citation » qui « délivre de l'intertextualité inconsciente et de l'indistinction des voix » (p. 20) ; cf. aussi « citer l'autre en son nom nous délivre de l'aliénation et de la confusion » (p. 21), ou « à une collusion-fusion est substitué un rattachement symbolisé » (p. 22).
[19] Je reprends ici des éléments de la formulation de Ph. Schepens evoquée chap. **10** note 25, p. 386.

4. c'est un processus inachevable en ce que demeure que « le discours [...] se joue en dehors de l'auteur ».

Dans cette perspective bakhtinienne, on peut dire que la RDA intervient comme partie prenante du processus de « l'appropriation » : faire, dialogiquement, une place dans la parole à du « pas sien », représenté comme tel, apparaît comme une modalité du « faire sien » sur lequel repose la dite parole.

On a caractérisé le mécanisme de la RDA comme articulant les deux ressorts de la dissimilation et de la réflexivité métalangagière : voilà qui ne nous éloigne pas de l'articulation, fortement explicitée dans l'approche dialogique, du « dire *dans* le dire » avec le « dire *sur* le dire ». De fait, c'est à cette conjonction, au cœur de la RDA, de *ces deux modes, pour le dire, de « ne pas faire un »*, que tient son pouvoir de « donner forme » au discours.

Il convient, en effet, de donner toute son importance au caractère réflexif de la RDA. Depuis la position de surplomb – métadiscursif – que l'énonciateur occupe à « dire sur du dire », il *redouble* d'une image, à la fois, le dire énoncé *et* l'énonciation de ce dire : image de l'énoncé de L caractérisé différentiellement par les autres qui y sont représentés, dans laquelle l'énonciation se « réfléchit », confortée dans sa maîtrise à se montrer en mesure d'y désigner, dans ce qu'elle énonce, ce qui vient d'ailleurs.

Au miroir de la RDA, le Discours se distingue des autres dont il s'entoure et, à la fois, se « cercle », se clôture, par rapport à l'Ailleurs langagier, à la menace dissolvante duquel il se soustrait ainsi, imaginairement.

La RDA apparaît, dans l'énonciation, comme un crucial opérateur d'imaginaire, permettant au Dire de, réflexivement, *se donner forme* – par là différencié et consistant – dans l'« informe » de la matière langagière dont il est fait ; et cela par le moyen des formes que lui offre le système de la langue. Exemplairement, la RDA relève, dans le fonctionnement de la parole, de l'imaginaire évoqué par Flahaut (1978 : 153) comme

> la zone de tout ce qui vient *conjurer* l'insupportable surgissement du réel, [et] l'espace où sont produites et où circulent des médiations dont la texture *mêle le symbolique à l'imaginaire*.

Nous faisons corps avec le *cri* qui nous échappe... mais nous « *ne faisons pas un* » avec notre parole. De la greffe dénaturante initiale du langage demeure, au cœur de notre parole, une distance, un écart qui nous « décoïncide » d'elle. Notre parcours nous a fait rencontrer *deux visages* de cette non-coïncidence : celui[20] de la

---

20 Chap. 10 et 13.2.

parole excentrée, déportée hors d'elle-même, d'un énonciateur dépossédé de sa maîtrise par l'extérieur (Autre) qui « parle » dans ses mots ; mais aussi celui[21] de la distance interne à l'énonciation qu'y inscrit, intimement, le jeu de la fonction métalangagière, avec le « pouvoir majeur » que lui reconnaît Benveniste

> de créer un *deuxième niveau d'énonciation* où il devient possible de tenir des propos signifiants sur la signifiance (1974 : 65).

D'un non-un à l'autre : c'est le retournement qu'opère la RDA, convertissant le réel de la *présence de l'Autre* à même de faire *dis*-perser, *dés*-agréger le dire, dans une *représentation des autres* qui, via les formes de *re*doublement métalangagier offertes par la langue, assure réflexivement pour le dire le jeu de frontières qui le configure.

D'un plan, celui du réel de l'ailleurs dont est fait le discours à celui d'une image du Discours faisant place en lui à des autres, le retournement opéré par la RDA se traduit par les deux emplois, comme à l'envers l'un de l'autre, que l'on peut faire de l'expression « extériorité interne » : *constitutive vs configurative* du Discours – *la seconde*, par laquelle le Discours se donne[22] forme défendant son énonciation contre l'emprise dissolvante de *la première*.

1.3 La RDA, « bordure interne » du Discours

Foncièrement différenciante, la RDA apparaît, on l'a vu, comme ce par quoi, en se dotant de frontières, le Discours s'auto-configure. À partir des propriétés que l'on peut reconnaître à toute frontière (1.3.1) on tentera de préciser (1.3.2) le complexe « travail de bords » que la RDA accomplit, comme « bordure » du Discours.

---

21 « Pas de relation naturelle, immédiate et directe entre l'homme et le monde, ni entre l'homme et l'homme » dit Benveniste (1966 : 29) : revenant sur le statut par là conféré au langage comme médiation nécessaire, permettant la mise en relation de l'humain « avec lui-même, avec les autres, avec le monde », R. Mahrer ajoute, précieusement, « *avec le langage lui-même* » (2017 : 217). C'est que « ni naturel, ni immédiat, ni direct » non plus, le rapport humain au langage implique, interne et réflexive « une dernière fonction [...] qu'on appelle métalangage » (*ibid.*)
22 On a rappelé plus haut (chap. 4.2.1.3, p. 123, par exemple) que, à tavers toutes les « mises en scène » de discours autres dans le Discours, auxquels celui-ci « laisserait la parole », c'est *toujours* l'énonciateur (L) qui *énonce* ces images par lesquelles il conforte *son* énonciation.

1.3.1 Les deux fonctions d'une frontière

Qu'il soit question de la frontière au sens strictement topographique ou, via son vaste fonctionnement métaphorique (dans l'espace social, par exemple ou comme catégorie psychique[23]) une frontière est ce qui s'oppose à l'indistinction... mais pas sur le mode d'une séparation étanche, d'un mur...

Une frontière remplit deux fonctions : elle sépare et met en rapport. C'est ce que développe avec bonheur l'essai de R. Debray (2010) « Éloge des frontières ». D'une part l'essentielle négativité de la frontière est foncièrement « instituante », porteuse, positivement, d'un effet d'identité, de « un »[24]. D'autre part si, sur une carte, une frontière se manifeste par un trait, sans épaisseur, dans la réalité des territoires, elle est – si peu accueillant qu'il puisse parfois se faire et, généralement de peu d'étendue – un *lieu* de contact, de passage entre deux espaces[25].

1.3.2 Complexité de l'« espace frontière » de la RDA

Ces deux fonctions, étroitement solidaires, de séparation et de mise en contact, qui sont celles de toute frontière, la RDA les remplit dans le Discours, à sa façon, complexe : non pas comme tracé passant entre un territoire et son voisinage, n'appartenant ni à l'un ni à l'autre, mais comme l'*espace* – marge, frange, lisière, marche, bordure... – *d'un entre-deux*, partie intégrante du Discours. Et si toute frontière est, par définition, biface – « le dehors et le dedans marquant leur frontière solidaire » dit René Char –, celle par laquelle la RDA d'un Discours « borde » celui-ci est *doublement biface*, le « travail de bords » de la RDA s'exerçant à la fois 1) *comme bordure* du (dans le) Discours et 2) *dans la bordure* elle-même.

Le schéma proposé ci-dessous – représentaion « en coupe » du Discours dans le milieu de son extériorité langagière – voudrait (si simpliste et maladroit soit-il) apporter un support visuel aux formulations – parfois peu parlantes – du « travail de bords » par et dans la « bordure » de RDA :

---

23 *Cf.* ci-dessus, chap. 13.1.
24 Cette dimension de « positivité instituante » apparaît au cœur de l'intense activité de « mise en frontières » – topographiques, ethniques, linguistiques... – dans la description qu'en propose C. Panis (2014) dans sa thèse, et dans les réflexions – notamment de J.-M. Prieur – qu'elle a nourries lors de la soutenance. Je leur suis redevable.
25 Si, bien sûr, la frontière ne s'abolit pas comme « espace frontalier », en mur infranchissable ou en barbelés.

1 De la topologie langagière aux cartographies discursives — 557

[I] *Discours auto-configuré dans l'extériorité langagière par sa « bordure » de RDA*

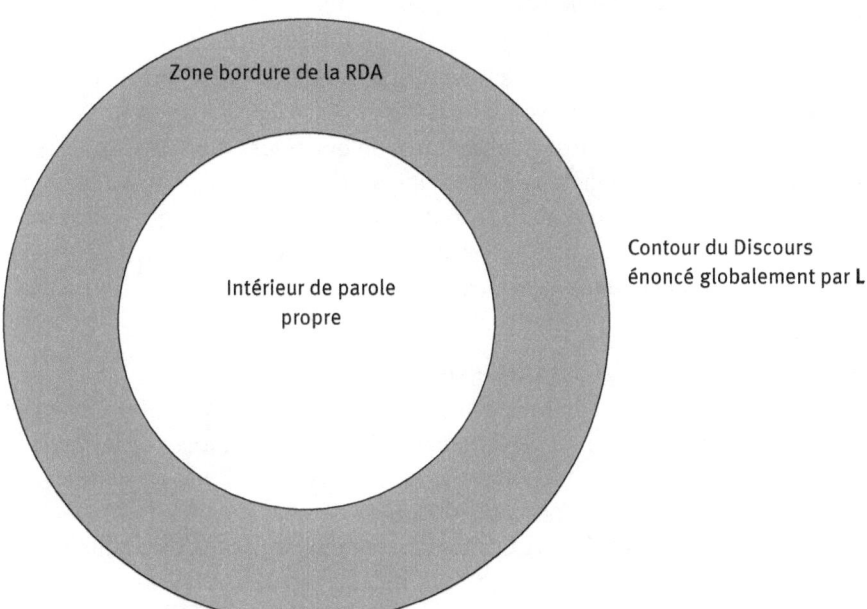

C'est d'abord (1) l'action délimitatrice évoquée plus haut que la RDA opère, *en tant que bordure*, dans le Discours sur ses deux bords externe et interne. Vers le dehors, la zone occupée par la RDA dans un Discours trace sa frontière séparatrice d'avec le milieu de l'extériorité langagière : elle « borde » le Discours (le « finit » comme on le dirait en couture), le cercle, le cerne... lui assurant son nécessaire contour clôturant. Sur son bord interne, la zone de RDA délimite dans le Discours un « dedans » – noyau, cœur – du discours par là donné et habité comme *propre*[26].

C'est ensuite (2), *dans l'épaisseur de cette bordure* de RDA dont se dote le Discours, que se joue, à chaque occurrence de RDA, le travail de bords différenciateur entre un Discours et ses autres. Non pas ligne passant entre le Discours et l'extériorité langagière, cette bordure est l'*espace* dévolu *dans le Discours* à ses contacts, rencontres, échanges, partagés avec d'autres discours : espace occupé

---

26 *Cf.* chap. 11 le complémentaire de *E'* dans *E*, et ci-dessus 1.2.2.

par l'ensemble des occurrences de RDA dont chacune, selon les formes d'articulation réglées par la langue[27], réalise *un* partage chaque fois singulier entre l'un et l'autre – partage, il faut le rappeler, dissymétrique en tant que c'est depuis le surplomb méta-énonciatif *de L* qu'il se dessine.

La bordure de RDA, où le Discours se « tisse » à de l'autre, apparaît – lieu de passage entre le dedans et le dehors – comme l'*interface* dont sa capacité métalangagière lui permet de se doter[28].

C'est par ce statut de « bordure interne » au Discours que la couche métalangagière de la RDA – par le jeu solidaire de son espace d'articulation différenciatrice de l'un à ses divers autres *et* de ses tracés délimitateurs, sur ses deux côtés de l'extériorité langagière et de l'intérieur d'une parole « de soi » – apparaît comme l'un des ressorts internes qui, dans la tension langage/parole évoquée ci-dessus, permettent que le Discours, en s'auto-configurant par ses autres, à la fois se positionne, distinct et relié, parmi les autres, et se pose, consistant, dans le langage.

1.3.3 Jeux – incertitude et porosité – aux divers bords

L'incertitude aux bords du dire n'est pas chose exceptionnelle : les faits évoqués plus haut[29], de turbulence ou de flottement dans un des tracés par lesquels le Discours s'auto-configure, sont communs ; comme sont habituels le trouble ou la vivacité conflictuelle en ces points où un bord se dérobe.

Tous les « bords » repérés ci-dessus comportent ces lieux de fragilité : ceux *de* la bordure de RDA (avec l'intérieur « propre » ou avec l'extériorité du Discours) et ceux *dans* la bordure (entre ce qui dans l'énoncé de l'un **L** relève de l'autre *l*), mais l'enjeu du désaccord ou de l'incertitude n'est pas le même selon les bords qu'il affecte.

*(i) Bords **de** la bordure de RDA*
(a) Sur le bord interne de la bordure ; les conflits entre **L** et **R**, comme les hésitations de **R** (sinon, parfois, de **L** lui-même) se ramènent à l'alternative qu'ouvrent les réalisations non-marquées des formes de RDA : un élément est-il énoncé par **L** comme faisant partie de la bordure de son Discours (*i.e.* relève-t-il de la RDA ?) ou bien de l'intérieur de sa parole propre ?

---

27 Système de Formules et de leur zone de formes évoqué chap. **9**.
28 Ainsi Quéré (1992 : 88) souligne-t-il l'importance dans la « citation » de « ce qu'on identifie en elle de médiation, d'appartenance bifide, ou encore dans un langage plus contemporain, d'interface. »
29 *Cf.* chap. 11.2.3, p. 442.

Source privilégiée d'interrogations, l'allusion, forme de MAE à marquage zéro :
- *allusions énoncées comme telles par* **L** (c'est-à-dire relevant de la « bordure » que la RDA fait à son Discours) et reçues par **R** comme appartenant à la parole propre de **L**, tel, par exemple[30], en dialogue malheureux, l'appel, « en bordure », à La Fontaine, ramené par **R** dans la parole propre de **L**, du coup incongrue ;
- *allusions prêtées par* **R** *à* **L**, c'est-à-dire reçues comme appartenant à la bordure de RDA là où **L** revendique l'élément comme relevant simplement de sa parole propre, tel, par exemple[31], le « la vie est là » sur lequel vient s'échouer une tentative de retrouvailles amicales.

(b) On a rencontré aussi[32] des turbulences sur le bord interne de la bordure, lorsque l'énonciateur, récepteur de son propre discours, énonce une parole comme propre avant – le plus souvent mortifié par cet « échec » à sa parole propre – de la replacer en bordure.

(c) L'incertitude peut être plus grave, pour les co-énonciateurs, lorsque que c'est un élément énoncé comme « propre » par **L** qui est reçu par **R**, non pas comme relevant de la zone bordure de sa RDA mais comme élément, sans filtre métadiscursif, de l'extériorité langagière, « parlant » *via* la voix d'un **L**, par là disqualifié en tant qu'« énonciateur ». **R**, dans ce cas[33], ne met pas en cause – par ignorance, suspicion... – un point du tracé que **L** fait passer dans son discours entre intérieur propre et bordure de contact avec d'autres : en faisant « entrer » dans le Discours de **L** l'extériorité anonyme en lieu et place de ce que **L** tient pour sa parole propre, **R** « balaye » en quelque sorte la structuration « auto-configurante » qui, pour **L**, fait tenir sa parole... Trivialement c'est un « tu ne sais pas ce que tu dis » que **R** signifie à **L**, sapant par là sa parole, là où dans le cas précédent, c'est, contestant la parole de **L**, un « ne joue pas l'innocent [en feignant d'ignorer le discours autre auquel tu as fait appel dans ton Discours). Là où l'un est accusé – manipulateur – de jouer, dans son Discours, avec les tracés entre intérieur propre et bordure-RDA, l'autre se voit dépossédé, par son interlocuteur, de sa parole, comme manipulé par une extériorité parlant à travers lui[34].

---

30 *Cf.* chap. 11 (29), p. 446.
31 *Cf.* chap. 11 (31), p. 448.
32 *Cf.* chap. 11 ex. (38-40), p. 455.
33 *Cf.*, par exemple, chap. 11 (34), p. 450.
34 Échec de l'interlocution que, à l'échelle d'œuvres entières, les pièces de théâtre de Sarraute, Pinget, Vinaver étudiées dans Eigenmann(1996) font vivre au public, récepteur de la parole tout

(ii) Bords *dans* la bordure de RDA

On touche là au champ immense du repérage du « partage » réalisé, dans chaque occurrence de RDA – énoncée globalement par **L** – entre ce qui est donné comme de l'autre (**l**)/de l'un (**L**). Sous l'angle du découpage dans la linéarité, cette question du découpage est étroitement liée à la problématique du degré de marquage tel qu'il apparaît, par exemple, pour le repérage de la borne finale du *e* d'un DD explicitement « introduit » comme tel mais sans guillemets, ou pour l'identification du segment porteur d'une modalisation explicitée en *pour parler comme*, ou encore pour fixer l'étendue des extensions extraphrastiques des DI ou MAS ; et c'est, spécifiquement, pour chaque mode qu'on peut envisager l'éventail des partages – des plus tranchés aux plus incertains – qu'il permet.

Mais la question du partage – du bord tracé par la forme de RDA entre l'un et l'autre – ne s'épuise pas avec le découpage sur la chaîne ; c'est à l'interprétation, en discours, que revient d'apprécier l'économie de l'imbrication de l'un et de l'autre : au-delà du Bivocal-DIL dont, sur la base de sa division énonciative structurelle, on a largement interrogé la variété de réalisation quant à ce qui, dans les manières de dire, les points de vue..., revient (plutôt/sûrement) à l'un ou à l'autre, l'interrogation sur la part – claire ou insaisissable – de chacun, fait partie intégrante de la réception de toute reformulation, que ce soit celle à l'œuvre dans les DD « en substance » ou les modes statutairement reformulants du DI et de la MAS. Et, au-delà des faits de reformulation, substituant une chaîne à une autre c'est, quelque soit le mode, dès qu'il y a RDA – c'est-à-dire dé- et re-contextualisation – que la question de l'articulation et du poids respectif des deux discours intervient, pour **R**, dans le « sens à comprendre ».

1.3.4 La RDA comme « peau » que le Discours se donne

(i) Bords de corps, bords de Discours

On a dit – et redit... – depuis le chapitre **13**, la nécessité subjective de « limites », le besoin pour le sujet humain de « s'éprouver comme en possession de ses propres bords »[35] : être parlant, entité corporo-psychique, c'est autant, et solidairement, aux plans du corps et du langage que la consistance d'un « dedans » habité comme propre, doit, contre la dispersion qui la menace, être assurée par les *images de contour* que le sujet se donne[36]. Le « pouvoir morphogène »[37] de l'image qui, assi-

---

entière préfabriquée de personnages « récitants », « porte-parole, ou canaux du flux langagier qui les traverse ».

35 *Cf.* Dufourmantelle *et al.* (2014 : 66) qui évoque « l'horreur d'être sans bords ».
36 *Cf.* Lemoine-Luccini (1983) cité ci-dessus chap. **13**. Remarque 1, p. 500.
37 Formulation de Julien (1990 : 47) consonnante avec le trajet de Dolto (1984) évoqué ci-dessus.

gnant des limites, *donne forme* et fait « tenir ensemble »[38] est aussi crucial pour le corps[39] que pour la parole ; et ce pouvoir de « figuration » n'est pas seulement à l'œuvre dans le moment de la première construction identitaire : c'est pour toujours qu'il doit soutenir, pour le sujet, son sentiment d'« avoir » un corps et de « tenir » une parole, propres.

La RDA, avec la conversion métadiscursive qu'elle opère en Discours, du réel de la présence irreprésentable en lui de son extériorité interne, dans l'image – le dessin, le tracé – de la représentation d'une place de l'autre en lui, apparaît comme une pièce d'importance dans le dispositif énonciatif de résistance active, par l'imaginaire, aux forces de dissémination du dire.

Et il est frappant d'observer combien le complexe fonctionnement de la RDA comme « bordure » du/dans le Discours – assurant à la fois délimitation et rapports – entre en étroite résonance avec les conceptions (métaphores ou concepts) évoquées au chapitre 13[40], de l'instance protectrice du « moi » dans le sujet : telles, notamment, – s'opposant à l'indistinct autant qu'au disjoint – la notion de « barrière de contact » proposée par Freud, ou celle, élaborée par D. Anzieu, de Moi-peau. Rappelons, en écho au travail de bordure de la RDA dans le Discours, les fonctions que remplit, selon D. Anzieu, le Moi-peau pour le sujet : celle d'une « enveloppe » contenante, délimitante, individuante et interface entre le dedans et le dehors.

La RDA pourrait alors être envisagée comme la « peau » dont se dote, métadiscursivement, un Discours, geste énonciatif essentiel pourvoyant le Discours de la « forme » par laquelle, consistant, il peut – à la fois à l'abri de l'Autre et en rapport avec les autres – « prendre corps ».

(ii) La peau, témoin-interface de la personne dans le monde
Revenons rapidement sur ce qui est la base matérielle de la notion métaphorique du Moi-peau comme instance du sujet, *la peau du corps* :
– la peau n'est pas, pour le corps, une surface, mais un *organe* dont la particularité, celle d'être au contact du monde extérieur, ne diminue en rien le caractère essentiel pour le « tout » de l'organisme auquel il appartient ; ce

---

38 « Les marges, c'est ce qui fait tenir les pages » (Jean-Luc Godard)
39 *Cf.* Artaud parlant du corps qui « cherche toujours à se rassembler », cité par Derrida (1967 : 279) dans *La Parole soufflée*, et les riches observations de Delion (2010 : 49), dans *Le Corps retrouvé*, soulignant qu'« il n'y a pas que les personnes psychotiques qui ont [...] le plus grand mal à habiter la maison de leur corps ».
40 **13.1.2.3**, p. 498.

que rappelle la profusion des métonymies établies dans la langue ou la peau vaut pour le corps, le soi, la vie : *être bien/mal dans sa peau, sauver sa peau, la risquer, la laisser*, etc.⁴¹ ;
- entourant le corps sans le refermer sur lui-même, elle est une couche vivante, respirante, dans l'épaisseur interface de laquelle se *rencontrent* les forces venues des profondeurs du dedans du corps et du dehors du monde extérieur, et qui *réagit à*, *témoigne de* ce double jeu de forces endogènes et exogènes ;
- défiant l'inventaire, le vocabulaire commun permettant de décrire *les* peaux manifeste la diversité extrême des formes que présente⁴² – couleur, texture, grain, épaisseur, élasticité, irrégularité... – de façon durable ou passagère, cet organe : je renvoie à la double-page consacrée à l'entrée « peau » dans le *Grand Robert* ; et les observations familières attestent que l'état d'une peau dépend étroitement du dehors et du dedans à l'interface desquels elle fonctionne et la façon dont, dans sa singularité, se « marque » l'action sur elle des éléments extérieurs (peaux bronzées, halées, tannées par le soleil ou le vent, bleuies par le froid) ou des contacts (peaux égratignées, éraflées, tuméfiées, mais aussi assouplies, détendues par des laits, des caresses, des massages), des émotions (peaux rougies, rosies, pâlies, blêmies par la colère, la joie, la surprise, la peur), de l'âge (peaux ridées, tavelées, plissées, parcheminées), du dessin dont il se redouble (peaux maquillées, tatouées, peintes, scarifiées), des innombrables « affections » de la peau, enfin (plaques éruptives, jaunisse, « boutons »).

À observer la peau d'un organisme à un moment donné, on peut apprendre beaucoup sur cet organisme : les spécialistes de la peau – dermatologues ou professionnels des soins esthétiques – le savent bien pour qui la peau de quelqu'un dit quelque chose de lui et de sa manière d'être au monde.

---

41 « Savoir » déposé dans la langue, auquel répondent multiplement les théoriciens de notre être « corporo-psychique », cf. notamment les réflexions de J. Mc Dougall (1978 : 195–196) sur la nécessité pour un sujet de « se sentir » ou d'« être *dans sa peau* ».
42 Outre l'extraordinaire variété de « peaux » – carapace, écailles, fourrure, plumage, piquants... qu'offre le règne animal, *cf.* chap. 13 note 30, p. 499.

(iii) La RDA témoin-interface du Discours dans l'espace langagier.
L'analogie des fonctions – délimitation, contenance... – et des fonctionnements – interface du dedans et du dehors – est remarquable entre ce qu'est sa peau pour quelqu'un et ce qu'est, pour un Discours, sa bordure de RDA[43].

Cette bordure *n'est pas* la peau du Discours : elle en est – produite métadiscursivement, c'est-à-dire sous le contrôle de l'énonciateur – l'*image* qui, en forme de « membrane frontière » dans l'espace langagier, permet au Discours de *se figurer* – à la fois délimité et ouvert –, comme une maison ou un corps « habitables ».

La RDA apparaît ainsi comme relevant, *dans le registre* spécifique du Discours, du « travail de bords » par lequel le Moi, instance vitale d'illusions protectrices pour le sujet, lui assure, globalement, *comme* une peau.

De la peau, comme témoignant pour l'organisme tout entier, à la bordure de RDA comme « peau » du Discours, à déchiffrer attentivement comme accès au Discours tout entier, le passage peut trouver appui dans l'aphorisme tant cité de Valéry : « ce qu'il y a de plus profond, c'est la peau », qui – s'il est volontiers adopté comme devise par les spécialistes de l'organe cutané – résonne assurément pour tout ce qui, « faisant surface » dans l'humain, – corps, langage, pensée, conduites, création artistique... –, n'est pourtant pas superficiel au sens de peu d'importance. Et, à y conjoindre la formule non moins citée de Victor Hugo : « la forme, c'est le fond qui remonte à la surface », s'impose de prêter attention à l'extraordinaire diversité des formes de bordure de RDA par lesquelles – « peau » discursive, « barrières de contact » langagières – les Discours *se donnent corps, par leurs bords*, en s'auto-configurant.

La RDA apparaît dans le Discours comme un mécanisme fondamental, interne à l'énonciation – fonctionnant « à l'imaginaire » à travers les formes offertes par la langue – de l'équilibre à trouver, pour tout Discours, entre la nécessaire revendication de (ou prétention à) tenir une parole propre, et le fait de l'altérité langagière qui le constitue : faire place, accueillir dans le Discours, en les représentant, des autres discours permet de tenir en respect l'extériorité menaçante, d'en « voiler » la présence. Le « travail des bords » qu'implique, pour un Discours, la reconnaissance et la figuration, en lui, d'une altérité discursive, circonscrite et incarnée – tout chargé « d'illusion » qu'il est, ou plutôt *parce qu'*il est porteur d'illusion – est *requis* par la parole.

---

43 *Le Corps et ses fictions* (Reichler (dir.) 1983) apporte de précieux éclairages sur ce qui, pour l'être humain, doit « être surajouté au corps brut pour lui donner la forme de son corps » ; *cf.* également les remarques d'Orlandi (2012) sur le « corps textuel » – corps comme surface d'inscription et texte comme « corps » ; *cf.* ci-dessus, chap. 13 Remarque 1, p. 500, Lemoine-Luccioni (1983) qui étend au vêtement comme « seconde peau » la fonction du « faire corps ».

(iv) Trompeuses lucidités : méconnaître la méconnaissance
À souligner la fonction de protection d'un Discours qu'assure en lui sa RDA par rapport à « l'inappartenance foncière du langage », il est clair qu'on ne peut suivre, si séduisantes qu'elles puissent apparaître, dans la lucidité qu'elles affichent, des formulations théoriques (a) et des postures énonciatives (b) arrasant la différence – imaginaire et capitale – entre « la frontière absente »[44] de l'ailleurs constitutif, présent, et l'ailleurs représenté de la RDA, poseuse de frontière et configurative.

(a) La polysémie du terme « citation » – évoquée plus haut[45] – s'inscrit sur deux plans : celui (A) des formes de la RDA (sens I et II) et celui (B) du « dire comme déjà-dit » (sens IV) : là où c'est l'articulation de ces deux plans qu'il est nécessaire de penser, on observe, par « glissement » sur le mot, des formulations qui, au-delà du jeu d'un battement entre les deux sens, en arrivent à annuler la différence – subjectivement, énonciativement essentielle – entre les deux plans.

Ainsi dans l'étude que A. Compagnon (1979) consacre au « travail de citation », éclairant richement celui-ci aux plans A et B, s'il est sans doute possible de faire vibrer à la fois – ambiguïté, oscillation – les deux cordes A-B du jeu polysémique[46] dans une formulation comme : « je souffre de citation c'est-à-dire du langage », le risque d'une confusion des deux plans, dissolvant la spécificité du geste énonciatif dans la substance langagière, semble frôlé de très près dans l'élégance – imprudemment – aphoristique de formules, telles[47] :

> le travail de la citation *ne diffère pas* du jeu du langage en général. (1979 : 10)
> Écrire, car c'est toujours récrire, *ne diffère pas* de citer (*ibid.* 34)

ou encore cette question :

> Mais la greffe d'une citation est-elle une opération si différente du reste de l'écriture ? (*ibid.* 32)

Car le *oui* par lequel, à mon sens, on peut sans hésiter y répondre, est chargé de tous les enjeux, subjectivement vitaux, de ce qui fait, dans le Discours, contour

---

[44] Pour reprendre le titre de la réflexion topologico-discursive d'A. Lecomte (1981 : 135–136), lui-même repris comme titre pour le bilan du colloque (Conein *et al.*, 1981 : 199).
[45] Chapitre 9 Appendice, p. 360.
[46] Comme on l'a esquissé ci-dessus (chap. 9 Appendice) : « citation IV – le dire comme déjà-dit », c'est-à-dire, notammant, outre ce qui relève du sens B, « le langage est citation », d'y entendre (A et B) le « je souffre de citation » telle une observation clinique, à laquelle répond le diagnostic révélant la cause du mal : « c'est-à-dire du langage » qui m'est imposé, que je subis.
[47] Parmi d'autres, p. 32–34 notamment.

configurant – différence et enjeux pourtant soulignés par l'auteur lorsque, par exemple, il en évoque la mise en œuvre « assassine » dans le duel verbal entre Borges et Gombrowicz imaginé par ce dernier[48].

C'est à cette tentation de glisser de la citation-forme de RDA à « l'infini de la citation » inhérent au langage que H. Quéré (1992), intitulant « Limites » la conclusion à son étude des usages de la citation, répond « comme pour marquer un coup d'arrêt dans ce processus sans fin » en rappelant « l'exigence d'une restriction et d'un contrôle » – c'est-à-dire d'un tracé, métadiscursif, de frontières...

(b) Ce sont aussi des postures énonciatives qui peuvent s'afficher comme se dispensant crânement de citer, au nom d'une « citationnalité » lucidement reconnue, et comme affrontée : occasionnelle ou tendancielle pour un énonciateur, le plus souvent discrète mais parfois explicitement revendiquée, s'y observe une pratique d'abstention, quant à la référence aux sources du Discours que l'on tient – démarche au caractère aisément « besogneux » dont s'affranchissent des écritures dédaignant les effets « d'autorisation » auxquels se prêtent les reconnaissances de dettes.

Ainsi, pour R. Barthes[49] – si vivement habité par la conscience du déjà-dit du dire et le besoin d'en protéger sans relâche sa parole – est-ce comme à une éthique de lucidité qu'il en appelle[50] pour justifier ce qu'il reconnaît comme « déontologiquement » criticable :

> [si] je n'ai pas « cité mes sources » [...] c'est pour marquer que c'est le texte tout entier [...] qui est *citationnel* (*idt*) [...].

De son côté, Lacan a fait l'objet de fréquentes critiques pour la « légèreté » de sa pratique citationnelle relativement aux sources de son discours. E. Roudinesco rappelle, par exemple, à propos du terme « forclusion » promis à un riche avenir lacanien, que Lacan le propose « sans se référer nommément à Pichon » auquel il l'emprunte, abstention qu'elle met au compte

> [...] du fait que pour Lacan, les vocables parlent d'eux-mêmes, et *leur simple utilisation suffit à désigner un texte de référence* à défaut de son auteur. Cette façon de procéder lui a du reste été souvent reprochée (1982 : 386)

---

48 *Cf.* chap. **11**.2.3.1.2, p. 450. À l'issue de cet échange, c'est de toute consistance que se voit privé le corps du Discours de l'un, « révélé » par l'autre dans sa « vérité » – ignorée, déniée par le premier – de simple agrégat de « greffons ».
49 *Cf.* chap. **13**.2.3.5, p. 540.
50 *Cf.* chap. **9** Appendice, *citation IV*, p. 270.

Cette désinvolture dans l'emprunt[51], on peut la voir comme s'autorisant à la fois du constat – très bakhtinien – évoqué ci-dessus, que, les mots portant avec eux le passé de « leur vie de mot », il suffit de les utiliser pour que ce passé soit, par là même, évoqué, dispensant donc l'énonciateur d'une explicitation superflue, et aussi de ce que, puisque comme le dit Lacan, « il n'y a pas de propriété symbolique »[52] – les mots, étant à tous, n'étant à personne – on peut considérer que les notions de « rapine », ou même d'emprunt, sont dépourvues, quant aux mots, de toute pertinence...

Pourquoi en effet, pourrait-on dire, vouloir « rendre à César » quelque chose dans l'ordre du langage, puisque, celui-ci n'appartenant à personne, « *rien* n'est à César » ? Ou, plus près de la formulation de Barthes, si *tout* est emprunt et dette dans ce que je dis, pourquoi vouloir repérer certains éléments comme tels plutôt que d'autres ? Incontestablement, face à la radicale inappartenance du langage, il y a quelque inconséquence à en désigner des *points* d'inappartenance.

Mais c'est bien, justement, *sur* cette inconséquence que *repose* la fonction configurative de la RDA et son travail « d'illusionniste » qui, à mettre en évidence des segments du dehors dans le Discours, établit imaginairement un « dedans » propre et permet d'ignorer le tout-Ailleurs.

Ainsi « citer » (au sens III de pratiquer la RDA), là où c'est le dire tout entier qui est atteint de « citationnalité », relève bien pour le sujet parlant de concéder quelque chose à – pour reprendre le mot de Milner – « la bêtise »[53] qui en assure le « semblant », ou la méconnaissance, sans laquelle il ne pourrait tenir. La formule lacanienne « les non-dupes errent » ne dit pas autre chose que cette erreur, ou errance, qu'il y a pour un sujet à prétendre se passer de l'imaginaire et des illusions protectrices – c'est-à-dire à méconnaître la nécessité de la méconnaissance...

Ces remarques viennent conforter ce que laissait entendre le terme de « posture » de non-citation pour les faits évoqués : que cette abstention, ponctuelle pour Barthes, sélective pour Lacan – relativement aux consistantes bordures de RDA que, de façon très dissemblable, ils donnent à leur discours – relève, non de l'intenable position énonciative de qui penserait « pouvoir aller

---

51 Vivement stigmatisée, par exemple, *in* Schneider (2010 : 181).
52 Lacan (1981 : 93), en rapport avec la problématique du plagiat, cité et discuté par Schneider (1983 : 318), qui souligne que « si, de fait, le système symbolique exclut la propriété, [qu'il] échappe à tous et [que] personne ne lui échappe », « il existe un attachement imaginaire (narcissique) de chacun à ses propres mots » qui ne doit pas être « superbement » méconnu...
53 Dans le beau chapitre « La bêtise » des *Noms Indistincts*, déjà cité en 1.1.1 ci-dessus.

sans peau »⁵⁴, mais plutôt d'enjeux d'image discursive de soi – affichage de lucidité pour le premier, forte sélection de « ses » autres, pour le second – auxquels se prête le « travail des bords ».

2 « Aborder » les Discours par leur RDA

2.1 « Style de bords » et mode d'« être avec » pour les Discours

De ce qui précède quant à la fonction de la RDA dans le Discours – celle d'un mécanisme énonciatif permettant au Discours de se poser comme propre dans l'extériorité en se « bordant » par une zone de figuration de ses rapports avec d'autres discours qui, comme une « peau », le délimite et le protège –, on peut conclure à la pertinence d'entrer dans un Discours « par ses bords ». Comme la peau qui, témoignant de la manière propre d'« être au monde » de quelqu'un, en dit beaucoup sur celui-ci, l'« image de peau » dont s'entoure métadiscursivement un Discours en dit beaucoup sur la singularité de ce Discours.

La variété est infinie pour les Discours – parce que, finalement, aussi singulière que l'est tout événement d'énonciation – des façons de *se poser dans l'Autre* du langage par le truchement de leur façon de *se positionner parmi les autres*. Chaque Discours, par son *style de travail de bords* – son style citationnel si l'on veut⁵⁵ – répond, au plan langagier, à la cruciale question subjective de l'« avec énigmatique » – selon le mot de J. Oury (2006) –, à la nécessité de se reconnaître « Un parmi d'autres », selon le titre d'un ouvrage de D. Vasse (1978).

Si, comme le propose Anzieu (1977 : 180)⁵⁶ :

> Le style est une affaire qui concerne les limites (et l'incertitude sur les limites) du soi, les niveaux de structuration du Moi et leurs failles, les leurres par lesquels le Moi cherche à fasciner la conscience,

la RDA – poseuse de frontières et porteuse de leurre – s'impose dans chaque Discours comme le « style de bords » traduisant au plan langagier sa modalité propre d'« être avec ».

Comme un « pendant » au survol programmatique proposé au chap. **9**, d'une description des formes sous lesquelles peuvent se réalises les divers modes de

---

54 *Cf.* ci-dessus, 1.1 note 7, p. 547.
55 Comme le propose M. Colas-Blaise (2004) cité ci-dessus chap. **12**.2.3.4, p. 490.
56 Dans le cadre d'un volume collectif sous-titré « Du corps à la parole ».

RDA, ce qui suit ne vise qu'à poser quelques repères dans l'approche du travail de bords qui, même sans céder au mirage d'un impossible inventaire, relève d'un autre ouvrage.

On rappellera d'abord (2.2) combien l'auto-configuration du Discours par sa RDA, par laquelle il se donne forme, corps et identité « par ses bords », ne relève pas d'un processus d'élaboration simple : la complexité en caractérise autant (1) le *produit* – la bordure d'autres dont se dote le Discours – que son « *façonnage* » (2), combinant l'étagement des plans du dire par lesquels passe cette opération de tracé de bords[57] et sa détermination multifactorielle.

Avant, au dernier chapitre, d'envisager l'approche de la proliférante diversité des bordures en termes de combinaison d'un ensemble de variables : variables relatives
- à l'*Étendue* (V_1) du territoire attribué à la RDA,
- au taux de *Dispersion* (V_2) des autres convoqués,
- au degré de *Spécification* (V_3) des discours autres représentés,
- à la logique d'*Émergence* (V_4) de l'autre dans le Discours comme « attaché » à son objet ou « associé » à son cheminement,
- au type de *Rapport* (V_5) établi entre D et d,
- à la *Sélection des formes* (V_6) opérée dans le clavier offert par la RDA,
- à la *Dynamique* (V_7) de la RDA (dans l'espace-temps du texte achevé et dans celui de sa création et de son devenir).

2.2 Conditions du travail de bords.

2.2.1 Les Discours et leur bordure

On a vu (1.3.2, 1.3.3) que c'est à travers un double jeu de frontières que le Discours se configure par l'image, en lui, de ses autres : frontières globales *de* la bordure, biface, par laquelle le Discours se « cerne » vers l'extérieur *et* s'assure vers l'intérieur d'une part propre ; frontières locales, *dans* la bordure, que dessine chaque occurrence de RDA qui, forme concrète que prend la configuration structurelle de la RDA, présente, en un point, une figure du contact (rapport-partage- échange...) du Discours avec un de ses autres. Ces deux types de frontières, étroitement solidaires, ne sont pas semblablement concernées par le jeu des variables.

---

57 Évoqué ci-dessus chap. **12.2.2**, p. 482.

*(i) Discours **sans** bordure/Discours **tout** bordure.*
Comme *territoire* délimité/délimitant, la bordure est évidemment affectée par la variable (V_1) de son *Étendue*, fonction à la fois du nombre de points de contact (ou d'occurrences de RDA) et de l'empan discursif occupé par chacune de ces rencontres. Cette étendue varie entre les deux extrêmes – ignorant, de façon inverse, l'équilibre dedans/dehors que la parole, normalement, s'assure par la bordure – de discours *sans* bordure ou de discours qui ne sont (ou tentent de n'être) *que* bordure : ne se donnant pas comme discours énoncé par un sujet en rapport avec d'autres discours, ils apparaissent respectivement comme énonciation d'un *UN* du Vrai, ou de l'*Autre* du Langage.

Du premier type, « monologique », on a rencontré ceux qui relèvent du UN d'une construction scientifique[58], ou – aux antipodes par le caractère non-explicite mais au contraire produits sous le masque de l'évidence – de l'imposition idéologique[59], qui dans les deux cas ne se connaissent pas d'autres et vont « sans peau ».

Du second type relèvent, en forme d'aventures singulières, des pratiques d'écriture extrêmes, vouées à faire « s'énoncer », à travers elles, le langage dans sa vérité profonde de « citationnalité »[60]. Flaubert, à la poursuite de son « livre entièrement recopié » est évidemment une figure exemplaire[61] de ces écritures « évidées » – au mépris de « la part de bêtise requise de tout énonciateur » – de tout « intérieur propre ».

Il n'est pas question ici de déployer la galerie des virtuoses, héros ou martyrs du déjà-dit du dire[62] qui, de l'inappartenance ou de l'usure du langage, non seulement témoignent dans leur écriture, mais en ont fait, sur des modes divers, le ressort même, « donnant » leur parole au langage[63]. Et, sans m'attarder sur

---

58 Tel, par excellence, Bourbaki, *cf.* chap. **12**, note 41, p. 485.
59 Telle la « langue de bois », *cf.* chap. **11**.1, p. 422.
60 D'une tout autre nature est le recours généralisé à la RDA comme contrainte *générique* propre à certains types de discours (procès-verbaux, compte-rendus d'assemblée...).
61 Abordée d'un point de vue proche dans Authier-Revuz (1995/2012 : 455–463) : « Ascèse du répété et bascule vers l'hétérogénéité constitutive ».
62 Que Compagnon (1979), Genette (1982), Schneider (1985), Samoyault (2010), notamment, permettent de rencontrer.
63 Notamment, outre les Döblin, Gadda, Sorrentino... ou le théâtre de « la parole empruntée », *cf.* Eigenmann (1996), de Sarraute, Pinget, Vinaver, mettant en scène des personnages « émetteurs » ventriloqués du « ça parle » de l'interdiscours, ceux qui, explicitement, affichent le projet de « livres tout entier entre guillemets » (comme disait Bakhtine) tels W. Benjamin et sa grande entreprise inaboutie des *Passages* qui n'aurait été que montage de citations, ou le *Livre des questions* d'E. Jabès dont la parole se déroule en une suite de citations fictives, prêtées à des rabbins

la spécificité du travail d'écriture – si fascinant soit-il – de Flaubert[64] par lequel il parvient à se dépouiller de la commune « peau » dont nous entourons nos discours, je rappellerai trois éléments de cette démarche :

Si (a) le constat, peu joyeux, de Flaubert : « je ne m'entoure pas »[65] qui exprime, sans doute, une vérité subjective traversant son œuvre, consonne de façon frappante avec le « je ne me cerne pas » disant l'angoisse de l'homme aux « paroles imposées »[66], il est crucial de ne pas confondre ce qui relève d'une catastrophe subie par un sujet et la vertigineuse position énonciative – « livre fou » dit Barthes[67] à propos de *Bouvard et Pécuchet* – risquée dans le *travail* d'une écriture.

Si (b) l'ascèse de « ne pas s'écrire » d'un artiste aspirant à ce que n'apparaisse dans son œuvre « pas un seul mot de [son] cru » – c'est-à-dire rejetant altièrement le besoin de « parole propre » que conforterait quelque moi-peau-bordure – confronte le sujet au risque de se « défaire », elle est par là même le chemin de son « assomption » comme artiste qui, dans son œuvre, « effacé, comme Dieu dans la création, invisible et tout puissant »[68], y fait entendre – confondu avec elle – la « voix » impersonnelle de l'extériorité langagière.

Si enfin (c), comme artiste, il refuse l'illusion inhérente à la « parole de soi », sa correspondance atteste, elle, à travers les multiples autres qui s'y trouvent explicitement convoqués comme tels, que, dans sa vie d'énonciateur « ordinaire », Flaubert s'assure sans réserve le « confort » subjectif d'une consistante bordure – diversifiée, joueuse, colérique, tonitruante... – à même de soutenir un Moi robuste.

(ii) Bordures – inconsistantes – qui ne « bordent pas ».
Le type de bordure dont se dote un Discours est fonction, aussi, de la variable (V_6) du choix opéré sur le clavier des formes de la RDA touchant au degré de mar-

---

imaginaires dont il ne serait que le porte-voix, soulignant l'ailleurs d'où provient sa parole « au point d'énoncer son dire comme une citation » dit Lévinas (Armengaud, 2005).

64 Voir, par exemple, le « travail d'annulation » de toute parole propre sur lequel repose, contrairement au fonctionnement « normal » du genre, le *Dictionnaire des Idées reçues*, précisément mis au jour par A. Herschberg-Pierrot (1988).

65 « Je ne suis avec personne, en aucun lieu, pas de mon pays et peut-être pas du monde. On a beau m'entourer ; moi je ne m'entoure pas. » (Lettre à Louise Collet, 13 septembre 1846) [G. Flaubert, *Lettres à Louise Collet*, Éd. Rivages, Paris, 2017].

66 *Cf.* ci-dessus, chap. **13.2.3.2** Remarque 9, p. 529.

67 Barthes (1981 : 235).

68 Lettre à Mademoiselle Leroyer de Chantepie, 18 mars 1857 [Flaubert (1998)].

quage de leur réalisation. Selon ce degré, en effet, à nombre équivalent de nombre d'occurrences de RDA, la variation est grande quant à la « solidité » de la bordure dont le Discours s'entoure... Le travail de délimitation peut assurer fermement – en même temps que les frontières *dans* la bordure entre l'un et les autres – les frontières internes et externes *de* la bordure[69] ; ou bien ouvrir le Discours aux jeux – risques et plaisirs – de l'identification complice des tracés non marqués de l'allusion ou de l'ironie[70] ; ou laisser se creuser de troublantes incertitudes[71] ; voire en arriver à la dispersion du Discours parcouru d'une multitude de bords incertains qui, paradoxalement, apparaît comme le fait d'une parole *attentive* à « ne pas se faire de bordure ».

Ainsi – aussi extrême que les discours « sans intérieur » ou « sans extérieur » de Flaubert ou des discours monologiques – la parole « en miettes » que risque Henri Michaux[72] accomplit-elle, pour la RDA, une *subversion* de son travail configuratif « normal », de délimitation et de réassurance, dans un Discours, de la consistance du UN de l'énonciateur par la représentation des autres qui l'accompagnent. Les études abondent sur cette œuvre foisonnante. Les remarques qui suivent, touchant à la RDA, facette parfois peu prise en compte du travail de Michaux, sont dues au précieux travail d'A.-C. Royère (2002)[73] dont le sous-titre « L'enjeu d'*une voix à soi* dans l'œuvre d'Heuri Michaux » et la problématisation en termes d'articulation des hétérogénéités montrée/constitutive rencontrent le questionnement poursuivi ici.

S'attachant à dégager les voies par lesquelles Michaux parvient à donner forme à son très difficile acquiescement à une parole imposée par la fatale « chute dans la verbalisation »[74], c'est parmi bien d'autres aspects de son écriture qu'A.-C. Royère observe le mode « cousu/décousu »[75], « disséminant » sur lequel, dans

---

69 Sans que celle-ci puisse jamais interdire (*cf.* chap. **11**.2.3.1 ii, p. 447) que le récepteur d'un Discours nettement clôturé par son énonciateur, n'y fasse entrer « par effraction » des éléments extérieurs.
70 *Cf.* chap. **11**, ex. (1), (2), p. 427, (24–27), p. 443, Remarque 1, p. 435.
71 *Cf.* chap. **11**, Remarque 2, p. 447.
72 Michaux (1992 : 634).
73 Thèse parcourant, assortie d'une abondante bibliographie consacrée à l'auteur, de multiples aspects de l'œuvre de Michaux, dont on retrouve des éléments dans Royère (2010).
74 « Chute » comptant parmi « Les grandes épreuves de l'esprit » (Michaux, 1966 : 28), évoquées chap. **13**.1, à laquelle répond, chez Michaux, en deçà de la parole, la tentation du silence et les multiples pratiques artistiques – dessin, peinture, calligraphie, musique, danse... – compatibles avec sa foncière « rébellion contre le mot » (Michaux, 1992, vol.2 : 115).
75 Royère (2002 : 343).

une « tout autre perspective que celle du renforcement du moi »[76], des formes d'« hétérogénéité montrée » sont mises en œuvre.

Les transgressions par lesquelles, « Face aux verrous », le « Fils de Morne » réussit à se faire une parole, puisent largement aux sources pré-, dis-, para- langagières : babil, lalation, verbigération, onomatopées, mots-valises et somptueuse créativité lexicale... Mais la stratégie du « laisser se défaire le savoir-dire » pour atteindre « le triomphe par le ratage même »[77] emprunte aussi bien d'autres voies syntaxiques, énonciatives, référentielles de « déstabilisation » – dislocations, segmentations, parenthèses, incises, répétitions, ellipses, anacoluthes, d'une parole « désunie » – parmi lesquelles la RDA joue sa partition. La densité – parfois proliférante[78] – de voix hétérogènes, multiples « entendues quelque part »[79], privilégie, en effet, à côté de l'ironie et du pastiche, les formes non-marquées du DD et du Bivocal, dont les emboîtements accentuent le caractère indécidable, rejoint par le flottement des origines énonciatives, autant *via* des guillemets ou italiques à l'attribution mouvante que par l'incertitude référentielle cultivée, au-delà du règne du « on », dans l'usage de tous les pronoms. Traversée de paroles autres mal délimitées, émanant de sources mal identifiées, la parole n'est certes pas « confortée » comme propre par sa RDA...[80] C'est bien plutôt « le bloc moi qui s'effrite » dans cette parole dispersée, disséminée, comme ouverte à la « déterritorialisation » de la voix et du sujet que Deleuze[81] pense comme la violence (joyeuse à ses yeux) que le langage exerce sur nous...

Accueillir, comme Michaux, cette violence dans « sa » parole, à presque la lui abandonner, c'est prendre le risque de la perdre, « désénoncée » pour reprendre le mot de P. Kuentz[82].

Par ailleurs on doit noter que la variété des contacts locaux qui, *dans* une bordure, n'affectent pas le contour global *de* cette bordure, est illimitée : fonction

---

76 (*Ibid.* :551).
77 Programme de Michaux cité en titre de sa deuxième partie par A.-C. Royère (2002).
78 Comme dans les nombreux textes s'affichant comme RDA dès le titre (« L'étranger parle », « L'étrangère raconte », « La lettre dit encore ») ou *Fils de Morne* (particulièrement analysé par A.-C. Royère (2002 : 42 *sq.*), ou encore tout ce qui relève de la parole « prophétique » dont Royère montre comment elle est « sapée » de l'intérieur par « de l'autre ».
79 *Connaissance par les gouffres*, p. 199.
80 Au fil des « constants brouillages concernant l'identité du locuteur [...] le même et l'autre se confondent dans une parole protéiforme » note A.-C. Royère (2002 : 51), concluant que le sujet « ne se définit [...] que par les multiples passages en lui de toutes les formes de l'altérité ».
81 *Cf.* ci-dessus, chap. **13.2.2** « Le dire dispersé en voix multiples », p. 516.
82 P. Kuentz (1972 : 61), cité par A.-C. Royère (2002 : 521), évoque la « désénonciation » à l'œuvre dans la voix poétique de Michaux.

des variables (V_2) à (V_7), aux valeurs, pour certaines, ininventoriable, telles, par exemple, le degré de spécification (V_3) du *a* représenté ou la tonalité du rapport (V_5) mis en scène entre le Discours et tel de ses autres...

C'est à travers ce double jeu de frontières – globales *de* la bordure et locales *dans* la bordure – que se dessine, dans le Discours, l'image de son « être avec » : un être-avec l'Autre du langage qui, non représenté explicitement, passe par la diversité dialogique représentée de ses être-avec des discours autres.

2.2.2 Le façonnage de la bordure : filières et facteurs.

Un Discours ne produit évidemment pas sa bordure auto-configurante en *une* opération, comme par exemple lorsqu'il se donne un titre... C'est une filière complexe par laquelle passe le façonnage de la bordure d'un Discours qui, se jouant *(i)* à plusieurs plans du dire, selon *(ii)* une détermination multifactorielle, manifeste la « manière d'être » avec les autres, les autres discours et dans le langage.

(i) Plusieurs étages

On a évoqué précédemment les trois plans où se fait le travail de bords d'un Discours :
- celui (I) de *fonctions discursives* passant par des discours autres, telles, classiquement reconnues : informer, raconter, argumenter, polémiquer, consolider ou agrémenter son propos, divertir, afficher une filiation, marquer une dette...
- celui (II), greffé sur le premier, de la *production différentielle d'une image* caractérisante du Discours et de son énonciateur qui se dessine par rapport aux autres représentés. On a évoqué (chap. **12.2.1**) plusieurs exemples de discours manifestant une étroite articulation entre ces deux plans d'un « faire » discursif et d'une image de soi. Solidaires l'un de l'autre, les deux plans ont cependant une certaine autonomie et peuvent, séparément, apparaître comme prépondérants dans le travail de bords : dans le cas de Discours strictement formatés quant à leur bordure (procès-verbaux, comptes rendus de réunion...), la fonction discursive « absorbe » l'image de l'énonciateur, en pur agent ou rouage de cette fonction. L'inverse peut aussi se produire dans des Discours où la fonction des bords semble s'achever dans le « narcissisme des petites différences » d'un énonciateur ciselant son image : ainsi dans un entretien titré « Simone Signoret, vivre avec talent »[83], plus d'une dizaine de

---

[83] *F Magazine*, juillet 1979, largement cité *in* Authier-Revuz (1995/2012 : 421–422) comme exemple de « tracé d'identité personnelle ».

guillemets de modalisation autonymique, plusieurs fois renforcés de « mettez-moi des guillemets, s'il vous plaît », marquent l'insistance à afficher une singularité échappant aux catégories « communes »[84] (actrice, féministe, militante...).
- Au plan III, la *géographie dedans/dehors* par laquelle un discours se pose comme discours propre dans l'extériorité interne du langage – condition vitale pour qu'un discours « se tienne » – se dessine, de façon générale sur un mode non conscient, à travers le travail de bord – son intensité, ses formes – opéré aux plans I et II.

On a rencontré avec Flaubert – et aussi Jabès, Benjamin... – des formes d'écriture « extrêmes », en rupture d'équilibre dedans/dehors, relevant d'un intense travail, délibéré, des bords, à ce plan III. Mais, sans partager le risque énonciatif de ces expériences d'écriture, ce sont de nombreux discours qui présentent (ou explicitent)[85] des motivations d'appel à des discours autres *déjà-dits*[86] qui ne sont pas assignables aux visées fonctionnelles ponctuelles du plan I : c'est, vis-à-vis d'une *mémoire* déposée comme un trésor dans le « déjà-dit », d'un *devoir* que relève pour une part leur pratique « citationnelle » – devoir de s'en reconnaître débiteur ou héritier, d'en assurer la transmission, de faire (re)vivre la parole des morts.

(ii) Détermination multifactorielle

Dans la multiplicité hétérogène des facteurs intervenant dans le travail discursif des « bords » se conjuguant, de façon inégale, pour « donner forme » à la bordure, on peut schématiquement reconnaître ce qui tient *(a)* aux contraintes génériques, plus ou moins strictes[87], ce qui relève *(b)* de dispositions tendancielles propres à des sphères discursives – discipline, position idéologique... – à ce qui *(c)* témoigne, dans leur imprévisible diversité, des singularités subjectives. On rencontrera ci-dessous (chap. 15) des exemples du jeu de ces facteurs dans l'espace ouvert par les diverses variables.

---

[84] *Cf.* chap. **11**, p. 424, analysée par C. Rannoux (2004), la mise à distance constante par Léautaud des mots les plus ordinaires dans le souci intense d'affirmation de sa singularité...
[85] Qu'on évoquera rapidement ci-dessous par la spécificité de leur rapport (Variable 5) aux autres discours (p. 624).
[86] Et non aux autres contemporains ou virtuels...
[87] Et enfin aux conditions matérielles de réalisation des Discours (dans le détail desquels je n'entrerai pas) qui, au-delà de la différence de « canal » oral/écrit (*cf.* ci-dessus chap. **9** note 37, p. 345), modulent le travail de bords de la RDA.

(a) Issus du déjà-dit où ils ont pris forme comme autant de « moules » où peuvent/doivent se couler les Discours, les *genres de discours* n'ignorent certes pas cette question du déjà-dit et de la place que le Discours doit lui faire (comme à tout discours autre) : dans l'ensemble des prescriptions ou tendances dont ils sont porteurs figurent celles qui touchent aux « bords » qu'ils ont à se donner. On distinguera les genres comportant des bordures strictement pré-formatées et ceux dont le « schéma de bords », si prégnant soit-il, laisse du jeu à certaines variables.

Parmi les genres à bordure maximalement préformée, c'est-à-dire prescrivant (de manière plus ou moins rigoureuse) la valeur de l'ensemble des variables, tels, par exemple, procès-verbaux, compte rendus... de situations de parole à « valeur légale » (déposition, réunion d'organismes officiels...), nombreux sont ceux qui se présentent comme relevant intégralement de la RDA : on voit alors que, contrairement au risque subjectif que comporte le choix (Flaubertien par exemple) de céder sa place d'énonciateur à la « citationnalité », il s'agit dans ce cas, pour le sujet, de se couler, sans danger, temporairement dans la position de greffier, secrétaire de séance, rédacteur... comme on endosse un uniforme[88].

L'ensemble est vaste et divers des genres – écrits, oraux, littéraires ou non – dont le moule générique « cadre » la bordure, sans en fixer toutes les variables. De multiples travaux ont dégagé régularités et tendances manifestées par les divers genres de presse (éditos, billets d'humeur, reportages, portraits...), les journaux télévisés et radiophoniques, les affiches et slogans publicitaires, les interactions électroniques, les publications scientifiques, les récits de voyage et les guides touristiques, les ouvrages de conseils « en vie personnelle », la floraison des écrits professionnels dans le domaine du « travail social » (bilan de compétence, cahier de liaison, rapport d'assistante sociale...), *etc*. Dans la filière où s'élabore le type de bordure de RDA de ces genres, c'est le plan de leur *fonction* qui apparaît primer.

On note que dans les recueils – à gros tirages – de « Discours modèles pour toutes les circonstances de la vie privée et publique »[89], l'ingrédient « RDA », c'est-à-dire l'opportunité de quelque travail de bords, est volontiers pris en compte.

---

88 Sans oublier que – comme dans le cas de la parole subjectivement évidée d'un « livre entièrement recopié » qui serait, cependant, *signé* – le sujet greffier, secrétaire, rédacteur... s'il se fait « rouage » muet de ce Discours, le fait depuis la position contrôlante, en surplomb, du **L** de ce Discours, *voir chap.* 15, p. 582 sq.
89 Tel le « Doriac et Dujarric » (1914, Albin Michel) dont j'emprunte en partie le titre.

Dans un genre littéraire comme celui du roman classique la part instituée de la « bordure » tient[90] notamment au rapport entre la voix du narrateur et celles, *autres*, des personnages dont il parle, laissant place au jeu de l'ensemble de toutes les variables.

(b) *Les sphères discursives* qui correspondent – à travers des genres divers – à des disciplines, des conceptions théoriques, des positions idéologiques... induisent des spécifications de travail de bords touchant diverses variables : ainsi l'Étendue (V_1) de la bordure, dont l'ampleur est une constante des discours d'analyse des textes littéraires ou philosophiques, est-elle un enjeu vivement débattu dans le champ des sciences humaines – posant nécessairement la question de la place (large ou quasi nulle) faite par l'historien, le sociologue dans leur Discours, au caractère d'être parlant, source de discours autres, de leur objet[91].

C'est aussi, à la façon d'une « armure » indiquant, en tête d'une partition musicale, la tonalité dans laquelle elle doit être interprétée, que F. Héritier (1996 : 13) note en achevant une préface

> Un mot pour finir. Un certain type d'écriture, en anthropologie sociale, fait qu'on utilise le présent et la forme affirmative pour inventorier et décrire le contenu de systèmes de représentation. Je n'échappe pas à la règle. *Là où j'écris* : « Le sang est [...]» , *il faut donc entendre* : « Pour ce peuple, le sang est censé être [...] ». Ainsi je ne dis pas ce faisant ma vérité ou la réalité des choses, mais une interprétation particulière, qui est faite par des hommes situés dans une histoire, de la réalité qu'ils voient exposée sous leurs yeux.

Autrement dit, cet avertissement signifie que des pans entiers de ce Discours ayant pour objet des humains doivent être compris comme écrits « en clef de » leur discours (autre), c'est-à-dire porteur d'une « altération » (en MAS) indiquée une fois pour toutes. Le positionnement du chercheur face à la « voix du terrain » impliquant, dans la « bordure » de son Discours, une large *étendue* (V_1) consacrée à l'accueil de cette voix et un mode déterminé sur lequel il se réalise (outre son placement dans l'espace ouvert par (V_4) et (V_5)) par une forme (V_6) spécifique.

Les discours politiques offrent évidemment un terrain privilégié d'observation des « bordures » dont ils se dotent, jouant principalement sur les variables (V_3)

---

90 Largement, mais non exclusivement : la voix narrative peut se caractériser par l'appel à ses autres propres, distincts des personnages qu'elle représente (Balzac, par exemple, explicitant des emprunts dans ses manières de dire, ou les allusions chez Proust).

91 Voir par exemple la réflexion de Rancière (1992 : 91) opposant, dans la suite de Michelet, une écriture de l'histoire impliquant, notamment, de « faire un certain tissu de ou avec un autre tissu de paroles », aux tenants d'une appréhension, derrière le « leurre » des propos de l'époque, de *la réalité des faits* par les outils « fiables » d'une rationalité économique quantifiable,.

de l'identité des discours autres convoqués et (V_5) du rapport – positif/négatif – explicite à ces autres discours ; mais une variable comme la *dispersion* (V_2) peut ainsi se révéler partie prenante d'une stratégie discursive de positionnement idéologico-politique « faisant flèche de tout bois ».

(c) Inscrites ou non dans un projet esthétique, les *singularités subjectives* trouvent – hors des cas de strict formatage générique de la bordure – un espace d'expression dans le jeu de l'ensemble des variables.

On a rencontré les écritures « extrêmes » se confondant à leur bordure (Flaubert, Jabès...) ; mais il faut noter que l'étendue (V_1) maximale qui leur est commune se diversifie profondément au jeu des autres variables : formes (V_6) indécidables de l'un, marquées de l'autre ; rapport (V_5) d'ironie foncière pour l'un, de reconnaissance de dette pour l'autre ; source (V_3) anonyme de la bêtise pour l'un, cortège de « Rabbins poètes » pour l'autre (imaginaires pour la plupart), appelés par leur nom, auxquels l'auteur prête et emprunte sa parole.

Le travail des bords, à travers toutes les variables où il se fait, est naturellement un terrain de choix pour l'expression d'une manière singulière « d'être avec » : qu'on pense à l'incessante « entreglose » à laquelle se livre Montaigne avec ses autres associés (V_4) et à la « marqueterie » mal jointe qui en résulte, en regard de la rareté des « autres voix »[92] que rencontre dans ses *Rêveries* de *Promeneur Solitaire* celui qui, fervent lecteur des *Essais*, ouvrait le récit de ses Promenades par le constat – conclusif – d'un :

> Me voici donc seul sur la terre, n'ayant plus de frère, de prochain, d'ami, de société que moi-même.

Mais, sur le fond d'une commune densité de RDA (V_1), des Discours peuvent aussi se différencier radicalement selon – témoignant des enjeux subjectifs de leur rapport propre à l'ailleurs, autres et Autre – le travail de bords singulier qui façonne cette RDA proliférante. Ainsi, rien de plus éloigné, pour des Discours présentant dans leur cheminement une semblable densité d'émergence d'autres « associés » (V_4) que la façon singulière dont « sur leurs bords » ils peuvent y

---

92 Où notamment – hormis deux citations de Solon et Plutarque mises en valeur chacune par une double occurrence en début et en fin des Promenades 3 et 4 – domine le retour sur sa propre voix, dans ses *Confessions* (« j'ai décrit mes jeunes ans, j'ai souvent dit le mal dans toute sa turpitude... ») ou des brefs échanges dont il évoque le souvenir, au DD, DI, dans le cours de récits de quelques « aventures mémorables » et dans le lancinant rappel de la « persécution » dont il s'éprouve victime, passant par des formes aussi peu spécifiantes (Variable 3) que possible.

répondre : celle de Barthes, par exemple, portraituré par lui-même (Barthes, 1975 : 143)

> [en] cuisinière vigilante [qui] veille à ce que le langage n'épaississe pas, à ce qu'il n'attache pas

au contact « empoissant » de la doxa ; celui du « jeu de pistes » et de pièges selon lequel, en « faiseur de puzzles », Perec dispose ses impli-citations[93] au sein de la très hétéroclite (autant par ses ailleurs (V_2) que par les formes (V_6) par lesquelles il les accueille) bordure, aux allures de bric à brac joueur dont il accompagne sa *Vie mode d'emploi* ; ou encore celui du psittacisme comme (en deçà de motivations particulières à user de la RDA : se moquer, s'abriter, briller, dire une dette...) mode de s'énoncer pour une parole requérant incessamment l'appui, le concours d'une parole autre, tel que La Bruyère le met en scène[94] :

> Hérille, soit qu'il parle, qu'il harangue ou qu'il écrive, *veut citer* : il fait dire au Prince des philosophes que le vin enivre, et à l'Orateur romain que l'eau le tempère ; s'il se jette dans la morale, ce n'est pas lui, c'est le divin Platon qui assure que la vertu est aimable, le vice odieux, ou que l'un et l'autre se tournent en habitude : les choses les plus communes, les plus triviales, et qu'il est même capable de penser, il veut les devoir aux Anciens, aux Latins, aux Grecs ; ce n'est ni pour donner plus d'autorité à ce qu'il dit, ni peut-être pour se faire honneur de ce qu'il sait. *Il veut citer.*

ou celui, s'écartant plus encore des précédents par sa dimension pathologique, d'un sujet paranoïaque qui, en proie à la « certitude délirante que « ça complote » et que « tout ment », convoque incessamment dans sa parole des discours autres médiatiques, familiaux... pour, compulsivement, dans une intense « rumination argumentative » s'en défendre « face à un trou identitaire »[95] :

> *Je me suis toujours posé* la question de savoir pourquoi *on disait que* le Bon Dieu existait [...] (p. 81) ; *on parle* d'une planète rouge peut-être que cela aurait pu être [...] (p. 87).
> J'ai beaucoup *pensé à la question de demander* : « Tiens, comment cela se fait que le virus du sida soit apparu [...] comme cela ? » Alors que moi, je pense que par déduction, je pense

---

93 Mot de B. Magné, aux nombreux et précieux travaux duquel, consacrés à l'intertextualité perecquienne, je renvoie.
94 *Caractères*, chap. XII *Des jugements*.
95 Présenté et analysé *in* « Activité et position paranoïaque » par Ph. Schepens (2002b : 77–121) que je cite ici, dans lequel un traitement statistique fait apparaître une « forte précellence de DIRE » dans un maillage serré avec *parler, demander, appeler, saisir...*, avec des défilés de *ils vous disent, ils en ont parlé à la télévision, on vous dit, soit-disant, on ne le dit pas, on n'en parle pas, on ne dit pas tout, je me suis dit, etc.*

que c'est un virus qui s'est échappé d'un laboratoire, peut-être célèbre, mais qu'*on ne peut pas dire*, logiquement hein (p. 88).
Bon, par exemple quand *j'ai parlé avec* mon docteur, heu, de l'avion qui a explosé [...] *il a énoncé ça comme quoi* c'est quand même bizarre et *il m'avait dit* : le pire dans cette histoire, c'est qu'*il m'avait dit vous allez en parler* à Madame C. mais il y a aussi *une anecdote* dans cette histoire : [...] l'année dernière *je l'avais prédit* par courrier qu'un Mirage II, exactement, *en précisant* bien la marque, que, que l'avion allait s'écraser [...] (p. 95).
Et cela *je l'ai appris* quand j'avais l'âge seulement de douze ans, oui. *Il paraît que* mon père, que *soit-disant* que ma mère, *d'après elle* bien sûr que c'était une saloperie, hé bien, que c'était un type bien, hé oui ! [...] Alors je me suis toujours *posé la question* qui était vraiment mon père. [...] il paraît qu'il était d'origine de V. (p. 89) [...] *D'après ma mère, il paraît que* j'ai pas un corps comme les autres. Hé oui parce qu'*elle me dit* : « C'est le diable qui t'a fait ». *Je lui ai dit* ; « Hé non, c'est toi qui a couché sur la paille [...] ». Je suis né avant terme [...] Elle me l'a *toujours reproché*, alors cela par contre oui (p. 118).

Chapitre 15 Variables en jeu dans le travail de bords

Le parcours de variables esquissé ci-dessous répond, on l'a dit, au plan discursif, à celui sur lequel s'achevait le chapitre 9, au plan des formes de langue : mais, s'il en partage le caractère programmatique, le changement de plan, de la langue vers le discours, implique des différences profondes.

La « grille » de 7 variables, énumérées ci-dessus, proposée comme « outil » pour avancer dans l'appréhension de la diversité des Discours quant à leur rapport aux autres discours relève d'un tout autre statut que le système de distinctivité – de trois traits pertinents combinés en cinq formules de modes – mis au jour comme régissant, en langue, le champ de la RDA. Ces variables correspondent à des paramètres, envisagés en fonction de leur pertinence – pris ici au sens d'efficacité descriptive. Leur jeu combiné n'a nullement le caractère d'un système distinctif clos : d'autres variables pourraient certainement être prises en compte ; chacune d'entre elles, loin de présenter une opposition discrète, ouvre sur le continuum d'un espace de variation. Elles sont de natures hétérogènes, quantifiables pour certaines, en termes de degré entre deux pôles (Étendue (V_1), taux de Dispersion (V_2)...), non pour les autres. Telles, par exemple, celle (V_5) de la nature et de la tonalité du Rapport établi entre le Discours et ses autres, ou celle (V_6) des Formes de RDA par lesquelles s'opèrent le contact et le partage entre ceux-ci dans la bordure... Est en cause ici la distinction que Milner formule[1] entre, d'un côté, « un réel [...] marqué de discernable », un objet [...] à coup sûr structuré, « *intrinsèquement pourvu de discernements* », celui de la langue, et de l'autre – celui précisément de nos variables – propre notamment aux disciplines herméneutiques, « *un flux où sont introduites des coupures* », sur le mode d'une « territorialisation opérée à des fins de connaissance ».

Chacune de ces variables demande un balisage attentif de l'espace dans lequel elle déploie son jeu, ce que – touchant à son terme – le parcours entrepris par cet ouvrage ne permet pas d'envisager. Cependant, en s'appuyant notamment à la richesse des acquis descriptifs du « discours rapporté », tant dans le cadre des analyses de discours que dans celui des études littéraires, il est possible d'accompagner de quelques exemples la démarche proposée, ajoutant à la perspective de « prendre les Discours *par leurs bords* » la conviction qu'il est pertinent d'explorer la diversité de ces bords *par les variables* qui les dessinent.

---

[1] Milner (1978 : 65–67), (1983 : 39).

La démarche suivie est, relativement aux Discours perçus comme unité de fonctionnement et de sens, reçue comme un tout, foncièrement *dissociatrice* : c'est chaque variable dont le jeu est déployé, séparément, par rapport auquel les Discours peuvent être situés. Explorer la diversité des Discours, variable après variable, c'est se donner un principe ou un outil d'*analyse*, de prise de distance, permettant de reconnaître et de dégager, successivement, dans l'optique de chacune de ces variables, des éléments « normalement » fondus dans la globalité d'un Discours.

Il s'agit donc, dans un premier mouvement, de s'orienter dans le milieu touffu, compact, de la discursivité, par une seule variable à la fois, c'est-à-dire selon sa perspective unique – Étendue, Dispersion, *etc.* – d'y tracer un chemin au long duquel se « rangent » les Discours.

Le parcours de chacune de ces variables révèle des *valeurs extrêmes*[2], des continuums[3], des pondérations[4]... ; fait apparaître des *regroupements*[5] inattendus de Discours en fonction de leur placement commun dans l'espace d'une ou plusieurs variables – propres à des types de discours ; fait émerger enfin des *affinités*[6] entre valeurs de variables[7].

Avec ses effets de *classement*, de tri, d'organisation, le passage de la réalité discursive par la grille différenciatrice de ces sept variables débouche, dans un deuxième temps, sur la possibilité d'envisager, pour *chaque Discours*, la réponse propre, *multicaractérisante*, que, dans sa bordure, il apporte à autant de questions sur son « être avec ».

Ces sept variables ne font pas un ensemble homogène : on peut y reconnaître trois groupes. Celui [I] des deux premières qui, touchant l'Étendue (V_1) occupée dans un Discours par sa bordure et le taux de Dispersion (V_2) des autres qui y sont représentés, se situe en deçà du groupe [II] des variables V_3 à V_6 concernant individuellement chacune des occurrences de RDA du Discours (degré d'identification de l'autre, forme mise en œuvre, tonalité du rapport D/d...), tandis que

---

[2] Discours à forme unique (V_6) de RDA, par exemple, ou à centration (V_2) maximale sur un autre unique...
[3] Dégradé de l'Étendue (V_1) de RDA « de l'objet » (V_4) dans des Discours consacrés à une personne (portrait, biographie...), un pays étranger (guide touristique, récit de voyage...).
[4] Entre spécification et non-spécification (V_3) des autres convoqués dans un même Discours.
[5] Le procès verbal et le pastiche (entre autres) comme genres extrêmes « tout en RDA » (V_1).
[6] Entre Dispersion (V_2) forte et Émergence (V_4) comme associé, par exemple, ou entre Étendue (V_1) maximale et homogénéité des Formes (V_6) mises en œuvre.
[7] Les liens observés – configuration, affinité – sont posés entre variables *autonomes*, en ce sens qu'aucune ne dépend strictement d'une autre (ce qui conduirait à les fusionner).

V_7 se détache des groupes I et II par la dimension temporelle qu'elle introduit, concernant toutes les variables.

Ce qui suit présente un parcours des variables (V_1) Étendue, (V_2) Dispersion, (V_3) Spécification et (V_7) Mouvement de la RDA dans les Discours ; les variables (V_4) Émergence du DA comme attaché/associé, (V_5) Rapport entre le Discours et son ailleurs, (V_6) Forme de la RDA, constamment « croisées » dans le parcours de V_1, V_2, V_3, ne sont pas envisagées ici pour elles-mêmes. Le point 4, p. 622, revient brièvement sur ce choix.

1 Variable (V_1) : Étendue de la bordure

Entre les deux pôles où la notion même de bordure perd son sens, dans des discours ignorant la zone interface dedans/dehors, la variation quant à la place qu'un Discours consacre à l'accueil de « ses » autres est aussi importante que significative dans l'économie des discours.

La taille du territoire qu'un Discours assigne à sa bordure de RDA est certes en rapport avec le nombre d'occurrences de RDA mais ne se confond pas avec elles : d'amples coulées, peu nombreuses, de DD, de Bivocal ou de MAS peuvent occuper un large espace tandis qu'un Discours peut, sur une surface étroite, multiplier des MAE à incidence ponctuelle...

Le survol de cet espace (V_1) de variation – à détermination fortement mais non exclusivement générique – passera par le repérage – non exhaustif – de discours à présence maximale (1.1) vs minimale (1.2) de RDA, avant de noter la pertinence différenciatrice du « taux » de RDA dans les discours de plusieurs champs ou domaines (1.3), pour rappeler, enfin, la radicale diversité, au plan singulier, de la taille des bordures dont s'entoure une parole, un style...

1.1 Discours tout « en RDA »

C'est un « continent » que celui des discours relevant intégralement de la RDA – à ne pas confondre avec les Discours tout entier livrés à, ou traversés par, l'Autre ou l'ailleurs du langage[8]. On peut y reconnaître, caractérisables au plan générique, plusieurs secteurs.

---

[8] La quête de Flaubert – celle d'un **L** « invisible mais présent partout » dans un discours qui semble se faire « tout seul » – se situant au point de bascule entre les deux.

L'extrême diversité de cet ensemble de Discours à bordure maximale appelle quelques remarques :
- elle témoigne de l'indépendance des variables les unes par rapport aux autres : une bordure occupant une place si grande dans le Discours que celui-ci semble se faire tout entier « support de discours autres » ne prédit pas pour autant la valeur des autres variables ;
- elle appelle l'étude des formes variées par lesquelles se manifeste la présence surplombante du **L** énonçant, de fait (procès-verbal par exemple) ou fictivement (roman), la totalité du Discours ;
- elle débouche sur les limites assignées à cet ensemble de Discours « de RDA », posant, notamment, la question du statut de « tenant lieu » du texte traduit et du texte théâtral (*cf.* Remarque 1 p. 597).

1.1.1 Discours « tenant lieu » d'un autre discours.

Dans cet espace générique, qu'un parcours vise à définir dans la masse des Discours à RDA maximale[9], le mode sur lequel s'établit le rapport de « lieu-tenance » entre deux discours dont l'un, en représentant l'autre, « vaut pour lui » est divers.

Ainsi, un important sous-ensemble confère au rapport de « tenant lieu » un statut légal, juridique, d'attestation (que marquent signatures, votes d'approbation...) et comporte une prescription quant à *la* forme (DD, DI) mise en œuvre dans le texte[10] : procès-verbaux, compte rendus, rapports de « faits de parole » – réunion de co-propriétaires, soutenance de thèse, conseil universitaire, municipal, d'entreprise, séance de l'Assemblée Nationale (figurant au *Journal officiel*), d'organisme international, déposition à la police, minute de procès[11], d'interrogatoire, etc.

Ces discours partagent, associé au statut légal de leur « lieu-tenance », le fait de reposer sur une transcription, et donc sur une reformulation : celle-ci allant de

---

[9] Authier-Revuz et Lefebvre (2015), parallèlement à Sitri (2015b), investigation poursuivie dans un colloque : « L'espace générique des discours "tenant lieu" d'un autre discours et le champ de la représentation du discours autre », 13–15 novembre 2017, co-organisé par Modyco (Paris-Nanterre) et Clesthia (Paris 3), actes à paraître.

[10] Dont la variation, tant synchronique – selon les instances de parole et leur importance institutionnelle (*cf.* Sitri, 2015b) – que diachronique, d'élaboration de normes au cours de l'histoire (*cf.* Mazzuchetti, à paraître), s'avère passionante à étudier.

[11] À comparer aux *Souvenirs de la Cour d'Assises* de Gide dont la forte densité de RDA *se combine* à la description des lieux, aux sentiments de l'écrivain... ou, dans un tout autre style, à la chronique judiciaire du *Canard enchaîné*, titrée « Coups de barre », croquant des scènes de tribunal à travers des DD, pris sur le vif, assortis de quelques indications « didascaliques ».

la restitution la plus scrupuleuse, moyennant quelques « lissages » formels pour le travail des « rédacteurs » de l'Assemblée Nationale, à la production d'un texte écrit institué comme équivalent à l'oral qu'il remplace. Le cas des procès-verbaux de déposition auprès d'un fonctionnaire de police pousse à l'extrême le paradoxe – paraphrastique – du différent valant pour du même : c'est en effet un texte précédé d'un *l qui nous déclare :* « ... », relevant du DD le plus « en substance » qui soit, c'est-à-dire traduit dans un langage administratif que le citoyen *l* ne partage pas – parfois ignore, parfois même réprouve – et qu'il est amené à « valider », signant ainsi de son nom propre ce qui « tient lieu » de sa parole[12].

Le genre, massivement représenté dans la presse ou le livre, de l'*entretien*, dans lequel un **L** restitue, au DD, l'échange oral, dissymétrique, que lui a accordé un *l*, fait aussi partie de l'espace du « tenant lieu »[13]. Sur le fond de l'inévitable transcription, les scrupules, les réécritures[14], les désinvoltures des **L**, les méfiances, les précautions, les colères, les exigences de relecture des *l* jalonnent les parcours d'élaboration de ces « tenant lieu »[15].

Notons le goût, non démenti depuis Fontenelle et ses *Entretiens sur la pluralité des mondes*, dans le champ de la vulgarisation scientifique, pour le « tenant lieu » fictif d'une conversation entre un savant et une ignorante à l'esprit vif...

Avec tout ce qui relève – ou s'apparente[16] – au genre du *résumé*, c'est-à-dire d'un couplage paraphrastique de deux textes, effectué cette fois « modulo » une opération de *réduction* (souvent étroitement normée au plan quantitatif), on aborde des discours du tenant lieu qui, mis pour un discours autre qu'ils représentent, ne sont pas pour autant, contrairement aux genres évoqués précédemment, constitués d'une succession de formes de RDA. Institué comme tel par une annonce ou un titre explicite (résumé, abstract...) et/ou une disposition typographique (caractères, place détachée dans un ensemble plus vaste...), ce genre « de la RDA », affichant son caractère second par rapport au discours autre qu'il « remplace », peut, paradoxalement, selon les contextes institutionnels ou discursifs, comporter *ou non* des formes de RDA. Entre prescriptions strictes et usages

---

12 Source d'expériences disphoriques parfois, ce paradoxe est aussi un ressort comique exploité par exemple au cinéma dans *Quai des Orfèvres* (*cf.* aussi Eigenmann (1996 : 183) analysant sa mise en œuvre par Vinaver).
13 À différencier en cela du genre du « portrait » composé à la suite d'une rencontre qui, si fréquentes qu'y soient les formes de RDA renvoyant à l'objet du portrait, ne relève pas du Discours « mis pour » un autre discours (cf. Mahrer et Tuomarla (2007), Da Cunha et Lefebvre (2018).
14 *Cf.* Doquet (2018) sur l'élaboration par F. Fau de Culioli (2002).
15 *Cf.* Authier-Revuz et Lefebvre (2015).
16 Prises de notes à un cours ; exercices de « contraction de textes » (étudiés *in* Maldidier et Normand, 1982a, 1982b), par exemple.

affirmés, la variation quant à la mise en œuvre de formes de RDA s'inscrit entre les deux pôles de textes, également aptes à être reconnus (et affichés) comme résumés, où le statut global de RDA passe par la présence répétée de formes marquées de RDA (DI, MAS, MAE notamment) ou, au contraire par leur absence ; ainsi sont également admissibles au titre de « résumé », affiché comme tel, d'un texte :

(1) Dans cet ouvrage (article, discours...), X soutient le point de vue d'une causalité multifactorielle pour le réchauffement climatique. Récusant l'activité humaine comme facteur unique, il revient, en détail, sur l'histoire – longue – des variations climatologiques. Il souligne, en conclusion, l'urgence de repenser sous tous ses aspects une question obscurcie, selon lui, par « les parti-pris et les fantasmes ». (je souligne)

(2) De multiples facteurs sont cause du réchauffement climatique. Celui-ci n'est pas ramenable à la seule activité humaine, mais s'inscrit dans l'histoire longue des variations climatologiques. Il est urgent de repenser sous tous ses aspects une question obscurcie par les parti-pris et les fantasmes.

Là où le premier passe par une *description* du fait de discours visé, comportant références à ce discours (*cet ouvrage, conclusion*), à son énonciateur (*X, il, selon lui*), catégorisation des actes de parole effectués (*soutient, récusant, revient en détail...*), mention de ses mots (MAE finale), c'est-à-dire se donne, formellement, comme « *parlant de* » ce discours, le second consiste, lui, en un texte de *remplacement* de discours qui, « *mis pour* » et non « *parlant de* », relève de la paraphrase pure et bannit toute *forme* de renvoi (RDA) au discours source. Contrairement à (1) dont les formes affichent un rapport de RDA à un autre texte, c'est seulement un cadre générique manifeste qui confère à (2) une statut textuel, global, de RDA : privé de toute référence à celui-ci, (2) apparaîtrait comme propos de **L** sur le climat. Sous l'égide de cette appartenance déclarée au genre du résumé de texte, « tout se passe comme s'il n'y avait pas eu de texte premier »[17].

On reconnaît dans le second type (2) le modèle, par exemple, des « Résumés » qui, détachés comme tels, en fin de chapitre – en encadré, en gras... – dans les manuels scolaires étaient donnés à « apprendre par cœur » : tout à fait incongrue – « a-générique » comme on dit agrammatical – serait l'adjonction d'une référence au discours source, à un item du résumé d'un chapitre consacré aux paysans médiévaux[18] :

(3) (*Ce chapitre explique que/*Selon ce chapitre) Presque tous les français sont paysans.

---

[17] Maldidier & Normand (1982b : 88), analysant les effets de vérité objective auxquels se prêtent ces exercices de contraction, par l'effacement des ancrages historiques et subjectifs du discours premier.

[18] *Le Moyen-Age*, coll. Isaac, classe de 4e, 1958, Hachette, p. 36.

Dans ce cas c'est comme régime textuel d'énonciation que, par le titre, la RDA est convoquée[19].

C'est aussi celui des épreuves (résumé, contraction de texte) de concours dont les strictes consignes portent autant sur le taux de réduction requis (nombre de mots, avec 10% d'écart admis...) que sur la proscription de toute forme de RDA...[20] pensée alors comme « stigmate » de l'opération, empêchant la « pleine » substitution.

On peut noter que les résumés qui dans l'espace d'un recueil ou d'un numéro de revue redoublent chaque contribution, participent, très majoritairement, du premier modèle. Ainsi, à la fin d'un volume[21] regroupant 55 contributions, ce sont 51 des résumés (écrits par les auteurs) qui, avec des densités différentes, réfèrent explicitement au discours premier : passant par les désignations déictiques (de co-présence dans le volume) du texte premier, celles de l'énonciateur, de l'acte de parole qu'il effectue (*on se propose dans cet article, nous envisageons ici, l'objectif de la présente étude*...), ce sont alors, dans ces textes à paragraphe unique, de une de ces formes (souvent alors en tête de résumé), à des occurrences répétées en quatre, cinq... points, voire à chaque phrase du résumé, qui arriment ceux-ci au texte premier.

En revanche, dans les résumés d'ouvrages publiés dans la presse, dans les livres de résumés destinés à tenir lieu des « livres que l'on doit avoir lus »..., dans les manuels d'études littéraires, se dessine tendanciellement une opposition entre résumés de « récits », *sans* formes de RDA (« Julien Sorel, fils d'un charpentier, devient précepteur... ») et résumés de textes de réflexion (« Montaigne analyse..., décrit..., dit... ») passant par des formes de RDA.

Pour l'ensemble de ces genres du tenant lieu, la valeur maximale de la variable (V_1) de l'Étendue est associée à l'un des pôles de la variable (V_4) de l'Émergence du

---

19 Sur le mode, *cf.* ci-dessus p. 576 où F. Héritier place un « selon eux » en clef modalisante d'une partie de son discours, proche de celui de B. d'Espagnat (2015), indiquant que « pour éviter la lourdeur insupportable devant chaque phrase des tournures "il me semble que", ou "il paraît très vraisemblable que" il doit être entendu que ces expressions « omises presque partout » y figurent implicitement et sont « à restituer par la pensée ».
20 *Cf.*, relevé sur un des nombreux sites offrant leurs services – conseils et modèles – pour la réussite de cet exercice : « en aucun cas vous ne devez utiliser des formules telles que "l'auteur affirme que" ».
21 Lopez-Munoz *et al.* (2004) : exemples de résumés à une forme de RDA, dans la phrase initiale (articles numérotés 28, 51, dans la table des matières) ; à formes multiplement répétées (23, 36, 54) ; à chaque phrase (18, 38, 39) ; et, relevant du modèle minoritaire sans forme de RDA (5, 30). La même forte prépondérance du modèle 1 s'observe dans les annonces de parutions des éditeurs : *cf.* le catalogue nouveautés 2009 A. Colin (lettres linguistique) : 29 résumés sur 30 comportent « ce/le livre, cet ouvrage, l'auteur », etc.

discours autre comme « attaché à l'objet du Discours » – ici dans le cas spécifique ou c'est un discours autre qui est lui-même l'objet du Discours.

Remarque 1 : Marges de l'espace du « tenant lieu ». On peut envisager[22] la *traduction* comme relevant de la RDA, au titre de genre du tenant lieu, excluant certes, comme certains résumés, toute forme de RDA renvoyant dans le texte second au texte premier – comme le serait, par exemple, une incise en « *nous raconte l* » dans l'incipit d'un roman –, mais qu'on peut considérer comme explicitée, en tête, par la mention « traduit de... par *x* » (*x* ayant alors le statut de **L**) et éventuellement accompagnée par une préface et des notes énoncées par ce **L**-traducteur.

Plus problématique est le statut du texte *théâtral*[23] conçu comme tenant lieu écrit, prospectif, de sa « représentation » (au sens théâtral) orale. Un élément à prendre en compte dans cette question est le jeu observable dans des canevas de la *Commedia dell'Arte* où alternent régulièrement, avec le DD « fixant » les propos des personnages, les représentations au DI, requérant l'improvisation de l'acteur, à partir de formulations synthétiques du type :

(4) Arlequin se retourne vers la maison *en faisant des lamentations* sur son malheur. Octave survient *en disant* : [...]. Arlequin *lui apprend* que la tête lui fait mal, que sa femme est amoureuse d'un gentilhomme qu'elle nomme son cher cœur et que [...]. Octave, persuadé qu'Eulalia lui est infidèle [...] entre dans une violente colère [...]. Arlequin [...] (« Les tapis d'Alexandrie », *in Comédie italienne*, Club des Libraires de France.)[24].

1.1.2 Genres de représentation (RDA) de la partie pour le tout

Il s'agit de l'ensemble, vaste et diversifié, des genres « collecteurs », au DD, d'éléments de discours autres donnés comme valant pour un ailleurs discursif plus large :
- *Anthologies, Morceaux choisis*, d'un texte, d'un auteur, d'une période, d'un genre, telles les innombrables anthologies de la poésie française « tout entière » ou « populaire » ou « baroque » ou « contemporaine », etc., où la présence de l'auteur (**L**) se manifeste souvent par, outre les choix qui sont les siens, une préface explicitant ceux-ci et, chemin faisant, des notules sur les auteurs cités, des notes infrapaginales...
- *Dictionnaires de proverbes, de paroles célèbres* (*cf.* « pages roses » du *Petit Larousse*)...

---

22 Point de vue argumenté par Folkart (1991).
23 L auteur, l_1, l_2... personnages, e_1, e_2... propos, *loc*, *temp*s, indications situationnelles.
24 Exemple emprunté aux larges extraits figurant dans le matériel pédagogique élaboré pour l'étude du « discours rapporté » dans le canton de Vaud (*cf.* **Avant-Propos**, note 10, p. XVI).

- *Florilèges* autour d'un thème, d'un référent, dédiant à Paris, à Londres, à l'amour, aux jardins, à la mer, à l'enfance etc. des bouquets de propos à leur gloire[25]...
- *Dictionnaires des citations évoquées par des mots* dont le travail – idéologiquement marqué – de constitution-façonnage de la mémoire interdiscursive est passionnant à observer.

Relativement aux autres variables, cet ensemble de genres de la RDA s'inscrit sur le même versant de la variable (V_4) comme discours autre « *attaché* » à l'objet du Discours, sur le mode où l'autre représenté l'est comme « partie de » et valant pour « le tout » de cet objet : discours d'un auteur, d'un genre, de l'ensemble – non fini – des discours circulant autour d'un référent ou passant par un mot.

Les deux derniers types font fonction pour les énonciateurs – à la façon d'une mémoire annexe et au risque des contre-sens issus de leur décontextualisation[26] – de réservoir de discours autres prêts à être « associés » (V_4) à d'autres Discours. Tout l'ensemble, en revanche, est astreint, formellement à la seule forme (V_6) du DD.

1.1.3 Genres littéraires « de RDA », associé (V_4) à un autre discours

Comme les genres (1.1.1) de discours « tenant lieu » d'un autre discours, les genres littéraires, très étudiés[27], du pastiche et de la parodie, ne prennent sens que par rapport au discours-texte autre auquel ils sont « couplés ». Mais loin de remplacer le discours autre comme son tenant lieu, le *pastiche* prétend prendre place *aux côtés* de son modèle, à la manière duquel il est écrit ; il relève d'une *énonciation modalisée à l'échelle du texte*, en MAE non marquée, du type « comme écrirait », « pourrait/aurait pu écrire *l* » : ainsi les diverses versions de *L'Affaire Lemoine*, proposées par Proust, sont-elles écrites « en clef de » Flaubert, Balzac, etc.

La *parodie*, elle, ne cherche pas à faire un « même » à partir d'un modèle, mais, au contraire, à altérer caricaturalement un texte pour en faire *un autre* : comme pour le pastiche, la RDA qui affecte l'ensemble du texte parodique, de façon non marquée, est une modalisation (MAE) foncièrement prédatrice, glosable en « pour m'emparer du texte de *l*, en le dévoyant à ma fantaisie »... comme

---

25 *Cf.* « Passion de la danse – Citations » évoqué chap. 5.5.1.2, p. 180.
26 *Cf.* chap. 5.1.2, ex. (71), p. 181.
27 Outre, bien entendu, Genette (1982) pour ces formes de littérature au second degré *cf.* Samoyault (2010 : 33 *sq.*) et, pour un parcours original et éclairant d'auteurs contemporains, Bikialo (2014).

le canonique *Chapelain décoiffé* de Boileau en donne l'exemple dans le traitement qu'il fait subir au *Cid* :

(5)   Ô rage ! ô désespoir : ô perruque ma mie !/N'as-tu donc tant vécu que pour cette infamie ?/N'as-tu trompé l'espoir de tant de perruquiers,/Que pour voir en un jour flétrir tant de lauriers ?

ou, dans le roman contemporain, la parole des *Évangiles* courant tout au long de celle de Tobold, roi du Hamburger, célébrant sa mission d'apporter la frite et le hamburger aux petits enfants[28].

Les genres (ou styles) « burlesque » et héroïcomique relèvent du même mécanisme de dérivation modalisante d'un texte à partir d'un ailleurs qui est cette fois celui d'un style (manière de dire) autre que celui normalement en usage pour un type de référent – selon une MAE, non marquée, explicitable en « pour parler vulgairement/noblement de choses nobles/vulgaires »[29].

Un autre genre littéraire « de RDA », le *centon*, se différencie des précédents par sa forme de RDA (V_6), le DD non marqué et, contrastant avec leur autre – texte, auteur, ton – unique, la Dispersion (V_2) des autres discours qu'ils mettent en jeu dans la série hétérogène de discours assemblés en « collage », sur le mode du patchwork. Hérité de l'Antiquité, le genre est toujours vivace, réveillant ludiquement, irrespectueusement, lumineusement aussi parfois au gré de rencontres inédites, des mémoires sagement ordonnées. Sans surprise Montaigne l'évoque[30], Éluard le pratique dans *Premières, mes anciennes*, J.-B. Pontalis s'y est récemment[31] adonné, faisant défiler cinquante huit textes, surgis dans « un compartiment de chemin de fer », petit monde roulant, clos et ouvert à l'imprévu, où, emportés par le mouvement du train-centon, se suivent Michel Strogoff et Lafcadio, Proust et Anna Karénine, Blaise Cendrars et la Famille Fenouillard... ; et c'est comme « naturellement » que les fervents d'une littérature « potentielle » le cultivent... et le raffinent.

---

28 L. Salvayre, *Portrait de l'écrivain en animal domestique*, Seuil, Paris, 2007. *Cf.* notamment les « il dit : Au commencement était l'argent » (p. 123), ou la longue homélie commençant par : « Alors Tobold dit : Les petits enfants, mes amis, sont les anges à notre solde. » (p. 168), et finissant sur : « Les enfants seront les instruments du Nouveau Règne, celui de la frite et du hamburger son ami [...] alleluia » (p. 170).
29 *Cf.* par exemple, chap. **8** (57), p. 268, « Les Évangiles » des *Soliloques du Pauvre* de Jehan Rictus, ou ces fables, nombreuses, où La Fontaine déploie à plaisir la Geste... de deux coqs ou celle d'un moucheron, *in* (Livre II, fable 9 ; Livre VII, fable 12).
30 Livre II 26. Voir l'article *Centons* du *Dictionnaire Montaigne* (Ed. Garnier, 2018).
31 *Ce temps qui ne passe pas* (1997, Folio : 137–202).

Remarque 2 : Le centon sophistiqué par ordinateur. Rejeton de l'Oulipo, ALAMO (Atelier de Littérature Assistée par la Mathématique et les Ordinateurs[32]) est créateur de « programmes » comportant au moins un « corpus » de textes de départ (célèbres alexandrins, *La Légende des siècles*, *Le Dormeur du Val*...) et des contraintes d'assemblage : ainsi M. Benabou et J. Roubaud, dans « Alexandrins au greffoir » produisent-ils des vers inédits par couplage d'hémistiches empruntés à des alexandrins bien connus ; tandis que, dépassant la simple juxtaposition propre au centon, ces programmes font éclore les joyeux et troublants sonnets de *Rimbaudelaire*, où le squelette morphosyntaxique du *Dormeur du Val* se trouve diversement « nourri » de vocabulaire baudelairien.

1.1.4 Structures textuelles, génériques, de RDA

Deux genres fictionnels classiques relèvent structurellement de la RDA : le roman épistolaire et les récits enchâssés.

Pour le premier, l'auteur y prend – sans dessein aucun d'être cru – le masque d'« inventeur », au sens archéologique du terme, d'une correspondance qu'il a eu à cœur de « publier »[33], et c'est à ce titre de « transmetteur » d'écrits d'autrui qu'il s'exprime ostensiblement dans des préfaces – cultivant l'ambiguïté et le flottement[34]... – et éventuellement les notes dont il juge bon d'accompagner les lettres. C'est ainsi le texte dans son ensemble qui tient de la RDA : l'auteur – Rousseau, Laclos... – y occupe la place de **L**, la forme unique mise en œuvre (V_6) est celle d'un DD, donné comme reproduction littérale des écrits d'une pluralité (V_2) de ***l***, précisément identifiés (V_3). Que celui qui « recueille et publie » la correspondance (Rousseau) ou s'est trouvé « chargé de la mettre en ordre » et de « l'élaguer » (Laclos) se manifeste plus ou moins au fil du texte – Rousseau annote plus que Laclos – la fiction de RDA d'un **L** s'adressant à nous, lecteurs, ainsi mis en place de **R**, suffit à différencier le dispositif énonciatif – de RDA – de ces romans comme *Le Lys dans la vallée* ou les *Mémoires de deux jeunes mariés*, constitués également par une correspondance, mais à laquelle – hormis le nom de Balzac sur la couverture – nous avons fictivement accès, directement, sans intercesseur ayant choisi de nous la « rapporter ».

---

32 www.alamo.free.fr

33 *Cf. La Nouvelle Héloïse*, présentée comme « Lettres de deux amants – habitants d'une petite ville du pied des Alpes. Recueillies et publiées par J.-J. Rousseau ».

34 Prenant pour *Les Liaisons dangereuses* la double forme d'un « Avertissement de l'Éditeur » communiquant ses doutes sur « l'authenticité de ce recueil » et « ses fortes raisons de penser que ce n'est qu'un roman », suivi d'une « Préface du rédacteur » jouant à faire alterner sur deux pages le terme « Recueil » et celui d'« Ouvrage ».

Pour le second, c'est celui qu'illustrent[35] *Manon Lescaut*, par exemple, ou *La Petite Fadette*. Le récit, fait à la première personne, par Des Grieux de son aventure avec Manon, comme celui du « chanvreur » contant un épisode de la vie berrichonne, sont explicitement donnés comme transmis à nous, lecteurs, par ceux qui les ont reçus : « L'Homme de qualité » qui rapporte dans ses *Mémoires* les circonstances de sa rencontre avec Des Grieux et la façon dont il a consigné le récit de celui-ci :

> Je dois avertir ici le lecteur que j'écrivis son histoire presque aussitôt après l'avoir entendue, et qu'on peut s'assurer, par conséquent, que rien n'est plus exact et plus fidèle que cette narration. Je dis fidèle jusque dans la relation des réflexions et des sentiments que le jeune aventurier exprimait de la meilleure grâce du monde.
> Voici donc son récit, auquel je ne mêlerai, jusqu'à la fin, rien qui ne soit de lui.
> — J'avais dix-sept ans, et j'achevais mes études [...] (*Manon Lescaut*, 1ère partie).

et George Sand qui, réfugiée à Nohant avec quelques amis lors de la révolution de 1848, et cherchant à « oublier tout cela, ne fût-ce que pendant une soirée », fait appel au conteur de son village :

> Le chanvreur ayant bien soupé, et voyant à sa droite un grand pichet de vin blanc, à sa gauche un pot de tabac pour charger sa pipe à discrétion toute la soirée, nous raconta l'histoire suivante[36].

La forme textuelle est, ici encore, celle d'une RDA globale, au DD. Mais, contrairement au récit épistolaire où, orchestrant des voix diverses, parfois accompagnées de commentaires de « l'éditeur » des lettres, l'auteur ne se pose ici comme **L** que dans ce qui – préface ou introduction – fait office de « syntagme introducteur » pour ne plus intervenir[37] dans le propos du narrateur, *l*, unique (V_2).

Remarque 3 : Textes tout entiers au DD – par choix singulier. Ne relevant pas des genres évoqués ci-dessus, des textes, isolés, répondent aux choix – caprice, jeu, défi, expérience – d'un scripteur de raconter une histoire, faire le portrait d'une personne, évoquer une période... *via* le seul montage, collage brut d'énoncés reproduits au DD, voire en *fac simile* : outre le *Portrait d'une Dame* (cité chap. **5** (75), p 184) fait tout entier de bribes de paroles tombées de la bouche du

---

[35] Pour m'en tenir à la simplicité des structures à deux étages, relativement aux cascades de récits des *Mille et une Nuits*, par exemple.
[36] Fin de la préface, signée George Sand, de septembre 1848, suivie du chapitre 1 donnant, jusqu'à la fin du livre, la parole (soigneusement émaillée d'expressions berrichonnes) au chanvreur.
[37] Non sans que, dans *Manon Lescaut*, le dispositif énonciatif d'un L_i rapportant les propos du *l* dont il a été le r_i ne soit rappelé, en quelques lignes, entre la première et la seconde partie.

« modèle », c'est le « Portrait d'une année » que vise Ph. Artières dans *Miettes. Éléments pour une histoire infra-ordinaire de l'année 1980*[38], en composant une mosaïque de petites annonces parues dans le quotidien *Libération* ; comme A. Camilieri[39] entend restituer les péripéties d'une intrigue policière par le simple assemblage d'un « dossier » hétéroclite reproduisant exactement, en quasi *fac simile*, affiches, procès verbaux, lettres, rapports... relatifs aux événements.

1.2 Discours vierges de RDA – « sans bordure »

Il y a beaucoup moins de manières pour un Discours d'apparaître comme auto-suffisant, sans rapport avec des voix autres, qu'il n'y a de modes pour un Discours, comme on vient de le voir, de se faire tout entier support de discours autres.

Au-delà du monologisme strict[40] de l'auto-engendrement d'un discours mathématique à partir de *ses* axiomes, ou de l'imposition d'une vérité idéologique sourde à toute altérité, s'étend un territoire de discours « fonctionnels, notamment transmetteurs de savoir-faire[41] (modes d'emploi, recettes, notices techniques, protocoles de manipulation, topo-guides), de savoirs avérés (manuels scolaires, par exemple[42]), de croyances ou de principes indiscutés (catéchismes, articles de loi...) qui, tendanciellement se donne sans « bordure-interface ».

Remarque 4 : La RDA en bordure *matérielle* de Discours monologique. La *Déclaration des Droits de l'Homme* (texte de 1948) en offre un exemple. Les 30 articles qui la composent comportent (en faible quantité) deux types de référence à des actes de langage :
a) sur un mode abstrait, général, non actualisé comme un discours autre, tel

> toute personne *accusée* d'un acte délictueux [...]. Nul ne sera *condamné* pour [...]. La volonté du peuple [...] doit *s'exprimer* par les élections [...].

b) sur le mode réflexif (outre le « Proclame » performatif initial) de la référence interne au texte lui-même, au dernier article, excluant qu'« Aucune disposition de *la présente Déclaration* » puisse être interprétée comme impliquant un acte contraire aux « droits et libertés qui *y sont énoncés* ». C'est dans le *Préambule* que cette Déclaration – relevant d'une énonciation « une » – se dote d'un ailleurs-avant de RDA qui la légitime et l'inscrit dans l'histoire :

---

[38] Verticales-Gallimard, Paris, 2016, 139 p.
[39] *La disparition de Judas* (*La scomparsa di Patò*, Mondadori Editore, 2000, traduction française par Serge Quadruppani, Métailié, Paris, 2002).
[40] *Cf*. ci-dessus, p. 485, 422.
[41] Dont Adam (1992) propose et analyse de nombreux exemples sous la rubrique « Discours procéduraux ».
[42] Par opposition au discours de production ou de vulgarisation de savoir, *cf*. ci-dessous, p. 595.

Considérant que [...] / – l'avènement d'un monde [...] *a été proclamé* [...] / – [...] les peuples des Nations unies *ont proclamé* leur foi dans [...] et qu'ils *se sont déclarés* résolus [...] / les États Membres *se sont engagés* à [...] / L'Assemblée générale / Proclame la présente Déclaration [...].

Cette observation – faite sur le mode d'une « rematérialisation » de la métaphore de la RDA envisagée comme « bordure-interface » de tout Discours – rejoint l'analyse des discours institutionnels menée par A. Krieg-Planque (2012 : 59 sq., 190) montrant, précisément, comment la légitimation des énoncés performatifs – dont ils sont producteurs attitrés – passe par le *rappel préalable*, sous le nom juridique de « considérants »[43], du réseau serré des textes et discours sur lesquels « s'appuient » résolutions et arrêtés d'instances... internationales ou municipales.

Dans ce modèle de discours, la bordure-interface de RDA se tient au seuil du Discours – occupant, comme « associée » (V_4), une place et remplissant une fonction d'*entrée* dans celui-ci.

1.3 Entre les deux extrêmes du tout/sans bordure : pertinence de la variation

On se contentera de noter, à travers quelques exemples, la pertinence de ce paramètre de l'Étendue (V_1) dans un Discours de sa RDA, au plan générique *(a)* puis à celui *(b)* de la singularité des sujets parlants – non sans avoir, préalablement, souligné la différence entre un Discours, si saturé qu'il soit de formes de RDA renvoyant au discours dont il parle, et un Discours se donnant comme « tenant-lieu » d'un autre discours[44].

De ce point de vue, la présence de la RDA dans les rubriques de presse consacrées à la vie des tribunaux[45] diffère, autant par sa forme – quantité moindre, formes variées de RDA, présence de notations « didascaliques », appréciations personnelles du scripteur... – que par sa fonction (représenter et non « valoir pour »), des procès verbaux judiciaires visant la restitution neutre, intégrale et exclusive de l'échange verbal. De la même façon, parmi les genres de presse, il convient de nettement distinguer celui du « Portrait », issu d'un entretien entre le journaliste et la personnalité – si large qu'y soit le renvoi aux propos de celle-ci[46] – du genre, normé comme tenant lieu, de « l'entretien ». Notons encore qu'aucun genre rele-

---

43 Dont la formulation fait liste : « Vu l'arrêté du... ; Vu le code... ; Prenant note des rapports... ; Agissant en vertu du Chapitre de... » (cités *in* Krieg-Planque 2012 : 60–61).
44 Fonction dont on a vu qu'elle pouvait être remplie, par exemple dans le cas du « résumé », en l'absence de formes locales de RDA.
45 *Cf.* note 11 ci-dessus, p. 583.
46 Tels ceux qui figurent en dernière page du journal *Libération*, *cf.*, pour ce genre du portrait, Mahrer et Tuomarla (2007), Da Cunha *et al.* (2018).

vant de la critique littéraire, au sens large⁴⁷, faisant « contractuellement » place, par de la RDA, à son objet textuel, n'entend, si grande que soit cette place, « tenir lieu » du texte en question⁴⁸.

1.3.1 Pertinence générique des variations de l'Étendue (V_1)

Deux domaines, très étudiés, donnent clairement à voir comment le degré (V_1) – et aussi la forme (V_6) – de présence de la RDA dans un texte est un élément de différenciation des genres, faisant partie du « savoir écrire » de ceux qui les pratiquent : presse écrite et production-transmission (écrite là encore) de connaissances.

Dans la presse se dégagent⁴⁹ ainsi deux groupes à forte vs faible étendue donnée à la RDA, incluant, pour le premier :
- les rubriques d'échos, potins, telle la page 2 du *Canard enchaîné* dont la revue de la semaine politique passe, sous le titre « La Mare aux Canards » par une succession de paragraphes comportant chacun au moins un passage en DD, très marqué, cependant que la section « minimares » aligne sur deux colonnes des mini textes le plus souvent réduits à une seule phrase ;
- les articles d'information, d'analyses politiques, faisant état de débats, désaccords, etc. qui sont souvent tissés de RDA ;

et pour le second :
- l'éditorial qui, exprimant un point de vue personnel dans un texte assez court, fait rarement place à des formes marquées, explicitées, de RDA⁵⁰, se donnant, note F. Claquin (1993 : 67), comme parole singulière destinée justement à être citée dans « les revues de presse [...] des radios dans les émissions du matin ».

Dans le domaine des *discours « de la connaissance »*, la distinction nettement établie entre ce qui relève de la production de connaissance et des deux types de

---

47 Ouvrages universitaires ou « grand public », rubriques livres de journaux et et magazines, « émissions littéraires », exercices académiques d'explication ou de commentaire de textes, discours de réception à l'Académie française...
48 Comme y vise, par exemple, une traduction.
49 *Cf.* notamment « Genres de la presse écrite et analyse de discours » *Semen* 13 (2001), Adam (1997), Moirand (2007) – offrant un panorama des marquages morphosyntaxiques, associés systématiquement au doublon guillemets *et* italiques.
50 Conformément, note S. Moirand (2001), à son appartenance à la catégorie qu'elle pose des « genres à énonciation subjectivisée » (*vs* « objectivisée »).

discours second par rapport au premier que sont la vulgarisation scientifique et la transmission « académique » des savoirs, se reflète dans leur bordure de RDA, au plan des variables (V_1) de l'Étendue et (V_3) de la Spécification des discours autres.

Le caractère « multiréférentiel »[51] du discours scientifique[52] – passant de surcroît par des « adresses interdiscursives » comportant noms propres d'auteurs, de travaux, indications précises de localisation – a été largement mis en évidence comme manifestation de son mode de *progression* foncièrement dialogique et, solidairement, de son *positionnement* – accord, conflit, filiation, légitimation – dans le champ discursif concerné (émanant de pairs et d'« autorités »). Considéré comme trait caractéristique du discours scientifique[53], la maîtrise de ce type de bordure – importante et à autres spécifiés – est envisagée comme relevant d'un « savoir faire citationnel spécifique », demandant un apprentissage[54].

Le discours de vulgarisation scientifique, lui aussi très étudié[55], fait appel ostensiblement aux discours autres des « savants-spécialistes-experts » dont il s'affiche – « troisième homme » chargé de rétablir le lien rompu entre la Science et la Société... – comme le médiateur en direction du grand public. La densité de RDA y est aussi forte (V_1)[56] qu'est faible la Spécification (V_3) des ailleurs convoqués, la production d'une image ou d'une « mise en scène » de la transmission de connaissance s'imposant nettement dans ce discours, à côté, ou à la place, de l'activité, déclarée, de transmission...[57]

S'opposant aux deux genres précédents, ce qui relève d'une visée didactique – manuels scolaires ou universitaires, encyclopédies... – tend à l'effacement[58] de l'origine du savoir énoncé et *a fortiori* de la pluralité, éventuellement discordante, des sources, se rapprochant dans cette énonciation de vérités établies des discours monologiques « sans bordure »[59].

---

51 Grossman (2011 : 208).
52 *Cf.*, chap. 5.3.2, p. 162, références et « illustration » proposées par Perec.
53 Simonin-Grumbach (1975).
54 Boch et Grossmann (2001) notamment.
55 *Cf.* Mortureux (dir.) (1982), Moirand (2001), par exemple.
56 « patchwork de dires tenus ailleurs » dit Moirand (2007).
57 Sur le mode, multiplement analysé par Goffman (1959/1975), où « la mise en scène de la vie quotidienne » peut « transformer une activité en spectacle » (p. 40).
58 À titre d'exemple, une étude (Plazaola *et al.*, 1995) met en évidence, sur un important corpus d'« économie », « la polyphonie restreinte à l'œuvre dans les manuels et encyclopédies par rapport à la presse quotidienne accueillant une « diversité de voix ».
59 Constat à ne pas étendre à la transmission orale, interactive, des cours magistraux dont Claudel (2011) décrit les « pratiques citationnelles », notamment *via* des DD et MAE lus à haute voix.

Dans « Une Histoire de discours » S. Moirand (1986), étudiant de façon pionnière l'important corpus de 20 années de la revue pédagogique *Le Français dans le Monde*, fait, dans la mise au jour de la dualité de discours qu'elle y fait apparaître, une place cruciale à la « bordure » de RDA qu'ils se donnent, comme témoignant de la « représentation qu'ils ont d'eux-mêmes et de la place qu'ils occupent dans le champ »[60] : l'un se présentant comme homogène, monologique, transmettant des « savoir-faire » pour une classe de langue, l'autre, qui diffusant des savoirs issus des « champs connexes » (la linguistique et ses théories, notamment) « avec lesquels il flirte et dont il se démarque », « exhibe son hétérogénéité »[61] sur un mode qui « flirte » aussi avec la vulgarisation.

1.3.2 Pertinence individuelle de la variation en Étendue (V_1)

Je ne tenterai pas d'esquisser un dégradé allant de Hérille, Montaigne, Flaubert... ou tel sujet doublant son dire d'une basse continue de *comme on dit*, *à ce qu'on dit*, *on dit*, etc., jusqu'à des sujets qui, de façon singulière, font le choix – délibéré ou insu – de s'énoncer sur un mode solitaire, altièrement dépourvu d'appuis et de garants, élégamment « désencombré » de ses échafaudages, ou allégé de ses dettes... On retrouvera plus loin cette variation d'amplitude de la bordure du dire à travers la façon dont elle est articulée aux autres variables.

Cette dimension personnelle est évidemment à l'œuvre dans tous les genres, dès lors que leur « norme de bordure » n'est pas strictement contraignante : on en évoquera seulement quelques manifestations.

Ainsi, dans leur variété, les multiples discours ayant pour objet déclaré, fictif ou réel, un sujet humain – mémoires, souvenirs, (auto)biographies, récits de vie, récits de cure (ou de « cas ») psychanalytique – font tous place à la parole de celui dont ils parlent, mais cela en quantité et selon des formes très variées.

La cure psychanalytique étant « une histoire de parole », son « écriture » – difficile – emprunte quant à l'étendue donnée à la RDA (et aux formes qu'elle prend) des chemins différents à l'extrême[62], depuis l'expérience – problématique – de la pure et intégrale restitution au DD des propos tenus[63], jusqu'au retour d'un analyste, à des fins théoriques, sur le déroulement d'une cure

---

60 Moirand (1986 : 27).
61 *Ibid.* : 32.
62 Question à laquelle s'est attachée un groupe de travail (2006–2009) auquel renvoie F. Sitri sur un corpus de 7 textes (2012 : 263–273).
63 Choix radical qui semble s'ébaucher dans le « dispositif théâtral », analysé par Sitri (2012) dans un texte de D. Vasse de 1995 figurant dans le corpus étudié.

dont le récit « passe », de façon bien moindre, par une diversité de formes de RDA[64].

Sur le versant « attaché à l'objet » de la variable (V_4), les genres et domaines à « objet humain » – récit de voyage en terre étrangère, étude sociologique, ethnologique « de terrain », évocation du passé ou écriture de l'histoire – présentent un fort gradient de différence dans la place faite au discours « autre » par le lieu, le milieu, le temps...

Ayant évoqué ci-dessus la norme d'avancée « multiréférentielle » du discours de recherche scientifique, on peut noter les écarts importants qu'y inscrivent les singularités d'écriture : la mise en regard de deux importants recueils de textes de linguistique, de Benveniste et Culioli – les tomes 1 des *Problèmes de linguistique générale* (1966) et de *Pour une linguistique de l'énonciation* (1990) – fait apparaître immédiatement – ce qu'un examen attentif confirme – une différence saillante quant à l'étendue de leur « bordure » de RDA. Au fil des notes de bas de page référant de façon précise, chez Benveniste, à d'autres travaux, l'avancée du discours se fait dans et en rapport avec une importante « société » de linguistes[65], là où frappe l'extrême « minceur » de l'interface avec l'ailleurs des autres discours dans l'écriture scientifique, tendanciellement « solitaire » de Culioli[66].

1.3.3 Stéréotypie réprobatrice à l'encontre du « trop de citations »

Il faut noter que – hormis les appréciations, de type académique, sur le caractère bien ou insuffisamment « informé » d'une étude, ou l'éventail des réceptions à des « exercices de type citationnel » comme ceux de Perec par exemple – la tonalité des remarques sur les bordures-interfaces importantes est, de façon dominante, *péjorative*.

Si c'est comme « constellée de citations » que l'écriture (d'assemblages et collages) de Mauriac – « petite planète » aspirant à « se trouver » dans « la Voie

---

[64] *Cf.* par exemple le texte de Pontalis, de 1995, figurant dans ce même corpus.
[65] Les 10 articles constituant les parties III et IV de Benveniste (1966 : 91–222) présentent nettement plus d'une référence en note par page (177 sur 121 pages, sauf erreur...) convoquant Saussure, bien sûr, mais aussi Meillet, Vendryès, Bloomfield, Sapir, Troubetskoï, Hjelmslev, Seebok, Godel, Malmberg, Guillaume, Marouzeau, Tesnière, Damourette et Pichon, Gougenheim, etc. : un panorama...
[66] En tenant compte de la bibliographie de 11 titres jointe (p. 80) à un article et d'un renvoi « large » (*ce que X, Y, Z etc. appellent*..., p. 51), le taux moyen de référenciation à un ailleurs discursif est de *une* référence par dizaine de pages (10+11 sur 205 pages, les échanges interlocutifs lors de discussion d'une présentation orale préalable de quelques articles, reproduits en fin d'articles, relevant d'une autre logique).

Lactée » de ses admirations – peut être évoquée[67], il n'en va pas de même lorsque Maurois caractérise la prose de Péguy comme « hérissée de citations »[68] ou que dans quelque chronique littéraire est dénoncée chez un auteur[69] « la manie de nous abreuver de citations en sautant d'un sujet à l'autre »...

« Manie, travers » – bêtise même lorsque l'ailleurs convoqué est celui de la sagesse des nations, le recours fréquent aux dires autres est aisément jugé abusif, taxé de psittacisme, témoignant d'un défaut de pensée-parole propre[70].

Ainsi, toute « bordure » (ou « peau ») du discours, génériquement non-contrainte, dit quelque chose de son énonciateur, de sa manière propre d'« *être-avec* » les discours autres – et les autres –, partie prenante de sa « manière d'être » au monde et au langage. Sous le titre « Le regard de Narcisse » une étude consacrée à Théophile Gautier, articulant « l'homme » à l'œuvre et à son style..., met en regard « une structure psychique originale » et des traits marquants de son écriture, dont un recours « maniaque » à la citation. Décrivant Gautier comme « détaché de la vie », souffrant d'une « absence », « inadhérence » au monde et au réel, M.-C. Schapira (1984 : 106 *sq.*) perçoit chez lui « une démarche défensive » contre le « vacillement du réel » et du « contour » empruntant deux voies : une recherche de la « matérialité des formes »[71] par la minutie hyper-réaliste et érudite de ses descriptions et, partie prenante de l'édification d'un « rempart de mots, de références » assurant des « conditions de *clôture* de sécurité », une « habitude de la citation » – si puissante que, « fétiche, efficace », elle se fait « tic de plume » s'offrant aux décomptes...[72]

---

67 F. Gai (2011), *cf.* ci-dessus chap. 12.2.3.2, p. 486.
68 Maurois, *Études littéraires*, t. 1 : 235–236.
69 G. Martin-Chauffier, à propos d'un ouvrage de Ch. Dantzig, *Paris Match*, 10–16 sept. 2015.
70 Analyse à tempérer... dès lors qu'on se retourne vers les cas (*cf.* chap. **13**) de *vraie* défaillance de parole propre, où, précisément, c'est une parole « *comme* citée » que produisent – je ne dis pas « énoncent » – des sujets qui ne sont pas en mesure de « citer », c'est-à-dire de « dissimiler » le dedans de la parole propre, du dehors du langage.
71 *Cf.* cette remarque de Gautier lui-même dans *Mademoiselle de Maupin* : « Aussi, par une espèce de réaction instinctive, je me suis toujours désespérément cramponné à la matière, à la silhouette extérieure des choses [...]. »
72 L'auteur faisant état dans *Les Jeunes-France* de 313 « citations de noms d'auteurs et d'œuvres », 308 dans le recueil des *Nouvelles*, 314 dans les *Romans et Contes*... (soit une par page environ), ce qui – même si le sens de « citation » n'est pas précisément spécifié – devrait correspondre à une consistante « bordure ».

2 Variable (V_2) : Taux de *Dispersion* des discours autres

Cette variable vise la diversité des *l* représentés dans le Discours : on ira de la concentration de l'ailleurs du Discours sur une source unique jusqu'à sa dispersion en une multiplicité de sources *distinctes*, en observant quelques configurations types – pluralités fortement structurées ou association d'un centre et d'une marge en halo dispersé. Cette variation se manifeste aussi bien entre les genres, les domaines, les styles personnels : on ne se propose que d'en donner quelques exemples.

Elle ne se confond pas avec le nombre d'actes *a* distincts représentés : un recueil des bons mots de Sacha Guitry tout au long de sa vie est un discours à ailleurs unique – à taux de Dispersion (V_2) nul. Elle ne se confond pas non plus avec le nombre de sujets parlants, leur identité singulière ou collective : c'est l'hétérogénéité des sources convoquées dans la bordure qui est en cause ; l'ailleurs dont un Discours se borde est aussi peu « dispersé » si c'est au « *on* » d'un groupe, milieu… qu'il réfère ou à « la totalité les études sur le sujet »[73], qu'à « mon cousin qui est très bien informé » ou au « Président Mao ».

Il s'agit, si l'on veut, pour la bordure, interface du Discours et de son extériorité, lieu par définition hétérogène, de sa « texture », de son « grain » plus ou moins hétérogène selon la diversité des ailleurs qui y jouent.

2.1 Centration du Discours sur un extérieur unique.

Exclusive ou seulement très dominante, la centration sur *un* discours autre opère également suivant les deux modes d'Émergence (V_4) du discours autre comme (2.1.1) « attaché à l'objet » ou (2.1.2) « associé » à sa progression.

2.1.1 Ailleurs unique attaché à l'objet (V_4) du Discours
Le fait pour un Discours de se donner une bordure-interface « attachée » (V_4) – sans distraction aucune ou presque – au discours autre unique dont il a fait son objet, peut relever de plusieurs fonctionnements discursifs :
– celui de l'espace générique du « tenant lieu » (*cf.* ci-dessus) où la moindre référence de la part du rédacteur à quelque *autre* discours autre serait tout à fait incongrue :

---

[73] Ou encore à la houle des paroles sur la place Saint-Marc ou à l'écoulement verbal des « tricoteuses », *cf.* chap. 5, exemples (73) et (74), p. 183.

?? Compte rendu – puisque c'est comme cela qu'on l'appelle maintenant – de séance de la commission

- celui (opposant la vive implication personnelle de leur énonciateur à la neutralité « professionnelle » des rédacteurs de « tenant-lieu ») des Discours polémiques qui présentent volontiers cette centration exclusive sur le discours visé ; celle-ci, qui n'est pas génériquement contrainte[74], manifeste plutôt une focalisation passionnelle sur l'ennemi à abattre, affronté, solitairement, sans soutiens extérieurs... Il en va ainsi, parmi des Discours étudiés précédemment[75] pour la place démesurée qu'ils font – via la MAE – aux mots ennemis, et qui, au-delà de cette forme, font « flèche de tout bois » en matière de RDA, de la très guerrière « Lettre Ouverte » de la psychanalyste L. Irigaray adressée à « Messieurs les psychanalystes », visés en *vous* comme cible unique – d'autant plus « unique » que se trouve explicitement dénoncée l'abolition de la singularité des personnes réduites à une « meute » indifférenciée de porteurs de la parole du Père-Maître – déployant densément, dans l'attaque d'un seul autre, toutes les ressources formelles de la RDA ;
- celui, aussi, parmi les genres de discours à large bordure de RDA évoqués ci-dessus (1.3) ceux, nombreux, dont la RDA renvoie exclusivement ou quasi-exclusivement au discours tenu dans l'ouvrage ou par la personne dont ils parlent (recension, critique littéraire, portrait...), auxquels on peut joindre dans les biographies la prédominance des propos de ceux qui en sont l'objet[76], ce que la lecture des Évangiles, comme recueil des dires de Jésus, ne vient pas contredire ;

---

[74] Ainsi le pamphlet anti-lacanien de F. Georges *L'Effet 'yau de poêle de Lacan et des lacaniens*, Paris, Hachette, 1979, « visant » sa cible principale, est-il assez librement ouvert à d'autres ailleurs... (*cf.* Authier-Revuz, 1995/2012 : 335).

[75] Dans Authier-Revuz (1995/2012 : 333-335) la diatribe *Assez décodé* lancée en 1978 par R. Pommier contre « la nouvelle critique » qui ne convoque nommément quelques auteurs – *via* diverses formes de RDA que comme autant de pantins, quasi-interchangeables, de *la* comédie intellectuelle en cours faite d'« imposture », de « cuistrerie » ; ou un texte (*Mémoire en défense. Contre ceux qui m'accusent de falsifier l'histoire*, La vieille taupe, Paris, 1980) – aussi odieux que « fou » – de Faurisson dressé contre le « mensonge » du « discours exterminationiste » relatif au sort des juifs pendant la seconde guerre mondiale, qui inscrit le face à face avec *un seul autre* et *dans un seul rapport*, (V_5), « meurtrier », à cet autre, mettant en jeu le « droit à l'existence pour l'un des deux discours seulement » (Authier et Romeu, 1984 : 67).

[76] Associés aux propos d'énonciateurs – parents, amis, relations... – *portant* sur cette même personne.

- celui, enfin, de textes littéraires qui font, de façon singulière, le choix d'un *l* omniprésent et unique (ou presque) : on a évoqué[77] l'expérience d'écriture du long volume à un seul *je* du *Portrait d'une dame* d'A. Frontier. Deux textes d'Annie Ernaux[78] présentent cette centration sur une altérité, individuelle pour l'un, « ma-mère-elle », collective pour l'autre : le « on » de la rumeur sociale qui fait le fond de *Les Années*. Du premier on peut dire qu'il est – au fil de chacune de leurs rencontres « depuis que [sa] mère a commencé de présenter des pertes de mémoire » – un « Journal des phrases » énoncées par celle-ci, tentative dépouillée et émouvante de sa fille de « recenser toutes ses phrases alors qu'elle ne parle presque plus » (p. 75), en témoin bouleversé mais soucieux de les recueillir exactement (quasi-exclusivement au DD) : au cœur de (presque) chaque brève séquence, datée du jour de la visite, une phrase qu'*elle* dit, raconte, ajoute... ou le souvenir de ce qu'« elle disait » autrefois (« cette phrase qu'elle disait », « souvent elle disait », « une de ses phrases... »), sa parole, « fixée », *domine* le texte : la diversité des autres voix – de ceux qui *lui* parlent, ou parlent/parlaient d'*elle*, de l'entourage anonyme, exceptionnellement émanant du monde extérieur (radio...), ne forment qu'un accompagnement[79].

Au livre du « Elle dit » consacré à sa mère, répond, avec *Les Années*, celui du « On disait », « sorte d'autobiographie impersonnelle »[80], fondue dans la rumeur collective dont des séquences – parfois à partir de photos – évoquant ce qu'elle faisait, croyait, pensait..., ne rompent pas le cours, illustrant l'exergue de J. Ortega y Gasset : « Nous n'avons qu'une histoire et elle n'est pas à nous ».

« Récit glissant dans un imparfait continu, absolu » dit l'auteur[81], ce texte n'accueille aucune parole d'autres singuliers[82], aucun « je », mais[83] la « parti-

---

77 Chap. 5.5.2.1 p. 184.
78 *Je ne suis pas sortie de ma nuit*, Gallimard, 1997, et *Les Années*, Gallimard, 2008.
79 Pour le journal des visites des années 1983–1985 (p. 15–52) c'est « elle » dont la parole est représentée dans 75% des formes de RDA.
80 *Les Années* p. 40 et « Elle ne regardera en elle-même que pour y retrouver le monde, la mémoire des jours passés du monde, saisir le changement des idées, des croyances et de la sensibilité [...]. » (p. 239)
81 *Ibid*, p. 240.
82 Sinon celles de voix « publiques » d'auteurs de chansons, de films, de livres, d'hommes politiques, de présentateurs d'émissions télévisées, dont les titres, les mots font partie du « fond sonore » du moment.
83 L'effacement du singulier se faisant ici plus en écho à la pensée du « social », comme principe de tout chez Bourdieu (comme le note L. Rosier, 2012 : 380 *sq*.), que dans le vertige de la dépossession de Flaubert et de ses « idées reçues ».

tion » que le « langage construisait avec constance »[84] pour qu'elle soit *reprise* – en position de « sujet » de divers verbes de dire – principalement par l'incessante voix du « on », démultipliée en :

> les gens, les parents, les enfants, les jeunes, les élèves, les riches, tout le monde, quelqu'un, nous, le leitmotiv, la conversation, la réclame, une pub, l'imagination commerciale, le discours du plaisir, etc.

qui

> disait, racontait, annonçait, évaluait, affirmait, convenait, répétait...

des mots – énoncés au DD, en fragments autonymes ou en MAE.

2.1.2 Ailleurs uniques – ou hyper-dominant – associé (V_4) au Discours

On a rencontré les deux genres du pastiche et de la parodie qui relèvent intégralement de cette mise en jeu d'un autre discours non pas comme *celui dont* on parle mais de celui *avec* lequel, *comme* lequel, en symbiose avec lequel, on parle d'un référent quelconque (tel « l'affaire Lemoine » dont Proust parle avec/comme Balzac, Flaubert...).

Un autre mode, souvent observé, rarement revendiqué par les énonciateurs, qui en sont d'ailleurs très inégalement conscients, et volontiers, au contraire, dénoncé, raillé... par ceux qui le notent, est celui de l'association récurrente à un discours autre, dans un Discours où l'appel à cet autre – généralement au titre de garant, porteur de vérité... – peut atteindre au statut d'une sorte de « préfixe » à toute assertion...

En relèvent, au fil de l'histoire, soulignés de façon critique par des observateurs extérieurs au groupe que ces références contribuent à « cimenter », les

> Aristote a dit..., Hippocrate[85] dit..., Les Saintes Écritures le rappellent..., Il est dit dans le Petit Livre Rouge..., On trouve dans le Coran..., Selon Lacan...

à la fonction de signe de ralliement placé ostensiblement en tête de parole.

---

84 *Les Années*, p. 213.
85 Dont se gausse Molière dans *Le Médecin malgré lui,* II-2 : « Sganarelle, en robe de médecin, avec un chapeau des plus pointus : Hippocrate dit... que nous nous couvrions tous deux./Géronte : Hippocrate dit cela ? /Sg. : Oui./ G. : Dans quel chapitre, s'il vous plaît ? Sg. : Dans son chapitre... des chapeaux./ G. : Puisque Hippocrate le dit, il le faut faire. ».

Ainsi R. Debray dans sa « Lettre aux communistes français [...] »[86] s'attriste-t-il du fait que

> Tout oppositionnel sait – enfance de l'art – qu'il lui faut se couvrir en citant d'abord à plusieurs reprises les propos du secrétaire général. « Comme le disait Georges Marchais dans sa dernière intervention... » – sans ce blanc-seing pas de salut, pas d'écoute. Rien de plus attristant que ce péage donnant le droit de circuler dans les avenues du Parti [...]. (p. 118)

De même que, dans le quotidien *Libération*[87], un lecteur ironisant sur le « Comme l'a si bien dit le Président Sarkozy (ou comme il le dira) » qui règle le discours de ses partisans, en recueille, sous le titre « Sarkolâtries », les « variations » dans une tribune publiée dans le journal :

> *Le temps est venu en effet, ainsi que l'a évoqué Nicolas Sarkozy* [...] *Très précisément, Le Président a exprimé son désaccord* [...] *À cet égard, le Président a montré le chemin* [...] *et Faisons nôtre l'indication de Nicolas Sarkozy pour* [...]. (idt)

Ce garant exclusif appelé en protection initiale de sa parole, qui n'est évidemment pas limité au champ idéologico-politique, apparaît communément dans la vie quotidienne : enfant traversant des périodes de « mon frère m'a dit... », épouse soumise se retranchant derrière un « mon mari pense que... », un des fils de F. Mitterand, ironiquement surnommé « papa-m'a-dit » dans le peu bienveillant petit monde politique, ou encore, inattendue pour qui songe au caractère affirmé – voire péremptoire – de sa parole ultérieure, cette évocation, par sa biographe, de S. de Beauvoir, jeune fille

> [qui] elle-même avait toujours à la bouche le nom de Maheu et ne pouvait commencer une phrase sans dire d'abord ce que lui pensait en la matière[88].

2.2 Pluralité structurante d'extérieurs

C'est le cas que présentent, par exemple, des textes théoriques visant à prendre position, relativement à une question en débat dans un champ qu'ils représentent comme traversé et configuré par plusieurs courants : je renvoie à l'analyse, faite de

---

86 1978, Seuil, Paris.
87 25–07–2007, Courrier des lecteurs.
88 D. Bair, *Simone de Beauvoir*, traduction française, 1991, Fayard, Paris, p. 148.

ce point de vue, de deux articles[89] dans lesquels le fonctionnement observé pour la MAE vaut pour l'ensemble de la RDA.

On voit ainsi dans un texte dont l'objet – ce dont il parle – est un article de Bourdieu (A), J.-L. Houdebine[90] faire appel à *deux* extérieurs d'appui : (B) Benveniste et (C) Freud-Lacan pour soutenir sa critique du premier (A).

C'est en passant par une configuration plus complexe que P. Encrevé – visant, dans sa présentation d'un numéro de revue intitulé « Linguistique et socio-linguistique », à penser la seconde comme partie légitime de la première – se positionne, à travers un réseau serré de rapports divers, dans une pluralité structurée de *six extérieurs* représentés : établissant d'abord des rapports de filiation à la dialectologie américaine (A), d'appui à la sociologie de Bourdieu (B), d'opposition à la grammaire chomskienne (C) ; pour, secondairement, revendiquer l'héritage saussurien (D), ceci conduisant à prendre ses distances vis à vis d'une « vulgate » du discours linguistique en matière de variété (E) et à critiquer le discours d'autres sociolinguistes (F).

Loin des rapports d'opposition/alliance/filiation structurant un champ scientifique, P. Von Münchow souligne, dans son étude contrastive des « guides parentaux » français et allemands[91], que ce discours se déroule en passant par « *Quatre locuteurs rapportés* principaux [...] : les experts, la doxa (et/ou l'entourage de la famille), l'enfant et le parent » selon des « distributions » de la parole – quantité, formes de RDA... qui en éclairent les fonctionnements. Le point que je retiens ici est que cette RDA, quadripartite, « fait société » de ces divers autres, interdépendants, instituant cette configuration d'autres parlants comme un trait – sujet à variation – du genre du « conseil éducatif ».

2.3 Dispersion des autres dans la bordure

Au-delà des pluralités organisées « d'autres », s'étend le domaine des autres disparates, éparpillés sans hiérarchie. Positionnement idéologique, stratégie politique, disposition psychique singulière, trait d'écriture... sont susceptibles de passer par cette dispersion des autres convoqués, dont on peut observer que – sans s'y confondre – elle présente une forte affinité avec le versant « associé » du mode d'émergence (V_4) dans le Discours.

---

[89] *In* Authier-Revuz (1995/2012 : 429–431).
[90] J.-L. Houdebine (1976a).
[91] Von Münchow (2011) et (2012).

Notons que, génériquement « dispersés », les genres « collecteurs » de discours dispersés – florilège de citations relatives à un thème ou dictionnaire de citations associées à un mot – relèvent, genres limites du point de vue de cette opposition (V_2), d'une dispersion « de principe », organisée autour d'*un* thème, de *chacun* des mots.

Dans le champ idéologique, l'étude que D. Maingueneau[92] a consacré à l'opposition qui traverse le champ du discours religieux au XVIIème siècle en France, entre l'« humanisme dévot » des jésuites et le mouvement janséniste, fait exemplairement apparaître cette variable (V_2) du taux de Dispersion comme un point saillant de leur divergence : l'étendue et la diversité de la « bordure-interface » par laquelle les premiers manifestent leur *ouverture* sur le monde profane et leur souci d'en concilier les multiples visages à la doctrine chrétienne dans une dispersion de leurs ailleurs, est clairement un trait auquel les seconds répondent par une centration rigoureuse sur le cœur, notamment primitif, du discours de l'Église, assortie à leur idéal de solitaires. Je renvoie particulièrement aux pages (p. 145–148) consacrées aux bibliothèques des uns et des autres, comme concrétisation de l'« espace du citable » qui, pour les jésuites,

> contiendra les ouvrages des meilleurs auteurs de l'Antiquité gréco-latine, des traités de cosmologie, de rhétorique ou d'histoire naturelle... *à côté* des textes de la tradition et de l'Écriture.

là où la bibliothèque janséniste

> cherche à coïncider le plus exactement possible avec le corpus de l'Église, posé comme un univers textuel *restreint*, *clos*, *stable* et *homogène*, dont la dispersion spatio-temporelle est conjurée par sa résorption dans la ponctualité d'un unique auteur, l'Esprit-Saint. (p. 146)

Le champ politique offre un bel exemple de stratégie offensive de renouvellement d'une pensée – celle de la droite des années 1970–1980 – par l'ouverture la plus dispersée qui soit à des ailleurs nouveaux et imprévus, rompant avec l'interface frileux de références usuelles aux garants ou ennemis reconnus : celui – étudié avec précision par S. Bonafous et P. Fiala[93] de la revue *Éléments*, fer de lance d'une Nouvelle Droite dont les éditoriaux tranchent, par leur bordure « efferves-

---

[92] Maingueneau (1984), chap. V, partie 2 notamment, dont on retrouve de précieuses présentations synthétiques dans (1987 : 89) ou (1991 : 200–202).
[93] Bonafous-Fiala (1986), Fiala (1986) dont Authier-Revuz (1995/2012 : 435) propose un résumé soulignant, dans l'esprit du parcours suivi dans le présent ouvrage, le « jeu » de variables que dégage leur précieuse étude.

cente » – en quantité et diversité – non seulement avec le mode dominant (sobre en RDA) de l'écriture du genre de l'éditorial, mais aussi avec l'extériorité révérencieusement centrée, dans *L'Appel*, sur De Gaulle au titre de père fondateur, comme avec la focalisation marquée sur le discours de l'« adversaire de gauche » que partagent plusieurs publications de droite affirmée ou extrême[94]. Le numéro 1 de la revue *Éléments*, dans un éditorial[95] dirigé contre les déclarations pacifistes de l'église de France, donne le ton, affichant une « bordure-interface » qui, à travers les formes les plus diverses de RDA, tend à recouvrir quasiment tout le texte, et dans laquelle se rencontrent[96], amis ou ennemis[97], non seulement :

> personnalités civiles et surtout militaires, représentants de la hiérarchie de l'église de France, l'Église, les officiers, les évêques...

mais aussi

> les « défavorisés », l'empire Romain, les citoyens de la Jérusalem céleste, Spengler et Tertullien (*De l'idolâtrie* XIX et *De Corona* XI), etc.

L'exemple d'une bordure, reflet tragique de la difficulté pour un sujet à « être avec » les autres sur un mode « vivable », est celui que présente le récit à la première personne, par une jeune fille, de son internement de quatre mois pour anorexie en hôpital psychiatrique[98]. Cri de refus d'un bout à l'autre, ce texte s'apparente aux textes intégralement polémiques évoqués ci-dessus ; mais ceux-ci, passionnément attachés à leur cible, rejetaient *un* discours autre ; rien de tel ici pour un être qui, rejetant le monde qui l'entoure, rejette *tous* les mots des discours les plus divers – ceux des « ils » dont elle répète « ils ne m'auront pas », des « eux » du « on », parents, mère en particulier, médecins, soignants, discours

---

94 *La Lettre de la Nation, Le National, Militant*.
95 Par Alain de Benoist (*alias* Robert de Herte).
96 En tant qu'ils « parlent, disent écrivent, déclarent, répondent, ajoutent, donnent à choisir, demandent, affirment, polémiquent, critiquent, dénoncent, attentent au moral de l'armée ou provoquent [les] militaires à la désobéissance... ».
97 La stratégie consistant à faire appel aux mots de l'adversaire, pour s'en emparer en les « retournant », a été souvent mise au jour. *Cf.* par exemple : Constantin de Chanay (2010), dans son étude du débat (2007) entre S. Royal et N. Sarkozy, montrant comment dans le « profil idéologique » (p. 311) que chacun dessine de lui-même par sa « convocation sélective » de tiers extérieurs, il apparaît comme une spécificité du second « de ratisser plus large, de préférence à gauche, sur les terres de son adversaire [Mitterand, Zapatero...] « comme il l'avait fait en d'autres circonstances avec Jaurès. » (p. 317)
98 V. Valère, *Le pavillon des enfants fous*, Éd. Stock, Paris, 1978 ; *cf.* Authier-Revuz (1995/2012) : 422–424).

social anonyme – sans aucune position de repli, c'est-à-dire dans l'omniprésence d'un discours extérieur honni, sans « intérieur » possible comme « lieu » propre où habiter. Le rejet des discours autres « vomis », « qui ne devraient pas exister » s'étend, bien au-delà du lexique médical (« "nourrir une névrose" comme ils disent », p. 220), au « vocabulaire de tout le monde » (« famille, fils, mère, mettre un enfant au monde, gâcher, profiter de la vie »), et c'est l'ensemble de la RDA qui est à l'unisson de ce refus tous azimuts du monde et de *tous* les discours qui le disent – refus qui, tragiquement, cherche une issue – qui ne sera pas trouvée – dans le fait de *le dire* :

> Je suis seule [...] à vomir ces gens [...] cette société [...] Gardez-le votre monde [...] je ne l'accepterai jamais, ce n'est pas le vrai [...] Je ne veux pas dire les mêmes mots [...] je ne veux pas utiliser le même langage, je ne suis pas de leur monde, je préfère me tuer. (p. 15, 19, 43)

Bien entendu, la dispersion des autres dans une dense interface revêt d'autres couleurs que celle de cette asphyxiante bordure « de combat » contre tous. Montaigne, Proust, Pérec, San Antonio... et tant d'autres sont là pour témoigner que la dispersion des autres « associés » (V_4) dont, diversement, s'accompagnent, « en bordure », des écritures littéraires, s'inscrit – riche, nourricière, joueuse, imprévisible, réactive, curieuse, gourmande ... – du côté d'un « être-avec » *vivant*.

2.4 Forte centration et frange de liberté

La combinaison dans la bordure d'un Discours entre *un* autre hyperdominant et *des* autres « dispersés » à émergence unique s'observe avec une régularité quasi-générique dans des Discours – écrits ou oraux « formels » – explicitement consacrés à un objet discursif ; l'opposition (V_4) attaché/associé venant redoubler le caractère centré/dispersé des extérieurs représentés : à la forte – voire massive – présence, contractuelle pourrait-on dire, de l'autre dont le Discours s'est chargé de parler, répondent les appels ponctuels à des voix autres, diverses, choisies librement par **L**, comme « associées », pour accompagner son propos.

D'un tel « schéma de bordure » relèvent des genres aussi différents – canal, étendue, contexte... – que (a) des monographies consacrées à un auteur ou (b) le genre rituel des discours de réception à l'Académie Française.

a) La précieuse traversée de l'œuvre de Balzac au prisme de « La Vie quotidienne dans *La Comédie humaine* », dans laquelle Ph. Berthier (1998) guide le lecteur, s'en remet pour une large part à la parole de Balzac : encadré par l'annonce en page de garde : « Toutes les références renvoient à l'édition de *La Comédie humaine* dans la Pléiade », et en fin de volume, la récapitulation – comme l'affichage d'une bordure balzacienne – de 18 pages de notes répondant aux appels figurant dans le texte qui, pour plus de 90% réfèrent précisément à un écrit de Balzac[99], le texte lui-même est dominé par le dire autre de Balzac : toujours maximalement marqué (V_6) en DD, ou MAE, au fil du Discours, et souvent comme émancipé par une disposition paginale détachant (sans guillemets) par une marge plus importante, de larges coulées[100] de plus d'une page parfois, de « morceaux choisis ».

À ce composant de base de la bordure (« attaché » à l'objet du Discours) s'ajoutent – occupant une bien moindre étendue[101] – plusieurs strates de discours autres, diversement associées au Discours. La première, propre à l'inscription du texte dans l'espace des « études littéraires », et qu'ignore conséquemment le rituel (2.4.b) des Discours à l'Académie Française, consiste en renvois, généralement brefs, de formes variées, DI, DD, MAE, toujours *précisément* référencés (V_3) : renvois à quelque pairs choisis dans l'immense interdiscours des études balzaciennes (et partageant donc *le même « objet »*). La seconde fait place à quelques écrivains qui – hormis Proust, associé « obligé » par les échos qui se font entre ces deux peintres de la vie mondaine – font tous partie, Stendhal, Barbey, Chateaubriand, J. Gracq..., de la société choisie de l'auteur ou de son panthéon personnel[102].

La dernière strate de la bordure porte, elle, au plus haut degré, dans ses « associations » à des discours autres, la dimension de *choix* apparue avec la précédente; liberté, fantaisie, caprice, légèreté... caractérisent autant le choix des autres – disparates, imprévisibles, insolites... – que la forme cavalière de leur référenciation dans l'interdiscours (V_3) : au fil du Discours surgissent ainsi, au gré de l'énonciateur, sans autre « raison » que celle de son bon plaisir, de ses goûts et de ses associations d'idées : Lautréamont, Mallarmé, Artaud, Chardonne, etc., sans alourdir de références précises et d'appels de notes... ces émergences, les divers degrés de désinvolture dans le marquage faisant plus ou moins appel à la connivence :

---

99 Notes que redouble l'ensemble (10 pages) *strictement balzacien* des index des œuvres et des personnages évoqués dans l'ouvrage ; cependant qu'une seule double page d'« Éléments de bibliographie » suffit à insérer l'ouvrage dans un environnement interdiscursif restreint.
100 Dont la liaison avec les mots de Ph. Berthier offre le plus riche répertoire de DD « annoncés » (*vs* « construits », *cf.* chap. **8**) et des formes de continuité syntactico-énonciative de MAE.
101 Une trentaine de formes au total, là où c'est par centaines que se comptent les omniprésents fragments de Balzac.
102 Comme en atteste, en tête d'ouvrage, la rubrique « Du même auteur », mentionnant les études que celui-ci leur a consacrées.

– *l* et guillemets :

> [...] la frivolité – « état violent », comme le dira Oscar Wilde (p. 117)
> La province, dirait Lautréamont, c'est « tics, tics et tics » (p. 250)

– *l* sans guillemets :

> Si, comme l'a affirmé Chardonne, l'amour c'est bien plus que l'amour, Balzac c'est bien plus que Balzac (p. 312)

– guillemets sans *l* :

> [...] un jeune poète peut-être génial, « suicidé de la société » (et quel suicidé ne l'est pas ?) (p. 310)

– et surtout, en abondance, degré zéro de l'allusion :

> Aboli bibelot d'inanité sonore, le parlage provincial, en roue libre, dévide machinalement ses pseudo-échanges. (p. 250)
> Mais là encore, la pesanteur est souvent plus forte que la grâce (p. 246)
> Il ne reste plus désormais qu'à [...] reconquérir les provinces mondaines perdues [...] le regard crânement fixé sur la ligne bleue des salons. (p. 263)

b) Au cœur du rituel de cooptation d'un nouveau membre à l'Académie Française, les deux discours qui se répondent– discours d'accueil célébrant l'impétrant, discours d'éloge, par celui-ci, de celui qu'il remplace – illustrent cette même configuration de RDA d'un centre « assigné » (V_4) à celui dont on parle, ici dans une tonalité (V_5) positive, qu'accompagne une frange vagabonde offerte aux autres librement associés (V_4).

Au fil de l'histoire de l'Académie, c'est un passionnant corpus de RDA[103] qu'offre cet ensemble de discours hypernormés, précisément par la mise en œuvre de ce parquoi chacun se spécifie : le choix des formes (V_6) de la RDA « contractuellement » attachées (V_4) à l'objet et celui, sans restriction, des voix autres diverses appelées à se mêler (associées V_4) à son propos – porteurs des effets et stratégies les plus divers dans l'accompagnement qu'elles font – consonnant, complice, distancié, discordant – à la ligne dominante et obligée des panégyriques.

---

[103] *Cf.* le précieux travail de M. Kolopp (1997) sur lequel je m'appuie.

Je n'en prendrai qu'un exemple[104], lié au hasard des successions, qui confie à un poète surréaliste, Roger Caillois, la charge de faire l'éloge d'un historien de l'Antiquité, Jérôme Carcopino, dont rien – l'œuvre abondante et érudite, la carrière universitaire et administrative, marquée d'un épisode vichyssois – ne le rapproche. Caillois remplit son contrat par la place prépondérante qu'il fait à la RDA de son prédécesseur : mais – très significativement par rapport à d'autres discours[105] – c'est massivement par des formes (V_6) non autonymisantes (DI, MAS)[106], celles-ci étant, pratiquement, confinées dans la mention des titres d'œuvres, prêtant ainsi minimalement sa voix aux mots de l'autre ; et le bouquet composite des voix amies – Borgès, Pascal et Picasso, Saint-John-Perse, l'Ecclésiaste, etc., et Rimbaud, longuement, pour finir – que, convoquées en DD, MAE, il *associe* (V_4) au sens fort à sa parole, ouvre – peu accordé à celui dont l'éloge lui est échu – sur la liberté d'un espace personnel.

3 Variable (V_3) : degré de *spécification* des coordonnées référentielles du discours autre

Par spécification des coordonnées référentielles du *a* représenté, ce qu'on vise ici est limitatif par rapport *(a)* à ce qui a été évoqué (chap. **5**.3) comme contextualisation représentée et *(b)* au degré de précision de la représentation de l'énoncé lui-même. Ainsi un énoncé du type :

> Hier matin, à sa descente d'avion, l'actrice a échangé des propos aimables avec le metteur en scène.

où *l, r* sont identifiés, temps et lieu de l'acte de parole spécifiés, sera considéré comme présentant « un degré élevé » de spécification des coordonnées de l'acte représenté, alors que la représentation du contexte *(a)* – nécessairement « incomplète » – peut être estimée « insuffisante » (Quelles sont les relations entre les deux personnes ? Quel est l'enjeu de cette rencontre ? etc., toutes choses susceptibles de donner du sens aux « propos aimables »), et minimale la représentation des énoncés eux-mêmes *(b)*.

---

[104] Janvier 1972. Éloge par R. Caillois de son prédécesseur J. Carcopino.
[105] Celui de son accueil à la même séance par R. Huyghe, ou celui par lequel, chaleureux, admiratif et complice, il accueillera C. Levi-Strauss (juin 1974).
[106] Passant de surcroît préférentiellement par des formes de DI « catégorisantes » (*cf*. chap. **6**.4, ou réduites au « thème » du discours, chap. **7**.3) au détriment des reformulations en « Vparole *que P* ».

3 Variable (V₃) : degré de *spécification* des coordonnées référentielles du discours autre — **611**

Ce qui est visé ici, c'est le degré d'identification de la source *l* d'un acte *a*, se situant entre les pôles où se situeraient, par exemple :

> Les derniers mots de Goethe ont été : « Mehr Licht ».

de l'acte de parole spécifié d'un *l* identifié, et

> Il y a des gens aujourd'hui qui soutiennent que la terre est plate.

d'actes de paroles non situés dans l'espace et le temps, émanant de sources *l* indéfinies.

Le degré de spécification du discours autre représenté présente une pertinence aux plans des genres, des discours, comme facteur de caractérisation différentielle globale *entre* les Discours d'une part, et *dans* les Discours d'autre part, comme facteur de différenciation interne à chacun entre leurs discours autres.

3.1 Pertinence différenciatrice entre genres, domaines ou sphères discursives

Sur une échelle de spécification décroissante, on peut, par exemple, situer (en renvoyant largement à des cas déjà rencontrés) comme relevant d'un degré

(i) maximal :
– les genres de « tenant lieu » à statut juridique, ou impliqués dans des parcours fortement contraints : procès verbaux, compte rendus de séance officielle, minutes de procès, rapports de psychiatres ou d'assistantes sociales ;
– les genres des « Questions au gouvernement »[107] ;
– les « références » complètes requises par le discours scientifique, comportant N propre et « adresse interdiscursive » précise ;

(ii) intermédiaire :
– la vulgarisation scientifique, pour laquelle contrairement au genre précédent, c'est le flou des indéfinis ou des Npropres sans « adresse interdiscursive » qui est de mise : *les experts, la communauté scientifique, le professeur X* ;

---

[107] *Cf.* ci-dessus chap. **5** ex. (25), p. 163.

- le « genre » de l'exergue, ne spécifiant, normalement, que le nom propre de l'auteur ;
- les « citations d'auteur » dans les Dictionnaires de langue[108], les recueils de citations sur des mots, des notions, les florilèges sur un thème ;
- le genre du sermon, analysé par Maingueneau (2010)[109], privilégiant, pour le recours aux textes sacrés, la référence aux seuls N propres, significativement dépourvus de l'historicisation désacralisante d'indications spatio-temporelles ;
- les genres visant à « éduquer » les gens, les parents, les enfants, l'enseignant, l'élève, le mari, le patron, etc., et prônant ou dénonçant des façons de dire propres à ces entités génériques ;

(iii) minimal :
- dans le champ de la connaissance, les manuels préférant l'énoncé de vérités établies (*P, on sait que « P »*) à la référence à des sources (*l a montré, selon l...*) ;
- les Dictionnaires de proverbes, c'est-à-dire recueillant les énoncés issus de l'immémoriale « sagesse populaire » ou « des nations », c'est-à-dire sans source aucune.

Ils rejoignent en cela les « Dictionnaires des idées reçues » recueillant le dire anonyme de la doxa (contrairement au plan de leur énonciation, en discours, où proverbes et stéréotypes se distinguent).

Remarque 5 : Le dire des proverbes et des idées reçues. Les idées reçues *peuvent* être énoncées comme telles, c'est-à-dire représentées (RDA), à distance, avec ironie ou adhésion, mais, le plus souvent elles sont incorporées au discours comme son tissu même. En revanche l'énonciation d'un proverbe, énoncé saillant reconnu comme tel, relève foncièrement de la RDA comme autre associé (V_4) au Discours ; cette énonciation passe par les modes autonymisants du DD ou de la MAE, sous des formes diverses : (1) à marquage zéro (DDL, allusion), (2) purement typographiques, (3) avec « explicitation » d'une source, comme annulée dans l'indéfinition du « on » (*on dit, comme on dit, on a raison de dire [que]*...) ou « court-circuitée » dans la réflexivité de *le proverbe dit, comme dit le proverbe*.

---

108 Le degré zéro de la spécification s'atteignant avec l'épuisement de la notion d'acte de parole, dans le « on dit » d'un fait de langue : « En français *on dit* : "traverser la rivière en nageant" là où *l'anglais dit* : "To swim across the river" ».
109 *Cf.* ci-dessus chap. **5.5.2.2**, p. 185 ; le recours aux « grands associés » (V_4) – Mao, Lacan, Der Führer, ou « papa m'a dit » – empruntant volontiers ce même mode d'appel *global* à une autorité alors même qu'on en cite *des mots*.

Parfois accompagnée de distance ironique par les énonciateurs, cette énonciation de proverbes est volontiers représentée (RDA dans une RDA) comme apanage de personnages (théâtre, roman) ridicules, et symptôme de leur « bêtise » (au moins apparente). Qu'on pense à ce qu'A. Roger, dans son *Bréviaire de la bêtise*[110], appelle les « crises » ou les « bouffées » proverbiales de Sancho Pança, aux batteries de proverbes et de tautologies que Sganarelle tente d'opposer à la raisonneuse ironie de Don Juan, comme dans la tirade[111] commençant par

> Sachez, Monsieur, que tant va la cruche à l'eau, qu'enfin elle se brise; et comme dit fort bien cet auteur que je ne connais pas, l'homme est en ce monde ainsi que l'oiseau sur la branche [...].

ou encore Figaro raillant Bazile[112] :

> Ah ! voilà notre imbécile avec ses vieux proverbes ! hé bien ! pédant, que dit la sagesse des nations ?

3.2 Pertinence différenciatrice relevant de choix singuliers

Les exemples sont multiples d'un degré de spécification relevant, non pas d'une prescription générique mais d'un choix énonciatif singulier[113].
– Relevant d'un degré élevé de spécification, on peut évoquer l'expérimentation littéraire d'A. Frontier dans *Portrait d'une dame*, jouant du contraste entre des coordonnées – identité, jour, heure... – « anormalement » spécifiées et l'absence de contextualisation, situationnelle et dialogale, livrant les mots « sans filet »...
– À l'inverse le discours de la ville – entendu, lu sur les murs... – qu'orchestre Döblin dans *Berliner Alexander-Platz* est celui d'une multiplicité anonyme, à laquelle Butor donne la forme d'une houle roulant au pied des murs de la Place Saint-Marc à Venise.
– Se répondant, sous la plume d'un même auteur, Annie Ernaux, on a évoqué[114] le discours autre représenté maximalement spécifié – identité de *l*, lieu, jour – de « Elle », sa mère, aux paroles « recensées » une par une et, à l'inverse, dans

---

110 Roger (2008 : 73–80), dans un séduisant parcours posant le « c'est comme ça » et le « depuis toujours » comme « les deux piliers de la bêtise rustique du proverbe » se présentant comme le dépôt d'une expérience immémoriale ».
111 Molière, *Don Juan*, acte V scène 2, « sublime en son genre (la bêtise) », dit A. Roger (2008 : 78).
112 Beaumarchais, *Le Mariage de Figaro*, acte I scène 11.
113 Je privilegie ici les textes déjà rencontrés chap. **5.5.2.1**, p. 184 notamment.
114 *Cf.* ci-dessus 2.1, p. 601.

Les Années, le mouvement d'un discours qui se produit, sans actes d'énonciation spécifiés – source, temps, lieux indéfinis d'un « on disait »...
- Se faisant vis-à-vis, dans un même contexte (discussion à l'Assemblée Nationale au sujet de l'abolition de la peine de mort), ce sont aussi deux énonciateurs dont les positions idéologiques opposées s'appuient, on l'a vu[115], d'un côté sur le discours de l'opinion, « des gens », pour, de l'autre, faire appel aux paroles, fortement spécifiées, de « grands hommes ».

3.3 Pertinence différenciatrice *dans* un discours, texte.

Les effets *internes* à un Discours qu'inscrit une différence dans le degré de spécification des autres discours qu'il accueille, se situent sur plusieurs plans.

3.3.1 Structuration d'un récit fictionnel

Deux plans de RDA à degré de spécification opposé – celui de personnages déterminés s'exprimant à des moments particuliers de l'histoire *vs* celui de la voix au contours imprécis de l'« Histoire » ou « des gens » – peuvent s'articuler, diversement, dans la voix narrative d'une fable, d'un conte, sur un mode globalement structurant.

Différant en cela de la plupart des fables de La Fontaine où nous entrons de plain-pied dans le récit – directement énoncé par le fabuliste – des aventures et propos de « Maître Corbeau » ou du « Souriceau tout jeune... », certaines s'ouvrent par la référence à une autre voix qui précède et d'où procède celle du fabuliste. C'est alors l'ensemble du récit qui se trouve inséré dans une structure de RDA, enchâssé dans *on dit que* ou *j'ai lu dans... que*[116] :

> Les Levantins *en leur légende* / *Disent* qu'un certain Rat... (VII-3) ; *On conte* qu'un serpent... (V-16) ; *J'ai lu chez un conteur* de fables... (III-18) ; *J'ai lu* dans quelque endroit... (III-1) ;

modalisé en assertion seconde par *à ce qu'on dit...* :

> [...] la poule, *à ce que dit la fable* / Pondait tous les jours un œuf d'or... (V-13) ;

---

115 *Cf.* chap. 5.5.4.2, p. 191, **11**.3 (48), p. 462 et Micheli (2006, 2007).
116 Cadrage initial qui peut, comme dans III-1 (« J'ai lu en quelque endroit »), être redoublé, deux vers plus loin, par un « si j'ai bonne mémoire ».

3 Variable (V_3) : degré de *spécification* des coordonnées référentielles du discours autre — 615

ou accompagné d'une incise[117] :

> Un envoyé du Grand Seigneur / Préférait, *dit l'histoire*... (I-12) ; Les animaux [...] s'assemblèrent, *dit-on* (VI-6) ;

le récit prenant place dans une vaste mémoire dont le fabuliste se fait le transmetteur.

Ce peut être aussi, non en cadrage initial de toute la fable mais en touche légère, que surgit ponctuellement dans le récit, en incidente, le rappel du vaste « avant et ailleurs » discursif dont la fable s'est détachée ; ainsi :

> Certain Renard gascon, *d'autres disent normand*, / Mourant... (III-5)

ou seulement au terme (ici fatal) de l'errance « grimpante » des *Deux Chèvres* entêtées de prestige nobiliaire

> [ayant] la gloire / De compter dans leur race, *à ce que dit l'histoire*,/ L'une certaine chèvre... (XII-4).

Plus insolite[118] est le jeu, à deux RDA, inégalement spécifiées que dégage J.-M. Adam (2006b : 41) dans le genre du conte : l'apparition chez Perrault, « aux frontières du conte », – lorsque s'achèvent les aventures de *Riquet à la Houppe* ou du *Petit Poucet*, avec toutes les paroles, les dialogues dont elles s'accompagnent – de la voix de « quelques-uns » ou de « bien des gens » qui « disent », « assurent », *etc.*, bref commentent l'histoire qui *précède*. Ainsi se succèdent immédiatement deux plans de RDA, celui de[119] :

> *La Princesse n'eust pas plus tost prononcé* ces paroles que Riquet à la houppe parut à ses yeux l'homme du monde le plus beau [...] qu'elle eust jamais vu

et celui de :

> *Quelques uns assurent que* ce ne fut point les charmes de la Fée qui opérèrent, mais que l'amour seul fit cette métamorphose. *Ils disent que* [...], *que* [...] *et que* [...] : [...].

---

117 Qui, *cf.* chap. 9.3.2.2, p. 351, neutralise l'opposition *l dit/selon l*.
118 C'est-à-dire ne relevant pas de la classique structure d'emboîtement de récits dans laquelle L inscrit, dans la dépendance d'une autre voix *l*, le récit – faisant figurer d'autres autres (l_1, l_2...) – qu'il tient de la première (*l*).
119 Cités d'après Adam (2006b : 41).

En passant du récit à RDA bien spécifiée (*l* identifié, actes situés) des personnages, à la représentation imprécise (*l* indéfini, actes non situés) de commentaires au sujet du récit, la voix narrative n'enchâsse pas son récit dans un cadre plus vaste qui, homogènement, l'englobe, mais – « surprenant changement de cadrage énonciatif » dit Adam – *se déporte* dans un ailleurs discursif, problématique, hétérogène au fonctionnement du conte.

3.3.2 Classer les autres d'un Discours par leur degré de spécification
Le classement – volontiers hiérarchisant, voire axiologique – des discours autres par leur degré de spécification s'observe dans des genres, des champs divers et aussi dans des textes singuliers.

On a évoqué[120] – comme propre à un ouvrage de « psychologie du bonheur » et au genre dont il est un représentant, et comme essentielle dans l'image qu'il veut donner de lui –, la forte structuration en trois « cercles » d'autres, définis par le type et le degré de leur spécification : celui, minimal, de la voix anonymisée de patients, celui des noms illustres, incarnation de pensée profonde et d'humanité, sans référence précise, celui, enfin, des experts, garants de la scientificité où s'ancre le discours, cités avec toutes les normes requises.

Dans le champ des Sciences Humaines l'écart est clairement saillant entre la représentation de la « voix du terrain », orale, des « informateurs » – très majoritairement indéfinis : « on, un habitant, un ancien, un résident, les gens, la population » – et celle « de la science » écrite, des publications émanant des autorités et des pairs, maximalement référencées[121].

A. Bolón (1996 : 197–207) fait apparaître comment, dans un long article du journal *Le Monde*[122], intitulé « Les petits frères des beurs », s'opposent deux types de représentation de discours émanant, respectivement :
– d'un ensemble d'énonciateurs, chacun désigné par son Nom propre, souvent assorti d'indications sur son statut social et son expérience, tels, par exemple :

> [...] le sociologue Adil Jazouli qui vient de visiter une quinzaine de banlieues « chaudes » de Lyon, Marseille et Paris [...] ; Christian Delorme, que l'on surnommait « le curé des Minguettes » [...] ; Andrée Chazalettes, déléguée du Fonds d'Action Sociale dans la région Rhône-Alpes [...] ;

---

120 Chap. 5.3.2, p. 161 et chap. 12.2.1, p. 479.
121 Je me fonde, notamment, sur l'étude précise par M. Ossard (1995), d'un numéro de la revue d'ethnologie *Terrain*, consacrant sous le titre « Boire » (n°13, octobre 1989) 18 articles à la diversité – en France et ailleurs – des pratiques sociales de boisson.
122 *Le Monde*, 11-10-1990.

3 Variable (V₃) : degré de *spécification* des coordonnées référentielles du discours autre — 617

– et de la collectivité des « petits frères des beurs », apparaissant comme *pluralité anonyme*, principalement en *ils* (moins souvent en *certains*, une fois en « ces beurs ») :

a) [...] *ils* sont passés à la télé, et d'ailleurs s'en vantent : *ils* ont fait reculer les forces de l'ordre...
b) [...] soucieux de leur « look », *ces beurs* n'ont que mépris pour les « loques » que sont à leurs yeux les drogués...
c) *Ils* se ne reconnaissent pas en Harlem Désir, « c'est un *Bounty*, noir dehors, blanc dedans » lancent ironiquement *certains*.

Remarque 6 : Degré de spécification et formes de RDA (V₆). On notera que, dans ce texte, la différence dans la spécification des énonciateurs se double d'une opposition dans les formes de RDA mises en œuvre : DD assortis, en incise, de verbes comme *disent, soulignent, remarquent* du côté des observateurs ; diversité de formes de l'autre côté – des « observés » –, ayant pour résultat commun de « ne pas laisser la parole aux énonciateurs » : en la reformulant largement (a-b-c) ; en y pointant des « manières de dire » (b) ; et plus remarquablement en faisant intervenir (en c) un DD qui, préalablement reformulé par L, est, largement vidé de son statut d'événement de parole porteur de sens, réduit à la monstration d'une manière de dire[123].

On retrouve cette corrélation entre spécification de la source (V₃) et précision de représentation des énoncés (V₆) dans *Les Rêveries du promeneur solitaire*, où s'opposent deux versants de RDA : le premier est celui du souvenir évoqué par Rousseau de ses propres propos – représentés précisément dans leur singularité, de façon émue ou pittoresque (au DD, DI) – et parmi eux, dans la dernière promenade, écrite « Aujourd'hui jour de Pâques fleuries » anniversaire des cinquante ans de sa rencontre avec Madame de Warens, dernière parole que le texte évoque, qui devait ouvrir sur « le bonheur de sa vie » : « j'engageai maman à vivre à la campagne » ; le second, maximalement indifférencié, du discours « du complot » ravalé à l'indistinction d'énonciateurs pluriels anonymes – *mes persécuteurs, mes ennemis, tous les philosophes, l'opinion...* – incessamment représentés en *ils* et *eux*, et de propos réduits (touchant à la limite de la RDA qui requiert la représentation d'un contenu) à leur catégorisation comme « offenses, outrages, arguties, sophismes, insensés jugements des hommes... »

---

[123] « On produit une absence d'énonciation en montrant leurs mots » (p. 206), faisant de la parole de ces énonciateurs une « absence d'événement » (p. 202), analyse A. Bolón (1996) qui rejoint ce que Voloshinov (1929/1977 : 185 *sq.*) décrit comme « discours direct vidé de sa substance » ; voir ci-dessus chap. **9** notes 63 et 64, p. 357.

3.3.3 Effets de perspective et contrastes dans le roman

Le jeu de l'alternance entre discours indéfini – bavardage, caquetage, brouhaha, bruit, rumeur... – d'une collectivité, de « tous », de la foule, de l'opinion, du « on »[124], et la parole singulière prêtée à un personnage, est un ressort de l'écriture romanesque.

Victor Hugo l'orchestre dans *Les Misérables*[125] lorsque, à l'errance à travers Digne de Jean Valjean, rejeté de partout dans sa quête d'un repas et d'un refuge pour la nuit (chap. 1), répondent, successivement, la rumeur de la ville dont Madame Malgloire se fait l'écho auprès de Monseigneur Myriel – morceau de bravoure de non-spécification des discours représentés :

> [elle] avait *entendu dire des choses en divers lieux*. *On parlait* d'un rôdeur de mauvaise mine ; qu'un vagabond suspect *serait* arrivé, qu'il *devait* être quelque part dans la ville, et *qu'il se pourrait* qu'il y eût de méchantes rencontres [...]. Que c'était donc aux gens sages à faire la police eux-mêmes et que [...] *Il paraîtrait* qu'un bohémien, un va-nu-pieds, une espèce de mendiant dangereux *serait* en ce moment dans la ville. Il s'était présenté pour loger chez Jacquin Labarre qui n'avait pas voulu le recevoir. *On* l'avait vu arriver [...] *Tout le monde le dit*.

et l'échange de paroles, aussi spécifiées qu'il est possible, de l'évêque et de Jean Valjean :

> En ce moment, on frappa à la porte un coup assez violent.
> – Entrez, *dit l'évêque*. (fin du chapitre 2)
> Un homme entra [...] et *dit d'une voix haute* :
> — Voici. *Je m'appelle* Jean Valjean. *Je suis* un galérien [...]
> —*Monsieur, asseyez*-vous et chauffez-vous. [...] *Je suis, dit l'évêque,* un prêtre qui demeure ici.

Cette opposition se prête à de multiples effets de rencontre – en un lieu, un temps... – où, par contraste, les paroles ou pensées d'un héros se détachent, individualisées, sur fond de propos anonymes. Flaubert, maître ès circulation du discours commun de la « bêtise », en use régulièrement (même si, chez lui, la parole de ses héros est largement ventriloquée par cette même grande voix...) : ainsi, dans le long récit de la soirée chez les Dambreuse[126], est-ce par deux fois que, d'abord dans le vaste salon où se presse la foule des invités, puis dans l'espace plus restreint du boudoir de la maîtresse de maison, les propos rapportés sur-

---

124 *Cf.* par exemple les effets de parole « de groupe » chez Flaubert ou C. Simon (chap. **6** (46), p. 222, chap. **7** (49), p. 244).
125 Partie I, Livre II, chap. 1, 2, 3.
126 *L'Éducation Sentimentale*, (IIème partie, chap. 2), p. 199–207 (éd. Société Les Belles Lettres)

viennent, dans leur insignifiance anonyme, comme simple émanation des lieux, dont la description – silhouettes et décoration – passe par toutes les ressources de la langue en matière d'indéfini pluriel[127] ; ainsi, placé non loin de quelques quadrilles,

> Frédéric entendait *des phrases comme celles-ci* :
> — « Avez-vous été à la dernière fête de charité de l'hôtel Lambert, Mademoiselle ? »
> — « Non, Monsieur ! »
> — « Il va faire, tout à l'heure, une chaleur ! »
> — « Oh ! c'est vrai, étouffante » [...]
> Et, derrière lui, [...] *d'autres* causaient chemins de fer, libre-échange ; *un sportman* contait une histoire de chasse ; *un légitimiste* et *un orléaniste* [...] discutaient.

cependant que, dans le boudoir :

> le *murmure* des voix féminines, augmentant, faisait comme *un caquetage* d'oiseaux.
> Il était question des ambassadeurs tunisiens et de leurs costumes. *Une dame* avait assisté à la dernière réception de l'Académie ; *une autre* parla du *Don Juan* de Molière, représenté nouvellement aux Français.

Paroles indifférenciées, interchangeables... c'est sur ce fond que survient, et tranche, un vrai *dialogue*, suivi, entre Frédéric et le banquier[128] – dont le dernier échange fait soudainement, « comme dans un éclair » apercevoir au jeune homme « une immense fortune qui allait venir ».

La scène des deux amants de *Belle du Seigneur* soumis, dans le hall de l'hôtel où ils se tiennent, au fond sonore du discours des « tricoteuses »[129], fait, sur un mode tragi-comique, contraster, par leur simultanéité, ces deux images, définie et indéfinie, du dire : la parole personnelle, fragile jusqu'au silence, des héros, enfermés dans leur « souricière d'amour », dont les tentatives de dialogue échouent dans le repli muet de leurs pensées :

---

127 *Cf.* « *La foule* des hommes », « *quelques* dandies », « *deux ou trois* médecins illustres », « *de petits jeunes gens* à la barbe naissante », « *des femmes* assises en rond tout autour d'un pouf », « *une valetaille* à longs galons d'or », « *trois autres* salons qui regorgeaient *d'objets d'art* », sans oublier l'admirable « entrée » dans le boudoir de Madame Dambreuse : « *Des femmes le remplissaient les unes près des autres, sur des sièges sans dossier* ».
128 Où, au DD, DI, DIL, ils « affirment, répondent, objectent, reprennent... ».
129 *Belle du Seigneur*, chap. 87, édition Folio, p. 852–860 ; *cf.* ci-dessus chap. **5.5.2.1**, p. 183.

> [...] dit-elle [...] elle lui demanda [...], pensa-t-il [...] il acquiesça [...]. À voix basse, elle lui demanda de lui donner la main, lui dit qu'il était tout pour elle, tout. C'est vrai, d'ailleurs, pensa-t-il, et elle tout pour moi, et cela nous fait une belle jambe.

et le flot ininterrompu de « fragments disparates, puissantes litanies » qui s'écoule, implacable, de « bouches [... qui] remuaient sans répit », et dont les deux amants « se tenant par la main » sont réduits à « écouter » ce qui leur parvient des « duos emmêlés »...

Flaubert va plus loin encore – lors des « Comices agricoles » – avec la rencontre cacophonique qu'il met en scène, entre les fadaises que Rodolphe murmure aux oreilles d'Emma et la sonore annonce anonyme relative aux cochons et fumiers[130].

L'alternance entre paroles énoncées singulièrement et discours porté par – réparti sur – une pluralité de sources anonymes peut prendre une autre résonance lorsque, comme dans *Nous étions des êtres vivants* de N. Kuperman[131], la représentation en forme de « chœur » d'une énonciation collective en « nous » ou en « on » de l'ensemble du personnel de l'entreprise, fort d'une expérience commune et d'une appréhension lucide de la « restructuration » qui les menace de licenciement, rassemble et dépasse la dispersion des propos tenus par chacun, aux prises isolément avec sa façon – enjeu et stratégie individuelle – de réagir à la crise qu'il affronte[132].

3.3.4 Un texte structuré par l'opposition *spécifié vs non spécifié*

L'essai de Richard Millet « Désenchantement de la littérature »[133] est une inquiète, sinon désespérée, déclaration d'amour à la littérature – comme pratique singulière du langage, rapport « fervent » à la langue, « écart *réfutant* le langage mortifère de la communication » (p. 17) –, doublée de la plus véhémente diatribe contre le règne d'un fonctionnement communicationnel aux couleurs de l'anonymat et de la réduction de la langue à un statut « instrumental, véhiculaire » (p. 60).

Cet affrontement manichéen trouve sa forme dans l'opposition, traversant le texte de part en part entre les valeurs extrêmes – intensément et explicitement axiologisées[134] – de la Spécification (V_3), les deux discours autres, respectivement

---

130 *Cf.* chap. 5, exemple (72), p. 182.
131 Gallimard NRF, Paris, 2010.
132 B. Bloch (2012 : 216–221) analyse précisément le fonctionnement de ce tissu narratif et énonciatif original.
133 Gallimard, Paris (2007).
134 Par un auteur observant, en avant-propos « [son] exécration de l'espèce humaine et [son] amour pour l'individu » (p. 12).

3 Variable (V₃) : degré de *spécification* des coordonnées référentielles du discours autre — 621

révérés et honnis, de l'écriture littéraire et de la communication, occupant les deux pôles de la singularité et de l'indéfinition[135].

D'un côté, celui des « ciels étoilés », de la « voie lactée » où brillent les « figures » emblématiques des « vrais écrivains », faisant entendre leurs voix singulières comme autant de modes individuels de « servir la langue », invocation de *noms propres* divers[136], appelés à chaque page[137], isolément, par petits groupes, en longues énumérations incantatoires et *récitation* de leurs mots. Si les *l* sont individualisés, l'évocation – matérielle – de leur parole passe en effet quasi exclusivement par les modes autonymisants[138] : amples coulées de DD de Hofmannsthal, Nietzsche, Chateaubriand, Artaud ou Rilke, réénoncées, revivifiées par l'auteur et offertes au lecteur en partage régénérant ; brefs éclairs en MAE, traversant fréquemment l'écriture de l'auteur, des *comme dit...*, *ce qu'appelle...*, ou *pour parler avec...* :

> [...] un esclavage volontaire, au sens de La Boétie, et qui me rendrait esclave de « l'oubli de l'être », pour parler encore avec Heidegger. (p. 27)
> [...] le monde (comme dirait Wittgenstein) est une grammaire [...] (p. 27).

Ailleurs, du côté de l'autre discours, où dans un « enténèbrement du monde » (p. 61), « devant l'obscurité qui vient », « entrés dans un étrange hiver : celui de la langue », « le silence guette nos bouches » (p. 15), n'apparaissent ni énonciateurs individuels ni énoncés singuliers.

Aux chapelets de noms propres illustrant le premier espace succède le règne de l'anonymat, de l'interchangeabilité où la référence à des discours passe par des noms communs et indéfinis pluriels :

> les *communiquants* (idt, p. 58) ; les chiens de garde (p. 18, 44) ; mes ennemis (p. 28), tous ceux qui ont abdiqué (p. 53) ; les zélateurs (p. 66) ; les vertueux (p. 25) ; les barbares des banlieues des grandes villes (p. 49) ; etc.

et le *on*, notamment dans cet énoncé où il permet à l'auteur de ne pas énoncer directement le mot – aussi détestable que la chose – de *doxa* :

---

[135] C'est de cela qu'il est question ici, non de rendre compte de l'ensemble des thèses soutenues dans cet ouvrage, passionnément « réactionnaire », au sens propre du terme, et « anti-démocratique ».
[136] Vivants et morts ; poètes, romanciers, philosophes ; de France et d'ailleurs que seule rassemble la ferveur de l'auteur : Céline et Montaigne, Peter Handke et Baudrillard, Valéry et Melville, W. Blake et Saint-Simon, etc.
[137] Près de 200 occurrences de noms d'auteurs ou d'œuvres.
[138] Rarissimes DI et MAS sans îlots textuels.

[...] le vieux processus de récupération, de production d'anticorps, de recyclage et de falsification du réel *qu'on appelle la doxa* (p. 29).

L'indifférenciation des discours autres va, au-delà de son attribution à des sources humaines « indéfinies », vers le traitement a- ou infra-énonciatif, si l'on veut, de ce discours saisi – aussi loin qu'il est possible d'une représentation de *propos* chargés de *sens* et portés par des *sujets* – comme phénomène, processus, courant :

le totalitarisme mou (p. 19) ; le langage démocratique (p. 28) ; le politiquement correct (p. 34) ; l'époque (p. 33) ; le dogme (p. 25) ; un ensemble d'oukases (p. 25) ; le diktat (p. 62) ; la pornographie sociale ayant décrété que (p. 28) ; etc.

à travers les « supports », canaux, conduits par où il se propage :

la publicité ; le journalisme (discours, menace journalistique) ; la communication ; le mensonge médiatique qui fictionnalise le monde (p. 26) ; la visibilité ; les nouveaux appareils idéologiques (p. 25).

Ainsi cette imprécation continue contre une discursivité haïe parvient-elle, par le degré zéro de spécification qu'elle met en œuvre pour les discours évoqués – tant au plan des énonciateurs que des énoncés – non seulement à la séparer radicalement de l'énonciation souverainement singulière de la littérature, mais au-delà à mettre en doute l'appartenance de ces manifestations langagières au domaine des faits, actes, événements de parole (représentables comme tels).

4 Note sur les variables non traitées

Constamment croisées en parcourant V_1, V_2, V_3, les trois variables :
V_4 – du mode d'*Émergence* du discours autre comme attaché à l'objet *vs* associé au cheminement du Discours,
V_5 – du *Rapport* établi entre le Discours et le discours autre convoqué,
V_6 – des *Formes* de RDA par lesquelles le Discours s'articule à son autre,
ne seront pas, on l'a dit, systématiquement parcourues.

Ce choix repose sur plusieurs points : l'espoir que les rencontres faites précédemment avec ces trois paramètres cruciaux du travail de bords en donnent un aperçu ; l'observation que le jeu permis par ces variables, notamment celui des tonalités et des formes que déploient V_5 et V_6, relèvent d'une logique plus complexe que celle suivie pour V_1, V_2, V_3 et que l'exploration de son fonctionnement, *non réductible* à celui d'une variation par degrés, entre deux pôles, sur un axe, requiert de dégager d'autres itinéraires, dont le souci de contenir un texte déjà long dans des limites raisonnables ne permet pas d'emprunter...

4.1 Variable (V_4) : émergence comme attaché/associé

Plus aisément schématisable que pour les deux suivantes, le jeu de la variable V_4 (attaché/associé) présente déjà par rapport aux trois premières la complexité de ses *deux* régimes d'émergence – ou d'entrée – du discours autre dans le Discours. Chacun de ces deux versants fait apparaître une riche diversité de problématiques génériques, théoriques, esthétiques, subjectives liées à la RDA[139].

Sur le versant du discours autre attaché à l'objet – outre le questionnement éclairant quant à ce qui, pour un Discours, peut être défini comme « son objet » (au sens non pas de sa « visée » mais de « ce dont il parle ») – apparaît, en fonction des *types d'objet*, selon qu'ils sont plus ou moins *constitués de* discours ou *envisagés du point de vue de* leur facette discursive, une riche variété de « réponses » des Discours à l'altérité du discours de leur objet : tels, notamment (outre le cas particulier des discours tenant lieu) critique littéraire, portraits, reportages, écrits de sciences humaines, récits (de faits réels ou fictifs), genres divers du dépaysement (romans exotiques, récits de voyage, guides touristiques)...

Sur l'autre versant apparaît comme fortement caractérisante pour les Discours la variété extrême de la place qu'ils font aux diverses *figures de l'association* :
- aux discours autres que l'on peut considérer comme « intrinsèques à l'énonciation » : discours propres aux *je, tu, ici, maintenant*, susceptibles d'émerger comme « autres » relativement au Discours en train de se faire ;
- à l'environnement discursif commun, aux clichés, proverbes...
- à des appuis dominants, à des compagnons familiers, à des ennemis insistants...
- à l'imprévu, au jeu de la mémoire et des associations d'idées.

---

[139] De ces deux régimes d'émergence on peut noter que c'est très majoritairement du second que relèvent les exemples généralement proposés de « fonction » de la RDA dans le Discours (*cf.* chap. **12** note 31, p. 478), comme si la fonction – massive – de la RDA de représenter le discours *dont* – ou de ce dont – on parle allait tellement de soi qu'il n'était pas nécessaire d'en parler...

4.2 Palette des Rapports D/d (V_5) et « orchestre » des Formes (V_6)

(i) Parmi les diverses variables, c'est sans doute celle (V_5) du rapport établi entre le Discours et les ailleurs qu'il accueille ou convoque dont les valeurs affleurent le plus immédiatement (bien plus que celles des variables V_2 ou V_3 de la Spécification et de la Dispersion) à la conscience du récepteur. Si s'impose évidemment la bipartition positif/négatif entre accord et désaccord – multiplement déclinée dans les analyses de textes en convergence/divergence, consensus/conflit, sympathie/antipathie, agonal/irénique, etc.[140] – la palette des rapports D/d mis en place est aussi étendue, diversifiée en nuances aussi innombrables que le sont les rapports entre êtres humains...

On rappellera seulement ici une facette *propre* à la RDA, que le Discours peut présenter dans son appel à un autre discours, jouant, en deçà des relations axiologiques à tel ou tel propos : celle, aisément empreinte de « sacralité », d'une reconnaissance de dette[141] – dette inhérente *au langage même* comme mémoire à *transmettre*[142], comme un leg ou un héritage – volontiers doublée d'une sorte de piété du re-dire comme mode de faire *revivre* la parole des morts. Dans un ouvrage consacré à la citation[143], cette dimension de la RDA est soulignée comme relevant de la construction

> [...] d'une collectivité faite de vivants et de morts [...] assurant à la fois l'indispensable séparation et une vivifiante circulation entre les vivants et les morts [...] un mouvement d'échange entre présents et absents, entre vivants et morts (p. 28).

Centrale est pour certains auteurs[144], tel P. Quignard, – manifestée par « le geste citationnel [...] compulsif » que lui reconnaît F. Colin (2019 : 108) – la tâche qu'il s'assigne, notamment pour les « auteurs délaissés » de l'Antiquité, de « faire revivre leur voix », « ramener ces oubliés à la vie », et qu'au-delà il reconnaît comme celle de la littérature :

---

140 *Cf.*, par exemple, les structurations d'un discours par sa RDA en termes de « dialogisme interdiscursif à visée convergente » *vs* « divergente » notées par M. Sandré (2011), « polyphonie consensuelle » *vs* « conflictuelle » analysées par Chetouani (2004).
141 Évoquée rapidement ci-dessus chap. **14**.2.2.2.(i), p. 574.
142 *Cf.* M. Blanchot dans *L'Entretien infini* : « Qui s'intéresserait à une parole nouvelle, non transmise ? Ce qu'il importe, ce n'est pas de dire, c'est de redire, et dans cette redite, de dire chaque fois encore une première fois. »
143 Chambat-Houillon *et al.* (2004).
144 Mais aussi dans la vie privée, où l'emprunt ou le rappel des mots de « voix chères qui se sont tues » peut caractériser certains énonciateurs.

Telle est la littérature. Chaque œuvre véritable repense tout ce qui a parlé, réanime tout ce qui s'est essoufflé, étouffé [...] éteint[145].

(ii) (V_6) *le jeu des formes*

La question de la forme sous laquelle se réalise la RDA dans chaque occurrence ou, à l'échelle d'un Discours, dans l'ensemble des occurrences qui forment sa « bordure », entre évidemment de façon cruciale dans le « façonnage » de celle-ci. Le jeu des formes de RDA est une pièce essentielle du « travail de bords » : c'est à travers lui que se *réalise* le statut d'*interface* de la bordure, que se fait son « tissu », chaque occurrence de RDA est un fait de contact, rencontre, partage entre deux voix qui s'articulent – se mêlent, se superposent, se séparent, se confondent... – selon les formes que propose la langue.

Si la zone de RDA d'un Discours peut être conçue comme la « bordure » dont il s'entoure, témoignant de son mode propre « d'être avec » l'altérité – celle des autres discours et, à travers eux, celle de l'extériorité du langage –, c'est en *chaque* occurrence de RDA que, selon la forme par laquelle à *la* voix effectivement parlante vient s'agréger, dans la linéarité, une voix autre, prend corps localement l'interface et se dessine *un bord*.

Deux remarques sur le jeu des formes de RDA dans le travail de bord.

Aucun des cinq modes distingués chapitre 9, abstraitement définis, chacun, par une Formule de traits différentiels et la zone de formes – à inventorier – par lesquelles il peut se linéariser, ne peut être *assigné* à *un* usage en discours, un effet de sens...

Ainsi la division énonciative propre au Bivocal-DIL – atteignant l'unité même du dire – si elle convient, et admirablement, à la représentation du discours intérieur, ne saurait certainement pas s'y réduire : la forme de langue, abstraite, de la bivocalité se situe en deçà des emplois auxquels elle se prête en discours. Et des rapports à l'autre discours aussi divers, par exemple, que celui d'un mimétisme ironiquement distancié à l'oral, ou du ton de neutralité sur lequel il est, dans les certificats d'internement psychiatrique du 19e siècle, rendu compte de discours délirants, trouvent, dans la division énonciative, la forme de RDA qui leur convient.

On en dirait autant des autres modes, notamment du DD dont il faut se garder de rabattre le trait formel d'autonymie sur un des usages – la restitution fidèle – auquel il se prête.

Seconde remarque : la moindre différence entre les diverses formes relevant de la « zone » d'un mode – dans son degré de marquage mais, au-delà dans toute

---

[145] P. Quignard, *Dernier Royaume*, t. IX, Grasset, Paris, (2014 : 182), cité *in* Colin (2019 :109).

variation — syntaxique, typographique, intonative... –, est susceptible d'être mise à l'œuvre comme pertinente *dans le cadre d'un discours* pour un travail différentiel des bords qui lui est propre (en fonction, par exemple, des divers *l*, des rapports établis avec eux, de la nature orale, écrite, intérieure... du discours représenté, etc.). Ceci appelant à répertorier finement, *pour chaque mode*, le « clavier » qu'il propose, et dont jouent les Discours de façon spécifique – au-delà du jeu différentiel *entre* les modes que présentent, évidemment, les Discours, dans leur bordure –.

5 Variable (V_7) : bordure en mouvement

La bordure de RDA que se donne un Discours, un texte, n'est pas nécessairement stable d'un bout à l'autre, ni (1) dans l'espace (temps) où il se déroule, ni (2) dans le temps de l'histoire d'un texte.

5.1 Variation de la RDA dans le déroulement d'une unité textuelle

Autant que la variété de langue mise en œuvre ou le rythme des phrases, etc., le jeu de la RDA peut être partie prenante du mouvement qui anime le texte (écrit ou oral), en termes de localisation ou d'évolution dans son avancée.

5.1.1 Topographie textuelle de la RDA

C'est tout au long de son déroulement que le fil du discours peut s'accompagner – « dialogiquement » – des autres qu'il accueille... mais il est aussi des lieux prédisposés à la rencontre – interface – entre le dedans et le dehors.

(i) Dans l'espace textuel
Apparaissent, situés génériquement « en bordure » de texte, principalement en ouverture :
– des lieux assignés à la RDA : celui qu'occupe le discours autre, très librement « associé » (V_4), de l'exergue-épigraphe, et celui, isolé en préambule, du rappel des « considérants »[146] sur lesquels se fonde la légitimité de l'acte de parole à valeur de loi qui les suit ;

---

146 *Cf.* 1.2 Remarque 4, p. 592.

– des lieux prédisposés à l'accueil de RDA des titres, chapeaux et débuts d'articles de presse (surtout au DD), à fonction « d'accroche » comme aussi de l'amorce des « Questions au gouvernement »[147] ;
– des lieux « sensibles » du roman, catalysant « l'effet RDA » de DD, survenant de nulle part, de l'*incipit* et, plus souvent, ouvrant sur l'inconnu, des fins[148].

(ii) Dans l'espace matériel
Au plan de la réalisation matérielle typographique d'un texte, ce qui retient l'attention, c'est l'affinité de la RDA avec les zones qui, au sens concret du terme, *bordent* le corps du texte, l'entourent, des « marges » de ses notes « de page »[149], de fin de chapitre ou de livre, et des « marches » territoriales de la bibliographie et des index[150].

Comme une figuration matérielle du rôle de bordure-interface de la RDA assurant au Discours un contour propre dans l'extériorité discursive par l'identification de ses autres, c'est toute cette périphérie[151] du corps du texte « à cheval » sur son dedans et son dehors qui se prête spécifiquement (les notes) ou se consacre (bibliographie, index) au recensement et à la référenciation des extérieurs discursifs que se reconnaît le Discours.

Touchant l'affinité entre notes de bas (ou en marge) de page et RDA je renvoie à la précieuse étude de J. Lefebvre (2007) faisant notamment apparaître la variété des « répartitions » de RDA que présentent les textes, entre « corps » et « bordure » de notes – dans l'un ou l'autre de ces deux espaces paginaux ou à cheval sur les deux – comme une composante significative de leur écriture.

Quant à l'ensemble clôturant un texte – un livre – d'une bibliographie de ses « auteurs cités », ou, plus largement, « consultés », et d'index localisant leurs émergences, il a le statut d'un interdiscours déclaré, comme on le fait en douane pour les marchandises importées. En forme de catalogue, d'inventaire, de la bibliothèque à laquelle s'adosse le texte, ces « annexes » du texte affichent l'image des relations interdiscursives que celui-ci se reconnaît, dessinant le « paysage »

---

147 *Cf.* chap. 5, ex. (25).
148 *Cf.* chap. 5, ex. (56–58).
149 « Marginales » ou infrapaginales.
150 *Cf.* ci-dessus 2.4.a les remarques sur Berthier (1998), p. 607.
151 « Périgraphie » dit aussi Compagnon (1979 : 328) de cette « zone intermédiaire entre le hors-texte et le texte », à laquelle il consacre des pages suggestives (*ibid.* : 328–341).

– dit joliment Compagnon[152] – « des excursions de l'auteur » dans les ailleurs du déjà-dit[153].

5.1.2 Mouvement de la RDA au fil du texte

L'image d'un texte « par ses autres représentés », telle que la configure sa bordure-interface avec l'extériorité, peut aussi se modifier au cours du texte et cela en fonction de toutes les variables – variant de conserve ou séparément.

(i) Mouvement dans le degré de marquage de la RDA
Ce mouvement s'observe aisément pour un élément – mot, syntagme – dont les occurrences se succèdent avec un degré de marquage décroissant, signant un progrès dans l'assimilation par le lecteur du terme désormais partagé :
- classique dans les genres relevant peu ou prou de la didacticité, ce mouvement – précisément analysé par S. Moirand (1986), se réalise, dans un texte, par un marquage initial de la ou des premières occurrences d'un élément X – *ils disent « X », ce qu'on appelle « X », « X » comme ils disent, « X »...* – qui s'efface aussitôt après, ou peu à peu, touchant, par exemple, des éléments de lexique spécialisé en vulgarisation scientifique, de vocabulaire régional ou étranger dans les guides touristiques, de termes définis à l'orée d'un texte de réflexion comme devant être pris « au sens » d'un certain auteur, de néologismes « branchés » dans la presse féminine...
- il accompagne aussi la construction par le discours d'univers, fictionnels ou de mémoire, dans les romans, souvenirs... sous la forme, commune, du passage de paroles représentées au DD – *l a dit : « ... X... »* – au réemploi ultérieur par L de l'élément X dont la modalisation doit être reconnue comme modalisation d'emprunt à cette parole antérieure.

Cette figure intratextuelle de l'écho, classiquement entre un DD initial et sa reprise en MAE non explicitée (allusive ou marquée typographiquement), établit de la connivence avec le lecteur, soit dans le partage du jeu rhétorique d'un retour du même en ouverture/clôture d'un bref texte de presse, par là « bouclant » sur

---

152 Aimant, dit-il, avant de s'engager dans un texte inconnu, en parcourir « l'atlas » pour mesurer s'il va s'y trouver « en territoire connu » ou au contraire dépaysé par un déjà-dit qui lui est étranger (p. 333).
153 Sans qu'y soient nécessairement consignés (*cf.* Berthier ci-dessus p. 607) *tous* les pas de côté esquissés au fil du trajet central.

lui-même, soit, en écho lointain, dans la complicité d'une mémoire (textuelle) partagée, cultivée, par exemple, par Proust[154].

(ii) Mouvement d'ensemble de la bordure dans un texte
Nombre de réalisations du genre académique de la thèse en sciences humaines manifestent un tel mouvement affectant plusieurs des variables identifiées. Le cheminement classique, menant d'un « état de l'art » (A) sur une question vers son traitement personnel (B), peut se traduire :
– au plan de l'Étendue (V_1) dont l'importance en (A) diminue sensiblement en (B),
– à celui de la Dispersion (V_2) des autres convoqués qui, à partir du degré élevé qui caractérise le parcours initial, se focalise sur le ou les ailleurs moins divers que retient l'auteur dans sa démarche,
– à celui de la Tonalité (V_5) des rapports passant de la plus grande diversité en (A) à un rapport dominant d'appui aux discours choisis en (B),
– à celui de la logique d'émergence du discours autre (V_4) passant de celle d'*attaché à l'objet* dont on parle – le champ dont on rend compte – en (A), à celle d'*associé au Discours* en train de se tenir, en (B), convoquant les autres dont, sélectivement, il s'accompagne, cette variation pouvant se doubler de la double variation (V_6) d'un DD moins important et de MAE plus nombreuses, dans le passage de la présentation des divers points de vue existants, en (A), à l'appel, en (B), au fil du discours, à des notions, formulations émanant des ailleurs qui le soutiennent.

5.2 Génétique et histoire du travail des bords.

Ce mouvement de la RDA est intéressant à observer au plan génétique de la naissance d'un texte, à celui de ses éventuels états ultérieurs, comme à celui de l'évolution d'un auteur ou de la constitution d'un genre.

L'écriture de Flaubert et celle de Montaigne offrent, on le sait, des exemples privilégiés de cette dynamique de la RDA. Chez Flaubert, c'est autant au plan génétique des traces du travail sur les manuscrits qu'à celui de l'évolution depuis les œuvres de jeunesse jusqu'au rêve du Livre « entièrement recopié » que se mani-

---

[154] *Cf.* ci-dessus, chap. 11 ex. (20), (21), p. 439 ; pour des exemples de jeux d'échos – proches ou à distance – et notamment les effets qu'en tire Pontalis dans l'évocation de souvenirs donnés à partager dans *L'Amour des commencements*, *cf.* Authier-Revuz (1995/2012 : 284–287).

feste le même mouvement, relevant de la variable (V_6), allant vers un moindre degré de marquage, c'est-à-dire quant à la séparation entre l'un et les autres, vers l'incertitude et la porosité[155].

Pour « Montaigne en mouvement »[156] qui, on l'a dit, pense « avec les autres », c'est une dynamique d'addition qui s'observe d'une strate à l'autre des *Essais*, à travers leurs éditions successives et les ajouts qu'elles reçoivent, « en marge » (dès lors qu'au rebours de nombre d'éditions contemporaines qui en gomment la dynamique, une édition « multistrate » le donne à lire[157]), procédant notamment à l'accueil « d'autres autres » enrichissant toujours (V_1) la bordure du texte.

Évoquons aussi le mouvement que dégage Godard (2011)[158] dans l'écriture de Céline, entre le *Voyage au bout de la nuit* et *Mort à crédit* : celui – relevant des variables de l'Étendue (V_1) ou du degré de marquage des formes (V_6) – d'une raréfaction du signalement typographique des MAE de mise à distance des « mots d'un certain discours social » (« moment d'égarement », « honneur de la famille »…), et dans lequel le critique voit « un aspect peu visible mais important de la mutation du style de Céline » vers un « plurivocalisme » de « partage intime de l'individu » ignorant la frontière des guillemets.

Ou encore l'évolution que Herman (2008) met au jour au fil des discours de De Gaulle de 1940 à 1945, touchant le type et l'identité (V_3) des autres convoqués, témoignant d'un travail rhétorique de « présentation de soi », « modulé » dans la durée[159].

Et enfin, dans le cadre d'une réflexion collective sur l'espace générique des Discours « tenant lieu » d'un autre discours[160], les observations de D. Mazzuchetti ou de F. Sitri[161] faisant apparaître la double dimension temporelle qui les traverse : celle, pour le premier, de l'histoire de la genèse normalisante et de la variation des prescriptions qui les régissent (notamment quant à la Forme (V6) de

---

[155] *Cf.* par exemple (dans l'immense corpus des études flaubertiennes) la minutieuse étude génétique de la RDA que comporte le travail de Funakoshi-Teramoto (2005), notamment p. 233–257, ou dans Herschberg-Pierrot (1981) le tracé de l'évolution de la « stéréotypie » dans l'ensemble de l'œuvre.

[156] Pour reprendre le titre de l'ouvrage de Starobinski.

[157] Pour un survol efficace, *cf.* Compagnon (2013 : 153–173).

[158] Au chapitre « Le plurivocalisme célinien », p. 138–140 notamment.

[159] Ainsi que le souligne Amossy (2010 : 154–155) évoquant à ce propos « *l'axe temporel* » sur lequel, « en tenant compte de toutes les voix qui interviennent dans cette opération complexe », se construit « une image de soi ».

[160] *Cf.* ci-dessus 1.1.1, p. 583.

[161] Mazzuchetti (à paraître), Sitri (à paraître).

RDA à mettre en œuvre) ; celle, pour la seconde, dans la sphère universitaire, du travail génétique inattendu et éclairant – brouillons, corrections... – sous-jacent à un compte rendu de conseil d'université.

* * * * *

Pour finir...
Approcher les Discours « par leurs bords », c'est voir apparaître, témoignant de leur manière propre « d'être avec », une fascinante diversité de bordures :

- larges bandes, couches épaisses... minces lisières, étroites marges...
- riches, encombrantes, envahissantes... pauvres, discrètes, légères...
- solides, consistantes... incertaines, poreuses...
- à bords tranchés, nets, raides... flous, fondus, fragiles...
- qui renforcent, soutiennent, étayent... qui aèrent, ouvrent, respirent...
- qui protègent, rassurent, abritent... qui bousculent, dispersent, disséminent...
- prescrites, attendues, attentives..., imprévues, fantaisistes, désinvoltes...
- sereines, calmes, neutres... agitées, turbulentes, passionnées...
- bordures comme des rings ou des plateaux d'escrime, polémiques, ironiques, persiflantes, agressives, hargneuses, haineuses, assassines...
- bordures comme des terrains de jeu, pour des jeux de pistes, de masques, de devinettes, des puzzles, des carnavals de citations détournées ou loufoquement attribuées...
- bordures comme des défilés de pancartes, de slogans, d'effigies, d'icones...
- bordures comme des lieux dédiés à des échanges en bonne compagnie, aimables, complices, respectueux, nourriciers...

* * * * *

Me retournant – dans un redoublement métadiscursif – sur la bordure dont j'ai « cerclé » mon propre discours dans cet ouvrage, c'est le soupçon d'un excès – reconnaissance de dette, cheminement par confrontation, recherche d'appuis... – qui apparaît. J'y répondrai par des citations encore, empruntées :
- à Michel Schneider dans *Morts imaginaires*,

> On jugera peut-être ces pages trop érudites et grevées de dettes citationnelles. Je ne m'en excuse pas. On est ce qu'on doit aux autres. Et je tiens à mes lectures : ce sont elles qui me font écrire (Schneider, 2003 : 20),

- à Françoise Armengaud dans D*evoir citer* [...],

> Citer l'autre est bien l'une des multiples manières de vivre avec lui (Armengaud (2005 : 24),

- à Jean Starobinski enfin dans *La Parole est moitié à celui qui parle*,

> Je ne suis pas solipsiste et je pense en société. Je crois même qu'une vraie recherche ne commence que lorsqu'on se sent en compagnie (p. 45)[162].

---

162 *La Parole est moitié à celui qui parle – Entretiens avec Gérard Macé*, 2009, La Dogana, Chênebourg.

Bibliographie

Abastado C. (1977), « La glace sans tain », *Littérature* 2 : 55–65.
Adam J.-M. (1990), *Eléments de linguistique textuelle. Théorie et pratique de l'analyse textuelle*, Bruxelles/Liège, Mardaga.
Adam J.-M. (1992/1997), *Les textes : types et prototypes – Récit, description, argumentation, explication et dialogue*, Paris, Nathan (réédition Paris, Armand Colin, 1997).
Adam J.-M. (1999), *Linguistique textuelle – Des genres de discours aux textes*, Paris, Nathan.
Adam J.-M. (2002), « Le style dans la langue et les textes », *Langue française* 135 : 71–94.
Adam J.-M. (2006a), « Intertextualité et interdiscours: filiations et contextualisation de concepts hétérogènes », *TRANEL* 44 : 3–26.
Adam J.-M. (2006b), « Conte écrit et représentation du discours autre », *in* López-Muñoz *et al.* (dir.) (2006) : 21–44.
Aït-Sahlia Benaïssa, A. (2004), « La Parole de l'autre comme lieu de construction identitaire », *in* López-Muñoz *et al.* (2004): 265–74.
Akesbi S. (2013), « Lectures d'*Echelle de Magicien* : lire au-delà du livre », mémoire de Master, Université Paris 3.
Althusser L. (1970), « Idéologie et appareils idéologiques d'état », *La Pensée* 151 : 67–125, repris *in* (1976).
Althusser L. (1976) *Positions*, Paris, Ed. Sociales.
Amorim M. (1996), *Dialogisme et altérité dans les sciences humaines*, Paris, L'Harmattan.
Amossy R. (1999), *Images de soi dans le discours – La construction de l'« ethos »*, Lausanne/Paris, Delachaux Niestlé.
Amossy R. (2010), *La présentation de soi. « Ethos » et identité verbale*, Paris, PUF.
Amossy R., Herschberg-Pierrot A. (1997), *Stéréotypes et Clichés. Langue, Discours, Société*, Paris, Nathan.
Angermuller J. (2013), *Analyse du discours post-structuraliste*, Limoges, Lambert-Lucas.
Anis J. (1989), « De certains marqueurs graphiques dans un modèle linguistique de l'écrit », *DRLAV* 41 : 33–52.
Anscombre J.-C., Ducrot O. (1976), « L'argumentation dans la langue », *Langages* 42 : 5–27.
Anscombre J.-C. (1985), « De l'énonciation en lexique : mention, citativité, délocutivité », *Langage* 80 : 9–34.
Anscombre J.-C. (2010), « Autour d'une définition linguistique des notions de voix collective et de on-locuteur », *in* Colas-Blaise M. *et al.* (dir.) (2010), « La question polyphonique ou dialogique en sciences du langage », *Recherches linguistiques* 31 : 39–64.
Anzieu D. (1974), « Le Moi-peau », *Nouvelle revue de psychanalyse* 9 : *Le dehors et le dedans* : 195–208.
Anzieu D. (1977), « Les traces du corps dans l'écriture : une étude psychanalytique du style narratif », *in Psychanalyse et langage – du corps à la parole*, Paris, Dunod : 172–187.
Anzieu D. (1985/1995), *Le Moi-peau*, Paris, Dunod (1ère édition Paris, Bordas, 1985).
Aouillé S., Bruno P., Chaumon F., Plon M., Porge E. (2010), *Manifeste pour la psychanalyse*, Paris, La Fabrique éditions.
Armengaud F. (2005), « Devoir citer : citation talmudique et citation poétique », *in* Popelard *et al.* (dir.) (2005).
Arnaud A., Nicole P. (1662/1965), *La Logique ou l'Art de Penser*, Paris, PUF.

Arrivé M. (1986) *Linguistique et psychanalyse, Freud, Saussure, Hjelmslev, Lacan et les autres*, Paris, Méridiens Klincksiek.
Arrivé M. (2007), *À la recherche de Ferdinand de Saussure*, Paris, PUF.
Arrivé M. (2012), « Ce qui fait rire le linguiste, ou du métalangage chez Saussure » *in* Branca-Rosoff *et al.* (dir.) (2012) : 21–38.
Arrivé M. (2018), « La notion de "conscience de la langue" chez Ferdinand de Saussure », *in* Vilela I. (dir.), *Saussure et la psychanalyse*, Nanterre, Éditions Langage et Inconscient : 22–43.
Arrivé M., Gadet F., Galmiche M. (1986), *La grammaire d'aujourd'hui*, Paris, Flammarion.
Arrivé M., Normand C. (dir.) (2001), « Saussure aujoud'hui », *LYNX*, n° spécial.
Arrivé M., Normand C. (dir.) (2001), *Linguistique et Psychanalyse*, Paris, In Press.
Atlani F. (1984), « "On" l'illusioniste », *in* Grésillon et Lebrave (dir.) (1984) : 13–29.
Auchlin A., Grobet A. (2006), « Polyphonie et prosodie : contraintes et rendement de l'approche modulaire du discours », *in* Perrin (dir.) (2006) : 77–104.
Aulagnier P. (1975), *La violence de l'interprétation. Du pictogramme à l'énoncé*, Paris, PUF.
Authier J. (1978), « Les formes du discours rapporté – Remarques syntaxiques et sémantiques à partir des traitements proposés », *DRLAV* 17 : 1–78.
Authier J. (1979), « Problèmes posés par le traitement du discours rapporté dans une grammaire de phrases », *Linguisticæ Investigationes* III/2 : 211–228.
Authier J. (1981), « Paroles tenues à distance », *in* Conein *et al.* (dir.) (1981) : 127–142.
Authier-Revuz J. (1982a), « Hétérogénéité montrée et hétérogénéité constitutive, éléments pour une approche de l'autre dans le discours », *DRLAV* 26 : 91–151.
Authier-Revuz J. (1982b), « La mise en scène de la communication dans des textes de vulgarisation scientifique », *Langue Française* 53 : 34–47.
Authier-Revuz J. (1984), « Hétérogénéités énonciatives », *Langages* 73 : 98–111.
Authier-Revuz J. (1987a), « L'auto-représentation opacifiante du dire dans certaines formes de "couplage" », *DRLAV* 36–37 : 55–103.
Authier-Revuz J. (1987b), « Modalité autonymique et pseudo-anaphore déictique », *Cahiers de Lexicologie* 51 : 19–37.
Authier-Revuz J. (1987c), « Compte-rendu de B. Mortara-Garavelli *La parola d'altri* », *Journal of Pragmatics* 11/3 : 427–431.
Authier-Revuz J. (1992a), « De quelques idées reçues sur le discours rapporté », *Perspectives. Bulletin interdépartemental du canton de Vaud* 4 : 15–21.
Authier-Revuz J. (1992b), *Les non-coïncidences du dire et leur représentation méta-énonciative - Etude linguistique et discursive de la modalisation autonymique*, 3 vol., Thèse de doctorat d'état, Université de Paris 8-Saint-Denis.
Authier-Revuz J. (1993a), « Repères dans le champ du discours rapporté (I) & (II) », *L'information grammaticale* 55 : 38–42 et 56 : 10–15.
Authier-Revuz J. (1993b), « Les non-coïncidences du dire et leur représentation méta-énonciative, Résumé de thèse », *Linguisticæ Investigationes* XVII/1 : 239–252.
Authier-Revuz J. (1993c), « Jeux méta-énonciatifs avec le temps », *in* Parret H. (dir.), *Temps et discours*, Louvain-la-Neuve, PU de Louvain : 87–105.
Authier-Revuz J. (1995/2012), *Ces mots qui ne vont pas de soi : Boucles réflexives et non-coïncidences du dire*, 2 vol., Paris, Larousse (2ᵉ édition revue, 1 vol., Limoges, Lambert-Lucas, 2012. Dans le texte, les pages réfèrent à la 2ᵉ édition).
Authier-Revuz J. (1996), « Remarques sur la catégorie de l' "îlot textuel" », *Cahiers du Français Contemporain* 3 : 91–115.

Authier-Revuz J. (1997), « Modalisation autonymique et discours autre : quelques remarques », *Modèles Linguistiques* 35/XVIII-1 : 33–51.
Authier-Revuz J. (1998), « Énonciation, méta-énonciation et approches du sujet », *in* Vion (dir.) (1998) : 63–79.
Authier-Revuz J. (2000a), « Aux risques de l'allusion », *in* Murat (dir.) (2000) : 209–235.
Authier-Revuz J. (2000b), « Deux mots pour une chose ; trajets de non-coïncidence », *Annales Littéraires de l'Université de Besançon* 701 : 37–61.
Authier-Revuz J. (2001a), « Psychanalyse et champ linguistique de l'énonciation : parcours dans la méta-énonciation », *in* Arrivé *et al.* (dir.) (2001) : 91–108.
Authier-Revuz J. (2001b), « Le discours rapporté », *in* Tomassone (dir.) (2001) : 192–201.
Authier-Revuz J. (2002a), « Du Dire "en plus" : dédoublement réflexif et ajout sur la chaîne », *in* Authier-Revuz *et al.* (dir.) (2002) : 147–167.
Authier-Revuz J. (2002b), « "Comme disent les humains" : un exil langagier », *in* Anis J, Eskénazi A., Jeandillou J.-F. (dir.) *Le Signe et la Lettre, Hommage à Michel Arrivé*, Paris, L'Harmattan : 75–94.
Authier-Revuz J. (2003), « Le Fait autonymique : Langage, Langue, Discours – Quelques repères », *in* Authier-Revuz *et al.* (dir.) (2003) : 67–95.
Authier-Revuz J. (2004a), « La représentation du discours autre : un champ multiplement hétérogène », *in* López-Muñoz *et al.* (dir.) (2004) : 35–53.
Authier-Revuz J. (2004b), « Musiques méta-énonciatives : le dire pris à ses mots ». *Marges linguistiques* 7 : 85–99.
Authier-Revuz J. (2007), « Arrêts sur mots », *in L'écriture et le souci de la langue*, Fenoglio. I (dir.), Louvain-la-Neuve, Academia-Bruylant : 113–145.
Authier-Revuz J. (2009), « Variations autonymiques – Les mots sur le devant de la scène », *in* Le Bot *et al.* (dir.) (2009) : 61–94.
Authier-Revuz J. (2012), « Dire à l'autre dans le déjà dit : interférences d'altérités – interlocutive et interdiscursive au cœur du dire », *in* Lorda Mur C.-U. (dir.), *Anejos Oralia 6.* « *Polifonia e Intertextualidad en el Dialogo* », Madrid, Arco Libros : 19–44.
Authier J., Meunier A. (1977), « Exercices de grammaire et discours rapporté », *Langue française* 33 : 41–77.
Authier-Revuz J., Romeu L. (1984), « La place de l'autre dans un discours de falsification de l'histoire. A propos d'un texte niant le génocide juif sous le IIIème Reich », *Mots* 8 : 53–70.
Authier-Revuz J., Genevay E. (1998), « Conception et réalisation de manuels dans le canton de Vaud : l'exemple du discours rapporté », *Les Carnets du CEDISCOR* 5 : 77–92.
Authier-Revuz J., Lala M.-C. (dir.) (2002), *Figure d'ajout – phrase, texte, écriture*. Paris, PSN.
Authier-Revuz J., Doury M., Reboul-Touré S. (dir.) (2003), *Parler des mots – Le fait autonymique en discours*, Paris, PSN.
Authier-Revuz J., Doquet C. (2012) « "Ce que je veux dire…" – Accompagnements métadiscursifs d'une défaite de la parole », *in* Doquet C., Richard E. (dir.), *Les représentations de l'oral chez Lagarce*, Louvain-la-Neuve, Academia/L'Harmattan : 17–64.
Authier-Revuz J., Lefebvre J. (2015), « L'entretien de presse : un genre discursif de représentation de discours autre », *in* Da Cunha *et al.* (2015), https://periodicos.ufpe.br/revistas/INV/article/view/1840.
Bakhtine M. (1929/1963), *Problemy poetiki Dostoevskogo*, Moscou, traduction française (1970), *La poétique de Dostoievski*, Paris, Seuil.
Bakhtine M. (1975/1978), *Esthétique et théorie du roman*, Moscou (traduction française Paris, Gallimard, 1978).

Bakhtine M. (1984), *Esthétique de la création verbale*, trad. française, Paris, Gallimard.
Bally Ch. (1912), « Le style indirect libre en français moderne (I et II) », *Germanisch-Romanische Monateschrift* IV : 549–556, 597–606.
Bally Ch. (1914), « Figures de pensée et formes linguistiques », *Germanisch-Romanische Monateschrift* VI : 405–422 et 456–470.
Balmary M. (2005), *Le Moine et la psychanalyste*, Paris, Librairie Générale Française.
Banfield A. (1973), « Narrative style and the grammar of direct and indirect speech », *Foundations of language* 10/1 : 1–39, traduction française « Le style narratif et la grammaire des discours direct et indirect », *Change* 16/17 : 190–226.
Banfield A. (1982), *Unspeakable Sentences, Narration and Representation in the Language of Fiction*, Routledge and Keagan Paul, traduction française (1995), *Phrases sans parole*, Paris, Seuil.
Barthes R. (1964), « Eléments de sémiologie », *Communications* 4 : 91–135.
Barthes R. (1965), *Le degré zéro de l'écriture*, Paris, Gonthier.
Barthes R. (1970), *S/Z*, Paris, Seuil.
Barthes R. (1973), « Texte (théorie du) », *Encyclopædia Universalis*, vol. 15 : 1013–1015.
Barthes R. (1975), *Roland Barthes par Roland Barthes*, Paris, Seuil.
Barthes R. (1978), *Leçon inaugurale au Collège de France*, Paris, Seuil.
Barthes R. (1981), *Le grain de la voix, Entretiens (1962–1980)*, Paris, Seuil.
Barthes R. (1984), *Le bruissement de la langue*, Paris, Seuil, 1984.
Basire B. (1985), « Ironie et métalangage », *DRLAV* 32 : 129–150.
Bayard P. (2010), *Et si les œuvres changeaient d'auteur ?*, Paris, Minuit.
Becquelin-Monod A. (1988), « "La parole des Blancs nous fait rire", ethnographie de la citation », *L'Homme* 106/107 : 296–316.
Béguelin M.-J. (1998), « L'usage des SN démonstratifs dans les *Fables* de La Fontaine », *Langue Française* 120 : 95–109.
Benveniste E. (1964), « La forme et le sens dans le langage » repris *in* 1974 : 215–238.
Benveniste E. (1965), « L'antonyme et le pronom en français moderne », *Bulletin de la Société de Linguistique de Paris* LX/1 : 71–87, repris *in* 1974 : 197–214.
Benveniste E. (1966), *Problèmes de linguistique générale I*, Paris, Gallimard.
Benveniste E. (1974), *Problèmes de linguistique générale II*, Paris, Gallimard.
Bergounioux G. (2004), *Le moyen de parler*, Paris, Verdier.
Berrendonner A. (1981), *Eléments de pragmatique linguistique*, Paris, Minuit.
Berthier Ph. (1992), *Eugénie Grandet d'Honoré de Balzac*, Paris, Gallimard.
Berthier Ph. (1998), *La Vie quotidienne dans « La Comédie humaine » de Balzac*, Paris, Hachette.
Bettelheim B. (1967/1969), *La forteresse vide – l'autisme infantile et la naissance du soi*, trad. fr., Paris, Gallimard (édition américaine 1967).
Bikialo S. (2012), « Le ...on sur le bout de la langue, Notes sur le Syndrome de Gramsci de Bernard Noel » *in* Bikialo *et al.* (dir.) (2012) : 103–123.
Bikialo S. (2014), « Genres de discours et réalité dans la fiction narrative contemporaine » *in* Narjoux *et al.* (2014) : 85–99.
Bikialo S., Pétillon S. (dir.) (2012a), « Dans l'atelier du style – Du manuscrit à l'œuvre publiée », *La Licorne* 98.
Bikialo S., Engélibert J.-P. (dir.) (2012b), « Dire le travail – Fictions et témoignage depuis 1980 », *La Licorne* 103.
Blanche-Benveniste C. (1997), *Approches de la langue parlée en français*, Paris, Ophrys.

Bloch B. (2012), « Un sujet hanté par le travail (autour de [...] et de Nathalie Kuperman *Nous étions des êtres vivants* », *in* Bikialo *et al.* (2012b) : 205–222.
Boch F., Grossmann F. (dir.) (2001), « Apprendre à citer le discours d'autrui », *Lidl* 24.
Boissieu (de) J.-L., Garagnon, A.-M. (1987), *Commentaires stylistiques*, Paris, SEDES.
Bolón Pedretti A. (1996), *Effets de référentialité et logique identitaire (français/non français). Analyses discursivo-énonciatives*, Thèse de doctorat, Paris, Université Paris 3.
Bonafous S., Fiala P. (1986), « Marques et fonctions du texte de l'autre dans la presse de droite et d'extrême droite (1973–1982) », *Mots* 12 : 43–64.
Bonhomme M., Lugrin G. (dir.) (2006), « Interdiscours et intertextualité dans les médias », *TRANEL* 44.
Bonnard H. (1971), articles divers, *in* Guilbert L., R. Lagane R., Niobey G., *Grand Larousse de la Langue Française*.
Bonnet C., Tamine-Gardes J. (1984), *Quand l'enfant parle du langage*, Bruxelles/Liège, Mardaga.
Bordas E. (1998), « Les dangereuses liaisons parataxiques du libertinage », *in* Neveu (dir.) (1998) : 179–195.
Borges J.-L. (1956/1957), *Fictions*, Buenos Aires, Emecé (traduction française Paris, Gallimard, 1957).
Borillo A. (2005), « [D'après N], complément circonstanciel et marqueur énonciatif d'évidentialité », *in* Choi-Janin I *et al.* (dir.), *Questions de classification en linguistique : méthodes et descriptions, Mélanges offerts au Professeur Christian Molinier*, Berne, Peter Lang : 39–53.
Bouquet S., Viera de Camargo Grillo S. (dir.), (2007), « Linguistique des genres. Le programme de Bakhtine et ses perspectives contemporaines », *LINX* 56.
Bourdieu P. (1979), *La distinction*, Paris, Minuit.
Brabanter (de) Ph. (2003), *Making Sense of Mention, Quotation and Autonymy. A Semantic and Pragmatic Survey of Metalinguistic Discourse*, Thèse de doctorat, Université libre de Bruxelles.
Brabanter (de) Ph. (dir.) (2005), « Hybrid Quotations », *Belgian journal of linguistics* 17.
Branca-Rosoff S. (dir.) (1999), « Types, modes et genres de discours », *Langage et Société* 87.
Branca-Rosoff S. (2005), « L'épistolaire dans *L'Art d'écrire* de Condillac », *Semen* 20 : 97–112.
Branca-Rosoff S., Doquet C., Lefebvre J., Oppermann-Marsaux E., Pétillon S., Sitri F. (dir.) (2012), *L'hétérogène dans la langue et les discours. Hommage à Jacqueline Authier-Revuz*, Limoges, Lambert-Lucas.
Branca-Rosoff S., Schneider N. (1994), *L'écriture des citoyens. Une analyse linguistique de l'écriture des peu-lettrés pendant la période révolutionnaire*, Paris, INALF-Klincksieck.
Branca-Rosoff S., Torre V. (1993), « Observer et aider : l'écrit des assistantes sociales dans les demandes d'intervention », *Recherches sur le français parlé* 12 :115–135.
Branca-Rosoff S., Vérine B. (2012), « Le discours direct et ses limites : l'asymétrie de la frontière gauche et de la frontière droite », *in* Branca-Rosoff *et al.* (2012) : 199–214.
Bres J. (1989), « Praxis, production de sens/d'identité, récit », *Langage* 93 : 23–44.
Bres J. (1994), *Récit oral et production d'identité sociale*, Montpellier, Université Paul Valéry/PU de la Méditerranée.
Bres J. (1996), « Aspects de l'interaction rapportée dans le récit oral conversationnel », *Cahiers du Français Contemporain* 3 : 45–59.
Bres J. (1998), « Entendre des voix : de quelques marqueurs dialogiques en français », *in* Bres *et al.* (dir.) (1998) : 191–212.

Bres J. (1999), « Vous les entendez ? Analyse du discours et dialogisme », *Modèles linguistiques* XX/2 : 71–86.
Bres J. (2005a), « Savoir de quoi on parle : dialogal, dialogique, polyphonique », *in* Bres *et al.* (dir.) (2005) : 47–62.
Bres J. (2005b), « Sous la surface textuelle, la profondeur énonciative. Ebauche de description des façons dont se signifie le dialogisme de l'énoncé », *in* Haillet *et al.* (dir.) (2005) : 11–34.
Bres J. (2008), « De l'épaisseur du discours : horizontalement, verticalement... et dans tous les sens », *in* Durand *et al.* (dir.) (2008) : 853–859.
Bres J., Delamotte-Legrand R., Madray-Lesigne F, Siblot P. (dir.) (1998), *L'autre en discours*, Montpellier, Université Paul Valéry/PU de la Méditerranée, copublié avec Université de Rouen-Dyalang.
Bres J., Mellet S. (2009), « Une approche dialogique des faits grammaticaux », *Langue Française* 163 : 3–20
Bres J., Nowakowska A. (2006), « Dialogisme : du principe à la matérialité discursive », *in* Perrin (dir.) (2006) : 21–48.
Bres J., Rosier L. (2007) « Réfractions : *polyphonie* et *dialogisme*, deux exemples de reconfiguration théorique dans les sciences du langage francophones », *Slavica occitania* 25 : 238–251.
Bres J., Verine B. (2003), « Le bruissement des voix dans le discours : dialogisme et discours rapporté », *Faits de langue* 19 : 159–170
Bres J., Haillet P., Mellet S., Nølke H., Rosier L. (dir.) (2005), *Dialogisme, polyphonie : approches linguistiques. Actes du colloque de Cerisy, 2–9 septembre 2004*, Bruxelles, De Boeck/Duculot.
Brisset J.-P. (2001), *Œuvres complètes*, éditées et présentées par M. Décimo, Dijon, Les presses du réel.
Bronckart J.-P. (1999), « La conscience comme "analyseur" des épistémologies de Vygotski et Piaget », *in* Clot Y. (dir.) (1999) : 17–43.
Bronckart J.-P., Bota C. (2011), *Bakhtine démasqué. Histoire d'un menteur, d'une escroquerie et d'un délire collectif*, Genève, Droz.
Broth M., Forsgren M., Norén C., Sullet-Nylander F. (dir.), « Le français parlé des médias », *Romanica Stockholmensia* 24.
Bruña-Cuevas M. (1996), « Le discours direct introduit par *que* », *Le Français moderne*, 54 : 28–50.
Brunet E., Mahrer R. (2011) (dir.), *Relire Benveniste, Réceptions actuelles de « Problèmes de Linguistique Générale »*, Louvain-la-Neuve, Academia/L'Harmattan.
Buridant C (2000), *Grammaire nouvelle de l'ancien français*, Paris, SEDES.
Burnier M.-A., Rambaud P. (1978), *Le Roland-Barthes sans peine*, Paris, Balland.
Carnap R. (1937), *The Logical Syntax of language*, New York, Harcourt, Brace and Co (traduction anglaise de *Logische Syntax der Sprache*, Vienne, Springer, 1934).
Cayrou G., Laurent P., Lods J. (1953), *Grammaire française à l'usage des classes de grammaire*, Paris, Armand Colin.
Chabert C. (2011), *L'amour de la différence*, Paris, PUF.
Chafe W., Nichols J. (dir.) (1986), *Evidentiality: the Linguistic Coding of Epistemology*, Norwood, NJ, Ablex.
Chambat-Houillon M.-F., Wall A. (2004), *Droit de citer*, Rosny-sous-bois, Bréal.
Chang In-Bong (2002), *Discours rapporté en coréen contemporain – avec référence au français*, Louvain/Paris, Peeters.

Chang In-Bong (2002b), « Marqueurs de la modalisation autonymique en coréen », *in* Authier-Revuz *et al.* (dir.) (2003) : 245–256.
Charaudeau P. (1984), « Une théorie des sujets du langage », *Langage et société* 28 : 37–51.
Charaudeau P. (1989), « La conversation entre le situationnel et le linguistique », *Connexions* 53 : 9–22.
Charaudeau P. (2009) (dir.), *Identités sociales et discursives du sujet parlant*, Paris, L'Harmattan.
Charaudeau P. (2009), « Identité sociale et identité discursive : un jeu de miroir fondateur », *in* Charadeau (2009) (dir.) : 16–28.
Charaudeau P., Maingueneau D. (dir.) (2002), *Dictionnaire d'analyse du discours*, Paris, Seuil. (= DAD 2002).
Charlent M.-T. (1996) : *Le discours rapporté : problèmes sémiotico-référentiels*, Thèse de doctorat, Université des Sciences humaines de Strasbourg.
Charlent M.-T. (2003), « L'autonymie dans le discours direct », *in* Authier-Revuz *et al.* (dir.) (2003) : 153–161.
Charolles M. (1976), « Exercices sur les verbes de communication », *Pratiques* 9 : 83–107.
Charolles M. (1987), « Spécificité et portée des prises en charge en *Selon A* », *in Pensée naturelle : Logique et langage – Hommage à Jean-Blaise Grize. Revue Européenne des sciences sociales* XXV/77, Genève, Droz : 243–269.
Chetouani L. (2004), « Faire dire pour dire », *in* Delamotte-Legrand R. (dir.) (2004), vol. II : 109–119.
Cislaru G., Sitri F. (2008), « La représentation du discours autre dans des signalements d'enfant en danger : une parole interprétée ? », *in* López-Muñoz *et al.* (dir.) (2009) : 57–73.
Cislaru G., Sitri F. (2012), « De l'émergence à l'impact social des discours : hétérogénéités d'un corpus », *Langages* 187 : 59–72.
Cislaru, G., Sitri, F., Pugnière-Saavedra, F., 2013, « Figement et configuration textuelle : les segments de discours répétés dans les rapports éducatifs », *in* Bolly, C., Degand, L. (dir.), *Text-structuring. Across the line of speech and writing variation*, Louvain-la-Neuve, PU Louvain : 165–183.
Claquin F. (1993), « La revue de presse : un art du montage », *Langage et Société* 64 : 43–71.
Clark H.H., Gerrig R.J. (1990), « Quotations as demonstrations », *Language* 66/4 : 764–805.
Claudel Ch. (2011), « Pratiques citationnelles dans des cours magistraux à l'université », *in* Jaubert *et al.* (dir) (2011) : 189–205.
Clavreul P. (1987), *Le désir et la loi*, Paris, Denoël.
Clément C. (1981), *Vies et Légendes de Jacques Lacan*, Paris, Grasset.
Clément-Barthez C., Barthez J.-C. (1986), « Identité et territoire », *in Colloque de Sommières* (1986) : 93–116.
Clot Y. (dir.) (1999), *Avec Vygotski*, Paris, La Dispute.
Colas-Blaise M. (2004), « Le discours rapporté au point de vue de la sémiotique : Dynamique discursive et avatars de la dénomination propre chez Patrick Modiano », *in* López-Muñoz *et al.* (dir.) (2004) : 163–172.
Colas-Blaise M., Kara M., Perrin L., Petitjean A. (dir.) (2010), *La question polyphonique ou dialogique en sciences du langage. Actes du Colloque Metz-Luxembourg 2008*, Metz, Université de Metz.
Colin F. (2019), « L'autonymie inventive de Pascal Quignard au regard des rhéteurs latins », *in* Marein *et al.* (2019) : 91–111.

Colloque de lexicologie politique de Saint-Cloud (1968), *Formation et aspects du vocabulaire politique français XVIIe-XXe siècles. Cahiers de Lexicologie* 13 (1968 II), 14 (1969 I), 15 (1969 II).
Colloque de Sommières (1986), *La production d'identité*, Montpellier, Université Paul Valéry/ CNRS.
Coltier D. (2000), *Analyse sémantique de « selon ». Quelques propositions*, Thèse de doctorat, Université de Nancy 2.
Coltier D. (2002), « *Selon*, les verbes de dire et le discours rapporté : quelques éléments de comparaison », *LINX* 46 : 81–101.
Combettes B. (1989), « Discours rapporté et énonciation, trois approches différentes », *Pratiques* 64 : 111–122.
Combettes B. (2014), « L'émergence du texte argumentatif en français : type de texte et diachronie », *in* Monte M., Philippe G. (dir.) (2014) : 225–237.
Compagnon A. (1979), *La seconde main, ou le travail de la citation*, Paris, Seuil.
Compagnon A. (2000a), « Le narrateur en procès », *in* B. Brun (dir.), *Marcel Proust 2. Nouvelles directions de la recherche proustienne*, Paris/Caen, Minard : 309–334.
Compagnon A. (2000b), « L'allusion et le fait littéraire » *in* Murat M. (dir.), *L'Allusion dans la Littérature*, Paris, PU Paris-Sorbonne : 237–249.
Compagnon A. (2009), *Proust, la mémoire et la littérature*, séminaire au Collège de France, Paris, Odile Jacob.
Compagnon A. (2013), *Une question de discipline. Entretiens avec Jean-Baptiste Amadieu*, Paris, Flammarion.
Conein B., Courtine J.-J., Gadet F., Marandin J.-M., Pêcheux M. (dir.) (1981), *Matérialités discursives*, Lille, PU du Septentrion.
Constantin de Chanay H. (2010), « La polyphonie au service de l'ethos. L'exemple du débat du 2 mai 2007 entre N. Sarkozy et S. Royal. », *in* Colas-Blaise *et al.* (dir.) : 299–320.
Constantin de Chanay H. (2011), « Volatilité de la désactivation illocutoire dans le DRD: conflits entre niveaux de prise en charge énonciative », *in* Dendale. P *et al.* (dir.), *La prise en charge énonciative*, Bruxelles, De Boeck Supérieur : 19–35.
Coquet J.-C. (1984), *Le Discours et son sujet (I)*, Klincksieck, Paris.
Courtine J.-J. (1981a), « Analyse du discours politique », *Langages* 62 : 9–128.
Courtine J.-J. (1981b), « La toque de Clementis », *Le discours psychanalytique* 2.
Culioli A. (1967), *La communication verbale, L'aventure humaine*, in Encyclopédie des sciences de l'homme. Vol. IV : L'homme et les autres, Paris, Grange-Batelière : 65–73.
Culioli A. (1968), « À propos du genre en anglais contemporain », *Langues modernes* 3 : 326–334.
Culioli A. (1971), « Un linguiste devant la critique littéraire », *in Actes du colloque de la société SAES*, Clermont-Ferrand : 61–79.
Culioli A. (1988), « La négation : marqueurs et opérations », *Travaux du Centre de Recherches Sémiologiques* 56 : 17–38, repris *in* Culioli (1990) : 91–113.
Culioli A. (1990), *Pour une linguistique de l'énonciation – opérations et représentations*, vol. 1, Paris, Ophrys.
Culioli A. (2002), *Variations sur la linguistique (Entretiens avec Frédéric Fau)*, Paris, Klincksieck.
Culioli A., Normand C. (2005), *Onze rencontres sur le langage et les langues*, Paris, Ophrys.
Da Cunha D. (1992), *Discours rapporté et circulation de la parole*, Louvain, Peeters.
Da Cunha D. (2012), « Formes et degrés d'orientation dialogique, genre et point de vue », *in* Branca-Rosoff *et al.* (dir.) (2012) : 289–302.

Da Cunha D., De Nardi F., Lefebvre J., Leite Cortez S. (dir.) (2015), « Repésentation des discours », *Revista Investigações* 28, n° spécial, https://periodicos.ufpe.br/revistas/INV/issue/view/122/showToc.

Da Cunha D., Lefebvre J. (2018), « Quelques questions sur la délimitation de l'espace générique des "discours du tenant lieu" à partir de l'étude d'entretiens et de portraits de presse », *in* De Arruda *et al.* (dir) (2018).

DAD 2002 : voir Charaudeau P., Maingueneau D. (dir.) (2002).

Danon-Boileau L., Morel M.-A. (1998) : voir Morel M.-A., Danon-Boileau L. (1998).

Dardy C., Ducard D, Maingueneau D. (2002), *Un genre universitaire : le rapport de soutenance de thèse*, Lille, PU du Septentrion.

De Arruda C., Da Cunha D., Grigoleto S., Leite Cortez S. (dir.) (2018), *Representação dos dizeres na construção dos discursos*, Campinas, Pontes editores.

Debray R. (2010), *Éloge des frontières*, Paris, Gallimard.

Delamotte-Legrand R. (dir.), (2004), *Les Médiations langagières. Vol. I : Des faits de langue aux discours. Vol. II : Des discours aux acteurs sociaux*, Rouen, Publications de l'Université de Rouen.

Delay F. (1997), *La seduction brève*, Paris, Gallimard.

Delesalle S. (2003), « Quelques remarques sur le domaine de l'autonymie dans l'écriture romanesque », *in* Authier-Revuz *et al.* (dir.) (2003) : 185–190.

Deleuze G. (1969/97), *Différence et répétition*, Paris, PUF.

Deleuze G. (1983), *L'Image-mouvement*, Paris, Minuit.

Deleuze G., Guattari F. (1980), *Capitalisme et schizophrénie 2. Mille plateaux*, Paris, Minuit.

Delion P. (2010), *Le Corps retrouvé*, Paris, Hermann.

Delofeu J. (1999), « Questions de méthode dans la description morphosyntaxique de l'élément *que* en français contemporain », *Recherches sur le Français Parlé* 15 : 163–198.

De Mattia M. (2000), *Le discours indirect en anglais contemporain*, PU de Provence.

Dendale P. (1993), « Le conditionnel de l'information incertaine : marqueur modal ou marqueur évidentiel ? », *in* G. Hilty (dir.), *Actes du XXe Congrès International de Linguistique et Philologie Romanes, Université de Zurich, 6–11 avril 1992*, Tübingen, Francke Verlag, vol. 1 : 165–176.

Dendale P., Tasmowski L. (dir.) (1994), « Les sources du savoir et leurs marques linguistiques », *Langue française* 102.

Dendale P., Tasmowski L. (2001), « Introduction : Evidentiality and related notions », *Journal of Pragmatics* 33/3 : 339–348.

Dendale P., Coltier D. (dir.) (2011), *La prise en charge énonciative. Etudes théoriques et empiriques*, Louvain-la-Neuve, De Boeck/Duculot.

Depecker L. (2009), *Comprendre Saussure d'après les manuscrits*, Paris, Armand Colin.

Depecker L. (2012) (dir.), « L'apport des manuscrits de F. de Saussure », *Langages* 185.

Derrida J. (1967), *L'écriture et la différence*, Paris, Seuil.

Derrida J. (1972), *Marges de la philosophie*, Paris, Minuit.

Derrida J. (1989), *Limited Inc.*, Paris, Galilée.

Derrida J. (1996/2016), *Le monolinguisme de l'autre ou la prothèse d'origine*, Paris, Galilée.

Descartes R. (1641) Méditations métaphysiques.

Desnica M. (2016), *Étude énonciative et discursive des énoncés anglais dans la presse féminine française*, Thèse doctorat, Université Paris-Est-Créteil.

Desoutter C., Mellet C. (dir.) (2013), « Le discours rapporté : approches linguistiques et perspectives didactiques », *Linguistic Insights* 178.

D'Espagnat B. (2015), *À la recherche du réel – Le regard d'un physicien*, Paris, Dunod.
Détrie C., Siblot P., Vérine B. (2001), *Termes et concepts pour l'analyse de discours. Une approche praxématique*, Paris, Honoré Champion.
Dolto F. (1984), *L'image inconsciente du corps*, Paris, Seuil.
Doquet C. (2015), « Repésentation du discours dans un entretien écrit : un parcours génétique », *Revista Investigações* 28.
Doquet C. (2018) « Ecrire la parole. Modalités de mise à l'écrit d'entretiens avec Antoine Culioli », *Langages* 209 : 115–135.
Dor J. (1985), *Introduction à la lecture de Lacan. Vol. 1 : L'inconscient structuré comme un langage*, Paris, Denoël.
Dor J. (1988), *L'a-scientificité de la psychanalyse*, Paris, Editions Universitaires.
Dosse F. (1991–1992), *Histoire du structuralisme. Vol. 1 : Le champ du signe. Vol. 2 : Le chant du cygne*, Paris, La Découverte.
Doury M. (2004), « La fonction argumentative des échanges rapportés », *in* López-Muñoz *et al.* (dir.) (2004) : 254–264.
Drillon J. (1991), *Traité de la ponctuation française*, Paris, Gallimard.
Dubois J. (1962), *Le vocabulaire politique et social en France de 1869 à 1872*, Paris, Larousse.
Ducard D. (2004) « Concession, écart et transaction », *in Entre grammaire et sens. Etudes sémiolinguistiques et linguistiques*, Paris, Ophrys : 58–67.
Duchet C. (1975), « Signifiance et in-signifiance : le discours italique dans *Madame Bovary* », *in La production du sens chez Flaubert. Coll. de Cerisy, 21–28 juin 1974*, Paris, 10/18 : 358–394.
Duchet C. (1976), « Discours social et texte italique dans *Madame Bovary* », *in Langages de Flaubert*, Paris, Minard : 143–163.
Ducrot O. (1972/1991), *Dire et ne pas dire. Principes de sémantique linguistique*, Paris, Hermann (nouvelle édition 1991).
Ducrot O. (1980), « Analyse de textes et linguistique de l'énonciation », *in* Ducrot *et al. Les mots du discours*, Paris, Minuit : 7–56.
Ducrot O. (1984), *Le dire et le dit*, Paris, Minuit.
Dufour D.-R. (2016), *La situation désespérée du présent me remplit d'espoir. Face à trois délires politiques mortifères, l'hypothèse convivialiste*, Lormont, Ed. Le bord de l'eau.
Dufour Ph. (2004), *La pensée romanesque du langage*. Paris, Seuil.
Dufourmantelle A. (2016), *La sauvagerie maternelle,* Paris, Payot-Rivages (1ère édition Paris, Calmann-Lévy, 2001).
Dufourmantelle A. (2011), *L'éloge du risque*, Paris, Payot-Rivages poche.
Dufourmantelle A., Leter L. (2014), *Se trouver : dialogue sur les nouvelles souffrances contemporaines*, Paris, J.-C. Lattès.
Dujardin E. (1931), *Le monologue intérieur. Son apparition, ses origines, sa place dans l'œuvre de James Joyce et dans le roman contemporain*, Paris, Albert Messein.
Dupriez B. (1980/1977), *Gradus – Les procédés littéraires (dictionnaire)*, réédition, Paris, UGE, 10/18.
Durand J., Habert B., Laks B. (dir.) (2008), *Actes du Congrès Mondial de Linguistique Française « Discours, pragmatique et interaction », 9–12 juillet 2008*, Paris, EDP Sciences.
Dutka A. (1999), *Le Discours autre dans des articles de la critique littéraire. Une étude linguistique et discursive*, Varsovie, Inst. Rom. Uniwersytetu Warszawskiego.
Dutka A., Kostro M. (dir.) (2017), *Le discours représenté dans les genres écrit et oraux*, Lublin, Éd. Werset.

Ebel M., Fiala P. (1983), *Sous le consensus, la xénophobie. Paroles, arguments, contexte Suisse 1961-1981*, Institut des sciences politiques, Lausanne.
Eigenmann E. (1996), *La Parole empruntée. Sarraute, Pinget, Vinaver : théâtres du dialogisme*, Paris, L'Arche.
Eliacheff C. (1993), *À corps et à cris – Être psychanalyste avec les tout petits*, Paris, Odile Jacob.
Eluerd R. (1995), *Grammaire essentielle du collège*, Paris, Nathan.
Evrard I. (2002), « Diathèse des rapporteurs de discours : présence/absence de l'énonciateur », *Faits de langue* 19 : 125-134
Fairclough N. (1988), « Discourse Representation in Media Discourse ». *Sociolinguistics* 17 : 125-39, repris *in* Fairclough, N. (1995a).
Fairclough, N. (1995a), *Critical discourse analysis. The critical study of* language, London, Longman.
Fairclough, N. (1995b), *Media discourse*, London/New York, E. Arnold.
Faucher E. (1978), « Définition du discours indirect », *Linguistica Palatina* 24, Université de Paris-Sorbonne.
Faucher J.-M., Thierry J. (dir.) (2018a), « Automatisme mental Histoire et clinique d'un concept controversé », *Journal français de psychiatrie* 45.
Faucher J.-M., Thierry J. (dir.) (2018b), « Automatisme mental Histoire et clinique d'un concept controversé », *Journal français de psychiatrie* 46.
Fenoglio I. (2011), « Déplier l'écriture pensante pour re-lire l'article publié. Le manuscrit de *L'appareil formel de l'énonciation* d'Émile Benveniste », *in* Brunet *et al.* (2011) : 263-304.
Fiala P. (1992), « A propos de deux fragments de conversation dans *Le Neveu de Rameau* », *Information Grammaticale* 53 : 38-42.
Fiala P., Habert B. (1987), « Un modèle évolutif de la phraséologie en discours », *in Colloque de l'A.F.L.S., 17-19 sept. 1987, Sheffield, Grande-Bretagne*, dactylo.
Fiala P., Habert B. Lafon P., Pineira C. (1987), « Des mots aux syntagmes, Figements et variations dans la Résolution générale du congrès de la CGT de 1978 », *Mots* 14 : 47-87.
Filhol E. (1997), « L'hétérogénéité énonciative dans le discours du psychotique », *Le Langage et l'homme* XXXIII/2-3 : 77-90.
Flahaut F. (1978), *La parole intermédiaire*, Paris, Seuil.
Flaubert G. (1998), *Correspondance*, Paris, Gallimard Folio.
Fløttum K. (2004), « Îlots textuels dans *Le temps retrouvé* de Marcel Proust », *in* López-Muñoz *et al.* (dir.) (2004) : 121-130.
Folkart B. (1991), *Le Conflit des énonciations. Traduction et discours rapporté*, Québec, Éditions Balzac.
Fontanille J. (2002), « Le corps et ses enveloppes : de la psychanalyse à la sémiotique du corps », *in* Anis J., Eskénazi A., Jeandillou J.-F. (dir.), *Le Signe et la Lettre, Hommage à Michel Arrivé*, Paris, L'Harmattan : 201-213.
Forget D. (1992), *L'émergence d'un discours démocratique au Brésil : conquêtes et résistances du pouvoir, 1964-1984*, Baixas, Balzac.
Foucault M. (1969), *L'Archéologie du savoir*, Paris, Gallimard.
Foucault M. (1969b), « Qu'est-ce qu'un auteur ? », *Bulletin de la Société française de Philosophie* 64 : 73-104.
Foucault M. (1971), L'Ordre du discours, Paris, Gallimard.
Foucault M. (1994), *Dits et Ecrits*, vol. 1, Paris, Gallimard.
Fournier J.-M. (2003), « Les exemples dans le discours grammairien de l'âge classique : un cas de fonctionnement discursif de l'autonymie », *in* Authier-Revuz *et al.* (dir.) (2003) : 99-111.

Fournier N. (1998), *Grammaire du français classique*, Paris, Belin.
Freud S. (1895), « Esquisse d'une psychologie scientifique », *in La naissance de la psychanalyse, lettres à Wilhem Flies, notes et plans*, Paris, PUF, 1956 : 307–396.
Freud S. (1923/1981), *Le Moi et le Ça*, traduction française *in Essais de psychanalyse appliquée*, Paris, Payot, 1981.
Fuchs C. (1981), « Les problématiques énonciatives, esquisse d'une présentation historique et critique », *DRLAV* 25 : 35–60.
Fuchs C. (1982), *La paraphrase*, Paris, PUF.
Fuchs C. (1983), « Variations discursives », *Langages* 70 : 15–33.
Fuchs C. (1994), *Paraphrase et énonciation*, Paris, Ophrys.
Funakoshi-Teramoto H. (2005), *Langage et métalangage dans l'œuvre de Gustave Flaubert*, Thèse de doctorat, Université Paris 8.
Gachet F. (2011), « L'incise de discours rapporté: une principale d'arrière plan ? », *in* Defrancq et al. (dir.), *Actes du colloque international « Discours et Grammaire », Gand (23–24 mai 2008)*.
Gachet F. (2012), *Incises de discours rapporté et autres verbes parenthétiques : une étude grammaticale*, Thèse de doctorat, Université de Fribourg.
Gadet F., Pêcheux M. (1981), *La langue introuvable*, Paris, Maspero.
Gadet F., Léon J., Maldidier D., Plon M. (1995), *Introduction* à l'édition anglaise de Pêcheux (1969), textes réunis par Gadet F. et Haks T., Amsterdam, Kontesten.
Gai F. (2011), « Citer, acte au cœur du dispositif romanesque mauriacien » *in* Jaubert *et al.* (dir.) (2011) : 37–49.
Ganea A. (2017), « Le discours de la rumeur dans la presse écrite. Formes et fonction » *in* Dutka *et al.* (dir.) (2017) : 75–92.
Gantheret F. (1996), *Moi, monde, mots*, Paris, Gallimard.
Gardes-Tamine J. (1988), *La Grammaire 2*, Paris, Armand Colin, coll. Cursus.
Gardin B. (1974), « La néologie – Aspects socio-linguistiques », *Langages* 36 : 67–82.
Gardin B. (1978), « Chronique linguistique, Voloshinov ou Bakhtine ? », *La Pensée* 197 : 87–100.
Gardin B., Richard-Zapella J. (1994), « De l'image politique du discours rapporté » *in* Morand *et al.* (1994) : 45–56.
Garnier S., Sitri F. (2009), « *Certes*, un marqueur dialogique », *Langue française* 163 : 121–136.
Gaulmyn (de) M.-M. (1983), *Les verbes de communication dans la construction du discours. Essai sur la réflexivité du langage. Récits d'enfants et échanges entre enfants et adultes*, Thèse de doctorat d'état, Université Paris 8.
Gaulmyn (de) M.-M. (1996), « Témoignage et crédibilité, Performativité du discours rapporté. », *Cahiers du Français Contemporain* 3 : p. 27–44.
Gauvenet H., Moirand S., Courtillon Leclercq J. (1976), *Qu'en dira-t-on ? Du discours direct au discours rapporté*, Paris, CREDIF Didier.
Genette, G. (1972) *Figures III*, Paris, Seuil.
Genette, G. (1982) *Palimpsestes. La Littérature au second degré*, Paris, Seuil.
Genette, G. (1983), *Nouveau discours du récit*, Paris, Seuil.
Godard H. (2011), *Céline*, Paris Gallimard.
Goffman E. (1973) *La Mise en scène de la vie quotidienne. Vol. 1 : La Présentation de soi*, Paris, Minuit.
Gollut J.-D., Zufferey J. (2016), « La désignation de l'énonciateur dans le discours indirect libre », *in Actes du colloque « Marges et contraintes du discours indirect libre »*, Université

de Lausanne, 5-6 novembre 2015, Fabula/Les colloques, http://www.fabula.org/colloques/document5966.php.

Goodwin M.-H. (1989), « L'enchâssement des récits dans des processus sociaux plus larges » (traduction J. Bres), *Cahiers de praxématique* 11 : 7-27.

Granier J.-M. (2003), « Faire référence à la parole de l'autre : quelques questions sur l'enchaînement "sur le mot" chez Marivaux », *in* Authier-Revuz et al. (2003) : 217-231.

Greimas A.-J. (1966), *Sémantique structurale*, Paris, Larousse.

Greimas A.-J., Courtès J. (1986/1979), *Sémiotique. Dictionnaire raisonné de la théorie du langage*, Paris, Hachette Université.

Grésillon A. (1975), « Les relatives dans l'analyse linguistique de la surface textuelle : un cas de région-frontière », *Langages* 37 : 99-121.

Grésillon A. (1979), « Peut-on encore présupposer ? », *DRLAV* 21 : 7-16.

Grésillon A., Lebrave J.-L (dir.) (1984), *La langue au ras du texte*, Lille, PU du Septentrion.

Grésillon A., Maingueneau D. (1984), « Polyphonie, proverbe et détournement », *Langages* 73 : 112-125.

Grevisse M. (1975), *le Bon Usage – Grammaire française avec des remarques sur la langue française d'aujourd'hui*, Gembloux, Duculot, 10e édition revue.

Gribinski M. (2013), *Qu'est-ce qu'une place ?*, Paris, Editions de l'Olivier.

Grignon O. (2014), « Etats de corps », *Psychologie clinique* 37 : 231-242

Grignon O. (2017), *Avec le psychanalyste, l'homme de réveille*, 2017, Toulouse, érès.

Grinshpun Y., Nyée-Doggen J. (dir.) (2012), *Regards croisés sur la langue française : usages, pratiques, histoire. Mélanges en l'honneur de Sonia Branca-Rosoff*, Paris, PSN.

Grossmann F. (2002), « Les modes de référence à autrui chez les experts : l'exemple de la revue Langages », *Faits de langue* 19 : 255-262.

Grossmann F. (2011), « Renvoyer aux sources du savoir : *voir* et *cf.* dans le texte scientifique », *in* Jaubert et al. (dir.) (2011).

Grunig B.-N. (1990), *Les Mots de la Publicité*, Paris, CNRS.

Guentcheva Z. (1990), « L'énonciation médiatisée en bulgare », *Revue des Etudes Slaves* 62/1-2 : 179-196.

Guentcheva Z. (1994), « Manifestations de la catégorie du médiatif dans les temps du français », *Langue française* 102 : 8-23.

Guentcheva Z. (dir.) (1996) *L'énonciation médiatisée*, Louvain/Paris, Peeters.

Guentcheva Z. (2004), « La notion de médiation dans la diversité des langues », *in* Delamotte-Legrand (dir.) (2004) : 10-33.

Guilbert L., Lagane R., Niobey G. (1971-1978), *Grand Larousse de la Langue Française*, Paris, Larousse.

Guilhaumou J., Maldidier D. (1979), « Courte critique pour une longue histoire », *Dialectiques* 26 : 7-23.

Guillaume G. (1929/1984), *Temps et verbe. Théorie des aspects, des modes et des temps*, Paris, Honoré Champion.

Gülich E. (1986), « "Soûl ce n'est pas un mot très français" – Procédés d'évaluation et de commentaire méta-discursif dans un corpus de conversations en "situations de contact" », *Cahiers de linguistique française* 7 : 231-258.

Haar M. (1978), « Nietsche et la maladie du langage », *Revue philosophique* 4 : 403-417.

Habert B., Nazarenko A., Salem A. (1997), *Les linguistiques de corpus*, Paris, Armand Colin.

Haillet P.-P. (1995), *Le conditionnel dans le discours journalistique : essai de linguistique descriptive*, Neuville, Bref.

Haillet P.-P. (1998), « Le conditionnel d'altérité énonciative et les formes du discours rapporté dans la presse écrite », *Pratiques* 100 : 63–79.
Haillet, P.-P. (2002), *Le conditionnel en français: une approche polyphonique*, Paris, Ophrys.
Haillet P.-P., Karmaoui G. (dir.). (2005), *Regards sur l'héritage de Mikhaïl Bakhtine*, Publ. de l'Univ. de Cergy-Pontoise, Amiens, Encrage.
Hailon F. (2011a), *Idéologie par voix/e de presse*, Paris, L'Harmattan.
Hailon F. (2011b), « Evidences et réticences en discours : jeux et enjeux énonciatifs de la représentation de l'autre dans la presse », *in* Jaubert et al. (dir.) (2011) : 223–227).
Hailon F. (2012a), « Idéologisation dialoguée dans la presse », *in* Lorda-Mur C.-U. (dir.), *Anejos Oralia 6*. « *Polifonía e Intertextualidad en el Diálogo* », Madrid, Arco Libros : 181–196.
Hailon F. (2012b), « L'énonciation dans les pratiques de l'hétérogène », *TRANEL* 56 : 119–134.
Hamon Ph. (1984), *Textes et idéologies*, Paris, PUF.
Hamon Ph. (2000), « De l'allusion en régime naturaliste », *in* Murat (dir.) (2000) : 181–198.
Hanoosh M. (1994), *La Parodie*, Paris, Hachette (traduction de *Parody and Decadence : Laforgue's Moralités légendaires*, Ohio State University press, 1989).
Herman Th. (2008), *Au fil des discours. La rhétorique de Charles de Gaulle 1940–1945*, Limoges, Lambert-Lucas.
Haroche C. (1981), « L'ellipse (manque nécessaire) et l'incise (ajout contingent) », *in* Conein et al. (1981) : 149–154.
Haroche C., Henry P., Pêcheux M. (1971), « La sémantique et la coupure saussurienne : langue, langage, discours », *Langages* 24 : 93–106.
Hartog F. (1980), *Le miroir d'Hérodote – Essai sur la représentation de l'autre*, Paris, Gallimard.
Henry P. (1977), *Le mauvais outil. Langue, sujet et discours*. Postface de O. Ducrot, Paris, Klincksieck.
Henry P. (1995), « Epistémologie de *l'Analyse automatique du discours* (1969) de Michel Pêcheux », *in Introduction to the english translation of Michel Pêcheux's Analyse automatique du discours*, Amsterdam/Atlanta, Rodopi.
Henry P. (2012), « Tirer lalangue », *Essaim* 29 : 97–109.
Héritier F. (1996), *Masculin/Féminin. (I) La pensée de la différence*, Paris, Odile Jacob.
Herschberg-Pierrot A. (1988), *Le « Dictionnaire des Idées reçues » de Flaubert*, Lille, PU du Septentrion.
Herschberg-Pierrot A. (1993), *Stylistique de la prose*, Paris, Belin.
Hjelmslev L. (1968), *Prolégomènes à une théorie du langage*, Paris, Minuit (traduction française de *Omkring Sprogteoriens Grundlæggelse*, 1943).
Houdebine J.L. (1976a), « Pouvoir et vérité en langue (mais où donc est passé ce diable de sujet ? », *Tel Quel* 67 : 87–90.
Houdebine J.L. (1976b), « Les vérités de la Palice, ou les erreurs de la police ? (d'une question obstinément forclose) », *Tel Quel* 67 : 91–97.
Houdebine J.-L. (1977), *Langage et marxisme*, Paris, Klingsieck.
Indursky F. (1997a), *A fala dos quartéis e as outras vozes* [Le discours des casernes et les autres voix], Campinas, Editora da Unicamp.
Indursky F. (1997b), « De *patria* à *nação* : la scène discursive du discours militaire brésilien », *Mots* 51 : 111–122.
Irigaray L. (1974), « Le schizophrène et la question du signe », *Recherches* 16 : 32–42.
Jackiewicz A. (2011) « Formes de responsabilité dans les discours rapportés », *in* Dendale et al. (dir.) (2011) : 93–116.
Jacob F. (1981) *Le jeu des possibles. Essai sur la diversité du vivant*, Paris, Fayard.

Jakobson R. (1957/1990), *Shifters, verbal categories and the russian verb*, Harvard University (1957), repris *in* L. R. Waugh et M. Monville-Burston (dir.) (1990), *On Language*. Cambridge Mass, Harvard University : 386–392
Jakobson R. (1963), *Essais de linguistique générale*, Paris, Minuit.
Jaubert A. (1990), *La lecture pragmatique*, Paris, Hachette Université.
Jaubert A. (2000), « Le discours indirect libre. Dire et montrer : une approche pragmatique », *Cahiers Chronos* 5 : *Le style indirect libre et ses contextes* : 49–69.
Jaubert A. (2002), « Corpus et champs disciplinaires. Le rôle du point de vue. », *Corpus et recherches linguistiques*, Corpus 1 : 71–87.
Jaubert A., Rosier L. (2011), « Les visées de la citation », Introduction à Jaubert *et al.* (dir.) (2011) : 5–10.
Jaubert A., López-Muñoz J.-M., Marnette S., Rosier L., Stolz C. (dir.) (2011), *Citations II – Citer pour quoi faire? Pragmatique de la citation*, Louvain-la-Neuve, Academia / L'Harmattan.
Jaudel N. (2017), « L'âge de la déraison », *Lacan quotidien* 627, www.lacanquotidien.fr.
Jeandillou J.F. (1997), *L'Analyse textuelle*, Paris, Armand Colin.
Jespersen J., Reichler-Béguelin M.-J. (1997), « Argumentation et discours rapporté : présentation d'une séquence didactique », *Pratiques* 96 : 101–124.
Jespersen O. (1924), *The Philosophy of grammar*, New York, H. Holt.
Johansson, M. (2000), *Recontextualisation du discours d'autrui. Discours représenté dans l'interview politique médiatique*, Turku, Turun Yliopisto.
Julien Ph. (1990), *Pour lire Jacques Lacan*, Paris, Seuil – Points
Klein E. (2018), *Matière à contredire – Essai de philo-physique*, Paris, Ed. de l'Observatoire.
Kerbrat-Orecchioni C. (1980), *L'énonciation – de la subjectivité dans le langage*, Paris, Armand Colin.
Kerbrat-Orecchioni C. (1991), « Hétérogénéité énonciative et conversation », *in* H. Parret (dir.), *Le sens et ses hétérogénéités*, Paris, CNRS : 121–138.
Klokow R. (1978) « Anführungszeichen, Norm und Abweichung », *Linguistische Berichte* 57 : 14–24.
Kolopp M. (1993), *Les formes non-marquées du discours de l'autre – dans trois quotidiens* Le Figaro, L'Humanité *et* Libération, mémoire de maîtrise, Université Paris 3.
Kolopp M. (1997), *Dialogisme interlocutif et interdiscursif dans un corpus de discours de réception à l'Académie française*, mémoire de DEA, Université Paris 3.
Komur G. (2003), *La représentation du dire dans la presse contemporaine. Etude qualitative et quantitative de quelques formes de discours rapporté*, Thèse de doctorat en Sciences du Langage, Université Paris 8.
Krieg A. (2003), *« Purification ethnique ». Une formule et son histoire*, Paris, CNRS.
Krieg-Planque A. (2006), « "Formules" et "lieux discursifs" : propositions pour l'analyse du discours politique », *Semen* 21 : 19–47.
Krieg-Planque A. (2012), *Analyser les discours institutionnels*, Armand Colin, Paris.
Krieg-Planque A., Ollivier-Yaniv C. (dir.) (2011), « Les "petites phrases" en politique », *Communication et Langages* 168.
Kristeva J. (1970), *Une poétique ruinée*, préface à la traduction de Bakhtine (1963), Paris, Seuil : 5–26.
Kristeva J., Milner J. C., Ruwet N. (dir.) (1975), *Langue, discours, société : pour Émile Benveniste*, Paris, Seuil.
Kronning H. (2002), « Le conditionnel "journalistique" : médiation et modalisation épistémiques », *Romansk Forum* 16 : 561–175.

Kuentz P. (1972a), « Parole/Discours », *Langue française* 15 : 18–28.
Kuentz P. (1972b), « Clés sans serrure, analyse de "Dans la nuit" de Michaux », *Littérature* 6 : 56–65.
Kullmann D. (1992), « *Systematische und historische Bemerkungen zum* Style indirect libre », *Romanistische Zeitschrift für Literaturgeschichte* 16/1–2 :113–140.
Labrie N. (2004), « Fragmentation identitaire et médiation : les glissements discursifs dans l'appropriation du pouvoir », *in* Delamotte-Legrand R. (dir.), (2004), vol. II : 49–67.
Lacan J. (1947), « Propos sur la causalité psychique », *L'évolution psychiatrique*, repris *in* Lacan (1966) : 151–193.
Lacan J. (1949), « Le stade du miroir comme formateur de la fonction du Je – telle qu'elle nous est révélée par l'expérience psychanalytique », *Revue française de psychanalyse* XIII/4, repris *in* Lacan (1966) : 93–100.
Lacan J. (1957), « Les clefs de la psychanalyse. Entretien avec M. Chapsal », *L'Express*, 31 mai 1957.
Lacan J. (1966), *Ecrits*, Paris, Seuil.
Lacan J. (1981), *Le séminaire. Vol. III : Les psychoses (1955–1956)*, Paris, Seuil.
Lafont R. (1986), « Carrefour des identités », *Colloque de Sommières* (1986) : 5–18.
Lagadec B. (1996), « Dialogisme interdiscursif et interlocutif dans *La Misère du Monde* de P. Bourdieu », *Cahiers du Français Contemporain* 3 : 133–149.
Landry A.-G. (1953) *Represented discourse in the novels of Francois Mauriac*, Thèse, Catholic University of America Washington.
Laplanche J., Pontalis J.-B. (1967/1968), *Vocabulaire de la psychanalyse*, Paris, PUF.
Laplantine C. (2011), « La poétique d'Émile Benveniste », *in* Brunet *et al.* (2011) : 71–96.
Laplantine C. (2012), « "La langue de Baudelaire", une culturologie », *Semen* 33 : 71–90.
Lazard G. (1956), « Caractères distinctifs de la langue tadjik », *Bulletin de la Société de Linguistique de Paris* 51/1 : 117–186.
Lazard G. (1999), « Mirativity, evidentiality, mediativity or other? », *Linguistic Typology* 3 : 91–109.
Le Bot M.-C., Richard E., Schuwer M. (dir.) (2009), *Aux Marges des grammaires, Mélanges en l'honneur de Michèle Noailly*, Rennes, PU de Rennes.
Lebrun J.-P. (2007/2015), *La perversion ordinaire*, Paris, Denoël (réédition Paris, Flammarion, 2015).
Lebrun J.-P., Malinconi N. (2015), *L'altérité est dans la langue*, Toulouse, érès.
Lecomte A. (1981), « La frontière absente », *in* Conein *et al.* (1981) : 95–108.
Lefebvre J. (2004), « Représentation du « discours autre » et note de bas de page : un jeu sur deux lignes », *in* López-Muñoz *et al.* (dir.) (2004) : 428–436.
Lefebvre J. (2007), *La note comme greffe typographique : étude linguistique et discursive*, Thèse de doctorat, Université Paris 3 – Sorbonne Nouvelle.
Le Goffic P. (1993), *Grammaire de la Phrase Française*, Paris, Hachette.
Lejeune Ph. (1980), *Je est un autre : l'autobiographie de la littérature aux médias*, Paris, Seuil.
Lehman A. (1998), « Exemplification et métalangue : le traitement de la phraséologie dans la première édition du *Dictionnaire de l'Académie* », *in* Pruvost J. et Quemada B. (dir.), *Le dictionnaire de l'Académie française et la lexicographie institutionnelle européenne*, Paris, Champion (2000) : 165–184.
Lemoine-Luccioni E. (1983), *La Robe – Essai psychanalytique sur le vêtement*, Paris, Seuil.
Lerch G. (1922), « Die uneigentliche direkte Rede », *in Festschrift fur Karl Vossler*, Heidelberg, Universitätsverlag Winter : 104–119

Lips M. (1926), *Le style indirect libre*, Paris, Payot.
López-Muñoz J.-M., Marnette S., Rosier L. (dir.) (2004) *Le discours rapporté dans tous ses états : question de frontières*, Paris, L'Harmattan.
López-Muñoz J.-M., Marnette S., Rosier L. (dir.) (2006), *Dans la jungle des discours – Genre des discours et discours rapportés*, Cadix, PU Cadix.
López-Muñoz J.-M., Marnette S., Rosier L., Vincent D. (dir.) (2009), *Circulation des discours et liens sociaux: Le discours rapporté comme pratique sociale*, Québec, Nota Bene.
Lorda-Mur C.-U. (1997), « La relation de déclarations politiques - hétérogénéité et mise en scène de la parole », *Pratiques* 94 : 62–74.
Lorda-Mur C.-U. (dir.) (2012), « Polifonia e Intertextualidad en el Dialogo », *Anejos Oralia* 6, Madrid, Arco Libros.
Lucas N. (2004), « La citation et l'appel à référence bibliographique dans les articles académiques », *in* López-Muñoz *et al.* (dir.) (2004) : 419–27.
Lugrin G. (2006), *Généricité et intertextualité dans le discours publicitaire de presse écrite*, Bern, Peter Lang.
Lyotard J.-F. (1977), *Instructions païennes*, Paris, Galilée.
Mc Dougall J. (1978), *Plaidoyer pour une certaine anormalité*, Paris, Gallimard.
Magné B. (1989), *Perecollages (1981–1988)*, Toulouse, PU du Midi.
Magné B. (1999), *Georges Perec*, Paris, Nathan.
Mahrer R. (2006), « L'effet mimétique de la circulation du discours. Pour montrer, le discours se montre. L'exemple du "tableau" de C.F. Ramuz: *Les signes parmi nous* (1919) », *in* López-Muñoz *et al.* (2006) : 103–112.
Mahrer R. (2011), « Vers une linguistique de la parole à partir de Benveniste », *in* Brunet *et al.* (2011) : 198–239.
Mahrer R. (2014), *Lire l'oral. Pour une typologie linguistique des représentations écrites de l'oralité. (Le cas du français)*, Thèse de doctorat en Sciences du langage, Universités de Lausanne et de Paris 3.
Mahrer R. (2017), *Phonographie – La representation écrite de l'oral en français – Essai de typologie*, Berlin, De Gruyter.
Mahrer R., Tuomarla U. (2007), « Le portrait, un exemple parlant d'oralité dans la presse écrite », *in* Broth M. *et al.* (dir.) (2007) : 491–502.
Maingueneau D. (1976), *Initiation aux méthodes de l'analyse du discours*, Paris, Hachette.
Maingueneau D. (1981), *Approche de l'énonciation en linguistique française*, Paris, Hachette.
Maingueneau D. (1983), *Sémantique de la polémique*, Lausanne, l'Âge d'Homme.
Maingueneau D. (1983), *Genèses du discours*, Liège, Mardaga.
Maingueneau D. (1986/2007), *[Eléments de] Linguistique pour le texte littéraire*, Bordas, Paris (6ᵉ édition 2007, Paris, Armand Colin).
Maingueneau D, (1987), *Nouvelles tendances en analyse du discours*, Paris, Hachette.
Maingueneau D. (1991), *L'analyse de discours – introduction aux lectures de l'archive*, Paris, Hachette.
Maingueneau D. (1992), « Le "tour" ethnolinguistique de l'analyse de discours », *Langages* 105, *Ethnolinguistique de l'écrit* : 114–125.
Maingueneau D. (1993), *Le contexte de l'œuvre littéraire – Énonciation, écrivain, société*, Paris, Dunod.
Maingueneau D. (1994), *L'énonciation en Linguistique française*, Paris, Hachette.
Maingueneau D. (1995), « Les analyses du discours en France, présentation », *Langages* 117 : 5–11.

Maingueneau D. (1996), *Les termes clés de l'analyse du discours*, Paris, Seuil.
Maingueneau D. (1998), *Analyser les textes de communication*, Paris, Dunod.
Maingueneau D. (2000), *Analyser les textes de communication*, Paris, Nathan.
Maingueneau D. (2002), « Problèmes d'*ethos* », *Pratiques* 113-114, version modifiée (2015) : « L'*ethos* de la rhétorique à l'analyse de discours »,
    http://dominique.maingueneau.pages perso orange. fr/ pdf/Ethos.
Maingueneau D. (2004), « Typologie des genres de discours », réécriture des pages 180-187 du livre *Le Discours littéraire. Paratopie et scène d'énonciation*, Paris, Armand Colin, http://dominique.maingueneau.pagesperso-orange.fr.
Maingueneau D. (2006), « Les énoncés détachés dans la presse écrite. De la surassertion à l'aphorisation », *in* Bonhomme *et al.* (dir.) (2006) : 107-120.
Maingueneau D. (2010), « Commentaire et Prédication. Le cas d'un sermon de Massillon », *in* Denis D., Huchon M., Jaubert A., Rinn M., Soutet O. (dir.), *Au corps du texte : Hommage à Georges Molinié*, Paris, Honoré Champion : 151-162.
Maingueneau D. (2011), « Sur une petite phrase de Nicolas Sarkhozy. Aphorisation et auctorialité », *in* Krieg-Planque *et al.* (dir.) (2011).
Maldidier D. (1990), *(Re)lire Michel Pêcheux aujourd'hui*, Introduction à Pêcheux (1990) : 7-91.
Maldidier D, Normand C. (1982a), « Passer d'un discours à l'autre : la contraction de texte », *Langue Française* 53 : 109-122.
Maldidier D, Normand C. (1982b), « Passer d'un discours à l'autre (2ᵉ partie). Analyse de quelques effets », *LINX* 7 : 77-104.
Maldidier D, Normand C. (1985), « Quelle sorte d'objet est le sujet de la langue ? », *LINX* 13 : 7-47.
Manier A. (1995) *Le jour où l'espace a coupé le temps. Étiologie et clinique de la psychose*, Plancoët, La Tempérance.
Mannoni O. (1969), *Clefs pour l'imaginaire, ou l'autre scène* Paris, Seuil.
Mansour L. (2013), « Discours direct et représentation de la parole intérieure », *in* Desoutter C. et Mellet C. (dir.) (2013) : 45-61.
Marandin J.-M. (1979), « Problèmes de l'analyse de discours. Essai de description du discours français sur la Chine », *Langages* 55 :17-88.
Marcellesi J.-B. (1971), « Éléments pour une étude contrastive des discours politiques », *Langages* 23 : 25-56.
Marcellesi J.-B., Gardin B. (1974), *Introduction à la sociolinguistique : la linguistique sociale*, Paris, Larousse.
Marein M.-F., Moricheau B., Copy Ch., Diop D. (dir.) (2019), *Les illusions de l'autonymie. La parole rapportée de l'autre dans la littérature*, Paris, Hermann.
Marnette S. (2002), « Etudier les pensées rapportées en français parlé: Mission impossible ? », *Faits de langue* 19, *Le discours rapporté* : 211-220.
Marnette S. (2005), *Speech and Thought Presentation in French : Concepts and Strategies*, Amsterdam, John Benjamins.
Marnette S. (2006), « Je vous dis que l'autocitation c'est du discours rapporté », *Travaux de linguistique* 52 : 25-40.
Martin R. (1983/1992), *Pour une logique du sens*, Paris, PUF.
Martin-Berthet F. (1985), « Sur le vocabulaire autonyme dans Madame Bovary : *félicité, passion, ivresse* et quelques autres », *in Mélanges de langue et de littérature française offerts à Pierre Larthoma*, ENS de Sèvres : 309-332.

Mayenova M.-R. (1970), « Expressions guillemetées – Contribution à la sémantique du texte poétique », *in* Greimas A.-J. et al. (dir.), *Sign, language, culture*, La Haye/Paris, Mouton : 645–657.

Mazière F. (2005), *L'analyse de discours*, Paris, PUF, coll. *Que sais-je ?*.

Mazzuchetti D. (à paraître), « La voix de l'Assemblée : le compte rendu intégral des débats parlementaires, ou quand le discours fait foi », *Corela* (à paraître).

Meiller A. (1966), « Le problème du "style indirect introduit par que" en ancien français », *Revue de linguistique romane* 30 : 353–373.

Mellet C. (2005), *Une analyse discursive d'un genre politique : les questions au Gouvernement à L'Assemblée nationale*, thèse de doctorat, Université de Paris X- Nanterre.

Mellet C., Sitri F. (2010), « Nom de genre et institutionnalisation d'une pratique discursive : les cas du signalement d'enfant en danger et de l'interpellation parlementaire », *in Congrès Mondial de Linguistique Française, La Nouvelle Orléans, 12–15 juillet 2010*, Paris, EDP Sciences : 781–795.

Mellet C., Sitri F. (2012), « Analyse pragmatique et énonciative de "Casse-toi pov'con" », *Cahiers de praxématique* 58 : 105–122.

Mellet C., Sitri F. (2013), « Les formes interprétative du discours autre dans le genre du compte rendu : analyse de différents types d'indices », *in* Desoutter, Mellet (dir.), *Le discours rapporté : approches linguistiques et perspectives didactiques*, Bern, Peter Lang : 137–158.

Mellet S. (2009), « Dialogisme, parcours et altérité notionnelle, pour une intégration en langue du dialogisme ? », *Langue française* 163 : 137–173.

Merleau-Ponty M. (1960), *Signes*, Paris, Gallimard.

Meunier A. (1974), « Modalité et communication », *Langue Française* 21 : 8–25.

Meunier A. (1978), « Observations sur "l'hypothèse performative" », *DRLAV* 17 : 89–121.

Michaux H. (1992), *Œuvres complètes*, 2 vol., Paris, Gallimard/Bibliothèque de la Pléiade.

Michaux H. (1966), *Les grandes épreuves de l'esprit*, Paris, Gallimard.

Micheli R. (2006), « Le poids de la doxa ou le prestige d'une parole illustre Formes et fonctions du discours rapporté dans l'argumentation parlementaire », *in* López-Muñoz *et al.* (2006) : 287–296.

Micheli R. (2007), « Stratégies de crédibilisation de soi dans le discours parlementaire », *a contrario* 5/1 : 67–84.

Miller J.-A. (1976), « U ou "il n'y a pas de métalangage" », *Ornicar* 5 : 67–72.

Miller J.-A. (1981), « Jacques Lacan 1901–1981 », *Ornicar* suppl. au numéro 24.

Milly J. (1970), *Les Pastiches de Proust, édition critique*, Paris, Armand Colin.

Milner J.-C. (1978), *L'amour de la langue*, Paris, Seuil, Paris.

Milner J.-C. (1982), *Ordres et raisons de langue*, Seuil.

Milner J.-C. (1983), *Les noms indistincts*, Seuil, Paris.

Milner J.-C. (2002), *Le périple structural*, Paris, Seuil.

Milner J.-C. (2011), *Pour une politique des êtres parlants, Court traité politique 2*, Lagrasse, Verdier.

Mochet M.-A. (1993), *Contribution à l'étude de la « mise en scène » du discours. Analyse de la variation discursive en situation d'entretien*, Thèse de doctorat, Université de Franche-Comté.

Mochet M.-A. (1994), « De la notion de simplicité dans la représentation des faits de discours », *Cahiers du Français Contemporain* 1 : 247–264.

Mochet M.-A. (1996), « De la non-littéralité à l'exemplification. Discours direct en situation d'entretien », *Cahiers du Français Contemporain* 3 : 61–76.

Mochet M.-A. (2003), « Mention et/ou usage : discours direct et discours direct libre en situation de type conversationnel », *in* Authier-Revuz *et al.* (dir.) (2003) : 163–174.
Moeschler J., Reboul A. (1994), *Dictionnaire encyclopédique de pragmatique*, Paris, Seuil.
Moirand S. (1975), « Le rôle anaphorique de la nominalisation dans la presse écrite », *Langue Française* 28 : 60–78.
Moirand S. (1986), « Décrire les discours d'une revue sur l'enseignement des langues », *Études de linguistique appliquée* 61 : 27–37.
Moirand S. (1994), *Une Histoire de discours – Une analyse des discours de la revue « Le Français dans le monde », 1961–1981*, Paris, Hachette.
Moirand S. (1999), « Les indices dialogiques de contextualisation dans la presse ordinaire », *Cahiers de praxématique* 33 : 145–184.
Moirand S. (2001), « Du traitement différent de l'intertexte selon les genres convoqués dans les événements scientifiques à caractère politique », *Semen* 13 : 97–117.
Moirand S. (2004), « L'impossible clôture des corpus médiatiques. La mise au jour des observables entre catégorisation et contextualisation », *TRANEL* 40 : 71–92.
Moirand S. (2005), « Le dialogisme entre problématiques énonciatives et théories discursives », *Cahiers de praxématique* 43 : 189–220.
Moirand S. (2006), « Entre discours et mémoire : le dialogisme à l'épreuve de la presse ordinaire », *in* Bonhomme *et al.* (2006) : 39–55.
Moirand S. (2007), *Les discours de la presse quotidienne*, Paris, PUF.
Moirand S., Ali Bouacha A., Beacco J.-C., Collinot A. (1994) (dir.), *Parcours linguistiques de discours spécialisés*, Bern, Peter Lang.
Molinié G. (1991), *Le Français moderne*, Paris, PUF.
Monte M., Philippe G. (dir.) (2014), *Genres et textes. Détermination, évolutions, confrontations*, PU Lyon.
Monville-Burston M. (1993), « Les *verba dicendi* dans la presse d'information », *Langue Française* 98 : 48–66.
Morel M.-A. (1996), « Le discours rapporté direct dans l'oral spontané », *Cahiers du Français Contemporain* 3 : 78–90.
Morel M.A., Petiot G., Eluerd R. (1992), *La stylistique aux concours*, Paris, Champion.
Morel M.-A., Danon-Boileau L. (1998), *Grammaire de l'intonation – L'exemple du français*, Paris, Ophrys.
Morgenstern A. (2007), « Discours repris, discours emprunté, discours habité chez l'enfant entre 1 et 3 ans », *Revista da GEL* 4/2 : 171–188.
Morgenstern A. (2012), « Fabrique de la langue, fabrique du sujet : discours emprunté, discours habité chez l'enfant entre 1 et 3 ans », *in* Nassikas K., Prak-Derrington E., Rossi C. (dir.), *Fabriques de la langue*, Paris, PUF.
Moricheau-Airaud B. (2008a), « Élargir une notion linguistique : le cadre introducteur de représentation de dire autre », *L'Information Grammaticale* 119 : 28–34.
Moricheau-Airaud B. (2008b), *« Représentation de discours autre et ironie dans « À la recherche du Temps perdu »*, Thèse de doctorat, Université de Poitiers
Morizot D. (2001), *L'épreuve poétique de la langue : un engagement du sujet*, Thèse de doctorat, Université de Lyon II.
Mortara-Garavelli B. (1985), *La parola d'altri*, Palerme, Sellerio.
Mortureux M.-F. (1982) (dir.), « La vulgarisation », *Langue Française* 53.
Mounin G. (1963) *Les problèmes théoriques de la traduction*, Paris, Gallimard.
Moura J.-M. (1992), *Lire l'exotisme*, Paris, Dunod.

Mourad G. (2001), *Analyse informatique des signes typographiques pour la segmentation de textes et l'extraction automatique de citations*, Thèse de doctorat, Université Paris 4.
Mourad G., Desclés J.-P. (2004), « Identification et extraction automatique des informations citationnelles dans un texte », *in* López-Muñoz *et al.* (dir.) (2004) : 397–409.
Murat M. (dir.) (2000), *L'Allusion dans la littérature*, Paris, PU Paris-Sorbonne.
Narjoux C., Stolz C. (2014), « Fictions narratives du XXIe siècle : Approches rhétoriques, stylistiques et sémiotiques », *La Licorne* 112.
Ndiaye C. (1992), « Roquentin et la parole vierge », *Poétique* 91 : 287–298.
Née E., Sitri F. Veniard M. (2014), « Pour une approche des routines discursives dans les écrits professionnels », *Actes du 4e Congrès mondial de linguistique française, Berlin 13–23 juillet 2014*, Paris, EDP Sciences : 2113–2124.
Neveu F. (dir.) (1998) *Faits de langue et sens des textes*, Paris, SEDES.
Neveu F. (2004), *Dictionnaire des Sciences du Langage*, Paris, Armand Colin.
Nikodinoski Z. (1986) « Les verbes métalangagiers en français », Skopje, Université Ciril et Méthode : 312–326.
Nita, R., Hanote S. (2007), « Le discours rapporté à statut indéterminé », *Cahiers Charles V* 42 : 213–260.
Nølke H., Fløttum K., Norén C. (2004) *ScaPoLine – La théorie scandinave de la polyphonie linguistique*, Paris, Kimé.
Norén C. (2004), « Le Discours rapporté et la notion d'énonciation », *in* López-Muñoz *et al..* (dir.) (2004) : 97–104.
Normand C. (1987), « Des mots sous et sur les mots », *in* Normand (dir.), *La reformulation, pratiques, problèmes, propositions. Études de linguistique appliquée* 68 : 5–13.
Normand C. (1995), « La coupure saussurienne », *in* Arrivé *et al.* (dir.) (1995) : 219–231.
Ogilvie B. (1987), *Lacan – La formation du concept de sujet*, Paris, PUF.
Orlandi E. (2012), « Un corps textuel ? », *in* Branca *et al.* (2012) : 85–97.
Ossard M. (1995), *Problèmes discursifs et énonciatifs dans l'écriture des sciences humaines*, Mémoire de DEA, Université Paris 3.
Ouamara A. (1983), *Quelques procédures automatiques d'analyse linguistique du discours. Application à la formation du discours nationalitaire algérien*, Thèse de 3e cycle, Univ. de Grenoble II.
Ouamara A. (1986), « Analyse du discours nationalitaire algérien (1930–1954) », *Mots* 13 : 131–158.
Oury J. (2006) « Présentation » *in* Pankow (2006) : 9–13.
Paillard D. (2011) « Marqueurs discursifs et scène énonciative », *in* Hancil S. (dir.) *Marqueurs discursifs et subjectivité*, Rouen, PU Rouen : 13–39.
Paillet-Guth A.-M. (1998), « Les mentions dangereuses : discours rapporté et ironie dans *Les Liaisons* », *in* Neveu (dir.) (1998) : 197–215.
Panis C. (2014), *« On est comme les Mossis mais pas mossi comme ça » : fluctuation intersubjective des positionnements discursifs en interaction familiale au Burkina Faso*, Thèse de doctorat, Université René Descartes, Paris.
Pankow G. (2006), *Les dangers du « on-dit » et autres réflexions. Abord analytique de la parole de l'autre*, Paris, Campagne Première.
Parret H. (1974), *Discussing Language* [with G. Lakoff], La Haye, Mouton.
Paveau M.A. (2008) *La roue du moulin à paroles. Analyse du discours, inconscient, réel altérité*, *Matraga* 22 : 13–32.

Paveau M.-A. (2010) : « Interdiscours et intertexte. Généalogie scientifique d'une paire de faux jumeaux », *in Actes du colloque international Linguistique et littérature : Cluny, 40 ans après, 29–31 octobre 2007*, Besançon, PU de Franche Comté : 93–105.

Paveau M.-A., Rosier L. (2005), « Eléments pour une histoire de l'analyse de discours. Théories en conflit et ciment phraséologique », *in Colloque franco-allemand : L'analyse du discours en France et en Allemagne: tendances actuelles en sciences du langage et sciences sociales*, [en ligne], Créteil, 2 juillet 2005.

Pêcheux M. (1969), *Analyse automatique du discours*, Paris, Dunod.

Pêcheux M. (1975), *Les vérités de La Palice : linguistique, sémantique, philosophie*, Paris, Maspero.

Pêcheux M. (1982), « Sur la (dé)-construction des théories linguistiques », *DRLAV* 27 : 1–24.

Pêcheux M. (1984), « Spécificité d'une discipline d'interprétation », *Buscila* 1 : 56–58.

Pêcheux M. (1990), *L'inquiétude du discours. Textes de Michel Pêcheux*, choisis et présentés par D. Maldidier, Paris, Éditions des Cendres.

Pêcheux M., Fuchs C. (1975), « Mise au point et perspective à propos de l'analyse du discours », *Langages* 37 : 7–80.

Pêcheux M., Marandin J.-M. (1984), « Informatique et analyse de discours », *Buscila* 1 : 64–65.

Peeters B. (2010), *Derrida*, Paris, Flammarion.

Pernot C. (2008), *Le discours indirect libre médiéval : épistémologie et enjeux méthodologiques*, http://reverdie.free.fr/site/spip.php?article32.

Perret M. (1994), *L'énonciation en grammaire du texte*, Paris, Nathan Université.

Perrin L. (1994), « Mots et énoncés mentionnés dans le discours », *Cahiers de Linguistique Française* 15 : 217–248.

Perrin L. (2000), « L'argument d'autorité comme forme de modalité 'allusive' dans la conversation », *in* Martel G. (dir.), *Autour de l'argumentation. Rationaliser l'expérience quotidienne*, Québec, Nota Bene : 81–106.

Perrin L. (2002), « Les formes de la citation en style direct, indirect et indirect libre », *Faits de langue* 19 : 147–157.

Perrin, L. (2004), « Le discours rapporté modal », *in* López-Muñoz *et al.* (dir.) (2004) : 64–74.

Perrin, L. (2005), « Polyphonie et séquence écho », *in* Bres *et al.* (dir.) (2005) : 173–185.

Perrin L. (2006) (dir.), « Le sens et ses voix. Dialogisme et polyphonie en langue et en discours », *Recherche linguistique* 28.

Perrin L., Vincent D. (1997), « L'interprétation du verbe *dire* en contexte conversationnel : des clauses performatives aux clauses descriptives », *Revue de Sémantique et Pragmatique* 2 : 201–217.

Pétillon-Boucheron S. (2002), *Les détours de la langue – Etude sur la parenthèse et le tiret double*, Louvain/Paris, Peeters.

Petiot G. (1990), « Entre le consensus et les divergences : "liberté(s)" dans les discours politiques », *in* C. Normand (dir.), *La quadrature du sens. La nouvelle encyclopédie Diderot*, Paris, PUF : 213–226.

Petit G., Beacco J.C. (2004), « Le lexique ordinaire des noms du dire et les genres discursifs », *Langages* 154 : 87–100.

Peytard J. (1982), « Situation et configuration sémiotiques du texte littéraire et Instances et entailles du texte littéraire », *in* Peytard J. (dir.), *Littérature et classe de langue*, Paris, Hatier : 115–138, 139–150.

Peytard, J. (1989) : « La mise en mots du tiers-parlant comme jeu-évaluatif », *Cahiers du Français des Années Quatre-vingts* 4 : 137–152.

Peytard J. (1994), « De l'altération et de l'évaluation des cours », *in* Moirand S. *et al.* (dir.) (1994) : 69–84.
Peytard J. (1995), *Mikhaïl Bakhtine. Dialogisme et analyse du discours*, Paris, Bertrand-Lacoste.
Philippe G. (1996), « Pour une étude linguistique du discours intérieur dans *Les Chemins de la liberté* : le problème des modalités du discours rapporté », *RITM* 11 : 121–158.
Philippe G. (1997), *Le discours en soi – La représentation du discours intérieur dans les romans de Sartre*, Paris, Champion.
Philippe G. (2005), « Peut-on avoir du discours indirect libre dans du discours indirect libre ? », *in* Badiou-Monferran C., Calas F., Piat J., Reggiani C. (dir.) *La langue, le style, le sens*, Paris, L'improviste : 285–294.
Philippe G. (2012), « Le statut stylistique des variantes paraphrastiques : sur l'ordre des mots dans un manuscrit de Sartre », *in* Bikialo S. *et al.* (dir.) (2012).
Philippe G., Zufferey J. (dir.) (2016), *Marges et contraintes du discours indirect libre. Actes des journées d'étude organisées à l'Université de Lausanne les 5–6 nov. 2015*, Fabula/Les colloques, https://www.fabula.org/colloques/sommaire3251.php.
Philippe G., Zufferey J. (2018), *Le style indirect libre – Naissance d'une catégorie (1894–1914)*, textes réunis et présentés, Limoges, Lambert-Lucas.
Plazaola Giger I., Rosat M.-C., Canelas Trevisi S. (1995), « Les procédés de prise en charge énonciative dans trois genres de textes expositifs », *Bull. VALS-ASLA (Association suisse de linguistique appliquée)* 61 : 11–33.
Plon M. (1976), « Le fantasme du cercueil de verre », *La Nouvelle Critique* 89 : 94–95.
Plon M. (1988), « Le vif du sujet » [C.R. de Ogilvie (1987)], *Frénésie* 5 : 245–246.
Plon M. (2003), « Analyse du discours (de Michel Pêcheux) *vs* analyse de l'inconscient », *Colloque en hommage à Michel Pêcheux. Porto Alegre (10–13 novembre 2003)*, inédit, www.ufrgs.br/analisedodiscurso/anaisdosead/1SEAD/Conferencias/MichelPlon.pdf.
Pommier G. (1999), *Le dénouement d'une analyse*, Paris, Flammarion.
Pontalis J.-B. (1986), *L'Amour des commencements*, Paris, Gallimard.
Popelard M.-D., Wall A. (dir.) (2005), *Citer l'autre*, Paris, PSN.
Porge E. (2012), *Voix de l'écho*, Toulouse, érès.
Prieur J.-M. (1986), « Passants », *Colloque de Sommières* (1986) : 291–307.
Proust M. (1971), *Contre Sainte-Beuve, Pastiches et Mélanges, Essais et Articles*, Paris, Gallimard/Bibliothèque de la Pléïade.
Quéré H. (1992), *Intermittences du sens*, Paris, PUF.
Quignard P. (2009), *La barque silencieuse. Dernier royaume* VI, Seuil, Paris.
Quignard P. (2012), *Les Désarçonnés. Dernier royaume* VII, Grasset, Paris
Quine W. van O. (1951), *Mathematical Logic*, Cambridge Mass., Harvard University Press.
Quine W. van O. (1960), *Word and object*, Cambridge Mass., The MIT Press.
Rabatel A. (2001), « Les représentations de la parole intérieure », *Langue Française* 132 : 72–95.
Rabatel A. (2004), « L'effacement énonciatif dans les discours rapportés et ses effets pragmatiques », *Langages* 156 : 3–17.
Rabatel A. (2005), « La part de l'énonciateur dans la construction interactionnelle des points de vue », *Marges Linguistiques* 9 : 115–136.
Rabatel A. (2006), « Les auto-citations et leurs reformulations : des surassertions surénoncées ou sousénoncées », *Travaux de linguistique* 52 : 71–84.
Rabatel A. (2006), « Les représentations de la parole intérieure », *Langue française* 132 : 72–95.

Rabatel A. (2008a), « Figures et points de vue en confrontation ». *Langue française* 160 : 3–19
Rabatel A. (2008b), *Homo narrans*, Limoges, Lambert-Lucas.
Rancière J. (1992), *Les noms de l'histoire – Essai de poétique du savoir*, Paris, Seuil.
Rannoux C. (2004), *Les Fictions du journal littéraire. P. Léautaud, J. Malaquais, R. Camus*, Genève, Droz.
Rastier F. (1998), « Le problème épistémologique du contexte et le statut de l'interprétation dans les sciences du langage », *Langages* 129 : 97–11.
Recanati F. (1979), *La transparence et l'énonciation*, Paris, Seuil.
Recanati F. (1981), *Les énoncés performatifs*, Paris, Minuit.
Recanati F. (2000), *Oratio obliqua, Oratio recta – An Essay on Metarepresentation (Representation and Mind)*, Cambridge Mass., The MIT Press.
Recanati, F. (2001), « Open Quotation », *Mind* 110/439 : 637–687.
Reichler C. (1983) (dir.), *Le corps et ses fictions*, Paris, Minuit.
Reichler-Béguelin M.-J. (1992), « Comment exercer le discours indirect libre "en production"? : l'apport de la didactique du français langue seconde », *TRANEL* 18 : 201–221.
Reichler-Béguelin M.-J. (1997), « Anaphores pronominales en contexte d'hétérogénéité énonciative : effets d'(in)cohérence », *in* De Mulder W., Tasmowski-De Ryck L., Vetters C. (dir.), *Relations anaphoriques et (in)cohérence*, Amsterdam, Rodopi : 31–54.
Rendulic N. (2015), *Le discours représenté dans les interactions orales – De l'étude des structures en contexte vers la construction de l'image des relations interlocutives*, Thèse de doctorat en Sciences du langage, Université d'Orléans.
Rey A. (1973–1976), *Théories du signe et du sens*, 2 vol., Paris, Klincksieck.
Rey-Debove J. (1978), *Le métalangage*, Paris, Éditions Le Robert.
Rey-Debove J. (1982), « Pour une lecture de la rature », *in La genèse du texte : Les modèles linguistiques*, Paris, CNRS : 103–127.
Rey-Debove J. (1982), « Le métalangage dans les dictionnaires du XVIIe siècle (Richelet, Furetière, Académie) », *in La lexicographie française du XVIe au XVIIIe siècle*, Wolfenbütteler Forschungen 18, repris *in* Rey-Debove (1997) : 309–320.
Rey-Debove J. (1983), « Le métalangage dans le langage parlé », *Recherches sur le Français parlé* 5 : 213–226.
Rey-Debove J. (1997), *Le métalangage*, 2ème édition augmentée, Paris, Armand Colin.
Rey-Debove J. (2003), « Réflexions en forme de postface », *in* Authier-Revuz J. *et al.* (dir.) (2003) : 335–345.
Riegel M., Pellat J.-C., Riou R. (1994), *Grammaire méthodique du français*, Paris, PUF.
Riffaterre M. (1980), « La trace de l'intertexte », *La Pensée* 215 : 4–18.
Riffaterre M. (1981), « Ponge intertextuel », *Etudes françaises* 1-2 : 73–85.
Rinck F. (2006), *L'article de recherche en Sciences du Langage et en Lettre, Figure de l'auteur et approche disciplinaire du genre*, Thèse de doctorat, Université Grenoble 3.
Roger A. (2008), *Bréviaire de la bêtise*, Paris, Gallimard, NRF.
Romeral F. (2005), « Les voix des autres dans l'autobiographie », *in* López-Muñoz *et al.* (2005) : 113–120.
Rosier L. (1999), *Le discours rapporté – Histoire, théories, pratiques*, Bruxelles, Duculot.
Rosier L. (2002), « La presse et les modalités du discours rapporté : l'effet d'*hyperréalisme* du discours direct surmarqué », *L'Information Grammaticale* 94 : 27–32.
Rosier L. (2004), « Désignation, approximation et médiation du sens », *in* Delamotte-Legrand (dir.) (2004), vol. 1 : 239–248.

Rosier L. (2005), « Chaînes d'énonciateurs et modes d'organisation textuelle : du discours rapporté à la circulation re-marquée des discours », *Cahiers de praxématique* 45 : 103–124.
Rosier L. (2006), « Nouvelles recherches sur le discours rapporté : vers une théorie de la circulation des discours », *TRANEL* 44: 91–105.
Rosier L. (2008), *Le discours rapporté en français*, Paris, Ophrys.
Rosier L. (2012), « *Comme elles disent* : femmes d'écriture réflexives (Colette, Annie Ernaux, Marie Darrieusecq) », *in* Branca-Rosoff *et al.* (dir.) (2012).
Rosier-Catach I. (2003), « La *suppositio materialis* et la question de l'autonymie au Moyen Âge », *in* Authier-Revuz *et al.* (dir.) (2003) : 21–55.
Rossari C., Beaulieu Masson A., Cojocariu C., Ricci C. (2007), *Les moyens détournés d'assurer son dire*. Paris, P. U. Paris-Sorbonne.
Rosset C. (1999), *Loin de moi*, Paris, Minuit.
Roudinesco E. (1977), *Pour une politique de la psychanalyse*, Paris, Maspero.
Roudinesco E. (1982), *La bataille de cent ans – Histoire de la psychanalyse en France*, vol. 1, Paris, Ramsay.
Roudinesco E., Plon M. (1997), *Dictionnaire de la psychanalyse*, Paris, Arthème Fayard.
Roulet E. (1997), « L'organisation polyphonique et l'organisation inférentielle d'un dialogue romanesque », *Cahiers de linguistique française* 19 : 149–179.
Roulet E. (2000), « Une approche modulaire de la complexité de l'organisation du discours », *in* H. Nølke et J.-M. Adam (dir.), *Approches modulaires : de la langue au discours*, Lausanne, Delachaux et Niestlé : 187–258.
Royère A.-C. (2002), *La « Face à la bouche perdue ». l'enjeu d'une voix à soi dans l'œuvre d'Henri Michaux*, Thèse de doctorat, Université Paris 3.
Royère A.-C. (2010), *Henri Michaux, voix et imaginaire des signes*, Paris, PSN.
Rubattel C. (1990), « Polyphonie et modularité », *Cahiers de linguistique française* 11 : 297–310
Rullier-Theuret F. (2001), *Le dialogue dans le roman*, Paris, Hachette Supérieur.
Sadock J.-M. (1969), *Hypersentences*, Ann Arbor, Michigan, University microfilms.
Salem A. (1987), *Pratique des segments répétés*, Paris, Klincksieck/Publications de l'INALF.
Salem A. (1993), « De *travailleurs* à *salariés*. Repères pour une étude de l'évolution du vocabulaire syndical (1971–1990) », *Mots* 36 : 74–83.
Samoyault T. (2010), *L'intertextualité. Mémoire de la littérature*, Paris, Armand Colin (1ère édition Paris, Nathan, 2001).
Sandré M. (2011), « Dialogisme, comportement et débat politique télévisé : Ségolène Royal lors du débat de l'entre-deux tours », *in* Jaubert *et al.* (2011) : 239–255.
Sarfati G.-E. (1997), *Eléments d'analyse du discours*, Paris, Nathan-Université.
Sartre J.-P (1988), *L'Idiot de la famille* (Tome 1), *Gustave Flaubert de 1821 à 1857*, Paris, Gallimard.
Saussure (de) F. (1916), *Cours de Linguistique Générale (C. Bailly et A. Séchehaye),* Payot, Paris, 1964, édition critique T. de Mauro, Paris, Payot, 1972.
Saussure (de) F. (1968), *Cours de Linguistique Générale*, édition critique R. Engler, Wiesbaden, Otto Harrassowitz.
Saussure (de) F. (2002), *Ecrits de linguistique générale*, S. Bouquet, R. Engler (dir.), avec la collaboraton de A. Weil, Paris, Gallimard.
Saussure (de) F. (2011), *Science du langage. De la double essence du langage et autres documents du ms. BGE Arch de Saussure 372, Edition critique partielle mais raisonnée et augmentée des « Ecrits de linguistique générale »*, Amacker R. (dir.), Genève, Droz.

Saussure (de) L. (2010), « Polyphonie, métareprésentation et hiérarchisation de contenus : quelques pistes », *in* Colas-Blaise *et al.* (dir.) (2010).
Schapira M.-C. (1984), *Le Regard de Narcisse : romans et nouvelles de Théophile Gautier*, Lyon, PU Lyon/CNRS.
Schepens Ph. (2002a), « Introduction », *Semen* 14 : *Textes, Discours, Sujet* : 5–11.
Schepens Ph. (2002b), *Schizophrénie, paranoia. Le rapport du sujet à la langue et au discours. Rapport de recherche dans le cadre de l'ACI Cognitique 2000–2002*, reproduit *in* Schepens (2008), vol. II.
Schepens Ph. (éd.) (2006a), « Catégories pour l'analyse du discours politique », *Semen* 21.
Schepens Ph. (2006b), « Médias et responsabilité : pour un point de vue bakhtinien », *Semen* 22, https://journals.openedition.org/semen/2828.
Schepens Ph. (2008), *Sens, Parole, Discours*, 2 vol., dossier d'HDR, Université de Franche Comté.
Schepens Ph. (2012), « Prolégomènes à l'analyse d'un journal écrit sous l'occupation : Qui parle ? », *in* Branca *et al.* (dir.) (2012) : 319–335.
Schneider M. (1985), *Voleurs de mots*, Paris, Gallimard.
Schneider M. (2003), *Morts imaginaires*, Paris, Gallimard.
Schneider M. (2010), *Lacan, les années fauves*, Paris, PUF.
Schrepfer-André G. (2004), « [Selon X, p] *versus* [X dit/pense que p] : Information référencée versus discours rapporté », *in* López-Muñoz *et al.* (dir.) (2004) : 576–586.
Schrepfer-André G. (2006), *La portée phrastique et textuelle des expressions introductrices de cadres énonciatifs : Les syntagmes prépositionnels en « selon X »*, Thèse de Doctorat, Université de Paris 3.
Sériot P. (1985), *Analyse du discours politique soviétique*, Paris, Institut d'Etudes Slaves.
Sériot P. (1986a), « Langue russe et discours politique soviétique : analyse des nominalisations », *Langages* 81 : 11–41.
Sériot P. (1986b), « La langue de bois et son double », *Langage et société* 35 : 7–32
Sériot P. (2007), « Généraliser l'unique : genres, types et sphères chez Bakhtine », *LINX* 56 : 37–53.
Sériot P. (2010), « Préface », *in* Voloshinov V.N. (1929/2010).
Sériot P. (2011), « Voloshinov, la philosophie du langage et le marxisme », *Langages* 182 : 83–96
Sériot P., Friedrich J. (dir.) (2008), « Langage et pensée : Union Soviétique, années 1920–1930 », *Cahiers de l'ILSL* 24.
Simonin-Grumbach J. (1975), « Pour une typologie des discours », *in* Kristeva *et al.* (dir.) (1975) : 85–120.
Simonin J. (1984a), « Les plans d'énonciation dans *Berlin Alexanderplatz* de Döblin, ou de la polyphonie textuelle », *Langages* 73 : 30–56.
Simonin J. (1984b), « Les repérages énonciatifs dans les textes de presse », *in* A. Grésillon, J.-L. Lebrave (dir.), *La Langue au ras du texte*, Lille, PU du Septentrion : 133–203.
Siouffi G. (2001), « Identité, aliénation, langage », *Traverses* 3 : *Subjectivités, singularités, cultures* : 184–197.
Sitri F. (2003), *L'objet du débat. La construction des objets de discours dans des situations argumentatives orales*, Paris, PSN.
Sitri F. (2004), « Dialogisme et analyse de discours : éléments de réflexion pour une approche de l'autre en discours », *Cahiers de praxématique* 43 : 165–188.
Sitri F. (2008), « Observer et évaluer dans les rapports éducatifs : de la représentation d'un dire singulier à la description d'une situation », *Les Carnets du CEDISCOR* 10 : 95–116.

Sitri F. (2012), « Formes de RDA et genres : les formes du discours direct dans les récits de cure », *in* Branca-Rosoff *et al.* (2012) : 263–275.
Sitri F. (2015a), *Parcours en analyse du discours : enjeux et méthodes – Autour d'écrits professionnels*, synthèse pour HDR Sciences du Langage, Paris, Université Paris 3.
Sitri F. (2015b), « RDA et genres du tenant lieu : le cas du "compte-rendu" », *in* Da Cunha D. *et al.* (2015), https://periodicos.ufpe.br/revistas/INV/article/view/1842.
Sitri F. (à paraître), « Vers le texte : genèse de compte rendus de conseil d'université (Nanterre, 1971) », *Corela* (à paraître).
Soler C. (2008), *L'inconscient à ciel ouvert de la psychose*, Toulouse, PU du Mirail.
Soler C. (2016), « Qu'est-ce que la psychose ? », *in* « Les chemins de la philosophie », *France Culture*, 15–12–2016.
Sperber D. (1982), *Le savoir des anthropologues. Trois essais*, Paris, Hermann.
Sperber D. Wilson D. (1978), « Les ironies comme mention », *Poétique* 36 : 399–412.
Sperber D, Wilson D, (1989), *La Pertinence Communication et cognition*, Paris, Minuit.
Stati S. (1990), *La transphrastique*, Paris, PUF.
Steiner G. (1998), *Errata. Récit d'une pensée*, Paris, Gallimard (traduction française de *Errata : an examined life*, 1997).
Steuckardt A. (2003), « Révolutionnaire autonymie », *in* Authier-Revuz *et al.* (dir.) (2003) : 21–55.
Stolz C. (1994), *La polyphonie dans « Belle du Seigneur » d'Albert Cohen*, Thèse de doctorat, Université Paris 4.
Stolz C. (1999), *Initiation à la stylistique*, Paris, Ellipses.
Strauch G. (1972), « Contribution à l'étude sémantique des verbes introducteurs du discours indirect », *Recherches Anglaises et Américaines* 5 : 226–242.
Strauch G. (1974), « De quelques interprétations récentes du style indirect libre », *Recherches Anglaises et Américaines* 7 : 40–73.
Suchet M. (2014), *L'Imaginaire hétérolingue*, Paris, Classiques Garnier.
Sullet-Nylander F., Roitman M. (2011) « Discours rapportés et débats politiques télévisés : Étude comparative Chirac/Jospin (1995) *vs* Sarkozy/Royal (2007) », *in* Jaubert *et al.* (dir.) (2011).
Tadié J.-Y. (2012), *Le lac inconnu. Entre Proust et Freud*, Paris, Gallimard.
Tamba I. (2003), « Autonymie, dénomination et fonction linguistique : quelques remarques », *in* Authier-Revuz *et al.* (dir.) (2003) : 59–66.
Terray E. (2012), *Penser à droite*, Paris, Galilée.
Thomas J.-J. (1989), *La langue la poésie – Essai sur la poésie française contemporaine*, Lille, PU du Septentrion.
Tisset C. (2000), *Analyse linguistique de la narration*, Paris, SEDES.
Todorov T. (1981), *Mikhaïl Bakhtine, le principe dialogique suivi des écrits du cercle de Bakhtine*, Paris, Seuil.
Tomassone R. (dir.) (2001), *Une langue, le français*, Paris, Hachette.
Torck D. (2004), « Ancrages interactionnel du DR en conversation et double contrainte », *in* López-Muñoz *et al.* (dir.) (2004) : 244–253.
Tournier M. (1982), « Les mots-conflits: l'exemple de grève au milieu du 19e siècle », *Le Français aujourd'hui* 58 : 39–48.
Tournier M. (1987), « Co-occurrences autour de travail (1971–1976) », *Mots* 14 : 89–123.
Tuomarla U. (2000), *La Citation mode d'emploi, Sur le fonctionnement discursif du discours rapporté direct*, Helsinki, Academia Scientiarum Fennicæ.

Van Raemdonck D. (2002), « Discours rapporté et frontière de phrase. L'épreuve de l'intégration syntaxique », *Faits de langue* 19 : 171–178
Van Raemdonck D. (2004), « Discours rapporté et intégration syntaxique : un exemple d'analyse », *in* López-Muñoz *et al.* (dir.) (2004) : 531–537.
Van Sevenant A. (1999), *Importer en philosophie*, Paris, Éditions Paris-Méditerranée.
Vanier A. (1998), *Lacan*, Paris, Les Belles Lettres.
Vasse D. (1978), *Un parmi d'autres*, Paris, Seuil.
Vérine B. (2006), « Hétérogénéités énonciatives et types de séquence textuelle », *Cahiers de praxématique* 45 : 7–15.
Vernier F. (2004), *L'Ange de la théorie*, Montréal, Publications du Département d'Etudes Françaises/Université de Montréal.
Véron E. (1984), « Quand lire c'est faire : l'énonciation dans le discours de la presse écrite », *Sémiotique II*, IREP, Paris : 33–56.
Verschoor J. (1959), *Etude de grammaire historique et de style sur le style direct et les styles indirects en français*, Groningue, V.R.B.
Veyne P. (1995/1997), *Le Quotidien et l'intéressant. Entretiens avec Catherine Darbo-Peschanski*, Paris, Les Belles Lettres (réédition Paris, Hachette 1997).
Vilela I. (2018) (dir.), *Saussure et la psychanalyse, Colloque de Cerisy 2010*, Nanterre, Langage et Inconscient.
Vinaver M. (1982), *Écrits sur le théâtre*, Vevey, Éditions de l'Aire.
Vincent D. (2004), « Discours rapporté, représentations sociales et présentation de soi », *in* López-Muñoz *et al.* (dir.) (2004) : 235–244.
Vincent D., Dubois S. (1995), « Les échanges rapportés : une mise en scène de l'interaction », *in* Véronique D. et Vion R. (dir.), *Modèles de l'interaction verbale*, Université de Provence : 319–330
Vincent D., Dubois S. (1997), *Le discours rapporté au quotidien*, Québec, Nuit blanche éditeur.
Vincent D., Turbide O. (2006) « Le discours rapporté dans le débat politique : une arme de séduction », *in* López-Muñoz J.-M. *et al.* (dir.) (2006) : 307–318.
Vion R. (dir.) (1998), *Les sujets et leurs discours. Énonciation et interaction*, Aix-en-Provence, PU de Provence.
Vion R. (1998), « Du sujet en linguistique », *in* Vion (dir.) (1998) : 189–202.
Vion R. (2006), « Modalisation, Dialogisme et polyphonie », *in* Perrin (2006) (dir.) : 105–125.
Viprey J.-M. (2001), « La récusation célinienne », *Semen* 14 : 125–136.
Vogüé (de) S. (1992), « Aux frontières des domaines notionnels : *bien que, quoique* et *encore que* », *L'information grammaticale* 55 : 23–27.
Voloshinov V.-N. (1927/1980), *Freydizm*, Moscou-Leningrad (traduction française de M. Bakhtine, *Le Freudisme*, Lausanne, L'Age d'homme, 1980).
Voloshinov V.N. (1929/1977), *Marksizm i filosofia jazyka*, Leningrad (première traduction française de M. Bakhtine, *Le marxisme et la philosophie du langage*, Paris, Minuit, 1977).
Voloshinov V.-N. (1929/2010), *Marxisme et philosophie du langage*, nouvelle traduction par P. Sériot et I. Tylkowski, préface de P. Sériot, Limoges, Lambert-Lucas.
Von Münchow P. (2001), *Contribution à la Construction d'une Linguistique de Discours comparative : Entrées dans le genre Journal télévisé français et allemand*, Thèse de Doctorat en Sciences du Langage, Université Paris 3, dactylographié.
Von Münchow P. (2004), *Les journaux télévisés en France et en Allemagne*, Paris, PSN.
Von Münchow P. (2011), *Lorsque l'enfant paraît. Le discours des guides parentaux en France et en Allemagne*, Toulouse, PU du Mirail.

Von Münchow P. (2012), « Elever l'enfant, une affaire de parole : la représentation du discours autre dans les guides parentaux français et allemands », *in* Branca-Rosoff *et al.* (dir.) (2012) : 277–288.
Von Roncador, M. (1988), *Zwischen direkter und indirekter Rede. Nichtwörtliche direkte Rede, erlebte Rede, logophorische Konstruktionen und Verwandtes*, Tübingen, Niemeyer.
Vuillaume M. (1990), *Grammaire temporelle des récits*, Paris, Minuit.
Vuillaume M. (2000), « La signalisation du style indirect libre », *Cahiers Chronos* 5 : 107–130.
Wagner R.-L (1949), *Textes d'étude en ancien et moyen français*, Genève, Droz.
Wagner R.-L., Pinchon J. (1991), *Grammaire du Français classique et moderne*, Paris, Hachette Sup (1ère édition 1961).
Wilmet M. (1997), *Grammaire critique du français*, Bruxelles, Duculot, et Paris, Hachette.
Winicott D.-W. (1975) *Jeu et réalité. L'espace potentiel*, Paris, Gallimard.
Wunderlich D. (1969), « Bemerkungen zu den *verba dicendi* », *Muttersprache* 79 : 97–107.
Zaoui P. (2008), *Spinoza. La décision de soi*, Paris, Bayard.
Zourabichvili F. (1994), *Deleuze. Une philosophie de l'événement*, Paris, PUF.
Zwicky A. (1971), « On reported speech », *in* Fillmore C. J., Langendoen D. T. (dir.), *Studies in Linguistic Semantics*, New York, Holt, Rinehart & Winston : 73–77.

Index des noms cités

Abastado C. 151
Adam J.-M. 82, 186, 400, 441, 445, 592, 594, 615, 616
Aït-Sahlia Benaïssa, A. 471
Akesbi S. 320
Althusser L. 396, 406, 407, 411
Amorim M. 187
Amossy R. 390, 457, 467, 471, 472, 630
André C. 161
Anis J. 308
Anscombre J.-C. 42, 150, 157, 275
Anzieu D. XXVII, 495, 498, 499, 500, 502, 561, 567
Aouillé S. 408, 415
Armengaud F. 553, 570, 631
Arnaud A. 84
Arrivé M. 6, 80, 126, 131, 360, 364, 366, 463, 464
Auchlin A. 304
Aulagnier P. 508
Bair D. 603
Bakhtine M. XVIII, XXVII, 15, 129, 154, 234, 292, 376, 380–384, 386, 388, 389, 391, 392, 394, 397, 400, 419, 433, 453, 463, 482, 514
Bally Ch. 81, 83, 84, 137, 139, 317, 336, 344
Balmary M. 179
Banfield A. 105, 113, 114, 122, 127, 131, 132, 136, 137, 230, 259, 260, 266
Barthes R. 250, 343, 371, 471, 511, 513, 526, 540, 565, 566, 570, 578
Basire B. 440
Bayard P. 150, 501
Beacco J.-C. 216
Béguelin M.-J. 208
Benveniste E. XIX–XXII, 5, 10, 117, 148, 150, 285, 333, 336, 348, 354, 363, 403, 449, 466, 503, 511, 545, 597
Bergounioux G. 291
Berrendonner A. 42, 157, 277, 278
Berthier Ph. 607, 627
Bloomfield L. 174
Boch F. 162, 595
De Boissieu J.-L. 313

Bolón Pedretti A. 616, 617
Bonhomme M. 441
Bonnard H. 140
Bonnet C. 107
Bordas E. 174
Boré C. 80
Borges J.-L. 150
Borillo A. 77
Bouquet S. 380
Branca-Rosoff S. 152, 187, 216, 267, 457, 459
Bres J. 291, 383, 385, 386, 390, 392, 400, 415, 419, 433, 434, 435, 437, 445, 470, 479, 487, 546
Bronckart J.-P. 380, 405
Bruña-Cuevas M. 342
Brunet E. XX
Buridant C. 141
Burnier M.-A. 548
Carnap R. 250, 286, 287
Cazal Y. 192
Chabert C. 501
Chafe W. 77
Chambat-Houillon M.-F. 624
Charaudeau P. (voir aussi DAD) 416, 467, 476
Charlent M.-T. 128, 271, 273, 281
Charolles M. 74, 202, 349
Chetouani L. 470
Cislaru G. 402, 412, 458, 489, 490
Claquin F. 594
Clark H.H. 251, 357
Clavreul P. 411
Colas-Blaise M. 490, 567
Colin F. 624
Coltier D. 73, 74, 77
Combettes B. 433
Compagnon A. XIV, 201, 363, 371, 441, 445, 450, 451, 453, 564, 569, 627, 628, 630
Conein B. 401, 403, 564
Constantin de Chanay H. 471
Courtès J. 38
Courtine J.J. 152, 396, 398, 401, 433
Culioli A. XVII, 5, 6, 9, 231, 336, 403, 435, 547, 548, 584, 597
Da Cunha D. 132, 195, 452, 593

DAD Dictionnaire d'analyse du discours 11, 62, 360, 376, 377, 393, 440, 467
Danon-Boileau L. 348, 353
De Brabanter Ph. 287, 365
Debray R. 556, 603
De Gaulmyn M.-M. 22, 60, 305, 331, 480, 486
Delay F. 150
Delesalle S. 46
Deleuze G. 133, 150, 816, 517
Delofeu J. 342
De Mattia M. 18, 37, 84, 85, 105, 227, 236, 365
Dendale P. 76, 78
Derrida J. 150, 451, 511, 513–515, 561
Desclés J.-P. 202
Détrie C. 80, 142, 155, 230, 293, 360, 368, 377, 436, 468
De Vogüe S. 435
Dolto F. 495–498, 560
Doquet C. 26, 584
Dor J. 409
Dosse F. 406, 414
Doury M. 481
Drillon J. 364
Dubois J. 389, 393
Dubois S. 19, 40, 155, 340
Ducard D. 434, 435
Ducrot O. 9, 15, 63, 83–85, 91, 126, 275, 386, 387, 417, 418, 420, 445, 471
Dufour D.-R. 535
Dufour Ph. 211, 212
Dufourmantelle A. 495, 499, 535, 560
Dujardin E. 43
Dupriez B. 361
Ebel M. 390
Eigenmann E. 182, 520, 569, 584
Éluard P. 589
Encrevé P. 504
Fairclough N. 62
Fau F. 584
Faucher E. 126, 274
Faucher J.-M. 523, 526
Fenoglio I. XXII
Fiala P. 390, 605
Filhol E. 527, 528
Flahaut F. 411, 412, 554

Fløttum K. 307, 444
Folkart b. 587
Fontanille J. 439
Foucault M. XVII, 150, 375, 376, 386, 396, 406, 409, 415, 445
Fournier J.-M. 283
Fournier N. 13
Freud S. 327, 408, 410, 415, 500, 515
Fuchs C. 227, 336, 403
Funakoshi-Teramoto H. 439, 630
Gachet F. 256, 262, 346
Gadet F. 403, 404
Gai F. 486
Ganea A. 157
Gantheret F. 9, 501, 511, 536, 539
Gardes-Tamine J. 104
Gardin B. 389, 393, 397, 446, 469
Garnier S. 435
Gauvenet H. 37
Genette, G. 19, 131, 220, 260, 541, 569
Genevay E. XVI
Gerrig R.J. 251, 367
Godard H. 181, 630
Goffman E. 467, 595
Gollut J.D. 137, 138
Granier J.-M. 20.
Greimas A.J. 38, 237
Grésillon A. 396, 420
Grevisse M. 141, 272
Gribinski M. 494, 498, 499
Grignon O. 415, 499, 515, 535
Grossmann F. 162, 595
Grunig B.N. 441
Guentcheva Z. 77, 79
Guespin L. 469
Guilhaumou J. 401
Guillaume G. 336, 449
Gülich E. 8
Habert B. 390
Haillet P.-P. 76, 82
Hailon F. 425, 454, 489
Hamon Ph. 222, 353, 452
Hanote S. 352
Haroche C. 396, 404
Henry P. 397, 399, 401, 402, 407, 433, 509, 510, 518
Héritier F. 188, 576, 586

Herman Th. 630
Herschberg-Pierrot A. 18, 81, 131, 139, 230, 311, 323, 366, 570, 630
Hjelmslev L. 248, 250
Houdebine J.-L. 411, 412, 604
Indursky F. 423
Jakobson R. 6, 8, 56, 77, 77, 174, 251, 370
Jaubert A. 22, 31, 132, 133, 136, 174, 315, 323, 367, 477, 481
Jeandillou J.F. 81, 131, 230, 316, 322, 363, 385
Jespersen J. 248
Jespersen O. 62
Johansson, M. 63
Julien Ph. 411, 560
Kerbrat-Orecchioni C 39, 81, 110, 132, 153, 202, 349, 362, 420, 437
Klein E. XVII
Klokow R. 308
Kolopp M. 609
Komur G. 306, 330, 352
Krieg /Krieg-Planque A. 179, 216, 306, 377, 390, 402, 593
Kristeva J. 380, 391
Kronning H. 75, 79
Kullmann D. 135
Kuentz P. 403, 572
Labrie N. 469
Lacan J. 6, 291, 409–411, 415, 416, 487, 494, 495, 497, 503, 504, 509, 521–523, 529, 531, 536, 546, 565, 566
Lafont R. 469
Lagadec B. 358
Lagache D. 531
Lakoff G. 149
Laplanche J. 496
Laplantine C. XIX
Lazard, G. 77
Lecomte A. 564
Lefebvre J. 91, 349, 444, 583, 584, 627
Le Goffic P. 122, 272, 360, 363
Lejeune Ph. 311, 323, 324
Lehman A. 13
Lemoine-Luccioni E. 500, 515, 560
Lerch G. 140
Lips M. 139, 317
López-Muñoz J.-M. 369, 586

Lorda-Mur C.U. 368, 391
Lucas N. 162
Lyotard J.-F. 513
Magné B. 578
Mahrer R. XX, 43, 211, 348, 349, 584, 593
Maingueneau D. XXIV, 37, 80, 81, 102, 113, 132, 152, 162, 173, 179, 185, 296, 309, 343, 366, 368, 377, 389, 394, 396, 441, 467, 469, 470, 471, 474, 478, 605
Maldidier D. 152, 390, 393, 394, 397–401, 404, 407, 412, 420, 584, 584
Manier A. 509, 518, 522, 527, 528
Mannoni O. 284, 409
Mansour L. 47
Marandin J.M. 397, 403, 412
Marcellesi J.-B. 390, 393, 469
Marnette S. 19, 46, 62, 82, 267, 347, 355
Martin R. 72, 126, 274, 276, 279, 280, 299, 306
Mayenova M.-R. 362
Mazière F. 394, 395, 412
Mazzuchetti D. 583, 630
Mc Dougall J. 562
Medvedev D. 380
Meiller A. 141
Mellet C. 163, 216, 349, 355
Mellet S. 435
Merleau-Ponty M. 6, 52, 512
Meunier A. XV, 22, 23, 106, 107, 127, 231, 393
Micheli R. 191, 462, 479, 614
Miller J.-A. 6
Milner J.-C. XXIII, 86, 150, 335, 362, 383, 406, 516, 521, 545, 549, 566, 580
Mochet M.-A. 18, 19, 39, 40, 42, 60, 127, 131, 142, 221, 267, 275, 276 ; 341, 357
Moeschler J. 137, 279, 417–419
Moirand S. 208, 377, 385, 389, 390, 401, 433, 434, 452, 489, 594–596
Molinié G. 167
Montaigne XIII, 147, 589
Monville-Burston M. 221
Morel M.-A. 136, 348, 353
Morgenstern A. 507
Moricheau-Airaud B. 157, 439
Mortara-Garavelli B. XV, 18, 54, 109, 132, 133, 136, 141, 363
Mortureux M.-F. 595

Index des noms cités — 665

Mourad G. 202, 367
Née E. 458
Neveu F. 11, 255, 360, 417
Nichols J. 77
Nicole P. 84
Nikodinoski Z. 202
Nita, R. 352
Nølke H. 18, 63, 64, 102, 103, 111, 114, 136, 142, 306, 311, 417, 418, 444
Norén C. 41, 267, 270
Normand C. 584, 585
Nowakowska A. 386, 400, 435
Ogilvie B. 409
Orlandi E. 428, 563
Ossard M. 616
Oury J. 495, 503, 567
Paillard D. 435
Paillet-Guth A.-M. 174, 236
Paveau M.A. 394, 399, 400
Pêcheux M. XVI, XIX, XXIII, XXVII, 152, 335, 376, 387, 389, 392–398, 400–404, 407, 412, 445, 485, 512
Pernot C. 342
Perret M. 37, 81, 126, 304
Perrin L. 15, 83, 85, 262, 434, 437
Perrot M. 187
Pétillon S. 91, 124
Petiot G. 390
Peytard J. 61, 400
Philippe G. 43, 46, 132, 136, 139, 265, 311, 343, 344, 353, 357, 455, 526
Pinchon J. 14, 80, 111, 230, 272, 310
Plazaola G. I. 595
Plon M. 405, 409, 411, 412
Pommier G. 512
Pontalis J.-B. 512, 515, 534, 535, 541, 629
Porge E. 493, 497, 519, 524, 525, 531
Prieur J..-M. 469, 497, 556
Quéré H. XIV, 363, 371, 480, 486, 487, 549, 558, 565
Quignard P. 504, 505, 514, 624
Quine W. van O. 250, 287
Rabatel A. 20, 47, 64, 65, 304, 365, 385, 417, 418, 420, 434
Rancière J. 576
Rannoux C. 377, 424, 574
Rastier F. 151, 152

Reboul A. 137, 279, 417, 419
Recanati F. 23, 72, 85, 204, 251, 262, 280, 287, 324
Reichler-Béguelin M.-J. 80, 116, 139, 366, 563
Rendulic N. 19, 40, 43
Rey A. 250
Rey-Debove J. 4, 9, 22, 77, 139, 203, 246, 248, 250, 251, 254, 255, 257, 258, 271, 273, 279–281, 286, 287, 289, 294, 296, 300, 307, 308, 313, 334, 362, 364, 365
Richard-Zapella J. 446
Riegel M. 14, 80, 105, 131, 139, 140, 229, 360, 363
Riffaterre M. 186
Rinck F. 162
Roger A. 613
Romeral F. 348
Rosier L. XIV, 10, 20, 7, 43, 60, 63, 79, 81, 82, 113, 143, 158, 267, 270, 271, 275, 280, 305, 306, 320, 331–334, 342, 348, 357, 362, 365, 387, 394, 400, 415, 419, 481, 602
Rosier-Catach I. 250
Rossari, C. 437
Rosset C. 466,
Roudinesco E. 408, 410, 411, 416, 490, 500, 565
Roulet E. 63
Royère A.-C. 571, 572
Rubattel C. 437
Rullier-Theuret F. 363
Sadock J.-M. 126, 259
Salem A. 390
Samoyault T. 186, 588
Sandré M. 624
Sapir E. 77
Sarfati G.-E. 81, 230, 272, 295, 363
Saussure F. de 254, 327, 397, 493, 512
Schepens Ph. 386, 402, 405, 522, 553, 578
Schneider M. XXV, 328, 370, 376, 378, 455, 500, 506, 511, 513, 515, 519, 520, 533–535, 542, 547, 549, 631
Schrepfer-André G. 77, 81
Sériot P. 380, 392, 396, 401, 422, 433
Simonin J. 143, 184, 316, 595
Siouffi G. 512

Sitri F. 216, 349, 355, 390, 391, 402, 412, 434, 435, 458, 459, 489, 490, 583, 596, 630
Soler C. 495, 501, 504, 505, 507, 509, 522, 523, 525, 527, 528, 546
Sperber D. 188, 367, 440
Starobinski J. 631
Steiner G. 149
Stolz C. 81, 126, 131, 183, 366
Strauch G. 37, 62, 113, 125, 142, 143, 202, 209
Suchet M. 468
Sullet-Nylander F. 476
Tadié J.Y. 408
Tamba I. 255, 256
Tarski A. 250
Tasmowski L. 78
Thomas J.J. 441
Tisset C. 81, 296, 363
Todorov T. 380, 382, 288
Tomassone R. 61
Torck D. 333
Tournier M. 390
Tuomarla U. 275, 276, 279, 283–285, 306, 309, 331, 584, 593
Turbide O. 18
Van Raemdonck D. 36, 72, 82, 122, 260
Vanier A. 410
Vasse D. 567, 596
Velmezova E. 482
Vérine B. 435
Vernier F. 175
Verschoor J. 113
Veyne P. 457
Vincent D. 18, 19, 40, 155, 341, 471, 481
Vion R. 125
Viprey J.-M. 313
Voloshinov V.-N. XIII, 18, 35, 105, 132, 139, 230, 304, 309, 344, 358, 384, 388, 397, 617
Von Münchow P. 36, 41, 46, 50, 265, 278, 306, 391–393, 604
Von Roncador M. 341
Vuillaume M. 136, 137, 318
Wagner R.-L. XXIII, 14, 80, 111, 139, 140, 230, 232, 272, 310, 360
Wahl F. 414
Wilmet M. 360
Wilson D. 367, 440
Winnicott D.-W. 495, 496, 499
Wunderlich D. 46, 202, 207
Zaoui P. 452
Zourabichvili F. 517
Zufferey J. 137–139
Zwicky A. 235

Index des auteurs et des genres

Auteurs évoqués pour leur RDA (ne sont pas pris en compte les exemples cités non commentés explicitement)

Apollinaire G. 175
Attali J. 221
Artières P. 592
Austen J. 176
Balzac H. de 41, 123–125, 160–161, 171, 267–268, 319, 445, 576, 590
Barthes R. 526, 540, 548, 565, 578
Benjamin W. 569, 574
Boileau N. 589
Bossuet J.-B. 192, 282
Bourbaki N. 485, 569
Butor M. 183, 599
Camilieri A. 592
Camus A. 222–223
Cantilène de Ste Eulalie 343
Céline L.-F. 19, 200, 446, 630
Chateaubriand F.-R. 19
Cohen A. 49, 183, 192–194, 599, 619–620
Colette 46, 50
Dard F. (San Antonio) 200
De Gaulle C. 630
Debray R. 556, 603
Diderot D. 128
Döblin A. 183, 569, 613
Dumas A. 30
Duras M. 223–224
Eluard P. 589
Ernaux A. 305, 601–602, 613, 618
Flaubert G. 171, 182, 243, 261, 436, 526, 570–571, 574–575, 577, 618–620, 629
Frontier A. 183, 601, 613
Gautier T. 598
Gide A. 26–27, 212, 453, 583
Gombrowicz W. 450
Hasek J. 460
Heredia J.-M. 445
Hugo V. 28, 51, 128, 224, 243, 618

Jabès E. 569, 574, 577
Joyce J. 43, 522
La Bruyère J. de 578
Laclos C. de 174, 243, 590
La Fontaine J. de 75, 128, 243–244, 453, 614–615
Léautaud P. 424–425, 574
La Fayette (Madame de) 158–159
Mauriac F. 486, 597
Michaux H. 493, 571–572
Millet R. 620–622
Modiano P. 490
Molière 190, 602
Montaigne M. de 577, 590, 629–630
Oulipo 590
Pascal B. 27
Pérec G. 162, 441, 461, 578
Pergaud L. 186
Perrault Ch. 615
Pontalis J.-B. 445, 541, 589
Prévost (Abbé) 19, 591
Proust M. 125, 157, 171, 408, 439, 441, 444, 541–542, 576, 588, 602, 629
Quignard P. 624–625
Retz (Cardinal de) 221, 479
Rousseau J.-J. 404, 410–411, 423, 441, 577, 590, 617
Saint-Simon 129
Salvayre L. 589
Sand G. 591
Sarraute N. 448, 569
Sartre J.-P. 46, 455, 526
Sévigné (Madame de) 19, 129
Stendhal 49, 109, 218, 244, 444
Valère V. 606–607
Vaugelas 13–14
Zola E. 134, 442

Open Access. © 2020 Jacqueline Authier-Revuz, published by De Gruyter. This work is licensed under the Creative Commons Attribution-NonCommercial-NoDerivatives 4.0 License.
https://doi.org/10.1515/9783110641226-027

Types, champs, genres de discours

Administratif, routinier 457–459
Champ littéraire
    Anthologie 587
    Biographie 581, 600, 603
    Burlesque, héroï-comique 589
    Centon 589–590
    Conte 615
    Exergue 185, 612
    Fable 614
    Florilège de citations 180–181, 260, 588, 611
    Journal (intime, d'écrivain) 424–425, 601
    Mémoires 19, 129, 221
    Monographie consacrée à un auteur 607–609
    Parodie, pastiche 299, 588–589, 602
    Poésie 441, 580
    Réception à l'Académie française 609–610
    Recensions, critique littéraire 441
    Roman 222–223, 384, 441, 576
    Roman épistolaire 19, 174, 243, 590
    Théâtre 20, 63, 583, 587
Échange conversationnel 18–19, 42–43–44, 221, 308, 348, 481, 584
Guide
    développement personnel 41, 161, 479, 616
    rédaction, art d'écrire 14, 187
    parental 41, 50, 604
    touristique 623, 628
Juridique, institutionnel 592–593
Presse écrite
    Chronique judiciaire 593
    Courrier des lecteurs, tribune 453, 603
    Échos, potins 594
    Éditorial 594
    Portrait 593
    Revue de presse 8, 42
Politique (débat, discours, texte) 191, 422–423, 462, 479, 489, 605–606, 615
Polémique 163, 488, 599–600, 606, 617, 621
Production et diffusion de connaissances
    Manuel, encyclopédie 60, 80, 126, 230, 363, 366 ; 458, 479, 592, 595, 612
    Dictionnaire de langue 13, 15, 80, 187, 227, 230, 259–260, 265, 611
    Dictionnaire de proverbes, de citations 42, 180, 260, 587, 604, 612
    Écrits scientifiques 162, 461, 470, 480, 575, 595 ; 604, 611
    Sciences humaines 358, 465, 576, 616
    Vulgarisation scientifique 7, 480, 595, 611
Publicité 441
Rapport éducatif, psychologique 458, 489
Récit de cure psychanalytique 188, 536–539
Religieux (écrit, sermon) 25, 179–180, 185, 192, 470, 604–605, 612
« Tenant lieu » d'un autre discours
    Compte rendu et procès verbal 164–165, 268, 349, 573
    Entretien 19, 220, 357, 529–530, 573–574, 584, 593
    Minute de procès 583, 611
    Rapport de soutenance de thèse 349, 583
    Résumé 217, 368

Index des notions

adresse
- interdiscursive 163, 166, 595, 611
- termes de 116–117, 134, 468

allusion 85, 143, 153, 170, 186, 217, 298, 302, 347–348, 427–429, 436, 438, 440–441, 443, 445, 448–449, 451–453, 458, 559, 571, 612

ambiguïté 46, 76, 84, 87, 111, 113, 250, 257, 285, 299, 346, 355–356, 564

anaphore, cataphore 45, 93–94, 131, 205, 207–208, 261, 281, 290, 317

ancrage énonciatif
- couche primaire vs secondaire XXV, 102, 109–110, 113–115, 117, 130–136, 139, 144–145, 338
- versant référentiel vs modal XXV, 59, 107, 109, 120, 130, 134–136, 139–140, 151, 281, 321, 329, 356
- divisé, partagé (bivocal-DIL) 59, 117, 129–134, 136, 138, 142, 144, 151, 316, 321, 338, 340, 345
- double hiérarchisé (DD) XXVI, 118, 122, 126–128, 142, 144, 151, 233, 285, 298, 306, 338, 345
- unifié, intégré (DI, MAE, MAS) XXVI, 102–103, 106, 108, 114, 140, 144, 151, 217, 243, 285, 303, 305, 338–340, 345–346, 356

apposition 121, 131, 205, 257, 266, 317

appropriation 383, 462, 506–509, 514, 518–520, 522, 539, 553–554

argumentation XXVI, 40, 84–85, 87, 208, 210, 213–215, 335, 355, 433, 478, 481, 578

articulation énonciative XVIII, XXV, 35, 38, 70, 102, 106, 129, 131, 133, 144–146, 186, 201, 277, 328, 336, 366, 423, 476

assimilation/dissimilation (fonction dissimilatrice de la RDA) XXVII, 378, 458–463, 466, 475, 483, 491, 502, 505, 522, 529, 534, 543, 546, 550–551, 554, 598

auto-représentation (ARD) XXV, 9, 11–12, 16–17, 19, 21–22, 24, 28–29–35, 89, 102, 154, 176, 204, 246, 249, 251, 264, 286, 289, 472–475, 477

autonymie: 122–123, 126, 199–201, 211–212, 215, 220, 231, 246–324, 329, 335, 339, 352, 360–361, 364–365, 625
- blocage de synonymie 254–255, 264, 287–288, 337
- conceptions diverses 250–251
- construit vs non construit 259–261
- dire vs montrer 251, 261–262
- iconicité 255–256, 261
- recatégorisation nominale 256–259, 321
- autonymie et « fidélité »/ paraphrase 169–170, 181, 231, 240, 267, 272, 243, 332, 334, 584
- référence et sens du e autonyme 252, 255, 263–265, 271, 278–285
- autonymie comme masque 190–194, 282–284
- voir aussi discours direct, bivocal, modalisation autonymique

Autre du langage vs autres discours XXVIII, 378, 383, 416, 500, 506, 509–511, 518, 527, 546, 549–550, 552, 563, 565, 567, 569, 573, 577, 582

barrière de contact XXVIII, 499–500, 561, 563

bascule (de mode vs hybridité) 110, 116, 305, 356

bêtise
- voir aussi doxa 512, 577, 598, 613, 618
- voir aussi imaginaire 548, 566, 569

bivocal-DIL 40, 42, 45, 56–59, 100, 109, 113, 117, 129–146, 205–209, 217–218, 231, 246–247, 265, 277, 301, 310–324, 337–351, 355, 357, 384, 428–429, 446, 572, 625
- « effet de DIL » 115

bord, bordure XXVIII, XXIX, 378, 494, 502, 543–544, 546, 550, 553, 555–561, 563, 566–583, 592–593, 595–598, 600, 604, 607–608, 622, 625–631
- bord de la bordure

– bord dans la bordure
voir aussi limite, frontière, tracé

canal
– oral/écrit 17, 19, 22, 39, 42–43, 52, 123–124, 157–158, 164, 211, 213, 221, 272, 308, 345, 348, 353, 361, 447, 481, 584, 587, 595
– support 47–48, 52, 54–55, 157, 345, 622

catégorisation XXV, 7, 13, 42, 54–55, 58, 66, 79, 88, 102–103, 108, 168–170, 176, 199–225, 242, 354, 375, 585, 617
voir aussi Discours indirect

citation 7, 13–14, 19–20, 114, 120, 143, 162–163, 180–181, 185, 190, 201, 251, 260, 268, 273, 275–276, 296, 331, 360–371, 437, 441, 447, 477–478, 481, 486, 490, 507, 513–514, 517, 527–528, 533, 549, 553, 558, 564–567, 569–570, 574, 578, 588, 595, 597–598, 605, 612, 624, 631
– citationnel 370–371, 528, 564–566, 569, 575

coïncidence/non coïncidence référentielle A/a XV, 8–9, 17, 21–22, 25, 28–29, 275, 292–293, 295–296, 302, 376–377, 391, 414, 425, 431, 451, 473, 548, 554
voir aussi non-coïncidences du dire

concordance /discordance inter/intradiscursive 59, 116, 133, 153, 329, 347, 429–431, 438–443, 453, 461–463, 496, 521, 538

condition pour RDA
– condition de non-performativité ; 17, 21, 30, 204
– condition de représentativité, 12, 54–55, 340

configuration (fonction configurative, auto-configurante) VIII, XIX, XXVI, 377–378, 422, 426, 451, 463, 466, 471, 480, 484–485, 487, 490–491, 511, 546, 550–552, 555, 557–559, 563–566, 568, 571, 573

conscience 9, 377, 383–385, 391, 400, 422
– degré de 427, 450, 453, 457–458, 461, 463–465, 469, 482–484, 548, 565

contacts
– entre modes 354–355
voir aussi ambiguïté, indécidabilté, neutralisation
– RDA comme contact 378, 477, 488, 556–557, 559, 568–569, 572, 580, 625
voir aussi barrière, interface

continuum *vs* distinctivité XIV, XXIII, XXIV, 45–46, 64, 86, 284–285, 331–333, 335, 338–339
voir aussi Formule, hybridité-mixité, langue/discours

co-référence 97, 119, 208, 256, 290, 350, 355

contexte (recontextualisation) XI, XV, XXII, XXIV, XXV, 14, 26, 35–36, 38, 42, 44, 46, 53, 62, 83–85, 120, 132, 148–152, 154–160, 230–232, 234–235, 238, 241, 438, 452, 460, 537, 539, 610
– contexte d'accueil 120, 172–175, 438, 460, 537, 539
– contexte représenté 155–172, 610
– co-texte (voir intradiscours) 55, 108, 118, 120–121, 142, 152–153, 155, 163–166, 174, 178–182, 184, 186, 190, 263, 280, 285, 329, 430, 438, 444
– double recontextualisation 69, 147, 154–155, 176–185

conversion (métadiscursive) XXVIII, 51, 107, 114, 120,173, 257, 261, 285, 320, 378, 453, 519–520, 533, 546, 549–550, 553, 561

cumul
– de modes de RDA XXVI, 97, 241, 299–300, 305, 346, 356
– usage et mention 249, 284, 286–287, 289–290, 294, 313, 364

dedans-dehors (intérieur-extérieur) XXVIII, 153, 376, 392, 395, 490, 492–496, 498–503, 505, 508, 513, 519–520, 522–526, 532, 542–546, 548, 550,551, 556–559, 561–563, 566, 568–569, 571–572, 574, 582, 598, 607, 626–627
– géographie *vs* topologie XXVIII, 295, 378, 407, 457, 547, 550–551, 574
voir aussi conversion métadiscursive

descriptions définies 136–138, 156, 233

Index des notions —— 671

dialogisme XVI, XVIII, 20, 64–65, 101, 132, 296, 375, 377, 379, 383–393, 396–397, 399–400, 413, 417–419, 433–435, 445, 457, 463, 521, 624
  – auto-dialogisme 9, 291, 296
  – dialogisme interlocutif 291–292, 383, 391
voir aussi indice, marqueur
diffraction, spectrographie 35, 52–53, 55, 107, 311
discordance énonciative voir bivocal
discours autre
  – attaché/associé 171, 185, 304, 429, 568, 577, 581–582, 588, 593, 597, 599, 602, 604, 607–610, 612, 622–623, 626, 629
  – conjoint 71, 87, 91–95, 100
  – de soi vs d'autrui (voir ARD/RDA) XIV, 18–19, 24, 39, 66, 264, 272, 453, 472–474
  – factuel vs virtuel 21, 39–40, 52, 60–61, 269–270, 476–477, 574
  – intérieur 43–46, 74, 311
  – objet vs source XXV, XXVI, 32–33, 53, 65, 69, 101, 335–337, 340, 352, 587
discours direct (DD)
  – accès à la référence 118–127
  – vs en direct 37, 106, 120, 127, 179, 190, 284, 516
  – énoncé par L 123–125
voir aussi ancrage énonciatif, autonymie, embrayage, Formule de mode, littéralité, fidélité, hybridité/mixité, récursivité, référence
discours indirect (DI) :
  – DI et catégorisation 205, 217–220
  – narrativisé 54, 61, 217, 220–221, 243, 340–341, 357
  – « règles de transposition » XIV, XV, XXII, 104–107, 111, 126, 139, 202, 229–232, 237, 240–241
voir aussi ancrages énonciatifs, cumul, Formule de mode, extension extraphrastique, mixité, récursivité, thème
discours indirect libre (DIL) voir bivocal
discordance (voir concordance)

disjonction (plan de clivage entre modes) 56–59, 114, 126, 266, 276
dissimilation (voir assimilation)
–tracé dissimilateur (configurateur…) XXVII, 10–11, 359, 378, 424, 426, 437, 449, 451–452, 463–464, 466, 502, 551–553, 556, 558–559, 561, 565, 568
doxa, idées reçues 513, 526, 540–541, 548, 570, 578, 601, 604, 612, 621–622

embrayé (désembrayé, désactivé) 104, 119–122, 127, 277
voir aussi autonymie comme masque
enchaînement (de formes de RDA) XXVI, 218, 240, 346, 354, 357–359
entrée dans le langage 504, 506, 508–511, 515, 518, 520
voir aussi greffe, infans
étagement, surplomb métadiscursifs XVIII, XXIX, 4–5, 7–8, 10, 34, 123, 179, 339, 447, 461, 473, 484, 490, 499, 534, 550–551, 554, 558, 575, 593
ethos voir identité
évidentiel, médiatif 76–79, 97
voir aussi MAS
expressif (élément) 52, 107–108, 112–113, 116, 131, 134, 140
voir aussi ancrage modal secondaire
extension extraphrastique du e 141, 218–219, 348–349, 427, 438, 560
extériorité discursive, langagière XIX, XXVI, XXVIII, XXIX, 101, 153, 161, 359, 375–376, 386, 392, 398–402, 413, 422, 428, 432, 434, 441, 457–458, 461, 483–485, 490, 506, 515, 517–519, 524, 532, 535, 543–552, 557–559, 570, 574, 625
  – extériorité interne 101, 377, 379, 384, 386, 393, 395, 397, 399–400, 418, 451, 458, 463, 482, 504, 519, 522, 524, 532, 543, 550, 552
voir aussi hétérogénéité constitutive, dedans-dehors, frontière absente

famille (de modes de RDA) XXVI, 59, 345–346, 356, 361
fidélité (textuelle, littérale) XIV, XVIII, 24, 36, 69, 81, 124–126, 150, 169, 171, 179, 181,

199, 230–231 241, 242, 245, 247, 261, 263, 265–266, 269– 272–277, 279, 284, 298–300, 302–304, 306–309, 311– 312, 314–316, 323, 330–332, 334, 339, 356, 361–362, 370
– degré de 266–270, 316, 361
voir aussi autonymie, hybridité, îlot textuel
formes (de RDA, voir zones de)
– formes complexes (voir cumul, enchaînement)
formule (de mode) XXV, XXVI, 327, 338–344, 347–348, 359, 558, 580
frontière XXVII,
– entre zones de méta-discours 4, 10, 12–13, 17, 25, 29, 54, 227, 364, 437, 565
– de phrase, d'énoncé (voir marquage - extension) 141, 349, 353
– dans le discours avec les autres et l'Autre 359, 442, 447, 449–450, 464–466, 490–493, 495–496, 498, 500–503, 532, 543–544, 550–553, 555–557, 563–565, 567–568, 571, 573
– absente 402, 550, 553, 564
– zone (interface) XXVIII, 378, 498, 500–503
voir dedans-dehors, continuum

générique XIV, 46, 162, 185–186, 192, 236, 238, 268, 461, 468, 470, 480, 536, 569, 574–575, 577, 582, 584–585, 588, 593–594, 598–599, 605, 607, 612–613, 626, 630
voir index des genres
géographie dedans/dehors XXVIII, 295, 378, 407, 457, 547, 550–551, 574
voir aussi extériorité interne
greffe (dénaturation, prothèse d'origine, du langage) XXVIII, 504–507, 509, 513, 518, 543, 554

hétérogénéité (constitutive/représentée) XV, XVIII, XXVII, XXIX, 8–9, 40, 64, 101, 295–296, 336, 371, 375–377, 380, 387, 389, 393–395, 397, 400–402, 404, 412–413, 416–418, 420–421, 426, 430, 451–452, 482–483, 489, 491, 521, 569, 571–572, 599

homomorphie A/a 35–36, 102, 194, 265, 370
– recontextualisation homomorphe 190–192
hybridité (mixité) XXIV, 64, 139, 141, 305, 309, 331–334, 356, 384
– DD non textuel, paraphrastique 169–170, 181, 240, 267, 272, 243, 332, 334, 584
– DD avec que 306, 309, 332, 356
– DI sans que 141, 341, 349, 355
– quasi-textuel (DI, MAS) 242, 245, 303–304, 311
voir aussi bascule, bivocal, continuum

identité
– production, construction, indicateur, marqueur... XXVIII, 464–473, 476, 479–480, 486, 490, 496–497, 520, 525, 534–535, 550, 556, 561, 568, 573
– défaut, perte, vacillement... 501–502, 529, 531, 542, 572, 578
îlot textuel 81, 245, 303–307, 361
voir , MAE, îlot textuel vs DD
image
– *vs* acte 35–36, 38, 55–59, 123, 125–126, 163–164, 168–169, 172, 200, 204, 232, 238, 240, 246, 264–272, 274–277, 298, 312, 314–315, 377,
– de soi XXVI, XXVII, XXIX, 378, 422, 424, 426, 465–473, 475–476, 479–481, 484, 486–488, 490–497, 500–501, 503, 546, 549, 551, 554–555, 560–561, 563, 573, 630
imaginaire XXVII, XXVIII, 10, 15, 171, 378, 403, 407, 410–412, 414–416, 421, 451, 464, 467, 490–491, 496, 500, 502, 504, 509, 515, 532–533, 544, 546–549, 552,-554, 561, 563–564, 566
inappartenance du langage XXVIII, 371, 378, 492, 514, 520, 564, 566, 569
incise XXVI, 22, 24, 101, 131, 141, 143, 167, 205–207, 261, 309, 316, 332, 346, 351–353
indécidabilité 101, 299, 346, 355–356, 426, 464
indice (*vs* marque, trace) 167, 351–353, 359, 391, 428–436, 438–443, 445–446, 468

infans 490, 492, 494-496, 498, 504-505, 508, 518
voir langage (entrée dans)
injure, insulte 108-109, 116, 134, 200, 204, 525
interface XXVIII, 378, 498-499, 501-502, 558, 561-563, 582, 592-593, 597, 599, 605-607, 625-628
interlocution (interlocuteur, interlocutif) 20, 103, 106, 116, 132, 134, 156, 193, 204, 283, 324, 382, 391, 396, 427, 440, 443, 449-450, 467, 476, 484, 559
voir aussi dialogisme, non-coïncidences du dire
introducteur 81, 122, 166-168, 202, 205, 208-209, 211-212, 260, 306, 349, 354, 358
voir aussi recteur
   – *vs* annonceur XXI, 131, 143, 167, 205-207, 218, 243, 260, 317, 319-320, 329, 354, 358, 608
ironie 159, 173, 440, 446, 571-572, 577
irreprésentable XIX, 194, 375-376, 396, 413, 416, 500, 547, 549-550, 553, 561

jurons 108-109, 112, 114, 116, 134, 200

langue *vs* discours XVII, XIX-XXVIII, 10, 16, 38, 56, 59, 66, 68-69, 83, 86, 120, 129, 131-132, 147-151, 154, 201, 204, 226-228, 236, 251-253, 255, 258-259, 263-265, 272, 274, 277, 279-280, 282-285, 293-295, 327-359, 375-376, 395-397, 399, 406, 412-413, 419, 430, 422-436, 506, 510, 514, 518-521, 526, 529, 545, 554, 580, 625
limite XXVIII, 465, 492-493, 495-496, 498, 500-503, 511, 529, 532, 543-544, 550, 552, 560-561, 565, 567
   – délimiter 450, 495, 550, 557, 563, 567, 569, 572
   – hors limites, illimité 371, 376, 422, 457, 572

marque 167, 256-257, 347-349, 351-354, 422, 426, 430-434, 438, 443
   – degré de marquage 55, 109, 118, 142-143, 153-156, 186, 217-218, 261, 283, 293, 298-302, 307-308, 341, 348, 428-429, 438, 441-442, 447, 452-453, 457, 459, 463, 474, 528, 558, 571-572, 585, 588-589, 594, 608, 628
   – marquage rétroactif 359, 528
   – marqueur dialogique 435, 438, 448, 451
   – zéro voir allusion
voir aussi indice, trace, langue *vs* discours
MAS (modalisation en assertion seconde) 33, 40, 71-75, 79, 82-97, 100-101, 108, 143, 322, 340, 614
méconnaissance XXIII, XXVIII, 9, 406, 412, 482, 484, 533, 564, 566
   – fonction de, force de 410, 532, 547, 550
voir imaginaire
mémoire (inter/intradiscursive) XXVII, 151, 363, 381, 390, 394, 402, 412-413, 433, 438, 451, 488-489, 574, 588, 615, 624
   – domaine, espace, réseau ; 152, 394-395, 398, 401-402, 413, 422, 427, 489
   – différence, partage, rencontre, extension 170, 180, 186, 401, 427-429, 431, 436, 441-447, 451, 453-454, 463, 483, 537-538, 623, 629
mixité voir hybridité
modalité autonymique (MA) XV, 23, 246-249, 285-286-297, 307-310
voir non-coïncidences du dire
modalité autonymique d'emprunt (MAE) 16, 71, 81, 96, 117, 169, 231, 242, 247, 249, 271, 288-289, 297-303, 307-310, 539, 541, 543, 559, 588-589
   – MAE *vs* DD 285, 297-299, 308-311-312
   – MAE « paraphrastique » 231
voir aussi allusion
monologique (discours) 385-386, 422, 465, 489, 569, 571, 592, 595-596

narrativisé voir DI
neutralisation XXVI, 101, 167, 238, 258, 272, 299, 346, 351-352, 355, 443, 615

non-coïncidences du dire XV, 8–9, 292–293, 295–296, 302, 377, 391, 414–415, 431, 451, 473, 548, 554

parole propre (« de soi ») XXVIII, 18, 378, 426, 450, 452, 490–492, 495, 503–504, 508, 510, 517, 519–520, 522, 526–528, 531–534, 536, 538, 541, 543–544, 546–547, 549–553, 557–558–561, 563, 570
vs parole imposée, « comme citée », automatisme mental, « voix » 501, 522–529, 570
voir aussi appropriation
performativité,: XX, 11, 18, 20–23, 26, 30–31, 176, 204, 458, 460, 473, 488, 592–593
polyphonie (conception de l'énonciation) 63–64, 84–85, 386–387, 391, 417–420, 434
pondération énonciative A/a (en DI et bivocal) 115, 134–138, 146
positionnement 378, 449, 466–471, 474–477, 480, 486–487, 552–553
prélèvement méta-discursif XIX, XXVII, 155, 163, 173, 178, 363, 378, 422–464, 552
– complémentaire 426, 458, 489, 491, 551–552, 557
présence *vs* représentation (de l'altérité discursive) XVI, XXVII, 3, 64, 375–378, 404, 422–426, 428, 442, 449–453, 458, 461, 463, 466, 472, 475–476, 537, 550, 555, 561, 563–564
présentation de soi 466–467, 470–471, 475, 479–480, 486, 630

réception (diathèse, pôles de) 9, 20, 43, 76, 156–158, 161, 176, 180, 211–213, 238, 270, 291, 329, 443, 451, 456, 463, 489, 545, 560
– (représenté comme) reçu *vs* énoncé 32, 51, 96, 188, 211, 442, 444, 447, 457, 522, 537, 545, 559, 581, 591
recteur, rection 131, 142–143, 167, 202, 205–207, 329, 354, 358
récursivité 90, 127–129, 357
référence XI, 5–6, 10–13, 16–18, 21–22, 25, 28, 35–36, 38–40, 42, 46–47, 49, 53–54, 65, 72, 75–76, 80, 118–127, 137–138, 147, 178, 180, 184, 194, 204, 247–249, 251–252, 262, 288–290, 297
voir aussi ancrages énonciatifs, autonymie, co-référence, discours direct, fidélité
réflexivité XVIII, 4–5, 8–9, 11, 34, 64–65, 99, 248–249, 280, 307, 551, 554

stéréotype (cliché, formule, modèle, patron, routine) 42, 60, 213, 349, 357, 362, 390, 435, 457–458–461, 479, 485, 488, 490, 575, 593

thème (du DA représenté) 54, 201, 242–245, 610
trace 186, 397–399, 402–404, 422, 428, 430, 434, 449
voir aussi interdiscours, présence
type, token XXV, 11–12, 120, 201, 204, 227, 247, 251–255, 257–259, 263–264, 274–275, 278–280, 283, 307, 364

Zone de formes de RDA XXVI, 327, 338–344, 347–348, 359, 558, 625

Table des matières

Abréviations et conventions —— XI

Avant-propos —— XIII
  Un important acquis descriptif —— XIII
  Un cheminement personnel —— XV
  En deçà des observables... —— XVII
  La RDA nouage de la réflexivité et de l'altérité —— XVIII
  Dans le sillage de Benveniste —— XIX
  L'en deçà du réel de la langue —— XXII
  L'en deçà de l'extériorité discursive et langagière —— XXVI

Partie I   Du Dire *sur* un dire : une affaire métalangagière

Introduction —— 3

Chapitre 1   La représentation du discours autre : un secteur de l'activité métalangagière —— 4

1	Le métalangage au cœur de la pratique langagière —— 5	
1.1	Le *métalangage* est dans le langage, la *métalangue* dans la langue —— 5	
1.2	Du *métadiscours* dans la discursivité à l'*étagement* interne de l'énonciation —— 7	
2	Délimitation de la RDA dans l'espace métadiscursif : tracé de frontières —— 10	
2.1	Trois zones de référence pour le métadiscours —— 10	
2.2	Représenter la langue ou le discours ? —— 12	
2.3	Ce discours que représente le Discours : un autre ou lui-même ? —— 16	
2.3.1	L'autre *vs* le même : tracé d'une frontière —— 17	
2.3.2	L'autre et le même : ambiguïtés, cumuls et « semblants » —— 25	
2.4	L'autre dire, partie prenante de l'auto-représentation —— 32	

Chapitre 2   Représenter un autre acte d'énonciation : caractérisation d'une pratique métadiscursive spécifique —— 35

1	Homomorphes et dissymétriques, le Dire en acte et son dire autre représenté : la dualité structurelle de la RDA —— 35
2	La RDA, métadiscours ordinaire sur l'énonciation —— 38

2.1	Au-delà du « il a dit » : panorama de ce que la RDA reconnaît comme « dire » —— 39	
2.2	L'énonciation « diffractée » au prisme de la RDA —— 52	
2.2.1	Contraintes minimales de représentation pour une RDA —— 53	
2.2.2	Les modes de RDA comme représentation sélective de la globalité énonciative. —— 55	

Appendice à la partie 1 : « Discours Rapporté » et « Représentation de Discours Autre » - questions de dénomination —— 60

1	Inadéquation de « discours rapporté » : réponses diverses. —— 60	
2	De « rapporté » à « représenté » —— 62	
2.1	Remplacer « rapporter » par « représenter » —— 62	
2.2	Inclure « rapporté » dans « représenté » —— 63	
3	Du « Discours Rapporté » à la « Représentation de Discours Autre » (RDA) —— 65	

Partie II Un dire *dans* le Dire : plans, enjeux, solutions pour une pluri-articulation

Introduction —— 69

Chapitre 3 Deux statuts pour le dire autre représenté : comme *objet* et comme *source* du Dire —— 70

1	Discours autre incident au plan du contenu du Dire —— 71	
1.1	La modalisation de l'assertion comme seconde (MAS) —— 71	
1.1.1	Une opposition sémantique, énonciative, syntaxique entre DA objet ou source —— 71	
1.1.2	Approches diverses de la MAS —— 76	
1.2	Mise en rapport du Dire avec un discours autre « conjoint » au Dire —— 87	
1.2.1	*Selon l, P* vs *comme le dit l, P* —— 87	
1.2.2	Diversité des mises en rapport Dire/discours autre conjoint —— 91	
1.2.3	Discours autre source (MAS) *vs* discours autre conjoint —— 93	
2	La modalisation d'une manière de dire par discours autre —— 95	
2.1	La modalisation autonymique d'emprunt : *X, comme dit l* —— 96	
2.2	Modalisation par couplage avec la manière de dire d'un discours autre —— 98	
3	Deux versants pour la RDA —— 100	

Chapitre 4 Trois solutions pour l'articulation énonciative des deux actes A et *a* —— 102

1   Modes de RDA intégrés, à ancrage énonciatif unique : DI, MAS, MAE —— 102
1.1   Sur le versant référentiel —— 103
1.2   Sur le versant modal —— 107
1.3   Ancrages énonciatifs primaire et secondaire —— 109
1.3.1   Versant référentiel —— 110
1.3.2   Versant modal —— 112
1.3.3   Bilan : deux couches sur chacun des deux versants énonciatifs —— 114
1.3.4   Non homogénéité et statut des éléments de la « couche » secondaire des ancrages énonciatifs —— 115
2   Mode de RDA à deux ancrages énonciatifs, hiérarchisés : DD —— 118
2.1   « Désembrayage » et hiérarchisation —— 119
2.1.1   Un « *e* » désembrayé —— 119
2.1.2   Dépendance de « *e* » par rapport à E —— 121
2.1.3   Le « *e* » (image de la parole de *l*) est *énoncé* par L —— 123
2.2   Le DD : une simplicité *apparente* —— 126
3   Mode de RDA à ancrage énonciatif partagé : Bivocal-DIL —— 129
3.1   Ancrages primaires divisés : une forme langagière spécifique —— 130
3.2   Pondérations variables de A et *a* dans la bivocalité structurelle —— 134
3.3   Traitements du DIL « à partir » des DD et DI. —— 139
4   Bilan sur les articulations énonciatives : contraintes *vs* modulations. —— 144

Chapitre 5 La RDA comme double (re-)contextualisation : par représentation et par déplacement —— 147

1   Les énoncés et leur contexte —— 148
1.1   Le sens « en contexte » —— 148
1.2   Saisir « quelque chose » du contexte et du sens —— 149
1.3   Un élément du contexte : le « co-texte » —— 152
2   RDA et (re-)contextualisation —— 154
3   Le contexte, représenté, de *e* : espace de variation —— 155
3.1   Latitude quant aux éléments représentés —— 156
3.1.1   Les protagonistes de l'acte d'énonciation *a* —— 156
3.1.2   Les circonstances de l'acte d'énonciation *a* —— 158
3.2   Le degré de spécification du contexte, élément discursif différenciateur —— 161
3.3   Représentation du co-texte d'un *e* —— 163
3.3.1   Inscription de *a* dans une chronologie —— 164

3.3.2   Représentation du co-texte de e^0 en a^0 —— 165
3.4   Énoncé et contexte représentés : aspects de leur mise en rapport au fil du discours —— 166
3.4.1   Variété des organisations séquentielles —— 166
3.4.2   Représentations interpénétrées de l'énoncé et de son contexte —— 168
3.4.3   Quelle extension pour le contexte représenté d'un e ? —— 170
4   Le Contexte d'accueil – celui où s'énonce la RDA —— 172
5   Jeux de la RDA entre ses deux re-contextualisations —— 176
5.1   Défaut de contexte représenté pour les propos déplacés —— 177
5.1.1   Altérations du sens de e —— 178
5.1.2   Contre-sens —— 180
5.2   Énoncés libérés de leurs « attaches » contextuelles : une décontextualisation créative —— 182
5.2.1   Découpes et montages imprévus —— 182
5.2.2   Décontextualisations « sacralisantes » —— 185
5.3   « Violences génériques » de Contextes d'accueil —— 186
5.4   Effets conjugués des deux re-contextualisations —— 189
5.4.1   Re-contextualisations convergentes —— 189
5.4.2   Recontextualisations homomorphes —— 190

Partie III   Trois opérations métalangagières en jeu dans la RDA : catégorisation, paraphrase, autonymisation

Introduction —— 199

Chapitre 6   La catégorisation métalangagière en RDA —— 202
1   La RDA : secteur particulier de la catégorisation métalangagière —— 203
2   Configurations formelles de la catégorisation —— 205
3   Le maillage lexical de la catégorisation spontanée des dires —— 209
4   La catégorisation dans les divers modes de RDA – son affinité avec le DI —— 217
5   Discours, textes et types de catégorisation —— 220

Chapitre 7   La (re)formulation paraphrastique en RDA —— 226
1   La RDA : secteur spécifique de l'opération de reformulation paraphrastique —— 226
2   Le paraphrasage en RDA —— 229

2.1	Champ d'action de l'opération —— **229**	
2.1.1	Le DI : de la « transposition » à la paraphrase —— **229**	
2.1.2	La reformulation paraphrastique en RDA au-delà du DI —— **231**	
2.2	Fonctionnement de la variation paraphrastique —— **232**	
2.2.1	Axes et amplitude de la variation —— **232**	
2.2.2	Le « jeu » paraphrastique discuté, assumé, spécifié. —— **238**	
2.2.3	Deux cas de paraphrase à variation minimale : reformulation « à l'identique » *vs* reformulation bloquée par MAE —— **240**	
3	Ni catégorisation, ni reformulation paraphrastique : la représentation du thème du dire —— **242**	

Chapitre 8   Le fait autonymique dans le champ de la RDA —— 246

1	Autonymie et Modalisation Autonymique : les deux faces de l'autonymisation —— **248**
2	L'autonymie stricte dans la RDA : le DD —— **251**
2.1	L'autonymie, mécanisme transverse au champ métadiscursif —— **252**
2.1.1	Tout élément langagier peut être « autonymisé » —— **252**
2.1.2	Un signe non-arbitraire, sans synonyme, à iconicité interne —— **254**
2.1.3	L'intégration de l'autonyme à la linéarité : un double fonctionnement —— **256**
2.2	La représentation autonyme de *token* autre : spécificité du DD —— **262**
2.2.1	Un mécanisme commun pour des référents divers —— **262**
2.2.2	La question de la « textualité » du DD —— **263**
2.2.3	Référence et sens de la séquence autonyme en DD —— **278**
3	Modalisation autonymique et RDA —— **286**
3.1	Un mode dédoublé opacifiant de dire : « l'arrêt sur mot » de la *modalité autonymique* —— **286**
3.2	Le dire autre : *une* des « rencontres » que le dire fait dans ses mots. —— **291**
3.3	La modalité autonymique d'emprunt (MAE) et les autres formes de RDA —— **297**
3.3.1	La MAE, mode autonome de RDA, distinct du DD —— **297**
3.3.2	La MAE combinable avec tous les modes de RDA —— **299**
3.3.3	L'« îlot textuel » : un cas particulier de MAE en contexte de RDA énonciativement intégrée —— **303**
4	Note récapitulative sur le guillemet —— **307**
5	Une autonymie « bivocalisée » —— **311**
5.1	Les modes autonymiques de la RDA : une trilogie —— **311**
5.2	Bivocal et MAE à ne pas confondre —— **312**

5.3   Divergences/convergences avec le DD —— 314
5.3.1 La textualité du *e* —— 314
5.3.2 Comportement syntaxique du *e* bivoval —— 316

Partie IV Bilan d'étape : Représenter le Discours Autre ? La réponse – en cinq modes – de la langue.

Introduction —— 327

Chapitre 9 Derrière le fonctionnement de la RDA en discours : la distinctivité de cinq modes en langue —— 328
1   La RDA dans la langue —— 329
1.1   Champ sémantico-référentiel et dispersion des formes observables —— 329
1.2   Le mirage paradigmatique de la *vulgate* —— 329
1.3   L'au-delà, discursif, de la mixité-continuum —— 331
1.4   L'en deçà d'une distinctivité abstraite, en langue —— 333
1.5   L'enjeu du « réel de la langue » —— 335
2   Structuration différentielle – en langue – du champ de la RDA —— 336
2.1   Trois oppositions pertinentes —— 336
2.2   Cinq « MODES » de RDA —— 338
2.2.1 Une analyse sur plusieurs plans —— 338
2.2.2 Les cinq modes : « formule » distinctive et zone de formes. —— 339
3   Jalons pour un parcours descriptif des cinq modes —— 345
3.1   Incidences des rapports différentiels entre modes : « familles » de modes —— 345
3.2   Le niveau de marquage : un paramètre de variation concernant l'ensemble des modes —— 347
3.2.1 Une variation interne à chaque mode —— 347
3.2.2 Marquages partiels et marquages « retardés » —— 351
3.3   Contacts entre modes —— 355
3.3.1 Concurrence de modes en un point de la chaîne —— 355
3.3.2 Conjonction de modes —— 356

Appendice au chapitre 9 : Citer/citation : l'éventail polysémique —— 360

Partie V La fonction configurative de la RDA

Introduction —— 375

Chapitre 10 En arrière plan de la RDA, le « discours autre » constitutif du dire : deux pensées de l'extériorité interne au dire —— 379
1 « L'autre dans l'un » de la traversée dialogique du déjà-dit —— 380
1.1 Le « milieu du déjà-dit », produit du travail de l'histoire —— 380
1.2 La dynamique du dire : rencontres dialogiques dans la traversée « orientée » du déjà-dit —— 382
1.3 Le dialogisme : une cohérence à ne pas tronquer —— 384
1.4 Questionnements descriptifs et théoriques —— 388
1.4.1 La « traversée » constitutive du déjà-dit : postulée mais non décrite —— 388
1.4.2 Quel sujet pour la constitution dialogique du dire dans le déjà-dit ? —— 391
2 « Ça parle » toujours « ailleurs, avant et indépendamment » : l'interdiscours au principe du discours. —— 393
2.1 Choix fondamentaux d'une démarche en évolution —— 394
2.1.1 Un socle stable —— 395
2.1.2 Ouvertures sur l'hétérogène et le fil énonciatif du discours. —— 400
3 Repères dans le champ du sujet. —— 405
3.1 Sujet plein et non-sujet : un face à face de narcissismes inversés. —— 405
3.2 Le sujet divisé comme sortie d'une impasse —— 408
3.3 Jalons sur le trajet de l'AD —— 411
3.4 Le « sujet », un espace polysémique à risque : flottements, glissades, malentendus —— 413
3.4.1 Entre sujets (B) et (C) : non-sujet et sujet divisé —— 414
3.4.2 Entre sujets (A) et (C) – La « division » du sujet : démultiplication ou décentrement —— 416

Chapitre 11 La RDA : prélèvement métadiscursif dans l'extériorité constitutive du dire —— 422
1 La représentation E' envisagée sur fond de la présence E dans quelques discours —— 422
2 Le prélèvement de E' dans E au fil du dire : incertitudes et enjeux d'un tracé —— 426
2.1 La RDA à marquage zéro —— 427

2.2		Discours énoncé comme autre et donné à reconnaître par des indices —— 429
2.2.1		Indices dans l'intradiscours —— 430
2.2.2		Indices de rapport avec l'interdiscours —— 439
2.3		"Turbulences" aux frontières de la RDA dans le dire —— 442
2.3.1		Ratages et conflits entre L et R —— 443
2.3.2		Échos rencontrés dans le dire d'un autre : incertitudes et aléas —— 451
2.3.3		Échos rencontrés dans son propre dire : après-coups, flottements, surprises. —— 454
3		Hors RDA : l'ailleurs discursif consciemment « fait sien » dans le dire —— 457
4		Entre l'autre et le propre, une zone sensible —— 463

Chapitre 12 La caractérisation différentielle du Discours par ses autres : images et reflets configurants de la RDA —— 465

Introduction Positivité du négatif : frontières « instituantes » —— 465

1		Mécanismes d'identification discursive et RDA —— 467
1.1		*Ethos*, identité discursive, présentation de soi. —— 467
1.1.1		La dimension langagière de la figuration de soi. —— 467
1.1.2		Caractères de l'identité produite par le discours —— 468
1.1.3		La RDA « indicateur d'identité », parmi d'autres —— 470
1.2		Le positionnement discursif par la RDA : métalangagier et différentiel —— 471
1.2.1		Du dire sur le dire – un fait de métadiscours —— 471
1.2.2		L'ARD : limites de la caractérisation directe du dire —— 472
1.2.3		Ressorts et ressources propres de l'opération métadiscursive de figuration du Discours par « de l'autre » —— 474
2		La RDA : visées discursives et fonction identifiante —— 477
2.1		Le « Faire » de la RDA et son « ce faisant » —— 478
2.2		Une composante du dire : le reflet de sa traversée du déjà-dit —— 482
2.2.1		L'expérience subjective de l'hétérogénéité constitutive du dire —— 482
2.2.2		Deux filières pour les réactions de l'énonciateur au déjà-dit —— 483
2.3		La RDA : une fonction auto-configurante du Discours par ses autres —— 484
2.3.1		Le Discours « en société » de la RDA —— 484
2.3.2		L'image du Discours, reflet des images de ses autres —— 486
2.3.3		Au terme d'un parcours : retouches au « Dis-moi qui tu cites, je te dirai qui tu es » —— 487
2.3.4		Du *qui* tu cites... au *fait que* tu cites : du rapport aux autres au rapport au langage —— 490

Chapitre 13 Le dehors du langage au dedans du dire : la « question » de la parole propre —— 492
  Introduction —— 492
1 De l'indistinction primitive à l'image de l'un parmi d'autres —— 492
1.1 L'idée – corporelle – de nous-mêmes, avec « un dedans et un dehors ». —— 493
1.2 Pensées de l'instauration d'une limite identifiante —— 495
1.2.1 Avant la séparation : un espace de transition —— 496
1.2.2 L'« *infans* » au miroir : « moi » aux côtés d'« un autre » —— 496
1.2.3 L'interface du Moi-peau —— 498
1.2.4 Fonctions, enjeux et troubles « de la limite » —— 500
2 La contradiction fondatrice du langage : le « dehors » au « dedans » du dire —— 503
2.1 La « greffe » de l'entrée dans le langage : don et capture —— 504
2.1.1 Du vivant « dé-naturé » par le langage —— 504
2.1.2 « Capture inaugurale » dans le discours de l'autre —— 506
2.1.3 Mère « porte-parole », *infans* « parlé » —— 508
2.2 Un sujet ex-centré par l'Autre du langage : variations théoriques —— 509
2.3 Extériorité du langage et parole propre —— 517
2.3.1 L'appropriation fondatrice et son renouvellement —— 518
2.3.2 Échecs à la parole « de soi » : « paroles imposées » ou le langage qui « parle » tout seul. —— 522
2.3.3 *Comment* peut-il se faire que... la parole advienne/n'advienne pas ? —— 531
2.3.4 « Histoires » de RDA et de parole propre —— 533
2.3.5 Pratiques de RDA au service d'une écriture propre —— 540

Chapitre 14 La RDA : un travail de(s) bords —— 545
1 De la topologie langagière aux cartographies discursives : « donner forme » au Discours —— 547
1.1 L'imaginaire, condition de la parole « de soi » —— 547
1.1.1 Résistance passive d'un « ne pas... » —— 547
1.1.2 Protection active d'un « faire » énonciatif —— 549
1.2 De l'Autre constitutif du Dire à ses autres configuratifs : une conversion métadiscursive —— 550
1.2.1 Placer des frontières là où il n'y en a pas —— 550
1.2.2 Le double geste configuratif de la RDA —— 551
1.2.3 Donner forme et consistance à la parole : une fonction de la RDA —— 553

1.3	La RDA, « bordure interne » du Discours —— 555
1.3.1	Les deux fonctions d'une frontière —— 556
1.3.2	Complexité de l'« espace frontière » de la RDA —— 556
1.3.3	Jeux – incertitude et porosité – aux divers bords —— 558
1.3.4	La RDA comme « peau » que le Discours se donne —— 560
2	« Aborder » les Discours par leur RDA —— 567
2.1	« Style de bords » et mode d'« être avec » pour les Discours —— 567
2.2	Conditions du travail de bords. —— 568
2.2.1	Les Discours et leur bordure —— 568
2.2.2	Le façonnage de la bordure : filières et facteurs. —— 573

Chapitre 15   Variables en jeu dans le travail de bords —— 580

1	Variable (V_1) : Étendue de la bordure —— 582
1.1	Discours tout « en RDA » —— 582
1.1.1	Discours « tenant lieu » d'un autre discours. —— 583
1.1.2	Genres de représentation (RDA) de la partie pour le tout —— 587
1.1.3	Genres littéraires « de RDA », associé (V_4) à un autre discours —— 588
1.1.4	Structures textuelles, génériques, de RDA —— 590
1.2	Discours vierges de RDA – « sans bordure » —— 592
1.3	Entre les deux extrêmes du tout/sans bordure : pertinence de la variation —— 593
1.3.1	Pertinence générique des variations de l'Étendue (V_1) —— 594
1.3.2	Pertinence individuelle de la variation en Étendue (V_1) —— 596
1.3.3	Stéréotypie réprobatrice à l'encontre du « trop de citations » —— 597
2	Variable (V_2) : Taux de *Dispersion* des discours autres —— 599
2.1	Centration du Discours sur un extérieur unique. —— 599
2.1.1	Ailleurs unique attaché à l'objet (V_4) du Discours —— 599
2.1.2	Ailleurs uniques – ou hyper-dominant – associé (V_4) au Discours —— 602
2.2	Pluralité structurante d'extérieurs —— 603
2.3	Dispersion des autres dans la bordure —— 604
2.4	Forte centration et frange de liberté —— 607
3	Variable (V_3) : degré de *spécification* des coordonnées référentielles du discours autre —— 610
3.1	Pertinence différenciatrice entre genres, domaines ou sphères discursives —— 611
3.2	Pertinence différenciatrice relevant de choix singuliers —— 613
3.3	Pertinence différenciatrice *dans* un discours, texte. —— 614
3.3.1	Structuration d'un récit fictionnel —— 614
3.3.2	Classer les autres d'un Discours par leur degré de spécification —— 616

3.3.3	Effets de perspective et contrastes dans le roman —— **618**	
3.3.4	Un texte structuré par l'opposition *spécifié vs non spécifié* —— **620**	
4	Note sur les variables non traitées —— **622**	
4.1	Variable (V_4) : émergence comme attaché/associé —— **623**	
4.2	Palette des Rapports D/d (V_5) et « orchestre » des Formes (V_6) —— **624**	
5	Variable (V_7) : bordure en mouvement —— **626**	
5.1	Variation de la RDA dans le déroulement d'une unité textuelle —— **626**	
5.1.1	Topographie textuelle de la RDA —— **626**	
5.1.2	Mouvement de la RDA au fil du texte —— **628**	
5.2	Génétique et histoire du travail des bords. —— **629**	

Bibliographie —— **633**

Index des noms cités —— **662**

Index des auteurs et des genres —— **667**

Index des notions —— **669**

www.ingramcontent.com/pod-product-compliance
Lightning Source LLC
Chambersburg PA
CBHW021217300426
44111CB00007B/343